GREC/FRANÇAIS

Couverture : Didier Gonord
Dessin d'architecture d'après Henri Labrouste (1828).

ISBN 2 218 71861 8

Dictionnaire

GREC/FRANÇAIS

Ch. GEORGIN

HATIER

AVANT-PROPOS

Ce livre — et il suffit d'en voir les dimensions — ne saurait être un dictionnaire détaillé, ni rivaliser avec les beaux ouvrages des Bailly ou des Liddell et Scott. Il s'adresse modestement aux élèves de nos lycées.

Le vocabulaire de la langue grecque est si riche qu'il est difficile d'être à la fois court et point trop incomplet. J'ai donc souvent hésité en face de certains mots. Mais j'ai systématiquement éliminé tous ceux que je ne crois pas avoir rencontrés dans nos explications scolaires, particulièrement ceux des époques postérieures ou qui relèvent des glossaires spéciaux. Les grands auteurs de la période classique ont donc ici le premier rang. Mais je n'ai eu garde d'oublier que Plutarque et Lucien figurent à nos programmes, qu'avec les *Pages morales* les stoïciens y ont leur place et que, si les textes donnés au Baccalauréat sont plutôt tirés d'écrivains attiques, des élèves un peu cultivés ne peuvent ignorer un saint Jean Chrysostome. C'est donc avant tout, mais non exclusivement, le vocabulaire attique qui figure en ces pages.

D'autre part, comment oublier qu'Hérodote et surtout Homère doivent être étudiés dans les classes? Il est impossible de ne pas tenir compte des dialectes. Aussi trouvera-t-on dans ce livre bon nombre de formes ioniennes et même quelques formes doriennes qu'un élève peut être officiellement obligé de reconnaitre. Mais comme je n'avais eu vue que la version, sans avoir à me préoccuper du thème, il m'a suffi sur ce point d'indiquer les sens sans songer (l'aurais-je pu?) à des explications morphologiques ou des rectifications d'ordre grammatical.

Ne pouvant énumérer les nuances, souvent multiples, que prend un même mot, je me suis borné à indiquer les valeurs les plus courantes, en distinguant par des lettres capitales, aux articles les plus importants, le *sens premier* (étymologique) ou le *sens le plus usuel*. Un dictionnaire ne doit pas être pour l'élève un simple code à formules intangibles : l'intelligence du jeune traducteur doit être sans cesse en éveil pour trouver, d'après une indication générale, l'expression propre qui convient au passage qu'il est appelé à traduire. Le « tout fait » est sans doute agréable à la jeunesse, mais est-il profitable au développement de l'esprit?

Il était impossible de signaler tous les composés : mais il est aisé, avec un peu d'attention, de se reporter aux éléments simples, comme de traduire certains adverbes en considérant les adjectifs auxquels ils se rattachent visiblement. Par exemple, en notant pour εὔ-φορος le sens de *qui porte facilement*, j'espère qu'un élève attentif tirera aisément le terme de *vigoureux*, pour une personne et de *fertile*, pour une terre.

C'est seulement pour les expressions et les verbes les plus importants que j'ai traduit quelques exemples de formules ou de locutions. L'élève doit *chercher* et s'attendre à trouver dans un dictionnaire un guide plutôt qu'un complice.

Néanmoins je n'ai pas omis le rôle paternel d'un maitre : l'expérience de longues années, la correction de milliers de copies me font une fois de plus affirmer et bien haut, que seule, en grec, la morphologie est embarrassante pour les collégiens; aussi — sans oublier pourtant que ceux-ci ont dû étudier la grammaire — je n'ai pas négligé de les éclairer, comme font les gros dictionnaires, sur les formes les plus délicates, en particulier des verbes irréguliers : ἐνεγκεῖν renvoie charitablement à φέρω! De même, pour chaque verbe (car la conjugaison grecque continue à être redoutée dans nos classes), j'ai marqué entre parenthèses à quel type grammatical il faut aller, en rappelant les temps primitifs des plus compliqués. J'espère qu'en voyant écrit *etc.* à propos de tel verbe composé, les jeunes gens auront la volonté de recourir au verbe simple.

C'est aussi avec la pensée de les aider que j'ai isolé par des tirets les éléments des mots composés : quand ceux-ci sont des verbes, où vient s'intercaler un augment, que d'hésitations et que de méprises n'ai-je pas enregistrées! La séparation nette des préfixes pourra peut-être éviter des erreurs.

J'ai cru bon de donner quelques noms propres, mais forcément sans commentaire.

Enfin, j'ai essayé, sans multiplier les divisions d'un même article, de les rendre aussi nettes que possible. Obligé d'être bref, j'ai tâché d'être clair.

Ce livre n'a donc aucune prétention scientifique. J'aurais atteint mon but si nos jeunes hellénistes le trouvaient non seulement portatif, mais pratique.

LISTE DES ABRÉVIATIONS

abs.	= absolument.
act.	= actif.
adj.	= adjectif.
adj.verb.	= adjectif verbal.
aor.	= aoriste.
art.	= article.
att.	= attique.
comp.	= comparatif.
cond.	= conditionnel.
contr.	= contraction.
dém.	= démonstratif.
dor.	= dorien.
enclit.	= enclitique.
excl.	= exclamatif.
f.	= futur.
fém.	= féminin.
gén.	= génitif.
gram.	= terme de grammaire
hom.	= homérique.
imp.	= impératif.
impers.	= impersonnel.
impf.	= imparfait.
ind.	= indicatif.
indécl.	= indéclinable.
inf.	= infinitif.
inter.	= interrogatif.
interj.	= interjection.
intr.	= intransitif.
inus.	= inusité.
ion.	= ionien.
itér.	= itératif.
loc.	= locution.
log.	= terme de logique.
masc.	= masculin.
moy.	= moyen.
n.	= nom.
n. pr.	= nom propre.
neut.	= neutre.
nom.	= nominatif.
opt.	= optatif.
part.	= participe
partic.	= particule.
pass.	= passif.
pers.	= personne
pf.	= parfait.
phys. et mor.	= au physique et au moral
pl.	= pluriel.
poss.	= possessif.
p.-q.-pf.	= plus-que-parfait.
pr.	= présent.
pr. et fig.	au propre et au figuré.
prép.	= préposition.
pron.	= pronom.
prop.	= proposition.
propᵗ.	= proprement.
prov.	= proverbe
réfl.	= réfléchi.
s.-ent.	= sous-entendu.
sg.	= singulier.
sup.	= superlatif.
tr.	= transitif.
voc.	= vocatif.

DICTIONNAIRE
GREC - FRANÇAIS

A

ἅ, *pl. n. du relatif* ὅς, ἥ, ὅ.

ἆ, *interj. :* ah! ha!

ἀ-άατος, ος, ον, PÉNIBLE; invincible.

ἀ-αγής, ής, ές, qui ne se rompt pas.

ἀ-άζω, respirer, exhaler.

ἄ-απτος, ος, ον, qui ne peut être touché.

ἀ-ασμός, οῦ (ὁ), exhalaison, respiration.

ἄ-ατος, ος, ον, insatiable de (*gén.*).

ἀ-άω, troubler. — *Moy.* même sens.

ἄβαξ, ακος (ὁ), planche, tablette.

ἀ-βάπτιστος, ος, ον, non submergé.

ἀ-βαρής, ής, ές, non pesant.

ἀ-βασάνιστος, ος, ον, NON TORTURÉ; non examiné.

ἀ-βασανίστως, *adv.* sans examen.

ἀ-βασίλευτος, ος, ον, qui est sans roi.

ἄ-βατος, ος, ον, INACCESSIBLE; inviolable.

Ἄβδηρα, ων (τά), Abdère, *ville de Thrace.*

Ἀβδηρίτης, ου (ὁ), Abdéritain; *sens proverbial :* naïf, sot.

ἀ-βέβαιος, ος, ον, NON SOLIDE; incertain, inconstant.

ἀ-βεβαίως, *adv.*, sans consistance.

ἀ-βελτερία, ας (ἡ), stupidité, sottise.

ἀ-βέλτερος, ος, ον, stupide, sot.

ἀ-βίαστος, ος, ον, non violenté.

ἄ-βιος, ος, ον, qui n'a pas une vie.

ἀ-βίωτος, ος, ον, qu'on ne peut vivre.

ἀ-βιώτως, *adv.*, de manière à ne pouvoir vivre.

ἀ-βλάβεια, ας (ἡ), innocence.

ἀ-βλαβής, ής, ές, INOFFENSIF; sain et sauf.

ἀ-βλαβῶς, *adv.*, sans causer de dommage.

ἄ-βλαστος, ος, ον, qui ne germe pas.

ἀ-βλεπτέω-ῶ, ne pa voir.

ἀ-βληχρός, ά, όν, faible.

ἀ-βοήθητος, ος, ον, sans secours.

ἀ-βόητος, ος, ον, non pleuré avec des cris.

ἀ-βολέω-ῶ, *dat.*, rencontrer.

ἀ-βότανος, ος, ον, sans herbe.

ἀ-βουκόλητος, ος, ον, non soigné.

ἀ-βουλέω-ῶ, ne vouloir pas.

ἀ-βούλητος, ος, ον, involontaire.

ἀ-βουλία, ας (ἡ), imprudence.

ἄ-βουλος, ος, ον, irréfléchi.

Ἀβραδάτας, ου ou **α** (ὁ), Abradate, *roi de Suse.*

ἁβρο-δίαιτος, ος, ον, qui vit d'une manière efféminée.

ἁβρο-κόμης, ου (ὁ), homme à la chevelure de femme.

ἄ-βρομος, ος, ον, frémissant.

ἁβρός, ά, όν, MOU; gentil; splendide.

ἁβρότης, ητος (ἡ), mollesse.

ἄ-βροτος, ος, ον, IMMORTEL; désert.

ἄ-βροχος, ος, ον, non mouillé.

ἁβρύνω (*f.* υνῶ, *aor.* υνα) *acc.*, parer. — *Moy.*, faire le beau.

ἄ-βρωτος, ος, ον, pas bon à manger.

Ἄβυδος, ου (ἡ), Abydos, *ville de Troade — ou d'Égypte.*

ἄ-βυθος, ος, ον, sans fond.

ἀγαγεῖν, ἀγαγών, *inf.* et *part. aor. 2.* de ἄγω.

ἀγάζομαι, comme ἄγαμαι.

ἀγαθο-εργός, ός, όν, qui fait de bonnes actions.

Ἀγαθοκλῆς, έους (ὁ), Agathocle.

ἀγαθο-ποιέω-ῶ, *acc.* faire du bien à quelqu'un.

ἀγαθο-ποιός, ός, όν, bienfaisant.

ἀγαθός, ή, όν, BON, *en tous sens.* — Τὸ ἀγαθόν, le bien; τὰ ἀγαθά, les biens, les qualités.

Ἀγάθων, ωνος (ὁ), Agathon.

ἀγαθῶς, *adv.*, bien.

ἀγαίομαι, être irrité, τινί... τι.

ἀγα-κλεής, ής, ές, très illustre.

ἀγα-κλειτός, ή, όν *ou* ἀγακλυτός, très renommé.

ἀ-γάλακτος, ος, ον, sans lait.

ἀγαλλιάω-ῶ *et moyen*, se réjouir.

ἀγάλλω (*f.* ἀγαλῶ, *aor.* ἤγηλα; *passif* : *aor.* ἠγάλθην) orner; *au moyen*, s'enorgueillir de, *dat.*

ἄγαλμα, ατος (τό), ORNEMENT; offrande; statue, image.

ἀγαλμάτιον, ου (τό), petite image.

ἀγαλματο-ποιός, οῦ (ὁ), statuaire.

ἄγαμαι (*f.* ἀγάσομαι, *aor.* ἠγασάμην *ou mieux* ἠγάσθην) *acc.* et *gén.* ou *dat.*, ADMIRER, louer; s'indigner contre.

Ἀγαμέμνων, ονος (ὁ), Agamemnon.

ἀγαμένως, *adv.*, avec bonne grâce.

ἀ-γαμία, ας (ἡ), célibat.

ἄ-γαμος, ος, ον, NON MARIÉ; funeste (*à propos d'un mariage*).

ἄγαν, *adv.* TROP; très.

ἀγανακτέω-ῶ, (*f.* ήσω. *etc.*), S'INDIGNER, s'irriter; contre, *dat. de personne;* de, *acc. de chose, dat. ou préposition.*

ἀγανάκτησις, εως (ἡ), irritation.

ἀγανακτητικός, ή, όν, irritable.

ἀγανακτητός, ή, όν, irritant.

Ἀγαννίπη, ης (ἡ), fontaine Aganippe, *source des Muses.*

ἀγάν-νιφος, ος, ον, très neigeux.

ἀγανός, ή, όν, aimable, doux.

ἀγανο-φροσύνη, ης (ἡ), amabilité.

ἀγανό-φρων, ων, ον, aimable.

ἀγανῶς, *adv.*, aimablement.

ἀγαπάζω, *acc.*, accueillir avec tendresse. — *Au moyen*, même sens.

ἀγαπάω-ῶ, *acc.*, chérir; *dat.*, se contenter de.

ἀγάπη, ης (ἡ), tendresse. — *Au plur.* ἀγάπαι, ῶν, agapes (repas fraternels des premiers chrétiens).

ἀγάπησις, εως (ἡ), affection.

ἀγαπητικός, ή, όν, affectueux.

ἀγαπητός, ή, όν, AIMÉ; aimable; satisfaisant.

ἀγαπητῶς, *adv.*, AVEC SATISFACTION; à peine.

ἀγάρ-ροος-ους, ουν, au cours rapide.

ἀγά-στονος, ος, ον, gémissant.

ἀγαστός, ή, όν, admirable.

ἀγαστῶς, *adv.*, admirablement.

ἀγαυός, ή, όν, ADMIRABLE; étincelant.

ἀγαυρός, ά, όν, fier.

ἀγάω *et surtout* **ἀγάομαι**, *acc.*, admirer.

ἀγγεῖον, ου (τό), VASE; récipient; vaisseau du corps.

ἀγγελία, ας (ἡ), NOUVELLE; message; mission.

ἀγγελια-φόρος, ου (ὁ, ἡ), messager, messagère.

ἀγγέλλω (*f.* ελῶ, *aor.* ἤγγειλα, *pf.* ἤγγελκα; —*passif*, *f.* ἀγγελθήσομαι, *aor.* ἠγγέλθην, *pf.* ἤγγελμαι), ANNONCER; déclarer, *acc.*

ἄγγελμα, ατος (τό), nouvelle, message.

ἄγγελος, ου (ὁ, ἡ), MESSAGER, messagère; ange.

ἄγγος, εος-ους (τό), VASE; corbeille.

ἄγδην, *adv.*, en entraînant.

ἄγε, *pl.* **ἄγετε** (*imp.* de ἄγω), *interj.*, allons; voyons.

ἀγείρω (*f.* ἀγερῶ, *aor.* ἤγειρα; *passif aor.* ἠγέρθην, *pf.* ἀγήγερμαι), ASSEMBLER; recueillir; mendier.

ἀ-γείτων, ων, ον, qui n'a pas de voisins.

ἀγελάζω (*f.* άσω), *acc.*, grouper en troupe.

ἀγελαῖος, α, ον, qui vit en troupeau. — Τὰ ἀγελαῖα, les troupeaux. — οἱ ἀγελαῖοι, les gens du commun.

ἀγελαιο-τροφία, ας (ἡ), élevage des troupeaux.

ἀγελ-άρχης, ου (ὁ), chef du troupeau.

ἀ-γελαστί, *adv.*, sans rire.

ἀ-γέλαστος, ος, ον, qui ne rit pas; triste.

ἀγελείη, ης (ἡ), *ion.* pʳ ἀγελεία, qui fait du butin, (*surnom de Pallas*, ἄγω-λεία).

ἀγέλη, ης (ἡ), troupeau.

ἀγεληδόν, *adv.*, en troupeau.

ἀ-γελοίως, *adv.*, sans rire.

ἀ-γένεια, ας (ἡ), bassesse de naissance (*ou* de sentiment).

ἀ-γένειος, ος, ον, imberbe.

ἀ-γενής, ής, ές, qui est de basse naissance.

ἀ-γένητος, ος, ον, non créé.

ἀ-γεννής, ής, ές, sans noblesse.

ἀ-γέννητος, ος, ον, NON CRÉÉ; de basse naissance.

ἀ-γεννῶς, *adv.*, lâchement.

ἀ-γέραστος, ος, ον, non récompensé.

ἀγερμός, οῦ (ὁ), rassemblement; collecte.

ἄγερσις, εως (ἡ), rassemblement.

ἀγερωχία, ας (ἡ), fierté.

ἀγέρωχος, ος, ον, fier.

ἀγερώχως, *adv.*, fièrement.

ἄ-γευστος, ος, ον, QUI N'A PAS GOUTÉ DE (*gén.*); non goûté; sans goût; à jeun.

ἄγη, ης (ἡ), étonnement.

ἀγή, ῆς (ἡ) fracture; débris.

ἀγηλατέω-ῶ (*f.* ήσω), chasser comme impur.

ἄγημα, ατος (τό), corps d'élite.

ἀ-γηνορία, ας (ἡ), bravoure, fierté.

ἀ-γήνωρ, ορος (ὁ), vaillant, fier.

ἀγήοχα, *pf.* *de* ἄγω.

ἀ-γήραος, ος, ον, qui ne vieillit pas.

ἀ-γήρατος, ος, ον, qui ne vieillit pas.

ἀ-γήρως, ως, ων, comme ἀγήραος.

Ἀγησίλαος, ου (ὁ), Agésilas, roi de Sparte.

ἀγητός, ή, όν, admirable.

ἁγιάζω (*f.* άσω), sanctifier.

ἁγί-ζω, consacrer par un sacrifice.

ἀγινέω-ῶ (*f.* ήσω), mener.

ἅγιος, α, ον, SAINT; maudit. Τὸ ἅγιον, *Eccl.*, le sanctuaire.

ἁγιότης, ητος (ἡ), sainteté.

Ἆγις, ιδος (ὁ), Agis, *roi de Sparte.*

ἁγιστεία, ας (ἡ), cérémonie religieuse.

ἁγιστεύω, accomplir les devoirs religieux; *acc.*, purifier.

ἁγίως, *adv.*, saintement.

ἁγιωσύνη, ης (ἡ), sainteté.

ἀγκάζομαι (*f.* άσομαι), embrasser.

ἀγκάλη, ης (ἡ), bras.

ἀγκαλίζομαι (*f.* ίσομαι), embrasser.

ἀγκαλίς, ίδος, (ἡ). brassée.

ἀγκάλισμα, ατος (τό), embrassement.

ἀγκάς, *adv.*, dans les bras.

ἀγκιστρεία, ας (ἡ), pêche à l'hameçon.

ἀγκιστρευτικός, ή, όν, qui concerne la pêche à l'hameçon.

ἀγκιστρεύω, pêcher à l'hameçon.

ἄγκιστρον, ου (τό), hameçon.

ἀγιστρόω-ῶ (*f.* ώσω), recourber en forme de crochet.

ἀγκοῖναι, ῶν (αἱ), les bras.

ἄγκος, ους (τό), vallon.

ἀγκύλη, ης (ἡ), PLI DU BRAS; jarret; courroie, lacet, laisse, amarre; ankylose.

ἀγκύλια, ων (τά), boucliers (*à Rome*).

ἀγκυλο-μήτης, ου (ὁ), à l'esprit subtil.

ἀγκυλό-πους, ους, ουν, *gén.* οδος, aux pieds recourbés.

ἀγκύλος, η, ον, RECOURBÉ; retors; entortillé.

ἀγκυλό-τοξος, ος, ον, armé d'un arc recourbé.

ἀγκυλο-χείλης, ου, (ὁ), au bec recourbé.

ἀγκυλό-ω-ῶ (*f.* ώσω), recourber.

ἀγκύλωσις, εως (ἡ), ankylose.

ἄγκυρα, ας (ἡ), ancre; *au fig.*, chance de salut.

ἀγκυρίζω (*f.* ίσω), donner un croc en jambe, *acc.*

ἀγκών, ῶνος (ὁ), COUDE, bras; courbe, angle; courbure d'un arc.

ἀγλαΐα, ας (ἡ), ÉCLAT; beauté; plaisirs.

ἀγλαΐζω, parer. — *Moy.* : se parer.

ἀγλάϊσμα, ατος (τό), éclat.

ἀγλαϊσμός, οῦ (ὁ), parure.

ἀγλαό-καρπος, ος, ον, qui porte de beaux fruits.

ἀγλαός, ή, όν, BRILLANT; magnifique.

ἀγλαῶς, *adv.*, avec éclat.

ἀ-γλευκής, ής, ές, amer

ἄγλις, ιθος (ἡ), gousse d'ail.

ἄ-γλωσσος, ος, ον (*att.* ωττος) sans voix; au jargon barbare.

ἄγμα, ατος (τό), débris.

ἀγμός, οῦ (ὁ), fracture. *Au plur.*, lieux escarpés.

ἄ-γναμπτος, ος, ον, qui ne plie pas.

ἄ-γναπτος, ος, ον, non cardé.

ἁγνεία, ας (ἡ), PURETÉ; innocence; purification.

ἅγνευμα, ατος (τό), chasteté.

ἁγνεύω (f. εύσω), être innocent; avec le gén., ne pas être coupable de.

ἁγνίζω (f. ίσω), purifier.

ἁγνισμός, οῦ (ὁ), purification.

ἀγνοέω-ῶ (f. ήσω), ignorer, acc. ou abs.

ἄ-γνοια, ας (ἡ), ignorance.

ἀ-γνοούντως, adv., par ignorance.

ἁγνός, ή, όν, pur; avec le gén., exempt de.

ἄγνος, ου (ἡ), agnus-castus (arbrisseau).

ἄγνυμι (f. ἄξω, aor. ἔαξα; passif. aor. 2 ἐάγην; pf. 2 ἔαγα), briser.

ἀ-γνωμονέω-ῶ (f. ήσω), faire preuve d'ignorance ou d'irréflexion. — Au passif, être traité à la légère.

ἀ-γνωμόνως, adv., IMPRUDEMMENT; injustement.

ἀ-γνωμοσύνη, ης (ἡ), IGNORANCE; rigueur.

ἀγνώμων, ων, ον, gén., ονος, IMPRUDENT; dur; oublieux.

ἀ-γνώς, ώς, ώς, gén., ῶτος, INCONNU; avec le dat., qui agit à l'insu de; avec le gén., ignorant de.

ἀ-γνωσία, ας (ἡ), ignorance.

ἀ-γνώσσω, comme ἀγνοέω.

ἄ-γνωστος, ος, ον, INCONNU; inconnaissable; avec le gén., ignorant de.

ἄ-γονος, ος, ον, stérile; avec le gén., qui ne produit pas.

ἀγορά, ᾶς, (ἡ), ASSEMBLÉE. 1° assemblée du peuple. || 2° harangue. || 3° place publique. || 4° marché : ἀγορᾶς πληθούσης, à l'heure où le marché est plein (vers et après 10 heures). || 5° marchandises.

ἀγοράζω (f. άσω), fréquenter la place publique. — A l'actif et au moyen, avec l'acc., acheter.

ἀγοραῖος, ος, ον, DE LA PLACE POBLIQUE ou DU MARCHÉ; badaud; commun; du barreau.

ἀγορα-νόμος, ου (ὁ),

agoranome (*chargé de la police des marchés; à Rome, édile*).

ἀγοράομαι-ῶμαι, haranguer dans une assemblée.

ἀγόρασις, εως (ἡ), achat.

ἀγόρασμα, ατος (τό), marchandises; emplette.

ἀγοραστής, οῦ (ὁ), acheteur.

ἀγοραστικός, ή, όν, qui concerne le marché.

ἀγορεύω (*fut. etc. empruntés à* λέγω), PARLER EN PUBLIC; dire, déclarer.

ἀγορητής, οῦ (ὁ), orateur.

ἄγος, εος-ους (τό), crime de sacrilège; homme sacrilège.

ἀγός, οῦ (ὁ), conducteur.

ἀγοστός, οῦ (ὁ), paume de la main.

ἄγρα, ας (ἡ), chasse; gibier.

Ἄγρα, ας (ἡ), Agra, dème de l'Attique.

ἀ-γράμματος, ος, ον, qui ne sait pas lire.

ἄ-γραπτος, ος, ον, non écrit.

ἀγρ-αυλέω-ῶ, passer la nuit dans les champs.

ἀγρ-αυλία, ας (ἡ), nuit passée dans la campagne.

ἄγρ-αυλος, ος, ον, qui passe la nuit dans la campagne.

ἄ-γραφος, ος, ον, non écrit.

ἄγρευμα, ατος (τό), gibier.

ἀγρεύς, έως; ἀγρευτήρ, ῆρος; ἀγρευτής, οῦ (ὁ), chasseur.

ἀγρεύω, (*f.* εύσω), prendre à la chasse *ou* à la pêche.

ἀγρέω-ῶ, *même sens. — Imp. excl. :* ἄγρει, ἀγρεῖτε, vite, allons!

ἀγριαίνω, (*f.* ανῶ). effaroucher; — *intr.*, s'effaroucher.

ἀγρίδιον, ου (τό), petit champ.

ἀγρι-ελαία, ας (ἡ), olivier sauvage.

ἄγριος, α, ον, sauvage.

ἀγριότης, ητος (ἡ), nature sauvage.

ἀγριόω-ῶ, rendre sauvage.

ἀγρίως, *adv.*, d'une manière sauvage.

ἀγροικία, ας (ἡ), vie à la campagne; rusticité.

ἀγροικίζομαι (*f. att.* ιοῦμαι), être campagnard.

ἄγρ-οικος *ou* **ἀγρ-οῖκος, ος, ον**, rustique; rustre.

ἀγροίκως, *adv.*, comme un rustre.

ἀγροιώτης, ου (ὁ), campagnard.

ἀγρο-νόμος, ος, ον, rustique. — *Nom* (ὁ) : agronome (*sorte d'inspecteur rural*).

ἀγρός, οῦ(ὁ), campagne, champ.

ἀγρότερος, α, ον, champêtre.

ἀγρότης, ου (ὁ), villageois.

ἀγρ-υπνέω-ῶ, être éveillé.

ἀγρ-υπνία, ας (ἡ), insomnie.

ἄγρ-υπνος ος, ον, qui ne dort pas.

ἀγρῶστις, ιδος (ἡ), chiendent.

ἀγυιά, ᾶς (ἡ), rue; route; quartier.

ἄ-γυιος, ος, ον, sans membres, sans nerf.

ἀ-γύμναστος, ος, ον, non exercé.

ἄγυρις, εως (ἡ), rassemblement.

ἀγυρμός, οῦ (ὁ), collecte.

ἀγυρτάζω, mendier.

ἀγύρτης, ου (ὁ), mendiant; charlatan.

ἀγχέ-μαχος, ος, ον, qui combat de près.

ἄγχι, *adv.*, près; — *avec le gén. et qqf. le datif*, près de.

ἀγχί-αλος, ος, ον, voisin de la mer.

ἀγχι-βαθής, ής, ές, profond.

ἀγχί-θεος, ος, ον, semblable aux dieux.

ἀγχι-μαχητής, οῦ (ὁ), qui combat de près.

ἀγχί-μολος, ος, ον, voisin. — *Adv.*, ἀγχίμολον, près; sitôt après.

ἀγχί-νοια, ας (ἡ), intelligence vive.

ἀγχί-νοος-ους, οον-ουν, d'intelligence vive.

Ἀγχίσης, ου (ὁ), Anchise.

ἀγχιστεία, ας (ἡ), PROCHE PARENTÉ; droit d'héritage; commerce familier.

ἀγχιστεύς, έως (ὁ), proche parent.

ἀγχιστεύω, (*f.* εύσω), ÊTRE VOISIN DE, *gén.* ou *dat.*, — être proche parent de.

ἄγχιστος, η, ον, *superl.*, d'ἄγχι, tout proche. — Ἄγχιστα, *adv.*, tout près.

ἀγχί-στροφος, ος, ον, qui tourne vite.

ἀγχόθι, *adv.*, près.

ἀγχόνη, ης (ἡ), action

d'étrangler *ou* de pendre; motif de se pendre.

ἀγχότερος, α, ον, *gén.*, plus proche de.

ἀγχοῦ, *adv.*, auprès. — *Prép. et le gén.*, près de.

ἄγχω, (*f.* ἄγξω), SERRER, étrangler; étouffer.

ἀγχ-ώμαλος, ος, ον, presque égal.

ἄγω (*f.* ἄξω, *aor*² ἤγαγον, *pf.* ἦχα; *passif f.* ἀχθήσομαι, *aor.* ἤχθην, *pf.* ἦγμαι), MENER, *acc.* 1° conduire, diriger, élever. ‖ 2° amener, apporter, emmener, entraîner, emporter; — ἄγειν καὶ φέρειν, piller (*agere et ferre*); ‖ 3° peser; estimer; παρ' οὐδὲν ἄγειν, ne faire aucun cas de. ‖ 4° *Avec idée de temps.* passer, célébrer : ἄγειν εἰρήνην, être en paix; prolonger, maintenir : μνήμην ἄγειν, conserver le souvenir.

— *Intr.*, s'avancer : ἄγειν ἐπὶ τοὺς πολεμίους, marcher à l'ennemi.

— *Moy.* (*f.* ἄξομαι, *aor.* 2 ἠγαγόμην) 1° emmener avec soi. — ‖ 2° attirer à soi, gagner, recevoir. — ‖ 3° peser, estimer. ‖ 4° épouser.

ἀγωγεύς, έως (ὁ), 1° conducteur. ‖ 2° bride, laisse.

ἀγωγή, ῆς (ἡ), ACTION DE CONDUIRE. 1° transport. ‖ 2° direction, conduite, méthode.

ἀγώγιμος, ος, ον, QU'ON PEUT CONDUIRE. 1° importé. ‖ 2° exposé à l'emprisonnement. ‖ 3° porté à.

ἀγώγιον, ου (τό), cargaison.

ἀγωγός, ός, όν, qui sert à conduire, à amener, *gén.* ou *prép.*

ἀγών, ῶνος (ὁ) ASSEMBLÉE. 1° jeu, concours. ‖ 2° lutte, combat. ‖ 3° débat. ‖ 4° péril, crise.

ἀγωνία, ας (ἡ), 1° combat, lutte. ‖ 2° anxiété.

ἀγωνιάω-ῶ (*f.* άσω), 1° lutter. ‖ 2° s'inquiéter.

ἀγωνίζομαι (*f.* 2 ἀγωνιοῦμαι; *f. pass.* ἀγωνισθήσομαι), 1° LUTTER; combattre, *avec* περί *ou* πρός; **ἀγωνίζεσθαι στάδιον,** disputer le prix du stade. ‖ 2° soutenir un débat. — *Au passif,* être l'objet d'une lutte, d'un débat.

ἀγώνιος, ος, ον, qui concerne les jeux *ou* les combats.

ἀγώνισμα, ατος (τό), 1° LUTTE, combat. || 2° concours public, prix du concours.

ἀγωνιστής, οῦ (ὁ). 1° champion, athlète. || 2° défenseur. || 3° acteur. || 4° maître éprouvé en une matière.

ἀγωνιστικός, ή, ον, qui concerne la lutte.

ἀγωνο-θετέω-ῶ, être agonothète.

ἀγωνο-θέτης, agonothète (*président des jeux publics*).

ἀ-δαημονίη, ης (ἡ), ignorance.

ἀ-δαήμων, ων, ον, *gén.* ονος, ignorant de, *gén.*

ἀ-δαής, ής, ές, *même sens.*

ἄ-δακρυς, υς, υ, *gén.* υος, qui ne pleure point.

ἀ-δάκρυτί, *adv.*, sans larmes.

ἀ-δάκρυτος, ος, ον, 1° qui ne pleure pas. || 2° qui n'est pas pleuré.

ἀδαμάντινος, η, ον, d'acier.

ἀδαμαντίνως, *adv.*, comme l'acier.

ἀδάμας, αντος (ὁ), acier.

ἀ-δάματος, ος, ον, indompté.

ἀ-δάπανος, ος, ον, 1° non coûteux. 2° non dépensier.

ἄ-δασμος, ος, ον, qui ne paie pas tribut.

ἄ-δαστος, ος, ον, qui n'est pas partagé.

ἀ-δεής, ής, ές, 1° exempt de crainte. || 2° impudent. || 3° qui n'inspire pas la crainte.
— qui n'a pas besoin de, *gén.*

ἄ-δεια, ας (ἡ), ABSENCE DE CRAINTE. 1° sécurité. || 2° liberté. || 3° impunité. || 4° dispense.

ἀ-δείμαντος, ος, ον, qui ne s'effraie pas.

ἄ-δειπνος, ος, ον, qui n'a pas soupé.

ἀ-δέκαστος, ος, ον, non corrompu.

ἄ-δεκτος, ος, ον, incapable de recevoir. *gén.*

ἀδελφή, ῆς (ἡ), sœur.

ἀδελφιδῆ, ῆς (ἡ), nièce.

ἀδελφιδοῦς, οῦ (ὁ), neveu.

ἀδελφίζω, (*f.* ίσω), traiter fraternellement.

ἀδελφικός, ή, όν, fraternel.

ἀδελφο-κτόνος, ος, ον, fratricide.

ἀδελφός, οῦ (ὁ), frère.

ἀδελφός, ή, όν, FRATERNEL; semblable à, *gén.* ou *dat.*

ἄ-δενδρος, ος, ον, sans arbres.
ἀ-δέξιος, ος, ον, maladroit.
ἄ-δερκτος, ος, ον, qui ne voit pas.
ἀ-δερκτῶς, *adv.* sans voir.
ἄ-δεσμος, ος, ον, non enchaîné.
ἀ-δέσποτος, ος, ον, SANS MAÎTRE; sans nom d'auteur.
ἄ-δετος, ος, ον, non lié.
ἀ-δευκής, ής, ές amer.
ἀδέω, être dégoûté de.
ἀ-δεῶς, *adv.*, sans crainte.
ἀ-δήϊος, ος, ον, non ravagé par l'ennemi.
ἄ-δηκτος, ος, ον, NON MORDU; non attaqué.
ἀ-δηλέω-ῶ, *gén.*, être incertain de.
ἄ-δηλος, ος, ον, 1° QUI NE SE VOIT PAS: obscur. ‖ 2° incertain : ἄδηλον ὂν ὅτι (εἰ), alors qu'on ne sait pas si...
ἀ-δηλότης, ητος (ἡ), obscurité.
ἀ-δήλως, *adv.* en se cachant.
ἀδημονέω-ῶ, être tourmenté.
ἀδημονία, ας (ἡ), inquiétude.
ἄδην, *adv.*, assez. Ταῦθ' ἅδην ἔχει ἐμοί, j'ai assez de cela.
ἀδήν, ένος (ὁ ou ἡ), glande.
ἀ-δήριτος, ος, ον, non disputé.
ἀ-δῄωτος, ος, ον, non ravagé.
ἀ-διάβατος, ος, ον, infranchissable.
ἀ-διάβλητος, ος, ον, qu'on ne peut critiquer.
ἀ-διαίρετος, ος, ον, indivisible.
ἀ-διάκριτος, ος, ον, indistinct.
ἀ-διάλλακτος, ός, ον, irréconciliable.
ἀ-διάλυτος, ος, ον, indissoluble.
ἀ-διανόητος, ος, ον, inintelligible.
ἀ-διανοήτως, *adv.*, d'une manière irréfléchie.
ἀ-δίαντον, ου (τό), adiante (*sorte de fougère*).
ἀ-δίαντος, ος, ον, non mouillé.
ἀ-διάπαυστος, ος, ον, qui ne cesse pas.
ἀ-διαπαύστως, *adv.*, sans arrêt.
ἀ-διάπλαστος, ος, ον, non formé.
ἀ-διάπτωτος, ος, ον, infaillible.

ἀ-διαπτώτως, *adv.*, sans erreur.

ἀ-διάρθρωτος, ος, ον, inarticulé.

ἀ-διάσπαστος, ος, ον, non déchiré; ininterrompu.

ἀ-διάστατος, ος, ον, continu.

ἀ-διάστροφος, ος, ον, non contourné; non perverti.

ἀ-διάσχιστος, ος, ον, non déchiré.

ἀ-διάτακτος, ος, ον, non ordonné.

ἀ-διατύπωτος, ος, ον, non façonné.

ἀ-διάφθαρτος, ος, ον, non corrompu.

ἀ-διάφθορος, ος, ον, *même sens.*

ἀ-διαφθόρως, *adv.*, sans corruption.

ἀ-διαφορέω-ῶ, être indifférent.

ἀ-διάφορος, ος, ον, indifférent.

ἀ-διάψευστος, ος, ον, qui ne trompe pas.

ἀ-δίδακτος, ος, ον, non instruit; non appris.

ἀ-διεξίτητος, ος, ον, qu'on ne peut parcourir.

ἀ-διέξοδος, ος, ον, sans issue.

ἀ-διέργαστος, ος, ον, inachevé.

ἀ-διερεύνητος, ος, ον, non examiné.

ἀ-διήγητος, ος, ον, qu'on ne peut raconter.

ἀ-δίκαστος, ος, ον, non jugé.

ἀ-δικέω-ῶ (*f.* ήσω, *aor.* ησα, *pf.* ἠδίκηκα; *fut. moy.* ἀδικήσομαι *au sens passif*). 1° ÊTRE INJUSTE. || 2° commettre un délit. || 3° *avec l'acc.*, nuire à quelqu'un (τι *acc.* en quelque chose); ἀδικεῖσθαι, être victime.

ἀδίκημα, ατος (τό), injustice.

ἀδικία, ας (ἡ), injustice.

ἀδικο-δοξέω-ῶ, (*f.* ήσω), aller à la gloire par des voies iniques.

ἀδικο-μαχία, ας (ἡ), déloyauté dans le combat.

ἀδικο-πραγέω-ῶ, commettre des injustices.

ἄ-δικος, ος, ος, ον, INJUSTE; rétif.

ἀδίκως, *adv.* INJUSTEMENT; sans raison.

ἀδινός, ή, όν, ABONDANT; ferme; ἀδινόν, *adv.*, fortement.

ἀδινῶς, *adv.*, avec force.

ἀ-διοίκητος, ος, ον, sans ordre.

ἀ-διόρθωτος, ος, ον, NON REDRESSÉ; incorrigible.

ἀ-διόριστος, ος, ον, indéfini.

ἄ-διψος, ος, ον, sans soif.

ἀ-δμής,ῆτος, INDOMPTÉ; vierge.

ἄ-δμητος, η ον, *même sens*.

Ἄδμητος, ου (ὁ), Admète, époux d'Alceste.

ᾀδο-βάτης, ου (ὁ), qui descend chez Hadès.

ἀ-δόκητος, ος, ον, inattendu.

ἀ-δοκήτως *adv.* à l'improviste.

ἀ-δοκίμαστος, ος, ον, non encore jugé.

ἀ-δόκιμος, ος, ον, de mauvais aloi; vil.

ἀδολεσχέω-ῶ, bavarder.

ἀδολέσχης, ου (ὁ), bavard.

ἀδολεσχία, ας (ἡ), bavardage.

ἀδόλεσχος, ος, ον, bavard.

ἄ-δολος, ος, ον, sans fraude; sans artifice.

ἀ-δόλως, *adv.*, sans fraude.

ἀ-δόξαστος, ος, ον, qui est au-dessus de l'opinion.

ἀ-δοξέω-ῶ, 1° *acc.*, dédaigner. ‖ 2° *intr.*, n'être pas estimé.

ἀ-δοξία, ας (ἡ), manque de gloire, obscurité.

ἄ-δοξος, ος, ον, sans renom, méprisé.

ἀ-δόξως, *adv.*, sans réputation.

ἀ-δορυφόρητος, ος, ον, non accompagné de gardes.

ἄδος, ους (τό), satiété.

ἀ-δούλευτος, ος, ον, non asservi.

ἄ-δουλος, ος, ον, sans esclaves.

ἀ-δούλωτος, ος, ον, non asservi.

ἀ-δρανής, ής, ές, faible; affaiblissant.

Ἀ-δράστεια, ας (ἡ), *Adrasteia* (l'inévitable), surnom de Némésis.

1. Ἄδραστος, Adraste, roi d'Argos.

2. ἄ-δραστος, ος, ον, inévitable.

1. Ἀδριανός, οῦ (ὁ), Adrien, empereur.

2. Ἀδριανός, ή, όν, de l'Adriatique.

Ἀδρίας, ου (ὁ), mer Adriatique.

Ἀδριατικός, ή, όν, de l'Adriatique.

ἄ-δριμυς, υς, υ, non acide.

ἀδρός, ά, όν, DRU; grand, fort; neut. *adv.*, amplement.

ἁδροτής, ῆτος (ἡ), vigueur.

ἁδρόο-ῶ *acc.*, faire grandir.

ἁδρύνω, faire croître.

ἀ-δυναμία, ας (ἡ), manque de force, faiblesse.

ἀ-δυνατέω-ῶ, n'avoir pas la force (*avec l'inf.*, de).

ἀ-δύνατος ος, ον, INCAPABLE (*avec l'inf.* de); faible; impossible : ἀδύνατόν ἐστι, il est impossible.

ἀ-δυνάτως, *adv.*, sans force.

ἀ-δυσώπητος, ος, ον, qui ne peut rougir.

ἀ-δυσωπήτως, *adv.*, sans rougir.

ἄ-δυτος, ος, ον, impénétrable.

ᾄδω (*f.* ᾄσομαι, *aor.* ᾖσα. *Passif aor.* ᾔσθην) chanter; — *avec l'acc.*, célébrer.

ἀδωνίαζω, célébrer les fêtes d'Adonis.

Ἀδώνιος, ος, ον, d'Adonis. Τὰ Ἀδώνια, les fêtes d'Adonis.

Ἄδωνις, ιδος (ὁ), Adonis, dieu aimé d'Aphrodite.

ἀ-δώρητος, — **ἀ-δωροδόκητος**, — **ἀ-δωρόδοκος**, ος, ον, incorruptible.

ἀ-δωροδοκήτως, *adv.*, sans être gagné par des présents.

ἀ-δωροδοκία, ας (ἡ), incorruptibilité.

ἄ-δωρος, ος, ον, qui ne reçoit pas de présents.

ἀ-δώτης, ου (ὁ), qui n'aime pas donner.

ἀ-έδνωτος, ος, ον, non dotée.

ἀέθλιος, *etc.*, pour **ἄθλιος**, *etc.*

ἀεί, *adv.*, 1° SUCCESSIVEMENT; οἱ ἀεὶ βασιλεύοντες, ceux qui règnent à leur tour. ‖ 2° toujours : εἰς ἀεί, pour toujours.

ἀει-γενής, ής, ές, qui a toujours existé.

ἀ-είδελος, ος, ον, invisible.

ἀ-ειδής, ής, ές, INVISIBLE : inconnaissable; affreux à voir.

ἀεί-ζωος, ος, ον, qui vit toujours.

ἀεικείη (ἡ), pour αἰκία.

ἀ-εικέλιος, η, ον, inconvenant.

ἀ-εικής, ής, ές, inconvenant; étrange.

ἀει-κίνητος, ος, ον, en

perpétuel mouvement.
ἀει-λογία, ας (ἡ), manie d'exposer toujours.
ἀει-μνήμων, ων, ον, *gén.* ονος, qui se souvient toujours.
ἀει-μνηστος, ος, ον, toujours mémorable.
ἀεί-φρουρος, ος, ον, qui garde toujours.
ἀει-φυγία, ας (ἡ), exil perpétuel.
ἀεί-φυλλος, ος, ον, toujours feuillu.
ἀ-εκαζόμενος, η, ον, non consentant.
ἀ-εκήλιος, ος, ον, inconvenant.
ἀ-έκητι, *prép. gén.*, en dépit de.
ἀέκων, pour ἄκων.
ἄελλα, ης (ἡ), tempête.
ἀελλαῖος, α, ον, tempétueux.
ἀελλό-πους, ους, ουν, *gén.* ποδος, qui a les pieds rapides comme la tempête.
Ἀελλώ, οῦς (ἡ), Aello (la tempétueuse), une des Harpyes
ἀ-ελπτέω-ῶ, ne pas espérer.
ἀ-ελπτία, ας (ἡ). surprise.
ἄ-ελπτος, ος, ον, inattendu; désespéré.
ἀέ-ναος, ος, ον, intarissable.
ἀεξί-φυλλος, ος, ον, qui fait pousser les feuilles.
ἀέξω (*f.* **ἀεξήσω**) comme αὔξω, *tr.* et *intr.*
ἄ-επτος, ος, ον, incapable de suivre.
ἀ-εργία, ἀ-εργός, pour ἀργία, ἀργός.
ἀέρδην, *adv.*, en l'air.
ἀέρινος, η, ον, aérien, azuré.
ἀέριος, ος, ον, aérien; vaporeux.
ἄ-ερκτος, ος, ον, non clos.
ἀερο-βατέω-ῶ, marcher dans les airs.
ἀερο-δόνητος, ος, ον, se balançant dans les airs.
ἀερο-δρομέω-ῶ, courir dans les airs.
ἀερο-ειδής, ής, ές, aérien; nébuleux.
ἀερόεις, εσσα, εν, brumeux, sombre.
ἀερο-μαχία, ας (ἡ), combat dans les airs.
ἀερο-μετρέω-ῶ, mesurer les nues.
ἀερο-νηχής, ής, ές, qui nage dans les airs.
Ἀερόπη, ης (ἡ). Aéropé, *femme d'Atrée.*

ἀερο-πορέω-ῶ, voyager dans les airs.
ἀερό-φοιτος, ος, ον, qui erre à travers les airs.
ἀερσί-λοφος, ος, ον, qui dresse son panache.
ἀερσί-πους, ους, ουν, *gén.* ποδος, qui lève rapidement les pieds.
ἀερώδης, ης, ες, aérien, vaporeux.
ἄεσα, *aor. hom.*, dormir.
ἀεσι-φροσύνη, ης (ἡ), égarement de l'esprit.
ἀεσί-φρων, ων, ον, *gén.*, ονος, à l'esprit égaré.
ἀετός, οῦ (ὁ), aigle; fronton.
ἄζα, ης (ἡ), sécheresse.
ἀζαλέος, α, ον, desséché, *au pr. et au fig.*
ἀ-ζηλία, ας (ἡ), absence de jalousie.
ἄ-ζηλος, ος, ον, 1° non envié. ‖ 2° non envieux.
ἀ-ζήλωτος, ος, ον, non à envier.
ἀ-ζήμιος, ος, ον, 1° sans dommage. ‖ 2° qui n'est pas puni. ‖ 3° Inoffensif.
ἀ-ζήτητος, ος, ον, non cherché.
ἀζηχής, ής, ές, incessant.
ἄ-ζυγος, ος, ον, non soumis au joug.
ἄ-ζυμος, ος, ον, sans levain.
ἄ-ζυξ, υγος, *même sens que* ἄ-ζυγος.
ἄζω, dessécher.
ἅζω *et plus souvent* ἅζομαι, respecter; craindre.
ἄ-ζωστος, ος, ον, sans ceinture.
ἀ-ηδής, ής, ές, désagréable.
ἀ-ηδία, ας (ἡ), antipathie.
ἀηδόνιος ος, ον, de rossignol.
ἀηδών, όνος (ἡ), rossignol.
ἀ-ηδῶς, *adv.*, désagréablement; à contre cœur.
ἀ-ήθεια, ας (ἡ), manque d'habitude.
ἀ-ηθέω-ῶ, *gén.*, n'être pas habitué à.
ἀ-ήθης, ης, ες, non habitué à, *gén.*; inusité.
ἀ-ήθως, *adv.*, d'une manière inattendue.
ἄημι, souffler. — *Passif,* ἄημαι, être agité.
ἀήρ, έρος (ὁ), air; vapeur.
ἀ-ήσσητος, *att.* **ἀ-ήττητος, ος, ον,** invaincu; invincible.
ἀήσυρος, ος, ον, léger comme un souffle.

ἀήτης, ου (ὁ), souffle du vent.

ἄητος, ος, ον, impétueux comme le vent.

ἀ-θάλασσος, *att.* **ἀ-θάλαττος**, ος, ον, étranger à la mer.

ἀ-θαλλής, ής, ες, sans feuilles.

ἀ-θαλπής, ής, ές, sans chaleur.

ἀ-θαμβής, ής, ές, sans frayeur.

ἀ-θανασία, ας (ἡ), immortalité.

ἀ-θανατίζω, immortaliser.

ἀ-θάνατος, ος, ον, immortel.

ἄ-θαπτος, ος, ον, sans sépulture.

ἀθάρα, ας, *att.* ἀθάρη, ης (ἡ), bouillie.

ἀ-θαρσής, ής, ές, sans courage.

ἀ-θαρσῶς, *adv.*, sans courage.

ἀ-θαύμαστος, ος, ον, qui ne s'étonne pas.

ἀ-θέατος, ος, ον, invisible.

ἀ-θεεί, *adv.*, sans l'aide des dieux.

ἀ-θεΐα, ας (ἡ), athéisme.

ἄ-θελκτος, ος, ον, inflexible.

ἄ-θεμις, ις, ι, *gén.* ιτος, sans justice.

ἀ-θεμιστία, ας (ἡ), injustice.

ἀ-θέμιστος, ος, ον, injuste ; illicite.

ἄ-θεος, ος, ον, sans dieux, impie.

ἀ-θεότης, ητος (ἡ), impiété, athéisme.

ἀ-θεραπευσία, ας (ἡ), manque de soin.

ἀ-θεράπευτος, ος, ον, non soigné ; incurable.

ἀ-θερίζω, négliger, *acc.* ou *gén.*

ἄ-θερμος, ος, ον, privé de chaleur.

ἀ-θεσία, ας (ἡ), manque de bonne foi.

ἄ-θεσμος, ος, ον, inique, illicite.

ἀ-θέσφατος, ος, ον, inexprimable même pour les dieux.

ἀ-θετέω-ῶ, annuler ; repousser.

ἀ-θέτημα, violation de la loi sacrée.

ἄ-θετος, ος, ον, non placé ; impropre à.

ἀ-θέτως, *adv.*, illégalement ; sans aptitude pour.

ἀ-θεώρητος, ος, ον, non examiné ; invisible.

ἀ-θεωρήτως, *adv.*, inconsidérément.

ἀ-θέως, *adv.*, en impie,

ἄ-θηλυς, υς, υ, *gén.* εος, non efféminé.
Ἀθηνᾶ, ᾶς (ἡ), Athéna (Minerve), fille de Zeus.
Ἀθήναζε, *adv.*, vers Athènes, *avec mouvement.*
Ἀθῆναι, ῶν (αἱ), Athènes.
Ἀθηναῖος, α, ον, Athénien. Οἱ Ἀθηναῖοι, les Athéniens.
Ἀθήνηθεν, *adv.*, d'Athènes.
Ἀθήνησι, *adv.*, à Athènes, *sans mouvement.*
ἀθήρ, έρος (ὁ), pointe de l'épi; pointe.
ἀ-θήρευτος, ος, ον, qui ne se prend pas à la chasse.
ἀθηρη-λοιγός, οῦ (ὁ), van.
ἄ-θηρος, ος, ον, dépourvu de gibier,
ἄ-θικτος, ος, ον, NON TOUCHÉ; pur; sacré; qui ne touche pas à, *gén.*
ἀθλεύω et ἀθλέω-ῶ, lutter.
ἄθλημα, ατος (τό), lutte; outil.
ἀθλητήρ, ῆρος (ὁ), combattant.
ἀθλητής, οῦ (ὁ) athlète; exercé à, *avec le gén.*
ἀθλητικός, ή, όν, athlétique.
ἀθλητικῶς, *adv.*, comme les athlètes.
ἄθλιος, α, ον, malheureux; pénible.
ἀθλιότης ητος (ἡ), infortune.
ἀθλίως, *adv.*, misérablement.
ἀθλο-θέτης, ου (ὁ) athlothète, *organisateur des luttes et concours.*
ἆθλον, ου (τό), prix du combat; combat; arène.
ἆθλος, ου (ὁ), lutte, concours; peine.
ἀθλο-φόρος, ος, ον, qui remporte le prix du combat.
ἀ-θόλωτος, ος, ον, non bourbeux.
ἀ-θορύβητος *et* ἀ-θόρυβος, ος, ον, sans trouble.
ἄ-θραυστος, ος, ον, non brisé, intact.
ἀθρέω-ῶ, regarder, considérer.
ἀθροίζω (*f.* σω; *aor. pass.*, ἠθροίσθην), assembler, recueillir.
ἄθροισις, εως (ἡ), rassemblement.
ἄθροισμα, ατος (τό), *même sens.*
ἀθροισμός οῦ (ὁ), *même sens.*
ἀθρόος, α, ον, 1° SERRÉ,

compact. ‖ 2° en masse. ‖ 3° nombreux.

ἀθρόως, *adv.*, en masse; tout d'un coup.

ἄ-θρυπτος, ος, ον, non brisé; non amolli.

ἀ-θυμέω-ῶ, être découragé.

ἄ-θυμος, ος, ον, découragé; sans colère.

ἀ-θύμως, *adv.*, avec découragement; sans colère.

ἄθυρμα, ατος (τό), jouet; jeu.

ἄ-θυρος, ος, ον, sans porte.

ἀθυρό-στομος, ος, ον, bavard sans frein.

ἀθύρω, jouer, s'amuser; *avec l'acc.*, se divertir à.

ἄ-θυτος, ος, ον, 1° NON SACRIFIÉ; défavorable; illégitime. ‖ 2° qui ne sacrifie pas.

ἀ-θῷος, ος, ον, 1° IMPUNI; innocent; à l'abri de *gén.* ‖ 2° qui ne fait aucun tort.

ἀ-θώπευτος, ος, ον, non flatté.

ἀ-θωράκιστος, ος, ον, sans cuirasse.

1° **αἰ** *conj. pour* εἰ, si; αἴ κε = ἐάν.

2° **αἴ** (γάρ) et *l'opt.*, plût au ciel que.

3° **αἴ**, *interj.*, (αἰαῖ), ah! hélas!

4° **αἱ**, *pl. fém.*, de l'art. ὁ, les.

5° **αἵ**, *plur. fém.*, du relatif ὅς, lesquelles.

Αἶα, ας (ἡ), Æa (Colchide).

αἴαγμα, ατος (τό), gémissement.

αἰάζω, *f.* άξω, gémir.

Αἰακίδης, ου (ὁ), fils *ou* descendant d'Eaque.

Αἰακός, ου (ὁ), Eaque.

αἰακτός, ή, όν, déplorable.

αἰανής, ής, ές 1° déplorable. ‖ 2° éternel (de αἰών).

Αἰάντειος, ος, ον, d'Ajax.

Αἴας, αντος (ὁ), Ajax.

αἰβοῖ, *interj.*, ah!

αἴγ-αγρος, ου (ὁ, ἡ), chamois.

Αἰγαί, ῶν (αἱ), Æges, *ville*.

Αἰγαῖος, α, ον, Egée. Ὁ Αἰγαῖος (πόντος) la mer Egée.

αἰγανέη, ης (ἡ), épieu de chasse.

ἀΐγδην, *adv.*, en bondissant.

αἴγειος, α, ον, de chèvre.

αἴγειρος, ου (ἡ), peuplier noir.

αἰγ-ελάτης, ου (ὁ), chevrier.

Αἰγεύς, έως (ὁ), Egée (roi d'Athènes et frère de Thésée.)
αἰγιαλός, οῦ (ὁ), rivage.
αἰγί-βοτος, ος, ον, brouté par les chèvres.
αἰγίδιον, ου (τό,) chevreau.
αἰγί-θαλλος, ου (ὁ) mésange.
αἴγιθος, ου (ὁ), linotte.
αἰγίλιψ, ιπος, escarpé (pour les chèvres).
αἰγίλωψ, ώπος (ὁ), folle avoine.
Αἴγινα, ης, (ἡ,) Egine.
αἰγι-νομεύς, έως (ὁ), chevrier.
αἰγί-νομος, ος, ον, brouté par les chèvres.
αἰγί-οχος, ου (ὁ), qui tient l'égide.
αἰγί-πους, ουν, *gén* οδος, aux pieds de chèvre.
αἰγίς, ίδος (ἡ), 1° peau de chèvre, égide: || 2° tempête.
Αἴγισθος, ου (ὁ), Egisthe.
αἴγλη, ης (ἡ), éclat (du soleil, etc.); gloire.
αἰγλήεις, ήεσσα, ῆεν, brillant.
Αἰγο-κερεύς, έως (ὁ), le Capricorne.
αἰγό-κερως, ως, ων, aux cornes de chèvre.
αἰγο-πρόσωπος, ος, ον, à face de chèvre.
Αἰγὸς ποταμοί (οἱ), Aegos-Potamos.
αἰγυπιός, οῦ (ὁ), vautour.
αἰγυπτιάζω, agir *ou* parler comme un Egyptien.
αἰγυπτιακός, ή, όν, égyptien.
Αἰγύπτιος, α, ον, égyptien.
αἰγυπτιστί, *adv*. à la façon égyptienne.
Αἴγυπτος, ου (ἡ), l'Egypte; le Nil.
αἰδέομαι-οῦμαι, (*f*. έσομαι. *aor*. ᾐδεσάμην et ᾐδέσθην, *pf*. ᾔδεσμαι) 1° ÉPROUVER DE LA HONTE; avoir honte de, *inf*. || 2° *acc*., craindre, respecter. || 3° ménager: pardonner. || 4° obtenir le pardon de.
αἰδέσιμος, ος, ον, respectable.
αἴδεσις, εως (ἡ), pitié; respect.
αἰδεστός, ή, ον, vénérable.
ἀ-ΐδηλος, ος, ον, qui rend invisible, destructeur. || 2° invisible, obscur.
ἀ-ϊδήλως, *adv*., d'une manière destructrice.

αἰδημόνως, *adv.*, avec réserve.

αἰδημοσύνη, ης (ἡ), réserve.

αἰδήμων, ων, ον, *gén.* ονος, réservé.

Ἅιδης, Ἅδης, ου (ὁ), Hadès, dieu des enfers (Pluton); *par suite* les enfers : ἐν Ἅιδου, aux enfers (*s.-ent.* οἴκῳ); εἰς Ἅιδην, vers les enfers (*s.-ent.* οἶκον);

ἀ-ϊδής, ής, ές, invisible.

ἀΐδιος, ος, ον, éternel, perpétuel.

ἀϊδιότης, ητος (ἡ), éternité.

αἰδίως, *adv.*, éternellement.

ἀ-ϊδνός, ή, όν, sombre.

αἰδοῖον, ου (τό) *surtout au plur.*, parties honteuses.

αἰδοῖος, α, ον, 1° VÉNÉRABLE. ‖ 2° honteux. ‖ 3° déférent.

αἰδοίως, *adv.*, avec respect.

αἴδομαι, *poét.*, pour αἰδέομαι.

Ἀϊδόσδε, chez Hadès (*avec mouvement*).

αἰδό-φρων, ων, ον, *gén.* ονος, respectueux; compatissant.

ἀ-ϊδρείη, ης (ἡ), ignorance.

ἄ-ϊδρις, ις, ι, ignorant de, *gén.*

Ἀϊδωνεύς, έως (ὁ), Ædonée.

αἰδώς, οος-ους (ἡ) 1° HONTE (bonne ou mauvaise), honneur, pudeur. ‖ 2° respect, égards.

αἰεί, *ion.* pour ἀεί.

αἰει-γενέτης, ου (ὁ), immortel.

αἰέν-υπνος, ος, ον, au sommeil éternel.

ἀ-ίζηλος, ος, ον, invisible.

αἰζηός, ός, όν, vigoureux.

Αἰήτης, ου (ὁ), Æétès.

αἴητος, ος, ον, au souffle impétueux.

αἰθαλέος, α, ον, fumeux.

αἰθάλη, ης (ἡ), et **αἴθαλος**, ου (ὁ), suie; cendres.

αἰθαλόεις, όεσσα, όεν, noirci par la suie; brûlant.

αἰθαλόω-ῶ, noircir de fumée.

αἰθέριος, α, ον, éthéré; aérien.

αἰθερο-βατέω-ῶ, voyager par les airs.

αἰθερο-δρόμος, ος, ον, parcourant les airs.

αἰθερο-ειδής, ής, ές, semblable à l'air.

αἰθήρ, έρος (ὁ *et* ἡ), éther, air; région, climat.

Αἰ-θιοπία, ας (ἡ), l'Ethiopie.

Αἰθιοπικός, Αἰθιόπιος, Αἰθίοψ, οπος, Ethiopien.

Αἰθιοπίς, ίδος (ἡ), Ethopienne.

αἶθος, εος-ους (τό), flamme de feu.

αἰθός, ή, όν, couleur de feu.

αἴθουσα, ης (ἡ), portique exposé au soleil.

αἴθοψ, οπος, ardent comme la flamme.

αἴθρα, ας *et* **αἰθρία, ας** (ἡ), ciel pur.

αἰθριάζω 1° *acc.*, rendre le ciel pur. ‖ 2° *intr.*, être sous un ciel pur.

αἴθριος, ος, ον, serein; τό αἴθριον, le grand air.

αἶθρος, ου (ὁ) gelée du matin.

αἴθυγμα, ατος (τό), jet d'étincelles.

αἴθυια, ας (ἡ), mouette.

αἰθύσσω 1° *acc.*, agiter; ‖ 2° *intr.*, s'agiter.

αἴθω, brûler, *tr. et intr.*

αἴθων, ωνος (ὁ, ἡ), brûlant; ardent.

αἰκάλλω, caresser.

ἀϊκή, ῆς (ἡ), élan.

αἰκία, ας (ἡ), injure, violence.

αἰκίζω (*aor. pas.* ᾐκίσθην) violenter. — *Au moyen,* même sens.

αἴκισμα, ατος (τό) *et* **αἰκισμός, οῦ** (ὁ), violence.

αἴλινος, ος, ον, plaintif.

αἴλουρος, ου (ὁ, ἡ), chat, chatte.

αἷμα, ατος (τό), 1° sang. ‖ 2° meurtre. ‖ 3° liens du sang, parenté.

αἱμακτός, ή, όν, ensanglanté.

αἱμάς, άδος (ἡ), flot de sang.

αἱμασία, ας (ἡ), épine; clôture.

αἱμασιώδης, ης, ες, semblable à une clôture.

αἱμάσσω *att.* **ττω** (*f.* άξω, *aor.* ᾕμαξα), ensanglanter, *acc.*; — *intr.*, être ensanglanté.

αἱματηρός, ά, όν, sanglant; sanguinaire,

αἱματίζω, ensanglanter.

αἱματικός, ή, όν, de sang.

αἱμάτινος, ον, *même sens.*

αἱμάτιον, ου (τό), un peu de sang.

αἱματόεις, όεσσα, όεν, sanglant; sanguin.

αἱματο-λοιχός, ός, ον, qui lèche le sang.

αἱματο-πώτης, ου (ὁ), qui boit le sang.

αἱματό-ρρυτος, ος, ον, dégouttant de sang.

αἱματο-σταγής, ής, ές, *même sens.*

αἱματόω-ῶ, ensanglanter.

αἱματώδης, ης, ες, de sang.

αἱμο-βαφής, ής, ές, trempé de sang.

αἱμο-ρραγής, ής, ές, dont le sang jaillit.

αἱμός, οῦ (ὁ), broussailles.

Αἷμος, ου (ὁ), le mont Hémus (Thrace).

αἱμο-σταγής, ής, ές, dégouttant de sang.

αἱμο-φόρυκτος, ος, ον, souillé de sang.

αἱμυλία, ας (ἡ), gentillesse.

αἱμύλος, η, ον, gentil; rusé.

1. **αἴμων, ων, ον,** *gén.* **ονος,** instruit dans (*gén.*).

2. **αἵμων, ων, ον,** *gén.* **ονος,** sanglant.

3. **Αἵμων, ονος** (ὁ), Hémon, fils du roi Créon.

αἰν-αρέτης, ου (ὁ), à la vaillance redoutable.

Αἰνεάδης, ου (ὁ), descendant d'Enée.

Αἰνείας, ου (ὁ) Enée.

αἴνεσις, εως (ἡ), louange.

αἰνετός, ή, όν, loué.

αἰνέω-ῶ (*f.* αἰνέσω, *aor.* ᾔνεσα; *pass. aor.*, ᾐνέθην), 1° LOUER, approuver. ‖ 2° recommander. ‖ 3° promettre. ‖ 4° parler de, *acc.*

αἴνη, ης (ἡ), louange.

Αἰνιᾶνες, ων (οἱ), les Ænianes, *peuple de Thessalie.*

αἴνιγμα, ατος, (τό), énigme; oracle.

αἰνιγματώδης, ης, ες, énigmatique.

αἰνιγμός, οῦ (ὁ), énigme.

αἰνίζομαι, louer.

αἰνικτήρ, ῆρος (ὁ), qui s'exprime par énigmes.

αἰνικτός, ή, όν, ambigu

αἰνίσσομαι *att.* **ττομαι** (*f.* ἰξομαι; *passif* ᾐνίχθην), parler par énigmes; dire à mots couverts, *acc.* — *Au passif,* être exprimé à mots couverts.

αἰνόθεν αἰνῶς, *adv. homér.*, de mal en pis.

αἰνό-λεκτρος, ος, ον, à l'hymen fatal.

αἰνό-μορος, ος, ον, au destin terrible.

αἰνο-παθής, ής, ές, qui souffre des maux terribles.

αἰνο-πατήρ, έρος (ὁ), père malheureux.
αἰνός, ή, όν, terrible.
αἶνος, ου (ὁ), récit; fable; louange.
αἴνυμαι, prendre.
αἰνῶς, *adv.*, terriblement.
αἴξ, αἰγός, (ὁ. ἡ), chèvre.
ἄϊξ, ἄϊκος (ἡ), tourbillon impétueux.
Αἰολεῖς, έων (οἱ), les Eoliens.
αἰολέω-ῶ, bigarrer.
Αἰολίδης, ου (ὁ), fils *ou* descendant d'Eole.
αἰολίζω, parler comme les Eoliens.
Αἰόλιος-Αἰολίς, Eolien, Eolienne.
αἰολιστί, *adv.*, en dialecte éolien.
αἰόλλω, faire tournoyer; bigarrer.
αἰολο-θώρηξ, ηκος (ὁ), à la cuirasse éblouissante.
αἰολό-μητις, ιος (ὁ, ἡ), aux ruses variées.
αἰολό-πωλος, ος, ον, aux coursiers agiles.
αἰόλος, α, ον 1° MOBILE || 2° agile. || 3° bigarré. || 4° changeant; rusé.
Αἴολος, ου, (ὁ), Eole.
αἰολό-στομος, ος, ον, aux paroles ambiguës.
αἰονάω-ῶ, asperger.
αἰπεινός, ή, όν, élevé; ardu.
αἰ-πολέω-ῶ, mener les chèvres à la pâture.
αἰ-πόλιον, ου (τό), troupeau de chèvres; pâturage des chèvres.
αἰ-πόλος, ου (ὁ), chevrier.
αἶπος, εος-ους (τό), hauteur escarpée.
αἰπός, ή, όν, escarpé.
αἰπυ-μήτης, ου (ὁ), aux pensées hautes.
αἰπύ-νωτος, ος, ον, placé sur le dos d'un mont.
αἰπύς, εῖα, ύ, 1° ESCARPÉ; haut placé. || 2° profond. || 3° ardu; affreux.
αἶρα, ας (ἡ), ivraie.
αἱρέσιμος, ος, ον, que l'on peut prendre.
αἵρεσις, εως (ἡ) 1° ACTION DE PRENDRE. || 2° choix, élection. || 3° inclination, intention; recherche. || 4° règle de conduite. || 5° étude, école; secte, faction.
αἱρετέος, α, ον, qu'il faut prendre, choisir.
αἱρετίζω, choisir.
αἱρετικός, ή, όν, *gén.*, *qui s'attache à; n.* : hérétique.
αἱρετιστής, οῦ (ὁ), sectateur.

αἱρετός, ή, όν, qui peut être pris, choisi; αἱρετώτερόν ἐστι, mieux vaut.

αἱρέω-ῶ (*f.* ήσω, *aor.* 2 εἷλον, *pf.* ᾕρηκα.

I. *Actif.* 1° PRENDRE, saisir. || 2° gagner, obtenir, triompher de : αἱρεῖν δίκην, gagner son procès. || 3° surprendre, convaincre, faire condamner : τινὰ δώρων αἱρεῖν, convaincre quelqu'un de vénalité. || 4° prouver, démontrer ὁ λόγος αἱρεῖ, la raison prouve. || 5° comprendre (par l'esprit) : αἱρεῖν τὴν ἀλήθειαν, comprendre la vérité.

II. *Passif* (αἱροῦμαι, *f.* αἱρεθήσομαι, *aor.* ᾑρέθην, *pf.* ᾕρημαι). 1° ÊTRE PRIS. || 2° être élu : ᾑρέθη στρατηγεῖν, il fut élu pour être général. || 3° être gagné.

III. *Moyen* (αἱροῦμαι, *f.* αἱρήσομαι, *aor.* 2 εἱλόμην, *pf.* ᾕρημαι) 1° PRENDRE POUR SOI. || 2° choisir, élire, embrasser (un parti) : αἱρεῖσθαί τινα δικαστήν, élire quelqu'un comme juge. || 3° préférer (*avec ou sans* μᾶλλον) : αἱρεῖσθαί τι ἀντί τινος, préférer une chose à une autre.

αἴρω (*f.* ἀρῶ, *aor.* ἦρα, *pf.* ἦρκα. — *Passif f.* ἀρθήσομαι, *aor.* ἤρθην, *pf.* ἦρμαι).

I. A. *Actif et passif* 1° LEVER : χεῖρας αἴρειν, lever les mains. || 2° prendre. || 3° apporter : οἶνον αἴρειν, apporter du vin. || 4° emporter, faire disparaître, faire périr : αἴρειν τὰ ἐμποδών, faire disparaître les obstacles. || 5° *Au fig* élever, grossir ; exalter, vanter : ἤρθη μέγας, il a été exalté de manière à être grand.

— B *Intr.* 1° se lever (d'un astre). 2° lever l'ancre ; lever le camp.

II. *Moyen* (αἴρομαι, *f.* ἀροῦμαι, *aor.* ἠράμην, *pf.* ἦρμαι). 1° LEVER, soulever : αἴρεσθαι τὰ ἱστία, hisser les voiles. || 2° prendre ; entreprendre : αἴρεσθαι τὰ ὅπλα, prendre les armes ; τὸν πόλεμον, entreprendre la guerre. || 3° exciter : νεῖκος ἤραντο, ils excitèrent une querelle. || 4° obtenir, remporter : νίκην αἴρεσθαι, remporter la victoire.

αἶσα, ης (ἡ), 1° PORTION. ‖ 2° destinée. ‖ 3° loi : Διὸς αἶσα, la volonté de Zeus ; κατ' αἶσαν, comme il convient.

αἰσθάνομαι, (*f.* αἰσθήσομαι, *aor.* 2 ᾐσθόμην, *pf.* ᾔσθημαι) PERCEVOIR *gén. ou acc.* 1° *par le moyen des sens,* entendre, voir : αἰσθάνεσθαι κραυγῆς, entendre des cris. ‖ 2° *par le moyen de l'intelligence,* s'apercevoir, comprendre : ᾔσθετο ἁμαρτών, il s'aperçut qu'il s'était trompé.

αἴσθημα, ατος (τό), sensation.

αἴσθησις, εως (ἡ). FACULTÉ DE SENTIR. 1° sens, sensation. ‖ 2° intelligence, connaissance.

αἰσθητήριον, ου (τό), organe des sens.

αἰσθητής, οῦ (ὁ), celui qui perçoit par les sens.

αἰσθητικός, ή, όν 1° perceptible par le sens. ‖ 2° qui a la faculté de sentir.

αἰσθητικῶς, *adv.*, avec la faculté de sentir.

αἰσθητός, ή, όν, perceptible par les sens.

αἰσθητῶς, *adv.*, d'une manière sensible.

αἴσθομαι, *présent* pour αἰσθάνομαι.

ἀΐσθω, souffler, exhaler.

αἰσιμία, ας (ἡ), jouissance.

αἴσιμος, ος, ον, fatal sage.

αἰσιόομαι-οῦμαι, accepter comme de bon augure.

αἴσιος, ος, ον, de bon augure, favorable.

ἀΐσσω, *att.* ᾄττω (*f.* ᾄξω, *aor.* ᾖξα), 1° s'élancer. ‖ 2° *acc.*, agiter. — *Au moyen,* s'élancer.

ἄ-ϊστος, ος, ον, 1° invisible. ‖ 2° qui ne sait pas, *gén.*

ἀϊστόω-ῶ, anéantir.

ἀ-ΐστωρ, ωρ, ορ, *gén.* ορος, qui n'a pas notion de, *gén.*,

αἰστωτήριος, ος, ον, destructeur.

αἴσυλος, ος ον, coupable.

αἰσυμνάω-ῶ, régner sur *gén.*

αἰσυμνητεία, ας (ἡ), pouvoir autoritaire.

αἰσυμνήτηρ, ῆρος (ὁ), chef.

αἶσχος, ους (τό), 1° laideur. ‖ 2° honte.

αἰσχρο-κέρδεια, ας (ἡ), cupidité honteuse.

αἰσχρο-κερδής, ής, ές, honteusement cupide.

αἰσχρο-λογέω-ῶ, tenir de honteux propos.

αἰσχρο-λογία, ας (ἡ), propos honteux.

αἰσχρό-μητις, ιος (ὁ ἡ), qui conseille des choses honteuses.

αἰσχρο-ποιός, ός, όν, qui commet des choses honteuses.

αἰσχρός, ά, όν, LAID *au physique et au moral;* honteux : αἰσχρόν ἐστι, il est honteux; αἰσχρὸς πρός τι, impropre à quelque chose.

αἰσχρότης, ητος (ἡ), laideur.

αἰσχρ-ουργέω-ῶ, commettre des actes honteux.

αἰσχρ-ουργία, ας (ἡ), conduite honteuse.

αἰσχρ-ουργός, ός, όν, qui commet des actes honteux.

αἰσχρῶς, *adv.*, honteusement.

Αἴσχυλος, ου (ὁ). Eschyle, *grand tragique grec.*

αἰσχύνη, ης (ἡ), honte, déshonneur.

αἰσχυντηλία, ας (ἡ), pudeur modeste.

αἰσχυντηλός, ός, όν, pudique.

αἰσχυντηλῶς, *adv.* pudiquement.

αἰσχυντήρ, ῆρος (ὁ), qui deshonore.

αἰσχυντηρός, ά, όν, pudique.

αἰσχυντικός, ή, όν, qui cree la honte,

αἰσχύνω (*f.* υνῶ, *aor.* ᾔσχυνα, *pf.* ᾔσχυκα).
I. *Actif.*, 1° ENLAIDIR. ‖ 2° déshonorer, outrager. ‖ 3° décrier.
II. *Moy.* — *passif* (αἰσχύνομαι. *f.* αἰσχυνοῦμαι et αἰσχυνθήσομαι. *aor.* ᾐσχύνθην, *pf.* ᾔσχυμμαι) 1° AVOIR HONTE, *acc.*, *dat.*, ou *prép.*; *avec un part.* ᾐσχυνθησαν φυγόντες, ils eurent honte d'avoir fui. ‖ 2° respecter, *acc.*

Αἴσων, ωνος (ὁ), Eson, père de Jason.

Αἰσώπειος, ος, ον *et* **Αἰσωπικός, ή, όν,** d'Esope.

Αἴσωπος, ου (ὁ), Esope, le fabuliste.

αἰτέω-ῶ, (*f.* ήσω, *etc.*) — *Actif*, demander, *avec deux acc.* (comme *rogare aliquem aliquid*) ou *prép.* : αἰτεῖν τοὺς πολεμίους τὴν

εἰρήνην, demander la paix aux ennemis.
— *Moyen*, demander pour soi, *acc.*
— *Passif*, être demandé, sollicité : οἱ αἰτούμενοί τι, ceux à qui on demande qq. chose.
αἴτημα, ατος (τό), demande.
αἴτησις, εως (ἡ), demande, prière || *Log.* : postulat.
αἰτητικός, ή, όν, quémandeur.
αἰτητός, ή, όν, demandé; souhaitable.
αἰτία, ας (ἡ), 1° CAUSE, motif. || 2° imputation, opinion. || 3° *surtout* grief, reproche, accusation : ἐν αἰτίᾳ εἶναί τινος, être accusé de quelque chose; δι' αἰτίας ἔχειν τινά, mettre quelqu'un en accusation.
αἰτιάζομαι, être accusé de, *acc.* ou *gén.*
αἰτίαμα, ατος (τό), grief.
αἰτιάομαι-ῶμαι (*f.* άσομαι, *aor.* ἠτιασάμην, *pf.* ἠτίαμαι), 1° regarder comme la cause. || 2° rendre responsable, accuser, τινά... τι *ou* τινος.
— *Passif* (*aor.* ἠτιάθην), être accusé.
αἰτίασις, εως (ἡ), accusation.
αἰτιατική, ῆς (ἡ), *s. ent.* πτῶσις, le cas accusatif (*gram.*)
αἰτιατός, ή, όν, produit par une cause.
αἰτίζω, solliciter, mendier.
αἰτιο-λογέω-ῶ, chercher *ou* expliquer la cause.
αἰτιο-λογία, ας (ἡ), recherche *ou* explication de la cause.
αἴτιος, α, ον, 1° qui est la cause, l'auteur de. || 2° responsable, coupable de, *gén.*
αἰτιώδης, ης, ες, qui se rapporte à la cause.
Αἰτναῖος, α, ον, de l'Etna.
Αἴτνη, ης (ἡ), l'Etna, montagne.
Αἰτωλία, ας (ἡ), l'Etolie.
Αἰτώλιος, α, ον, Etolien.
αἴφνης, *adv.*, subitement.
αἰφνίδιος, ος, ον, subit.
αἰφνιδιώς, *adv.*, subitement.
αἰχμάζω, manier la lance; brandir.
αἰχμαλωσία, ας (ἡ), captivité.
αἰχμαλωτίζω, faire

prisonnier de guerre.
αἰχμαλωτικός, ή, όν, de captif.
αἰχμαλωτίς, ίδος (ἡ), captive.
αἰχμάλωτος, ος, ον, pris à la guerre.
αἰχμή, ῆς (ἡ), 1° POINTE de lance, lance. ‖ 2° combat. ‖ 3° troupe armée de la lance.
αἰχμητής, οῦ (ὁ), armé de la lance; guerrier.
αἶψα, *adv.* sur-le-champ.
αΐω, entendre, *acc.* ou *gén.*
αἰών, ῶνος (ὁ, ἡ), TEMPS 1° durée de la vie, vie. ‖ 2° éternité : εἰς τὸν αἰῶνα, à tout jamais. ‖ 3° génération, siècle.
αἰώνιος, ος, ον, éternel.
αἰώρα, ας (ἡ), 1° balançoire. ‖ 2° balancement.
αἰωρέω-ῶ, tenir suspendu en l'air. *Au passif,* osciller.
αἰώρημα, ατος (τό) objet suspendu.
αἰώρησις, εως (ἡ), action de suspendre.
Ἀκαδημαϊκός, ή, όν, de l'Académie.
Ἀκαδήμεια et **Ἀκαδημία**, ας (ἡ), Académie, *ou* jardin d'Académos, où enseigna Platon.
Ἀκάδημος, ου (ὁ), Académos, héros athénien.
ἀ-καθαρσία, ας (ἡ), impureté ; infamie.
ἀ-κάθαρτος, ος, ον, impur ; infâme.
ἀ-καρθαρτῶς, *adv.* avec impureté.
ἀ-καιρέω-ῶ, ne pas avoir le temps.
ἀ-καιρία, ας (ἡ), 1° CONTRE-TEMPS. ‖ 2° condition mal favorable. ‖ 3° impertinence.
ἄ-καιρος, ος, ον, 1° inopportun. ‖ 2° importun. ‖ 3° maladroit à.
ἀ-καίρως, *adv.*, mal à propos.
ἀ-κακία, ας (ἡ), innocence.
ἄ-κακος, ος, ον, sans malice.
ἀ-κάκως, *adv.*, sans méchanceté.
ἀ-κάκωτος, ος, ον, exempt de dommage.
ἀκαλα-ρρείτης, ου (ὁ), qui coule doucement.
ἀκαλήφη, ης (ἡ), 1° ortie. ‖ 2° humeur piquante.
ἀ-καλλής, ής, ές, sans beauté.
ἀ-καλλιέρητος, ος, ον, mal vu des dieux.
ἀ-καλλώπιστος, ος, ον, sans parure.

ἀ-κάλυπτος, ος, ον, non voilé.

ἀ-καλυφής, ής, ές, non voilé.

ἀ-κάμας, αντος (ὁ, ἡ), infatigable.

ἀ-κάματος, ος, ον, infatigable; non fatigué.

ἄ-καμπτος, ος, ον, non fléchi; inflexible.

ἀ-καμψία, ας (ἡ), inflexibilité.

ἄκανθα, ης (ἡ), 1° ÉPINE; piquant; arête. ‖ 2° obstacle gênant.

ἀκάνθινος, η, ον, épineux.

ἀκάνθιον, ου (τό), petite épine.

ἀκανθίς, ίδος (ἡ), chardonneret.

ἄκανθος, ου (ὁ), acanthe.

ἀκανθυλλίς, ίδος, (ἡ), chardonneret.

ἀκανθώδης, ης, ες, épineux.

ἄ-καπνος, ος, ον, sans fumée.

ἀ-κάρδιος, ος, ον, sans cœur.

ἀ-καρής, ής, ες, 1° ténu. ‖ 2° court : ἐν ἀκαρεῖ, en un instant.

ἄκαρι, εως (τό), ciron, mite.

ἀκαριαῖος, ος, ον, infiniment petit.

Ἀκαρνάν, ᾶνος (ὁ), Acarnanien.

Ἀκαρνανία, ας (ἡ), Acarnanie.

Ἀκαρνανικός, ή, όν, d'Acarnanie.

ἄ-καρπος, ος, ον, sans fruit; sans résultat.

ἀ-κάρπως, *adv.*, sans fruit.

ἀ-κάρπωτος, ος, ον, qui ne donne pas de fruits.

ἀκασκαῖος, doux, pacifique.

ἀ-κατάβλητος, ος, ον, qu'on ne peut abattre.

ἀ-κατάγγελτος, ος, ον, non dénoncé.

ἀ-κατάληκτος, ος, ον, qui ne finit pas.

ἀ-καταλήπτος, ος, ον, qu'on ne peut saisir.

ἀ-καταλλάκτως, *adv.*, de manière irréconciliable.

ἀ-κατάλυτος, ος, ον, qui ne peut être dissous, détruit.

ἀ-καταμάχητος, ος, ον, qu'on ne peut combattre.

ἀ-κατανόητος, ος, ον, incompréhensible.

ἀ-καταπαύστος, ος, ον, qui ne cesse pas.

ἀ-κατάπληκτος, ος, ον, qui ne s'émeut pas.

ἀ-κατασκεύαστος, ος, ον, non préparé.

ἀ-κατάσκευος, ος, ον, *même sens*.

ἀ-καταστασία, ας (ἡ), manque de stabilité.

ἀκατα-στατέω-ῶ, être agité.

ἀ-κατά-στατος, ος, ον, instable, agité.

ἀ-καταστάτως, *adv.*, d'une manière désordonnée.

ἀ-κατάσχετος, ος, ον, qu'on ne peut contenir.

ἀ-καταφρόνητος, ος, ον, non méprisé.

ἀκάτιον, ου (τό), petit navire.

ἄκατος, ου (ἡ), vaisseau léger.

ἄ-καυστος, ος, ον, non brûlé; qui ne brûle pas.

ἀκακίζω, affliger. — *Moyen*, s'affliger.

ἀκαχμένος, η, ον, aiguisé.

ἀ-κέλευστος, ος, ον, qui agit sans ordres.

ἀ-κενόδοξος, ος, ον, sans vanité.

ἄ-κεντρος, ος, ον, 1° sans pointe. ‖ 2° sans ressort.

ἀ-κέραιος, ος, ον, NON MÉLANGÉ; ‖ 2° intact. ‖ 3° intègre.

ἀ-κέραστος, ος, ον, non mêlé (de, *gén.*).

ἀ-κέρατος, ος, ον, sans cornes.

ἀ-κερδής, ής, ές, 1° sans profit; funeste. ‖ 2° désintéressé.

ἀ-κερδῶς, *adv.*, sans profit.

ἀ-κερσε-κόμης, ου (ὁ), dont la chevelure n'est pas coupée (Apollon).

ἀκερώς, ών, ών, sans cornes.

ἀκέσιμος, ος, ον, qui sert à guérir.

ἄκεσις, εως (ἡ), cure, guérison.

ἄκεσμα, ατος (τό), remède.

ἀκεστήρ, ῆρος (ὁ), qui guérit; qui calme.

ἀκεστής, οῦ, 1° médecin ‖ 2° réparateur.

ἀκεστικός, ή, όν, propre à guérir, à réparer.

ἀκεστός, ή, όν, qu'on peut guérir.

ἀκέστρα, ας (ἡ), aiguille à coudre.

ἀκεστρία, ας (ἡ), travailleuse à l'aiguille.

ἀ-κέφαλος, ον, ον, sans tête.

ἀκέω-ῶ *et surtout* ἀκέομαι-οῦμαι, *moy.* (fut. ἀκέσομαι, *aor.* ἠκεσάμην, *pf.* ἤκεσμαι), guérir; réparer.

ἀκέων, **ουσα**, silencieux.

ἀ-κήδεστος, **ος**, **ον**, abandonné.

ἀ-κηδέστως, *adv.*, sans soin.

ἀ-κήδευτος,**ος**,**ον**, laissé sans sépulture.

ἀ-κηδέω-ῶ, *gén.*, ne pas se soucier de.

ἀ-κηδής, **ής**, **ές**, 1° négligent. ‖ 2° négligé.

ἀ-κηδία, **ας** (ἡ), prostration.

ἀ-κήλητος, **ος**, **ον**, 1° non charmé. ‖ 2° insensible.

ἀκήν, *adv.*, silencieusement.

ἀ-κηράσιος, **ος**, **ον**, non mélangé; intact; *avec le gén.*, indemne de.

ἀ-κήριος, **ος**, **ον**, 1° pur; intact. ‖ 2° sans vie; sans courage.

ἀ-κηρυκτί, *adv.*, sans héraut.

ἀκήρυκτος,**ος**,**ον**, 1° non proclamé par le héraut; non déclaré. ‖ 2° obscur. ‖ 3° implacable.

ἀ-κηρύκτως, *adv.*, sans héraut.

ἀ-κήρωτος, **ος**, **ον**, non enduit de cire.

ἀ-κίβδηλος, **ος**, **ον**, 1° non falsifié. ‖ 2° loyal.

ἀ-κιβδήλως, *adv.* 1° sans altération. ‖ 2° loyalement.

ἀκιδνός, **ή**, **όν**, chétif.

ἀκιδώδης, **ης**, **ες**, pointu.

ἄ-κικυς, **υος** (ὁ, ἡ), sans force.

ἀκινάκης, **ου** (ὁ), cimeterre.

ἀ-κίνδυνος, **ος**, **ον**, sans danger.

ἀ-κινδύνως, *adv.*, sans danger.

ἀ-κινησία, **ας** (ἡ), immobilité.

ἀ-κίνητος, **ος**, **ον** 1° SANS MOUVEMENT; inerte. ‖ 2° inchangé; insensible. ‖ 3° immuable, inviolable.

ἀ-κινήτως, *adv.*, 1° sans mouvement. ‖ 2° sans émotion.

ἀκίς, **ἴδος** (ἡ) 1° pointe. ‖ 2° aiguillon.

ἀ-κίχητος, **ος**, **ον**, qu'on ne peut atteindre.

ἀκκίζομαι, faire des façons.

ἀκκισμός, **οῦ** (ὁ), simagrées.

Ἀκκώ, **οῦς** (ἡ), femme grimaçante et grimacière.

ἄ-κλαστος, **ος**, **ον**, non brisé.

ἄ-κλαυτος et **ἄ-κλαυσ-**

τος, ος, ον 1° non pleuré. ‖ 2° qui ne pleure pas.

ἀ-κλεής, ής, ές, sans gloire.

ἄ-κλειστος, ος, ον, non fermé.

ἄ-κλεπτος, ος, ον 1° non dérobé ‖ 2° non dissimulé.

ἀ-κλεῶς, *adv.* sans gloire.

ἀ-κληρέω-ῶ, être sans patrimoine.

ἀ-κληρία, ας (ἡ), misère.

ἄ-κληρος, ος, ον, 1° sans patrimoine. ‖ 2° non partagé.

ἀ-κληρωτί, *adv.*, sans être tiré au sort.

ἀ-κλήρωτος, ος, ον 1° non partagé. ‖ 2° qui n'a pas son lot de, *gén.*

ἄ-κλητος, ος ον, non appelé.

ἀ-κλινής, ής, ές. 1° qui ne penche pas. ‖ 2° inflexible.

ἄ-κλυστος, ος, ον, non submergé par les flots.

ἄ-κλυτος, ος, ον, qu'on n'entend pas ; tranquille.

ἀκμάζω, ÊTRE A SON PLUS HAUT DEGRÉ ; être en pleine prospérité.

ἀκμαῖος, α, ον. 1° QUI EST A SON PLUS HAUT POINT DE DÉVELOPPEMENT. ‖ 2° opportun.

ἀκμαίως, *adv.*, en pleine maturité.

ἀκμή, ῆς (ἡ). 1° POINTE ; EXTRÉMITÉ. ‖ 2° plein développement, apogée : οἱ ἐν ἀκμῇ, ceux qui sont en pleine force (de l'âge). ‖ 3° instant décisif, occasion : τὰ πράγματα ἀκμὴν ἔχει, la situation est au point critique. ‖ 4° *adv.* à l'instant.

ἀκμηνός, ή, όν, en pleine force.

ἄκμηνος, ος, ον, à jeun.

ἀκμήτης, ου (ὁ), en pleine vigueur.

ἄ-κμητος, ος, ον et **ἀκμής, ῆτος,** non fatigué.

ἀκμό-θετον,, ου (τό), billot d'enclume.

1. **ἄκμων, ονος** (ὁ) enclume.

2. **ἄκμων, ονος** (ὁ, ἡ), infatigable.

ἄ-κνηστις, ιος (ἡ), échine (d'animal).

ἄ-κνισος, ος, ον 1° sans fumée de graisse. ‖ 2° sans graisse.

ἀκοή, ῆς (ἡ), 1° OUÏE. ‖ 2° audition. ‖ 3° nouvelle; oui-dire.

ἀ-κοίμητος, ος, ον, qui ne s'endort pas.

ἀ-κοινώνητος, ος, ον, 1° NON PARTAGÉ. || 2° qui ne participe pas à, *gén*. || 3° insociable.

ἀ-κοινωνία, ας (ἡ), non-communauté ; insociabilité.

ἀ-κοίτης, ου (ὁ), époux.

ἄ-κοιτις, ιος (ἡ), épouse.

ἀ-κολάκευτος, ος, ον, non flatté.

ἀ-κολασία, ας (ἡ), licence, dérèglement.

ἀ-κολασταίνω (*f*. ανῶ), se laisser aller au dérèglement.

ἀ-κολάστημα, ατος (τό), acte licencieux.

ἀ-κόλαστος, ος, ον 1° NON CHATIÉ, indiscipliné. || 2° intempérant.

ἀ-κολάστως, *adv*., sans tempérance.

ἄκολος, ου (ἡ), bouchée (de pain).

ἀκολουθέω-ῶ (f. ήσω), *dat*. 1° SUIVRE, *au pr. et au fig*.|| 2° être la conséquence de ; *impers*. ἀκολουθεῖ, il s'ensuit que.

ἀ-κολούθησις, εως (ἡ), 1° SUITE. || 2° conséquence. || 3° obéissance.

ἀ-κολουθητικός, ή, όν, qui suit de bon gré.

ἀ-κολουθία, ας, (ἡ), 1° SUITE, escorte. || 2° succession. || 3° conformité. || 4° obéissance.

ἀ-κόλουθος, ος, ον, *gén*. ou *dat*. 1° QUI SUIT. || 2° qui résulte de. || 3° conforme à. — *N*. οἱ ἀκόλουθοι, les gens de la suite (valets).

ἀ-κολούθως, *adv*., conséquemment,

ἀ-κομιστία, ας (ἡ), négligence.

ἄ-κομος, ος, ον, dénué de cheveux.

ἄ-κομπος, ος, ον, sans vantardise.

ἄ-κομψος, ος, ον, sans parure.

ἀ-κόμψως, *adv*., sans grâce.

ἀ-κονάω-ῶ (*f*. ήσω), aiguiser ; aiguillonner.

ἀ-κόνδυλος, ος, ον, sans coups reçus.

ἀκόνη, ης, (ἡ), pierre à aiguiser.

ἀκονιτί, *adv*. 1° SANS POUSSIÈRE. || 2° sans effort.

ἀκόνιτον, ου (τό), aconit.

ἀκοντί, *adv*., malgré soi.

ἀκοντίζω (*f*. ίσω), lancer un trait ; blesser.

ἀκόντιον, ου (τό), petit javelot.

ἀκόντισις, εως (ἡ),

action de lancer des traits.

ἀκόντισμα, ατος (τό). portée, coups d'un javelot.

ἀκοντισμός,οῦ(ὁ),action de lancer des traits.

ἀκοντιστής, οῦ, (ὁ). soldat qui lance le javelot.

ἀκοντιστικός, ή, όν, qui sait lancer les traits

ἀκοντιστύς, ύος (ἡ) combat avec javelots.

ἀκόντως, *adv.*, malgré soi.

ἀ-κοπίαστος, ος, ον, qui ne fatigue pas.

ἄ-κοπος, ος, ον, 1° qui ne fatigue pas. ‖ 2° qui n'est pas fatigué.

ἀ-κόρεστος, ος, ον, insatiable, *gén.*; incessant.

ἀ-κορής, ής, ές, impudent.

1. **ἀ-κόρητος**, ος, ον, non balayé.

2. **ἀ-κόρητος**, ος, ον, insatiable de, *gén.*

ἀ-κορία, ας (ἡ). insatiabilité.

ἄκος, εος-ους (τό). remède.

ἀ-κοσμέω-ῶ, n'avoir aucune retenue.

ἀκόσμητος, ος, ον, non mis en ordre.

ἄ-κοσμος, ος, ον, désordonné.

ἀ-κόσμως, *adv.*, sans tenue.

ἀκουάζομαι, entendre, *gén.*

ἀκουή, ῆς, *comme* ἀκοή.

1. **ἄ-κουρος**, ος, ον, sans enfant.

2. **ἄ-κουρος**, ος, ον, non rasé.

ἀκουσία, ας (ἡ) contrainte

ἀκούσιος, ος, ον, involontaire, contraint.

ἄκουσις, εως (ἡ). action d'entendre.

ἀκουσίως, *adv.*, involontairement; contre le gré de, *dat.*

ἄκουσμα, ατος (τό) 1° CE QU'ON ENTEND. ‖ 2° nouvelle. ‖ 3° leçon.

ἀκουστικός, ή, όν, qui concerne l'ouïe; qui aime à entendre, *gén.*

ἀκουστός, ή, όν, qui peut être entendu.

ἀκούω (*f.* ἀκούσομαι, *aor.* ἤκουσα, *pf.* ἀκήκοα... *Passif* ἀκουσθήσομαι, *aor.* ἠκούσθην, *pf.* ἤκουσμαι) 1° ENTENDRE, *acc. de la chose et génitif de la personne en général.* ‖ 2° entendre dire, apprendre, *acc.* ‖ 3° comprendre. ‖ 4° écouter les leçons de, *gén.* ‖ 5° obéir à *gén.* ‖ 6° s'entendre appeler : πονηρὸς ἀκούει, il s'entend appeler scélérat; καλῶς, κακῶς ἀκούειν, avoir bonne, avoir mauvaise réputation.

ἄκρα, ας (ἡ) 1° LE HAUT, le sommet. ‖ 2° citadelle. ‖ 3° promontoire. ‖ 4° κατ' ἄκρας, de fond en comble.

'Ακράγας, αντος (ὁ, ἡ), Agrigente.

ἀ-κραγής, ής, ές, qui ne crie pas.

ἀ-κραής, ής, ές, qui souffle fort.

ἀκραιφνής, ής, ές, non mêlé, intact.

ἄ-κραντος, ος, ον, qui ne se réalise pas; vain.

ἀ-κρασία et **ἀ-κράτεια, ας** (ἡ), absence de maîtrise sur soi.

ἀ-κρατεύομαι, être sans tempérance.

ἀ-κρατής, ής, ες 1° SANS FORCE. ‖ 2° qui n'est pas maître de, *gén.* ‖ 3° intempérant ; avide, *gén.*

ἀ-κράτητος, ος, ον, indompté.

ἀκρατίζομαι, déjeuner (*proprement* boire du vin pur).

ἀκράτισμα, ατος (τό), déjeuner.

ἀκρατο-ποτέω-ῶ, boire du vin pur.

ἄ-κρατος, ος, ον 1° NON MÉLANGÉ : ἄκρατος (οἶνος), vin pur; *avec le gén.*, pur de. ‖ 2° sans mesure.

ἀ-κράτωρ, ορος (ὁ, ἡ), qui n'est pas maître de, *gén.*

ἀ-κράτως, *adv.*, sans mélange.

ἀ-κρατῶς, *adv.*, sans retenue.

ἀκρά-χολος, ος, ον, irritable.

ἀκρέμων, ονος (ὁ), branche.

ἀκρίβεια, ας (ἡ), 1° EXACTITUDE : δι' ἀκριβείας, exactement. ‖ 2° économie.

ἀκριβής, ής, ές 1° EXACT, scrupuleux. ‖ 2° économe. ‖ 3° précis; bien adapté.

ἀκριβο-δίκαιος, ος, ον, rigoureusement juste.

ἀκριβο-λογέομαι, οῦμαι (*f.* ήσομαι), examiner avec exactitude.

ἀκριβο-λογία, ας (ἡ), examen scrupuleux.

ἀκριβόω-ῶ, (*f.* ώσω) 1° RÉGLER EXACTEMENT. ‖ 2° achever. ‖ 3° savoir avec précision.

ἀκριβῶς, *adv.*, exactement, minutieusement.

ἀκρίς, ίδος, (ἡ), sauterelle.

ἀ-κρισία, ας (ἡ), 1° confusion. ‖ 2° manque de jugement.

ἀ-κριτί, *adv.*, sans jugement.

ἀκριτό-μυθος, ος, ον, au langage confus.

ἄ-κριτος, ος, ον, NON SÉPARÉ ; 1° confus. ‖ 2° ininterrompu ; interminable. ‖ 3° indécis. ‖ 4° non jugé. ‖ 5° *en parlant d'une personne*, qui n'a pas de jugement.

ἀκριτό-φυλλος, ος, ον, couvert d'un feuillage épais.

ἀ-κρίτως, *adv.*, confusément ; sans jugement.

ἀκρόαμα, ατος (τό), ce que l'on entend avec attention (chant, vers, discours). — *Au plur.* ceux qu'on écoute (chanteurs, etc.)

ἀκροαματικός, ή, όν, qui s'adresse aux oreilles.

ἀκροάομαι-ῶμαι, 1° ÉCOUTER, *gén. de la pers., acc. de la chose.* ‖ 2° obéir.

ἀκρόασις, εως (ἡ), 1° AUDITION. ‖ 2° obéissance.

ἀκροατήριον, ου (τό), salle d'audition ; auditoire.

ἀκροατής, οῦ (ὁ), auditeur, disciple.

ἀκροατικός, ή, όν, qui a trait à l'audition.

ἀκρο-βατέω-ῶ, marcher sur la pointe des pieds.

ἀκρο-βολίζομαι (*f.* ίσομαι), lancer de loin des traits.

ἀκρο-βόλισις, εως (ἡ), escarmouche.

ἀκρο-βόλισμα, ατος (τό), *même sens.*

ἀκρο-βολισμός, οῦ (ὁ), *même sens.*

ἀκρο-βολιστής, οῦ (ὁ), tirailleur.

ἀκρό-δρυα, ων (τά), 1° fruits des arbres (*surtout* fruits à écailles). ‖ 2° arbres à fruits.

ἄκροθεν, *adv.*, en partant de l'extrémité.

ἀκρο-θίνια, ων (τά), prémices.

ἀκρο-θινιάζομαι, offrir les prémices.

ἀκρο-κελαινιάω-ῶ, brunir.

ἀκρό-κομος, ος, ον

1° aux cheveux relevés sur le haut de la tête. || 2° à la cime feuillue.
Ἀκρο-κόρινθος, ου (ὁ), Acrocorinthe, citadelle de Corinthe.
ἀκρο-κώλια, ων (τά), extrémités des membres.
ἀκρο-λοφία, ας (ἡ), sommet d'une colline.
ἀκρό-λοφος, ος, ον, au sommet escarpé.
ἀκρο-πενθής, ής, ές, affligé au dernier point.
ἀκρο-ποδητί, *adv.*, sur la pointe des pieds.
ἀκρό-πολις, εως (ἡ), citadelle; l'Acropole d'Athènes.
ἀκρο-πόλος, ος, ον, haut situé.
ἀκρο-πόρος, ος, ον, à la pointe pénétrante.
ἄκρος, α, ον, 1° EXTRÊME, le plus haut, le plus profond; τὸ ἄκρον, le sommet. || 2° supérieur éminent. — *Adv.*, ἄκρον, ἄκρα, à l'extrémité, au plus haut point.
ἀκρό-σοφος, ος, ον, d'une sagesse éminente.
ἀκρό-στόλιον, ου (τό), extrême avant d'un navire.
ἀκρο-σφαλής, ής, ές, chancelant.
ἀκρο-σφαλῶς, *adv.*, en glissant.
ἀκρο-τελεύτιον, ου (τό), partie finale.
ἀκρότης, ητος (ἡ), extrémité, sommet.
ἀκρο-τομέω-ῶ, couper par l'extrémité.
ἀκρό-τομος, ος, ον, coupé à l'extrémité.
ἀκρο-φύλαξ, ακος (ὁ), gardien d'une citadelle.
ἀκρο-φύσιον, ου (τό), extrémité d'un soufflet.
ἀκρο-χειρίζομαι, lutter avec les avant-bras.
ἀκρο-χειρισμός, οῦ (ὁ), lutte avec les avant-bras.
ἀκρό-χολος, ος, ον, irascible.
ἄ-κρυπτος, ος, ον, non caché.
ἀκρ-ωμία, ας (ἡ), garrot (de cheval).
ἀκρ-ωνυχία, ας (ἡ), extrémité des ongles; extrémité.
ἀκρ-ώνυχος, ος, ον, du bout des ongles.
ἀκρ-ώρεια, ας (ἡ), cime d'une montagne.
ἄκρως, *adv.*, extrêmement.
ἀκρωτηριάζω (*f.* σω), mutiler.
ἀκρωτήριον, ου (τό), 1° EXTRÉMITÉ. || 2° cap-

|| 3° éperon de navire.
ἀκταινόω-ῶ, mouvoir vivement.
ἀκταῖος, α, ον, du rivage.
Ἀκταίος, α, ον, Attique.
Ἀκταίων, ωνος, Actéon.
ἀκτέα, ας (ἡ), sureau.
ἀ-κτένιστος, ος, ον, non peigné.
ἀ-κτέριστος, ος, ον, privé de la sépulture.
Ἀκτή, ῆς (ἡ), Acté, ancien nom de l'Attique.
ἀκτή, ῆς (ἡ), 1° rivage, falaise. || 2° farine, blé
ἀ-κτήμων, ων, ον, pauvre; qui n'a pas de, *gén.*
ἄ-κτητος, ος, ον, qu'on ne peut acquérir.
ἀκτινηδόν, *adv.*, en forme de rayons.
ἄκτιος, ος, ον, du rivage.
ἀκτίς, ῖνος (ἡ), rayon, éclat rayonnant.
ἄκτωρ, ορος (ὁ), chef.
ἀ-κυβέρνητος, ος, ον, qui est sans gouvernail.
ἀ-κύβευτος, ος, ον, qui n'est pas joueur.
ἄκυλος, ου (ἡ), gland.
ἀ-κύμαντος, ος, ον, sans vagues.
ἄ-κυμος, ος, ον, *même sens.*
1. **ἀ-κύμων, ων, ον**, *même sens.*
2. **ἀ-κύμων, ων, ον**, stérile.
ἄ-κυρος, ος, ον, sans autorité; *avec le gén.* sur qq'un.
ἀ-κυρόω-ῶ, annuler.
ἀ-κύρωσις, εως (ἡ), annulation.
ἀ-κύρωτος, ος, ον, non ratifié.
ἀ-κωδώνιστος, ος, ον, non mis à l'épreuve.
ἀ-κωκή, ῆς (ἡ), pointe.
ἄ-κωλος, ος, ον, mutilé.
ἀ-κώλυτος, ος, ον, libre.
ἀ-κωλύτως, *adv.* librement.
ἄκων, οντος (ὁ), javelot.
ἄκων, ουσα, ον, *gén.* οντος, ούσης, οντος, contraint, malgré soi: ἄκων ἀπῆλθε, il est parti malgré lui.
ἀλάβαστρος, ου (ὁ), albâtre, vase d'albâtre.
ἄλα-δε, *adv.*, vers la mer.
ἁλά-δρομος, ου (ὁ), course sur mer.
ἀλαζονεία, ας (ἡ), forfanterie.
ἀλαζόνευμα, ατος (τό), fanfaronnade.
ἀλαζονεύομαι (*f.* εύσομαι), faire le fanfaron, se vanter.

ἀλαζονικῶς, *adv.* avec jactance.

ἀλαζών, **όνος** (ὁ, ἡ), fanfaron, charlatan.

ἀλαίνω, errer en tous sens.

ἀλαλαγμός, **οῦ** (ὁ) cri de guerre; vacarme.

ἀλαλάζω (*f.* άξομαι, *aor.* ἠλάλαξα), pousser le cri de guerre; crier; *avec l'acc.* proclamer. — *Moyen*, mêmes sens.

ἀλαλή, **ῆς**, (ἡ), cri de guerre; cri.

ἀλαλητής, **οῦ** (ὁ), *même sens.*

ἀλάλκω, (*inf. aor.* ἀλαλκεῖν), repousser.

ἄ-λαλος, **ος**, **ον**, muet.

ἀ-λαμπής, **ής**, **ές**, obscur.

ἀλάομαι-ῶμαι (*aor.* ἠλήθην, *pf.* ἀλάλημαι), errer; être éloigné de *gén.*

ἀλαός, **ός**, **όν**, aveugle; obscur.

ἀλαο-σκοπίη, **ης** (ἡ), *hom.*, surveillance aveugle (qui ne voit rien).

ἀλαόω-ῶ, aveugler.

ἀλαπαδνός, **ή**, **όν**, facile à anéantir.

ἀλαπάζω (f. άξω), anéantir.

ἅλας, **ατος** (τό), sel.

ἀλαστέω-ῶ, s'indigner.

ἀλάστορος, **ος**, **ον**, objet de vengeance divine.

ἄ-λαστος, **ος**, **ον**, intolérable; inoubliable.

ἀ-λάστωρ, **ορος** (ὁ), 1° vengeur du crime. || 2° scélérat.

ἀλαωτύς, **ύος** (ἡ), cécité.

ἀλγεινός, **ή**, **όν** 1° DOULOUREUX. || 2° éprouvé par la douleur.

ἀλγεινῶς, *adv.*, douloureusement.

ἀλγέω-ῶ, souffrir physiquement *ou* moralement.

ἀλγηδών, **όνος** (ἡ), souffrance physique ou morale.

ἄλγημα, **ατος**, (τό), douleur éprouvée.

ἄλγησις, **εως** (ἡ), souffrance.

ἀλγίων, **ἄλγιστος**, comp. et sup. d'ἀλγεινός.

ἄλγος, **ους** (τό), douleur physique *ou* morale.

ἀλγύνω (*f.* υνῶ), faire souffrir. — *Au moy. passif*, souffrir. *dat. avec ou sans prép.*).

ἀλδαίνω, fortifier.

ἀλδήσκω, 1° croître. || 2° faire croître.

ἀλέα, **ας** (ἡ), chaleur, *particulièrement* du soleil.

ἀλεαίνω (*f.* ανῶ), 1° chauffer. ‖ 2° s'échauffer.

ἀλεγεινός, ή, όν, comme ἀλγεινός.

ἀλεγίζω, ἀλεγύνω, ἀλέγω, s'inquiéter de, *acc.* ou *gén.*

ἀλεεινός, ή, όν, chaud.

ἀλεείνω, fuir.

ἀλεής, ής, ές, chauffé au soleil.

ἄλειμμα, ατος (τό), onguent; friction.

ἀλειπτήριον, ου (τό), lieu où l'on se frottait d'huile.

ἀλείπτης, ου (ὁ), maître de gymnase; maitre.

ἀλειπτικός, ή, όν, relatif aux exercices du gymnase.

ἄ-λειπτος, ος, ον, non resté en arrière.

ἄλεισον, ου (τό), vase à boire ciselé.

ἀλείτης, ου (ὁ), coupable.

ἀ-λειτούργητος, ος, ον, dispensé des charges publiques.

ἄλειφα et **ἄλειφαρ, ατος** (τό), graisse; enduit.

ἀλείφω (*f.* ψω, *pf.* ἀλήλιφα; *pf. pass.* ἀλήλιμμαι), graisser; enduire; entraîner à, ἐπί *acc.* ‖ *Au moy.* se frotter d'huile, s'entraîner.

ἄλειψις, εως (ἡ), onction.

ἀλεκτορίς, ίδος (ἡ), poule.

ἀλεκτρυών, όνος (ὁ), coq.

ἀλέκτωρ, ορος (ὁ), coq.

Ἀλεξάνδρεια, ας (ἡ), Alexandrie.

Ἀλέξανδρος, ου (ὁ), 1° Alexandre. ‖ 2° Pâris fils de Priam.

ἀλεξ-άνεμος, ος, ον, qui protège du vent.

ἀλέξημα, ατος (τό), défense, abri.

ἀλέξησις, εως (ἡ), action de repousser.

ἀλεξητήρ, ῆρος (ὁ), défenseur.

ἀλεξήτηριον, ου (τό), défense.

ἀλεξητήριος, ος, ον, secourable.

ἀλεξήτωρ, ορος (ὁ), défenseur.

ἀλεξί-κακος, ος, ον, qui préserve des maux..

ἀλεξί-μορος, ος, ον, qui écarte le destin.

ἀλεξι-φάρμακον, ου (τό), contre-poison,

ἀλέξω (*f.* ἀλεξήσω, *aor.* ἠλέξησα), écarter. — *Au moyen* 1° repousser loin de soi. ‖ 2° rendre la réciproque.

ἀλέομαι, *hom.*, éviter

ἀλέτης, ου ὄνος, pierre meulière.

ἀλετός, οῦ (ὁ), mouture.

ἀλετρεύω, moudre.

ἀλετρίς, ίδος (ἡ), esclave employée à moudre.

ἀλετών, ῶνος (ὁ), moulin.

ἄλευρον, ου (τό), farine.

ἀλεύω (*f* εύσω, *aor.* ευσα), éloigner. — *Au moy.*, éviter.

ἀλέω-ῶ (*f.* έσω, *aor.* εσα, *pf.* ἀλήλεκα). — *Passif aor.* ἠλέσθην, *pf.* ἀλήλεσμαι), moudre.

ἀλεωρά, ᾶς (ἡ), action *ou* moyen d'éviter.

ἀλέως, *adv.* en foule.

ἄλη, ης (ἡ), 1° course errante. ‖ 2° égarement.

ἀλ-ηγός, ός, όν, qui porte du sel.

ἀλήθεια, ας (ἡ) 1° VÉRITÉ. ‖ 2° réalité : τῇ ἀληθείᾳ, κατ' ἀλήθειαν, en réalité.

ἀληθευτικός, ή, όν, véridique.

ἀληθεύω (*f.* εύσω, *etc.*), *et moy.* ἀληθεύομαι, dire la vérité.

ἀληθής, ής, ές 1° VRAI; véritable; τὸ ἀληθές, la vérité. ‖ 2° réel, effectif. ‖ 3° véridique, sincère.

ἀληθίζω *et moy.* ἀληθίζομαι, dire la vérité.

ἀληθινός, ή, όν, 1° VÉRITABLE, réel. ‖ 2° véridique.

ἀληθινῶς, *adv.* véritablement.

ἀλήθω, moudre.

ἀληθῶς, *adv.*, vraiment; véritablement.

ἀ-λήϊος, ος, ον, sans récolte; pauvre.

ἀ-λήϊστος, ος, ον, qui est à l'abri du pillage.

ἄ-ληκτος, ος, ον, qui ne finit pas.

Ἀληκτώ, οῦς (ἡ), Alecto, une des Furies.

ἀ-λήκτως, *adv.*, sans cesse.

ἀλήλιφα, pf. de ἀλείφω.

ἀλήμων, ων, ον, *gén.*, ονος, vagabond.

ἄ-ληπτος, ος, ον, 1° imprenable. ‖ 2° incompréhensible.

ἀ-λήπτως *adv.*, 1° sans donner prise. ‖ 2° sans prêter au reproche.

ἀλής, ής, ές, rassemblé.

ἄλησις εως (ἡ), course errante; cours.

ἀ-λήστευτος, ος, ον, préservé du vol.

ἀλητεία, ας (ἡ), vie errante.

ἀλητεύω, mener une vie errante.

ἀλήτης, ου (ὁ), errant, vagabond.

ἀλῆτις, ιδος (ἡ), errante, vagabonde.

ἀλητόν, οῦ (τό), farine.

ἀλθαίνω, guérir, *acc.*

ἄλθεξις, εως (ἡ), guérison.

ἀλθήεις, ήεσσα, ῆεν, medicinal.

ἄλθομαι, se guérir.

1. **ἀλία, ας** (ἡ), assemblée du peuple.

2. **ἀλία, ας** (ἡ), boîte à sel.

ἀλιάδαι, ῶν (οἱ), marins.

ἀλι-αίετος, ου (ὁ), aigle de mer.

ἀλι-αής, ής, ές, qui souffle sur la mer.

ἀλιάς, άδος (ἡ), bateau de pêche.

ἀ-λίαστος, ος, ον, 1° inévitable. ‖ 2° incessant.

ἀ-λίβας, αντος, desséché, mort.

ἀλίγκιος, α, ον, semblable.

ἀλί-δονος, ος, ον, ballotté par les flots.

ἀλιεία, ας (ἡ), pêche.

ἀλι-ερκής, ής, ές, entouré par la mer.

ἀλίευμα, ατος (τό), pêche.

ἀλιεύς, έως (ὁ), pêcheur.

ἀλιευτικός, ή, όν, de pêche ; de pêcheur.

ἀλιεύω (*f.* εύσω), être pêcheur ; pêcher, *acc.*

1. **ἀλίζω**, (*f.* σω). saler.

2. **ἀλίζω**, (*f.* σω), rassembler.

ἀλι-ήρης, ης, ες, qui fend la mer avec les rames.

ἄ-λιθος, ος, ον, sans pierres.

Ἁλικαρνασσεύς, εως (ὁ), habitant d'Halicarnasse, ville de Carie.

ἀλί-κλυστος, ος, ον, baigné par les flots de la mer.

ἀλί-κτυπος, ος, ον, qui retentit du choc des vagues.

ἀ-λιμένος, ος, ον, 1° sans port, sans refuge. ‖ 2° intraitable.

ἀ-λιμενότης, ητος (ἡ) absence de ports.

ἄ-λιμος, ος, ον, marin.

ἄ-λιμος, ος, ον, qui calme la faim ; sans faim.

ἀλι-μυρήεις, ήεσσα, ῆεν, qui se jette dans la mer (fleuve) ; baigné par la mer.

ἀλινδέομαι-οῦμαι, se rouler dans la poussière.

ἀλινδήθρα, ας (ἡ), lieu poudreux où se roulent les chevaux.

ἀλίνδομαι, se rouler.

ἄλινος, η, ον, de sel.

ἄ-λινος, ος, ον, sans filets.

ἅλιος, α, ον, marin. Αἱ Ἅλιαι, les Néréides.

ἅλιος, α, ον, vain ; ἅλιον, vainement.

ἁλιο-τρεφής, ής, ές, nourri par la mer.

ἁλιόω-ῶ, rendre vain ; anéantir.

ἀ-λιπαρής, ής, ές, sans soin de parure.

ἁλί-πεδον, ου (τό), sol qui touche à la mer.

ἀ-λιπής, ής, ές, sans graisse ; sans résine.

ἁλί-πλαγκτος, ος, ον, qui erre sur mer *ou* au fond de la mer.

ἁλί-πληκτος, ον, ον, battu par les vagues.

ἁλί-πλοος-ους, οος-ους, οον-ουν, qui nage *ou* navigue sur la mer.

ἁλί-πορος, ος, ον, qui voyage à travers la mer.

ἁλι-πόρφυρος, ος, ον, teint en pourpre (*avec le coquillage de ce nom*).

ἁλί-ρροθος, ος, ον, qui retentit du bruit de la mer.

ἁλί-ρρυτος, ος, ον, baigné par la mer.

ἅλις, *adv.*, 1° en foule. ‖ 2° assez de *gén.*

ἁλίσκομαι (*f* ἁλώσομαι, *aor.* 2 ἑάλων, *pf.* ἑάλωκα) ÊTRE PRIS. 1° être surpris. ‖ 2° être convaincu, condamné : ἁλῶναι κλοπῆς, être convaincu de vol ; ἀσεβῶν (part.), d'impiété ; θανάτου, φυγεῖν, être condamné à mort, à l'exil.

ἁλῖ-στέφανος, ος, ον, ceint par la mer.

ἁλί-στονος, ος, ον, retentissant du bruit de la mer.

ἁλιστός, ή, ον, salé.

ἀλιταίνω (*aor.* 2. ἤλιτον et ἠλιτόμην), commettre une faute, *acc.* à l'égard de.

ἀλι-τενής, ής, ές, peu profond.

ἀλίτημα, ατος (τό), faute, crime.

ἀλιτήμενος, η, ον, coupable, à l'égard de *d.*

ἀλιτήμων, ων, ον, *gén* ονος, coupable.

ἀλιτήριος, ος, ον, criminel, *gen.* à l'égard de.

ἀλιτηριώδης, ης, ες, néfaste.

ἀλιτο-φροσύνη, ης (ἡ), scélératesse.

ἁλι-τρεφής, ής, ές, nourri dans la mer.

ἀλιτρία, ας (ἡ), faute criminelle.

ἀλιτρός, ός, όν, criminel, *dat.* à l'égard de.

ἀλιτροσύνη, ης (ἡ), scélératesse.

ἀλί-τρυτος, ος, ον, malmené par la mer.

ἀλί-τυπος, ος, ον, battu par la mer.

ἀλι-φθορία, ας (ἡ), naufrage.

ἀλίως, *adv*,, vainement.

ἀλκαθεῖν, *inf. aor.* 2, secourir.

ἀλκαῖος, α, ον, fort.

ἄλκαρ (τό), *indécl.*, secours.

1. **ἀλκή, ῆς** (ἡ), 1° VIGUEUR. ‖ 2° force, forces, puissance. ‖ 3° vaillance. ‖ 4° secours : ἀλκή τινος, remède contre quelque chose.

2. **ἀλκή, ῆς** (ἡ), élan, *animal.*

Ἄλκηστις, ιδος (ἡ), Alceste, femme d'Admète.

ἀλκί, *dat. hom. de* ἄλξ *inus.*, force.

Ἀλκιβιάδης, ου (ὁ), Alcibiade.

ἀλκί-μαχος, ος ον, qui combat vigoureusement.

ἄλκιμος, ος, ον, fort, vaillant.

Ἀλκίνοος-ους, όου-ου, Alcinoos, roi des Phéaciens.

ἀλκί-φρων, ων, ον, *gén.* ονος, à l'âme courageuse.

Ἀλκμαιωνίδαι, ῶν (οἱ), les Alcméonides, grande famille d'Athènes.

Ἀλκμήνη, ης (ἡ), Alcmène, mère d'Héraklès.

ἀλκτήρ, ῆρος (ὁ), qui défend, *gén.* contre.

ἀλκυονίς, ίδος (ἡ), d'alcyon.

ἀλκυών, όνος (ἡ), alcyon.

ἄλλα, *pl. n.* de ἄλλος.

ἀλλά, *conj.* 1° MAIS. ‖ 2° *pour exhorter*, eh bien! allons; ἀλλ' οὖν, eh bien! donc! ἀλλ' ἄγε, allons. ‖ 3° οὐ μὴν ἀλλά, cependant; ἀλλ' ἤ, sinon.

ἀλλαγή, ῆς (ἡ), changement, échange.

ἄλλαγμα, ατος (τό), chose échangée.

ἀλλακτικός, ή, όν, qui concerne l'échange.

ἀλλάξ, *adv.* alternativement.

ἀλλᾶς, ᾶντος (ὁ), saucisson.

ἀλλάσσω, *att.* **ἀλλάττω,** (*f.* άξω), 1° CHANGER. donner en échange, τί τινος, une chose contre une autre. ‖ 2° abandonner. — *Au moyen*, ‖ 1° prendre en échange. ‖ 2° acheter.

ἀλλαχῇ, *adv.* ailleurs, *sans mouv*t.

ἀλλαχόθεν, *adv.*, d'ailleurs.

ἀλλαχόσε, *adv.*, ailleurs, *avec mouv*t.

ἀλλαχοῦ, *adv.* ailleurs, *sans mouv*t.

ἀλλ-επάλληλος, ος, ον, alternatif.

ἄλλῃ, *adv.* 1° ailleurs, *avec ou sans mouv*t. ‖ 2° d'une autre manière.

ἀλληγορέω-ῶ (*f.* ήσω), exprimer allégoriquement.

ἀλληγορία, ας (ἡ), allégorie.

ἀλληγορικός, ή, όν, allégorique.

ἀλληγορικῶς, *adv.* allégoriquement.

ἀλληλο-κτονέω-ῶ, (*f.* ήσω), s'entretuer.

ἀλληλουχία, ας (ἡ), connexion.

ἀλληλο-φάγος, ος, ον, qui s'entre-mangent.

ἀλληλο-φθορία, ας (ἡ), destruction mutuelle.

ἀλληλο-φόνος, ος, ον, qui s'entr'égorgent.

ἀλλήλων, les uns les autres : l'un l'autre.

ἄλλην, *adv.*, d'un autre côté.

Ἀλλόβριγες, ων (οἱ), Allobroges.

ἀλλο-γενής, ής, ές, né dans un autre pays.

ἀλλό-γλωσσος, ος, ον, qui parle une autre langue.

ἀλλο-γνοέω-ῶ (*f.* ήσω), se méprendre sur.

ἀλλό-γνωτος, ος, ον, étranger.

ἀλλο-δαπός, ή, όν, étranger.

ἀλλο-δημία, ας (ἡ) voyage en pays étranger.

ἀλλο-δοξέω, ῶ (*f.* ήσω), penser autrement (qu'il ne faut).

ἀλλο-δοξία, ας (ἡ), pensée fausse.

ἀλλο-ειδής, ής, ές, qui a une autre forme.

ἄλλοθεν, *adv.*, d'un autre côté.

ἄλλοθι, *adv.*, ailleurs; loin de.

ἀλλό-θροος-ους, οος-ους, οον-ουν, étranger; d'autrui.

ἀλλοῖος, α, ον, différent. autre qu'il ne faut.

ἀλλοιότης ητος (ἡ), diversité.

ἀλλοιόω-ῶ (*f.* ώσω), modifier. — *Au passif*, devenir tout autre.

ἀλλοίως, *adv.*, autrement.

ἀλλοίωσις, **εως** (ἡ), changement.

ἀλλοιωτός, **ός**, **όν**, changeant.

ἀλλό-κοτος, **ος**, **ον**, de forme monstrueuse; prodigieux.

ἀλλο-κότως, *adv.*, étrangement.

ἄλλομαι (*f.* ἀλοῦμαι *aor. 1.* ἡλάμην, *aor. 2* ἡλόμην), bondir; jaillir.

ἀλλο-πρόσ-αλλος, **ος**, **ον**, inconstant.

ἄλλος, **η**, **ο**, 1° AUTRE, un autre; οἱ ἄλλοι, les autres; ἄλλος ἄλλο πράττει, l'un fait une chose, l'autre une autre; τά τε ἄλλα ἐτίμησε καὶ ἔδωκε, entre autres marques d'honneur, il lui fit don; οὐδὲν ἄλλο ἢ λαλεῖ, il ne fait rien d'autre que de bavarder; τί ἄλλο ἢ ψεύδει, fais-tu autre chose que de mentir? || 2° étranger. || 3° autre qu'il ne faut; mauvais; faux.

ἄλλοσε, *adv.*, ailleurs, *avec mouvement*.

ἄλλοτε, *adv.*, une autre fois : ἄλλοτε ἄλλος, tantôt l'un, tantôt l'autre.

ἀλλοτριάζω (*f.* άσω), avoir des dispositions hostiles.

ἀλλοτριο-νομέω-ῶ, repartir de travers.

ἀλλοτριο-πραγέω-ῶ, chercher une défection.

ἀλλοτριο-πραγμοσύνη, **ης** (ἡ), indiscrétion curieuse.

ἀλλότριος, **α**, **ον**, 1° D'AUTRUI. || 2° étranger. || 3° etranger à, hostile à, *gén.* ou *dat.*

ἀλλοτριότης, **ητος** (ἡ), disposition hostile.

ἀλλοτριο-φάγος, **ος**, **ον**, qui vit aux dépens d'autrui.

ἀλλοτριο-φρονέω-ῶ, avoir des dispositions malveillantes.

ἀλλοτριόω-ῶ, rendre étranger; aliéner; séparer.

ἀλλοτρίωσις, **εως** (ἡ), hostilité; séparation.

ἀλλο-φρονέω-ῶ, penser à autre chose.

ἀλλό-φρων, **ων**, **ον**, *gén.* **ονος**, qui pense autrement.

ἀλλο-φυής, **ής**, **ές**, d'une autre nature.

ἀλλό-φυλος, **ος**, **ον**, étranger.

ἀλλό-φωνος, **ος**, **ον**, qui parle une autre langue.

ἀλλό-χροος-ους, οον-ουν, d'une autre couleur.

ἀλλό-χρως, ως, ων, *gén.* ωτος, d'un autre aspect.

ἄλλυδις, *adv.* ailleurs; ἄλλυδις ἄλλῃ, l'un d'un côté, l'autre de l'autre.

ἄλλως, *adv.*, 1° AUTREMENT, d'une autre manière. ‖ 2° à d'autres égards; ἄλλως τε καί, surtout. ‖ 3° en vain; au hasard; mal. ‖ 4° d'ailleurs; en outre

ἅλμα, ατος (τό), bond.

ἁλμαία, ας (ἡ), saumure.

ἁλμεύω (*f.* εύσω), saler.

ἅλμη, ης (ἡ), eau salée; eau de la mer.

ἁλμυρίζω (*f.* ίσω), être salé.

ἁλμυρίς, ίδος (ἡ), saumure; chose salée.

ἁλμυρός, ά, όν, 1° salé ‖ 2° amer.

ἀλοάω-ῶ (*f.* ήσω), battre le grain; battre.

ἄ-λοβος, ος, ον, défavorable (d'une victime).

ἀ-λογέω-ῶ (*f.* ήσω), dédaigner, *gén.* —*Passif*, se tromper.

ἀ-λόγημα, ατος (τό), erreur.

ἀ-λογία, ας (ἡ) 1° privation de la parole. ‖ 2° manque de raison, désordre. ‖ 3° mépris : ἐν ἀλογίᾳ ποιεῖσθαί τι, ne tenir aucun compte de qq. chose.

ἀ-λογιστέω-ῶ (*f.* ήσω), agir sans reflexion.

ἀ-λογιστία, ας (ἡ), absence de réflexion.

ἀ-λόγιστος, ος, ον 1° irréfléchi. ‖ 2° incalculable.

ἀ-λογίστως, *adv.*, sans réflexion.

ἄ-λογος, ος, ον, 1° PRIVÉ DE PAROLE. ‖ 2° privé de raison; irréfléchi; déraisonnable. ‖ 3° inintelligible; invraisemblable.

ἀ-λογώδης, ης, ες, bestial.

ἀ-λόγως, *adv.*, sans parole; sans raison.

ἀλόη, ης (ἡ), aloès.

ἀλοητός, οῦ (ὁ), battage du blé.

ἁλόθεν, *adv.*, de la mer.

ἀ-λοιδόρητος, ος, ον, non injurié; non injurieux.

ἀ-λοίδορος, ος, ον, non injurieux.

ἁλοίην, *opt. aor.* 2 de ἁλίσκομαι.

ἀλοιφή, ῆς (ἡ), graisse; onction; rature.

ἀλοκίζω (*f.* ίσω), sillonner.

ἄλοξ, οκος (ἡ), sillon.

ἁλοσ-ύδνη, ης (ἡ), habitante de la mer.

ἁλουργής, ής, ές, teint en pourpre.

ἁλουργίς, ίδος (ἡ), robe de pourpre.

ἁλούς, οῦσα, όν, *part. aor.* 2 de ἁλίσκομαι.

ἀ-λουσία, ας (ἡ), malpropreté.

ἀ-λουτέω-ῶ (*f.* ήσω), ne pas se laver.

ἄ-λουτος, ος, ον, non lavé.

1. **ἄ-λοχος, ος, ον,** vierge.

2. **ἄ-λοχος, ου** (ἡ), épouse.

1. **ἅλς, ἁλός** (ὁ), sel; plaisanterie.

2. **ἅλς, ἁλός** (ἡ), la mer.

ἄλσος, ους (τό), bois sacré.

ἀλσώδης, ης, ες, boisé.

ἁλτῆρες, ων (οἱ), haltères.

ἁλτικός, ή, όν, sauteur.

ἀλύκη, ης (ἡ), agitation.

ἁλυκός, ή, όν, salé.

ἁλυκότης, ητος (ἡ), salure.

ἀλυκτάζω, être agité.

ἀ-λύμαντος, ος, ον, non violenté

ἄλυξις, εως (ἡ), action d'échapper.

ἀ-λύπητος, ος, ον, sans chagrin.

ἀ-λυπήτως, *adv.*, sans chagrin.

ἀ-λυπία, ας (ἡ), absence de chagrin.

ἄ-λυπος, ος, ον, exempt de chagrin.

ἀ-λύπως, *adv.*, sans chagrin.

ἄ-λυρος, ος, ον, sans accompagnement de lyre

ἄλυς, υος (ὁ), vie errante et vide.

ἁλυσιδωτός, ή, ον, fait de mailles.

ἅλυσις, εως (ἡ), chaîne.

ἀ-λυσιτέλεια, ας (ἡ), désavantage.

ἀ-λυσιτελής, ής, ές, désavantageux.

ἀλύσκω (*f.* ύξω), *et* **ἀλυσκάζω** 1° *acc.* : éviter; 2° *intr.*, errer, s'agiter.

ἀλύσσω (*f.* ύξω), être agité.

ἄ-λυτος, ος, ον, qu'on ne peut délier, qu'on ne peut résoudre.

ἀ-λύτως, *adv.* indissolublement.

ἀλύω, *intr.*, être agité, errant.

ἄλφα (τό), alpha, *première lettre de l'alphabet.*

ἀλφάνω (*aor.* 2. ἦλφον), obtenir ; procurer.

Ἀλφειός, οῦ (ὁ), Alphée. *fleuve et dieu.*

ἀλφεσί-βοιος, α, ον, qui reçoit des bœufs en présent = riche.

ἀλφηστής, οῦ (ὁ), industrieux.

ἄλφιτον, ου (τό), farine. — *Au plur.*, vivres, ressources.

ἀλφιτο-ποιΐα, ας, (ἡ). fabrication de la farine.

ἀλφιτο-ποιός, οῦ (ὁ), meunier.

ἀλφιτο-σιτέω-ῶ, se nourrir de farine.

Ἀλῷα, ὼν (τά), fête en l'honneur de Déméter.

ἁλῶναι, *inf. aor.* 2 de ἁλίσκομαι.

ἀλωνέυομαι (*f.* εύσομαι), battre les épis sur l'aire.

ἀλωνία, ας (ἡ), aire à battre le grain.

ἀλωπεκῆ, ῆς (ἡ), peau de renard.

ἀλωπεκία, ας (ἡ), alopécie.

ἀλωπεκίας, ου (ὁ), qui a l'air d'un renard.

ἀλωπεκιδεύς, έως (ὁ), petit renard.

ἀλωπεκίζω (*f.* ίσω), ruser comme un renard.

ἀλωπέκιον, ου (τό), jeune renard.

ἀλωπεκίς, ίδος (ἡ), peau de renard ; chien-renard.

ἀλώπηξ, εκος (ἡ), renard *au prop. et au fig.*

ἅλως, ω (ἡ), aire ; disque.

ἁλώσιμος, ος, ον, facile à prendre.

ἅλωσις, εως (ἡ), prise, surprise.

ἁλωτος, ή, όν, qui peut être pris,

ἀλώφητος, ος, ον, continuel.

ἅμα, 1° *adv.*, en même temps. ‖ 2° *prép.* avec, en même temps que, *dat.*

Ἀμαδρυάδες, ων (αἱ), Hamadryades, nymphes des arbres.

Ἀμαζονίδες et **Ἀμαζόνες, ων** (αἱ), les Amazones.

ἀμαθαίνω, être dans l'ignorance.

ἀ-μαθής, ής, ές, ignorant, sot.

ἀ-μαθία, ας (ἡ), ignorance, sottise.

ἀμαθύνω, réduire en poussière.

ἀ-μαθῶς, *adv.*, maladroitement.

ἀ-μαιμάκετος ος, ον, invincible.

ἀ-μάλακτος, ος, ον, qu'on ne peut amollir.
ἀμαλδύνω (*fut.* υνῶ), détruire, gâter.
Ἀμάλθεια, ας (ἡ), Amalthée, *chèvre qui nourrit Zeus.*
ἄμαλλα, ης (ἡ), gerbe.
ἀμαλλο-δετήρ, ῆρος (ὁ), lieur de gerbes.
ἀμαλός, ή, όν, tendre; faible.
ἀ-μάντευτος, ος, ον, non prédit.
ἅμαξα, ης, (ἡ), chariot. *N. pr.* le Chariot ou Grande Ourse.
ἁμαξεύς, έως (ὁ), charretier.
ἁμαξεύω (*f.* εύσω), voiturer.
ἁμαξήλατος, ος, ον, carrossable.
ἁμαξ-ήρης, ης, ες, voituré.
ἁμαξιαῖος, α, ον, lourd (*proprement* à charger un chariot).
ἁμάξιον, ου (τό), petit char.
ἁμαξίς, ίδος (ἡ), *même sens.*
ἁμαξιτός, ός, ον, praticable aux voitures; ἡ ἁμαξιτός (*s.-ent.* ὁδός), la grande route.
ἁμαξο-πηγός, οῦ (ὁ), charron.
ἁμαξο-πληθής, ής, ές, qui remplit une voiture.
ἁμαξ-ουργός, οῦ (ὁ), charron.
ἁμαξο-φόρητος, ος, ον, porté sur une voiture.
ἀμάρα, ας (ἡ), rigole, canal.
ἀμάρακον, ου (τό), *et* **ἀμάρακος**, ου (ὁ), marjolaine.
ἀ-μάραντος, ος, ον, qui ne se fane pas. — Ὁ ἀμάραντος, immortelle, *plante.*
ἀμαριαῖος, α, ον, de rigole.
ἁμαρτάνω (*f.* ἁμαρτήσομαι, *aor.* 2 ἥμαρτον *pf.* ἡμάρτηκα. *Passif aor.* ἡμαρτήθην, *pf.* ἡμάρτημαι) 1° MANQUER LE BUT; s'écarter de; être privé de, *gén.* — ‖ 2° commettre une faute, *acc.*; se tromper. Τὰ ἡμαρτημένα σοι, les fautes commises par toi.
ἁμαρτάς, άδος (ἡ). faute.
ἁμαρτῇ, *adv.*, en même temps.
ἁμαρτητικός, ή, όν, qui peut faillir.
ἁμαρτία, ας (ἡ), faute, erreur.
ἁμαρτί-νοος, ος, ον, qui a l'esprit égaré.

ἁμαρτο-επής, ής, ές, qui s'égare en parlant.

ἁμαρτο-λόγος, ος, ον, qui parle incorrectement.

ἀ-μάρτυρος, ος, ον qui n'a pas de témoins.

ἀ-μαρτύρως, *adv.*, sans témoins.

ἁμαρτωλία, ας (ἡ). faute.

ἁμαρτωλός, ός, όν, qui se trompe; pécheur.

ἀμαρυγή, ῆς (ἡ), éclat lumineux.

ἀμάρυγμα, ατος (τό). éclair.

ἀμαρύσσω, 1° *intr.*, briller; || 2° *acc.*, faire briller.

ἁμα-τροχαώ-ῶ, courir en même temps.

ἁμα-τροχία, ας (ἡ), accrochage de chars.

ἀμαυρό-βιος, ος, ον, vivant dans l'obscurité.

ἀ-μαυρός, ά, ον, 1° OBSCUR. || 2° faible.

ἀμαυρόω-ῶ (*f.* ώσω), 1° OBSCURCIR. || 2° affaiblir, anéantir.

ἀμαύρωμα, ατος (τό). obscurcissement.

ἀμαυρῶς, *adv.*, obscurément.

ἀμαύρωσις, εως (ἡ), obscurcissement.

ἀ-μαχεί, ἀμαχητί, *adv.*, sans combat.

ἀ-μάχετος, ος, ον, invincible; qui ne combat pas.

ἄ-μαχος, ος, ον, 1° qui ne combat pas, pacifique. || 2° invincible, insurmontable.

ἀ-μαχῶς, *adv.*, sans contestation.

ἀμάω-ῶ (*f.* ήσω), moissonner, *au pr. et au fig.* — *Au moyen*, même sens.

ἀμβ — *contraction poétique* pour ἀνα : ἀμβάλλω = ἀναβάλλω, etc.

ἄμβιξ, ικος (ὁ), pot.

ἀμβλυ-γώνιος, ος, ον, à angles obtus.

ἀμβλύνω (f. υνῶ), émousser; amortir.

ἀμβλύς, εῖα, ύ, émoussé; faible; sot d'esprit.

ἀμβλύτης, ητος (ἡ), état d'une chose émoussée; faiblesse; stupidité.

ἀμβλυ-ωπία, ας, (ἡ), faiblesse des yeux.

ἀμβλυ-ωπός, ός, όν, aux yeux faibles.

ἀμβλυώσσω, *att.* ττω, avoir la vue faible.

ἀμβολάδην (= ἀναβολάδην) *adv.*, par jets successifs.

ἀμβολάς, άδος (ἡ), amas de terre.

ἀμβροσία, ας (ἡ), ambroisie (*nourriture des dieux*).

ἀμβρόσιος, α, ον, divin.

ἄ-μβροτος, ος, ον, immortel; divin.

ἄμβων, ωνος (ὁ), tertre rond; bord de forme ronde.

ἀ-μέγαρνος, ος, ον, qui ne fait pas envie.

ἀμεθύστινος, η, ον, d'améthyste.

ἀ-μέθυστος, ος, ον, qui ne s'enivre pas. — Ἡ ἀμέθυστος, l'améthyste.

ἀμείβω (*f.* ἀμείψω, *aor.* ἤμειψα. *Passif* ἀμειφθήσομαι, *aor.* ἠμείφθην, *parf.* ἤμειμμαι), ÉCHANGER, *acc.* 1° donner *ou* prendre en échange. ‖ 2° alterner. ‖ 3° altérer. ‖ 4° franchir. — *Intr.*, remplacer.
— *Au moyen* (*f.* ἀμείψομαι, *aor.* ἠμειψάμην *et pour le sens* ἠμείφθην), *acc.* 1° prendre *ou* donner en échange; εὐεργεσίας χάρισιν ἀμείβεσθαι, payer les bienfaits de reconnaissance. ‖ 2° succéder. ‖ 3° répondre, *avec acc. de la personne ou de la chose.* — *Dans Homère* ἀμειβόμενος, prenant la parole à son tour. ‖ 4° franchir.

ἀ-μειδής, ής, ές — **ἀ-μείδητος**, ος, ον — **ἀμειδίαστος**, ος, ον, qui ne sourit pas.

ἀ-μείλικτος et **ἀμείλιχος**, ος, ον, non doux; cruel.

ἀμείνων, ον, *gén.* ονος, comp. de ἀγαθός, MEILLEUR, *en tous sens.* — ἄμεινόν ἐστι, il vaut mieux. — *Adv.*, ἄμεινον, mieux.

ἄμειψις, εως, (ἡ), 1° ÉCHANGE. ‖ 2° alternative. ‖ 3° réponse.

ἀμέλγω (*f.* ἔλξω), traire; pressurer.

ἀμέλει, *adv.*, sans doute.

ἀ-μέλεια, ας (ἡ), négligence.

ἀ-μελετησία, ας, (ἡ), manque d'exercice.

ἀ-μελέτητος, ος, ον, non exercé.

ἀ-μελετήτως, *adv.*, sans préparation.

ἀ-μελέω-ῶ (*f.* ήσω), négliger, *gén.* — *Au passif*, être négligé.

ἀ-μελής, ής, ες, négligent; négligé.

ἀ-μελησία, ας (ἡ), négligence.

ἀ-μελητί, *adv.*, sans soin.

ἀ-μέλητος, ος, ον, non soigné.

ἀ-μελλητί, *adv.*, sans retard.

ἀ-μέλλητος, ος, ον, qu'on ne diffère pas.

ἄμελξις, εως (ἡ), action de traire.

ἀ-μελῶς, *adv.*, sans soin.

ἄ-μεμπτος, ος, ον, irréprochable.

ἀ-μέμπτως, *adv.*, sans reproche.

ἀ-μεμφής, ής, ές, irréprochable.

ἀ-μεμψί-μοιρος, ος, ον qui ne se plaint pas de son sort.

ἀ-μενηνός, ος, ον, et ἀμενός, ός, όν, sans force.

ἀ-μενηνόω-ῶ, affaiblir.

ἀμέργω (*f.* έρξω) cueillir. *Moyen*, cueillir pour soi.

1. ἀ-μέρδω (*f.* έρσω), priver, τινά τινος.
2. — aveugler.

ἀ-μερής, ής, ές, indivisible.

ἀ-μεριμνία, ας (ἡ), absence de soucis.

ἀ-μέριμνος, ος, ον, qui n'a pas de soucis.

ἀ-μερίμνως, *adv.*, sans souci.

ἀ-μέριστος, ος, ον, non partagé.

ἄ-μεσος, ος, ον, immédiat.

ἀ-μεταβλεσία, ας (ἡ) immutabilité.

ἀ-μετάβλητος, ος, ον, immuable.

ἀ-μετάβολος, ος, ον, *même sens*.

ἀ-μετάγνωστος, ος, ον, constant dans son idée.

ἀ-μετάδοτος, ος, ον, qui ne partage rien.

ἀ-μετάθετος, ος, ον, immuable.

ἀ-μετακίνητος, ος, ον, immobile.

ἀ-μετάκλαστος, ος, ον, qu'on ne peut briser.

ἀ-μετάκλητος, ος, ον, irrévocable.

ἀ-μεταμέλητος, ος, ον, qui n'a pas *ou* ne laisse pas de regret.

ἀ-μετανόητος, ος, ον, qui ne change pas d'idée.

ἀ-μετάπειστος, ος, ον, qu'on ne peut dissuader.

ἀ-μετάπτωτος, ος, ον, constant.

ἀ-μεταπτώτως, *adv.*, avec constance.

ἀ-μετάστατος, ος, ον, stable.

ἀ-μεταστρεπτί, *adv.*, sans se retourner.

ἀ-μετάστρεπτος, ος, ον, immuable.

ἀ-μετάστροφος, ος, ον, qui ne se retourne pas.

ἀ-μέτοχος, ος, ον, qui n'a point part à, *gén.*

ἀ-μέτρητος, ος, ον, incommensurable.

ἀ-μετρία, ας (ἡ), manque de mesure *ou* d'à-propos.

ἀμετρο-επής, ής, ές, qui parle sans mesure.

ἄ-μετρος, ος, ον, sans mesure; sans fin.

ἀ-μέτρως, *adv.*, sans mesure; sans fin.

ἄμη, ης (ἡ), pioche *ou* herse; vase pour puiser.

ἀμηγέπη, *adv.*, en quelque manière.

ἀμηγέπου, *adv.*, quelque part.

ἀ-μήνιτος, ος, ον, sans ressentiment.

ἄμης, ητος (ὁ), gâteau à la crème.

ἀμητήρ, ῆρος (ὁ), moissonneur.

ἀμητήριον, ου (τό), faucille.

ἄμητος, ου (ὁ), moisson.

ἀ-μήτωρ, ορος (ὁ, ἡ) 1° qui n'a pas de mère; non maternelle.

ἀ-μηχανέω-ῶ (*f.* ήσω), 1° manquer de, *gén.* || 2° être dans l'embarras; ne pas savoir, *acc.*, *dat.* ou *prép.*, *conj.* ou *inf.* || 3° être sans moyens de vivre.

ἀ-μηχανία, ας (ἡ), embarras.

ἀ-μήχανος, ος, ον, 1° EMBARRASSÉ. || 2° incapable de, *prép.* ou *inf.* || 3° impraticable; sans remède. || 4° extraordinaire.— 'Αμήχανον, *adv.*, prodigieusement.

ἀ-μηχάνως, *adv.*, 1° dans l'embarras. || 2° prodigieusement.

ἀ-μίαντος, ος, ον, pur. 'Ο ἀμίαντος, l'amiante.

ἀ-μιγής, ής, ές, sans mélange.

ἄ-μικτος, ος, ον, sans mélange; sans relations.

'Αμίλκας, α *ou* ου (ὁ), Amilcar.

ἅμιλλα, ης (ἡ), combat, rivalité.

ἁμιλλάομαι-ῶμαι (*f.* ήσομαι, *aor.* ἡμιλλήθην), 1° rivaliser, lutter; *dat.* *ou* πρός, avec. || 2° faire tous ses efforts.

πρός, ἐπί τι, en vue de quelque chose.

ἁμίλλημα, ατος (τό), lutte.

ἁμιλλητήρ, ῆρος (ὁ), celui qui lutte.

ἁμιλλητικός, ή, όν, qui tient à la lutte.

ἀ-μίμητος, ος, ον, non imitable; non imité.

ἀ-μιμήτως, *adv.*, inimitablement.

ἀ-μιξία, ας (ἡ), 1° qualité de pureté d'une chose. || 2° absence de toute relation, πρός *ou gén.*

ἄμ-ιππος, ος, ον, qui fait un avec son cheval. — *Au plur. n. masc.*, fantassins placés parmi les cavaliers.

ἀμίς (ἁμίς), ίδος (ἡ), pot de chambre.

ἀ-μισής, ής, ές, non odieux.

ἀ-μισθί, *adv.*, sans salaire.

ἀ-μισθία, ας (ἡ), gratuité.

ἄ-μισθος, ος, ον, qui ne reçoit *ou* ne donne pas de salaire.

ἀ-μίσθωτος, ος, ον, non mis en location; non payé.

ἀ-μιχθαλόεις, όεσσα, οεν, inhospitalier.

ἅμμα, ατος (τό), nœud; ceinture.

ἄμ-μιγα pour **ἀνάμιγα**, *adv.*, pêle-mêle.

ἄμμιον, ου (τό), vermillon.

ἀ-μμορία, ας (ἡ), infortune.

ἄ-μμορος, ος, ον, qui n'a point part à, *gén.*; infortuné.

ἄμμος, ου (ἡ), sable.

ἀμμώδης, ης, ες, de sable.

Ἄμμων, ωνος (ὁ), Ammon, *Zeus africain.*

Ἀμμωνιάς, άδος, de Libye.

Ἀμμωνίς, ίδος (ἡ), (la terre) de Libye.

ἄμναμος, ου (ὁ), rejeton.

ἀμνεῖος, α, ον, d'agneau.

ἀ-μνημόνευτος, ος, ον, oublié.

ἀ-μνημονέω-ῶ (*f.* ήσω), être sans souvenir; oublier, *gén. ou acc.*

ἀ-μνημοσύνη, ης (ἡ), oubli.

ἀ-μνήμων, ων, ον, *gén.* ονος, oublieux, *gén.*; oublié.

ἀ-μνησία, ας (ἡ), oubli.

ἀμνησι-κακέω-ῶ (*f.* ήσω), être sans rancune.

ἀμνησι-κάκητος, ος, ον, pardonné.

ἀμνησι-κακία, ας (ἡ), pardon.

ἀμνησί-κακος, ος, ον, qui n'a pas de rancune.

ἀμνησι-κάκως, *adv.*, sans rancune.

ἀ-μνήστευτος, ος, ον, non recherché en mariage.

ἀ-μνηστέω-ῶ, oublier.

ἀ-μνηστία, ας (ἡ), oubli; amnistie.

ἄ-μνηστος, ος, ον, oublié.

ἀμνίον, ου (τό), vase (pour les sacrifices).

ἀμνός, οῦ (ὁ, ἡ), agneau.

ἀ-μογητί, *adv.*, sans peine.

ἀ-μόγητος, ος, ον, nullement fatigué.

ἀμόθεν, *adv.*, de quelque part.

ἀμοιϐαδίς, *adv.*, alternativement.

ἀμοιϐαδόν, *adv.*, *même s. ns.*

ἀμοιϐαῖος, ος, ον, réciproque, alternatif.

ἀμοιϐαίως, *adv.*, par réciproque.

ἀμοιϐή, ῆς (ἡ) 1° ÉCHANGE || 2° retour, récompense, expiation || 3° succession || 4° réponse.

ἀμοιϐός, ός, όν, réciproque, alternatif.

ἀ-μοιρέω-ῶ, n'avoir pas sa part de, *gén.*

ἄ-μοιρος, ος, ον, privé de, *gén.*; infortuné.

ἀμολγαῖος, α, ον, lacté.

ἀμολγεύς, έως (ὁ), pot à lait.

ἀμολγός, οῦ (ὁ), point culminant. Νυκτὸς ἀμολγῷ, en pleine nuit.

ἀ-μόλυντος, ος, ον, non souillé.

ἄ-μομφος, ος, ον, sans reproche.

ἀμορϐός, οῦ (ὁ), 1° compagnon || 2° pasteur.

ἀμόργη, ης (ἡ), marc d'olives.

ἀμόργινος, η, ον, fait de pourpre fine.

ἄ-μορος, ος, ον, privé de, *gén.*; malheureux.

ἀ-μορφία, ας (ἡ), état informe; laideur.

ἄ-μορφος, ος, ον, informe; laid *au pr. et au fig.*

ἀμός, ή, όν, *poét.*, mon, notre.

ἄμοτος, ος, ον, violent.

ἀμοῦ γέ που, *adv.*, quelque part.

ἀ-μουσία, ας (ἡ), ignorance; discordance.

ἄ-μουσος, ος, ον, sans art, sans goût; discordant.

ἀ-μούσως, *adv.*, grossièrement.

ἀ-μοχθεί, *adv.*, sans peine.

ἀ-μοχθί, *même sens.*

ἄ-μοχθος, ος, ον, qui n'est pas fatigué; qui n'a pas de peine.

ἄμ-παυσις, *etc.*, pour ἀνάπαυσις, etc.

ἀμπελάνθη, ης (ἡ), fleur de vigne.

ἀμπελεών, ῶνος (ὁ), vignoble.

ἀμπελικός, ή, όν *et* ἀμπέλινος, ος, ον, de vigne,

ἀμπελικῶς, *adv.*, à la manière de la vigne.

ἀμπέλιον, ου (τό), petite vigne.

ἀμπελίς, ίδος, (ἡ), 1° petite vigne. || 2° pie-grièche, *oiseau.*

ἀμπελίων, ωνος (ὁ), gobe-mouches, *oiseau.*

ἀμπελόεις, όεσσα, όεν, chargé de vignes.

ἄμπελος, ου (ἡ), vigne.

ἀμπελ-ουργέω-ῶ, 1° travailler la vigne. || 2° exploiter en pressurant.

ἀμπελ-ουργία, ας (ἡ), travail de la vigne.

ἀμπελ-ουργική, ῆς (ἡ), l'art de cultiver la vigne.

ἀμπελ-ουργός, οῦ (ὁ, ἡ), vigneron, vigneronne.

ἀμπελών, ῶνος (ὁ), vignoble.

ἀμπεχόνη, ης (ἡ), robe, vêtement.

ἀμπ-έχω (*f.* ἀμφέξω, *aor. 2 moy.* ἠμπεσχόμην), envelopper; *moy.* se revêtir de, *acc.*

ἀμπ-ισχνέομαι-οῦμαι, se revêtir de, *acc.*

ἀμπ-ίσχω, *comme* ἀμπέχω.

ἀμπλάκημα, ατος (τό), faute.

ἀμπλάκητος, ος, ον, fourvoyé.

ἀμπλακία, ας (ἡ), faute, erreur.

ἀμπλακίσκω (*aor.* 2 ἤμπλακον), commettre une faute; *avec gén.*, manquer.

ἀμ-πνεῦμα, *etc.*, pour ἀνα-πνεῦμα, *etc.*

ἀμπρεύω (*f.* εύσω), traîner.

ἄμπυξ, υκος (ἡ), bandeau de front; cercle.

ἄμπωτις, εως ou ιδος (ἡ), reflux.

ἀμυγδαλῆ, ῆς (ἡ), amandier.

ἀμυγδάλη, ης (ἡ), amande.

ἀμυγδάλινος, η, ον, d'amande.

ἀμύγδαλον, ου (τό), amande.

ἀμύγδαλος, ου (ἡ), amandier.

ἄμυγμα, ατος (τό) et ἀμυγμός, οῦ (ὁ), déchirure.

ἄμυδις, *adv.*, ensemble.

ἀ-μυδρός, ά, όν, obscur; imperceptible.

ἀ-μυδρῶς, *adv.*, imperceptiblement.

ἀ-μύητος, ος, ον, non initié; qui ne peut se taire.

ἀ-μύθητος, ος, ον, inexprimable.

ἀ-μύκτηρ, ηρος (ὁ, ἡ), sans nez.

ἀμυκτικός, ή, όν, qui égratigne.

ἀμύλιον, ου (τό), gâteau.

ἄμυλον, ου (τό), amidon.

ἄμυλος, ου (ὁ), patisserie fine.

ἀ-μύμων, ων, ον, *gén.* ονος, irréprochable.

ἄμυνα, ης (ἡ), défense.

ἀμυνάθω, *poét.* pour ἀμύνω.

ἀμυνίας, ου (ὁ), qui se défend.

Ἀμύντας, ου (ὁ), Amyntas.

ἀμυντήρ, ῆρος, qui repousse.

ἀμυντήριος, α, ον, propre à défendre de. *gén.*

ἀμυντικός, ή, όν, qui détourne; vengeur.

ἀμύνω (*f.* υνῶ, *aor.* ἤμυνα) *act.* et *moy.*, repousser, *acc.*; loin de, *gén.* ou *dat.*; — *au moy.* se venger, se défendre; combattre.

ἄμυξις, εως (ἡ), déchirure.

ἀμύσσω, *att.* ττω (*f.* ξω), déchirer.

ἀ-μυστί, *adv.*, sans reprendre haleine.

ἀ-μυστίζω (*aor.* σα), boire sans reprendre haleine.

ἄ-μυστις, ιδος (ἡ), 1° action de boire sans reprendre haleine || 2° grand vase à boire.

ἀμυχή, ῆς (ἡ), déchirure.

ἀμφ-αγαπάζω, chérir tendrement.

ἀμφ-αγαπάω-ῶ, *même sens.*

ἀμφ-αγείρομαι, se rassembler autour de, *acc.*

ἀμφαδά, **ἀμφαδήν**, **ἀμφαδίην**, **ἀμφαδόν**, *adv.*, ouvertement.

ἀμφάδιος, α, ον, public.

ἀμφ-αραβέω-ῶ, résonner autour.

ἀμφ-αραβίζω, *même sens.*

ἀμ-φασίη, ης (ἡ), stupeur qui empêche de parler.

ἀμφ-αφάω-ῶ *et moyen*, tâter.

ἀμφ-ελίσσω (*aor.* ξα), enrouler autour.

ἀμφ-ελυτρόω-ῶ, envelopper.

ἀμφ-ελύτρωσις, εως (ἡ), enveloppement.

ἀμφ-έπω, suivre ; honorer.

ἀμφ-ερείδω (*f.* σω), soutenir autour.

ἀμφ-έρχομαι (aor. 2 *poét* ἀμφήλυθον), s'approcher de, acc.

ἀμφ-ήκης, ης, ες, à double tranchant ; ambigu.

ἀμφ-ημερινός, ή, όν, quotidien.

ἀμφ-ηρεφής, ής, ές, couvert tout autour.

ἀμφ-ηρής, ής, ές, à deux faces.

ἀμφ-ήριστος, ος, ον, contesté.

ἀμφί I. — *Adv.*, AUTOUR. II. — *Prép.* 1° *gén.* *et* *dat.* (poét.) AUTOUR DE au sujet de. ‖ 2° *acc.* autour de ; au sujet de ; aux environs de : ἀμφὶ τὸν χρόνον τοῦτον, vers ce temps ; environ : ἀμφὶ τοὺς πεντακοσίους, environ cinq cents.

ἀμφιάζω (*f.* άσω), revêtir.

ἀμφί-αλος, ος, ον, entouré par les eaux de la mer.

Ἀμφιάραος, ου (ὁ), Amphiaraos, *devin.*

ἀμφύασμα, ατος (τό), vêtement.

ἀμφ-ιάχω, retentir au tour.

ἀμφι-βαίνω (*f.* βήσομαι, *pf.* βέβηκα), 1° marcher autour ‖ 2° entourer. ‖ 3° protéger.

ἀμφι-βάλλω (*f.* βαλῶ, aor. 2. ἀμφέβαλον, *pf.* ἀμφιβέβληκα). 1° jeter autour, envelopper ‖ 2° *Intr.* hésiter. ‖ 3° *moy.*, se revêtir de, *acc.*

ἀμφί-βασις, εως (ἡ), enveloppement.

ἀμφί-βιος, ος, ον, amphibie.

ἀμφί-βλημα, ατος (τό), enveloppe.

ἀμφι-βληστρικός, ή, όν, qui enveloppe d'un filet.

ἀμφί-βληστρον, ου (τό), filet ; enveloppe ; enceinte.

ἀμφι-βόητος, ος, ον, qui retentit autour.

ἀμφι-βολία, ας (ἡ), équivoque, incertitude.
ἀμφί-βολος, ος, ον, 1° qui enveloppe ‖ 2° ambigu.
ἀμφι-βόλως, *adv.*, d'une manière ambiguë.
ἀμφί-βουλος, ος, ον, hésitant.
ἀμφί-βροτος, ος, ον, qui entoure l'homme.
ἀμφι-γνοέω-ῶ (*f.* ήσω), hésiter.
ἀμφι-γυήεις (ὁ), boiteux des deux pieds.
ἀμφί-γυος, ος, ον, à deux pointes.
ἀμφι-δαίω, brûler autour.
ἀμφί-δασυς, εια, υ, hérissé des deux côtés.
ἀμφι-δέξιος, ος, ον, double.
ἀμφι-δήριτος, ος, ον, disputé.
ἀμφι-δινέω-ῶ, faire tourner autour.
ἀμφι-δοξέω-ῶ 1° être dans l'incertitude ‖ 2° contester, *acc.*
ἀμφί-δοξος, ος, ον, incertain.
ἀμφί-δοχμος, ος, ον, énorme à remplir les deux mains.
ἀμφί-δρομος, ος, ον, qui court autour.
ἀμφι-δρυφής, ής, ές, déchiré tout autour.
ἀμφί-δυμος, ος, ον, double; jumeau.
ἀμφι-δύομαι (*f.* δύσομαι), se revêtir.
ἀμφι-έλισσα, ης (ἡ), balancée des deux côtés.
ἀμφι-έννυμι (*f.* έσω, aor. ἠμφίεσα; *passif aor.* ἠμφιέσθην, *pf.* ἠμφίεσμαι) vêtir, 2 *acc.*
— *moyen* (aor. ἠμφιεσάμην), se revêtir de, *acc.*
ἀμφι-έπω et *moyen*, 1° suivre ‖ 2° entourer ‖ 3° prendre soin de, *acc.*
ἀμφί-εσμα, ατος (τό), vêtement.
ἀμφι-ετής, ής, ές, annuel.
ἀμφ-ιζάνω, s'asseoir autour; s'attacher à, *dat.*
ἀμφι-θάλασσος, ος, ον, baigné des deux côtés par la mer.
ἀμφι-θαλής, ής, ές, florissant.
ἀμφι-θάλλω (*parf.* τέθηλα), être tout en fleurs.
ἀμφι-θάλπω, réchauffer; caresser.
ἀμφι-θέατρον, ου (τό), amphithéâtre.

ἀμφί-θετος, ος, ον, qui se pose des deux côtés.
ἀμφι-θέω (*f.* θεύσομαι), courir autour.
ἀμφί-θηκτος, ος, ον, aiguisé des deux côtés.
ἀμφί-θυρος, ος, ον, qui a deux portes.
ἀμφι-καλύπτω (*f.* ψω), envelopper.
ἀμφι-καρής, ής, ές, à deux têtes.
ἀμφι-κεάζω, fendre.
ἀμφί-κειμαι, être étendu autour.
ἀμφι-κέφαλος, ος, ον, à deux têtes.
ἀμφι-κίων, ων, ον, *gén.* ονος, entouré de colonnes.
ἀμφί-κλυστος, ος, ον, baigné tout autour.
ἀμφί-κομος, ος, ον, chevelu.
ἀμφί-κρημνος, ος, ον, bordé de précipices.
ἀμφι-κτίονες, ων (οἱ), voisins.
'Αμφι-κτίονες, ῶν (οἱ), les Amphictions, *délégués des Etats grecs.*
'Αμφι-κτιονία, ας (ἡ), Confédération.
'Αμφι-κτιονικός, ή, όν, amphictionique.
ἀμφι-κύπελλος, ος, ον, formant double coupe.
ἀμφί-κυρτος, ος, ον, bombé.
ἀμφί-λαλος, ος, ον, grand bavard.
ἀμφι-λαφής, ής, ές, ample en tous sens : grand ; fort.
ἀμφι-λαχαίνω, bêcher autour.
ἀμφι-λέγω (*f.* λέξω), contester.
ἀμφί-λεκτος, ος, ον, douteux.
ἀμφι-λογέομαι-οῦμαι (*f.* ήσομαι), contester.
ἀμφι-λογία, ας (ἡ), contestation.
ἀμφί-λογος, ος, ον, contesté.
ἀμφί-λοξος, ος, ον, ambigu.
ἀμφί-λοφος, ος, ον, qui entoure le cou.
ἀμφι-λύκη, ης (ἡ), lueur de l'aube.
ἀμφι-μάσχαλος, ος, ον, à deux manches.
ἀμφι-μάχομαι, combattre autour, *acc.* ; pour, *gén.*
ἀμφι-μέλας, αινα, αν, assombri.
ἀμφι-μήτορες, ων (οἱ, αἱ), nés de mères différentes.
ἀμφι-νεικής, ής, ές, contesté ; qui mérite d'être disputé.

ἀμφι-νέμομαι, habiter autour.

ἀμφι-νοέω-ῶ, être dans le doute.

ἀμφι-ξέω-ῶ, polir tout autour.

ἀμφι-πέλομαι, s'offrir à.

ἀμφι-πένομαι, s'occuper de, *acc.*

ἀμφι-περιστέφω, couronner tout autour.

ἀμφι-περι-στρωφάω-ῶ, faire tourner autour.

ἀμφι-πίπτω (*f.* πεσοῦμαι, *aor.* 2 ἀμφέπεσον), embrasser.

ἀμφι-πλέκω (*f.* πλέξω), ceindre; embrasser.

ἀμφί-πληκτος, **ος**, **ον**, qui frappe de deux côtés.

ἀμφι-πολεύω, servir *dat*; s'occuper de, *acc.*

ἀμφι-πολέω-ῶ, accompagner; s'occuper de, *acc.*

Ἀμφί-πολις, **εως** (ἡ), Amphipolis, *ville de Thrace.*

ἀμφί-πολος, **ου** (ὁ, ἡ), serviteur, servante.

ἀμφι-πονεομαι-οῦμαι, (*f.* ήσομαι), se donner de la peine autour de, *acc.*

ἀμφι-ποτάομαι, **ῶμαι**, voler autour de, *acc.*

ἀμφι-πρόσωπος, **ος**, **ον**, à double visage.

ἀμφι-πτυχή, **ῆς** (ἡ), étreinte.

ἀμφί-πυλος, **ος**, **ον**, à deux portes.

ἀμφί-πυρος, **ος**, **ον**, tout enflammé.

ἀμφίς, I. *adv.*, des deux côtés ‖ II. *prép.* autour de; à l'écart de; sans, *gén.*

ἀμφίσ-βαινα, **ης** (ἡ), amphisbène, *serpent.*

ἀμφισ-βητέω-ῶ (*f.* ήσω, aor. ἠμφισβήτησα et ἠμφεσβήτησα), douter, contester, *avec quelqu'un* τινι *ou* πρός τινα; *sur quelque chose* τι *ou* τινος ou περί, ὑπέρ *et le gén.*

ἀμφισ-βήτημα, **ατος** (τό), doute, contestation.

ἀμφισ-βητήσιμος, **ος**, **ον**, contesté; contestable.

ἀμφισ-βήτησις, **εως** (ἡ), contestation, controverse.

ἀμφισ-βήτητος, **ος**, **ον**, contesté, controversé.

ἀμφ-ίστημι (*f.* ἀμφιστήσω) placer autour. — *Au moy.* ἀμφίσταμαι (*f.* ἀμφιστήσομαι, *aor.* 2. ἀμφέστην, *pf.* ἀμφ·

ἔστηκα) se tenir autour, *acc. ou dat.*

ἀμφί-στομος, ος, ον, à deux faces.

ἀμφι-στρατάομαι-ῶμαι, entourer de troupes.

ἀμφι-στρεφής, ής, ές, enroulé autour.

ἀμφι-στρόγγυλος, ος, ον, rond tout autour.

ἀμφί-στροφος, ος, ον, balancé de côté et d'autre.

ἀμφι-τειχής, ής, ές, qui entoure les murailles.

ἀμφι-τέμνω (*f.* τεμῶ), couper autour.

ἀμφι-τίθημι (*f.* θήσω), mettre autour.

ἀμφι-τιττυβίζω, gazouiller autour.

ἀμφι-τόμος, ος, ον, à deux tranchants.

ἀμφι-τρέχω (*f.* δραμοῦμαι, *aor. 2* ἀμφέδραμον), courir autour.

ἀμφιτρής, ῆτος (ὁ, ἡ), percé des deux bouts.

Ἀμφι-τρίτη, ης (ἡ), Amphitrite.

ἀμφι-τρομέω-ῶ, trembler au sujet de, *gén.*

Ἀμφι-τρύων, ωνος (ὁ), Amphitryon.

Ἀμφι-τρυωνιάδης, ου (ὁ), le fils d'Amphitryon, *Héraklès.*

ἀμφι-φαής, ής, ές, brillant en tous sens.

ἀμφί-φαλος, ος, ον, à double cimier.

ἀμφι-φανής, ής, ές, éclatant.

ἀμφι-φοβέομαι-οῦμαι, (*f.* ήσομαι), être pris de peur.

ἀμφι-φορεύς, έως (ὁ), amphore.

ἀμφι-χαίνω (*aor. 2* ἀμφέχανον), ouvrir la bouche pour dévorer.

ἀμφι-χάσκω, *même sens.*

ἀμφι-χέω (*aor.* ἀμφέχεα) répandre autour. || *Moyen*, envelopper.

ἀμφί-χυτος, ος, ον, répandu autour.

ἀμφί-χωλος, ος, ον, boîteux des deux pieds.

Ἀμφίων, ονος (ὁ), Amphion.

ἄμφ-οδος, ου (ἡ), carrefour.

ἀμ-φορεύς, έως (ὁ), amphore.

ἀμ-φορίσκος, ου (ὁ), petite amphore.

ἀμφοτεράκις, *adv.*, les deux fois.

ἀμφοτερίζω (*f.* ίσω), entourer des deux côtés.

ἀμφοτερό-γλωσσος, ος, ον, à la langue double.

ἀμφοτερο-δέξιος,ος,ον, double.

ἀμφότερος, α, ον, *surtout au plur. ou au duel*, l'un et l'autre. *Adv.* ἀμφότερον, ἀμφότερα, des deux manières ensemble.

ἀμφοτέρωθεν, *adv.*, des deux côtés.

ἀμφοτέρωθι, *adv.*, aux deux endroits.

ἀμφοτέρως, *adv.*, des deux façons.

ἀμφοτέρωσε, *adv.*, vers l'un et l'autre endroit.

ἀμφ-ουδίς, *adv.*, de terre.

ἄμφω (*nom. et acc.*; *gén. dat.* ἀμφοῖν; *ou indécl.*), tous les deux.

ἀμφ-ώβολος, ος, ον, à deux pointes.

ἀμφ-ώδους, *gén.* οντος, à deux rangs de dents.

ἀμφ-ώης, ης, ες, à deux oreilles.

ἀμφ-ωλένιον, ου (τό), bracelet.

ἀμφ-ωτίς, ίδος (ἡ), protège-oreilles.

ἀ-μώμητος, ος, ον, irréprochable.

ἀ-μωμήτως, *adv.*, irréprochablement.

ἄμωμον, ου (τό), amome.

ἄ-μωμος, ος, ον, irréprochable.

ἀμῶς, *att.* **ἁμῶς,** *adv.*, de quelque manière.

ἄν, 1. *partic.* indiquant le conditionnel, le futur, la généralité ou la répétition : ἄν ἦλθε, il serait venu ; ὅστις ἄν ἔλθῃ, quiconque sera venu.

2. — *conj. avec le subj.* pour **ἐάν,** si.

3. — *poét. pour* ἀνά.

4. = ἀνέστη, *poét.*, il se leva.

ἄν, *contr. pour* ἃ ἄν.

ἀνά, I. *adv.*, en haut.

II. *prép.* A. SUR, *avec gén., dat. ou acc.*, — B. *avec l'acc.* : 1° indique *le mouvement, le passage :* en remontant, à travers ‖ 2° *le temps :* ἀνὰ τὴν ἡμέραν, pendant le jour ‖ 3° *la distribution* : ἀνὰ πᾶν ἔτος, chaque année ; ἀνὰ δέκα, dix par dix ; ἀνὰ μέρος, tour à tour. ‖ 4° *quelquefois* selon : ἀνὰ κράτος, de toute sa force.

ἄνα = ἀναστῆθι, *poét.*, lève-toi.

ἀνα-βάδην et ἀναβαδόν, *adv.*, en montant ; en haut.

ἀνα-βαθμός, οῦ (ὁ), degré, montée.

ἀνα-βαίνω (*f.* ἀναβήσομαι, *aor.* 2 ἀνέβην, *pf.* ἀναβέβηκα), 1° MONTER. ‖ 2° s'avancer (*dans les terres, en s'éloignant de la mer.* ‖ 3° croître ‖ 4° (*d'une chose*) arriver, se produire; parvenir à.

ἀνα-βακχεύω (*f.* εύσω), agiter *ou* être agité d'un transport bachique.

ἀνα-βάλλω̃ (*f.* βαλῶ, *etc.*, *cf.* βάλλω), 1° LANCER EN L'AIR ‖ 2° différer; prolonger.

— *moyen*, 1° revêtir ‖ 2° se mettre à ‖ 3° différer; prolonger ‖ 4° confier à quelqu'un, ἐπί τινι.

ἀνά-βασις, εως (ἡ). 1° ACTION DE MONTER ‖ 2° marche dans l'intérieur des terres ‖ 3° montée; progrès.

ἀνα-βασμός, οῦ (ὁ), marche, degré.

ἀνα-βαστάζω (*f.* άσω). porter sur les épaules.

ἀνα-βάτης, ου (ὁ), cavalier.

ἀνα-βατικός, ή, όν, qui sait monter.

ἀνα-βατός, ός, όν, où l'on monte aisément.

ἀνα-βεβλημένως, *adv.*, nonchalamment.

ἀνα-βιβάζω (*f.* βιβάσω, *att.* βιβῶ), *actif et moyen*, faire monter.

ἀνα-βιόω-ῶ (*aor.* 2 ἀνεβίων) 1° *intr.*, revivre ‖ 2° *tr.* faire revivre.

ἀνα-βίωσις, εως (ἡ), résurrection.

ἀνα-βιώσκομαι (*f.* βιώσομαι), ressusciter, *tr. et intr.*

ἀνα-βλαστάνω (*f.* βλαστήσω, *aor.* 2 ἔβλαστον) repousser, renaître.

ἀνά-βλεμμα, ατος (τό), regard tourné en l'air.

ἀνα-βλέπω (*f.* βλέψομαι) 1° lever les yeux ‖ 2° recouvrer la vue.

ἀνά-βλεψις, εως (ἡ), 1° action de lever les yeux ‖ 2° action de recouvrer la vue.

ἀνα-βλήδην, *adv.*, par intervalles.

ἀνά-βλησις, εως (ἡ), délai.

ἀνα-βλύζω (*f.* ύσω) jaillir; faire jaillir.

ἀνά-βλυσις, εως (ἡ), jaillissement.

ἀνα-βοάω-ῶ (*f.* βοήσομαι, *aor.* ἀνεβόησα), crier; appeler par des cris.

ἀνα-βόησις, εως (ἡ), cri.

ἀνα-βολάδην, *adv.*, par intervalles.

ἀνα-βολή, ῆς (ἡ), 1° remblai ‖ 2° ascension. ‖ 3° délai ‖ 4° manteau.

ἀνά-βρασις, εως (ἡ), ébullition,

ἀνα-βράσσω, *att.* ττω (*f.* σω), faire bouillir *ou* bouillonner.

ἀνα-βράχω (*aor.* 2 ἀνέβραχον), craquer.

ἀνα-βρέχω (*f.* ξω), mouiller une seconde fois.

ἀνα-βρυχάομαι-ῶμαι (*f.* ήσομαι), hurler.

ἀν-αγγέλλω (*f.* ελῶ), annoncer.

ἀνα-γελάω-ῶ (*f.* άσομαι), éclater de rire.

ἀνα-γιγνώσκω (*f.* γνώσομαι, *etc.*) 1° connaître; reconnaître. ‖ 2° lire. ‖ 3° persuader.

ἀναγκάζω (*f.* άσω; *f. pass.* ἀναγκασθήσομαι), forcer, contraindre: imposer.

ἀναγκαίη, ης (ἡ), *poét.* nécessité.

ἀναγκαῖος, α *ou* ος, ον, 1° NÉCESSAIRE : ἀναγκαῖόν ἐστι, il est nécessaire; τἀναγκαῖα τοῦ βίου, les besoins de la vie ‖ 2° forcé ‖ 3° parent; οἱ ἀναγκαῖοι, les parents par le sang ‖ 4° ami, allié.

ἀναγκαιότης, ητος (ἡ), parenté; amitié.

ἀναγκαίως, *adv.*, nécessairement.

ἀνάγκη, ης (ἡ), 1° NÉCESSITÉ : δι' ἀνάγκης, κατ' ἀνάγκην, par nécessité ‖ 2° torture ‖ 3° parenté.

ἀναγκο-τροφέω-ῶ (*f.* ήσω), être astreint à un régime alimentaire.

ἀναγκο-φαγία, ας (ἡ), alimentation forcée.

ἀν-άγκυλος, ος, ον, sans courroie.

ἀνα-γλυφή, ῆς (ἡ), ciselure.

ἀνα-γνάμπτω (*f.* ψω), recourber en haut; détacher.

ἄν-αγνος, ος, ον, impur.

ἀνα-γνωρίζω (*f.* ίσω), reconnaître.

ἀνα-γνώρισις, εως (ἡ), action de reconnaître.

ἀνά-γνωσις, εως (ἡ) lecture (action de lire).

ἀνά-γνωσμα, ατος (τό) lecture (ce qu'on lit).

ἀνα-γνώστης, ου (ὁ), lecteur.

ἀνα-γνωστικός, ή, όν, qui sait lire.

ἀν-αγόρευσις, εως (ἡ), proclamation publique.

ἀν-αγορεύω (*f.* εύσω). déclarer, proclamer.

ἀνα-γραφεύς, έως (ὁ), scribe.

ἀνα-γραφή, ῆς (ἡ), inscription; registre.

ἀνα-γράφω (*f.* ψω), inscrire; décrire.

ἀν-αγρία, ας (ἡ), temps où l'on ne chasse pas.

ἀν-άγω (*f.* ἄξω, *etc.*), 1° FAIRE MONTER ‖ 2° mener, *particulièrement de la côte vers les terres*: emmener; ramener ‖ 3° lever; élever; relever ‖ 4° déployer ‖ 5° célébrer ‖ 6° rattacher à. ‖ 7° *Intr.*, reculer.
— *Moyen.* 1° prendre le large ‖ 2° se préparer à.

ἀν-αγωγή, ῆς (ἡ), 1° ACTION DE FAIRE MONTER ‖ 2° départ au large. ‖ 3° action d'élever; éducation ‖ 4° restitution ‖ 5° action de rattacher à.

ἀν-αγωγία, ας (ἡ), défaut d'éducation.

ἀν-αγωγός, ός, όν, qui élève.

ἀν-αγώνιστος, ος, ον, qui ne prend pas part au combat.

ἀνα-δαίομαι (*f.* άσομαι), partager à nouveau.

ἀνα-δαίω, brûler,

ἀνα-δάκνω (*f.* δήξομαι), mordre à nouveau.

ἀνα-δασμός, οῦ (ὁ), partage nouveau.

ἀνά-δαστος, ος, ον, de nouveau partagé.

ἀνα-δείκνυμι (*f.* δείξω, *etc.*) 1° MONTRER ‖ 2° désigner, proclamer ‖ 3° consacrer.

ἀνά-δειξις, εως (ἡ), 1° exhibition ‖ 2° proclamation ‖ 3° dédicace.

ἀν-άδελφος, ος, ον, sans frère; sans sœur.

ἀνα-δενδράς, άδος (ἡ), vigne grimpante.

ἀνα-δέρκομαι (*aor.* 2 ἀνέδρακον), regarder en haut.

ἀνα-δέρω (*f.* δερῶ, *aor.* ἔδειρα) écorcher; mettre à nu.

ἀνά-δεσις, εως (ἡ), action d'attacher.

ἀνα-δέσμη, ης (ἡ), bandeau pour les cheveux.

ἀνά-δετος, ος, ον, qui tient les cheveux redressés.

ἀνα-δεύω (*f.* δεύσω), mouiller; imprégner.

ἀνα-δέχομαι (*f.* δέξομαι, *etc.*), 1° RECEVOIR SUR ‖ 2° recevoir, accueillir; subir. ‖ 3° se charger de; garantir.

ἀνα-δέω-ῶ 1° ATTACHER

EN HAUT || 2° couronner || 3° rattacher à. — *Moyen*. 1° attacher sur soi *ou* à soi || 2° remorquer; amarrer || 3° rapporter à.

ἀνά-δηγμα, ατος (τό), morsure.

ἀνά-δημα, ατος (τό), bandeau.

ἀνα-διδάσκω (*f*. ξω, *etc*.), enseigner de nouveau.

ἀνα-δίδωμι (*f*. δώσω *etc*.). *Acc*. 1° TENDRE || 2° faire jaillir || 3° distribuer. — *Intr*. : 1° jaillir || 2° reculer || 3° digérer.

ἀνα-δικάζω (*f*. σω, *etc*.), juger de nouveau.

ἀνα-δικία, ας (ἡ), jugement en appel.

ἀνά-δικος, ος, ον, remis en jugement.

ἀνα-διπλόω-ῶ (*f*. ώσω), redoubler.

ἀνά-δοσις, εως (ἡ), 1° jaillissement. || 2° désir violent || 3° digestion.

ἀνά-δοτος, ος, ον, qui s'est rendu.

ἀνα-δουλόω-ῶ, remettre en servitude.

ἀνα-δρέπω (*f*. δρέψω.) cueillir.

ἀνα-δρομή, ῆς (ἡ), 1° ascension || 2° croissance.

ἀνα-δύομαι (*f*. δύσομαι, aor. 2 ἀνέδυν, *pf*. ἀναδέδυκα) 1° sortir || 2° reculer 3° *acc*., refuser.

ἀνά-δυσις, εως (ἡ), sortie; recul.

ἀνά-εδνος, ος, ον, sans dot.

ἀν-αείρω, *comme* ἀναίρω.

ἀνά-ελπτος, ος, ον, inespéré.

ἀν-αέξω (*f*. αεξήσω), accroître.

ἀνά-ζεσις, εως (ἡ), ébullition.

ἀνα-ζεύγνυμι (*f*. ζεύξω, *etc*.), atteler || *intr*., décamper.

ἀνά-ζευξις, εως (ἡ), départ.

ἀνα-ζέω (*aor*. ἀν-έζεσα) bouillir || *acc*., faire bouillir.

ἀνα-ζητέω-ῶ (*f*. ήσω), rechercher.

ἀνα-ζήτησις εως (ἡ), recherche.

ἀνα-ζυγή, ῆς (ἡ), départ.

ἀνα-ζύμωσις, εως (ἡ), fermentation.

ἀνα-ζωγραφέω-ῶ (*f*. ήσω), représenter par la peinture.

ἀνα-ζώννυμι (*f*. ζώσω), remettre une ceinture.

ἀνα-ζωπυρέω-ῶ (*f*.

ήσω), rallumer; *intr.*, se raviver.

ἀνα-θάλλω (*f.* θαλῶ), 1° *intr.* refleurir ‖ 2° *tr.*, faire refleurir.

ἀνα-θάλπω (*f.* ψω), réchauffer.

ἀνα-θαρρέω-ῶ (*f.* ήσω); reprendre courage.

ἀνα-θαρρύνω (*f.* υνῶ), encourager; *intr.*, reprendre courage.

ἀνα-θαυμάζω (*f.* σω), admirer de nouveau.

ἀνα-θεάομαι-ῶμαι, contempler à nouveau.

ἀνά-θεμα, ατος (τό), 1° offrande ‖ 2° anathème.

ἀνα-θεματίζω (*f.* σω), maudire.

ἀνα-θερμαίνω (*f.* ανῶ), réchauffer.

ἀνά-θεσις, εως (ἡ), 1° offrande ‖ 2° délai.

ἀνα-θέω (*f.* θεύσομαι), grimper.

ἀνα-θεωρέω-ῶ (*f.* ήσω), considérer à nouveau.

ἀνα-θεώρησις, εως (ἡ) examen renouvelé.

ἀνα-θηλέω-ῶ (*f.* ήσω), refleurir.

ἀνά-θημα, ατος (τό). 1° offrande ‖ 2° monument ‖ 3° parure.

ἀνα-θηματικός, ή, ον, votif.

ἀνα-θλίβω (*f.* ψω), presser en écrasant.

ἄν-αθλος, ος, ον, inhabile à la lutte.

ἀνα-θολόω-ῶ (*f.* ώσω), troubler, salir.

ἀνα-θόλωσις, εως (ἡ), action de troubler.

ἀνα-θορυβέω-ῶ (*f.* ήσω), applaudir bruyamment.

ἀνά-θρεμμα, ατος (τό). nourrisson.

ἀνά-θρεψις, εως (ἡ), reprise des forces.

ἀν-αθρέω-ῶ, (*f.* ήσω), considérer.

ἀνα-θρώσκω (*aor.* 2 ἔθορον), s'élancer.

ἀνα-θυμίαμα, ατος (τό), vapeur d'encens.

ἀνα-θυμίασις, εως (ἡ), exhalaison.

ἀνα-θυμιάω-ῶ (*f.* άσω), faire brûler des parfums. — *Moy.* et *pas.*, s'évaporer.

1. ἀνα-θύω (*f.* σω), s'élancer.

2. ἀνα-θύω (*f.* σω), sacrifier à nouveau.

ἀν-αίδεια, ας (ἡ), 1° impudence ‖ 2° implacable rigueur.

ἀν-αιδεύομαι (*f.* εύσομαι), se conduire avec impudence.

ἀν-αιδής, ής, ές, impudent.

ἀν-αιδῶς, *adv.*, impudemment.

ἀν-αιθύσσω (*f.* ξω), exciter la flamme.

ἀν-αίθω, enflammer.

ἀ ν - α ι μ α κ τ ί, *adv.*, sans verser de sang.

ἀν-αίμακτος, ος, ον, sans effusion de sang.

ἀν-αίματος, ος, ον, qui n'a pas une goutte de sang.

ἀν-αιμία, ας (ἡ), manque de sang.

ἄν-αιμος, ος, ον, qui n'a point de sang.

ἀναιμό-σαρκος, ος, ον, dont la chair manque de sang.

ἀν-αίμων, ων, ον, *gén.* ονος, qui n'a pas de sang.

ἀν-αιμωτί, *adv.*, sans verser de sang.

ἀν-αίνομαι (*aor.* ἠνηνάμην), refuser ; renier.

ἀν-αίρεσις, εως (ἡ). 1° action d'enlever ; de détruire ‖ 2° prise en charge de.

ἀναιρετικός, ή, όν, destructif.

ἀν-αιρέω-ῶ (*f.* ήσω, *aor.* 2 ἀνεῖλον. *pf.* ἀνῄρηκα. *Passif. f.* ἀναιρεθήσομαι, *aor.* ᾐρέθην, *pf.* ᾔρημαι) 1° ENLEVER ‖ 2° détruire ; tuer ‖ 3° condamner ‖ 4° répondre (oracle).
—*Moyen.* ἀναιροῦμαι (*f.* αιρήσομαι, *aor.* 2 ειλόμην) 1° enlever, emporter ; prendre ‖ 2° obtenir ‖ 3° se charger de ‖ 4° annuler.

ἀν-αίρω (*f.* αρῶ) élever.

ἀν-αισθησία, ας (ἡ). insensibilité ; i n c o n s-cience.

ἀν-αισθητέω-ῶ, être insensible ; être inconscient.

ἀν-αίσθητος, ος, ον, insensible (*gén.* à) ; stupide.

ἀν-αισθήτως, *adv.*, avec insensibilité ; stupidement.

ἀν-αισιμόω-ῶ (*f.* ώσω), dépenser.

ἀν-αισίμωμα, ατος (τό), dépense.

ἀν-αίσσω (*f.* αἴξω, *aor.* ᾖξα ; *contr.* ἀνᾴσσω, *att.* ἀνᾴττω, s'élancer.

ἀ ν - α ι σ χ υ ν τ έ ω - ῶ (*f.* ήσω) n'avoir pas honte.

ἀν-αισχυντία, ας (ἡ) impudence.

ἀν-αίσχυντος, ος, ον, impudent.

ἀν-αισχύντως, *adv.*, impudemment.

ἀν-αίτιος, ος ou α, ον, innocent (*gén.* de); qui n'est pas cause de.

ἀν-αιτίως, *adv.* : sans cause; sans reproche.

ἀνα-καγχάζω (*f.* άσω), éclater de rire.

ἀνα-καθαίρω (*f.* καθαρῶ, *etc.*), nettoyer — *Au moyen*, nettoyer; éclairer.

ἀνα-κάθημαι (*sans fut.*), être assis.

ἀνα-καθίζω (*f.* ίσω), s'asseoir; *moy.* même sens.

ἀνα-καινίζω (*f.* σω), renouveler.

ἀνα-καίνωσις, εως (ἡ), renouvellement.

ἀνα-καίω (*f.* καύσω), allumer.

ἀνα-καλέω-ῶ (*f.* έσω), 1° APPELER ‖ 2° rappeler ‖ 3° exhorter; encourager. — *Moyen*, 1° invoquer ‖ 2° convoquer ‖ 3° rappeler; ranimer.

ἀνα-καλύπτω (*f.* ψω), découvrir. — *Moy.* démasquer son visage.

ἀνα-κάμπτω (*f.* ψω), recourber, *acc.* — *Intr.* retourner sur ses pas.

ἀνά-καμψις, εως (ἡ), retour en arrière.

ἀν-άκανθος, ος, ον, sans épine.

ἀνα-κάπτω (*f.* ψω), dévorer.

ἀνά-καυσις, εως (ἡ), action d'allumer.

ἀνά-καψις, εως (ἡ), action de dévorer.

ἀνά-κειμαι (*f.* κείσομαι) 1° ÊTRE COUCHÉ ‖ 2° être consacré ‖ 3° reposer sur (εἰς, ἐπί).

ἀνα-κείρω (*f.* κερῶ), couper.

ἀνα-κέλαδος, ου (ὁ), bruit.

ἀνα-κέραννυμι (*f.* κεράσω), mélanger.

ἀνα-κεφαλαιόω-ῶ, récapituler.

ἀνα-κεφαλαίωσις, εως (ἡ), récapitulation.

ἀνα-κηκίω, jaillir.

ἀνα-κηρύσσω, *att.* ττω (*f.* ξω) proclamer.

ἀνα-κινδυνεύω (*f.* σω) braver de nouveau le danger.

ἀνα-κινέω-ῶ (*f.* ήσω), agiter; exciter.

ἀνα-κίνησις, εως (ἡ), agitation; excitation.

ἀνα-κίρνημι, *moy.* ἀνακίρναμαι, mêler.

ἀνα-κλάζω (*f.* κλάγξω, *etc.*), crier.

ἀνα-κλαίω (*f.* κλαύσω *et* κλαύσομαι, *etc.*), pleurer; déplorer.

ἀνά-κλασις, εως (ἡ), action de briser.

ἀνά-κλαυσις, εως (ἡ), lamentation.

ἀνα-κλάω-ῶ (*f.* κλάσω), briser.

ἀνά-κλησις, εως (ἡ), appel ; rappel ; retraite.

ἀνα-κλητικός, ή, όν, qui sert à rappeler.

ἀνα-κλίνω (*f.* κλινῶ, *etc.*), pencher ; appuyer. — *Au passif*, se coucher.

ἀνά-κλισις, εως (ἡ), action de se coucher.

ἀνά-κλιτος, ος, ον, couché sur le dos.

ἀνα-κλύζω (*f.* σω), baigner.

ἀνα-κλώθω (*f.* σω), dévider.

ἀνα-κογκυλιάζω (*f.* άσω), gargariser.

ἀνα-κοινόω-ῶ (*f.* ώσω), communiquer.

ἀνα-κόλλησις, εως (ἡ), action de recoller.

ἀν-ακολουθία, ας (ἡ), manque de suite.

ἀν-ακόλουθος, ος, ον, sans cohérence.

ἀν-ακολούθως, *adv.*, sans suite.

ἀνα-κομιδή, ῆς (ἡ), action de recouvrer ; de rapporter.

ἀνα-κομίζω (*f.* σω), rapporter ; recouvrer ; sauver. — *Moyen, mêmes sens.*

ἀν-ακοντίζω (*f.* σω), jaillir comme un trait.

ἀνα-κοπή, ῆς (ἡ), reflux ; recul.

ἀνα-κόπτω (*f.* ψω), repousser ; réprimer.

ἀνα-κουφίζω (*f.* σω), soulever ; alléger. — *Au passif*, être exalté.

ἀνα-κράζω (*f.* άξω, *aor.* 2 ἀνέκραγον), crier ; s'écrier.

ἀνά-κρασις, εως (ἡ), mélange.

ἀνα-κραυγάζω (*f.* άσω), pousser des cris.

ἀνα-κρεμάννυμι (*f.* άσω), suspendre.

ἀνα-κρίνω (*f.* κρινῶ), interroger. — *Moyen*, être en procès.

ἀνά-κρισις, εως (ἡ), interrogation ; enquête.

ἀνα-κροτέω-ῶ (*f.* ήσω), applaudir bruyamment.

ἀνά-κρουσις, εως (ἡ), action de ramener en arrière ; répression.

ἀνα-κρουστικός, ή, όν, qui ramène en arrière.

ἀνα-κτάομαι-ῶμαι (*f.* κτήσομαι), regagner ; ranimer.

ἀνάκτησις, εως (ἡ), recouvrement.

ἀνα-κτίζω (*f.* σω), rebâtir.

ἀνακτορία, ας (ἡ), pouvoir souverain.

ἀνακτόριος, α, ον, royal.

ἀνάκτορον, ου (τό), temple.

ἀνάκτωρ, ορος (ὁ), souverain.

ἀνα-κυκάω-ῶ (*f.* ήσω), mélanger.

ἀνα-κυκλέω-ῶ (*f.* ήσω), tourner sens dessus dessous. — *Moyen,* revenir sur ses pas.

ἀνα-κύκλησις, εως (ἡ), révolution.

ἀνα-κύκλωσις, εως (ἡ), évolution.

ἀνα-κυλίω (*f.* ίσω), faire rouler en arrière.

ἀνα-κυμβαλιάζω faire une culbute bruyante.

ἀνα-κυπόω-ῶ (*f.* ώσω), renverser.

ἀνα-κύπτω (*f.* ψω), lever la tête; prendre courage.

ἀνα-κωκύω (*f.* ύσω). pousser des cris.

ἀνά-κωλος, ος, ον, court des jambes.

ἀνα-κωμῳδέω-ῶ (*f.* ήσω), réciter en acteur comique.

ἀνακῶς, *adv.*, avec soin.

ἀν-ακωχεύω (*f.* εύσω), arrêter; *intr.*, s'arrêter.

ἀν-ακωχή, ῆς (ἡ), arrêt trêve.

ἀν-αλαλάζω (*f.* ξω), pousser des cris.

ἀνα-λαμβάνω (*f.* λήψομαι, *etc.*), 1° PRENDRE AVEC SOI ‖ 2° reprendre. ‖ 3° retenir ‖ 4° accueillir ‖ 5° attirer ‖ 6° s'approprier ‖ 7° résumer; redire ‖ 8° *intr.*, se remettre (d'une maladie, *etc.*). — *Passif, sens correspondants.* — *Moyen.* 1° *mêmes sens* ‖ 2° se charger de.

ἀνα-λάμπω (*f.* ψω), 1° briller ‖ 2° se rallumer; se ranimer.

ἀνά-λαμψις, εως (ἡ), éclat brillant.

ἀν-αλγής, ής, ές, insensible.

ἀν-αλγησία, ας, (ἡ), insensiblité.

ἀν-άλγητος, ος, ον, non douloureux; insensible.

ἀν-αλγήτως, *adv.*, sans douleur.

ἀν-αλδής, ής, ές, qui ne grandit pas.

ἀνα-λέγω (*f.* λέξω) *et moyen* ‖ 1° RAMASSER;

rassembler; cueillir || 2° lire.

ἀνα-λείχω (*f.* ξω), lécher.

ἀν-αλήθης, ης, ες, faux.

ἀν-αληθῶς, *adv.*, faussement.

ἀνά-λημμα, ατος (τό), support.

ἀνά-ληψις, εως (ἡ), action de reprendre; de réparer.

ἀν-άλθητος, ος, ον, incurable.

ἀνα-λικμάω-ῶ (*f.* ήσω), vanner.

ἀν-αλίσκω (*f.* ἀναλώσω, *aor.* ἀνήλωσα, *pf.* ἀνήλωκα. — *Passif. f.* ἀναλωθήσομαι, *aor.* ἀνηλώθην, *pf.* ἀνήλωμαι) 1° DÉPENSER || 2° perdre || 3° tuer.

ἀν-αλκεία, ας, (ἡ), lâcheté.

ἄν-αλκις, ις, ι, *gén.* ιδος, faible; lâche.

ἀν-άλλακτος, ος, ον, immuable.

ἀν-αλλοίωτος, ος, ον, qui ne peut être changé.

ἀν-άλλομαι (*f.* ἀναλοῦμαι, *aor.* ἀνηλάμην) sauter.

ἄν-αλμος, ος, ον, non salé.

ἀνα-λογέω-ῶ (*f.* ήσω), correspondre à.

ἀνα-λογία, ας (ἡ), analogie; proportion.

ἀνα-λογίζομαι (*f.* 2 ιοῦμαι) 1° CALCULER || 2° raisonner || 3° conjecturer.

ἀνα-λογικός, ή, όν, analogue.

ἀνα-λόγισμα, ατος (τό), comparaison.

ἀνα-λογισμός, οῦ (ὁ), 1° raisonnement; réflexion || 2° proportion.

ἀνά-λογος, ος, ον, correspondant à; proportionnel.

ἀνά-λογως *adv.*, proportionnellement.

ἄν-αλος, ος, ον, sans sel.

ἀν-αλόω-ῶ (*f.* ώσω), dépenser; perdre. — *Moyen*, se tuer.

ἀνά-λυσις, εως (ἡ), 1° DISSOLUTION || 2° explication || 3° départ; décès. || 4° libération.

ἀνα-λυτήρ, ῆρος (ὁ), libérateur.

ἀνα-λυτικός, ή, όν, analytique.

ἀνα-λυτρόω-ῶ (*f.* ώσω), libérer moyennant rançon.

ἀνα-λύω (*f.* σω), 1° DISSOUDRE || 2° analyser; résoudre || 3° détruire; abroger || 4° *Intr.*, partir; mourir. — *Moyen*. 1° dénouer ‖ 2° libérer ‖ 3° réparer.

ἀν-άλωμα, ατος (τό), dépense; perte.

ἀνάλωσις, εως (ἡ), dépense; perte.

ἀν-αλωτής, οῦ (ὁ), qui dépense.

ἀν-αλωτικός, ή, όν, dépensier; coûteux.

ἀν-άλωτος, ος, ον, imprenable; irréfutable; irrésistible.

ἀν-αμαιμάω-ῶ, parcourir furieusement.

ἀνα-μανθάνω (*f.* μαθήσομαι, *etc.*), étudier avec attention.

ἀν-αμάξευτος, ος, ον, où les voitures ne peuvent passer.

ἀνα-μαρμαίρω (*f.* αρῶ), faire briller.

ἀν-αμαρτησία, ας (ἡ), infaillibilité.

ἀν-αμάρτητος, ος, ον, infaillible; irréprochable; innocent.

ἀν-αμαρτήτως, *adv.* sans faute; sans erreur.

ἀνα-μασάομαι-ῶμαι (*f.* ήσομαι), ruminer.

ἀνα-μάσσω, *att.* **ττω** (*f.* ξω), pétrir; essuyer. *Moyen, même sens.*

ἀνα-μάχομαι (*f.* μαχοῦμαι), combattre à nouveau; recommencer.

ἀν-άμβατος, ος, ον, qu'on ne saurait monter.

ἀνα-μέλπω (*f.* ψω) chanter.

ἀνα-μένω (*f.* μενῶ), 1° ATTENDRE, *tr.* et *intr.* : ἔστε, ἕως, que ‖ 2° supporter.

ἀνά-μεσος, ος, ον, qui est au milieu.

ἀνά-μεστος, ος, ον, plein de, *gén.*

ἀνα-μεστόω-ῶ (*f.* ώσω), remplir.

ἀνα-μετρέω-ῶ (*f.* ήσω), 1° MESURER ‖ 2° parcourir de nouveau. — *Moyen* 1° mesurer ‖ 2° rappeler; se rappeler.

ἀνα-μέτρησις, εως (ἡ), action de mesurer.

ἀνά-μιγα, ἀνά-μιγδα, ἀνα-μίγδην, *adv.* pêle-mêle.

ἀνα-μίγνυμι (*f.* μίξω, *etc.*), mêler.

ἀνα-μιμνήσκω (*f.* μνήσω, *etc.*), rappeler. — *Passif,* se souvenir de, *acc.*, *gén.* ou περί.

ἀνα-μίξ, *adv.*, pêle-mêle.

ἀνά-μιξις, εως (ἡ), mélange.

ἀνα-μίσγω, mêler.

ἀνα-μισθαρνέω-ῶ, soudoyer.

ἄν-αμμα, ατος (τό), flambeau.

ἀν-άμματος, ος, ον, qui est sans nœuds.

ἀνά-μνησις, εως (ἡ), réminiscence; avertissement.

ἀνα-μνηστικός, ός, όν, à la mémoire rapide.

ἀνά-μνηστος, ος, ον, qu'on peut se rappeler.

ἀνα-μορμύρω, bouillonner.

ἀνα-μορφόω-ῶ (*f.* ώσω), transformer.

ἀνα-μοχλεύω (*f.* σω), forcer avec un levier.

ἀν-αμπλάκητος, ος, ον, infaillible; innocent.

ἀνα-μυχθίζομαι, soupirer.

ἀν-αμφίβολος, ος, ον, incontestable.

ἀν-αμφιβόλως, *adv.*, incontestablement.

ἀν-αμφίλογος, ος, ον, incontesté.

ἀν-αμφιλόγως, *adv.*, sans contestation.

ἀν-αμφισβήτητος, ος, ον, incontesté.

ἀν-αμφισβητήτως, *adv.*, sans contestation.

ἀν-ανάγκαστος, ος, ον, non contraint.

ἀν-ανδρία, ας (ἡ), lâcheté.

ἄν-ανδρος, ος, ον, 1° LÂCHE ‖ 2° sans mari; sans hommes.

ἀν-άνδρως, *adv.*, lâchement.

ἀνα-νεάζω (*f.* άσω), rajeunir.

ἀνα-νέμω (*f.* νεμῶ), distribuer. — *Moyen*, compter.

ἀνα-νέομαι, revenir.

ἀνα-νεόω-ῶ (*f.* ώσω), *actif* et *moyen*, renouveler.

ἀνα-νευστικῶς, *adv.*, négativement.

ἀνα-νεύω (*f.* νεύσομαι), refuser; tenir la tête haute.

ἀνα-νέω (*f.* νεύσομαι), surnager.

ἀνα-νέωσις, εως (ἡ), renouvellement; rappel.

ἀνα-νήφω (*f.* νήψω), revenir de l'ivresse. — *Acc.*, tirer de l'ivresse.

ἀνα-νήχομαι (*f.* νήξομαι), surnager.

ἀν-ανθέω-ῶ (*f.* ήσω), refleurir.

ἀν-ανθής, ής, ές, sans fleur; défleuri.

ἄν-αντα, *adv.*, en remontant.

ἀν-ανταγώνιστος, ος, ον, sans rival.

ἀν-ανταγωνίστως, *adv.*, sans combat.

ἀν-άντης, ης, ες, montant; escarpé. Τὸ ἄναντες, la hauteur.

ἀν-αντίβλεπτος, ος, ον, qu'on ne regarde point en face.

ἀν-αντίλεκτος, ος, ον, incontestable.

ἀν-αντίρρητος, ος, ον, incontestable.

ἀν-αντιρρήτως, *adv.*, incontestablement.

ἀν-αντλέω-ῶ (*f.* ήσω), épuiser.

ἄναξ, ἄνακτος (ὁ), roi; chef; maître.

Ἀναξαγόρας, ου (ὁ), Anaxagore, philosophe.

ἀνα-ξαίνω (*f.* ξανῶ), raviver.

ἀνα-ξηραίνω (*f.* ανῶ), dessécher.

ἀναξία, ας (ἡ), pouvoir.

ἀν-αξιό-λογος, ος, ον, qui ne mérite pas mention.

ἀν-αξιο-παθέω-ῶ, souffrir un indigne traitement.

ἀν-άξιος, ος, ον, *gén.*, indigne de; *seul :* indigne, immérité.

ἀν-αξίως, *adv.*, indignement.

ἀνα-ξυνόω-ῶ (*f.* ώσω), communiquer.

ἀνα-ξυρίς, ίδος (ἡ), pantalon bouffant (des Orientaux).

ἀνα-ξύω (*f.* ξύσω) racler.

ἀνα-παιδεύω (*f.* σω), instruire à nouveau.

ἀνά-παιστος, ου (ὁ), anapeste.

ἀνά-παλιν, *adv.*, à rebours; de nouveau.

ἀνα-πάλλω (*f.* παλῶ), 1° agiter, brandir ‖ 2° exciter.

— *au moyen*, bondir.

ἀνα-πάσσω (*f.* πάσω), répandre sur.

ἀνά-παυλα, ης (ἡ), repos; halte.

ἀνά-παυσις, εως (ἡ), repos; halte.

ἀνα-παυστήριος, ος, ον, où l'on peut se reposer.

ἀνα-παύω (*f.* παύσω), *acc.*, faire reposer *Intr.*, se reposer.

— *Moyen*, se reposer; dormir; mourir.

ἀνα-πείθω (*f.* πείσω), persuader : τινά τι, quelque chose à quelqu'un; séduire.

ἀνά-πειρα, ας (ἡ), essai; exercice.

ἀνα-πειράω-ῶ et *moyen*, essayer; exercer.

ἀνα-πείρω (*f.* περῶ), transpercer.

ἀνα-πειστήριος, α, ον, persuasif.

ἀνα-πεμπάζω (*f.* άσω), *et moyen*, compter sans arrêt.

ἀνα-πέμπω (*f.* ψω), 1° ENVOYER (*en haut* ou *à l'intérieur*) ‖ 2° produire 3° *actif et moyen*, renvoyer.

ἀνα-πέταννυμι (*f.* πετάσω), déployer; ouvrir.

ἀνα-πέτομαι (*f.* πτήσομαι, *etc.*), s'envoler.

ἀνα-πήγνυμι (*f.* πήξω), ficher en haut; suspendre.

ἀνα-πηδάω-ῶ (*f.* πηδήσομαι), 1° bondir; s'élancer ‖ 2° reculer.

ἀνα-πήδησις, εως (ἡ), bond.

ἀνα-πηνίζομαι (*f.* σομαι), dévider.

ἀνα-πηρία, ας (ἡ), état d'estropié.

ἀνά-πηρος, ος, ον, estropié.

ἀνα-πηρόω-ῶ (*f.* ώσω), mutiler.

ἀνα-πιδύω (*f.* σω), jaillir; faire jaillir.

ἀνα-πίμπλημι (*f.* πλήσω, *etc.*), 1° REMPLIR ‖ 2° achever ‖ 3° supporter.

ἀνα-πίμπρημι (*f.* πρήσω), allumer.

ἀνα-πίπτω (*f.* πεσοῦμαι, *etc.*), tomber à la renverse; se décourager.

ἀνά-πλασμα, ατος (τό), représentation.

ἀνα-πλάσσω, *att.* **ττω** (*f.* σω), 1° FAÇONNER de nouveau ‖ 2° imaginer.

— *Moyen* 1° modeler ‖ 2° réparer ‖ imaginer.

ἀνα-πλέκω (*f.* ξω), tresser; ceindre.

ἀνα-πλέω (*f.* πλεύσομαι), naviguer en remontant.

ἀνά-πλεως, ως, ων, plein de, *gén.*

ἀνα-πληρόω-ῶ (*f.* ώσω), remplir; compléter.

ἀνα-πλήρωμα, ατος (τό), complément.

ἀνα-πλήρωσις, εως (ἡ), action de compléter; accomplissement.

ἀνα-πληστικός, ή, όν, qui remplit.

ἀνά-πλους, ου (ὁ), navigation contre courant.

ἀν-απλόω-ῶ (*f.* ώσω) déployer; expliquer.

ἀνά-πνευσις, εως (ἡ), respiration; répit.

ἀνα-πνευστικός, ή, όν, respiratoire.

ἀνα-πνέω (*f.* πνεύσομαι) reprendre haleine, respirer; exhaler.

ἀνα-πνοή, ῆς (ἡ). 1° SOUFFLE, respiration ‖ 2° répit ‖ 3° soupirail.

ἀν-απόδεικτος, ος, ον, non démontré.

ἀν-αποδείκτως, *adv.*, sans preuve.

ἀνα-ποδίζω (*f.* ίσω *att.* ιῶ), 1° reculer ‖ 2° *acc.* faire reculer; faire répéter.

ἀνα-ποδισμός, οῦ (ὁ), recul.

ἀν-απόδοτος, ος, ον, non rendu.

ἀν-απόδραστος, ος, ον, inévitable.

ἀν-άποινον, *adv.*, sans rançon.

ἀν-απόκριτος, ος, ον qui ne répond pas.

ἀν-απόλαυστος, ος, ον, dont on ne jouit pas.

ἀνα-πολεμέω-ῶ (*f.* ήσω), recommencer la guerre.

ἀνα-πολέμησις, εως (ἡ), reprise de la guerre.

ἀνα-πολέω-ῶ (*f.* ήσω), retourner en tous sens; répéter.

ἀν-απόλυτος, ος, ον, qu'on ne peut délier.

ἀνα-πομπή, ῆς (ἡ), envoi en haut; renvoi.

ἀνα-πόμπιμος, ος, ον, renvoyé.

ἀν-απόνιπτος, ος, ον, non lavé.

ἀνα-πορεύομαι (*f.* σομαι), monter.

ἀν-απόστατος, ος, ον, dont on ne peut se tirer.

ἀν-απότευκτος, ος, ον, qui ne manque pas son but.

ἀν-απότμητος, ος, ον, qu'on ne peut retrancher.

ἀνα-πράσσω, *att.* ττω, exiger la restitution; réclamer.

— *Moyen,* même sens.

ἀνα-πρήθω, faire éclater.

ἀνα-πτερόω-ῶ (*f.* ώσω), 1° garnir d'ailes, faire envoler ‖ 2° transporter, exciter.

ἀνα-πτοέω-ῶ (*f.* ήσω), étonner.

ἄν-απτος, ος, ον, qu'on ne peut toucher.

ἀνά-πτυξις, εως (ἡ), action de déployer; d'expliquer.

ἀνα-πτύσσω (*f.* ξω), déployer, ouvrir; replier.

ἀνα-πτυχή, ῆς (ἡ), déploiement.

ἀνα-πτύω (*f.* ύσω), cracher; mépriser.

ἀν-άπτω (*f.* άψω), A 1° suspendre ‖ 2° appliquer, attribuer.

— *Moyen* 1° se suspendre

|| 2° attacher, τι ἔκ τινος, qq. chose à. B allumer.

ἀνα-πυνθάνομαι (*f.* πεύσομαι, *etc.*) s'informer, τι *ou* τινος, de qq. chose.

ἀνα-πυρόω-ῶ (*f.* ώσω), enflammer.

ἀνά-πυστος, ος, ον, publiquement connu.

ἀν-άργυρος, ος, ον, qui est sans argent.

ἄν-αρθρος, ος, ον, non articulé; débile.

ἀν-άρθρως, *adv.*, confusément.

ἀν-αριθμέω-ῶ (*f.* ήσω), *actif* et *moyen*, énumérer en son esprit.

ἀν-αρίθμητος, ος, ον, incalculable.

ἀν-άριθμος, ος, ον, innombrable.

ἀν-άριστος, ος, ον, qui n'a pas dîné.

ἄν-αρκτος, ος, ον, sans maître; qui ne veut pas de maître.

ἀν-αρμοστέω-ῶ (*f.* ήσω), n'être pas d'accord.

ἀν-αρμοστία, ας (ἡ), manque d'accord.

ἀν-άρμοστος, ος, ον, en désaccord; absurde; *avec* πρός, non adapté à.

ἀν-αρμόστως, *adv.*, sans cohérence.

ἀν-αρπαγή, ῆς (ἡ), enlèvement.

ἀν-αρπάζω (*f.* σω), enlever violemment.

ἀν-άρπαστος, ος, ον, enlevé violemment.

ἀνα-ρράπτω (*f.* ψω), recoudre.

ἀνα-ρρέω (*f.* ρεύσομαι), refluer vers sa source.

ἀνα-ρρήγνυμι (*f.* ρρήξω), déchirer. — *Passif,* se rompre; jaillir.

ἀνά-ρρηξις, εως (ἡ), déchirement.

ἀνά-ρρησις, εως (ἡ), proclamation.

ἀνα-ρριπίζω (*f.* σω), ranimer.

ἀνα-ρριπτέω-ῶ *et* **ἀνα-ρρίπτω** (*f.* ψω), 1° LANCER EN L'AIR || 2° soulever || 3° risquer || 4° *intr.*, courir des risques.

ἀνα-ρριχάομαι-ῶμαι (*f.* ήσομαι), escalader.

ἀνά-ρριψις, εως (ἡ), action de lancer en l'air.

ἀνά-ρροια, ας (ἡ), reflux.

ἀνα-ρροιβδέω-ῶ, engloutir.

ἀνα-ρροφέω-ῶ (*f.* ήσω), engloutir.

ἀνα-ρρύω (*f.* ύσω), sacrifier. — *Moyen,* délivrer.

ἀνα-ρώννυμι (*f.* ῥώσω), réconforter.

ἀν-άρσιος, ος *ou* α, ον, ennemi ; étrange.

ἀν-αρτάω-ῶ (*f.* ήσω), 1° SUSPENDRE ‖ 2° attribuer à, attacher à. — *Passif*, 1° ἐξ, être attaché à, dépendre de ‖ 2° se préparer à. — *Moyen*, gagner ; captiver.

ἀν-άρτιος, ος, ον, impair.

ἀν-άρτυτος, ος, ον, non assaisonné.

ἀν-αρύτω (*f.* ύσω), puiser.

ἀν-αρχία, ας (ἡ), anarchie.

ἄν-αρχος, ος, ον, 1° sans chef ‖ 2° sans commencement.

ἀνα-σαλεύω (*f.* σω), secouer.

ἀνα-σβέννυμι (*f.* σβέσω), éteindre.

ἀνα-σειράζω (*f.* άσω), retenir par la bride ; retenir.

ἀνά-σεισμα, ατος (τό), secousse.

ἀνα-σεισμός, οῦ (ὁ), secousse.

ἀνα-σείω (*f.* σείσω), 1° agiter ; déployer ‖ 2° soulever. — *Moyen*, même sens.

ἀνα-σελγαίνω (*f.* ανῶ), traiter avec insolence.

ἀνά-σιμος, ος, ον, au nez retroussé.

ἀνα-σκαίρω, bondir en l'air.

ἀνα-σκάπτω (*f.* ψω), déterrer ; démolir.

ἀνα-σκεδάννυμι (*f.* σκεδάσω), disperser.

ἀνα-σκέπτομαι (*f.* σκέψομαι), considérer.

ἀνα-σκευάζω (*f.* σω), 1° emporter ; détruire ‖ 2° restaurer ‖ 3° réfuter.
— *Moyen*, décamper.

ἀνα-σκευαστικός, ή, όν, qui sert à détruire.

ἀνα-σκευαστικῶς, *adv.*, de manière à réfuter.

ἀνα-σκευή, ῆς (ἡ), 1° destruction ‖ 2° réfutation.

ἀν-άσκητος, ος, ον, qui n'est pas exercé.

ἀν-ασκήτως, *adv.*, sans exercice.

ἀνα-σκιρτάω-ῶ (*f.* ήσω), bondir.

ἀνα-σκολοπίζω (*f.* σω), empaler.

ἀνα-σκοπέω-ῶ (*f.* ήσω), examiner.

ἀνα-σοβέω-ῶ (*f.* ήσω), 1° secouer en arrière ‖ 2° effrayer.

ἀνά-σπαστος, ος, ον, 1° tiré en haut *ou* en

arrière || 2° arraché || 3° exilé.

ἀνα-σπάω-ῶ (*f.* άσω), 1° tirer en haut *ou* en arrière || 2° arracher; renverser || 3 emmener || 4° absorber.

ἄνασσα, ης (ἡ), maîtresse; reine; princesse.

ἀνάσσω (*f.* ξω), régner; gouverner, *gén.* ou *dat.*

ἀνα-σταδόν, *adv.*, debout.

ἀνά-στασις, εως (ἡ), 1° action d'élever; de se lever || 2° destruction || 3° restauration || 4° déplacement; départ || 5° insurrection.

ἀνα-στατήρ, ῆρος (ὁ), destructeur.

ἀνά-στατος, ος, ον, 1° ruiné, dévasté || 2° expulsé.

ἀνα-σταυρόω-ῶ, attacher au poteau; crucifier.

ἀν-άστειος, ος, ον, incivil.

ἀνα-στέλλω (*f.* στελῶ, *etc.*) 1° RELEVER || 2° repousser; retenir : τινὰ τοῦ δρόμου, arrêter q.qu'un dans sa course. — *Moyen* 1° relever; retrousser || 2° refuser || 3° contenir.

ἀνα-στενάζω (*f.* άξω), gémir; *acc.*, sur.

ἀνα-στεναχίζω (*f.* σω) *même sens*.

ἀνα-στενάχω (*f.* ξω), *même sens; acc.*, sur.

ἀνα-στένω, *même sens*, *acc.*, sur.

ἀνα-στέφω (*f.* στέψω couronner.

ἀνα-στηλόω-ῶ (*f.* ώσω), ériger sur une colonne.

ἀνά-στημα, ατος (τό) 1° élevation, hauteur || 2° construction.

ἀνα-στηρίζω (*f.* ξω), dresser.

ἀνα-στολή, ῆς (ἡ), action de relever; de réprimer.

ἀνα-στομόω-ῶ (*f.* ώσω), ouvrir; déboucher. — *Moyen.* se jeter dans (d'un cours d'eau).

ἀνα-στόμωσις, εως (ἡ), ouverture.

ἀνα-στοναχίζω (*f.* ίσω), gémir.

ἀνα-στρατεύω (*f.* σω), rappeler en campagne. — *Passif*, rentrer en campagne.

ἀνα-στρατοπεδεύω (*f.* εύσω), décamper.

ἀνα-στρέφω (*f.* στρέψω), 1° RENVERSER || 2° ramener || 3° *intr.*, revenir.

— *Moyen*, 1° vivre; se comporter de telle ou telle manière ‖ 2° se retourner; circuler.

ἀνα-στροφή, ῆς (ἡ), 1° CONVERSION ‖ 2° séjour ‖ 3° conduite. ‖ 4° délai.

ἀ ν α - σ τ ρ ω φ ά ω - ῶ (*f.* ήσω), tourner en tous sens ‖ *intr.*, revenir.

ἀνα-σύρω (*f.* συρῶ), retrousser. — *Moyen*, se retrousser.

ἀνα-σφάλλω (*f.* σφαλῶ), se relever.

ἀνά-σχεσις, εως (ἡ), 1° action de réprimer ‖ 2° lever (d'un astre).

ἀνα-σχετικός, ή, όν, patient.

ἀνα-σχετός, ός, όν, supportable.

ἀνα-σχίζω (*f.* σω), fendre.

ἀνα-σχινδυλεύω (*f.* σω), empaler.

ἀνα-σῴζω (*f.* σώσω), *actif et moyen* : sauver; recouvrer.

ἀνα-τάρασσω, *att.* ττω (*f.* ξω), troubler.

ἀνά-τασις, εως (ἡ), 1° élévation; tension ‖ 2° rigueur; hauteur.

ἀνα-τάσσω, *att.* ττω (*f.* ξω), remettre en ordre. — *Moyen*, énumérer.

ἀνα-τείνω (*f.* τενῶ, *etc.*) 1° TENDRE EN L'AIR ‖ 2° déployer ‖ 3° exalter ‖ 4° *intr.*, monter; s'étendre.

— *Moyen*, 1° tendre en menaçant; menacer, *dat.* ‖ 2° développer.

ἀνα-τειχίζω (*f.* σω), rebâtir les murs.

ἀνα-τειχισμός, οῦ (ὁ), reconstruction des murs.

ἀνα-τέλλω (*f.* τελῶ) 1° faire lever ‖ 2° *intr.*, se lever; apparaître.

ἀνατέμνω (*f.* τεμῶ), couper; disséquer.

ἀνα-τήκω (*f.* τήξω). liquéfier; amollir.

ἀνά-τηξις, εως (ἡ), liquéfaction; amollissement.

ἀνατί, *adv.*, sans dommage.

ἀνατίθημι (*f.* θήσω, *etc.* 1° PLACER SUR ‖ 2° attribuer; consacrer ‖ 3° différer; renoncer à ‖ 4° rétablir.

— *Moyen* 1° charger sur soi ‖ 2° exposer; confier ‖ 3° retirer; révoquer ‖ 4° communiquer; s'en rapporter à.

ἀνα-τιμάω-ῶ (*f.* ήσω), hausser le prix.

ἀνα-τινάσσω (*f.* ξω), secouer violemment.

ἀνα-τλάω-ῶ (*aor.* 2 ἀνέτλην), supporter.

ἀνα-τοιχέω-ῶ (*f.* ήσω), être ballotté à bord.

ἀνα-τολή, ῆς (ἡ), 1° lever d'un astre ‖ 2° Orient ‖ 3° source (d'un cours d'eau).

ἀνα-τολμάω-ῶ (*f.* ήσω), reprendre l'audace.

ἀνα-τομή, ῆς (ἡ), incision.

ἄν-ατος, ος, ον, sans dommage; sans tort.

ἀνα-τρεπτικός, ή, όν bouleversant.

ἀνα-τρέπω (*f.* ψω, *etc.*), 1° renverser, bouleverser; ruiner.

ἀνα-τρέφω (*f.* θρέψω, *etc.*) nourrir; restaurer.

ἀνα-τρέχω (*f.* δραμοῦμαι, *etc.*) 1° REVENIR EN COURANT; remonter ‖ 2° s'élancer; jaillir ‖ 3° croître ‖ 4° se corriger ‖ 5° *acc.*, corriger.

ἀνά-τρησις, εως (ἡ), perforation.

ἀνα-τρίβω (*f.* ψω), 1° frotter; nettoyer ‖ 2° mêler ensemble.

ἀνα-τροπή, ῆς (ἡ), renversement; soulèvement.

ἀνα-τροφή, ῆς (ἡ), nourriture; éducation.

ἀνα-τυλίσσω (*f.* ξω), dérouler.

ἀνα-τυπόω-ῶ (*f.* ώσω), représenter (un modèle).

ἀνα-τυρβάζω (*f.* άσω) troubler.

ἀν-αύγητος, ος, ον, obscur.

ἀν-αύδητος, ος, ον, 1° indicible ‖ 2° muet.

ἄν-αυδος, ος, ον, 1° muet ‖ 2° inexprimable.

ἄν-αυλος, ος, ον, 1° sans accompagnement de flûte ‖ 2° qui ne sait pas jouer de la flûte.

ἀν-αυξής, ής, ές, qui ne grandit pas.

ἄν-αυξος, ος, ον, *même sens.*

ἄν-αυρος, ος, ον, sans vent.

ἀν-αΰω, s'écrier.

ἀνα-φαίνω (*f.* φανῶ, *etc.*) 1° FAIRE LUIRE ‖ 2° montrer; produire ‖ 3° déclarer; expliquer. 4° *intr.*, se montrer. — *Moyen-passif*, se montrer; apparaître.

ἀναφαίρετος, ος, ον, qui ne peut être enlevé.

ἀνα-φανδά, *adv.*, ouvertement.

ἀνα-φανδόν, *adv.*, *même sens.*

ἀνα-φέρω (*f.* οἴσω, *etc.*) 1° PORTER EN HAUT ‖ 2° relever ‖ 3° supporter ‖ 4° payer; offrir ‖ 5° rapporter ‖ 6° attribuer; imputer à *dat.* ou *acc.* avec εἰς ‖ 7° rappeler au souvenir; se souvenir; ‖ 8° *intr.* se remettre.
— *Moyen* 1° transporter ‖ 2° exhaler ‖ 3° se rétablir.

ἀνα-φεύγω (*f.* φεύξομαι, *etc.* , s'enfuir.

ἀνά-φευξις, εως (ἡ), fuite.

ἀν-αφής, ής, ές, impalpable.

ἀνα-φθέγγομαι (*f.* φθέγξομαι), prononcer à haute voix; crier.

ἀνα-φλέγω (*f.* φλέξω), allumer.

ἀνα-φλογίζω (*f.* ίσω), enflammer.

ἀνα-φοβέω-ῶ (*f.* ήσω). effrayer.

ἀνα-φορά, ᾶς (ἡ), 1° ACTION DE SE LEVER; de se relever ‖ 2° revenu; contribution; offrande ‖ 3° appel; recours ‖ 4° excuse, réparation.

ἀνα-φορέω-ῶ (*f.* ήσω), porter en haut.

ἀνά-φορον, ου (τό), bâton servant à porter les paquets.

ἀνα-φράζομαι, reconnaître.

ἀνα-φράσσω (*f.* άξω), munir d'une solide fermeture.

ἀν-αφρόδιτος, ος, ον, sans amour.

ἀνα-φρονέω-ῶ, recouvrer sa raison.

ἀνα-φυγή, ῆς (ἡ), refuge.

ἀνά-φυξις, εως (ἡ), refuge.

ἀνα-φυράω-ῶ (*f.* άσω), mélanger.

ἀνα-φύρω, mélanger.

ἀνα-φυσάω-ῶ (*f.* ήσω), souffler; gonfler.

ἀνα-φύσημα, ατος (τό), souffle ; vanité,

ἀνα-φύσησις, εως (ἡ), exhalaison.

ἀνα-φυτεύω (*f.* εύσω), replanter.

ἀνα-φύω (*f.* ύσω, *etc.*), laisser *ou* faire pousser.
— *Moyen* (*aor.* 2 ἀνέφυν) croître; naître.

ἀνα-φωνέω-ῶ (*f.* ήσω). clamer; proclamer.

ἀνα-φώνημα, ατος (τό), cri; exclamation.

ἀνα-φώνησις, εως (ἡ), déclamation.

ἀνα-χάζω (*f.* άσω) *et moyen*, reculer.

ἀνα-χαίνω (*f.* χανῶ), bâiller.

ἀνα-χαιτίζω (*f.* ίσω), 1° SECOUER SA CRINIÈRE; regimber. ‖ 2° désarçonner; culbuter ‖ 3° arrêter.

ἀνα-χαίτισμα, ατος (τό), action de ralentir.

ἀνα-χαλασμός, οῦ (ὁ), relâchement.

ἀνα-χαλάω-ῶ (*f.* άσω), relâcher.

ἀνα-χάραξις, εως (ἡ), action de gratter.

ἀνα-χαράσσω, *att.* **ττω** (*f.* άξω), gratter; soulever.

᾽Ανάχαρσις, ιος, εως, ιδος (ὁ), Anacharsis.

ἀνα-χάσκω, bâiller.

ἀνα-χέω (*f.* χέω, *etc.*), verser; répandre.

ἀνα-χνοαίνομαι (*f.* ανθήσομαι) se couvrir de duvet.

ἀνα-χορεύω (*f.* εύσω), 1° danser en chœur ‖ 2° *tr.*, célébrer en dansant.

ἀνά-χρώννυμι (*f.* χρώσω) teindre.

ἀνά-χρωσις, εως (ἡ), action de teindre.

ἀνα-χώννυμι (*f.* χώσω), relever en formant terrasse.

ἀνα-χωρέω-ῶ (*f.* ήσω), se retirer; retourner vers. — *Part. parf.* ἀνακεχωρηκώς, éloigné; usé.

ἀνα-χώρημα, ατος (τό), retraite.

ἀνα-χώρησις, εως (ἡ), retraite.

ἀνα-χωρητής, οῦ (ὁ), qui vit retiré dans la solitude.

ἀνα-χωρητικός, ή, όν, de solitaire.

ἀνα-χωρίζω (*f.* ίσω), faire reculer.

ἀνα-ψαλάσσω (*f.* άξω), tâter.

ἀνα-ψηφίζω (*f.* ίσω *att.* ιῶ), remettre aux voix.

ἄν-αψις, εως (ἡ), action d'allumer.

ἀνά-ψυξις, εως (ἡ), rafraîchissement; répit.

ἀνα-ψυχή, ῆς (ἡ), *mêmes sens.*

ἀνα-ψύχω (*f.* ξω), 1° RAFRAICHIR ‖ 2° reposer; ranimer. ‖ 3° *intr.*, se reposer.

ἁνδάνω (*f.* ἁδήσω, *aor.* 2 ἕαδον, *pf.* 2 ἕαδα), plaire. — *Intr.* **ἁνδάνει,** il parait bon de.

ἄνδηρον, ου (τό), terrasse; bord (de la mer); lit (d'un fleuve).

ἄν-διχα 1° *adv.*, en deux || 2° *prép.*, sans, *gén.*

ἀνδρ-αγαθέω-ῶ (*f.* ήσω), se conduire en homme de bien.

ἀνδρ-άγαθημα, ατος (τό), acte vertueux, courageux.

ἀνδρ-αγαθία, ας (ἡ), courage; vertu.

ἀνδρ-αγαθίζομαι (*f.* σομαι), se conduire en homme de bien.

ἀνδρ-άγρια, ων (τά), dépouilles prises à un ennemi.

ἀνδρακάς, *adv.*, par tête.

ἀνδρα-ποδίζω (*f.* ίσω, *att.* ιῶ; *f. passif* ἀνδραποδισθήσομαι), réduire en esclavage.

ἀνδρα-πόδιον, ου (τό), petit esclave.

ἀνδρα-πόδισις, εως (ἡ), asservissement.

ἀνδρα-ποδισμός, οῦ (ὁ), asservissement.

ἀνδρα-ποδιστής, οῦ (ὁ), celui qui réduit en esclavage.

ἀνδρα-ποδιστικός, ή, όν, relatif à l'asservissement.

ἀνδραποδο-κάπηλος, ου (ὁ), marchand d'esclaves.

ἀνδρά-ποδον, ου (τό), esclave.

ἀνδρα-ποδώδης, ης, ες, d'esclave; servile.

ἀνδρα-ποδωδία, ας (ἡ), servilité.

ἀνδρα-ποδωδῶς, *adv.*, servilement.

ἀνδράριον, ου (τό), petit homme.

ἀνδρ-αχθής, ής, ές, qui pèse assez pour un homme.

ἀνδρ-άχνη, ης (ἡ), pourpier.

ἀνδρεία, ας (ἡ), force virile; courage.

ἀνδρ-είκελος, ος, ον, semblable à un homme.

ἀνδρεῖος, α, ον, viril, courageux.

ἀνδρει-φόντης, ου (ὁ), homicide.

ἀνδρείως, *adv.*, virilement; courageusement.

ἀνδρ-ηλατέω-ῶ (*f.* ήσω), bannir.

ἀνδρ-ηλάτης, ου (ὁ), celui qui bannit.

ἀνδριαντίσκος, ου (ὁ), statuette.

ἀνδριαντο-ποιέω-ῶ (*f.* ήσω), fabriquer des statues.

ἀνδριαντο-ποιΐα, ας, (ἡ), la statuaire.

ἀνδριαντο-ποιός, οῦ (ὁ) le statuaire.

ἀνδριάς, άντος (ὁ), statue.

ἀνδρίζω (*f.* ίσω), rendre viril. — *Moyen*, être un homme (**vir**).

ἀνδρικός, ή, όν, mâle; courageux.

ἀνδρικῶς, *adv.*, d'une manière virile.

ἀνδρίον, ου (τό), petit homme.

ἀνδριστί, *adv.*, virilement.

ἀνδρό-βουλος, ος, ον, aux pensées viriles.

ἀνδρο-δάϊκτος, ος, ον, homicide.

ἀνδρο-θνής, ῆτος (ὁ, ἡ), meurtrier.

ἀνδρο-κμής, ῆτος (ὁ, ἡ), meurtrier.

ἀνδρό-κμητος, ος, ον, travaillé par la main de l'homme.

ἀνδρο-κτασία, ας (ἡ), tuerie.

ἀνδρο-κτονέω-ῶ, tuer un homme.

ἀνδρο-κτόνος, ος, ον, homicide.

ἀνδρ-ολετεῖρα, ας (ἡ), qui fait périr les hommes.

ἀνδρο-ληψία, ας (ἡ), arrestation.

ἀνδρο-λήψιον, ου (τό), droit d'arrestation.

ἀνδρο-λογέω-ῶ (*f.* ήσω), enrôler.

Ἀνδρο-μάχη, ης, (ἡ), Andromaque.

ἀνδρόμεος, α, ον, humain.

ἀνδρο-μήκης, ης, ες, qui a la hauteur d'un homme.

ἀνδρό-παις, *gén.* **παιδος** (ὁ), enfant au cœur d'homme.

ἀνδρο-πλήθεια, ας (ἡ), affluence.

Ἄνδρος, ου (ἡ), l'île d'Andros.

ἀνδρο-φάγος, ος, ον, anthropophage.

ἀνδρό-φθορος, ος, ον, qui vient d'un meurtre.

ἀνδρο-φονέω-ῶ (*f.* ήσω), tuer des hommes.

ἀνδρο-φονία, ας, (ἡ), homicide.

ἀνδρο-φόνος, ος, ον, meurtrier.

ἀνδρόω-ῶ (*f.* ώσω), rendre homme.

ἀνδρώδης, ης, ες, viril.

ἀνδρωδῶς, *adv.*, virilement.

ἀνδρών, ῶνος (ὁ), appartement des hommes.

ἀνδρωνῖτις, ιδος (ἡ), *même sens.*

ἀν-έγγυος, ος, ον, sans caution.

ἀν-εγειρω (*f.* εγερῶ, *etc.*),

réveiller. — *Moyen*, se réveiller.

ἀν-έγερσις, εως (ἡ), action de réveiller.

ἀν-έγερτος, ος, ον, non réveillé.

ἀν-εγκλητί, *adv.*, sans reproche.

ἀν-έγκλητος, ος, ον, irréprochable.

ἀν-εγκλήτως, *adv.*, sans reproche.

ἀν-έγκλιτος, ος, ον, qui ne fléchit pas.

ἀν-εγκωμίαστος, ος, ον, non vanté.

ἀν-έδην, *adv.*, librement; simplement.

ἀν-έζομαι (*f.* εδοῦμαι), s'asseoir.

ἀν-εθέλητος, ος, ον, involontaire.

ἀν-είδεος, ος, ον, informe.

ἀν-ειδωλοποιέω-ῶ, représenter. — *Moyen*, se représenter.

ἀν-εικαιότης, ητος (ἡ), circonspection.

ἀν-ειλέω-ῶ (*f.* ήσω), rouler; dérouler; refouler.

ἀν-είλιξις, εως, action de rouler *ou* de dérouler.

ἀν-ειλίσσω, *att.* ττω (*f.* ίξω), dérouler.

ἀν-ειμένως, *adv.*, avec relâchement.

ἄν-ειμι (*f.* ειμι) monter; revenir.

ἀν-είμων, ων, ον, *gén.* ονος, mal vêtu.

ἀν-εῖπον, *aor. 2 de* ἀναγορεύω.

ἀν-είργω (*f.* ξω), contenir.

ἄν-ειρξις, εως (ἡ), action de contenir.

ἀν-είρω, nouer.

ἀν-είσοδος, ος, ον, inabordable.

ἀν-είσφορος, ος, ον, exempt d'impôts.

ἀνέκαθεν, *adv.*, de haut; de loin.

ἀνεκάς, *adv.*, en haut; depuis longtemps.

ἀν-έκβατος, ος, ον, qui est sans issue.

ἀν-εκβίαστος, ος, ον, qui ne cède pas à la violence.

ἀν-έκδοτος, ος, ον, non publié; non mariée.

ἀν-έκλειπτος, ος, ον, incessant.

ἀν-εκλείπτως, *adv.*, sans cesse.

ἀν-εκπίμπλημι (*f.* ήσω, *etc.*), emplir à nouveau.

ἀν-έκπληκτος, ος, ον, nullement effrayé.

ἀν-εκπλήκτως, *adv.*, sans effroi.

ἀν-εκπληξία, ας (ἡ), sang-froid.

ἀν-έκπλυτος, ος, ον, ineffaçable.

ἀν-εκτέος, α, ον, qu'on doit supporter.

ἀν-εκτικός, ή, όν, patient.

ἀν-εκτός, ός, όν, supportable.

ἀν-εκτῶς, *adv.*, d'une manière supportable.

ἀν-έκφευκτος, ος, ον, inévitable.

ἀν-έκφραστος, ος, ον, inexprimable.

ἀν-έλεγκτος, ος, ον, non réfuté; irréfutable.

ἀν-ελέγχω (*f.* έγξω), convaincre.

ἀν-ελεήμων, ων, ον, *gén.* ονος, sans pitié.

ἀν-ελέητος, ος, ον, non digne de pitié.

ἀν-ελευθερία, ας (ἡ), sentiments bas (indignes d'un homme libre).

ἀν-ελεύθερος, ος, ον, bas (indigne d'un homme libre).

ἀν-ελευθέρως, *adv.*, bassement (d'une manière indigne d'un homme libre).

ἀν-έλιξις, εως (ἡ), déroulement.

ἀν-ελίσσω, *att.* ττω (*f.* ίξω), dérouler; expliquer.

ἀν-έλκω (*f.* έλξω, *etc.*), tirer; retirer.

ἀν-έλλην, ηνος (ὁ, ἡ), qui n'est pas Grec, barbare.

ἀν-ελλιπής, ής, ές, complet; incessant.

ἄν-ελπις, ιδος (ὁ, ἡ), qui est sans espoir.

ἀν-έλπιστος, ος, ον, inespéré; qui désespère (de, *gén.*)

ἀν-ελπίστως, *adv.*, sans espoir; contre tout espoir.

ἀν-έμβατος, ος, ον, impénétrable.

ἀ-νεμέσητος, ος, ον, qui n'excite pas la haine *ou* le blâme.

ἀν-εμέω-ῶ (*f.* έσω), vomir.

ἀ-νέμητος, ος, ον, non partagé.

ἀνεμιαῖος, ος, ον, plein de vent; vain.

ἀνεμόεις, όεσσα, όεν, exposé au vent, mobile comme le vent.

ἄνεμος, ου (ὁ), vent.

ἀνεμο-σκεπής, ής, ές, qui garantit du vent.

ἀνεμο-τρεφής, ής, ές, nourri par le vent.

ἀνεμο-φόρητος, ος, ον, emporté par le vent.

ἀνεμόω-ῶ (*f.* ώσω), agiter par le vent.
ἀν-εμπλήκτως, *adv.*, avec sang-froid.
ἀν-εμπόδιστος, ος, ον, non empêché.
ἀν-εμποδίστως, *adv.*, sans empêchement.
ἀν-έμπτωτος, ος, ον, qui ne tombe pas dans.
ἀν-έμφατος, ος, ον, *gén.*, qui n'exprime pas.
ἀνεμ-ώδης, ης, ες, exposé au vent.
ἀνεμ-ώκης, ης, ες, aussi rapide que le vent.
ἀνεμώλιος, ος, ον, vide comme le vent.
ἀνεμώνη, ης (ἡ), anémone.
ἀν-ενδεής, ής, ές, ne manquant de rien.
ἀν-ενδεῶς, *adv.*, sans manquer de rien.
ἀν-ενδοίαστος, ος, ον, indubitable.
ἀν-ενδοιάστως, *adv.*, indubitablement.
ἀν-ενεργής, ής, ές, sans énergie.
ἀν-ενθουσίαστος, ος, ον, non enthousiaste.
ἀν-ενθουσιάστως, *adv.*, sans enthousiasme.
ἀν-εννόητος, ος, ον, inconcevable; qui n'a aucune idée de, *gén.*
ἀν-έντευκτος, ος, ον, inabordable; incorruptible.
ἀν-εξάλειπτος, ος, ον, ineffaçable.
ἀν-εξαπατησία, ας (ἡ), infaillibilité.
ἀν-εξαπάτητος, ος, ον, qui ne peut être trompé.
ἀν-εξέλεγκτος, ος, ον, qui ne peut être réfuté, démontré, convaincu.
ἀν-εξέργαστος, ος, ον, inachevé.
ἀν-εξέταστος, ος, ον, non examiné; irréfléchi.
ἀν-εξεύρετος, ος, ον, introuvable.
ἀνεξι-κακία, ας (ἡ), résignation.
ἀνεξί-κακος, ος, ον, résigné.
ἀν-έξοδος, ος, ον, sans issue; insociable.
ἀν-έξοιστος, ος, ον, qui n'est pas à divulguer.
ἀν-έορτος, ος, ον, sans fête; qui ne participe pas aux fêtes.
ἀν-επάγγελτος, ος, ον, non annoncé.
ἀν-επαίσθητος, ος, ον, insensible.
ἀν-επανόρθωτος, ος, ον, incorrigible.
ἀν-έπαφος, ος, ον, non

touché; exempt de, *gén.*

ἀν-επαφρόδιτος, ος, ον, exempt de grâce.

ἀν-επαχθής, ής, ές, qui ne pèse pas.

ἀν-επαχθῶς, *adv.*, sans importunité.

ἀν-επίβατος, ος, ον, inaccessible.

ἀν-επιβούλευτος, ος, ον, qui ne tend pas d'embûches; qui n'est pas exposé à, *dat.*

ἀν-επιγνώστως, *adv.*, sans être reconnu.

ἀν-επίγραφος, ος, ον, sans titre.

ἀν-επιδεής, ής, ές, qui n'a pas besoin de, *gén.*

ἀν-επίδικος, ος, ον, non contesté.

ἀν-επιείκεια, ας (ἡ), rigueur; sévérité.

ἀν-επικαλύπτως, *adv.*, à découvert.

ἀν-επίκλητος, ος, ον, sans reproche.

ἀν-επιπληξία, ας (ἡ), conduite sans reproche.

ἀν-επισήμαντος, ος, ον, que ne distingue aucun signe.

ἀν-επίσκεπτος, ος, ον, non examiné; inconsidéré.

ἀν-επισκέπτως, *adv.*, inconsidérément.

ἀν-επισκεψία, ας (ἡ), irréflexion.

ἀν-επιστασία, ας (ἡ), inattention.

ἀν-επίστατος, ος, ον, irréfléchi.

ἀ ν - ε π ι σ τ ά τ ω ς, *adv.*, étourdiment.

ἀν-επιστημόνως, *adv.*, avec ignorance.

ἀν-επιστημοσύνη, ης (ἡ), ignorance.

ἀν-επιστήμων, ων, ον, *gén.* ονος, ignorant (*gén.*, de).

ἀν-επιστρεπτέω-ῶ (*f.* ήσω), être indifférent.

ἀν-επίστρεπτος, ος, ον, *gén.*, indifférent à.

ἀν-επιστρέπτως, *adv.*, avec indifférence.

ἀν-επιστρεψία, ας (ἡ), indifférence.

ἀν-επισχέτως, *adv.*, sans que rien ne puisse arrêter.

ἀν-επίτακτος, ος, ον, qui n'a pas reçu d'ordre; indocile.

ἀν-επι-τεχνήτως, *adv.*, sans art.

ἀν-επιτήδειος, ος, ον, impropre à; hostile.

ἀν-επιτηδείως, *adv.*, sans aptitude.

ἀν-επιτήδευτος, ος, ον, fait sans aucun art.

ἀν-επιτηδεύτως, *adv.*, sans art.

ἀν-επιτίμητος, ος, ον, qu'on ne peut blâmer.

ἀν-επίφθονος, ος, ον, irréprochable.

ἀν-επιφθόνως, *adv.*, sans reproche.

ἀν-επιχείρητος, ος, ον, impossible à entreprendre, à prendre.

ἀν-έραμαι (*f.* ερασθήσομαι), redevenir épris de, *gén.*

ἀν-έραστος, ος, ον, qui n'a point d'amour.

ἀν-έργαστος, ος, ον, non travaillé.

ἄν-εργος, ος, ον, inefficace.

ἀν-ερεθίζω (*f.* ίσω), exciter.

ἀν-ερείπομαι, emporter dans l'espace.

ἀν-ερευνάω-ῶ (*f.* ήσω), rechercher; découvrir.

ἀν-ερεύνητος, ος, ον, non recherché; introuvable.

ἀν-ερμάτιστος, ος, ον, sans lest; sans équilibre.

ἀν-έρομαι (*f.* ερήσομαι), interroger, τί τινα.

ἀν-ερπύζω *et* **ἀν-έρπω**, grimper.

ἀν-έρρω (*f.* ήσω), périr; aller au diable.

ἀν-ερυθριάω-ῶ (*f.* άσω), rougir.

ἀν-ερύω (*f.* ύσω), retirer.

ἀν-έρχομαι (*f.* ελεύσομαι, *etc.*), monter; revenir.

ἀν-ερωτάω-ῶ (*f.* ήσω), interroger.

ἄν-εσις, εως (ἡ), détente; relâchement; remise.

ἀν-έστιος, ος, ον, qui n'a pas de foyer.

ἀν-ετάζω (*f.* σω), interroger; chercher.

ἀν-εταίρος, ος, ον, sans amis.

ἀν-έτοιμος, ος, ον, non préparé.

ἄν-ετος, ος, ον, relâché (*au pr. et au fig.*).

ἄνευ, *prép. gén.* 1° SANS ‖ 2° excepté ‖ 3° outre ‖ 4° malgré.

ἀν-ευάζω (*f.* άσω), célébrer avec les cris d'évohé.

ἄνευθε (ν), 1° *adv.* loin ‖ 2° *prép. gén.*, loin de; sans.

ἀν-εύθυνος, ος, ον, 1° qui ne rend pas de comptes, irresponsable ‖ 2° innocent (de, *gén.*).

ἀν-ευλαβής, ής, ές, sans précautions; sans respect; sans piété

ἀν-εύρεσις, εως (ἡ), découverte.

ἀν-εύρετος, ος, ον, non trouvé; introuvable.

ἀν-εύρημα, ατος (τό), découverte.

ἀν-ευρίσκω (*f.* ευρήσω, *etc.*), découvrir.

ἄ-νευρος, ος, ον, sans nerfs.

ἀν-ευρύνω (*f.* νῶ), dilater.

ἀν-εύρυσμα, ατος (τό), dilatation; anévrisme.

ἀν-ευφημέω-ῶ (*f.* ήσω), s'exclamer; acclamer.

ἀν-εύχομαι (*f.* εύξομαι), rétracter sa prière.

ἀν-εφ-άλλομαι, sauter sur.

ἀ-νέφελος, ος, ον, sans nuage.

ἀν-έφικτος, ος, ον, inaccessible.

ἀν-εχέγγυος, ος, ον, sans assurance.

ἀν-έχω (*f.* ἕξω, *etc.*), I. *Tr.* 1° LEVER ‖ 2° soutenir ‖ 3° arrêter.

II. *Intr.* 1° se lever; s'élever; se relever ‖ 2° s'arrêter; se maintenir ‖ 3° s'avancer.

— *Moyen* I. *Tr.* 1° supporter ‖ 2° lever.

II. *Intr.* 1° se lever ‖ 2° résister.

ἀνεψιά, ᾶς (ἡ), cousine germaine.

ἀνεψιαδοῦς, οῦ (ὁ), cousin issu de germain.

ἀνεψιός, οῦ (ὁ), cousin germain.

ἀνεψιότης, ητος (ἡ), parenté de cousin.

ἄνεως, silencieux; ἄνεω, *adv.*, silencieusement.

ἄνη, ης (ἡ), achèvement.

ἀν-ηβάω-ῶ (*f.* ήσω), rajeunir; grandir.

ἀν-ηβητήριος, α, ον, qui rajeunit.

ἄν-ηβος, ος, ον, non encore en pleine force de jeunesse.

ἀν-ηγεμόνευτος, ος, ον, qui n'a pas de chef.

ἀν-ηγέομαι-οῦμαι (*f.* ήσομαι); énumérer; raconter.

ἀν-ήδυντος, ος, ον, désagréable.

ἀν-ηδυστός, ός, όν, *même sens*.

ἄνηθον, ου (τό), aneth, *plante*.

ἀν-ηθοποίητος, ος, ον, qui ne sait pas peindre les mœurs.

ἀν-ήκεστος, ος, ον, incurable; intolérable.

ἀν-ηκέστως, *adv.*, d'une manière incurable, intolérable.

ἀν-ηκοΐα, ας (ἡ), surdité; ignorance.

ἀν-ήκοος, ος, ον, sourd, ignorant.

ἀν-ηκουστέω-ῶ (*f.* ήσω), ne pas écouter (*gén.*, quelquef. *dat.*).

ἀν-ηκουστία, ας (ἡ), surdité ; indocilité.

ἀν-ήκουστος, ος, ον, qui n'est pas entendu ; qui n'entend pas.

ἀν-ηκόως *adv.*, sans entendre ; sans notion de.

ἀν-ήκω (*f.* ήξω). 1° parvenir, s'étendre à ‖ 2° se rapporter à (εἰς, πρός) ; ἀνήκει, *il convient* ‖ 3° revenir.

ἀν-ήλατος, ος, ον, point malléable.

ἀν-ηλεής, ής, ές, sans pitié.

ἀν-ηλέητος, ος, ον, indigne de pitié.

ἀν-ηλεῶς, *adv.*, sans pitié.

ἀν-ήλιος, ος, ον, sans soleil.

ἀν-ήμελκτος, ος, ον, non trait.

ἀν-ήμερος, ος, ον, sauvage.

ἀν-ηνεμέω-ῶ, être à l'abri du vent.

ἀν-ηνεμία, ας (ἡ), absence de vent.

ἀν-ήνεμος, ος, ον, sans vent.

ἀνήνοθε (*3 p. s. pf.* 2), jaillit.

ἀν-ήνυστος, ος, ον, inachevé.

ἀν-ήνυτος, ος, ον, sans fin ; sans résultat.

ἀν-ήνωρ, ορος, non viril.

ἀν-ηπύω (*f.* ύσω), crier.

ἀνήρ, ἀνδρός (ὁ), (ἀνήρ = ὁ ἀνήρ) 1° HOMME : ἄνδρες Ἀθηναῖοι, Athéniens ‖ 2° individu, ἀνὴρ ὅδε, *cet homme-ci*, moi. ‖ 3° homme fait ‖ 4° époux ‖ 5° homme de cœur. Cf. en latin *vir*.

ἀν-ηρεφής, ής, ές, non couvert.

ἀν-ήροτος, ος, ον, non labouré.

ἀνθ-αιρέομαι-οῦμαι (*f.* ήσομαι, *etc.*), préférer, τί τινος.

ἀνθ-αλίσκομαι (*f.* αλώσομαι, *etc.*), être pris à son tour.

ἀνθ-αμιλλάομαι-ῶμαι (*f.* ήσομαι), lutter contre, *dat.*

ἀνθ-άμιλλος, ος, ον, rival.

ἀνθ-άπτομαι (*f.* ἅψομαι), 1° se mettre à son tour à ; entreprendre ‖ 2° s'attaquer à ‖ 3° faire des reproches à.

ἀνθ-έλκω (*f.* ἕλξω, *etc.*), 1° tirer en sens contraire || 2° *intr. dat.*, faire résistance à.

ἀνθεμίζομαι, cueillir la fleur de.

ἀνθεμίς, ίδος (ἡ), fleurette; camomille.

ἀνθεμόεις, όεσσα, όεν, fleuri.

ἄνθεμον, ου (τό), fleur.

ἀνθεμό-ρρυτος, ος, ον, qui coule des fleurs.

ἀνθεμ-ουργός, ός, όν, qui butine les fleurs.

ἀνθε-μώδης, ης, ες, fleuri.

ἄνθ-εξις, εως (ἡ), embrassement.

ἀνθερεών, ῶνος (ὁ), menton; gorge.

ἀνθέρικος, ου (ὁ), 1° tige || 2° asphodèle.

ἀνθέριξ, ικος (ὁ), épi; tige.

'Ανθεστήρια, ων (τά), Anthestéries (fête des fleurs en l'honneur de Dionysos).

'Ανθεστηριών, ῶνος (ὁ), Anthestérion (mois athénien, février-mars)

ἀνθ-εστιάω-ῶ (*f.* άσω), traiter à son tour.

ἀνθεσ-φόρος, ος, ον, qui porte des fleurs.

'Ανθεύς, έως (ὁ), Anthée.

ἀνθέω-ῶ (*f.* ήσω), 1° FLEURIR; pousser || 2° prospérer; briller; être puissant.

ἄνθη, ης (ἡ), floraison.

ἀνθηρός, ά, όν, FLEURI; frais; en pleine force.

ἀνθηρῶς, *adv.*, de manière fleurie.

ἀνθ-ησσάομαι-ῶμαι, *att.* ἡττῶμαι (*f.* ήσομαι), céder à son tour.

ἀνθ-ησυχάζω (*f.* σω), se tenir tranquille à son tour.

ἀνθίζω (*f.* ίσω *att.* ιῶ), fleurir, *acc.*

ἀνθινός, ή, όν, de fleurs; brodé.

ἀνθ-ίστημι (*f.* ἀντίστησω, *etc.*), placer en face de, τινά τινι.

— *Moyen* et *aor.* 2 ἀντέστην 1° se placer en face de || 2° mal tourner.

ἀνθο-βολέω-ῶ (*f.* ήσω), couvrir de fleurs.

ἀνθ-ολκή, ῆς (ἡ), résistance.

ἀνθο-λογέω-ῶ (*f.* ήσω), cueillir des fleurs; faire un choix de.

ἀνθο-λογία, ας (ἡ), 1° cueillette des fleurs || 2° anthologie.

ἀνθ-ομολογέομαι-οῦμαι (*f.* ήσομαι), 1° *intr.*, conclure un arrangement mutuel ‖ 2° *tr.*, reconnaître.

ἀνθ-ομολόγησις, εως (ἡ), 1° convention ‖ 2° hommage.

ἀνθ-οπλίζω (*f.* ίσω), armer de son côté.

— *Moyen*, s'armer de son côté.

ἀνθ-οπλίτης, ου (ὁ), adversaire en armes.

ἀνθ-ορμέω-ῶ (*f.* ήσω), mouiller en face de.

1. **ἄνθος**, ους (τό), FLEUR; éclat; élite.

2. **ἄνθος**, ου (ὁ), bergeronnette.

ἀνθ-οσμίας, ου (ὁ), parfumé comme une fleur.

ἀνθο-φορέω-ῶ (*f.* ήσω), porter des fleurs.

ἀνθο-φόρος, ος, ον, fleuri.

ἀνθρακεύς, έως (ὁ), charbonnier.

ἀνθρακία, ας (ἡ), foyer à charbon.

ἀνθρακόω-ῶ (*f.* ώσω), réduire en charbon.

ἄνθραξ, ακος (ὁ), charbon.

ἀνθρήνη, ης (ἡ), bourdon.

ἀνθρήνιον, ου (τό) guêpier.

ἀνθρωπάριον, ου (τό), petit homme.

ἀνθρώπειος, α, ον, humain.

ἀνθρωπείως, *adv.*, humainement.

ἀνθρωπεύομαι (*f.* εύσομαι), être comme les hommes.

ἀνθρωπίζω (*f.* ίσω), *et moyen*, vivre en homme.

ἀνθρώπινος, η, ον, humain.

ἀνθρωπίνως, *adv.*, humainement.

ἀνθρώπιον, ου (τό), petit homme.

ἀνθρωπίσκος, ου (ὁ), *même sens.*

ἀνθρωπο-ειδής, ής, ές, à forme humaine.

ἀνθρωπό-θυμος, ος, ον, qui a un cœur d'homme.

ἀνθρωπο-θυσία, ας (ἡ), sacrifice humain.

ἀνθρωπο-κτονέω-ῶ (*f.* ήσω), tuer des hommes.

ἀνθρωπο-κτόνος, ος, ον, meurtrier.

ἀνθρωπό-κτονος, ος, ον, qui provient d'un homme tué.

ἀνθρωπο-λόγος, ος, ον, qui parle de l'homme.

ἀνθρωπό-μορφος, ος, ον, qui a forme humaine.

ἄνθρωπος, ου (ὁ), 1°

HOMME, être humain : κατ' ἄνθρωπον, comme il convient à l'homme; ἥκιστα ἀνθρώπων, le moins du monde. || 2° *Au fém.*, femme.

ἀνθρωπο-φαγέω-ῶ (*f.* ήσω), être anthropophage.

ἀνθρωπο-φαγία, ας (ἡ) anthropophagie.

ἀνθρωπο-φάγος, ος, ον, anthropophage.

ἀνθρωπο-φυής, ής, ές, de nature humaine.

ἀνθ-υβρίζω (*f.* σω), violenter à son tour.

ἀνθύλλιον, ου (τό), petite fleur.

ἀνθ-υπάγω (*f.* ξω, *etc.*), accuser à son tour.

ἀνθ-υπάρχω (*f.* ξω), s'opposer à.

ἀνθ-υπατεύω (*f.* σω), être proconsul.

ἀνθ-ύπατος, ου (ὁ), proconsul.

ἀνθ-υπ-είκω (*f.* ξω), céder à son tour.

ἀνθ-υπηρετέω-ῶ (*f.* ήσω), rendre service à son tour.

ἀνθ-υπο-βάλλω (*f.* βαλῶ, *etc.*), objecter à son tour.

ἀνθ-υπο-καθ-ίστημι (*f.* στήσω, *etc.*), substituer.

ἀνθ-υπο-κρίνομαι (*f.* οῦμαι, *etc.*), feindre à son tour.

ἀνθ-υπ-όμνυμαι (*f* ομοῦμαι, *etc.*), jurer à son son tour.

ἀνθ-υπ-οπτεύω (*f.* σω), soupçonner à son tour.

ἀνθ-υπ-ουργέω-ῶ (*f.* ήσω), rendre en échange.

ἀνθ-υπο-φέρω (*f.* οἴσω, *etc.*), répliquer.

ἀνθ-υπο-φορά, ᾶς (ἡ), réplique.

ἀνθ-υπο-χώρησις, εως (ἡ) action de céder à son tour.

ἀνθ-υφ-ίσταμαι (*f.* ὑποστήσομαι, *etc.*), prendre à sa charge à son tour.

ἀνθώδης, ης, ες, fleuri.

ἀνία, ας (ἡ), chagrin.

ἀνιάζω (*f.* σω), chagriner; — *intr.*, être chagriné.

ἀνιαρός, ά, όν, 1° affligeant, fâcheux || 2° affligé.

ἀνιαρῶς, *adv.*, tristement.

ἀν-ίατος, ος, ον, incurable.

ἀν-ιατῶς, *adv.*, sans remède.

ἀν-ιάχω, pousser des cris.

ἀνιάω-ῶ (*f.* άσω; *le fut. moy. a le sens passif*), chagriner.

ἀν-ιδιτί, *adv.*, sans sueur.

ἀν-ιδίω, suer.

ἀν-ίδρυτος, ος, ον, instable; capricieux.

ἀν-ιδρωτί, *adv*, sans sueur.

ἀν-ίδρωτος, ος, ον, qui ne sue pas.

ἀν-ίερος, ος, ον, non consacré; profane; illégitime.

ἀν-ιερόω-ῶ (*f.* ώσω), consacrer.

ἀν-ιέρωσις, εως (ἡ), consécration.

ἀν-ίημι (*f.* ήσω, *etc.*), 1° POUSSER EN HAUT; faire jaillir; φλόγα ἀνιέναι, produire une flamme ‖ 2° lâcher; lancer ‖ 3° relâcher; détendre ‖ 4° délivrer; acquitter; affranchir ‖ 5° quitter; abandonner; laisser ‖ 6° admettre; permettre : ἀνιέναι γελᾶν, permettre de rire ‖ 7° dédier; consacrer. — *Intr.* se relâcher de, *gén.* : ἀνιέναι ὀργῆς, se relâcher de sa colère; ἀνίημι πολεμῶν (*part.*), je cesse de faire la guerre. — *Passif sens de l'actif.* Part. parf. ἀνειμένος, relâché; licencieux. — *Moyen,* mettre à nu.

Ἀνιηνός, οῦ (ὁ), l'Anio, *fleuve*.

ἀν-ίκανος, ος, ον, insatiable; insuffisant.

ἀν-ικέτευτος, ος, ον, non prié.

ἀ-νίκητος, ος, ον, invincible.

ἄν-ικμος, ος, ον, non humide.

ἀν-ίλαστος, ος, ον, implacable.

ἀν-ιμάω-ῶ (*f.* ήσω), tirer en haut.

ἀν-ιππεύω (*f.* σω), parcourir avec un char.

ἄν-ιππος, ος, ον, qui n'a pas de cheval.

ἀν-ίπταμαι (*f.* ἀναπτήσομαι, *etc.*), s'envoler.

ἄν-ιπτος, ος, ον, qui n'est pas *ou* ne peut être lavé.

ἀν-ισάζω (*f.* άσω), rendre égal.

ἀν-ισ-άριθμος, ος, ον, inégal en nombre.

ἄν-ισος, ος, ον, inégal; inique.

ἀν-ισότης, ητος (ἡ), inégalité.

ἀν-ισόω-ῶ (*f.* ώσω), égaler.

ἀν-ίστημι (*f.* ἀνα-στήσω,

etc.), 1° FAIRE LEVER ‖ 2° relever; rétablir ‖ 3° ériger; exciter ‖ 4° déplacer; chasser ‖ 5° détruire ‖ 6° différer.
— *Moyen*, 1° élever pour soi ‖ 2° faire paraître ‖ 3° entreprendre ‖ 4° *intr.*, (*aor. 2* ἔστην, (*f.* ἕστηκα) *a*) se lever; s'élever; se relever : ἀναστὰς εἶπε, s'étant levé il dit ‖ *b*) partir.

ἀν-ιστορέω-ῶ (*f.* ήσω), interroger.

ἀν-ιστόρητος, ος, ον, non informé de, *gén.*; inconnu.

ἀν-ίσχυρος ος, ον, débile.

ἀν-ίσχω, *comme* ἀν-έχω

ἀν-ίσως, *adv.*, inégalement.

ἀν-ίσωσις, εως (ἡ). action d'égaliser.

ἄν-ιχθυς, υς, υ, sans poissons.

ἀν-ίχνευτος, ος, ον, qu'on ne peut suivre à la trace.

Ἀννίϐας, α *et* **ου** (ὁ), Hannibal.

Ἄννων, ωνος (ὁ), Hannon.

ἀν-οδία, ας (ἡ), voie impraticable.

ἄν-οδμος, ος, ον, inodore.

1-ἄν-οδος, ος, ον, sans routes.

2-ἄν-οδος, ου (ἡ), montée.

ἀν-όδους, οντος (ὁ, ἡ), sans dents.

ἀν-οδύρομαι, déplorer bruyamment.

ἀ-νοήμων, ων, ον, *gén.* ονος, déraisonnable.

ἀ-νόητος, ος, ον, 1° insensé ‖ 2° inintelligible.

ἀ-νοήτως, *adv.*, d'une manière insensée.

ἀ-νόθευτος, ος, ον, non falsifié.

ἄνοια, ας (ἡ), sottise, folie.

ἀν-οίγνυμι *et* **ἀνοίγω** (*f.* οἴξω, *etc.*) 1° OUVRIR ‖ 2° découvrir; expliquer — Pf. 2 *intr.* ἀνέωγα, être ouvert.

ἀν-οιδαίνω *et* **ἀν-οιδίσκω,** gonfler.

ἀν-οιδέω-ῶ (*f.* ήσω), se gonfler.

ἀν-οίδησις, εως (ἡ), gonflement.

ἀν-οίκειος, ος, ον, 1° qui n'est pas de la famille ‖ 2° qui ne s'accorde pas avec, *gén.* ou *dat.*

ἀν-οικείως, *adv.*, en étranger.

ἀν-οικίζω (*f.* σω), 1° rebâtir ‖ 2° transporter ailleurs ‖ 3° *Moyen*, émigrer.

ἀν-οίκισις, εως (ἡ), émigration.

ἀν-οικοδομέω-ῶ 1° bâtir ‖ 2° rebâtir.

ἀν-οικοδόμητος, ος, ον, désordonné.

ἄν-οικος, ος, ον, sans maison.

ἀν-οικτίρμων, ων, ον, *gén.* ονος, impitoyable.

ἀν-οίκτιστος, ος, ον, qui ne fait pas pitié.

ἄν-οικτος, ος, ον, impitoyable.

ἀν-οιμώζω (*f.* ώξομαι), gémir.

ἀν-οιμωκτί, *adv.*, impunément.

ἀν-οίμωκτος, ος, ον, non pleuré.

ἄν-οιξις, εως (ἡ), ouverture.

ἀν-οιστρέω-ῶ (*f.* ήσω), aiguillonner de fureur.

ἀν-ολβία, ας (ἡ), vie misérable.

ἄν-ολβος, ος, ον, malheureux.

ἀν-όλεθρος, ος, ον, non ruiné.

ἀν-ολκή, ῆς (ἡ), action de tirer en haut.

ἀν-ολολύζω (*f.* ύξω), pousser des hurlements.

ἀν-ολοφύρομαι, se lamenter.

ἄν-ομβρος, ος, ον, sans pluie.

ἀ-νομέω-ῶ (*f.* ήσω), agir contre la loi.

ἀ-νομία, ας, (ἡ), illégalité.

ἀν-ομίλητος, ος, ον, insociable.

ἀν-όμοιος, ος, ον, dissemblable.

ἀν-ομοιότης, ητος (ἡ), dissemblance.

ἀν-ομοιόω-ῶ (*f.* ώσω), rendre dissemblable.

ἀν-ομοίωσις, εως (ἡ), dissemblance.

ἀν-ομολογέομαι-οῦμαι (*f.* ήσομαι), avouer; reconnaître; *au passif*, être reconnu.

ἀν-ομολογούμενος, η, ον, contradictoire.

ἄ-νομος, ος, ον, sans loi; criminel.

ἀ-νόμως, *adv.*, illégalement.

ἀν-όνητος, ος, ον, inutile; ἀνόνητα, *adv.*, inutilement.

ἄ-νοος-ους, οον-ουν, insensé.

ἀν-οπαῖα, *adv.*, hors de vue.

ἄν-οπλος, ος, ον, sans armes.

ἀν-όρατος, ος, ον, invisible.

ἀν-όργανος, ος, ον, sans instruments.

ἀν-οργίαστος, ος, ον, non fêté par des mystères.

ἀν-ορθόω-ῶ (*f.* ώσω), dresser; redresser.

ἄν-ορμος, ος, ον, inabordable.

ἀν-ορούω, s'élancer précipitamment.

ἀν-ορύσσω *att.* **ττω** (*f.* ξω), déterrer; fouiller.

ἀν-όσιος, ος (parfois α), ον, impie; profane.

ἀν-οσιότης, ητος (ἡ), impiété.

ἄ-νοσος, ος, ον, exempt de maladie; sain.

ἀν-όστεος,ος,ον, sans os.

ἀ-νόστιμος, ος, ον, sans retour.

ἄ-νοστος, ος, ον, *même sens.*

ἀν-οτοτύζω (*f.* ξω), sangloter.

ἀν-ούατος, ος, ον, sans oreilles.

ἀν-ούτατος, ος, ον, non blessé.

ἀν-ουτητί, *adv.*, sans blessure.

ἀνοχή, ῆς (ἡ), arrêt, repos.

ἀνστήσω, *etc.*, pour ἀναστήσω.

ἄντα, 1° *adv.*, en face || 2° *prép.* en face de, *gén.*

ἀντ-αγοράζω (*f.* σω), acheter en échange.

ἀντ-αγορεύω (*f.* εύσω), contredire, *dat.*

ἀντ-αγωνίζομαι (*f.* 2 αγωνιοῦμαι), lutter contre; rivaliser avec, *dat.*

ἀντ-αγωνιστής, οῦ (ὁ), adversaire, rival.

ἀντ-αδικέω-ῶ (*f.* ήσω), rendre une injure.

ἀντ-αιδέομαι-οῦμαι (*f.* έσομαι), respecter en retour.

ἀνταῖος, α, ον, opposé.

ἀντ-αίρω (*f.* αρῶ, *etc.*), *actif et moyen,* 1° lever contre, *dat.*, || 2° *intr.*, se lever contre.

ἀντ-αιτέω-ῶ (*f.* ήσω), demander en retour.

ἀντακαῖος, ου (ὁ), esturgeon.

ἀντ-ακούω (*f.* ακούσομαι, *etc.*), entendre à son tour, *gén.*

ἀντ-ακροάομαι-ῶμαι (*f.* άσομαι), *même sens.*

ἀντ-αλαλάζω (*f.* ξω), crier en réponse à des cris.

ἀντ-άλλαγμα, ατος (τό), échange.

ἀντ-αλλάσσω *att.* **ττω** (*f.* ξω), *actif et moyen,*

échanger (contre, *gén.*)

ἀντ-αμείβομαι (*f.* ψομαι), échanger; répliquer.

ἀντάμειψις, εως (ἡ), échange, réplique.

ἀντ-αμύνομαι (*f.* οῦμαι), repousser; se venger de, *acc.*

ἀντ-ανα-βιβάζω (*f.* άσω), faire monter à son tour.

ἀντ-αν-άγω (*f.* άξω, *etc.*), 1° faire sortir contre ‖ 2° *intr.* et *moy.*, marcher contre.

ἀντ-αν-αλίσκω (*f.* 'αναλώσω, *etc.*), perdre à son tour.

ἀντ-ανα-μένω (*f.* μενῶ), attendre à son tour.

ἀντ-ανα-πίμπλημι (*f.* πλήσω, *etc.*), remplir à son tour.

ἀντ-ανα-πλέκω (*f.* πλέξω), presser à son tour.

ἀντ-ανα-πληρόω-ῶ (*f.* ώσω), contrebalancer.

ἀντ-άν-ειμι (*f.* ειμι), s'élever contre, *dat.*

ἀντ-αν-ίστημι (*f.* στήσω, *etc.*), élever contre; *moy.* et *aor* 2, se lever contre.

ἀντ-άξιος, α, ον, équivalent à, *gén.*

ἀντ-αξιόω-ῶ (*f.* ώσω), demander en retour.

ἀντ-απ-αιτέω-ῶ (*f.* ήσω), réclamer en retour.

ἀντ-απο-δείκνυμι (*f.* δείξω, *etc.*), démontrer à son tour.

ἀντ-απο-δίδωμι (*f.* δώσω, *etc.*), 1° rendre; renvoyer, ‖ 2° *dat.*, correspondre; répondre à.

ἀντ-απόδομα, ατος (τό), compensation.

ἀντ-απόδοσις, εως (ἡ), restitution; paiement.

ἀντ-απο-κτείνω (*f.* κτενῶ), tuer à son tour.

ἀντ-απο-λαμβάνω (*f.* λήψομαι, *etc.*), recevoir en échange.

ἀντ-απ-όλλυμι (*f.* ολέσω) faire périr à son tour. — *Moy.* périr à son tour.

ἀντ-απο-φαίνω (*f.* φανῶ, *etc.*), faire voir à son tour.

ἀντ-αρκέω-ῶ (*f.* έσω), résister à, *dat.* ou *prép.*

ἀντ-ασπάζομαι (*f.* άσομαι), embrasser à son tour.

ἀντ-ατιμάζω (*f.* άσω), mépriser à son tour.

ἀντ-αυγέω-ῶ (*f.* ήσω), refléter.

ἀντ-αυγής, ής, ές, qui reflète.

ἀντ-αυδάω-ῶ (*f.* ήσω), répondre à, *acc.*

ἀντ-άω-ῶ (*f.* ήσω), 1° aller au devant de, *dat.*; rencontrer ‖ 2° avoir part à, *gén.*

ἀντ-εγ-καλέω-ῶ (*f.* έσω), accuser à son tour.

ἀντ-εικάζω (*f.* άσομαι), comparer.

ἀντ-εῖπον, *aor.* 2 de ἀντιλέγω.

ἀντ-εισ-άγω (*f.* άξω, *etc.*), substituer.

ἀντ-εισ-φέρω (*f.* οίσω). introduire à la place.

ἀντ-εκ-κλέπτω (*f.* ψω). voler à son tour.

ἀντ-εκ-κόπτω (*f.* ψω), arracher à son tour.

ἀντ-εκ-πέμπω (*f.* ψω), envoyer à son tour.

ἀντ-εκ-πλέω (*f.* πλεύσομαι), *dat.*, sortir en bateau au-devant de.

ἀντ-εκ-τείνω (*f.* τενῶ). *dat.*, comparer à.

ἀντ-εκ-τρέχω (*f.* δραμοῦμαι, *etc.*), courir au devant.

ἀντ-ελπίζω (*f.* σω), espérer en retour.

ἀντ-εμ-βάλλω (*f.* βαλῶ, *etc.*), jeter à son tour.

ἀντ-εμ-βιβάζω (*f.* άσω), embarquer à la place d'autrui.

ἀντ-εμ-πίμπλημι (*f.* πλήσω), emplir à son tour.

ἀντ-εμ-πίμπρημι (*f.* πρήσω). incendier à son tour.

ἀντ-εξ-αιτέω-ῶ (*f.* ήσω), réclamer à son tour.

ἀντ-έξ-ειμι (*impf.* ῇα), et **ἀντ-εξ-έρχομαι,** marcher contre.

ἀντ-εξ-ετάζω (*f.* άσω), confronter; — *moy.*, se mesurer avec, *dat.*

ἀντ-εξόρμησις, εως (ἡ), contre-attaque.

ἀντ-επ-άγω (*f.* άξω, *etc.*), mener au combat contre.

ἀντ-επ-αινέω-ῶ (*f.* έσω), louer à son tour.

ἀντ-επ-αν-άγομαι, se porter contre.

ἀντ-έπ-ειμι (*impf.* ῇα), marcher contre.

ἀντ-επ-εξ-άγω (*f.* άξω), mener contre.

ἀντ-επ-έξ-ειμι, ἀντ-επ-εξ-έρχομαι, ἀντ-επ-εξ-ελαύνω, marcher contre.

ἀντ-επι-βουλεύω (*f.* σω), tendre un piège à son tour.

ἀντ-επι-δείκνυμι (*f.*

δείξω), montrer à son tour.

ἀντ-επι-θυμέω-ῶ (*f.* ήσω), désirer de son côté, *gén.*

ἀντ-επι-κουρέω-ῶ (*f.* ήσω), secourir à son tour, *dat.*

ἀντ-επι-μελέομαι-οῦμαι (*f.* ήσομαι), s'occuper à son tour, de *gén.*

ἀντ-επι-στρατεύω (*f.* εύσω), marcher militairement à son tour, contre *dat.*

ἀντ-επι-τάσσω *att.* **ττω** (*f.* ξω), ordonner à son tour.

ἀντ-επι-τειχίζομαι (*f.* σομαι), se fortifier contre.

ἀντ-επι-τίθημι (*f.* θήσω, *etc.*), imposer à son tour.

ἀντ-επι-χειρέω-ῶ (*f.* ήσω entreprendre à son tour.

ἀντ-εραστής, οῦ (ὁ), rival en amour.

ἀντ-εράω-ῶ, aimer en retour.

ἀντ-ερείδω (*f.* ερείσω), 1° appuyer sur, *dat.* || 2° *intr.* s'appuyer sur; résister à.

ἀντ-έρομαι, interroger à son tour.

ἀντ-έρως, ωτος (ὁ)' amour pour amour.

ἀντ-ερωτάω-ῶ (ήσω), interroger à son tour.

ἀντ-ευ-εργετέω-ῶ (*f.* ήσω), rendre un bienfait pour un bienfait.

ἀντ-ευ-νοέω-ῶ (*f.* ήσω) répondre à la bienveillance.

ἀντ-ευ-ποιέω-ῶ (*f.* ήσω), faire le bien en retour.

ἀντ-έχω *ou* **ἀντ-ίσχω** (*f.* ἀνθέξω, *etc.*), 1° TENIR DEVANT || 2° *intr.* résister à, *dat.*, *acc.*, πρός *et acc.*; persister.
— *Moyen* 1° tenir devant soi || 2° *intr.* s'attacher à, *gén.* : ἀντέχεσθαι τῆς ἀληθείας, s'attacher à la vérité; persister.

ἄντη, ης (ἡ), prière.

ἀντ-ήλιος, ος, ον, exposé au soleil.

ἄντην, *adv.*, en face.

ἀντ-ήρης, ης, ες, opposé, adversaire.

ἀντ-ηρίς, ίδος (ἡ), arcboutant.

ἄντ-ησις, εως (ἡ), rencontre.

ἀντ-ηχέω-ῶ (*f.* ήσω), retentir *ou* faire retentir à son tour.

ἀντί, *prép. gén.* 1° A LA PLACE DE, pour || 2° en échange de ; ἀνθ' οὗ, en échange de quoi, pourquoi || 3° au nom de || 4° en comparaison de : οὐδὲν τίμιον ἀντὶ ἀρετῆς, rien n'est précieux en comparaison de la vertu || 5° à l'égal de.

ἀντι-άζω (*f.* άσω, 1° aller au-devant, *dat.* ou *acc.*; obtenir, *gén.* || 2° prier, *acc*

ἀντιάω-ῶ (*f.* άσω), 1° aller au devant de. *gén.* ou *acc.*; rencontrer, *dat.* || 2° prier.

ἀντι-βαίνω (*f.* βήσομαι, *etc.*), *dat.* ou πρὸς, marcher contre, résister.

ἀντι-βάλλω (*f.* βαλῶ. *etc.*), lancer à son tour.

ἀντί-βασις, **εως** (ἡ), résistance.

ἀντί-βιος, α, ον, opposé; *adv.* ἀντίβιον *ou* ίην, en face de.

ἀντι-βλέπω (*f.* ψω), regarder en face.

ἀντί-βλεψις, **εως** (ἡ). action de regarder en face.

ἀντι-βοηθέω-ῶ (*f.* ήσω). secourir à son tour, *dat.*

ἀντι-βολέω-ῶ (*f.* ήσω). 1° rencontrer, *dat.* || 2° obtenir, *gén.* || 3° supplier, *acc.*

ἀντιβόλησις *et* **ἀντιβολία** (ἡ), prière.

ἀντι-γενεαλογέω-ῶ (*f.* ήσω), opposer une autre généalogie.

ἀντι-γνωμονέω-ῶ (*f.* ήσω), être d'un avis différent.

Ἀντιγόνη, ης (ἡ), Antigone.

ἀντι-γραφεύς, έως (ὁ), contrôleur.

ἀντι-γραφή, ῆς (ἡ), 1° réponse écrite || 2° copie || 3° récrimination.

ἀντί-γραφον, ου (τό), copie.

ἀντί-γραφος, ος, ον, copié.

ἀντι-γράφω (*f.* ψω); 1° répondre par écrit || 2° *Moy.*, accuser à son tour.

ἀντι-δάκνω (*f.* δήξομαι), mordre à son tour.

ἀντι-δεξιόομαι-οῦμαι, saluer à son tour.

ἀντι-δέομαι (*f.* δεήσομαι), demander à son tour.

ἀντι-δέχομαι (*f.* ξομαι), recevoir à son tour.

ἀντι-δημαγωγέω-ῶ (*f.* ήσω), être démagogue contre démagogue.

ἀντι-δια-βαίνω (*f.* βήσομαι, *etc.*) traverser à son tour.

ἀντι-διατίθημι (*f.* θήσω, *etc.*), disposer contre.

ἀντι-διδάσκω (*f.* ξω), enseigner à son tour.

ἀντι-δίδωμι (*f.* δώσω, *etc.*), échanger.

ἀντι-δι-έξ-ειμι (*f.* ειμι), énumérer à son tour.

ἀντι-δικέω-ῶ (*f.* ήσω), être en procès contre, *dat.* ou πρός.

ἀντί-δικος, ου (ὁ), adversaire (dans un procès).

ἀντι-δοξέω-ῶ (*f.* ήσω), avoir une opinion contraire.

ἀντί-δοξος, ος, ον, qui a une opinion contraire.

ἀντί-δοσις, εως (ἡ), échange; échange de fortune.

ἀντί-δοτος, ος, ον, donné contre. — *Nom* (ἡ, τό), antidote.

ἀντί-δουλος, ος, ον, qui a la place d'un esclave.

ἀντίδουπος, ος, ον, qui répète le son.

ἀντι-δράω-ῶ (*f.* άσω), faire à son tour,

ἀντι-δωρέομαι-οῦμαι (*f.* ήσομαι), donner en retour.

ἀντι-ζητέω-ῶ (*f.* ήσω), chercher de son côté.

ἀντί-θεος, ος, ον, semblable à un dieu.

ἀντι-θεραπεύω (*f.* εύσω), soigner à son tour.

ἀντί-θεσις, εως (ἡ), opposition.

ἀντι-θέω (*f.* θεύσομαι), lutter à la course contre, *dat.*

ἀντί-θυρος, ος, ον, placé en face de la porte.

ἀντι-κάθημαι, être campé en face.

ἀντι-καθίζομαι, s'installer en face.

ἀντι-καθ-ίστημι (*f.* καταστήσω, *etc.*), placer en face, substituer. — *Moy.* et *intr.*, s'établir en face de; à la place de.

ἀντι-κακουργέω-ῶ (*f.* ήσω), rendre le mal à son tour.

ἀντι-κατα-κτείνω (*f.* κτενῶ), tuer à son tour.

ἀντι-κατ-αλλάσσομαι, *att.* **ττομαι** (*f.* άξομαι), échanger, τί τινος.

ἀντι-κατηγορέω-ῶ (*f.* ήσω), accuser à son tour, *gén.*

ἀντί-κειμαι (*f.* κείσομαι), être opposé à, *dat.*

ἀντι-κελεύω (*f.* εύσω), donner l'ordre à son tour.

ἀντι-κηδεύω (*f.* εύσω),

soigner à l'égal de. *gén.*

ἀντι-κλάζω (*f.* κλάγξω), errer à son tour.

ἀντι-κνήμιον, ου (τό), tibia, jambe.

ἀντι-κόπτω (*f.* ψω), 1° heurter ‖ 2° *intr.*, se heurter contre.

ἀντι-κρούω (*f.* σω), se heurter contre; résister à, *dat.*

ἀντι-κρύ et **ἄντικρυς,** *adv.*, 1° TOUT DROIT ‖ 2° ouvertement ‖ 3° complètement. — *Prép. gén.*, en face de.

ἀντι-κύρω (*f.* κύρσω), rencontrer, *dat.*

ἀντι-λαβή, ῆς (ἡ), prise.

ἀντι-λαγχάνω (*f.* λήξομαι), obtenir à son tour en partage.

ἀντι-λάζομαι *ou* **λάζυμαι,** saisir, *gén.*

ἀντι-λακτίζω (*f.* σω), regimber contre.

ἀντι-λαμβάνω (*f.* λήψομαι), recevoir à son tour. — *Moyen, gén.* 1° SAISIR, se saisir de; arrêter ‖ 2° comprendre ‖ 3° s'occuper de; se charger : ἀντιλαβέσθαι τῆς ἐλευθερίας, travailler à la liberté.

ἀντι-λάμπω (*f.* ψω), faire briller *ou* briller à son tour.

ἀντι-λέγω (*f.* ερῶ, *etc.*), répondre, contredire.

ἀντί-λεκτος, ος, ον, contesté.

ἀντι-ληπτέος, α, ον, *adj. verb.* de ἀντιλαμβάνω.

ἀντί-ληψις, εως (ἡ), 1° action de recevoir en échange; de saisir ‖ 2° perception; intelligence ‖ 3° objection.

ἀντι-λογέω-ῶ (*f.* ήσω), contredire.

ἀντι-λογία, ας (ἡ), contradiction.

ἀντι-λογίζομαι (*f.* ίσομαι), calculer à son tour.

ἀντι-λογικός, ή, όν, qui contredit; contradictoire.

ἀντι-λοιδορέω-ῶ (*f.* ήσω), injurier à son tour.

ἀντί-λυρος, ος, ον, qui ressemble à la lyre.

ἀντί-λυτρον, ου (τό), rançon.

ἀντι-μαίνομαι (*f.* μανήσομαι), être furieux contre, *dat.*

ἀντι-μανθάνω (*f.* μαθήσομαι), apprendre à son tour.

ἀντι-μαρτυρέω-ῶ (*f.*

ήσω), témoigner contre.

ἀντι-μάχομαι (*f.* μαχέσομαι), combattre contre, *dat.*

ἀντι-μέλλω (*f.* μελλήσω), différer à son tour.

ἀντι-μέμφομαι (*f.* μέμψομαι), critiquer à son tour.

ἀντι-μετρέω-ῶ (*f.* ήσω), mesurer à son tour.

ἀντι-μέτωπος, ος, ον, opposé front à front.

ἀντι-μηχανάομαι-ῶμαι (*f.* ήσομαι), machiner contre.

ἀντι-μίμησις, εως (ἡ), contrefaçon.

ἀντί-μισθος, ος, ον, rémunératoire.

ἀντι-μοιρία, ας (ἡ), part égale.

ἀντί-μολπος, ος, ον, dont le chant répond à, *gén.*

ἀντι-ναυπηγέω-ῶ, équiper une flotte opposée.

ἀντι-νικάω-ῶ (*f.* ήσω), vaincre à son tour.

ἀντί-ξοος-ους, ουν, opposé.

ἀντι-όομαι-οῦμαι (*f* ἀντιώσομαι, *aor.* ἠντιώθην) résister à.

ἀντίος, α, ον, opposé. —ἀντίον, *adv.*, en face; à son tour; *prép. gén.*, en face de, contre.

ἀντιο-στατέω-ῶ (*f.* ήσω) résister.

ἀντιόω-ῶ, *voir* ἀντιάω.

ἀντι-πάθεια, ας, (ἡ), sentiment contraire.

ἀντί-παις, παιδος (ὁ, ἡ), presque enfant.

ἀντί-παλος, ος, ον, 1° ADVERSAIRE, rival : οἱ ἀντίπαλοι, les ennemis. || 2° égal, équivalent : ἀντίπαλος μάχη, bataille indécise.

ἀντι-παρα-βάλλω (*f.* βαλῶ), comparer.

ἀντι-παρ-αγγέλλω (*f.* ελῶ), 1° ordonner à son tour || 2° *dat.*, être compétiteur de.

ἀντι-παρ-άγω (*f.* άξω), faire avancer; s'avancer contre.

ἀντι-παρα-θέω (*f.* θεύσομαι), charger en courant.

ἀντι-παρα-καλέω-ῶ (*f.* έσω), appeler à faire le contraire.

ἀντι-παρα-κελεύομαι (*f.* εύσομαι), conseiller à l'opposé de quelqu'un, *dat.*

ἀντι-παρα-λυπέω-ῶ (*f.* ήσω), chagriner à son tour.

ἀντι-παρα-πλέω (*f.* πλεύσομαι), côtoyer en sens contraire.

ἀντι-παρα-σκευάζομαι (*f.* σομαι), se préparer contre, *dat.*

ἀντι-παρα-σκευή, ῆς (ἡ), préparatifs de défense.

ἀντι-παρα-τάσσω, *att.* **ττω** (*f.* ξω), ranger en bataille ‖ *intr.* *et* *moy.*, se ranger en bataille contre, *dat.*

ἀντι-παρα-τείνω (*f.* τενῶ), 1° déployer parallèlement ‖ 2° comparer.

ἀντι-παρα-τίθημι (*f.* θήσω, *etc.*), comparer.

ἀντι-πάρ-ειμι (*f.* ειμι), marcher contre, *dat.*

ἀντι-παρ-εξ-άγω(*f.*άξω), faire marcher contre ‖ *intr.*, aller contre.

ἀντι-παρ-έχω (*f.* ἕξω ou σχήσω, *etc.*), *act.* *et* *moy.*, fournir à son tour; résister.

ἀντι-πάσχω (*f.* πείσομαι, *etc.*), éprouver à son tour.

ἀντι-παταγέω-ῶ (*f.* ήσω), *dat.*, faire du bruit en réponse au bruit.

ἀντι-πέμπω (*f.* ψω), envoyer à la place; *dat.*, contre.

ἀντι-πέραιος, ος, ον, sur l'autre rive de la mer.

ἀντι-πέραν *et* **-πέρας**, 1° *adv.*, en face ‖ 2° *prép. gén.*, en face de.

ἀντι-περι-λαμβάνω (*f.* λήψομαι, *etc.*), embrasser à son tour.

ἀντί-πετρος, ος, ον, de pierre.

ἀντί-πηξ, ηγος (ἡ), berceau.

ἀντι-πίπτω (*f.* πεσοῦμαι *etc.*), tomber sur; résister à, *dat.*

ἀντι-πλέω (*f.* πλεύσομαι), naviguer contre, *dat.* ou πρός.

ἀντι-πλήξ, ῆγος (ὁ, ἡ), battu par la tempête.

ἀντι-πληρόω-ῶ, remplir; compléter.

ἀντι-πνέω (*f.* πνεύσομαι), souffler en sens contraire.

ἀντί-πνοος-ους, οον-ουν, qui souffle en sens contraire.

ἀντι-ποθέω-ῶ (*f.* ήσω), désirer à son tour.

ἀντι-ποιέω-ῶ (*f.* ήσω), rendre la réciproque. — *Moyen*, disputer, revendiquer, *gén.*

ἀντί-ποινα, ων (τά), paiement; peine.

ἀντι-πολεμέω-ῶ (*f.*

ήσω), faire la guerre contre, *dat.*

ἀντι-πολέμιος, ος, ον, ennemi.

ἀντι-πολιορκέω-ῶ (*f.* ήσω), assiéger à son tour.

ἀντι-πορεύομαι (*f.* εύσομαι), marcher contre, *dat.*

ἀντί-πορος, ος, ον, opposé à, *gén.*

ἀντί-πους, πουν, *gén.* οδος, antipode.

ἀντι-πράσσω, *att.* ττω, s'opposer à, *dat.*

ἀντι-πρό-ειμι (*f.* ειμι), s'avancer contre, *dat.*

ἀντί-προικα, *adv.*, à vil prix.

ἀντι-πρόσ-ειμι (*f.* ειμι), s'avancer contre.

ἀντι-πρόσωπος, ος, ον, face à face.

ἀντι-προτείνω (*f.* τενῶ), tendre, proposer à son tour.

ἀντί-πρῳρος, ος, ον, tourné contre (proue en avant).

ἀντί-πυλος, ος, ον, dont les portes sont opposées.

ἀντί-πυργος, ος, ον, semblable à une tour.

ἀντί-ρροπος, ος, ον, qui fait contre-poids à, *gén.* ou *dat.*

ἀντι-σηκόω-ῶ (*f.* ώσω), contrebalancer, *dat.*

ἀντι-σήκωσις, εως (ἡ), contrepoids.

ἀντ-ισόω-ῶ (*f.* ώσω), égaler.

ἀντι-σπάω-ῶ (*f.* άσω), 1° tirer en sens opposé ‖ 2° attirer.

ἀντί-σταθμος, ος, ον, équivalent à, *gén.*

ἀντι-στασιάζω (*f.* σω), rivaliser; lutter avec, *dat.*

ἀντί-στασις, εως (ἡ), opposition.

ἀντι-στασιώτης, ου (ὁ), adversaire; du parti contraire.

ἀντι-στατέω-ῶ (*f.* ήσω), s'élever contre, *dat.*

ἀντι-στάτης, ου (ὁ), adversaire.

ἀντι-στοιχέω-ῶ (*f.* ήσω), s'aligner en face.

ἀντι-στρατεύομαι (*f.* σομαι), faire campagne contre, *dat.*

ἀντι-στράτηγος, ου (ὁ), chef de l'armée ennemie; propréteur.

ἀντι-στρατοπεδεύω (*f.* σω) *et moyen*, camper en face de, *dat.*

ἀντι-στρέφω (*f.* ψω), 1° *tr.* retourner; ‖ 2° *intr.* se retourner.

ἀντι-στροφή, ῆς, (ἡ),

mouvement de conversion.

ἀντί-στροφος, ος, ον, tourné en sens opposé; qui fait pendant à, *gén.* ou *dat.*

ἀντι-στρόφως, *adv.*, à l'inverse de, *dat.*

ἀντ-ισχυρίζομαι (*f.* σομαι), s'opposer vigoureusement à.

ἀντί-ταξις, εως (ἡ), ligne opposée de bataille.

ἀντιτάσσω, *att.* ττω (*f.* ξω), ranger en bataille contre.

— *Moyen,* opposer à; s'opposer à, *dat.*

ἀντι-τείνω (*f.* τενῶ), 1° *tr.* tendre en sens contraire ‖ 2° *intr.*, résister à, *dat.*

ἀντι-τείχισμα, ατος (τό), rempart dressé contre.

ἀντι-τέμνω (*f.* τεμῶ), couper (comme remède) contre.

ἀντι-τεχνάομαι-ῶμαι (*f.* ήσομαι) ruser à son tour.

ἀντι-τέχνησις, εως (ἡ), contre-manœuvre rusée.

ἀντί-τεχνος, ος, ον, rival de métier.

ἀντι-τίθημι (*f.* θήσω, *etc.*), 1° OPPOSER ‖ 2° comparer. ‖ 3° donner en échange. — *Intr.*, résister.

ἀντι-τιμάω-ῶ (*f.* ήσω), honorer à son tour. — *Moy.* faire payer (un dommage).

ἀντι-τιμωρέομαι-οῦμαι (*f.* ήσομαι), *acc.* se venger à son tour.

ἀντι-τίνω (*f.* τίσω), payer, expier à son tour. — *Moyen,* faire expier.

ἀντι-τολμάω-ῶ (*f.* ήσω), oser s'opposer à.

ἀντί-τολμος, ος, ον, qui ose résister à.

ἀντι-τοξεύω (*f.* σω), lancer des flèches contre.

ἀντι-τορέω-ῶ (*f.* ήσω), traverser de part en part, *gén.*

ἄν-τιτος, ος, ον, payé de retour.

ἀντι-τρέφω (*f.* ψω), nourrir à son tour.

ἀντι-τυγχάνω (*f.* τεύξομαι), obtenir en échange, *gén.*

ἀντί-τυπος, ος, ον, 1° qui fait écho à ‖ 2° résistant; contraire (à, *gén.*).

ἀντι-τύπτω (*f.* ψω), frapper à son tour.

ἀντι-φερίζω (*f.* σω), s'égaler à.

ἀντι-φέρω (*f.* ἀντοίσω, *etc.*), porter contre. — *Moyen*, s'opposer à.

ἀντί-φημι (*f.* φήσω), contredire.

ἀντι-φθέγγομαι (*f.* φθέγξομαι), répondre à.

ἀντι-φιλέω-ῶ (*f.* ήσω), aimer en retour.

ἀντί-φονος, ος, ον, qui répond au meurtre par le meurtre.

ἀντι-φορτίζω (*f.* σω) *et moy.*, importer en échange.

ἀντι-φράσσω, *att.* ττω (*f.* ξω), clôturer; intercepter.

ἀντι-φυλακή, ῆς (ἡ), défense réciproque.

ἀντι-φυλάσσω, *att.* ττω, garder à son tour. — *Moy.* se garder chacun de son côté.

ἀντι-φωνέω-ῶ (*f.* ήσω), répondre.

ἀντί-φωνος, ος, ον, qui répond à.

ἀντι-χαίρω (*f.* χαρήσομαι), *dat.*, répondre à l'amour de.

ἀντι-χαρίζομαι (*f.* ίσομαι) *dat.*, payer de reconnaissance.

ἀντι-χειροτονέω-ῶ (*f.* ήσω), voter contre.

ἀντι-χορηγέω-ῶ (*f.* ήσω), être concurrent comme chorège, *dat.*

ἀντι-χόρηγος, ου (ὁ), rival comme chorège.

ἀντι-χράω, suffire à.

ἀντι-ψάλλω (*f.* ψαλῶ), *dat.*, accompagner sur un instrument.

ἀντί-ψαλμος, ος, ον, qui répond aux chants.

ἀντί-ψηφος, ος, ον, qui vote contre.

ἀντλέω-ῶ (*f.* ήσω), puiser; épuiser.

ἄντλημα, ατος (τό), vase à puiser.

ἀντλία, ας (ἡ), et **ἄντλος, ου** (ὁ), sentine.

ἀντ-οικτίζω (*f.* ίσω), plaindre à son tour.

ἀντολή, ῆς (ἡ), comme ἀνατολή.

ἄντομαι (*sans futur*), 1° *dat.* rencontrer ‖ 2° *acc.*, prier.

ἀντ-όμνυμι (*f.* ομοῦμαι, *etc.*), jurer à son tour.

ἀντ-ονομάζω (*f.* άσω), appeler autrement.

ἀντ-οργίζομαι (*f.* ίσομαι), s'irriter à son tour.

ἀντ-ορύσσω, *att.* ττω (*f.* ξω), creuser une contre-mine.

ἀντ-οφείλω (*f.* ήσω), devoir à son tour.

ἀντ-οφθαλμέω-ῶ (*f.*

ήσω), regarder en face.
ἀν-τρέπω, *voir* ἀνατρέπω.
ἄντρον, ου (τό), antre.
ἀντρώδης, ης, ες, caverneux.
ἄντυξ, υγος (ἡ), 1° BORD ARRONDI (d'un bouclier; d'un char) ‖ 2° disque; cercle ‖ 3° chevalet d'une lyre.
ἀντ-ωμοσία, ας (ἡ), serment en justice.
ἀντ-ωνέομαι-οῦμαι (*f.* ήσομαι), acheter en échange.
ἀντ-ωπός, ός, όν, placé en face.
ἀντ-ωφελέω-ῶ (*f.* ήσω), obliger à son tour.
ἀν-ύβριστος, ος, ον, 1° qui n'est pas violenté ‖ 2° qui ne violente pas.
ἀν-υδρία, ας (ἡ), manque d'eau.
ἄν-υδρος, ος, ον, sans eau.
ἀν-υμέναιος, ος, ον, sans hymen.
ἀν-υμνέω-ῶ (*f.* ήσω), célébrer; proclamer.
ἀ-νύμφευτος, ος, ον, non marié.
ἄ-νυμφος, ος, ον, non marié; illégitime.
ἀν-υπέρβλητος, ος, ον, qu'on ne peut surpasser.
ἀν-υπ-εύθυνος, ος, ον, sans comptes à rendre.
ἀν-υπο-δησία, ας (ἡ), action d'aller pieds nus.
ἀν-υπό-δητος, ος, ον, sans chaussures.
ἀν-υπό-θετος, ος, ον, absolu.
ἀν-υπό-κριτος, ος, ον, non feint.
ἀν-υπο-νόητος, ος, ον, non soupçonné.
ἀν-ύπ-οπτος, ος, ον, non soupçonné; qui ne soupçonne pas.
ἀν-υπό-στατος, ος, ον, irrésistible.
ἀν-υπό-τακτος, ος, ον, insoumis.
ἀνύσιμος, ος, ον, efficace.
ἀνυσίμως, *adv.*, efficacement.
ἄνυσις, εως (ἡ), achèvement.
ἀνυστός, ός, όν, qui peut être accompli; possible.
ἀνύτω, *comme* ἀνύω.
ἀν-υφαίνω (*f.* ανῶ), tisser à nouveau.
ἀνύω (*f.* ύσω), 1° ACHEVER; accomplir; **ἄνυε πράττων,** achève vite ‖ 2° détruire ‖ 3° *intr.*, parvenir; se hâter. — *Moyen*, obtenir; venir à bout de.

ἄνω (*impf.* ἦνον), achever.

ἄνω, *adv.* 1° EN HAUT : τὸ ἄνω, le haut ; ἄνω κάτω, en haut et en bas; en tout sens || 2° *en remontant* (dans le temps ou l'espace) ; οἱ ἄνω, les gens d'autrefois, les ancêtres.
— *Prép.*, en haut de, *gén.*

ἄνωγα, *pf.* 2 de ἀνώγω (*f.* ξω), ordonner.

ἀνώ-γαιον, ου (τό), *et* **ἀνώ-γεων**, ω (τό), chambre d'en haut ; grenier.

ἀν-ώδυνος, ος, ον, qui ne crée *ou* n'éprouve aucune douleur.

ἄνωθεν, *adv.* 1° d'en haut || 2° en remontant (*dans le temps ou dans l'espace*); οἱ ἄνωθεν, les ancêtres. — *Prép. gén.*, en haut de.

ἀν-ωθέω-ῶ (*f.* ήσω), pousser en haut ; pousser ; repousser.

ἀν-ωϊστί *ou* **ἀν-ωΐστως**, *adv.*, inopinément.

ἀν-ώϊστος, ος, ον, inopiné.

ἀν-ώλεθρος, ος, ον, impérissable.

ἀν-ωμαλία, ας (ἡ), inégalité ; anomalie.

ἀν-ώμαλος, ος, ον, inégal ; irrégulier.

ἀν-ωμοτί, *adv.*, sans serment.

ἀν-ώμοτος, ος, ον, qui n'a pas juré ; qui n'a pas été juré.

ἀν-ωνόμαστος, ος, ον, inexprimable.

ἀν-ώνυμος, ος, ον, qui n'a pas de nom.

ἀν-ωρία, ας (ἡ), inopportunité.

ἄν-ωρος, ος, ον, inopportun.

ἀνώτερος, α, ον, plus haut.

ἀνωτέρω, *adv.*, plus haut.

ἀν-ωφελής, ής, ές, inutile ; nuisible à, *dat.*

ἀν-ωφέλητος, ος, ον, inutile, à *dat.*

ἄνωχθι, **ἀνώχθω**, imp. de ἄνωγα.

ἄ-ξενος, ος, ον, inhospitalier.

ἄ-ξεστος, ος, ον, non poli.

ἀξία, ας (ἡ), 1° PRIX, valeur ; mérite ; κατ' ἀξίαν, comme il convient ; παρ' ἀξίαν, comme il ne convient pas || 2° dignité || 3° récompense *ou* châtiment.

ἀξι-άκουστος, ον, ον, digne d'être écouté.

ἀξι-έπαινος, ος, ον, digne d'éloge.

ἀξι-έραστος, ος, ον, digne d'être aimé.

ἀξίνη, ης (ἡ), hache.

ἀξιο-βίωτος, ος, ον, digne de vivre.

ἀξιό-εργος, ος, ον, capable d'effort.

ἀξιο-θαύμαστος, ος, ον, digne d'être admiré.

ἀξιο-θέατος, ος, ον, digne d'être contemplé.

ἀξιό-θρηνος, ος, ον, digne d'être pleuré.

ἀξιό-κτητος, ος, ον, digne d'être acquis.

ἀξιό-λογος, ος, ον, digne d'être cité.

ἀξιό-μαχος, ος, ον, digne de combattre.

ἀξιο-μνημόνευτος, ος, ον, digne d'être rappelé.

ἀξιό-νικος, ος, ον, digne de vaincre; digne.

ἀξιο-πενθής, ής, ές, digne d'être déploré.

ἀξιό-πιστος, ος, ον, digne de foi.

ἀξιο-πρεπής, ής, ές, convenable.

ἀξιο-πρεπῶς, *adv.*, convenablement.

ἄξιος, α, ον, DIGNE DE, *gén.* : ἄξιος πολλοῦ très estimable; ἄξιόν ἐστι, il vaut la peine; ἄξιός ἐστιν αὐτὸς θανεῖν, il est juste qu'il meure || 2° précieux; cher || 3° à bon marché.

ἀξιό-σκεπτος, ος, ον, digne d'être examiné.

ἀξιο-σπούδαστος, ος, ον, digne d'intérêt.

ἀξιο-στράτηγος, ος, ον, digne du commandement.

ἀξιο-τέκμαρτος, ος, ον, probant.

ἀξιο-φίλητος, ος, ον, digne d'être aimé.

ἀξιό-χρεως, ως, ων, 1° valable; important; 2° digne de, *gén.*

ἀξιόω-ῶ (*f.* ώσω), 1° JUGER DIGNE, de *gén.* || 2° prétendre, consentir à : ἀξιοῦσιν ἡγεμονεῖν, ils prétendent diriger; οὐκ ἀξιοῦσι πείθεσθαι, ils ne consentent pas à obéir || 3° trouver bon que, réclamer que : ἀξιοῦμεν τοὺς προδότας κολάζεσθαι, nous trouvons bon que les traîtres soient châtiés. || 4° croire, estimer que : ἀξιοῦν δοκεῖς τὸν θάνατον οὐδὲν εἶναι, tu sembles croire que la mort n'est rien.

ἀξίωμα, **ατος** (τό), 1° PRIX ‖ 2° dignité ‖ 3° demande; ordre ‖ 4° principe.

ἀξίως, *adv.*, 1° dignement; d'une manière digne de, *gén.* ‖ 2° à bon marché.

ἀξίωσις, **εως** (ἡ), 1° ESTIME ‖ 2° valeur ‖ 3° requête | 4° opinion.

ἄ-ξυλος, **ος**, **ον**, 1° sans bois ‖ 2° très boisé.

ἄξων, **ονος** (ὁ), essieu. *Au plur.*, tables de lois.

ἀοιδή, **ῆς** (ἡ), chant.

ἀοιδιάω-ῶ (*f.* άσω), chanter.

ἀοίδιμος, **ος**, **ον**, chanté; célébré.

ἀοιδός, **οῦ** (ὁ, ἡ), chanteur; chanteuse.

ἀ-οίκητος, **ος**, **ον**, inhabité; inhabitable.

ἄ-οικος, **ος**, **ον**, sans maison; inhabitable.

ἄ-οινος, **ος**, **ον**, qui ne boit pas de vin; sans vin.

ἄ-οκνος, **ος**, **ον**, qui ne tarde pas; actif.

ἀ-όκνως, *adv.*, sans tarder.

ἀ-ολλής, **ής**, **ές**, serré; nombreux.

ἀολλίζω (*f.* σω), rassembler.

ἄ-οπλος, **ος**, **ον**, sans armes.

ἄορ, **ἄορος** (τό), épée.

ἀ-όρατος, **ος**, **ον**, qui n'est pas vu.

ἀ-οργησία, **ας** (ἡ), absence de colère.

ἀ-όργητος, **ος**, **ον**, qui n'a pas de colère.

ἀ-όριστος, **ος**, **ον**, illimité; indéfini.

ἀορτή, **ῆς** (ἡ), aorte.

ἀορτήρ, **ῆρος** (ὁ), ceinturon, baudrier.

ἀοσσητήρ, **ῆρος** (ὁ), défenseur.

ἄ-ουτος, **ος**, **ον**, non blessé.

ἀπ-αγγελία, **ας** (ἡ), exposition, narration.

ἀ-παγής, **ής**, **ές**, non épais.

ἀπ-αγορεύω (*f.* εύσω), 1° *tr.* DÉFENDRE, dissuader ‖ 2° *intr.*, renoncer (à, *dat.*); succomber.

ἀπ-αγριόομαι-οῦμαι (*f.* ώσομαι), rendre sauvage.

ἀπ-άγχω (*f.* άγξω), étrangler.

ἀπ-άγω (*f.* άξω, *etc.*), 1° EMMENER; éloigner; détourner ‖ 2° citer en justice : ἀπάγεσθαι φόνου, être arrêté pour meurtre ‖ 3° *intr.*

s'éloigner. || 4° *Imp.* ἄπαγε, ἀπάγετε, loin d'ici, fi donc!

ἀπ-αγωγή, ῆς (ἡ), 1° ACTION D'EMMENER || 2° citation en justice || 3° paiement.

ἀπ-ᾴδω (*f.* ᾄσομαι), chanter faux; s'écarter de.

ἀπ-αείρω, voir ἀπαίρω.

ἀπ-αθανατίζω (*f.* ίσω), diviniser.

ἀ-πάθεια, ας (ἡ), insensibilité.

ἀπαθής, ής, ές 1° insensible || 2° qui ne souffre aucun dommage (*gén.* de).

ἀ-παιδευσία, ας (ἡ), ignorance; grossièreté.

ἀ-παίδευτος, ος, ον, ignorant; grossier.

ἀ-παιδία, ας (ἡ), manque d'enfants.

ἀπ-αιθριάζω (*f.* σω), rasséréner.

ἀπ-αίνυμαι, enlever.

ἀπ-αίρω (*f.* αρῶ, *etc.*), 1° enlever || 2° *intr.* partir.

ἄ-παις, παιδος (ὁ, ἡ), sans enfants.

ἀπ-αΐσσω, *att.* ᾁττω (*f.* ᾄξω), s'élancer (de, *gén.*).

ἀπ-αισχύνομαι (*f.* νοῦμαι), être détourné par honte.

ἀπ-αιτέω-ῶ (*f.* ήσω), réclamer; τινά τι, quelque chose à quelqu'un.

ἀπ-αίτησις, εως (ἡ), réclamation.

ἀπ-αιτίζω, comme ἀπαιτέω.

ἀπ-αιωρέω-ῶ (*f.* ήσω), suspendre (à, *gén.*).

ἀπ-ακριβόω-ῶ (*f.* ώσω), achever.

ἀπ-άλαλκον, *etc. aor.* 2, écarter.

ἀ-πάλαμνος, ος, ον, impuissant; criminel.

ἀπ-αλγέω-ῶ (*f.* ήσω), cesser de s'affliger.

ἀπ-αλείφω (*f.* ψω), essuyer.

ἀπ-αλέξω (*f.* ήσω), éloigner. — *Moy.*, écarter de soi.

ἀπ-αληθεύω (*f.* σω), exprimer la vérité.

ἀπ-αλλαγή, ῆς (ἡ), 1° séparation; délivrance || 2° départ.

ἀπ-αλλάξ, *adv.*, alternativement.

ἀπ-αλλαξείω, aspirer à la délivrance de, *gén.*

ἀπ-άλλαξις, εως (ἡ), *voir* ἀπαλλάγη.

ἀπ-αλλάσσω, *att.* ττω (*f.* ξω), 1° ÉCARTER; délivrer (ἀπό de, *gén.*) || 2° mettre fin à; quitter || 3° *intr.*, se dé-

barrasser, se tirer de, *gén.* : εὖ, κακῶς ἀπαλλάττειν, réussir, échouer.
—*Passif*, 1° être écarté; débarrassé de, *gén.* || 2° se retirer; s'en aller; mourir; ἀζήμιος ἀπαλλαχθῆναι, s'en tirer sans dommage; || 3° cesser.

ἀπ-αλλοτριόω-ῶ (*f.* ώσω), aliéner.

ἀπ-αλοάω-ῶ (*f.* ήσω), battre (le blé).

ἁπαλός, ή, όν, tendre; délicat.

ἁπαλότης, ητος (ἡ), tendreté; délicatesse.

ἁπαλο-τρεφής, ής, ές, nourri délicatement.

ἁπαλύνω (*f.* νῶ), amollir.

ἀπ-αμάω-ῶ (*f.* ήσω), couper; moissonner.

ἀπ-αμβλύνω (*f.* νῶ), émousser.

ἀπ-αμείβομαι (*f.* ψομαι), répliquer.

ἀπ-αμελέω-ῶ (*f.* ήσω), négliger totalement.

ἀπ-αμύνω (*f.* νῶ), 1° écarter. || 2° *intr.*, se défendre.

ἀπ-αν-αίνομαι (*f.* ανοῦμαι), nier, refuser.

ἀπ-αν-αισχυντέω-ῶ (*f.* ήσω) avoir dépouillé toute honte.

ἀπ-αν-αλίσκω (*f.* αλώσω), dépenser à pleines mains.

ἀπ-ανάστασις, εως (ἡ), émigration.

ἀπ-ανδρόω-ῶ (*f.* ώσω), rendre homme.

ἀπ-άνευθε (ν), 1° *adv.*, à l'écart. || 2° *prép. gén.*, sans.

ἀπ-ανθέω-ῶ (*f.* ήσω), se flétrir.

ἀπ-ανθίζω (*f.* ίσω), cueillir en fleur.

ἀπ-ανθρακίζω (*f.* ίσω), griller.

ἀπ-ανθρακόω-ῶ (*f.* ώσω), réduire en charbons.

ἀπ-ανθρωπία, ας (ἡ), misanthropie.

ἀπ-αν-ίστημι (*f.* αναστήσω, *etc.*), faire lever; faire partir. — *Aux temps intr.*, s'en aller.

ἀπ-αντάω-ῶ (*f.* ήσομαι), 1° aller au devant de, *dat.*; s'avancer. || 2° comparaître. || 3° répondre. || 4° arriver survenir : τὰ ἀπαντῶντα, les circonstances.

ἁπάντῃ, *adv.*, partout.

ἀπάντησις, εως (ἡ), 1° rencontre. || 2° réponse.

ἀπ-αντικρύ, 1° *adv.*, en face. || 2° ***prép. gén.***, en face de.

ἀπ-αντίον, *adv.*, en face.

ἀπ-αντλέω-ῶ (*f.* ήσω), épuiser; supporter.

ἀπ-ανύω (*f.* ύσω), achever.

ἅπαξ, *adv.*, une fois, en une fois.

ἀπ-άξιος, ος, ον, *gén.*, indigne de.

ἀπ-αξιόω-ῶ (*f.* ώσω) juger indigne (de, *gén*); refuser.

ἀ-παράβατος, ος, ον, qu'on ne peut franchir, transgresser.

ἀ-παραίτητος, ος, ον, inexorable; inévitable.

ἀ-παράκλητος, ος, ον, non appelé.

ἀ-παράλλακτος, ος, ον, immuable.

ἀ-παραμύθητος *et* **ἀ-παράμυθος, ος, ον,** inexorable.

ἀ-παρασκεύαστος *et* **ἀ-παράσκευος, ος, ον,** non préparé.

ἀπ-αράσσω, *att.* ττω (*f.* ξω), arracher.

ἀπ-αρέσκω (*f.* έσω), déplaire. — *Moy.*, apaiser.

ἀπ-αριθμέω-ῶ (*f.* ήσω), compter; payer.

ἀπ-αρίθμησις, εως (ἡ), compte; paiement.

ἀπ-αρκέω-ῶ (*f.* έσω), suffire.

ἀπ-αρνέομαι-οῦμαι (*f.* ήσομαι), nier; refuser.

ἄπ-αρνος, ος, ον, qui nie; refusé.

ἀπ-αρτάω-ῶ (*f.* ήσω), 1° suspendre. ‖ 2° écarter. ‖ 3° *intr.*, partir.

ἀπ-αρτί, *adv.*, précisément; au moment même.

ἀπ-αρτίζω (*f.* ίσω), ajuster; perfectionner.

ἀπ-άρτισις, εως (ἡ), ajustement; perfectionnement.

ἀπ-αρύω (*f.* ύσω), puiser; épuiser.

ἀπ-αρχή, ῆς (ἡ), prémices.

ἀπ-άρχομαι (*f.* ξομαι), offrir les prémices de, *gén.*

ἅ-πας, πασα, παν, *gén.* παντος, *etc.*, tout, tout entier.

ἀπ-ασπαίρω (*f.* αρῶ), palpiter.

ἀ-παστία, ας (ἡ), jeûne.

ἄ-παστος, ος, ον, à jeun.

ἀπ-ασχολέω-ῶ (*f.* ήσω), distraire; occuper.

ἀπατάω-ῶ (*f.* ήσω), tromper.

ἀπ-άτερθε (ν) 1° *adv.*, à l'écart. ‖ 2° *prép. gén.* à l'écart de.

ἀπάτη, ης (ἡ), tromperie.

ἀπατήλιος, ος, ον, *et* **ἀπατηλός, ή, όν,** trompeur.

ἀπάτημα, ατος (τό) tromperie.

ἀπατητικός, ή, όν, trompeur.

ἀπ-ατιμάζω (*f.* σω), et **ἀπ-ατιμάω-ῶ** (*f.* ήσω). déshonorer.

ἀ-πάτωρ, ορος (ὁ, ἡ) privé de père.

ἀπ-αυδάω-ῶ (*f.* ήσω) 1° interdire, refuser. ‖ 2° renoncer.

ἀπ-αυθαδίζομαι (*f.* ίσομαι), être arrogant.

ἀπ-αυθημερίζω (*f.* ίσω) faire le même jour la route dans les deux sens.

ἀπ-αυράω-ῶ (*impf.* ἀπηύρων), enlever; prendre une part de.

ἄ-παυστος, ος, ον, qui n'a pas de cesse.

ἀπ-αυτομολέω-ῶ (*f.* ήσω), déserter.

ἀπ-αφίσκω (*f.* αφήσω), tromper.

ἀ-πέδιλος, ος, ον, sans chaussures.

ἄ-πεδος, ος, ον, plat.

ἀπ-εθίζω (*f.* σω), déshabituer.

ἀ-πείθεια, ας (ἡ), désobéissance.

ἀ-πειθέω-ῶ (*f.* ήσω), désobéir.

ἀ-πειθής, ής, ές, désobéissant; difficile.

ἀ-πειθῶς, *adv.*, sans obéissance.

ἀπ-εικάζω (*f.* σω), 1° REPRÉSENTER. ‖ 2° assimiler. ‖ 3° conjecturer.

ἀπ-εικότως, *adv.*, invraisemblablement.

ἀπ-ειλέω-ῶ (*f.* σω), 1° MENACER. ‖ 2° acculer. ‖ 3° se vanter.

ἀπειλή, ῆς (ἡ), menace.

ἀπείλημα, ατος (τό), menace.

ἀπειλητήρ, ῆρος (ὁ), qui menace.

ἀπειλητήριος, α, ον, menaçant.

ἀπειλητικός, ή, όν, menaçant.

1. **ἄπ-ειμι** (*f.* έσομαι), être absent loin de, *gén.*

2. **ἄπ-ειμι** (*f.* ειμι), s'en aller.

ἀπ-εῖπον, *aor. 2, etc.* 1° DIRE NON; refuser; interdire : ἀπεῖπον αὐτὸν μὴ λέγειν, ils lui défendirent de parler; τὰ ἀπειρημένα, les choses défendues. ‖ 2° renoncer à, renier, *acc.* ‖ 3° *intr.*, succomber (à, *dat.*).

ἀ-πείρατος, ος, ον, 1° non essayé. || 2° qui n'a pas l'expérience de, *gén.*

ἀπ-ειργάθω comme ἀπείργω.

ἀπ-είργω (*f.* ξω), séparer; repousser, éloigner, exclure.

ἀ-πειρέσιος, α, ον, infini.

ἀ-πειρία, ας (ἡ), 1° inexpérience. || 2° infinité.

ἀ-πείριτος, ος, ον, infini.

ἀπειρό-κακος, ος, ον, sans malice; sans notion du malheur.

ἀπειρό-καλος, ος, ον, sans goût; vulgaire.

ἀπειρο-κάλως, *adv.*, grossièrement.

ἄ-πειρος, ος, ον 1° ignorant (de, *gén.*) || 2° infini.

ἀ-πείρων, ων, ον, *gén.* ονος 1° ignorant. || 2° infini.

ἀ-πείρως, *adv.*, sans expérience.

ἀπ-εκ-λανθάνομαι (*aor.* ελαθόμην), oublier.

ἀπ-ελαύνω (*f.* ελῶ, *etc.*) 1° CHASSER. || 2° détourner. || 3° emmener. || 4° *Intr.* s'en aller.

ἀπ-ελάω-ῶ, *comme* ἀπελαύνω.

ἀπ-ελέγχω (*f.* έγξω), réfuter.

ἀ-πέλεθρος, ος, ον, incommensurable. — Ἀπέλεθρον, *adv.*, à distance infinie.

ἀπ-ελευθερία, ας (ἡ), affranchissement.

ἀπ-ελεύθερος, ου (ὁ), affranchi.

ἀπ-ελευθερόω-ῶ (*f.* ώσω) affranchir.

ἀπ-ελευθέρωσις, εως (ἡ), affranchissement.

Ἀπελλῆς, οῦ (ὁ), Apelle.

ἀπ-ελπίζω (*f.* ίσω), *acc.* désespérer (de).

ἀπ-εμέω-ῶ (*f.* έσω), vomir.

ἀπ-εμπολάω-ῶ (*f.* ήσω), vendre.

ἀπ-έναντι *ou* **ἀπ-εναντίον** 1° *adv.*, en face; || 2° *prép. gén.*, en face de.

ἀπ-εννέπω, interdire, exclure.

ἀπ-εοικώς, υῖα, ός, non convenable; invraisemblable.

ἅπερ, *pl. n.* de ὅσπερ, = ὥσπερ, comme.

ἀ-πέραντος, ος, ον, sans fin; sans résultat.

ἀπ-εργάζομαι (*f.* άσομαι), achever; ἀπειργασμένος, achevé.

ἀπ-εργασία, ας (ἡ), achèvement; résultat.

ἀπ-έρδω (*f.* ξω), achever.

ἅπερ-ει, 1° *adv.*, comme; ‖ 2° *conj.* comme si.

ἀπ-ερείδω (*f.* σω), *et moyen*, appuyer; — *intr.* s'appuyer.

ἀπ-έρεισις, εως (ἡ), action d'appuyer; de s'appuyer.

ἀπ-ερημόω-ῶ (*f.* ώσω), désoler, ravager.

ἀ-περι-μερίμνως, *adv.*, sans réflexion.

ἀ-περί-οπτος, ος, ον, inconsidéré.

ἀ-περί-σκεπτος, ος, ον, irréfléchi.

ἀ-περί-σπαστος, ος, ον, qui n'est pas distrait

ἀ-περί-τροπος, ος, ον, immobile; immuable.

ἀπ-έρρω, s'en aller; ἄπερρε, va-t'en au diable.

ἀπ-ερυθριάω-ῶ (*f.* άσω), ne plus rougir.

ἀπ-ερύκω (*f.* ξω), repousser. — *Moy.* s'abstenir (de, *gén.*).

ἀπ-ερύω, (*f.* ύσω), arracher.

ἀπ-έρχομαι (*f.* ελεύσομαι, *etc.*), s'en aller.

ἀπ-ερῶ, *futur*, *voir* ἀπαγορεύω et ἀπεῖπον.

ἀπ-ερωεύς, έως (ὁ), celui qui retient.

ἀπ-ερωέω-ῶ (*f.* ήσω), se retirer.

ἀπ-εσθίω (*f.* ἔδομαι, *etc.*), manger.

ἀπ-εστώ, οῦς (ἡ), éloignement.

ἀ-πευθής, ής, ές, 1° ignoré. ‖ 2° ignorant de, *gén.*

ἀπ-ευθύνω (*f.* υνῶ), redresser; diriger; corriger.

ἀπ-ευκτός *et* **ἀπ-εύχετος, ος, ον**, détestable, maudit.

ἀπ-ευνάζω (*f.* άσω), endormir.

ἀπ-εύχομαι (*f.* ξομαι), détourner par ses vœux (*deprecari*)

ἄπ-εφθος, ος, ον, cuit; affiné par la cuisson.

ἀπ-εχθαίρω (*f.* αρῶ, *etc*), haïr; faire détester.

ἀπ-εχθάνομαι (*f.* εχθήσομαι, *etc.*), 1° être odieux. ‖ 2° *tr.* haïr; faire haïr.

ἀπ-έχθεια, ας (ἡ), haine; δι' ἀπεχθείας ἐλθεῖν τινι, devenir odieux à quelqu'un.

ἀπ-έχθημα, ατος (τό), objet de haine.

ἀπ-εχθής, ής, ές, odieux.

ἀπ-έχθομαι, *comme* ἀπεχθάνομαι.

ἀπ-εχθῶς, *adv.*, haineusement.

ἀπ-έχω (*f.* ἀφέξω, *etc.*) 1° ÉCARTER ; empêcher. || 2° recueillir. || 3° *Intr.* être éloigné, différent de : πολλὰ στάδια ἀπέχειν, être éloigné de plusieurs stades. — *Moyen.* 1° éloigner. || 2° s'abstenir de, *gén.*

ἀπ-ηλέγεως, *adv.*, sans ménagements.

ἀπ-ηλιώτης, ου (ὁ), vent d'est.

ἀ-πήμαντος, ος, ον, 1° intact. || 2° inoffensif.

ἀ-πήμων, ων, ον, *gén.* ονος 1° intact. || 2° inoffensif. || 3° propice.

ἀπήνη, ης (ἡ), 1° char. || 2° couple.

ἀπ-ηνής, ής, ές, cruel.

ἄ-πηρος, ος, ον, sans mutilation.

ἀπ-ήχημα, ατος (τό), écho.

ἀπ-ήωρος, ος, ον, suspendu.

ἀπ-ιάλλω, renvoyer.

ἀπ-ίημι, *voir* ἀφίημι.

ἀ-πίθανος, ος, ον, 1° incroyable. || 2° incrédule. || 3° qui ne persuade pas.

ἀ-πιθανότης, ητος (ἡ), invraisemblance.

ἀ-πιθάνως, *adv.*, sans vraisemblance.

ἀ-πιθέω-ῶ (*f.* ήσω), ne pas croire ; ne pas obéir à.

ἀ-πινύσσω (*f.* ξω), perdre connaissance ; perdre l'esprit.

ἄπιον, ου (τό), poire.

1. **ἄπιος**, ου (ἡ), poirier.

2. **ἄπιος**, α, ον, éloigné.

ἀπ-ιπόω-ῶ (*f.* ώσω), exprimer (un suc).

Ἆπις, ιδος *et* ιος (ὁ), Apis.

ἀπ-ισόω-ῶ (*f.* ώσω), égaler.

ἀ-πιστέω-ῶ (*f.* ήσω), 1° ne pas croire, *dat.* || 2° ne pas obéir. — *Passif*, n'être pas cru.

ἀπιστία, ας (ἡ), 1° défiance. || 2° infidélité.

ἄ-πιστος, ος, ον, 1° défiant. || 2° non digne de foi ; incroyable.

ἀ-πιστοσύνη, ης (ἡ), comme ἀπιστία.

ἀ-πίστως, *adv.*, 1° avec défiance. || 2° d'une manière non digne de foi, incroyable.

ἀπ-ισχυρίζομαι (*f.* ίσομαι), résister avec force.

ἀπ-ίσχω, *comme* ἀπέχω.

ἀ-πλανής, **ής**, **ές**, qui n'erre pas; qui ne dévie pas.

ἄ-πλαστος, non façonné; sincère.

ἄ-πλατος, **ος**, **ον**, inabordable.

ἄ-πλετος, **ος**, **ον**, immense.

ἄ-πλευστος, **ος**, **ον**, qui n'est pas navigable.

ἄ-πληκτος, **ος**, **ον**, non frappé.

ἀ-πληστία, **ας** (ἡ), insatiabilité.

ἄ-πληστος, **ος**, **ον**, insatiable.

ἀ-πλήστως, *adv.*, insatiablement.

ἄ-πλοια, **ας** (ἡ), difficulté de naviguer.

ἀ-πλοΐζομαι (*f.* σομαι), agir sans détour.

ἁπλοΐς, **ΐδος** (ἡ), simple, *adj.*

1. **ἁπλόος-οῦς**, **ῆ**, **οῦν**, simple.

2. **ἄ-πλοος-ους**, **ους**, **ουν**, impropre à la navigation.

ἁπλότης, **ητος** (ἡ), simplicité, franchise.

ἄ-πλυτος, **ος**, **ον**, non lavé.

ἁπλῶς, *adv.*, 1° simplement, franchement. || 2° en un mot : ὡς ἁπλῶς εἰπεῖν, pour être bref.

ἀ-πνευστί, *adv.*, sans souffler.

ἄ-πνευστος, **ος**, **ον**, sans souffle.

ἄ-πνοια, **ας** (ἡ), absence de souffle.

1. **ἀπό**, *adv.*, au loi.

2. — *prép. gén.*, 1° HORS de, loin de. || 2° du haut de : ἀφ' ἁρμάτων, du haut des chars. || 3° depuis : ἀπ' ἀρχῆς, depuis le commencement; ἀπὸ τούτου, depuis lors; ἀφ' οὗ, depuis que. || 4° par, au moyen de : ἀπὸ μνήμης, de mémoire. || 5° venant de, descendant de, du parti de : οἱ ἀπὸ τῆς Στοᾶς, les philosophes du Portique; οἱ ἀπὸ τοῦ Περσέως, les descendants de Persée; ἀφ' ἑαυτοῦ, de lui-même. || 6° au prix de : ἀπὸ πολλοῦ, à grand prix. || 7° sans : ἀπὸ τῶν ὅπλων, sans armes; ἀπὸ θυμοῦ, à contre-cœur; ἀπ' ἐλπίδος, sans espérance. || 8° quant à, ἀπ' ἐμοῦ, quant à moi.

ἄπο = ἀπό, *prép.*, *après le complément.*

ἀπο-αίνυμαι, enlever.

ἀπο-βάθρα, ας (ἡ), échelle de navire.

ἀπο-βαίνω (*f.* βήσομαι, *etc.*) I *Intr.*, 1° SORTIR, DESCENDRE DE; débarquer, aborder; s'en aller. || 2° devenir : πονηρότατος ἀπέβη, il devint le plus méchant des hommes. || 3° arriver; se réaliser : τὰ ἐλπιζόμενα ἀπέβη, les espérances se réalisèrent; τὰ ἀποβάντα, les résultats.

II. *Tr.*, aor. 1 ἀπέβησα, faire descendre.

ἀπο-βάλλω (*f.* βαλῶ, *etc.*) 1° jeter; rejeter. || 2° perdre. — *Moy.* dédaigner.

ἀπο-βάπτω (*f.* ψω), plonger.

ἀπό-βασις, εως (ἡ), 1° débarquement, sortie. || 2° résultat.

ἀπο-βιάζομαι (*f.* άσομαι), violenter. — *Passif,* être repoussé par la force.

ἀπο-βιβάζω (*f.* βιβάσω *att.* βιβῶ), faire descendre.

ἀπο-βλάπτω (*f.* ψω), ruiner.

ἀπο-βλαστάνω (*f.* βλαστήσω), germer.

ἀπο-βλάστημα, ατος (τό), pousse.

ἀπο-βλέπω (*f.* ψω), 1° considérer; admirer. || 2° regarder vers. || 3° concerner.

ἀπό-βλητος, ος, ον, rejeté.

ἀπο-βλίσσω, *att.* **ττω** (*f.* ίσω), extraire.

ἀπο-βλύζω (*f.* ύσω), vomir.

ἀπο-βολή, ῆς (ἡ), rejet; perte.

ἀπο-βόσκομαι, paître.

ἀπο-βουκολέω-ῶ (*f.* ήσω), détourner du troupeau; égarer.

ἀπο-βρίζω (*f.* ξω), s'endormir.

ἀπο-βώμιος, ος, ον, profane.

ἀπό-γαιος *et* **ἀπό-γειος, ος, ον,** éloigné de la terre.

ἀπο-γεισόω-ῶ (*f.* ώσω), garnir d'une corniche.

ἀπο-γεύομαι (*f.* εύσομαι), goûter de, *gén.*

ἀπο-γεφυρόω-ῶ (*f.* ώσω), abriter par une digue.

ἀπο-γίγνομαι (*f.* γενήσομαι, *etc.*), s'éloigner; s'en aller : οἱ ἀπογενόμενοι, les morts.

ἀπο-γιγνώσκω (*f* γνώσομαι, *acc.* ou *gén.*), 1°

rejeter; ne pas reconnaître. || 2° absoudre. || 3° *intr.* désespérer.

ἀπό-γνοια, ας (ἡ) désespoir.

ἀπό-γονος, ος, ον, descendant de.

ἀπο-γραφή, ῆς (ἡ), recensement.; registre.

ἀπο-γράφω (*f.* ψω), inscrire, transcrire; dénoncer. — *Moy.* 1° *mêmes sens.* || 2° se faire inscrire.

ἀπο-γυιόω-ῶ (*f.* ώσω), énerver.

ἀπο-γυμνάζω (*f.* σω), exercer.

ἀπο-γυμνόω-ῶ (*f.* ώσω), mettre à nu; dépouiller (de, *gén.*).

ἀπο-δαίομαι (*f.* δάσομαι) partager; séparer.

ἀπο-δάκνω (*f.* δήξομαι), mordre.

ἀπο-δακρύω (*f.* ύσω), pleurer; faire pleurer.

ἀπο-δασμός, οῦ (ὁ), partage; division.

ἀπο-δειδίσσομαι, effrayer.

ἀπο-δείκνυμι (*f.* δείξω, *etc.*) 1° MONTRER; démontrer; indiquer. || 2° désigner; déclarer. || 3° faire devenir: ἀποδεικνύναι τινὰ εὐδαίμονα, rendre quelqu'un heureux; accomplir. — *Moyen, mêmes sens.*

ἀπο-δειλιάω-ῶ (*f.* άσω), avoir peur.

ἀπό-δειξις, εως (ἡ), preuve; publication; démonstration.

ἀπο-δειρο-τομέω-ῶ (*f.* ήσω), décapiter.

ἀπό-δερμα, ατος (τό), dépouille.

ἀπο-δέρω (*f.* δερῶ), écorcher.

ἀπο-δέχομαι (*f.* δέξομαι), RECEVOIR; admettre; comprendre.

1. **ἀπο-δέω** (*f.* δήσω), lier.

2. **ἀπο-δέω** (*f.* δεήσω), rester au-dessous de; οὐ πολλοῦ ἀποδεῖ (*imp.*), peu s'en faut; τοσούτου ἀποδέω τοῦ λέγειν, tant s'en faut que je parle.

ἀπο-δηλόω-ῶ (*f.* ώσω), dévoiler.

ἀπο-δημέω-ῶ (*f.* ήσω), voyager à l'étranger.

ἀπο-δημητής, οῦ (ὁ), voyageur à l'étranger.

ἀπο-δημία, ας (ἡ), voyage à l'étranger.

ἀπό-δημος, ος, ον, qui voyage à l'étranger.

ἀπο-διαιτάω-ῶ (*f.* ήσω), prononcer (τι) comme arbitre en faveur de quelqu'un (τινος).

ἀπο-διατρίβω (*f.* ψω), mal employer.

ἀπο-διδράσκω (*f.* δράσομαι, *etc.*), s'enfuir (en cachette).

ἀπο-δίδωμι (*f.* δώσω, *etc.*), 1° RENDRE; remettre : ἀποδιδόναι λόγον, rendre compte. ‖ 2° accorder; attribuer. ‖ 3° faire devenir, μετριώτερος ἀποδοθῆ. il devint plus modéré ‖ 4° expliquer ‖ 5° *Moy. particulièrement :* vendre.

ἀπο-δικάζω (*f.* άσω). acquitter.

ἀπο-δικέω-ῶ (*f.* ήσω), se défendre devant les juges.

ἀπο-δινέω-ῶ (*f.* ήσω). battre (le blé).

ἀπο-δίομαι, refouler.

ἀπο-διορίζω (*f.* ισω), séparer par une limite.

ἀπο-διώκω (*f.* ξω), chasser; bannir.

ἀπο-δοκεῖ (*f.* δόξει), *impers.*, il ne paraît pas bon.

ἀπο-δοκιμάζω (*f.* άσω), rejeter comme indigne.

ἀπό-δοσις, εως (ἡ), 1° restitution. ‖ 2° explication.

ἀπο-δοχή, ῆς (ἡ), recouvrement; approbation.

ἀπο-δοχμόω-ῶ (*f.* ώσω), faire pencher d'un côté.

ἀπό-δρασις, εως (ἡ), fuite.

ἀπο-δρύπτω (*f.* ψω), déchirer.

ἀπο-δρύφω, *même sens.*

ἀπο-δύνω, *comme* ἀποδύω.

ἀπ-οδύρομαι (*f.* οῦμαι), se lamenter.

ἀπο-δυτήριον, ου (τό), vestiaire.

ἀπο-δύω (*f.* ύσω). dévêtir; — *intr. et moyen,* se dévêtir.

ἀπο-είκω (*f.* ξω), s'éloigner de, *gén.*

ἀπο-εργάθω, ἀπο-έργω, *comme* ἀπείργω.

ἀπό-ερσε, 3° *pers. aor. homér.*, arracher.

ἀπο-ζάω-ῶ (*f.* ήσω, *etc.*), vivre (ne pas mourir).

ἀπο-ζεύγνυμι (*f.* ζεύξω), détacher; disjoindre.

ἀπ-όζω (*f.* οζήσω), dégager une odeur.

ἀπο-θαρρέω-ῶ (*f.* ήσω), prendre courage.

ἀπο-θαυμάζω (*f.* άσω), admirer.

ἄποθεν comme ἄπωθεν.

ἀπό-θεσις, εως (ἡ), mise en réserve; abandon.

ἀπό θεστος, ος, ον, détestable.

ἀπό-θετος, ος, ον, mis en réserve.
ἀπο-θέω (*f.* θεύσομαι), courir en s'éloignant.
ἀπο-θήκη, ης (ἡ), réserve; grenier.
ἀπο-θηριόω-ῶ (*f.* ώσω), rendre sauvage; exaspérer.
ἀπο-θλίβω (*f.* ψω), exprimer (un suc); faire sortir de.
ἀπο-θνῄσκω (*f.* θανοῦμαι, *etc.*), mourir.
ἀπο-θρασύνομαι (*f.* νοῦμαι), s'enhardir.
ἀπο-θραύω (*f.* σω), briser.
ἀπο-θρύπτω (*f.* ψω), briser; efféminer.
ἀπο-θρῴσκω (*f.* θοροῦμαι, *etc.*), s'élancer (de, *gén.*).
ἀπό-θυμος, ος, ον, sans courage; indolent.
ἀπο-θύω (*f.* ύσω), sacrifier :
ἀ-ποίητος, ος, ον, non fait; non achevé.
ἀπ-οικέω-ῶ (*f.* ήσω), partir en émigration; habiter loin.
ἀπ-οικία, ας (ἡ), émigration; colonie.
ἀπ-οικίζω (*f.* ίσω), envoyer en colonie.
ἀπ-οικίς, ίδος (ἡ), colonie.
ἀπ-οικοδομέω-ῶ (*f.* ήσω), boucher par des constructions.
ἄπ-οικος, ος, ον, éloigné de son pays; colon.
ἀπ-οικτίζομαι (*f.* ίσομαι), déplorer.
ἀπ-οιμώζω (*f.* μώξομαι), déplorer.
ἄ-ποινα, ων (τά), rançon.
ἀ-ποινάω-ῶ (*f.* ήσω), rançonner.
ἀπ-οίχομαι (*f.* οιχήσομαι), s'en aller; disparaître; mourir:
ἀπο-καθαίρω (*f.* αρῶ), purifier; nettoyer.
ἀπο-κάθαρσις, εως (ἡ), purification; expiation.
ἀπο-κάθημαι, être assis à l'écart.
ἀπο-καθ-ίστημι (*f.* καταστήσω, *etc.*), rétablir; rendre. — *Moy. et intr.*, se rétablir.
ἀπο-καίνυμαι, surpasser.
ἀπο-καίριος, ος, ον, qui vient à contre-temps.
ἀπο-καίω (*f.* καύσω), brûler.
ἀπο-καλέω-ῶ (*f.* έσω), rappeler; appeler individuellement; surnommer.
ἀπο-καλύπτω (*f.* ψω),

découvrir. — *Moyen*, se découvrir.
ἀπο-κάλυψις, εως (ἡ), révélation.
ἀπο-κάμνω (*f.* καμοῦμαι), être las; renoncer.
ἀπο-κάμπτω (*f.* ψω), se détourner.
ἀπο-κατάστασις, εως (ἡ), rétablissement.
ἀπο-καυλίζω (*f.* ίσω), couper (par la tige).
ἀπό-κειμαι (*f.* κείσομαι), être mis de côté; être reservé à.
ἀπο-κείρω (*f.* κερῶ), couper; raser.
ἀπο-κεκαλυμμένως, *adv.*, à découvert.
ἀπο-κερδαίνω (*f.* κερδανῶ), profiter de, *gén.*
ἀπο-κεφαλίζω (*f.* σω), décapiter.
ἀπο-κηδεύω (*f.* σω), avoir fini les pleurs funèbres.
ἀπο-κηδέω-ῶ (*f.* ήσω), être sans souci.
ἀπο-κηρύσσω, *att.* ττω (*f.* ξω), interdire par la voix du héraut; deshériter.
ἀπο-κινδύνευσις, εως (ἡ), tentative dangereuse.
ἀπο-κινδυνεύω (*f.* εύσω), risquer; se risquer.
ἀπο-κινέω-ῶ (*f.* ήσω), écarter.
ἀπό-κινος, ου (ὁ), fuite.
ἀπο-κλάζω (*f.* κλάγξω), crier.
ἀπο-κλαίω, *att.* κλάω (*f.* κλαύσομαι), pleurer. *Moy.* déplorer.
ἀπό-κλεισις, εως (ἡ), exclusion.
ἀπο-κλείω (*f.* σω), exclure.
ἀπο-κληρόω-ῶ (*f.* ώσω), tirer au sort.
ἀπο-κλήρωσις, εως (ἡ), tirage au sort.
ἀπο-κλίνω (*f.* νῶ), pencher, incliner, détourner. — *Intr.* incliner, tourner à.
ἀπό-κλισις, εως (ἡ), inclinaison.
ἀπο-κλύζω (*f.* σω), laver.
ἀπο-κναίω (*f.* σω), 1° écorcher. ‖ 2° chagriner. ‖ 3° épuiser.
ἀποκνέω-ῶ (*f.* ήσω), hésiter; ne pas faire par crainte.
ἀπ-όκνησις, εως (ἡ), hésitation.
ἀπο-κοιμάομαι-ῶμαι (*f.* ήσομαι), 1° coucher hors de chez soi. ‖ 2° immoler.
ἀπο-κοιτέω-ῶ (*f.* ήσω), découcher.

ἀπό-κοιτος, ος, ον, qui découche.

ἀπο-κολυμβάω-ῶ (*f.* ήσω), se sauver à la nage.

ἀπο-κομιδή, ῆς (ἡ), retour, rentrée.

ἀπο-κομίζω (*f.* ίσω), 1° porter. || 2° ramener. || 3° *Passif*, revenir.

ἀπο-κοπή, ῆς (ἡ), retranchement; abolition.

ἀπο-κόπτω (*f.* ψω), couper. — *Moy.* déplorer (en se frappant la poitrine).

ἀπο-κοσμέω-ῶ (*f.* ήσω), enlever (en dérangeant)

ἀπο-κοτταβίζω (*f.* ίσω), projeter un liquide (comme au jeu du *cottabe*).

ἀπο-κουφίζω (*f.* ίσω), alléger.

ἀπο-κρατέω-ῶ (*f.* ήσω), surpasser.

ἀπο-κρεμάννυμι (*f.* κρεμάσω), suspendre; laisser pendre.

ἀπό-κρημνος, ος, ον, escarpé; ardu.

ἀπό-κριμα, ατος (τό), sentence.

ἀπο-κρίνω (*f.* κρινῶ), 1° SÉPARER; choisir. || 2° condamner; déposséder de. || 3° réduire à. — *Moyen.* RÉPONDRE. Τὰ ἀποκεκριμένα, les réponses.

ἀπό-κρισις, εως (ἡ), choix; réponse.

ἀπό-κροτος, ος, ον, escarpé.

ἀπο-κρούω (*f.* σω), repousser.

ἀπο-κρύπτω (*f.* ψω), cacher, dissimuler.

ἀπό-κρυφος, ος, ον, caché.

ἀπο-κτείνω (*f.* κτενῶ, *etc.*), tuer.

ἀπο-κτίννυμι, *même sens.*

ἀπο-κυέω-ῶ, mettre au monde.

ἀπο-κωκύω (*f.* ύσω), déplorer en se lamentant.

ἀπο-κωλύω (*f.* ύσω), empêcher.

ἀπο-λαγχάνω (*f.* λήξομαι), 1° obtenir. || 2° ne pas obtenir.

ἀπο-λακτίζω (*f.* ίσω), regimber contre, *acc.*

ἀπο-λαμβάνω (*f.* λήψομαι, *etc.*). 1° PRENDRE; reprendre. || 2° prendre à part. || 3° surprendre.

ἀπο-λαμπρύνομαι (*f.* πρυνθήσομαι) *passif.*, être rendu brillant.

ἀπο-λάμπω (*f.* ψω), briller.

ἀπό-λαυσις, εως (ἡ), jouissance.

ἀπο-λαύω (*f.* λαύσομαι), jouir, profiter de *gén.*

ἀπο-λέγω (*f.* λέξω), 1° choisir. ‖ 2° refuser. — *Moy.* abandonner.

ἀπο-λείϐομαι (*f.* ψομαι), distiller.

ἀπο-λείπω (*f.* λείψω, *etc.*), I. *Tr.* 1° LAISSER; omettre.‖ 2° laisser par héritage.‖ 3° surpasser. — *Intr.*, 1° manquer, s'en falloir : ἀπὸ τρίων ἡμερῶν ἀπέλιπον τρεῖς ἐνιαυτούς, il m'a manqué trois jours pour faire trois ans; μικρὸν ἀπελίπομεν τὸ μὴ νικᾶσθαι, nous avons failli être battus. ‖ 2° se décourager.
II. *Moyen.* 1° laisser après soi.
III. *Passif.* 1° être laissé. ‖ 2° être distancé. ‖ 3° être éloigné de, manquer de, *gén.* : οἱ παιδείας ἀπολελειμμένοι, ceux qui sont dénués d'instruction.

ἀπό-λειψις, εως (ἡ), abandon; manque.

ἀπό-λεκτος, ος, ον, choisi.

ἀ-πόλεμος, ος, ον, non belliqueux. ‖ 2° qu'on ne peut vaincre. ‖ 3° qui n'est pas une guerre.

ἀπο-λέπω (*f.* λέψω), peler.

ἀπο-λήγω (*f.* λήξω), cesser, *gén.*

ἀπο-ληρέω-ῶ (*f.* ήσω), bavarder.

ἀπό-ληψις, εως (ἡ), arrêt.

ἄπο-λις, ις, ι 1° sans patrie. ‖ 2° qui n'est plus une cité.

ἀπ-ολισθάνω (*f.* ολισθήσω, *etc.*), glisser.

ἀπο-λιταργίζω (*f.* σω), décamper.

ἀπο-λιχμάομαι-ῶμαι (*f.* ήσομαι), lécher.

ἀπ-όλλυμι (*f.* ολέσω) *etc.*, 1° faire périr. ‖ 2° perdre. — *Moy.* 1° périr. ‖ 2° être perdu. **Ἀπόλωλα** (*pf. 2*), je suis perdu.

ἀπ-ολλύω *comme* ἀπόλλυμι.

Ἀπόλλων, ωνος (ὁ), Apollon, *fils de Zeus et de Léto.*

ἀπο-λογέομαι-οῦμαι (*f.* ήσομαι), 1° se défendre ; se justifier. ‖ 2° défendre.

ἀπο-λογία, ας (ἡ), défense; apologie.

ἀπο-λογίζομαι (*f.* ίσομαι), faire *ou* rendre ses comptes; calculer; expliquer.

ἀπο-λογισμός, οῦ (ὁ), calcul; compte; explication.

ἀπό-λογος, ου (ὁ), récit; fable.

ἀπο-λούω (*f.* λούσω), effacer en lavant. — *Moy.*, se laver.

ἀπ-ολοφύρομαι (*f.* οῦμαι), déplorer.

ἀπο-λυμαίνομαι (*f.* οῦμαι), se laver de ses souillures.

ἀπο-λυμαντήρ, ῆρος (ὁ), dévastateur.

ἀπό-λυσις, εως (ἡ), délivrance; acquittement.

ἀπο-λυτικῶς, *adv.*, avec tendance à acquitter.

ἀπο-λυτρόω-ῶ (*f.* ώσω), délivrer moyennant une rançon.

ἀπο-λύτρωσις, εως (ἡ), rachat moyennant rançon.

ἀπο-λύω (*f.* λύσω), 1° DÉLIER; délivrer; affranchir. ‖ 2° acquitter. ‖ 3° congédier. — *Moyen*, 1° dissiper en se disculpant. ‖ 2° *intr.*, s'en aller.

ἀπο-λωβάω-ῶ (*f.* ήσω), outrager.

ἀπο-λωτίζω (*f.* σω), déflorer.

ἀπο-μανθάνω (*f.* μαθήσομαι, *etc.*), désapprendre.

ἀπο-μαντεύομαι (*f.* εύσομαι), prophétiser.

ἀπο-μαραίνομαι *pass.* (*f.* μαρανθήσομαι), être flétri; dépérir.

ἀπο-μαρτύρομαι (*f.* οῦμαι), attester.

ἀπο-μάσσω, *att.* ττω (*f.* ξω), frotter; essuyer. — *Moy.*, prendre modèle sur.

ἀπο-μαστιγόω-ῶ (*f.* ώσω), fouetter fort.

ἀπο-μάχομαι (*f.* έσομαι), combattre contre; refuser de.

ἀπό-μαχος, ος, ον, hors de combat; qui ne sait pas combattre.

ἀπο-μερίζω (*f.* σω), partager; distinguer.

ἀπο-μερμηρίζω (*f.* ίσω), être sans inquiétude.

ἀπο-μεστόω-ῶ (*f.* ώσω), remplir.

ἀπο-μετρέω-ῶ (*f.* ήσω), distribuer.

ἀπο-μηκύνω (*f.* νῶ), allonger.

ἀπο-μηνίω (*f.* ίσω), en vouloir à.

ἀπο-μιμέομαι-οῦμαι (*f.* ήσομαι), imiter.

ἀπο-μιμνήσκομαι (*f.* μνήσομαι), se ressouvenir.

ἀπό-μισθος, ος, ον, non payé; hors de solde.

ἀπο-μισθόω-ῶ (*f.* ωσω), confier pour un salaire.

Ἀπομνημονεύματα (τά), les *Mémorables* (de Xénophon).

ἀπομνημονεύω (*f.* σω), 1° rappeler. ‖ 2° se rappeler.

ἀπο-μνησικακέω-ῶ (*f.* ήσω) en vouloir à.

ἀπ-όμνυμι (*f.* ομοῦμαι, dire non avec serment. — *Moy.*, renoncer à; abdiquer, *acc.*

ἀπ-ομνύω, *même sens.*

ἀπ-ομόργνυμι (*f.* όρξω), *ac if et moyen*, essuyer.

ἀπο-μυθέομαι-οῦμαι (*f.* ήσομαι), déconseiller.

ἀπο-μύσσω, *att.* **ττω**, moucher. — *Moy.*, se moucher.

ἀπόναιο, *opt. aor. 2* de ἀπόνινημι : puisses-tu jouir.

ἀπο-ναίω, transporter ailleurs. — *Moy.*, ἀπε-νάσσατο, il se transporta.

ἀπο-νέμω (*f.* νεμῶ) attribuer. — *Moy.*, s'attribuer.

ἀπο-νενοημένως, *adv.* désespérément.

ἀπο-νέομαι, s'en aller.

ἀ-πόνητος, ος, ον, aisé.

ἀ-πονία, ας (ἡ), manque d'effort.

ἀπο-νίζω *et* **ἀπο-νίπτω** (*f.* ψω) *et moy.*, laver.

ἀπ-ονίναμαι (*f.* ονήσομαι, *etc.*), jouir de, *gén.*

ἀπο-νοέομαι-οῦμαι (*f.* ήσομαι), désesperer.

ἀπό-νοια, ας (ἡ), désespoir; fureur.

ἄ-πονος, ος, ον, qui ne donne *ou* ne se donne pas de peine.

ἀπο-νοστέω-ῶ (*f.* ήσω), revenir chez soi.

ἀπο-νόσφι (ν), *adv.*, à l'écart; — *prép.*, à l'écart de, *gén.*

ἀπο-νοσφίζω (*f.* ίσω), tenir à l'écart; priver de, *gén.*

ἀ-πόνως, *adv.*, sans peine.

ἀπό-ξενος, ος, ον, 1° inhospitalier. ‖ 2° banni.

ἀπο-ξενόω-ῶ (*f.* ώσω), bannir.

ἀπο-ξέω (*f.* ξέσω), gratter.

ἀπο-ξηραίνω (*f.* ανῶ), secher, dessécher.

ἀπο-ξυρέω-ῶ (*f.* ήσω), tondre; raser.

ἀπο-ξύω (*f.* ύσω), racler.
ἀπο-παπταίνω (*f.* ανῶ), jeter les yeux derrière soi (*pour fuir*).
ἀπο-παύω (*f.* σω), *acc.* ou *gén.*, faire cesser. — *Moy.*, cesser, *gén.*
ἀπό-πειρα, ας, (ἡ), épreuve.
ἀπο-πειράομαι-ῶμαι (*f.* άσομαι), éprouver, *gén.*
ἀπο-πέμπω (*f.* ψω), renvoyer. — *Moy.*, repousser, répudier.
ἀπό-πεμψις, εως (ἡ), renvoi.
ἀπο-πέτομαι (*f.* πτήσομαι, *etc.*), s'envoler.
ἀπο-πεφασμένως, *adv.*, ouvertement.
ἀπο-πήγνυμι (*f.* πήξω), condenser en glace.
ἀπο-πηδάω-ῶ (*f.* ήσω), sauter à bas; fuir loin de, *gén.*
ἀπο-πίμπλημι (*f.* πλήσω, *etc.*), emplir à fond; accomplir.
ἀπο-πίνω (*f.* πίομαι), boire.
ἀπο-πίπτω (*f.* πεσοῦμαι), tomber de, *gén.*
ἀπο-πλάζω (*f.* πλάγξω), égarer; écarter de.
ἀπο-πλανάω-ῶ (*f.* ήσω), *même sens.* — *Moy.*, dévier.
ἀπο-πλέω (*f.* πλεύσομαι), s'éloigner à la voile.
ἀπό-πληκτος, ος, ον, stupide.
ἀπο-πληρόω-ῶ (*f.* ώσω), remplir; assouvir.
ἀπο-πλήσσω, *att.* **ττω**, stupéfier.
ἀπο-πλίσσομαι, *att.* **ττομαι**, s'esquiver à toute allure.
ἀπό-πλοος-ους, ου (ὁ), voyage par eau.
ἀπο-πλύνω (*f.* νῶ), laver.
ἀπο-πλώω (*f.* ώσω), *comme* ἀποπλέω.
ἀπο-πνέω (*f.* πνεύσομαι), *tr. et intr.* souffler.
ἀπο-πνίγω (*f.* πνίξω), étouffer.
ἀπο-πολεμέω-ῶ (*f.* ήσω), combattre du haut de, *gén.*
ἀπό-πολις, ις, ι, banni.
ἀπο-πορεύομαι (*f.* εύσομαι), se retirer.
ἀπο-πρίω (*f.* ίσω), scier.
ἀπο-πρό, *adv.*, loin. — *Prép. gén.*, loin de.
ἀπο-προ-αιρέω-ῶ (*f.* ήσω, *etc.*), *gén.*, prendre une part de.
ἀπό-προθε (ν), *adv.*, de loin en avant.
ἀπό-προθι, *adv.*, au loin devant.
ἀπο-προ-ΐημι (*f.* προ-

ήσω, *etc.*), lancer au loin.

ἀπο-προ-τέμνω (*f.* τεμῶ. *etc.*), tailler une tranche de, *gén.*

ἄπ-οπτος, ος, ον, vu de loin; hors de vue.

ἀπό-πτυστος, ος, ον, craché; détestable.

ἀπο-πτύω (*f.* πτύσω), cracher; rejeter avec dégoût.

ἀπο-πυνθάνομαι (*f.* πεύσομαι), s'informer.

ἀ-πορέω-ῶ (*f.* ήσω), être dans l'embarras, ne pas savoir. ‖ 2° manquer de, *gén.*

— *Moyen*, être dans l'embarras

— *Passif*, être contesté

ἀ-πόρθητος, ος, ον, non ravagé.

ἀ-πορθόω-ῶ (*f.* ώσω), redresser.

ἀ-πορία, ας (ἡ), embarras; privation de.

ἀπ-όρνυμαι, se mettre en route.

ἄ-πορος, ος, ον 1° impraticable (*chose*). ‖ 2° embarrassé (*personne*)

ἀπ-ορούω (*f.* σω), s'élancer.

ἀπο-ρρᾳθυμέω-ῶ (*f* ήσω), être indolent; être négligent de *gén.*

ἀπο-ρραίνω (*f.* ανῶ), inonder.

ἀπο-ρραίω (*f.* σω), arracher de force.

ἀπο-ρράπτω (*f.* ψω), coudre.

ἀπο-ρρέω (*f.* ρεύσομαι, *etc.*), 1° s'écouler; tomber de. ‖ 2° s'en aller.

ἀπο-ρρήγνυμι (*f.* ῥήξω, *etc.*), rompre; séparer violemment.

ἀπόρ-ρησις, εως (ἡ), interdiction; refus.

ἀπόρ-ρητος, ος, ον, 1° défendu; secret; τὰ ἀπόρρητα, les mystères. ‖ 2° qu'on ne peut dire; abominable.

ἀπορ-ριγέω (*f.* ήσω), frissonner.

ἀπο-ρρίπτω (*f.* ῥίψω), jeter au loin; repousser avec mépris.

ἀπορ-ροή, ῆς (ἡ), écoulement.

ἀπόρ-ροια, ας (ἡ), *même sens.*

ἀπορ-ροιβδέω-ῶ (*f.* ήσω), lancer bruyamment.

ἀπορ-ρώξ, ῶγος, escarpé. Ἡ ἀπορρώξ, rocher abrupt; parcelle; émanation.

ἀπ-ορφανίζομαι (*f.* ίσομαι), devenir orphelin.

ἀπ-ορχέομαι-οῦμαι (*f.* ήσομαι), perdre en dansant.

ἀ-πόρως, *adv.*, difficilement.

ἀπο-σαλεύω (*f.* σω), se tenir au large, au loin.

ἀπο-σαφέω-ῶ (*f.* ήσω), éclairer; expliquer.

ἀπο-σβέννυμι (*f.* σβέσω. *etc.*), éteindre, tarir.

ἀπο-σείω (*f.* σείσω), secouer; culbuter.

ἀπο-σεμνύνω (*f.* νῶ), rendre imposant.

ἀπο-σεύομαι, rejeter dehors. — *Passif*, s'élancer hors de.

ἀπο-σημαίνω (*f.* ανῶ), annoncer; indiquer; faire allusion. — *Moyen*, sceller; confisquer.

ἀπο-σήπω (*f.* ψω), putréfier.

ἀπο-σιμόω-ῶ (*f.* ώσω), rendre camard; faire virer (un navire).

ἀπο-σιωπάω-ῶ (*f.* ήσομαι), 1° se taire. ‖ 2° *tr.*, taire.

ἀπο-σκάπτω (*f.* ψω), creuser.

ἀπο-σκεδάννυμι (*f.* σκεδάσω, *etc.*), disperser, écarter.

ἀπο-σκευάζω (*f.* σω), démolir. — *Moyen*, se défaire de, *acc.*

ἀπο-σκιάζω (*f.* άσω), omb ag r.

ἀπο-σκίδναμαι, se disperser.

ἀπο-σκοπέω-ῶ (*f.* ήσω), considérer de loin.

ἀπο-σκυδμαίνω (*f.* ανῶ), être furieux contre, *dat.*

ἀπο-σκυλεύω (*f.* εύσω), dépouiller.

ἀπο-σκώπτω (*f.* ψω), railler.

ἀπο-σμύττω (*f.* ξω), consumer.

ἀπο-σοβέω-ῶ (*f.* ήσω), 1° chasser. ‖ 2° *intr.*, partir précipitamment.

ἀπο-σπαράσσω *att.* **ττω** (*f.* ξω), arracher.

ἀπό-σπασμα, ατος (τό), fragment.

ἀπο-σπάω-ῶ (*f.* σπάσω), 1° arracher. ‖ 2° *intr.*, se détacher de, *gén.*

ἀπο-σπένδω (*f.* σπείσω), répandre (des libations).

ἀπο-σπεύδω (*f.* σπεύσω), détourner.

ἀπο-σποδέω-ῶ (*f.* ήσω), user complètement.

ἀπο-σταδά *et* **ἀποσταδόν**, *adv.*, de loin.

ἀπο-στάζω (*f.* ξω), 1° égoutter. ‖ 2° *intr.*, dégoutter.

ἀπο-στασίον, ου (τό), abandon; divorce.

ἀπό-στασις, εως (ἡ), 1° séparation; abandon; révolte. ‖ 2° distance.

ἀπο-στατέω-ῶ (*f.* ήσω), 1° s'éloigner de, *gén.* ‖ 2° être absent.

ἀπο-στάτης, ου (ὁ), fugitif; rebelle.

ἀπο-σταυρόω-ῶ (*f.* ώσω), clore d'une palissade.

ἀπο-στεγάζω (*f.* σω), enlever le toit.

ἀπο-στέγω (*f.* ξω), couvrir; protéger.

ἀπο-στείχω (*f.* ξω), se retirer.

ἀπο-στέλλω (*f.* στελῶ, *etc.*), 1° ENVOYER. ‖ 2° renvoyer; refouler.

ἀπο-στερέω-ῶ (*f.* ήσω), priver (*acc.*), de (*gén.*).

ἀπο-στέρησις, εως (ἡ), privation; spoliation.

ἀπο-στερίσκω, *comme* ἀποστερέω.

ἀπο-στίλϐω (*f.* ψω), briller.

ἀπο-στλεγγίζω (*f.* ίσω), frictionner.

ἀπο-στολεύς, έως (ὁ), intendant de marine.

ἀπο-στολή, ῆς (ἡ), envoi; mission.

ἀπό-στολος, ος, ον, envoyé. — *Nom* (ὁ) 1° envoyé, apôtre. ‖ 2° expédition navale.

ἀπο-στοματίζω (*f.* ίσω), réciter à haute voix.

ἀπο-στράτηγος, ου (ὁ), ancien stratège.

ἀπο-στρατοπεδεύομαι (*f.* σομαι), camper à distance (de *gén.*).

ἀπο-στρέφω (*f.* ψω), 1° DÉTOURNER : faire retourner. ‖ 2° repousser. ‖ 3° *intr.*, se détourner de (*gén.*).
—*Passif, sens de l'actif*; s'en aller.

ἀπο-στροφή, ῆς (ἡ), 1° action de détourner. ‖ 2° de se détourner; répulsion. ‖ 3° recours (*gén.*, contre).

ἀπό-στροφος, ος, ον, 1° qui se détourne. ‖ 2° odieux.

ἀπο-στυγέω-ῶ (*f.* ήσω), détester.

ἀπο-στυφελίζω (*f.* ξω), repousser avec grande violence.

ἀπο-συλάω-ῶ (*f.* ήσω), dépouiller (de, *gén.*).

ἀπο-σύρω (*f.* ρῶ), écorcher; arracher.

ἀπο-σφάζω (*f.* ξω), égorger.

ἀπο-σφακελίζω (*f.* ίσω), se gangrener.

ἀπο-σφάλλω (*f.* λῶ), 1° faire glisser ; égarer. || 2° décevoir.

ἀπο-σφάττω (*f.* ξω), *comme* ἀποσφάζω.

ἀπο-σφίγγω (*f.* σφίγξω), serrer.

ἀπο-σφραγίζω (*f.* ίσω), sceller.

ἀπο-σχίζω (*f.* ίσω), fendre ; couper ; séparer.

— *Moy.*, se séparer.

ἀπο-σχοινίζω (*f.* ίσω), séparer (par une corde).

ἀπο-σχολάζω (*f.* άσω), occuper ses loisirs à.

ἀποσῴζω (*f.* σω), 1° sauver. || 2° *intr.*, demeurer intact.

ἀπό-τακτος, ος, ον, mis en réserve.

ἀπο-τάσσω *att.* **ττω,** séparer ; assigner.

ἀπο-ταφρεύω (*f.* σω), garnir d'une tranchée.

ἀπο-τείνω (*f.* τενῶ), étendre ; — *intr.*, s'étendre, continuer à.

ἀπο-τειχίζω (*f.* ίσω), fortifier *ou* bloquer par un mur.

ἀπο-τείχισις, εως (ἡ), fortification.

ἀπο-τείχισμα, ατος (τό), mur de blocus.

ἀπο-τελευτάω-ῶ, aboutir.

ἀπο-τελέω-ῶ (*f.* έσω), 1° ACHEVER. || 2° faire ; rendre. || 3° payer.

ἀπο-τέμνω (*f.* τεμῶ), COUPER ; séparer. — *Moy.*, 1° s'approprier. || 2° consacrer.

ἀπο-τήκω (*f.* τήξω), liquéfier, fondre.

ἀπο-τηλοῦ, *adv.*, loin.

ἀπο-τίθημι (*f.* θήσω, *etc.*), *act.* et *moy.*, 1° DÉPOSER. || 2° mettre en réserve. || 3° différer.

ἀπο-τίκτω (*f.* τέξομαι), enfanter.

ἀπο-τίλλω (*f.* τιλῶ), arracher les poils.

ἀπο-τιμάω-ῶ (*f.* ήσω), mépriser. — *Moy.*, évaluer ; hypothéquer.

ἀπό-τιμος, ος, ον, non estimé.

ἀπο-τινάσσω *att.* **ττω** (*f.* ξω), secouer.

ἀπο-τίνυμαι, faire expier.

ἀπο-τίνω (*f.* τίσω), payer. — *Moyen*, venger.

ἀπο-τμήγω (*f.* ξω), couper ; isoler.

ἄ-ποτμος, ος, ον, infortuné.

ἀπο-τολμάω-ῶ (*f.* ήσω), oser.

ἀπο-τομή, ῆς (ἡ), coupure.

ἀπο-τομία, ας (ἡ), rigueur.

ἀπό-τομος, ος, ον, 1° escarpé. ‖ 2° rigoureux.

ἀπο-τόμως, *adv.*, rigoureusement.

ἀπο-τοξεύω (*f.* εύσω), décocher.

ἄ-ποτος, qui *ou* qu'on ne boit pas.

ἀπο-τρέπω (*f.* ψω), détourner. — *Moyen.* 1° détourner de soi; se détourner.‖ 2° cesser.

ἀπο-τρέχω (*f.* δραμοῦμαι, *etc.*), s'éloigner en courant.

ἀπο-τρίβω (*f.* ψω), frotter; user. — *Moy.*, effacer.

ἀπο-τρόπαιος, ος, ον, 1° tutélaire. ‖ 2° abominable.

ἀπο-τροπή, ῆς (ἡ), action de détourner; d'empêcher.

ἀπό-τροπος, ος, ον, 1° qui détourne. ‖ 2° qui se détourne. ‖ 3° abominable.

ἀπό-τροφος, ος, ον, nourri loin des siens.

ἀπο-τρύω (*f.* ύσω), fatiguer; user.

ἀπο-τρώγω (*f.* τρώξομαι), ronger.

ἀπο-τρωπάω-ῶ, *comme* ἀποτρέπω.

ἀπο-τυγχάνω (*f.* τεύξομαι, *etc.*), manquer, perdre, *gén.*, ‖ 2° échouer.

ἀπ-τυμπανίζω (*f.* σω), assommer à coups de bâton.

ἀπ-τύπτομαι (*f.* τύψομαι), cesser de se frapper la poitrine (de se lamenter).

ἀπ-ούρας, *part. aor. de* ἀπαυράω.

ἀπ-ουρίζω (*f.* ίσω), prendre (sur les bornes d'une terre).

ἄπ-ουρος, ος, ον, banni (de, *gén.*).

ἄπους, ους, ουν, *gén.* οδος, sans pieds.

ἀπ-ουσία, ας, (ἡ), absence; privation.

ἀπο-φαίνω (*f.* φανῶ, *etc.*), 1° FAIRE VOIR; montrer; déclarer. ‖ 2° rendre (tel ou tel). — *Moyen*, 1° produire; faire connaître. ‖ 2° *intr.*, se montrer.

ἀπό-φασις, εως (ἡ), 1° déclaration; sentence. ‖ 2° négation.

ἀπο-φέρβομαι, se repaître de, *acc.*

ἀπο-φέρω (*f.* ἀποίσω, *etc.*), 1° EMPORTER;

apporter; porter. ‖ 2° payer; rendre compte. ‖ 3° *intr.*, s'en aller : ἀπόφερε, va-t'en.
— *Moyen*, obtenir.

ἀπο-φεύγω (*f.* φεύξομαι, *etc.*), 1° échapper à, *acc.* ‖ 2° (δικην), être absous.

ἀπό-φευξις, εως (ἡ), action d'échapper; acquittement.

ἀπό-φημι (*f.* φήσω), 1° dire non; refuser. ‖ 2° affirmer hautement.

ἀπο-φθέγγομαι (*f.* φθέγξομαι), faire entendre hautement.

ἀπό-φθεγκτος, ος, ον, muet.

ἀπό-φθεγμα, ατος (τό), sentence.

ἀπο-φθείρω (*f* φθερῶ), perdre; anéantir.

ἀπο-φθινύθω 1° périr. ‖ 2° *tr.*, faire périr.

ἀπο-φθίνω, *mêmes sens*

ἀπο-φλαυρίζω (*f.* ισω), avilir.

ἀπο-φοιτάω-ῶ (*f.* ήσω), cesser de fréquenter.

ἀπο-φορά, ᾶς (ἡ), paiement; revenu.

ἀπο-φράγνυμι (*f.* φράξω) clore.

ἀπό-φραξις, εως (ἡ), action de clore.

ἀπο-φράς, άδος (ὁ, ἡ), néfaste.

ἀπο-φράττω (*f.* ξω), comme ἀπο-φράγνυμι.

ἀπο-φυγή, ῆς (ἡ), action *ou* moyen d'échapper.

ἀπο-φώλιος, ος, ον, vain, sans effet.

ἀπο-χάζομαι (*f.* σομαι), se retirer.

ἀπο-χαλάω-ῶ (*f.* άσω), relâcher.

ἀπο-χαλινόω-ῶ (*f.* ώσω), débarrasser du frein.

ἀπο-χαλκεύω (*f.* εύσω), fabriquer avec de l'airain.

ἀπο-χειρο-βίωτος, ος, ον, qui vit de travail manuel.

ἀπο-χειροτονέω-ῶ (*f.* ήσω), rejeter par un vote.

ἀπο-χέω (*f.* χεῶ), épancher.

ἀπο-χράομαι-ῶμαι (*f.* χρήσομαι, *etc.*), 1° *dat.*, user, abuser. ‖ 2° *acc.*, tuer.

ἀπο-χράω-ῶ (*f.* ήσω), suffire; ἀπόχρη, il suffit ‖ *Passif.*, se contenter de, *dat.*

ἀπό-χρησις, εως (ἡ), usage; abus.

ἀπο-χρώντως, *adv.*, suffisamment.

ἀπο-χωλεύω (*f.* εύσω), estropier.

ἀπο-χωλόω-ῶ (*f.* ώσω), *même sens.*

ἀπο-χώννυμι (*f.* χώσω), fermer par une digue.

ἀπο-χωρέω-ῶ (*f.* ήσω), se retirer.

ἀπο-χώρησις, εως (ἡ), retraite; évacuation.

ἀπο-χωρίζω (*f.* ίσω), séparer.

ἀπο-ψάω-ῶ (*f.* ψήσω), essuyer. — *Moy.*, s'essuyer.

ἀπο-ψηφίζομαι (*f.* ίσομαι), abroger, exclure par un vote; absoudre (τί τινος). — *Passif*, être exclu.

ἀπο-ψήφισις, εως (ἡ), abrogation, exclusion; acquittement.

ἀπο-ψιλόω-ῶ (*f.* ώσω), raser; mettre à nu.

ἄπ-οψις, εως (ἡ), vue de loin; physionomie.

ἀπο-ψύχω (*f.* ύξω), 1° rafraîchir. ‖ 2° étancher. ‖ 3° exhaler. ‖ 4° *intr.*, mourir. — *Moyen*, *mêmes sens.*

ἀ-πραγμόνως, *adv.*, sans peine.

ἀ-πραγμοσύνη, ης (ἡ), oisiveté; insouciance.

ἀ-πράγμων, ων, ον, *gén.* **ονος**, oisif, insouciant.

ἀ-πρακτέω-ῶ (*f.* ήσω), ne rien faire; ne rien gagner.

ἄ-πρακτος, ος, ον, 1° oisif; vain; stérile. ‖ 2° qui n'est pas fait. ‖ 3° impossible; irrémédiable.

ἀ-πράκτως, *adv.*, sans effet.

ἀ-πραξία, ας (ἡ), inaction; vacance.

ἀ-πρασία, ας, (ἡ), manque d'acquéreurs.

ἄ-πρατος, ος, ον, qui ne se vend pas.

ἀ-πρέπεια, ας (ἡ), inconvenance.

ἀ-πρεπής, ής, ές, inconvenant.

ἀ-πρεπῶς, *adv.*, indécemment.

ἀ-πριάτην, *adv.*, gratuitement.

ἀ-πρίξ, *adv.*, sans démordre.

ἀ-πρόθυμος, ος, ον, qui est sans ardeur

ἀ-προθύμως, *adv.* sans ardeur.

ἄ-προικος, ος, ον, sans dot.

ἀ-προμήθεια, ας (ἡ), imprévoyance.

ἀ-προνόητος, ος, ον, imprévu; imprévoyant.

ἀ-πρόοπτος, ος, ον, imprévu.

ἀ-πρόρρητος, **ος**, **ον**, non prédit.

ἀ-προσδόκητος, **ος**, **ον**, non attendu; ne s'attendant pas à la chose

ἀ-προσδοκήτως, *adv.*, à l'improviste.

ἀ-προσήγορος, **ος**, **ον**, inabordable, sauvage.

ἀ-πρόσιτος, **ος**, **ον**, inaccessible.

ἀ-πρόσκοπος, **ος**, **ον**, inconsidéré.

ἀ-πρόσμαχος, **ος**, **ον**, invincible.

ἀ-πρόσμικτος, **ος**, **ον**, insociable.

ἀ-προσόμιλος, **ος**, **ον**, *même sens.*

ἀ-πρόσωπος, **ος**, **ον**, informe.

ἀ-προτίμαστος, **ος**, **ον**, intact.

ἀ-προφάσιστος, **ος**, **ον**, qui ne recourt pas à des prétextes.

ἀ-προφασίστως, *adv.*, sans prétextes

ἀ-προφύλακτος, **ος**, **ον**, non prévu.

ἄ-πταιστος, **ος**, **ον**, impeccable.

ἄ-πτερος, **ος**, **ον**, sans ailes.

ἀ-πτήν, **ῆνος** (ὁ, ἡ), *même sens.*

ἀ-πτο-επής, **ής**, **ές**, hardi en paroles.

ἀ-πτόλεμος, **ος**, **ον**, *comme* ἀπόλεμος.

ἁπτός, **ή**, **όν**, qu'on peut toucher.

ἅπτω (*f.* ἅψω, *aor.* ἧψα; *passif aor.* ἥφθην, *pf.* ἧμμαι). I. allumer. — *Moy.*, s'allumer. — II ATTACHER. — *Moyen:* 1° *acc.*, attacher pour soi. || 2° *gén.*, TOUCHER; atteindre; attaquer; critiquer; s'attacher à; manger de.

ἀ-πτώς, **ῶτος** (ὁ, ἡ), infaillible.

ἀ-πύλωτος, **ος**, **ον**, non clos de portes.

ἀ-πύργωτος, **ος**, **ον**, non garni de tours.

ἄ-πυρος, **ος**, **ον**, sans feu.

ἀ-πύρωτος, **ος**, **ον**, non mis au feu.

ἄ-πυστος, **ος**, **ον**, 1° ignoré. || 2° ignorant (de *gén.*).

ἄπωθεν, *adv.*, de loin; *prép.* loin de, *gén.*

ἀπ-ωθέω-ῶ (*f.* ώσω), etc.) *et moyen*, repousser.

ἀπ-ώλεια, **ας** (ἡ), destruction; perte.

ἀπ-ώμοτος, **ος**, **ον**, nié *ou* qui nie avec serment.

ἀπ-ωστός, ή, όν, repoussé.
ἀπωτάτω, *adv. et prép.* le plus loin (de, *gén.*).
ἀπωτέρω, *adv. et prép.*, plus loin (de, *gén.*).
ἀρά, ᾶς (ἡ) prière ; malédiction ; malheur. Aἱ Ἀραί, les Erinyes.
ἆρα, *partic. inter.*, est-ce que ?
ἄρα, *adv.*, donc ; à savoir ; peut-être.
ἀραβέω-ῶ (*f.* ήσω), claquer.
Ἀραβία, ας (ἡ), l'Arabie.
ἄραβος, ου (ὁ), claquement.
ἄραγμα, ατος (τό), choc bruyant.
ἀραγμός, οῦ (ὁ), *même sens*.
ἀραιός, ά, ον, mince.
ἀραῖος, α, ον, maudit ; funeste.
ἀράομαι-ῶμαι (*f.* άσομαι), adresser des vœux ; des imprécations.
ἀραρίσκω (*f.* αρῶ, *aor. 1* ἦρσα, *aor. 2* ἤραρον, — *pf. 2* ἄραρα *intr.*, *part.* ἀραρώς ; — *passif aor.* ἤρθην, *pf. part.* ἀρηρεμένος), AJUSTER ; adapter ; garnir. — *Intr. et passif*, être ajusté solidement ; être garni de ; κυνέη κροτάφοις ἀραρυῖα, casque bien adapté aux tempes.
ἀράσσω *att.* **ττω** (*f.* ξω), heurter ; toucher (d'un instrument).
ἀρατός, ή, όν, maudit.
ἀράχνη, ης (ἡ), araignée ; toile d'araignée.
ἀράχνιον, ου (τό), petite araignée ; toile d'araignée.
ἀρβύλη, ης (ἡ), grosse chaussure.
ἀργαλέος, α, ον, difficile ; affreux.
Ἀργεῖος, α, ον, Argien.
ἀργεϊ-φόντης, ου (ὁ), meurtrier d'Argus (Hermès).
ἀργεννός, ή, όν, brillant de blancheur.
ἀργέστης, ου (ὁ), (vent) qui blanchit le ciel (de nuages).
ἀργέω-ῶ (*f.* ήσω), 1° être inactif, improductif. ‖ 2° *tr.*, négliger.
ἀργής, ῆτος, (ὁ, ἡ), éclatant de blancheur.
ἀργία, ας, (ἡ), oisiveté ; paresse.
ἀργι-κέραυνος, ος, ον, qui fait étinceler la foudre.
ἄργιλος, ου (ἡ), argile.

ἀργιλλώδης, ης, ες, argileux.

ἀργινόεις, εσσα, εν, d'un blanc éclatant.

Ἀργινοῦσαι, ῶν (αἱ), les Arginuses.

ἀργι-όδους, οντος (ὁ, ἡ), aux dents blanches.

ἀργί-πους, ποδος (ὁ, ἡ), aux pieds blancs *ou* rapides.

ἄργμα, ατος (τό), prémices.

ἀργολίζω (*f.* ίσω), tenir pour les Argiens.

Ἄργος, ους (τό), Argos.

1. ἀργός, ή, όν 1° blanc. ‖ 2° agile.

2. ἀργός, ός, όν (*p.* ἄ-εργος), 1° oisif; improductif. ‖ 2° négligé; inculte. ‖ 3° libre de, *gén.*

ἀργυρ-αμοιβός, οῦ (ὁ), changeur.

ἀργύρειος, α, ον, d'argent.

ἀργύρεος-οῦς, ᾶ, οῦν, d'argent.

ἀργύριον, ου (τό), argent (monnaie).

ἀργυρῖτις, ιδος (ἡ), filon d'argent.

ἀργυρο-δίνης, ου (ὁ), qui roule de l'argent dans ses flots.

ἀργυρο-ειδής, ής, ές, qui ressemble à l'argent.

ἀργυρό-ηλος, ος, ον, aux clous d'argent.

ἀργυρο-κόπος, ου (ὁ), monnayeur.

ἀργυρο-λογέω-ῶ, (*f.* ήσω), ramasser de l'argent; percevoir.

ἀργυρο-λογία, ας (ἡ), perception.

ἀργυρο-λόγος, ου (ὁ), percepteur.

ἀργυρό-πεζα, ης (ἡ), aux pieds d'argent.

ἀργυρό-πους, πουν, *gén.* ποδος, aux pieds d'argent.

ἄργυρος, ου (ὁ), argent (métal, monnaie).

ἀργυρό-τοξος, ος, ον, à l'arc d'argent.

ἀργυρόω-ῶ (*f.* ώσω), argenter; payer.

ἀργυρ-ώδης, ης, ες, qui a de l'argent.

ἀργυρ-ώνητος, ος, ον, acheté à prix d'argent.

ἀργύ-φεος, α, ον, *et* ἄργυ-φος, ος, ον, éclatant de blancheur.

Ἀργώ, οῦς (ἡ), le vaisseau Argo.

ἀργῶς, *adv.*, paresseusement.

ἀρδεύω (*f.* εύσω), arroser.

ἄρδην, *adv.*, en l'air; de fond en comble.

ἄρδις, εως (ἡ), javelot.
ἀρδμός, οῦ (ὁ), arrosage.
ἄρδω (*f.* σω), 1° arroser; abreuver. ‖ 2° raviver.
Ἀρέθουσα, ης (ἡ), Aréthuse.
ἀρειή, ῆς (ἡ), malédictions.
Ἄρειος, ος, ον, d'Arès; des combats. — **Ἄρειος πάγος**, ου (ὁ), l'Aréopage.
ἀρεί-φατος, ος, ον, 1° tué au combat. ‖ 2° belliqueux.
ἀρείων, ων, ον, *gén.* ονος, plus brave; meilleur.
ἄ-ρεκτος, ος, ον, inachevé.
ἀρέομαι = ἀράομαι.
ἀρέσαι, *inf. aor.* 1 de ἀρέσκω.
ἀρέσθαι, *inf. aor.* 2 *moy.*, de αἴρω.
ἀρέσκεια, ας (ἡ), souci de plaire.
ἀρεσκόντως, *adv.*, de façon à plaire.
ἄρεσκος, ος, ον, qui cherche à plaire.
ἀρέσκω (*f.* ἀρέσω, *aor.* ἤρεσα, *pf.* ἀρήρεκα, PLAIRE.
— *Passif* (*aor.* 1 ἠρέσθην), être satisfait de, *dat.*
— *Moyen* (*aor.* 1 ἠρεσάμην, *part. hom.* ἀρεσάμενος), plaire, à, *dat;* se rendre propices, rassasier, *acc.*
ἀρεστός, ή, όν, agréable.
ἀρετάω-ῶ, être heureux; réussir.
ἀρετή, ῆς (ἡ), VERTU, qualité; talent; courage; honneur; service.
ἀρήγω (*f.* ξω), 1° secourir, aider, *dat.* ‖ 2° repousser, *acc.* ‖ 3° être utile.
ἀρηγών, όνος (ὁ, ἡ), défenseur.
ἀρηΐ-θοος, ος, ον, rapide dans la mêlée.
ἀρηΐ-κτάμενος, η, ον, tué par Arès.
ἀρηΐ-φατος, *comme* ἀρείφατος.
ἀρηΐ-φιλος, ος, ον, cher à Arès.
ἀρημένος, η, ον, accablé.
Ἄρης, εως (ὁ), Arès (Mars); *par suite* la guerre.
ἀρητήρ, ῆρος, (ὁ), prêtre.
ἀρθμέω-ῶ (*f.* ήσω), unir.
ἄρθμιος, α, ον, joint. Τὰ ἄρθμια, les relations.
ἀρθμός, οῦ (ὁ), lien.
ἄρθρον, ου (τό), articulation.

ἀρθρόω-ῶ (*f.* ώσω), articuler.

ἀρθρώδης, ης, ες, bien articulé.

ἀρι-, préfixe augmentatif, au sens de *très*.

ἀρί-γνωτος, ος, ον, très fameux.

ἀρί-δακρυς, υς, υ, très pleuré.

ἀρι-δείκετος, ος, ον, très remarqué.

ἀρί-δηλος, ος,ον, très clair.

ἀρί-ζηλος, ος, ον, très éclatant.

ἀρι-ζήλως, *adv.*, très brillamment.

ἀρι-ζήλωτος, ος, ον, très digne d'envie.

ἀριθμέω-ῶ (*f.* ήσω), compter.

ἀρίθμησις, εως (ἡ), compte.

ἀριθμητικός, ή, όν, qui a rapport aux nombres; qui sait calculer.

ἀριθμός, οῦ (ὁ), 1° NOMBRE; compte. || 2° foule. || 3° proportion. || 4° cadence.

ἀρι-πρεπής, ής, ές, très éminent.

ἀριστάω-ῶ (*f.* ήσω), prendre le repas de midi.

ἀριστεία,ας (ἡ), supériorité de valeur.

Ἀριστείδης, ου (ὁ), Aristide.

ἀριστεῖον, ου (τό), *et surtout* **ἀριστεῖα** (τά), prix de la valeur.

ἀριστερός, ά, όν, 1° gauche : ἡ ἀριστέρα (χείρ), la main gauche. || 2° de mauvais augure.

ἀριστεύς, έως (ὁ), chef; homme du premier rang.

ἀριστεύω (*f.* σω), exceller; l'emporter sur, *gén.*

ἀριστίνδην, *adv.*, par ordre de mérite.

ἀριστο-κρατέομαι-οῦμαι (*f.* ήσομαι), vivre sous un régime aristocratique.

ἀριστο-κρατία, ας (ἡ), aristocratie.

ἀριστο-κρατικός, ή, όν, aristocratique.

ἀριστό-μαντις, εως (ὁ, ἡ), devin supérieur.

ἄριστον, ου (τό), repas de midi ; déjeuner.

ἀριστο-ποιέω-ῶ(*f.* ήσω), *et moyen*, préparer le déjeuner.

ἄριστος, η, ον, le meilleur; οἱ ἄριστοι, les premiers citoyens. —

ἄριστα, *adv.*, parfaitement.

Ἀριστοτέλης, ους (ὁ), Aristote.

Ἀριστοφάνης, ους (ὁ) Aristophane.

ἀριστό-χειρ, χειρος, au bras excellent.

ἀρι-σφαλής, ής, ές, très glissant.

ἀρι-φραδής, ής, ές, 1° clair. ‖ 2° clairvoyant.

Ἀρίων, ονος (ὁ), Arion.

Ἀρκαδία, ας (ἡ), Arcadie.

Ἀρκάς, άδος (ὁ, ἡ), Arcadien.

ἄρκεσις, εως (ἡ), secours

ἀρκετός, ή, όν, suffisant.

ἀρκέω-ῶ (*f.* έσω; *pf. pass.* ἤρκεσμαι).

I. *dat.* 1° SUFFIRE à ; être utile ; *impers.* ἀρκεῖ, il suffit. ‖ 2° secourir ‖ *abs.* tenir bon ; durer.

II. *acc.*, 1° repousser. ‖ 2° fournir, accomplir. — *Passif*, se contenter de, *dat.*

ἄρκιος, α, ον, SUFFISANT ; sûr.

ἀρκούντως, *adv.* suffisamment.

ἀρκτέον, *verbal* de ἄρχομαι et ἄρχω : il faut commencer *ou* obéir *ou* commander.

ἄρκτος, ου (ὁ, ἡ), ours, ourse. ‖ La Grande Ourse.

Ἀρκτοῦρος, ου (ὁ), Arcture, constellation.

ἄρκυς, υος (ἡ), filet.

ἀρκυσ-τασία, ας (ἡ), filet tendu.

ἀρκυ-στάσιον, ου (τό), *même sens.*

ἀρκυ-ωρός, οῦ (ὁ), garde-filet.

ἅρμα, ατος (τό), char, attelage.

ἁρμαλιά, ᾶς (ἡ), vivres.

ἁρμ-άμαξα, ης (ἡ), voiture (luxueusement couverte).

ἁρμάτειος, α, ον, relatif aux chars.

ἁρματεύω (*f.* σω), conduire un char.

ἁρματ-ηλασία, ας (ἡ), conduite d'un char.

ἁρματ-ηλατέω-ῶ (*f.* ήσω), conduire un char

ἁρματ-ηλάτης, ου (ὁ), conducteur de char.

ἁρματο-πηγός, οῦ (ὁ), constructeur de char.

ἁρματο-τροφέω-ῶ (*f.* ήσω), entretenir les attelages.

ἁρματο-τροφία, ας (ἡ), entretien d'attelages.

ἁρματο-τροχιά, ᾶς (ἡ), ornière.

ἄρμενα, ων (τά), agrès.

'Αρμενία, ας (ἡ), l'Arménie.

ἄρμενος, η, ον, *part. aor.* 2 *moy. de* ἀραρίσκω, qui s'adapte; qui convient.

ἁρμόδιος, α, ον, ajusté; convenable.

ἁρμόζω, *att.* **ἁρμόττω** (*f.* ἁρμόσω, *f. pass.* ἁρμοσθήσομαι) 1° *acc.* AJUSTER; gouverner; marier. || 2° *intr. dat.* être ajusté à; s'accorder avec. || 3° *impers.* il convient.

— *Moyen, acc.*, ajuster, mettre d'accord; arranger; épouser.

ἁρμονία, ας (ἡ), ajustement; accord; harmonie.

ἁρμονικός, ή, όν, harmonieux.

ἁρμός, οῦ (ὁ), jointure; clou; épaule.

ἁρμοστής, οῦ (ὁ), gouverneur; harmoste (*lacédémonien*).

ἀρνακίς, ίδος (ἡ), peau d'agneau.

ἄρνειος, α, ον, d'agneau.

ἀρνειός, οῦ (ὁ), bélier.

ἀρνέομαι-οῦμαι (*f.* ήσομαι, *aor.* ἠρνήθην), nier; refuser.

ἀρνευτήρ, ῆρος (ὁ), plongeur.

ἀρνεύω (*f.* σω), plonger.

ἀρνήσιμος, η, ον, niable.

ἄρνησις, εως (ἡ), négation.

ἀρνίον, ου (τό), petit agneau.

ἀρνός, (*gén.*), **ἀρνί** (*nom. inusité* ἀρήν), agneau, mouton.

ἄρνυμαι (*sans fut.*), chercher à prendre; obtenir.

ἄροσις, εως (ἡ), labourage; terre labourée.

ἀρότηρ, ῆρος (ὁ), laboureur.

ἄροτος, ου (ὁ), labour; temps du labour; rejetons.

ἀροτρεύω (*f.* σω), labourer.

ἄροτρον, ου (τό), charrue.

ἄρουρα, ας (ἡ), 1° terre labourée. || 2° sein maternel.

ἀρουραῖος, α, ον, champêtre.

ἀρόω-ῶ (*f.* ἀρόσω), labourer; féconder.

ἁρπαγή, ῆς (ἡ), 1° rapine; butin. || 2° rapacité.

ἅρπαγμα, ατος (τό), larcin.

ἁρπάζω (*f.* σω, *f. pass.*

ἁρπασθήσομαι), enlever, saisir, piller.

ἁρπακτήρ, ῆρος (ὁ), ravisseur.

ἁρπακτός, ή, όν, ravi, enlevé.

ἁρπαλέος, α, ον, ardemment convoité.

ἅρπαξ, αγος, *adj.*, ravisseu ; *nom* (ἡ), rapt.

ἁρπεδόνη, ης (ἡ), corde ; cordeau ; lacet.

ἅρπη, ης (ἡ), 1° crochet ; faux. ‖ 2° orfraie.

῞Αρπυια, ας (ἡ), Harpye.

ἀρραβών, ῶνος (ὁ), arrhes

ἄρ-ρηκτος, ος, ον, qu'on ne peut briser.

ἄρρην, ην, εν, *gén.* ενος, mâle.

ἄρ-ρητος, ος, ον, 1° inexprimé : inexprimable. ‖ 2° mystérieux : horrible.

ἄρ-ρυθμος, ος, ον, sans mesure.

ἀρρωδέω, comme ὀρρωδέω.

ἀρ-ρώξ, ῶγος (ὁ, ἡ), sans fissure.

ἀρ-ρωστέω-ῶ (*f.* ήσω), être malade.

ἀρ-ρώστημα, ατος (τό), faiblesse.

ἀρ-ρωστία, ας (ἡ), *même sens.*

ἄρ-ρωστος, ος, ον, faible, débile.

ἄρσην, *comme* ἄρρην.

ἄρσις, εως (ἡ), action de lever (le pied).

ἀρτάβη, ης (ἡ), *artabe* (mesure perse de capacité, 1/2 hectol. environ).

ἄρταμος, ου (ὁ), cuisinier ; boucher.

ἀρτάνη, ης (ἡ), lacet.

ἀρτάω-ῶ (*f.* ήσω), 1° prendre ; suspendre. ‖ 2° rattacher à.

ἀρτεμής, ής, ές, intact.

῎Αρτεμις, ιδος (ἡ), Artémis (Diane).

ἄρτημα, ατος (τό), pendant d'oreilles.

ἀρτηρία, ας (ἡ), trachée.

ἄρτι, *adv.*, 1° précisément. ‖ 2° à l'instant ; récemment.

ἀρτιάζω (*f.* σω), jouer à pair ou impair.

ἀρτιάκις, *adv.*, en nombre pair.

ἀρτι-επής, ής, ές, parlant bien.

ἀρτι-ζυγία, ας (ἡ), fraîche union.

ἀρτίζω (*f.* σω), mettre au point.

ἀρτί-κολλος, ος, ον, bien ajusté.

ἄρτιος, ος, ον, 1° bien

ajusté; complet; parfait || 2° pair.

ἀρτί-πους, ους, ουν, *gén.* **οδος,** au pied bon.

ἄρτισις, εως (ἡ), ajustement.

ἀρτί-φρων, ων, ον, *gén.* **ονος,** à l'esprit juste.

ἀρτίως, *adv.*, exactement; récemment.

ἀρτο-κόπος, ου (ὁ), boulanger.

ἀρτο-ποΐα, ας (ἡ), fabrication du pain.

ἀρτο-ποιός, οῦ (ὁ), boulanger.

ἀρτό-πωλις, ιδος (ἡ), boulangère.

ἄρτος, ου (ὁ), pain.

ἀρτο-σιτέω-ῶ (*f.* ήσω), manger du pain.

ἀρτο-φαγέω-ῶ (*f.* ήσω), manger du pain.

ἀρτύνας, ου (ὁ), magistrat (à Argos).

ἀρτύνω (*f.* νῶ), *et moyen,* ajuster, préparer; assaisonner.

ἀρτύω (*f.* σω), *même sens.*

ἀρυτήρ *et* **ἀρυστήρ,** *gén.* **ῆρος** (ὁ), gobelet formant cuiller.

ἀρύω *et* **ἀρύτω** (*f.* ύσω), *et moyen,* puiser.

ἀρχ-άγγελος, ου (ὁ), archange.

ἀρχαϊκός, ή, ον, archaïque.

ἀρχαιό-γονος, ος, ον, d'origine antique.

ἀρχαιο-λογέω-ῶ (*f.* ήσω), dire de vieilles histoires.

ἀρχαιο-λογία, ας (ἡ), étude des choses antiques.

ἀρχαιό-πλουτος, ος, ον, dont la fortune remonte loin.

ἀρχαιο-πρεπής, ής, ές, d'une antiquité vénérable.

ἀρχαῖος, α, ον, 1° ANCIEN; vénérable. || 2° suranné, naïf. — Τὸ ἀρχαῖον, le capital.

ἀρχαιότης, ητος (ἡ), antiquité.

ἀρχαιό-τροπος, ος, ον, de mœurs antiques.

ἀρχ-αιρεσία, ας (ἡ), assemblée électorale.

ἀρχαίως, *adv.*, à l'antique.

ἀρχεῖον, ου (τό), lieu où siègent les magistrats; corps des magistrats; prétoire (*d'un général romain*).

ἀρχέ-κακος, ος, ον, cause de mal.

ἀρχέ-λαος, ος, ον, chef de peuple.

ἀρχέ-πλουτος, ος, ον,

détenteur d'une fortune ancienne.

ἀρχεύω (*f.* σω), commander à.

ἀρχή, ῆς (ἡ), I. COMMENCEMENT; ἐξ ἀρχῆς, dès le début; τὸ κατ' ἀρχάς, au commencement. || II. 1° COMMANDEMENT : αἱ ἀρχαί, les magistrats; ἐν ἀρχῇ εἶναι, être en charge. || 2° empire, province.

ἀρχηγετεύω (*f.* σω), commander, *gén.*

ἀρχ-ηγέτης, ου (ὁ), fondateur; souverain.

ἀρχηγός, ός, όν, cause initiale; — ὁ ἀρ., initiateur; fondateur; chef.

ἀρχῆθεν, *adv.*, dès l'origine.

ἀρχίδιον, ου (τό), fonction subalterne.

ἀρχι-ερεύς, έως (ὁ), grand-prêtre.

ἀρχι-θέωρος, ου (ὁ), chef des théores.

ἀρχικός, ή, όν, concernant le pouvoir; apte à commander.

ἀρχι-τεκτονέω-ῶ (*f.* ήσω), construire comme architecte.

ἀρχι-τέκτων, ονος (ὁ), architecte.

ἀρχός, οῦ (ὁ), guide; chef.

ἄρχω (*f.* ἄρξω, *aor.* ἦρξα, *pf.* ἦρχα), 1° marcher devant, *dat.* || 2° COMMENCER, *gén.*, *parfois acc.* || 3° COMMANDER, *gén.*; exercer une magistrature.
— *Moyen* (*f.* ἄρξομαι), commencer, *gén.*, ἄρχεται ᾄδων, il commence à chanter.
— *Passif* (*f.* ἀρχθήσομαι *et ordin.* ἄρξομαι), être commandé : obéir.

ἄρχων, οντος (ὁ), chef, magistrat; archonte.

ἀρωγή, ῆς (ἡ), secours; protection.

ἄρωγος, ος, ον, qui vient en aide. — Ὁ ἀρ..., le défenseur.

ἄρωμα, ατος (τό), arome.

ἀ-σάλευτος, ος, ον, qui n'est pas agité.

ἀσάμινθος, ου (ἡ), baignoire.

ἄ-σαρκος, ος, ον, sans chair, maigre.

ἀ-σάφεια, ας (ἡ), obscurité.

ἀ-σαφής, ής, ές, obscur.

ἀ-σαφῶς, *adv.*, obscurément.

ἀσάω-ῶ, rassasier; dégoûter.

ἄ-σϐεστος, ος, ον, inextinguible.

ἀ-σέβεια, ας (ἡ), impiété.
ἀ-σεβέω-ῶ (*f.* ήσω), être impie; violer.
ἀ-σέβημα, ατος (τό), action impie.
ἀ-σεβής, ής, ές, impie.
ἀ-σελγαίνω (*f.* ανῶ), donner dans la licence.
ἀ-σέλγεια, ας (ἡ), licence; impudence.
ἀ-σελγέω-ῶ, *comme* ἀσελγαίνω.
ἀ-σελγής, ής, ές, licencieux; impudent.
ἀ-σέληνος, ος, ον, sans lune.
ἀ-σεπτέω-ῶ, *comme* ἀσεβέω.
ἄ-σεπτος, ος, ον, *comme* ἀσεβής.
ἄση, ης (ἡ). dégoût, satiété.
ἀ-σήμαντος, ος, ον, sans marque; sans direction.
ἄ-σημος, ος, ον, sans marque; sans nom; obscur.
ἀ-σήμων, ων, ον, *gén.* ονος, *même sens.*
ἄ-σηπτος, ος, ον, qui ne pourrit pas.
ἀ-σθένεια, ας (ἡ), faiblesse; pauvreté.
ἀ-σθενέω-ῶ (*f.* ήσω), être faible; malade.
ἀ-σθένημα, ατος (τό), maladie.
ἀ-σθενής, ής, ές, faible; pauvre.
ἀ-σθενῶς, *adv.*, faiblement.
ἆσθμα, ατος (τό), respiration difficile.
ἀσθμαίνω, respirer difficilement.
Ἀσία, ας (ἡ), l'Asie.
ἀ-σινής, ής, ές, inoffensif; intact.
ἀ-σινῶς, *adv.*, sans dommage.
ἄσις, εως (ἡ), limon.
ἀ-σιτέω-ῶ (*f.* ήσω), ne pas manger.
ἀ-σιτία, ας (ἡ), absence de nourriture.
ἄ-σιτος, ος, ον, qui ne mange pas.
ἀσκαλαβώτης, ου (ὁ), lézard.
ἀσκάντης, ου (ὁ), grabat.
ἀ-σκαρδαμυκτί, *adv.*, sans sourciller.
1. **ἀσκελής, ής, ές,** sans jambes.
2. —, opiniâtre.
ἀ-σκέπαρνος, ος, ον, non équarri.
ἄ-σκεπτος, ος, ον, inconsidéré.
ἀ-σκέπτως, *adv.*, sans réfléchir.
ἀ-σκευής, ής, ές, sans outil.
ἄ-σκευος, ος, ον, non équipé.

ἀσκέω-ῶ (*f.* ήσω), 1° travailler; arranger, parer; équiper. || 2° EXERCER, s'exercer (a) — *Moyen*, même sens.

ἀσκηθής, ής, ές, intact.

ἄσκημα, ατος (τό), objet d'exercice.

ἄσκησις, εως (ἡ), exercice; profession.

ἀσκητής, οῦ (ὁ), 1° qui s'exerce à, *gén.* || 2° athlète.

ἀσκητός, ή, όν, 1° exercé. || 2° travaillé. || 3° qui s'acquiert par l'étude.

Ἀσκληπιός, οῦ (ὁ), Asklépios (*Esculape*).

ἄ-σκοπος, ος, ον, 1° irréfléchi. || 2° inintelligible; immense. || 2° qui n'arrive pas au but.

ἀσκός, οῦ (ὁ), 1° peau écorchée. || 2° outre.

ἀ-σκωλιάζω (*f.* σω), sauter sur un pied.

ᾆσμα, ατος (τό), chant.

ἄσμενος, η, ον, content; satisfait.

ἀσμένως, *adv.*, avec plaisir.

ἄ-σοφος, ος, ον, dénué de sagesse.

ἀσπάζομαι (*f.* σομαι), 1° accueillir avec joie; fêter; embrasser; || 2° chérir.

ἀ-σπαίρω, palpiter.

ἀσπάλαθος, ου (ὁ), genêt à épines.

ἄ-σπαρτος, ος, ον, non semé.

ἀσπάσιος, α, ον, bien accueilli; joyeux.

ἀσπασίως, *adv.*, agréablement.

ἀσπασμός, οῦ (ὁ), embrassement; affection.

ἀσπαστός, ή, όν, bien accueilli.

ἄ-σπερμος, ος, ον, sans semence.

ἀ-σπερχές, *adv.*, assidûment.

ἄ-σπετος, ος, ον, indicible, immense. — Ἄσπετον, *adv.*, immensément.

ἀσπιδιώτης, ου (ὁ), muni d'un bouclier.

ἄ-σπιλος, ος, ον, sans tache.

ἀσπίς, ίδος (ἡ), 1° BOUCLIER; *par suite* côté gauche. || 2° corps, ligne de soldats. || 3° mêlée.

ἀσπιστήρ, ῆρος (ὁ), *ou* **ἀσπιστής, οῦ,** soldat muni du bouclier.

ἄ-σπλαγχνος, ος, ον, sans entrailles.

ἄ-σπονδος, ος, ον, 1° sans libation; sans trêve. || 2° implacable.

ἄ-σπορος, ος, ον, sans semence.

ἀ-σπουδί, *adv.*, sans soin.

ἄσσα *et* **ἅσσα** *pour* τινά et ἅτινα (*att.* ἅσσα et ἅττα).

ἀσσάριον, ου (τό), as.

ἆσσον, *adv.*, plus près.

ἀσσοτέρω, *adv.*, plus près.

Ἀσσυρία, ας (ἡ), Assyrie.

Ἀσσύριος, α, ον, assyrien.

ᾄσσω, *att.* **ᾄττω,** *voir* ἀΐσσω.

ἀ-στάθμητος, ος, ον, instable; incertain.

ἀ-στακτί, *adv.*, à flots.

ἄ-στακτος, ος, ον, qui coule à flots.

ἀ-στασίαστος, ος, ον, non agité par les factions.

ἀ-στατέω-ῶ (*f.* ήσω), être instable.

ἀ-σταφίς, ίδος (ἡ), raisin sec.

ἄ-σταχυς, υος (ὁ), épi.

ἀ-στέγαστος, ος, ον, non couvert d'un toit.

ἀστεῖος, α, ον (citadin), cultivé; spirituel; gracieux.

ἄ-στειπτος, ος, ον, non foulé.

ἀ-στεμφής, ής, ές, intrépide.

ἀ-στένακτος, ος, ον, sans gémissements.

ᾀστέον, *verbal* de ᾄδω.

ἀ-στεργ-άνωρ, ορος (ἡ), qui n'aime pas les hommes.

ἀ-στεργής, ής, ές, insensible; hostile.

ἀστερόεις, εσσα, εν, étoilé.

ἀστεροπή, ῆς (ἡ), éclair.

ἀστεροπητής, οῦ (ὁ), qui lance les éclairs.

ἀ-στεφάνωτος, ος, ον, non couronné.

ἀστή, ῆς (ἡ), femme qui habite la ville.

ἀστήρ, έρος (ὁ), astre, étoile.

ἀ-στήρικτος, ος, ον, qui n'a pas d'appui.

ἀ-στιβής, ής, ές, non fréquenté; sacré.

ἀστικός, ή, όν, citadin; qui a le bon ton.

ἄ-στικτος, ος, ον, non piqué.

ἄ-στομος, ος, ον, 1° sans bouche, sans issue ‖ 2° rétif.

ἄ-στοργος, ος, ον, sans affection; sans cœur.

ἀστός, οῦ (ὁ), habitant de la ville; citoyen.

ἀ-στοχέω-ῶ (*f.* ήσω), manquer le but.

ἀ-στράβη, ης (ἡ), selle.
ἀστραγαλίζω (*f.* σω), jouer aux osselets.
ἀστράγαλος, ου (ὁ), 1° vertèbre. ‖ 2° osselets. ‖ 3° astragale.
ἀστραπαῖος, α, ον, mêlé d'éclairs.
ἀστραπή, ῆς (ἡ), éclair.
ἀστράπτω (*f.* ψω), 1° lancer des éclairs. ‖ 2° étinceler.
ἀ-στράτευτος, ος, ον, 1° exempt de service militaire. ‖ 2° qui n'a pas fait de service.
ἀστρο-λογία, ας (ἡ), astronomie.
ἀστρο-λόγος ου (ὁ), astronome.
ἄστρον, ου (τό), astre.
ἀστρο-νομέω-ῶ (*f.* ήσω), étudier les astres.
ἀστρο-νομία, ας (ἡ), astronomie.
ἀστρο-νομικός, ή, όν, relatif à l'astronomie.
ἄ-στροφος, ος, ον, immobile.
ἄ-στρωτος, ος, ον, sans tapis.
ἄστυ, ἄστεως (τό), ville; *partic.* Athènes.
Ἀστυάγης, ους (ὁ), Astyage.
Ἀστυ-άναξ, άνακτος, (ὁ), Astyanax.
ἀστυ-βοώτης, ου (ὁ), qui crie à travers la ville.
ἀστυγείτων, ων, ον, *gén.* ονος, voisin de la ville.
ἀστυ-νόμος, ου (ὁ), commissaire de police; préteur urbain.
ἀ-συγκρότητος, ος, ον, non amalgamé.
ἀ-συλλόγιστος, ος, ον, illogique; incompréhensible.
ἄ-συλος, ος, ον, inviolé; inviolable.
ἀ-σύμβατος, ος, ον, intransigeant; irréconciliable.
ἀ-σύμβλητος, ος, ον, qu'on ne peut comparer; qu'on ne peut s'expliquer.
ἀ-συμμετρία, ας (ἡ), défaut de symétrie.
ἀ-σύμμετρος, ος, ον, non proportionné.
ἀ-σύμφορος, ος, ον, inutile.
ἀ-σύμφωνος, ος, ον, discordant.
ἀ-συνεσία, ας (ἡ), inintelligence.
ἀ-σύνθετος, ος, ον, non composé; qui ne s'adapte pas.
ἀ-σύντακτος, ος, ον, sans ordre; sans discipline; sans équilibre.

ἀ-σύφηλος, ος, ον, sans aucune valeur.

ἄσυχος *pour* ἥσυχος.

ἀ-σφάδαστος, ος, ον, sans palpitation.

ἀ-σφάλεια, ας (ἡ), 1° SÛRETÉ ; sécurité. ‖ 2° garantie ; appui.

ἀσφαλής, ής, ές, 1° SÛR ; ἐν ἀσφαλεῖ εἶναι, être en sûreté. ‖ 2° prudent.

ἀ-σφαλίζω (*f.* σω), mettre en sûreté ; fortifier. — *Moyen, même sens et* se prémunir.

ἄσφαλτος, ου (ὁ), bitume.

ἀσφαλῶς, *adv.*, sûrement ; en sûreté.

ἀσφάραγος, ου (ὁ), gosier.

ἀσφόδελος, ου (ὁ), asphodèle.

ἀσφοδελός, *adj.*, où pousse l'asphodèle.

ἀσχαλάω-ῶ (*f.* ήσω), se fâcher (*gén.*, de).

ἀσχάλλω (*f.* αλῶ), *même sens.*

ἄ-σχετος, ος, ον, indomptable.

ἀ-σχημονέω-ῶ (*f.* ήσω), être inconvenant.

ἀ-σχημοσύνη, ης (ἡ), manque de convenance ; difformité.

ἀ-σχήμων, ων, ον, *gén.* ονος, inconvenant ; difforme.

ἀ-σχολέω-ῶ (*f.* ήσω) *et passif*, être occupé.

ἀ-σχολία, ας (ἡ), occupation ; empêchement.

ἄ-σχολος, ος, ον, sans loisir ; occupé.

ἀ-σχόλως, *adv.*, sans loisir.

ἀ-σώματος, ος, ον, incorporel.

ἀ-σωτία, ας (ἡ), vie de débauche.

ἄ-σωτος, ος, ον, 1° perdu ; dissolu ; ‖ 2° fatal à.

ἀ-σώτως, *adv.*, avec débauche.

ἀ-τακτέω-ῶ (*f.* ήσω), être désordonné — indiscipliné — immoral.

ἄ-τακτος, ος, ον, sans ordre ; sans discipline ; sans moralité.

ἀ-τάκτως, *adv.*, avec désordre.

ἀ-ταλαίπωρος, ος, ον, qui n'a pas de peine ; indifférent.

ἀ-τάλαντος, ος, ον, égal.

ἀταλά-φρων, ων, ον, *gén.* ονος, aux pensées tendres.

ἀτάλλω 1° *intr.*, bondir. ‖ 2° *tr.* chérir.

ἀταλός, ή, όν, tendre; enfantin.

ἀ-ταξία, ας (ἡ), désordre; indiscipline.

ἀτάομαι-ῶμαι, être accablé par le malheur.

ἀτάρ, *conj.*, mais; or; eh bien. Latin *at.*

ἀ-τάρακτος, ος, ον, ordonné; impassible.

ἀ-ταρϐής, ής, ές, intrépide.

ἀ-ταρπιτός *et* **ἀ-ταρπός, οῦ** (ἡ), *comme* ἀτραπιτός *et* ἀτραπός.

ἀ-ταρτηρός, ά, όν, funeste; violent.

ἀτασθαλία, ας (ἡ), fol orgueil.

ἀτασθάλλω, avoir un fol orgueil.

ἀτάσθαλος, ος, ον, orgueilleux à la folie.

ἄ-ταφος, ος, ον, privé de sépulture.

ἄτε, *conj.*, comme; en tant que.

ἄ-τεγκτος, ος, ον, inflexible.

ἀ-τειρής, ής, ές, inusable; inébranlable.

ἀ-τείχιστος, ος, ον, non entouré de remparts.

ἀ-τέκμαρτος, ος, ον, inintelligible; indécis.

ἄ-τεκνος, ος, ον, sans enfants.

ἀ-τέλεια, ας (ἡ), 1° imperfection ‖ 2° exemption (d'impôts).

ἀ-τέλεστος, ος, ον, 1° inachevé; vain ‖ 2° non initié (à, *gén.*)

ἀ-τελεύτητος, ος, ον, 1° sans fin; sans effet ‖ 2° inflexible.

ἀ-τελής, ής, ές 1° imparfait; sans effet; vain. ‖ 2° incapable de, *gén.* ‖ 3° exempt d'impôts. ‖ 4° non initié.

ἀ-τέμϐω, endommager; priver.

ἀ-τενής, ής, ές, 1° TENDRE. ‖ 2° fixe; attentif; opiniâtre.

ἀ-τενίζω (*f.* σω), être tendu, fixé vers.

ἄτερ, *prép*, à l'écart de, sans, *gén.*

ἀ-τέραμνος, ος, ον, 1° difficile à cuire. ‖ 2° inexorable.

ἄτερθε (ν), *prép.*, à l'écart de; sans, *gén.*

ἀ-τερπής, ής, ές, désagréable; triste.

ἄ-τερπος, ος, ον, *même sens.*

ἀ-τεχνία, ας (ἡ), inhabileté.

ἄ-τεχνος, ος, ον, 1° sans art. ‖ 2° naturel ‖ malhabile.

ἀτέω, avoir l'esprit frappé d'égarement.

ἄτη, ης (ἡ), 1° AVEUGLEMENT FATAL; CRIME. || 2° malheur. || 3° la Fatalité; la Vengeance céleste.

ἄ-τηκτος, ος, ον, qu'on ne peut fondre *ou* attendrir.

ἀ-τημέλητος, ος, ον, négligé; négligent.

ἀτηρός, ά, όν, égaré; funeste.

Ἀτθίς, ίδος (ἡ), l'Attique.

ἀ-τίζω (*f.* σω), négliger.

ἀ-τιμάζω (σω), 1° MÉPRISER; juger indigne. || 2° outrager; noter d'infamie.

ἀ-τιμάω-ῶ (*f.* ήσω), dédaigner.

ἀ-τίμητος, ος, ον, 1° non honoré. || 2° dont l'évaluation n'est pas laissée.

ἀ-τιμία, ας (ἡ), 1° MÉPRIS; déshonneur. || 2° privation des droits civiques.

ἄ-τιμος, ος, ον, 1° SANS VALEUR; sans honneur. || 2° noté d'infamie. || 3° honteux. || 4° impuni.

ἀ-τιμόω-ῶ, *comme* ἀτιμάζω.

ἀ-τιμώρητος, ος, ον, 1° IMPUNI. || 2° non protégé.

ἀτιτάλλω, élever; chérir.

ἄ-τιτος, ος, ον, non payé; non puni.

Ἀτλαντικός, ή, όν, Atlantique.

Ἀτλαντίς, ίδος (ἡ), Atlandide.

Ἄ-τλας, αντος (ὁ), Atlas.

ἀ-τλητέω-ῶ, ne pouvoir supporter.

ἄ-τλητος, ος, ον, insupportable.

ἄ-τμητος, ος, ον, non coupé; non ravagé.

ἀτμίζω (*f.* ίσω), dégager une vapeur.

ἀτμίς, ίδος (ἡ), vapeur.

ἄ-τοκος, ος, ον, 1° sans enfants. || 2° qui ne rapporte pas d'intérêts.

ἀ-τολμία, ας (ἡ), couardise.

ἄ-τολμος, ος, ον, timide; couard.

ἄ-τομος, ος, ον, non coupé; indivisible. — Ἡ ἄτ., atome. — Ἐν ἀτόμῳ, en moins d'un instant.

ἄ-τονος, ος, ον, non tendu; mou.

ἀ-τοπία, ας (ἡ), étrangeté; inconvenance.

ἄ-τοπος, ος, ον, étrange; absurde.

ἀ-τόπως, *adv.*, d'une manière absurde.
ἆτος, ος, ον, *gén.*, insatiable de.
Ἄτοσσα, ης (ἡ), Atossa.
ἄ-τρακτος, ου (ὁ, ἡ), fuseau.
ἀ-τραπιτός, οῦ (ἡ), sentier.
ἀ-τραπός, οῦ (ἡ), *même sens.*
Ἀτρείδης, ου (ὁ), Atride *ou* fils d'Atrée.
ἀ-τρέκεια, ας (ἡ), vérité vigoureuse.
ἀ-τρεκής, ής, ές, droit, exact; — ἀτρεκές, *adv.*, exactement.
ἀ-τρεκῶς, *adv.*, exactement.
ἄ-τρεμα (ς), *adv.*, sans remuer; doucement.
ἀ-τρεμέω-ῶ (*f.* ήσω), ne pas trembler; ne pas bouger.
ἀ-τρεμής, ής, ές, qui ne tremble pas; calme.
ἀ-τρεμία, ας (ἡ), calme.
ἀ-τρεμίζω (*f.* σω), *comme* ἀτρεμέω.
ἄ-τρεστος, ος, ον, qui ne tremble pas; calme.
Ἀτρεύς, έως (ὁ), Atrée.
ἀ-τριβής, ής, ες, 1° non usé; intact; non frayé.
ἄ-τριπτος, ος, ον, *même sens.*
ἄ-τρομος, ος, *comme* ἀτρεμής.
ἄ-τροφος, ος, ον, mal nourri; atrophié.
ἀ-τρύγετος, ος, ον, où l'on ne moissonne pas; stérile.
ἄ-τρυτος, ος, ον, inlassable.
Ἀ-τρυτώνη, ης (ἡ), l'inlassable (Athéna).
ἄ-τρωτος, ος, ον, qui n'est pas *ou* qui ne peut être blessé.
ἄττα, petit père, *appellation familière.*
ἄττα, *att.* *pour* τινά; ἄττα, *att pour* ἅτινα.
ἀτταταῖ, *interj.*, ah!
ἀττέλαβος, ου (ὁ), escarbot.
ἀττικίζω (*f.* ίσω), être pour les Athéniens.
ἀττικισμός, οῦ (ὁ), parti pris pour les Athéniens.
Ἀττικός, ή, όν, attique
Ἡ Ἀττική, l'Attique.
ᾄττω, *voir* ἀΐσσω.
ἀτύζομαι (*part. aor.* ἀτυχθείς), être effrayé; redouter (*acc.*)
ἀ-τυράννευτος, ος, ον, non soumis à la tyrannie.
ἄ-τυφος, ος, ον, sans orgueil.
ἀ-τυχέω-ῶ (*f.* ήσω),

échouer; manquer, *gén.*; être malheureux.

ἀ-τύχημα, ατος (τό), échec; malheur.

ἀ-τυχής, ής, ές, malheureux; frustré de, *gén.*

ἀ-τυχία, ας (ἡ), mauvais succès; malheur.

ἀ-τυχῶς, *adv.*, malheureusement.

αὖ, *adv.*, 1° DE NOUVEAU. || 2° à son tour; encore. || 3° au contraire.

αὐαίνω (*f.* ανῶ, *aor.* ηὔηνα), sécher; dessécher. — *Moy.* — *pass.*, se dessécher.

αὐγάζω (*f.* άσω), 1° éclairer. || 2° voir en pleine lumière. || 3° *intr.* briller.

αὐγή, ῆς (ἡ), 1° lumière; éclat; rayon. || 2° *Plur.*, les yeux.

αὐδάζομαι (*f.* ξομαι), parler.

αὐδάω-ῶ (*f.* ήσω), *et moyen* 1° PARLER; dire; ordonner. || 2° nommer; invoquer.

αὐδή, ῆς (ἡ), voix; parole; récit.

αὐδήεις, εσσα, εν, doué de la parole humaine.

αὖ-ερύω, tirer en arrière.

αὐθ-άδεια *et* **αὐθ-αδία, ας** (ἡ), arrogance; présomption.

αὐθ-άδης, ης, ες, arrogant; présomptueux.

αὐθ-αδίζομαι (*f.* σομαι), être présomptueux.

αὐθ-αδῶς, *adv.*, présomptueusement.

αὔθ-αιμος, ος, ον, du même sang.

αὐθ-αίμων, ων, ον, *gén.* ονος, *même sens.*

αὐθ-αίρετος, ος, ον, volontaire; libre.

αὐθ-εντέω-ῶ (*f.* ήσω), être maître de, *gén.*

αὐθ-έντης, ου (ὁ), 1° qui agit spontanément. || 2° meurtrier. || 3° suicide.

αὐθ-ημερόν, *adv.*, aujourd'hui même.

αὖθι, *adv.*, là-même; à l'instant.

αὐθι-γενής, ής, ές 1° indigène || 2° naturel.

αὖθις, *adv.*, 1° DE NOUVEAU. || 2° en arrière. || 3° à l'avenir. || 4° ensuite.

αὐθ-όμαιμος, ος, ον, du même sang.

αὐΐαχος, ος, ον, qui hurle.

αὖλαξ, ακος (ἡ), sillon.

αὔλειος, ος, ον, de la cour.

αὐλέω-ῶ (*f.* ήσω), jouer

de la flûte. — *Moy.*, se faire jouer de la flûte.

αὐλή, ῆς (ἡ), 1° COUR. ‖ 2° palais. ‖ 3° séjour ‖ 4° étable; tanière.

αὔλημα, ατος (τό), air de flûte.

αὔλησις, εως (ἡ), jeu de la flûte.

αὐλητής, οῦ (ὁ), joueur de flûte.

αὐλητικός, ή, όν, qui concerne la flûte.

αὐλητρίς, ίδος (ἡ), joueuse de flûte.

αὐλίζομαι (*f.* σομαι), séjourner, camper en plein air.

αὐλικός, ή, όν, de cour.

αὔλιον, ου (τό), étable; grotte.

αὖλις, ιδος (ἡ), 1° bivouac. ‖ 2° étable. ‖ 3° nid.

αὐλός, οῦ (ὁ), 2° FLUTE. ‖ 2° tuyau. ‖ 3° jet de sang.

αὐλών, ῶνος (ὁ), 1° tuyau; canal. ‖ 2° gorge. ‖ 3° détroit.

αὐλ-ῶπις, ιδος (ἡ), (*casque*) avec un tube (*pour l'aigrette*).

αὐξάνω *et* **αὔξω** (*f.* αὐξήσω), 1° ACCROITRE. ‖ 2° amplifier; exalter ‖ 3° *intr.*; *moyen et passif.*, croître.

αὔξη, ης *et* **αὔξησις, εως** (ἡ), accroissement.

αὖος, η, ον, sec; pauvre.

ἄ-υπνος, ος, ον, sans sommeil.

αὔρα, ας (ἡ), brise; vent; souffle.

αὔριον, *adv.*, demain; ἡ αὔριον (ἡμέρα), le lendemain.

αὐσταλέος, α, ον, desséché; noirci.

αὐστηρία, ας (ἡ), sécheresse; âpreté; austérité.

αὐστηρός, ά, όν, sec; âpre; austère.

αὐστηρότης, ητος (ἡ), sécheresse; âpreté; austérité.

αὐτ-άγγελος, ος, ον, apportant lui-même la nouvelle.

αὐτ-άγρετος, ον, ον, libre; choisi librement.

αὐτ-άδελφος, ος, ον fraternel; ὁ *ou* ἡ αὐτ... frère *ou* sœur.

αὐτάρ, *conj.*, d'autre part donc; mais; ensuite.

αὐτάρκεια, ας (ἡ), suffisance; contentement.

αὐτάρκης, ης, ες, 1° qui se suffit à soi-même; suffisant. ‖ 2° content.

αὖ-τε, *adv.*, voir αὖ.

αὐτ-εξούσιος, ος, ον, maître de soi-même.

αὐτ-επάγγελτος, ος, ον, qui s'offre spontanément.

αὐτ-ερέτης, ου (ὁ), soldat rameur.

ἀϋτέω, crier; appeler avec des cris.

ἀϋτή, ῆς (ἡ), cri; (cri de) guerre.

αὐτ-ήκοος, ος, ον, qui entend par lui-même.

αὐτ-ῆμαρ *et* **αὐτημερόν**, *comme* αὐθημερόν.

αὐτι-γενής, *comme* αὐθιγενής.

αὐτίκα, *adv.*, 1° TOUT DE SUITE; au moment présent. || 2° par exemple.

αὖτις, comme αὖθις.

ἀϋτμή, ῆς (ἡ), souffle; vapeur.

ἀϋτμήν, ένος (ὁ), *même sens.*

αὐτο-βοεί, *adv.*, dès le premier cri.

αὐτο-γνωμονέω-ῶ (*f.* ήσω), prendre conseil de soi.

αὐτό-γνωτος, ος, ον, spontané.

αὐτο-δαής, ής, ές, appris sans leçons.

αὐτό-δεκα, dix exactement.

αὐτο-δίδακτος, ος, ον, qui s'est instruit lui-même.

αὐτό-δικος, ος, ον, indépendant.

αὐτόδιον, *adv.*, immédiatement.

αὐτο-έντης, ης, ες, *comme* αὐθέντης.

αὐτο-ετές, *adv.*, dans la même année.

αὐτόθεν, *adv.*, 1° D'ICI même; de là même. || 2° dès lors; tout de suite. || 3° de son propre mouvement.

αὐτόθι, *adv.*, ici, là-même.

αὐτο-κασίγνητος, ου (ὁ), propre frère.

αὐτο-κέλευστος, ος, ον, spontané.

αὐτο-κελής, ής, ές, *même sens.*

αὐτό-κλητος, ος, ον, venu sans invitation.

αὐτο-κρατής, ής, ές, maître absolu.

αὐτο-κράτωρ, ορος (ὁ, ἡ), souverain; ayant pleins pouvoirs. — *A Rome,* dictateur; empereur.

αὐτο-κτονέω-ῶ (*f.* ησω), qui tue de sa main.

αὐτό-ματος, ος, ον, spontané; fortuit.

αὐτο-μολέω-ῶ (*f.* ήσω), déserter.

αὐτο-μολία, ας (ἡ), désertion.

αὐτό-μολος, ου (ὁ), déserteur.

αὐτο-νομέομαι-οῦμαι (*f.* ήσομαι), se gouverner par ses propres lois

αὐτο-νομία, ας (ἡ), autonomie.

αὐτό-νομος, ος, ον, autonome; spontané.

αὐτο-νυχί, *adv.*, dans cette nuit même.

αὐτό-ξυλος, ος, ον, fait de bois seul.

αὐτό-παις, παιδος (ὁ), véritable fils.

αὐτό-ποιος, ος, ον, fait spontanément.

αὐτό-πολις, εως (ἡ), indépendante.

αὐτο-πολίτης, ου (ὁ) citoyen d'une ville indépendante.

αὐτό-πρεμνος, ος, ον, avec ses racines mêmes.

αὐτ-όπτης, ου (ὁ) témoin oculaire.

αὐτός, ή, ό, *pr.-adj.* 1° MÊME, lui-même, il. || 2° de soi-même; en soi. || 3° seul. — Ὁ αὐτὸς ἄνθρωπος le même homme; αὐτὸς ὁ ἄνθρωπος, l'homme lui-même. — Φιλῶ ταῦτά σοι, j'aime les mêmes choses que toi.

αὐτόσε, *adv.*, là-même *illuc*.

αὐτο-σταδίη, ης (ἡ), mêlée.

αὐτό-στολος, ος, ον, envoyé (poussé) par soi-même.

αὐτο-σφαγής, ής, ές, qui s'égorge.

αὐτο-σχεδά, *comme* αὐτοσχεδόν.

αὐτο-σχεδιάζω (*f.* σω), improviser; agir en l'air.

αὐτο-σχέδιος, α, ον, immédiat; improvisé; αὐτοσχεδίη (μάχη), combat corps à corps.

αὐτο-σχεδόν, *adv.*, 1° DE PRÈS; sur place. || 2° sur le champ; précipitamment.

αὐτο-τελής, ής, ές, parfait: qui se suffit à soi-même.

αὐτοῦ, *adv.*, ici, là-même.

αὐτ-ουργός, ός, όν, qui travaille, qui agit par soi-même.

αὐτόφι (ν), *pour* αὐτοῦ, αὐτῶν, *et dat. sing. ou plur. de* αὐτός.

αὐτο-φυής, ής, ές, qui pousse tout seul; naturel.

αὐτό-φωρος, **ος**, **ον**, pris sur le fait; ἐπ' αὐτοφώρῳ ἁλῶναι, être pris sur le fait.

αὐτό-χειρ, χειρος (ὁ, ἡ), 1° qui fait *ou* qui est fait de la propre main. || 2° meurtrier

αὐτο-χειρί, *adv.*, de sa propre main.

αὐτο-χειρία, **ας** (ἡ), acte commis de la propre main.

αὐτό-χθων, **ων**, **ον**, *gén.* ονος, indigène; autochthone.

αὐτο-χόωνος, **ος**, **ον**, brut.

αὔτως, *adv.* 1° AINSI; ὡς αὔτως, de même. || 2° à peu près. || 3° vainement.

αὐχενίζω, étrangler.

αὐχένιος, **α**, **ον**, du cou.

αὐχέω-ῶ (*f.* ήσω), se vanter; prétendre en se vantant.

αὔχημα, **ατος** (τό), 1° orgueil. || 2° gloire.

αὐχήν, **ένος** (ὁ), 1° cou; nuque. || 2° isthme; défilé.

αὔχησις, **εως** (ἡ), *comme* αὔχημα.

αὐχμέω-ῶ (*f.* ήσω), être sec, sale.

αὐχμηρός, **ά**, **όν**, desséché; sale.

αὐχμός, **οῦ** (ὁ), sécheresse; saleté.

αὐχμώδης, **ης**, **ες**, *comme* αὐχμηρός

1. **αὔω** *et* αὔω, allumer.

2. **αὔω** (*f.* αὔσω), 1° crier. || 2° *tr.* appeler en criant.

ἀφ-αγνίζω (*f.* σω *att.* ιῶ), purifier.

ἀφ-αίρεσις, **εως** (ἡ), action d'enlever.

ἀφ-αιρέω-ῶ (*f.* ήσω, *etc.*), *act. et moy.*, enlever, retrancher; *pass. avec gén.*, être dépouillé de.

ἀφ-άλλομαι (*f.* αλοῦμαι, *etc.*), sauter de, *gén.*

ἄ-φαλος, **ος**, **ον**, sans aigrette.

ἀφ-αμαρτάνω (*f.* αμαρτήσομαι, *etc.*), ne pas obtenir, manquer, être privé de, *gén.*

ἀφ-αμαρτοεπής, **ής**, **ές**, qui divague en parlant.

ἀφ-ανδάνω, déplaire.

ἀ-φάνεια, **ας** (ἡ), obscurité; disparition.

ἀ-φανής, **ής**, **ές**, invisible; disparu; obscur.

ἀ-φανίζω (*f.* ίσω *att.* ιῶ), faire disparaître; effacer; détruire.

ἀ-φάνισις, **εως** (ἡ)

action d'effacer, d'anéantir ; disparition.

ἀ-φανισμός, οῦ (ὁ), *même sens.*

ἄ-φαντος, ος, ον, invisible ; obscur.

ἀ-φανῶς, *adv.*, obscurément.

ἀφ-άπτω (*f.* ψω), suspendre, attacher.

ἄφαρ, *adv.*, sur-le-champ.

ἄ-φαρκτος, ος, ον, *pour* ἄφρακτος.

ἀφ-αρπάζω (*f.* άσομαι), arracher par force.

ἀφάρτερος, α, ον, plus rapide.

ἀ-φασία, ας (ἡ), stupeur muette.

ἀφάσσω (*f.* άσω), toucher, caresser.

ἄ-φατος, ος, ον, indicible.

ἀφαυρός, ά, όν, faible.

ἀφάω-ῶ, *comme* ἀφάσσω.

ἀ-φεγγής, ής, ές, obscur, malheureux.

ἀ-φειδέω-ῶ (*f.* ήσω), *gén.*, 1° ne pas ménager. ‖ 2° négliger.

ἀ-φειδής, ής, ές, 1° prodigue. ‖ 2° sans respect de, *gén.*

ἀ-φειδία, ας (ἡ), prodigalité.

ἀ-φειδῶς, *adv.*, sans ménagement.

ἀφ-εκτέον, *adj. verb.* de ἀπέχομαι.

ἀ-φελής, ής, ές, simple ; naïf.

ἀφ-έλκω (*f.* ξω), entraîner ; arracher.

ἀ-φελῶς, *adv.*, simplement.

ἄφενος (τό), richesse.

ἀφ-έρπω (*f.* ψω), ramper en s'éloignant.

ἄ-φερτος, ος, ον, insupportable.

ἄφ-εσις, εως (ἡ), 1° LANCEMENT, émission. ‖ 2° renvoi ; congé. ‖ 3° remise ; acquittement.

ἄφ-ετος, ος, ον, congédié ; laissé libre.

ἀφ-έψω (*f.* ψήσω), faire cuire.

1. **ἁφή, ῆς** (ἡ), le toucher ; contact.

2. — action d'allumer.

ἀφ-ηγέομαι-οῦμαι (*f.* ήσομαι), 1° MARCHER DEVANT. ‖ 2° guider, commander, *gén.* ‖ 3° raconter, *acc.*

ἀφ-ήγημα, ατος (τό), récit.

ἀφ-ήγησις, εως (ἡ), *même sens.*

ἄφ-ημαι, être assis à l'écart.

ἀφ-ημερεύω (*f.* εύσω), être absent une journée.

ἀφ-ήτωρ, ορος, qui lance des traits.

ἀ-φθαρσία, ας (ἡ), incorruptibilité.

ἄ-φθαρτος, ος, ον, incorruptible.

ἄ-φθεγκτος, ος, ον, muet, silencieux; qu'on ne dit pas.

ἄ-φθιτος, ος, ον, impérissable.

ἄ-φθογγος, ος, ον, muet.

ἀ-φθόνητος, ος, ον, non envié.

ἀ-φθονία, ας (ἡ), 1° absence d'envie. || 2° abondance.

ἄ-φθονος, ος, ον, 1° non envieux. || 2° abondant.

ἀ-φθόνως, *adv.*, 1° sans envie. || 2° abondamment.

ἄ-φθορος, ος, ον, non corrompu.

ἀφ-ιερόω-ῶ (*f.* ώσω), consacrer.

ἀφ-ίημι (*f.* ήσω, *etc.*), 1° ENVOYER; lâcher; lancer. || 2° congédier. || 3° exempter; acquitter. || 4° laisser. || 5° négliger; perdre. || 6° *Intr.* partir.

— *Moyen,* 1° lâcher, détacher, *acc.* || 2° renoncer à, *gén.*

ἀφ-ικάνω, *comme* ἀφικνέομαι.

ἀφ-ικνέομαι-οῦμαι (*f.* ἵξομαι, *etc.*), 1° ARRIVER. || 2° parvenir, aboutir à. || 3° revenir.

ἀ-φίλητος, ος, ον, qui n'est pas aimé.

ἄ-φιλος, ος, ον, sans amis; déplaisant.

ἄφ-ιξις, εως (ἡ), arrivée.

ἀφ-ιππεύω (*f.* εύσω), s'en aller à cheval.

ἄφ-ιππος, ος, ον, impropre à l'exercice du cheval.

ἀφ-ίπταμαι, *comme* ἀποπέτομαι.

ἀφ-ίστημι (*f.* ἀποστήσω, *etc.*), I. *tr.* 1° SÉPARER; éloigner. || 2° dissuader. || 3° faire révolter; soulever.

— *Moyen, acc.* : éloigner de soi.

— II. *intr.* (*et* ἀπέστην, ἀφέστηκα), *gén.* : 1° S'ÉLOIGNER; se retirer; renoncer à. || 2° différer de. || 3° faire défection; abdiquer.

ἄφλαστον, ου (τό), arrière-poupe.

ἀφλοισμός, οῦ (ὁ), écume.

ἀφνειός, ός *ou* ά, όν, riche (*gén.*, en).

ἀφνεός, ά, όν, *même sens.*
ἄφνω, *adv.*, tout à coup.
ἀ-φόβητος, ος, ον, qui n'est pas effrayé (de, *gén.*).
ἄ-φοβος, ος, ον, *même sens.*
ἀφοβό-σπλαγχνος, ος, ον, au cœur sans crainte.
ἄφ-οδος, ου (ἡ), départ.
ἀφ-ομοιόω-ῶ (*f.* ώσω), 1° rendre semblable. ‖ 2° comparer. ‖ 3° copier.
ἀφ-οπλίζομαι (*f.* σομαι), déposer (ses armes).
ἀφ-οράω-ῶ (*f.* όψομαι, *etc.*), *et moyen* 1° observer de loin; regarder. ‖ 2° détourner sa vue.
ἀ-φόρητος, ος, ον, insupportable.
ἀ-φορία, ας (ἡ), stérilité.
ἀφ-ορίζω (*f.* ίσω *att.* ιῶ), *et moyen*, 1° limiter; déterminer. ‖ 2° bannir.
ἀφ-ορισμός, οῦ (ὁ), distinction; définition.
ἀφ-ορμάω-ῶ (*f.* ήσω), *et passif.*, s'élancer.
ἀφ-ορμή, ῆς (ἡ), 1° point de départ, départ. ‖ 2° origine; motif. ‖ 3° RESSOURCES, moyens.
ἄφ-ορμος, ος, ον, qui s'éloigne.
ἄ-φορος, ος, ον, stérile.
ἀφ-οσιόω-ῶ (*f.* ώσω), purifier; consacrer. — *Moyen* 1° se purifier. ‖ 2° *acc.*, détourner; capter.
ἀ-φραδέω-ῶ (*f.* ήσω), agir en insensé.
ἀ-φραδέως, *adv.*, follement.
ἀ-φραδής, ής, ές, insensé.
ἀ-φραδία, ας (ἡ), folie.
ἀ-φραίνω (*f.* ανῶ), *comme* ἀφραδέω.
ἄ-φρακτος, ος, ον, non muré; sans défense.
ἄ-φραστος, ος, ον, 1° indicible; étrange. ‖ 2° imprévu. ‖ 3° insensé.
ἀφράστως, *adv.*, étourdiment.
ἀφρέω-ῶ (*f.* ήσω), écumer.
ἀφρήτωρ, ορος (ὁ), insociable.
ἀφρίζω (*f.* ίσω), écumer.
ἀφροδισιάζω (*f.* άσω), s'abandonner à l'amour.
Ἀφροδίσιος, ος *ou* **α, ον,** d'Aphrodite.
Ἀφροδίτη, ης (ἡ), Aphrodite (Vénus).

ἀ-φρονέω-ῶ (*f.* ήσω), être insensé.

ἀ-φροντιστέω-ῶ, ne pas avoir de souci (de, *gén.*).

ἀ-φρόντιστος, ος, ον, 1° sans souci (de, *gén.*, ‖ 2° inattendu.

ἀφρός, οῦ (ὁ), écume.

ἀ-φροσύνη, ης (ἡ), folie.

ἄ-φρων, ων, ον, *gén* ονος, insensé.

ἀ-φυής, ής, ές, 1° sans dons naturels; incapable. ‖ 2° naïf.

ἄ-φυκτος, ος, ον, inévitable; irrésistible.

ἀ-φυλακτέω-ῶ (*f.* ήσω), ne pas être sur ses gardes (contre, *gén.*).

ἀ-φύλακτος, ος, ον, non gardé; inévitable.

ἀ-φυλάκτως, *adv.*, sans précaution.

ἀ-φυλαξία, ας (ἡ), absence de précautions.

ἄ-φυλλος, ος, ον, sans feuilles.

ἀφ-υπνίζω (*f.* σω), éveiller: s'éveiller.

ἀφυσγετός, οῦ (ὁ), bourbe.

ἀφύσσω (*f.* ξω), puiser; s'enfoncer. — *Moyen*, puiser, amasser pour soi.

ἀφ-υστερέω-ῶ (*f.* ήσω), avoir du retard.

ἀ-φώνητος, ος, ον, muet.

ἀ-φωνία, ας (ἡ), mutisme.

ἄ-φωνος, ος, ον, muet.

ἀ-φώνως, *adv.*, sans voix.

Ἀχαΐα, ας (ἡ), l'Achaïe.

Ἀχαϊκός, ή, όν *et* Ἀχαιός, ά, όν, Achéen; Grec.

ἀ-χάλινος, ος, ον, sans frein.

ἄ-χαλκος, ος, ον, non garni d'airain.

ἄ-χαρις, ις, ι, *gén.* ιτος, 1° SANS GRÂCE; déplaisant. ‖ 2° fâcheux. ‖ 3° ingrat.

ἀ-χαριστέω-ῶ (*f.* ήσω), être ingrat. — *Passif.*, être payé d'ingratitude.

ἀ-χαριστία, ας (ἡ), ingratitude.

ἀ-χάριστος *et* ἀ-χάριτος, ος, ον, 1° désagréable. ‖ 2° ingrat.

ἀ-χείρητος, ος, ον, non soigné par une main.

ἀ-χειροτόνητος, ος, ον, non proclamé par le vote.

ἀ-χείρωτος, ος, ον, 1° indompté ‖ 2° non soigné par une main.

'Αχελῷος, ου (ὁ), l'Achéloüs.

ἄ-χερδος, ου (ἡ), aubépine; prunier sauvage.

'Αχερόντιος *et* **'Αχερούσιος, α, ον,** de l'Achéron.

ἀχερωΐς, ΐδος (ἡ), peuplier blanc.

'Αχέρων, οντος (ὁ), Achéron.

ἀχεύω *et* **ἀχέω,** être affligé (de, *gén.*).

ἀχθεινός, ή, όν, pénible.

ἀχθεινῶς, *adv.*, péniblement.

ἀχθηδών, όνος (ἡ), chagrin.

ἄχθομαι (*f.* ἀχθέσομαι *et* ἀχθεσθήσομαι, *aor.* ἠχθέσθην, *pf.* ἤχθημαι), être accablé; affligé.

ἄχθος, εος-ους (τό), fardeau; chagrin.

ἀχθο-φόρος, ος, ον, qui porte des fardeaux.

'Αχίλλειος, α, ον, d'Achille.

'Αχιλλεύς, έως (ὁ), Achille.

ἀ-χίτων, ων, ον, *gén.* ωνος, qui n'a pas de tunique.

ἀχλυόεις, εσσα, εν, obscur.

ἀχλύς, ύος (ἡ), 1° brouillard. ‖ 2° douleur troublante.

ἀχλύω (*f.* σω), s'assombrir.

ἄχνη, ης (ἡ), 1° paillette ‖ 2° écume. ‖ 3° rosée.

ἄχνυμαι, être affligé de (*gén.*).

ἄ-χολος, ος, ον, sans fiel.

ἄχομαι, (*f.* ἀκαχήσομαι, *aor.* 2 ἀκαχόμην, *pf.* ἀκάχημαι), *comme* ἄχνυμαι.

ἀ-χόρευτος, ος, ον, 1° sans chœurs. ‖ 2° triste.

ἄ-χορος, ος, ον, *même sens.*

ἄχος, εος-ους (τό), peine, affliction.

'Αχραδίνη, ης (ἡ), Achradine.

ἀ-χρεῖος, ος, ον, inutile. — *Adv.*, ἀχρεῖον, inutilement.

ἀ-χρειόω-ῶ (*f.* ώσω), rendre inutile.

ἀ-χρήϊος, ος, ον, *comme* ἀχρεῖος.

ἀ-χρηματία, ας (ἡ), manque d'argent.

ἀ-χρήματος, ος, ον, qui manque d'argent.

ἀ-χρημοσύνη, ης (ἡ) manque d'argent.

ἄ-χρηστος, ος, ον, 1° INUTILE; inepte. ‖ 2° qui ne se sert pas de, *dat.*

ἄχρι (ς), 1° *prép. gén.*, jusqu'à. ‖ 2° *conj.* jus-

qu'à ce que; — ἄχρι οὗ, jusqu'à ce que.
ἀχυρμία, ᾶς (ἡ), tas de paille.
ἄχυρον, ου (τό), paille.
ἄψ, *adv.*, 1° en arrière. ‖ 2° de nouveau.
ἄ-ψαυστος, ος, ον, 1° non touché. ‖ 2° qui n'a pas touché à, *gén.*
ἀ-ψεγής, ής, ές, irréprochable.
ἀ-ψευδέω-ῶ (*f.* ήσω) ne pas mentir.
ἀ-ψευδής, ής, ές, qui ne ment pas; vrai.
ἀψίνθιον, ου (τό), absinthe.
ἄψινθος, ου (ἡ), *même sens.*
1. **ἅψις**, εως (ἡ), toucher, tact.
2. **ἀψίς**, ῖδος (ἡ), 1° nœud. ‖ 2° voûte. ‖ 3° roue de char.
ἄψ-ορροος-ους, qui reflue.
ἄψ-ορρος, ος, ον, qui revient en arrière. — *Adv.*, ἄψορρον, en arrière; de nouveau.
ἅψος, εος-ους (τό), articulation.
ἀ-ψόφητος, ος, ον, silencieux.
ἄ-ψοφος, ος, ον, *même sens.*
ἄ-ψυκτος, ος, ον, non refroidi.
ἀ-ψυχία, ας (ἡ), lâcheté.
ἄ-ψυχος, ος, ον, 1° sans vie. ‖ 2° sans courage.
ἄω (*f.* ἄσω), *et moyen*, rassassier (de, *gén.*)
ἄ-ωρος, ος, ον, 1° hors de saison. ‖ 2° non mûr. ‖ 3° difforme.
ἀ-ωτέω-ῶ, dormir.
ἄ-ωτος, ος, ον, sans oreilles.

B

βαβαί, *interj.*, oh!
Βαβυλών, ῶνος (ἡ) Babylone.
βάδην, *adv.*, 1° à pied. ‖ 2° pas à pas.
βαδίζω (*f.* βαδιοῦμαι) marcher; aller.
βάδισις, εως (ἡ), marche; démarche.
βάζω (*f* βάξω), parler; dire
βάθιστος, η, ον, *superl.* de βαθύς.
βαθμός, οῦ (ὁ), gradin; degré.

βάθος, εος-ους (τό), profondeur.

βάθρον, ου (τό), 1° gradin. || 2° base ; sol. || 3° banc.

βαθύ-γαιος, ος, ον, au sol profond.

βαθυ-δινήεις, εσσα, εν *et* **βαθυδίνης**, ου, aux profonds tourbillons.

βαθύ-ζωνος, ος, ον, aux plis profonds tombant sur la ceinture.

βαθύ-κολπος, ος, ον, *même sens.*

βαθύ-λειμος, ος, ον, aux épaisses pâtures.

βαθυ-λήϊος, ος, ον, aux épaisses moissons.

βαθύνω (*f.* νῶ), creuser profondément.

βαθυ-ρρείτης, ου (ὁ), au courant profond.

βαθύ-ρριζος, ος, ον, qui a des racines profondes.

βαθύ-ρροος-ους, ουν, au courant profond.

βαθύς, εῖα, ύ, 1° PROFOND. sombre. || 2° épais ; touffu ; ample. || 3° abondant ; fertile. || 4° réfléchi ; sournois. || 5° extrême, *en parlant du temps.*

βαθυ-σκαφής, ής, ές, creusé profondément.

βαθύ-σχοινος, ος, ον, aux joncs épais.

βαίνω (*f.* βήσομαι, *aor.* 2 ἔβην. *pf.* βέβηκα *part.* βεβώς), 1° MARCHER ; aller. || 2° s'en aller ; s'écouler ; mourir. || 3° *parfait*, être : οἱ ἐν τέλει βεβῶτες, ceux qui sont en charge. || 4° *tr.*, faire aller.

βαΐον, ου (τό), feuille *ou* branche de palmier.

βαιός, ά, όν, petit. — *Adv.* βαιόν, un peu.

βαίτη, ης (ἡ), casaque de peau.

βακτηρία, ας (ἡ), bâton.

βάκχειος, α, ον, de Bacchus ; bachique.

βακχεύω (*f.* σω), 1° célébrer les fêtes de Bacchus. || 2° être en délire. || 3° *tr.* transporter d'un délire bachique ; *passif.* être transporté de délire.

βάκχη, ης *ou* **βακχίς**, ίδος (ἡ), bacchante.

βακχικός, **βάκχιος** *et* **βακχιώτης**, ου, de Bacchus.

Βάκχος, ου (ὁ), Bacchus ; — β... prêtre de Bacchus ; homme inspiré, transporté.

βαλαν-άγρα, ας (ἡ), clef de verrou.

βαλανεῖον, ου (τό), bain.

βαλανη-φάγος, ος, ον, mangeur de glands.

βαλανη-φόρος, ος, ον, qui porte des dattes.

βάλανος, ου (ἡ), 1° gland. || 2° datte. || 3° châtaigne. || 4° verrou.

βαλάντιον, ου (τό), bourse.

βαλαντιο-τομέω-ῶ (*f.* ήσω), couper les bourses, voler.

βαλβίς, ῖδος (ἡ), barrière (*départ ou arrivée*). || 2° base; sommet. || 3° terme.

βαλιός, ά, όν, tacheté.

βάλλω (*f.* βαλῶ, *aor.* 2. ἔβαλον, pf. βέβληκα; *passif*, *f.* βληθήσομαι, aor. 1 ἐβλήθην, pf. βέβλημαι), 1° LANCER, frapper; blesser. || 2° répandre. || 3° apporter; procurer; inspirer. || 4° rejeter.
— *Intr.* s'élancer; se précipiter : βάλ' ἐς κόρακας, va-t'en aux corbeaux = au diable.
— *Moyen* (*f.* βαλοῦμαι, *aor.* 2 ἐβαλόμην), 1° jeter pour soi *ou* sur soi. || 2° fonder, établir. || 3° concevoir, méditer : βάλλεσθαί τι εἰς θυμόν, se mettre quelque chose dans l'esprit.

βαμβαίνω, claquer des dents.

βαναυσία, ας (ἡ), travail manuel.

1. **βάναυσος**, ος, ον, mécanique; grossier.

2. **βάναυσος**, ου (ὁ, ἡ), ouvrier; ouvrière.

βάξις, εως (ἡ), parole; oracle; rumeur.

βαπτίζω (*f.* ίσω *att.* ιῶ), plonger, immerger. || 2° baptiser.

βάπτισμα, ατος (τό), *et* **βαπτισμός**, οῦ (ὁ), baptême.

βαπτιστής, οῦ (ὁ), celui qui baptise.

βάπτω (*f.* ψω), 1° plonger; tremper. || 2° teindre. || 3° *intr.*, s'enfoncer.

βάραθρον, ου (τό), 1° gouffre. || 2° Barathre (*à Athènes*).

βαρβαρίζω (*f.* ίσω *att.* ιῶ), agir *ou* parler comme les barbares.

βαρβαρικός, ή, όν, barbare; qui n'est pas d'origine grecque.

βαρβαρικῶς, *adv.*, de façon barbare.

βαρβαρισμός, οῦ (ὁ), langage barbare.

βαρβαριστί, *adv.*, à la façon des barbares (*actions, langage*).

βαρβαρόομαι-οῦμαι (*f.* ωθήσομαι), devenir barbare.

βάρβαρος, ος, ον, barbare; non grec; grossier. **Οἱ βάρβαροι,** les Barbares (*surtout les Perses*).

βαρβαρό-φωνος, ος, ον, qui parle en barbare.

βάρβιτον, ου (τό), *et* **βάρβιτος, ου** (ὁ, ἡ), luth.

βαρέω-ῶ (*f.* ήσω), alourdir; βεβαρηώς, alourdi.

βαρέως, *adv.*, péniblement; βαρέως ἔχειν, être peiné.

βᾶρις, ιδος (ἡ), gondole barbare.

βάρος, εος-ους (τό), 1° POIDS; charge. || 2° abondance; puissance. || 3° gravité.

βαρυ-άλγητος, ος, ον, très douloureux.

βαρυ-αχής, ής, ές, *même sens.*

βαρυ-βρεμέτης, ου (ὁ), aux lourds grondements.

βαρυ-βρώς, ῶτος (ὁ, ἡ), dévorant.

βαρύνω (*f.* νῶ), 1° alourdir. || 2° opprimer; mécontenter.

βαρύ-ποτμος, ος, ον, malheureux.

βαρύς, εῖα, ύ, 1° LOURD; alourdi. || 2° fort; important. || 3° pénible, désagréable. || 4° grave (*voix*).

βαρύ-στονος, ος, ον, 1° qui gémit profondément. || 2° qui fait gémir profondément.

βαρυ-σύμφορος, ος, ον, profondément malheureux.

βαρύτης, ητος (ἡ), 1° LOURDEUR. || 2° humeur désagréable. || 3° gravité (*caractère; son*).

βαρύ-τιμος, ος, ον, coûteux.

βαρύ-ψυχος, ος, ον, pusillanime.

βασανίζω (*f.* ίσω *att.* ιῶ) 1° essayer; éprouver. || 2° torturer.

βασανισμός, οῦ (ὁ), 1° épreuve. || 2° torture.

βασανιστής, οῦ (ὁ), 1° examinateur. || 2° bourreau.

βάσανος, ου (ἡ), 1° pierre de touche; épreuve. || 2° torture.

1. **βασίλεια, ας** (ἡ), reine.
2. **βασιλεία, ας** (ἡ), royauté.
βασίλειον, ου (τό), 1° palais ‖ 2° trésor royal.
βασίλειος, ος, *ou* **α, ον,** royal.
βασιλεύς, εως (ὁ), 1° ROI; chef. ‖ 2° *à Athènes,* archonte-roi.
βασιλεύω (*f.* σω), 1° régner. ‖ 2° être archonte-roi. ‖ 3° *passif,* être gouverné par un roi.
βασιλήϊος, *comme* βασίλειος.
βασιληΐς, ΐδος (ἡ), royal (de roi, de reine).
βασιλικός, ή, όν, royal ; ὁ β., courtisan.
βασιλίς, ίδος *et* **βασίλισσα, ης** (ἡ), *comme* βασίλεια.
βάσιμος, ος, ον, accessible.
βάσις, εως (ἡ), 1° MARCHE. ‖ 2° pied; pas. ‖ 3° base.
βασκαίνω (*f.* ανῶ, *aor.* ἐβάσκηνα), 1° ensorceler. ‖ 2° dénigrer. ‖ 3° porter envie à, *dat.*
βασκανία, ας (ἡ), 1° fascination. ‖ 2° dénigrement. ‖ 3° envie.
βάσκανος, ος, ον, sorcier. ‖ 2° médisant. ‖ 3° envieux.
βάσκε, *impér.*, va.
βασσάριον, ου (τό), petit renard.
βαστάζω (*f.* σω), 1° LEVER; porter; embrasser. ‖ 2° enlever. ‖ 3° célébrer.
βάτ(τ)αλος, ου (ὁ), débauché.
1. **βατός, ή, όν,** accessible.
2. **βάτος, ου** (ἡ), ronce.
βάτραχος, ου (ὁ), grenouille.
βαφεύς, έως (ὁ), teinturier.
βαφή, ῆς (ἡ), trempe; teinture.
βδέλλα, ης (ἡ), sangsue.
βδελυγμία, ας (ἡ), nausée.
βδελυρία, ας (ἡ), vie infâme.
βδελυρός, ά, όν, infâme.
βδελύσσομαι, *att.* **ττομαι** (*f.* ξομαι, *aor.*, ἐβδελύχθην), détester avec horreur.
βέβαιος, α, ον, FERME; solide; sûr.
βεβαιότης, ητος (ἡ), solidité; sûreté.
βεβαιόω-ῶ (*f.* ώσω), AFFERMIR; assurer; garantir. — *Moyen, mêmes sens* et certifier.
βεβαίως, *adv.*, solidement.

βεβαίωσις, εως (ἡ), action d'affermir ; garantie.

βεβαιωτής, οῦ (ὁ), garant.

βέβακται, *de* βάζω.

βέβηλος, ος, ον, profane.

βεβώς *de* βαίνω.

βεκός, έος-οῦς (τό), pain.

βέλεμνον, ου (τό), trait, flèche.

βελόνη, ης (ἡ), aiguille ; pointe.

βέλος, εος-ους (τό), 1° TRAIT, projectile. ‖ 2° coup ; douleur aiguë.

βέλτερος, α, ον, *comme* βελτίων.

βέλτιστος *superl. de* ἀγαθός.

βελτίων, *compar. de* ἀγαθός.

βένθος, εος-ους (τό), profondeur.

βέομαι *et* **βείομαι**, je vivrai.

βέρεθρον, ου (τό), *comme* βάραθρον.

βηλός, οῦ (ὁ), seuil ; demeure.

βῆμα, ατος (τό), 1° PAS ; marche. ‖ 2° tribune.

βήξ, **βηχός** (ὁ *ou* ἡ), toux.

βήρυλλος, ου (ὁ), béryl.

βῆσσα, ης (ἡ), vallon

βήσσω, *att.* **ττω** (*f.* ξω), tousser.

βητάρμων, ονος (ὁ), danseur.

βία, ας (ἡ), 1° FORCE ; βίη Ἡρακληείη, la force d'Héraclès, Héraclès. ‖ 2° violence ; βίᾳ ὑμῶν, malgré vous. ‖ 3° outrage.

βιάζω *et mieux* **βιάζομαι** (*f.* άσομαι), VIOLENTER ; contraindre ; obtenir par la force. — *Passif.* (*f.* βιασθήσομαι), être violenté ; être obtenu par la force.

βίαιος, α *ou* ος, ον, 1° VIOLENT. ‖ 2° forcé.

βιαίως, *adv.* violemment.

βιαστής, οῦ (ὁ), ravisseur.

βιάω-ῶ, *comme* βιάζω.

βιβάζω (*f.* άσω, *att.* βιβῶ), faire marcher.

βιβάσθω, **βιβάω**, **βίβημι**, marcher à grandes enjambées.

βιβλάριον, **βιβλίδιον**, ου (τό), petit livre.

βιβλίον, ου (τό), livre ; papier.

βίβλος, ου (ἡ), livre ; papier.

βιβρώσκω (*f.* βρώσομαι, *aor. 2* ἔβρων, *pf.* βέβρωκα ; *passif. f.* βρωθήσομαι...) manger, dévorer.

Βιθυνία, ας (ἡ), Bithynie.

βῖκος, ου (ὁ), amphore.

βιό-δωρος, ος, ον, nourricier.

1. **βίος, ου** (ὁ), 1° VIE. ‖ 2° moyens de vivre; ressources.

2. **βιός, οῦ** (ὁ), arc.

βιο-στερής, ής, ές, privé de ressources.

βιοτεύω (*f.* σω), vivre; subsister.

βιοτή, ῆς (ἡ), *et* **βίοτος, ου** (ὁ), vie; subsistance; genre de vie.

βιόω-ῶ (*f.* βιώσομαι, *aor.* 2 ἐβίων; *passif pf.* βεβίωται), vivre. Τὰ βεβιώμενα, les choses faites pendant la vie.

βιώσιμος, ος, ον, qui peut *ou* qui fait vivre.

βίωσις, εως (ἡ), moyens, manière de vivre.

βιωτικός, ή, όν, 1° relatif à la vie. ‖ 2° qui sait gagner sa vie.

βιωτός, ή, όν, qu'on peut vivre.

βλαβερός, ά, όν, nuisible.

βλαβερῶς, *adv.*, de façon nuisible.

βλάβη, ης (ἡ), tort; dommage.

βλάβος, εος-ους (τό), *même sens*.

βλάβω, *comme* βλάπτω.

βλακεία, ας (ἡ), inertie; lâcheté.

βλακεύω (*f.* σω), être inerte, lâche.

βλακίστατος, superl. de βλάξ.

βλάξ, βλακός (ὁ, ἡ), mou; lâche; stupide.

βλάπτω (*f.* ψω; *passif f.* βλαφθήσομαι et βλαβήσομαι) *acc.*, 1° NUIRE; endommager; blesser. ‖ 2° égarer; aveugler.

βλαστάνω (*f.* βλαστήσω, *aor.* 2 ἔβλαστον), germer; naître; pousser.

βλαστός, οῦ (ὁ), germe; pousse.

βλασφημέω-ῶ (*f.* ήσω), *intr. ou acc.* 1° blasphémer. ‖ 2° calomnier.

βλασφημία, ας (ἡ), 1° blasphème. ‖ 2° calomnie.

βλάσφημος, ος, ον 1° qui blasphème. ‖ 2° qui calomnie.

βλεμεαίνω, être fier (*dat.*, de).

βλέμμα, ατος (τό,) regard.

βλεπτός, ή, όν, qui peut être vu.

βλέπω (*f.* ψω), 1° VOIR, regarder. ‖ 2° avoir en vue. ‖ 3° être tourné vers. ‖ 4° avoir tel air :

σεμνὸν βλέπειν, avoir l'air fier. || 5° *intr.*, voir; voir clair.
βλεφαρίς, ίδος (ἡ), cil.
βλέφαρον, ου (τό), paupière; œil.
βλῆμα, ατος (τό) 1° jet, trait. || 2° coup de dés.
βλῆτρον, ου (τό), clou.
βληχάομαι-ῶμαι (*f.* ήσομαι), bêler.
βληχή, ῆς (ἡ), bêlement.
βλιτομάμμας, ου (ὁ), nigaud (*qui tette encore sa mère*).
βλίττω (*f.* σω), exprimer (un suc).
βλοσυρός, ά, όν 1° terrible. || 2° imposant.
βλοσυρ-ῶπις, ιδος (ἡ), aux yeux terribles.
βλωθρός, ά, όν, touffu.
βλώσκω (*f.* μολοῦμαι, *aor.* 2 ἔμολον, *pf.* μέμϐλωκα), aller; venir; revenir.
βο-άγριον, ου (τό), bouclier en cuir de bœuf sauvage.
βόαμα, ατος (τό), cri.
βοάω-ῶ (*f.* βοήσομαι, *aor.* ἐϐόησα), 1° *intr.*, crier; mugir. || 2° *tr.*, appeler à grands cris; invoquer. || 3° *et passif*, proclamer; vanter.
βοεικός, ή, όν *et* **βόειος** *et* **βόεος, α, ον**, de bœuf; **βοείη** (ἡ), peau de bœuf.
βο-εύς, έως (ὁ), lanière de cuir de bœuf.
1. **βοή, ῆς** (ἡ), 1° cri, son. || 2° appel. || 3° guerre.
2. **βοῆ, ῆς** (ἡ), peau de bœuf.
Βοη-δρομιών, ῶνος (ὁ), boédromion (*mois, sept.-oct.*).
βοήθεια, ας (ἡ), 1° secours. || 2° renfort.
βοηθέω-ῶ (*f.* ήσω), secourir, *dat. ou prép.*
βοη-θόος, ος, ον, qui accourt à l'aide.
βοηθός, ός, όν, qui vient au secours; défenseur.
βόηλασία, ας (ἡ), vol de troupeaux.
βο-ηλάτης, ου (ὁ), 1° voleur de bœufs. || 2° bouvier.
βοητύς, ύος (ἡ), cri.
βόθρος, ου (ὁ), trou.
βόθυνος, ου (ὁ), *même sens.*
βοιωτ-αρχέω-ῶ (*f.* ήσω), être béotarque.
βοιωτ-άρχης *et* **βοιωτάρχος, ου** (ὁ), béotarque, *magistrat suprême des Béotiens.*
Βοιωτία, ας (ἡ), Béotie.
βοιωτιάζω (*f.* άσω), 1° parler béotien. ||

2° tenir pour les Béotiens.

Βοιώτιος, α, ον *et* **Βοιωτός**, ή, όν, Béotien.

βολή, ῆς (ἡ), 1° jet. ‖ 2° trait. ‖ 3° blessure.

βόλος, ου (ὁ), 1° jet. ‖ 2° coup de filet; filet.

βομβέω-ῶ (*f.* ήσω), bourdonner; bruire; gronder.

βόμβος, ου (ὁ), bruit sourd.

βορά, ᾶς (ἡ), pâture.

βόρβορος, ου (ὁ), fange.

βορβορώδης, ης, ες fangeux.

Βορέας, *et* **Βορρᾶς**, οῦ (ὁ), Borée (*vent du Nord*).

Βόρειος, α *ou* ος, ον, du Nord.

βορός, ά, όν, vorace.

βόρυς, υος (ὁ), antilope.

βόσις, εως (ἡ), pâture.

βόσκημα, ατος (τό), 1° bétail. ‖ 2° pâture.

βόσκω (*f.* βοσκήσω), 1° faire paître; nourrir ‖ 2° *moyen*, paître; se repaître de, *acc. et dat.*

Βόσπορος, ου (ὁ), le Bosphore.

βόστρυχος, ου (ὁ), boule de cheveux.

βοτάμια, ων (τά), pâturage.

βοτάνη, ης (ἡ), pâture; herbe.

βοτήρ, ῆρος (ὁ), pâtre.

βοτόν, οῦ (τό), bétail; brebis.

βοτρυδόν, *adv.*, en grappe.

βότρυς, υος (ὁ), grappe.

βούβαλις, ιος (ἡ), antilope.

βού-βοτος, ος, ον, où l'on fait paître les bêtes.

βού-βρωστις, εως (ἡ), 1° fringale. ‖ 2° chagrin qui dévore.

βουβών, ῶνος (ὁ), 1° aine. ‖ 2° tumeur.

βου-γάϊος, ου (ὁ), fanfaron.

βου-θερής, ής, ές, où paissent les bœufs.

βου-θυτέω-ῶ (*f.* ήσω), sacrifier des bœufs.

βού-κερως, ως, ων, *gén.* ω, aux cornes de bœuf.

Βουκεφάλας, α (ὁ), Bucéphale.

βου-κολέω-ῶ (*f.* ήσω), 1° faire paître. ‖ 2° soigner; soulager. ‖ 3° tromper.

— *Moyen*. 1° paître. ‖ 2° se repaître, *dat.* ‖ 3° tromper, *acc.*

βου-κολία, ας (ἡ), *et* **βουκόλιον**, ου (τό), troupeau de bœufs.

βουκολικός, ή, όν, pastoral.

βου-κόλος, ου (ὁ), bouvier.

βουλεία, ας (ἡ), dignité de sénateur.

βούλευμα, ατος (τό), résolution.

βουλευτήριον, ου (τό), salle du conseil; salle du sénat.

βουλευτής, οῦ (ὁ), conseiller; sénateur.

βουλευτικός, ή, όν, 1° qui peut conseiller. ‖ 2° sénatorial.

βουλεύω (*f.* σω), 1° CONSEILLER. ‖ 2° être membre du Conseil; délibérer. ‖ 3° résoudre. — *Moyen.* 1° délibérer. ‖ 2° décider. — *Passif* : τὰ βεβουλευμένα, les mesures décidées.

βουλή, ῆς (ἡ), 1° VOLONTÉ; conseil, avis. ‖ 2° délibération; décision ‖ 3° conseil (*assemblée*); *à Athènes*, Conseil des Cinq Cents; *à Rome*, Sénat.

βούλημα, ατος (τό), volonté; dessein.

βούλησις, εως (ἡ), vouloir; désir.

βουλη-φόρος, ος, ον, qui conseille; qui dirige.

βουλιμία, ας (ἡ), boulimie, faim violente.

βουλιμιάω-ῶ (*f.* άσω), avoir la boulimie.

βούλιμος, ου (ὁ), comme βουλιμία.

βούλομαι (*f* βουλήσομαι, *aor.* ἐβουλήθην *et* ἠβουλήθην, *pf.* βεβούλημαι) 1° VOULOIR; désirer; vouloir bien; βούλεσθαι μᾶλλον, aimer mieux; βούλει φράσω (*subj.*), veux-tu que je te dise? ὁ βουλόμενος, le premier venu. ‖ 2° avoir telle opinion; pencher pour, βούλεσθαι τὰ τῶν Ἀθηναίων, incliner au parti des Athéniens. ‖ 3° avoir tendance à. ‖ 4° signifier : τί βούλεται τοῦτο, que signifie cela?

βου-λυτός, οῦ (ὁ), heure de dételer les bœufs (*le soir*).

βου-νόμος, ος, ον, en pâture.

βουνός, οῦ (ὁ), colline.

βου-πλήξ, ῆγος (ὁ, ἡ), aiguillon pour toucher les bœufs.

βου-πόρος, ος, ον, qui perce les bœufs.

βού-πρῳρος, ος, ον, qui a une tête de bœuf.

βοῦς, βοός (ὁ, ἡ), 1° BOEUF;

vache. ‖ 2° peau de bœuf. ‖ 3° pièce de monnaie, portant un bœuf en effigie. *D'où prov.* : βοῦς ἐπὶ γλώσσῃ, = payé pour se taire.

βού-σταθμον, οῦ (τό), étable.

βου-φονέω-ῶ (*f.* ήσω), immoler des bœufs.

βου-φορβός, ός, όν, qui élève des bœufs.

βο-ῶπις, ιδος (ἡ), aux grands yeux (aux yeux de bœuf).

βραβεῖον, ου (τό), prix *décerné aux jeux*.

βραβεύς, έως (ὁ), arbitre.

βραβευτής, οῦ (ὁ), *même sens*.

βραβεύω (*f.* σω), juger comme arbitre; régler.

βρύγχος, ου (ὁ), enrouement.

βραδέως, *adv.*, lentement.

βραδύνω (*f.* νῶ), 1° *tr.*, retarder. ‖ 2° *intr. et moyen*; tarder.

βραδύς, εῖα, ύ, lent (*en tous sens*).

βραδυτής, ῆτος (ἡ), lenteur.

βράσσω, *att.* ττω (*f.* σω), agiter.

βράσσων = βραχίων, *comp.* de βραχύς.

βραχεῖν, (ἔ)βραχον, *aor.* 2 de *l'inus.* βράχω, résonner; crier.

βραχέως, *adv.*, brièvement.

βράχιστος, η, ον, *superl.* de βραχύς.

βραχίων, ονος (ὁ), bras.

βράχος, εος-ους (τό), bas-fond.

βραχυ-λογία, ας (ἡ), concision.

βραχυ-λόγος, ος, ον, concis.

βραχύς, εῖα, ύ, 1° COURT; ἐν βραχεῖ, en peu de mots, en peu de temps. ‖ 2° peu nombreux. ‖ 3° mince; faible; — βραχύ, *adv.*, faiblement.

βραχύτης, ητος (ἡ), brièveté; petitesse.

βρέμω, *act. et moyen*, gronder; retentir.

βρενθύομαι, se rengorger.

βρέτας, ους (τό), statue de bois grossier.

βρέφος, εος-ους (τό), nouveau-né; petit animal.

βρεχμός, οῦ (ὁ), haut de la tête.

βρέχω (*f.* ξω), 1° mouiller; tremper. ‖ 2° enivrer. ‖ 3° *intr.*, il pleut.

βριαρός, ά, όν, vigoureux.
βρίζω (*f.* ξω), sommeiller.
βρι-ήπυος, ος, ον, qui crie fort.
βρῖθος, ους (τό), *et* **βριθοσύνη, ης** (ἡ), poids; fardeau.
βριθύς, εῖα, ύ, lourd.
βρίθω (*f.* σω, *pf.* βέβριθα), 1° *intr.*, ÊTRE LOURD, peser; pencher; l'emporter. ‖ 2° *tr.* charger.
βρομέω-ῶ, bourdonner; gronder.
βρόμιος, α, ον, frémissant; *épithète de Bacchus.*
βρόμος, ου (ὁ), frémissement; bruit.
βροντάω-ῶ (*f.* ήσω), tonner.
βροντή, ῆς (ἡ), 1° tonnerre. ‖ 2° étonnement (*au sens classique*).
βροντησι-κέραυνος, ος, ον, qui porte tonnerre et éclairs.
βρότε(ι)ος *et* **βροτήσιος, α, ον,** mortel.
βροτόεις, εσσα, εν, sanglant.
βροτο-λοιγός, ός, όν, fléau des mortels.
1. **βροτός, ή, όν,** mortel.
2. **βρότος, ου** (ὁ), sang qui provient d'une blessure.
βροτόω-ῶ (*f.* ώσω), souiller de sang.
βρόχος, ου (ὁ), lacet; filet.
βρυγμός, οῦ (ὁ), grincement de dents.
βρύκω (*f.* ξω), ronger; dévorer.
βρυχάομαι-ῶμαι (*f.* ήσομαι), rugir; frémir.
βρύχω (*f.* ξω), grincer des dents.
βρύω (*f.* σω), pulluler; regorger de.
βρῶμα, ατος (τό), nourriture; aliment.
βρώμη, ης *et* **βρῶσις, εως** (ἡ), action de manger; nourriture.
βρώσιμος, ος, ον *et* **βρωτός, ή, όν,** qui se mange.
βρωτύς, ύος (ἡ), *comme* βρῶσις.
βύβλινος, η, ον, fait de papyrus.
βυβλίον, ου (τό), *comme* βιβλίον.
βύβλος, ου (ἡ), papyrus; papier, livre.
Βυζάντιον, ου (τό), Byzance.
βύζην, *adv.*, en masse.
βυθίζω (*f.* σω), enfoncer.

βυθός, οῦ (ὁ), fond.
βύκτης, ου (ὁ), mugissant.
βυνέω-ῶ, boucher; bourrer.
βύρσα, ης (ἡ), peau, cuir.
βυρσίνη, ης (ἡ), courroie.
βύσσινος, η, ον, de lin.
βυσσο-δομεύω (*f.* σω), méditer à fond; machiner.
βυσσόθεν, *adv.*, du fond.
1. βυσσός, οῦ (ὁ), fond.
2. βύσσος, ου (ἡ), lin.
βύω (*f.* σω), boucher, bourrer.
βωθέω comme βοηθέω.
βῶλος, ου (ἡ), motte de terre; masse.
βώμιος, α *ou* ος, ον, de l'autel.
βωμο-λοχεύομαι (*f.* σομαι), faire des bouffonneries.
βωμο-λόχος, ου (ὁ), bouffon.
βομίς, ίδος (ἡ), petit autel.
βωμός, οῦ (ὁ); autel; piédestal.
βῶν, *acc.* pour βοῦν, *de* βοῦς.
βώσας *pour* βοήσας, *de* βοάω.
βωστρέω-ῶ (*f.* ήσω), crier; appeler en criant.
βωτι-άνειρα, ας (ἡ), nourricière d'hommes.
βώτωρ, ορος (ὁ), pâtre.

Γ

γάγγραινα, ης (ἡ), gangrène.
γάζα, ης (ἡ), trésor royal.
γαζο-φυλάκιον, ου (τό), trésor.
γαῖα, ας (ἡ), 1° *comme* γῆ. ‖ 2° Gæa, *la Terre.*
γαιήϊος, ος, ον, de la terre.
γαιή-οχος, ος, ον, qui embrasse la terre.
γαίω, s'enorgueillir de, *dat.*
γάλα, γάλακτος (τό), lait.
γαλα-θηνός, ός, όν, encore à la mamelle.
γαλακτο-πότης, ου (ὁ), buveur de lait.

γαλέη *et* **γαλῆ**, ῆς (ἡ), belette.

γαλήνη, ης (ἡ), calme de la mer; ciel serein.

γαληνός, ός, όν, calme; serein.

γαλόως, *att.* **γάλως**, ω (ἡ), sœur du mari; belle-sœur.

γαμβρός, οῦ (ὁ), gendre; beau-frère; parent par alliance (*affinis*).

γαμετή, ῆς (ἡ), femme mariée; épouse.

γαμέτης, ου (ὁ), mari.

γαμέω-ῶ (*f.* ήσω), *intr.*, prendre femme, se marier (*ducere*).

— *Moyen* (*f.* γαμοῦμαι), 1° *intr.*, prendre mari, se marier (*nubere*). ‖ 2° *tr.*, marier.

— *Passif*, être prise pour femme.

Γαμηλιών, ῶνος (ὁ), Gamélion (*mois, janvier-février*).

γαμικός, ή, όν, du mariage; nuptial.

γαμίσκομαι, se marier (*pour une femme*).

γάμος, ου (ὁ), 1° mariage ‖ 2° noces.

γαμφηλαί, ῶν (αἱ), museau; mâchoire; bec.

γαμψ-ῶνυξ, υχος (ὁ, ἡ), aux ongles crochus.

γανάω-ῶ, briller:

γάνος, εος-ους (τό), éclat; joie.

γανόω-ῶ, faire briller.

γάνυμαι (*f.* γανύσομαι), se réjouir.

Γανυμήδης, εος-ους (ὁ), Ganymède.

γάρ, *conj.* 1° CAR; en effet. ‖ 2° τίς γάρ, qui donc? εἰ (εἴθε) γάρ, plût au ciel que!

γαργαλίζω (*f.* σω), chatouiller.

γαργαλισμός, οῦ (ὁ), chatouillement.

γαστήρ, *gén.* **γαστρός** *et* **γαστέρος** (ἡ), ventre; estomac.

γάστρα, ας (ἡ), ventre (*d'un vase*).

γαστρι-μαργία, ας (ἡ), gloutonnerie.

γαστρί-μαργος, ος, ον, glouton.

γαυλικός, *et* **γαυλιτικός**, ή, όν, appartenant à un navire marchand.

1. **γαῦλος**, ου (ὁ), navire marchand.

2. **γαυλός**, οῦ (ὁ), jatte à lait.

γαυριάω-ῶ (*f.* άσω), *et moyen*, être fier (de, *dat.*)

γαῦρος, ος, ον, fier.

γδουπέω, *comme* δουπέω.

γέ, *partic enclit.* 1° du

moins, certes ‖ 2° précisément.

γέγαα, *pf. de* γίγνομαι.

γέγηθα, *pf. de* γηθέω.

γέγωνα (*pf.* 2 *de* γεγωνέω), crier ; dire.

γεγώνω, **γεγωνίσκω**, *comme* γέγωνα.

γεγώς, **ῶσα**, *part. pf.* 2 de γίγνομαι.

Γέεννα, **ης** (ἡ), Géhenne.

γείνομαι, 1° *moyen* (*aor.* ἐγεινάμην), engendrer ; mettre au monde. ‖ 2° *passif*, être engendré.

γειτνιάω-ῶ, être voisin de ; semblable à, *dat.*

γειτονία, **ας** (ἡ), voisinage.

γείτων, **ων**, **ον**, *gén.*, **ονος**, 1° VOISIN. ‖ 2° semblable.

γελασείω, avoir envie de rire.

γελαστής, **οῦ** (ὁ), rieur.

γελαστός, **ή**, **όν**, risible.

γελάω-ῶ (*f.* γελάσω ; *f. pass.* γελασθήσομαι), 1° RIRE, railler. ‖ 2° être riant, brillant.

γέλοιος (*et* **γελοῖος**), **α**, **ον**, plaisant, ridicule.

γελόω, *comme* γελάω.

γέλως, **ωτος** (ὁ), rire ; raillerie ; objet de risée.

γέλωτο-ποιέω-ῶ, faire rire.

γελωτο-ποιός, **ός**, **όν**, bouffon.

γεμίζω (*f.* σω, *att.* ιῶ), remplir.

γέμω, être plein (*gén.* de).

γενεά, **ᾶς** (ἡ), 1° NAISSANCE ; origine. ‖ 2° famille ; race. ‖ 3° génération.

γενεα-λογέω-ῶ (*f.* ήσω), placer dans une généalogie.

γενεαλογία, **ας**, (ἡ), généalogie.

γενέθλη, **ης** (ἡ), 1° NAISSANCE, origine. ‖ 2° race ‖ 3° postérité.

γενέθλιος, **ος**, **ον**, 1° de la naissance ; natal ; τὰ γενέθλια, anniversaire. ‖ 2° de la famille

γένεθλον, **ου** (τό), rejeton ; race.

γενειάς, **άδος**, (ἡ), barbe, menton.

γενειάζω, **γενειάσκω** *et* **γενειάω-ῶ**, commencer à avoir de la barbe.

γένειον, **ου** (τό), menton.

γενέσιος, **ος**, **ον**, *comme* γενέθλιος.

γένεσις, **εως** (ἡ), 1° NAISSANCE ; origine. ‖ 2° création ; créature.

γενετή, ῆς (ἡ), naissance.

γενέτης, ου (ὁ), 1° père. || 2° fils.

γενέτωρ, ορος (ὁ), père.

γενηΐς, ίδος (ἡ), hache.

γέννα, ης (ἡ), *comme* γένος.

γεννάδας, ου (ὁ), noble.

γενναῖος, α, ον, BIEN NÉ; noble, fort.

γενναιότης, ητος (ἡ), noblesse.

γενναίως, *adv.*, noblement.

γεννάω-ῶ (*f.* ήσω), engendrer; produire.

γέννημα, ατος (τό), rejeton; produit.

γέννησις, εως (ἡ), action d'engendrer; naissance.

γεννητής, οῦ (ὁ), père.

γεννητός, ή, όν, engendré.

γεννήτωρ, ορος (ὁ), *comme* γεννητής.

γένος, εος-ους (τό), 1° NAISSANCE, origine. || 2° race; famille; nation. || 3° génération. || 4° espèce; genre.

γέντο (*aor.* 2 = εἵλετο), il saisit.

γένυς, υος (ἡ), mâchoire.

γεραιός, ά, όν, vieux; vénérable; οἱ γεραίτεροι les anciens (du peuple).

γεραίρω (*f.* αρῶ), honorer.

γέρανος, ου (ἡ), grue.

γεραός, ή, όν, *comme* γεραιός.

γεραρός, ά, όν, vénérable.

γέρας, *gén.* **γέρως** 1° RÉCOMPENSE; honneur. || 2° privilège.

γεροντ-αγωγέω-ῶ (*f.* ήσω), mener un vieillard.

γερόντιον, ου (τό), petit vieillard.

γερουσία, ας (ἡ), conseil des vieillards; sénat.

γερούσιος, α, ον, des vieillards.

γέρρον, ου (τό), bouclier d'osier; auvent.

γερρό-φοροι, ων (οἱ), soldats portant un bouclier d'osier.

γέρων, οντος (ὁ), vieillard; οἱ γέροντες, les sénateurs.

Γέται, ων (οἱ), les Gêtes.

γεῦμα, ατος (τό), goût, saveur.

γεῦσις, εως (ἡ), sens du goût.

γεύω (*f.* σω), faire goûter. — *Moyen*, goûter, faire l'épreuve de, *gén.*

γέφυρα, ας (ἡ), digue; pont.

γεφυρόω-ῶ (*f.* ώσω),

couvrir d'une digue *ou* d'un pont.

γεω-γράφος, ου (ὁ), géographe.

γεώδης, ης, ες, de terre.

γεω-μέτρης, ου (ὁ), géomètre.

γεω-μετρία, ας (ἡ), géométrie.

γεω-μετρικός, ή, όν, concernant la géométrie.

γεω-μόρος, ου (ὁ), propriétaire terrien; cultivateur.

γεώ-πεδον *ou* **-πέδιον, ου** (τό), fonds de terre.

γεω-πείνης, ου, (ὁ), pauvre en terres.

γεωργέω-ῶ (*f.* ήσω), cultiver (la terre).

γεωργία, ας (ἡ), 1° agriculture. || 2° champ cultivé.

γεωργικός, ή, όν, qui concerne l'agriculture;

γεωργική, ῆς (ἡ), l'art de l'agriculture.

γεώργιον, ου (τό), champ cultivé.

γεωργός, ός, όν, qui cultive la terre; ὁ γ., le cultivateur.

γε-ωρυχέω-ῶ (*f.* ήσω), creuser la terre.

γῆ, γῆς (ἡ), 1° TERRE; ἡ Γῆ, la Terre. || 2° pays. *Loc.* γῆν καὶ ὕδωρ αἰτεῖν, demander la terre et l'eau *c-à-d.* la soumission totale.

γη-γενής, ής, ές, né de la terre.

γῆθεν, *adv.*, venant de la terre.

γηθέω-ῶ (*f.* ήσω), se réjouir.

γηθοσύνη, ης (ἡ), joie.

γηθόσυνος, ος *ou* **η, ον,** oyeux

γήϊνος, η, ον, de terre.

γή-λοφος, ου (ὁ), mamelon; colline.

γῆμαι, *inf. aor. de* γαμέω.

γη-οχέω, posséder de la terre.

γηραιός, ά, όν, vieux.

γηράναι, γηράς, *inf. et part. aor.* de γηράσκω.

γῆρας, ως, (τό), vieillesse.

γηράσκω *et* **γηράω-ῶ** (*f.* γηράσω). vieillir.

γηρο-βοσκός, ός, όν, qui prend soin des vieux parents.

γηρο-τροφέω-ῶ (*f.* ήσω), nourrir les vieux parents.

γηρο-τρόφος, ος, ον, *comme* γηροβοσκός.

γῆρυς, υος (η), voix.

γηρύω (*f.* σω), *et moyen,* parler; faire entendre; chanter.

γήτης, ου (ὁ), cultivateur.

Γίγας, αντος (ὁ), géant.

γί(γ)νομαι (*f.* γενήσομαι, *aor.* 1 ἐγενέθην 2 ἐγενόμην, *pf.* γεγένημαι 2 γέγονα (γέγαα) 1° NAITRE; οἱ καλῶς γεγενημένοι, les gens bien nés. ‖ 2° DEVENIR : ἑαυτοῦ γίγνεσθαι, devenir son maître. ‖ 3° être, se trouver; οἱ ἐν ἀρχῇ γιγνόμενοι, ceux qui sont au pouvoir; γίγνεσθαι δι' ὀργῆς, être en colère. ‖ 4° aller, arriver; εἰς Λακεδαίμονα ἐγένοντο, ils arrivèrent à Lacédémone. ‖ 5° avoir lieu; τὰ γιγνόμενα, les événements présents. ‖ 6° coûter; τοῦτ' ὀβολοῦ γίγνεται, cela coûte une obole.

γι(γ)νώσκω (*f.* γνώσομαι, *aor.* 2 ἔγνων, *pf.* ἔγνωκα; *f. pass.*, γνωσθήσομαι) 1° CONNAITRE; constater; comprendre. ‖ 2° être d'avis; décider; décréter.

γλάγος, εος-ους (τό), lait.

γλακτο-φάγος, ος, ον, qui se nourrit de lait.

γλαυκιόων, aux yeux glauques.

γλαυκ-όμματος, ος, ον, aux yeux bleus.

γλαυκός, ή, όν, 1° BRILLANT. ‖ 2° vert-pâle; bleu-vert.

γλαυκ-ῶπις, ιδος (ἡ), aux yeux brillants (*d'intelligence*).

γλαῦξ, γλαυκός (ἡ), 1° chouette. ‖ 2° pièce de monnaie (*à Athènes*).

γλαφυρός, ά, όν, 1° creusé. ‖ 2° ciselé. ‖ 3° élégant.

γλεῦκος, εος-ους (τό), vin doux.

γλήνη, ης (ἡ), 1° pupille de l'œil. ‖ 2° fillette.

γλῆνος, εος-ους (τό), bijou.

γλίσχρος, α, ον, 1° gluant. ‖ 2° chicanier. ‖ 3° ladre; misérable.

γλίσχρως, *adv.*, d'une manière tenace *ou* chiche.

γλίχομαι, désirer ardemment, *gén.*

γλοιός, οῦ (ὁ), crasse.

γλουτός οῦ (ὁ), fesse.

γλυκερός, ά, όν, doux.

γλυκύ-θυμος, ος, ον, doux de caractère.

γλυκύς, εῖα, ύ, doux; agréable.

γλυκύτης, ητος (ἡ), douceur.

γλυφίς, ίδος (ἡ), entaille de la flèche.
γλύφω (*f.* ψω), tailler; sculpter; graver; ciseler.
γλῶσσα, *att.* **γλῶττα**, ης (ἡ), langue; langage.
γλωχίς, ῖνος (ἡ), extrémité; pointe.
γναθμός, οῦ (ὁ), mâchoire.
γνάθος, ου (ἡ), *même sens.*
γναμπτός, ή, όν, courbé; flexible; traitable.
γνάμπτω (*f.* ψω), courber; fléchir.
γνάπτω *comme* κνάπτω.
γνήσιος, α, ον, légitime; authentique.
γνησίως, *adv.*, légitimement.
γνόφος, ου (ὁ), obscurité.
γνύξ, *adv.*, à genoux.
γνῶμα, ατος (τό) 1° signe caractéristique. ‖ 2° jugement.
γνώμη, ης (ἡ), 1° PENSÉE; opinion; sentiment; παρὰ γνώμην contre toute attente; ἀπὸ γνώμης, de plein gré. ‖ 2° raison. ‖ 3° signe. ‖ 3° *au plur.*, sentences.
γνωμονικός, ή, όν, *gén.*, compétent en.
γνώμων, ονος (ὁ, ἡ), 1° qui juge de, *gén.* ‖ 2° ὁ γ., juge; surveillant.
γνωρίζω (*f*, ίσω, *att.*, ιῶ), 1° faire connaître. ‖ 2° connaître.
γνώριμος, ος, ον, 1° connu; οἱ γνώριμοι, les notables. ‖ 2° familier.
γνωρίμως, *adv.* ‖ 1° de manière intelligible. ‖ 2° familièrement.
γνώρισις, εως (ἡ), 1° action de connaître ‖ 2° relations familières.
γνώρισμα, ατος (τό), signe qui fait reconnaître.
γνωριστικός, ή, όν, qui sert à connaître.
γνωσι-μαχέω-ῶ (*f.* ήσω), 1° se dédire. ‖ 2° contredire.
γνῶσις, εως (ἡ), 1° CONNAISSANCE. ‖ 2° enquête. ‖ 3° notoriété. ‖ 4° relations familières.
γνωστήρ, ῆρος (ὁ), garant.
γνωστός, ή, όν, *comme* γνώριμος.
γνωτός, ή, όν, connu. Ὁ γ., parent; frère.
γοάω-ῶ (*f.* ήσομαι), *actif et moyen*, gémir (*acc.*, sur).
γογγύζω (*f.* ύσω), murmurer.

γογγυσμός, οῦ (ὁ), murmure.

γογγυστής, οῦ, qui murmure.

γοή, ῆς (ἡ), *comme* γόος.

γόης, ητος (ὁ), sorcier; charlatan.

γοητεία, ας (ἡ), sortilège; supercherie.

γοητεύω (*f.* εύσω), fasciner; duper en charlatan.

γόμος, ου (ὁ), cargaison.

γομφίος, ου (ὁ), dent molaire.

γόμφος, ου (ὁ), 1° cheville. ‖ 2° articulation. ‖ 3° stylet.

γονεύς, έως (ὁ), père; οἱ γονεῖς, les parents.

γονή, ῆς (ἡ), 1° PROCRÉATION; naissance. ‖ 2° enfant; petit. ‖ 3° génération. ‖ 4° race.

γόνιμος, ος, ον, 1° fécond. ‖ 2° légitime.

γόνος, ου (ὁ), *comme* γονή.

γόνυ, ατος (τό), 1° genou. ‖ 2° nœud.

γονυ-πετέω-ῶ (*f.* ήσω). tomber à genoux.

γόος, ου (ὁ), gémissement.

Γόργειος, α, ον, de Gorgone.

Γοργίας, ου (ὁ), Gorgias.

γοργός, ή, όν, 1° vif. ‖ 2° terrible.

γοργύρη, ης (ἡ), cachot.

Γοργώ, οῦς (ἡ), Gorgone. — **Γοργόνες** (αἱ), les Gorgones.

γοργ-ῶπις, ιδος (ἡ), aux regards terribles.

γοῦν, *partic.*, du moins; *dans une réponse*, sans doute.

γουνάζομαι (*f.* σομαι), supplier en embrassant les genoux.

γουνόομαι, *comme* γουνάζομαι.

γουνός, οῦ (ὁ), mamelon.

γρᾴδιον *et* **γραΐδιον**, ου (τό), petite vieille.

γραῖα, ας (ἡ), vieille; ἡ γ., vieille femme.

γράμμα, ατος (τό), LETTRE; 1° *Au sing.*, pièce écrite; inscription; livre; peinture. ‖ 2° *au plur.*, épître; belles lettres; registres.

γραμματεῖον, ου (τό), tableau; tablettes; acte écrit.

γραμματεύς, έως (ὁ), scribe; greffier.

γραμματεύω (*f.* εύσω), être scribe *ou* greffier.

γραμματικός, ή, όν, qui concerne la lecture *ou* l'écriture *ou* les lettres. Ἡ γ., grammaire; ὁ γ., grammairien; maître d'école.

γραμματιστής, οῦ (ὁ), 1° greffier. ‖ 2° maître d'école.

γραμμή, ῆς (ἡ), 1° ligne. ‖ 2° limite de la carrière (*aux jeux*).

γραπτός, ή, όν, écrit; tracé.

γραῦς, *gén.* γραός, (ἡ), vieille femme.

γραφεύς, έως (ὁ), 1° écrivain. ‖ 2° peintre.

γραφή, ῆς (ἡ), 1° ÉCRITURE; écrit. ‖ 2° peinture. ‖ 3° action judiciaire (*publique*); γραφὴ παρανόμων, poursuite pour illégalité.

γραφικός, ή, όν, 1° qui touche à l'écriture *ou* à la peinture; ἡ γραφική, la peinture. ‖ 2° qui sait écrire *ou* peindre.

γραφίς, ίδος (ἡ). 1° stylet. ‖ 2° peinture.

γράφω (*f.* γράψω; *pass. fut.* 1. γραφθήσομαι 2. γραφήσομαι), 1° ÉCRIRE: inscrire; rédiger. ‖ 2° PEINDRE. ‖ 3° entailler — *Moyen* 1° écrire *ou* peindre pour soi; faire écrire *ou* peindre. ‖ 2° intenter une action publique; γράφεσθαί τινα παρανόμων, poursuivre quelqu'un pour illégalité.

γραώδης, ης, ες, de vieille femme.

γρηγορέω-ῶ, veiller.

γρηῦς, *comme* γραυς.

γρύζω (*f.* ξομαι), grogner.

γρυπός, ή, όν, recourbé.

γρύψ, υπός (ὁ), griffon.

γύαλον, ου (τό), 1° creux. ‖ 2° partie creuse. ‖ 3° vallon.

γύης, ου (ὁ), 1° sillon. ‖ 2° sein.

γυῖον, ου (τό), membre; pied, main.

γυιόω-ῶ, estropier.

γυμνάζω (*f.* σω; *pass. f.* γυμνασθήσομαι), exercer. — *Moyen*, s'exercer.

γυμνασία, ας (ἡ), exercice.

γυμνασί-αρχος, ου (ὁ), directeur des exercices physiques.

γυμνάσιον, ου (τό), 1° gymnase. ‖ 2° Τὰ γυμνάσια, les exercices.

γυμναστής, οῦ (ὁ) maître de gymnastique.

γυμναστικός, ή, όν, relatif aux exercices du corps; ἡ γυμναστική, la gymnastique.

γυμνής, ῆτος (ὁ), **gym-**

nète, *soldat légèrement armé*.

γυμνητεύω (*f.* σω), être armé à la légère.

γυμνήτης, ου (ὁ), *comme* γυμνής.

γυμνητία, ας (ἡ), infanterie légère.

γυμνητικός, ή, όν, qui concerne les gymnètes.

γυμνικός, ή, όν, *comme* γυμναστικός.

Γυμνο-παιδίαι, ῶν (αἱ). Gymnopédies (fête à Lacédémone).

γυμνός, ή, όν, 1° NU ; vêtu légèrement. ‖ 2° désarmé ; dépouillé de, *gén*.

γυμνόω-ῶ (*f.* ώσω), mettre à nu ; dépouiller (de, *gén*.).

γύμνωσις, εως (ἡ), mise à nu.

γυναικάριον, ου (τό), femmelette.

γυναικεῖον, ου (τό), gynécée (*appartement des femmes*).

γυναικεῖος, α, ον, de femme, féminin.

γυναικωνῖτις, ιδος (ἡ), gynécée.

γυναι-μανής, ής, ές, follement épris.

γύναιον, ου (τό), petite femme.

γύναιος, α, ον *comme* γυναικεῖος.

γυνή, γυναικός (ἡ), femme.

γυρός, ά, όν, rond.

γύψ, γυπός (ὁ), vautour.

γύψος, ου (ἡ), craie.

γυψόω-ῶ (*f.* ώσω), passer à la craie.

γῶν, *comme* γοῦν.

γωνία, ας (ἡ), angle.

γωνιώδης, ης, ες, en forme d'angle.

γωρυτός, οῦ (ὁ), carquois.

Δ

δᾳδοῦχος, ου (ὁ), qui porte une torche.

δαήμων, ων, ον, *gén*. ονος, adroit (*gén*. à).

δαήρ, έρος (ὁ), frère du mari.

δαί, *partic. inter*., donc ?

δαιδάλεος, α *ou* ος, ον, travaillé avec art.

δαιδάλλω, travailler avec art.

δαίδαλος, ος, ον, *comme* δαιδάλεος.

Δαίδαλος, ου (ὁ), Dédale.

δαΐζω (*f.* ξω), 1° diviser. ‖ 2° déchirer.

δαϊ-κτάμενος, η, ον, tué au combat.

δαιμονάω-ῶ, être agité, égaré.

δαιμονίζομαι, *même sens*.

δαιμόνιον, ου (τό), divinité; démon. ‖ 2° génie.

δαιμόνιος, ος *ou* α, ον, 1° DIVIN. ‖ 2° inspiré ‖ 3° merveilleux. Ὦ δαιμόνιε, ô l'homme extraordinaire (*en bien ou en mal*).

δαιμονίως, *adv.*, 1° divinement. ‖ 2° merveilleusement.

δαίμων, ονος (ὁ, ἡ), 1° DIVINITÉ. ‖ 2° démon; génie (*bon ou mauvais*). ‖ 3° destin (*bon ou plutôt mauvais*).

δαίνυμι (*f.* δαίσω), 1° servir un repas. ‖ 2° *moyen*, manger.

δάϊος, ος *ou* α, ον, ennemi; dévastateur.

1. **δαίς**, **δαιτός** (ἡ), repas.

2. **δαΐς**, **δαΐδος** (**δᾳδος**) (ἡ), torche.

3. **δαΐς** (**δαΐ**, **δάϊν**) (ἡ), mêlée.

δαίτη, ης (ἡ), repas, festin.

δαιτρεύω (*f.* σω), partager; découper.

δαιτρόν, οῦ (τό), part (de festin).

δαιτρός, οῦ (ὁ), celui qui découpe.

δαιτροσύνη, ης (ἡ), art du découpage.

δαιτύμων, ονος (ὁ), convive.

δαιτύς, ύος (ἡ), repas.

δαΐ-φρων, ων, ον, *gén.* ονος, 1° aux pensées belliqueuses. ‖ 2° prudent.

1. **δαίω** 1° allumer. ‖ 2° *passif et pf.* 2 δέδηα, brûler; briller.

2. **δαίω** *et moyen* **δαίομαι**, (*f.* δάσομαι), diviser; *passif*, être partagé.

δακέ-θυμος, ος, ον, qui ronge le cœur.

δάκνω (*f.* δήξομαι, *aor.* 2 ἔδακον; *passif*, *f.* δηχθήσομαι), mordre, *pr. et fig.*

δάκρυ, υος *et* **δάκρυμα**, ατος (τό), larmes.

δακρυόεις εσσα, εν, baigné de larmes.

δάκρυον, ου (τό), larmes.

δακρυ-πλώω, être noyé dans les larmes.
δακρυ-ρροέω-ῶ, répandre des larmes.
δακρύω (*f.* σω), pleurer; déplorer; *passif*, être mouillé de larmes.
δακτύλιος, ου (ὁ), anneau.
δάκτυλος, ου (ὁ), 1° doigt. ‖ 2° dactyle.
δαλός, οῦ (ὁ), tison; foudre.
δαμάζω (*f.* σω; *pass. aor.* ἐδαμάσθην), 1° DOMPTER, soumettre. ‖ 2° tuer. ‖ 3° marier. — *Moyen, mêmes sens.*
δάμαλις, εως (ἡ), génisse.
δάμαρ, αρτος (ἡ), épouse.
δαμ (ν) άω *et* **δάμνημι** (*pass. aor.* 1 ἐδμήθην 2. ἐδάμην), comme δαμάζω.
Δανάη, ης (ἡ), Danaé.
Δαναΐδες, ων (αἱ), les filles de Danaos.
Δαναοί, ῶν (οἱ), les Grecs.
Δαναός, οῦ (ὁ), Danaos.
δανείζω (*f.* σω), 1° *act.* prêter (*à intérêt*). ‖ 2° *moy.*, emprunter.
δάνειον, ου (τό), prêt, argent prêté.
δάνεισμα, ατος (τό), *même sens.*
δανεισμός, οῦ (ὁ), emprunt.
δανειστής, οῦ (ὁ), prêteur.
δανίζω, *comme* δανείζω.
δανός, ή, όν, combustible.
δάος, εος-ους (τό) flambeau.
δαπανάω-ῶ (*f.* ήσω), *et moyen*, dépenser.
δαπάνη, ης (ἡ), dépense.
δαπανηρός, ά, όν, 1° dépensier. ‖ 2° coûteux.
δάπανος, ος, ον, dépensier.
δάπεδον, ου (τό), 1° SOL. ‖ 2° plancher. ‖ 3° pays.
δάπτω (*f.* ψω), dévorer.
Δαρδανία, ας (ἡ), Troade.
Δαρδανίδης, ου (ὁ), descendant de Dardanos.
Δάρδανος, ου (ὁ), Dardanos.
δαρδάπτω (*f.* ψω), dévorer.
δαρεικός, οῦ (ὁ), darique (*monnaie perse*).
Δαρεῖος, ου (ὁ), Darius.
δαρθάνω (*aor.* 2 ἔδραθον *ou* ἔδαρθον), s'endormir.
δαρός, ά, όν, *comme* δηρός.

δᾴς, δᾳδός (ἡ), *comme* δαΐς 2.

δάσασθαι, δασάσκετο, de δατέομαι,

δάσκιος, ος, ον, touffu.

δάσμευσις, εως (ἡ), partage.

δασμο-λογέω-ῶ (*f.* ήσω), prélever les impôts.

δασμός, οῦ (ὁ), 1° partage. ‖ 2° impôt.

δασμο-φορέω-ῶ (*f.* ήσω), payer tribut.

δασμο-φόρος, ος, ον, tributaire.

δάσομαι, *f. de* δαίω 2.

δάσος, εος-ους (τό), bois touffu.

δασπλῆτις, ιδος (ἡ), horrible.

δάσσασθαι *comme* δάσασθαι.

δασύ-μαλλος, ος, ον, à la laine épaisse.

δασύς, εῖα, ύ, épais, touffu.

δασύ-στερνος, ος, ον, dont la poitrine est velue.

δατέομαι-οῦμαι, partager. *Voir* δαίω 2.

δάφνη, ης (ἡ), laurier.

δαφνη-φόρος, ος, ον, qui porte des branches de laurier.

δαφοιν(ε)ός, ός, όν, rouge; sanglant.

δαψίλεια, ας (ἡ), abondance.

δαψιλής, ής, ές, abondant; magnifique.

δάω, 1° enseigner 2 *acc.* ‖ 2° *Passif.* (*f.* δαήσομαι, *aor.* ἐδάην *et pf.* 2 δέδαα), *gén.*, savoir; connaître.

δέ, *partic.* 1° D'AUTRE PART (s'oppose à μέν), ὁ μέν... ὁ δέ, l'un... l'autre. 2° mais; or; et. ‖ 3° eh bien! *dans interrogation.* ‖ 4° *Loc.*, νῦν δέ, mais en réalité, *après prop. cond.* ‖ 5° *quelquefois pour* δή *affirmatif,* certes; précisément.

δε, *suffixe enclit. joint à l'acc.*, vers *avec mouvement* : Ἐλευσῖνάδε vers Eleusis; Ἀθήναζε (= Ἀθήνασδε), vers Athènes.

δέατο, (*de l'inus.* δέαμαι), il semblait.

δέγμενος, *part. aor.* 2 *de* δέχομαι.

δεδάασθαι, *inf. de* δάω, connaître.

δέδαε, *de* ἔδαον, *aor.* 2 *de* δάω, il connut.

δέδασμαι, *pf. pass. de* δατέομαι.

δέδηα, δεδήει, *pf. et p. q. pf. de* δαίω 1.

δέδια, *pf. de* δείδω.
δεδίσκομαι, accueillir.
δεδίσσομαι, *att.* **ττομαι** (*f.* ξομαι), effrayer.
δέδμημαι, *pf. passif de* δαμάζω *et de* δέμω.
δέδοικα, *pf. de* δείδω.
δεδοκημένος, η, ον, (de δέχομαι), attendant à l'affût.
δέδορκα, *pf. de* δέρκομαι.
δεδραγμένος, η, ον, *part. pf. de* δράσσομαι.
δέδρομα, *pf. de* τρέχω.
δέελος, η, ον, évident.
δέησις, εως (ἡ), demande.
δεῖ (*f.* δεήσει), 1° IL FAUT. ‖ 2° *gén.*, il est besoin de : δεῖ μοί τινος, j'ai besoin de q. q. chose. ‖ 3° il s'en faut : πολλοῦ δεῖ, il s'en faut de beaucoup ; μικροῦ δεῖν, peu s'en faut Δέον, *part.*, alors qu'il faut; *nom* (τό), ce qu'il faut, le devoir ; ἐς δέον, à propos.
δεῖγμα, ατος (τό), 1° PREUVE ; exemple. ‖ 2° marché à l'étalage.
δειγματίζω (*f.* σω), donner comme modèle.
δείδεκτο, 3° *pers. sing. du pl. q. pf.;* δειδέχαται, 3° *pers. pl. du pf. de* δείκνυμι.
δειδήμων, ων, ον, *gén.* ονος, peureux.
δείδια, *pour* δέδια, *pf. de* δείδω.
δειδίσκομαι, *comme* δεδίσκομαι.
δειδίσσομαι, *comme* δεδίσσομαι.
δείδοικα, *comme* δέδοικα.
δείδω (*f.* δείσομαι, *aor.* ἔδεισα ; *pf. à sens présent* δέδοικα *et* δέδια), craindre ; μή, que ; μὴ οὐ, que ne... pas.
δειελιάω-ῶ (*f.* ήσω), faire le repas du soir.
δείελος, ος, ον, du soir ; ὁ δ., le soir.
δεικανάομαι-ῶμαι, saluer.
δείκηλον, ου (τό), représentation.
δείκνυμι *et* **δεικνύω** (*f.* δείξω ; *passif, f.* δειχθήσομαι), MONTRER ; prouver. — *Moyen, même sens et* saluer de la main.
δείλαιος, α, ον, malheureux.
δείλη, ης (ἡ), après-midi; soir.
δειλία, ης (ἡ), lâcheté.
δειλιάω-ῶ (*f.* άσω), avoir peur ; redouter.
δείλομαι, décliner (*le soleil*).

δειλός, ή, όν, 1° PEUREUX; lâche. || 2° malheureux. || 3° vil.

δεῖμα, ατος (τό), 1° crainte. || 2° objet de crainte.

δεῖμαι, *inf. aor. de* δέμω.

δειμαίνω, craindre.

δειματόω-ῶ, effrayer.

δεῖνα (ὁ, ἡ, τό), *gén.* δεῖνος *ou indécl.*, un tel, une telle.

δεινο-λογέομαι-οῦμαι, se plaindre vivement.

δεινο-παθέω-ῶ, *même sens.*

δεινό-πους, ποδος (ὁ, ἡ), au pied menaçant.

δεινός, ή, όν, 1° TERRIBLE; dangereux; τὸ δεινόν, le danger. || 2° fort; vif; étonnant. || 3° habile; δεινὸς λέγειν, habile à parler.

δεινότης, ητος (ἡ) horreur, effet horrible. || 2° force. || 3° habileté.

δεινόω-ῶ (*f.* ώσω), exagérer.

δεινῶς, *adv.*, 1° terriblement. || 2° étonnamment.

δειν-ώψ, ῶπος (ὁ, ἡ), aux regards terribles.

δεῖος (τό), *comme* δέος.

δειπνέω-ῶ (*f.* ήσω), prendre le repas du soir; dîner.

δείπνηστος, ου (ὁ), heure du repas.

δειπνίζω (*f.* σω, *att.* ιῶ), traiter; recevoir à dîner.

δεῖπνον, ου (τό), repas du soir; dîner, repas.

δειπνο-ποιέομαι-οῦμαι dîner.

δειράς, άδος (ἡ) 1° cou. || 2° cime.

δειρή, ῆς *et* **δερή** (ἡ), cou.

δειρο-τομέω-ῶ (*f.* ήσω), couper le cou; décapiter.

δείρω, *comme* δέρω.

δεῖσαι, δείσας, *de* δείδω.

δεισι-δαιμονία, ας (ἡ), crainte des dieux.

δεισι-δαίμων, ων, ον, *gén.*, ονος 1° qui craint les dieux. || 2° superstitieux.

δέκα, *indécl.* dix. Οἱ Δέκα, les Décemvirs.

δεκαδαρχία, ας (ἡ), gouvernement des Décemvirs.

δεκάδ-αρχος, *ou* **δεκα-δ-άρχης, ου** (ὁ), commandant de dix hommes.

δεκα-δύο, *indécl.*, douze.

δεκα-ετής, ής, ές, âgé de dix ans.

δεκάκις, *adv.*, dix fois.

δεκά-μηνος, ος, ον, âge de dix mois.

δεκα-πέντε, *indécl.*, quinze.

δεκά-πηχυς, υς, υ, *gén.* εος, de dix coudées.

δεκα-πλάσιος, α, ον, décuple.

δεκά-πλεθρος, ος, ον, de dix plèthres.

δεκ-άρχης, ου *comme* δεκαδάρχης.

δεκ-αρχία, ας (ἡ), *comme* δεκαδαρχία.

δεκάς, άδος (ἡ), dizaine.

δεκαταῖος, α, ον, de dix jours.

δεκατευτήριον, ου (τό). bureau de la dîme.

δεκατεύω (*f.* σω), 1° prélever la dîme. ‖ 2° décimer.

δέκατος, η, ον, dixième. Ἡ δεκάτη, le dixième jour.

δεκά-φυλος, ος, ον, divisé en dix tribus.

δεκά-χιλοι, αι, α, dix mille.

δεκ-έτης, ου (ὁ), qui compte dix ans.

δέκτο, 3° *pers. sing. aor.* 2 *de* δέχομαι.

δεκτός, ή, όν, recevable.

δελεάζω (*f.* άσω), prendre à l'amorce, *pr. et fig.*

δέλεαρ, ατος (τό), amorce; séduction.

δέλτα (τό), *indécl.*, delta.

δελτίον, ου (τό) petites tablettes.

δέλτος οῦ, (ἡ), tablettes; lettre.

δέλφαξ, ακος (ὁ, ἡ), petit porc.

δελφινο-φόρος, ος, ον, muni de dauphins.

δελφίς, ῖνος (ὁ), 1° dauphin. ‖ 2° sorte de projectiles de plomb.

δέμας (τό), 1° CORPS. ‖ 2° *avec un gén.*, à la manière de (*comme* δίκην).

δέμνιον, ου (τό), lit.

δέμω (*aor.* ἔδειμα, *pf.* δέδμηκα) *et moyen*, construire, fonder.

δενδίλλω, regarder à droite et à gauche.

δένδρεον, ου (τό), comme δένδρον.

δενδρήεις, εσσα, εν, boisé.

δενδρο-κοπέω-ῶ, couper les arbres; ravager.

δένδρον, ου *et* **δένδρος**, εος-ους (τό), arbre.

δενδρο-τομέω-ῶ, *comme* δενδροκοπέω.

δεννάζω (*f.* άσω), outrager.

δέννος, ου (ὁ), outrage.

δεξαμενή, ῆς (ἡ), bassin, réservoir.

δεξιά, ᾶς (ἡ), *s. ent.* χείρ 1° LA MAIN DROITE, ἐκ δεξιᾶς, à droite. ‖ 2° foi, promesse : δεξιὰν διδόναι, donner sa parole.

δεξιόομαι-οῦμαι (*f.* ώσομαι), accueillir. — *Passif* (*aor.* ἐδεξιώθην), être accueilli.

δεξιός, α, ον, 1° DROIT, à droite; τὰ δεξιά, le côté droit. ‖ 2° habile. ‖ 3° de bon augure.

δεξιότης, ητος (ἡ), habileté.

δεξιόφιν, *adv.*, à droite.

δεξιτερός, ά, όν, qui est à droite.

δεξίωμα, ατος (τό), bon accueil.

δέξο, 2° *pers. sing. imp. aor.* 2 de δέχομαι.

δέξω, *pour* δείξω *de* δείκνυμι.

δέομαι (*f.* δεήσομαι, *aor.* ἐδεήθην), *gén.* 1° avoir besoin de. ‖ 2° prier, demander.

δέον, voir δεῖ.

δέος, *gén.* **δέους** (τό). crainte.

δέπας, αος (τό), coupe.

δέρκομαι (*f.* δέρξομαι, *aor.* ἐδέρχθην *et* ἐδράκην *aor.* 2 ἔδρακον, *pf.* 2 *à sens présent* δέδορκα), voir.

δέρμα, ατος (τό), peau.

δερμάτινος, η, ον, de peau.

δέρρις, εως (ἡ), objet fait en peau.

δέρτρον, ου (τό), enveloppe de l'intestin.

δέρω (*f.* δερῶ ; *pass. f.* 2 δαρήσομαι), écorcher.

δέσμα, ατος (τό), lien.

δεσμεύω (*f.* σω), *et* **δεσμέω-ῶ** (*f.* ήσω), enchaîner.

δέσμη, ης (ἡ), botte, fagot.

δέσμιος, α *et* ος, ον, lié.

δεσμός, οῦ (ὁ), lien; fers.

δεσμο-φύλαξ, ακος (ὁ), gardien de prison.

δέσμωμα, ατος (τό), liens.

δεσμωτήριον, ου (τό), prison.

δεσμώτης, ου (ὁ), prisonnier.

δεσμῶτις, ιδος (ἡ), prisonnière.

δεσπόζω (*f.* όσω), *gén.*, 1° être maître absolu de; commander à.

δέσποινα, ης (ἡ), maîtresse; souveraine.

δεσποτεία, ας (ἡ), despotisme.

δεσπότης, ου (ὁ), MAITRE; despote; possesseur.

δεσποτικός, ή, όν, du maître; impérieux; despotique.

δεσπότις, ιδος (ἡ), *comme* δέσποινα.

δετή, ῆς (ἡ), torche.

δευήσεσθαι, **δευοίατο**, (= δεύοιντο), *de* δεύω 2.

δεῦρο, **δευρῶ**, *adv.* 1° ICI, *avec mouvement;* jusqu'ici. ‖ 2° allons!

δεύτατος, η, ον, dernier.

δεῦτε, *interj.*, allons! voyons!

δευτεραῖος, α, ον, au second jour.

δευτερεῖα, ων (τά), le second jour.

δεύτερος, α, ον, 1° SECOND. ‖ 2° inférieur.

1. **δεύω** (*f.* σω), mouiller.

2. **δεύω** (*f.* ήσω), *et moyen*, *gén.* 1° manquer de. ‖ 2° être au-dessous de.

δεχ-ήμερος, ος, ον, de dix jours.

δέχομαι (*f.* δέξομαι), 1° RECEVOIR; accueillir; accepter. ‖ 2° comprendre. ‖ 3° attendre ‖ 4° *intr.*, succéder.

δέψω (*f.* ήσω), amollir.

1. **δέω** (*f.* δήσω. *pf.* δέδεκα; *pass. f.* δεθήσομαι), attacher — *Moyen*, attacher pour soi.

2. **δέω** (*f.* δεήσω) *gén.*, 1° AVOIR BESOIN DE. ‖ 2° s'en falloir : πολλοῦ δέω γελᾶν, il s'en faut de beaucoup que je rie; δυοῖν δέοντα τετταράκοντα, 40 s'en manquant de deux = 38.

δή, *partic.*, CERTES; précisément; donc.

δῆγμα, ατος (τό), morsure.

δηθά, *adv.*, longtemps.

δῆθεν, *adv.*, sans doute; c'est-à-dire.

δηθύνω, tarder.

δήϊος, *comme* δάϊος.

δηϊοτής, ῆτος (ἡ), hostilité; mêlée.

δηϊόω-ῶ, *att.* **δῃόω-ῶ** (*f.* ώσω), tuer; ravager.

δηλαδή, *adv.*, évidemment.

δηλέομαι-οῦμαι (*f.* ήσομαι), détruire; perdre; endommager.

δήλημα, ατς (τό), dommage.

δηλήμων, ων, ον, *gén.* ονος, dommageable; funeste.

δήλησις, εως (ἡ), dommage; ravage.

δηλον-ότι, *adv.*, évidemment.

δῆλος, η, ον, ÉVIDENT; visible; δῆλοί εἰσι κακῶς πράττοντες, il est évident qu'ils sont malheureux.

Δῆλος, ου (ἡ), l'île de Délos.

δηλόω-ῶ (*f.* ώσω), MONTRER; prouver; expliquer; δηλοῖ κάκιστος ὤν, il fait voir qu'il est très mauvais.

δήλωμα, ατος (τό), preuve.

δήλωσις, εως (ἡ), action de montrer; de prouver.

δημ-αγωγέω-ῶ (*f.* ήσω); 1° gouverner le peuple. ‖ 2° être démagogue; *acc.*, attirer à soi.

δημ-αγωγία, ας (ἡ), démagogie.

δημ-αγωγός, οῦ (ὁ), démagogue.

δήμ-αρχος, ου (ὁ), démarque, *chef d'un dème.*

δήμευσις, εως (ἡ), confiscation.

δημεύω (*f.* σω), confisquer. ‖ 2° publier.

δημ-ηγορέω-ῶ (*f.* ήσω), haranguer le peuple.

δημηγορία, ας (ἡ), 1° harangue. ‖ 2° discours flatteur.

δημηγορικός, ή, όν, 1° relatif aux harangues. ‖ 2° apte à haranguer.

δημηγόρος, ου (ὁ), démagogue.

Δημήτηρ, τρος (ἡ), Dèmèter (*Cérès*).

δημιο-εργός, *comme* δημιουργός.

δήμιος, α *ou* ος, ον, 1° public. ‖ 2° nommé par le peuple. ‖ 3° ὁ δ., le bourreau.

δημι-ουργεω-ῶ (*f.* ήσω), 1° être artisan. ‖ 2° produire, créer, *acc.*

δημι-ουργία, ας (ἡ), 1° métier. ‖ 2° production.

δημι-ουργικός, ή, όν, d'artisan.

δημι-ουργός, οῦ (ὁ), 1° artisan. ‖ 2° créateur.

δημο-βόρος, ος, ον, mangeur (exploiteur) du peuple.

δημο-γέρων, οντος (ὁ), ancien du peuple.

δημό-θεν, *adv.*, 1° du peuple. ‖ 2° du dème.

δημο-κρατέομαι — οῦμαι (*f.* τηθήσομαι *ou* τήσομαι), être sous le régime démocratique.

δημο-κρατία, ας (ἡ), démocratie.

δημο-κρατικός, ή, όν, 1° démocratique. ‖ 2°

ami de la démocratie.

δημό-λευστος, ος, ον, lapidé par le peuple.

δῆμος, ου (ὁ), 1° LE PEUPLE, l'élément populaire. ‖ 2° démocratie. ‖ 3° assemblée populaire. ‖ 4° peuple, pays. ‖ 5° dème.

Δῆμος, ου (ὁ). Dêmos, *le Peuple.*

δημός, οῦ (ὁ), graisse.

Δημοσθένης, ους (ὁ), Démosthène.

δημοσίᾳ, *adv.*, PUBLIQUEMENT ; au nom de l'Etat; aux frais de l'Etat.

δημοσιεύω (*f.* σω), 1° *tr.*, publier. ‖ 2° confisquer. ‖ 3° *intr.*, avoir une fonction publique.

δημόσιος, α, ον, public : ὁ δημόσιος, le crieur public *ou* le bourreau ; τὸ δημόσιον, le trésor public ; τὰ δημόσια, le budget de l'Etat.

δημοσιόω-ῶ (*f.* ώσω), 1° publier. ‖ 2° confisquer.

δημο-τελής, ής, ές, public ; national.

δημοτεύομαι, être inscrit dans un dème.

δημότης, ου (ὁ), 1° homme du peuple ; simple citoyen. ‖ 2° concitoyen.

δημοτικός, ή, όν, 1° PLÉBÉIEN. ‖ 2° démocrate ; humanitaire. ‖ 3° populaire. ‖ 4° relatif à un dème.

δημοτικῶς, *adv.*, démocratiquement ; en ami du peuple.

δημοῦχος, ος, ον, qui occupe *ou* protège le dème.

δημώδης, ης, ες, 1° populaire. 2° vulgaire.

δήν, *adv.*, longtemps.

δηναιός, ά, όν, de longue durée ; âgé.

δηνάριον, ου (τό), denier.

δῆνος, ους, projet.

δῆος, *comme* δάϊος.

δηόω-ῶ (*f.* ώσω), *comme* δηϊόω.

δή-ποθεν, *adv.*, de quelque côté.

δή-ποτε, *adv.*, 1° un jour. ‖ 2° donc.

δή-που, δή-πουθεν, *adv.*, sans doute ; assurément.

δηριάομαι-ῶμαι, combattre, lutter.

δηρίομαι (*f.* ίσομαι), *même sens.*

δῆρις, ιος (ἡ), combat ; querelle.

δηρόν, *adv.*, longuement.

δηρός, ά, όν, long.

δησάσκετο, *pour* ἐδήσατο), *de* δέω 1.

δῆτα, *adv.*, 1° certes. ‖ 2° *avec interrog.*, donc.

δήω, trouver, *au sens futur*.

διά, prép., I. *gén.* 1° À TRAVERS. ‖ 2° à distance; διὰ πολλοῦ, à grande distance. ‖ 3° durant; δι' αἰῶνος, pendant la suite des temps. ‖ 4° parmi; διὰ πάντων ἄριστος, excellent entre tous. ‖ 5° par, au moyen; δι' ὀλίγων, en peu de mots; διὰ σπουδῆς, avec zèle. ‖ 6° en état de; δι' ὀργῆς, διὰ φόβου εἶναι, être en colère, craindre. — II. *acc.* 1° à travers. ‖ 2° pendant. ‖ 3° À CAUSE DE, grâce à; διὰ πολλά, pour bien des raisons; διὰ τοῦθ' ὅτι, parce que...

δια-δαδίζω (f. σω, *att.*, ιῶ), traverser.

δια-δαίνω (*f.* βήσομαι, *etc.*), 1° traverser. ‖ 2° *intr.*, se camper sur les jambes écartées.

δια-δάλλω (*f.* δαλῶ, *etc.*), 1° FAIRE PASSER. ‖ 2° traverser. ‖ 3° répandre. ‖ 4° calomnier. ‖ 5° désunir; brouiller. ‖ 6° *act. et moy.*, tromper.

δια-δασανίζω, éprouver à fond.

διά-δασις, εως (ἡ), 1° action de passer, passage. ‖ 2° gué; pont.

δια-δατέος, α, ον, qu'il faut passer.

δια-δατήρια, ων (τά), sacrifice avant la traversée.

δια-δατός, ή, όν, qu'on peut passer.

δια-δεδαιόομαι-οῦμαι (*f.* ώσομαι), affirmer.

δια-διδάζω (*f.* βιδάσω *att.* διδῶ), faire traverser.

δια-διόω-ῶ (*f* διώσομαι, *etc.*), passer sa vie.

δια-δλέπω (*f.* δλέψομαι), fixer ses regards.

δια-δοάω-ῶ (*f.* δοήσομαι), 1° proclamer. ‖ 2° *pass.*, être connu partout.

δια-δόητος, ος, ον, publié; vanté.

δια-δολή, ῆς (ἡ), calomnie.

διά-δολος, ος, ον, calomniateur.

1. **δια-δόρος**, ος, ον, qui dévore.

2. **διά-δορος**, ος, ον, dévoré.

δια-βουλεύομαι (*f.* σομαι), délibérer.

δια-βρέχω (*f.* ξω), tremper complètement.

διά-βροχος, ος, ον, trempé.

δια-βυνέω, δια-βύνω, δια-βύω, enfoncer.

δι-αγγέλλω (*f.* λῶ, *etc.*), 1° divulguer. ‖ 2° *moy.* se passer un ordre de l'un à l'autre.

δι-άγγελος, ου (ὁ), messager; estafette.

δια-γελάω-ῶ (*f.* άσομαι), railler.

δια-γί(γ)νομαι (*f.* γενήσομαι), 1° être dans l'intervalle. ‖ 2° durer; ne pas cesser de, *part.*

δια-γι(γ)νώσκω (*f.* γνώσομαι, *etc.*), 1° distinguer. ‖ 2° décider; juger.

δι-αγκυλίζομαι *et* **δι-αγκυλόομαι—οῦμαι**, brandir le javelot par la courroie.

δια-γλάφω (*f.* ψω), creuser.

δια-γνώμη, ης (ἡ), résolution.

δια-γνωρίζω (*f.* ίσω, *att.* ιῶ), divulguer.

διά-γνωσις, εως (ἡ), jugement; discernement.

δι-αγορεύω (*f.* σω), déclarer nettement; enjoindre.

διά-γραμμα, ατος (τό), 1° figure dessinée. ‖ 2° registre. ‖ 3° décret.

δια-γράφω (*f.* ψω), 1° dessiner; décrire. ‖ 2° enregistrer; attribuer. ‖ 3° effacer.

δι-άγω (*f.* άξω, *etc.*), 1° conduire au-delà. ‖ 2° faire durer; entretenir. ‖ 3° PASSER (le temps); διάγειν τὸν βίον, passer sa vie; *abs.*, διάγει, il passe le temps; διάγουσι λαλοῦντες, ils ne cessent de bavarder.

δι-αγωγή, ῆς (ἡ), conduite; manière de vivre; occupation.

δι-αγωνίζομαι (*f.* ίσομαι *att.* ιοῦμαι), lutter à outrance contre, *dat.*

δια-δαίομαι, partager.

δια-δάπτω (*f.* ψω), déchirer.

δια-δατέομαι-οῦμαι *comme* διαδαίομαι.

δια-δείκνυμι (*f.* δείξω), montrer à fond.

δια-δέξιος, ος, ον, d'heureux présage.

δια-δέρκομαι (*aor.* 2- ἔδρακον), voir à travers.

δια-δέχομαι (*f.* δέξομαι), 1° recevoir d'autres mains. ‖ 2° succéder, *dat.* || 3° se remplacer.

δια-δέω (*f.* δήσω), lier; ceindre autour.

δια-δηλέομαι-οῦμαι, mettre en pièces.

διά-δηλος, ος, ον, évident.

διάδημα, ατος (τό), diadème.

δια-διδράσκω (*f.* δράσομαι), 1° s'enfuir. || 2° *tr.*, fuir.

δια-δίδωμι (*f.* δώσω, *etc.*), 1° TRANSMETTRE. || 2° répandre; distribuer; publier. || 3° *intr.*, se répandre.

δια-δικάζω (*f.* σω), 1° prononcer un jugement. || 2° *moy.*, plaider.

δια-δικαιόω-ῶ (*f.* ώσω), justifier.

δια-δικασία, ας (ἡ), procès.

δια-δοχή, ῆς (ἡ), succession; ἐκ διαδοχῆς, successivement.

διά-δοχος, ου (ὁ), successeur; remplaçant.

δια-δρηστεύω (*f.* σω), s'enfuir.

δια-δύομαι (*f.* δύσομαι), se glisser à travers; s'échapper.

δια-δύς, *part. aor.* 2 *de* διαδύομαι.

δι-άει, 3° *pers. sing. impf. de* διάημι.

δια-είδομαι, 1° *moy.*, montrer. || 2° *pass.*, se montrer.

δια-ζάω-ῶ (*f.* ζήσω), vivre; soutenir sa vie.

δια-ζεύγνυμι (*f.* ζεύξω), désunir.

διά-ζευξις, εως (ἡ), séparation.

διά-ζωμα, ατος (τό), ceinture; balustrade.

δια-ζώννυμι (*f.* ζώσω), *act. et moy.*, ceindre.

δια-ζώω, *comme* διαζάω.

δι-άημι, souffler à travers.

δια-θεάομαι-ῶμαι (*f.* άσομαι), considérer.

δια-θειόω-ῶ, soufrer.

δια-θερμαίνω (*f.* ανῶ), échauffer.

διά-θεσις, εως (ἡ), 1° ARRANGEMENT; disposition. || 2° état *physique ou moral.* || 3° droit de vendre.

δια-θέτης, ου (ὁ), celui qui dispose.

δια-θέω (*f.* θεύσομαι), courir çà et là.

δια-θήκη, ης (ἡ), disposition; testament.

δια-θορυβέω-ῶ (*f.* ήσω), troubler fortement.

δια-θροέω-ῶ (*f.* ήσω),

répandre partout le bruit (que).

δια-θρυλέω-ῶ (*f.* ήσω), répandre le bruit; rebattre les oreilles.

δια-θρύπτω (*f.* ψω), 1° briser. ‖ 2° corrompre; efféminer. ‖ 3° *moy.* prendre des airs affectés.

διαί, *prép. comme* διά.

δι-αιθριάζει, il fait clair.

δι-αίνω (*f.* ανῶ), mouiller.

δι-αίρεσις, εως (ἡ), division; distinction.

δι-αίρετος, η, ον, divisé.

δι-αιρέω-ῶ (*f.* αιρήσω, *etc.*) 1° DIVISER. ‖ 2° distinguer. ‖ 3° décider; résoudre; partager.

— *Moyen* 1° partager. ‖ 2° définir.

δι-αίρω (*f.* αρῶ, *etc*), 1° lever. ‖ 2° ouvrir. ‖ 3° traverser.

δι-αΐσσω, *comme* διᾴσσω.

δι-αϊστόω-ῶ (*f.* ώσω), anéantir.

δί-αιτα, ης (ἡ), 1° GENRE DE VIE. ‖ 2° régime. ‖ 3° séjour. ‖ 4° *à Athènes*, arbitrage.

δι-αιτάω-ῶ (*f.* ήσω), 1° soumettre à un régime. ‖ 2° arbitrer.

— *Moyen* 1° avoir un régime; vivre. ‖ 2° habiter.

δι-αίτημα, ατος (τό), 1° régime. ‖ 2° habitudes; institutions.

δι-αιτητής, οῦ (ὁ), arbitre.

δια-καθαίρω (*f.* αρῶ), purifier.

δια-καίω (*f.* καύσω), brûler; enflammer.

δια-καλύπτω (*f.* ψω), découvrir.

δια-καρτερέω-ῶ (*f.* ήσω), 1° tenir bon. ‖ 2° supporter, *acc.*

δια-κεάζω (*f.* άσω), fendre.

διά-κειμαι (*f.* κείσομαι), 1° être disposé *phys. et mor.* ‖ 2° être présent.

δια-κείρω (*f.* κερῶ), 1° tondre. ‖ 2° ruiner.

δια-κελεύομαι (*f.* εύσομαι), recommander; adresser un avis *ou* une exhortation (à, *dat.*).

δια-κελευσμός, οῦ (ὁ), exhortation.

διά-κενος, ος, ον, 1° vain. ‖ 2° maigre.

δια-κηρυκεύομαι (*f.* σομαι), parlementer.

δια-κινδυνεύω (*f.* σω), 1° *intr.* se hasarder. || 2° *tr.* risquer.

δια-κινέω-ῶ (*f.* ήσω), mouvoir; émouvoir; — *moy.* se mouvoir.

δια-κλάω-ῶ (*f.* άσω), 1° briser. || 2° énerver.

δια-κλέπτω (*f.* ψω), dérober.

δια-κληρόω-ῶ (*f.* ώσω). 1° distribuer par le sort. || 2° *moy.* tirer au sort.

δια-κναίω (*f.* κναίσω), déchirer.

δια-κομιδή, ῆς (ἡ), transport.

δια-κομίζω (*f.* ίσω, *att.* ιῶ), transporter.

διακονέω-ῶ (*f.* ήσω), 1° être au service de quelqu'un, *dat.* || 2° faire pour quelqu'un, procurer, *acc.* || 3° *moy.* se servir soi-même.

διακονία, ας (ἡ), service; fonction.

διακονικός, ή, όν, relatif au service; apte à servir.

διάκονος, ου (ὁ), serviteur.

δι-ακοντίζομαι (*f.* σομαι), s'exercer au javelot.

δια-κόπτω (*f.* ψω), couper; rompre.

διά-κορος, ος, ον, rassasié (de, *gén.*)

διακόσιοι, αι, α, deux cents.

δια-κοσμέω-ῶ (*f.* ήσω), mettre en ordre.

δια-κόσμησις, εως (ἡ), disposition, mise en ordre.

διά-κοσμος, ου (ὁ), *même sens.*

δι-ακούω (*f.* ακούσομαι), écouter jusqu'à la fin; apprendre (de, *gén.*).

δι-ακριβόω-ῶ (*f.* ώσω), *et moyen* 1° achever à fond. || 2° étudier en détail.

δια-κριδόν, *adv.*, excellemment.

δια-κρίνω (*f.* νῶ), 1° DISTINGUER; discerner || 2° séparer. || 3° juger; décider.

— *Moyen*, 1° *mêmes sens.* || 2° hésiter.

διά-κρισις, εως (ἡ), 1° distinction; division; || 2° jugement; décision.

διακριτέον, *verbal* de διακρίνω, il faut décider.

διά-κρουσις, εως (ἡ), subterfuge.

δια-κρούω (*f.* σω), 1° écarter en heurtant. || 2° éprouver.

— *Moyen*, éviter, éluder; tromper.

δι-άκτορος, ου (ὁ), messager.

δια-κυκάω-ῶ (*f.* ήσω), mêler.

δια-κύπτω (*f.* ψω), regarder, en se penchant, à travers.

δια-κωλυτής, οῦ (ὁ), qui empêche.

δια-κωλύω (*f.* ύσω), empêcher.

δια-κωμῳδέω-ῶ (*f.* ήσω), bafouer.

δι-ακωχή, ῆς (ἡ), trêve.

δια-λαγχάνω (*f.* λήξομαι), tirer au sort pour se partager.

δια-λαλέω-ῶ (*f.* ήσω), tenir conversation.

δια-λαμβάνω (*f.* λήψομαι, *etc.*), 1° METTRE A PART. ‖ 2° partager; séparer; distinguer. ‖ 3° couper (une position, un développement). ‖ 4° réunir; embrasser. ‖ 5° concevoir, juger, aviser.

δια-λάμπω (*f.* ψω), briller.

δια-λανθάνω (*f.* λήσω, *etc.*), 1° demeurer caché. ‖ 2° échapper à, *acc.*

δια-λέγω (*f.* λέξω, *etc.*), choisir.

— *Moy. pass.*, CONVERSER; argumenter.

διά-λειμμα, ατος (τό), intervalle.

δια-λείπω (*f.* ψω, *etc.*), 1° *tr.*, laisser un intervalle; laisser passer (*du temps*). ‖ 2° *intr.* cesser; être éloigné.

δια-λείχω (*f.* ξω), lécher partout.

διαλεκτικός, ή, όν, relatif *ou* habile à la discussion; ἡ διαλεκτική, la dialectique.

διαλεκτικῶς, *adv.*, en dialecticien.

διάλεκτος, ου (ἡ), 1° conversation; discussion. ‖ 2° langage; dialecte.

διά-ληψις, εως (ἡ), 1° division. ‖ 2° opinion.

δι-αλλαγή, ῆς (ἡ), 1° échange. ‖ 2° réconciliation.

δι-αλλακτής, οῦ (ὁ), arbitre.

δι-αλλάσσω, *att.* ττω (*f.* ξω), I. *tr.* 1° échanger; changer. ‖ 2° réconcilier. ‖ II. *intr.*, être différent (de, *dat.*)

— *Moy.* — *pass.*, se réconcilier.

δια-λογίζομαι (*f.* ίσομαι, *att.* ιοῦμαι), 1° calculer. || 2° raisonner; discuter.

δια-λογισμός, οῦ (ὁ), 1° calcul. || 2° raisonnement; discussion.

διά-λογος, ου (ὁ), dialogue, conversation.

δια-λοιδορέομαι-οῦμαι (*f.* ήσομαι, *aor.* ελοιδορήθην), jeter des injures, *dat.*

δια-λυμαίνομαι (*f.* μανοῦμαι), 1° maltraiter. || 2° tromper.

διά-λυσις, εως (ἡ), 1° dissolution; cessation. || 2° transaction. || 3° acquittement.

δια-λυτής, οῦ (ὁ), celui qui dissout.

διά-λυτος, ος, ον, dissous.

δια-λύω (*f.* λύσω), 1° DISSOUDRE; faire cesser; séparer. || 2° réconcilier; transiger. || 3° acquitter. || 4° assouplir; énerver. = *Moy.* 1° *mêmes sens.* || 2° se réconcilier.

διαμαρτάνω (*f.* αμαρτήσομαι, *etc.*), 1° se tromper. || 2° *gén.*, ne pas atteindre, échouer dans.

δι-αμαρτία, ας (ἡ), 1° erreur totale. || 2° échec.

δια-μαρτυρέω-ῶ (*f.* ήσω), témoigner; attester.

δια-μαρτύρομαι (*f.* οῦμαι), prendre à témoin; protester; adjurer.

δια-μάσσω, *att.* ττω (*f.* ξω), pétrir.

δια-μαστιγόω-ῶ (*f.* ώσω), fouetter longuement.

δια-μάχομαι (*f.* μαχοῦμαι, *etc.*), lutter avec ténacité; se débattre contre, *dat.*

δι-αμάω-ῶ (*f.* ήσω) *et moyen* 1° déchirer. || 2° récolter.

δια-μεθίημι (*f.* ήσω), lâcher.

δι-αμείβω (*f.* ψω), *et moy.* 1° changer, échanger. || 2° passer d'un point à un autre.

δια-μέλλησις, εως (ἡ), délai, retard.

δια-μέλλω (*f.* μελλήσω), tarder.

δια-μέμφομαι (*f.* ψομαι), blâmer, τινά τινος.

δια-μένω (*f.* νῶ), continuer; διαμένω ποιῶν, je continue à agir.

δια-μερίζω (*f.* σω, *att.* ιῶ), partager; diviser.

δια-μερισμός, οῦ (ὁ), partage; division.

δια-μετρέω-ῶ (*f.* ήσω), mesurer; répartir.
— *Moy.* se faire mesurer sa part.

δια-μετρητός, ή, όν, mesuré.

δια-μηχανάομαι-ῶμαι, travailler par tous les moyens.

δι-αμιλλάομαι-ῶμαι (*f.* ήσομαι), rivaliser avec, *dat.*

δια-μιμνῄσκομαι (*pf.* διαμέμνημαι), se rappeler.

δια-μιστύλλω (*aor.* εμίστυλα), hacher en petits morceaux.

δια-μνημονεύω (*f.* σω), 1° se rappeler. ‖ 2° rappeler.

δια-μοιράω-ῶ *et moy.*, partager.

δι-αμπάξ, *adv.*, de part en part.

δι-αμπερές, *adv.*, 1° DE PART EN PART. ‖ 2° complètement. ‖ 3° continuellement.

δια-μυθολογέω-ῶ (*f.* ήσω), converser.

δι-αμφισβητέω-ῶ (*f.* ήσω), discuter; contester.

δι-αν-αγκάζω (*f.* σω), contraindre.

δι-ανα-παύομαι (*f.* σομαι), se reposer.

δια-ναυμαχέω-ῶ (*f.* ήσω), engager un combat naval.

δι-άνδιχα, *adv.*, en deux.

δι-ανεκής, ής, ές, *comme* διηνεκής.

δια-νέμω (*f.* νεμῶ, *etc.*), *et moy.*, partager.

δια-νεύω (*f.* σω), faire des signes de tête.

δια-νέω (*f.* νεύσομαι), traverser à la nage.

δι-αν-ίσταμαι (*f.* στήσομαι) et ἀνέστην, ἀνέστηκα, se lever.

δια-νοέομαι-οῦμαι (*f.* νοήσομαι, *aor.* ενοήθην), 1° penser; concevoir; méditer. ‖ 2° avoir tels sentiments.

δια-νόημα, ατος (τό), pensée, conception.

διά-νοια, ας (ἡ), 1° PENSÉE, intelligence. ‖ 2° idée.

δι-ανοίγω (*f.* ξω), entr'ouvrir.

δια-νομή, ῆς (ἡ), distribution.

δια-νυκτερεύω (*f.* σω), passer la nuit entière.

δι-ανύω *et* **δι-ανύτω** (*f.* σω), 1° achever. ‖ 2° parvenir.

δια-παιδεύω (*f.* σω), instruire complètement.

δια-παντός, *adv.*, (= διὰ παντός), tout à fait; continuellement.

δια-πασσαλεύω, *att.* **πατταλεύω** (*f.* σω), mettre en croix.

δια-πάσσω, *att.* **πάττω** (*f.* πάσω), saupoudrer; répandre.

δια-παύω (*f.* σω), faire cesser. — *Moy.*, prendre un temps de repos.

δι-απειλέω-ῶ (*f.* ήσω), menacer.

διά-πειρα, **ας** (ἡ), épreuve.

δια-πειράομαι-ῶμαι (*f.* άσομαι), essayer, éprouver, *gén.*

δια-πείρω (*f.* περῶ). transpercer.

δια-πέμπω (*f.* ψω), *et moy.*, envoyer.

δια-περαίνω (*f.* ανῶ), *et moy.*, achever.

δια-περαιόω-ῶ (*f.* ώσω), transporter; traverser.

δια-περάω-ῶ (*f.* άσω), traverser.

δια-πέρθω (*f.* πέρσω), ravager complètement.

δια-πέτομαι (*f.* πτήσομαι, *etc*), 1° voler à travers. ‖ 2° s'envoler.

δια-πηδάω-ῶ (*f.* ήσομαι) bondir à travers, *acc.*; bondir.

δια-πίμπλημι (*f.* πλήσω, *etc.*), remplir; saturer.

δια-πίνω (*f.* πίομαι, *etc.*), boire à l'envi.

δια-πίπτω (*f.* πεσοῦμαι, *etc.*), 1° tomber entre, çà et là; se répandre. ‖ 2° s'échapper; disparaître. ‖ 3° échouer.

δια-πιστεύω (*f.* σω), 1° confier. ‖ 2° *intr.* se fier.

δια-πλέκω (*f.* ξω), 1° tresser. ‖ 2° achever.

δια-πλέω (*f.* πλεύσομαι). traverser (*en naviguant*).

δια-πλήσσω, *att.* **πλήττω** (*f.* ξω), fendre.

διά-πλοος-ους, **ου** (ὁ), traversée (*par eau*).

δια-πνέω (*f.* πνεύσομαι), 1° *tr.* souffler à travers. ‖ 2° *intr.*, respirer. ‖ 3° *pass.* s'évaporer.

δια-ποικίλλω (*f.* ιλῶ), broder.

δια-πολεμέω-ῶ (*f.* ήσω), pousser *ou* achever la guerre.

δια-πολέμησις, **εως** (ἡ), achèvement de la guerre.

δια-πολιορκέω-ῶ (*f.* ήσω), poursuivre à fond le siège.

δια-πολιτεύομαι (*f.*

σομαι), être en désaccord avec son parti.

δια-πομπή, ῆς (ἡ), pourparlers.

δια-πονέω-ῶ (*f.* ήσω), 1° *tr.* exercer; obtenir par le travail. || 2° *intr.* peiner.
— *Moy.*, *acc.*, s'exercer avec effort à.

δια-πόντιος, ος, ον, d'outre-mer.

δια-πορεύω (*f.* σω), 1° faire traverser. || 2° *Moy.* — *pass.*, traverser.

δια-πορέω-ῶ (*f.* ήσω), *et moy.*, être dans l'embarras.

δια-πορθέω-ῶ (*f.* ήσω), saccager.

δια-πορθμεύω (*f.* σω), faire passer.

δια-πραγματεύομαι (*f.* σομαι), traiter, étudier à fond.

δια-πραθέειν, *inf. aor.* 2 de διαπέρθω.

δια-πράσσω, *att.* ττω (*f.* ξω), *et moy.* 1° ACHEVER; accomplir; obtenir. || 2° faire périr; ruiner. || 3° *intr.*, réussir.

δια-πρεπής, ής, ές, remarquable; magnifique.

δια-πρέπω, se distinguer.

δια-πρεσβεύομαι (*f.* σομαι), envoyer partout des députés.

δια-πρό, *adv.*, de part en part.

δια-πρύσιος, ος *et* α, ον, pénétrant; éclatant.

δια-πτοέω-ῶ (*f.* ήσω), épouvanter.

δια-πτύσσω, *att.* ττω, déplier; expliquer.

δια-πτύω (*f.* σω), cracher sur; mépriser.

δια-πυκτεύω (*f.* σω), combattre à coups de poings (contre, *dat.*).

δια-πυνθάνομαι (*f.* πεύσομαι, *etc.*), s'informer de, *acc.*

διά-πυρος, ος, ον, enflammé.

δια-πωλέω-ῶ (*f.* ήσω), vendre.

δι-αράσσω (*f.* ξω), rompre.

δι-αρθρόω-ῶ, articuler; expliquer par le menu.

δι-αριθμέω-ῶ (*f.* ήσω), *et moy.*, compter; énumérer.

δι-αρκέω-ῶ (*f.* έσω), 1° SUFFIRE A; être capable de. || 2° durer. || 3° *acc.* entretenir (*par la subsistance*).

δι-αρκής, ής, ές, suffisant; durable.

δι-αρκῶς, *adv.*, suffisamment.

δι-αρπαγή, ῆς (ἡ), pillage.

δι-αρπάζω (*f.* άσομαι), piller.

δια-ρραίνω (*f.* ανῶ), faire jaillir.

δια-ρραίω (*f.* σω), briser; ruiner.

δια-ρρέω (*f.* ρεύσομαι *etc.*), couler; s'écouler.

δια-ρρήγνυμι (*f.* ρήξω, *etc.*), briser. — *Pass.*, éclater.

δια-ρρήδην, *adv.*, explicitement.

δια-ρριπτέω *et* **δια-ρρίπτω** (*f.* ψω), 1° lancer de tous côtés. || 2° *intr.*, s'élancer.

διά-ρριψις, εως (ἡ), dispersion.

διά-ρροια, ας (ἡ), diarrhée.

δια-ρροιζέω-ῶ (*f.* ήσω), traverser en sifflant.

δια-σαφέω-ῶ (*f.* ήσω), expliquer clairement.

δια-σαφηνίζω (*f.* σω), *même sens.*

δια-σείω (*f.* σω), 1° secouer; 2° bouleverser.

δια-σεύομαι, traverser d'un bond; transpercer, *gén. ou acc.*

δια-σημαίνω (*f.* ανῶ), indiquer; donner le signal.

διά-σημος, ος, ον, distinct.

δια-σιωπάω-ῶ (*f.* ήσομαι), garder le silence.

δια-σκάπτω (*f.* ψω), creuser.

δια-σκαριφάομαι-ῶμαι (*f.* ήσομαι), ruiner.

δια-σκεδάννυμι (*f.* σκεδάσω, *att.* σκεδῶ, *etc.*), disperser; détruire.

δια-σκέπτομαι (*f.* ψομαι), *comme* διασκοπέω.

δια-σκευάζομαι (f. σομαι), disposer; se disposer; disposer de.

δια-σκηνέω *ou* όω-ῶ, cantonner séparément.

δια-σκίδνημι, *comme* διασκεδάννυμι.

δια-σκοπέω-ῶ (*f.* ήσω), *et moy.*, examiner scrupuleusement.

δια-σκοπιάομαι-ῶμαι (*f.* άσομαι), épier; distinguer.

δια-σκορπίζω (*f.* σω), disperser.

δια-σμάω-ῶ, rincer.

δια-σπάω-ῶ (*f.* άσω), séparer en arrachant; diviser violemment; répartir par sections.

δια-σπείρω (*f.* σπερῶ, *etc.*), disséminer.

δια-σπορά, ᾶς (ἡ), dispersion.

δια-σπουδάζω (*f.* σω), *et moy.*, rechercher avec application.

δι-ᾴσσω, *att.* ττω, s'élancer à travers.

δια-στασιάζω (*f.* σω), 1° mettre en désaccord. ‖ 2° *intr.*, être en désaccord.

διά-στασις, εως (ἡ), SÉPARATION ; division ; discorde.

δια-σταυρόομαι-οῦμαι (*f.* ώσομαι), clore de palissades.

δια-στέλλω (*f.* στελῶ, *etc.*) *et moy.*, 1° SÉPARER ; ouvrir. ‖ 2° distinguer ; définir.

διά-στημα, ατος (τό), intervalle.

δια-στοιβάζω (*f.* σω). bourrer.

δια-στολή, ῆς, 1° séparation. ‖ 2° explication détaillée.

δια-στρέφω (*f.* ψω), 1° tordre. ‖ 2° pervertir ; fausser.

διά-στροφος, ος, ον, contrefait ; de travers.

δια-σύρω (*f.* ρῶ), déchirer.

δια-σφάξ, άγος (ἡ), crevasse.

δια-σφενδονάω-ῶ (*f.* ήσω). chasser à coups de fronde.

δια-σχίζω (*f.* σω), fendre : séparer.

δια-σῴζω (*f.* σω), *et moy.*, sauver.

δια-ταγή, ῆς (ἡ), ordre ; prescription.

διά-ταγμα, ατος (τό), *même sens*.

δια-τάμνω, *comme* δια-τέμνω.

διά-ταξις, εως (ἡ), 1° arrangement. ‖ 2° édit.

δια-ταράσσω, *att.* ττω (*f.* ξω), bouleverser.

δια-τάσσω, *att.* ττω (*f.* ξω), 1° RANGER. ‖ 2° ordonner.

— *Moy.*, se ranger en bataille.

δια-τείνω (*f.* τενῶ, *etc.*), 1° étendre. ‖ 2° *intr.*, s'étendre.

— *Moy.*, 1° tendre. ‖ 2° s'efforcer. ‖ 3° prétendre (que).

δια-τειχίζω (*f.* ίσω, *att.*, ιῶ), murer.

δια-τείχισμα, ατος (τό), mur de fortification.

δια-τελευτάω-ῶ (*f.* ήσω), achever.

δια-τελέω-ῶ (*f.* έσω),

1° achever. || 2° continuer. || 3° passer le temps.

δια-τελής, ής, ές, incessant.

δια-τέμνω (*f.* τεμῶ, *etc.*), couper.

δια-τετραίνω (*f.* ανῶ), percer.

δια-τήκω (f. τήξω), fondre.

δια-τηρέω-ῶ (*f.* ήσω), 1° conserver. || 2° surveiller.

δια-τίθημι (*f.* θήσω, *etc.*), 1° ARRANGER. || 2° faire devenir, rendre; disposer : εὖ διατίθεσθαι πρός τινα, être bien disposé envers q.qu'un. || 3° traiter (bien *ou* mal).

— *Moy.*, 1° EMPLOYER. || 2° régler; concilier. || 3° vendre, disposer par testament. || 4° rédiger; exposer.

δια-τινάσσω (*f.* ξω), secouer.

δια-τμήγω (*f.* ξω, *aor.* 2 διέτμαγον), couper en deux. — *Passif* (*aor.* 2 διετμάγην), se séparer.

δια-τοξεύομαι (*f.* σομαι). concourir à l'arc (avec, *dat.*)

1. **δια-τόρος**, ος, ον, perçant.

2. **διά-τορος**, ος, ον transpercé.

δια-τρέπω (*f.* τρέψω), détourner.

δια-τρέφω (*f.* θρέψω), nourrir à fond.

δια-τρέχω (*f.* δραμοῦμαι, *etc.*), courir à travers ; courir cà et là.

δια-τρέω (*f.* τρέσω), s'enfuir de peur.

δια-τριβή, ῆς (ἡ), OCCUPATION; genre de vie 1° étude; amusement; conversation. || 2° séjour; école. || 3° temps perdu ; retard.

δια-τρίβω (*f.* ψω), I *tr.*, 1° broyer. || 2° retarder; ajourner. || 3° passer *ou* perdre le temps. || II *intr.*, 1° s'occuper, s'exercer à, περί *acc.*, 2° séjourner.

δια-τροφή, ῆς (ἡ), subsistance.

δια-τρύγιος, ος, ον, plant entre vignes.

δια-τρώγω (*f.* τρώξομαι, *aor.* 2 ἔτραγον), ronger.

δι-αυγάζω (*f.* σω), briller.

δι-αυγής, ής, ές, brillant; transparent.

δί-αυλος, ου (ὁ), double tour de piste.

δια-φαίνω (*f.* φανῶ, *etc.*), 1° *tr.* faire voir claire-

ment (à travers). ‖ 2° *intr.*, briller.
— *Moy. pass.* 1° se faire voir. ‖ 2° briller.

δια-φάνεια, ας (ἡ), transparence.

δια-φανής, ής, ές, 1° diaphane; brillant. ‖ 2° évident.

δια-φανῶς, *adv.*, évidemment.

δια-φερόντως, *adv.* différemment de; supérieurement à, *gén.*

δια-φέρω (*f.* οἴσω, *etc.*), *tr.*, PORTER D'ICI LÀ. 1° transporter; répandre. ‖ 2° porter; apporter. ‖ 3° supporter ‖ 4° tirailler; tourmenter. ‖ 5° passer (le temps); prolonger.
— *Intr.*, 1° durer. ‖ 2° être différent de; avoir l'avantage sur *gén.* ‖ 3° importer; *imp.*, il importe : τί διαφέρει ὑμῖν, en quoi vous importe-t-il? τὰ διαφέροντα, les intérêts importants.
— *Moy.*, 1° être en désaccord avec *dat.* ‖ 2° passer (le temps).

δια-φεύγω ((*f.* φεύξομαι, *etc.*), éviter; échapper à, *acc.*

διά-φευξις εως (ἡ), action d'éviter.

δια-φημίζω (*f.* σω), divulguer.

δια-φθείρω (*f.* φθερῶ, *etc.*), 1° perdre; corrompre; détruire. ‖ 2° διέφθορα *pf.* 2, je suis perdu.

δια-φθορά, ᾶς (ἡ), ruine; destruction; corruption.

δια-φθορεύς, έως (ὁ), corrupteur.

δι-αφ-ίημι (*f.* αφήσω, *etc.*), renvoyer.

δια-φοιβάζω (*f.* άσω), transporter de fureur.

δια-φοιτάω-ῶ (*f.* ήσω), parcourir.

δια-φορά, ᾶς (ἡ), 1° différence. ‖ 2° différend.

δια-φορέω-ῶ (*f.* ήσω), 1° emporter : disperser; dissiper. ‖ 2° déchirer; troubler.

διά-φορος, ος, ον, 1° DIFFÉRENT; τὸ διάφορον, différence. ‖ 2° hostile, adversaire; τὸ διάφορον, différend. ‖ 3° supérieur. ‖ 4° utile; τὸ διάφορον, l'intérêt.

δια-φόρως, *adv.*, 1° différemment. ‖ 2° avec hostilité. ‖ 3° supérieurement.

διά-φραγμα, ατος (τό),

1° cloison. || 2° diaphragme.

δια-φράζω (*aor.* 2 διεπέφραδον), énoncer nettement.

δια-φρέω (*f.* φρήσω), faire passer.

δια-φυγγάνω, *comme* διαφεύγω.

δια-φυγή, ῆς (ἡ), moyen d'esquiver.

δια-φυή, ῆς (ἡ), intervalle; fente.

δια-φυλάσσω, *att.* ττω (*f.* ξω), garder avec attention; surveiller.

δια-φύομαι (*f.* σομαι, *aor.* 2 ἔφυν, *pf.* πέφυκα), pousser *ou* s'écouler entre; s'attacher à, *gén.*

δια-φυσάω-ῶ (*f.* ήσω), dissiper par le souffle.

δι-αφύσσω (*f.* σω), 1° puiser. || 2° arracher.

δια-φωνέω-ῶ (*f.* ήσω), n'être pas d'accord (*pr. et fig.*)

δια-φώσκω, commencer à luire.

δια-χάζω (*f.* σω), *et moy.*, s'écarter.

δια-χειμάζω (*f.* σω), hiverner.

δια-χειρίζω (*f.* σω), *et moy.*, manier; administrer.

δια-χείρισις, εως (ἡ), maniement.

δια-χειροτονέω-ῶ (*f.* ήσω), voter.

δια-χειροτονία, ας (ἡ), vote.

δια-χέω (*f.* χέω, *etc.*), 1° verser. || 2° fondre; dissoudre; dilater. || 3° dépecer.
— *Moy.* disperser.

δια-χλευάζω (*f.* σω), railler.

δια-χόω-ῶ (*f.* ώσω), élever une digue.

δια-χράομαι-ῶμαι (*f.* ήσομαι), 1° *dat.*, user constamment de. || 2° *acc.*, tuer.

δια-χρέομαι *comme le précédent.*

δια-χωρέω-ῶ (*f.* ήσω), 1° passer à travers, *gén.* || 2° *acc.* évacuer (diarrhée).

δια-χωρίζω (*f.* ίσω), séparer.

δια-ψεύδω (*f.* σω), 1° *act. et moy.*, tromper. || 2° *pass.*, se tromper.

δια-ψηφίζομαι (*f.* ίσομαι, *att.* ιοῦμαι), voter.

δια-ψήφισις, εως (ἡ), vote.

δια-ψύχω (*f.* ψύξω), mettre à l'air *ou* au sec.

δί-γλωσσος, *att.* γλωττος, ος, ον, qui parle deux langues.

διδακτός, ή, όν, qu'on peut enseigner.

διδασκαλεῖον, ου (τό), école.

διδασκαλία, ας (ἡ), 1° ENSEIGNEMENT. || 2° conseils aux acteurs. || 3° *didascalies* ou répertoires dramatiques.

διδασκαλικός, ή, όν, relatif *ou* apte à l'enseignement.

διδασκαλικῶς, *adv.*, de manière didactique.

διδασκάλιον, ου (τό), leçon.

διδάσκαλος, ου (ὁ), 1° MAITRE (*qui enseigne*). || 2° maître de chœur; poète dramatique.

διδάσκω (*f.* ξω), 1° ENSEIGNER; instruire, 2 *acc.* (comme *doceo*). || 2° faire représenter une pièce.
— *Passif*, être instruit.
— *Moyen*, 1° donner à instruire. || 2° instruire || 3° s'instruire.

διδαχή, ῆς (ἡ), enseignement.

δίδημι, *comme* δέω 1.

διδόω, *comme* δίδωμι.

διδράσκω (*f.* δράσομαι, *aor.* 2 ἔδραν), s'enfuir.

δί-δραχμος, ος, ον, de deux drachmes.

δι-δυμάονες, ων (οἱ), jumeaux.

δί-δυμος, ος *ou* **η, ον**, jumeau.

δίδωμι (*f.* δώσω, *etc.*), 1° DONNER; accorder; livrer. || 2° permettre. || 3° *intr.*, *plus rare*, s'abandonner.

δίε, *impf.* de δίω.

δι-εγγυάω-ῶ (*f.* ήσω), 1° cautionner; libérer sous caution.

δι-εγείρω (*f.* ερῶ), réveiller.

δι-έδεξα *comme* διέδειξα, *aor.* 1. de **διαδείκνυμι**.

δι-έεργον, *impf.* de διείργω.

1. **δί-ειμι** (*f.* έσομαι), subsister.

2. **δί-ειμι** (*f.* ειμι), 1° traverser. || 2° raconter.

δι-εῖπον *aor.* 2, *et pf.* **δι-είρηκα**, expliquer en détail; converser.

δι-είργω (*f.* ξω), séparer; empêcher.

δι-είρομαι, interroger.

δι-ειρύω, tirer à travers.

δι-είρω (*f.* ερῶ, *aor.* εἶρα), introduire à travers.

δι-έκ (ἐξ), *prép. gén.*, à travers.

δι-εκ-περάω-ῶ (*f.* άσω), passer.

δι-εκ-πλέω (*f.*πλεύσομαι), traverser en bateau.

δι-έκ-πλοος-ους, ου (ὁ), manœuvre à travers.

δι-εκ-πλώω (*f.* ώσω), *comme* διεκπλέω.

δι-έκ-ροος, οου (ὁ), conduit.

δι-ελαύνω (*f.* ελῶ, *etc.*), 1° faire passer à travers. || 2° parcourir; chevaucher à travers.

δι-ελέγχω (*f.* ξω), réfuter.

δι-ελθέμεν, *inf. aor.* 2 de διέρχομαι.

δι-έλκω (*f.* ελκύσω), tirer; ouvrir; traîner.

δίεμαι, s'enfuir à travers, *gén.*

δι-εμ-πολάω-ῶ (*f.* ήσω), trafiquer.

δι-ενθυμέομαι-οῦμαι (*f.* ήσομαι), méditer.

δι-ενιαυτίζω (*f.* σω), passer l'année complète.

δι-εξ-άγω (*f.* άξω), conduire; régler; concilier.

δι-έξ-ειμι (*f.* ειμι), 1° traverser. || 2° raconter.

δι-εξ-ελαύνω (*f.* ελῶ), chevaucher à travers.

δι-εξ-ελίσσω *att.* **ττω,** dérouler.

δι-εξ-ερέομαι, interroger.

δι-εξ-έρχομαι (*f.* ελεύσομαι, *etc.*), 1° PARCOURIR. || 2° raconter en détail. || 3° *intr.*, se passer.

δι-εξ-ηγέομαι-οῦμαι (*f.* ήσομαι), raconter en détail.

δι-εξ-ίημι (*f.* ήσω), 1° diriger à travers. || 2° *intr.* se jeter dans.

δι-έξοδος, ου (ἡ), 1° ISSUE. || 2° parcours; évolution. || 3° exposé.

δι-εορτάζω (*f.* σω), fêter complètement.

δι-επέφραδον, *aor.* 2 de διαφράζω.

δι-έπραθον, *aor.* 2 de διαπέρθω.

δι-έπω (impf. διεῖπον), régir; administrer.

δι-εργάζομαι (*f.* σομαι *etc.*), 1° TRAVAILLER, achever. || 2° anéantir. || 3° *pf.* διέργασμαι, *être anéanti.*

δι-έργω, comme διείργω.

δι-ερέσσω (*f.* έσω), ramer à travers.

δι-ερευνάω-ῶ (*f.* ήσω), *et moy.*, fouiller.

δι-ερευνητής, οῦ, (ὁ), éclaireur.

δι-ερμηνευτής, οῦ (ὁ), interprète.

δι-ερμηνεύω (*f.* σω), interpréter.

δι-έρομαι *comme* διείρομαι.

διερός, ά, όν 1° HUMIDE; coulant. ‖ 2° agile; vigoureux.

δι-έρπω, ramper à travers.

δι-έρχομαι (*f.* ελεύσομαι, *etc.*), 1° TRAVERSER; parcourir. ‖ 2° expliquer en détail. ‖ 3° *intr.* s'écouler.

δι-ερωτάω-ῶ (*f.* ήσω), interroger longuement.

δι-εσθίω (*f.* έδομαι), manger sans rien laisser.

δι-έσσυτο, 3ᵉ *pers. aor.* 2 de διασεύομαι.

δι-ετής, ής, ές, de deux ans.

δι-ετήσιος, ος, ον, qui dure toute l'année.

δι-ετία, ας (ἡ), période de deux ans.

δι-έτμαγεν, 3ᵉ *pers. pl. aor.* 2 *pass. de* διατμήγω.

δι-ευλαβέομαι-οῦμαι (*f.* ήσομαι), 1° éviter soigneusement, *acc. ou gén.*; respecter.

δι-ευτυχέω-ῶ (*f.* ήσω), être constamment heureux.

δι-έχω (*f.* έξω, *etc.*), 1° séparer; écarter. ‖ 2° *intr.* s'écarter; être différent; s'enfoncer.

δίζημαι (2ᵉ *pers.* δίζηαι, *f.* ήσομαι), chercher; rechercher.

δί-ζυξ, υγος (ὁ, ἡ), attelé par paire; double.

δίζω, douter. — *Moy.* *comme* δίζημαι.

δι-ηγέομαι-οῦμαι (*f.* ήσομαι), raconter.

δι-ήγησις, εως (ἡ), narration.

δι-ηθέω-ῶ (*f.* ήσω). 1° filtrer; laver. ‖ 2° *intr.* s'infiltrer.

διηκονέω, *comme* διακονέω.

διηκόσιοι, *comme* διακόσιοι.

δι-ήκω (*f.* ξω), s'avancer, se répandre à travers.

δι-ημερεύω (*f.* σω), passer la journée.

δι-ηνεκής, ής, ές, continu.

δι-ηνεκῶς, *adv.*, sans interruption.

δι-ήνεμος, ος, ον, exposé au vent.

δι-θάλασσος, *att.* **ττος, ος, ον**, baigné par deux mers.

δι-θύραμβος, ου (ὁ), dithyrambe.

δι-ίημι (*f.* ἥσω, *etc.*), faire *ou* laisser passer.

δι-ικνέομαι-οῦμαι (*f.* ίξ μαι, *etc.*), 1° passer à travers. || 2° raconter en détail.

διϊ-πετής, ής, ές, qui tombe du ciel.

δι-ίπταμαι (*f.* διαπτήσομαι), voler à travers.

δι-ίστημι, (*f.* διαστήσω, *etc.*), séparer, diviser; désunir.

— *Moy.* et διέστην, διέστηκα, 1° s'écarter. || 2° être éloigné *ou* différent. || 3° se quereller.

δι-ισχυρίζομαι (*f.* σομαι), soutenir énergiquement.

δικάζω (*f.* σω), rendre la justice; juger, *acc. de la chose, dat. de la pers.*

— *Moy.* faire un procès.

δικαιέω, *comme* δικαιόω.

δικαιο-λογία, ας (ἡ), discours judiciaire.

δίκαιος, α, ον, 1° JUSTE; légitime; mesuré : τὸ δίκαιον, la justice; τὰ δίκαια, les droits; ἐκ τοῦ δικαίου, justement. || 2° digne : δίκαιός ἐστιν ἀπολωλέναι, il mérite d'être mis à mort.

δικαιοσύνη, ης (ἡ), justice.

δικαιότης, ητος (ἡ), *même sens.*

δικαιόω-ῶ (*f.* ώσω *et* ώσομαι), 1° TROUVER JUSTE. || 2° *act. et moy.*, condamner.

δικαίωμα, ατος (τό), 1° acte de justice. || 2° justification de ses droits. || 3° sentence.

δικαίως, *adv.*, justement.

δικαίωσις, εως (ἡ), 1° sentiment de la justice *ou* du droit. || 2° justification de ses droits. || 3° punition.

δικανικός, ή, όν, 1° du barreau; ἡ δικανική, la jurisprudence. || 2° avocat expert.

δικασπόλος, ος, ον, qui rend la justice.

δικαστήριον, ου (τό), tribunal.

δικαστής, οῦ (ὁ), juge.

δικαστικός, ή, όν, judiciaire.

δίκελλα, ης (ἡ), hoyau.

δίκη, ης (ἡ), 1° JUSTICE; droit; παρὰ δίκην injustement. || 2° procès, action civile; δίκην φεύγειν, être défendeur. || 3° sentence; condamnation : δίκην διδόναι (*cf. dare pœnas*), être puni. || 4° usage; condition; δίκην, à la manière de, *gén :* πολεμίων δίκην, comme des ennemis.

Δίκη, **ης** (ἡ), Dikè, la justice.

δικλίς, **ίδος** (ἡ), à deux battants.

δικο-λογέω-ῶ (*f.* ήσω), plaider.

δι-κρατής, **ής**, **ές**, qui partage la royauté avec un autre.

δί-κροτος, **ος**, **ον**, à deux rangs de rameurs.

δικτυό-κλωστος, **ος**, **ον**, tressé en façon de filet.

δίκτυον, **ου** (τό), filet.

δί-λοφος, **ος**, **ον**, à deux cimes.

δί-μνεως, **ως**, **ων**, qui vaut deux mines.

δι-μοιρία, **ας** (ἡ), part double.

δινεύω (*f.* σω), et **δινέω-ῶ** (*f.* ήσω), 1° faire tournoyer. || 2° *intr.*, tourner; circuler. || 3° *moy.-pass.*, tournoyer.

δίνη, **ης**, (ἡ), tournoiement; tourbillon.

δινήεις, **εσσα**, **εν**, tourbillonnant.

δινωτός, **ή**, **όν**, fait au tour.

διξός, **ή**, **όν**, *comme* **δισσός.**

διό *et* **διὸ καί**, *conj.*, c'est pourquoi.

διο-βόλος, **ος**, **ον**, envoyé par Zeus.

διο-γενής, **ής**, **ές**, rejeton de Zeus.

Διο-γένης, **ους** (ὁ), Diogène.

δι-οδεύω (*f.* σω), traverser.

δι-οδοιπορέω-ῶ (*f.* ήσω) voyager à travers.

δί-οδος, **ου** (ἡ), passage; permis de passer.

δι-οίγνυμι *et* **δι-οίγω** (*f.* ξω), ouvrir.

δί-οιδα (*f.* είσομαι), savoir à fond.

δι-οικέω-ῶ (*f.* ήσω), *act. et moy.* 1° ADMINISTRER; régler; entretenir. || 2° *intr.* habiter.

δι-οίκησις, **εως** (ἡ), administration.

δι-οικίζω (*f.* σω, *att.* ιῶ), disperser. || *Moy.*, aller loger ailleurs.

δι-οίκισις, **εως** (ἡ), déménagement.

δι-οικοδομέω-ῶ (*f.* ήσω), clôturer.

δι-οϊστεύω (*f.* σω). tirer des flèches à travers, *gén.*

δίοιτο, 3e pers. sing. opt. moy. de **δίω.**

δι-οίχομαι (f. ήσομαι), passer.
δι-οκωχή, ῆς (ἡ), *comme* διακωχή.
δι-ολισθαίνω (*f.* ανῶ, *etc.*), glisser, s'échapper.
δι-όλλυμι (*f.*ολέσω,*etc.*), 1° DÉTRUIRE, perdre entièrement. || 2° *Moy.* et διόλωλα, être perdu.
Διομήδης, ους (ὁ), Diomède.
δι-όμνυμι (*f.* ομοῦμαι, *etc.*), *et moy.*, jurer.
δι-ομολογέω-ῶ (*f.* ήσω), *et moy.*, convenir; être d'accord.
Διονυσία, ων (τά), les Dionysies (*fêtes de Dionysos*).
Διονύσιος, ου (ὁ), Denys.
Διόνυσος, ου (ὁ), Dionysos (*Bacchus*).
διόπερ, *conj.*, c'est pourquoi. || 2° parce que.
διο-πετής, *comme* διϊ-πετής.
δί-οπος, ου (ὁ), surveillant.
δι-οπτεύω (*f.* σω), espionner.
δι-οπτήρ, ῆρος (ὁ), espion.
δι-οράω-ῶ (*f.* όψομαι, *etc.*), discerner.
δι-όργυιος, ος, ον, de deux brasses.
δι-ορθόω-ῶ (*f.* ώσω), redresser; corriger.
δι-όρθωμα, ατος (τό), réforme; correction.
δι-όρθωσις, εως (ἡ), *même sens.*
δι-ορίζω (*f.* ίσω *alt.* ιῶ), *et moy.*, 1° LIMITER. || 2° régler; définir. || 3° déporter.
δι-όρυγμα, ατος (τό), fossé; canal.
δι-ορύσσω, *att.* **ττω** (*f.* ξω), 1° creuser; miner.
δῖος, α, ον, divin.
Διός, *gén. de* Ζεύς.
Διόσκοροι *et* **Διόσκουροι** (οἱ), les Dioscures (*Castor et Pollux*).
διότι, *conj.* 1° PARCE QUE. || 2° que. || 3° pourquoi?
διο-τρεφής, ής, ές, nourrisson de Zeus.
δι-ουρίζω, *comme* διορίζω.
δι-οχλέω-ῶ (*f.* ήσω), troubler.
δί-παλτος, ος, ον, lancé à deux mains.
δί-πηχυς, υς, υ, de deux coudées.
δι-πλάζω (*f.* σω), 1° doubler. || 2° être double.
δί-πλαξ, ακος, double.
δι-πλασιάζω (*f.* σω), doubler.

δι-πλάσιος, α, ον, double.

δι-πλασιόω-ῶ (*f.* ώσω), doubler.

δι-πλασίως, *adv.*, doublement.

δί-πλεθρος, ος, ον, de deux arpents.

δι-πλῇ, *adv.*, dans les deux sens; doublement.

δι-πλήσιος, *comme* διπλάσιος.

διπλόος-οῦς, όη-ῆ, όον-οῦν, 1° DOUBLE. ‖ 2° trompeur.

διπλόω-ῶ (*f.* ώσω), doubler.

δί-πους, ους, ουν, *gén.* ποδος, bipède.

δί-πτυξ, υχος *et* **δί-πτυχος**, ος, ον, plié en deux; double.

δί-πυλος, ος, ον, à deux portes.

Δίρκη, ης (ἡ), Dircé.

δίς, *adv.*, deux fois.

δισ-θανής, ής, ές, qui meurt deux fois.

δισκεύω (*f.* εύσω), *et* **δισκέω-ῶ** (*f.* ήσω). lancer le disque.

δίσκος, ου (ὁ), 1° disque. ‖ 2° miroir.

δίσκ-ουρα, ων (τά), portée du disque.

δισ-μύριοι, αι, α, vingt mille.

δισσ-άρχης, ου (ὁ), un des deux chefs.

δισσός, *att.* **ττός**, ή, όν, double.

δι-στάζω (*f.* σω), douter.

δί-στιχος, ος, ον, à double rang.

δί-στολος, ος, ον, allant par deux.

δί-στομος, ος, ον, à double ouverture.

δισ-χίλιοι, αι, α, deux mille.

δι-τάλαντος, ος, ον, de deux talents.

δι-υλίζω (*f.* σω), filtrer.

δι-φάσιος, α, ον, double.

διφάω-ῶ, chercher.

διφθέρα, ας (ἡ), peau; objet fait en peau.

διφθέρινος, η, ον, de peau.

δι-φρευτής, οῦ (ὁ), conducteur de char.

δι-φρεύω (*f.* σω), conduire un char.

διφρ-ηλατέω-ῶ (*f.* ήσω), *même sens.*

διφρ-ηλάτης, ου (ὁ), conducteur de char.

δί-φρος, ου (ὁ), 1° CHAR. ‖ 2° siège.

διφρο-φορέομαι-οῦμαι (*f.* ηθήσομαι), être porté en char.

δι-φυής, ής, ές, qui a deux natures.

δίχα, 1° *adv.*, doublement; séparément. ‖ 2° *prép. gén.*, sans; excepté.

διχάζω (*f.* σω), diviser.

διχῇ, *adv.*, *comme* δίχα.

διχθά, *adv.*, en deux parties.

διχθάδιος, α, ον, double.

διχο-γνωμονέω-ῶ (*f.* ήσω), être d'un avis différent.

διχό-θεν, *adv.*, de deux côtés.

διχο-στασία, ας (ἡ), 1° dissentiment. ‖ 2° incertitude.

διχο-στατέω-ῶ (*f.* ήσω), 1° être en dissentiment. ‖ 2° douter.

διχο-τομέω-ῶ (*f.* ήσω), couper en deux.

διχοῦ, *adv.*, *comme* δίχα.

δίψα, ης, (ἡ), soif.

διψάω-ῶ (*f.* ήσω), avoir soif *au pr. et au fig.* (*de, gén.*).

δίψιος, α, ον, qui a soif.

δίψος, ους (τό), soif.

δί-ψυχος, ος, ον, irrésolu.

δι-ψώδης, ης, ες, qui a soif.

δίω, craindre. — *Moy.* δίεμαι, repousser.

δι-ωβελία *et* **δι-ωβολία**, ας (ἡ), indemnité de deux oboles.

διωγμός, οῦ (ὁ), poursuite.

δι-ώδυνος, ος, ον, grandement douloureux.

δι-ωθέω-ῶ (*f.* ήσω, *etc.*). *act. et moy.*, repousser.

δι-ωκάθω, *comme* διώκω.

διώκω (*f.* ξω), *et moy.*, POURSUIVRE. ‖ 2° lancer; faire avancer. ‖ 3° expulser. ‖ 4° poursuivre en justice : ὁ διώκων, le demandeur.

δι-ώμοτος, ος, ον, qui a prêté serment.

δίωξις, εως (ἡ), poursuite.

δι-ῶρυξ, υχος (ἡ), fossé, canal.

δμηθῆναι, *inf. aor. pass. de* δαμάω.

δμῆσις, εως (ἡ), action de dompter.

δμήτειρα, ας (ἡ), qui dompte.

δμῳή, ῆς (ἡ), servante; esclave.

δμώς, ωός (ὁ), serviteur; esclave.

δνοπαλίζω (*f.* ξω), secouer.

δνοφερός, ά, όν, obscur.

δοάσσατο (*de* δοάζω), il (*cela*) parut.

δόγμα, ατος (τό), opinion; décision.

δογματίζω (*f.* σω), opiner; décider.
δοιή, ῆς (ἡ), doute,
δοιοί, αί, α, deux.
δοκεύω (*f.* σω), épier; observer.
δοκέω-ῶ (*f.* δόξω, *pf.* δέδογμαι), 1° SEMBLER; sembler bon; τὰ δοκοῦντά μοι, mon avis; οἱ δοκοῦντές τι εἶναι, ceux qui passent pour être q. q. chose, les gens réputés. ‖ 2° juger; juger bon; estimer, μοὶ δοκῶ = *mihi videor*, je suis décidé à. ‖ 3° *impers.*, il semble; il semble bon : ἔδοξε τῇ βουλῇ, il parut bon au sénat; δοκεῖ μοι, il me plaît; εἰ δοκεῖ, s'il te plaît. ‖ 4° δόξαν, δεδογμένον. *acc. abs. équivalant à une proposition*, comme il avait paru bon.
δόκησις, εως (ἡ), 1° opinion. ‖ 2° renommée.
δοκιμάζω (*f.* σω); 1° éprouver. ‖ 2° approuver.
δοκιμασία, ας (ἡ), épreuve.
δοκιμαστής, οῦ (ὁ), examinateur; juge.
δοκιμεῖον, ου (τό), essai, épreuve.
δόκιμος, ος, ον, 1° éprouvé. ‖ 2° approuvé; estimé.
δοκίμως, *adv.*, d'une manière digne d'approbation.
δοκός, οῦ (ἡ), poutre.
δολερός, ά, όν, trompeur.
δολιό-πους, πουν, *gén.* **ποδος** (ὁ, ἡ), au pied rusé, qui se glisse avec ruse.
δόλιος, ος *ou* **α, ον**, *même sens.*
δολιόω-ῶ (*f.* ώσω), tromper.
δολίχ-αυλος, ος, ον, au long manche.
δολιχ-εγχής, ής, ες, à la longue lance.
δολιχ-ήρετμος, ος, ον, à la longue rame.
δολιχο-δρόμος, ος, ον, coureur de fond.
1. **δολιχός, ή, όν**, long.
2. **δόλιχος, ου** (ὁ), la plus longue course (*dans le stade*).
δολιχό-σκιος, ος, ον, qui fait une longue ombre.
δολόεις, εσσα, εν, trompeur.
δολο-μήτης, ου (ὁ), fourbe.
δολό-μητις, ιος (ὁ, ἡ), *même sens.*

δολο-ποιός, ός, όν, artificieux, rusé
δόλος, ου (ὁ), ruse.
δολο-φονέω-ῶ (*f.* ήσω), assassiner traitreusement.
δολο-φρονέω-ῶ (*f.* ήσω), tramer des ruses.
δολο-φροσύνη, ης (ἡ), fourberie.
δολόω-ῶ (*f.* ώσω), tromper.
δολ-ῶπις, ιδος (ἡ), au regard trompeur.
δόλωσις, εως (ἡ), tromperie.
δόμα, ατος (τό), don.
δόμεναι, δόμεν *pour* δοῦναι.
δόμος, ου (ὁ), 1° MAISON. ‖ 2° famille; patrie.
δονακεύς, έως (ὁ), endroit rempli de roseaux.
δονακό-χλοος-ους, ουν, aux roseaux verdoyants.
δόναξ, ακος (ὁ), 1° roseau. ‖ 2° flèche; flûte.
δονέω-ῶ (*f.* ήσω), 1° secouer. ‖ 2° troubler.
δόξα, ης (ἡ), 1° OPINION; conjecture. ‖ 2° jugement. ‖ 3° doctrine. ‖ 4° réputation.
δοξάζω (*f.* σω), estimer, croire; imaginer.
δόξασμα, ατος (τό), opinion.
δοξόομαι-οῦμαι (*f.* ωθήσομαι), avoir telle réputation (*inf.*).
δορά, ᾶς (ἡ), peau écorchée.
δοράτιον, ου (τό), petit javelot.
δορι-άλωτος, ος, ον, fait prisonnier à la guerre.
δορί-κτητος *et* **δορίληπτος, ος, ον,** *même sens.*
δορί-μαργος, ος, ον, ardent à la guerre.
δορκάς, άδος (ἡ), chevreuil.
δορός, οῦ (ὁ), sac de cuir.
δορπέω-ῶ ((*f.* ήσω), dîner (*repas du soir*).
δορπηστός, οῦ (ὁ), heure du dîner.
δόρπον, ου (τό), dîner (*repas du soir*).
δόρυ, ατος (τό), 1° BOIS; bois de navire; bois de lance; lance. ‖ 2° mêlée; guerre; force armée : εἰς δόρυ **ἀφικνεῖσθαι**, en venir aux armes.
δορυ-άλωτος, ος, ον, *comme* δοριάλωτος.
δορυ-σσόης, ητος *et* **δορυ(σ)σόος, όον,** qui manie la lance.
δορυ-φορέω-ῶ (*f.* ήσω),

porter la lance; faire escorte.

δορυ-φόρος, ου (ὁ), soldat porte-lance; garde du corps.

δόσις, εως (ἡ), don.

δόσκον, *aor.* 2 *de* δίδωμι.

δοτήρ, ῆρος *et* **δότης**, ου (ὁ), donateur; dispensateur.

δουλ-αγωγέω-ῶ (*f.* ήσω), asservir.

δουλεία, ας (ἡ), 1° esclavage; sujétion. ‖ 2° les esclaves.

δούλειος, α, ον, d'esclave.

δούλευμα, ατος (τό), esclavage; esclave.

δουλεύω (*f.* σω), être esclave; être asservi.

δούλη, ης (ἡ), esclave femme.

δουλικός, ή, όν, *et* **δούλιος**, α, ον, *comme* δούλειος.

δουλιχό-δειρος, ος, ον, au long cou.

δουλο-πρεπής, ής, ές, servile.

δοῦλος, η, ον, esclave, asservi; ὁ δ., l'esclave.

δουλοσύνη, ης (ἡ), esclavage.

δουλόω-ῶ (*f.* ώσω), 1° réduire en esclavage. ‖ 2° *Moy.* soumettre.

δούλωσις, εως (ἡ), asservissement.

δουπέω-ῶ (*f.* ήσω), faire du bruit.

δοῦπος, ου (ὁ), bruit.

δοῦρα, **δούρατα**, *pl. de* δόρυ.

δουράτεος, α, ον, de bois.

δουρ-ηνεκές, *adv.*, à portée d'une lance.

δουρι-άλωτος, ος, ον, *comme* δοριάλωτος.

δουρί-κλειτός *ou* **κλυτός**, οῦ (ὁ), illustré aux combats.

δουρί-κτητος, ος, ον, *et* **δουρί-ληπτος** *comme* δορίκτητος *et* δορίληπτος.

δουρο-δόκη, ης (ἡ), armoire aux lances.

δοχή, ῆς (ἡ), 1° accueil. ‖ 2° récipient.

δόχμιος, α, ον *et* **δοχμός**, ή, όν, oblique.

δράγμα, ατος (τό), poignée; gerbe.

δραγμεύω (*f.* σω), lier en gerbes.

δραίνω, désirer agir.

δράκαινα, ης (ἡ), dragon femelle.

δράκων, οντος (ὁ), dragon; serpent.

Δράκων, οντος (ὁ), Dracon.

δρᾶμα, ατος (τό), 1°

ACTION; besogne. || 2° drame.

δραμεῖν, *inf. aor.* 2 de τρέχω.

δράμημα, ατος (τό), course.

δραπετεύω (*f.* εύσω), s'enfuir.

δραπέτης, ου, (ὁ), fugitif; ὁ δ., esclave fugitif.

δρασείω, avoir le désir d'agir.

δρασμός, οῦ (ὁ), fuite.

δράσσομαι, *att.* ττομαι, saisir; embrasser, *gén.*

δραστέος, α, ον, *adj. verb.* de δράω.

δραστήριος, ος, ον, actif.

δρατός, ή, όν, écorché.

δραχμή, ῆς (ἡ), drachme.

δράω-ῶ (*f.* άσω), 1° AGIR faire : τὸ δρώμενον l'action; εὖ δρᾶν τινα bien agir à l'égard de quelqu'un. || 2° être au service de.

δρεπάνη, ης (ἡ), faux, faucille.

δρεπανη-φόρος, ος, ον, porteur de faux.

δρεπανο-ειδής, ής, ές, en forme de faux.

δρέπανον, ου (τό), faux.

δρέπω *et* δρέπτω (*f.* ψω, *aor.* 2 ἔδραπον), cueillir; faucher.

δρηπέτης *pour* δραπέτης.

δρησμός *pour* δρασμός.

δρήστειρα, ας (ἡ), servante.

δρηστήρ, ῆρος (ὁ), serviteur.

δρηστοσύνη, ης (ἡ), rôle de serviteur.

δριμύς, εῖα, ύ, 1° AIGRE; aigu. || 2° violent. || 3° subtil.

δριμύτης, ητος (ἡ), 1° aigreur; âpreté. || 2° subtilité.

δρίος (τό), *pl.* δρία, bosquet.

δρομαῖος, α, ον *et* δρομάς, άδος, (ὁ, ἡ), qui court.

δρομεύς, έως (ὁ), coureur.

δρομικός, ή, όν, qui court bien.

δρόμος, ου (ὁ), 1° COURSE. || 2° carrière. || 3° allée de promenade.

δροσερός, ά, όν, 1° couvert de rosée. || 2° frais comme la rosée.

δρόσος, ου (ἡ), rosée.

δρύϊνος, η, ον, de chêne.

δρυμός, οῦ (ὁ), chênaie; forêt.

δρύ-οχοι(οἱ), *ou* **δρύ-οχα** (τά), étais de chêne.

δρύπτω (*f.* ψω), égratigner. ‖ *Moy.* se déchirer.

δρῦς, δρυός (ἡ), chêne: arbre.

δρυ-τόμος, ου (ὁ), bûcheron.

δρύ-φακτον, (τό), *et* **δρύφακτος, ου** (ὁ), barrière, rampe de bois.

δρύφω, *comme* δρύπτω.

δυάς, άδος (ἡ), paire.

δυάω-ῶ, faire souffrir.

δύη, ης (ἡ), malheur.

δῦμεν, δύμεναι, *inf. aor.* 2 *de* δύω.

δύναμαι (*f.* ήσομαι, *aor.* ἐδυνήθην), 1° POUVOIR: être puissant. ‖ 2° valoir, avoir cours : ὁ σίγλος δύναται ἑπτὰ ὀβόλους, le sigle vaut sept oboles. ‖ 3° signifier : τί δύναται τοῦτο τὸ ὄνομα; que signifie ce mot?

δύναμις, εως (ἡ). 1° POUVOIR ; puissance; force; propriété: faculté; moyen. ‖ 2° forces militaires : ἡ ναυτικὴ δύναμις les forces navales. ‖ 3° quantité (latin *vis*) ; δύναμις χρημάτων,, la quantité d'argent. ‖ 4° valeur, cours. ‖ 5° sens : ἡ τῶν ὀνομάτων δύναμις, le sens des mots.

δύνασις, εως (ἡ), *comme* δύναμις.

δυναστεία, ας (ἡ), 1° domination. ‖ 2° oligarchie.

δυναστεύω (*f.* σω), dominer; exercer un pouvoir absolu.

δυνάστης, ου (ὁ), souverain.

δυνατός, ή, όν 1° FORT; puissant : οἱ δυνατοί, les grands. ‖ 2° capable de, *inf.* ‖ 3° possible : καθ' ὅσον δυνατόν ἐστιν, autant qu'il est possible.

δύνω, se plonger; se coucher (*d'un astre*).

δύο, δυοῖν, deux.

δυο-καί-δεκα, *comme* δώδεκα.

δυοκαιδεκά-μηνος, ος, ον, de douze mois.

δυόω, comme δυαω.

δύρομαι, se lamenter.

δυσ-αής, ής, ές, qui souffle avec violence.

δυσ-άθλιος, ος, ον, profondement malheureux.

δυσ-αίων, ωνος (ὁ, ἡ), infortuné.

δυσ-άλγητος, ος, ον, insensible.

δυσ-άλωτος, ος, ον, difficile à prendre.

δυσ-άμμορος, ος, ον, profondément malheureux.

δυσ-ανα-σχετέω-ῶ (*f.* ήσω), supporter avec peine.

δυσ-άνεκτος, ος, ον, insupportable.

δυσ-άνεμος, ος, ον, exposé à un vent violent.

δυσ-απάλλακτος, ος, ον, dont on se délivre difficilement.

δυσ-απότρεπτος, ος, ον, difficile à détourner.

δυσ-αρεστέω-ῶ (*f.* ήσω), *et moy.*, être mécontent de, *dat.*

δυσ-άρεστος, ος, ον, morose.

δυσ-αριστο-τόκεια, ας (ἡ), mère infortunée d'un brave.

δύσ-αυλος, ος, ον, désagréable pour y séjourner.

δυσ-βάστακτος, ος, ον, difficile à supporter.

δύσ-βατος, ος, ον, difficilement praticable.

δυσ-βουλία, ας (ἡ), mauvais dessein.

δυσ-γένεια, ας (ἡ). 1° naissance obscure. ‖ 2° sentiments bas.

δύσ-γνωστος, ος, ον, difficile à connaître.

δυσ-γοήτευτος, ος, ον, difficile à duper.

δυσ-δαιμονία, ας (ἡ), malheur.

δυσ-δαίμων, ων, ον, *gén.* **ονος,** malheureux.

δυσ-διάβατος, ος, ον, difficile à traverser.

δυσ-ειδής, ής, ές, laid.

δύσ-ελπις, ις, ι, *gén.* **ιδος,** qui désespère.

δυσ-έλπιστος, ος, ον, non attendu.

δυσ-έμβατος, ος, ον, impraticable.

δυσ-έμβολος, ος, ον, difficile à envahir.

δυσ-εντερία, ας (ἡ), dysenterie.

δυσ-εντερικός, ή, όν, dysentérique.

δυσ-εξαπάτητος, ος, ον, difficile à tromper.

δυσ-εξέλεγκτος, ος, ον, difficile à convaincre.

δύσεο, δύσετο, *imp. et ind. aor. moy. de* δύω.

δύσ-ερις, ις, ι, *gén.* **ιδος,** querelleur.

δυσ-έριστος, ος, ον, qui suscite de fâcheuses querelles.

δυσ-ερμήνευτος, ος, ον, difficile à interpréter.

δύσ-ερως, ωτος (ὁ, ἡ), follement épris (*de, gén.*).
δυσ-έσϐολος, ος, ον, *comme* δυσέμϐολος.
δυσ-εύρετος, ος, ον, difficile à trouver.
δύσ-ζηλος, ος, ον, méchamment jaloux.
δυσ-ηλεγής, ής, ές, très douloureux.
δυσ-ηχής, ής, ές, au bruit affreux.
δυσ-θαλπής, ής, ές, difficile à échauffer.
δυσ-θανατέω-ῶ (*f.* ήσω), mourir péniblement.
δυσ-θέατος, ος, ον, difficile *ou* terrible à voir.
δύσ-θεος, ος, ον, impie.
δυσ-θεράπευτος, ος, ον, difficile à soigner.
δυσ-θετέομαι-οῦμαι (*f.* ήσομαι), être en mauvaise disposition.
δυσ-θρήνητος, ος, ον, lamentable.
δυσ-θυμέω-ῶ (*f.* ήσω), *et moy.*, perdre courage.
δυσ-θυμία, ας (ἡ), découragemeut.
δύσ-θυμος, ος, ον, découragé ; sombre.
δυσ-ίατος, ος, ον, difficile à guérir.
δύσ-ιππος, ος, ον, où la cavalerie a peine à manœuvrer.
δύσις, εως, (ἡ), coucher (*d'un astre*); couchant.
δυσ-κάθαρτος, ος, ον, inexorable.
δυσ-κάθεκτος, ος, ον, difficile à maîtriser.
δυσ-κατέργαστος, ος, ον, difficile à achever.
δύσκε, *pour* ἔδυ, *aor. 2 de* δύω.
δυσ-κέλαδος, ος, ον, au bruit affreux.
δυσ-κηδής, ής, ές, qui cause de pénibles ennuis.
δυσ-κίνητος, ος, ον, difficile à émouvoir.
δυσ-κλεής, ής, ές, sans gloire ; mal réputé.
δύσ-κλεια, ας (ἡ), déshonneur ; obscurité.
δυσ-κλεῶς, *adv.*, avec déshonneur.
δυσ-κοινώνητος, ος, ον, insociable.
δυσ-κολαίνω (*f.* ανῶ), être fâché (*dat.*, contre); être de mauvaise humeur.
δυσ-κολία, ας (ἡ), mauvaise humeur.
δύσ-κολος, ος, ον, morose ; désagréable.
δυσ-κόλως, *adv.*, avec morosité ; δυσκόλως ἔχειν τινί, en avoir contre qq'un.

δυσ-κόμιστος, ος, ον, difficile à supporter.

δύσ-κριτος, ος, ον, difficile à juger.

δυσ-κρίτως, *adv.*, de façon douteuse.

δυσ-λόγιστος, ος, ον, insensé.

δυσ-μαθής, ής, ές, qui apprend *ou* qui s'apprend difficilement.

δυσμαί, ῶν (αἱ), *comme* δύσις.

δυσ-μαχέω-ῶ (*f.* ήσω), combattre sans succès *ou* sans répit (*dat.*, contre).

δύσ-μαχος, ος, ον, difficile à combattre; difficile.

δυσ-μεναίνω, être dépité.

δυσ-μένεια, ας (ἡ), hostilité; dépit.

δυσ-μενέων, *comme* δυσμενής.

δυσ-μενής, ής, ές, hostile.

δυσ-μενῶς, *adv.*, avec malveillance.

δυσ-μετα-χείριστος, ος, ον, difficile à manier.

δυσ-μήτηρ, ερος (ἡ), mauvaise mère.

δύσ-μοιρος, ος, ον, malheureux.

δύσ-μορος, ος, ον, *même sens.*

δυσ-μορφία, ας, (ἡ), difformité.

δύσ-νιπτος, ος, ον, difficile à laver.

δύσ-νοια, ας (ἡ), malveillance.

δύσνοος-ους, ουν, malveillant.

δύσ-νυμφος (ἡ), femme malheureuse.

δυσ-ξύμβολος, ος, ον, d'un commerce difficile.

δυσ-ξύνετος, ος, ον, difficile à comprendre.

δύσ-οδμος, *ou* **δύσ-οσμος, ος, ον,** qui sent mauvais.

δύσ-οδος, ος, ον, impraticable.

δύσ-οιστος, ος, ον, insupportable.

δύσ-ομβρος, ος, ον, aux terribles averses.

δύσ-οργος, ος, ον, irascible.

δυσ-οσμία, ας (ἡ), mauvaise odeur.

δυσ-ούριστος, ος, ον, qui a le vent défavorable.

δυσ-πάλαιστος, ος, ον, difficile à combattre.

δυσ-πάρευνος, ος, ον, au mariage malheureux.

Δύσ-παρις, ιδος (ὁ), Pâris de malheur.

δυσ-πάριτος, ος, ον, difficile à traverser.

δυσ-πειθής, ής, ές, indocile; dur.

δύσ-πειστος, ος, ον, difficile à persuader.

δυσ-πέμφελος, ος, ον, orageux; inabordable.

δυσ-πέρατος, ος, ον, difficile à traverser.

δυσ-πετής, ής, ές, difficile.

δυσ-πινής, ής, ές, malpropre.

δύσ-πνοος-ους, ουν, au souffle pénible.

δυσ-πολέμητος, ος, ον, difficile à combattre.

δυσ-πολιόρκητος, ος, ον, difficile à assiéger.

δυσ-πονής, ής, ές, pénible.

δυσ-πόνητος *et* **δύσ-πονος**, ος, ον, *même sens.*

δυσ-πόρευτος *et* **δύσ-πορος**, ος, ον, impraticable.

δυσ-πορία, ας (ἡ), difficulté de passer.

δύσ-ποτμος, ος, ον, infortuné.

δυσ-πραξία, ας (ἡ), malheur.

δυσ-πρόσβατος, ος, ον, inaccessible.

δυσ-πρόσοδος, ος, ον, inabordable.

δυσ-πρόσοιστος, ος, ον, intraitable.

δυσ-πρόσοπτος, ος, ον, pénible à voir.

δυσ-πρόσωπος, ος, ον, affreux d'aspect.

δύσ-ριγος, ος, ον, frileux.

δυσ-σέβεια, ας (ἡ), impiété.

δυσ-σεβέω-ῶ (*f.* ήσω), être impie.

δυσ-σεβής, ής, ές, impie.

δυσ-τάλας, αινα, αν, bien malheureux.

δυσ-τέκμαρτος, ος, ον, malaisé à deviner.

δύσ-τεκνος, ος, ον, malheureux en enfants.

δύ-στηνος, ος, ον, 1° malheureux. ‖ 2° pervers.

δυ-στομέω-ῶ (*f.* ήσω), insulter.

δυσ-τράπελος, ος, ον, d'humeur difficile.

δύσ-τροπος, ος, ον *même sens.*

δυσ-τυχέω-ῶ (*f.* ήσω), être malheureux; éprouver un échec.

δυσ-τύχημα, ατος (τό), malheur; insuccès.

δυσ-τυχής, ής, ές, malheureux.

δυσ-τυχία, ας (ἡ) malheur.

δυσ-φημέω-ῶ (*f.* ήσω), 1° prononcer des

paroles de mauvais augure. || 2° outrager.

δυσ-φημία, ας (ἡ), 1° parole de mauvais augure. || 2° outrage.

δύσ-φημος, ος, ον, de mauvais augure.

δυσ-φιλής, ής, ές, odieux.

δυσ-φορέω-ῶ (*f.* ήσω). supporter avec peine. || 2° *intr.*, être fâché.

δύσ-φορος, ος, ον, importun; lourd; pénible.

δυσ-φόρως, *adv.*, péniblement.

δύσ-φρων, ων, ον, *gén.* ονος, 1° inquiet; insensé. || 2° hostile; funeste.

δυσ-χείμερος, ος, ον, au froid glacial.

δυσ-χείρωμα, ατος (τό), obstacle difficile.

δυσ-χείρωτος, ος, ον, difficile à vaincre.

δυσ-χεραίνω (*f.* ανῶ, *aor.* ἐδυσχέρανα), 1° *tr.*, SUPPORTER AVEC PEINE. || 2° *intr.*, être mécontent. || 3° chagriner.

δυσ-χέρεια, ας (ἡ), 1° difficulté. || 2° humeur chagrine.

δυσ-χερής, ής, ές, 1° DIFFICILE; fâcheux. || 2° maussade.

δυσ-χερῶς, *adv.*, 1° difficilement. || 2° avec ennui.

δύσ-χρηστος, ος, ον, 1° embarrassant. || 2° intraitable.

δυσ-χωρία, ας (ἡ), difficulté d'un mauvais terrain.

δυσ-ώδης, ης, ες, qui sent mauvais.

δυσ-ώνυμος, ος, ον, au nom sinistre.

δυσ-ωπέω-ῶ (*f.* ήσω), troubler la vue; décontenancer.

δυσ-ωρέομαι-οῦμαι (*f.* ήσομαι), faire une garde difficile.

δύτης, ου (ὁ), plongeur.

1. δύω, *pour* δύο.

2. δύω (*f.* δύσω), 1° ENFONCER. || 2° s'enfoncer, se coucher (*astre*). — *Moy.* (*aor.* 2 ἔδυν), 1° s'enfoncer dans. || 2° RÉVÊTIR. || 3° se coucher (*astre*).

δυώ-δεκα, *comme* δώδεκα.

δυωδεκά-βοιος, ος, ον, valant douze bœufs.

δυω-και-εικοσί-μετρος, ος, ον, contenant vingt-deux mesures.

δυω-και-εικοσί- πηχυς, υς, υ, long de vingt-deux coudées.

δῶ (τό), *pour* δῶμα.

δώδεκα, *indécl.*, douze.
δωδεκά-σκυτος, ος, ον, fait avec douze peaux.
δωδέκατος, η, ον, douzième.
Δωδώνη, ης (ἡ), Dodone.
δῶμα, ατος (τό), maison; demeure; chambre.
δωμάτιον, ου (τό), petite maison; chambre.
δωμάω-ῶ (*f.* ήσω), *et moy.*, bâtir.
δωρεά, ᾶς (ἡ), don. — Δωρεάν, *adv.*, en don gratuit.
δωρέω-ῶ (*f.* ήσω), *et moy.*, donner, faire don.
δώρημα, ατος (τό), don.
δωρητός, ή, όν, 1° donné. ‖ 2° gagné par des dons.
Δωριεύς, έως (ὁ), Dorien.
δωρικός, ή, όν, *et* **δώριος, ος** *ou* **α, ον**, dorien.
Δωρίς, ίδος (ἡ), la Doride.
δωριστί, *adv.*, à la manière dorienne.
δωρο-δοκέω-ῶ (*f.* ήσω), 1° recevoir des dons. ‖ 2° corrompre par des dons.
δωρο-δόκημα, ατος (τό), acte de corruption.
δωρο-δοκία, ας (ἡ), vénalité.
δωρο-δόκος, ος, ον, vénal.
δῶρον, ου (τό), présent.
δωρο-φορία, ας (ἡ), offrande.
δωσί-δικος, ος, ον, qui se soumet à la justice.
δωτήρ, ῆρος (ὁ), donateur.
δωτινάζω (*f.* σω), recevoir des présents.
δωτίνη, ης (ἡ), présent.
δώτωρ, ορος (ὁ), donateu

E

ἔ, *interj.* eh! hé! hélas!
ἕ, *enclit. acc. du pr.* οὗ, lui, elle (*latin* **se**).
ἔα, *interj.*, ah! allons!
ἔαγα, ἐάγην, *de* ἄγνυμι.
ἔαδα, ἕαδον, *de* ἁνδάνω.
ἐάν, *conj. subj.*, si; ἐὰν μή, à moins que; ἐὰν δὲ μή, sinon; ἐάν περ, si du moins, pourvu que; ἐάν τε.. ἐάν τε, soit que... soit que. — Ἐάν *se con-*

tracte en ἄν *ou* ἤν, *subj.*

ἑανός, ή, όν, fin, moëlleux; ὁ ἑ.., robe fine.

ἔαξα, *aor. de* ἄγνυμι.

ἔαρ, ἔαρος, (τό), printemps.

ἐαρίζω (*f.* σω), passer le printemps.

ἐαρινός, ή, όν, printanier.

ἔασι *pour* εἰσί, ils sont.

ἔαται *pour* ἧνται, *de* ἧμαι.

ἑαυτοῦ, ῆς, οῦ, de soi-même; *q.q. fois* de moi-même, de toi-même, *ou au pl.*, entre eux.

ἐάφθη, *pour* ἥφθη, il fut attaché.

ἐάω-ῶ, (*impf.* εἴων, *f.* ἐάσω, *aor.* εἴασα, *pf.* εἴακα; *pass. aor.* εἰάθην; *moy. f. au sens pass.* ἐάσομαι), 1° LAISSER; permettre; ἐᾶν χαίρειν τινά, envoyer promener quelqu'un. ‖ 2° abandonner; omettre.

ἑάων *ou* **ἐάων,** des biens, *gén. pl. de* ἐύς.

ἑβδομαῖος, α, ον, du septième jour.

ἑβδόματος, η, ον, septième.

ἑβδομήκοντα, soixante-dix.

ἕβδομος, η, ον, septième.

ἔβενος, ου (ἡ), 1° ébène. ‖ ébénier.

ἔβραχε, *voir* βραχεῖν.

ἐγ-γέγαα, *pf. de* ἐγγίγνομαι.

ἐγ-γείνομαι, *moy.*, engendrer.

ἔγ-γειος, ος, ον, *et* **ἔγγαιος, ος** *ou* **α, ον,** 1° souterrain. ‖ 2° terrestre; foncier.

ἐγ-γελάω-ῶ (*f.* άσομαι) se moquer de, *dat.*

ἐγ-γενής, ής, ές, 1° indigène; national. ‖ 2° parent. ‖ 3° inné.

ἐγ-γηράσκω (*f.* άσομαι), vieillir dans, *dat.*

ἐγ-γί(γ)νομαι (*f.* γενήσομαι, *etc.*), NAITRE, DANS *dat.*; être inné. ‖ 2° être dans l'intervalle. ‖ 3° *impers.* ἐγγίγνεται, il est permis.

ἐγγίζω (*f.* σω), s'approcher.

ἔγγιον, ἔγγιστα, *comp. et sup.* de ἐγγύς.

ἐγ-γλύσσω, être doux au goût.

ἐγ-γλύφω (*f.* ψω). graver sur, *dat.*

ἐγ-γνάμπτω (*f.* ψω), courber.

ἔγ-γονος, ου (ὁ, ἡ), descendant ; petit-fils.

ἐγ-γραφή, ῆς (ἡ), immatriculation.

ἐγ-γράφω (*f.* ψω), inscrire ; écrire ; enregistrer.

ἐγ-γυαλίζω (*f.* ξω), remettre en main.

ἐγγυάω-ῶ (*f.* ήσω, *aor.* ησα) 1° donner comme caution. ‖ 2° fiancer. — *Moy.* 1° cautionner ; garantir. ‖ 2° prendre comme femme.

ἐγγύη, ης (ἡ), 1° caution. ‖ 2° fiançailles.

ἐγγυητής, οῦ (ὁ), garant.

ἐγγύθεν, 1° *adv.*, de près. ‖ 2° *prép. gén. dat.*, près de.

ἐγγυθί, *comme* ἐγγύς.

ἔγ-γυος, ος, ον, garanti ; garant.

ἐγγύς 1° *adv.* auprès ; environ. ‖ 2° *prép. gén. ou dat.*, près de. *Comp.* ἐγγύτερον *et* ἐγγυτέρω. *Sup.* ἐγγύτατα *et* ἐγγυτάτω.

ἐγ-γώνιος, ος, ον, angulaire.

ἐγ-δούπησε *pour* ἐδούπησε, *de* δουπέω.

ἐγείρω (*f.* ἐγερῶ, *aor.* ἤγειρα, *pf.* ἐγήγερκα), 1° ÉVEILLER, *pr. et fig.* ; 2° dresser. — *Moy. pass.* (*f.* ἐγερθήσομαι, *aor.* ἠγρόμην), s'éveiller. — *Pf.* 2, ἐγρήγορα, être éveillé.

ἔγερσις, εως (ἡ), éveil ; excitation.

ἐγερτί, *adv.*, d'une manière éveillée.

ἐγερτικός, ή, όν, excitant.

ἐγ-καθέζομαι (*f.* εδοῦμαι), s'asseoir.

ἐγ-κάθετος, ος, ον, suborné.

ἐγ-κάθημαι, être placé, aposté.

ἐγ-καθ-ιδρύω (*f.* σω), établir dans, *dat.*

ἐγ-καθ-ίζω (*f.* σω, *att.* ιῶ), *et moy.*, 1° asseoir dans. ‖ 2° s'asseoir.

ἐγ-καθ-ίημι (*f.* ήσω, *etc*), déposer ; aposter.

ἐγ-καθ-ίστημι (*f.* καταστήσω, *etc.*), 1° établir. ‖ 2° ἐγκατέστην, -καθέστηκα, être établi.

ἐγ-καθ-οράω-ῶ (*f.* όψομαι, *etc.*), regarder dans.

ἐγ-καθ-ορμίζομαι (*f.* ίσομαι), entrer au port.

ἐγ-καίω (*f.* καύσω, *etc.*), brûler.

ἐγ-κακέω-ῶ (*f.* ήσω), aller mal.

ἐγ-καλέω-ῶ (*f.* έσω, *etc.*) *et moy.*, 1° ACCUSER. || 2° réclamer; implorer.

ἐγ-καλλώπισμα, ατος (τό), parure; objet de vanité.

ἐγ-καλυμμός, οῦ (ὁ) accoutrement.

ἐγ-καλύπτω (*f.* ψω), voiler. || *Moy.*, se voiler.

ἐγ-κάπτω (*f.* ψω), avaler.

ἔγ-καρπος, ος, ον, qui porte des fruits; fructueux.

ἐγ-κάρσιος, α, ον, oblique.

ἐγ-καρτερέω-ῶ (*f.* ήσω), 1° *dat.*, tenir bon; persévérer dans; || 2° supporter avec patience, *acc.*

ἔγκατα, ων (τά), entrailles.

ἐγ-κατα-δέω (*f.* δεήσω), lier (à, *dat.*).

ἐγ-κατα-ζεύγνυμι (*f.* ξω), ajuster à.

ἐγ-κατα-κοιμάομαι-ῶμαι (*f.* ήσομαι), dormir dans.

ἐγ-κατα-λαμβάνω (*f.* λήψομαι, *etc.*), prendre, enfermer dans.

ἐγ-κατα-λέγω (*f.* ξω), inscrire; enrôler.

ἐγ-κατα-λείπω (*f.* ψω), laisser dans.

ἐγ-κατάληψις, εως (ἡ), encerclement; capture.

ἐγ-κατα-μίγνυμι (*f.* ξω), mêler dans.

ἐγ-κατα-πήγνυμι (*f.* ξω), ficher dans.

ἐγ-κατα-σκήπτω (*f.* ψω), 1° *intr.* fondre sur. || 2° *tr.* lancer sur, *dat.*

ἐγ-κατα-τέμνω (*f.* τεμῶ), entailler.

ἐγ-κατα-τίθεμαι (*f.* θήσομαι), déposer.

ἐγ-κατ-οικέω-ῶ (*f.* ήσω), habiter dans.

ἐγ-κατ-οικοδομέω-ῶ (*f.* ήσω), bâtir dans; murer.

ἔγ-κειμαι (*f.* κείσομαι), 1° être situé dans. || 2° serrer de près, *dat.* || 3° insister.

ἐγ-κέλευστος, ος, ον, commandé.

ἐγ-κελεύω (*f.* σω), *et moy.*, encourager, *dat.*

ἐγ-κεντρίς, ίδος (ἡ), aiguillon.

ἐγ-κεράννυμι (*f.* κεράσω, *etc.*), *et moy.*, mêler.

ἐγ-κέφαλος, ου (ὁ), cerveau.

ἐγ-κλείω (*f.* σω), clore, enfermer. — *Moy.*, s'enfermer.

ἔγ-κλημα, ατος (τό), GRIEF; reproche; accusation.

ἔγ-κληρος, ος, ον, qui a sa part de; qui participe à l'héritage, *gén.*

ἐγκλῄω et **ἐγ-κληΐω** *comme* ἐγκλείω.

ἐγ-κλίνω (*f.* νῶ), 1° *tr.*, incliner; appuyer sur. ‖ 2° *intr.* s'incliner; plier.

ἐγ-κοιλαίνω (*f.* ανῶ), creuser à l'intérieur.

ἔγ-κοιλος, ος, ον, creux.

ἐγ-κολάπτω (*f.* ψω), graver en creux.

ἐγ-κονέω-ῶ (*f.* ήσω), se hâter.

ἐγ-κονίομαι (*f.* σομαι), se rouler dans la poussière.

ἐγ-κοπή, ῆς (ἡ), entaille.

ἐγ-κόπτω (*f.* ψω), 1° entailler. ‖ 2° empêcher.

ἐγ-κορδυλέω-ῶ (*f.* ήσω), envelopper de couvertures.

ἐγ-κοσμέω-ῶ (*f.* ήσω), ranger dans, *dat.*

1. **ἔγ-κοτος, ος, ον,** rancunier.

2. **ἔγ-κοτος, ου** (ὁ) rancune.

ἐγ-κράζω (*f.* κράξομαι, *aor.* 2 ἀνέκραγον), crier contre, *dat.*

ἐγ-κράτεια, ας (ἡ), modération; tempérance.

ἐγ-κρατεύομαι (*f.* σομαι) être modéré.

ἐγ-κρατής, ής, ές, 1° MAITRE de, *gén.* ‖ 2° tempérant. ‖ 3° vigoureux.

ἐγ-κρατῶς, *adv.* 1° avec modération. ‖ 2° avec vigueur.

ἐγ-κρίνω (*f.* νῶ), 1° approuver. ‖ 2° admettre; recevoir parmi.

ἐγ-κροτέω-ῶ (*f.* ήσω), frapper avec bruit.

ἐγ-κρύπτω (*f.* ψω), cacher dans.

ἐγ-κτάομαι-ῶμαι (*f.* ήσομαι), acquérir (*à l'étranger*).

ἔγ-κτησις, εως (ἡ), acquisition (*à l'étranger*).

ἐγ-κτίζω (*f.* σω), fonder.

ἐγ-κυκάω-ῶ (*f.* ήσω), mélanger; brouiller.

ἐγ-κύκλιος, ος, ον, circulaire; périodique; total.

ἐγ-κυκλόω-ῶ (*f.* ώσω), *et moy.*, encercler.

ἐγ-κυλίομαι (*f.* σομαι), se rouler dans, *dat.*

ἐγ-κύμων, *gén.* ονος, pleine; grosse.

ἔγ-κυος, *même sens.*

ἐγ-κύπτω (*f.* ψω), se pencher vers.

ἐγ-κυρέω-ῶ (*f.* ήσω), *et* **ἐγ-κύρω** (*f.* κύρσω), rencontrer, *dat.*

ἐγ-κωμιάζω (*f.* σω), louer; vanter.

ἐγ-κώμιον, ου (τό), éloge; hymne.

ἐγρε-μάχης, ου (ὁ), qui excite la mêlée.

ἔγρεο, *imp. aor. 2 moy. de* ἐγείρω.

ἐγρηγοράω, être éveillé.

ἐγρηγορτί, *adv.*, en veillant.

ἐγρήσσω, être éveillé.

ἐγ-χαλινόω-ῶ (*f.* ώσω), brider.

ἐγ-χείη, ης (ἡ), lance.

ἐγ-χείῃ(σι), *pour* ἐγχέῃ, 3ᵉ *pers. subj. de* ἐγχέω.

ἐγ-χειρέω-ῶ (*f.* ήσω), *dat.* 1° entreprendre. ‖ 2° attaquer.

ἐγ-χείρημα, ατος (τό), entreprise.

ἐγ-χείρησις, εως (ἡ), 1° action d'entreprendre. ‖ 2° attaque.

ἐγ-χειρητικός, ή, όν, entreprenant.

ἐγ-χειρίδιον, ου (τό), poignard.

ἐγ-χειρίζω (*f.* σω, *att.* ιῶ), 1° remettre; livrer. ‖ 2° *Moy.*, entreprendre; aborder.

ἐγ-χειρί-θετος, ος, ον, livré.

ἐγ-χείω, *comme* ἐγχέω.

ἔγχελυς, υος *et* εως (ἡ), anguille.

ἐγχεσί-μωρος, ος, ον, à la lance folle.

ἐγχέσ-παλος, ος, ον, qui brandit la lance.

ἐγ-χέω (*f.* χέω, *etc*), 1° verser dans *dat.* ‖ 2° *moy.*, verser pour soi.

ἔγχος, ους (τό), lance; arme.

ἐγ-χραύω *et* **ἐγ-χράω**, asséner sur.

ἐγ-χρίμπτω (*f.* ψω), 1° APPLIQUER; enfoncer. ‖ 2° *intr.*, s'approcher. — *Moy pass.* s'enfoncer dans; s'approcher de.

ἐγ-χρίω (*f.* σω), 1° oindre, ‖ 2° piquer.

ἐγ-χρονίζω (*f.* ίσω, *att.* ιῶ), s'attarder.

ἐγ-χωρέω-ῶ (*f.* ήσω), permettre; *intr.*, ἐγχωρεῖ, il est permis.

ἐγ-χώριος, ος *ou* α, ον, indigène; national.

ἔγ-χωρος, ος, ον, *comme* ἐγ-χώριος.

ἐγώ, *pron.*, je, moi; ἔγω-γε, quant à moi.

ἐγῷδα *pour* ἐγὼ οἶδα.

ἐγῷμαι *pour* ἐγὼ οἶμαι.

ἐδάην, *aor.* 2 *pass. de* δάω.

1. **ἐδανός, ή, όν,** bon à manger.

2. **ἐδανός, ή, όν,** agréable.

ἐδάσ(σ)ατο, *aor.* 1 *de* δάτεομαι.

ἐδαφίζω (*f.* σω), égaliser le sol.

ἔδαφος, ους (τό), sol; fond.

ἔδ(δ)εισα, ἐδέδισαν, *et* **ἐδείδιμεν,** *aor.* et *p.-q.-pf. de* δείδω.

ἐδέδμητο, *p.-q.-pf. pass. de* δέμω.

ἔδεκτο, 3ᵉ *pers. sg. aor.* 2 *de* δέχομαι.

ἔδεσμα, ατος (τό), aliment.

ἐδεστής, οῦ (ὁ), mangeur.

ἐδεστός, ή, όν, mangeable; mangé.

ἐδήδοται, ἐδηδώς, *de* ἔδω.

ἐδητύς, ύος (ἡ), nourriture solide.

ἔδμεναι, *inf. pr. de* ἔδω.

ἔδνα, ων (τά), présents de noce.

ἐδνόω-ῶ (*f.* ώσω), *et moy.*, doter.

ἕδος, ους (τό), 1° SIÈGE; action de s'asseoir. ‖ 2° SOL. ‖ 3° fondement. ‖ 4° résidence; temple.

ἕδρα, ας (ἡ), 1° *mêmes sens qu'*ἕδος. ‖ 2° assemblée.

ἔδραθον, *aor.* 2 *de* δαρθάνω.

ἑδραῖος, ος *ou* **α, ον,** stable.

ἔδρακον, ἐδράκην, *aor.* 2 *act. et pass. de* δέρκομαι.

ἕδρανον, ου (τό), *comme* ἕδρα.

ἑδριάομαι-ῶμαι (*f.* σομαι), s'asseoir.

ἔδω (*f.* ἔδομαι; *voir* ἐσθίω), manger.

ἐδωδή, ῆς (ἡ), nourriture.

ἐδώδιμος, ος, ον, comestible.

ἑδώλιον, ου (τό), banc (de rameurs); siège.

ἕε, *pour* ἕ, *acc. de* οὗ *pron. personnel.*

ἔεδνα, ων (τά), *comme* ἔδνα.

ἐεδνόω-ῶ, *comme* ἐδνόω.

ἐεδνωτής, οῦ, beau-père.

ἐεικοσά-βοιος, ος, ον, valant vingt bœufs.

ἐείκοσι, *comme* εἴκοσι.

ἐεικοστός, ή, όν, *comme* εἰκοστός.

ἐεισάμην *aor.* 1 *de* εἴδομαι *et de* εἶμι, aller.
ἐέλδομαι, *comme* ἔλδομαι.
ἐέλδωρ, *pour* **ἔλδωρ** (τό). souhait.
ἐέλμεθα, *pf. pass. de* εἴλω.
ἐέλπομαι, *comme* ἔλπομαι.
ἐέργαθον, *aor.* 2 *de* εἴργω.
ἐέργω, *pour* εἴργω.
ἐερμένος, ἔερτο, *part. pf., et p.-q.-pf. pass. de* εἴρω.
ἐέρση, ἐερσήεις, *pour* ἔρση, ἐρσήεις.
ἐέσσατο, 3° *pers. aor. moy. de* ἕννυμι *ou de* ἵζω.
ἕζω (*aor.* εἷσα), faire asseoir; ériger. — *Moy.* (*f.* ἑδοῦμαι), s'asseoir.
ἔη (σι), *pour* ᾖ, ἔην *pour* ἦν, ἔησθα, *pour* ἦσθα *de* εἰμί, être.
ἑήνδανε, *pour* ἥνδανε, *impf.* *de* ἁνδάνω.
ἑῆος, *gén. de* ἐύς.
ἔθ' *pour* ἔτι.
ἐθάς, άδος (ὁ, ἡ), habitué (à, *gén.*).
ἔθειρα, ας (ἡ), chevelure; crinière.
ἐθείρω, soigner.
ἐθελό-δουλος, ος, ον, esclave volontaire.
ἐθελο-κακέω-ῶ (*f* ήσω), faire le mal volontairement.
ἐθελοντηδόν, ἐθελοντήν, ἐθελοντί, *adv.*, volontairement.
ἐθελοντήρ, ῆρος *et* **ἐθελοντής, οῦ** (ὁ), agissant volontairement.
ἐθελό-πονος, ος, ον, qui travaille volontiers.
ἐθελο-πρόξενος, ου (ὁ), proxène volontaire.
ἐθελούσιος, α, ον, qui agit volontiers.
ἐθελουσίως, *adv.*, volontairement.
ἐθέλω *ou* **θέλω** (*f.* ήσω), 1° VOULOIR. ‖ 2° devoir, être sur le point de. ‖ 3° pouvoir. ‖ 4° signifier : τί ἐθέλει τοῦτο τὸ τέρας, que signifie ce prodige?
ἔθεν, *comme* οὗ, *pron. réfléchi.*
ἐθηεύμεσθα, *pour* ἐθεώμεθα, *de* θεάομαι.
ἐθίζω (*f.* ίσω *att.* ιῶ, *aor.* εἴθισα, *aor. pass.* εἰθίσθην). 1° *tr.*, habituer. ‖ 2° *intr.*, s'habituer.
— *Moy. pass.* être habitué.
ἐθνικός, ή, όν, national.
ἔθνος, εος-ους (τό), 1° PEUPLE; foule. ‖

2° sexe. ‖ 3° Τὰ ἔθνη, les païens.

ἔθορον, *aor.* 2 *de* θρῴσκω.

ἔθος, εος-ους (τό), habitude ; coutume.

ἔθω, avoir coutume. *Pf.* 2 εἴωθα, j'ai coutume ; *part.* **εἰωθώς,** accoutumé, habituel.

εἰ, *conj.*, si ; εἰ καί, quoique ; καὶ εἰ, même si ; εἰ δὲ μή, sinon. ‖ 2° εἰ (γάρ), *formule optative*, plût au ciel que. ‖ 3° εἰ δ' ἄγε, allons !

εἶα, *interj.*, allons !

εἰαμενή, ης (ἡ), vallée humide.

εἰανός, οῦ (ὁ), *pour* ἑανός.

εἶαρ (τό), *pour* ἔαρ.

εἴαται, *pour* ἧνται, *de* ἧμαι, *ou* εἶνται *de* ἕννυμι.

εἴατο, pour ἦσαν, *impf. de* εἰμί, être.

εἴβω, verser.

εἰδάλιμος, η, ον, d'un bel aspect.

εἶδαρ, ατος (τό), nourriture.

εἰδέα, ας (ἡ), *comme* ἰδέα.

εἰδῆσαι, *inf. aor.* 1 *de* εἴδω.

εἶδος, εος-ους (τό), 1° FORME. ‖ 2° beauté. ‖ 3° idée. ‖ 4° espèce ; manière.

εἴδω (*f.* ήσω), VOIR ; savoir. *Voir* ὁράω *et* οἶδα. — *Moy.*, paraître.

εἰδωλο-λατρεία, ας (ἡ), culte des idoles.

εἴδωλον, ου (τό), 1° IMAGE ; fantôme. ‖ 2° idole.

εἰδώς, υῖα, ός, *part.* de οἶδα.

εἶεν, *interj.*, soit !

εἶθαρ, *adv.*, sur-le-champ.

εἴθε, *conj.*, plaise *ou* plût au ciel que !

εἰκάζω (*f.* άσω), 1° REPRÉSENTER. ‖ 2° conjecturer ; calculer : ὡς ἔστιν εἰκάσαι, comme il est permis de le supposer. ‖ 3° comparer.

εἰκάθω, comme εἴκω.

εἰκάς, άδος (ἡ), 20e jour du mois.

εἰκασία, ας (ἡ), 1° REPRÉSENTATION. ‖ 2° conjecture. ‖ 3° comparaison.

εἰκαστής, οῦ (ὁ), celui qui conjecture, *gén.*

εἰκαστός, ή, όν, comparable.

εἴκελος, η, ον, semblable.

εἰκῇ *et* **εἰκῆ,** *adv.*, au hasard.

εἰκός, ότος (τό), 1° ce qui est convenable. εἰκός ἐστιν, il est naturel. ‖ 2° VRAISEMBLABLE, κατὰ τὸ εἰκός, selon la vraisemblance. *Voir* εἴκω [2].

εἰκοσα-ετής, ής, ές, de vingt ans.

εἰκοσακίς, *adv.*, vingt fois.

εἴκοσι(ν), *indécl.*, vingt.

εἰκοσι-νήριτος, ος, ον, vingt fois grand.

εἰκοσί-πηχυς, υς, υ, de vingt coudées.

εἰκόσ-ορος, ος, ον, à vingt rames.

εἰκοστός, ή, όν, vingtième.

εἰκότως, *adv.*, VRAISEMBLABLEMENT; avec raison.

1. **εἴκω** (*f.* ξω), 1° *intr.* reculer de, *gén.*; céder à, *dat.* ‖ 2° *tr.* lâcher; accorder.

2. **εἴκω,** RESSEMBLER; sembler bon. — *Pf.* ἔοικα, ressembler; sembler bon; paraître; ὡς ἔοικε, à ce qu'il semble, comme il est naturel.

εἰκών, όνος (ἡ), IMAGE.

εἰκώς, *comme* ἐοικώς. *Voir* εἴκω [2] *et* εἰκός.

εἰλαπινάζω, festoyer.

εἰλαπιναστής, οῦ (ὁ), convive.

εἰλαπίνη, ης (ἡ), festin.

εἶλαρ (τό), enveloppe; abri.

εἰλάτινος, η, ον, *comme* ἐλάτινος.

εἰλεγμένος, η, ον, rassemblé (*de* λέγω).

εἰλέω *et* **εἰλέω-ῶ** (*f.* ήσω), 1° ROULER. ‖ 2° acculer. — *Moy.*, se rouler.

εἰλήλουθα, *comme* ἐλήλυθα.

εἴλησις, εως (ἡ), coup de soleil.

εἰλι-κρίνεια, ας (ἡ), netteté.

εἰλικρινής, ής, ές, pur; net.

εἰλι-κρινῶς, *adv.*, purement; nettement.

εἰλικτός, ή, όν, *comme* ἑλικτός.

εἰλί-πους, ους, ουν, *gén.* ποδος, qui tourne les pattes en marchant.

εἰλίσσω, *comme* ἑλίσσω.

εἴλυμα, ατος (τό), couverture.

εἰλυφάζω *et* **εἰλυφάω-ῶ,** faire tournoyer.

εἰλύω, (*f.* ύσω), 1° traîner en roulant. ‖ 2° envelopper.

εἴλω, εἴλλω, ἴλλω (*aor.* ἔλσα; *pass. aor.*

2 ἐάλην, *pf.* ἔελμαι), 1° ROULER. ‖ 2° acculer. *Voir* εἰλέω.

εἵλως, ωτος (ὁ), hilote.

εἱλωτεία, ας (ἡ), condition d'hilote.

εἷμα, ατος (τό), vêtement.

εἷμαι, *pf. pass. de* ἕννυμι *ou de* ἵημι.

εἱμαρμένη, ης (ἡ), la destinée. *Voir* μείρομαι.

εἵμαρται, εἵμαρτο, 3e *pers. pf. et p.-q.-p.* de μείρομαι.

εἰμέν *pour* ἐσμέν, *de* εἰμί, je suis.

εἰμί, εἶ (*f.* ἔσομαι), 1° ÊTRE; exister, τὰ ὄντα, les choses qui existent réellement. ‖ 2° ἔστι, *impers.*, il est possible: ἔστιν ὁρᾶν, on peut voir. ‖ 3° *avec le gén.*: *a*) faire partie de : τῶν φίλων εἶναι, faire partie des amis; *b*) appartenir à; ἑαυτοῦ εἶναι, n'appartenir qu'à soi-même; *c*) être originaire de; fils de : Ποσειδῶνος ἦν οὗτος, il était fils de Poseidon; *d*) être du devoir de : πολιτῶν ἐστι, c'est le devoir des citoyens; *e*) coûter : οὐ πολλοῦ ἐστι τοῦτο, cela ne coûte pas cher. ‖ 4° signifier, avoir le sens de : τοῦτ' ἔστι, c'est-à-dire.

— *Locutions* : ἔστιν ὅς, εἰσὶν οἵ (*est qui, sunt qui*), il y a des gens qui; ἔστιν ὅτε, il y a des cas où; ἔστιν ὅπου, il y a des lieux où; — ἐμοὶ βουλομένῳ ἐστὶν ἐργάζεσθαι, il me plaît de travailler. — εἶναι *explétif :* 1° τὸ νῦν εἶναι, maintenant; τὸ σύμπαν εἶναι, en général. ‖ 2° τὸ ἐπ' ἐμοὶ εἶναι, en ce qui me concerne. ‖ 3° ἑκὼν εἶναι, volontiers.

εἶμι, εἶς (*f.* εἶμι, *impf.* ᾖα), aller.

— *Locutions* : ἰέναι διὰ φιλίας, entrer en amitié; ἰέναι εἰς λόγους, entrer en relations; — ἴθι, allons!

εἰν, *comme* ἐν.

εἰνά-ετες, *adv.*, pendant neuf ans.

εἰνάκις, *comme* ἐνάκις.

εἰνακόσιοι, αι, α, *comme* ἐνακόσιοι.

εἰν-άλιος, η, ον, *comme* ἐνάλιος.

εἰνά-νυχες, *adv.*, durant neuf nuits.

εἰνατέρες, ων (αἱ), belles-sœurs.
εἴνατος, *comme* ἔνατος.
εἵνεκα, εἵνεκεν, *comme* ἕνεκα.
εἰνί, *comme* ἐν.
εἰν-όδιος, η *ou* **α, ον**, *comme* ἐνόδιος.
εἰνοσί-γαιος, *comme* ἐννοσί-γαιος.
εἰνοσί-φυλλος, ος, ον, qui agite le feuillage.
εἴξασι, *pour* ἐοίκασι, *de* ἔοικα.
εἴξασκε, 3ᵉ *pers. sg. aor.* 1 *de* εἴκω.
εἷο, *pour* οὗ, *gén. du pr. réfléchi.*
εἰοικυῖα, *pour* ἐοικυῖα, *voir* εἴκω.
εἷος, *pour* ἕως.
εἶπα, *pour* εἶπον, *première pers.*
εἴ-περ, *conj.*, si toutefois; quoique.
εἴ-ποθεν, *conj.*, si parfois.
εἶπον, *aor.* 2 *de* ἔπω *inus.* (*inf.* εἰπεῖν, *part.* εἰπών), DIRE, parler; κακῶς εἰπεῖν τινα, mal parler de quelqu'un; ὡς (ἔπος) εἰπεῖν, pour ainsi dire. *Voir* λέγω *et* ἀγορεύω.
εἴ-ποτε, *conj.*, si jamais.
εἴ-που, *conj.*, si par hasard.
εἴ-πως *conj.*, si en quelque façon.
εἰργάθω, *comme* εἴργω.
εἰργμός, οῦ (ὁ), emprisonnement; prison.
εἰργμο-φύλαξ, ακος (ὁ), geôlier.
εἴργω *et* εἵργω (*f.* ξω), 1° ÉCARTER; chasser; exclure. ‖ 2° empêcher; prohiber. ‖ 3° enfermer; emprisonner. — *Moy.*, s'abstenir de, *gén.*
εἰρέαται, *pour* εἴρηνται, *de* λέγω, dire.
εἴρερος, ου (ὁ), captivité.
εἰρεσία, ας (ἡ), 1° action de ramer. ‖ 2° banc de rameurs. ‖ 3° chant de rameurs.
εἴρη, ης (ἡ), place où l'on s'assemble.
εἴρηκα, εἴρημαι, *pf.*, *de* εἴρω, dire. *Voir* λέγω.
εἰρήν, ένος (ὁ), éphèbe (à Sparte).
εἰρηναῖος, α, ον, pacifique.
εἰρηνεύω (*f.* σω), vivre en paix.
εἰρήνη, ης (ἡ), PAIX; calme.
εἰρηνικός, ή, όν, 1° qui a trait à la paix. ‖ 2° pacifique.

εἰρηνικῶς, *adv.*, pacifiquement.

εἰρηνο-ποιός, ός, όν, pacificateur.

εἰρήσομαι, *fut. ant. pass. de* εἴρω, dire.

εἰρίνεος, α, ον, *comme* ἐρίνεον.

εἴριον, ου (τό), *comme* ἔριον.

εἱρκτή, ῆς (ἡ), prison.

εἰρο-κόμος, ος, ον, qui travaille la laine.

εἴρομαι, *comme* ἔρομαι.

εἰρό-ποκος, ος, ον, chargé de laine.

εἶρος, εος-ους (τό), laine.

εἰρύω, *comme* ἐρύω.

1. **εἴρω** (*f.* ἐρῶ, *pf.* εἴρηκα), dire.

2. **εἴρω**, (*aor.* εἶρα *et* ἔρσα, *part. pf. pass.* ἐρμένος *et* ἑερμένος), nouer.

εἴρων, ωνος (ὁ), dissimulé.

εἰρωνεία, ας (ἡ), interrogation; ironie.

εἰρωνεύομαι (*f.* σομαι), pratiquer l'ironie; dissimuler.

εἰρωνικός, ή, όν, ironique.

εἰρωνικῶς, *adv.*, ironiquement.

εἰρωτάω *et* **έω**, *comme* ἐρωτάω.

εἰς, *ou* **ἐς**, I *adv. dedans.* II. *prép. acc.* 1° DANS, vers. ‖ 2° pour; contre. 3° chez; en présence de. ‖ 4° jusqu'à. ‖ 5° environ.
— *avec un gén. par ellipse d'un nom :* εἰς Ἅδου (οἶκον), chez Hadès.
Locutions : εἰς τρίς, jusqu'à trois fois; εἰς τάχος, à toute vitesse; εἰς ἀεί, à tout jamais; εἰς τὰ πολλά, le plus souvent; εἰς καιρόν, à propos; εἰς ὑπερβολήν, à l'excès; εἰς ἕνα, un par un; εἰς ὅ, jusqu'à ce que.

εἷς, μία, ἕν, *gén.* ἑνός, μιᾶς, ἑνός, UN, un seul; καθ' ἕνα, un par un; εἰς ἕν, en bloc; εἷς ἄριστος, le meilleur entre tous.

εἵς, *part. aor.* 2 *de* ἵημι.

εἶσα, *aor.* 1 *de* ἕζω.

εἰσ-αγγελεύς, έως (ὁ), introducteur; appariteur.

εἰσ-αγγελία, ας (ἡ), accusation; poursuite (*pour affaire d'importance*).

εἰσ-αγγέλλω (*f.* ελῶ, *etc.*), 1° ANNONCER; introduire. ‖ 2° dénoncer; accuser.

εἰσ-αγείρω (*f.* ερῶ), 1° *tr.*, rassembler. ‖ 2° *intr.*, se réunir dans.

εἰσ-άγω (*f.* ἄξω, *etc.*). 1° CONDUIRE; introduire dans. ‖ 2° mettre en scène. ‖ 3° poursuivre devant les juges; accuser.
— *Moy.*, *mêmes sens et* épouser.

εἰσ-αγώγιμος, ος, ον, 1° importé. ‖ 2° recevable en justice.

εἰσ-αεί, *adv.*, pour toujours.

εἰσ-αθρέω-ῶ (*f.* ήσω), apercevoir.

εἰσ-αίρω (*f.* αρῶ), apporter.

εἰσ-αΐσσω *att.* ᾴττω (*f.* ξω), s'élancer dans.

εἰσ-ακοντίζω (*f.* ίσω), envoyer des traits (contre, *acc.*).

εἰσ-ακούω (*f.* ακούσομαι, *etc.*), 1° ÉCOUTER, τί τινος. ‖ 2° obéir, *dat.*

εἰσ-άλλομαι (*f.* αλοῦμαι, *etc.*), sauter sur.

εἰσάμην, *aor.* 1 *moy. de* εἶμι, aller, *ou de* εἴδω.

εἰσ-ανα-βαίνω (*f.* βήσομαι), monter sur.

εἰσ-αν-άγω (*f.* ξω), introduire.

εἰσ-άν-ειμι (*f.* ειμι), monter dans.

εἰσ-άντα, *adv.*, en face.

εἰσ-άπαξ, *adv.*, une fois pour toutes.

εἰσ-αράσσω *att.* ττω (*f.* ξω), pousser dans.

εἰσ-αῦθις, *adv.*, de nouveau.

εἰσ-αφικάνω *et* **εἰσ-αφικνέομαι-οῦμαι** (*f.* ίξομαι), arriver dans.

εἰσ-βαίνω (*f.* βήσομαι, *etc.*), 1° entrer dans. ‖ 2° *tr.* (*aor.* εἰσέβησα), faire entrer dans.

εἰσ-βάλλω (*f.* βαλῶ, *etc.*), *et moy.*, 1° *tr.*, JETER DANS; embarquer. ‖ 2° *intr.*, se jeter dans; s'embarquer.

εἴσ-βασις, εως (ἡ), action d'entrer; de s'embarquer.

εἰσ-βατός, ή, όν, abordable.

εἰσ-βιβάζω (*f.* βιβάσω *att.* βιβῶ), faire monter; faire embarquer.

εἰσ-βλέπω (*f.* ψω), regarder.

εἰσ-βολή, ῆς (ἡ), 1° ENTRÉE. ‖ 2° entrée en matière. ‖ 3° invasion. ‖ 4° embouchure.

εἰσ-γράφω (*f.* ψω), inscrire.

εἰσ-δέρκομαι (*f.* δέρξομαι, *etc.*), regarder.

εἰσ-δέχομαι (*f.* δέξομαι), admettre.
εἰσ-δρομή, ῆς (ἡ), incursion.
εἰσ-δύνω *et* **εἰς-δύομαι,** (*aor.* 2 ἔδυν), pénétrer dans.
εἴσ-ειμι (*f.* ειμι), 1° S'INTRODUIRE dans. ‖ 2° paraître en public. ‖ 3° venir à l'esprit.
εἰσ-ελαύνω *et* **εἰσ-ελάω** (*f.* ελάσω *att.* ελῶ, *etc.*). 1° *tr.*, faire entrer. ‖ 2° *intr.*, entrer.
εἰσ-έπειτα, *adv.*, dorénavant.
εἰσ-έργνυμι (*f.* έρξω), enfermer dans.
εἰσ-ερύω (*f.* σω, *aor. part.* ερύσας), tirer dans.
εἰσ-έρχομαι, *voir* εἴσειμι.
εἰσ-έχω (*f.* ἕξω), s'étendre à; pénétrer dans.
εἰσ-ηγέομαι-οῦμαι (*f.* ήσομαι), 1° INTRODUIRE. ‖ 2° conseiller. ‖ 3° enseigner.
εἰσ-ήγησις, εως (ἡ), 1° introduction. ‖ 2° conseil; proposition.
εἰσ-ηγητής, οῦ (ὁ), introducteur; conseiller.
εἶσθα, *pour* εἶς, 2ᵉ *pers. de* εἶμι, aller.
εἰσ-θρῴσκω (*aor.* 2 εισέθορον), s'élancer dans.
εἴσ-ιδον, *comme* εἰσεῖδον.
εἰσ-ιδρύω (*f.* σω), fonder sur.
εἰσ-ίζομαι, se poster.
εἰσ-ίημι (*f.* ήσω), faire *ou* laisser entrer.
εἰσ-ίθμη, ης (ἡ), entrée.
εἰσ-ικνέομαι-οῦμαι (*f.* ίξομαι), arriver dans.
εἰσ-καλέω-ῶ (*f.* καλέσω), *et moy.*, appeler.
εἰσ-κατα-βαίνω (*f.* βήσομαι, *etc.*), descendre dans.
εἴσ-κειμαι, être placé dans.
εἰσ-κηρύσσω *att.* **ττω** (*f.* ξω), faire appeler par le héraut.
εἰσ-κομιδή, ῆς (ἡ), importation.
εἰσ-κομίζω (*f.* ίσω *att.* ιῶ), introduire; importer. — *Pass.*, se retirer.
εἴσκω, 1° ASSIMILER. ‖ 2° croire; supposer.
εἰσ-λεύσσω, regarder.
εἰσ-μαίομαι (*aor.* ἐμασάμην), toucher à fond.
εἰσ-νέω, nager vers.
εἰσ-νοέω-ῶ (*f.* ήσω), remarquer; reconnaître.

εἴσ-οδος, ου (ἡ), 1° ENTRÉE. ‖ 2° revenu.
εἰσ-οικειόω-ῶ (*f.* ώσω), admettre chez soi.
εἰσ-οίκησις, εως (ἡ), établissement; installation.
εἰσ-οικίζομαι (*f.* ίσομαι, *att.* ιοῦμαι), s'établir.
εἰσ-οικοδομέω-ῶ (*f.* ήσω), bâtir à l'intérieur.
εἰσ-οιχνέω-ῶ (*f.* ήσω), entrer dans.
εἰσ-όκε(ν), *conj.*, jusqu'à ce que; tant que.
εἴσομαι, *f. de* οἶδα *et* εἶμι.
εἶσον, *imp. aor. de* ἕζω.
εἰσ-οπίσω, *adv.*, à l'avenir.
εἴσ-οπτος, ος, ον, visible.
εἰσ-οράω-ῶ (*f.* ὄψομαι, *etc.*), regarder; voir.
εἰσ-ορμάω-ῶ (*f.* ήσω), s'élancer dans.
ἔϊσος, η, ον, *pour* ἴσος.
εἰσ-παίω (*f.* σω), se précipiter sur.
εἰσ-πέμπω (*f.* ψω) *et moy.*, envoyer dans; introduire.
εἰσ-πέτομαι (*f.* πτήσομαι, *aor.* 2 επτόμην), s'envoler dans
εἰσ-πηδάω-ῶ (*f.* ήσω), bondir dans, assaillir.
εἰσ-πίπτω (*f.* πεσοῦμαι, *etc.*), tomber dans *ou* sur.
εἰσ-πλέω (*f.* πλεύσομαι *etc.*), faire voile vers, entrer en naviguant dans.
εἴσ-πλοος-ους, όου-ου (ὁ), navigation vers; entrée dans.
εἰσ-ποιέω-ῶ (*f.* ήσω), introduire; adopter.
εἰσ-πορεύομαι (*f.* σομαι), arriver, entrer dans.
εἴσ-πραξις, εως (ἡ), perception, exaction.
εἰσ-πράσσω, *att.* **ττω** (*f.* ξω), percevoir, exiger une dette.
εἰσ-ρέω (*f.* ρυήσομαι), couler dans.
εἰσ-τίθημι (*f.* θήσω, *etc.*), *et moy.*, placer dans; embarquer.
εἰσ-τοξεύω (*f.* σω), lancer des flèches.
εἰσ-τρέχω (*f.* δραμοῦμαι, *etc.*), courir vers.
εἰσ-φέρω (*f.* οἴσω, *etc.*), 1° PORTER DANS; apporter; introduire. ‖ 2° apporter comme contribution, contribuer. — *Moy.*, *mêmes sens et* s'introduire.
εἰσ-φοιτάω-ῶ (*f.* ήσω), fréquenter.
εἰσ-φορά, ᾶς, (ἡ), 1° im-

portation. ‖ 2° contribution.

εἰσ-φορέω-ῶ (*f.* ήσω), *comme* εἰσφέρω.

εἰσ-φρέω-ῶ (*f.* ήσω), 1° *tr.*, introduire. ‖ 2° *intr.*, entrer dans.

εἰσ-χειρίζω (*f.* ίσω), livrer dans les mains.

εἰσ-χέω (*f.* χέω, *etc.*), verser dans.

εἴσω, 1° *adv.*, AU-DEDANS. ‖ 2° *prép. acc. ou gén.*, au-dedans de; en deçà de.

εἰσ-ωθέομαι-οῦμαι (*f.* ήσομαι), se pousser dans.

εἰσ-ωπός, ός, όν, placé en face de, *gén.*

εἶτα, *adv.*, ENSUITE; après cela.

εἶται, 3° *pers. pf. pass. de* ἕννυμι.

εἴτε... εἴτε, *conj.* 1° soit... soit; soit que... soit que. ‖ 2° si... ou si.

εἴω, *pour* ὦ, *subj. pr. de* εἰμί, être.

εἰῶ, *pour* ἐῶ, *de* ἐάω.

εἴωθα, *pf. de* ἔθω.

εἰωθότως, *adv.*, à l'ordinaire.

εἴως, *conj. pour* ἕως.

ἐκ, ἐξ, I. *adv.*, au dehors. —II. *prép. gén.* 1° HORS DE, DE. ‖ 2° issu de; οἱ ἐκ Διός, les descendants de Zeus; οἱ ἐκ τῆς Στοᾶς, les gens du Portique, les Stoïciens. ‖ 3° d'entre; οἱ ἐξ ὑμῶν, ceux d'entre vous. ‖ 4° à partir de (*temps*); ἐκ τούτου, depuis lors; ἐκ παίδων, depuis l'enfance; ἐξ ἀρχῆς, dès le commencement; ἐκ πολλοῦ, depuis longtemps; ἐξ οὗ, depuis que. ‖ 5° par suite de; par l'effet de; à cause de; ἐξ ἀνάγκης, par nécessité; ἐκ τούτου, à cause de cela; ἐκ δόλου, par ruse. ‖ 6° d'après; ἐκ τῶν νόμων, d'après les lois. ‖ 7° fait de; ἄγαλμα ἐκ ξύλου, statue de bois. ‖ 8° du côté de; ἐκ δεξιᾶς, à droite.
— *Locutions :* ἐξ ἴσου, également; ἐκ θυμοῦ, de tout cœur; ἐκ τοῦ ἐμφανοῦς, ouvertement; ἐξ ἀπροσδοκήτου, contre toute attente.

Ἑκάβη, ης (ἡ), Hécube.

ἑκά-εργος, ος, ον, qui lance ses traits au loin.

ἕκαθεν *et* **ἕκας**, 1° *adv.*, DE LOIN. ‖ 2° *prép.*, loin de, *gén.*

ἑκασταχόθεν, *adv.*, de tout côté.

ἑκασταχόθι, **ἑκασταχοῦ**,**ἑκάστοθι**, partout (*question* **ubi**).
ἑκασταχόσε, partout (*question* **quo**).
ἑκαστέρω, *comp. de* ἕκας.
ἕκαστος, **η**, **ον**, chacun ; καθ' ἕκαστον, un à un.
ἑκάστοτε, *adv.*, chaque fois.
ἑκατεράκις, *adv.*, chacune des deux fois.
ἑκάτερθε(ν) *et* **ἑκατέρωθεν**, *adv.*, des deux côtés.
ἑκατέρωσε, *adv.*, des deux côtés (*question* **quo**).
Ἑκάτη, **ης** (ἡ), Hécate.
ἑκατη-βελέτης, **ου** *et* **ἑκατη-βόλος**, **ος**, **ον**, qui lance au loin ses traits.
ἕκατι, *comme* ἕκητι.
ἑκατόγ-χειρος, **ος**, **ον**, à cent bras.
ἑκατό-ζυγος, **ος**, **ον**, à cent bancs de rameurs.
ἑκατομβαιών, **ῶνος** (ὁ), *hécatombæon* (*mois, juillet-août*).
ἑκατόμ-βη, **ης** (ἡ), hécatombe; grand sacrifice.
ἑκατόμ-βοιος, **ος**, **ον**, valant cent bœufs.
ἑκατόμ-πεδος *et* **ἑκατόμ-ποδος**, **ος**, **ον**, large de cent pieds.
ἑκατόμ-πολις, **ις**, **ι**, *gén.* **εως**, aux cent villes.
ἑκατόμ-πους, **ους**, **ουν**, *gén.* **ποδος**, à cent pieds.
ἑκατόμ-πυλος, **ος**, **ον**, à cent portes.
ἑκατόν, *indécl.*, cent.
ἑκατοντα-έτης, **ης**, **ες**, séculaire.
ἑκατοντα-πλασίων, **ων**, **ον**,*gén.* **ονος**, centuple.
ἑκατοντ-άρχης, **ου** (ὁ), commandant d'un groupe de cent hommes.
ἑκατοντάς, **άδος** (ἡ), centaine.
ἕκατος, **ου** (ὁ), *comme* ἑκηβόλος.
ἑκατοστός, **ή**, **όν**, centième.
ἑκατοστύς, **ύος** (ἡ), *comme* ἑκατοντάς.
ἐκ-βαίνω (*f.* βήσομαι, *etc.*), 1° SORTIR DE ; s'écarter de; *acc.* dépasser. ‖ 2° parvenir à. ‖ 3° avoir lieu; devenir : τὸ ἐκβάν, le résultat.
ἐκ-βακχεύω (*f.* σω), saisir d'un transport bachique.
ἐκ-βάλλω (*f.* βαλῶ, *etc.*), 1° JETER HORS DE ; ban-

nir. ‖ 2° faire *ou* laisser tomber. ‖ 3° exposer. ‖ 4° perdre. ‖ 5° *intr.*, s'élancer.

ἔκ-βασις, εως (ἡ), 1° SORTIE ; débarquement. ‖ ‖ 2° issue. ‖ 3° résultat.

'Εκβάτανα, ων (τά), Ecbatane.

ἐκβάω, *comme* ἐκβαίνω.

ἐκ-βιάζομαι (*f.* σομαι), 1° faire sortir de force. ‖ 2° contraindre.

ἐκ-βιβάζω (*f.* βιβάσω, *att.* βιβῶ), 1° faire sortir, descendre de. ‖ 2° entraîner hors de.

ἐκ-βιβρώσκω (*f.* βρώσομαι), dévorer.

ἐκ-βλαστάνω (*f.* βλαστήσω), 1° *tr.*, faire pousser. ‖ 2° *intr.*, pousser, germer.

ἐκ-βοάω-ῶ (*f.* ήσομαι), crier.

ἐκ-βοήθεια, ας (ἡ), arrivée au secours.

ἐκ-βοηθέω-ῶ (*f.* ήσω), arriver au secours.

ἐκ-βολή, ῆς, (ἡ), 1° JET ; écoulement ; embouchure (*d'un fleuve*). ‖ 2° expulsion. ‖ 3° sortie. ‖ 4° défilé. ‖ 5° digression.

ἔκ-βολος, ος, ον, rejeté ; chassé.

ἐκ-βράσσω (*f.* βράσω), bouillonner.

ἐκ-βρυχάομαι-ῶμαι (*f.* ήσομαι), rugir.

ἔκ-βρωμα, ατος (τό), sciure.

ἐκ-γέγαα, *pf.* 2 *de* ἐκγίγνομαι.

ἐκ-γελάω-ῶ (*f.* άσομαι), éclater de rire.

ἐκ-γενής, ής, ές, sans parents.

ἐκ-γί(γ)νομαι (*f.* γενήσομαι, *etc.*), 1° NAÎTRE, sortir de. ‖ 2° s'écouler. ‖ 3° ἐκγίγνεται, *impers.*, il est permis.

ἔκ-γονος, ου (ὁ, ἡ), fils ; fille ; τὰ ἔκγονα, les enfants.

ἐκ-δακρύω (*f.* σω), se répandre en larmes.

ἐκ-δαπανάω-ῶ (*f.* ήσω), dépenser jusqu'au bout.

ἔκ-δεια, ας (ἡ), insuffisance.

ἐκ-δείκνυμι (*f.* δείξω, *etc.*), montrer à fond.

ἐκ-δέκομαι, *comme* ἐκδέχομαι.

ἔκ-δεξις, εως (ἡ), succession.

ἐκ-δέρω (*f.* δερῶ, *aor.*, ἔδειρα), écorcher.

ἐκ-δέχομαι (*f.* δέξομαι, *etc.*), 1° RECEVOIR ; hériter de ; accepter ; se charger de. ‖ 2° remplacer. || 3° attendre. || 4° comprendre.

ἐκ-δέω (*f.* δήσω) *et moy.*, attacher à.

ἔκ-δηλος, ος, ον, 1° VISIBLE. || 2° illustre.

ἐκ-δημέω-ῶ (*f.* ήσω), s'absenter de son pays.

ἐκ-δημία, ας (ἡ), absence; voyage.

ἔκ-δημος, ος, ον, parti en voyage.

ἐκ-δια-βαίνω (*f.* βήσομαι), traverser.

ἐκ-δι-αιτάομαι-ῶμαι (*f.* ήσομαι), s'écarter de son régime.

ἐκ-διδάσκω (*f.* ξω, *etc.*), instruire, τινά τι. — *Moy.*, faire instruire.

ἐκ-διδράσκω(*f.* δράσομαι, *etc.*), s'enfuir.

ἐκ-δίδωμι (*f.* δώσω, *etc.*) *et moy.*, 1° DONNER; livrer; confier. || 2° produire au dehors; publier. || 3° donner en mariage. || 4° placer à intérêt; mettre en location. || 5° *intr.*, se jeter dans.

ἐκ-διηγέομαι-οῦμαι (*f.* ήσομαι), raconter en détail.

ἐκ-δικάζω (*f.* σω), juger; punir.

ἐκ-δικέω-ῶ (*f.* ήσω), poursuivre en justice punir.

ἐκδίκησις, εως (ἡ), poursuite judiciaire: punition.

ἔκ-δικος, ος, ον, 1° celui qui poursuit; vengeur. || 2° injuste.

ἐκ-δίκως, *adv.*, injustement.

ἐκ-διώκω (*f.* ξω), chasser; exiler.

ἔκ-δοσις, εως (ἡ), 1° ACTION DE DONNER, de livrer. || 2° de publier. || 3° de donner en mariage. || 4° placement; mise en location.

ἔκ-δοτος, ος, ον, livré à discrétion; remis.

ἐκ-δοχή, ῆς (ἡ), 1° réception; succession. || 2° interprétation.

ἐκ-δρομή, ῆς (ἡ), 1° sortie (*contre l'ennemi*). || 2° troupes qui font une sortie.

ἔκ-δρομος, ου (ὁ), tirailleur.

ἐκ-δύνω, *comme* ἐκδύομαι.

ἔκ-δυσις, εως (ἡ), évasion; issue.

ἐκ-δύω (*f.* σω), dépouiller. — *Moy. et* ἐξέδυν, ἐκδέδυκα, se dépouiller; s'échapper de, *acc.* ou *gén.*

ἐκ-δωριόομαι-οῦμαι, devenir dorien.
ἐκεῖ, *adv.*, 1° LÀ. ‖ 2° alors.
ἐκεῖθεν, *adv.*, 1° de là. ‖ 2° à partir d'alors.
ἐκεῖθι, *adv.*, là.
ἐκείνῃ, *adv.*, 1° par là. ‖ 2° de cette manière.
ἐκεῖνος, η, ο, *pron.-adj.-dém.*, celui-là; ce.
ἐκείνως, *adv.*, de cette façon-là.
ἐκεῖσε, *adv.*, là (*question* **quo**).
ἐκέκαστο, 3° *pers. sg. p.-q.-pf. de* καίνυμαι.
ἐκέκλετο, 3° *pers. sg. aor.* 2 *de* κέλομαι.
ἐκε-χειρία, ας (ἡ), trêve.
ἐκ-ζέω (*f.* ζέσω), 1° bouillir. ‖ 2° pulluler de, *gén.*
ἐκ-ζητέω-ῶ (*f.* ήσω), rechercher.
ἐκ-ζήτησις, εως (ἡ), recherche.
ἔκηα, *aor.* 1 *de* καίω.
ἐκη-βολία, ας (ἡ), action de lancer au loin les traits.
ἐκη-βόλος, ος, ον, qui lance au loin les traits.
ἔκηλος, ος, ον, tranquille.
ἕκητι, *prép. gén., placée en général après son complément.* 1° par la volonté de; à cause de. ‖ 2° quant à.
ἐκ-θαμβέω-ῶ (*f.* ήσω), frapper de stupeur.
ἔκ-θαμβος, ος, ον, frappé de stupeur.
ἐκ-θαυμάζω (*f.* σω), considérer avec étonnement.
ἐκ-θεάομαι-ῶμαι (*f.* άσομαι), contempler.
ἔκ-θεσις, εως (ἡ), 1° exposition. ‖ 2° débarquement. ‖ 3° enjeu.
ἔκ-θετος, ος, ον, exposé.
ἐκ-θέω (*f.* θεύσομαι), s'élancer hors de.
ἐκ-θηράομαι-ῶμαι *et* **ἐκ-θηρεύω** (*f.* σω), chasser; prendre en chassant.
ἐκ-θλίβω (*f.* ψω), écraser.
ἐκ-θνῄσκω (*f.* θανοῦμαι, *etc.*), mourir.
ἐκ-θρῴσκω (*f.* θοροῦμαι), bondir hors de.
ἔκ-θυμος, ος, ον, bouillant d'ardeur.
ἐκ-θύω (*f.* σω) *et moy.*, sacrifier par expiation; apaiser par un sacrifice, *acc.*
ἐκ-καθαίρω (*f.* αρῶ, *etc.*), nettoyer; purifier.
ἐκ-καθεύδω (*f.* ήσω), veiller.
ἐκ-καθ-οράω-ῶ (*aor.*, εἶδον), regarder d'en haut.

ἑκ-καί-δεκα, *indécl.*, seize.

ἑκκαιδεκά-δωρος, ος, ον, long de seize largeurs de main.

ἑκκαιδεκά-πηχυς, υς, υ, de seize coudées.

ἐκ-καίω *att.* **κάω** (*f.* καύσω, *etc.*), brûler; enflammer.

ἐκ-κακέω-ῶ (*f.* ήσω), se laisser aller.

ἐκ-καλέω-ῶ (*f.* καλέσω *att.* καλῶ, *etc.*), APPELER (dehors).

— *Moy.*, provoquer; exciter; évoquer.

ἐκ-καλύπτω (*f.* ψω), découvrir.

ἐκ-κάμνω (*f.* καμοῦμαι, *etc.*), être las.

ἐκ-καρπόομαι-οῦμαι (*f.* ώσομαι), recueillir les fruits.

ἐκ-κατα-πάλλομαι, bondir hors de.

ἐκ-κάω, *comme* ἐκ-καίω.

ἔκ-κειμαι (*f.* κείσομαι), 1° être exposé aux yeux. || 2° sortir de.

ἐκ-κενόω-ῶ (*f.* ώσω), vider; dévaster.

ἐκ-κεντέω-ῶ (*f.* ήσω), piquer.

ἐκ-κηρύσσω, *att.* **ττω** (*f.* ξω), bannir (*par voix du héraut*).

ἐκ-κινέω-ῶ (*f.* ήσω), 1° faire sortir. || 2° émouvoir.

ἐκ-κλάω-ῶ (*f.* κλάσω), briser.

ἐκ-κλείω (*f.* σω), interdire; exclure (de, *gén.*).

ἐκ-κλέπτω (*f.* ψω, *etc.*), dérober.

ἐκ-κληΐω, *comme* ἐκκλείω.

ἐκ-κλησία, ας (ἡ), ASSEMBLÉE; audience.

ἐκ-κλησιάζω (*f.* σω), 1° *tr.*, convoquer une assemblée. || 2° *intr.*, tenir assemblée.

ἐκ-κλησιαστής, οῦ (ὁ), membre d'une assemblée.

ἐκ-κλησιαστικός, ή, όν, 1° de l'assemblée. || 2° de l'Église.

ἔκ-κλητος, ος, ον, convoqué.

ἐκ-κλίνω (*f.* νῶ, *etc.*), 1° *tr.*, éviter. || 2° *intr.*, se détourner.

ἐκ-κλύζω (*f.* σω), laver.

ἐκ-κνάω-ῶ (*f.* ήσω), gratter.

ἐκ-κολάπτω (*f.* ψω), effacer.

ἐκ-κολυμβάω-ῶ (*f.* ήσω), se sauver à la nage.

ἐκ-κομιδή, ῆς (ἡ), transport; convoi.

ἐκ-κομίζω (*f.* ίσω *att.*

-ῶ) emporter; transporter; enterrer.

ἐκ-κομπάζω (*f.* σω), se vanter.

ἐκ-κοπή, ῆς (ἡ), amputation.

ἐκ-κόπτω (*f.* ψω), 1° COUPER, amputer, retrancher. ‖ 2° enfoncer; détruire; crever.

ἐκ-κρέμαμαι, être suspendu.

ἐκ-κρεμάννυμι (*f.* κρεμάσω), suspendre. — *Moy.*, se suspendre (à *gén.*).

ἐκ-κρίνω (*f.* νῶ), 1° SÉPARER. ‖ 2° choisir. ‖ 3° rejeter.

ἔκ-κριτος, ος, ον, choisi.

ἐκ-κρούω (*f.* σω), 1° secouer. ‖ 2° repousser. ‖ 3° ajourner.

ἐκ-κυβεύω (*f.* σω), jouer aux dés.

ἐκ-κυβιστάω-ῶ (*f.* ήσω), faire la culbute.

ἐκ-κυλίνδω *et* **ἐκ-κυλίω** (*f.* ίσω), rouler; dérouler.

ἐκ-κυμαίνω, 1° *tr.*, rejeter. ‖ 2° *intr.*, déferler.

ἐκ-κωφόω-ῶ (*f.* ώσω) assourdir.

ἔκλ', *pour* ἔκλεο, *impf. de* κλέω.

ἐκ-λαγχάνω (*f.* λήξομαι), obtenir par le sort.

ἐκ-λαλέω-ῶ (*f.* ήσω), bavarder.

ἐκ-λαμβάνω (*f.* λήψομαι, *etc.*), 1° RECEVOIR; recueillir par transmission. ‖ 2° emprunter. ‖ 3° se charger de; prendre. ‖ 4° interpréter.

ἐκ-λάμπω (*f.* ψω), 1° *intr.*, briller. ‖ 2° *tr.*, faire briller.

ἐκ-λανθάνω (*f.* λήσομαι, *etc.*), faire oublier. — *Moy.*, oublier (*gén. ou acc.*).

ἐκ-λεαίνω (*f.* ανῶ), 1° polir. ‖ 2° effacer.

ἐκ-λέγω (*f.* λέξω), *et moy.*, 1° CHOISIR. ‖ 2° recueillir; percevoir.

ἐκ-λείπω (*f.* ψω, *etc.*), 1° *tr.*, LAISSER; omettre. ‖ 2° *intr.*, manquer; disparaître; mourir.

ἔκ-λειψις, εως (ἡ), 1° ABANDON; défection. ‖ 2° disparition; mort. ‖ 3° éclipse.

ἐκ-λεκτός, ή, όν, choisi.

ἐκ-λελυμένως, *adv.*, mollement.

ἐκ-λέπω (*f.* ψω), briser l'écorce.

ἐκ-λήγω (*f.* ξω), cesser.

ἔκ-λησις, εως (ἡ), oubli.

ἐκ-λιπής, ής, ές, qui fait défaut.

ἐκ-λογή, ῆς (ἡ), 1° choix. ‖ 2° perception.

ἐκ-λογίζομαι (*f.* ίσομαι *att.* ιοῦμαι), calculer; examiner.

ἔκ-λυσις, εως (ἡ), délivrance.

ἐκ-λυτήριος, ος, ον, relatif à la délivrance.

ἐκ-λύω (*f.* σω), DÉLIER; délivrer. ‖ 2° relâcher; dissoudre; faire cesser.

— *Moy.* affranchir.

ἐκ-λωβάομαι-ῶμαι (*f.* βηθήσομαι), être endommagé, outragé.

ἐκ-λωπίζω (*f.* σω), dépouiller.

ἐκ-μαγεῖον, ου (τό), 1° empreinte. ‖ 2° éponge à essuyer.

ἐκ-μαίνω (*f.* μανῶ, *aor.* ἔμηνα), rendre fou.

— *Pass.* (*f.* 2 μανήσομαι, *aor.* 2 εμάνην, *et pf.* 2 μέμηνα), devenir fou.

ἐκ-μανθάνω (*f.* μαθήσομαι, *etc.*), 1° apprendre à fond. ‖ 2° examiner.

ἐκ-μάσσω *att.* **ττω** (*f.* ξω), 1° ESSUYER. ‖ 2° *act. et moy.*, prendre l'empreinte de; exprimer.

ἐκ-μείρομαι (*pf.* ἐξέμμορα), avoir une part de, *gén.*

ἐκ-μετρέω-ῶ (*f.* ήσω), *et moy.*, mesurer.

ἔκ-μηνος, ος, ον, de six mois; ὁ ἔκμηνος, le semestre.

ἐκ-μηρύομαι (*f.* σομαι), 1° *tr.*, faire défiler. ‖ 2° *intr.*, défiler.

ἐκ-μιμέομαι-οῦμαι (*f.* ήσομαι), imiter soigneusement.

ἐκ-μισθόω-ῶ (*f.* ώσω), mettre en location.

ἐκ-μολεῖν, *inf. aor.* 2, venir de.

ἐκ-μυζάω-ῶ (*f.* ήσω), sucer.

ἐκ-νέμομαι (*f.* οῦμαι), paître.

ἐκ-νευρίζω (*f.* ίσω), énerver.

ἐκ-νεύω (*f.* σω), détourner la tête; se détourner.

ἐκ-νέω (*f.* νεύσομαι), se sauver à la nage.

ἐκ-νήφω (*f.* ψω), sortir d'ivresse.

ἐκ-νίζω *et* **ἐκ-νίπτω** (*f.* ψω), laver; — *moy.*, se laver.

ἐκ-νικάω-ῶ (*f.* ήσω), 1° *tr.*, vaincre. ‖ 2° *intr.*, l'emporter.

ἐκ-νοστέω (*f.* ήσω), revenir.

ἑκούσιος, ος *ou* **α, ον,** volontaire.

ἑκουσίως, *adv.*, volontairement.

ἐκ-παγλέομαι-οῦμαι, être frappé d'étonnement.

ἔκ-παγλος, ος, ον, étonnant; effrayant.

ἐκ-πάγλως, *adv.* étonnamment; terriblement.

ἐκ-παιδεύω (*f.* σω). élever; instruire.

ἐκ-παιφάσσω, s'élancer furieusement.

ἔκ-παλαι, *adv.*, depuis longtemps.

ἐκ-πάλλομαι, sauter hors de.

ἔκ-παλτο, 3ᵉ *pers. aor.* 2 *du précédent.*

ἐκ-πατάσσω (*f.* ξω), accabler; assourdir.

ἐκ-παύομαι (*f.* σομαι), cesser totalement.

ἐκ-πείθω (*f.* σω), persuader à fond.

ἐκ-πειράομαι-ῶμαι (*f.* άσομαι), faire l'épreuve de, *gén.*; tenter.

ἐκ-πέλει, *impers.*, il est permis.

ἐκ-πέμπω (*f.* ψω), *et moy.*, 1° ENVOYER DEHORS. ‖ 2° faire venir de dehors.

ἔκ-πεμψις, εως, (ἡ), envoi.

ἐκ-πεπταμένως, *adv.*, avec expansion.

ἐκ-περαίνω (*f.* ανῶ), achever.

ἐκ-περάω-ῶ (*f.* άσω), 1° *tr.*, TRAVERSER; parvenir à. ‖ 2° *intr.*, sortir de, *gén.*

ἐκ-πέρθω (*f.* σω), saccager; détruire complètement.

ἐκ-πετάννυμι (*f.* πετάσω, *etc.*), déployer.

ἐκ-πηδάω-ῶ (*f.* ήσω), s'élancer hors de.

ἐκ-πίμπλημι (*f.* πλήσω, *etc.*), 1° REMPLIR; compléter; rassasier. ‖ 2° accomplir.

ἐκ-πίνω (*f.* πίομαι, *etc.*), boire complètement.

ἐκ-πιπράσκω (*f.* περάσω), vendre.

ἐκ-πίπτω (*f.* πεσοῦμαι, *etc.*), 1° TOMBER; être chassé de. ‖ 2° sortir; s'écarter de. ‖ 3° se répandre.

ἐκ-πλέω (*f.* πλεύσομαι), prendre la mer.

ἔκ-πλεως, ως, ων, plein (de, *gén.*).

ἐκ-πλήγνυμι, *voir* ἐκπλήσσω.

ἐκ-πληκτικός, ή, όν, effrayant.

ἔκ-πληξις, εως (ἡ), effroi.

ἐκ-πληρόω-ῶ (*f.* ώσω),

1° REMPLIR. ‖ 2° achever; régler.

ἐκ-πλήρωσις, εως (ἡ), action de remplir *ou* d'achever.

ἐκ-πλήσσω, *att.* **ττω** (*f.* ξω), frapper; étonner.

ἔκ-πλοος-ους,οου-ου (ὁ), départ d'un navire.

ἐκ-πλύνω (*f.* νῶ), effacer en lavant.

ἐκ-πλώω *comme* ἐκπλέω.

ἐκ-πνέω (*f.* πνεύσομαι), exhaler; expirer.

ἐκ-ποδών, 1° *adv.*, AU DEHORS; au loin. ‖ 2° *prép. gén.*, loin de.

ἐκ-ποιέω-ῶ (*f.* ήσω), 1° éloigner. ‖ 2° exécuter. — *Moy.*, produire.

ἐκ-ποίησις,εως (ἡ),adoption.

ἐκ-πολεμέω-ῶ (*f.* ήσω), *et* **ἐκ-πολεμόω-ῶ** (*f.* ώσω), exciter à la guerre.

ἐκ-πολιορκέω-ῶ (*f.*ήσω), enlever d'assaut.

ἐκ-πομπή, ῆς (ἡ), envoi; renvoi.

ἐκ-πονέω-ῶ (*f.* ήσω), 1°TRAVAILLER AVEC SOIN; s'exercer à. ‖ 2° rechercher; méditer. ‖ 3° épuiser de fatigue. — *Moy.*, travailler; exécuter.

ἐκ-πορεύομαι (*f.* σομαι), sortir de.

ἐκ-πορθέω-ῶ (*f.* ήσω), saccager.

ἐκ-πορίζω (*f.* ίσω *att.* ιῶ), procurer. — *Moy.*, se procurer; inventer.

ἐκ-ποτέομαι-οῦμαι (*f.* ήσομαι), s'envoler.

ἐκ-πράσσω, *att.* **ττω,** 1° ACHEVER; accomplir; faire en sorte. ‖ 2° tuer. ‖ 3° *et moy.*, exiger; faire payer; venger.

ἐκ-πρεπής, ής, ές, 1° distingué; éminent. ‖ 2° hors de convenance.

ἐκ-πρεπῶς, *adv.*, 1° avec supériorité. ‖ 2° sans convenance.

ἐκ-πρίασθαι (*inf. aor.* 2), acheter.

ἐκ-πρίω (*f.* σω), scier.

ἐκ-προ-καλέομαι-οῦμαι (*f.* έσομαι), appeler.

ἐκ-προ-λείπω (*f.* ψω, *etc.*), abandonner.

ἐκ-προ-τιμάω-ῶ(*f.* ήσω), honorer particulièrement.

ἐκ-πτύω (*f.* σω *ou* σομαι), cracher.

ἐκ-πυνθάνομαι (*f.* πεύσομαι, *etc.*), s'informer de, *acc.;* apprendre.

ἐκ-πυρόω-ῶ (*f.* ώσω), brûler.

ἐκ-πύρωσις, εως (ἡ), embrasement.

ἔκ-πυστος, ος, ον, connu.

ἔκ-πωμα, ατος (τό), coupe.

ἐκράανθεν, *pour* ἐκράνθησαν, *aor. pass. de* κραίνω.

ἐκ-ραίνω (*f.* ανῶ), faire jaillir.

ἐκρέμω, *pour* ἐκρέμαο, 2° *pers. sg. impf. de* κρέμαμαι.

ἐκ-ρέω (*f.* ῥυήσομαι, *etc.*), 1° couler, s'écouler de. ‖ 2° disparaître.

ἐκ-ρήγνυμι (*f.* ῥήξω), 1° faire éclater. ‖ 2° *intr. et pass.*, éclater.

ἐκ-ρίπτω (*f.* ψω), précipiter; projeter.

ἐκ-ροή, ῆς (ἡ) *et* **ἔκ-ροος-ους**, όου-ου (ὁ), écoulement; cours.

ἐκ-σαόω-ῶ, *comme* ἐκσῴζω.

ἐκ-σείω (*f.* σω), secouer; chasser.

ἐκ-σεύομαι (*pf.* ἐξέσσυμαι), s'élancer hors de.

ἐκ-σημαίνω (*f.* ανῶ), manifester.

ἐκ-σμάω-ῶ (*f.* ήσω), essuyer.

ἐκ-σπάω-ῶ (*f.* σπάσω), *et moy.*, arracher.

ἔκ-σπονδος, ος, ον, exclu (des accords).

ἔκ-στασις, εως (ἡ), 1° déplacement. ‖ 2° égarement.

ἐκ-στέλλω (*f.* στελῶ, *etc.*), parer.

ἐκ-στέφω (*f.* ψω), couronner.

ἐκ-στρατεύω (*f.* σω), *et moy.*, entrer en campagne contre.

ἐκ-στρατοπεδεύομαι (*f.* σομαι), camper dehors.

ἐκ-στρέφω (*f.* ψω), tourner; renverser.

ἐκ-σῴζω (*f.* σω), sauver (de, *gén.*). — *Moy.*, sauver; se sauver.

ἔκτα, 3° *pers. sg. aor.* 2 *de* κτείνω.

ἐκ-τάδιος, α, ον, allongé.

ἔκταθεν, 3° *pers. pl. aor. pass. de* κτείνω.

ἑκταῖος, α, ον, du sixième jour.

ἐκ-τάμνω, *comme* ἐκτέμνω.

ἔκταν, 3° *pers. pl. aor.* 2 *de* κτείνω.

ἐκ-τανύω, *voir* ἐκτείνω.

ἐκ-ταράσσω, *att.* ττω (*f.* ξω), troubler.

ἐκ-τάσσω, *att.* ττω (*f.* ξω), ranger.

ἐκ-τείνω (*f.* τενῶ, *etc.*), allonger; étendre; tendre.

ἐκ-τειχίζω (*f.* ίσω *att.* ιῶ), fortifier.

ἐκ-τελέω-ῶ (*f.* έσω), *et* **ἐκ-τελευτάω-ῶ** (*f.* ήσω), achever; accomplir.

ἐκ-τέμνω (*f.* τεμῶ, *etc.*), couper; ravager.

ἐκ-τένεια, ας (ἡ), tension.

ἐκ-τενής, ής, ές, tendu; persévérant.

ἐκτέος, α, ον, *adj. verb.* de ἔχω.

ἐκ-τεχνάομαι-ῶμαι (*f.* ήσομαι), inventer.

ἐκ-τήκω (*f.* ξω), faire fondre.

ἐκ-τίθημι (*f.* θήσω, *etc.*), *et moy.*, exposer.

ἐκτικός, ή, όν, habituel.

ἐκ-τιμάω-ῶ (*f.* ήσω), honorer fort.

ἔκ-τιμος, ος, ον, qui n'honore pas.

ἐκ-τινάσσω (*f.* ξω), secouer.

ἐκ-τίνω (*f.* τίσω), payer.

ἔκτοθεν, *comme* ἔκτοσθεν.

ἔκτοθι, *adv.*, *comme* ἐκτός.

ἐκ-τοξεύω (*f.* σω), 1° lancer (des flèches). || 2° tirer à côté. || 3° épuiser.

ἐκ-τοπίζω (*f.* σω), 1° *tr.* déplacer. || 2° *intr.*, se déplacer; s'égarer.

ἐκ-τόπιος, ος *ou* **α, ον** *et* **ἔκ-τοπος, ος, ον,** 1° déplacé; éloigné. || 2° étranger. || 3° étrange.

ἕκτος, η, ον, sixième.

ἐκτός, 1° *adv.*, DEHORS. || 2° *prép. gén.*, hors de; excepté.

ἔκτοσε, *prép. gén.*, hors de (*avec mouvement*).

ἔκτοσθε(ν), 1° *adv.*, du dehors; dehors. || 2° *prép. gén.*, hors de.

ἐκ-τραχηλίζω (*f.* σω), 1° rompre le cou. || 2° ruiner.

ἐκ-τρέπω (*f.* ψω), détourner. — *Moy. pass.*, se détourner.

ἐκ-τρέφω (*f.* θρέψω), *et moy.*, nourrir; élever.

ἐκ-τρίβω (*f.* ψω), 1° frotter; user. || 2° détruire.

ἐκ-τροπή, ῆς (ἡ), 1° détournement; détour. || 2° digression. || 3° auberge.

ἐκ-τρυχόω-ῶ (*f.* ώσω), user; épuiser.

ἔκτυπον, *aor.* 2 *de* κτυπέω.

ἐκτυπόω-ῶ (*f.* ώσω), modeler.

ἐκτύπωμα, ατος (τό), image en relief.

ἐκ-τυφλόω-ῶ (*f.* ώσω), aveugler.

ἐκ-τύφλωσις, εως (ἡ), action d'aveugler.

ἑκυρά, ᾶς (ἡ), belle-mère.

ἑκυρός, οῦ (ὁ), beau-père.

ἔκυ(σ)σε, *aor.* 1 *de* κυνέω.

ἐκ-φαίνω (*f.* φανῶ, *etc.*), METTRE AU JOUR ; déclarer. — *Moy. pass.*, se montrer.

ἐκ-φανής, ής, ές, visible ; éclatant ; illustre.

ἐκ-φάσθαι, *inf. pr. moy.* de ἔκφημι.

ἔκ-φασις, εως (ἡ), déclaration.

ἐκ-φαυλίζω (*f.* ίσω *att* ιῶ), avilir.

ἐκ-φέρω (*f.* ἐξοίσω, *etc.*), 1° EMPORTER ; entraîner. ‖ 2° produire ; reproduire ; proposer ; exposer. ‖ 3° payer. ‖ 4° enterrer. ‖ 5° *intr.*, s'élancer ; aboutir. — *Moy.* transporter ; remporter ; exposer.

ἐκ-φεύγω (*f.* φεύξομαι), 1° *intr.*, s'enfuir ; s'échapper (de, *gén.*). ‖ 2° *tr.*, éviter ; échapper à ; μικρὸν ἐξέφυγε τὸ μὴ πλήττεσθαι, peu s'en fallut qu'il ne fût frappé.

ἔκ-φημι, dire ; ἔκφατο, il disait.

ἐκ-φθίνω (*f.* φθίσω), épuiser ; ruiner.

ἐκ-φοβέω-ῶ (*f.* ήσω), effrayer.

ἔκ-φοβος, ος, ον, effrayé.

ἐκ-φοιτάω-ῶ (*f.* ήσω), 1° sortir (de, *gén.*). ‖ 2° se répandre.

ἐκ-φορά, ᾶς (ἡ), 1° action de transporter ; de divulguer. ‖ 2° convoi funèbre.

ἐκ-φορέω-ῶ (*f.* ήσω), emporter.

ἐκ-φόριον, ου (τό), 1° fruits du sol ‖ 2° revenus.

ἔκ-φορος, ος, ον, emporté ; divulgué.

ἐκ-φορτίζομαι (*f.* σθήσομαι), être rejeté.

ἐκ-φράζω (*f.* σω), expliquer.

ἐκ-φροντίζω (*f.* ίσω *att.* ιῶ), méditer.

ἔκ-φρων, ων, ον, hors de sens ; égaré.

ἐκ-φυλάσσω, *att.* ττω (*f.* ξω), garder soigneusement.

ἐκ-φύω (*f.* σω), engendrer, produire. — *Moy.* (et ἐξέφυν, ἐκπέφυκα), naître de, *gén.*

ἐκ-χέω (*f.* χέω, *etc.*), VERSER ; répandre. — *Passif*, 1° être répandu ;

être dissipé. || 2° s'abandonner à.

ἐκ-χράω-ῶ (*f.* χρήσω), rendre un oracle.

ἔκ-χρη (*f.* ἐκχρήσει), il suffit.

ἐκ-χρηματίζομαι (*f.* σομαι), rançonner.

ἐκ-χώννυμι (*f.* χώσω), exhausser (*en versant de la terre*).

ἐκ-χωρέω-ῶ (*f.* ήσω), se retirer (de *gén.*); céder (à, *dat.*).

ἐκ-ψύχω (*f.* ξω), expirer.

ἑκών, οῦσα, όν, qui consent; de son plein gré; ἑκὼν εἶναι, spontanément.

ἐλάα *et* **ἐλαία, ας** (ἡ), olivier; olive.

ἐλαΐνεος *et* **ἐλάϊνος, η, ον**, d'olivier.

ἔλαιον, ου (τό), huile.

ἔλασις, εως (ἡ), action de pousser en avant; marche; course. || 2° expédition.

ἔλασσον, *att.* **ττον**, *adv.*, moins.

ἐλασσόω-ῶ, *att.* **ττόω-ῶ** (*f.* ώσω), amoindrir.

ἐλάσσωμα, *att.* **-τωμα, ατος** (τό), infériorité.

ἐλάσσων, *att.* **ἐλάττων, ων, ον**, *gén.* **ονος**, (*comp. d'*ἐλαχύς), MOINDRE; inférieur; moins nombreux.

ἐλαστρέω-ῶ (*f.* ήσω), pousser en avant

Ἐλάτεια, ας (ἡ), Elatée.

ἐλάτη, ης (ἡ), 1° sapin. || 2° navire.

ἐλατήρ, ῆρος (ὁ), celui qui fait marcher.

ἐλάτινος, η, ον, de sapin.

ἐλαύνω (*f.* ἐλάσω *att.* ἐλῶ, *aor.* ἤλασα, *pf.* ἐλήλακα; *pass. aor.*, ἠλάθην, *pf.* ἐλήλαμαι), 1° POUSSER EN AVANT; faire marcher; conduire (un char...). 2° chasser; détourner; exiler. || 3° tourmenter; blesser; piller || 4° laminer : ἀσπίδα ἐλαύνειν, battre le métal d'un bouclier. — 5° *intr.*, s'avancer; marcher contre; en venir à : εἰς τοσοῦτον ἀνοίας ἤλασαν, ils en vinrent à ce point de folie.

ἐλάφειος, ος, ον, de cerf; de biche.

ἐλαφη-βολία, ας (ἡ), chasse au cerf.

ἐλαφη-βολιών, ῶνος (ὁ), élaphébolion, *mois* (*mars-avril*).

ἔλαφος, ου (ὁ, ἡ), cerf; biche.

ἐλαφρία, ας (ἡ), légèreté.

ἐλαφρός, ά, όν, léger (*en tous sens*).

ἐλαφρότης, ητος (ἡ), légèreté.

ἐλαφρῶς, *adv.*, légèrement; aisément.

ἐλάχιστος, η, ον, (*sup.*, *d'*ἐλαχύς), le plus petit; le moins nombreux; — **ἐλάχιστον, ἐλάχιστα,** *adv.*, le moins; τοὐλάχιστον, pour le moins.

ἐλαχύς, ἐλάχεια, ἐλαχύ, petit; peu nombreux.

ἐλάω-ῶ, *comme* ἐλαύνω.

ἔλδομαι, désirer.

ἕλε, *pour* εἷλε, 3ᵉ *pers. sg. aor.* 2 *de* αἱρέω.

ἐλεαίρω *et* **ἐλεάω-ῶ,** *comme* ἐλεέω.

ἐλεγεῖον, ου (τό), distique.

ἐλεγκτικός, ή, όν, qui sert à convaincre.

ἔλεγος, ου (ὁ), chant élégiaque.

ἐλεγχείη, ης (ἡ), *comme* ἔλεγχος (τό).

ἐλεγχής, ής, ές, blâmable.

1. **ἔλεγχος, εος-ους** (τό), reproche; opprobre.

2. **ἔλεγχος, ου** (ὁ), PREUVE : argument; réfutation.

ἐλέγχω (*f.* ἐλέγξω), 1° CONVAINCRE (de faute) 2 *acc.* ‖ 2° reprocher. ‖ 3° démontrer; réfuter. ‖ 4° rechercher; faire une enquête. ‖ 5° déshonorer.

ἐλέειν *pour* ἑλεῖν, *inf. aor.* 2 *de* αἱρέω.

ἐλεεινός, ή, όν, 1° digne de pitié. ‖ 2° qui a pitié.

ἐλεέω-ῶ (*f.* ήσω), prendre en pitié.

ἐλεημοσύνη, ης (ἡ), pitié.

ἐλεήμων, ων, ον, compatissant.

ἐλεητύς, ύος (ὁ), *comme* ἔλεος.

ἐλεινός, ή, όν, *comme* ἐλεεινός.

ἕλειος, ος *ou* **α, ον,** de marais.

ἔλεκτο, 3ᵉ *pers. sg. aor.* 2 *moy.*, *de* λέγω, se coucher.

ἐλελεῦ, *interj.* oh! oh! hurrah! (*cri de guerre*).

1. **ἐλελίζω** (*f.* ίξω), 1° faire tournoyer; brandir. ‖ 2° faire retourner. — *Moy.*, se rouler sur soi-même.

2. **ἐλελίζω** (*f.* ξω), jeter le cri de guerre. ‖ 2° se lamenter.

ἐλελί-χθων, ων, ον, *gén.* **ονος,** qui ébranle la terre.

Ἑλένη, ης (ἡ), Hélène.

ἑλεό-θρεπτος, ος, ον, nourri dans les marais.

1. **ἐλεός** (ὁ), *et* **ἐλεόν, οῦ** (τό), dressoir.

2. **ἔλεος, ου** (ὁ), PITIÉ; objet de pitié.

ἑλέ-πολις, εως (ἡ), qui prend les villes.

ἕλεσκον, *aor.* 2 *de* αἱρέω.

ἑλετός, ή, όν, qui peut être pris.

ἑλεῦ, *pour* ἑλοῦ, *imp. aor.* 2 *moy. de* αἱρέω.

ἐλευθερία, ας (ἡ), liberté.

ἐλευθέριος, ος *ou* **α, ον,** 1° qui se conduit en homme libre; libéral. || 2° libérateur.

ἐλευθεριότης, ητος (ἡ). état d'homme libre; générosité.

ἐλευθερίως, *adv.*, libéralement.

ἐλεύθερος, α, ον, 1° LIBRE; τὸ ἐλεύθερον, la liberté. || 2° généreux. || 3° exempt de, *gén.*

ἐλευθερόω-ῶ (*f.* ώσω), délivrer (de, *gén.*).

ἐλευθέρως, *adv.*, 1° librement. || 2° libéralement.

ἐλευθέρωσις, εως (ἡ). affranchissement.

Ἐλευσίς, ῖνος (ἡ), Eleusis.

ἔλευσις, εως (ἡ), venue.

ἐλεφαίρομαι (*aor.* ἐλεφηράμην), décevoir.

ἐλεφάντινος, η, ον, d'ivoire.

ἐλέφας, αντος (ὁ), 1° éléphant || 2° ivoire.

ἐληλέδατο, *pour* ἐλήλαντο, 3° *pers. pl. p.-q.-pf. de* ἐλαύνω.

ἐλήλουθα *pour* ἐλήλυθα, *pf. d'*ἔρχομαι.

ἕλιγμα, ατος (τό), boucle; spirale.

ἑλιγμός, οῦ (ὁ), rotation; tour.

ἑλικτήρ, ῆρος (ὁ), boucle; pendant d'oreilles.

ἑλικτός, ή, όν, enroulé; sinueux.

Ἑλικών, ῶνος (ὁ), Hélicon (*montagne*).

ἑλίκωψ, ωπος (ὁ, ἡ); *fém.* **ἑλικ-ῶπις, ιδος,** au regard mobile, aux yeux vifs.

ἐλινύω (*f.* σω), rester au repos.

1. **ἕλιξ, ικος** (ὁ, ἡ), formant spirale.

2. **ἕλιξ, ικος** (ἡ), 1° SPIRALE. || 2° boucle. || 3° bracelet.

ἑλίσσω, *att.* **ττω** (*f.* ξω, *aor.* εἵλιξα), 1° ROULER; faire tourner. || 2° méditer. || 3° *intr.*, tournoyer.

— *Moy.*, 1° tourner. || 2° tournoyer.

ἑλκεσί-πεπλος, ος, ον,

qui traîne un long voile.

ἑλκε-χίτων, ωνος (ὁ, ἡ), à la tunique traînante.

ἑλκέω-ῶ (*f.* ήσω), *comme* ἕλκω.

ἑλκηθμός, οῦ (ὁ), violence pour entraîner.

ἕλκος, εος-ους (τό), blessure.

ἑλκόω-ῶ (*f.* ώσω), blesser.

ἑλκυστάζω, tirailler.

ἑλκύω (*f.* σω), *comme* ἕλκω.

ἕλκω (*f.* ξω, *aor.* εἷλξα), 1° TIRER ; tirailler. ‖ 2° attirer ; entraîner. ‖ 3° tirer en longueur. — *Moy.*, tirer (à soi *ou* pour soi).

ἕλκωσις, εως (ἡ), ulcération.

ἔλλαβον *pour* ἔλαβον. *aor.* 2 *de* λαμβάνω.

ἐλ-λάμπομαι (*f.* ψομαι), s'illustrer.

Ἑλλανο-δίκαι, ῶν (οἱ), *Hellanodices* (*juges des jeux Olympiques*).

Ἑλλάς, άδος (ἡ), Grèce.

ἐλλεβορίζω (*f.* ίσω), soigner par l'ellébore.

ἐλλέβορος, ου (*ou* ἐλ.. ὁ), ellébore.

ἐλλεδανός, οῦ, lien.

ἔλ-λειμμα, ατος (τό), manque ; défaut.

ἐλ-λείπω (*f.* ψω, *aor.* 2 ἐνέλιπον, *etc.*), 1° *tr.*, laisser ; négliger. ‖ 2° *intr. et moy.-pass.*, rester en arrière ; être inférieur ; manquer.

ἔλ-λειψις, εως (ἡ), omission.

ἔλ-λεσχος, ος, ον, dont il est beaucoup parlé.

Ἕλλη, ης (ἡ), Hellé.

Ἕλλην, ηνος (ὁ), Grec.

ἑλληνίζω (*f.* σω, *att.* ιῶ), 1° *intr.*, être Grec ; parler *ou* agir en Grec. ‖ 2° *tr.*, rendre Grec.

ἑλληνικός, ή, όν, grec, hellénique.

ἑλληνικῶς *et* **ἑλληνιστί**, *adv.*, à la manière grecque ; en grec.

Ἑλληνίς, ίδος (ἡ), Grecque.

ἑλληνό-ταμίας, ου (ὁ), percepteur d'impôts payés par les Grecs.

Ἑλλήσ-ποντος, ου (ὁ), Hellespont.

ἐλ-λιπής, ής, ές, 1° défectueux. ‖ 2° manquant de, *gén.*

ἐλλισσάμην *pour* **ἐλισσάμην**, *aor.* 1 *de* λίσσομαι.

ἐλλιτάνευε *pour* **ἐλιτάνευε**, *impf.* de λιτανεύω.

ἐλ-λόγιμος, ος, ον, réputé.

1. **ἐλλός** *ou* **ἐλλός, οῦ** (ὁ), faon.

2. **ἐλλός, ή, όν**, muet (*d'un poisson*).

ἐλ-λοχάω-ῶ (*f.* ήσω), être en embuscade.

ἐλ-λύχνιον, ου (τό), mèche.

ἔλος, εος-ους (τό), marais.

ἐλόωσι *pour* **ἐλάσουσι**, 3e *pers. pl. f. de* ἐλαύνω.

ἐλπίζω (*f.* ίσω, *att.* ιῶ), 1° S'ATTENDRE A; espérer; redouter. ‖ 2° penser.

ἐλπίς, ίδος (ἡ), ATTENTE; espérance.

ἔλπω *et moy.* (*pf.* ἔολπα), espérer; attendre.

ἐλπωρή, ῆς (ἡ), espérance.

ἔλσαι, *inf. aor. de* εἴλω.

ἔλυτρον, ου (τό), enveloppe.

ἐλύω, *att.* **ἐλύω** (*aor. pass.*, ἐλύσθην), *comme* εἰλύω.

ἔλχ' *pour* **ἔλκε**, *imp. pr. de* ἕλκω.

ἔλωρ, ορος *et* **ἐλώριον, ου** (τό), proie, butin.

ἐμαυτοῦ, ῆς, *pron. réfl.*, de moi-même.

ἐμβαδόν, *adv.*, en marchant.

ἐμ-βαίνω (*f.* βήσομαι, *etc.*), 1° *intr.*, MARCHER DANS; monter dans; s'avancer, 2° *tr.* (*formes actives*), faire avancer dans.

ἐμ-βάλλω (*f.* βαλῶ, *etc.*), 1° JETER DANS; insérer; mettre. ‖ 2° inspirer. ‖ 3° *intr.*, se jeter dans *ou* sur.

— *Moy.*, 1° mettre en avant; se mettre (*dans l'esprit*). ‖ 2° faire une invasion.

ἔμ-βαμμα, ατος (τό), sauce.

ἐμ-βάπτω (*f.* ψω), *et moy.*, plonger dans.

ἐμ-βάς, άδος (ἡ), chaussure.

ἐμ-βασιλεύω (*f.* σω), régner sur, *dat.*

ἐμ-βατεύω (*f.* εύσω), 1° entrer dans (*gén. dat.*). ‖ 2° fréquenter. ‖ 3° prendre possession de (*acc.*).

ἐμ-βάφιον, ου (τό), vase profond.

ἐμ-βέβαα (*pf.* de ἐμβαίνω).

ἐμ-βιβάζω (*f.* βιβάσω, *att.* βιβῶ), 1° faire entrer dans. ‖ 2° engager à.

ἐμ-βλέπω (*f.* ψω), regarder.

ἐμ-βοάω-ῶ (*f.* ήσομαι), exciter par des cris, *dat.*

ἐμ-βολή, ῆς (ἡ), 1° JET; choc; invasion. ‖ 2° entrée; embouchure. ‖ 3° éperon; rostres.

ἐμ-βόλιμος, ος, ον, intercalé.

ἔμ-βολον, ου (τό), *et* **ἔμβολος, ου** (ὁ), 1° POINTE; coin. ‖ 2° verrou. ‖ 3° éperon (*de navire*).

ἔμ-βραχυ, *adv.*, brièvement.

ἐμ-βρέμομαι, frémir dans.

ἐμι-βριθής, ής, ές, 1° LOURD. ‖ 2° grave; fier. ‖ 3° morose; pénible.

ἐμ-βριθῶς. ‖ 1° lourdement. ‖ 2° gravement. ‖ 3° avec morosité.

ἐμ-βριμάομαι-ῶμαι (*f.* ήσομαι), gronder.

ἐμ-βροντάω-ῶ (*f.* ήσω), foudroyer.

ἐμ-βρόντητος, ος, ον, foudroyé; égaré.

ἔμ-βρυον, οῦ (τό), nouveau-né.

ἐμέμηκον, *aor.* 2 *de* μηκάομαι.

ἔμεν(αι), *pour* εἶναι, être.

ἔμεν(αι), *pour* εἶναι, *aor.* 2 *de* ἵημι.

ἔμετος, ου (ὁ), vomissement.

ἐμέω-ῶ (*f.* ἐμέσω *att.* ἐμῶ, *aor.* ἤμεσα, *pf.* ἐμήμεκα), vomir.

ἐμήσατο, *aor.* de μήδομαι.

ἔμικτο, 3ᵉ *pers. aor.* 2 *moy. de* μίγνυμι.

ἔμμαθε, *aor.* 2 *de* μανθάνω.

ἐμ-μανής, ής, ές, furieux.

ἐμ-μαπέως, *adv.*, vite.

ἐμ-μάχομαι (*f.* έσομαι), combattre dans.

ἐμ-μέλεια, ας (ἡ), harmonie.

ἐμ-μελής, ής, ές, harmonieux; mesuré; élégant.

ἐμ-μελῶς, *adv.*, avec harmonie, mesure, élégance.

ἐμ-μεμαώς, υῖα, ός, furieux.

ἐμ-μέμονα, être transporté de fureur.

ἔμμεν(αι), *pour* εἶναι, être.

ἐμ-μενής, ής, ές, stable; constant.

ἐμ-μένω (*f.* μενῶ, *etc.*), demeurer (dans, *dat.*); persévérer.

ἔμ-μεστος, ος, ον, *gén.*, plein de.

ἐμ-μεστόω-ῶ (*f.* ώσω), remplir.

ἐμ-μετρία, ας (ἡ), juste proportion.

ἔμ-μετρος, ος, ον, proportionné; mesuré.

ἐμ-μέτρως, *adv.*, avec mesure; avec proportion.

ἔμ-μηνος, ος, ον, d'un mois.

ἐμ-μίγνυμι (*f.* μίξω), 1° *tr.*, mélanger. ‖ 2° *intr.*, venir aux mains.

ἔμ-μισθος, ος, ον, mercenaire; loué (*à loyer*).

ἐμ-μονή, ῆς (ἡ), persistance.

ἔμ-μονος, ος, ον, constant.

ἔμ-μορα, *pf.* 2 *de* μείρομαι.

ἔμ-μορος, qui obtient sa part de.

ἐμός, ή, όν, *adj. poss.*, mon, mien.

ἔμπα, *adv. comme* ἔμπας.

ἐμ-πάζομαι, prendre soin de, *gén.-acc.*

ἐμ-παίζω (*f.* παίξομαι), jouer; se jouer de, *dat.*

1. **ἔμ-παιος, ος, ον**, expérimenté dans, *gén.*

2. **ἔμ-παιος, ος, ον**, qui frappe.

ἐμ-παίω, frapper dans, *dat.*

ἐμ-πακτόω-ῶ (*f.* ώσω), sceller.

ἐμ-παλάσσω (*f.* ξω), embarrasser.

ἔμ-παλιν, *adv.*, au rebours; τὸ ἔμπαλιν, τοὔμπαλιν, le contraire, en sens contraire; ἐκ τοὔμπαλιν, du sens opposé.

ἐμ-παρ-έχω (*f.* ἕξω, *etc.*), offrir; fournir.

ἔμπας, *adv.*, 1° de toute façon. ‖ 2° toutefois (*avec ou sans* περ).

ἐμ-πάσσω, *att.* **ττω** (*f.* πάσω), saupoudrer.

ἐμ-πεδάω-ῶ (*f.* ήσω), entraver.

ἐμπεδ-ορκέω-ῶ (*f.* ήσω), tenir fidèlement son serment.

ἔμ-πεδος, ος, ον, solide; ἔμπεδον, ἔμπεδα, ἐμπέδως, *adv.*, solidement.

ἐμ-πεδόω-ῶ (*f.* ώσω), fixer solidement; tenir fermement.

ἐμ-πειρία, ας (ἡ), expérience.

ἔμ-πειρος, ος, ον, expérimenté (*gén.*, dans); éprouvé.

ἐμ-πείρως, *adv.* avec expérience.

ἐμ-πελάζω (*f.* άσω), 1° *tr.*, approcher. ‖ 2° *intr.*, *et pass.* s'approcher (de, *gén.*).

ἐμ-περι-πατέω-ῶ (*f.* ήσω), circuler dans, *dat.*

ἐμ-πήγνυμι (*f.* πήξω, *etc.*), ficher dans. — *Pass. et pf.* 2. ἐμπέπηγα, être fiché dans, *dat.*

ἐμ-πηδάω-ῶ (*f.* ήσω), sauter sur.

ἔμ-πηρος, ος, ον, estropié.

ἔμπης, *comme* ἔμπας.

ἐμ-πικραίνομαι (*f.* ανθήσομαι), être aigri.

ἐμ-πί(μ)πλημι (*f.* πλήσω, *etc.*), 1° remplir; rassasier (*de gén.*). — *Moy.-pass.*, se rassasier (de, *gén. dat.*).

ἐμ-πί(μ)πρημι (*f.* πρήσω, *etc.*), brûler.

ἐμ-πίνω (*f.* πίομαι, *etc.*), boire abondamment.

ἐμ-πιπλάω-ῶ, *comme* ἐμπί(μ)πλημι.

ἐμ-πιπράω, *comme* ἐμπί(μ)πρημι.

ἐμ-πίπτω (*f.* πεσοῦμαι, *etc.*), 1° TOMBER dans *ou* sur; attaquer; rencontrer (*dat.*). ‖ 2° arriver (*un événement*); échoir.

ἐμ-πίς, ίδος (ἡ), cousin (*insecte*).

ἐμ-πιστεύω (*f.* εύσω), 1° *tr.*, confier ‖ 2° *intr.*, se confier.

ἐμ-πίτνω, *comme* ἐμπίπτω.

ἐμ-πλάσσω, *att.* **ττω** (*f.* σω), appliquer sur; enduire.

ἔμ-πλειος, ος, ον, *comme* ἔμπλεος.

ἐμ-πλέκω (*f.* ξω), enlacer; entrelacer.

ἔμ-πλεος, α, ον *et* **ἔμπλεως, ως, ων**, rempli (de, *gén.*).

ἐμ-πλέω (*f.* πλεύσομαι, *etc.*), naviguer sur.

ἔμ-πληκτος, ος, ον, stupide; inconstant.

ἐμ-πλήκτως, *adv.*, aveuglément.

ἔμ-πλην, 1° *adv.*, près. ‖ 2° *prép.*, près de, *gén.*

ἐμ-πλήσσω, *att.* **ττω**, 1° frapper, *acc.* ‖ 2° se jeter sur, *dat.*

ἔμ-πλητο *pour* ἐνέπλητο, *aor.* 2 *moy. de* ἐμπίμπλημι.

ἐμ-πλοκή, ῆς (ἡ), entrelacement; mêlée.

ἐμ-πνείω, *comme* ἐμπνέω.

ἐμ-πνέω (*f.* πνεύσομαι, *etc.*), 1° *intr.*, souffler dans; respirer ‖ 2° *tr.*, gonfler de souffle; inspirer.

ἔμ-πνοος-ους, οος-ους, οον-ουν, qui respire.

ἐμ-ποδίζω (*f.* ίσω, *att.*

ιῶ), embarrasser; empêcher (μή, de).

ἐμ-πόδιος, ος, ον, qui fait obstacle.

ἐμ-πόδισμα, ατος (τό), obstacle.

ἐμ-ποδών, *adv.*, (*prop*[t] dans les pieds), 1° en obstacle; ἐμποδὼν εἶναί τινι, faire obstacle à qq'un. || 2° à portée de.

ἐμ-ποιέω-ῶ (*f.* ήσω), 1° FAIRE DANS; mettre dans. || 2° faire naître; suggérer à l'esprit.

ἐμ-πολάω-ῶ (*f.* ήσω), TRAFIQUER; acheter *ou* vendre; gagner.

ἐμ-πολέμιος, ος, ον, relatif à *ou* bon pour la guerre.

ἐμ-πολή, ῆς (ἡ), trafic; marchandise; gain.

ἐμ-πόλημα, ατος (τό), marchandise.

ἐμ-πολητός, ή, όν, vendu.

ἔμ-πολις, εως (ὁ, ἡ), celui (celle) qui habite la cité.

ἐμ-πολιτεύω (*f.* σω), être citoyen d'une ville. — *Pass.*, être admis dans la cité.

ἐμ-πορεύομαι (*f.* εύσομαι), 1° MARCHER. || 2° aller faire du commerce. || 3° π... τι, faire commerce de qq. chose.

ἐμ-πορία, ας, (ἡ), commerce; marchandise.

ἐμ-πορικός, ή, όν, commercial.

ἐμ-πόριον, ου (τό), marché (*lieu commercial*).

ἔμ-πορος, ου (ὁ), 1° voyageur. || 2° marchand.

ἐμ-πορπάω-ῶ (*f.* ήσω), agrafer.

ἐμ-πρέπω, se distinguer (*dat.*, parmi).

ἐμ-πρήθω, *comme* ἐμπίμπρημι.

ἔμ-πρησις, εως (ἡ), incendie.

ἔμ-προσθε(ν), 1° *adv.*, devant; auparavant. || 2° *prép. gén.*, en avant de; avant.

ἐμ-πρόσθιος, ος, ον, de devant; antérieur.

ἐμ-πτύω (*f.* ύσω), cracher sur.

ἔμ-πυος, ος, ον, purulent.

ἐμ-πυρι-βήτης, ου (ὁ), qui va au feu.

ἔμ-πυρος, ος, ον, mis au feu; brûlé; brûlant; τὰ ἔμπυρα, victimes.

ἐμ-φαγεῖν (*inf. aor.* 2 *de* ἐνεσθίω *inus.*), manger.

ἐμ-φαίνω (*f.* φανῶ, *etc.*),

faire voir. — *Pass.*, apparaître.

ἐμ-φανής, ής, ές, 1° VISIBLE; évident. || 2° public; ἐκ τοῦ ἐμφανοῦς, publiquement.

ἐμ-φανίζω, *comme* ἐμφαίνω.

ἐμ-φερής, ής, ές, ressemblant.

ἐμ-φέρω (*f.* ἐνοίσω, *etc.*), 1° porter dans *ou* contre || 2° reprocher.

ἔμ-φοβος, ος, ον, épouvantable.

ἐμ-φορέω-ῶ (*f.* ήσω), porter dans *ou* contre. — *Moy.*, se gorger de, *gén.*

ἔμ-φραγμα, ατος (τό), barrière.

ἐμ-φράσσω, *att.* **ττω** (*f.* ξω), *et moy.*, boucher; obstruer.

ἐμ-φρουρέω-ῶ (*f.* ήσω), monter la garde; garder.

ἔμ-φρουρος, ος, ον, qui est de garde; en garnison.

ἔμ-φρων, ων, ον, *gén.* **ονος,** sensé; raisonnable.

ἐμ-φύλιος *et* **ἔμ-φυλος, ος, ον,** de la même race; de la même famille.

ἐμ-φυσάω-ῶ (*f.* ήσω), souffler dans; gonfler.

ἐμ-φυτεύω (*f.* εύσω), planter; implanter.

ἔμ-φυτος, ος, ον, planté dans; inné.

ἐμ-φύω (*f.* σω), 1° *tr.*, faire naître dans. || 2° *intr.*, *moy. et* ἐνέφυν, ἐμπέφυκα, naître dans; être naturel à; s'attacher à : ἐμφῦναι χειρί, s'attacher à la main.

ἔμ-ψυχος, ος, ον, animé; vivant.

ἐν, *adv.*, 1° dedans. || 2° ἐν δέ, et cependant; en même temps.

B. *prép. dat.*, DANS. || 1° à, sur, chez, dans la demeure de : ἐν Ἅδου (*sent.* δόμῳ), chez Hadès. || 2° parmi; entre : ἐν πᾶσι, entre tous; ἐν τοῖς, entre autres; ἐν τοῖς μάλιστα, parmi ceux qui sont cela le plus. || 3° devant : ἐν τοῖς πολίταις, devant les citoyens. || 4° au pouvoir de : τοῦτ' οὐκ ἐν ἐμοί ἐστιν, cela ne dépend pas de moi. || 4° avec, par, au moyen de : ἐν λόγοις πειθειν, persuader avec des paroles; ἐν ὅπλοις, avec des armes, en armes; ἐν βραχεῖ, en peu de mots. || 6° pendant : ἐν βραχεῖ, en peu de temps ; ἐν τῷ μεταξύ, dans l'intervalle ; ἐν ᾧ, pendant que.

Locutions : ἐν ὁμοίῳ, semblablement ; ἐν ἴσῳ, également ; οἱ ἐν τέλει, ceux qui sont en charge ; ἐν αἰτίᾳ εἶναι, être l'objet d'une accusation ; ἐν λόγῳ τινὰ τιθέναι, faire cas de qq'un.

ἐν-αγής, ής, ές, mau lit.

ἐν-αγίζω (*f.* σω), offrir un sacrifice (*funèbre*).

ἐν-αγκαλίζομαι (*f.* σομαι), embrasser.

ἐν-αγκυλάω-ῶ (*f.* ήσω), lancer à l'aide de la courroie.

ἔν-αγχος, *adv.*, tout à l'heure (*auparavant*).

ἐν-άγω (*f.* ἄξω. *etc.*), 1° conduire à. || 2° pousser ; entraîner à.

ἐν-αγωνίζομαι (*f.* ίσομαι), combattre dans.

ἐν-αγώνιος, ος, ον, relatif aux luttes *ou* concours.

ἐν-αίθριος ος, ον, qui est en plein air.

ἔν-αιμος, ος, ον, sanguin ; sanglant.

ἐναίρω (*aor.* 2 ἤναρον ; *aor. moy.*, ἠναράμην), tuer ; détruire.

ἐν-αίσι(μ)ος, ος, ον, 1° fatal. || 2° juste ; convenable.

ἐνάκις, *adv.*, neuf fois.

ἐνακόσιοι, αι, α, neuf cents.

ἐν-ακούω (*f.* ἀκούσομαι), *gén.*, écouter ; entendre ; obéir.

ἐν-αλείφω (*f.* ψω), enduire ; oindre.

ἐν-αλίγκιος, ος, ον, semblable.

ἐν-άλιος, ος *ou* α, ον, marin.

ἐν-αλλάξ, *adv.*, alternativement ; tour à tour.

ἐν-αλλάσσω, *att.* ττω (*f.* ξω), changer ; échanger. — *Moy.-pass.*, être en rapport de commerce (*dat.* avec).

ἐν-άλλομαι (*f.* αλοῦμαι, *etc.*), 1° sauter sur. || 2° insulter, *dat.*

ἐν-αμέλγω (*f.* ξω), traire dans.

ἐν-άμιλλος, ος, ον, rival ; égal à.

ἔν-αντα, 1° *adv.*, en face. || 2° *prép. gén.*, en face de.

ἐναντί-βιον, *adv.*, face à face.

ἐν-αντιόομαι-οῦμαι (*f.* ώσομαι), s'opposer à.

ἐναντίον *et* **ἐναντία,** 1° *adv.*, en face. ‖ 2° *prép. gén.*, en face de.

ἐν-αντίος, α, ον, 1° PLACÉ EN FACE ; ἐκ τοῦ ἐναντίου, de l'autre côté. ‖ 2° contraire ; adversaire : τὸ ἐναντίον, τοὐναντίον, le contraire ; οἱ ἐναντίοι, les ennemis. ‖ 3° τοὐναντίον, *adv.*, au contraire.

ἐναντιότης, ητος (ἡ), opposition.

ἐν-αντίωμα, ατος (τό), 1° opposition. ‖ 2° obstacle.

ἐν-αντίως, *adv.*, contrairement.

ἐν-αντίωσις, εως (ἡ), opposition.

ἔναξε, *aor.* 1 *de* νάσσω.

ἐν-απο-δείκνυμαι (*f.* δείξομαι), se faire remarquer.

ἐν-απο-θνήσκω (*f.* θανοῦμαι, *etc.*), mourir.

ἐν-απο-κλάω-ῶ (*f.* κλάσω), briser en dedans.

ἐν-απ-όλλυμι (*f.* ολέσω, *att.* ολῶ, *etc.*), faire périr. — *Moy.*, périr.

ἐν-απονίζομαι, se laver dans.

ἐν-απο-τίνω (*f.* τίσω), payer.

1. **ἐν-άπτω** (*f.* άψω), lier à. — *Moy.-pass.*, revêtir.

2. **ἐν-άπτω** (*f.* άψω), allumer.

ἔναρα, ων (τά), dépouilles.

ἐν-άργεια, ας (ἡ), clarté.

ἐν-αργής, ής, ές, visible; clair ; évident.

ἐν-αργῶς, *adv.*, visiblement.

ἐν-αρηρώς, υῖα, ός, attaché à.

ἐναρίζω (*f.* ξω), dépouiller; tuer.

ἐν-αριθμέω-ῶ (*f.* ήσω), compter.

ἐν-άριθμ(ι)ος, ος, ον, compté ; qui compte.

ἐν-αρμόζω, *att.* **ττω** (*f.* όσω), 1° ajuster. ‖ 2° convenir à.

ἐν-αρμόνιος, ος, ον, harmonieux.

ἐν-άρχομαι (*f.* ξομαι), commencer, *gén.*

ἐναταῖος, α, ον, qui se fait le neuvième jour.

ἔνατος, η, ον, neuvième.

ἐν-αυλίζομαι (*f.* σομαι), passer la nuit.

1. **ἔν-αυλος, ου** (ὁ), ravin; torrent.

2. **ἔν-αυλος, ος, ον,** resté présent aux oreilles.

3. **ἔν-αυλος, ος, ον,** qui est dans l'habitation.

ἐν-αύω (*f.* σω), allumer.

ἐν-αφ-ίημι (*f.* αφήσω, *etc.*), jeter dans; introduire.

ἐν-δάκνω(*f.*δήξομαι,*etc.*), mordre.

ἐν-δατέομαι-οῦμαι (*f.* δάσομαι), 1° distribuer. || 2° mettre en pièces.

ἐν-δεής, ής, ές, 1° MANQUANT de, *gén.* || 2° incomplet; inférieur.

ἔν-δεια, ας (ἡ), manque; défaut.

ἔν-δειγμα, ατος (τό), preuve.

ἐν-δείκνυμι (*f.* δείξω, *etc.*), *et moy.*, 1° montrer; démontrer. || 2° *Moy.*, se vanter.

ἔν-δειξις,εως(ἡ), preuve; démonstration; dénonciation.

ἕν-δεκα (οἱ, αἱ, τά) (*indécl.*), onze.

ἑνδεκά-πηχυς, υς, υ, *gén.* εος, de onze coudées.

ἑνδεκαταῖος, α, ον, qui se passe le onzième jour.

ἑνδέκατος, η, ον, onzième.

ἐν-δέκομαι, *comme* ἐνδέχομαι.

ἐν-δελεχής, ής, ές, continu.

ἐν-δελεχῶς, *adv.*, continuellement.

ἐν-δέμω (*f.* δεμῶ), bâtir (dans, *dat*).

ἐν - δεξιόομαι - οῦμαι, prendre du côté droit.

ἐν-δέξιος, α, ον, 1° qui est à droite; *adv.* ἐνδέξια, à droite. || 2° favorable; de bon augure.

ἐν-δέχομαι (*f.* δέξομαι), 1° se charger de; accepter; admettre. || 2° *impers.* ἐνδέχεται, il est possible; ἐκ τῶν ἐνδεχομένων,dans la mesure du possible.

ἐν-δεχομένως,*adv.*,dans la mesure du possible.

1. **ἐν-δέω-ῶ** (*f.* δήσω), lier. — *Moy.*, s'attacher.

2. **ἐν-δέω** (*f.* δεήσω), 1° MANQUER. || 2° avoir besoin de, *gén.* || 3° ἐνδεῖ, *impers.*, il est besoin de, *gén.*: πολλῶν ἐνδεῖ αὐτῷ, il manque de beaucoup de choses. — *Moy.* (*aor.* ἐνεδεήθην), manquer de, *gén.*

ἐν-δεῶς, *adv.*, insuffisamment; moins.

ἔν-δηλος, ος, ον, manifeste.

ἐν-δήλως, *adv.*, manifestement.

ἐν-δημέω-ῶ (*f.* ήσω), séjourner.

ἔν-δημος, ος, ον, 1° indigène; fixé dans un pays || 2° national.

ἐν-δι-αιτάομαι-ῶμαι (*f.* ήσομαι), vivre dans.

ἐν-δια-τάσσω, *att.* **ττω** (*f.* ξω), ranger.

ἐν-δια-τρίβω (*f.* ψω), 1° *acc.*, employer. || 2° passer le temps; s'appliquer à, *dat.*

ἐν-δίδωμι (*f.* δώσω, *etc.*), 1° *tr.*: 1° LIVRER; donner; permettre. || 2° montrer; faire voir. || 3° donner le ton. || 4° laisser aller.

— 2° *Intr.*: 1° fléchir; céder. || 2° s'abandonner à, *dat.* || 3° couler.

ἐν-δίημι, poursuivre.

ἔν-δικος, ος, ον, juste; légal; légitime.

ἐν-δίκως, *adv.*, justement.

ἔνδινα, ων (τά), intestins.

ἔν-διος, qui a lieu à midi.

ἐν-δίφριος, ος, ον, voisin de table.

ἔνδοθεν, *adv.*, de *ou* à l'intérieur.

ἔνδοθι, 1° *adv.*, au dedans. || 2° *prép. gén.*, au-dedans de.

ἐν-δοιάζω (*f.* άσω), douter. — *Pass.*, être mis en doute.

ἐν-δοιαστός, ή, όν, douteux.

ἐνδό-μυχος, ος, ον, caché à l'intérieur.

ἔνδον, 1° *adv.*, à l'intérieur. || 2° *prép. gén.*, au-dedans de.

ἔν-δοξος, ος, ον, renommé; illustre.

ἐν-δουπέω-ῶ, retentir.

ἐν-δυκέως, *adv.*, soigneusement.

ἔν-δυμα, ατος (τό), vêtement.

Ἐνδυμίων, ωνος (ὁ), Endymion.

ἐν-δυναστεύω (*f.* εύσω), dominer; être puissant sur, *dat.*

ἐν-δυνέω *et* **ἐν-δύνω**, *comme* ἐνδύομαι (voir ἐνδύω).

ἔν-δυσις, εως (ἡ), entrée dans.

ἐν-δυτήρ, ῆρος (ὁ), qui revêt.

ἐν-δυτός, ός, όν, revêtu.

ἐν-δύω (*f.* σω), 1° *tr.* revêtir. — 2° *intr.* (*aor.* 2 ἐνέδυν) *et moy.*, se revêtir (de, *acc.*); entrer dans.

ἐνεγκεῖν, *inf. aor.* 2 *de* φέρω.

ἐν-έδρα, ας, (ἡ), embuscade.

ἐν-εδρεύω (*f.* σω) *et moy.*, dresser une embuscade.

ἔν-εδρος, ος, ον, établi dans.

ἐν-έηκα, *aor.* 1 *de* ἐνίημι.

ἐνεῖκαι, *inf. aor.* 1 *de* φέρω.

ἔν-ειμι (*f.* ἔσομαι), être parmi. — *Impers.*, ἔνεστι *ou* ἔνι, il est possible ; ἐνόν, *acc. absolu*, alors qu'il est possible.

ἐν-είρω, insérer.

ἕνεκα *et* **ἕνεκεν,** *prép. gén.* (*placée après le complément*), A CAUSE DE ; pour.

ἐν-ελίσσω, *att.* **ττω** (*f.* ξω), envelopper dans.

ἐν-εμέω (*f.* έσω), vomir dans.

ἐνενήκοντα (οἱ, αἱ, τά), *indécl.*, quatre-vingt-dix.

ἐνενηκοστός, ή, όν, quatre-vingt-dixième.

ἐνένιπεν, 3ᵉ *pers. sing. aor.* 2 *de* ἐνίπτω.

ἐνένωτο, *pour* ἐνενόητο, 3ᵉ *pers. sg. pl.-q.-pf. pass.* de ἐννοέω.

ἐνεός, ά, όν, muet.

ἐν-έπω *et* **ἐν-νέπω** (*f.* ἐνίψω *et* ἐνισπήσω ; *aor.* 2 ἔνισπον), dire ; appeler.

ἐν-εργάζομαι (*f.* άσομαι) 1° *tr.*, faire naître ; faire devenir ; inspirer. ‖ 2° *intr.*, travailler dans, *dat.*, trafiquer.

ἐν-έργεια, ας (ἡ), action ; activité.

ἐν-εργέω-ῶ (*f.* ήσω), 1° *intr.*, agir. ‖ 2° *tr.*, opérer, faire.

ἐν-έργημα, ατος (τό), acte, effet.

ἐν-εργός, ός, όν *et* **ἐν-εργής, ής, ές,** actif, agissant ; efficace.

ἐν-εργῶς, *adv.*, activement.

ἐν-ερείδω (*f.* σω), *act. et moy.*, 1° *tr.*, appuyer. ‖ 2° *intr.*, s'appuyer sur.

ἔνερθε(ν), 1° *adv.*, d'en bas. ‖ 2° *prép. gén.*, au-dessous de.

ἔνεροι, ων (οἱ), les morts (*sous terre*).

ἔν-ερσις, εως (ἡ), action de nouer.

ἐν-έρτερος, α, ον, inférieur.

ἐνετή, ῆς (ἡ), agrafe.

Ἐνετοί, ῶν (οἱ), les Vénètes.

ἐνετός, ή, όν (*de* ἐνίημι), aposté.

ἐν-ευδαιμονέω-ῶ (*f.* ήσω), être heureux dans.

ἐν-ευδοκιμέω-ῶ (*f.* ήσω), avoir bonne réputation.

ἐν-εύδω (*f.* ήσω), dormir dans.

ἐν-εύναιον, ου (τό), couche.
ἐν-εχυράζω (*f.* άσω), prendre en gage.
ἐν-έχυρον, ου (τό), gage.
ἐν-έχω (*f.* ἕξω, *etc.*), 1° *tr.*, tenir; garder. ‖ 2° *intr.*, pénétrer dans; s'enfoncer. — *Pass.*, être attaché, soumis à.
ἐν-ζεύγνυμι (*f.* ζεύξω), attacher.
ἐν-ηείη, ης (ἡ), amabilité.
ἐν-ηής, ής, ές, aimable.
ἐν-ῆμαι, être assis.
ἐν-ήνοθα, *pf.* de ἐνέθω, *inus.*, jaillir.
ἐν-ήρατο, 3° *pers. sg. aor. moy.* de ἐναίρω.
ἔνθα, *adv.*, 1° LÀ; où; au point où. ‖ 2° alors; quand.
ἐνθάδε, *adv.*, 1° ici même. ‖ 2° en ce moment-ci.
ἐν-θακέω-ῶ (*f.* ήσω), s'asseoir sur.
ἐν-θάκησις, εως (ἡ), action de se poser.
ἔνθα-περ, *adv.*, là où.
ἐνθαῦτα *pour* ἐνταῦθα.
ἐν-θεάζω, *intr. et pass.*, être inspiré.
ἔνθεν, *adv.*, 1° DE LÀ; d'où ‖ : ἔνθεν καὶ ἔνθεν, d'ici de là. ‖ 2° à partir de cet instant.
ἐνθένδε, *adv.*, 1° D'ICI. ‖ 2° à partir de cet instant. ‖ 3° en conséquence.
ἔνθεν-περ, *adv.*, d'où.
ἔν-θεος, ος, ον, inspiré (des dieux).
ἐν-θερμαίνω (*f.* ανῶ), échauffer.
ἐνθεῦτεν, *comme* ἐντεῦθεν.
ἔν-θηρος, ος, ον, sauvage; plein d'animaux sauvages.
ἐν-θνῄσκω (*f.* θανοῦμαι, *etc.*), mourir (dans).
ἐνθουσιάζω (*f.* άσω), être inspiré, transporté.
ἐνθουσιασμός, οῦ (ὁ), inspiration; enthousiasme.
ἐνθουσιαστικός, ή, όν, inspiré.
ἐν-θρύπτον, ου (τό), gâteau.
ἐν-θρῴσκω (*f.* θοροῦμαι, *etc.*), sauter sur *ou* dans.
ἐν-θυμέομαι-οῦμαι (*f.* ήσομαι), se mettre dans l'esprit; réfléchir; concevoir.
ἐνθύμημα, ατος (τό), PENSÉE; réflexion; raisonnement.
ἐνθύμησις, εως (ἡ) *et* **ἐνθυμία, ας** (ἡ), *mêmes sens*.

ἐν-θύμιος, **ος**, **ον**, présent à la pensée ; préoccupant.
ἐν-θυμιστός, **ή**, **όν**, *mêmes sens*.
ἐν-θωρακίζω (*f.* ίσω), cuirasser.
ἔνι, *pour* ἔνεστι, *de* ἔνειμι.
ἐνί, *prép. pour* ἐν.
ἐνιαύσιος, **ος** *ou* **α**, **ον**, qui a *ou* qui dure un an ; annuel.
ἐνιαυτός, **οῦ** (ὁ), année.
ἐν-ιαύω (*f.* σω), se reposer dans.
ἐνιαχῇ *et* **ἐνιαχοῦ**, *adv.*, 1° quelque part. || 2° quelquefois.
ἐν-ιδρύω (*f.* σω) *et moy.*, établir.
ἐν-ίζω (*f.* ιζήσω), s'asseoir sur.
ἐν-ίημι (*f.* ήσω, *etc.*), 1° LANCER dans *ou* contre. || 2° introduire ; inspirer. || 3° *intr.*, se jeter ; s'abandonner.
ἐνι-κλάω (*f.* κλάσω), briser.
ἔνιοι, **αι**, **α**, quelques-uns.
ἐνί-οτε, *adv.*, quelquefois.
ἐνιπή, **ῆς** (ἡ), reproche.
ἐνι-πίμπλημι, *comme* ἐμπίμπλημι.
ἐνί-πλειος, **ος**, **ον**, *comme* ἔμπλεος.
ἐνι-πλήσσω, *comme* ἐμπλήσσω.
ἐν-ιππεύω (*f.* σω), chevaucher.
ἐνι-πρήθω, *comme* ἐμπίμπρημι.
ἐνίπτω (*f.* ψω), blâmer violemment.
ἐνι-σκίμπτω,(*f.* σκίμψω), appuyer sur ; lancer contre.
ἐνί-σπω, *comme* ἐνέπω.
ἐνίσσω, *comme* ἐνίπτω.
ἐν-ίστημι (*f.* στήσω, *etc.*) A. *acc.*, PLACER DANS ; arrêter sur ; — *moy.*, entreprendre. || B. ἔστην, ἕστηκα *et moy.*, 1° *dat.*, s'opposer à ; menacer. || 2° *intr.*, se tenir ; s'établir dans ; arriver, se trouver : τὰ ἐνεστηκότα, les circonstances actuelles ; τοῦ ἐνεστῶτος μηνός, le mois courant.
ἐν-ισχύω (*f.* σω), être fort.
ἐν-ίσχω, *comme* ἐνέχω.
ἐνι-χρίμπτω, *comme* ἐγχρίμπτω.
ἐννάετες, *comme* εἰνάετες.
ἐν-ναίω, habiter dans.
ἐννάκις, *comme* ἐνάκις.
ἔννατος, *comme* ἔνατος.
ἐν-ναυπηγέω-ῶ (*f.* ήσω), construire des vaisseaux dans.

ἐννέα, *indécl.*, neuf.

ἐννεά-βοιος, ος, ον, qui vaut neuf bœufs.

ἐννεα-καί-δεκα, *indécl.*, dix-neuf.

ἐννεά-κρουνος, ος, ον, qui a neuf sources.

ἐννεά-μηνος, ον, ον, de neuf mois.

ἐννεά-πηχυς, υς, υ, de neuf coudées.

ἐννεά-χιλοι, αι, α, neuf mille.

ἐν-νενώκασι, 3° *pers. pl. pf.* de ἐννοέω.

ἔννεον *pour* ἔνεον, *impf.* de νέω.

ἐννε-όργυιος, ος, ον, long de neuf brasses.

ἐν-νέπω, *comme* ἐνέπω.

ἐννεσίαι, ῶν (αἱ), conseils.

ἐν-νεύω (*f.* σω), faire signe.

ἐννέ-ωρος, ος, ον, de neuf ans.

ἐννήκοντα, *comme* ἐνενήκοντα.

ἐνν-ῆμαρ, *adv.*, durant neuf jours.

ἐν-νοέω-ῶ (*f.* νοήσω *etc.*), *et moy.* (*aor.* ενοήθην), 1° AVOIR DANS L'ESPRIT ; réfléchir ; concevoir ; imaginer. ‖ 2° comprendre. ‖ 3° signifier. ‖ 4° avec μή, craindre que.

ἔν-νοια, ας (ἡ), pensée.

ἔν-νομος, ος, ον, LÉGAL, légitime ; juste.

ἔν-νοος-ους, ' οος-ους, οον-ουν, intelligent ; sensé.

ἐννοσί-γαιος, ου ((ὁ), qui ébranle la terre.

ἕννυμι (*f.* ἕσω, *aor.* ἕσσα ; *pf. pass.* εἷμαι *et* ἕσμαι), revêtir. — *Moy. pass.*, se revêtir (de *acc.*).

ἐν-νυχεύω (*f.* σω), passer la nuit.

ἐν-νύχιος, ος *ou* α, ον, *et* **ἔν-νυχος**, ος, ον, nocturne ; qui vit dans la nuit.

ἐν-νώσας, *part. aor.* 1 *de* ἐννοέω.

ἐν-όδιος, ος *ou* α, ον, qui se trouve sur la route.

ἐν-οικέω-ῶ (*f.* ήσω), habiter.

ἐν-οίκησις, εως (ἡ), séjour.

ἐν-οικίζω (*f.* ίσω, *att.* ιῶ), installer. — *Moy. pass.*, s'installer.

ἐν-οικοδομέω-ῶ (*f.* ήσω), bâtir dans.

ἔν-οικος, ος, ον, habitant dans.

ἐν-οινοχοέω-ῶ (*f.* ήσω), verser du vin.

ἐν-οπή, ῆς (ἡ), voix ; cri ; chant.

ἐν-όπλιος, ος, ον, *et* **ἔν-οπλος, ος, ον,** armé; militaire.

ἐν-οράω-ῶ (*f.* ὄψομαι, *etc.*), voir dans; regarder.

ἔν-ορκος, ος, ον, 1° qui s'est lié par serment. || 2° juré.

ἐν-όρνυμι (*f.* όρσω, *etc.*), exciter dans. — *Moy.*, jaillir dans.

ἐν-ορούω (*f.* σω), se jeter sur

ἔνος, η, ον, 1° de l'an *ou* du jour précédent. || 2° passé.

ἐνοσί-χθων, ονος (ὁ), qui ébranle la terre.

ἑνότης, ητος (ἡ), unité.

ἐν-ουρέω-ῶ (*f.* ήσω), uriner.

ἐν-οχλέω-ῶ (*f.* ήσω), troubler; importuner.

ἔν-οχος, ος, ον, *dat. ou gén.*, sujet à; exposé à; accusé de.

ἐν-ράπτω (*f.* ψω), coudre dans.

ἐν-σείω (*f.* σω), 1° secouer. || 2° pousser vers. || 3° *intr.*, se précipiter sur.

ἐν-σημαίνω (*f.* ανῶ), *et moy.*, signifier; indiquer.

ἐν-σκευάζω (*f.* σω), garnir; équiper. — *Moy*, se revêtir; s'armer.

ἐν-σκήπτω (*f.* ψω), 1° lancer sur. || 2° tomber sur.

ἔν-σπονδος, ος, ον, compris dans un traité.

ἐν-στάζω (*f.* ξω), 1° distiller. || 2° inspirer.

ἔν-στασις εως (ἡ), entreprise.

ἐν-στάτης, ου (ὁ), adversaire.

ἐν-στέλλω (*f.* στελῶ), équiper.

ἐν-στηρίζω (*f.* ξω), appuyer sur.

ἐν-στρατοπεδεύω(*f.*σω), camper.

ἐν-στρέφομαι (*f.* στρεφθήσομαι), se tourner dans.

ἐν-τάμνω, *comme* ἐντέμνω.

ἐν-τανύω, *comme* ἐντείνω.

ἐν-τάσσω, *att.* **ττω** (*f.* ξω), mettre en rang.

ἐνταῦθα, *adv.*, 1° LÀ. || 2° alors.

ἐν-ταυθί, ἐνταυθοῖ, *adv*, ici.

ἐν-ταφιάζω (*f.* σω), ensevelir.

ἐν-τάφιος, ος, ον, funéraire; ἐντάφιον (τό), linceul; tombeau.

ἔντεα, ων (τά), armes; agrès.

ἐν-τείνω (*f.* τενῶ, *etc.*), tendre.—*Moy.*,tendre; se tendre, s'appliquer à.

ἐν-τειχίζω (*f.* ίσω, *att.* ιῶ), fortifier. — *Moy.*, bloquer.

ἐν-τελής, ής, ές, complet; parfait.

ἐν-τέλλω (*f.* τελῶ), commander.

ἐν-τέμνω (*f.* τεμῶ), 1° couper. || 2° immoler.

ἔντερον, ου (τό), intestins.

ἐντεσι-εργός, ός, όν, qui travaille avec un harnais.

ἐν-τεταμένως, *adv.*, avec effort.

ἐντεῦθεν, *adv.*, 1° D'ICI; DE LÀ. || 2° dès lors. || 3° par suite de cela.

ἔν-τευξις, εως (ἡ), 1° rencontre. || 2° entretien; commerce. || 3° requête.

ἔν-τεχνος, ος, ον, habile.

ἐν-τήκω (*f.* ξω), 1° fondre. || 2° consumer.

ἐν-τίθημι (*f.* θήσω, *etc.*), 1° PLACER DANS *ou* SUR. || 2° inspirer. — *Moy.*, déposer; placer en soi.

ἐν-τίκτω (*f.* τέξομαι), enfanter dans; engendrer.

ἔν-τιμος, ος, ον, 1° honoré. || 2° honorable.

ἐν-τοίχιος, ος, ον, placé sur le mur.

ἐν-τολή, ῆς (ἡ), ordre.

ἔν-τομος, ος, ον, entaillé. — Τὰ ἔντομα, 1° victimes. || 2° insectes.

ἔν-τονος, ος, ον, tendu; vigoureux; violent.

ἐν-τόνως, *adv.*, avec tension; avec rigueur; avec violence.

ἐν-τόπιος *et* **ἔν-τοπος, ος, ον,** local; indigène; qui est dans le même lieu.

ἐντός, 1° *adv.*, DEDANS. || 2° *prép. gén.*, au dedans de; en deçà de; en moins de.

ἔντοσθε(ν), *comme* ἐντός.

ἐν-τρέπω (*f.* ψω, *etc.*), tourner; retourner. — *Moy. pass.*, 1° se retourner. || 2° changer d'idée. || 3° se soucier de, *gén.*

ἐν-τρέφω (*f.* θρέψω, *etc.*), nourrir dans.

ἐν-τρέχω (*f.* δραμοῦμαι, *etc.*), courir dans.

ἐν-τριβής, ής, ές, rompu à, *dat.*

ἐν-τρίβω (*f.* ψω), *et moy.*, frotter, appliquer sur.

ἔν-τριψις, εως (ἡ), action de farder.

ἔν-τρομος, ος, ον, tremblant.

ἐν-τροπαλίζομαι, se retourner sans cesse.

ἐν-τροπή, ῆς (ἡ), 1° regard en arrière. ‖ 2° égard; honte.

ἔν-τροφος, ος, ον, nourri dans; ὁ ἔ., nourrisson.

ἐν-τρυφάω-ῶ (*f.* ήσω), 1° vivre dans la mollesse. ‖ 2° *dat.*, se vanter; se railler de.

ἐν-τρώγω (*aor.* 2 ἐνέτραγον), avaler.

ἐν-τυγχάνω (*f.* τεύξομαι, *etc.*) *dat.*, 1° RENCONTRER; ὁ ἐντυχών, le premier venu. ‖ 2° fréquenter. ‖ 3° solliciter. ‖ 4° lire.

ἐν-τυλίσσω, *att.* **ττω** (*f.* ξω), envelopper.

ἐν-τύνω (*f.* νῶ), équiper; préparer. — *Moy.*, s'équiper; se préparer.

ἐν-τυπάς, *adv.*, en se drapant dans.

ἐν-τυπόω-ῶ (*f.* ώσω), *et moy.*, graver; empreindre.

ἐν-τύφω (*f.* θύψω), enfumer.

ἐν-τύω, *comme* ἐντύνω.

Ἐνυάλιος, ος *ou* **α, ον,** 1° belliqueux. ‖ 2° le Belliqueux (*Arès*).

ἐν-υϐρίζω (*f.* σω, *att* ιῶ), outrager.

ἔν-υδρις, ιος (ἡ), loutre.

ἔν-υδρος, ος,ον, humide; aquatique.

ἐν-υπνιάζω (*f.* σω), rêver.

ἐν-ύπνιον, ου (τό), songe.

ἐν-ύπνιος, ος, ον, vu en songe.

ἐν-υφαίνω (*f.* ανῶ), tisser dans.

ἐν-ωμοτ-άρχης, ου (ὁ), énomotarque.

ἐν-ωμοτία, ας (ἡ), énomotie (*compagnie de* 32 *hommes à Sparte*).

ἐν-ώμοτος, ος, ον, lié par serment.

ἐν-ωπαδίως, *adv.*, en face.

ἐν-ωπή, ῆς (ἡ), face; ἐνωπῇ, *adv.*, en face.

ἐν-ώπιος, ος, ον, placé en face; τὰ ἐν..., mur de face.

ἐξ, *voir* ἐκ.

ἕξ, *indécl.*, six.

ἐξ-αγγελία, ας (ἡ), message secret.

ἐξ-αγγέλλω (*f.* αγγελῶ, *etc.*), ANNONCER; raconter; publier.

ἐξ-άγγελος, ου (ὁ), messager.

ἐξ-άγγελτος, ος, ον, annoncé.

ἐξ-αγινέω, *comme* ἐξάγω.

ἔξ-άγιστος, ος, ον, maudit.
ἐξ-άγνυμι (*f.* ἄξω), briser.
ἐξ-αγοράζω (*f.* άσω), acheter ; racheter.
ἐξ-αγορεύω (*f.* σω), expliquer ; révéler.
ἐξ-αγριαίνω (*f.* ανῶ), aigrir.
ἐξ-αγριόω-ῶ (*f.* ώσω), 1° rendre sauvage. || 2° aigrir.
ἐξ-άγω (*f.* άξω, *etc.*), 1° FAIRE SORTIR ; expulser ; détourner. || 2° exporter. || 3° entraîner ; amener. || 4° prolonger. || 5° *intr.*, sortir ; se mettre en marche.
— *Moy.* 1° exporter. || 2° provoquer.
ἐξ-αγωγή, ῆς (ἡ), 1° ACTION DE FAIRE SORTIR, expulsion. || 2° exportation. || 3° sortie ; fin.
ἐξ-ᾴδω (*f.* ᾄσομαι), 1° exhaler en chantant. || 2° chanter ; enchanter.
ἐξ-αείρω, *comme* ἐξαίρω.
ἐξά-ετες, *adv.*, pendant six ans.
ἐξ-αιμάσσω, *att.* ττω (*f.* ξω), mettre en sang.
ἐξ-αίνυμαι, enlever ; ravir.
ἐξ-αίρεσις, εως (ἡ), extraction.
ἐξ-αίρετος, ος, ον, 1° choisi. || 2° spécial ; réservé.
ἐξ-αιρετός, ός, όν, qui peut être retranché.
ἐξ-αιρέω-ῶ (*f.* ήσω), *etc.*), 1° ENLEVER ; retrancher. || 2° détruire. || 3° exclure bannir. || 4° mettre de côté.
— *Moy.* 1° ôter ; enlever ; délivrer de ; débarquer. || 2° mettre à part pour soi ; réserver.
ἐξ-αίρω (*f.* αρῶ, *etc.*), 1° ÉLEVER ; soulever. || 2° retrancher de. || 3° grossir ; outrer. || 4° transporter ; enivrer. || 5° *intr.*, lever le camp ; s'envoler.
— *Moy.*, enlever pour soi ; remporter.
ἐξ-αίσιος, ος, ον, 1° demesuré ; inconvenant. || 2° de mauvais augure.
ἐξ-αΐσσω (*f.* ξω), s'élancer de.
ἐξ-αιτέω-ῶ (*f.* ήσω), réclamer. — *Moy.*, réclamer pour soi ; solliciter.
ἔξ-αιτος, ος, ον, distingué.
ἐξ-αίφνης, *adv.*, tout à coup.
ἐξ-ακέομαι-οῦμαι (*f.*

ήσομαι), guérir: réparer.
ἐξ-άκεσις, εως (ἡ), guérison.
ἑξάκις, *adv.*, six fois.
ἑξακις-μύριοι, αι, α, soixante mille.
ἑξακις-χίλιοι, αι, α, six mille.
ἐξ-ακολουθέω-ῶ (*f.* ήσω), suivre, *dat.*
ἐξ-ακοντίζω (*f.* ίσω, *att.* ιῶ), lancer (des traits).
ἑξακόσιοι, αι, α, six cents.
ἐξ-ακούω (*f.* ακούσομαι, *etc.*), entendre, τί τινος.
ἐξ-ακριβόω-ῶ (*f.* ώσω), faire *ou* examiner à fond.
ἐξ-αλαόω-ῶ (*f.* ώσω), aveugler.
ἐξ-αλαπάζω (*f.* ξω), détruire; dépeupler.
ἐξαλέασθαι, *inf. aor. de* ἐξαλέομαι.
ἐξ-αλείφω (*f.* ψω), *et moy.*, frotter; effacer.
ἐξ-άλεομαι *ou* **εύομαι**, éviter.
ἐξ-αλίνδω (*part. aor.* ἐξαλίσας), rouler (dans la poussière).
ἐξ-αλλάσσω, *att.* **ττω** (*f.* ξω), 1° changer, *acc.* ‖ 2° *intr.*, être changé; différer de, *gén.*
ἐξ-άλλομαι (*f.* αλοῦμαι, *etc.*), 1° sauter de, *gén.*; sauter.
ἐξ-αλύσκω, *comme* ἐξαλέομαι.
ἐξ-αμαρτάνω (*f.* αμαρτήσομαι, *etc.*), 1° faillir, échouer. ‖ 2° *pass.*, être commis; être mal soigné.
ἐξ-αμαρτία, ας (ἡ), faute.
ἐξ-αμάω-ῶ (*f.* ήσω), moissonner; arracher.
ἐξ-αμείβω (*f.* ψω), 1° changer. ‖ 2° remplacer. ‖ 3° déplacer.
ἐξ-αμελέω-ῶ (*f.* ήσω), négliger.
ἑξά-μετρος, ον, ον, de six pieds.
ἑξά-μηνος, ος, ον, de six mois.
ἐξ-αμιλλάομαι-ῶμαι (*f.* ήσομαι), rivaliser avec.
ἐξ-αμύνομαι (*f.* οῦμαι), repousser.
ἐξ-αναγκάζω (*f.* σω), contraindre.
ἐξ-αν-άγω (*f* άξω, *etc.*), faire sortir. — *Moy. pass.*, sortir sur mer.
ἐξ-ανα-δύομαι (*f.* δύσομαι, *aor.* 2 έδυν), *gén.*, sortir de; s'échapper de.
ἐξ-αν-αλίσκω (*f.* ἀλώσω, *etc.*), dépenser à fond; détruire.

ἐξ-ανα-λύω (*f.* σω), délier.

ἐξ-ανα-πνέω (*f.* πνεύσομαι), respirer.

ἐξ-αν-άπτω, suspendre à.

ἐξ-αν-αρπάζω (*f.* ξω), ravir.

ἐξ-ανα-σπάω-ῶ (*f.* άσω), arracher.

ἐξ-ανά-στασις, εως (ἡ), 1° déplacement. ‖ 2° bannissement.

ἐξ-ανα-στρέφω (*f.* ψω), détruire.

ἐξ-ανα-τέλλω (*f.* τελῶ, *etc.*), 1° faire lever. ‖ 2° *intr.*, se lever.

ἐξ-ανα-φανδόν, *adv.*, ouvertement.

ἐξ-ανα-φέρω (*f.* οἴσω *etc.*), 1° produire au jour. ‖ 2° *intr.*, se relever.

ἐξ-ανα-χωρέω-ῶ (*f* ήσω), reculer.

ἐξ-ανδραποδίζω (*f.* σω *att.* ιῶ), *et moy.*, asservir.

ἐξ-ανδραπόδισις, εως (ἡ), mise en servitude.

ἐξ-ανδρόομαι-οῦμαι (*f.* ωθήσομαι), devenir homme fait.

ἐξ-αν-ευρίσκω (*f.* ευρήσω, *etc.*), découvrir ; imaginer.

ἐξ-αν-έχομαι (*f.* σχήσομαι, *etc.*), supporter.

ἐξ-ανθέω-ῶ (*f.* ήσω), 1° fleurir ; se couvrir de. ‖ 2° se faner.

ἐξ-αν-ίημι (*f.* ήσω, *etc.*), 1° *tr.* laisser aller. ‖ 2° *intr.*, sortir de.

ἐξ-αν-ίστημι (*f.* στήσω), 1° FAIRE LEVER ; faire partir. ‖ 2° détruire. *Moy.* et ἐξανέστην, ἕστηκα, *intr.*, se lever ; partir.

ἐξ-ανύ(τ)ω (*f.* σω), 1° ACHEVER ; accomplir. ‖ 2° tuer. ‖ 3° atteindre. ‖ 4° *intr.*, parvenir.

ἐξα-πάλαιστος, ος, ον, qui a six largeurs de main.

ἐξ-απ-αλλάσσω, *att.* **ττω** (*f.* ξω), délivrer (de, *gén.*).

ἐξ-απατάω-ῶ (*f.* ήσω), tromper à fond.

ἐξ-απάτη, ης (ἡ), tromperie.

ἐξ-απαφίσκω (*aor.* 2 ἐξήπαφον) *et moy.*, tromper.

ἑξά-πεδος, ος, ον, long de six pieds.

ἐξ-απ-εῖδον, *aor.* 2, j'ai vu de loin.

ἑξά-πηχυς, υς, υ, *gén.* εος, de six coudées.

ἐξάπινα, ἐξαπιναίως, ἐξαπίνης, *adv.*, tout à coup.

ἐξα-πίναιος, α, ον, subit.

ἐξα-πλάσιος, α, ον, sextuple.
ἐξά-πλεθρος, ος, ον, long de six plèthres.
ἐξ-απο-βαίνω (*f.* βήσομαι, *etc.*), descendre de.
ἐξ-απο-δίομαι, expulser de.
ἐξ-απο-δύνω, dépouiller complètement.
ἐξ-απ-όλλυμι (*f.* ολέσω, *etc.*), 1° exterminer. ‖ 2° *intr.*, *et moy.* être anéanti.
ἐξ-απο-νέομαι, revenir.
ἐξ-απο-νίζω, laver.
ἐξ-απορέω-ῶ (*f.* ήσω), *et moy.*, être embarrassé.
ἐξ-απο-στέλλω (*f.* στελῶ, *etc.*), renvoyer.
ἐξ-απο-τίνω (*f.* τίσω), payer complètement.
ἐξ-απο-φθείρω (*f.* φθερῶ, *etc.*), anéantir.
ἐξ-άπτω (*f.* ἄψω), A. suspendre; attacher. — B enflammer.
ἐξ-αραιρημένος, *part. pf. pass. de* ἐξαιρέω.
ἐξ-αράομαι-ῶμαι, dédier.
ἐξ-αράσσω, *att.* **ττω** (*f.* ξω), briser.
ἐξ-αργέω-ῶ (*f.* ήσω), rester sans rien faire.
ἐξ-αργυρίζω (*f.* ίσω, *att.* ιῶ), *et* **ἐξ-αργυρόω-ῶ** (*f.* ώσω), changer en argent.
ἐξ-αρέσκομαι (*f.* αρέσομαι), chercher à plaire.
ἐξ-αριθμέω-ῶ (*f.* ήσω), compter; énumérer.
ἐξ-αρκέω-ῶ (*f.* έσω), suffire; *impers.*, il suffit.
ἐξ-αρκής, **ής**, **ές**, suffisant.
ἐξ-αρκούντως, *adv.*, suffisamment.
ἐξ-αρνέομαι-οῦμαι (*f.* ήσομαι), nier.
ἔξ-αρνος, **ος**, **ον**, qui nie; ἔξαρνός εἰμι, je nie.
ἐξ-αρπάζω (*f.* ξω *et* σω), arracher.
ἐξ-αρτάω-ῶ (*f.* ήσω). 1° suspendre. ‖ 2° faire dépendre de.
— *Moy.*, 1° attacher sur soi-même. ‖ 2° s'attacher à, *gén.*
ἐξ-αρτίζω (*f.* ίσω, *att.* ιῶ), achever; mettre en état.
ἐξ-αρτύω (*f.* σω), apprêter. ‖ 2° *Moy.*, apprêter pour soi; s'apprêter.
ἔξ-αρχος, **ος**, **ον**, celui qui commence; ὁ ἔ..., le coryphée.
ἐξ-άρχω (*f.* ξω), *et moy.*, commencer, *gén.* ou *acc.*

ἐξ-ασκέω-ῶ (*f.* ήσω), exercer; orner.

ἐξ-ατιμάζω (*f.* άσω), traiter avec mépris.

ἐξ-αναίνω (*f.* ανῶ), dessécher.

ἐξ-αυδάω-ῶ (*f.* ήσω), *et moy.*, énoncer; exprimer.

ἐξ-αυλίζομαι (*f.* ίσομαι), décamper.

ἐξ-αυτῆς, *adv.*, sur-le-champ.

ἐξ-αῦτις, *adv.*, 1° de nouveau. ‖ 2° en arrière.

ἐξ-αυχέω-ῶ (*f.* ήσω), se vanter de, *acc.*

ἐξ-αΰω (*f.* σω), jeter de hauts cris.

ἐξ-αφ-αιρέομαι-οῦμαι (*f.* ήσομαι, *etc.*), enlever; retrancher.

ἐξ-αφ-ίημι (*f.* ήσω, *etc.*), lâcher.

ἐξ-αφ-ίσταμαι (*aor.* 2 έστην), s'écarter de.

ἐξ-αφ-οράω-ῶ (*f.* ὄψομαι), voir à distance.

ἐξ-αφύω (*f.* ύσω), puiser.

ἐξ-εγγυάω-ῶ (*f.* ήσω), cautionner.

ἐξ-εγείρω (*f.* εγερῶ), éveiller. — *Pass. et aor.* 2. ἐξηγρόμην, être éveillé.

ἔξ-εδρος, ος, ον, qui est hors de (de sa place; de chez lui).

ἐξ-είης, *comme* ἑξῆς.

ἐξ-εικάζω (*f.* άσω), assimiler.

1. **ἔξ-ειμι** (*inf.* ἐξιέναι), 1° sortir de. ‖ 2° *intr.*, finir.

2. **ἔξ-ειμι** (*inf.* ἐξεῖναι), être né de. ‖ 2° Ἔξεστι, *impers.*, il est permis; ἐξόν, alors qu'il est permis.

ἐξ-εῖπον, *aor.* 2 (*inf.* ἐξειπεῖν), dire.

ἐξ-είργω, 1° exclure. ‖ 2° forcer.

ἐξ-είρηκα, *pf. de* ἐξείρω 2.

ἐξ-είρετο, *inpf. de* ἐξείρομαι.

ἐξ-ειρύω, *comme* ἐξερύω.

1. **ἐξ-είρω,** tirer; allonger.

2. **ἐξ-είρω** (*f.* ερῶ, *pf.* εἴρηκα), dire.

ἔξ-εισθα, *pour* ἔξει 2° *pers. sg. prés. de* ἔξειμι (*exibo*).

ἐξ-έλασις, εως (ἡ), 1° expulsion. ‖ 2° expédition.

ἐξ-ελαύνω (*f.* ελῶ, *etc.*), 1° CHASSER. ‖ 2° faire marcher. ‖ 3° s'avancer.

ἐξ-ελάω, *comme* ἐξελαύνω.

ἐξ-ελέγχω (*f.* ξω), convaincre; découvrir.

ἐξ-ελευθερο-στομέω-ῶ, parler sans détour.

ἐξ-ελίσσω, *att.* **ττω** (*f.* ξω), dérouler; expliquer.

ἐξ-έλκω *ou* **ἐξ-ελκύω** (*f.* ελκύσω), tirer; arracher.

ἐξ-έμεν(αι), *inf. aor.* 2 *de* ἐξίημι.

ἐξ-εμέω (*f.* έσω), vomir.

ἐξ-έμμορε, *pf.* 2 *de* ἐκμείρομαι.

ἐξ-εμπολάω *et* **ἐξ-εμπολέω-ῶ,** vendre.

ἐξ-εναρίζω (*f.* ξω), dépouiller (*sur le champ de bataille*).

ἐξ-επ-ᾴδω (*f.* άσομαι), 1° désenchanter. || 2° enchanter.

ἐξ-επ-εύχομαι (*f.* εύξομαι), se vanter.

ἐξ-επίσταμαι, savoir parfaitement.

ἐξ-επίτηδες, *adv.*, exprès; de propos délibéré.

ἐξ-εργάζομαι (*f.* σομαι), 1° travailler; accomplir; achever. || 2° ruiner; tuer : *employé au pass. en ce sens.*

ἐξ-εργαστικός, ή, όν, capable d'achever.

ἐξ-έργω, *comme* ἐξείργω.

ἐξ-ερεείνω *et* *moy.*, *comme* ἐξερέω 2.

ἐξ-ερείπω (*aor.* 2 ἐξήριπον), tomber.

ἐξ-ερεύγω (*aor.* 2 ἐξήρυγον), vomir.

ἐξ-ερευνάω-ῶ (*f.* ήσω), examiner de près.

1. **ἐξ-ερέω,** *fut. de* ἐξείρω 2.

2. **ἐξ-ερέω** *et moy.*, interroger.

ἐξ-ερημόω-ῶ (*f.* ώσω), dévaster.

ἐξ-έρομαι (*f.* ήσομαι), interroger.

ἐξ-έρπω, ramper.

ἐξ-ερύκω (*f.* ξω), repousser.

ἐξ-ερύω (*f.* ύσω), tirer au dehors.

ἐξ-έρχομαι (*f.* ελεύσομαι, *etc.*), 1° SORTIR; partir. || 2° s'avancer; || 3° se réaliser; aboutir. || 4° être écoulé.

ἐξ-ερῶ, *f. de* ἐξ-είρω 2.

ἐξ-ερωέω-ῶ (*f.* ήσω), s'égarer.

ἐξ-εσίη, ης (ἡ), députation.

ἔξ-εσις, εως (ἡ), renvoi.

ἐξ-ετάζω (*f.* σω), 1° RECHERCHER; examiner; constater; comparer. || 2° interroger; torturer. || 3° ranger parmi, *gén.*

ἐξ-έτασις, εως (ἡ), 1° recherche; enquête. || 2° revue.

ἐξ-εταστικός, ή, όν

1° qui concerne une enquête. ‖ 2° capable d'examiner, *gén.*

ἐξ-εταστικῶς, *adv.*, minutieusement.

ἐξ-έτης, ης, ες, de six ans.

ἐξ-έτι, depuis, *gén.*

ἐξ-ευλαβέομαι-οῦμαι (*f.* ήσομαι), éviter avec précaution.

ἐξ-ευπορέω-ῶ (*f.* ήσω), fournir.

ἐξ-εύρεσις, εως (ἡ) *et* **ἐξεύρημα, ατος** (τό), découverte.

ἐξ-ευρίσκω (*f.* ευρήσω, *etc.*), trouver: découvrir.

ἐξ-εφάνθην, *pour* ἐξεφάνθην, *aor. pass. de* ἐκφαίνω.

ἐξ-εφ-ίεμαι (*f.* ήσομαι), mander.

ἐξ-έχω (*f.* ἐξω), 1° être en saillie. ‖ 2° apparaître.

ἐξ-έψω (*f.* εψήσω), faire cuire.

ἐξ-ηγέομαι-οῦμαι (*f.* ήσομαι), 1° *gén. ou dat.*, diriger; gouverner. ‖ 2° *acc.*, expliquer.

ἐξ-ήγησις, εως (ἡ), explication.

ἐξ-ηγητής, οῦ (ὁ), 1° guide. ‖ 2° interprete.

ἑξήκοντα, *indécl.*, soixante.

ἑξηκοστός, ή, όν, soixantième.

ἐξ-ήκω (*f.* ήξω), 1° ÊTRE ARRIVÉ. ‖ 2° être réalisé. ‖ 3° être passé.

ἐξ-ήλα(σ)σα, *aor.* 1 *de* ἐξελαύνω.

ἐξ-ήλατος, ος, ον, martelé.

ἐξ-ήλυσις, εως (ἡ), sortie.

ἑξ-ῆμαρ, *adv.*, pendant six jours.

ἐξ-ημερόω-ῶ (*f.* ώσω), cultiver; apprivoiser; civiliser.

ἐξ-ημοιβός, ός, όν, alternatif.

ἐξ-ήπαφον, *aor.* 2 *de* ἐξαπαφίσκω.

ἑξῆς, *adv.*, de suite; à la suite; ensuite; à la suite de, *gén.*

ἐξ-ιάομαι-ῶμαι (*f.* άσομαι), guérir.

ἔξ-ιδον, *pour* ἐξεῖδον, *aor.* 2 *de* ἐξοράω.

ἐξ-ιδιόομαι-οῦμαι, s'approprier.

ἐξ-ιδρύω (*f.* σω), faire asseoir.

ἐξ-ίημι (*f.* ήσω), FAIRE SORTIR; lâcher; lancer. — *Moy.*, chasser.

ἐξ-ιθύνω (*f.* υνῶ), redresser.

ἐξ-ικετεύω (*f.* σω), supplier.

ἐξ-ικνέομαι-οῦμαι (*f.* ἵξομαι), parvenir à; atteindre.

ἐξ-ιλάσκομαι (*f.* ιλάσομαι), rendre propice.

ἕξις, εως (ἡ), 1° MANIÈRE D'ÊTRE; état. ‖ 2° possession; capacité.

ἐξ-ισόω-ῶ (*f.* ώσω), 1° *tr.*, égaliser; assimiler. ‖ 2° *intr.*, ressembler (à, *dat.*).

ἐξ-ίστημι (*f.* στήσω, *etc.*), 1° FAIRE SORTIR DE, *acc.* : ἐξιστάναι τινὰ φρενῶν, faire sortir qq'un de la raison. — *Moy.* et ἐξέστην, ἐξέστηκα, 1° SORTIR DE, *gén.*, φρενὸς ἐξέστηκας, tu as perdu la raison. ‖ 2° s'éloigner de; dégénérer de, renoncer à *gén.* ‖ 3° éviter, *acc.*

ἐξ-ιστορέω-ῶ (*f.* ήσω), *acc.*, rechercher; s'informer.

ἐξ-ισχύω (*f.* ύσω), avoir la force.

ἐξ-ίσχω, tenir loin de, *gén.*

ἐξίτηλος, ος, ον, qui disparaît; qui se fane.

ἐξ-ιτητέον, *adj. verb.* de ἔξειμι 1.

ἐξ-ιχνο-σκοπέω-ῶ (*f.* ήσω), *et moy.*, chercher la trace de.

ἐξ-ογκόω-ῶ (*f.* ώσω), enfler.

ἐξ-οδία, ας (ἡ), départ.

ἐξ-οδοιπορέω-ῶ (*f.* ήσω), se mettre en route.

ἔξ-οδος, ου (ἡ), 1° SORTIE. ‖ 2° expédition; cortège. 3° issue; dénouement; fin.

ἔξ-οιδα (*impf.* ἐξῄδη), savoir entièrement.

ἐξ-οικέω-ῶ (*f.* ήσω), changer de domicile.

ἐξ-οικήσιμος, ος, ον, habitable.

ἐξ-οικίζω (*f.* ίσω, *att.* ιῶ), bannir; dépeupler. — *Moy.*, émigrer.

ἐξ-οικοδομέω-ῶ (*f.* ήσω), bâtir; fortifier.

ἐξ-οιμώζω (*f.* ξω), gémir.

ἐξ-οιχνέω, sortir.

ἐξ-οίχομαι (*f.* ήσομαι), sortir.

ἐξ-οκέλλω (*f.* οκελῶ), 1° *intr.*, échouer. ‖ 2° *tr.*, faire échouer.

ἐξ-ολισθαίνω (*f.* ολισθήσω), s'échapper en glissant.

ἐξ-όλλυμι (*f.* ολῶ, *etc.*), 1° anéantir. ‖ 2° *Moy.*, *et intr.*, être anéanti.

ἐξ-ομιλέω-ῶ (*f.* ήσω), fréquenter, *dat.*

ἐξ-όμιλος, ος, ον, isolé.

ἐξ-όμνυμαι (*f.* ὀμοῦμαι, *etc.*), nier par serment.

ἐξ-ομοιόω-ῶ (*f.* ώσω), assimiler complètement.

ἐξ-ομολογέω-ῶ (*f.* ήσω), *et moy.*, avouer ; consentir

ἐξ-ομόργνυμι(*f.* ομόρξω), essuyer. — *Moy.*, imprégner.

ἐξ-ονειδίζω (*f.* ίσω, *att.* ιῶ), injurier.

ἐξ-ονομάζω (*f.* σω), *et* **ἐξ-ονομαίνω** (*f.* ανῶ), désigner par son nom.

ἐξ-ονομα-κλήδην, *adv.*, nominativement.

ἐξ-όπι(σ)θε(ν), *adv.*, 1° par derrière ‖ 2° ensuite. — *Prép. gén.*, en arrière de.

ἐξ-οπίσω, *adv.*, 1° en arrière. ‖ 2° plus tard.

ἐξ-οπλίζω (*f.* ίσω), équiper. — *Moy.*, s'armer.

ἐξ-οπλισία, ας (ἡ), *et* **ἐξ-όπλισις, εως** (ἡ), prise d'armes.

ἐξ-οπτάω-ῶ (*f.* ήσω), griller.

ἐξ-οράω-ῶ (*f.* ὄψομαι, *etc.*), voir de loin.

ἐξ-οργίζω (*f.* ίσω, *att.* ιῶ) irriter.

ἐξ-ορθόω-ῶ (*f.* ώσω), redresser.

ἐξ-ορίζω (*f.* ίσω, *att.* ιῶ), exiler.

ἐξ-όριστος, ος, ον, banni.

ἐξ-ορκίζω (*f.* ίσω, *att.* ιῶ), faire jurer.

ἐξ-ορκόω-ῶ (*f.* ώσω), lier par un serment.

ἐξ-όρκωσις, εως (ἡ), action de lier par un serment.

ἐξ-ορμάω-ῶ (*f.* ήσω), 1° *tr.*, lancer en avant. ‖ 2° *intr.*, *pass. et moy.*, s'élancer ; partir.

ἐξ-ορμίζω (*f.* ίσω, *att.* ιῶ), *et moy.*, mener au large.

ἐξ-ορούω (*f.* σω), s'élancer.

ἐξ-ορύσσω, *att* **ττω** (*f.* ξω), fouiller ; déterrer.

ἐξ-οστρακίζω (*f.* ίσω), bannir par l'ostracisme.

ἐξ-οτρύνω (*f.* υνῶ), exciter.

ἐξουσία, ας (ἡ), 1° PERMISSION ; **faculté** ; moyens. ‖ 2° pouvoir ; magistrature. ‖ 3° *au plur.*. les magistrats

ἐξουσιάζω (*f.* σω), avoir la puissance.

ἐξ-οφέλλω, augmenter.

ἐξ-οχή, ῆς (ἡ), 1° proéminence. ‖ 2° supériorité.

ἔξ-οχος, ος, ον, 1° proéminent. ‖ 2° supérieur.

— *Adv.*, ἔξοχον *et* ἔξοχα, supérieurement.
ἐξ-υβρίζω (*f.* ίσω, *att.* ιῶ), user de violence *ou* d'insolence.
ἐξ-υπ-αν-ίσταμαι (*f.* αναστήσομαι), s'élever de, *gén.*
ἐξ-ύπερθε, *adv.*, au-dessus.
ἐξ-υπηρετέω-ῶ (*f.* ήσω), être au service de, *dat.*
ἐξ-υπνίζω (*f.* ίσω), éveiller.
ἐξ-υπτιάζω (*f.* σω), 1° renverser sur le dos. || 2° *intr.*, se renverser.
ἐξ-υφαίνω (*f.* ανῶ), tisser.
ἐξ-υφ-ηγέομαι-οῦμαι (*f.* ήσομαι), guider.
ἔξω, 1° *adv.*, AU DEHORS. || 2° *prép. gén.*, hors de; excepté.
ἔξω-θεν, *adv.*, du dehors.
ἐξ-ωθέω-ῶ (*f.* ωθήσω *et* ώσω, *etc.*), 1° chasser. || 2° empêcher.
ἐξ-ώλεια, ας (ἡ), destruction; ruine totale.
ἐξ-ώλης, ης, ες, ruiné; perdu.
ἐξωμιδο-ποΐα, ας (ἡ), fabrication *d'exomides.*
ἐξ-ωμίς, ίδος (ἡ), *exomide* (petite tunique découvrant une épaule).
ἐξ-ωνέομαι-οῦμαι (*f.* ήσομαι), acheter; racheter.
ἔξ-ωρος, ος, ον, hors de saison.
ἐξ-ώστης, ου (ὁ), qui chasse; contraire.
ἐξωτάτω, *adv.*, au plus loin.
ἐξώτερος, α, ον, plus éloigné.
ἕο, *pour* οὗ, de soi.
ἑοῖ, *pour* οἷ, à soi.
ἔοικα, *pf. de* εἴκω 2.
ἔοις, ἔοι, *opt. de* εἰμί.
ἔολπα, *pf. de* ἔλπω.
ἐόντως, *adv.*, *pour* ὄντως.
ἔοργα, *pf. de* ἔρδω.
ἑορτάζω (*f.* σω), célébrer une fête.
ἑορτή, ῆς (ἡ), fête.
ἑός, ἡ, όν; son; leur.
ἐπ-αγάλλομαι, se réjouir; se vanter (de, *dat.*).
ἐπ-αγγελία, ας (ἡ), 1° déclaration; dénonciation. || 2° ordre. || 3° promesse.
ἐπ-αγγέλλω (*f.* αγγελῶ, *etc.*). 1° déclarer; dénoncer. || 2° ordonner. || 3° promettre.
— *Moy.*, 1° professer; vanter en soi. || 2° ordonner. || 3° promettre.
ἐπ-άγγελμα, ατος (τό), 1° déclaration. || 2° promesse.

ἐπ-αγείρω (*f.* αγερῶ), rassembler.

ἐπ-άγερσις, εως (ἡ), rassemblement.

ἐπάγην, *aor 2 pass. de* πήγνυμι.

ἐπ-αγινέω, *comme* ἐπάγω.

ἐπ-αγλαΐζομαι, s'enorgueillir (de, *dat.*).

ἐπ-άγω (*f.* ἄξω, *etc.*), 1° AMENER ; apporter ; appliquer. || 2° diriger ; pousser contre. || 3° proposer ; provoquer ; causer. || 4° ajouter. || 5° émouvoir ; entraîner. || 6° *intr.*, marcher contre. — *Moy.*, 1° amener avec soi. || 2° appeler ; invoquer ; citer : μάρτυρας ἐπάγεσθαι, faire paraître des témoins. || 3° attirer ; entraîner.

ἐπ-αγωγή, ῆς (ἡ), 1° ACTION D'AMENER. || 2° importation. || 3° attaque. || 4° induction (*terme de logique*).

ἐπ-αγωγός, ός, όν, séduisant.

ἐπ-αγωνίζομαι (*f.* ίσομαι, *att.* ιοῦμαι), renouveler le combat ; combattre.

ἐπ-ᾄδω (*f.* ᾄσομαι), *dat.*, 1° accompagner par le chant. || 2° enchanter.

ἐπ-αείρω *comme* ἐπαίρω.

ἐπ-αέξω, faire grandir.

ἐπ-αθροίζομαι (*f.* ίσομαι), se rassembler.

ἐπ-αιγίζω (*f.* ίσω), s'élancer sur.

ἐπ-αιδέομαι-οῦμαι (*f.* αιδεσθήσομαι), avoir honte.

ἐπ-αινέτης, ου (ὁ), qui loue.

ἐπ-αινέω-ῶ (*f.* αινέσω *et* αινέσομαι), 1° LOUER ; approuver. || 2° remercier.

ἐπ-αίνημι, *comme* ἐπαινέω.

1\. **ἔπ-αινος, ου** (ὁ), éloge.

2\. **ἐπ-αινός, ή, όν**, terrible.

ἐπ-αίρω (*f.* αρῶ, *etc.*), 1° ÉLEVER ; soulever ; relever. || 2° exalter ; exciter. || 3° *intr.*, se lever. — *Moy.* 1° lever. || 2° provoquer.

ἐπ-αισθάνομαι (*f.* αισθήσομαι, *etc.*), sentir ; entendre ; comprendre.

ἐπ-αΐσσω, *att.* **ᾄττω** (*f.* ᾄξω), 1° *intr.*, s'élancer. || 2° lancer. — *Moy.*, s'élancer.

ἐπ-αΐστος, ος, ον, avéré.

ἐπ-αισχύνομαι (*f.* αισχυνθήσομαι), avoir honte (de, *acc.*).

ἐπ-αιτέω-ῶ (*f.* ήσω), 1° demander; réclamer. ‖ 2° mendier.

ἐπ-αιτιάομαι-ῶμαι (*f* άσομαι), accuser (de. *gén. ou acc.*).

ἐπ-αίτιος, ος, ον, blâmable; coupable (de, *gén.*).

ἐπ-αΐω, *gén. ou acc.* entendre; remarquer; comprendre.

ἐπ-ακολουθέω-ῶ (*f.* ήσω), *dat.,* 1° suivre. ‖ 2° obéir.

ἐπ-ακούω (*f.* ακούσομαι, *etc.*), entendre; écouter (*acc. ou gén.*).

ἐπ - ακροάομαι - ῶμαι, *gén., mêmes sens.*

ἐπ-ακτήρ, ῆρος (ὁ), chasseur; pêcheur.

ἐπ-άκτιος, ος *ou* **α, ον,** placé sur la grève.

ἐπ-ακτός, ός, όν, 1° IMPORTÉ; étranger; ajouté. ‖ 2° volontaire.

ἐπ-ακτρίς, ίδος (ἡ), petite barque.

ἐπ-αλαλάζω (*f.* ξω), crier (*à la guerre*).

ἐπ-αλάομαι-ῶμαι (*aor.* αλήθην), errer.

ἐπ-αλαστέω-ῶ (*f.* ήσω), s'indigner.

ἐπ-αλείφω (*f.* ψω), enduire; boucher.

ἐπ-αλέξω (*f.* ήσω), secourir, *dat.*

ἐπ-αληθεύω (*f.* εύσω), déclarer vrai.

ἐπ-αλλαγή, ῆς (ἡ) ‖ 1° échange. ‖ 2° union.

ἐπ-αλλάσσω, *att.* **ττω** (*f.* ξω), alterner; entrelacer.

ἐπ-άλληλος, ος, ον, l'un après l'autre; successif.

ἐπ-άλμενος, *part. aor.* 2 *de* ἐφάλλομαι.

ἔπ-αλξις, εως (ἡ), créneau; rempart.

ἐπ-ᾶλτο, 3° *pers. sg. aor.* 2 *de* ἐφάλλομαι.

ἐπ-αμαξεύω (*f.* εύσω), faire passer des chars sur.

ἐπ-αμάομαι-ῶμαι (*f.* ήσομαι), amasser.

ἐπ-αμείβω (*f.* ψω), échanger; alterner.

ἐπ-αμμένος, *part. parf. pass. de* ἐφάπτω.

ἐπ-αμοιβαδίς, *adv.,* alternativement.

ἐπ-αμύντωρ, ορος (ὁ), défenseur.

ἐπ-αμύνω (*f.* υνῶ), *dat.,* défendre; repousser.

ἐπ-αμφοτερίζω (*f.* ίσω, *att.* ιῶ), balancer entre deux partis; être ambigu.

ἐπάν *et* **ἐπήν** *comme* ἐπειδάν.

ἐπ-ανα-βαίνω (*f.* βήσομαι), *dat.*, monter sur; remonter.

ἐπ-ανα-βάλλομαι (*f.* βαλοῦμαι); 1° revêtir. ‖ 2° retarder.

ἐπ-ανα-βιβάζω (*f.* άσω, *att.* βιβῶ), faire monter sur.

ἐπ-ανα-βληδόν, *adv.*, en jetant dessus.

ἐπ-αναγκάζω (*f.* άσω), contraindre.

ἐπ-άναγκες, *adv. et adj. neut.*, nécessaire, nécessairement.

ἐπ-αν-άγω (*f.* άξω, *etc.*), 1° RAMENER. ‖ 2° faire sortir. ‖ 3° *intr.*, revenir. — *Moy. pass.*, sortir (du port).

ἐπ-αν-αγωγή, ῆς (ἡ), 1° action de rappeler. ‖ 2° mouvement vers la haute mer.

ἐπ-αν-αιρέω-ῶ (*f.* ήσω), détruire.

ἐπ-αν-αίρω (*f.* αρῶ) *et moy.*, lever.

ἐπ-αναλαμβάνω (*f.* λήψομαι, *etc.*), 1° recouvrer; rétablir. ‖ 2° recommencer.

ἐπ-ανα-μένω (*f.* μενῶ), attendre.

ἐπ-ανα-μιμνήσκω (*f.* μνήσω), rappeler, τινά τι.

ἐπ-ανα-παύομαι (*f.* σομαι), se reposer sur (*dat.*).

ἐπ-ανα-πλέω (*f.* πλεύσομαι), *et* ἐπ-ανα-πλώω, monter en mer; rentrer par mer.

ἐπ-ανά-σεισις, εως (ἡ), action d'agiter.

ἐπ-ανά-στασις, εως (ἡ), 1° relèvement. ‖ 2° révolte.

ἐπ-ανα-στρέφω (*f.* ψω), *et moy.*, se retourner.

ἐπ-ανα-τείνω (*f.* τενῶ), étendre; allonger. — *Moy.*, tendre en menaçant.

ἐπ-ανα-τέλλω (*f.* τελῶ), 1° *tr.*, lever; élever. ‖ 2° *intr.*, se lever.

ἐπ-ανα-τίθημι (*f.* θήσω, *etc.*), ajouter.

ἐπ-ανα-φέρω (*f.* ανοίσω, *etc.*), *et moy.*, 1° RAPPORTER; rendre. ‖ 2° attribuer; imputer à. ‖ 3° *Au moy.*, se manifester en l'air.

ἐπ-ανα-χωρέω-ῶ (*f.* ήσω, reculer.

ἐπ-ανα-χώρησις, εως (ἡ), recul.

ἐπ-άν-ειμι (*f.* ειμι), revenir.

ἐπ-αν-εῖπον, *aor.* 2, proclamer.

ἐπ-αν-έρομαι (*f.* ερήσομαι), interroger.
ἐπ-αν-έρχομαι (*f.* ελεύσομαι), revenir.
ἐπ-αν-ερωτάω-ῶ (*f.* ήσω), interroger à nouveau.
ἐπ-αν-ήκω (*f.* ήξω), revenir.
ἐπ-ανθέω-ῶ (*f.* ήσω), fleurir.
ἐπ-ανθίζω (*f.* ίσω, *att.* ιῶ), fleurir.
ἐπ-αν-ίημι (*f.* ήσω), 1° *tr.*, relâcher; abandonner. || 1° *intr.*, se relâcher.
ἐπ-αν-ισόω-ῶ (*f.* ώσω), égaliser.
ἐπ-αν-ίστημι (*f.* αναστήσω), faire lever; soulever.
— *Moy. et* έστην, έστηκα. se lever (*dat.*, contre).
ἐπ-άν-οδος, ου (ἡ), retour.
ἐπ-αν-ορθόω-ῶ (*f.* ώσω) *et moyen*, redresser: corriger.
ἐπ-αν-όρθωμα, ατος (τό), redressement.
ἐπ-αν-όρθωσις, εως (ἡ), action de redresser.
ἐπ-άντης, ης, ες, en pente.
ἐπ-αντλέω-ῶ (*f.* ήσω), verser sur.
ἐπ-άνω, *adv.*, 1° au-dessus (de, *gén.*). || 2° précédemment.
ἐπ-άνωθεν, *adv.* 1° d'en-haut. || 2° de jadis.
ἐπ-άξιος, ος *ou* **α, ον,** digne (de, *gén.*).
ἐπ-αξιόω-ῶ (*f.* ώσω), juger digne; trouver bon.
ἐπ-αοιδή, *comme* ἐπῳδή.
ἐπ-απειλέω-ῶ (*f.* ήσω), menacer.
ἐπ-άπτω, *comme* ἐφάπτω.
ἐπ-αρά, ᾶς (ἡ), imprécation.
ἐπ-αράομαι-ῶμαι (*f.* αράσομαι), lancer des imprécations (contre, *dat.*).
ἐπ-αραρίσκω (*f.* άρσω), 1° *tr.* adapter. || 2° *intr.* être adapté.
ἐπ-αράσσω, *att.* **ττω** (*f.* ξω), briser contre.
ἐπ-άρατος, ος, ον, maudit.
ἐπ-άργυρος, ος, ον, argenté.
ἐπ-αρήγω (*f.* ξω), secourir, *dat.*
ἐπ-άρηρα, *pf. de* ἐπαραρίσκω.
ἐπ-αρκέω-ῶ (*f.* έσω), 1° *dat.*, SECOURIR. || 2° *acc.*, repousser; fournir. || 3° *intr.*, suffire.
ἐπ-αρκούντως, *adv.*, suffisamment.

ἐπ-άρμενος (*part. aor.* 2 *moy. de* ἐπαραρίσκω), ajusté.
ἐπ-άρουρος, ου (ὁ), qui travaille la terre.
ἐπ-αρτάω-ῶ (*f.* ήσω), suspendre à ; ἐπηρτημένος, suspendu, menaçant.
ἐπ-αρτής, ής, ές, prêt.
ἐπ-αρτύω *et* **ἐπ-αρτύνω**, ajuster ; préparer.
ἐπ-αρχία, ας (ἡ), province.
ἔπ-αρχος, ου (ὁ), gouverneur ; préfet.
ἐπ-άρχω (*f.* ξω), commander. — *Moy.*, commencer ; offrir les prémices.
ἐπ-αρωγός, ός, όν, secourable.
ἐπ-ασκέω-ῶ (*f.* ήσω), exercer ; s'exercer à, *acc.*
ἐπ-ασσύτερος, α, ον, qui se succèdent sans arrêt.
ἐπ-ᾴττω, *voir* ἐπαΐσσω.
ἐπ-αυδάω-ῶ *et moy.*, invoquer.
ἐπ-αυλίζομαι (*f.* ίσομαι), camper en plein air.
ἔπ-αυλις, εως (ἡ) 1° parc. ‖ 2° bivouac.
ἔπ-αυλος, ου (ὁ), parc à bétail.
ἐπ-αυξάνω *et* **ἐπ-αύξω** (*f.* αυξήσω), accroître.
ἐπ-αύξησις, εως (ἡ), accroissement.
ἐπ-αύρεσις, εως (ἡ), résultat.
ἐπ-αύριον, *adv.*, le lendemain.
ἐπ-αυρίσκω (*f.* αυρήσομαι, *aor.* 2 ηυρόμην), recueillir le fruit de, *gén.*
ἐπ-αυχέω-ῶ (*f.* ήσω), se glorifier de, *dat.*
ἐπ-αΰω (*f.* αὔσω), répondre par un cri.
ἐπ-αφάω-ῶ (*f.* ήσω), tâter.
ἐπ-αφ-ίημι (*f.* ήσω), lancer (*acc.*) contre (*dat.*).
ἐπ-αφρόδιτος, ος, ον, aimable ; gracieux.
ἐπ-αφύσσω, verser sur.
ἐπ-αχθής, ής, ές, pesant ; pénible.
ἐπεάν, *comme* ἐπάν.
ἐπ-εγ-γελάω-ῶ (*f.* άσομαι), rire de, *dat.*
ἐπ-εγείρω (*f.* εγερῶ, *etc*), 1° réveiller. ‖ 2° *Pf. intr.* ἐπ-εγρήγορα, je suis réveillé.
ἐπ-έδρη (ἡ), *comme* ἐφέδρα.
ἐπ-έην *pour* ἐπῆν *de* ἔπειμι 1.
ἐπεί, *conj.* 1° APRÈS que ; quand. ‖ 2° puisque ; car. ‖ 3° quoique.
ἐπείγω (*f.* ξω), 1° *acc.* PRESSER ; pousser ; ‖ 2° *intr.* être pressant.

— *Moy*. 1° *acc*. hâter; forcer. || 2° *intr*. se hâter. — 3° Ἐπειγόμενος, *part. adj*., qui se hâte; rapide; *avec gén*. ardent pour.

ἐπειδ-άν, *conj. subj*., quand; après que.

ἐπει-δή, *conj*. 1° LORSQUE; après que || 2° puisque.

ἐπειδή-περ, *conj*., puisque.

ἐπ-εῖδον, *aor*. 2 *de* ἐφοράω.

ἐπει-ή, *conj*., puisque vraiment.

ἐπ-εικάζω (*f*. άσω), conjecturer.

ἔπ-ειμι (*inf*. εἶναι) *dat*. 1° ÊTRE AU-DESSUS de présider à; || 2° venir à la suite de. || 3° s'ajouter à.

2. **ἔπ-ειμι** (*inf*. ιέναι) 1° S'AVANCER (vers — contre — à travers); ὁ ἐπιών, le premier venu. || 2° venir après : τοὐπιόν, l'avenir; ἡ ἐπιοῦσα ἡμέρα, le jour suivant. || 3° venir à l'idée.

ἐπ-είνυμι, *comme* ἐφέννυμι.

ἐπ-εῖπον, *aor*. 2, dire (en plus *ou* sur).

ἐπεί-περ, *conj*., puisque précisément.

ἐπ-είρομαι, *comme* ἐπέρομαι.

ἐπ-ειρύω, *comme* ἐπερύω.

ἐπ-ειρωτάω *et* **-έω-ῶ**, *comme* ἐπερωτάω.

ἐπ-εισ-άγω (*f*. άξω, *etc*.), introduire; ajouter.

ἐπ-εισ-αγωγή, **ῆς**, (ἡ), introduction; importation.

ἐπ-εισ-αγώγιμος, **ος**, **ον**, introduit; importé.

ἐπ-είσ-ακτος, **ος**, **ον**, importé; étranger.

ἐπ-εισ-βαίνω (*f*. βήσομαι), avancer jusqu'à

ἐπ-εισ-βάλλω (*f*. βαλῶ, *etc*.), 1° *tr*. jeter dans. || 2° *intr*. envahir, *dat*.

ἐπ-είσ-ειμι, *sens de* ἐπεισέρχομαι.

ἐπ-εισ-έρχομαι (*f*. ελεύσομαι), 1° s'introduire dans; survenir. || 2° venir à la pensée.

ἐπ-είσοδος, **ου** (ἡ), intervention; entrée.

ἐπ-εισ-πίπτω (*f*. πεσοῦμαι), tomber sur.

ἐπ-εισ-πλέω (*f*. πλεύσομαι), cingler vers.

ἐπ-εισ-φέρω (*f*. οἴσω, *etc*.), introduire. — *Moy*., apporter.

ἐπ-εισ-φρέω (*f*. ήσω), introduire.

ἔπ-ειτα, *adv*. ensuite,

dans la suite ; οἱ ἔπειτα, la postérité.

ἐπεί-τε *comme* ἐπειδή.

ἔπειτεν, *comme* ἔπειτα.

ἐπ-εκ-βαίνω (*f.* βήσομαι, *etc.*), débarquer.

ἐπ-εκ-βοηθέω-ῶ (*f.* ήσω), venir au secours.

ἐπ-εκ-διδάσκω (*f.* διδάξω), exposer en détail.

ἐπ-εκ-δι-ηγέομαι-οῦμαι, *comme le précédent.*

ἐπ-εκ-δρομή, ῆς (ἡ), excursion ; expédition.

ἐπ-έκεινα, 1° *adv.*, au delà. ‖ 2° *prép. gén.*, au delà de.

ἐπ-εκέκλετο, 3° *pers. sing. aor.* 2 *de* ἐπικέλομαι.

ἐπ-έκερσα, *aor.* 1 de ἐπικείρω.

ἐπ-εκ-θέω (*f.* θεύσομαι), fondre sur.

ἐπ-έκ-πλοος-ους, όου-οῦ (ὁ), départ de flotte.

ἐπ-εκ-τείνομαι (*f.* ταθήσομαι), s'étendre.

ἐπ-εκ-τρέχω (*f.* δραμοῦμαι, *etc.*), courir sur, *dat.*

ἐπ-ελαύνω (*f.* ελῶ, *etc.*) 1° *tr.*, faire marcher en avant ; étaler sur ‖ 2° *intr.* s'avancer (contre, *dat.*).

ἐπ-έλησε, 3° *pers. sing. aor.* 1 de ἐπιλήθω.

ἐπ-έλκω *comme* ἐφέλκω.

ἐπ-ελπίζω (*f.* ίσω), faire espérer ; espérer.

ἐπ-εμ-βαίνω (*f.* βήσομαι), 1° monter sur ‖ 2° insulter, *dat.*

ἐπ-εμ-βάλλω (*f.* βαλῶ, *etc.*), 1° JETER sur. ‖ 2° insérer ‖ 3° faire passer.

ἐπ-εμ-βάτης, ου (ὁ), monté sur, *gén.*

ἐπ-εμ-πίπτω (*f.* πεσοῦμαι), tomber sur.

ἐπ-εναρίζω (*f.* ίξω), tuer successivement.

ἐπ-εν-δύνω *et* **ἐπ-εν-δύομαι,** revêtir par-dessus.

ἐπ-έν-δυμα, ατος (τό), vêtement de dessus.

ἐπ-ενεῖκαι, *inf. aor.* 1 *de* ἐπιφέρω.

ἐπ-ενήνοθε, 3° *pers. sg. du pf. de* ἐπενέθω *inus.*, s'étendre sur.

ἐπ-εν-θρώσκω (*f.* θοροῦμάι), bondir sur.

ἐπ-εν-τανύω *et* **ἐπ-εν-τείνω** (*f.* τενῶ, *etc.*), allonger sur ; tendre.

ἐπ-εν-τέλλω (*f.* τελῶ, *etc.*), commander en plus.

ἐπ-εντύνω *et* **ἐπ-εντύω,** équiper en vue de.

ἐπ-εξ-άγω (*f.* άξω, *etc.*),

1° *tr*. faire avancer. ‖ 2° *intr*. s'aligner.

ἐπ-εξ-αγωγή, ῆς (ἡ), déploiement.

ἐπ-έξ-ειμι (*f*. ειμι), *comme* ἐπεξέρχομαι.

ἐπ-εξ-ελαύνω (*f*. ελῶ), faire avancer.

ἐπ-εξ-εργάζομαι (*f*. άσομαι), 1° travailler; achever. ‖ 2° tuer.

ἐπ-εξ-έρχομαι (*f*. ελεύσομαι, *etc*.), 1° *dat*., sortir contre; s'élever contre. ‖ 2° *acc*., parcourir; énumérer; mener à fin.

ἐπ-έξ-ετασις, εως (ἡ), revue de détail.

ἐπ-εξ-ευρίσκω (*f*- ευρήσω), découvrir en plus.

ἐπ-εξῆς, *comme* ἑξῆς.

ἐπ-εξ-όδια, ων (τά), sacrifice avant départ.

ἐπ-έξ-οδος, ου (ἡ), 1° sortie. ‖ 2° vengeance.

ἐπ-έοικα, convenir; ἐπέοικε, il convient; ἐπεοικώς, convenable.

ἐπ-έπιθμεν, 1re *pers. pl.-p.-q.-pf*. de πείθω.

ἐπ-έπληγον, *aor*. 2 *act. de* ἐπιπλήσσω.

ἐπ-έπταρε, *aor*. 2 *act. de* ἐπιπταίρω.

ἐπ-έπτατο, 3e *pers. sg. aor*. 2 *de* ἐπιπέτομαι.

ἐπέπυστο, 3e *pers. sg. p.-q.-pf. de* πυνθάνομαι.

ἐπ-έπω, *comme* ἐφέπω.

ἐπ-εργάζομαι (*f*. άσομαι) travailler; cultiver.

ἐπ-εργασία, ας (ἡ), travail; culture.

ἐπ-ερείδω (*f*. σω), 1° *tr*., appuyer sur. ‖ 2° INTR. *et moy*., s'appuyer sur, *dat*.

ἐπ-ερέφω (*f*. ψω), couvrir (d'un toit).

ἐπ-έρομαι (*f*. ερήσομαι), *voir* ἐπερωτάω.

ἐπ-ερύω (*f*. σω), tirer. — *Moy*. tirer sur soi.

ἐπ-έρχομαι (*f*. ελεύσομαι, ETC.), 1° S'APPROCHER; attaquer. ‖ 2° venir ensuite. ‖ 3° arriver; survenir. — *Impers*. ἐπέρχεται αὐτῷ, il lui arrive de. ‖ 4° poursuivre; punir. ‖ 5° parcourir. ‖ 6° discourir; lire. ‖ 7° se présenter à l'esprit.

ἐπ-ερωτάω-ῶ (*f*. ήσω), interroger.

ἐπ-ερώτημα, ατος (τό), question.

ἐπ-ερώτησις, εως (ἡ), action d'interroger.

ἔπ-εσαν *pour* ἐπῆσαν *impf. de* ἔπειμι 1.

ἐπ-εσ-βολίη, ης (ἡ), parole injurieuse.

ἐπ-εσ-βόλος, ος, ον, injurieux.

ἐπ-εσθίω (*f.* ἔδομαι, *etc.*), manger après.

ἐπ-έσπον, *aor.* 2 *de* ἐφέπω.

ἐπ-έσσυται, 3ᵉ *pers. pf. pass.* de ἐπισεύω.

ἐπ-έτειος, ος, ον *et* **ἐπ-έτεος,** annuel.

ἐπέτης, ου (ὁ), suivant; compagnon.

ἐπ-ετήσιος, ος, ον, annuel.

ἐπ-ευθύνω, diriger.

ἐπ-ευρίσκω, *comme* ἐφευρίσκω.

ἐπ-ευφημέω-ῶ (*f.* ήσω), acclamer; célébrer.

ἐπ-εύχομαι (*f.* εὔξομαι), 1° PRIER, *dat.* ‖ 2° vouer; souhaiter. ‖ 3° se vanter de.

ἔπεφνον, *aor.* 2 *à redoub*ᵗ *de* φένω.

ἐπέφραδον, *aor.* 2 *à redoub*ᵗ *de* φράζω.

ἐπ-εχεύατο, *aor.* 1 *moy. de* ἐπιχέω.

ἐπ-έχω (*f.* ἐφέξω *et* ἐπίσχήσω, *aor.* 2 ἐπ-έσχον, TENIR SUR. ‖ 1° appliquer. ‖ 2° offrir. ‖ 3° tenir; occuper. ‖ 4° retenir; empêcher, *acc.* ‖ 5° se tenir sur; se répandre sur; s'appliquer à; s'acharner contre, *dat.* ‖ 6° *intr.* avoir lieu; s'arrêter; attendre, ἕως que. — *Moy.* 1° viser. ‖ 2° porter (à la bouche). ‖ 3° boucher, *acc.*

ἐπ-ηβάω, *pour* ἐφηβάω.

ἐπ-ήβολος, ος, ον, 1° qui atteint le but; maître de, *gén.* ‖ 2° convenable.

ἐπ-ηγκενίδες, ων (αἱ), planches de flanc (de navire).

ἐπ-ηγορέω *ou* **εύω,** parler contre.

ἐπ-ῆεν, *pour* ἐπῆν de ἔπειμι 1.

ἐπ-ηετανός, ός *ou* **ή, όν,** 1° annuel. ‖ 2° surabondant. — *Adv.* abondamment.

ἐπ-ήϊεν, 3ᵉ *pers. sg. impf. de* ἔπειμι 2.

ἐπ-ῆκαν, 3ᵉ *pers. pl. aor.* 1 *de* ἐφίημι.

ἐπ-ήκοος, ος, ον, qui entend, *gén.*; obéissant; εἰς ἐπήκοον, à distance pour être entendu.

ἐπ-ηλυγάζομαι (*f.* άσομαι), cacher pour soi; prendre pour abri.

ἐπ-ήλυθον *pour* ἐπῆλθον, *aor.* 2 *de* ἐπέρχομαι.

ἔπ-ηλυς, υδος et **ἐπηλύτης, ου** (ὁ), étranger.

ἐπ-ημοιβός, ός, όν, alternatif.

ἐπ-ημύω (*f.* σω), se pencher.

ἐπήν, *voir* ἐπάν.

ἐπ-ηπύω (*f.* σω), acclamer, *dat.*

ἐπ-ήρατος, ος, ον, aimable.

ἐπ-ηρεάζω (*f.* σω), menacer; calomnier; nuire, *dat.*

ἐπ-ήρεια, ας (ἡ), insulte; calomnie.

ἐπ-ήρετμος, ος, ον, muni de rames.

ἐπ-ηρεφής, ής, ές, formant toit.

ἐπ-ῆρσα, *aor.* 1. *de* ἐπαραρίσκω.

ἐπητής, οῦ, bienveillant.

ἐπ-ήτριμος, ος, ον, dru.

ἐπητύς, ύος (ἡ), affabilité.

ἐπ-ηχέω-ῶ (*f.* ήσω), retentir.

ἐπί I. *adv.*, dessus; au-dessus; en outre. — II. *prép.* A. *gén.* 1° SUR; dans; vers; du côté de; ἐπὶ γῆς, sur terre. || 2° en : ἐπὶ τῶν πράξεων, en fait; ἐφ' ἑαυτοῦ, en soi-même. || 3° entre; parmi; devant : ἐπὶ τῶν δικαστῶν, devant les juges. || 4° du temps de : ἐπὶ τῶν προγόνων, du temps des ancêtres. || 5° à la tête de : οἱ ἐπὶ τῶν πραγμάτων, les préposés aux affaires. 6° DE; au sujet de; λέγειν ἐπί τινος, parler de quelque chose. || 7° (*avec un nom de nombres*), par : ἐπὶ τρίων, trois par trois; ἐφ' ἑνός, un par un.
B. *dat.* 1° SUR. || 2° contre. || 3° outre : ἐπὶ τούτῳ, outre cela. || 4° au pouvoir de : τὰ ἐφ' ἡμῖν, les choses qui dépendent de nous. || 5° d'après : ἐπὶ τοῖς νόμοις, conformément aux lois. || 6° pendant; au moment de : ἐπὶ νυκτί, pendant la nuit. || 7° après (*succession*) : ἄλλος ἐπ' ἄλλῳ l'un après l'autre. || 8° au sujet de : γελᾶν ἐπί τινι, rire de quelqu'un. || 9° en vue de; pour : ἐπὶ τῷ κέρδει, en vue du gain. || 10° à cause de : ἐπὶ τῇ αὐτῇ αἰτίᾳ, pour la même raison. || 11° à condition : ἐφ' ᾧ, à condition que. || 12° moyennant : ἐπὶ πολλῷ, à grand prix.

C. *acc.* 1° SUR ; vers : ἐπὶ δεξιάν à droite ; du côté de ; contre. ‖ 2° parmi ; à travers. ‖ 3° pendant. ‖ 4° jusqu'à ; ἐπὶ τρίς, jusqu'à trois fois. ‖ 5° pour ; en vue de ; au sujet de : ἐπὶ τί, pourquoi?

Locutions : ἐπὶ δόρυ, du côté de la lance = à droite — ἐπὶ πολύ, longtemps — ἐπὶ πλέον, davantage — τὸ ἐπ' ἐμέ, en ce qui me concerne — ἐπ' ὀνόματος, nommément ; à titre d'exemple.

ἔπι (*remarquer l'accent*) *pour* ἔπεστι, *ou pour* ἐπί *après le complément.*

ἐπ-ιάλλω (*f.* ιαλῶ, *aor.* ίηλα), envoyer vers ; provoquer.

ἐπι-άλμενος, *part. aor.* 2 *de* ἐνάλλομαι.

ἐπι-ανδάνω *pour* ἐφανδάνω.

ἐπ-ιάχω, pousser des cris.

ἐπί-βαθρον, ου (τό), prix du passage en bateau.

ἐπι-βαίνω (*f.* βήσομαι, *etc.*), 1° MONTER SUR ; s'embarquer. ‖ 2° s'avancer. ‖ 3° attaquer ‖ 4° entreprendre, *gén.* ‖ 5° ἐπιβήσω, ἐπέβησα, *acc.* faire monter ; faire marcher.

ἐπι-βάλλω (*f.* βαλῶ, *etc.*). 1° *tr.* LANCER SUR ; appliquer ; ajouter ; inspirer. ‖ 2° *intr. dat.*, se jeter sur ; s'appliquer à ; succéder ; échoir à. — *Moy.*, 1° *acc.*, jeter sur soi, appliquer. ‖ 2° mettre à. ‖ 3° *gén.* désirer.

ἐπι-βαρέω-ῶ (*f.* ήσω), surcharger.

ἐπί-βασις, εως (ἡ), action *ou* moyen de monter *ou* de marcher sur.

ἐπι-βάσκω, faire entrer (dans, *gén.*).

ἐπι-βατεύω (*f.* σω), *gén.* monter *ou* marcher sur.

ἐπι-βάτης, ου (ὁ), homme monté sur (*un vaisseau, un cheval ou un char*).

ἐπι-βατός, ός *ou* ή, όν, accessible.

ἐπι-βείομεν, 1re *pers. pl. subj. aor.* 2 *de* ἐπιβαίνω.

ἐπι-βήτωρ, ορος (ὁ), qui monte sur.

ἐπι-βιβάζω (*f.* βιβάσω *att.* βιβῶ), faire monter sur.

ἐπι-βιόω-ῶ (*f.* βιώσομαι), survivre.

ἐπι-βλέπω (*f.* βλέψομαι), tourner ses yeux vers.

ἐπί-βλημα, ατος (τό), couverture; accessoire.

ἐπι-βλής, ῆτος (ὁ), verrou.

ἐπι-βοάω-ῶ (*f.*βοήσομαι), 1° CRIER. ‖ 2° décrier, *acc.*—*Moy.* invoquer; appeler.

ἐπι-βοήθεια, ας (ἡ), secours.

ἐπι-βόημα, ατος (τό), cri.

ἐπι-βόητος, ος, ον, fameux; décrié.

ἐπι-βολή, ῆς, 1° ACTION DE JETER *ou* d'imprimer SUR. ‖ 2° attaque. ‖ 3° impôt. ‖ 4° punition judiciaire. ‖ 5° projet. ‖ 6° entrée en matière.

ἐπι-βομβέω-ῶ, bourdonner.

ἐπι-βουκόλος, ου (ὁ), bouvier.

ἐπι-βούλευμα, ατος (τό), projet; machination.

ἐπι-βουλευτής, οῦ (ὁ), qui tend des pièges.

ἐπι-βουλεύω (*f.* σω), tramer; dresser des pièges. — *Pass.* être machiné.

ἐπι-βουλή, ῆς (ἡ), dessein; machination.

ἐπί-βουλος, ος, ον, qui tend des pièges.

ἐπι-βρέμω, mugir *ou* faire mugir.

ἐπι-βρίθω (*f.* ίσω), peser sur.

ἐπι-βρόντητος, ος, ον, foudroyé; égaré.

ἐπι-βωθέω pour ἐπιβοηθέω.

ἐπι-βώσομαι, *fut. ion.* de ἐπιβοάω.

ἐπι-βώτωρ, ορος (ὁ), berger.

ἐπί-γαιος, *comme* ἐπίγειος.

ἐπι-γαμία, ας (ἡ), mariage.

ἐπί-γαμος, ος, ον, nubile.

ἐπί-γειος, ος, ον, qui vit *ou* est sur terre.

ἐπι-γελάω-ῶ (*f.* άσομαι), rire (de, *dat.*).

ἐπι-γί(γ)νομαι (*f.* γενήσομαι, *etc.*), 1° NAÎTRE APRÈS : οἱ ἐπιγιγνόμενοι, les descendants ‖ 2° survenir; avoir lieu ‖ 3° s'ajouter.

ἐπι-γι(γ)νώσκω (*f.* γνώσομαι, *etc.*), 1° RECONNAÎTRE; connaître. ‖ 2° passer en revue. ‖ 3° décider.

ἐπι-γλωσσάομαι-ῶμαι (*f.* ήσομαι), parler méchamment.

ἐπι-γνώμων, ων, ον, *gén.* ονος, qui sait juger (*gén.*).

ἐπί-γνωσις, εως (ἡ), action de reconnaître.
ἐπί-γονος,ος,ον,né après; descendant.
ἐπι-γουνίς, ίδος (ἡ), cuisse.
ἐπι-γράβδην, *adv.* en effleurant.
ἐπί-γραμμα, ατος (τό), inscription; épigramme.
ἐπι-γραφή, ῆς (ἡ), inscription.
ἐπι-γράφω (*f.* ψω, *etc.*), 1° GRAVER. ‖ 2° inscrire. ‖ 3° taxer. ‖ 4° effleurer.
— *Moy.* inscrire, *acc;* se faire inscrire.
ἐπί-γρυπος, ος, ον, un peu recourbé.
ἐπί-δαμος,ος,ον, *comme* ἐπιδήμιος.
Ἐπίδαυρος, ου (ἡ), Épidaure.
ἐπι-δαψιλεύομαι (*f.* σομαι), prodiguer.
ἐπι-δέδρομα, *pf.* 2 *de* ἐπιτρέχω.
ἐπι-δεής, ής, ές, qui manque (de, *gén.*); insuffisant.
ἐπί-δειγμα, ατος (τό), marque; preuve.
ἐπι-δείκνυμι *et* **ἐπιδεικνύω** (*f.* δείξω, *etc.*), montrer.
— *Moy.* 1° montrer. ‖ 2° se montrer.
ἐπι-δεικτικός, ή, όν, démonstratif; fait pour la montre.
ἐπ-ιδεῖν, *inf. aor.* 2 *de* ἐφοράω.
ἐπί-δειξις, εως (ἡ), 1° preuve. ‖ 2° exhibition; montre.
ἐπι-δέκατος, η, ον, d'un dixième.
ἐπι-δέκομαι, *comme* ἐπιδέχομαι.
ἐπι-δέξιος, ος, ον, 1° placé à droite; de bon augure ‖ 2° adroit; intelligent.
ἐπι-δεξιότης, ητος (ἡ), habileté.
ἐπί-δεξις, *comme* ἐπίδειξις.
ἐπι-δέρκομαι, regarder.
ἐπι-δευής, ής, ές, *comme* ἐπιδεής.
ἐπι-δεύομαι, *comme* ἐπιδέω 2.
ἐπι-δέχομαι (*f.* ξομαι), recevoir en sus; admettre.
1. **ἐπι-δέω** (*f.* δήσω), attacher sur.
2. **ἐπι-δέω** (*f.* δεήσω), *et moy.*, manquer de, avoir besoin de, *gén.*; être insuffisant. — ἐπιδεῖ *impers.*, il est besoin de.
ἐπί-δηλος, ος, ον, évident.

ἐπι-δήλως, *adv.*, évidemment.

ἐπι-δημέω-ῶ (*f.* ήσω), 1° RÉSIDER; rentrer de voyage || 2° venir en voyage.

ἐπι-δημεύω (*f.* εύσω), vivre parmi les gens.

ἐπι-δημία, ας (ἡ), séjour *ou* arrivée dans un pays.

ἐπί-δήμιος, ος, ον, qui réside *ou* qui est dans le pays.

ἐπι-δήμος, ος, ον, *même sens.*

ἐπι-δια-βαίνω (*f.* βήσομαι, *etc.*), passer (*acc.*) après.

ἐπι-δια-γι(γ)νώσκω (*f.* γνώσομαι, *etc.*), débattre à nouveau.

ἐπι-δι-αιρέω-ῶ (*f.* αιρήσω, *etc.*), subdiviser.

ἐπι-δια-κρίνω (*f.* κρινῶ), juger en dernier ressort.

ἐπι-δια-φέρω, transporter de l'autre côté.

ἐπι-διδάσκω (*f.* ξω), enseigner en sus.

ἐπι-δίδωμι (*f.* δώσω, *etc.*), 1° *tr.* DONNER EN PLUS; remettre; confier || 2° *intr.*, se livrer; progresser.

—*Moy. acc.* invoquer; gratifier.

ἐπι-δίζημαι, rechercher.

ἐπι-δικάζω (*f.* σω), adjuger.

ἐπί-δικος, ος, ον, contesté.

ἐπι-δινέω-ῶ (*f.* ήσω), faire tourner en cercle.

ἐπι-διφριάς, άδος (ἡ), bord supérieur d'un char.

ἐπι-δίφριος, ος, ον, assis sur un char.

ἐπι-διώκω (*f.* ξω), poursuivre.

ἐπί-δοξος, ος, ον 1° probable || 2° illustre.

ἐπί-δοσις, εως (ἡ), 1° contribution volontaire || 2° progrès.

ἐπι-δοχή, ῆς (ἡ), admission.

ἐπι-δρομή, ῆς (ἡ), course vers; attaque.

ἐπί-δρομος, ος, ον, 1° où l'on peut courir. || 2° qui court.

ἐπι-δύω (*f.* ύσω), se coucher (*d'un astre*).

ἐπι-είκεια, ας (ἡ), 1° CONVENANCE; mesure. || 2° douceur; indulgence.

ἐπι-είκελος, ος, ον, absolument semblable.

ἐπι-εικής, ής, ές 1° CONVENABLE; mesuré. || 2° doux; indulgent.

ἐπι-εικτός, ή, όν, convenable; supportable.

ἐπι-εικῶς, *adv.* 1° AVEC

CONVENANCE. ‖ 2° avec douceur. ‖ 3° suffisamment; probablement.

ἐπι-ειμένος, *part. pf. pass. de* ἐπιέννυμι.

ἐπι-είσομαι, *f. de* ἔπειμι 2.

ἐπι-έλπομαι, espérer.

ἐπι-έννυμι (*aor.* ἐπίεσσα), 1° revêtir. — *Moy.*, se revêtir, *acc.*

ἐπι-ζάφελος, **ος**, **ον**, violent.

ἐπι-ζάω-ῶ, survivre.

ἐπι-ζεύγνυμι *et* **νύω** (*f.* ξω), lier; attacher.

ἐπι-ζέφυρος, **ος**, **ον**, occidental.

ἐπι-ζέω (*f.* ζέσω), 1° *intr.*, bouillir. ‖ 2° *tr.*, faire bouillir.

ἐπί-ζηλος, **ος**, **ον**, digne d'envie.

ἐπι-ζήμιος, **ος**, **ον**, 1° nuisible. ‖ 2° passible d'une peine.

ἐπι-ζημιόω-ῶ (*f.* ώσω), frapper d'une peine.

ἐπι-ζητέω-ῶ (*f.* ήσω), rechercher; questionner.

ἐπι-ζώννυμι (*f.* ζώσω), attacher avec une ceinture.

ἐπιζώω, *comme* ἐπιζάω.

ἐπ-ίηλα, *aor. de* ἐπιάλλω.

ἐπ-ίημι *pour* ἐφίημι.

ἐπι-ήνδανε, *impf. de* ἐφανδάνω.

ἐπι-ήρανος, **ος**, **ον**, agréable; secourable.

ἐπί-ηρος, **ος**, **ον**, *mêmes sens.*

ἐπι-θαλασσίδιος *et* **ἐπιθαλάσσιος**, **ος**, **ον**, maritime.

ἐπι-θανάτ(ι)ος, **ος**, **ον**, condamné à mourir.

ἐπι-θαρσύνω (*f.* υνῶ), enhardir.

ἐπι-θε(ι)άζω (*f.* σω), adjurer les dieux.

ἐπι-θειασμός, **οῦ** (ὁ), demande aux dieux.

ἐπι-θεραπεύω (*f.* σω), soigner.

ἐπί-θεσις, **εως** (ἡ), 1° action de poser sur. ‖ 2° attaque.

ἐπι-θεσπίζω (*f.* σω), rendre des oracles.

ἐπι-θετικός, **ή**, **όν**, entreprenant.

ἐπί-θετος, **ος**, **ον**, 1° ajouté; τὸ ἐ..., adjectif. ‖ 2° étranger.

ἐπι-θέω, courir sur.

ἐπί-θημα, **ατος** (τό), 1° couvercle. ‖ 2° ornement de tombe.

ἐπι-θορυβέω-ῶ (*f.* ήσω), acclamer bruyamment.

ἐπι-θρέξας, *part. aor.* 1 *de* ἐπιτρέχω.

ἐπι-θρώσκω (*f.* θοροῦμαι, *etc.*), sauter sur.

ἐπι-θυμέω-ῶ (*f.* ήσω), désirer, *gén.*

ἐπι-θύμημα, ατος (τό), objet désiré.

ἐπι-θύμησις, εως (ἡ), désir.

ἐπι-θυμητής, οῦ (ὁ), 1° désireux de. ‖ 2° ami de; disciple.

ἐπι-θυμητικός, ή, όν, désireux de, *gén.*

ἐπι-θυμητικῶς, *adv.*, avec désir.

ἐπι-θυμία, ας (ἡ), DÉSIR; passion.

ἐπι-θυμίαμα, ατος (τό), parfum.

ἐπι-θυμιάω-ῶ (*f.* άσω), brûler des parfums.

ἐπ-ιθύνω (*f.* υνῶ), diriger.

1. **ἐπι-θύω** (*f.* σω), sacrifier sur.

2. **ἐπι-θύω,** s'élancer vers; désirer.

ἐπι-θωΰσσω (*f* ξω), exciter par des cris, *dat.*

ἐπι-ΐστωρ, ορος (ὁ, ἡ), qui sait, au courant de, *gén.*

ἐπι-καθ-αιρέω-ῶ (*f.* ήσω, *etc.*), détruire après.

ἐπι-κάθ-ημαι, être assis *ou* posté auprès, *dat.*

ἐπι-καθ-ίζω (*f.* ίσω), 1° *tr.*, faire asseoir. ‖ 2° *intr.*, s'asseoir.

ἐπι-καθ-ίστημι (*f.* καταστήσω), établir sur *ou* après.

ἐπι-καίριος, ος, ον, 1° OPPORTUN. ‖ 2° principal.

ἐπί-καιρος, ος, ον, *mêmes sens.*

ἐπι-καίω (*f.* καύσω), brûler sur.

ἐπι-καλέω-ῶ (*f.* έσω), 1° APPELER; invoquer. ‖ 2° reprocher.
— *Moy.*, 1° appeler à son secours; assigner.

ἐπι-κάλυμμα, ατος (τό), 1° couverture. ‖ 1° prétexte.

ἐπι-καλύπτω (*f.* ψω), couvrir; cacher.

ἐπι-καμπή, ῆς (ἡ), courbe; courbure.

ἐπι-κάμπτω (*f.* κάμψω), courber.

ἐπι-καρπία, ας (ἡ), revenu.

ἐπι-κάρσιος, ος *ou* **α, ον,** oblique

ἐπι-κατα-βαίνω (*f.* βήσομαι, *etc.*), descendre vers.

ἐπι-κατ-άγομαι, *pass.* (*f.* αχθήσομαι), aborder après.

ἐπι-κατα-δαρθάνω (*f.* δαρθήσομαι, *etc.*), dormir sur.

ἐπι-κατα-κλύζω (*f.* ύσω), inonder.

ἐπι-κατα-κοιμάομαι-ῶμαι (*f.* ήσομαι), dormir sur.

ἐπι-κατα-λαμβάνω (*f.* λήψομαι), surprendre.

ἐπι-κατα-μένω (*f.* μενῶ), séjourner.

ἐπι-κατ-άρατος, ος, ον, maudit.

ἐπι-κατα-ρριπτέω-ῶ *et* **ρρίπτω**, jeter sur.

ἐπι-κατα-σφάζω *et* **σφάττω** (*f.* ξω), immoler sur.

ἐπι-κατα-ψεύδομαι (*f.* ψεύσομαι), renouveler les mensonges contre.

ἐπι-κάτ-ειμι (*inf.* ιέναι), descendre sur.

ἐπί-καυτος, ος, ον, brûlé.

ἐπί-κειμαι (*f.* κείσομαι), 1° être placé sur *ou* auprès. ‖ 2° presser; s'acharner sur, *dat.*

ἐπι-κείρω (*f.* κερῶ), tondre ; raser.

ἐπι-κελαδέω-ῶ (*f.* ήσω), applaudir.

ἐπι-κέλευσις, εως (ἡ), encouragement.

ἐπι-κελεύω (*f.* σω), encourager.

ἐπι-κέλλω (*f.* κέλσω), 1° *tr.*, faire aborder. ‖ 2° *intr.*, aborder.

ἐπι-κέλομαι, invoquer.

ἐπι-κεράννυμι (*f.* κεράσω), mélanger.

ἐπι-κέρδια, ων (τά), gain.

ἐπι-κερτομέω-ῶ (*f.* ήσω), railler.

ἐπι-κεύθω (*f.* σω), cacher.

ἐπι-κηρυκεία, ας (ἡ), négociation ; trêve.

ἐπι-κηρυκεύομαι (*f.* σομαι), négocier (*par voix de hérauts*)

ἐπι-κηρύσσω, *att.* **ττω** (*f.* ξω), 1° proclamer. ‖ 2° mettre à prix.

ἐπι-κίδνημι, répandre. — *Moy.*, ἐπικίδναμαι, se répandre.

ἐπι-κίνδυνος, ος, ον, 1° en danger. ‖ 2° dangereux.

ἐπι-κινδύνως, *adv.*, dangereusement.

ἐπι-κίρνημι, *comme* ἐπικέραννυμι.

ἐπι-κλάω-ῶ (*f.* άσω), 1° briser. ‖ 2° fléchir.

1. **ἐπι-κλείω** (*f.* κλείσω), fermer.

2. **ἐπι-κλείω,** vanter; glorifier.

ἐπί-κλημα, ατος (τό), grief.

ἐπί-κλην, *adv.*, par son nom *ou* surnom.

ἐπί-κληρος, ου (ὁ, ἡ), héritier ; héritière.

ἐπι-κληρόω-ῶ (*f.* ώσω),

attribuer par le moyen du sort.

ἐπί-κλησις, εως (ἡ), 1° NOM; surnom; titre. ‖ 2° mauvais renom.

ἐπί-κλητος, ος, ον, 1° APPELÉ. ‖ 2° convoqué; accusé.

ἐπι-κλινής, ής, ές, penché.

ἐπι-κλίνω (*f.* νῶ), 1° *tr.*, pencher; incliner. ‖ 2° *intr.*, se pencher.

ἐπί-κλοπος, ος, ον, voleur; trompeur; rusé.

ἐπι-κλύζω (*f.* ύσω), inonder.

ἐπί-κλυσις, εως (ἡ), inondation.

ἐπι-κλύω, entendre, *acc. ou gén.*

ἐπι-κλώθω (*f.* σω), filer.

ἐπ-ικνέομαι, *comme* ἐφικνέομαι.

ἐπι-κοιμάομαι-ῶμαι (*f.* ήσομαι), s'endormir sur.

ἐπί-κοινος, ος, ον, commun.

ἐπι-κοινόω-ῶ (*f.* ώσω), communiquer.

ἐπι-κοινωνέω-ῶ (*f.* ήσω), partager (avec, *dat.*).

ἐπι-κομπέω-ῶ (*f.* ήσω), se vanter de, *acc.*

ἐπι-κόπτω (*f.* ψω), frapper.

ἐπι-κοσμέω-ῶ (*f.* ήσω), orner, honorer.

ἐπι-κουρέω-ῶ (*f.* ήσω), secourir, *dat.*

ἐπι-κούρημα, ατος (τό), secours.

ἐπικουρία, ας (ἡ), *même sens.*

ἐπι-κουρικός, ή, όν, *et* **ἐπί-κουρος, ος, ον,** auxiliaire; qui défend contre.

Ἐπίκουρος, ου (ὁ), Epicure.

ἐπι-κουφίζω (*f.* ίσω, *att.* ιῶ), 1° ALLÉGER. ‖ 2° soulever. ‖ 3° ranimer.

ἐπι-κραίνω (*f.* κρανῶ), *et* **ἐπικραιαίνω,** accomplir.

ἐπι-κράτεια, ας (ἡ), empire; domination.

ἐπι-κρατέω-ῶ (*f* ήσω), dominer; l'emporter sur, *gén.*

ἐπι-κρατής, ής, ές, qui domine; qui l'emporte.

ἐπι-κράτησις, εως (ἡ), supériorité; victoire sur, *gén.*

ἐπι-κρεμάννυμαι (*f.* άσομαι), *et* **ἐπικρέμαμαι,** être suspendu sur. menacer, *dat.*

ἐπι-κρήηνον, *imp. aor.* 1 *de* ἐπικραίνω.

ἐπι-κρῆσαι, *inf. aor.* 1 *de* ἐπικέραννυμι.

ἐπι-κρίνω (*f.* κρινῶ), décider.

ἐπί-κριον, ου (τό), antenne (*de navire*).

ἐπι-κρούω (*f.* σω), heurter sur.

ἐπι-κρύπτω (*f.* κρύψω), cacher. — *Moy.* 1° dissimuler. ‖ 2° se dissimuler.

ἐπι-κτάομαι-ῶμαι (*f.* κτήσομαι), acquérir (*par surcroît*).

ἐπι-κτείνω (*f.* κτενῶ), tuer (*encore*).

ἐπί-κτησις, εως (ἡ), acquisition supplémentaire.

ἐπί-κτητος, ος, ον, acquis nouvellement.

ἐπι-κυδής, ής, ές, glorieux; éclatant.

ἐπι-κυλινδέω-ῶ (*f.* ήσω), rouler sur.

ἐπι-κύπτω (*f.* ψω), se pencher sur.

ἐπι-κυρέω-ῶ (*f.* κυρήσω *et* κύρσω), obtenir, *gén.*

ἐπι-κυρόω-ῶ (*f.* ώσω), approuver.

ἐπι-κωκύω (*f.* σω) déplorer.

ἐπι-κωλύω (*f.* σω), empêcher, *acc.*

ἐπι-κωμῳδέω-ῶ, railler comiquement.

ἐπι-λαγχάνω (*f.* λήξομαι), 1° obtenir par le sort ‖ 2° succéder à.

ἐπι-λαμβάνω (*f.* λήψομαι, *etc.*), A. *tr.*, 1° SAISIR; surprendre; interrompre; attaquer. ‖ 2° prendre en plus; *gén.* prolonger.

B. *intr.*, survenir; avoir lieu.

— *Moy. gén.*, 1° saisir ‖ 2° obtenir; entreprendre. ‖ 3° interrompre.

ἐπί-λαμπτος, ος, ον, *comme* ἐπίληπτος.

ἐπι-λάμπω (*f.* ψω), briller.

ἐπι-λανθάνω (*f.* λήσω, *etc.*), 1° faire oublier. ‖ 2° oublier.

— *Moy.* oublier (*acc.*-*gén*).

ἐπι-λεαίνω (*f.* λεανῶ), polir.

ἐπι-λέγω (*f.* λέξω), 1° DIRE EN SUS. ‖ 2° appeler. ‖ 3° reprocher. ‖ 4° choisir : ἐπιλελεγμένοι, hommes de choix.

— *Moy.* 1° dire encore. ‖ 2° lire. ‖ 3° considérer; ἐ... μή, craindre que. ‖ 4° choisir pour soi-même.

ἐπι-λείβω (*f.* λείψω), faire des libations.

ἐπι-λείπω (*f.* λείψω, *etc.*),

1° laisser; abandonner. || 2° faire défaut (à, *acc.*).

ἐπί-λειψις, εως (ἡ), 1° abandon. || 2° manque.

ἐπί-λεκτος, ος, ον, choisi; d'élite.

ἐπι-λεύσσω, voir devant soi.

ἐπί-ληθος, ος, ον, qui donne l'oubli de.

ἐπι-λήθω, *comme* ἐπιλανθάνω.

ἐπι-ληΐς, ίδος (ἡ), conquise; esclave.

ἐπι-ληκέω-ῶ (*f.* ήσω), battre des mains.

ἐπί-ληπτος, ος, ον, 1° pris. || 2° blâmable.

ἐπι-λησμοσύνη, ης (ἡ), oubli.

ἐπι-λήσμων, ων, ον, *gén.* ονος, oublieux (de, *gén.*).

ἐπι-λίγδην, *adv.*, à la surface.

ἐπ-ιλλίζω, faire signe du coin de l'œil.

ἐπι-λογίζομαι (*f.* ίσομαι, *att.* ιοῦμαι), calculer; examiner; considérer.

ἐπί-λογος, ου (ὁ), examen; conclusion.

ἐπί-λοιπος, ος, ον, qui reste.

ἐπι-λυπέω-ῶ (*f.* ήσω), affliger.

ἐπί-λυπος, ος, ον, affligeant.

ἐπί-λυσις, εως (ἡ), action de délier; de résoudre.

ἐπι-λύω (*f.* σω), délier; résoudre; dissoudre.

ἐπι-λωβεύω (*f.* σω), insulter.

ἐπι-μαίνομαι (*f.* μανοῦμαι, *etc.*), être furieux ou passionné.

ἐπι-μαίομαι (*f.* μάσομαι), 1° tâter; toucher; saisir. || 2° désirer vivement.

ἐπι-μανθάνω (*f.* μαθήσομαι, *etc.*), apprendre ensuite.

ἐπι-μαρτυρέω-ῶ (*f.* ήσω), attester.

ἐπι-μαρτυρία, ας (ἡ), témoignage.

ἐπι-μαρτύρομαι, prendre à témoin

ἐπι-μάρτυρος, ος, ον, témoin.

ἐπι-μάσσομαι, *f. hom. de* ἐπιμαίομαι.

ἐπί-μαστος, ος, ον, qui cherche son pain.

ἐπι-μαχέω-ῶ (*f.* ήσω), secourir.

ἐπι-μαχία, ας (ἡ), secours.

ἐπί-μαχος, ος, ον, 1° aisé à combattre. || 2° contesté.

ἐπι-μειδάω-ῶ (*f.* άσω),

et **ἐπι-μειδιάω** (*f.* άσω), sourire.

ἐπι-μέλεια, ας (ἡ), 1° SOIN. ‖ 2° étude. ‖ 3° administration.

ἐπι-μελέομαι-οῦμαι (*f.* μελήσομαι *et* μεληθήσομαι), AVOIR SOIN DE : s'occuper de, *gén.* ; ἐ.. ὅπως, veiller à ce que.

ἐπι-μέλημα, ατος (τό), occupation.

ἐπι-μελής, ής, ές, 1° qui prend soin de, *gén.* ‖ 2° dont on a soin : ἐπιμελές ἐστιν αὐτῷ, il s'occupe de.

ἐπι-μελητής, οῦ (ὁ), surveillant ; gérant.

ἐπι-μέλομαι, *comme* ἐπιμελέομαι.

ἐπι-μέμονα (*pf.*), désirer.

ἐπι-μέμφομαι (*f.* μέμψομαι), se plaindre (de, *gén.-acc.*).

ἐπι-μένω (*f.* μενῶ, *etc.*), RESTER ; persévérer, attendre.

ἐπι-μετα-πέμπομαι (*f.* πέμψομαι), faire venir de nouveau.

ἐπι-μετρέω-ῶ (*f.* ήσω), mesurer (en sus).

ἐπί-μετρον, ου (τό), supplément.

ἐπι-μήδομαι, imaginer à l'egard de, *dat.*

ἐπι-μήνιος, ος, ον, mensuel.

ἐπι-μηνίω (*f.* ίσω), être en colère contre.

ἐπι-μηχανάομαι-ῶμαι, machiner ; inventer.

ἐπι-μήχανος, ου (ὁ), inventeur.

ἐπι-μίγνυμι (*f.* μίξω), mêler. — *Moy.* se mêler.

ἐπι-μιμνήσκομαι (*f.* μνήσομαι *et* μνησθήσομαι), *gén.* 1° se rappeler. ‖ 2° rappeler.

ἐπι-μίμνω, *comme* ἐπιμένω.

ἐπι-μίξ, *adv.*, pêle-mêle.

ἐπι-μιξία, ας (ἡ), mélange ; commerce.

ἐπι-μίσγω (*f.* μίξω), *comme* ἐπιμίγνυμι.

ἐπι-μονή, ῆς (ἡ), 1° lenteur ‖ 2° patience.

ἐπι-μύζω (*f.* μύξω), murmurer.

ἐπί-νειον, ου (τό), chantier maritime.

ἐπι-νέμω (*f.* νεμῶ, *etc.*) 1° distribuer. ‖ 2° faire paître.

— *Moy.* paître ; dévorer.

ἐπι-νεύω (*f.* σω), faire signe de la tête ; consentir.

ἐπι-νέφελος, ος, ον, nuageux.

ἐπι-νεφρίδιος, ος, ον, sur les reins.

1. **ἐπι-νέω** (*f.* νεύσομαι), nager au-dessus.

2. **ἐπι-νέω** (*f.* νήσω), filer.

3. **ἐπι-νέω** (*f.* νήσω), entasser.

ἐπι-νηνέω-ῶ, *comme* ἐπινέω 3.

ἐπι-νίκ(ε)ιος, ος, ον, victorieux ; triomphal. — Τὰ ἐπινίκια, épinicies (*chants de victoire*).

ἐπι-νίσσομαι, se diriger vers, *gén.-acc.*

ἐπι-νοέω-ῶ (*f.* νοήσω), PENSER ; concevoir ; comprendre.

ἐπί-νοια, ας (ἡ), PENSÉE ; idée ; projet.

ἐπι-νύμφειος, ος, ον, nuptial.

ἐπι-νωμάω-ῶ (*f.* ήσω), 1° attribuer. ‖ 2° parcourir.

ἐπί-ξυνος, ος, ον, commun.

ἐπι-ορκέω-ῶ (*f.* ήσω), se parjurer.

ἐπι-ορκία, ας (ἡ), faux serment.

ἐπί-ορκος, ος, ον, parjure ; faux.

ἐπι-όσσομαι, regarder.

ἐπί-ουρος, ου (ὁ), gardien.

ἐπ-ιοῦσα (ἡ), *part. de* ἔπειμι, le jour suivant.

ἐπι-όψομαι, *f. de* ἐφοράω.

ἐπί-παν, *adv.*, en général ; en tout.

ἐπι-παρα-νέω-ῶ (*f.* νήσω), entasser encore.

ἐπι-παρα-σκευάζομαι (*f.* άσομαι), préparer pour soi de nouvelles choses.

1. **ἐπι-πάρ-ειμι** (*inf.* εἶναι), être présent en plus.

2. **ἐπι-πάρειμι** (*inf.* ἰέναι), s'avancer vers.

ἐπι-πάσσω (*f.* πάσω), saupoudrer.

ἐπί-πεδος, ος, ον, plan : τὸ ἐπίπεδον, surface plane.

ἐπι-πείθομαι (*f.* πείσομαι), céder ; obéir à.

ἐπι-πέλομαι, survenir.

ἐπι-πέμπω (*f.* πέμψω), envoyer en plus.

ἐπί-πεμψις, εως (ἡ), envoi nouveau.

ἐπι-πέτομαι (*f.* πτήσομαι), voler vers *ou* sur.

ἐπι-πηδάω-ῶ (*f.* ήσω), sauter sur.

ἐπι-πίλναμαι, s'approcher.

ἐπι-πίνω (*f.* πίομαι), boire en plus.

ἐπι-πίπτω (*f.* πεσοῦμαι, *etc.*), tomber sur.

ἔπιπλα, ων (τά), meubles.

ἐπι-πλάζομαι (*f.* πλάγξομαι *et* πλαγχθήσομαι), être ballotté sur.

ἐπί-πλεος, α, ον, plein de, *gén.*

ἐπί-πλευσις, εως (ἡ), abordage.

ἐπι-πλέω (*f.* πλεύσομαι), naviguer vers *ou* sur; aborder.

ἐπί-πλεως, ως, ων *comme* ἐπίπλεος.

ἐπι-πληρόω-ῶ (*f.* ώσω), remplir encore.

ἐπι-πλήσσω, *att.* **ττω** (*f.* πλήξω), frapper; châtier.

ἐπί-πλοα (τά), *comme* ἔπιπλα.

ἐπι-πλόμενος, *part. aor.* 2 *de* ἐπιπέλομαι.

1. **ἐπί-πλοος-ους, όου-ου** (ὁ), épiploon.

2. — , expédition navale.

ἐπι-πλώω, *comme* ἐπιπλέω.

ἐπι-πνέω (*f.* πνεύσομαι) *et* **ἐπιπνείω**, 1° SOUFFLER SUR. || 2° exciter; inspirer.

ἐπί-πνοια, ας (ἡ), souffle.

ἐπι-πόδιος, α, ον, attaché aux pieds.

ἐπι-ποθέω-ῶ (*f.* ήσω), désirer; regretter.

ἐπι-πόθητος, ος, ον, désiré; regretté.

ἐπι-ποιμήν, ένος (ὁ, ἡ) berger; bergère.

ἐπι-πολάζω (*f.* άσω), 1° MONTER A LA SURFACE. || 2° devenir important *ou* habituel. || 3° s'enorgueillir.

ἐπι-πολή, ῆς (ἡ), surface. — Ἐπιπολῆς, *adv.*, à la surface.

ἐπί-πολος, ος, ον, compagnon.

ἐπι-πονέω-ῶ (*f.* ήσω), peiner.

ἐπί-πονος, ος, ον, 1° pénible. || 2° laborieux.

ἐπι-πόνως, *adv.*, 1° péniblement. || 2° laborieusement.

ἐπι-πορεύομαι (*f.* σομαι) s'avancer vers *ou* à travers.

ἐπι-πρέπω, 1° se montrer; se distinguer. || 2° être convenable.

ἐπι-προ-ϊάλλω (*f.* ϊαλῶ, *etc.*), pousser en avant.

ἐπι-προ-ΐημι (*f.* ήσω, *etc.*), 1° *tr.* envoyer contre. || 2° voguer vers, *dat.*

ἐπί-προσθε(ν), 1° *adv.*, par devant. || 2° *prép.*, devant, *gén.*

ἐπι-πταίρω (*aor.* 2 ἐπέπταρον), éternuer à.

ἐπι-πωλέομαι-οῦμαι (*f.* ήσομαι), parcourir.

ἐπι-πώλησις, εως (ἡ), revue.

ἐπι-ρράσσω, *comme* ἐπιρρήσσω.

ἐπι-ρρέζω (*f.* ξω), sacrifier sur.

ἐπι-ρρέπω (*f.* ψω), 1° *intr.* s'incliner. || 2° *tr.* incliner.

ἐπι-ρρέω (*f.* ρρεύσομαι, *etc.*), couler sur; affluer,

ἐπι-ρρήσσω (*f.* ξω), 1° *tr.* frapper; déchirer. || 2° *intr.* s'élancer sur.

ἐπι-ρριπτέω-ῶ *et* **ἐπι-ρρίπτω** (*f.* ψω), 1° *tr.* jeter sur. || 2° *intr.* se jeter sur, *dat.*

ἐπι-ρροή, ῆς (ἡ), flux.

ἐπι-ρροθέω-ῶ (*f.* ήσω), 1° applaudir bruyamment. || 2° faire du bruit.

ἐπί-ρροθος, ος, ον, 1° bruyant; violent. || 2° qui porte secours à.

ἐπί-ρρυτος, ος, ον, 1° débordant. || 2° inondé.

ἐπι-ρρώννυμι (*f.* ρρώσω), fortifier; exciter.

ἐπι-ρρώομαι (*aor.* ερρωσάμην), s'agiter; se lancer (sur, *dat.*).

ἐπί-σαγμα, ατος (τό), selle; bât.

ἐπι-σάττω (*f.* άξω), seller; mettre sur le dos.

ἐπι-σείω (*f.* σείσω), agiter; secouer.

ἐπι-σεύω (*f.* σω), exciter contre. — *Pass.* s'élancer.

ἐπι-σημαίνω (*f.* σημανῶ), signifier; indiquer. — *Moy.* signifier; approuver.

ἐπί-σημος, ος, ον, marqué d'un signe; monnayé; remarquable. **Τὸ** ἐπίσημον, signe distinctif.

ἐπι-σιμόω-ῶ, recourber.

ἐπι-σιτίζομαι (*f.* ίσομαι, *att.* ιοῦμαι), s'approvisionner.

ἐπι-σίτιος, ος, ον, qui gagne sa nourriture.

ἐπι-σιτισμός, οῦ (ὁ), approvisionnement.

ἐπι-σκέπτομαι (*f.* σκέψομαι), considérer; inspecter.

ἐπι-σκευάζω (*f.* άσω), PRÉPARER; équiper; réparer.

ἐπι-σκευή, ῆς (ἡ), 1° équipement. || 2° réparation.

ἐπί-σκεψις, εως (ἡ); examen ; inspection.

ἐπί-σκηνος, ος, ον, qui est devant *ou* sous la tente.

ἐπι-σκήπτω (*f.* ψω), 1° *tr.* APPUYER SUR; recommander; prier. ‖ 2° *intr.* s'appuyer sur; fondre sur.
— *Moy.* 1° s'appuyer sur. ‖ 2° protester contre; accuser, *dat.* (de, *gén.*).

ἐπί-σκηψις, εως (ἡ), 1° APPUI ; recommandation. ‖ 2° accusation.

ἐπι-σκιάζω (*f.* άσω), ombrager.

ἐπί-σκιος, ος, ον, ombragé.

ἐπι-σκοπέω-ῶ (*f.* ήσω), examiner; inspecter.

ἐπί-σκοπος, ου (ὁ), 1° gardien. ‖ 2° inspecteur.

ἐπί-σκοπος, ος, ον, qui atteint le but.

ἐπι-σκοτέω-ῶ, obscurcir.

ἐπι-σκύζομαι (*f.* ύσομαι), s'irriter.

ἐπι-σκυθίζω (*f.* ίσω), boire pur comme un Scythe.

ἐπι-σκύνιον, ου (τό), 1° peau des sourcils. ‖ 2° air arrogant.

ἐπι-σκώπτω (*f.* σκώψω), railler.

ἐπι-σμυγερῶς, *adv.*, lamentablement.

ἐπι-σπαστήρ, ῆρος (ὁ), crochet ; loquet.

ἐπί-σπαστος, ος, ον, attiré ; serré.

ἐπι-σπάω-ῶ (*f.* σπάσω). attirer; tirer, obtenir — *Moy.* attirer à soi ; entraîner.

ἐπι-σπεῖν, *inf. aor.* 2 *de* ἐφέπω.

ἐπι-σπείρω (*f.* σπερῶ), semer par-dessus.

ἐπί-σπεισις, εως (ἡ), libation.

ἐπι-σπένδω (*f.* σπείσω), faire des libations.

ἐπι-σπέρχω (*f.* ξω), 1° *tr.* pousser; presser. ‖ 2° *intr* s'élancer.

ἐπι-σπέσθαι, *inf. aor.* 2 *moy. de* ἐφέπω.

ἐπι-σπεύδω (*f.* σω), 1° *tr.* hâter. ‖ 2° *intr.* se hâter.

ἐπι-σπονδαί, ῶν (αἱ), trêve ; traité.

ἐπι-σσεύω, comme ἐπισεύω.

ἐπί-σσυτος, ος, ον, qui s'élance.

ἐπί-σσωτρον, ου (τό), cercle de roue.

ἐπι-σταδόν, *adv.*, 1° en se tenant en face. ‖ 2° de suite.

ἐπί-σταθμος, ου (ὁ),

officier préposé aux logements.

ἐπίσταμαι (*impf.* ἠπιστάμην, *f.* ἐπιστήσομαι, *aor.* ἠπιστήθην), SAVOIR; connaître; penser; ἐπιστάμενος, *gén.*, habile dans.

ἐπ-ισταμένως, *adv.*, savamment.

ἐπ-ιστασία, ας (ἡ), surveillance; direction.

ἐπί-στασις, εως (ἡ), 1° ATTENTION; surveillance. ‖ 2° arrêt. ‖ 3° début.

ἐπι-στατέω-ῶ (*f.* ήσω), être chef; présider à *dat.*; être épistate.

ἐπι-στάτης, ου (ὁ), 1° qui se tient sur ou près; mendiant. ‖ 2° CHEF, président; épistate. ‖ 3° maître en, *gén.*

ἐπι-στείβω (*f.* ψω), marcher sur.

ἐπι-στέλλω (*f.* στελῶ, *etc.*), 1° envoyer vers. ‖ 2° mander; commander.

ἐπι-στενάζω (*f.* άξω), — στενάχω, — στένω, gémir sur, *dat.*

ἐπι-στεφής, ής, ές, 1° couronné. ‖ 2° plein jusqu'au bord (de, *gén.*).

ἐπι-στέφω (*f.* ψω), 1° couronner. ‖ 2° remplir jusqu'au bord.

ἐπιστήμη, ης, (ἡ), SCIENCE; savoir; connaissance.

ἐπ-ίστημι, *voir* ἐφίστημι.

ἐπιστήμων, ων, ον, *gén.* ονος, qui sait; compétent en, *gén.*

ἐπι-στηρίζω (*f.* ίξω), appuyer sur. — *Moy.*, s'appuyer sur.

ἐπ-ίστιον, ου (τό), station pour vaisseaux.

ἐπ-ίστιος, ος, ον, du foyer.

ἐπι-στολεύς, έως (ὁ), 1° messager. ‖ 2° vice-amiral.

ἐπι-στολή, ῆς (ἡ), message; lettre.

ἐπιστολια-φόρος, ου (ὁ), messager.

ἐπιστολιμαῖος, ος, ον, mis par écrit.

ἐπι-στομίζω (*f.* ίσω, *att.* ιῶ), fermer la bouche.

ἐπι-στοναχέω-ῶ (*f.* ήσω), gémir sur.

ἐπι-στρατεία, ας *et* **ἐπι-στράτευσις, εως** (ἡ), expédition.

ἐπι-στρατεύω (*f.* σω), *et* *moy.*, marcher contre.

ἐπι-στρατηίη, *voir* ἐπιστρατεία.

ἐπι-στρεφής, ής, ές, 1° attentif. ‖ 2° souple.

ἐπι-στρέφω (*f.* ψω), 1° *tr.* tourner; faire retourner. ‖ 2° *intr.*, se retourner.

— *Moy.-pass.*, 1° se tourner; se détourner. ‖ 2° être attentif à. — Part. ἐπεστραμμένος, tendu; véhément.

ἐπι-στροφάδην (*adv.*), 1° en se tournant de tous côtés. ‖ 2° avec raideur.

ἐπι-στροφή, ῆς (ἡ). 1° TOUR; évolution. ‖ 2° attention. ‖ 3° issue. ‖ 4° séjour. ‖ 5° fréquentation. ‖ 6° châtiment.

ἐπί-στροφος, ος, ον, 1° sinueux. ‖ 2° familier de, *gén.*

ἐπι-στρώννυμι (*f.* στρώσω), étendre sur.

ἐπι-στρωφάω-ῶ (*f.* ήσω), visiter; fréquenter.

ἐπι-συν-άγω (*f.* άξω, *etc.*), rassembler en plus.

ἐπι-συν-αγωγή ῆς (ἡ), rassemblement.

ἐπι-σύρω (*f.* ρῶ), traîner avec peine; tirer derrière soi.

ἐπι-σφάζω *et* **σφάττω**, égorger.

ἐπι-σφαλής, ής, ές, glissant; incertain; dangereux.

ἐπι-σφραγίζομαι (*f.* ίσομαι, *att.* ιοῦμαι), sceller; ratifier.

ἐπι-σφύριον, ου (τό), protège-cheville.

ἐπι-σχερώ, *adv.*, à la suite.

ἐπι-σχεσίη, ης (ἡ), prétexte.

ἐπί-σχεσις, εως (ἡ), arrêt; obstacle; retenue.

ἐπ-ισχύω (*f.* ύσω), 1° *tr.*, fortifier. ‖ 2° *intr.*, se fortifier.

ἐπ-ίσχω, *comme* ἐπέχω.

ἐπι-σωρεύω (*f.* σω), entasser.

ἐπί-ταγμα, ατος (τό), 1° ORDRE; commandement. ‖ 2° corps de réserve.

ἐπί-τακτοι, ων (οἱ), troupes de réserve.

ἐπι-ταλαιπωρέω-ῶ (*f.* ήσω), avoir encore de la peine.

ἐπι-τάμνω, = ἐπιτέμνω.

ἐπι-τανύω, = ἐπιτείνω.

ἐπί-ταξις, εως (ἡ), 1° ordre, commandement. ‖ 2° imposition.

ἐπι-ταράσσω, *att.* **ττω** (*f.* άξω), troubler davantage.

ἐπι-τάρροθος, ου (ὁ, ἡ), défenseur.

ἐπι-τάσσω, *att.* **ττω** (*f.* άξω), 1° commander. ‖ 2° ranger.

ἐπι-τάφιος, **ος**, **ον**, funèbre.

ἐπι-ταχύνω (*f.* υνῶ), hâter.

ἐπι-τείνω (*f.* τενῶ, *etc.*), 1° tendre ; étendre ; accroître. ‖ 2° *Intr. et moy.-pass.* s'accroître ; faire des efforts.

ἐπι-τειχίζω (*f.* ίσω, *att.* ιῶ, *etc.*), fortifier (*dat.*, contre).

ἐπι-τείχισις, **εως** (ἡ), *et*

ἐπι-τειχισμός, **οῦ** (ὁ), fortification.

ἐπι-τείχισμα, **ατος** (τό), rempart.

ἐπι-τελέω-ῶ (*f.* έσω, *etc.*) *et moy.*, 1° accomplir ; achever. ‖ 2° acquitter. ‖ 3° imposer.

ἐπι-τελής, **ής**, **ές**, achevé.

ἐπι-τέλλω (*f.* τελῶ), 1° *tr.*, ordonner. ‖ 2° *intr.*, se lever (*astre*).

ἐπι-τέμνω (*f.* τεμῶ, *etc.*) couper ; abréger.

ἐπι-τέρπομαι (*f.* φθήσομαι), se réjouir de, *dat.*

ἐπι-τετράφαται, 3° *pers. pl. pf. pass. de* ἐπιτρέπω.

ἐπι-τεχνάομαι-ῶμαι (*f.* ήσομαι), imaginer.

ἐπι-τέχνησις, **εως** (ἡ), invention ; imagination.

ἐπι-τήδε(ι)ος, **α**, **ον** 1° COMMODE ; avantageux ; utile : τὰ ἐπιτήδεια, les vivres. ‖ 2° ami ; parent.

ἐπι-τηδές *ou* **ἐπί-τηδες**, *adv.*, 1° suffisamment. ‖ 2° exprès.

ἐπι-τήδευμα, **ατος** (τό), occupation ; genre de vie ; habitude.

ἐπι-τήδευσις, **εως** (ἡ), action de s'exercer ; pratique.

ἐπι-τηδεύω (*f.* σω), exercer ; pratiquer ; s'appliquer à.

ἐπι-τήκω (*f.* τήξω), faire fondre, couler.

ἐπι-τηρέω-ῶ (*f.* ήσω), observer.

ἐπι-τίθημι (*f.* θήσω, *etc.*), 1° PLACER SUR *ou* DEVANT. ‖ 2° appliquer à ; ajouter. ‖ 3° ordonner ; infliger. — *Moy.*, 1° placer sur *ou* devant soi. ‖ 2° s'appliquer à ; s'attaquer à, *dat.* ; tâcher de.

ἐπι-τιμάω-ῶ (*f.* ήσω), 1° rendre des honneurs (*partic.* funèbres). ‖

2° augmenter de prix. || 3° reprocher. || 4° infliger.

ἐπι-τίμησις, εως (ἡ), châtiment ; reproche.

ἐπι-τιμητής, οῦ (ὁ), qui châtie ; qui reproche.

ἐπι-τιμήτωρ, ορος (ὁ), vengeur.

ἐπι-τιμία, ας (ἡ), jouissance des droits civils.

ἐπι-τίμιον, ου (τό), peine ; châtiment.

ἐπί-τιμος, ος, ον, honoré ; ayant tous ses droits.

ἐπι-τλάω (*aor. inf.* ἐπιτλῆναι, *part.* ἐπιτλάς), supporter avec patience.

ἐπι-τολή, ῆς (ἡ), lever (*d'un astre*).

ἐπι-τολμάω-ῶ (*f.* ήσω), oser.

ἐπί-τονος, ου (ὁ), cordage de poupe.

ἐπι-τοξάζομαι, lancer des flèches.

ἐπι-τραπέω, *comme* ἐπιτρέπω.

ἐπι-τρέπω (*f.* τρέψω), *etc.*), 1° REMETTRE ; confier ; abandonner. || 2° *dat.* s'abandonner à. — *Moy.* 1° confier. || 2° *dat.*, se confier à ; se laisser aller à.

ἐπι-τρέφω (*f.* θρέψω), nourrir (sur *ou* après).

ἐπι-τρέχω (*f.* δραμοῦμαι, *etc.*), 1° *dat.*, courir sur *ou* après ; attaquer. || 2° *acc.* parcourir.

ἐπι-τρίβω (*f.* ψω), BROYER ; user ; ruiner ; faire périr.

ἐπί-τριπτος, ος, ον, usé ; roué.

ἐπι-τροπαῖος, α, ον, confié à.

ἐπι-τροπεύω (*f.* εύσω), administrer ; avoir en tutelle.

ἐπι-τροπή, ῆς, (ἡ), administration ; tutelle ; arbitrage.

ἐπί-τροπος, ου (ὁ), administrateur ; tuteur.

ἐπι-τροχάδην, *adv.*, en courant ; brièvement.

ἐπι-τυγχάνω (*f.* τεύξομαι, *etc.*), 1° RENCONTRER, *dat.* : ὁ ἐπιτυχών, le premier venu. || 2° atteindre ; obtenir, *gén.* || 3° *abs.*, réussir.

ἐπι-τύμβιος, ος, ον, funéraire.

ἐπι-φαίνω (*f.* φανῶ), faire voir : montrer.

ἐπι-φάνεια, ας (ἡ), apparition ; éclat.

ἐπι-φανής, ής, ές, 1° VISIBLE ; apparent. || 2° illustre.

ἐπί-φαντος ος, ον, visible ; vivant.

ἐπι-φανῶς, *adv.*, visiblement.

ἐπι-φέρω (*f.* ἐποίσω, *etc.*), 1° porter sur *ou* contre. || 2° apporter; appliquer.

— *Moy.-pass.* 1° se porter contre. || 2° venir en suivant.

ἐπι-φημίζω (*f.* ίσω), 1° publier hautement. || 2° attribuer; imputer.

ἐπι-φήμισμα, ατος (τό), parole de mauvais augure.

ἐπι-φθέγγομαι (*f.* φθέγξομαι), acclamer; invoquer.

ἐπι-φθονέω-ῶ (*f.* ήσω), porter envie.

ἐπί-φθονος, ος, ος, 1° haï; odieux. || 2° envieux.

ἐπι-φθόνως, *adv.*, avec envie.

ἐπι-φλέγω (*f.* ξω), brûler; enflammer.

ἐπι-φοιτάω-ῶ (*f.* ήσω), fréquenter, *dat.*

ἐπι-φορά, ᾶς (ἡ), 1° apport; gratification. || 2° attaque.

ἐπι-φορέω, *comme* ἐπιφέρω.

ἐπι-φόρημα, ατος (τό), dessert.

ἐπί-φορος, ος, ον, 1° qui pousse. || 2° porté à.

ἐπι-φράζομαι (*f.* άσομαι), réfléchir; constater.

ἐπι-φράσσω *att.* **άττω** (*f.* φράξω), clore; obstruer.

ἐπι-φρονέω-ῶ (*f.* ήσω), être prudent; attentif.

ἐπι-φροσύνη, ης (ἡ), attention; prudence.

ἐπί-φρων, ων, ον, *gén.* **ονος**, prudent.

ἐπι-φύομαι (*aor.* 2 ἐπέφυν), 1° naître sur. || 2° s'acharner à.

ἐπι-φωνέω-ῶ (*f.* ήσω), crier à quelqu'un.

ἐπι-χαίρω (*f.* χαιρήσω, *etc.*), se réjouir (de, *dat*).

ἐπι-χαλάω-ῶ, 1° *tr.* relâcher. || 2° *intr.* se relâcher.

ἐπί-χαλκος, ος, ον, couvert d'airain.

ἐπί-χαρις, ις, ι, *gén.* **ιτος**, gracieux; aimable.

ἐπί-χαρτος, ος, ον, réjouissant.

ἐπι-χειμάζω (*f.* άσω), hiverner.

ἐπί-χειρα, ων (τά), prix; salaire.

ἐπι-χειρέω-ῶ (*f.* ήσω) *dat. ou acc.* 1° ENTREPRENDRE. || 2° attaquer. 3° essayer de prouver.

ἐπι-χείρημα, ατος (τό), 1° ENTREPRISE. ‖ 2° attaque. ‖ 3° argumentation.

ἐπι-χείρησις, εως (ἡ). *mêmes sens.*

ἐπι-χειρητής, οῦ (ὁ), qui entreprend.

ἐπι-χειροτονέω-ῶ (*f.* ήσω), voter *ou* faire voter.

ἐπι-χέω (*f.* χέω, *etc.*), répandre sur. — *Moy. pass.* se répandre sur.

ἐπι-χθόνιος, ος *ou* **α, ον**, qui vit sur la terre; terrestre.

ἐπί-χολος, ος, ον, bilieux.

ἐπι-χορεύω (*f.* σω), venir en dansant.

ἐπι-χορηγέω-ῶ (*f.* ήσω), fournir en supplément.

ἐπι-χράομαι-ῶμαι (*f.* χρήσομαι), user souvent (de, *dat.*).

ἐπι-χράω, se jeter sur (*dat.*).

ἐπι-χρίω (*f.* ίσω), frotter. — *Moy.*, se frotter.

ἐπί-χρυσος, ος, ον, doré.

ἐπι-χωρέω-ῶ (*f.* ήσω), 1° *intr.* s'avancer vers. ‖ 2° *tr.* permettre.

ἐπι-χωριάζω (*f.* άσω), 1° venir souvent dans un pays. ‖ 2° être d'un pays; être usité dans un pays.

ἐπι-χώριος, ος *ou* **α, ον**, du pays; national.

ἐπι-ψαύω (*f.* σω), effleurer, *gén.*

ἐπι-ψεύδομαι (*f.* ψεύσομαι), mentir.

ἐπι-ψηλαφάω-ῶ (*f.* ήσω) tâter.

ἐπι-ψηφίζω (*f.* ίσω, *att.* ιῶ), mettre aux voix. — *Moy.* décider aux voix.

ἐπί-ψογος, ος, ον, qui mérite *ou* pratique le blâme.

ἐπ-ιωγαί, ῶν (αἱ), station pour navires.

ἔπλετο, 3e *pers. sg. impf. de* πέλομαι

ἔπληντο, 3e *pers. pl. aor.* 2 *pass. de* πελάζω.

ἐπ-οδιάζω, ἐπ-όδιον, *voir* ἐφοδιάζω, ἐφόδιον.

ἐπ-οικέω-ῶ (*f.* ήσω), s'établir en colon.

ἐπ-οικοδομέω-ῶ (*f.* ήσω), bâtir sur; rebâtir.

ἔπ-οικος, ος, ον, voisin; étranger; colon.

ἐπ-οικτ(ε)ίρω, plaindre.

ἐπ-οικτίζω (*f.* ίσω), déplorer.

ἐπ-οίχομαι (*f.* οἰχήσομαι), *acc.* 1° ALLER VERS. ‖ 2° aller contre; attaquer. || 3° parcourir ; passer en revue. || 4° s'occuper de.

ἐπ-οκέλλω (*f.* οκελῶ), 1° *tr.* faire échouer (*un navire*). || 2° *intr.* échouer.

ἐπ-ολολύζω (*f.* ύξω), pousser des cris.

ἕπομαι (*impf.* εἰπόμην, *f.* ἕψομαι, *aor.* 2 ἑσπόμην), *dat.*, 1° SUIVRE. || 2° être la conséquence de. || 3° obéir ; se conformer à.

ἐπ-ομβρία, ας (ἡ), déluge.

ἐπ-όμνυμι *et* **ἐπ-ομνύω** (*f.* ομοῦμαι, *etc*), *et moy.*, jurer.

ἐπ-ομφάλιος, ος, ον, bombé.

ἐπ-ονείδιστος, ος, ον, infamant.

ἐπ-ονομάζω (*f.* άσω), appeler par un nom ; surnommer.

ἐπ-οπίζομαι, vénérer.

ἐπο-ποιΐα, ας (ἡ), épopée.

ἐπο-ποιός, οῦ (ὁ), poète épique.

ἐπ-οπτάω-ῶ (*f.* ήσω), rôtir.

ἐπ-οπτεύω (*f.* εύσω), 1° surveiller. || 2° être initié.

ἐπ-όπτης, ου (ὁ), 1° surveillant. || 2° initié.

ἐπ-οράω, *comme* ἐφοράω.

ἐπ-ορέγω, (*f.* ορέξω), tendre.

— *Moy.* 1° allonger. || 2° avoir le désir de, *gén.*

ἐπ-ορέω, *comme* ἐφοράω.

ἐπ-ορθιάζω (*f.* άσω), crier.

ἐπ-ορθρεύομαι (*f.* εύσομαι), se lever de bonne heure.

ἐπ-ορμέω, *comme* ἐφορμέω.

ἐπ-όρνυμι *et* **ἐπ-ορνύω** (*f.* όρσω, *etc.*), lancer ; envoyer.

— *Moy.* s'élancer ; se lever.

ἔπορον, *voir* πορεῖν.

ἐπ-ορούω (*f.* σω), s'élancer sur.

ἔπ-ορσον, *imp. aor. de* ἐπόρνυμι.

ἐπ-ορχέομαι-οῦμαι, danser sur *ou* près de, *dat.*

ἔπος, *gén.* **ους** (τό), 1° PAROLE ; discours ; récit ; sujet : ὡς ἔπος εἰπεῖν, pour ainsi dire ; πρὸς ἔπος, à propos. || 2° oracle ; promesse. || 3° vers ; poème.

ἐπ-οτρύνω (*f.* υνῶ), exciter ; hâter.

ἐπ-ουράνιος, ος, ον, céleste.

ἔπ-ουρος, ος, ον favorable.
ἐπ-οφείλω (*f.* ὀφειλήσω), devoir en outre.
ἐπ-οχέομαι-οῦμαι (*f.* ήσομαι), être voituré.
ἐπ-οχετεύω (*f.* σω), dériver (*l'eau*); arroser.
ἐπ-οχή, ῆς (ἡ), arrêt; temps d'arrêt.
ἔπ-οχος, ος, ον, 1° voituré; porté. ‖ 2° solidement assis. ‖ 3° navigable.
ἔποψ, οπος (ὁ), huppe.
ἐπ-όψιμος, ος, ον, visible.
ἐπ-όψιος, α, ον, 1° visible. ‖ 2° qui voit clair.
ἔπ-οψις, εως (ἡ), vue.
ἔπραθον, *aor.* 2 *de* πέρθω.
ἑπτά, *indécl.*, sept.
ἑπτα-βόειος, ος, ον, garni de sept peaux de bœuf.
ἑπτά-βοιος, ος, ον, *même sens.*
ἑπτά-ετες, *adv.*, pendant sept ans.
ἑπτα-ετής, ής, ές, de sept ans.
ἑπτα-καί-δεκα, *indécl.*, dix-sept.
ἑπτα-και-δέκατος, η, ον, dix-septième.
ἑπτάκις, *adv.*, septfois.
ἑπτακις-μύριοι, αι, α, soixante-dix mille.
ἑπτακις-χίλιοι, αι, α, sept mille.
ἑπτα-κόσιοι, αι, α, sept cents.
ἑπτά-λογχος, ος, ον, à sept lances.
ἑπτά-μηνος, ος, ον, de sept mois.
ἑπτά-πηχυς, υς, υ, *gén.* **εος,** de sept coudées.
ἑπτα-πόδης, ου, de sept pieds.
ἑπτά-πυλος, ος, ον, à sept portes.
ἔπταρον, *aor.* 2 *de* πταίρω.
ἑπτά-τονος, ος, ον, à sept tons.
ἕπταχα, *adv.*, en sept parties.
ἑπτ-έτης, ου, *comme* ἑπταετής.
ἔπ-υδρος, ος, ον, *comme* ἔφυδρος.
ἐπύλλιον, ου (τό), petite pièce de vers.
ἔπω, *voir* εἶπον.
ἕπω, *voir* ἕπομαι.
ἐπ-ῳδή, ῆς (ἡ), charme; enchantement; chant.
ἐπ-ῳδός, ός, όν, magique; — ὁ ἐ..., magicien; ἡ ἐ..., épode.
ἐπ-ωμίς, ίδος (ἡ), 1° haut de l'épaule. ‖ 2° tunique attachée sur l'épaule.

ἐπ-ώμοτος, lié par un serment.

ἐπ-ωνυμία, ας (ἡ), surnom; nom.

ἐπ-ώπτων, *impf. de* ἐποπτάω.

ἐπ-ῶρα, 3e *pers. sg. impf. de* ἐφοράω.

ἐπ-ῶρτο, 3e *pers. sg. aor.* 2 *moy. de* ἐπόρνυμι.

ἐπ-ωτίδες, ων (αἱ), oreilles (*pièces de bois*) de la proue.

ἐπ-ωφελέω-ῶ (*f.* ήσω), 1° aider; être utile à, *dat. acc.* ‖ 2° devoir : ἐπωφέλησα, j'aurais dû.

ἐπ-ωφέλημα, ατος (τό), aide; utilité.

ἐπ-ώχατο, 3e *pers. pl. p.-q.-pf. pass. de* ἐπέχω, ils étaient fermés.

ἔραζε, *adv.*, à terre (*avec mouvt*).

ἔραμαι (*f.* ἐρασθήσομαι), aimer, *gén.*

ἐρανίζω (*f.* ίσω), quêter; ramasser.

ἐραννός, ή, όν, aimable.

ἔρανος, ου (ὁ), écot; contribution; service.

ἐρασι-χρήματος, ος, ον, amoureux de l'argent.

ἐράσμιος, ος, ον, aimable.

ἐραστής, οῦ (ὁ), amoureux (de, *gén.*).

ἐραστός, ή, όν, aimable.

ἐρατεινός, ή, όν, aimable.

ἐρατίζω, être épris de, *gén.*

ἐρατός, ή, όν, aimable.

ἐρατύω, *comme* ἐρητύω.

Ἐρατοσθένης, ου (ὁ), Eratosthène.

Ἐρατώ, οῦς (ἡ), Erató (*Muse*).

ἐραυνάω-ῶ, *comme* ἐρευνάω.

ἐράω-ῶ *et moy.*, aimer; être épris de, *gén.*

ἐργάζομαι (*f.* άσομαι, *aor.* εἰργασάμην, *pf.* εἴργασμαι), 1° TRAVAILLER (*intr. et tr.*); faire; exécuter. ‖ 2° gagner; commercer. — *Pass.* (ἐργασθήσομαι, εἰργάσθην, εἴργασμαι), être travaillé; être fait.

ἐργαλεῖον, ου (τό), outil.

ἐργασείω, avoir envie de travailler.

ἐργασία, ας (ἡ), 1° TRAVAIL, industrie. ‖ 2° profit; acquisition.

ἐργαστήρ, ῆρος (ὁ), ouvrier.

ἐργαστήριον, ου (τό), atelier.

ἐργαστικός, ή, όν, laborieux.

ἐργάτης, ου (ὁ), artisan; cultivateur.

ἐργατικός, ή, όν, travailleur; laborieux.

ἐργάτις, ιδος (ἡ), ouvrière.

ἔργμα, ατος (τό), acte; action.

ἕργμα, ατος (τό), fermeture.

ἔργνυμι, *comme* εἴργω.

ἐργο-λαβέω-ῶ (*f.* ήσω) entreprendre.

ἐργο-λαβία, ας (ἡ), entreprise à forfait.

ἐργο-λάβος, ου (ὁ), entrepreneur.

ἔργον, ου (τό), 1° TRAVAIL; œuvre. ‖ 2° action (opposé à λόγος); fait. ‖ 3° besogne; fonction; affaire : ὑμέτερον ἔργον ἐστίν, c'est votre affaire. ‖ 4° intérêt; revenu d'un capital.

ἔργω, *comme* εἴργω.

ἐργώδης, ης, ες, laborieux; difficile.

ἔρδω et **ἕρδω** (*f.* ἔρξω, *pf.* 2 ἔοργα), 1° FAIRE; accomplir; pratiquer. ‖ 2° sacrifier.

ἐρεβεννός, ή, όν, ténébreux.

ἐρέβινθος, ου (ὁ), pois chiche.

ἔρεβος, εος-ους (τό), ténèbres; l'Erèbe.

ἐρεείνω *et moy.*, interroger.

ἐρεθίζω (*f.* ίσω, *att.* ιῶ), exciter; irriter.

ἐρέθω, *mêmes sens.*

ἐρείδω (*f.* σω), 1° *tr.*, APPUYER; soutenir; serrer; enfoncer. ‖ 2° *intr.*, s'appuyer; tomber sur. — *Moy.*, 1° *tr.*, appuyer; riposter. ‖ 2° *intr.*, s'appuyer.

ἐρείκη, ης (ἡ), bruyère.

ἐρείκω (*f.* ξω, *aor.* 2 ἤρικον), 1° *tr.*, briser. ‖ 2° *intr.*, se briser.

ἔρειο, *imp.* de ἔρομαι.

ἐρείομεν, 1re *pers. pl. subj. de* ἐρέω².

ἐρείπια, ων (τά), ruines.

ἐρείπω (*f.* ψω, *aor.* 2 ἤριπον; *pass. aor.*, ἠρείφθην, *pf.* ἐρήριμμαι), 1° *tr.*, renverser; ruiner. ‖ 2° *intr.*, se renverser.

ἔρεισμα, ατος (τό), soutien; appui.

ἐρείψιμος, ος, ον, qui croule.

ἐρεμνός, ή, όν, sombre; ténébreux.

ἔρεξα, *aor.* 1 de ῥέζω.

ἐρέομαι, *moy. de* ἐρέω².

ἐρέπτομαι, manger.

ἐρέριπτο, 3e *pers. sg. p.-q.-pf. pass. de* ἐρείπω.

ἐρέσθαι, *inf. aor.* 2 *de* ἔρομαι.

ἐρέσσω, *att.* ττω (*f.* ερέσω), 1° ramer. ‖ 2° mouvoir, *acc.*

ἐρέτης, ου (ὁ), rameur.

ἐρετικός, ή, όν, du rameur.

ἐρετμόν, οῦ (τό), rame.

ἐρεύγομαι (*f.* ξομαι, *aor.* 2 ἤρυγον), 1° vomir. ‖ 2° mugir.

ἐρευθέδανον, ου (τό), garance.

ἐρεύθω (*f.* ἐρεύσω), rendre rouge.

ἔρευνα, ης (ἡ), recherche.

ἐρευνάω-ῶ (*f.* ήσω), *et moy.*, rechercher.

ἐρέφω (*f.* ψω), couvrir; couronner. — *Moy.*, se couronner.

Ἐρεχθεύς, έως (ὁ), Erechthée.

ἐρέχθω, briser.

1. **ἐρέω** *pour* ἐρῶ, je dirai.

2. **ἐρέω**, interroger, 2 *acc.*

ἐρημία, ας (ἡ), solitude; absence.

ἔρημος, ος *et* η, ον, désert; solitaire; vide de, *gén.*; ἡ ἐ. (δίκη), défaut (*au tribunal*).

ἐρημόω-ῶ (*f.* ώσω), abandonner; dévaster; priver de, *gén.*

ἐρήμωσις, εως (ἡ), abandon; dévastation.

ἐρηρέδαται, 3° *pers. pl. pf. pass. de* ἐρείδω.

ἐρήρεισμαι, *pf. pass. de* ἐρείδω.

ἐρήριμμαι, *pf. pass. de* ἐρείπω.

ἐρήσομαι, *f. de* ἔρομαι.

ἐρητύω (*f.* ύσω, *aor.* ἐρήτυσα) *et moy.*, arrêter; réprimer.

ἐρι-αύχην, ενος, qui lève la tête.

ἐρι-βρεμέτης, ου (ὁ), qui frémit fortement.

ἐρι-βῶλαξ, ακος *et* **ἐρίβωλος**, ος, ον, très fertile.

ἐρί-γδουπος, ος, ον, au bruit puissant.

ἐριδαίνω *et moy.* (*aor.* ἠριδησάμην), quereller.

ἐριδμαίνω, irriter.

ἐρί-δουπος, ος, ον, *comme* ἐρίγδουπος.

ἐρίζω (*f.* ἐρίσω), *et moy.*, 1° quereller. ‖ 2° rivaliser; lutter contre, *dat.*

ἐρί-ηρος, ος, ον, 1° bien adapté. ‖ 2° aimable.

ἐριθεία, ας (ἡ), chicane; dispute.

ἐρι-θηλής, ής, ές, très verdoyant.

ἔριθος, ου (ὁ, ἡ), ouvrier, ouvrière.

ἐρι-κυδής, ής, ές, très glorieux.
ἐρί-μυκος, ος, ον, mugissant fort.
ἐρινεός, οῦ (ὁ), figuier sauvage.
Ἐρινύς, ύος (ἡ), Erinys; *pl.* les Erinyes (*Furies*).
ἔριον, ου (τό), laine.
ἐρι-ούνης *et* **ἐρι-ούνιος, ου** (ὁ), très bienfaisant.
ἐρι-ουργέω-ῶ (*f.* ήσω), travailler la laine.
ἐριπεῖν, *inf. aor.* 2 *de* ἐρείπω.
ἔρις, ιδος (ἡ), 1° querelle. ‖ 2° rivalité. — *N. pr.* Eris (*la Discorde*).
ἐρι-σθενής, ής, ές, très puissant.
ἔρισμα, ατος (τό), cause de querelle.
ἐρι-στάφυλος, ος, ον, aux fortes grappes.
ἐριστικός, ή, όν, qui aime la discussion.
ἐριστός, ή, όν, disputé.
ἐρί-τιμος, ος, ον, d'un très grand prix.
ἐρίφειος, ος, ον, de chevreau.
ἔριφος, ου (ὁ), chevreau.
ἑρκεῖος *et* **ἕρκειος, ος** *ou* **α, ον,** de l'enclos. Ζεὺς ἑ., Zeus protecteur de la demeure.
ἑρκίον, ου (τό), clôture.
ἕρκος, εος-ους (τό), 1° CLÔTURE; enclos; rempart. ‖ 2° filet; piège.
ἑρκτή, *pour* εἱρκτή.
1. **ἕρμα, ατος** (τό), 1° ÉTAI. ‖ 2° cause; motif. ‖ 3° digue; barrière; écueil. ‖ 4° lest (*d'un navire*).
2. **ἕρμα, ατος** (τό), pendant d'oreille.
ἕρμαιον, ου (τό), aubaine.
ἑρμηνεία, ας (ἡ), explication; élocution.
ἑρμηνεύς, έως (ὁ), interprète.
ἑρμηνεύω (*f.* σω), interpréter; expliquer.
Ἑρμῆς, οῦ (ὁ), Hermès (*Mercure*).
ἑρμίς *ou* **ἑρμίν, ῖνος** (ὁ), pied de lit.
ἑρμο-γλυφεῖον, ου (τό), atelier de sculpteur.
ἔρνος, εος-ους (τό), jeune pousse; rejeton.
ἐρξίης, ου (ὁ), puissant.
ἔρξω, *f. de* ἔρδω.
ἔρομαι (*impf.* εἰρόμην, *f.* ἐρήσομαι, *aor.* 2 ἠρόμην), demander; questionner, 2 *acc.*
ἔρος, ου (ὁ), amour.
ἑρπετόν, οῦ (τό), animal rampant; reptile.
ἑρπύζω (*f.* ύσω, *aor.* εἵρπυσα), ramper.
ἕρπω (*f.* ψω, *aor.* **εἷρψα**),

1° RAMPER. ‖ 2° s'avancer doucement; se glisser.

ἐρράδαται, 3e *pers. pl. pf. pass. de* ῥαίνω.

ἐρρήθην, *aor.* 1 *pass. de* εἴρω 1.

ἔρριγα, *pf.* 2 *de* ῥιγέω.

ἔρρω (*f.* ἐρρήσω, *aor.* ἔρρησα), 1° S'EN ALLER. ‖ 2° aller à sa ruine; périr : ἔρρει τὰ καλά, le beau se perd.

ἐρρωμένος, **η**, **ον**, fort; bien portant.

ἔρρωσο, *imp. pf. pass. de* ῥώννυμι, porte-toi bien; adieu.

ἔρση, **ης** (ἡ), 1° rosée. ‖ 2° agneau nouvellement né.

ἐρσήεις, **ήεσσα**, **ῆεν**, humide de rosée.

ἔρσην, **ενος**, *comme* ἄρρην.

ἐρύγμηλος, **ος**, **ον**, mugissant.

ἐρυγών, *part. aor.* 2 *de* ἐρεύγομαι.

ἐρυθαίνω (*aor.* ἐρύθηνα). teindre en rouge. — *Pass.* devenir rouge.

ἐρύθημα, **ατος** (τό), rougeur; inflammation.

ἐρυθραίνω, *comme* ἐρυθαίνω.

ἐρυθραῖος, **α**, **ον**, rouge.

ἐρυθριάω-ῶ, (*f.* **άσω**), devenir rouge.

ἐρυθρός, **ά**, **όν**, rouge.

ἐρύκω (*f.* ύξω, *aor.* 2 ἠρύκακον), **ἐρυκανάω** *et* **ἐρυκάνω**, RETENIR; empêcher; écarter.

ἔρυμα, **ατος** (τό), ABRI; rempart; défense.

ἔρυμαι, *pf. pass. de* ἐρύω.

Ἐρύμανθος, **ου** (ὁ), Erymanthe (*montagne*).

ἐρυμνός, **ή**, **όν**, fortifié.

ἐρυμνότης, **ητος** (ἡ), situation fortifiée.

ἐρυσ-άρματες, **ων** (οἱ). qui tirent un char.

ἐρυσίβη, **ης** (ἡ), nielle.

ἐρυσί-πτολις, **ιος** (ἡ), protectrice des cités (*Athèna*).

ἐρυστός, **ή**, **όν**, tiré.

ἐρύω (*aor.* εἴρυσα, εἰρύσθην), TIRER; traîner. — *Moy.* 1° tirer à soi; garder; défendre. ‖ 2° repousser.

ἔρχαται, 3e *pers. pl. pf. pass. de* εἴργω.

ἐρχατάω, enfermer.

ἐρχθείς, *part. aor.* 1 *pass. de* εἴργω.

ἔρχομαι (*f.* ἐλεύσομαι, *aor.* 2 ἦλθον, *pf.* ἐλήλυθα), VENIR; aller. *Loc.* : δι' ἔχθρας ἐλθεῖν τινι, encourir l'inimitié de qq'un ; εἰς λόγους τινὶ ἐλθεῖν, entrer en conversation avec qq'un; εἰς τοῦτ' ἀνοίας ἦλθον ὥστε, ils en vinrent à un tel point de folie que ; ἐπὶ πᾶν ἐλθεῖν, en venir à tous les moyens.

ἐρῶ, *f. de* εἴρω 1.

ἐρῳδιός, οῦ (ὁ), héron.

ἐρωέω-ῶ (*f.* ήσω), 1° *intr.*, se retirer de, *gén.* ‖ 2° *tr.*, repousser.

ἐρωή, ῆς (ἡ), 1° RETRAITE ; fuite. ‖ 2° cessation. ‖ 3° mouvement violent.

ἔρως, ωτος (ὁ), AMOUR ; désir; *n. pr.* Erôs (*l'Amour*).

ἐρωτάω-ῶ (*f.* ήσω), interroger, 2 *acc.*

ἐρώτημα, ατος (τό), question.

ἐρώτησις, εως (ἡ), interrogation.

ἐρωτικός, ή, όν, qui a rapport à l'amour; amoureux.

ἐς, *prép. et en composition, pour* εἰς.

ἕς, *imp. aor.* 2 *act. de* ἵημι.

ἔσαν, *pour* ἦσαν, *impf. de* εἰμί (*sum*).

ἐσάπην, *aor.* 2 *pass. de* σήπω.

ἐσ-απικνέομαι, *pour* εἰσαφικνέομαι.

ἐσ-έδρακον, *aor.* 2 *de* εἰσδέρκομαι.

ἐσ-εμάσσατο, *aor.* 1 *de* εἰσμαίομαι.

ἐσ-εσάχατο, 3° *pers. pl. p.-q.-pf. pass. de* σάττω.

ἐσ-έχυντο, 3° *pers. pl. aor.* 2 *moy. de* εἰσχέω.

ἐσ-ήλατο, 3° *pers. sg. aor.* 1 *de* εἰσάλλομαι.

ἔσηνε, 3° *pers. sg. aor.* 1 *de* σαίνω.

ἐσθέω-ῶ (*pf. pass.* ἤσθημαι), vêtir.

ἔσθημα, ατος (τό), vêtement.

ἔσθην, *duel. p.-q.-pf. pass. de* ἕννυμαι.

ἐσθής, ῆτος (ἡ), vêtement; étoffe.

ἐσθίω (*f.* ἔδομαι, *aor.* 2 ἔφαγον, *pf.* ἐδήδοκα, *pass.* ἐδήδεσμαι), manger.

ἐσθλός, ή, όν, 1° BON ; vertueux; honnête. ‖ 2° utile; favorable. Τὰ ἐσθλά, les biens.

ἔσ-θορον, *aor.* 2 *de* εἰσθρῴσκω.

ἔσθος, ους (τό), *comme* ἐσθής.

ἔσθ' ὅτε, il y a des cas où (*est cum*).

ἔσθω, manger.

ἔσκον, *pour* ἦν, *de* εἰμί, *sum.*

ἑσμός, οῦ (ὁ), 1° essaim ‖ 2° troupe.

ἔσ-οπτρον, ου (τό), miroir.

ἔσπεο, 2ᵉ *pers. sg. aor.* 2 *de* ἕπομαι.

ἑσπέρα, ας (ἡ), 1° SOIR. ‖ 2° occident.

ἑσπέριος, α, ον, du soir; du couchant.

ἕσπερος, ος, ον, du soir; ὁ ἕ., le soir.

ἔσπετε, *pour* εἴπετε, *imp. de* εἶπον.

ἑσπόμην, *aor.* 2 *de* ἕπομαι.

ἔσσευα, *aor.* 1 *de* σεύω.

ἕσσο, 2ᵉ *pers. sg. p.-q.-pf. pass. de* ἕννυμι.

ἑσσόομαι, *pour* ἡσσάομαι.

ἔσσυμαι, *pf. pass. de* σεύω; ἐσσύμενος, ardent.

ἑσσώθην, ἕσσωμαι, *aor. et pf. de* ἑσσόομαι.

ἕσσων, ων, ον, *pour* ἥσσων.

ἔστε, 1° *adv.*, jusque. ‖ 2° *conj.*, jusqu'à ce que; tant que.

ἑστία, ας (ἡ), 1° FOYER; maison. ‖ 2° autel. — Ἑστία, *n. pr.*, Vesta.

ἑστίαμα, ατος (τό), *et* **ἑστίασις, εως** (ἡ), banquet.

ἑστιάτωρ, ορος (ὁ), qui donne un festin.

ἑστιάω-ῶ (*f.* ἑστιάσω, *aor.* εἱστίασα), TRAITER (*à table*); fêter. — *Pass.* (*f.* ἑστιάσομαι), être traité; se régaler de (*acc.-gén.-dat.*).

ἑστι-οῦχος, ος, ον, qui veille sur le foyer.

ἔστιχον, *aor.* 2. *de* στείχω.

ἕστο, 3ᵉ *pers. pl.-q.-pf. pass. de* ἕννυμι.

ἕστωρ, ορος (ὁ), cheville (*de char, du joug au timon*).

ἐσχάρα, ας (ἡ), foyer; brasier.

ἐσχατάων *pour* ἐσχατόων.

ἐσχατιά, ας (ἡ), extrémité; limite.

ἔσχατος, η, ον, extrême; dernier; τὰ ἔσχατα, l'extrémité.

ἐσχατόων, όωσα, qui est à l'extrémité.

ἐσχάτως, *adv.*, extrêmement.

ἔσχεθον, *pour* ἔσχον, de ἔχω.

ἔσω, *pour* εἴσω.

ἔσωθεν, *adv.*, du dedans; en dedans.

ἑταίρα, ας (ἡ) compagne.

ἑταιρεία, ας (ἡ), association; groupement.

ἑταιρεῖος *et* **ἡϊος, α, ον,** amical; de camarades.

ἑταιρία, ας (ἡ), *comme* ἑταιρεία.

ἑταιρίζω (*f.* ίσω, *att.* ιῶ), faire société.

ἑταιρικός, ή, όν, de camarades; de groupement.

ἑταιρίς, ίδος, (ἡ), courtisane.

ἑταῖρος, α, ον, compagnon; ὁ ἑ., le compagnon.

ἐτάλασσα, *aor.* 1 *de* τλάω.

ἑταρίζομαι, avoir pour compagnon.

ἕταρος, *comme* ἑταῖρος.

ἐτεθήπεα, *p.-q.-pf. de* θήπω.

'Ετεοκλῆς, έους (ὁ), Etéocle.

ἐτεός, ά, όν, vrai; ἐτεόν, *adv.*, vraiment.

ἑτερ-αλκής, ής, ές, qui penche d'un côté.

ἑτερ-ήμερος, ος, ον, d'un jour non l'autre.

ἑτέρηφι, *dat. fém. de* ἕτερος.

ἑτερό-γλωσσος, *att.* **ττος, ος, ον,** qui parle une autre langue.

ἑτερο-δοξέω-ῶ, avoir une opinion fausse.

ἑτερό-δοξος, ος, ον, qui a une opinion fausse.

ἑτεροῖος, α, ον, différent.

ἑτεροιόω-ῶ (*f.* ώσω), changer.

ἕτερος, α, ον, 1° L'UN DES DEUX; l'autre des deux: ἡ ἑτέρα, l'autre main (la gauche); θάτερα, l'autre côté. || 2° autre; différent. || 3° méchant.

ἑτέρωθε(ν), *adv.*, de l'autre côté.

ἑτέρωθι, *adv.*, de l'autre côté; ailleurs.

ἑτέρως, *adv.*, 1° autrement. || 2° mal.

ἑτέρωσε, *adv.*, de l'autre côté; ailleurs.

ἐτέταλτο, 3° *pers. sg p.-q.-pf. pass. de* τέλλω

ἐτέτυκτο, 3° *pers. sg. pl.-q.-pf. pass.* de τεύχω.

ἔτης, ου (ὁ), compagnon; concitoyen.

ἐτησίαι, ίων (οἱ), vents étésiens.

ἐτήσιος, α, ον, d'un an; annuel.

ἐτήτυμος, ος, ον, vrai; réel; véridique.

ἐτητύμως, *adv.*, vraiment.

ἔτι, *adv.*, ENCORE; de plus; désormais.

ἔτλην, *aor.* 2 *de* τλάω.

ἔτνος, εος-ους (τό) purée.

ἑτοιμάζω (*f.* άσω), préparer. — *Moy.* préparer pour soi.

ἑτοιμασία, ας (ἡ), préparatif.

ἕτοιμος, ος *et* η, ον, 1° PRÊT; aisé. ‖ 2° prêt à; dispos.

ἔτορον, *aor* 2 *de* τορέω.

ἔτος, εος-ους (τό), année.

ἐτός, *adv.*, en vain.

ἔτραπον, *aor.* 2 *de* τρέπω.

ἔτρωσα, *aor.* 1 *de* τιτρώσκω.

ἔτυμος, ος *ou* η, ον, vrai; ἔτυμον, *adv.*, vraiment.

ἐτύμως, *adv.*, véritablement.

ἐτώσιος, ος, ον, vain.

εὖ, *adv.*, 1° BIEN; heureusement. ‖ 2° très : εὖ μάλα, tout à fait.

εὗ, *pour* οὗ *enclit. pr. réfl. de la* 3° *pers.*

εὐ-αγγελίζομαι (*f.* ίσομαι, *att.* ιοῦμαι), annoncer une bonne nouvelle.

εὐ-αγγέλιον, ου (τό), récompense *ou* offrande pour une bonne nouvelle.

εὐ-αγγελιστής, οῦ (ὁ), qui annonce la bonne nouvelle; évangéliste.

1. **εὐ-αγής**, ής, ές, pur; propice.

2. **εὐ-αγής**, ής, ές, souple.

εὔ-αγρος, ος, ον, qui a fait bonne chasse.

εὐάζω, crier évohé.

εὐ-αής, ής, ές, au souffle propice.

Εὐ-αγόρας, ου (ὁ), Evagoras.

εὐ-αίρετος, ος, ον, facile à prendre *ou* à choisir.

εὐ-αισθησία, ας (ἡ), sensibilité vive.

εὐ-αισθήτως, *adv.*, avec sensibilité.

εὐ-αίων, ωνος (ὁ, ἡ), heureux.

εὐ-άλωτος, ος, ον, facile à prendre.

εὐ-ανδρία, ας (ἡ), abondance d'hommes supérieurs.

εὐ-ανθής, ής, ές, bien fleuri; florissant.

εὐ-απ-άλλακτος, ος, ον, facile à échanger.

εὐ-απάτητος, ος, ον, facile à tromper.

εὐ-από-βατος, ος, ον, où l'on peut aborder sans peine.

εὐ-απο-τείχιστος, ος, ον, facile à fortifier.

εὐ-αρεστέω-ῶ (*f.* ήσω), plaire; se plaire à.

εὐ-άρεστος, ος, ον, qui plaît.

εὐ-αρίθμητος, ος, ον, facile à compter.

εὐ-άρματος, ος, ον, aux chars bien faits.

εὐ-αρμοστία, ας (ἡ), bon ajustement; harmonie.

εὐ-άρμοστος, ος, ον, bien ajusté; harmonieux.

εὐ-αυγής, ής, ές, lumineux.

εὐ-βάστακτος, ος, ον, facile à porter.

εὔ-βατος, ος, ον, praticable; abordable.

Εὔβοια, ας (ἡ), Eubée.

εὔ-βοτος, ος, ον, riche en pâturages.

εὔ-βοτρυς, υς, υ, *gén.* **υος**, aux beaux raisins.

εὐ-βουλία, ας (ἡ), bon conseil; prudence.

εὔ-βουλος, ος, ον, bien avisé; prudent.

εὖγε, *adv.*, bien! bravo!

εὐ-γένεια, ας (ἡ), noblesse.

εὐ-γένειος, ος, ον, à la belle barbe *ou* crinière.

εὐ-γενής, ής, ές, BIEN NÉ; noble.

εὔ-γηρως, ως, ων, à la belle vieillesse.

εὖγμα, ατος (τό), 1° vœu ‖ 2° vanterie.

εὐ-γνωμονέω-ῶ (*f.* ήσω), avoir des sentiments raisonnables *ou* bienveillants.

εὐ-γνωμοσύνη, ης (ἡ), justesse des sentiments.

εὐ-γνώμων, ων, ον, *gén.* **ονος**, 1° sage. ‖ 2° bienveillant.

εὔ-γνωστος, ος, ον, 1° bien connu. ‖ 2° facile à connaître.

εὐ-δαιμονέω-ῶ (*f.* ήσω), être heureux.

εὐ-δαιμονία, ας (ἡ), BONHEUR. ‖ 2° opulence.

εὐ-δαιμονίζω (*f.* ίσω), juger heureux.

εὐ-δαιμονικός, ή, όν, qui concerne *ou* donne le bonheur.

εὐ-δαιμονικῶς, *adv.*, avec bonheur.

εὐ-δαίμων, ων, ον, *gén.* **ονος** 1° heureux. ‖ 2° opulent.

εὐ-δείελος, ος, ον, bien visible; brillant.

εὔ-δηλος, ος, ον, bien visible.

εὐ-δία, ας (ἡ), 1° beau temps. ‖ 2° sérénité morale.
εὐ-διά-βατος, ος, ον, aisé à traverser.
εὐ-διάβολος, ος, ον, qui prête aisément à la calomnie.
εὐ-διεινός, ή, όν, calme.
εὐ-δικία, ας (ἡ), bonne justice.
εὔ-διος, ος, ον, serein; calme.
εὔ-δμητος, ος, ον, bien bâti.
εὐ-δοκέω-ῶ (*f.* ήσω), trouver bon, *dat.*
εὐ-δοκιμέω ῶ (*f.* ήσω), avoir bonne renommée.
εὐ-δοκίμησις, εως (ἡ), bonne réputation.
εὐ-δόκιμος, ος, ον, bien réputé.
εὐ-δοξέω-ῶ (*f.* ήσω), avoir bonne réputation.
εὐ-δοξία, ας (ἡ), 1° bon sens. ‖ 2° assentiment.
εὔ-δοξος, ος, ον, renommé.
εὐ-δρακής, ής, ές, au regard pénétrant.
εὕδω (*f.* εὑδήσω), dormir.
εὔ-εδρος, ος, ον, bien assis.
εὐ-ειδής, ής, ές, d'un bel aspect.
εὐ-εκτικός, ή, όν, bien constitué.
εὐ-έλεγκτος, ος, ον, aisé à réfuter *ou* à prouver.
εὔ-ελπις, ις, ι, *gén.* ιδος, qui a bon espoir.
εὐ-εξ-άλειπτος, ος, ον, aisé à effacer.
εὐ-εξ-έλεγκτος, ος, ον, *comme* εὐέλεγκτος.
εὐ-εξία, ας (ἡ), bonne constitution; belle santé.
εὐ-έπεια, ας (ἡ), facilité de paroles; paroles favorables.
εὐ-επής, ής, ές, qui parle bien.
εὐ-επι-βούλευτος,ος,ον, en butte aux attaques.
εὐ-επί-θετος, ος, ον, exposé.
εὐ-εργεσία, ας (ἡ), bonne action ; bienfait.
εὐ-εργετέω-ῶ (*f.* ήσω), faire du bien.
εὐ-εργέτημα, ατος (τό), bienfait.
εὐ-εργέτης, ου (ὁ), bienfaiteur.
εὐ-εργετικός, ή, όν, bienfaisant.
εὐ-εργής, ής, ές, bien fait; bienfaisant.
εὐ-εργός, ός, όν, 1° fai-

sant le bien. ‖ 2° facile à travailler.

εὐ-ερκής, ής, ές, bien clos.

εὔ-ερος, ος, ον, qui a une belle laine.

εὐ-εστώ, οῦς (ἡ), prospérité.

εὐ-ετηρία, ας (ἡ), bonne année ; abondance.

εὐ-εύρετος, ος, ον facile à trouver.

εὐ-έφ-οδος, ος, ον, facile d'accès.

εὔ-ζυγος, ος, ον, solidement construit (*vaisseau*).

εὔ-ζωνος, ος, ον, 1° à la belle ceinture. ‖ 2° agile.

εὐ-ηγεσίη, ης (ἡ), bon gouvernement.

εὐ-ήθεια, ας (ἡ), 1° honnêteté. ‖ 2° naïveté.

εὐ-ήθης, ης, ες, 1° honnête. ‖ 2° naïf.

εὐ-ηθία, ας (ἡ), *comme* εὐήθεια.

εὐ-ηθίζομαι (*f.* ίσομαι), agir naïvement.

εὐ-ηθικός, ή, όν, *comme* εὐήθης.

εὐ-ήθως, *adv.*, naïvement.

εὐ-ήκης, ης, ες, bien aigu.

εὐ-ήκοος, ος, ον, qui entend bien ; docile.

εὐ-ήλατος, ος, ον, bien fait pour la cavalerie.

εὐ-ήλιος, ος, ον, bien ensoleillé.

εὐ-ημερέω-ῶ (*f.* ήσω), passer des jours heureux.

εὐ-ημερία, ας (ἡ), 1° belle journée. ‖ 2° succès.

εὐ-ήμερος, ος, ον 1° heureux. ‖ 2° tranquille.

εὐ-ήνεμος, ος, ον, exposé à un bon vent.

εὐ-ήνωρ, ορος (ὁ, ἡ), viril ; vaillant.

εὐ-ήρατος, ος, ον, tout aimable.

εὐ-ήρεσμος, ος, ον, qui a de bonnes rames.

εὐ-ήρης, ης, ες, bien joint.

εὐ-ήτριος, ος, ον, bien tissé.

εὐ-ηφενής, ής, ές, opulent.

εὐ-ηχής, ής, ές, sonore.

εὐ-θάλασσος, *att.* **ττος, ος, ον,** de bonne navigation.

εὐ-θαρσής, ής, ές, hardi ; sûr.

εὐ-θενέω-ῶ (*f.* ήσω), être florissant *ou* abondant.

εὐ-θεράπευτος, ος, ον, 1° facile à soigner. ‖ 2° sensible aux bons soins.

εὔ-θετος, ος, ον, qui est en bon état; convenable.

εὐθέως, *adv.*, aussitôt.

εὐ-θηνέω, *comme* εὐθενέω.

εὔ-θριξ, *gén.* **τριχος** (ὁ, ἡ), à la belle chevelure *ou* crinière.

εὔ-θρονος, ος, ον, au beau trône.

εὐθύ, *adv.*, comme εὐθύς.

εὐθυ-δικία, ας (ἡ), action de plaider au fond.

εὐθύ-δικος, ος, ον, strictement équitable.

εὐ-θυμέω-ῶ (*f.* ήσω), 1° *intr.* avoir bon courage. || 2° *tr.* encourager.

εὐ-θυμία, ας (ἡ), confiance.

εὔ-θυμος, ος, ον, plein de confiance; généreux.

εὐ-θύμως, *adv.*, allègrement.

εὔ-θυναι, ῶν (αἱ), 1° reddition de comptes; comptes. || 2° châtiment.

εὔθυνος, ου (ὁ), contrôleur.

εὐθύνω (*f.* υνῶ), 1° MENER DROIT; diriger. || 2° redresser. || 3° vérifier des comptes.

εὐθύ-πορος, ος, ον, qui va en ligne droite.

1. **εὐ-θύς, εῖα, ύ** 1° DROIT : ἡ εὐθεῖα (ὁδός), la route directe. || 2° franc.

2. **εὐ-θύς,** *adv.*, 1° DIRECTEMENT. || 2° sur-le-champ.

εὐ-θύτης, ητος (ἡ), ligne droite.

εὐθυ-ωρία, ας (ἡ), *même sens.*

εὐθύ-ωρος, ος, ον, direct; εὐθύωρον, *adv.*, directement.

εὔϊος, ου (ὁ), qu'on appelle en criant évoé (*Bacchus*); bachique.

εὔ-ιππος, ος, ον, 1° qui a de bons chevaux. || 2° qui monte bien à cheval.

εὐ-καθ-αίρετος, ος, ον, facile à renverser.

εὐ-καιρέω-ῶ (*f.* ήσω), avoir l'occasion.

εὐ-καιρία, ας (ἡ), occasion favorable; à propos.

εὔ-καιρος, ος, ον, opportun.

εὐ-καίρως, *adv.*, à propos.

εὐ-καμπής, ής, ές, bien courbé; flexible.

εὐ-κάρδιος, ος, ον, courageux.

εὔ-καρπος, ος, ον, riche en fruits.

εὐ-κατά-λυτος, ος, ον, aisé à détruire.

εὐ-κατα-φρόνητος, ος, ον, qui prête au mépris.

εὐ-κατ-έργαστος, ος, ον, facile à achever.

εὐ-κατ-ηγόρητος, ος, ον, qu'il est aisé d'accuser.

εὐ-κέατος, ος, ον, facile à fendre.

εὔ-κερως, ως, ων, aux belles cornes.

εὔ-κηλος, ος, ον, tranquille.

εὐ-κίνητος, ος, ον, mobile ; facile à mouvoir.

εὐ-κλεής, ής, ές, illustre.

εὔ-κλεια, ας (ἡ), gloire.

Εὐκλείδης, ου (ὁ), Euclide.

εὐ-κλειής, *comme* εὐκλεής.

εὐ-κλειῶς *et* **εὐ-κλεῶς**, *adv.*, glorieusement.

εὐ-κλήϊς, ϊδος, (*f.*), bien fermé.

εὐ-κνήμις, ιδος (ὁ), aux belles cnémides.

εὐ-κολία, ας (ἡ), bonne humeur.

εὔ-κολος, ος, ον, accommodant ; facile.

εὐ-κόλως, *adv.*, avec bonne humeur.

εὐ-κομιδής, ής, ές, bien soigné.

εὔ-κομος, ος, ον, *comme* ἠΰκομος.

εὔ-κοπος, ος, ον, facile.

εὐ-κοσμία, ας (ἡ), bon ordre.

εὔ-κοσμος, ος, ον, bien ordonné ; élégant.

εὐ-κόσμως, *adv.*, en bon ordre.

εὐ-κρασία, ας (ἡ), température normale.

εὐ-κρινέω-ῶ (*f.* ήσω), choisir comme il faut.

εὐ-κρινής, ής ές, 1° distinct ; net. ‖ 2° convalescent.

εὐ-κρινῶς, *adv.*, distinctement.

εὔ-κριτος, ος, ον, facile à discerner.

εὐ-κρότητος, ος, ον, bien forgé.

εὔ-κρυπτος, ος, ον, aisé à cacher.

εὐκταῖος, α, ον, votif ; objet des vœux.

εὐ-κτέανος, ος, ον, opulent.

ἐΰ-κτίμενος, η, ον, bien bâti.

εὔ-κτιτος, ος, ον, *même sens.*

εὐκτός, ή, όν, souhaité ; souhaitable.

εὔ-κυκλος, ος, ον, 1° bien rond. || 2° à belles roues.

εὐ-λάβεια, ας (ἡ), précaution; crainte.

εὐ-λαβέομαι-οῦμαι (*f.* ήσομαι *et* ηθήσομαι), 1° PRENDRE GARDE (contre, *prép. ou acc.*; μή, que). || 2° *acc.*, révérer *ou* mettre à profit.

εὐ-λαβής, ής, ές, circonspect; respectueux.

εὐλάζω (*f.* ξω), labourer.

εὐλάκα, ης (ἡ), charrue.

εὐ-λείμων, ων, ον, *gén.* ονος, aux belles prairies.

εὔ-λεκτρος, ος, ον, d'hymen désiré.

εὐλή, ῆς (ἡ), ver.

εὔ-ληπτος, ος, ον, facile à prendre.

εὔληρα, ων (τά), guides, courroies.

εὐ-λογέω-ῶ (*f.* ήσω), louer, honorer d'éloges.

εὐ-λογία, ας (ἡ), 1° beau langage || 2° éloge.

εὔ-λογος, ος, ον, raisonnable, rationnel.

εὐ-λόγως, *adv.*, raisonnablement.

εὔ-λυτος, ος, ον, facile à rompre.

εὐ-μάθεια, ας (ἡ), aptitude à apprendre.

εὐ-μαθής, ής, ές, apte à apprendre.

εὐ-μάρεια, ας (ἡ), facilité; aisance.

εὐ-μαρής, ής, ές, facile.

εὐ-μαρῶς, *adv.*, aisément.

εὐ-μεγέθης, ης, ες, d'une belle grandeur.

εὐ-μελής, ής, ές, harmonieux.

εὐ-μενέτης, ου (ὁ), bienveillant.

εὐ-μενής, ής, ές, bienveillant; doux.

Εὐ-μενίδες, ων (αἱ), les Euménides (*Furies*).

εὐ-μενῶς, *adv.*, avec bienveillance.

εὐ-μετά-βολος, ος, ον, changeant.

εὐ-μετά-δοτος, ος, ον, libéral.

εὐ-μετα-χείριστος, ος, ον, maniable.

εὐ-μήκης, ης, ες, de belle taille.

εὔ-μηλος, ος, ον, aux belles brebis.

εὐ-μήχανος, ος, ον, 1° habile. || 2° habilement fait.

εὔ-μιτος, ος, ον, d'un bon fil.

ἐϋ-μμελίης (ὁ), muni d'une bonne lance.

εὐ-μνημονεστέρως,

adv., à retenir plus facilement.

εὐ-μνημόνευτος, ος, ον, mémorable.

εὔ-μνηστος, ος, ον, qui se souvient bien.

εὔ-μορφος, ος, ον, de belle forme.

εὐ-μουσία, ας (ἡ), belle culture d'esprit.

εὔ-μουσος, ος, ον, 1° à l'esprit cultivé. ‖ 2° harmonieux.

εὐνάζω (*f.* άσω), 1° *tr.*, coucher; endormir. ‖ 2° *intr.*, être couché.

εὐναία, ας (ἡ), nid.

εὐναῖος, α, ον, au lit; au gîte.

εὐναστήριον, ου (τό), couche; chambre à coucher.

εὐνάω-ῶ (*f.* ήσω), faire coucher.—*Moy.-pass.*, s'endormir.

εὐνή, ῆς (ἡ), 1° COUCHE; gîte. ‖ 2° mariage; femme. ‖ 3° ancre de navire.

εὐνῆθεν, *adv.*, hors du lit.

εὔνημα, ατος (τό), union.

εὐνήτειρα, ας (ἡ), épouse.

1. **εὖνις, ιδος** (ὁ, ἡ), privé de, *gén.*; privé de ses enfants.

2. **εὖνις, ιδος** (ἡ), épouse.

εὔ-νητος, ος, ον, bien tissu.

εὐ-νοέω-ῶ (*f.* ήσω), être bienveillant.

εὔ-νοια, ας (ἡ), bienveillance.

εὐ-νοϊκός, ή, όν, bienveillant.

εὐ-νοϊκῶς, *adv.*, avec bienveillance.

εὐ-νομέομαι-οῦμαι (*f.* ήσομαι), *moy.-pass.*, être bien gouverné.

1. **εὐ-νομία, ας** (ἡ), bonnes lois; bon ordre.

2. **εὐ-νομία, ας** (ἡ), bonne pâture.

1. **εὔ-νομος, ος, ον,** qui a de bonnes lois.

2. **εὔ-νομος, ος, ον,** qui a de bonnes pâtures.

εὔ-νοος-ους, οον-ουν (*pl.* εὖνοι), bienveillant.

εὐ-νοῦχος, ου (ὁ), eunuque.

εὐ-νώμας, ου (ὁ), mobile.

εὔ-ξεινος, ος, ον, hospitalier; ὁ Εὔξεινος, le Pont-Euxin.

εὔ-ξεστος, η, ον, bien poli.

εὔ-ξοος, ος, ον, *même sens.*

εὐ-ξύμβλητος, *voir* εὐσύμβλητος.

εὔ-ογκος, ος, ον, d'une

masse grosse *ou* maniable.

εὐ-οδέω-ῶ (*f.* ήσω), faire bonne route.

εὔ-οδος, ος, ον, praticable (*chemin*).

εὐ-οδόομαι-οῦμαι (*f.* οδωθήσομαι), arriver à une bonne fin.

εὐ-οἵ, *interj.*, évoé!

εὔ-οικος, ος, ον, qui a une maison bien réglée.

εὔ-ολβος, ος, ον, très prospère.

εὐ-οπλία, ας (ἡ), bonne armure.

εὔ-οπλος, ος, ον, bien armé.

εὐ-οργησία, ας (ἡ), bon caractère.

εὐ-οργήτως, *adv.*, avec bon caractère.

εὐ-ορκέω-ῶ (*f.* ήσω), faire *ou* tenir un serment loyal.

εὔ-ορκος, ος, ον, fidèle *ou* conforme au serment.

εὔ-ορμος, ος, ον, qui présente un excellent port.

εὐ-όφθαλμος, ος, ον, aux beaux *ou* bons yeux.

εὐ-παγής, ής, ές, solide.

εὐ-πάθεια, ας (ἡ), plaisir; jouissance.

εὐ-παθέω-ῶ (*f.* ήσω), s'adonner aux plaisirs.

εὐ-παιδευσία, ας (ἡ), bonne éducation.

εὐ-παιδία, ας (ἡ), bonheur par les enfants.

εὔ-παις, παιδος (ὁ, ἡ), qui trouve le bonheur dans ses enfants.

εὐ-πάλαμος, ος, ον, habile de ses mains.

εὐ-παρα-μύθητος, ος, ον, facile à fléchir.

εὐ-παρά-πειστος, ος, ον, qu'on peut facilement persuader.

εὐ-πατέρεια, ας (ἡ), fille d'un père glorieux.

εὐ-πατρίδης, ου (ὁ), noble; *pl.* les eupatrides (*optimates*).

εὔ-πατρις, ιδος (ἡ), fille de noble naissance.

εὐπειθής, ής, ές, 1° docile. ‖ 2° qui se fait bien écouter.

εὔ-πεπλος, ος, ον, au beau voile.

εὐ-πέτεια, ας (ἡ), 1° facilité. ‖ 2° abondance.

εὐ-πετής, ής, ές, 1° facile. ‖ 2° prompt.

εὐ-πετῶς, *adv.*, facilement.

εὐ-πηγής, ής, ές, bien ajusté; solide.

εὔ-πηκτος, ος, ον, *mêmes sens.*

εὔ-πιστος, ος, ον, digne de foi; confiant.
εὔ-πλαστος,ος,ον, facile à modeler.
εὔ-πλειος, ος, ον, bien rempli.
εὐ-πλεκής, ής, ές, *et* **εὔ-πλεκτος, ος, ον,** bien tressé.
εὔ-πλοια, ας *et* **εὐ-πλοΐη, ης (ἡ),** bonne navigation.
εὐ-πλόκαμος, ος, ον, *et* **εὐπλοκαμίς, ῖδος,** aux belles boucles.
εὐ-πλυνής, ής, ές, bien lavé.
εὔ-πνοος-ους, οον-ουν, qui respire bien.
εὐ-ποίητος, ος, ον, bien fait.
εὐ-ποΐα, ας (ἡ), bienfaisance.
Εὔ-πολις, ιδος (ὁ), Eupolis.
εὔ-πομπος, ος, ον, favorable.
εὐ-πορέω-ῶ (*f.* ήσω), 1° ÊTRE RICHE; être bien pourvu de, *gén.*; — *moyen, mêmes sens.* ‖ 2° être en état de. ‖ 3° fournir, *acc.*
εὐ-πορία, ας (ἡ), 1° FACILITÉ; moyens. ‖ 2° abondance.
εὔ-πορος,ος,ον, 1° facile. ‖ 2° abondant. ‖ 3° ingénieux; habile à.
εὐ-πόρως, *adv.*, 1° facilement. ‖ 2° abondamment.
εὔ-ποτμος, ος, ον, heureux.
εὔ-ποτος, ος, ον, bon à boire.
εὔ-πους, ποδος (ὁ, ἡ), aux bons pieds.
εὐ-πραγέω-ῶ (*f.* ήσω), réussir.
εὐ-πραγία, ας (ἡ), succès.
εὔ-πρακτος, ος, ον, facile à faire.
εὐ-πραξία, ας (ἡ), succès.
εὐ-πρέπεια, ας (ἡ), belle apparence; convenance.
εὐ-πρεπής, ής, ές, 1° DE BELLE APPARENCE; convenable. ‖ 2° spécieux.
εὐ-πρεπῶς, *adv.*, d'une manière convenable *ou* spécieuse.
εὐ-πρηξίη, ης (ἡ), *comme* εὐπραξία.
εὔ-πρηστος, ος, ον, qui allume fortement.
εὐ-πρόσ-δεκτος, ος, ον, bienvenu.
εὐ-πρόσ-εδρος, ος, ον, diligent.
εὐ-προσ-ήγορος, ος, ον, affable.
εὐ-πρόσ-οδος, ος, ον, accessible.

εὐ-πρόσ-ωπος, ος, ον, 1° de belle figure. || 2° spécieux.
εὐ-προ-φάσιστος,ος,ον, couvert de beaux prétextes.
εὔ-πρυμνος, ος, ον, à la belle poupe.
εὔ-πρῳρος, ος, ον, à la belle proue.
εὔ-πτερος,ος, ον, 1° aux bonnes ailes. || 2° hautain.
εὔ-πυργος, ος, ον, aux belles tours.
εὔ-πωλος, ος, ον, aux beaux chevaux.
εὐράξ, *adv.*, en large; au large!
εὕρεσις, εως (ἡ), invention.
εὑρετής, οῦ (ὁ), inventeur.
εὑρετικός, ή, όν, inventif.
εὑρετός, ή, όν, inventé; qui peut être inventé.
εὕρημα, ατος (τό), découverte.
εὔρινος, ος, ον, *et* **εὔρις, ινος** (ὁ, ἡ), qui a bon odorat.
Εὐριπίδης, ου (ὁ), Euripide.
Εὔριπος, ου (ὁ),l'Euripe; détroit.
εὑρίσκω (*f.* εὑρήσω, *aor.* 2 εὗρον *et* ηὗρον, *pf.* εὕρηκα. — *Passif,* εὑρεθήσομαι, *aor.* εὑρέθην *et* ηὑρέθην, *pf.,* εὕρημαι), trouver. — *Moy.,* trouver; se procurer.
εὔ-ροος-ους, οον-ουν, au beau cours; coulant.
Εὖρος, ου (ὁ), Eurus (*vent du Sud-Est*).
εὖρος, ους (τό), largeur.
εὐ-ρραφής, ής, ές, bien cousu.
εὐ-ρρεής, ής, ές, *comme* εὔροος.
εὔ-ρροος, *comme* εὔροος.
εὐρυ-άγυια, ας (ἡ), aux larges rues.
Εὐρυ-δίκη, ης (ἡ), Eurydice.
εὐρυ-έδης, ης, ες, spacieux.
εὐ-ρυθμία, ας (ἡ), 1° cadence; harmonie. || 2° belles proportions.
εὔ-ρυθμος, ος, ον, 1° cadencé; harmonieux. || 2° bien proportionné.
Εὐρύ-κλεια, ας (ἡ), Euryclée (*nourrice d'Ulysse*).
εὐρυ-κρείων, οντος (ὁ), qui étend au loin sa puissance.
Εὐρυ-μέδων, οντος (ὁ), Eurymédon (*homme ou fleuve*).

εὐρυ-μέτωπος, ος, ον, au front large.
εὐρύνω (*f.* νῶ), élargir.
εὐρύ-νωτος, ος, ον, au large dos.
εὐρυ-όδεια, ας (ἡ), aux larges voies.
εὐρύ-οπα, *nom. et acc.* (ὁ), qui voit au loin.
εὐρύ-πορος, ος, ον, vaste.
εὐρυ-πυλής, ής, ές, aux larges portes.
εὐρυ-ρέεθρος, ος, ον, au large cours.
εὐρυ-ρέων, ρέουσα, ρέον, *même sens.*
εὐρύς, εὐρεῖα, εὐρύ, large; qui s'étend au loin.
εὐρυ-σάκης, ης, ες, au large bouclier.
εὐρυ-σθενής, ής, ές, puissant au loin.
Εὐρυσθεύς, έως (ὁ), Eurysthée.
εὐρυ-φυής, ής, ές, qui pousse largement.
εὐρύ-χορος, ος, ον, vaste.
εὐρυ-χωρία, ας (ἡ), vaste espace.
εὐρύ-χωρος, ος, ον, vaste.
εὐρ-ώδης, ης, ες, aux voies larges.
εὐρώεις, ώεσσα, ῶεν, moisi.
Εὐρώπη, ης (ἡ), Europe.
εὐρώς, ῶτος (ἡ), moisissure.
εὔ-ρωστος, ος, ον, vigoureux.
Εὐρώτας, ου (ὁ), l'Eurotas (*fleuve*).
ἐΰς *et* **ἠΰς, ἠΰ,** bon; brave. — Τῶν ἐάων, *neut.*, des biens.
εὐ-σέβεια, ας (ἡ), piété; respect.
εὐ-σεβέω-ῶ (*f.* ήσω), être pieux.
εὐ-σεβής, ής, ές, pieux.
εὐ-σεβία, ας (ἡ), *comme* εὐσέβεια.
εὐ-σεβῶς, *adv.*, pieusement.
εὔ-σελμος, ος, ον, au bon tillac.
εὔ-σεπτος, ος, ον, vénérable.
εὔ-σημος, ος, ον, 1° de bon augure. || 2° évident.
εὔ-σκαρθμος, ος, ον, agile.
εὐ-σκέπαστος, ος, ον, bien abrité.
εὐ-σκευέω-ῶ, être bien équipé.
εὐ-σκίαστος, ος, ον, bien ombragé.
εὔ-σκοπος, ος, ον, 1° qui voit *ou* qui vise bien. || 2° qu'on voit de loin

εὔ-σοια, ας (ἡ), vie heureuse.
ἐὔ-σσελμος, *comme* εὔσελμος.
εὔ-σσωτρος, ος, ον, aux belles roues.
εὐ-σταθής, ής, ές, bien équilibré.
εὐ-σταλής, ής, ές, 1° alerte. || 2° aisé.
εὐ-στέφανος, ος, ον, bien couronné.
εὔ-στολος, ος, ον, bien équipé; alerte.
εὐ-στομέω-ῶ (*f.* ήσω), 1° chanter *ou* parler comme il faut. || 2° faire silence religieusement.
εὐ-στομία, ας (ἡ), bon débit; bon langage.
εὔ-στομος, ος, ον, 1° à la belle bouche; qui prononce bien. || 2° qui garde un silence religieux.
εὔ-στρεπτος, ος, ον, 1° bien tourné; souple.
εὐ-στρεφής, ής, ές, *et* εὔ-στροφος, ος, ον, *mêmes sens.*
εὔ-στοχος, ος, ον, qui vise bien.
εὐ-στόχως, *adv.*, bien au but.
εὔ-στυλος, ος, ον, aux belles colonnes.
εὐ-σύμ-βλητος, ος, ον, facile à supposer.
εὐ-σύμβολος, ος, ον, de commerce agréable.
εὐ-σύνετος, ος, ον, intelligent.
εὐ-σύνοπτος, ος, ον qu'on embrasse bien d'un coup d'œil.
εὐ-σχημόνως, *adv.*, avec bonne tenue.
εὐ-σχημοσύνη, ης (ἡ), bonne tenue.
εὐ-σχήμων, ων, ον, qui a bonne tenue.
εὐ-σωματέω-ῶ (*f.* ήσω), être en bon état physique.
εὐ-τακτέω-ῶ (*f.* ήσω), être en bon ordre; être discipliné.
εὔ-τακτος, ος, ον, en bon ordre; discipliné.
εὐ-τάκτως, *adv.*, avec bon ordre.
εὐ-ταξία, ας (ἡ), bon ordre; discipline.
εὖτε, *conj.*, 1° QUAND. || 2° puisque. || 3° de même que.
εὐ-τείχεος, ος, ον, *et* εὐτειχής, ής, ές, aux bons murs.
εὔ-τεκνος, ος, ον, heureux père *ou* heureuse mère.
εὐ-τέλεια, ας (ἡ), 1° peu de valeur. || 2° simplicité.
εὐ-τελής, ής, ές, 1° de

peu de valeur.|| 2° simple.

εὐ-τελῶς, *adv.*, à bon marché.

εὔ-τμητος, ος, ον, bien coupé.

εὐ-τολμία, ας (ἡ), hardiesse.

εὔ-τολμος, ος, ον, hardi.

εὔ-τονος, ος, ον, bien tendu ; vigoureux.

εὐ-τόνως, *adv.*, avec effort.

εὐ-τραπελία, ας (ἡ), enjouement.

εὐ-τράπελος, ος, ον, 1° enjoué. || 2° mauvais plaisant.

εὐ-τραφής, ής, ές, bien nourri.

εὐ-τρεπής, ής, ές, tout prêt.

εὐ-τρεπίζω (*f.* ίσω, *att.* ιῶ), préparer. — *Moy.*, préparer pour soi.

εὔ-τρεπτος, ος, ον, qui tourne facilement.

εὐ-τρεφής, ής, ές, *comme* εὐτραφής.

εὔ-τρητος, ος, ον, bien percé.

εὔ-τριχος, ος, ον, *comme* εὔθριξ.

εὐ-τροφία, ας (ἡ), bonne nourriture.

εὔ-τροχος, ος, ον, aux belles roues.

εὔ-τυκτος, ος, ον, bien travaillé.

εὐ-τυχέω-ῶ (*f.* ήσω), être heureux ; réussir.

εὐ-τύχημα, ατος (τό), succès.

εὐ-τυχής, ής, ές, heureux.

εὐ-τυχία, ας (ἡ), bonheur ; succès.

εὐ-τυχῶς, *adv.*, heureusement.

εὔ-υδρος, ος, ον, aux eaux abondantes.

εὐ-υφής, ής, ές, bien tissé.

εὐ-φαρέτρης, ου (ὁ), au beau carquois.

εὐ-φεγγής, ής, ές, éclatant.

εὐ-φημέω-ῶ (*f.* ήσω), 1° dire des paroles de bon augure. || 2° garder le silence religieusement. || 3° louer.

εὐ-φημία, ας (ἡ), 1° PAROLE DE BON AUGURE. || 2° religieux silence. || 3° louange.

εὔ-φημος, ος, ον, 1° de bon augure ; favorable. || 2° qui se tait religieusement. || 3° religieux.

εὐ-φιλής, ής, ές, bien-aimé.

εὔ-φλεκτος, ος, ον, inflammable.

εὐ-φορέω-ῶ (*f.* ήσω), porter facilement.

εὐ-φόρητος, ος, ον, facile à supporter.

εὔ-φορος, ος, ον, 1° facile à porter. || 2° qui porte facilement.

εὐ-φραδής, ής, ές, bien parlant.

εὐφραίνω (*f.* ανῶ, *aor.* ανα *ou* ηνα), réjouir.

Εὐφράτης, ου (ὁ), l'Euphrate.

εὐ-φρονέων, έουσα, sensé.

εὐ-φρόνη, ης (ἡ), la nuit (*la bonne conseillère*).

εὐ-φροσύνη, ης (ἡ), joie.

εὔ-φρων, ων, ον, *gén.* ονος, 1° joyeux. || bienveillant.

εὐ-φυής, ής, ές, 1° NÉ AVEC DE BONNES DISPOSITIONS. || 2° vigoureux; aimable.

εὐ-φύλακτος, ος, ον, facile à garder *ou* à éviter.

εὐ-φωνία, ας, 1° belle voix. || 2° harmonie.

εὔ-φωνος, ος, ον, 1° à belle voix. || 2° harmonieux.

εὔ-χαλκος, ος, ον, de bon airain.

εὔ-χαρις, ις, ι, *gén.* ιτος, 1° gracieux. || 2° bien-aimé.

εὐ-χαριστέω-ῶ (*f.* ήσω), être reconnaissant.

εὐ-χαριστία, ας (ἡ), reconnaissance.

εὐ-χάρι(σ)τος, ος, ον, 1° reconnaissant. || 2° agréable.

εὔ-χειρ, ειρος (ὁ, ἡ), adroit de ses mains.

εὐ-χείρωτος, ος, ον, facile à soumettre.

εὐ-χέρεια, ας (ἡ), 1° adresse des mains. || 2° penchant. || 3° insouciance.

εὐ-χερής, ής, ές, 1° FACILE A MANIER; facile. || 2° adroit. || 3° insouciant; abandonné à. || εὐ-χερῶς, *adv.*, 1° aisément. || 2° avec laisser aller.

εὐχετάομαι-ῶμαι, 1° prier. || 2° se vanter.

εὐχή, ῆς (ἡ), 1° PRIÈRE; vœu; malédiction. || 2° désir.

εὔ-χλοος, ος, ον, à la belle verdure.

εὔχομαι (*f.* ξομαι, *part. aor. pass.* εὐχθείς), 1° PRIER; demander aux dieux. || 2° faire un vœu. || 3° déclarer. || 4° se glorifier de. — *Pass.*, être prié.

εὖχος, ους (τό), 1° prière; vœu. || 2° gloire; orgueil.

εὔ-χρηστος, ος, ον, commode; utile.

εὔ-χροος-ους, οον-ουν, aux belles couleurs.

εὔ-χρυσος, ος, ον, riche en or.

εὔ-χρως, ως, ων, *même sens.*

εὐχωλή, ῆς (ἡ), 1° prière. || 2° vanterie.

εὐχωλιμαῖος, α, ον, tenu par un vœu.

εὐ-ψυχέω-ῶ (*f.* ήσω), avoir bon courage.

εὐ-ψυχία, ας (ἡ), courage.

εὔ-ψυχος, ος, ον, courageux.

εὕω (*f.* σω), griller.

εὐ-ώδης, ης, ες, qui a bonne odeur.

εὐ-ωδία, ας (ἡ), bonne odeur.

εὔ-ωνος, ος, ον, à bon marché.

εὐ-ώνυμος, ος, ον, 1° au beau nom; réputé. || 2° gauche : ἡ εὐ…, la main gauche.

εὐ-ῶπις, ιδος (ἡ), aux beaux yeux.

εὐ-ωχέω-ῶ (*f.* ήσω), régaler; traiter royalement. — *Moy. pass.*, se régaler.

εὐ-ωχία, ας (ἡ), régal; banquet.

εὐ-ώψ, ῶπος (ὁ, ἡ), d'un bel aspect.

ἐφ-αγιστεύω (*f.* σω), accomplir les rites funèbres.

ἐφ-αγνίζω (*f.* ίσω), *même sens.*

ἔφαγον, *aor.* 2 *de* ἐσθίω.

ἐφ-αιρέομαι-οῦμαι (*f.* ήσομαι, *etc.*), choisir comme successeur.

ἐφ-άλλομαι (*f.* αλοῦμαι; *part. aor.* 2 ἐπιάλμενος, *et* ἐπάλμενος), sauter sur, *dat.*

ἔφ-αλος, ος, ον, maritime.

ἐφ-άμιλλος, ος, ον, 1° contesté. || 2° rival.

ἔφαν, *pour* ἔφασαν, 3ᵉ *pers. pl. impf. de* φημί.

ἐφ-ανδάνω, plaire.

ἐφ-άπαξ, *adv.*, pour une fois.

ἐφ-άπτω (*f.* άψω), attacher. — *Moy.*, 1° s'attacher à; toucher à, *gén.-dat.* || 2° être la suite de, *gén.*

ἐφ-αρμόζω, *att.* **ττω** (*f.* όσω), 1° *tr.*, adapter. || 2° *intr.*, s'adapter. — *Moy.*, être conforme à *dat.*

ἐφ-έδρα, ας (ἡ), 1° action

de s'asseoir. || 2° siège, blocus.

ἐφ-εδρεύω (*f.* σω), 1° être en embuscade. || 2° prêter assistance.

ἔφ-εδρος, ος, ον, 1° *gén.*, assis sur *ou* auprès; qui épie. || 2° successeur; athlète remplaçant.

ἐφ-έζομαι (*aor.* εσσάμην *et* εισάμην), 1° *tr.*, asseoir. || 2° *intr.*, s'asseoir.

ἐφ-έηκα, *aor.* 1 *de* ἐφίημι.

ἐφ-είω, *subj. aor.* 2 *de* ἐφίημι.

ἐφ-εῖδον, *comme* ἐπεῖδον, *de* ἐφοράω.

ἐφ-ελκύω *et* **ἐφ-έλκω** (*f.* ἕλξω, *aor.* εἵλκυσα), TIRER; traîner.
— *Moy.*, 1° attirer. || 2° se traîner.

ἐφ-έννυμι, *comme* ἐπιέννυμι.

ἐφ-εξῆς, *adv.*, de suite; successivement.

ἐφ-έπω (*impf.* ἐφεῖπον, *aor.* 2 ἐπέσπον), 1° SUIVRE; poursuivre; atteindre. || 2° poursuivre; habiter. || 3° accomplir : ἐ....πότμον, accomplir sa destinée, mourir.
— *Moy.*, suivre; obéir à, *dat.*

ἐφ-έρπω (*aor.* εἵρπυσα), ramper; se glisser vers.

Ἔφεσος, ου (ἡ), Ephèse.

ἐφ-έσπερος, ος, ον, du soir; occidental.

ἐφ-έστιος, ος, ον, du foyer; domestique.

ἐφ-εστρίς, ίδος (ἡ), casaque.

ἐφ-ετμή, ῆς (ἡ), 1° ordre. || 2° prière.

ἐφ-ευρίσκω (ευρήσω, *etc.*), TROUVER; inventer.

ἐφ-εψιάομαι-ῶμαι, se moquer de, *dat.*

ἐφ-ηβάω-ῶ (*f.* ήσω), être adolescent.

ἔφ-ηβος, ου (ὁ), éphèbe; adolescent.

ἐφ-ηγέομαι-οῦμαι, conduire.

ἐφ-ήδομαι (*f.* ησθήσομαι), se réjouir.

ἐφ-ήκω (*f.* ἥξω), arriver; se rapporter à.

ἔφ-ημαι, être assis sur *ou* auprès de.

ἐφ-ημέριος *et* **ἐφ-ήμερος, ος, ον,** d'un jour; éphémère.

ἐφ-ημοσύνη, ης, (ἡ), ordre.

ἐφθίατο, 3° *pers. pl. aor.* 2 *et p.-q.-pf. pass. de* φθίνω.

ἑφθός, ή, όν, cuit.

ἐφ-ιζάνω *et* **ἐφ-ίζω,** s'asseoir sur, *dat.*

ἐφ-ίημι (*f.* ἥσω, *etc.*), 1° ENVOYER, jeter sur. ‖ 2° exciter. ‖ 3° accorder. ‖ 4° lâcher ; laisser aller.
— *Intr.*, 1° s'abandonner : ὀργῇ, à la colère. ‖ 2° faire appel.
— *Moy.*, 1° désirer ; viser à, *gén.* : ἐφίεσθαι τῶν ἡδονῶν, rechercher les plaisirs. ‖ 2° ordonner ; permettre, *acc.*

ἐφ-ικνέομαι-οῦμαι (*f.* ίξομαι), parvenir à, *gén.-acc.*

ἐφ-ικτός, ή, όν, qu'on peut atteindre.

ἐφ-ίππιος, ος, ον, sur *ou* pour le cheval : τὸ ἐφίππιον, harnais.

ἔφ-ιππος, ος, ον, qui est à cheval.

ἐφ-ίστημι (*f.* ἐπι-στήσω, *etc.*), 1° PLACER (*acc.*) SUR *ou* AUPRÈS (*dat.*). ‖ 2° établir ; préposer ; imposer. ‖ 3° retenir ; arrêter ; fixer.
— *Moy. tr.*, établir ; préposer ; arrêter.
— *Intr.* : *moy. et aor.* 2 ἐπέστην *et pf.* ἐφέστηκα, 1° être placé près de. ‖ 2° survenir ; être imminent ; s'arrêter : οἱ πολέμιοι ἐπέστησαν, les ennemis survinrent *ou* s'arrêtèrent. ‖ 3° être à la tête de : οἱ ἐφεστηκότες, les autorités. ‖ 4° faire attention à : ἐπιστὰς ἐπὶ τὰ πράγματα, ayant réfléchi aux affaires.

ἐφ-οδεύω (*f.* σω), visiter ; passer en revue.

ἐφ-οδιάζω (*f.* άσω), munir de provisions de voyage ; entretenir.

ἐφ-όδιον, ου (τό), provisions.

1. **ἔφ-οδος, ου** (ἡ), 1° ACCÈS ; chemin. ‖ 2° moyen ; plan. ‖ 3° visite. ‖ 4° attaque.

2. **ἔφ-οδος, ου,** (ὁ), chef qui fait une ronde.

3. **ἔφ-οδος, ος, ον,** praticable.

ἐφ-όλκαιον, ου (τό), gouvernail.

ἐφ-όλκιον, ου (τό), chaloupe.

ἐφ-ολκός, ός, όν, 1° qui attire. ‖ 2° traînard.

ἐφ-ομαρτέω-ῶ (*f.* ήσω), accompagner, *dat.*

ἐφ-οπλίζω (*f.* ίσω), armer ; apprêter.

ἐφ-οράω-ῶ (*f.* ἐπόψομαι, *etc.*), inspecter ; voir.

ἐφ-ορεία, ας (ἡ), fonction d'éphore.

ἐφ-ορεῖον, ου (τό), salle des éphores.

ἐφ-ορεύω (*f.* σω), surveiller ; être éphore.

ἐφ-ορμάω-ῶ (*f.* ήσω), 1° *tr.* pousser (vers, *dat.*). ‖ 2° *intr.* s'élancer sur. —*Moy. et aor.* ἐφωρμήθην, S'ÉLANCER ; avoir le vif désir de.

ἐφ-ορμέω-ῶ (*f.* ήσω), mouiller auprès de, *dat.* ; bloquer.

ἐφ-ορμή, ῆς (ἡ), élan ; assaut.

ἐφ-όρμησις, εως (ἡ), mouillage auprès ; siège par mer.

ἐφ-ορμίζομαι (*f.* ίσομαι, *att.* ιοῦμαι), aborder ; assiéger par mer.

1. **ἔφ-ορμος**, ος, ον, qui est au mouillage.

2. **ἔφ-ορμος**, ου (ὁ), *comme* ἐφόρμησις.

ἔφ-ορος, ου (ὁ), surveillant ; éphore.

ἐφ-υβρίζω (*f.* ίσω, *att.* ιῶ), outrager.

ἔφ-υδρος, ος, ον, humide.

ἐφ-υμνέω-ῶ (*f.* ήσω), CHANTER ; souhaiter ; invoquer.

ἐφ-ύπερθε(ν), 1° *adv.*, au dessus. ‖ 2° *prép. gén.*, au-dessus de.

ἐφ-υστερίζω (*f.* ίσω) arriver en retard.

ἔχαδον, *aor.* 2 *de* χανδάνω.

ἔχεα, *aor.* 1 *de* χέω.

ἐχ-έγγυος, ος, ον, 1° garant ; digne de foi. ‖ 2° garanti.

ἐχέ-θυμος, ος, ον, maître de soi.

Ἐχε-κράτης, ους (ὁ), Échécrate.

ἐχε-πευκής, ής, ές, pointu.

ἔχεσκον, *impf. itér. de* ἔχω.

ἔχευα, *aor.* 1. *de* χέω.

ἐχέ-φρων, ων, ον, *gén.* ονος, sage, prudent.

ἐχθαίρω (*f.* ἐχθαρῶ, *aor.* ἤχθηρα), haïr.

ἐχθαρτέος, α, ον, qui doit être haï.

ἐχθές, *adv.*, hier.

ἔχθιστος, η, ον, *sup. de* ἐχθρός, très odieux.

ἐχθο-δοπέω-ῶ (*f.* ήσω), agir en ennemi contre, *dat.*

ἐχθο-δοπός, ός, όν, ennemi.

ἔχθος, ους (τό), haine.

ἔχθρα, ας (ἡ), *même sens.*

ἐχθραίνω (*f.* ανῶ), haïr.

ἐχθρο-δαίμων, ων, ον, *gén.* ονος, haï des dieux.

ἐχθρός, ά, όν, ennemi; odieux.

ἐχθρῶς, *adv.*, en ennemi.

ἔχθω, haïr. — *Pass. pf.* ἤχθημαι, être haï.

ἔχιδνα, ης (ἡ), vipère.

ἐχινέες, έων (οἱ), hérissons d'Afrique.

ἐχῖνος, ου (ὁ), 1° hérisson. ‖ 2° oursin. ‖ 3° coque de châtaigne.

ἔχις, εως (ὁ), vipère.

ἔχμα, ατος (τό), obstacle; attache.

ἐχυρός, ά, όν, solide; sûr; fortifié.

ἐχυρῶς, *adv.*, sûrement.

ἔχω (*impf.* εἶχον, *f.* ἕξω *ou* σχήσω, *aor.* 2 ἔσχον, *pf.* ἔσχηκα.—*Pass. aor.* ἐσχέθην, *pf.* ἔσχημαι) A *tr.* AVOIR. 1° porter tenir; saisir : ἔχειν τινὰ τῆς χειρός, tenir quelqu'un par la main; ὀργῇ ἔχεσθαι, être en proie à la colère. ‖ 2° posséder : οἱ ἔχοντες, ceux qui possèdent. ‖ 3° retenir; arrêter; empêcher : ἔχειν τινά τινος, empêcher quelqu'un de faire quelque chose. ‖ 4° supporter; soutenir. ‖ 5° envisager, regarder comme : δι' ὀργῆς ἔχειν τινά, être irrité contre quelqu'un. ‖ 6° savoir; pouvoir : οὐκ ἔχω τί φῶ, je ne sais que dire; οὐκ ἔχω λέγειν, je ne puis parler. B. *Intr.* 1° se diriger vers; se rapporter à : εἰς Πύλον ἔχειν, se diriger vers Pylos; τὰ πρὸς ἐμὲ ἔχοντα, ce qui me concerne. ‖ 2° *avec un adverbe*, ÊTRE EN TEL OU TEL ÉTAT : καλῶς ἔχειν, être en bon état; οὕτως ἔχει, il en est ainsi; ὡς ὀργῆς ἔχω, au point de colère où j'en suis; τὸ νῦν ἔχον, maintenant.
— *Moyen.* A *tr.*, tenir ou porter pour soi, *acc.* B. *intr.* 1° s'attacher à, *gén.* : πετρῶν εἴχοντο, ils s'accrochaient aux rochers; ἔχεσθαι τῆς αὐτῆς γνώμης, s'en tenir à la même opinion. ‖ 2° se mettre à : σχέσθαι τῆς ὁδοῦ, se mettre en route. ‖ 3° être contigu à *ou* dépendant de *gén.* : οἱ ἐχόμενοι, les voisins; τὰ ἐχόμενα τούτων, ce qui dépend de cela; ἐχόμενόν ἐστι, il s'ensuit. ‖ 4° s'arrêter; cesser, *gén.* : ἔσχοντο τῆς ὀργῆς, ils cessèrent d'être irrités;

σχέσθε, arrêtez! || 5° tenir bon : σχέσθε, φίλοι, tenez bon, les amis.
— *Loc.* 1° ἔχε, ἔχετε, *impér.*, tiens! allons! || 2° Ἔχων *est parfois explétif* : ληρεῖς ἔχων, tu déraisonnes. || 3° κρύψαντες ἔχουσι *équivaut* à κεκρύφασι, ils ont caché.

ἐψευσμένως, *adv.*, mensongèrement.

ἕψημα, ατος (τό), chose cuite; bouillie.

ἕψησις, εως (ἡ), cuisson.

ἑψητός, ή, όν, cuit.

ἑψιάομαι-ῶμαι, s'amuser.

ἕψω (*f.* ἑψήσω), cuire.

ἔω, *pour* ὦ, *subj. de* εἰμί, *sum.*

ἔωθα, *pour* εἴωθα.

ἕω-θεν, *adv.*, dès l'aube.

ἑωθινός, ή, όν, de l'aurore.

ἑωλο-κρασία, ας (ἡ), relent; lie.

ἕωλος, ος, ον, de la veille; moisi.

ἐώλπει, 3° *pers. sg. p.-q.-pf.* de ἔλπω.

ἐῷμι, *opt. de* ἐάω.

ἐῳνοχόει, 3° *pers. sg impf. de* οἰνοχοέω.

ἑῷος, α, ον, de l'aurore; oriental.

ἑώρα, ας (ἡ), corde.

ἐώργει, 3° *pers. pl.-q. pf. de* ἔρδω.

1. **ἕως, ἕω** (ἡ), aurore; orient.

2. **ἕως**, *conj.*, 1° TANT QUE || 2° jusqu'à ce que. || 3° afin que.

3. **ἕως**, A. *adv.*, 1° JUSQUE : ἕως ὅτε, jusqu'à l'heure où. || 2° pendant ce temps. || B. *prép. gén.*, jusqu'à.

ἔωσα, ἐωσάμην, *aor. de* ὠθέω.

ἔωσι *pour* ὦσι, *subj. de* εἰμί, *sum*

ἕωσ-περ, *conj.*, 1° aussi longtemps que. || 2° jusqu'à ce que.

ἑωσ-φόρος, ου (ὁ), étoile du matin.

Z

ζα, *préfixe augmentatif*, très.

ζάγκλον, ου (τό), faucille.

ζα-ής, ής, ές, qui souffle violemment.

ζά-θεος, α *ou* **ος, ον**, très divin.

ζά-κοτος, ος, ον, très furieux.

ζάλη, ης (ἡ), tempête, orage.

ζα-μενής, ής, ές, violent.

ζά-πλουτος, ος, ον, très riche.

ζα-τρεφής, ής, ές, bien nourri.

ζα-φλεγής, ής, ές, tout enflammé.

ζα-χρηής, ής, ές, impétueux.

ζά-χρυσος, ος, ον, riche en or.

ζάω-ῶ (*f.* ζήσω, *voir* βιόω), VIVRE; être vivant.

ζε, *suffixe indiquant le mouvement.*

ζεία, ᾶς (ἡ), blé; épeautre.

ζεί-δωρος, ος, ον, riche en blé; fertile.

ζειρά, ᾶς (ἡ), robe longue.

ζέσσεν, *pour* ἔζεσεν, *aor. de* ζέω.

ζεστός, ή, όν, bouillant.

ζευγ-ηλατέω-ῶ (*f.* ήσω), conduire un attelage.

ζευγ-ηλάτης, ου (ὁ), conducteur d'attelage.

ζευγῖται, ῶν (οἱ), zeugites (3ᵉ *classe des citoyens athéniens*).

ζεύγλη, ης (ἡ), joug.

ζεῦγμα, ατος (τό), liaison : joug; pont-barrage.

ζεύγνυμι (*f.* ζεύξω; *pass. aor.* 2 ἐζύγην), JOINDRE; atteler; unir : ζευγνύναι Ἑλλήσποντον, jeter un pont sur l'Hellespont. — *Moy., mêmes sens et* épouser.

ζεῦγος, ους (τό), 1° JOUG; attelage. ‖ 2° char. ‖ 3° couple.

ζευκτήριος, α, ον, qui joint.

ζεῦξις, εως (ἡ), action de joindre *ou* de jeter un pont.

ζεφυρίη, ης (ἡ), *comme le suivant.*

ζέφυρος, ου (ὁ), zéphyr (*vent d'ouest*).

Ζεύς, Διός, (ὁ), Zeus.

ζέω (*f.* ζέσω), 1° *intr.*, bouillir. ‖ 2° *tr.*, faire bouillir.

ζηλήμων, ων, ον, *gén.* ονος, jaloux.

ζῆλος, ου (ὁ), 1° ARDEUR; émulation. ‖ 2° jalousie.

ζηλο-τυπέω-ῶ (*f.* ήσω), jalouser.

ζηλόω-ῶ (*f.* ώσω), 1° rivaliser; admirer. ‖ 2° envier, *acc.*

ζήλωμα, ατος (τό), preuve d'ardeur; d'émulation; de jalousie.

ζήλωσις, εως (ἡ), émulation; imitation.

ζηλωτής, οῦ (ὁ), zélé pour, *gén.*; rival.

ζηλωτός, ή, όν, envié; admiré.

ζημία, ας (ἡ), 1° DOMMAGE; perte. ‖ 2° châtiment; amende.

ζημιόω-ῶ (*f.* ώσω), 1° endommager; nuire, *acc.* ‖ 2° punir; frapper d'une amende.

ζημιώδης, ης, ες, nuisible.

Ζήν, Ζηνός, (ὁ), Zeus.

Ζήνων, ωνος (ὁ), Zénon.

ζητέω-ῶ (*f.* ήσω), 1° CHERCHER; chercher à. ‖ 2° rechercher; demander. ‖ 3° désirer; regretter.

ζήτημα, ατος (τό), objet de recherche.

ζήτησις, εως (ἡ), recherche; enquête.

ζητητέος, α, ον, à rechercher.

ζητητής, οῦ (ὁ), celui qui cherche.

ζητητός, ή, όν, cherché.

ζιζάνιον, ου (τό), ivraie.

ζόη, *comme* ζωή.

ζορκάς, άδος (ἡ), gazelle.

ζόφος, ου (ὁ), 1° ténèbres. ‖ 2° occident.

ζύγαστρον, ου (τό), cassette.

ζύγιος, α, ον, attelé au joug.

ζυγό-δεσμον, ου (τό), courroie (*du joug au timon*).

ζυγόν, οῦ (τό), *et* **ζυγός, οῦ** (ὁ), 1° JOUG. ‖ 2° fléau de balance. ‖ 3° couple; paire. ‖ 4° ligne de soldats. ‖ 5° banc de rameurs.

ζυγωτός, ή, όν, uni sous le joug.

ζύμη, ης (ἡ), levain.

ζυμίτης, ου (ὁ), fait avec du levain.

ζω-άγρια, ων (τά), prix *ou* offrande pour la vie sauve.

ζω-γραφέω-ῶ (*f.* ήσω), peindre.

ζω-γραφία, ας (ἡ), peinture.

ζω-γράφος, ου (ὁ) peintre.

ζω-γρέω-ῶ (*f.* ήσω), 1° prendre vivant. ‖ 2° ranimer.

ζω-γρία, ας (ἡ), capture d'un prisonnier vivant.

ζῴδιον, ου (τό), figure d'un animal.

ζωή, ῆς (ἡ), 1° VIE. || 2° moyens de vivre.
ζῶμα, ατος (τό), cotte.
ζώνη, ης (ἡ), 1° CEINTURE : ζώνην λύεσθαι, se mettre à l'aise. || 2° bourse. || 3° zone.
ζώννυμι (*f.* ζώσω; *aor. pass.* ἐζώσθην), ceindre. — *Moy.* se ceindre.
ζωο-γονέω-ῶ (*f.* ήσω), engendrer un être vivant.
ζῷον, ου (τό), 1° ANIMAL; être vivant. || 2° figure d'être vivant.
ζωός, ή, όν, vivant.
ζωρός, ός, όν, pur, sans mélange.
ζωστήρ, ῆρος (ὁ), baudrier.
ζῶστρον, ου (τό), ceinture.
ζωτικός, ή, όν, vital · vivifiant; vivant.
ζώω, *comme* ζάω.

H

1. **ἦ**, *adv.*, 1° certes. || 2° *inter.*, est-ce que?
2. **ἦ**, *de* εἰμί, j'étais.
3. **ἦ**, *pour* ἔφη, 3° *pers. sg. impf. de* ἠμί, dire.
1. **ἤ**, *conj.* 1° ou, ou bien; ἤ... ἤ ou bien... ou bien; sinon. || 2° *inter.* ou est-ce que (*an*)? πότερον.. ἤ; est-ce que.. ou est-ce que? πότερον..; ἤ... ἤ, si... ou si (*utrum... an.*). || 3° *après un comparatif ou un mot de comparaison,* QUE : ἀνδρειότερος ἢ σοφώτερος, plus brave que sage; αἱροῦμαι... ἤ, j'aime mieux... que; σωφρονέστερος ἢ ὥστε..., trop sage pour...; ἄλλο τι ἤ, autre chose sinon.
2. **ἤ**, *interj.*, hé!
ᾖ, *subj. de* εἰμί (*sil*).
1. **ᾗ**, *dat. fém. de* ὅς, *pour* ἑός, son.
2. **ᾗ**, *dat. fém. du relatif.* — *Adv.*, 1° *comme*; ᾗ θέμις ἐστί, comme il est juste. || 2° *devant sup.* ᾗ τάχιστα, le plus vite possible. || 3° où, par où.
ἡ (*sans accent*), *nom. fém. sg. de l'art.*
ἥ, *nom. fém. de* ὅς, qui.
ἦα, ἦεν, 1re *et* 3° *pers.*

sg. impf. de εἰμί, *sum.*

ἦα, 1re *pers. sg. impf. de* εἶμι, *ibo.*

ἥατο, *pour* ἧντο, 3e *pers. pl. impf. de* ἧμαι.

ἠβαιός, ά, όν, petit, faible. — Ἠβαιόν, *neut. adv.*, un peu.

ἡβάσκω, entrer dans l'adolescence.

ἡβάω-ῶ (*f.* ήσω), être en pleine jeunesse, en pleine force.

ἥβη, ης (ἡ), jeunesse. Ἥβη, Hébé.

ἡβηδόν, *adv.*, 1° en pleine jeunesse. ‖ 2° en masse.

ἡβητικός, ή, όν, de jeune homme.

ἡβός, ή, όν, jeune.

ἡβώοιμι, *opt. de* ἡβάω.

ἠγάασθε, 2e *pers. pl. impf. de* ἄγαμαι.

ἠγά-θεος, η, ον, très divin.

ἠγάσσατο, 3e *pers. sg. aor.* 1 *de* ἀγάομαι.

ἡγεμονεύω (*f.* εύσω), 1° guider, *dat.* ‖ 2° commander, *gén.-dat.*

ἡγεμονία, ας (ἡ), DIRECTION; commandement; hégémonie.

ἡγεμονικός, ή, όν, 1° du chef. ‖ 2° habile à commander.

ἡγεμόσυνα, ων (τά), sacrifice aux dieux-guides.

ἡγέμων, ονος, (ὁ, ἡ), 1° GUIDE. ‖ 2° CHEF. ‖ 3° initiateur. ‖ 4° empereur.

ἡγέομαι-οῦμαι (*f.* ήσομαι), 1° CONDUIRE, *gén.-dat.*; marcher devant. ‖ 2° commander; *gén.-dat.* donner à qq'un (*dat.*) le signal de (*gén.*). ‖ 3° CROIRE; regarder comme (*acc.*): ἡγοῦμαι θεοὺς εἶναι, je crois que les dieux existent; παρ' οὐδὲν ἡγεῖσθαί τι, ne tenir aucun compte de q.-q.-chose.

ἠγερέθομαι, s'assembler.

ἤγερθεν, 3e *pers. pl. aor.* 1 *pass. de* ἀγείρω.

ἠγηλάζω (*f.* άσω), mener.

ἡγητήρ, ῆρος, *et* **ἡγήτωρ**, ορος (ὁ), conducteur.

ἠγρόμην, *aor.* 2 *moy. de* ἐγείρω.

ἠ-δέ, *conj.*, et; ἠμὲν... ἠδέ., *et... et.*

ἤδεα *et* **ἤδη**, 1re *pers. impf. de* οἶδα.

ἡδέως, *adv.*, 1° agréablement. ‖ 2° volontiers.

ἤδη, *adv.*, 1° DÉJA; désormais; maintenant. ‖ 2° bientôt; à l'instant.

ἥδομαι (*f.* ἡσθήσομαι, *aor.* 1 ἥσθην), se réjouir : ἡδομένῳ μοί ἐστι τοῦτο, cela me réjouit.

ἡδονή, ῆς (ἡ), plaisir : πρὸς ἡδονὴν λέγειν, parler pour faire plaisir.

ἦδος, ους (τό), *même sens.*

ἡδυ-επής, ής, ές, aux douces paroles.

ἡδυ-λόγος, ος, ον, *même sens.*

ἥδυμος, ος, ον, doux ; agréable.

ἡδύνω (*f.* υνῶ), adoucir ; assaisonner.

ἡδύ-οινος, ος, ον, au bon vin.

ἡδύ-οσμον, ου (τό), menthe.

ἡδυ-παθέω-ῶ (*f.* ήσω), mener une vie de plaisir.

ἡδύ-πνοος-ους, οον-ουν, à la douce haleine.

ἡδύ-ποτος, ος, ον, agréable à boire.

ἡδύς, ἡδεῖα, ἡδύ, 1° DOUX ; agréable. ‖ 2° aimable.

ἥδυσμα, ατος (τό), assaisonnement.

ἠέ, *pour* ἤ.

ἦε, 3° *pers. impf. de* εἶμι, *ibo.*

ἠείδειν, *impf. de* οἶδα.

ἤειρα, *aor.* 1 *de* αἴρω.

ἠέλιος, *pour* ἥλιος.

ἠέρα, *pour* ἀέρα, *de* ἀήρ.

ἠερέθομαι, voltiger.

ἠέριος, α, ον, 1° du matin. ‖ 2° aérien.

ἠερόεις, όεσσα, όεν, *et* **ἠεροειδής, ής, ές,** aérien ; nuageux.

ἠερο-φοῖτις, ιδος (ἡ), qui vit dans les ténèbres.

ἠερό-φωνος, ος, ον, qui fait retentir sa voix dans les airs.

ἦην, 3° *pers. sg. de l'impf. de* εἰμί, *sum.*

ἠήρ, ἠέρος, *pour* ἀήρ.

ἠθάς, άδος (ὁ, ἡ), accoutumé (à, *gén.*).

ἠθεῖος, α, ον, cher, chéri ; *voc.* ἠθεῖε, mon cher.

ἤθεος, *pour* ἠΐθεος.

ἠθικός, ή, όν, moral.

ἠθμός *ou* **ἠθμός, οῦ** (ὁ), crible.

ἦθος, εος-ους (τό), 1° HABITUDE ; mœurs ; caractère. ‖ 2° séjour habituel. ‖ 3° usages.

ἤϊα, ων, (τά), 1° vivres. ‖ 2° paille.

ἠΐθεος, ου (ὁ), jeune garçon.

ἤϊκτο, *de* ἔοικα, il semblait.

ἤϊξα, *aor. de* ἀΐσσω.

ἠϊόεις, όεσσα, όεν, aux bords escarpés.
ἤϊον, *impf. de* εἶμι, *ibo.*
ἤϊος, ου (ὁ), l'archer puissant (*Apollon*).
ἠϊών, όνος, (ἡ), rivage.
ἧκα, *aor.* 1 *de* ἵημι.
ἦκα, *adv.*, doucement.
ἤκαχε, 3ᵉ *pers. sg. aor.* 2 *de* ἀκαχίζω.
ἠκέσσατο, 3ᵉ *pers. sg. aor.* 1 *de* ἀκέομαι.
ἤκεστος, η, ον, indompté.
ἥκιστα, *adv.*, le moins ; pas du tout.
ἥκιστος, η, ον, très lent.
ἦκου, *pour* ἤπου.
ἥκω (*f.* ἥξω), 1° ÊTRE ARRIVÉ ; ἥκω *doit être traduit par* je suis venu. ‖ 2° *avec adv.* être en telle ou telle situation : εὖ ἥκειν, être en bonne situation. ‖ 3° se rapporter à.
ἠλάκατα, ων (τά), fils de la quenouille.
ἠλακάτη, ης (ἡ), quenouille, fuseau.
ἠλάσκω *et* **ἠλασκάζω**, 1° *intr.*, errer. ‖ 2° *tr.*, éviter.
ἥλατο, 3ᵉ *pers. sg. aor. de* ἅλλομαι.
ἤλδανε, 3ᵉ *pers. sg. aor.* 2 *de* ἀλδαίνω.
ἤλεκτρον, ου (τό), *et* **ἤλεκτρος**, ου (ὁ, ἡ), 1° or mêlé d'argent. ‖ 2° ambre.
ἠλέκτωρ, ορος (ὁ), le soleil brillant.
ἠλεός, ά, όν, fou ; affolant.
ἠλήλατο, 3ᵉ *pers. sg. p.-q.-pf. pass. de* ἐλαύνω.
ἡλιάζομαι, être héliaste.
Ἡλιαία, ας (ἡ), Héliée (*tribunal d'Athènes*).
ἡλιαστής, οῦ (ὁ), héliaste (*juge à Athènes*).
ἡλιαστικός, ή, όν, d'héliaste.
ἠλί-βατος, ος, ον, escarpé.
ἤλιθα, *adv.*, immensément.
ἠλίθιος, α, ον, sot ; vain.
ἠλιθιότης, ητος (ἡ), sottise.
ἡλικία-ας (ἡ), 1° AGE. ‖ 2° vigueur de l'âge ; jeunesse. ‖ 3° taille. ‖ 4° siècle ; génération.
ἡλικιώτης, ου (ὁ), camarade ; qui a le même âge.
ἡλίκος, η, ον, 1° (aussi grand *ou* aussi petit) que (*correspond à*

τηλικοῦτος). || 2° combien grand? de quel âge?

ἧλιξ, ικος (ὁ, ἡ), camarade.

ἥλιος, ου (ὁ), SOLEIL; orient; chaleur du soleil; le Soleil.

ἡλιο-στερής, ής, ές, qui garantit du soleil.

ἡλιο-στιβής, ής, ές, où passe le soleil.

ἤλιτε, 3° *pers. sg. aor.* 2 *de* ἀλιταίνω.

ἡλιτό-μηνος, ος, ον, né avant terme.

ἡλιῶτις, ιδος (ἡ), solaire.

ἧλος, ου (ὁ), clou.

ἠλός, ή, όν, égaré; fou.

ἤλυθον, *pour* ἦλθον, *aor.* 2 *de* ἔρχομαι.

ἤλυσις, εως (ἡ), marche.

ἤλυξα, *aor.* 1 *de* ἀλύσκω.

Ἠλύσιον πέδιον (τό). Champs-Elysées.

ἦλφον, *aor.* 2 *de* ἀλφαίνω.

ἥλων, *pour* ἑάλων, *aor.* 2 *de* ἁλίσκομαι.

ἧμα, ατος (τό), trait.

ἠμαθόεις, όεσσα, όεν, sablonneux.

ἧμαι (*impf.* ἥμην), 1° ÊTRE ASSIS. || 2° rester immobile. || 3° être situé : être placé bas.

ἦμαρ, ατος (τό), jour : ἐπ' ἤματι, jour par jour. || journellement.

ἡμάτιος, α, ον, de jour; quotidien.

ἤμβροτον, *aor.* 2 *de* ἁμαρτάνω.

ἡμεῖς, nous, *nom. pl. de* ἐγώ.

ἠμελημένως, *adv.*, négligemment.

ἠ-μὲν... ἠ-δέ, *conj.*, et... et.

ἡμέρα, ας (ἡ), 1° JOUR : καθ' ἡμέραν, de jour en jour. || 2° temps; âge; vie.

ἡμερεύω (*f.* εύσω), passer la journée; séjourner.

ἡμερήσιος, ος *ou* **α, ον,** d'un jour.

ἡμερινός, ή, όν, de jour.

ἡμέριος, ος, ον, *même sens.*

ἡμερίς, ίδος (ἡ), (ὁ), cultivée.

ἡμερο-δρόμος, ου (ὁ), courrier.

ἡμερο-λογέω-ῶ (*f.* ήσω), compter par jour.

ἥμερος, ος *ou* **α, ον,** DOUX; apprivoisé; civilisé.

ἡμερο-σκόπος, ου (ὁ), sentinelle de jour.

ἡμερο-φύλαξ, ακος (ὁ), *même sens.*

ἡμερόω-ῶ (*f.* ώσω),

1° APPRIVOISER. ‖ 2° civiliser; soumettre.
ἡμέτερος, α, ον, notre.
ἤμην, *pour* ἦ, *eram.*
ἠμί (*impf.* ἦν), ἦν δ'ἐγώ, disais-je; ἦ δ' ὅς, disait-il.
ἡμι, *préfixe,* demi : ἡμίβρωτος, à moitié mangé.
ἡμί-θεος, demi-dieu, *etc.*
ἡμι-δαής, ής, ές, à demi brûlé.
ἡμι-δεής, ής, ές, auquel il manque une moitié.
ἡμί-εργος, ος, ον, à moitié fait.
ἡμι-θνής, ῆτος, à demi mort.
ἡμι-όλιος, α, ον, une fois et demie plus grand.
ἡμι-όνειος, α, ον, *et* **ἡμιονικός, ή, όν,** de mulet.
ἡμί-ονος, ου (ἡ, ὁ *rare*), mulet; mule.
ἡμι-πέλεκκον, ου (τό), hache qui n'a qu'un tranchant.
ἥμισυς, εια, υ, demi : τὸ ἥμισυ, la moitié.
ἡμι-τελής, ής, ές, à moitié terminé.
ἡμί-τομον, ου (τό), moitié.
ἡμι-ωβόλιον, ου (τό), demi-obole.
ἦμος, *conj.*, lorsque.
ἠμύω (*f.* ύσω), se pencher.
ἥμων, ονος (ὁ), qui lance des traits.
ἦν, *impf. de* εἰμί, *sum, et de* ἠμί.
1. **ἤν,** *conj. pour* ἐάν
2. **ἤν,** *interj.* voilà.
1. **ἥν,** *acc. f. sg. de* ὅς *relatif.*
2. **ἥν,** *acc. f. sg. de* ἑός, son
ἤνεικα, *aor.* 1 *de* φέρω.
ἠνεμόεις, όεσσα, όεν, *pour* ἀνεμόεις.
ἡνία, ας (ἡ), *et* **ἡνία, ων** (τά), bride.
ἡνίκα, *conj.*, quand.
ἡνιο-ποιεῖον, ου (τό), atelier de bourrelier.
ἡνιο-στροφέω-ῶ (*f.* ήσω), tenir les rênes.
ἡνι-οχεία, ας (ἡ), conduite d'un char.
ἡνί-οχέω-ῶ (*f.* ήσω) *et* **ἡνι-οχεύω** (*f.* εύσω), tenir les rênes.
ἡνί-οχος, ου, *et* **ἡνιοχεύς, έως** (ὁ), conducteur de char.
ἠνίπαπε, 3° *pers. sg. aor.* 2 *de* ἐνίπτω.
ἦνις, ιος (ἡ), âgée d'un an.
ἠνορέη, ης (ἡ), vaillance.
ἦν-οψ, οπος (ὁ, ἡ), brillant d'aspect.

ἤν-περ, *conj.*, si du moins.

ἠνώγειν, *pl.-q.-pf. de* ἀνώγω.

ἠοίη, **ης** (ἡ), le matin.

ἠοῖος, **α**, **ον**, matinal; oriental.

ἧπαρ, **ἥπατος** (τό), foie.

ἥπαφε, 3° *ps. sg. aor.* 2 *de* ἀπαφίσκω.

ἠπεδανός, **ή**, **όν**, faible.

ἤ-πειρος, **ου** (ἡ), continent.

Ἤπειρος, **ου** (ἡ), Epire.

ἠπειρόω-ῶ (*f.* ώσω), réunir au continent.

ἠπειρώτης, **ου** (ὁ), *et* **ἠπειρῶτις**, **ιδος** (ἡ), continental.

ἥ-περ, *conj.*, que.

ᾗ-περ, *adv.*, où; comme.

ἠπερ-οπεύς, **έως**, *ou* **ἠπερ-οπευτής**, **οῦ** (ὁ), trompeur.

ἠπερ-οπεύω (*f.* εύσω), tromper.

ἠπητής, **οῦ** (ὁ), ravaudeur.

ἠπιό-δωρος, **ος**, **ον**, aux doux présents.

ἤπιος, **ος** *ou* **α**, **ον**, doux; facile.

ἤ-που, *conj.*, ou bien.

ἦ-που, *adv.*, 1° certes. ‖ 2° *inter.*, est-ce que?

ἠπύτης, **ου** (ὁ), retentissant.

ἠπύω (*f.* ύσω), 1° *tr.* dire à pleine voix. ‖ 2° *intr.* résonner.

ἦρ, **ἦρος** (τό), *comme* ἔαρ.

ἦρα (*acc.*) **φέρειν**, donner satisfaction; prêter assistance.

Ἥρα, **ας** (ἡ), Héra (*Junon*).

Ἡραῖον *ou* **Ἥραιον**, **ου** (τό), temple d'Héra.

Ἡρακλείδης, **ου** (ὁ), descendant d'Héraclès.

Ἡράκλειος, **ος** *ou* **α**, **ον**, d'Héraclès. — **Ἡράκλειον** (τό), temple d'Héraclès.

Ἡράκλεις, *interj.*, par Héraclès.

Ἡράκλειτος, **ου** (ὁ), Héraclite.

Ἡρακλῆς, **έους** (ὁ), Héraclès (*Hercule*).

ἠράμην, *aor.* 1 *moy. de* αἴρω.

ἤραρον, *aor.* 2 *de* ἀραρίσκω.

ἠρέμα, *adv.*, doucement: peu à peu.

ἠρεμαῖος, **α**, **ον**, tranquille; doux.

ἠρεμέω-ῶ (*f.* ήσω), être tranquille.

ἠρεμία, **ας** (ἡ), tranquillité.

ἠρεμίζω (*f.* ίσω), 1° *tr.* faire mettre au repos.

‖ 2° *intr.* être au repos.

ἥρεμος, ος, ον, tranquille.

ἠρήρει, 3° *pers. sg. pl.-q.-pf. de* ἀραρίσκω.

ἠρήρειστο, 3° *pers. sg. p.-q.-pf. pass. de* ἐρείδω.

ἦρι, *adv.*, au matin.

ἠρι-γένεια, ας (ἡ), fille du matin.

ἤρικε, 3° *pers. sg. aor.* 2 *intr. de* ἐρείκω.

ἠρινός, ή, όν, *comme* ἐαρινός.

ἠρίον, ου (τό), tombeau.

ἤριπον, *aor.* 2 *de* ἐρείπω.

Ἡρό-δοτος, ου (ὁ), Hérodote.

ἠρόμην, *aor.* 2 *de* εἴρομαι.

ἤροσα, **ἠρόθην**, *aor.* de ἀρόω.

ἦρσα, *aor.* 1 *de* ἀραρίσκω.

ἤρυγε, 3° *pers. sg. aor.* 2 *de* ἐρεύγομαι.

ἠρύκακε, 3° *pers. sg. aor.* 2 *de* ἐρύκω.

ἡρωϊκός, ή, όν, héroïque.

ἡρῷος, ος, ον, de héros; ἡρῷον (τό), temple de héros.

ἥρως, ωος (ὁ), héros, demi-dieu.

Ἡσίοδος, ου (ὁ), Hésiode.

ἧσσα, *att.* **ἧττα**, ης (ἡ), défaite.

ἡσσάω-ῶ, *att.* **ἡττάω** (*f.* ήσω), vaincre.

ἥσσων, *att.* **ἥττων**, ων, ον, MOINDRE; inférieur à; vaincu par, *gén.* — *Adv*, ἧττον, moins.

ἡσυχάζω (*f.* άσω), être tranquille.

ἡσυχαῖος, α, ον, tranquille.

ἡσυχῇ, *adv.*, tranquillement; un peu.

ἡσυχία, ας (ἡ), TRANQUILLITÉ; paix; silence: ἡσυχίαν ἄγειν, être en repos.

ἡσύχιος, ος, ον, *et* **ἥσυχος**, ος, ον, tranquille. *Comp.* ἡσυχαίτερος.

ᾔσχυμμαι, *pf. pass. de* αἰσχύνω.

ἦτε, *adv.*, certes.

ἤτε, *conj.*, ou bien.

ἤ-τοι, 1° *adv.*, assurément. ‖ 2° *conj.* ou bien.

ἦτορ (τό), cœur.

ἤτριον, ου (τό), trame.

ἦτρον, ου (τό), bas-ventre.

ἠΰ-γενής, ής, ές, *comme* εὐγενής.

ἠΰτε, *conj.*, comme.

Ἡφαιστίων, ωνος (ὁ), Héphestion.
Ἥφαιστος, ου (ὁ), Héphaestos (*Vulcain*).
ἡφαιστό-τευκτος, ος, ον, fabriqué par Héphaestos.
ἧ-φι βίη-φι, *loc. adv.*, par sa propre force.
ἠχέω-ῶ (*f.* ήσω), retentir.
ἠχή, ῆς (ἡ), BRUIT ; voix.
ἠχή-εις, ήεσσα, ῆεν, bruyant.
ἧχι, *adv.*, où.
ἦχος, ου (ὁ), bruit.
ἠχώ, οῦς (ἡ), bruit ; écho. — *N. pr.*, la Nymphe Echo.
ἠῶ-θεν, *adv.*, dès l'aurore.
ἠῶ-θι πρό, *adv.*, avant l'aurore.
ἠών, όνος (ἡ), *comme* ἠϊών.
ἠῷος, α, ον, matinal · oriental.
ἠώς, ἠοῦς (ἡ), aurore. — *N. pr.* l'Aurore.

Θ

Θαάσσω, être assis.
θαιρός, οῦ (ὁ), gond.
θακέω-ῶ, être assis.
θάκημα, ατος (τό), action de s'asseoir (*en suppliant*).
θάκησις, εως (ἡ), siège.
θᾶκος, ου (ὁ), siège.
θαλάμη, ης (ἡ), gîte.
θαλαμη-πόλος, ου (ἡ), femme de chambre.
θαλαμία, ας (ἡ), rame du dernier rang.
θάλαμος, ου (ὁ), 1° CHAMBRE ; chambre des femmes. ‖ 2° chambre nuptiale ; hymen.
θάλασσα, *att.* **ττα, ης** (ἡ), mer.
θαλασσεύω (*f.* εύσω), être sur mer.
θαλάσσιος, ος *ou* **α, ον**, maritime ; marin.
θαλασσο-κρατέω-ῶ (*f.* ήσω), être maître de la mer.
θαλασσο-κράτωρ, ορος (ὁ), maître de la mer.
θάλεα, έων (τά), joie.
θαλέθω, fleurir.
θάλεια, ας (ἡ), *adj.* florissant.
θαλερός, ά, όν, FLORISSANT ; abondant.
Θάλης, ητος, (ὁ), Thalès.
θαλία, ας (ἡ), fête ; banquet.
Θαλία, ας (ἡ), Thalie.

θαλλός, οῦ (ὁ), jeune rameau.

θάλλω (*aor.* 2 ἔθαλον; *pf.* τέθηλα), 1° POUSSER, fleurir. ‖ 2° être fort *ou* prospère.

θάλος, ους (τό), jeune pousse.

θαλπιάω, être chaud.

θάλπω (*f.* ψω), 1° CHAUFFER. ‖ 2° enflammer.

θαλπωρή, ῆς (ἡ), adoucissement.

Θαλύσια, ίων (τά), Thalysies (*fête de la moisson*).

θαμά, *adv.*, 1° SOUVENT. ‖ 2° en foule.

θαμβέω-ῶ (*f.* ήσω), être saisi d'étonnement.

θάμβος, εος-ους (τό), étonnement.

θαμέες (οἱ, αἱ), nombreux.

θαμειός, ά, όν, nombreux.

θαμίζω, venir souvent.

θαμινά, *adv.*, fréquemment.

θάμνος, ου (ὁ), buisson; arbrisseau.

θανάσιμος, ος, ον, mortel; qui donne *ou* concerne la mort.

θανατάω-ῶ, désirer mourir.

θανατη-φόρος, ος, ον, qui apporte la mort.

θανατόεις, όεσσα, όεν, qui fait mourir.

θάνατος, ου (ὁ), 1° MORT. ‖ 2° peine de mort. — *N. pr.* Thanatos (*dieu de la mort*).

θανατόω-ῶ (*f.* ώσω), mettre *ou* condamner à mort.

θανάτωσις, εως (ἡ), condamnation à mort; exécution.

1. **θάομαι-ῶμαι** (*f.* θήσομαι), sucer; traire.

2. **θάομαι** = θεάομαι.

θάπτω (*f.* ψω), ensevelir.

θαργηλιών, ῶνος (ὁ), thargélion (*mai-juin*).

θαρσαλέος, *att.* **θαρραλέος, α, ον**, 1° HARDI. ‖ 2° qui rend hardi.

θαρσαλέως, *att.* **θαρραλέως**, *adv.*, hardiment.

θαρσέω, *att.* **θαρρέω-ῶ** (*f.* ήσω), avoir courage *ou* confiance.

θάρσησις, εως (ἡ), confiance.

θάρσος, *att.* **θάρρος, ους** (τό), hardiesse; confiance.

θάρσυνος, ος, ον, hardi; confiant.

θαρσύνω, *att.* **θαρρύνω** (*f.* υνῶ), 1° *tr.*, encourager. ‖ 2° *intr.*, prendre courage.

Θάσος, οῦ (ἡ), Thasos (*île*).

θάσσω, être assis.

θάσσων, *att.* **θάττων**, ων, ον, *comp. de* ταχύς, plus rapide. — θᾶττον, *adv.*, plus vite.

θάτερον = τὸ ἕτερον.

θαῦμα, ατος (τό), 1° MERVEILLE; objet d'admiration. ‖ 2° étonnement.

θαυμάζω (*f.* άσομαι; *f. pass.* θαυμασθήσομαι), ADMIRER; s'étonner, *acc.*; θ. τινὸς τῶν λόγων, 2 *gén.*, s'étonner des paroles de quelqu'un; θ. εἰ, s'étonner que.

θαυμαίνω (*f.* ανῶ), *mêmes sens.*

θαυμάσιος, α, ον, ADMIRABLE; étonnant.

θαυμασίως, *adv.*, ADMIRABLEMENT; étonnamment.

θαυμαστός, ή, όν, ADMIRABLE; étonnant; étrange.

θαυμαστῶς, *adv.*, étonnamment.

θαυματο-ποιός, οῦ, (ὁ), prestidigitateur; charlatan.

θαυματ-ουργέω-ῶ (*f.* ήσω), faire des tours.

θεά, ᾶς, *et* **θέαινα, ης** (ἡ), déesse.

θέα, ας (ἡ), 1° SPECTACLE; contemplation. ‖ 2° place au théâtre.

θέαμα, ατος (τό), spectacle.

θεάομαι-ῶμαι (*f.* άσομαι), CONTEMPLER; regarder; considérer.

θεαρός, *comme* θεωρός.

θεατής, οῦ (ὁ), spectateur.

θεατός, ή, όν, visible; qui mérite d'être vu.

θεατρίζω (*f.* ίσω), mettre sur la scène.

θέατρον, ου (τό), théâtre.

θέειον (τό), *comme* θεῖον.

θεειόω, *comme* θειόω [1].

θεή, *pour* θέα.

θε-ήλατος, ος, ον, envoyé par les dieux.

θεητής, *pour* θεατής.

θέητρον, *pour* θέατρον.

θειάζω (*f.* άσω), prophétiser.

θειασμός, οῦ (ὁ), superstition.

θειλό-πεδον, ου (τό), séchoir.

θείνω (*f.* θενῶ), frapper.

θεῖον, ου (τό), soufre.

1. **θεῖος, ου** (ὁ), oncle.

2. **θεῖος, α, ον**, 1° DIVIN. ‖ 2° sacré. ‖ 3° merveilleux.

1. **θειόω-ῶ** (*f.* ώσω), soufrer.

2. **θειόω-ῶ** (*f.* ώσω),

consacrer à la divinité.

θειότης, ητος (ἡ), divinité.

θείω, *pour* : 1° θέω, courir. ‖ 2° θῶ, *subj. aor.* 2 *de* τίθημι.

θείως, *adv.*, divinement.

θέλγω (*f.* ξω), 1° CHARMER. ‖ 2° séduire ; enchanter.

θέλημα, ατος (τό), *et* **θέλησις, εως** (ἡ), volonté.

θελκτήριον, ου (τό), 1° CHARME. ‖ 2° adoucissement.

θελκτήριος, ος, ον, qui charme.

θέλκτρον, *comme* θελκτήριον.

θελξί-φρων, ων, ον, *gén.* **ονος,** qui charme le cœur.

θέλω (*f.* ήσω), *comme* ἐθέλω, vouloir.

θέμεθλα *et* **θεμείλια, ων** (τά), fondement.

θεμέλιος, (ὁ), *et* **θεμέλιον, ου** (τό), fondement.

θεμελιόω-ῶ (*f.* ώσω), fonder, poser sur une fondation.

θέμεν(αι), *inf. aor.* 2 *de* τίθημι.

θέμις, ιστος (ἡ), 1° JUSTICE; droit : οὐ θέμις ἐστί, il n'est pas permis (*par les dieux ou les lois*). ‖ 2° *plur.* droits; décrets. — 3° *N. pr.* Thémis (*la Justice*).

θεμιστεύω (*f.* εύσω), 1° rendre la justice. ‖ 2° rendre des oracles.

Θεμιστο-κλῆς, έους (ὁ), Thémistocle.

θεμιστός *et* **θεμιτός, ή, όν,** juste; permis.

θεμόω-ῶ (*f.* ώσω), disposer à.

θεν, *suffixe adv., marquant le point de départ ou signifiant le génitif.*

θέναρ, αρος (τό), paume de la main.

θέο, *imp. aor.* 2 *moy. de* τίθημι.

θεο-βλαβέω-ῶ (*f.* ήσω), braver les dieux.

θεο-βλαβής, ής, ές, rendu fou par les dieux.

θεο-γεννής, ής, ές, né d'un dieu.

θεο-γονία, ας (ἡ), théogonie, origine des dieux.

θεό-δμητος, ος, ον, bâti par *ou* pour les dieux.

θεο-ειδής, ής, ές, semblable à la divinité.

θεο-είκελος, ος, ον, *même sens.*

θεό-θεν, *adv.*, qui vient de la divinité.

θεο-λογία, ας (ἡ), théologie.

θεο-λόγος, ος, ον, qui parle de la divinité.

θεο-μανής, ής, ές, frappé de démence par les dieux.

θεό-μαντις, εως (ὁ), prophète inspiré.

θεο-μαχεώ-ῶ (*f.* ήσω), combattre contre les dieux.

θεο-μαχία, ας (ἡ), combat des dieux (*entre eux*).

θεο-μάχος, ος, ον, qui combat les dieux.

θεο-μισής, ής, ές, haï des dieux.

θεό-πεμπτος, ος, ον, envoyé par les dieux.

θεο-ποίητος, ος, ον, fait par une main divine.

θεο-προπέω-ῶ, rendre des oracles.

θεο-προπία, ας (ἡ), *et* **θεο-πρόπιον, ου** (τό), oracle.

θεο-πρόπος, ου (ὁ), qui dit *ou* qui va chercher des oracles.

θεός, ου (ὁ, ἡ), dieu; déesse. — Ὁ Θ., Dieu.

θεο-σέβεια, ας (ἡ), piété.

θεο-σεβής, ής, ές, pieux.

θεο-στυγής, ής, ές, 1° haï des dieux. ‖ 2° qui hait les dieux.

θεότης, ητος (ἡ), nature divine.

θεου-δής, ής, ές, qui craint les dieux.

Θεο-φάνια, ων (τά), fête des Théophanies (*Delphes*).

θεο-φιλής, ής, ές, aimé des dieux; heureux.

θεό-φιν, *gén. ou dat. de* θεός.

θεράπαινα, ης (ἡ), servante.

θεραπεία, ας (ἡ), 1° SOIN. ‖ 2° culte. ‖ 3° serviteurs.

θεράπευμα, ατος (τό), *mêmes sens.*

θεραπευτής, οῦ (ὁ), 1° SERVITEUR. ‖ 2° qui soigne.

θεραπευτικός, ή, όν, serviable.

θεραπεύω (*f.* εύσω), 1° SOIGNER; servir. ‖ 2° honorer. ‖ 3° cultiver.

θεραπηΐη, ης (ἡ), *comme* θεραπεία.

θεράπων, οντος (ὁ), serviteur.

θερεία, ας (ἡ), été.

θερέω, *comme* θέρομαι.

θερίζω (*f.* ίσω, *att.* ιῶ), 1° *tr.* moissonner. ‖ 2° *intr.* passer l'été.

θερινός, ή, όν, de l'été.

θερισμός, οῦ (ὁ), moisson, action de moissonner.

θεριστής, οῦ (ὁ), moissonneur.

θερμαίνω (*f.* ανῶ, *aor.* 1 ἐθέρμηνα), chauffer ; réchauffer.

θερμασία, ας (ἡ), chaleur.

θέρμη, ης (ἡ), chaleur ; fièvre.

Θερμο-πύλαι, ων (αἱ), Thermopyles.

θερμός, ή, όν, 1° CHAUD. ‖ 2° ardent ; vif.

θερμότης, ητος (ἡ), chaleur.

θερμ-ουργός, ός, όν, ardent à entreprendre.

θέρμω, chauffer ; réchauffer.

θέρομαι, *moy.-pass.* (*f.* θέρσομαι, *aor.* 2 ἐθέρην), se chauffer ; être brûlé.

θέρος, εος-ους (τό), 1° ÉTÉ. ‖ 2° moisson.

Θερσίτης, ου (ὁ), Thersite.

θέσις, εως (ἡ), ACTION DE POSER. ‖ 1° établissement ; position. ‖ 2° dépôt. ‖ 3° proposition. ‖ 4° syllabe frappée (*en métrique*).

θέ-σκελος, ος, ον, divin ; prodigieux.

θέσμιος, ος, ον, légitime (*fas*) : τὸ θέσμιον, la loi.

θεσμο-θέτης, ου (ὁ), thesmothète (*magistrat athénien réviseur des lois*).

θεσμο-θετεῖον, ου (τό), salle des thesmothètes.

θεσμός, οῦ (ὁ), loi.

Θεσμο-φόρια, ων (τά) Thesmophories (*fêtes de Déméter*).

θεσμο-φοριάζω (*f.* άσω), célébrer la fête des Thesmophories.

θεσμο-φόρος, ος, ον, qui porte les lois.

θεσμο-φύλαξ, ακος (ὁ), gardien des lois.

θεσ-πέσιος, α, ον, DIVIN ; merveilleux.

θεσπι-δαής, ής, ές, allumé par les dieux.

θεσπι-έπεια, ας (ἡ), prophétique, *adj.*

θεσπίζω (*f.* ίσω, *att.* ιῶ), rendre des oracles.

θέσ-πις, ιος (ὁ, ἡ), prophétique ; prodigieux.

θέσ-πισμα, ατος (τό), oracle.

Θεσσαλία, ας (ἡ), Thessalie.

Θεσσαλός, οῦ (ὁ), Thessalien.

θέσ-φατος, ος, ον, prescrit par les dieux : τὸ θ., oracle.

Θέτις, ιδος (ἡ), Thétis.
θετός, ή, όν, 1° établi. ‖ 2° adopté.
θέω (*f.* θεύσομαι), courir.
θεωρέω-ῶ (*f.* ήσω), 1° REGARDER; être spectateur. ‖ 2° être théore (*envoyé par sa cité*).
θεώρημα, ατος (τό), 1° SPECTACLE. ‖ 2° objet d'étude *ou* de contemplation.
θεωρητικός, ή, όν, contemplatif.
θεωρία, ας (ἡ), 1° CONTEMPLATION; étude. ‖ 2° théorie (*députation*; *procession*).
θεωρικός, ή, όν, qui concerne les spectacles: τὸ θ.., fonds spécialement affectés aux spectacles.
θεωρίς, ίδος (ἡ), destiné aux théores.
θεωρός, οῦ (ὁ), 1° spectateur. ‖ 2° THÉORE (*envoyé d'une cité à une fête ou à un oracle*).
θεώτερος α, ον, plus divin.
Θῆβαι, ῶν (αἱ), Thèbes.
Θηβαῖος, α, ον, Thébain.
Θήβη, *comme* Θῆβαι.
θηγάνη, ης (ἡ), pierre à aiguiser.
θήγω (*f.* ξω), 1° AIGUISER. ‖ 2° exciter.
θηέομαι, *comme* θεάομαι.
θήῃς, *pour* θῇς, 2° *p. subj. aor.* 2 *de* τίθημι.
θηητήρ, ῆρος (ὁ), contemplateur.
θήϊον, ου (τό), soufre.
θηκαῖος, α, ον, sépulcral.
θήκη, ης (ἡ), coffre; cercueil.
θηλάζω (*f.* άσω), 1° allaiter. ‖ 2° téter.
θηλέω-ῶ (*f.* ήσω), *comme* θάλλω.
θηλή, ῆς (ἡ), mamelle.
θηλυ-δρίας, ου (ὁ), efféminé.
θηλύνω (*f.* υνῶ), efféminer.
θηλύ-πους-πους-πουν, *gén.* **ποδος**, au pied de femme.
θῆλυς, θήλεια, θῆλυ 1° FÉMININ; femelle. ‖ 2° tendre. ‖ 3° mou.
θημών, όνος (ὁ), tas.
θήν, *encl.*, assurément.
θήρ, θηρός (ὁ), bête sauvage.
θήρα, ας (ἡ), 1° CHASSE; poursuite. ‖ 2° gibier.
θήραμα, ατος (τό), gibier.
Θηρα-μένης, ους (ὁ), Théramène.
θηρατικός, ή, όν, de la

chasse; qui aime la chasse.

θήρατρον, ου (τό), engin (*chasse ou pêche*).

θηράω-ῶ (*f.* άσω), *et moy.*, 1° CHASSER. ‖ 2° rechercher.

θήρειος, ος *ou* **α, ον,** de bête sauvage.

θήρευμα, ατος (τό) chasse; gibier.

θήρευσις, εως (ἡ), chasse.

θηρευτής, οῦ (ὁ), chasseur.

θηρευτικός, ή, όν, *comme* θηρατικός.

θηρεύω, *comme* θηράω.

θηρητήρ, ῆρος, *et* **θηρήτωρ,ορος** (ὁ),*comme* θηρευτής.

θηριο-μαχία, ας (ἡ), combat contre les bêtes sauvages.

θηρίον, ου (τό), 1° BÊTE SAUVAGE; bête mauvaise. ‖ 2° monstre.

θηρι-ώδης, ης, ες, sauvage; brutal.

θηρι-ωδῶς, *adv.*, en bête sauvage.

θηρο-βολέω-ῶ (*f.* ήσω), transpercer les bêtes sauvages.

θηρο-φόνος, ος, ον, qui tue les bêtes sauvages.

θής, θητός (ὁ), 1° MERCENAIRE. ‖ 2° thète (*citoyen athénien de la dernière classe*).

θήσατο, 3° *pers. sg. aor.* 1 *moy. de* θάομαι 1.

θησαυρίζω (*f.* ίσω), entasser; conserver.

θησαύρισμα, ατος (τό), réserve; trésor.

θησαυρισμός, οῦ (ὁ). mise en réserve.

θησαυρός, οῦ (ὁ), TRÉSOR; dépôt.

Θησεύς, έως (ὁ), Thésée.

θῆσθαι, *inf. pr. pass. de* θάομαι 1.

θητεία, ας (ἡ), salaire *ou* service de mercenaire.

θητέρᾳ = τῇ ἑτέρᾳ.

θητεύω,(*f.*εύσω),travailler comme mercenaire.

θιασεύω, célébrer bruyamment Dionysos.

θίασος, ου (ὁ), troupe joyeuse(*célébrant Dionysos*).

θιγγάνω,(*f.* θίξω, *aor.* 2 ἔθιγον), TOUCHER (à, *gén.*); émouvoir.

θίς, θινός, (ὁ, ἡ), 1° SABLE (*au bord de la mer*); grève. ‖ 2° amas.

θλάω (*f. pass.* θλασθήσομαι), meurtrir; écraser.

θλίβω (*f.* ψω), 1° SERRER; presser. ‖ 2° opprimer.

θλῖψις, εως (ἡ), pression; oppression.

θνῄσκω, (*f.* θανοῦμαι, *aor.* 2 ἔθανον, *pf.* τέθνηκα), MOURIR; périr : οἱ τεθνεῶτες, les morts.

θνητο-γενής, ής, ές, né d'un mortel.

θνητο-ειδής, ής, ές, de nature mortelle.

θνητός, ή, όν, mortel.

1. **θοάζω,** 1° *tr.*, mouvoir rapidement. ‖ 2° *intr.*, se mouvoir rapidement.

2. **θοάζω,** être assis.

Θόας, αντος (ὁ), Thoas.

θοἰμάτιον, *crase pour* τὸ ἱμάτιον.

θοινάω-ῶ (*f.* ήσω), traiter dans un festin. — *Moy.-pass.*, se régaler.

θοίνη, ης, (ἡ), festin.

θολερός, ά, όν, bourbeux ; confus.

θόλος, ου (ὁ), voûte ; pavillon voûté.

θοός, ή, όν, 1° rapide. ‖ 2° aigu.

θοόω-ῶ (*f.* θοώσω), aiguiser.

θόρε, θορεῖν, *aor.* 2 *de* θρῴσκω.

θορή, ῆς, (ἡ), *comme* θορός.

θορυβέω-ῶ (*f.* ήσω), 1° *intr.*, FAIRE DU BRUIT ; applaudir. ‖ 2° *tr.*, troubler.

θόρυβος, ου (ὁ), 1° BRUIT ; applaudissement. ‖ 2° trouble.

θορυβώδης, ης, ες, bruyant.

Θουκυδίδης, ου (ὁ), Thucydide.

θούριος, α, ον, *et* **θοῦρος, ος, ον** ; *fém.* θοῦρις, ιδος, impétueux.

θώκος, ου (ὁ), 1° siège. ‖ 2° assemblée.

θοῶς, *adv.*, rapidement.

Θρᾴκη, ης (ἡ), la Thrace.

Θρᾴκιος, α, ον, de Thrace.

θρανίτης, ου (ὁ), rameur du banc le plus haut.

θρᾶνος, ου (ὁ), siège ; banc de rameurs.

Θρᾷξ, ᾳκός (ὁ), Thrace.

θρασέως, *adv.*, hardiment.

θράσος, εος-ους (τό), hardiesse.

Θρᾷσσα, *att.* **Θρᾷττα, ης** (ἡ), femme de Thrace.

θράσσω, *att.* **θράττω** (*f.* άξω), troubler.

Θρασύ-βουλος, ου (ὁ), Thrasybule.

θρασυ-κάρδιος, ος, ον, au cœur hardi.

θρασυ-μέμνων, ων, ον, *gén.* ονος, hardi ; résistant.

θρασύνω (*f.* υνῶ), 1° en-

hardir. — 2° *Intr.*, *et moy.-pass.*, s'enhardir; être fier.
θρασύς, εῖα, ύ, hardi; audacieux.
θρασύ-σπλαγχνος, ος, ον, au cœur hardi.
θρασυ-στομέω-ῶ (*f.* ήσω), parler hardiment.
θρασύτης, ητος (ἡ), hardiesse.
θραύω (*f.* αύσω; *pass. aor.* ἐθραύσθην), briser.
θρέμμα, ατος (τό), 1° nourrisson. ‖ 2° bétail.
θρέξασκον, 3° *pers. pl. aor.* 2 *de* τρέχω.
θρέομαι, pousser des cris.
θρεπτήρια, ων (τά), prix de la nourriture.
θρέπτρα, ων (τά), *même sens*.
θρέψα, *pour* ἔθρεψα, *aor.* 1 *de* τρέφω.
θρηνέω-ῶ (*f.* ήσω), 1° *intr.*, se lamenter. ‖ 2° *tr.*, déplorer.
θρῆνος, ου (ὁ), lamentation; chant de deuil.
θρῆνυς, υος (ὁ), *comme* θρᾶνος.
θρησκεία, ας (ἡ), pratiques religieuses.
θρησκεύω (*f.* εύσω), pratiquer (*en religion*).
θριαμβεύω (*f.* εύσω), triompher (*triumphus*); vaincre.
θρίαμβος, ου (ὁ), triomphe.
θριγκός, οῦ (ὁ), 1° faîte (*d'un mur*). ‖ 2° couronnement.
θριγκόω-ῶ (*f.* ώσω), enclore; combler.
θρῖδαξ, ακος (ἡ), laitue.
Θρινακίη, ης (ἡ), Trinacrie (*Sicile*).
θρῖναξ, ακος (ὁ), trident.
θρίξ, τριχός (ἡ), CHEVEU; poil; toison : *prov.* θρὶξ ἀνὰ μέσσον, il s'en faut d'un cheveu.
θροέω-ῶ (*f.* ήσω), crier; publier.
θρόμβος, ου (ὁ), caillot; grumeau.
θρομβ-ώδης, ης, ες, plein de grumeaux.
θρόνα, ων (τά), fleurs.
θρόνος, ου (ὁ), siège; trône.
θρόος, όου (ὁ), bruit.
θρυλέω-ῶ (*f.* ήσω), murmurer : τὸ θρυλούμενον, ce qui se répète partout.
θρυλίσσω (*f.* ίξω), briser.
θρύον, ου (τό), jonc.
θρυπτικός, ή, όν, brisé; mou.
θρύπτω (*f.* ύψω), BRISER, amollir. — *Moy. pass.* vivre mollement; faire

des manières ; s'enorgueillir (de, *dat.*)

θρῴσκω (*f.* θοροῦμαι, *aor.* 2 ἔθορον), s'élancer.

θρωσμός, οῦ (ὁ), saillie, éminence.

θυγάτηρ, τρός (ἡ), (*acc.* τέρα, *dat. pl.* τράσι), fille.

θυγατριδῆ, ῆς (ἡ), petite-fille.

θυγατριδοῦς, οῦ (ὁ), petit-fils.

θυεία, ας (ἡ), mortier.

θύελλα, ης (ἡ), orage.

Θυέστης, ου (ὁ). Thyeste.

θυήεις, ήεσσα, ῆεν, parfumé d'encens.

θυηλή, ῆς, (ἡ), victime. offrande.

θυία,ας (ἡ), thuia.

θυῖα,ας,*et* **θυιάς, άδος** (ἡ), bacchante.

θύϊνος, η, ον, de thuia.

θυλάκιον, ου (τό), petit sac.

θύλακος, ου, (ὁ), 1° sac. ‖ 2° pantalon bouffant.

θῦμα, ατος (τό), sacrifice; victime.

θυμαίνω (*f.* ανῶ), se mettre en colère.

θυμ-αλγής, ής, ές, douloureux.

θυμ-αρής, ής, ές, qui réjouit le cœur.

θυμάρμενος, η, ον, *même sens.*

θυμάτιον, ου (τό), petite victime.

Θύμβρις, ιδος (ὁ), le Tibre.

θυμέλη, ῆς (ἡ), autel (*notamment de Dionysos au théâtre*).

θυμ-ηγερέω-ῶ (*f.* ήσω), reprendre courage.

θυμ-ηδής, ής, ές, qui plaît au cœur.

θυμ-ήρης, ης, ες, *comme* θυμαρής.

θυμίαμα, ατος (τό), parfum ; encens.

θυμιατήριον, ου (τό), encensoir.

θυμιάω-ῶ (*f.* άσω), brûler de l'encens.

θυμίημα,θυμιητήριον, *comme* θυμίαμα. θυμιατήριον.

θυμικός, ή, όν, bouillant ; irascible.

θυμο-βόρος, ος, ον, qui ronge le cœur.

θυμο-δακής, ής, ές, qui mord le cœur.

θυμο-ειδής, ής, ές, énergique ; irascible.

θυμο-λέων, οντος (ὁ), au cœur de lion.

θυμο-μαχέω-ῶ (*f.* ήσω), combattre de plein cœur.

θυμο-ραϊστής, οῦ (ὁ),

qui déchire le cœur.

θυμός, οῦ (ὁ), COEUR : ἐκ θύμου, du fond du cœur. || 1° courage. || 2° colère. || 3° désir; sentiment. || 4° esprit; pensée. || 5° vie : θυμὸν ἀφελέσθαι, enlever la vie.

θυμό-σοφος, ος, ον, à l'âme sage.

θυμο-φθορέω-ῶ (*f.* ήσω), se tourmenter l'esprit.

θυμο-φθόρος, ος, ον, qui tourmente l'esprit, pénible.

θυμόομαι, οῦμαι (*f.* ώσομαι), *moy.-pass.*, s'irriter (contre, *dat.*).

θύννος, ου (ὁ), thon.

θύνω, s'élancer.

θυόεις, όεσσα, όεν, qui sent bon.

θύον, ου (τό), thuia.

θύος, εος-ους (τό), parfum; sacrifice.

θυοσ-κοέω-ῶ, sacrifier.

θυοσ-κόος, ου (ὁ), sacrificateur.

θυόω-ῶ (*f.* ώσω), parfumer.

θύρα, ας (ἡ), 1° PORTE. || 2° entrée. || 3° charpente.

θύραζε, *adv.*, à la porte; dehors, *avec mouvement.*

θύρα-θεν, *adv.*, de la porte; du dehors.

θυραῖος, α *ou* **ος, ον**, qui est à la porte *ou* au dehors; étranger.

θύρασι, *adv.*, à la porte; au dehors, *sans mouvement.*

θυρ-αυλέω-ῶ (*f.* ήσω), coucher *ou* vivre en plein air.

θυρα-ωρός, οῦ (ὁ), *comme* θυρωρός.

θυρεός, οῦ (ὁ), 1° porte de pierre. || 2° bouclier long.

θύρετρα, ων (τά), *comme* θύρα.

θύρηθι, θύρῃσι, θύρηφι, *comme* θύρασι.

θυρίς, ίδος (ἡ), 1° petite porte. || 2° fenêtre.

θυρο-κοπέω-ῶ (*f.* ήσω), frapper à la porte.

θυρο-κόπος, ου (ὁ), mendiant.

θυρόω-ῶ (*f.* ώσω), fermer avec une porte.

θύρσος, ου (ὁ), thyrse.

θύρωμα, ατος (τό), bois de porte; porte.

θυρών, ῶνος (ὁ), vestibule.

θυρωρός, οῦ (ὁ), portier.

θύσανος, ου (ὁ), frange.

θυσανωτός, ή, όν, *comme* θυσσανόεις.

θύσθλα, ων (τά), objets propres aux sacrifices.
θυσία, ας (ἡ), 1° SACRIFICE. ‖ 2° victime.
θύσιμος, ος, ον, propre aux sacrifices.
θυ(σ)σανόεις, όεσσα, όεν, garni d'une frange.
θυστάς, άδος (ἡ), qui concerne les sacrifices.
θυτήρ, ῆρος (ὁ), sacrificateur.
1. **θύω** (*f.* ύσω), sacrifier; offrir en sacrifice.
2. **θύω**, s'élancer; bouillonner.
θυ-ώδης, ης, ες, odoriférant.
θύωμα, ατος (τό), parfum.
θωή, ῆς (ἡ), punition.
θωκέω et **θῶκος**, *comme* θακέω et θᾶκος.
θῶμα, θωμάζω, θωμάσιος, *pour* θαῦμα, *etc.*
θῶμιγξ, ιγγος (ὁ), corde.
θωπεύω (*f.* εύσω), flatter
θωρακίζω (*f.* ίσω), cuirasser.
θωρακο-ποιός, οῦ (ὁ), fabricant de cuirasses.
θωρακο-φόρος, ος, ον, qui porte une cuirasse.
θώραξ, ακος (ὁ), 1° POITRINE. ‖ 2° cuirasse.
θωρηκτής, οῦ (ὁ), soldat porteur d'une cuirasse.
θώρηξ, *pour* θώραξ.
θωρήσσω (*f.* ήξω), cuirasser. — *Moy.* se couvrir d'une cuirasse.
θώς, θωός (ὁ), chacal.
θωῦμα, θωυμάζω, θωυμάσιος, *pour* θαῦμα, *etc.*
θωΰσσω (*f.* ύξω), crier.
θώψ, θωπός (ὁ), flatteur.

I

ἰά, ᾶς (ἡ), cri.
ἴα, ἰᾶς, (*pour* μία), *fém. de* ἴος, une.
ἰά, ἰῶν (τά), trait.
ἰαίνω (*f.* ἰανῶ, *aor.* ἴηνα; *pass. aor.* ἰάνθην), 1° RÉCHAUFFER. ‖ 2° réjouir. ‖ 3° adoucir; alléger.
ἰακχάζω *et* **ἰακχέω-ῶ**, crier (*particulièrement* aux fêtes de Iacchos).
ἴακχος, ου (ὁ), 1° cri. ‖ 2° appel à Iacchos.
Ἴακχος, ου (ὁ), Iacchos (*Bacchus*).

ἰάλλω (*f.* ἰαλῶ, *aor.* ἴηλα), 1° LANCER; envoyer. ‖ 2° attaquer. ‖ 3° *intr.* s'élancer.
ἴαμα, ατος (τό), remède.
ἰαμβεῖον, ου (τό), et ἴαμβος, ου (ὁ), ïambe.
ἰάομαι-ῶμαι (*f.* ἀσομαι), guérir.
ἰάπτω (*f.* άψω), 1° *tr.* LANCER; attaquer. ‖ 2° *intr.* s'élancer.
ἰάσιμος, ος, ον, que l'on peut guérir.
ἴασις, εως (ἡ), guérison.
ἴασπις, ιδος (ἡ), jaspe.
Ἰαστί, *adv.*, à la manière des Ioniens.
Ἰάσων, ονος (ὁ), Jason.
ἰατήρ, ῆρος (ὁ), médecin.
ἰατορία, ας (ἡ), médecine.
ἰατρεία, ας (ἡ), traitement médical.
ἰατρεῖον, ου (τό), maison de santé.
ἰατρεύω (*f.* εύσω), soigner médicalement.
ἰατρικός, ή, όν, médical.
ἰατρός, οῦ (ὁ), médecin.
ἰαύω (*f.* σω), 1° *intr.* dormir. ‖ 2° faire cesser.
ἰαχέω, *comme* ἰάχω.
ἰαχή, ῆς (ἡ), cri; bruit.
ἰάχω (*f.* ἰαχήσω), crier.
Ἰβηρία, ας (ἡ), Ibérie.
ἶβις, ἴβιδος (ἡ), ibis.
ἰγνύα, ας (ἡ), jarret.
Ἰδαῖος, α, ον, du mont Ida.
1. ἰδέ, (*de* ὁράω), vois voilà.
2. ἰδέ, *conj.*, et.
ἰδέα, ας (ἡ), 1° FORME; image. ‖ 2° espèce. ‖ 3° idée.
Ἴδη, ης (ἡ), le mont Ida.
ἰδιαίτερος, *comp. de* ἴδιος.
ἰδιο-βουλεύω (*f.* εύσω), ne prendre conseil que de soi-même.
ἴδιος, ος *ou* α, ον, 1° PROPRE; particulier. ‖ 2° spécial. — *Adv.* ἰδίᾳ, en particulier; à titre privé.
ἰδιότης, ητος (ἡ), caractère particulier.
ἰδιο-τρόφος, ος, ον, qui a une nourriture particulière.
ἰδιόομαι-οῦμαι (*f.* ώσομαι), s'approprier.
ἰδίω (*f.* ίσω), suer.
ἰδίωμα, ατος (τό), particularité.
ἰδίως, *adv.*, particulièrement.
ἰδιωτεύω (*f.* εύσω), être simple particulier; *gén.*, être ignorant de.

ἰδιώτης, ου (ὁ), 1° SIMPLE PARTICULIER; simple. ‖ 2° ignorant (de, *gén.*); vulgaire.
ἰδιωτικός, ή, όν, 1° DE SIMPLE PARTICULIER. ‖ 2° vulgaire.
ἰδιωτικῶς, *adv.*, 1° EN SIMPLE PARTICULIER. ‖2° de manière vulgaire.
ἴδμεναι, *pour* εἰδέναι, de οἶδα.
ἰδνόομαι-οῦμαι, se courber.
ἰδοίατο, *pour* ἴδοιντο, *de* ὁράω.
Ἰδομενεύς, έως (ὁ), Idoménée.
ἴδον, *pour* εἶδον, *de* ὁράω.
ἰδού, *interj.*, voici.
ἰδρείη, ης (ἡ), science.
ἴδρις, ιος (ὁ, ἡ), savant; sage (en, *gén.*).
ἰδρόω-ῶ (*f.* ώσω), suer.
ἵδρυμα, ατος (τό), 1° FONDEMENT. ‖ 2° demeure. ‖ 3° statue.
ἱδρύω (*f.* ύσω), 1° FONDER; établir. ‖ 2° faire asseoir; installer.
ἱδρυμένος, assis.
ἱδρώς, ῶτος (ὁ), sueur.
ἰδυῖα, ας (ἡ), *part. fém. de* οἶδα, qui sait.
ἴδω, *subj. aor.* 2 *de* ὁράω.
ἰείη, *opt. de* εἶμι, *ibo.*
ἵεμαι, *sans fut.*, aller.
ἴεν, 3° *pers. sg. impf. de* εἶμι, *ibo.*
ἱεράομαι-ῶμαι (*f.* άσομαι, être prêtre.
ἱέραξ, ακος (ὁ), faucon.
ἱερατεία, ας (ἡ), prêtrise.
ἱερατικός, ή, όν, sacerdotal.
ἱέρεια, ας (ἡ), prêtresse.
ἱερεῖον, ου (τό), 1° VICTIME. ‖ 2° bétail.
ἱερεύς, έως (ὁ), prêtre.
ἱερεύω (*f.* εύσω), sacrifier.
ἱερήϊον, *comme* ἱερεῖον.
ἱερό-θυτος, ος, ον, immolé aux dieux.
ἱερο-μηνία, ας (ἡ), *et* **ἱερο-μήνια, ων** (τά), fête du mois.
ἱερο-μνήμων, ονος (ὁ), archiviste *ou* délégué religieux.
ἱερο-ποιός, οῦ (ὁ), magistrat préposé aux sacrifices.
ἱερο-πρεπής, ής, ές, qui convient aux choses saintes.
ἱερός, ά *ou* **ός, ον,** SACRÉ; divin. ‖ 2° auguste. — Τὸ ἱερόν, objet sacré; temple; — τὰ ἱερά, sacrifices; victimes. — *Loc.* ἱερὰ νόσος, épilepsie.

Ἱερο-σόλυμα, ων (τά), Jérusalem.

ἱερο-συλέω-ῶ (*f.* ήσω). piller les temples.

ἱερο-συλία, ας (ἡ), pillage de temples.

ἱερό-συλος, ου (ὁ), pilleur de temples.

ἱερ-ουργέω-ῶ (*f.* ήσω), accomplir des œuvres sacrées.

ἱερ-ουργία, ας (ἡ), sacrifice religieux.

ἱερο-φάντης, ου (ὁ), hiérophante (*prêtre des mystères*).

ἱερόω-ῶ (*f.* ώσω), consacrer.

Ἱέρων, ωνος (ὁ), Hiéron.

ἱερωσύνη, ης (ἡ), sacerdoce.

ἰεῦ, *excl.*, ho!

ἱζάνω *et* **ἵζω** (*f.* ἱζήσω), 1° *intr. et moy.* S'ASSEOIR; se poster. ‖ 2° *tr.* faire asseoir; établir.

ἰή, ἰῆς (ἡ), voix.

ἰήϊος, ος, ον, 1° plaintif; lamentable. ‖ 2° invoqué par des cris.

ἴηλα, *aor.* 1 *de* ἰάλλω.

ἴημα, *comme* ἴαμα.

ἵημι (*f.* ἥσω, *aor.* ἧκα, *pf.* εἷκα., — *pass.* ἵεμαι, *f.* ἑθήσομαι, *aor.* εἵθην, *pf.* εἷμαι; — *moy. aor.* εἵμην), 1° LANCER; envoyer. ‖ 2° répandre émettre; laisser tomber. ‖ 3° *intr.* s'élancer.
— *Moy.* 1° s'élancer. ‖ 2° désirer, *gén.*

ἴηνα, *aor.* 1 *de* ἰαίνω.

ἴησι, *pour* ἴῃ, 3ᵉ *pers. sg.* de εἶμι, *ibo.*

ἴησις, ἰητήρ, ἰητρός, *pour* ἴασις, ἰατήρ, ἰατρός.

Ἰησοῦς, οῦ (ὁ), Jésus-Christ.

ἰθα(ι)-γενής, ής, ές, légitime; franc.

Ἰθάκη, ης (ἡ), Ithaque.

Ἰθακήσιος, α, ον, d'Ithaque.

ἰθέα, *pour* ἰθεῖα, *de* ἰθύς.

ἰθέως, *adv.*, directement; immédiatement.

ἴθι (*imp. de* εἶμι, *ibo*), allons!

ἴθμα, ατος (τό), marche; pas.

ἰθύ, *adv.*, *comme* ἰθέως.

ἰθύ-θριξ, τριχος (ὁ, ἡ), aux cheveux droits.

ἰθυ-μαχία, ας (ἡ), combat en règle.

ἰθύντατα, *adv.*, en ligne toute droite.

ἰθύνω (*f.* υνῶ), 1° DIRIGER. ‖ 2° corriger.

ἰθυ-πτίων, ωνος (ὁ, ἡ), qui vole tout droit.

ἰθύς, ἰθεῖα, ἰθύ, 1° DROIT. ‖ 2° juste.

ἰθύς, ύος (ἡ), 1° MOUVEMENT DIRECT. ‖ 2° intention ; désir.

ἰθύς, *adv.*, 1° DIRECTEMENT. ‖ 2° immédiatement. ‖ 3° justement.

ἰθύω (*f.* ύσω), 1° ALLER DROIT. ‖ 2° désirer ardemment.

ἱκανός, ή, όν, 1° SUFFISANT. ‖ 2° capable.

ἱκανότης, ητος (ἡ), suffisance ; capacité.

ἱκάνω *et moy.*, venir ; arriver.

ἱκανῶς, *adv.*, suffisamment.

ἴκελος, η, ον, semblable.

ἱκέσιος, ος *ou* α, ον, de *ou* des suppliants.

ἱκετεία, ας (ἡ), *et* **ἱκέτευμα**, ατος (τό), supplication.

ἱκετεύω (*f.* εύσω), supplier.

ἱκετήριος, α, ον, de suppliant ; ἡ ἱ.., rameau de suppliant.

ἱκέτης, ου (ὁ), suppliant.

ἱκετήσιος, α, ον, de suppliant.

ἱκέτις, ιδος (ἡ), suppliante.

ἰκμάς, άδος (ἡ), humidité.

ἴκμενος, η, ον, favorable.

ἱκνέομαι-οῦμαι (*f.* ἵξομαι, *aor.* 2 ἱκόμην, *pf.* ἷγμαι), 1° VENIR ; ARRIVER. ‖ 2° supplier. ‖ 3° *impers.*, il convient ; ἱκνούμενος, convenable.

ἴκρια, ων (τά), estrade ; pont de navire.

ἱκτήρ, ῆρος (ὁ), suppliant.

ἱκτήριος, *comme* ἱκετήριος.

ἰκτῖνος, ου (ὁ), milan.

ἵκω (*f.* ἵξω), venir.

ἰλαδόν, *adv.*, en foule.

ἱλάομαι, *comme* ἱλάσκομαι.

ἵλαος, ος, ον, propice ; bienveillant.

ἱλαρός, ά, όν, joyeux.

ἱλαρότης, ητος (ἡ), gaîté.

ἱλάσκομαι (*f.* άσομαι), apaiser.

ἱλασμός, οῦ (ὁ), cérémonie pour apaiser.

ἱλαστήριον, ου (τό), *même sens.*

ἵλεως, ως, ων, *att. pour* ἵλαος.

ἴλη, ης (ἡ), troupe.

ἵλημι *et* **ἱλήκω**, être propice.

Ἰλιάς, άδος (ἡ), d'Ilion; ἡ Ἰλ., l'Iliade.

ἰλιγγιάω-ῶ (*f.* άσω), avoir le vertige.

ἴλιγγος, ου (ὁ), vertige.

Ἴλιον, ου (τό), *et* **Ἴλιος, ου** (ἡ), Ilion (*Troie*).

Ἰλισσός, οῦ (ὁ), l'Ilissus.

ἱλλάς, άδος (ἡ), corde.

Ἰλλύριος, α, ον, Illyrien.

ἴλλω, rouler.

ἰλύς, ύος (ἡ), limon.

ἱμάντινος, η, ον, fait de courroies.

ἱμάς, άντος (ὁ), courroie.

ἱμάσθλη, ης (ἡ), fouet.

ἱμάσσω (*f.* άσω), fouetter.

ἱμάτιον, ου (τό), manteau ; vêtement.

ἱματισμός, οῦ (ὁ), habit.

ἱμείρω *et* **ἱμείρομαι**, *moy.*, désirer.

ἴμεναι, *pour* ἰέναι, *de* εἶμι, *ibo.*

ἱμερόεις, όεσσα, όεν, désirable; charmant.

ἵμερος, ου (ὁ), désir.

ἱμερτός, ή, όν, désirable; charmant.

ἵνα, 1° *adv.*, où; où? ‖ 2° *conj.* (*subj. ou opt. oblique*), afin que.

ἰνδάλλομαι (*aor.* ἰνδάλθην), se montrer; sembler

Ἰνδικός, ή, όν, Indien.

Ἰνδός, οῦ (ὁ), l'Indus.

ἰνίον, ου (τό), nuque.

ἴνις, *acc.* **ἴνιν** (ὁ, ἡ), enfant.

ἴξαλος, ος, ον, bondissant.

ἷξον, *aor. de* ἵκω.

ἰξός, οῦ (ὁ), glu. ‖ 2° gui.

ἰξύς, ύος (ἡ), hanche.

ἰο-δνεφής, ής, ές, d'un violet sombre.

ἰο-δόκος, ος, ον, contenant des flèches.

ἰο-ειδής, ής, ές, violet foncé.

ἰόεις, ἰόεσσα, ἰόεν, *même sens.*

Ἰοκάστη, ης (ἡ), Jocaste.

ἰό-μωρος, ος, ον, hâbleur.

ἴον, ου (τό), violette.

ἰονθάς, άδος (ἡ), velue.

1. **ἰός, ἰοῦ** (ὁ), trait.

2. **ἰός, ἰοῦ** (ὁ), venin.

ἴος, ἴα, un.

ἰότης, ητος (ἡ), volonté.

ἰού, *interj.*, oh!

Ἰουδαῖος, α, ον, juif.

ἴουλος, ου (ὁ), duvet; poil follet.

ἰο-χέαιρα, ας (ἡ), qui lance des flèches.

ἰπνός, οῦ (ὁ), four.

ἱππ-αγρέται, ῶν (οἱ),

commandants de cavalerie (*à Sparte*).

ἱππ-αγωγός, ός, όν, (*vaisseau*) qui transporte les chevaux.

ἱππάζομαι (*f.* άσομαι), chevaucher *ou* parcourir à cheval.

ἱππ-αρμοστής, οῦ (ὁ), commandant de cavalerie (*à Sparte*).

ἱππ-αρχέω-ῶ (*f.* ήσω), commander la cavalerie.

ἵππ-αρχος, ου (ὁ), hipparque (*commandant de cavalerie à Athènes*).

ἱππάς, άδος (ἡ), de cavalier, équestre.

ἱππασία, ας (ἡ), équitation.

ἱππάσιμος, ος, ον, où l'on peut chevaucher.

ἱππεία, ας (ἡ), équitation; cavalerie.

ἵππειος, α, ον, de cheval.

ἱππεύς, έως (ὁ), 1° CAVALIER. ‖ 2° chevalier.

ἱππεύω (*f.* εύσω), être cavalier.

ἱππ-ηλάσιος, α, ον, propre à chevaucher.

ἱππ-ηλάτα (ὁ), conducteur de chevaux.

ἱππ-ημολγός, ός, όν, qui trait le lait des cavales.

Ἱππίας, ου (ὁ), Hippias.

ἱππικός, ή, όν, de cheval; de cavalier : ἡ ἱππική, équitation; τὸ ἱππικόν, cavalerie.

ἵππιος, ος *ou* **α, ον,** qui protège les chevaux.

ἱππιο-χαίτης, ου (ὁ), fait de crins de cheval.

ἱππιο-χάρμης, ου (ὁ), qui combat à cheval.

ἱππο-βάμων, ων, ον, *gén.* ονος, qui va à cheval.

ἱππο-βάτης, ου (ὁ), *même sens*.

ἱππο-βότης, ου (ὁ), qui élève des chevaux.

ἱππό-βοτος, ος, ον, où paissent les chevaux.

ἱππό-δαμος, ος, ον, qui dompte les chevaux.

ἱππο-δάσεια ας (ἡ), à l'épaisse crinière de cheval.

ἱππο-δέτης, ου (ὁ), avec quoi on attache les chevaux.

ἱππο-δρομία, ας (ἡ) course de chevaux.

ἱππο-δρόμος, ου (ὁ), cavalier léger.

ἱππό-δρομος, ου (ὁ), hippodrome.

ἱππόθεν, *adv.*, à bas de cheval.

ἱππο-κέλευθος, ος, ον, qui conduit des chevaux.
ἱππο-κόμος, ου (ὁ), palefrenier.
ἱππό-κομος, ος, ον, à crinière de cheval.
ἱππο-κορυστής, οῦ (ὁ), cavalier casqué.
ἱππο-κρατέω-ῶ (*f.* ήσω), avoir le dessus par la cavalerie.
Ἱππο-κράτης, ους (ὁ), Hippocrate.
ἱππο-κρατία, ας (ἡ), avantage de la cavalerie.
ἱππο-μανής, ής, ές, passionné pour les chevaux.
Ἱππό-λυτος, ου (ὁ), Hippolyte.
ἱππο-μαχέω-ῶ (*f.* ήσω), combattre à cheval.
ἱππο-μαχία, ας (ἡ), combat à cheval.
ἱππό-μαχος, ος, ον, qui combat à cheval.
ἱππο-νώμας, ου (ὁ), conducteur de chevaux.
ἱππο-πόλος, ος, ον, qui s'intéresse aux chevaux.
ἵππος, ου (ὁ), cheval; (ἡ), jument.
ἱππο-σύνη, ης (ἡ), art de l'équitation.
ἱππότα *et* **ἱππότης, ου** (ὁ), cavalier.
ἱππο-τοξότης, ου (ὁ), archer monté.
ἱππο-τροφέω-ῶ (*f.* ήσω), nourrir des chevaux.
ἱππο-τροφία, ας (ἡ), élevage des chevaux.
ἱππο-τρόφος, ος, ον, qui élève des chevaux.
ἵππ-ουρις, ιδος (ἡ), à queue de cheval.
ἱππο-φόρβιον, ου (τό), troupe de chevaux.
ἱππο-φορβός, ός, όν, qui nourrit des chevaux.
ἱππών, ῶνος (ὁ), relais de poste.
ἵπτομαι (*f.* ἴψομαι), presser; blesser.
ἱρεύς, ἱρεύω, *comme* ἱερεύς, ἱερεύω.
ἵρηξ, ηκος (ὁ), épervier.
Ἶρις, ιδος (ἡ), arc-en-ciel; *n. pr.* Iris.
ἱρός, *pour* ἱερός.
ἴς, ἰνός (ἡ), NERF : ἲς Τελεμάχοιο, le vigoureux Télémaque.
ἰσάζω (*f.* άσω), 1° *tr.* rendre égal. ‖ 2° *intr.* être égal.
ἴσαν, *pour* ᾖσαν, ils allaient *ou* ils savaient.
ἰσάσκετο, *pour* ἰσάζετο, *de* ἰσάζω.

ἰσ-ηγορία, ας (ἡ), droit de parler égal pour tous.

Ἴσθμια, ων (τά), jeux Isthmiques.

ἴσθμιον, ου (τό), 1° GORGE. || 2° collier.

ἰσθμός, οῦ (ὁ), isthme.

ἰσθμώδης, ης, ες, semblable à un isthme.

Ἶσις, Ἴσιδος (ἡ), Isis.

ἴσκε(ν), il disait.

ἴσκω, 1° rendre semblable. || 2° croire.

ἰσο-δίαιτος, ος, ον, semblable par le genre de vie.

ἰσό-θεος, ος, ον, égal aux dieux ; divin.

ἰσο-κίνδυνος, ος, ον, égal au danger.

ἰσο-κρατής, ής, ές, égal en puissance.

Ἰσο-κράτης, ους (ὁ), Isocrate, *orateur*.

ἰσο-κρατία, ας (ἡ), égalité de puissance.

ἰσο-μέτρητος, ος, ον, égal en mesure.

ἰσο-μέτωπος, ος, ον, au front égal.

ἰσο-μοιρέω-ῶ (*f.* ήσω), avoir une part égale.

ἰσο-μοιρία, ας (ἡ), part égale.

ἰσό-μοιρος *et* **ἰσό-μορος, ος, ον**, qui a une part égale.

ἰσο-νομέομαι-οῦμαι, avoir égalité de droits.

ἰσο-νομία, ας (ἡ), égalité des droits ; démocratie.

ἰσο-νομικός, ή, όν, qui a l'égalité civile.

ἰσό-νομος, ος, ον, où règne l'égalité civile.

ἰσο-παλής, ής, ές, égal pour la lutte ; égal.

ἰσό-πεδος, ος, ον, de niveau.

ἰσο-πλατής, ής, ές, de largeur égale.

ἰσό-πλευρος, ος, ον, équilatéral.

ἰσο-πληθής, ής, ές, égal en nombre.

ἰσο-ρροπία, ας (ἡ), équilibre.

ἰσό-ρροπος, ος, ον, équilibré ; équivalent.

ἴσος *et* **ἶσος, η, ον**, 1° ÉGAL : ἡ ἴση, τὸ ἴσον, τὰ ἴσα, égalité ; part égale || 2° pareil ; semblable. || 3° équitable. — *Adv.* ἴσον, ἴσα, ἐξ ἴσου, également.

ἰσο-σκελής, ής, ές, aux jambes égales ; aux côtés égaux.

ἰσο-τέλεια, ας (ἡ), égalité des taxations.

ἰσο-τέλεστος, ος, ον, qui s'achève également pour tous.

ἰσότης, ητος (ἡ), égalité.
ἰσό-τιμος, ος, ον, égal en honneurs *ou* privilèges.
ἰσο-φαρίζω, s'égaler à.
ἰσο-φόρος, ος, ον, également fort.
ἰσο-χειλής, ής, ές, qui monte au ras du bord.
ἰσό-ψηφος, ος, ον, qui a le même nombre de voix.
ἰσό-ψυχος, ος, ον, qui a mêmes sentiments.
ἰσόω-ῶ (*f.* ώσω), 1° égaler. ‖ 2° *moy.* s'égaler à.
ἵστημι — *Actif*, A. *tr.* (*f.* στήσω, *aor.* ἔστησα; *pass. aor.*, ἐστάθην, *pf.*, ἕσταμαι), 1° PLACER; établir : χαλκοῦν ἱστάναι τινά, dresser une statue d'airain à quelqu'un. ‖ 2° faire lever; causer ‖ 3° arrêter. ‖ 4° peser.
— B. *intr.* (*aor.* 2 ἔστην, *pf.* ἕστηκα), 1° SE PLACER : ἕστηκα, je me tiens debout; ἑστήξω, je me tiendrai debout; ἵνα χρείας ἕσταμεν, au point de besoin où nous en sommes. ‖ 2° se lever. ‖ 3° s'arrêter.
— *Moy.* ἵσταμαι (*f.* στήσομαι, *aor.* ἐστησάμην), 1° *tr.* DRESSER POUR SOI. ‖ 2° *intr.* se dresser; se tenir: ‖ 3° cesser. ‖ 4° commencer.
ἱστιάω-ῶ, *comme* ἑστιάω.
ἱστίη, ης (ἡ), *comme* ἑστία.
ἱστιητόριον, ου (τό), salle à manger.
ἱστίον, ου (τό), voile de navire.
ἱστο-δόκη, ης (ἡ), chevalet sur lequel repose le mât abaissé.
ἱστο-πέδη, ης (ἡ), caisse où s'enfonce le pied du mât.
ἱστορέω-ῶ (*f.* ήσω), 1° rechercher; s'informer. ‖ 2° raconter.
ἱστορία, ας (ἡ), 1° recherche; information. ‖ 2° récit; histoire.
ἱστορικός, ή, όν, qui concerne *ou* qui écrit l'histoire.
ἱστός, οῦ (ὁ), 1° mât. ‖ 2° métier à tisser. ‖ 3° toile.
ἱστ-ουργέω-ῶ (*f.* ήσω), tisser.
Ἴστρος, ου (ὁ), l'Ister (*Danube*).
ἵστωρ, ορος (ὁ, ἡ), 1° qui sait, *gén.* ‖ 2° arbitre.
ἰσχαλέος, α, ον, sec.
ἰσχανάω-ῶ *et* **ἰσχάνω**, 1° retenir, *acc.* ‖ 2°

désirer, *gén.* — *Moy.* se tenir immobile.

ἰσχίον, ου (τό), hanche.

ἰσχναίνω, amaigrir; affaiblir.

ἰσχνός, ή, όν, 1° maigre. || 2° précis.

ἰσχνό-φωνος, ος, ον, à la voix grêle.

ἰσχνῶς, *adv.*, 1° maigrement. || 2° avec précision.

ἰσχυρίζομαι (*f.* ίσομαι, *att.* ιοῦμαι), 1° s'efforcer; lutter. || 2° s'appuyer sur, *dat.* || 3° affirmer.

ἰσχυρός, ά, όν, fort; puissant.

ἰσχυρῶς, *adv.*, fortement.

ἰσχύς, ύος (ἡ), force; puissance.

ἰσχύω (*f.* ύσω), être fort, puissant.

ἴσχω, 1° TENIR; retenir. || 2° avoir. || 3° valoir. — *Intr.*, être en telle situation; *cf.* ἔχω. — *Moy.* se tenir; s'arrêter.

ἴσως, *adv.*, 1° ÉGALEMENT. || 2° équitablement. || 3° peut-être.

Ἰταλία, ας (ἡ), Italie.

ἰταμός, ή, όν, hardi.

ἰτέα, ας (ἡ), osier.

ἰτέϊνος, η, ον, d'osier.

ἰτέον *et* **ἰτητέον**, il faut aller, *de* εἶμι, *ibo.*

ἴτης, ου (ὁ), hardi.

ἴττω, *pour* ἴστω, *de* οἶδα.

ἴτυς, υος (ἡ), cercle; bouclier.

ἰυγή, ῆς (ἡ), *et* **ἰυγμός**, οῦ (ὁ), cri.

ἴυγξ, ἴυγγος (ἡ), 1° bergeronnette. || 2° charme.

ἰύζω (*f.* ξω), crier.

ἴφθιμος, η, ον, fort; vaillant.

ἶφι, *adv.*, avec force.

Ἰφι-άνασσα, ης, *et* **Ἰφι-γένεια**, ας (ἡ), Iphigénie.

Ἰφι-κλέης, έους (ὁ), Iphiclès.

ἴφιος, α, ον, fort.

ἰχθυάω-ῶ, pêcher.

ἰχθύδιον, ου (τό), petit poisson.

ἰχθυο-ειδής, ής, ές, semblable à un poisson.

ἰχθυόεις, όεσσα, όεν, *et* **ἰχθυ-ώδης**, ης, ες, poissonneux.

ἰχθυο-φάγος, ος, ον, qui vit de poisson.

ἰχθύς, ύος (ὁ), poisson.

ἰχνευτής, οῦ (ὁ), ichneumon, *rat d'Egypte.*

ἰχνεύω (*f.* σω), suivre à la piste; rechercher.

ἴχνιον, ου, *et* **ἴχνος**, ους, (τό), trace; piste.

ἰχώρ, ῶρος (ὁ), 1° hu-

meur. ‖ 2° sang divin.
ἶψ, ἰπός (ὁ), ver de bois.
ἴψαο, 2ᵉ *p. aor.* 1 *de* ἴπτομαι.
ἰώ, *interj.*, ah! hélas!
ἰωγή, ῆς (ἡ), refuge.
ἰωή, ῆς (ἡ), bruit; cri.
ἰῶκα, *acc.* de ἰωκή.
ἰωκή, ῆς (ἡ), poursuite, combat.
Ἰωλκός, οῦ (ἡ), Iolcos, *en Thessalie.*
Ἰωνία, ας (ἡ), Ionie.
Ἰωνικός, ή, όν, Ionien.
ἰωχμός οῦ (ὁ), poursuite, combat.

K

κ' *et* **κά**, *pour* κέ.
καϐ-ϐάλλω, *pour* καταϐάλλω.
κάγ, *pour* κατά *devant* γ.
κάγκανος, ος, ον, sec.
καγχάζω (*f.* άσω) *et* **καγχαλάω-ῶ,** rire fort; se moquer.
κἀγώ, *pour* καὶ ἐγώ.
κάδ, *pour* κατά *devant* δ.
καδίσκος, ου (ὁ), petit tonneau.
Καδμεία, ας (ἡ), la Cadmée, *citadelle de Thèbes.*
Καδμεῖος, α, ον, Thébain.
Κάδμος, ου (ὁ), Kadmos (*Cadmus*).
κάδος, ου (ὁ), tonneau; urne.
καθά, *conj.*, de même que.
καθ-αγίζω (*f.* ίσω, *att.* ιῶ), 1° CONSACRER : sacrifier ‖ 2° brûler (*un cadavre*); enterrer.
καθ-αγνίζω, *même sens.*
καθ-αίρεσις, εως (ἡ), destruction; meurtre.
καθ-αιρέτης, ου (ὁ), destructeur; meurtrier.
καθ-αιρέω-ῶ (*f.* ήσω *etc.*), 1° DÉTRUIRE; tuer. ‖ 2° abaisser; fermer. ‖ 3° enlever — *Moy.*, 1° abaisser. ‖ 2° saisir.
καθαίρω (*f.* καθαρῶ, *aor.* ἐκάθηρα; *pass. aor.* ἐκαθάρθην), PURIFIER; nettoyer. ‖ 2° expier.
— *Moy.*, se purifier.
καθ-άλλομαι (*f.* αλοῦμαι, *aor.* ηλάμην), sauter sur.
κάθ-αμμα, ατος (τό), nœud.

καθ-άπαξ, *adv.*, en une fois.

καθ-άπερ, *conj.*, de même que.

καθ-άπτω (*f.* ἅψω, *etc.*), 1° *tr.* attacher.‖2° *intr.* s'attacher à, *gén.* — *Moy.* 1° s'attacher à; s'attaquer à, *gén.* ‖ 2° s'adresser à, *acc.*

καθαρεύω (*f.* σω), être pur.

καθάριος, ος, ον, pur.

καθαριότης, ητος (ἡ), pureté.

καθαρίως, *adv.*, proprement.

κάθαρμα, ατος (τό), 1° ordure.‖2°purification.

καθ-αρμόζω (*f.* όσω), adapter; arranger.

καθαρμός, οῦ (ὁ), purification.

καθαρός, ά, όν, 1° PUR; propre. ‖ 2° innocent; vertueux.

καθαρότης, ητος (ἡ), pureté.

καθάρσιος, ος, ον, qui purifie; lustral.

κάθαρσις, εως (ἡ), purification; purgation.

καθαρτής, οῦ (ὁ), purificateur.

καθαρτικός, ή, όν, qui purifie.

καθαρῶς, *adv.*, 1° PUREMENT.‖2° clairement.

καθ-έδρα, ας (ἡ), 1° SIÈGE. ‖2° action d'être assis; attitude. ‖ 3° séjour; gîte.

καθ-έζομαι (*f.* καθεδοῦμαι, *aor.* ἐκαθέσθην), 1° S'ASSEOIR.‖2°séjourner.

καθ-έηκα, *aor.* 1. *de* καθίημι.

καθείατο, 3e *pers. pl. impf.* de κάθημαι.

καθ-είργνυμι, *comme* κατείργω.

καθ-εκτός, ή, όν, qui peut être arrêté.

καθ-ελκύω *et* **καθ-έλκω**, tirer en bas.

καθ-εξῆς, *adv.*, de suite.

κάθ-εξις, εως (ἡ), action d'arrêter.

καθ-εύδω (*f.* ευδήσω), dormir.

καθ-ευρίσκω (*f.* ευρήσω *etc.*), découvrir.

καθ-εψιάομαι-ῶμαι, se moquer de, *gén.*

καθ-ηγεμών, όνος (ὁ), guide; maître.

καθ-ηγέομαι-οῦμαι (*f.* ήσομαι), 1° GUIDER, *gén. dat.* ‖ 2° introduire; commencer, *acc.*

καθ-ηγητής, οῦ, *comme* καθηγεμών.

καθ-ηδυπαθέω-ῶ (*f.* ήσω), se ruiner en plaisirs.

καθ-ῆκον, οντος (τό), le devoir.
καθ-ήκω (*f.* ἥξω), 1° ABOUTIR à, arriver. ‖ 2° convenir à : καθήκει ἡμῖν, il nous convient.
κάθ-ημαι, 1° S'ASSEOIR : καθήμενος, assis. ‖ 2° être situé. ‖ 3° rester oisif.
καθ-ημερινός, ή, όν, quotidien.
καθ-ημέριος, α, ον, *même sens.*
καθ-ιδρύω (*f.* ύσω), 1° FAIRE ASSEOIR; fonder. ‖ 2° dédier.
καθ-ιερεύω (*f.* σω), sacrifier; consacrer.
καθ-ιερόω-ῶ (*f.* ώσω), *mêmes sens.*
καθ-ιζάνω *et* **καθ-ίζω** (*f.* ίσω, *att.* ιῶ, *aor.* ῖσα, *pf.* κεκάθικα), 1° *tr.* FAIRE ASSEOIR; établir. ‖ 2° *intr.* s'asseoir; s'établir.
— Moy. (*f.* καθιζήσομαι, *aor.* ἐκαθιζήθην), s'asseoir.
καθ-ίημι (*f.* ήσω, *etc.*), 1° *tr.*, JETER EN BAS; lancer. ‖ 2° *intr. et moy.*, descendre.
καθ-ικετεύω *et moy.*, supplier.
καθ-ικνέομαι-οῦμαι (*f.* ίξομαι, *etc.*), atteindre, *gén. ou dat.*
καθ-ιμάω-ῶ, faire descendre par une corde.
καθ-ιππάζομαι (*f.* άσομαί), faire fouler par les chevaux.
καθ-ιππεύω (*f.* σω), chevaucher à travers, *acc.*
καθ-ιστάνω *et* **καθ-ιστάω-ῶ**, *comme le suivant.*
καθ-ίστημι (*f.* καταστήσω, *etc.*), I. *Formes transitives :* 1° DÉPOSER; placer. ‖ 2° établir; constituer. ‖ 3° réprimer; arrêter. — II. *Formes intr. :* se placer; s'installer; être fixé : τὰ καθεστῶτα, les choses établies.
— *Moy.* 1° *tr.* établir. ‖ 2° *intr.* s'établir.
καθό = καθ' ὅ, selon que.
κάθ-οδος, ου (ἡ), descente; retour.
καθ-ολικός, ή, όν, universel.
καθ-όλου, *adv.*, en général; absolument; οὐ καθόλου, pas du tout.
καθ-ομολογέω-ῶ (*f.* ήσω), 1° avouer. ‖ 2° promettre.
καθ-οπλίζω (*f.* ίσω, *att.* ιῶ), équiper.
καθ-όπλισις, εως (ἡ), équipement.
καθ-οράω-ῶ (*f.* ὄψομαι,

etc.), *et moy.*, 1° REGARDER EN BAS. ‖2° examiner; remarquer.

καθ-ορμίζω (*f.* ίσω, *att.* ιῶ), *tr. et intr.*, mouiller, aborder.

καθ-ότι, *conj.*, selon que; de quelle façon.

καθ-υβρίζω (*f.* ίσω, *att.* ιῶ), outrager.

κάθ-υδρος, ος, ον, plein d'eau.

καθ-υπ-άρχω (*f.* ξω), exister; se trouver.

καθ-ύπερθε(ν), 1° *adv.*, D'EN HAUT. ‖ 2° *prép.*, au-dessus de, *gén.*

καθ-υπέρτερος; καθυπέρτατος, plus haut; le plus haut.

καθ-υπνόω-ῶ (*f.* ώσω) *et moy.*, s'endormir.

καθ-υποκρίνομαι (*f.* νοῦμαι), feindre; tromper.

καθ-υφ-ίημι (*f.* ήσω, *etc.*) *et moy.*, 1° *tr.*, céder, abandonner. ‖ 2° *intr.*, céder, faiblir.

καί, 1° *conj.* ET : καὶ δή καί, et en outre; καὶ ταῦτα, et cela; ὁ αὐτὸς καί, le même que. ‖2° *adv.* MÊME, aussi.

καιετάεις, άεσσα, άεν, raviné.

καινίζω (*f.* ίσω, *att.* ιῶ), renouveler; inaugurer.

καινο-παθής, ής, ές, non encore éprouvé.

καινο-ποιέω-ῶ (*f.* ήσω), innover.

καινός, ή, όν, NOUVEAU; extraordinaire : ἐκ καινῆς, à nouveau.

καινότης, ητος (ἡ), nouveauté.

καινο-τομέω-ῶ (*f.* ήσω), innover.

καινο-τομία, ας (ἡ), innovation.

καιν-ουργέω-ῶ (*f.* ήσω), *et* καινόω-ῶ (*f.* ώσω), innover.

καιν-ουργία, ας (ἡ), innovation.

καίνυμαι (*pf.* κέκασμαι), l'emporter sur, *dat.*

καίνω (*f.* κανῶ, *aor.* 2 ἔκανον, *pf.* κέκονα), tuer.

καινῶς, *adv.*, de manière nouvelle.

καίπερ, *conj.*, quoique.

καίριος, ος *ou* **α, ον**, 1° OPPORTUN; à propos. ‖2° mortel.

καιρίως, *adv.*, à propos.

καιρός, οῦ (ὁ), 1° OCCASION; temps *ou* lieu convenable. ‖ 2° avantage : ἐπὶ καιροῦ, à propos. ‖3° circonstances : ὁ παρὼν καιρός, l'heure actuelle. ‖ 3° juste mesure.

Καῖσαρ, αρος (ὁ), César.

καίτοι, 1° *adv.*, cependant.‖2° *conj.*, quoique.
καίω, *att.* **κάω** (*f.* καύσω, *aor.* ἔκαυσα *et* ἔκηα; *pass. f.* καυθήσομαι, *aor.* 2 ἐκάην), BRULER; allumer.
κάκ, *pour* κατά *devant* κ.
κἀκ, *pour* καὶ ἐκ.
κακ-άγγελος, ος, ον, qui annonce une mauvaise nouvelle.
κακ-άγγελτος, ος, ον, provenant d'une mauvaise nouvelle.
κακ-ανδρία, ας (ἡ), lâcheté.
κάκη, ης (ἡ), vice; lâcheté.
κακ-ηγορέω-ῶ (*f.* ήσω), diffamer.
κακ-ηγορία, ας (ἡ), diffamation.
κακ-ήγορος, ος, ον, médisant.
κακία, ας (ἡ), MAUVAISE DISPOSITION; vice; lâcheté.
κακίζω (*f.* ίσω, *att.* ιῶ), blâmer; déprécier; malmener.
κακ-κείοντες, *pour* κατακείοντες.
κακ-κῆαι *et* **κακκεῖαι**, *inf. aor. de* κατακαίω.
κακό-βιος, ος, ον, qui vit durement.
κακο-γείτων, *gén.* ονος (ὁ, ἡ), voisin de l'infortune.
κακο-δαιμονάω-ῶ (*f.* ήσω), être égaré par un mauvais génie.
κακο-δαιμονέω-ῶ (*f.* ήσω), être malheureux.
κακο-δαιμονία, ας (ἡ), 1° égarement, ‖2° infortune.
κακο-δαίμων, ων, ον, *gén.* **ονος**, 1° égaré; misérable. ‖2° mauvais génie.
κακο-δοξέω-ῶ (*f.* ήσω), être mal réputé.
κακο-είμων, ων, ον, *gén.* **ονος**, mal vêtu.
κακο-εργίη, ης (ἡ), méchanceté.
κακο-εργός, ός, όν, *comme* κακοῦργος.
κακο-ήθεια, ας (ἡ), méchanceté, mauvais caractère.
κακο-ήθης, ης, ες, méchant, d'un mauvais caractère.
κακό-θροος-ους, οον-ουν, calomnieux.
κακο-ΐλιος, ου (ἡ), Ilion de malheur.
κακο-λογέω-ῶ (*f.* ήσω), injurier.
κακο-λογία, ας (ἡ), injure.
κακο-λόγος, ος, ον, qui injurie.
κακο-μήχανος, ος, ον, intrigant, fourbe.

κακο-νοέω-ῶ (*f.* νοήσω), en vouloir à.

κακό-νοια, ας (ἡ), malveillance.

κακό-νομος, ος, ον, mal gouverné.

κακόνοος-ους, οον-ουν, malveillant.

κακό-νυμφος, ος, ον, au mariage funeste.

κακό-ξε(ι)νος, ος, ον, inhospitalier.

κακο-ξύνετος, ος, ον, ingénieux pour faire le mal.

κακο-πάθεια, ας (ἡ), mauvais traitement.

κακο-παθέω-ῶ (*f.* ήσω), être maltraité.

κακο-πινής, ής, ἐς, malpropre.

κακο-ποιέω-ῶ (*f.* ήσω) 1° *tr.* maltraiter. ‖ 2° *intr.* mal agir.

κακο-ποιΐα, ας (ἡ), malfaisance.

κακο-ποιός, ός, όν, malfaisant.

κακό-πους, *gén.* ποδος (ὁ, ἡ), aux pieds mauvais.

κακο-πραγέω-ῶ (*f.* ήσω), ne pas réussir.

κακο-πραγία, ας (ἡ), insuccès.

κακο-πράγμων, ων, ον, *gén.* ονος, malfaisant.

κακο-ρραφία, ας (ἡ), intrigues criminelles.

κακός, ή, όν (*comp.* κακίων, *sup.* κάκιστος), 1° MAUVAIS; méchant : τὸ κακόν, le mal; le malheur. ‖ 2° laid. ‖ 3° vil; lâche.

κακο-σκελής, ής, ές, aux jambes mauvaises.

κακό-στομος, ος, ον, injurieux.

κακο-τεχνέω-ῶ (*f.* ήσω), agir avec ruse.

κακο-τεχνία, ας (ἡ), intrigue.

κακό-τεχνος, ος, ον, intrigant, fourbe.

κακότης, ητος (ἡ), 1° MAUVAISE QUALITÉ. ‖ 2° méchanceté; lâcheté.

κακο-τροπία, ας (ἡ,) perversité.

κακο-τυχέω-ῶ (*f.* ήσω), être infortuné.

κακο-τυχής, ής, ές, infortuné.

κακ-ουργέω-ῶ (*f.* ήσω), 1° *intr.* agir avec fourbe. ‖ 2° *tr.* maltraiter.

κακ-ούργημα, ατος (τό), mauvaise action.

κακ-ουργία, ας (ἡ), perversité.

κακοῦργος, ος, ον, malfaisant.

κακ-ουχέω-ῶ (*f.* ήσω), maltraiter.

κακο-φραδής, ής, ές, malveillant.
κακό-φρων, ων, ον, *gén.* ονος, *même sens.*
κακόω-ῶ (*f.* ώσω), maltraiter; altérer.
κάκτανε, *ind. ou imp. aor.* 2 *de* κατακτείνω.
κακύνω (*f.* υνῶ), endommager, pervertir.
κακῶς *adv.* (*de* κακός), 1° MAL. || 2° méchamment; lâchement. || 3° misérablement.
κάκωσις, εως (ἡ), 1° mauvais traitement. || 2° souffrance.
κάλαθος, ου (ὁ), corbeille.
καλάμη, ης (ἡ), chaume.
καλαμη-φόρος, ος, ον, qui porte un roseau.
καλάμινος, ος, ον, *et* **καλαμόεις**, όεσσα, όεν, de roseau.
κάλαμος, ου (ὁ), 1° roseau. || 2° chaume.
καλάσιρις, ιος (ἡ), vêtement de lin.
καλαῦροψ, οπος (ἡ), houlette.
καλέω-ῶ (*f.* καλέσω, *att.* καλῶ, *pf.* κέκληκα; *pass. f.* κληθήσομαι; *et moy.*, 1° APPELER. || 2° inviter; invoquer. || 3° citer en justice.
καλήτωρ, ορος (ὁ), héraut.
καλιά, ᾶς (ἡ), cabane; nid.
καλινδέομαι-οῦμαι, 1° se rouler. || 2° circuler.
καλ-λείπω, *pour* καταλείπω.
καλλι-βόας, ου (ὁ), à la belle voix.
καλλί-βοτρυς, υς, υ, *gén.* υος, aux belles grappes.
καλλι-γύναιξ, αικος (ὁ, ἡ), aux belles femmes.
καλλι-επέω-ῶ (*f.* ήσω), bien parler.
καλλι-ερέω-ῶ (*f.* ήσω) *et moy.*, faire un sacrifice favorable.
καλλί-ζωνος, ος, ον, à la belle ceinture.
καλλίθριξ, τριχος (ὁ, ἡ), à la belle crinière.
καλλί-κομος, ος, ον, à la belle chevelure.
καλλι-κρήδεμνος, ος, ον, aux belles bandelettes.
κάλλιμος, ος, ον, beau; bon.
καλλί-νικος, ος, ον, à la belle victoire.
Καλλι-όπη, ης (ἡ), Calliope.
καλλι-πάρῃος, ος, ον, aux belles joues.
κάλ-λιπε, *pour* κατέλιπε, *aor.* 2 *de* καταλείπω.

καλλι-πλόκαμος, ος, ον, aux belles boucles.
καλλι-ρέεθρος, ος, ον, au beau cours.
καλλί-(ρ)ροος-ους, οον-ουν, *même sens*.
καλλιστεῖον, ου (τό) prix de la beauté (*ou* de la valeur).
καλλιστεύω (*f.* σω) *et moy.*, l'emporter en beauté.
καλλί-σφυρος, ος, ον, aux belles chevilles.
καλλί-φθογγος, ος, ον, harmonieux.
καλλί-χορος, ος, ον, aux beaux chœurs.
καλλονή, ῆς (ἡ), beauté.
κάλλος, εος-ους (τό), BEAUTÉ; bel objet.
καλλύνω (*f.* υνῶ), parer. — *Moy.* se parer.
καλλωπίζω (*f.* ίσω, *att.* ιῶ), parer. — *Moy.* se vanter (de, *dat.* *ou prép.*).
καλλώπισμα, ατος (τό), parure.
καλλωπισμός, οῦ (ὁ), *même sens*.
καλο-κἀγαθία, ας (ἡ), honnêteté idéale.
κᾶλον, ου (τό), bois.
καλό-πους, *gén.* **ποδος** (ὁ), pied en bois (*pour cordonnier*).
καλός, ή, όν (*comp.* καλλίων, *sup.* κάλλιστος), 1° BEAU (*au phys. et au mor.*); bon; brave; honnête : τὸ καλόν, le beau; le bien. ‖ 2° avantageux.
κάλος, ου (ὁ), *pour* κάλως.
καλός, ή, όν κἀγαθός, ή, όν, parfait à tous égards. Οἱ καλοὶ κἀγαθοί..., les honnêtes gens (*au plus haut sens*).
κάλπις, ιδος (ἡ), vase.
καλύβη, ης (ἡ), cabane.
κάλυμμα, ατος (τό), couverture; voile.
κάλυξ, υκος (ἡ), 1° enveloppe. ‖ 2° bouton de fleur.
καλυπτός, ή, όν, couvert.
καλύπτρα, ας (ἡ), voile de femme.
καλύπτω (*f.* ψω), COUVRIR; cacher. — *Moy*, se couvrir.
Καλυψώ, οῦς (ἡ), Calypso.
καλχαίνω, être sombre, préoccupé de, *acc.*
Κάλχας, αντος (ὁ), Calchas.
καλῴδιον, ου (τό), cordeau.
κάλως, ω (ὁ), corde.
καλῶς, *adv.*, D'UNE MANIÈRE BELLE; bien : καλῶς ἔχει, il est bon de.

κάμ, *pour* κατά *devant* μ.

κάμαξ, **ακος** (ἡ, ὁ), échalas ; pique.

καμάρα, **ας** (ἡ), 1° voûte. ‖ 2° chariot couvert.

καματηρός, **ά**, **όν**, pénible ; las.

κάματος, **ου** (ὁ), PEINE ; travail.

καματώδης, **ης**, **ες**, pénible.

κάμβαλε, *pour* κατέβαλε.

κἀμέ, *crase pour* καὶ ἐμέ.

Καμβύσης, **ου** (ὁ), Cambyse.

κάμηλος, **ου** (ὁ, ἡ), chameau ; chamelle.

κάμινος, **ου** (ὁ), fourneau.

καμινώ, **οῦς** (ἡ), vieille accroupie au foyer.

καμμονίη, **ης** (ἡ), victoire.

κάμμορος, **ος**, **ον**, malheureux.

κάμνω (*f.* καμοῦμαι, *aor.* 2 ἔκαμον, *pf.* κέκμηκα), 1° *intr.*, TRAVAILLER ; souffrir : οἱ κεκμηκότες, *ou* οἱ κεκμηότες, les morts. ‖ 2° *tr.* faire avec effort.

— *Moy.* — travailler pour soi ; réaliser par son effort.

καμπή, **ῆς** (ἡ), courbure ; inflexion.

καμπτήρ, **ῆρος** (ὁ), *mêmes sens.*

κάμπτω (*f.* κάμψω ; *aor. pass.* ἐκάμφθην), 1° COURBER, plier ; faire plier. ‖ 2° contourner ; achever.

καμπύλος, **η**, **ον**, 1° courbe. ‖ 2° modulé.

κάμψις, **εως** (ἡ), courbure.

κἀν, *crase pour* καὶ ἐν.

κἄν, *crase pour* καὶ ἄν.

κάν, *pour* κατά *devant* ν.

κάν(ν)αθρον, **ου** (τό), chariot couvert d'osier.

καναχέω-ῶ (*f.* ήσω) *et* **καναχίζω** (*f.* ίσω), faire du bruit.

καναχή, **ῆς** (ἡ), bruit.

κάνδυς, **υος** (ὁ), robe à manches.

κάνεον *et* **κάνειον**, **ου** (τό), corbeille.

κάνθαρος, **ου** (ὁ), 1° escarbot. ‖ 2° coupe. ‖ 3° barque.

κανθήλια, **ων** (τά), bât à paniers.

κανθήλιος, **ου** (ὁ), âne bâté.

κάνναβις, **εως** (ἡ), chanvre.

κανονικός, **ή**, **όν**, régulier.

κανοῦν, **οῦ** (τό), corbeille.

κανών, **όνος** (ὁ), 1° RÈGLE ;

modèle. || 2° baguette de roseau.
κάπ, *pour* κατά *devant* π *et* φ.
κἄπειτα, *pour* καὶ ἔπειτα.
κάπετος, ου (ἡ), 1° fossé. || 2° tombe.
Καπετώλιον *ou* **Καπιτώλιον, ου** (τό), Capitole.
κάπη, ης (ἡ), crèche.
καπηλεῖον, ου (τό), cabaret.
καπηλεύω (*f.* σω), 1° *intr.* tenir boutique ou cabaret || 2° *tr.* trafiquer de.
κάπηλος, ου (ὁ), boutiquier; cabaretier.
καπίθη, ης (ἡ), double-litre perse.
καπνίζω (*f.* ίσω, *att.* ιῶ), enfumer.
καπνο-δόχη, ης (ἡ), cheminée.
καπνός, οῦ (ὁ), fumée.
Καππαδοκία, ας (ἡ), la Cappadoce.
κάπριος, ος, ον, de sanglier.
κάπρος, ου (ὁ), sanglier.
κάπτω (*f.* ψω), dévorer.
καπύω (*f.* σω), exhaler.
Κάρ, Καρός (ὁ), Carien.
1. **κάρ,** *pour* κατά *devant* ρ.
2. **κάρ,** *pour* κάρα (τό), tête.
3. **κάρ, καρός** (τό), cheveu.
κάρα (τό), *indécl.*, tête.
καρα-δοκέω-ῶ (*f.* ήσω), tendre la tête; écouter; attendre.
καρα-δοκία, ας (ἡ), attention; attente.
κάρανος, ου (ὁ), chef.
καρά-τομος, ος, ον, décapité.
καρβατίνη, ης (ἡ), gros souliers.
κάρδαμον, ου (τό), cresson.
καρδία, ας (ἡ), 1° COEUR: ἐκ καρδίας, du fond du cœur. || 2° intelligence.
κάρδοπος, ου (ἡ), huche.
Καρδοῦχοι, ων (οἱ), les Carduques.
κάρη, *comme* κάρα.
καρη-κομόωντες, (οἱ), chevelus.
κάρηνον, ου (τό), 1° TÊTE. || 2° citadelle.
καρκαίρω, vibrer.
καρκίνος, ου (ὁ), 1° écrevisse. || 2° cancer.
καρός, *gén. de* κάρ³.
καρπαία, ας (ἡ), danse thessalienne.
καρπάλιμος, ος, ον, prompt.
κάρπιμος, ος, ον, riche en fruits.
καρπός, οῦ (ὁ), 1° FRUIT.

|| 2° produit; effet; avantage. || 3° poignet.

καρπο-φορέω-ῶ (*f.* ήσω), porter des fruits.

καρπο-φόρος, ος, ον, qui porte des fruits.

καρπόω-ῶ (*f.* ώσω), porter des fruits.

— *Moy.*, récolter; tirer des revenus; profiter de, *acc.*

καρ-ρέζω, *pour* καταρέζω.

κάρτα, *adv.*, TRÈS, beaucoup, tout à fait.

καρτερέω-ῶ (*f.* ήσω), 1° *intr.* être patient. || 2° *tr.* endurer avec patience.

καρτέρημα, ατος (τό), trait de patience.

καρτέρησις, εως, *et* **καρτερία, ας** (ἡ), patience, fermeté.

καρτερικός, ή, όν, patient.

καρτερικῶς, *adv.*, patiemment.

καρτερό-θυμος, ος, ον, au cœur patient.

καρτερός, ά, όν, 1° FORT; puissant. || 2° patient.

καρτερούντως, *adv.*, avec fermeté.

κάρτιστος, κάρτος, καρτύνω, *pour* κράτιστος, κράτος, κρατύνω.

κάρυον, ου (τό), noix.

καρφάλεος, α, ον, sec.

κάρφη, ης (ἡ), et **κάρφος, ους** (τό), fétu; brindille.

κάρφω, dessécher, flétrir.

καρχαλέος, α, ον, et **κάρχαρος, ος, ον**, aigu.

καρχαρ-όδους, ουν, *gén* ὀδόντος, aux dents aiguës.

Καρχηδών, όνος (ἡ), Carthage.

κασία, ας (ἡ), cannelle.

κασι-γνήτη, ης (ἡ), sœur.

κασί-γνητος, ου (ὁ), frère.

κασί-γνητος, η, ον, fraternel.

κάσις, ιος (ὁ, ἡ), frère; sœur.

Κάσπιος, α, ον, de la Caspienne.

Κασ(σ)άνδρα, ας (ἡ), Cassandre.

κασσίτερος, ου (ὁ), étain.

κασσύω, *att.* **καττύω**, 1 ressemeler. || 2° intriguer.

κάστωρ, ορος (ὁ), castor.

Κάστωρ, ορος (ὁ), Castor.

κάσχεθε, *pour* κατεσχε, *de* κατέχω.

1. **κατά**, I. *adv.*, en bas. II. *prép. a*) *avec le gén.* : DU HAUT DE ; SOUS ; SUR. *b*) *avec l'acc.* : 1° EN DESCENDANT. ‖ 2° dans ; vers ; à travers ; contre ; près de. ‖ 3° pendant ; du temps de : οἱ καθ' ἡμᾶς, nos contemporains. ‖ 4° selon : κατὰ γνώμην, λόγον, νόμον, à souhait, selon la raison, selon la loi. ‖ 5° par, *distributif* : καθ' ἕνα, καθ' ἕκαστον, un à un. ‖ 6° environ.

Loc. : κατὰ μικρόν, peu à peu ; καθ' ἑαυτόν, en soi-même ; κατ' ἰδίαν, en particulier ; καθ' ἡσυχίαν, tranquillement ; κατὰ τάχος, rapidement ; μείζων ἢ κατ' ἄνθρωπον, trop grand pour un homme.

2. **κατά**, *pour* καθ' ἅ.

κᾆτα, *crase pour* καὶ εἶτα

κατα-βαίνω (*f.* βήσομαι, *etc.*), 1° DESCENDRE. ‖ 2° en venir à.

κατα-βάλλω (*f.* βαλῶ, *etc.*), 1° RENVERSER ; abaisser. ‖ 2° payer. ‖ 3° jeter ; répandre. — *Moy.* 1° *intr.* se jeter. ‖ 2° *tr.* déposer ; établir.

κατα-βαρέω-ῶ (*f.* ήσω), accabler d'un poids.

κατά-βασις, εως (ἡ) descente.

κατα-βείομεν, *pour* καταβῶμεν, *subj. aor.* 2 *de* καταβαίνω.

κατα-βιβάζω (*f.* βιβάσω, *att.* βιβῶ), faire descendre.

κατα-βιβρώσκω (*f.* βρώσομαι, *etc.*), dévorer.

κατα-βιόω-ῶ (*f.* βιώσομαι, *etc.*), passer sa vie.

κατα-βλακεύω (*f.* σω), négliger.

κατα-βλάπτω (*f.* ψω), nuire, *acc.*

κατα-βλώσκω, courir en descendant.

κατα-βοάω-ῶ (*f.* βοήσομαι), injurier à grands cris, *gén.*

κατα-βοή, ῆς (ἡ), cris injurieux.

κατα-βολή, ῆς (ἡ), 1° FONDEMENT ; fondation. ‖ 2° versement. ‖ 3° assaut, accès.

κατα-βραβεύω (*f.* σω), juger injustement.

κατα-βρέχω (*f.* βρέξω), inonder.

κατα-βυρσόω-ῶ (*f.* ώσω), recouvrir de cuir.

κατά-γαιος, ος, ον, *comme* κατάγειος.

κατ-αγγελία, ας (ἡ), annonce ; message.

κατ-αγγέλλω (*f.* αγγελῶ, *etc.*), annoncer ; dénoncer.

κατ-άγγελτος, ος, ον, annoncé ; dénoncé.

κατά-γειος, ος, ον, souterrain.

κατα-γέλαστος, ος, ον, risible.

κατα-γελάστως, *adv.*, ridiculement.

κατα-γελάω-ῶ (*f.* γελάσομαι, *etc.*), rire ; se moquer de, *gén.-dat.-acc.*

κατά-γελως, ωτος (ὁ), dérision.

κατα-γηράσκω *et* **κατα-γηράω-ῶ** (*f.* άσω *et* άσομαι), vieillir.

κατα-γίγνομαι (*f.* γενήσομαι, *etc.*), résider ; s'occuper (de, *prép.*).

καταγι(γ)νώσκω (*f.* γνώσομαι, *etc.*), 1° CONNAITRE ; juger. || 2° accuser quelqu'un, *gén.*, de quelque chose, *acc.* || 3° condamner quelqu'un, *gén.*, à, *acc.* : κ. τινὰ προδοσίας, condamner quelqu'un pour trahison.

κατ-αγίζω, *comme* καθαγίζω.

κατ-αγινέω, *comme* κατάγω.

κατα-γλωττίζω, étourdir sous les mots.

κάτ-αγμα, ατος (τό), peloton de laine.

κατ-άγνυμι (*f.* άξω, *etc.*), briser ; *pf.* κατέαγα, je suis brisé.

κατά-γνωσις, εως (ἡ), dédain, blâme ; condamnation.

κατα-γοητεύω (*f.* σω), tromper.

κατ-αγορεύω (*f.* σω), déclarer.

κατα-γράφω (*f.* ψω), 1° ÉCRIRE ; inscrire. || 2° prescrire.

κατ-άγω (*f.* άξω, *etc.*), 1° FAIRE DESCENDRE ; faire aborder. || 2° ramener ; rapporter. || 3° dévider.

— *Moy.*, descendre.

κατ-αγωγή, ῆς (ἡ), 1° DESCENTE ; débarquement. || 2° rappel.

κατ-αγώγιον, ου (τό), halte ; auberge ; séjour.

κατ-αγωνίζομαι (*f.* ίσομαι, *att.* ιοῦμαι), vaincre.

κατα-δαίνυμαι (*f.* δαίσομαι), dévorer.

κατα-δακρύω (*f.* σω), pleurer.

κατα-δαμάζομαι (*f.* άσομαι), épuiser.

κατα-δαπανάω-ῶ (*f.* ήσω), gaspiller.

κατα-δάπτω (*f.* ψω), déchirer.

κατα-δαρθάνω (*f.* δαρθήσομαι, *aor.* 2 ἔδαρθον), s'endormir.

κατα-δεής, ής, ές, défectueux; pauvre : καταδεέστερος *gén.*, inférieur à.

κατα-δείδω (*f.* δείσω), craindre.

κατα-δείκνυμι (*f.* δείξω, *etc.*), MONTRER; enseigner.

κατα-δειλιάω-ῶ (*f.* άσω), AVOIR PEUR; craindre.

κατα-δέχομαι (*f.* δέξομαι), recevoir.

κατα-δέομαι (*f.* δεήσομαι), supplier, *gén.*

κατα-δέρκομαι (*f.* δέρξομαι), regarder en bas.

κατα-δεύω (*f.* σω), mouiller.

1. **κατα-δέω-ῶ** (*f.* δήσω), attacher.

— *Moy.*, s'attacher.

2. **κατα-δέω**, manquer de, *gén.*

κατα-δεῶς, *adv.*, incomplètement.

κατά-δηλος, ος, ον, évident.

κατα-δημο-βορέω-ῶ (*f.* ήσω), dévorer publiquement.

κατα-διαιτάω-ῶ (*f.* ήσω), condamner par voie d'arbitre.

κατα-δίδωμι (*f.* δώσω, *etc.*), se jeter dans (*d'une rivière*).

κατα-δικάζω (*f.* άσω), condamner (quelqu'un, *gén.*, — à, *acc.*).

— *Moy.*, faire condamner quelqu'un, *gén.*

κατα-δίκη, ης (ἡ), condamnation.

κατα-διώκω (*f.* ξω *ou* ξομαι), poursuivre.

κατα-δοκέω-ῶ (*f.* δόξω), juger en mal; soupçonner.

κατα-δουλόω-ῶ (*f.* ώσω), asservir.

κατα-δούλωσις, εως (ἡ), asservissement.

κατα-δράθω, *comme* καταδαρθάνω.

κατα-δρέπω (*f.* ψω), cueillir.

κατα-δρομή, ῆς (ἡ), 1° attaque. ‖ 2° refuge.

κατα-δυναστεύω (*f.* σω), dominer; opprimer.

κατα-δύνω, s'enfoncer.

κατα-δύω (*f.* σω), enfoncer.

— *Moyen et aor.* 2 κατέδυν, *pf.* καταδέδυκα, 1° s'enfoncer. ‖ 2° revêtir.
κατ-ᾴδω (*f.* ᾄσομαι, *etc.*), 1° chanter. ‖ 2° charmer.
κατα-δωρο-δοκέω-ῶ (*f.* ήσω), corrompre *ou* être corrompu par des présents.
κατα-έννυμι (*part. parf.* καταειμένος), vêtir.
κατ-αζαίνω, dessécher.
κατα-ζεύγνυμι *f.* ζεύξω), atteler; lier; contraindre.
κατα-θάπτω (*f.* ψω), ensevelir.
κατα-θεάομαι-ῶμαι (*f.* άσομαι), voir d'en haut; considérer.
κατα-θέλγω (*f.* ξω), enchanter.
κατα-θέω (*f.* θεύσομαι), 1° *intr.* courir en descendant. ‖ 2° *tr.* attaquer.
κατα-θεωρέω-ῶ (*f.* ήσω), examiner.
κατα-θνήσκω (*f.* θανοῦμαι, *etc.*), mourir.
κατα-θορυβέω-ῶ (*f.* ήσω), troubler par du vacarme.
κατα-θρῴσκω (*f.* θοροῦμαι, *etc.*), bondir du haut.
κατ-αθυμέω-ῶ (*f.* ήσω), être entièrement découragé.
κατα-θύμιος, ος *ou* α, ον, présent à l'esprit.
κατα-θύω (*f.* σω), sacrifier.
κατ-αιβατός, ή, όν, par où l'on peut descendre.
κατ-αιδέομαι-οῦμαι (*f.* έσομαι, *etc.*), *intr.* *et tr.*, éprouver de la honte *ou* du respect.
κατ-αικίζω (*f.* ίσω, *att.* ιῶ), outrager.
κατ-αινέω-ῶ (*f.* αινέσω), consentir; approuver.
κατ-αιρέω, *pour* καθαιρέω.
κατ-αίρω (*f.* αρῶ, *etc.*), descendre; aborder.
κατ-αισθάνομαι (*f.* αισθήσομαι, *etc.*), sentir; apprendre.
κατ-αισχύνω (*f.* υνῶ), 1° déshonorer. — *Moy.*, respecter.
κατα-ΐσχω, *comme* κατέχω.
κατ-αιτιάομαι-ῶμαι (*f.* άσομαι, 1° accuser. ‖ 2° *Pass.* être accusé.
καταῖ-τυξ, υγος (ἡ), casque.
κατα-καίνω (*f.* κανῶ), tuer.
κατα-καίριος, ος, ον, mortel.

κατα-καίω (*f.* καύσω, *etc.*), consumer.
κατα-καλέω-ῶ (*f.* έσω), appeler.
κατα-καλύπτω (*f.* ψω), couvrir, cacher. — *Moy.* se voiler.
κατα-κάμπτω (*f.* ψω), courber.
κατά-κειμαι (*f.* κείσομαι), être couché ; être situé.
κατακείρω (*f.* κερῶ), 1° tondre. ‖ 2° piller.
κατα-κείω, avoir envie de se coucher.
κατα-κελεύω (*f.* σω), commander.
κάτα-κεντέω-ῶ (*f.* ήσω), piquer.
κατα-κερτομέω-ῶ (*f.* ήσω), accabler d'injures.
κατα-κηλέω-ῶ (*f.* ήσω), charmer.
κατα-κηρόω-ῶ (*f.* ώσω), enduire de cire.
κατα-κηρύσσω, *att.* **ττω** (*f.* ξω), publier par la voix du héraut.
κατα-κλαίω, *att.* **κλάω** (*f.* κλαύσομαι), pleurer.
κατα-κλάω-ῶ (*f.* άσω), briser.
κατα-κλείω (*f* είσω), 1° fermer, enfermer. ‖ 2° contraindre.
κατα-κληρόω-ῶ (*f.* ώσω), distribuer en tirant au sort.
κατα-κλῄω, *att. pour* κατα-κλείω.
κατα-κλίνω (*f.* κλινῶ), coucher. —*Moy. pass.*, se coucher.
κατά-κλισις, εως (ἡ), action de se coucher.
κατα-κλύζω (*f.* ύσω), inonder.
κατα-κλυσμός, οῦ (ὁ), inondation.
κατα-κοιμάω-ῶ (*f.* ήσω) *et* **κατα-κοιμίζω** (*f.* ίσω), coucher. — *Moy. pass.*, se coucher.
κατ-ακολουθέω-ῶ (*f.* ήσω), suivre, *dat.*
κατα-κολπίζω (*f.* ίσω, *att.* ιῶ), entrer dans un golfe.
κατα-κολυμβάω-ῶ (*f.* ήσω), plonger.
κατα-κομιδή, ῆς (ἡ), transport.
κατα-κομίζω (*f.* ίσω, *att.* ιῶ), transporter.
κατ-ακοντίζω (*f.* ίσω, *att.* ιῶ), percer de traits.
κατά-κοπος, ος, ον, extrêmement fatigué.
κατα-κόπτω (*f.* κόψω), 1° COUPER. ‖ 2° tuer, détruire.
κατα-κορής, ής ές, 1° rassasié. ‖ 2° fastidieux.
κατά-κορος, ος, ον, qui rassasie.

κατα-κοσμέω-ῶ (*f.* ήσω), arranger; équiper.

κατα-κόσμησις, εως (ἡ), arrangement; équipement.

κατ-ακούω (*f.* ακούσομαι, *etc.*), 1° ENTENDRE, *gén. de pers.*, *acc.* de chose.‖2° écouter, obéir à, *gén. dat.*

κατα-κρατέω-ῶ (*f.* ήσω), dominer, *gén. acc.*

κατα-κρεμάννυμι (*f.* κρεμάσω, *etc.*), suspendre.

κατα-κρεουργέω-ῶ (*f.* ήσω), dépecer.

κατα-κρῆθεν, *adv.*, de haut en bas.

κατα-κρήμναμαι, être suspendu.

κατα-κρημνίζω (*f.* ίσω, *alt.* ιῶ), précipiter.

κατα-κρίνω (*f.* κρινῶ, *etc.*), condamner, à, *gén. ou dat.*

κατά-κρισις, εως (ἡ), condamnation.

κατακρύπτω (*f.* ψω), 1° *tr.*, cacher. ‖ 2° *intr.*, se cacher.

κατα-κρυφή, ῆς (ἡ), action de cacher.

κατα-κτάομαι-ῶμαι, (*f.* ήσομαι), acquérir.

κατα-κτείνω (*f.* κτενῶ, *etc.*), tuer.

κατα-κυλίομαι (*aor.* εκυλίσθην), être roulé de haut en bas.

κατα-κύπτω (*f.* ψω), baisser la tête.

κατα-κυριεύω (*f.* σω), dominer, *gén.*

κατα-κυρόω-ῶ (*f.* ώσω), confirmer.

κατα-κωλύω (*f.* σω), empêcher.

κατ-αλαζονεύομαι (*f.* εύσομαι), se vanter.

κατα-λαλέω-ῶ (*f.* ήσω), bavarder contre; dénoncer.

κατα-λαμβάνω (*f.* λήψομαι, *etc.*), 1° PRENDRE; surprendre; arrêter. ‖ 2° comprendre.‖3° obliger; convaincre. ‖ 4° *intr.* arriver à; survenir : τὰ καταλαβόντα, les événements survenus. — *Moy.*, 1° PRENDRE POUR SOI; s'emparer de ‖ 2° comprendre.

κατα-λάμπω (*f.* ψω), briller sur.

κατ-αλγέω-ῶ (*f.* ήσω), souffrir vivement.

1. **κατα-λέγω** (*f.* λέξω), *et moy.*, 1° ENROLER. ‖ 2° passer en revue. ‖ 3° estimer.

2. **κατα-λέγω** (*f.* λέξομαι), se coucher.

κατα-λείβω (*f.* ψω), verser goutte à goutte.

κατα-λείπω (*f.* λείψω, *etc.*), LAISSER ; abandonner.
— *Moy.*, laisser après *ou* pour soi; se réserver.

κατα-λεύω (*f.* σω), lapider.

κατ-αλέω-ῶ (*f.* έσω), broyer.

κατα-λήγω (*f.*ξω), cesser.

κατα-λήθομαι, oublier à fond.

κατα-ληπτικός, ή, όν, qui arrête.

κατα-ληπτός, ή, όν, 1° SAISI ; saisissable. || 2° compréhensible.

κατά-ληψις, εως (ἡ), 1° ACTION DE SAISIR. || 2° de comprendre.

κατα-λιθόω-ῶ (*f.* ώσω), lapider.

κατα-λιπαρέω-ῶ (*f.* ήσω), supplier.

κατ-αλλαγή, ῆς (ἡ), 1° ÉCHANGE. || 2° réconciliation.

κατ-αλλάσσω, *att.* ττω (*f.* ξω, *etc.*), 1° ÉCHANGER. || 2° réconcilier.
— *Moy.* 1° échanger. || 2° mettre un terme.

κατ-αλοάω-ῶ (*f.* ήσω), battre (dans la grange).

κατα-λογάδην, *adv.*, en prose.

κατ-αλογέω-ῶ (*f.* ήσω), mépriser.

κατα-λογή, ῆς (ἡ), enrôlement.

κατα-λογίζομαι (*f.* ίσομαι, *att.* ιοῦμαι), compter; calculer.

κατά-λογος, ου (ὁ), LISTE ; enrôlement.

κατά-λοιπος, ος, ον, restant.

κατα-λοφάδ(ε)ια, *adv.* sur le cou.

κατα-λύσιμος, ος, ον aisé à dissoudre.

κατά-λυσις, εως (ἡ), 1° DISSOLUTION; fin. || 2° lieu de repos; hôtellerie.

κατα-λύω (*f.* σω), 1° DISSOUDRE ; détruire. || 2° délier. || 3° terminer.
— *Intr.* 1° cesser. || 2° séjourner.
— *Moy.* 1° terminer. || 2° se réconcilier.

κατα-λωφάω-ῶ (*f.* ήσω), se reposer.

κατα-μαλακίζομαι (*f.* μαλακισθήσομαι), être amolli.

κατα-μανθάνω (*f.* μαθήσομαι, *etc.*), APPRENDRE ; remarquer; connaître.

κατα-μαντεύομαι (*f.* σομαι), prédire.

κατα-μαργέω-ῶ, être égaré.

κατα-μάρπτω (*f.* ψω), saisir.

κατα-μαρτυρέω-ῶ (*f.* ήσω), témoigner.
κατ-αμάω-ῶ (*f.* ήσω), moissonner.
κατ-αμβλύνω (*f.* υνῶ), émousser.
κατα-μεθύσκω (*f.* ύσω), enivrer.
κατ-αμελέω-ῶ (*f.* ήσω), négliger, *gén.*
κατά-μεμπτος, **ος**, **ον**, méprisé.
κατα-μέμφομαι (*f.* μέμψομαι), blâmer.
κατά-μεμψις, **εως** (ἡ), blâme.
κατα-μένω (*f.* μενῶ), rester en place.
κατα-μερίζω (*f.* ίσω, *att.* ιῶ), partager.
κατα-μετρέω-ῶ (*f.* ήσω), mesurer.
κατα-μηνύω (*f.* σω), désigner; dénoncer.
κατα-μιαίνω (*f.* μιανῶ), souiller.
κατα-μίγνυμι (*f.* μίξω), mêler.
κατα-μόνας, *adv.*, en particulier.
κατ-αμύσσω, *att.* **ττω** (*f.* ξω), écorcher.
κατα-μύω (*f.* μύσω), fermer les yeux.
κατ-αναγκάζω (*f.* άσω), contraindre.
κατα-ναίω, établir. — *Moy. pass.*, s'établir.
κατ-αναλίσκω (*f.* αλώσω, *etc.*), dépenser.
κατα-νάσσω (*f.* ξω), fouler.
κατα-ναυμαχέω-ῶ (*f.* ήσω), vaincre en bataille navale.
κατα-νέμω (*f.* νεμῶ, *etc.*), 1° PARTAGER. ‖ 2° faire paître. — *Moy.*, 1° se partager. ‖ 2° se repaître.
κατα-νεύω (*f.* νεύσομαι), faire un signe pour consentir; accorder.
κατα-νέω (*f.* νήσω), entasser.
κατ-ανθρακόω-ῶ (*f.* ώσω), carboniser.
κατα-νίφω (*f.* νίψω), couvrir de neige; neiger.
κατα-νοέω-ῶ (*f.* νοήσω), concevoir; remarquer; apprendre.
κατ-άνομαι, être usé.
κάτ-αντα, *adv.*, en descendant.
κατ-αντάω-ῶ (*f.* ήσω), aboutir à.
κατ-άντης, **ης**, **ες**, en pente.
κατ-άντησιν, *adv.*, en face.
κατ-αντικρύ, **κατ-αντίον**, *adv.*, en face; *avec gén.*, en face de.
κατ-αντι-πέρας, *prép.*, en face de, *gén.*

κατ-αντλέω-ῶ (*f.* ήσω), répandre sur.

κατ-ανύ(τ)ω (*f.* ύσω), 1° *tr.* achever. ‖ 2° *intr.* parvenir.

κατα-ξαίνω (*f.* ξανῶ, *etc.*), écorcher.

κατ-άξιος, ος, ον, fort digne, de, *gén.*

κατ-αξιόω-ῶ (*f.* ώσω), juger digne; estimer.

κατα-παλαίω (*f.* αίσω), vaincre.

κατα-πάλλω, lancer vivement. — *Moy.* s'élancer.

κατα-πατέω-ῶ (*f.* ήσω), fouler aux pieds.

κατά-παυμα, ατος (τό), fin.

κατά-παυσις, εως (ἡ), action de finir; repos.

κατα-παύω (*f.* σω), faire cesser. — *Intr. et moy.*, cesser.

κατ-απειλέω-ῶ (*f.* ήσω), menacer.

κατα-πειράζω (*f.* άσω), essayer.

κατα-πειρητηρίη, ης (ἡ), sonde.

κατα-πέμπω (*f.* πέμψω), envoyer.

κατά-περ, *comme* καθάπερ.

κατα-πέσσω, *att.* **ττω** (*f.* πέψω), digérer.

κατα-πετάννυμι (*f.* πετάσω), déployer.

κατα-πέτομαι (*f.* πτήσομαι, *etc.*), descendre en volant.

κατα-πετρόω-ῶ (*f.* ώσω), 1° précipiter d'un rocher. ‖ 2° lapider.

κατα-πεφνεῖν, *inf. aor.* 2, tuer.

κατα-πήγνυμι (*f.* πήξω, *etc.*), enfoncer. — *Pass. et pf.* 2 καταπέπηγα, être enfoncé.

κατα-πηδάω-ῶ (*f.* ήσω), sauter en bas.

κατα-πίμπλημι (*f.* πλήσω), remplir complètement.

κατα-πίνω (*f.* πίομαι, *etc.*), avaler.

κατα-πίπτω (*f.* πεσοῦμαι, *etc.*), 1° TOMBER. ‖ 2° se décourager.

κατα-πισσόω, *att.* **πιττόω-ῶ** (*f.* ώσω), enduire de poix.

κατα-πλάσσω, *att.* **ττω** (*f.* πλάσω), appliquer (*de la cire, etc.*).

κατα-πλέκω (*f.* ξω), entrelacer.

κατα-πλέω (*f.* πλεύσομαι, *etc.*), naviguer en descendant; aborder.

κατά-πλεως, ως, ων, plein de, *gén.*

κατά-πληξ, ηγος (ὁ, ἡ), effrayé; étonné.

κατα-πλήσσω, *att.* **ττω** (*f.* ξω), étonner. — *Pass. et pf.* 2 **καταπέπληγα,** être stupéfait.

κατά-πλους, ου (ὁ), débarquement, relâche.

κατα-πλουτίζω (*f.* ίσω, *att.* ιῶ), enrichir.

κατα-πλώω, *comme* καταπλέω.

κατα-πλύνω, laver.

κατα-πνέω (*f.* πνεύσομαι), souffler.

κατα-πολεμέω-ῶ (*f.* ήσω), vaincre à la guerre.

κατα-πολιτεύομαι (*f.* εύσομαι), vaincre par l'intrigue politique.

κατα-πονέω-ῶ (*f.* ήσω), fatiguer.

κατα-ποντίζω (*f.* ίσω, *att.* ιῶ), jeter dans la mer.

κατα-ποντιστής, οῦ (ὁ), pirate.

κατα-ποντόω-ῶ (*f.* ώσω), *comme* καταποντίζω.

κατα-πράσσω, *att.* **ττω** (*f.* ξω), exécuter. ‖ *Moy.* exécuter pour soi.

κατα-πραΰνω (*f.* ϋνῶ), adoucir.

κατα-πρηνής, ής, ές, penché en bas.

κατα-πρίω (*f.* ίσω), scier.

κατα-προ-δίδωμι (*f.* δώσω, *etc.*), trahir.

κατα-προΐσσομαι (*f.* ίξομαι), être impuni.

κατα-πτήσσω (*f.* ξω), se tapir; avoir peur.

κατ-άπτομαι, *comme* καθάπτομαι.

κατά-πτυστος, ος, ον, conspué.

κατα-πτύω (*f.* σω), conspuer.

κατα-πτώσσω, *comme* καταπτήσσω.

κατα-πύθομαι, pourrir.

κατ-άρα, ας (ἡ), malédiction.

κατ-αράομαι-ῶμαι (*f.* άσομαι), maudire.

κατ-αράσσω, *att.* **ττω** (*f.* ξω), 1° *tr.* briser. ‖ 2° *intr.* se précipiter.

κατ-άρατος, ος, ον, maudit.

κατ-αργέω-ῶ (*f.* ήσω), rendre inutile; abolir.

κάτ-αργμα, ατος (τό), prémice.

κατ-αργυρόω-ῶ (*f.* ώσω), argenter.

κατ-άρδω, arroser.

κατ-αρέομαι, *comme* καταράομαι.

κατα-ριγηλός, ή, όν, effrayant.

κατ-αριθμέω-ῶ (*f.* ήσω), *et moy.*, compter.

κατ-αρκέω-ῶ (*f.* έσω), suffire

κατ-αρμόζω, *comme* καθαρμόζω.

κατ-αρνέομαι-οῦμαι (*f.* ήσομαι), NIER ; désavouer.

κατα-ρραθυμέω-ῶ (*f.* ήσω), 1° *tr.* négliger. || 2° *intr.* être négligent.

κατα-ρρακόω-ῶ(*f.* ώσω), mettre en pièces.

κατα-ρράκτης, ου (ὁ, ἡ), qui tombe ; qui jaillit ; ὁ κ.., cataracte.

κατα-ρράπτω (*f.* ψω), coudre.

κατα-ρρέζω (*f.* ξω), caresser.

κατα-ρρέπω (*f.* ψω), incliner.

κατα-ρρέω (*f.* ρυήσομαι, *etc.*), 1° *intr.* COULER ; affluer; toucher. || 2° *tr.* inonder.

κατα-ρρήγνυμι(*f.* ρήξω), BRISER ; renverser. — *Pass. et pf.* 2 κατέρρωγα, se briser ; éclater.

κατα-ρρηγνύω, *mêmes sens.*

κατα-ρρίπτω (*f.* ρρίψω), renverser.

κατα-ρροφέω-ῶ (*f.* ήσω), humer.

κατα-ρρυής, ής, ές, qui s'écoule.

κατα-ρρυπαίνω (*f.* ανῶ), souiller.

κατά-ρρυτος, ος, ον, arrosé.

κατα-ρρωδέω-ῶ(*f.* ήσω), 1° *intr.* être transi d'effroi. || 2° *tr.* redouter vivement.

κατα-ρρώξ, ῶγος (ὁ, ἡ), crevassé.

κάταρσις, εως (ἡ), arrivée ; point de débarquement.

κατ-αρτάω-ῶ (*f.* ήσω), 1° suspendre. || 2° arranger.

κατ-αρτίζω (*f.* ίσω), 1° ARRANGER ; équiper ; réordonner. || 2° réconcilier.

κατ-άρτισις, εως (ἡ), arrangement ; remise en état.

κατ-αρτιστήρ, ῆρος (ὁ), qui arrange ; qui réconcilie.

κατ-αρτύω (*f.* σω), 1° APPRÊTER. || 2° dresser.

κατ-άρχω (*f.* ξω, *etc.*), COMMENCER, donner le signal de, *gén.-acc.* — *Moy.* 1° commencer. || 2° préluder au sacrifice; sacrifier.

κατα-σβέννυμι(*f.* σβέσω, *etc.*), 1° *tr.* éteindre. || 2° *intr.* s'éteindre.

κατα-σείω (*f.* σω), secouer.

κατα-σεύομαι, s'élancer.

κατα-σημαίνω (*f.* ανῶ), *et moy.*, marquer; sceller.

κατα-σήπω (*f.* ψω), pourrir. — *Intr. et pass.*, être pourri.

κατα-σιγάω-ῶ (*f.* ήσομαι), se taire.

κατα-σιτέομαι-οῦμαι (*f.* ήσομαι), manger.

κατα-σιωπάω-ῶ (*f.* ήσομαι), *et moy.*, 1° *intr.*, SE TAIRE. || 2° *tr.*, faire taire.

κατα-σκάπτω (*f.* ψω), creuser; détruire.

κατα-σκαφή, ῆς (ἡ), fosse; destruction.

κατα-σκαφής, ής, ές, miné.

κατα-σκεδάννυμι (*f.* σκεδάσω, *etc.*), répandre; disperser.

κατα-σκέπτομαι (*f.* σκέψομαι), considérer.

κατα-σκευάζω (*f.* άσω), 1° PRÉPARER; fabriquer; équiper. || 2° inventer; représenter comme. || 3° rendre *tel ou tel*. — *Moy.* 1° *tr.* préparer pour soi. || 2° *intr.* se préparer.

κατα-σκευή, ῆς (ἡ), PRÉPARATIF; organisation; équipement. || 2° ameublement; construction. || 3° invention; trame.

κατα-σκηνάω-ῶ (*f.* ήσω) *et* **κατα-σκηνόω-ῶ** (*f.* ώσω), camper.

κατα-σκήνωσις, εως (ἡ), action de camper.

κατα-σκήπτω (*f.* ψω), SE JETER SUR; atteindre à.

κατα-σκιάζω *et* **κατα-σκιάω-ῶ** (*f.* σκιάσω), ombrager.

κατά-σκιος, ος, ον, ombragé.

κατα-σκοπέω-ῶ (*f.* ήσω), *et moy.*, observer.

κατα-σκοπή, ῆς (ἡ), observation.

κατά-σκοπος, ου (ὁ), éclaireur; espion.

κατα-σκώπτω (*f.* σκώψομαι), railler.

κατα-σμύχω (*f.* ξω), brûler.

κατα-σοφίζομαι (*f.* ίσομαι, *att.* ιοῦμαι), abuser par des sophismes.

κατα-σπάω-ῶ (*f.* άσω), TIRER (en bas); renverser.

κατα-σπείρω (*f.* σπερῶ, *etc.*), semer.

κατα-σπένδω (*f.* σπείσω *etc.*), verser des libations *ou* comme libations.

κατα-σπέρχω (*f.* ξω), hâter; presser.

κατα-σπουδάζομαι (*f.* άσομαι), être appliqué (à, *gén.*).

κατα-στάζω (*f.* ξω), 1° *tr.* distiller. ‖ 2° *intr.* dégoutter.

κατα-στασιάζω(*f.* άσω), combattre par l'opposition.

κατά-στασις, εως (ἡ), 1° ÉTABLISSEMENT ; institution. ‖ 2° introduction, audience. ‖ 3° apaisement. ‖ 4° tempérament; complexion; état.

κατα-στατέος, α, ον, *adj. verb. de* καθίστημι.

κατα-στάτης, ου (ὁ), celui qui établit.

κατα-στεγάζω (*f.* άσω), couvrir.

κατα-στέγασμα, ατος (τό), couverture.

κατά-στεγος, ος, ον, couvert.

κατα-στείβω (*f.* ψω), fouler aux pieds.

κατα-στέλλω (*f.* στελῶ), 1° ARRANGER ; régler. ‖ 2° abaisser.

κατα-στένω (*f.* στενῶ), gémir ; déplorer.

κατα-στεφής, ής, ές, couronné.

κατα-στέφω (*f.* στέψω), couronner.

κατά-στημα, ατος (τό), état.

κατα-στολή, ῆς (ἡ), 1° action d'arrêter. ‖ 2° modération.

κατα-στορέννυμι (*f.* στορέσω), 1° ÉTENDRE. ‖ 2° abattre.

κατα-στόρνυμι, *mêmes sens.*

κατ-αστράπτω (*f.* ψω), éclairer (*éclair*); éblouir.

κατα-στρατηγέω-ῶ (*f.* ήσω), manœuvrer avec ruse.

κατα-στρατοπεδεύω, 1° *tr.* faire camper. ‖ 2° *intr.* camper.

κατα-στρέφω (*f.* ψω), 1° RENVERSER. ‖ 2° contraindre. ‖ 3° *intr.* cesser.

— *Moy.* 1° dévaster. ‖ 2° subjuguer.

κατα-στροφή, ῆς (ἡ), 1° RENVERSEMENT. ‖ 2° dénoûment ; mort.

κατά-στρωμα, ατος (τό), pont de navire.

κατα-στρώννυμι (*f.* στρώσω, *etc.*), *comme* καταστορέννυμι.

κατα-στυγέω-ῶ (*f.* ήσω), détester.

κατα-στωμύλλομαι, parler sans fin.

κατα-σύρω (*f.* συρῶ), 1° tirer en bas. ‖ 2° saccager.

κατα-σφάζω, *att.* **σφάττω** (*f.* ξω), massacrer.

κατα-σφραγίζω (*f.* ίσω, *att.* ιῶ), sceller.

κατα-σχεθεῖν, *pour* κατασχεῖν, *aor.* 2 *de* κατέχω.

κατά-σχετος, ος, ον, retenu.

κατα-σχηματίζω (*f.* ίσω), façonner.

κατα-σχίζω (*f.* ίσω), déchirer; briser.

κατα-σχολάζω (*f.* άσω), perdre le temps en loisirs.

κατα-σώχω, piler.

κατα-τάσσω, *att.* **τάττω**, 1° RANGER; arranger. ‖ 2° enregistrer.

κατα-τείνω (*f.* τενῶ, *etc.*), 1° *tr.* TENDRE; étendre. ‖ 2° *intr.* s'étendre; s'efforcer.

κατα-τέμνω (*f.* τεμῶ, *etc.*), COUPER; déchirer; trancher; faire une tranchée.

κατα-τήκω (*f.* τήξω), 1° *tr.* liquéfier. ‖ 2° *intr.* se fondre.

κατα-τίθημι (*f.* θήσω, *etc.*), 1° DÉPOSER. ‖ 2° mettre en commun. ‖ 3° acquitter. ‖ 4° accomplir.
— *Moy.* 1° DÉPOSER; mettre. ‖ 2° acquérir.

κατα-τιτρώσκω (*f.* τρώσω, *etc.*), blesser.

κατα-τομή, ῆς (ἡ), coupure.

κατα-τοξεύω (*f.* σω), frapper avec des flèches.

κατα-τραυματίζω (*f.* ίσω), couvrir de blessures.

κατα-τρέχω (*f.* δραμοῦμαι, *etc.*), 1° *intr.* descendre en courant. ‖ 2° *tr.* assaillir.

κατα-τρίβω (*f.* ψω), USER; consumer.

κατα-τρύχω, user; épuiser.

κατα-τρώγω (*f.* τρώξομαι, *etc.*), dévorer.

κατα-τρωματίζω, *comme* κατατραυματίζω.

κατα-τυγχάνω (*f.* τεύξομαι, *etc.*), atteindre, *gén.*; réussir.

κατ-αυδάω-ῶ (*f.* ήσω), déclarer.

κατ-αυλέω-ῶ (*f.* ήσω), charmer par la flûte.

κατ-αυλίζομαι (*f.* ίσομαι), camper.

κατ-αυτόθι, *adv.*, là même (q. **ubi**).

κατα-φαίνομαι (*f.* φανήσομαι, *etc.*), être apparent.

κατα-φανής, ής, ές, visible; évident.

κατά-φαρκτος, *comme* κατάφρακτος.

κατα-φαρμακεύω (*f.* σω), empoisonner; ensorceler.

κατα-φαρμάσσω (*f.* ξω), *mêmes sens.*

κατα-φατίζω (*f.* ίσω), affirmer.

κατα-φερής, ής, ές, incliné.

κατα-φέρω (*f.* κατοίσω, *etc.*), 1° PORTER EN BAS; précipiter. || 2° abattre.

κατα-φεύγω (*f.* φεύξομαι, *etc.*), s'enfuir.

κατά-φευξις, εως (ἡ), fuite.

κατά-φημι (*f.* φήσω), affirmer.

κατα-φθείρω (*f.* φθερῶ, *etc.*), détruire.

κατα-φθίνω (*aor.* κατεφθίνησα), dépérir.

κατα-φθίω (*f.* ίσω), faire périr; anéantir.

κατα-φθορά, ᾶς (ἡ), destruction.

κατ-άφ-ιημι (*f.* ήσω), laisser tomber.

κατα-φιλέω-ῶ (*f.* ήσω), caresser.

κατα-φλέγω (*f.* ξω), brûler.

κατα-φοβέω-ῶ (*f.* ήσω), épouvanter.

κατα-φοιτάω *et* **-φοιτέω-ῶ** (*f.* ήσω), fréquenter en descendant.

κατα-φονεύω (*f.* σω), massacrer.

κατα-φορά, ᾶς (ἡ), 1° chute. || 2° coup.

κατα-φορέω-ῶ (*f.* ήσω), *comme* καταφέρω.

κατα-φράζομαι (*aor.* εφρασάμην *et* εφράσθην), remarquer.

κατά-φρακτος, ος, ον, fortifié; cuirassé.

κατα-φράσσω, *att.* **ττω** (*f.* ξω), fortifier; cuirasser.

κατα-φρονέω-ῶ (*f.* ήσω), 1° MÉPRISER, *gén.-acc.* || 2° croire orgueilleusement.

κατα-φρόνημα, ατος (τό), *et* **φρόνησις, εως** (ἡ), mépris.

κατα-φρονητικός, ή, όν, méprisant.

κατα-φρονητικῶς, *adv.*, avec mépris.

κατα-φυγγάνω, *comme* καταφεύγω.

κατα-φυγή, ῆς (ἡ), refuge.

κατα-φυλαδόν, *adv.*, par tribus.

κατα-φωράω-ῶ (*f.* άσω), prendre.

κατα-χαίρω (*f.* χαρήσομαι, *etc.*), se réjouir méchamment (de, *dat*).

κατα-χαλκόω-ῶ (*f.* ώσω), garnir d'airain.

κατα-χαρίζομαι (*f.* ίσομαι, *att.* ιοῦμαι), 1° ACCORDER. || 2° livrer par complaisance.

κατα-χειροτονέω-ῶ (*f.* ήσω), condamner à main levée, *gén.*

κατα-χειροτονία, ας (ἡ), condamnation à main levée.

κατα-χέω (*f.* χέω, *etc.*), 1° VERSER (*acc.*) SUR (*gén*). || 2° renverser. — *Moy.* verser sur soi.

κατα-χήνη, ης (ἡ), dérision.

κατα-χθόνιος, ος, ον, souterrain.

κατα-χορδεύω (*f.* σω), éventrer.

κατα-χορηγέω-ῶ (*f.* ήσω), dépenser (comme chorège).

κατα-χράω-ῶ (*f.* χρήσω), suffire. — *Moy.* 1° PROFITER ; abuser (de, *dat.*). || 2° épuiser, *acc.* || 3° tuer, *acc.*

κατα-χρυσόω-ῶ (*f.* ώσω), dorer.

κατα-χωνεύω (*f.* σω), fondre (*un métal*).

κατα-χώννυμι (*f.* χώσω, *etc.*), couvrir (de terre).

κατα-χωρέω-ῶ (*f.* ήσω), accorder (qq. chose, *gén*).

κατα-χωρίζω (*f.* ίσω, *att.* ιῶ), ranger en séparant.

κατα-ψάω-ῶ (*f.* ψήσω), caresser.

κατα-ψεύδομαι (*f.* ψεύσομαι), parler mensongèrement (de, *gén.*). — *Pass.* être dit mensongèrement.

κατα-ψευδο-μαρτυρέω-ῶ (*f.* ήσω), témoigner faussement (contre, *gén.*). — *Pass.* être exposé à de faux témoignages.

κατα-ψευστός, ός, όν, mensonger.

κατα-ψηφίζω (*f.* ίσω, *att.* ιῶ), *et moy.*, voter contre, *gén.* — *Pass.*, être condamné (à, *gén.*).

κατα-ψήχω (*f.* ξω), frotter.

κατα-ψύχω (*f.* ξω), rafraîchir.

κατ-έαται, *pour* κάθηνται.

κατ-εγγυάω-ῶ (*f.* ήσω), donner *ou* faire donner caution.

κατ-εγγύη, ης (ἡ), caution.

κατ-έδω (*f.* ἔδομαι, *etc*.), dévorer.

κατ-είδω, verser. — *Moy*. dégoutter.

κατ-εικάζω (*f.* άσω), 1° CONJECTURER. || 2° assimiler.

κατ-ειλέω-ῶ (*f.* ήσω), 1° rouler. || 2° acculer.

κατ-ειλύω (*f.* σω), envelopper.

κάτ-ειμι (*f.* ειμι, *ibo*), descendre.

κατεῖναι, *pour* καθεῖναι. *inf. aor. de* καθίημι.

κατ-εῖπον, *aor.* 2, 1° parler contre, *gén*. || 2° expliquer.

κατ-είργνυμι, *comme le suivant*.

κατ-είργω (*f.* ξω), 1° ENFERMER ; acculer. || 2° contraindre. || 3° empêcher.

κατ-ειρύω, *pour* κατερύω.

κατ-έκταθεν, 3° *pers. pl. aor. pass. de* κατακτείνω.

κατ-ελεέω-ῶ (*f.* ήσω), prendre en pitié.

κατ-ελπίζω (*f.* ίσω), avoir bon espoir.

κατ-εν-αίρω (*f.* αρῶ, *etc*.), *et moy*., tuer.

κατ-εναντίον *et* **κατ-έναντι**, 1° *adv.* à l'opposé. || 2° *prép.*, en face de, *gén.-dat.*

κατ-ενῶπα, *prép.*, en face de, *gén.*

κατ-εξ-αν-ίσταμαι (*f.* αναστήσομαι, *etc*.), se révolter contre, *gén*.

κατ-επ-αγγέλλομαι (*f.* αγγελοῦμαι), promettre formellement.

κατ-επ-άγω (*f.* άξω), porter sur.

κατ-επ-ᾴδω (*f.* ᾄσομαι), charmer.

κατ-επείγω (*f.* ξω), 1° *tr*. presser : τὸ κατεπεῖγον, la chose urgente. || 2° *intr*. se presser.

κατ-έπεφνον, *voir* καταπεφνεῖν.

κατ-εργάζομαι (*f.* εργάσομαι, *etc*.), 1° TRAVAILLER ; fatiguer ; exécuter ; achever. || 2° obtenir. || 3° vaincre. || 4° tuer.

— *Pass.* être travaillé, achevé.

κατ-εργασία, ας (ἡ), travail ; élaboration.

κατ-ερείκω (*f.* ξω), broyer.

κατ-ερείπω (*f.* ψω), 1° *tr*. abattre. || 2° *intr*. s'abattre.

κατ-ερεύγω (*f.* ξω), vomir.

κατ-ερέφω (*f.* ψω), couvrir. — *Moy.* se couvrir.

κατ-ερητύω (*f.* ύσω), arrêter.

κατ-ερικτός, ός, όν, broyé.

κατ-ερυκάνω, *comme* κατερύκω.

κατ-ερύκω (*f.* ξω), retenir.

κατ-ερύω (*f.* σω), tirer (en bas).

κατ-έρχομαι (*f.* ελεύσομαι, *etc.*), descendre.

κατ-ερῶ, *fut.* 2 (*aor.* 2 κατεῖπον, *etc.*), 1° déclarer. ‖ 2° parler contre, *gén.*

κατ-εσθίω (*f.* ἔδομαι), dévorer.

κατ-έσσυτο, 3° *pers. sg. aor.* 2 *de* κατασεύομαι.

κάτ-ευγμα, **ατος** (τό), 1° vœu. ‖ 2° malédiction.

κατ-ευ-ημερέω-ῶ (*f.* ήσω), avoir du bonheur.

κατ-ευθύ, *adv.*, directement.

κατ-ευθύνω (*f.* υνῶ), redresser; diriger.

κατ-ευ-λογέω-ῶ (*f.* ήσω), louer.

κατ-ευνάζω (*f.* άσω), coucher; endormir.

κατ-εύχομαι (*f.* ξομαι), faire des vœux *ou* des imprécations.

κατ-ευωχέομαι-οῦμαι (*f.* ήσομαι), se régaler.

κατ-εφ-άλλομαι (*f.* αλοῦμαι), sauter sur.

κατ-έχω (*f.* καθέξω *ou* κατασχήσω, *etc.*), I. *tr.* 1° ARRÊTER; contenir. ‖ 2° s'emparer de; prendre; posséder. ‖ 3° comprendre.
II. *intr.* 1° s'arrêter; durer. ‖ 2° prévaloir. ‖ 3° se contenir; s'abstenir de, *gén.*
— *Moy.* 1° garder pour soi. ‖ 2° se couvrir. ‖ 3° *intr.* s'arrêter.

κατηγέομαι, *comme* καθηγέομαι.

κατ-ηγορέω-ῶ (*f.* ήσω), ACCUSER, qq'un *gén.*, de *acc.* : τὰ κατηγορημένα αὐτοῦ, les choses dont il est accusé. ‖ 2° révéler; affirmer.

κατ-ηγόρημα, **ατος** (τό), accusation.

κατ-ηγορία, **ας** (ἡ), 1° ACCUSATION. ‖ 2° catégorie.

κατ-ήγορος, **ου** (ὁ), accusateur.

κατ-ήκοος, **ος**, **ον**, docile à, *gén.-dat.* : ὁ κ., le sujet; l'élève.

κατ-ήκω, *comme* καθήκω.

κατ-ηλογέω-ῶ (*f.* ήσω), dédaigner.

κατ-ηπιάομαι-ῶμαι, s'adoucir.

κατ-ηρεμίζω (*f.* ίσω), apaiser.

κατ-ηρεφής, ής, ές, 1° voûté. || 2° couvert.

κατ-ήρης, ης, ες, garni; équipé.

κατ-ήφεια, ας (ἡ), tristesse; honte.

κατ-ηφέω-ῶ (*f.* ήσω), baisser les yeux.

κατ-ηφής, ής, ές, qui baisse les yeux.

κατ-ηφών, όνος (ὁ), qui fait honte.

κατ-ηχέω-ῶ (*f.* ήσω), retentir; faire retentir.

κατ-ιθύς, *adv.*, en face.

κατ-ιόω-ῶ (*f.* ώσω), rouiller.

κατ-ισχναίνω (*f.* ανῶ), amaigrir; affaiblir.

κατ-ισχύω (*f.* σω), 1° *intr.* avoir la force; prévaloir. || 2° *tr.* vaincre.

κατ-ίσχω, *comme* κατέχω.

κάτ-οιδα, savoir bien.

κατ-οικέω-ῶ (*f.* ήσω), 1° HABITER. || 2° administrer. — *Moy.* s'établir.

κατ-οίκησις, εως (ἡ), habitation.

κατ-οικία, ας (ἡ), 1° habitation. || 2° colonie.

κατ-οικίζω (*f.* ίσω, *att.* ιῶ), 1° établir. || 2° envoyer en colonie. — *Pass.* être établi (dans un pays); s'établir.

κατ-οίκισις, εως (ἡ), établissement d'une colonie.

κατ-οικτ(ε)ίρω, 1° *intr.* s'apitoyer. || 2° *tr.* prendre en pitié.

κατ-οικτίζω (*f.* ίσω, *att.* ιῶ), prendre *ou* faire prendre en pitié. — *Moy.* avoir pitié, de *acc.*

κατ-οίχομαι (*f.* οιχήσομαι), s'en aller; mourir.

κατ-οκνέω-ῶ (*f.* ήσω), hésiter; craindre.

κατ-ολοφύρομαι, se lamenter.

κατ-όμνυμι (*f.* ομοῦμαι, *etc.*) *et moy.*, affirmer par serment.

κατ-όνομαι, blâmer; rabaisser.

κάτ-οξυς, εια, υ, très pointu.

κατ-όπιν *et* **κατ-όπισθε(ν)**, *adv.*, 1° derrière. || 2° ensuite. || 3° *prép. gén.*, en arrière de.

κατ-οπτεύω (*f.* σω), examiner.

κατ-όπτης, ου (ὁ), observateur.

κάτ-οπτος, ος, ον, visible.

κατ-οπτρίζομαι (*f.* ίσομαι, *att.* ιοῦμαι), se regarder dans un miroir.

κάτ-οπτρον, ου (τό), miroir.

κατ-οράω, *comme* καθοράω.

κατ-ορθόω-ῶ (*f.* ώσω), 1° *tr.* TENIR DROIT; redresser; bien diriger. || 2° *intr.* réussir.

κατ-όρθωμα, ατος (τό), 1° action droite. || 2° succès.

κατ-ορρωδέω-ῶ (*f.* ήσω), trembler de peur.

κατ-ορύσσω, *att.* **ττω,** (*f.* ξω), enfouir.

κατ-ορχέομαι-οῦμαι (*f.* ήσομαι), insulter (*en dansant*).

κατ-ουρίζω (*f.* ίσω, *att.* ιῶ), avoir bon vent.

κατ-οχή, ῆς (ἡ), 1° empêchement. || 2° inspiration.

κάτ-οχος, ος, ον, 1° qui tient *ou* qui est tenu ferme. || 2° inspiré.

κατ-υϐρίζω, *comme* καθυϐρίζω.

κάτω, *adv.*, 1° EN BAS : οἱ κάτω, ceux d'en bas; les morts; ἄνω καὶ κάτω, en tous sens. || 2° plus tard. || 3° *prép. gén.*, en bas de,

κάτωθεν, *adv.*, 1° d'en bas. || 2° de plus tard.

κατ-ωθέω-ῶ (*f.* ήσω), jeter en bas.

κατ-ωμάδιος, α, ον, de dessus l'épaule.

κατ-ωμαδόν, *adv.*, sur l'épaule.

κατ-ωμοσία, ας ((ἡ), déposition sous serment.

Κάτων, ωνος (ὁ), Caton.

κατ-ῶρυξ, υχος (ὁ, ἡ), enfoui sous terre; ἡ κ., souterrain.

κατώτατος, η, ον, le plus bas.

κατώτερος, α, ον, plus bas.

Καύκασος, ου (ὁ), le Caucase.

καυλός, οῦ (ὁ), 1° tige. || 2° pointe. || 3° chou.

καῦμα, ατος (τό), brûlure.

καυματίζω (*f.* ίσω), brûler.

καύσιμος, ός, όν, combustible.

καῦσις, εως (ἡ), 1° action de brûler. || 2° air brûlant.

καύστειρα, *fém.* brûlant.

καυστικός, ή, όν, qui brûle.

καύσων, ωνος (ὁ), chaleur brûlante.

καυτηριάζω (*f.* άσω), brûler au fer.

καυτήριον, ου (τό), fer rouge.

καὐτός, *crase pour* καὶ αὐτός.

καυχάομαι-ῶμαι (*f.* ήσομαι), se vanter.

καύχημα, ατος (τό), vanterie.

καύχησις, εως (ἡ), action de se vanter.

καχάζω, *comme* καγκάζω.

κακ-εξία, ας (ἡ), mauvaise complexion.

κἀχθές, *crase pour* καὶ ἐχθές.

καχλάζω, bouillonner.

κάχληξ, ηκος (ὁ), caillou.

κάω, *comme* καίω.

κέ, κέν, *comme* ἄν, *partic. cond. enclit.*

κεάζω (*f.* άσω), fendre.

κέαρ, αρος (τό), cœur (*comme* κῆρ).

κέαται, κέατο, 3° *pers. pl. pr. et impf. de* κεῖμαι.

κέγχρος, ου (ὁ), 1° millet. ‖ 2° œufs de poisson.

κεδάννυμι (*f.* κεδάσω), disperser.

κεδνός, ή, όν, 1° HONNÊTE; sage; respectable. ‖ 2° heureux; avantageux.

κεδρία, ας (ἡ), résine de cèdre.

κέδρινος, η, ον, de cèdre.

κέδρος, ου (ἡ), cèdre.

κεῖθεν, κεῖθι, *pour* ἐκεῖθεν, ἐκεῖθι.

κεῖμαι (*f.* κείσομαι : *sert de pass. à* τίθημι), 1° ÊTRE COUCHÉ; être abandonné; être mort. ‖ 2° être établi; être déposé; être : οἱ κείμενοι νόμοι, les lois établies. ‖ 3° être situé. ‖ 4° consister dans.

κειμήλιον, ου (τό), objet précieux; bien en dépôt.

κεῖνος, κείνη, κεῖνο, *pour* ἐκεῖνος.

κειρία, ας (ἡ), sangle; bandelette.

κείρω (*f.* κερῶ; *pass. aor.* 2 ἐκάρην, *pf.* κέκαρμαι), TONDRE; raser. ‖ 2° ravager.
— *Moy.* se tondre; se raser.

κεἰς, *crase pour* καὶ εἰς.

κεῖσε, *adv. pour* ἐκεῖσε...

1. **κείω**, vouloir dormir.

2. **κείω**, fendre.

κέκλετο, 3° *pers. sg. aor.* 2 *de* κέλομαι.

κεκμηώς, *part. pf. de* κάμνω.

Κέκροψ, οπος (ὁ), Cécrops.

κεκρύφαλος, ου (ὁ), résille.
κελαδεινός, ή, όν, retentissant.
κελαδέω-ῶ (*f.* ήσω), 1° *intr.* retentir. || 2° *tr.* célébrer.
κελάδημα, ατος (τό), bruit retentissant.
κέλαδος, ου (ὁ), bruit.
κελάδω, *comme* κελαδέω.
κελαι-νεφής, ής, ές, aux nuages sombres; sombre.
κελαινό-βρωτος, ος, ον, noir et mangé.
κελαινός, ή, όν, noir.
κελαιν-ώπης, ης, ες, au visage sombre.
κελαρύζω (*f.* σω *et* ξω), couler en murmurant.
κέλευθος, ου (ἡ), 1° CHEMIN. || 2° voyage.
κέλευ(σ)μα, ατος (τό), ordre, injonction.
κελευστής, οῦ (ὁ), commandant; chef des rameurs.
κελευτιάω-ῶ, donner des ordres répétés.
κελεύω (*f.* σω; *pass. f.* κελευσθήσομαι), 1° ORDONNER; exhorter. || 2° exciter.
κέλης, ητος (ὁ), 1° cheval de selle. || 2° bateau de course.
κελητίζω (*f.* ίσω), monter un cheval de selle.
κελήτιον, ου (τό), petit bateau de course.
κέλλω (*f.* κέλσω), 1° *tr.* faire aborder. || 2° *intr.* aborder.
κέλομαι (*f.* κελήσομαι, *aor.* 2 κεκλόμην), ordonner.
κέλυφος, ους (τό), écorce; enveloppe.
κέλωρ, ωρος (ὁ), fils.
κεμάς, άδος (ἡ), faon.
κέν-ανδρος, ος, ον, dépeuplé.
κεν-αυχής, ής, ές, orgueilleux.
κεν-εμ-βατέω-ῶ, marcher dans le vide.
κενεών, ῶνος (ὁ), flancs.
κενο-δοξία, ας (ἡ), vaine gloire.
κενό-δοξος, ος, ον, qui cherche la vaine gloire.
κενός, ή, όν, 1° VIDE (de, *gén.*). || 2° vain.
κενο-τάφιον, ου (τό), cénotaphe.
κενό-φρων, ων, ον, *gén.* ονος, qui a l'esprit vide.
κενόω-ῶ (*f.* ώσω), 1° VIDER. || 2° épuiser.
Κένταυρος, ου (ὁ, ἡ), Centaure.
κεντέω-ῶ (*f.* ήσω), aiguillonner.
κέπφος, ου (ὁ), 1° mouette. || 2° nigaud.

κεραία, ας (ἡ), 1° CORNE. || 2° saillie. || 3° vergue.
κεραΐζω (*f.* ίσω), saccager ; massacrer.
κεραίω, *comme* κεράννυμι.
κεραμεία, ας (ἡ), art du potier.
Κεραμεικός, οῦ (ὁ), le Céramique.
κεραμεῖον, ου (τό), atelier de potier.
κεραμεοῦς, εᾶ, εοῦν, de terre cuite.
κεραμεύς, έως (ὁ), potier.
κεραμεύω (*f.* σω), être potier.
κεραμικός, ή, όν, d'argile.
κεράμιον, ου (τό), vase d'argile.
κεραμίς, ίδος, de potier; ἡ κ., tuile.
κέραμος, ου (ὁ), 1° ARGILE. || 2° objet d'argile (*brique,tuile*). || 3° prison.
κεράννυμι (*f.* κεράσω, *att.* κερῶ, *aor.* ἐκέρασα ; *pass. aor.* ἐκεράσθην *et* ἐκράθην, *pf.* κεκέρασμαι *et* κέκραμαι), *et moy.*, mêler.
κεραο-ξόος, ος, ον, qui travaille la corne.
κεραός, ά, όν, cornu.
κέρας, ατος *et* **ως** (*pl.* κέρατα *et* κέρα), 1° CORNE ; trompe. || 2° pic ; cap. || 3° vergue. || 4° aile (*d'armée*) : ἐπὶ κέρως ἰέναι, marcher en file. || 5° bras d'un fleuve.
κεράστης, ου (ὁ), cornu.
κερασ-φόρος, ος, ον, qui porte des cornes.
κεράτινος, η, ον, de corne.
κεράτιον, ου (τό), petite corne.
κεραύνιος, α, ον, de la foudre ; foudroyé.
κεραυνός, οῦ (ὁ), foudre.
κεραυνόω-ῶ (*f.* ώσω), foudroyer.
κεράω, *comme* κεράννυμι.
Κέρβερος, ου (ὁ), Cerbère.
κερδαίνω (*f.* κερδανῶ, *aor.* ἐκέρδανα, *pf.* κεκέρδηκα), GAGNER ; profiter.
κερδαλέος, α, ον, 1° lucratif. || 2° rusé.
κερδαλεό-φρων, ων, ον, *gén.* ονος, aux pensées rusées.
κέρδιστος, η, ον, le plus lucratif.
κερδίων, ων, ον, *gén.* ονος, plus lucratif.
κέρδος, ους (τό), 1° GAIN. || 2° ruse.

κερδοσύνη, ης (ἡ), ruse.
κερκίς, ίδος (ἡ), navette.
κέρκος, ου (ἡ), queue d'animal.
κέρκουρος, ου (ὁ), chaloupe.
Κέρκυρα, ας (ἡ), Corcyre.
κέρκωψ, ωπος (ὁ), 1° singe. || 2° être rusé.
κέρμα, ατος (τό), petite pièce.
κερματίζω (*f.* ίσω, *att.* ιῶ), tailler en petits morceaux.
κερματιστής, οῦ (ὁ), changeur.
κερτομέω-ῶ (*f.* ήσω), insulter.
κερτόμησις, εως (ἡ), *et* **κερτομία**, ας (ἡ), injure.
κερτόμιος *et* **κέρτομος**, ος, ον, injurieux.
κεστός, ή, όν, brodé.
κευθάνω, cacher.
κευθμός, οῦ (ὁ), *comme le suivant*.
κευθμών, ῶνος (ὁ), 1° lieu caché ; souterrain. || 2° tanière.
κεῦθος, ους (τό), *mêmes sens*.
κεύθω (*f.* κεύσω, *aor.* 2 ἔκυθον, *pf.* κέκευθα), 1° CACHER, *acc.* || 2° être caché.
κεφάλαιον, ου (τό), 1° SOMMET ; comble ; le principal. || 2° résumé : ἐν κεφαλαίῳ, en résumé. || 3° capital.
κεφαλαιόω-ῶ (*f.* ώσω), résumer.
κεφαλαίωμα, ατος (τό), total.
κεφαλ-αλγής, ής, ές, qui donne mal à la tête.
κεφαλή, ῆς (ἡ), 1° TÊTE. || 2° personne ; individu. || 3° point de départ ; fin ; conclusion
κεφαλίς, ίδος, (ἡ), 1° tête. || 2° chapeau.
κέω, *comme* κείω.
Κέως, ω (ἡ), île de Céos
κέωμαι, *subj.* de κεῖμαι.
κηδεία, ας (ἡ), 1° obsèques. || 2° parenté.
κήδειος, ος, ον, objet de soins. || 2° de deuil.
κηδεμονία, ας (ἡ), soin.
κηδεμών, όνος (ὁ), 1° qui prend soin (*notamment d'un mort*). || 2° parent.
κήδεος, *comme* κήδειος.
κηδεστής, οῦ (ὁ), parent par alliance (*beau-père, gendre, etc.*).
κηδεστία, ας (ἡ), parenté par alliance.
κήδευμα, ατος (τό),

parenté *ou* parent par alliance.

κηδεύω (*f.* σω), 1° SOIGNER. ‖ 2° honorer des derniers soins. ‖ 3° marier. ‖ 4° *intr.* se marier.

κήδιστος, η, ον, très aimé.

κῆδος, ους (τό), 1° SOIN. ‖ 2° deuil; funérailles. ‖ 3° parenté.

κήδω (*f.* κηδήσω), inquiéter. — *Moy.* s'inquiéter (de, *gén.*).

κηκίς, ῖδος (ἡ), substance qui jaillit *ou* qui fond.

κηκίω *et moy.*, jaillir; s'exhaler.

κήλε(ι)ος, ος, ον, brûlant.

κηλέω-ῶ (*f.* ήσω), charmer, séduire.

κηληθμός, οῦ (ὁ), charme, séduction.

κηλητήριος, ος, ον, qui charme, qui séduit.

κηλίς, ῖδος (ἡ), tache (*pr. et fig.*).

κῆλον, ου (τό), bois, flèche.

κηλώνειον, ου (τό), pompe à puiser.

κημός, οῦ (ὁ), osier tressé; entonnoir d'osier.

κημόω-ῶ (*f.* ώσω), museler.

κήξ, κηκός (ἡ), mouette.

κηπεύω (*f.* σω), jardiner.

κηπίον, ου (τό), petit jardin.

κῆπος, ου (ὁ), jardin.

κηπ-ουρός, οῦ (ὁ), jardinier.

κῆρ, κῆρός (τό), cœur.

κήρ, κηρος (ἡ), 1° DESTIN; mort; malheur. ‖ 2° αἱ Κῆρες, les Kères, *divinités de la Mort et du Malheur.*

κηρεσσι-φόρητος, ος, ον, amené par les Kères.

κηρίον, ου (τό), rayon de miel.

κηρό-δετος, ος, ον, collé avec la cire.

κηρό-θι, *adv.*, dans le cœur.

κηρός, οῦ (ὁ), cire.

κήρυγμα, ατος (τό), proclamation.

κηρυκεία, ας (ἡ), fonction du héraut.

κηρύκειον, ου (τό), bâton du héraut.

κῆρυξ, υκος (ὁ), héraut.

κηρύσσω, *att.* **ττω** (*f.* ξω), 1° PROCLAMER; faire annoncer. ‖ 2° convoquer; invoquer.

κῆτος, ους (τό), monstre des eaux; baleine.

κητώεις, ώεσσα, ῶεν, crevassé.

κηφήν, ῆνος (ὁ), frelon; bourdon.
Κηφισός, οῦ (ὁ), le Céphise.
κηώδης, ης, ες, *et* **κηώεις, ώεσσα, ῶεν,** parfumé.
κιβδηλεύω (*f.* σω), falsifier.
κίβδηλος, ος, ον, falsifié; faux.
κιβώτιον, ου (τό), coffret.
κιβωτός, οῦ (ἡ), coffre; boîte.
κιγκλίς, ίδος (ἡ), grille.
κιγχάνω, *comme* κιχάνω.
κίδναμαι, *comme* σκεδάννυμαι.
Κιθαιρών, ῶνος (ὁ), le mont Cithéron.
κιθάρα, ας (ἡ), cithare, lyre.
κιθαρ-αοιδός, οῦ (ὁ), qui accompagne le chant sur la cithare.
κιθαρίζω (*f.* ίσω, *att.* ιῶ), jouer de la cithare.
κίθαρις, ιος (ἡ), cithare.
κιθάρισις, εως (ἡ), action de jouer de la cithare.
κιθάρισμα, ατος (τό), air de cithare.
κιθαριστής, οῦ (ὁ), joueur de cithare.
κιθαριστικός, ή, όν, relatif *ou* habile à la cithare.
κιθαριστύς, ύος (ἡ), talent sur la cithare.
κιθαρ-ῳδέω-ῶ (*f.* ήσω), jouer de la cithare.
κιθαρ-ῳδός, οῦ (ὁ), *comme* κιθαραοιδός.
Κικέρων, ωνος (ὁ), Cicéron.
κίκι, εως (τό), ricin.
κίκιννος, ου (ὁ), boucle de cheveux.
κικλήσκω, appeler; invoquer.
Κίκονες, ων (οἱ), les Cicones (de Thrace).
κῖκυς, υος (ἡ), force.
Κιλικία, ας (ἡ), Cilicie.
Κιμμέριοι, ων (οἱ), les Cimmériens.
Κίμων, ωνος (ὁ), Cimon.
κίναδος, ους (τό), 1° RENARD. ‖ 2° homme rusé.
κίν-αιδος, ου (ὁ), débauché.
κινδύνευμα, ατος (τό), action hardie.
κινδυνευτής, οῦ (ὁ), hardi.
κινδυνευτικός, ή, όν, aventureux.
κινδυνεύω (*f.* σω), 1° *intr.* être en danger. ‖ 2° *tr.* risquer. ‖ 3° *avec inf.*, sembler; avoir l'air de; κινδυνεύει, *impers.*, il est possible.
κίνδυνος, ου (ὁ), danger; entreprise dangereuse.

κινδυν-ώδης, ης, ες, dangereux.

κινέω-ῶ (*f.* ήσω), 1° MOUVOIR ; remuer. ‖ 2° troubler ; bouleverser. ‖ 3° émouvoir. ‖ 4° *intr.* se déplacer.

— *Moy. pass.* se mouvoir.

κίνημα, ατος (τό), mouvement.

κίνησις, εως (ἡ), mise en mouvement ; mouvement.

κινητής, οῦ (ὁ), qui meut.

κινητικός, ή, όν, qui met en mouvement.

κιννάμωμον, ου (τό), cannelier.

κίνυμαι, se mouvoir.

κινυρός,ά,όν, gémissant.

κιό-κρανον, ου (τό), chapiteau.

Κίρκη, ης (ἡ), Circé.

κίρκος, ου (ὁ), faucon.

κιρκόω-ῶ (*f.* ώσω), serrer dans un anneau.

κιρνάω-ῶ *et* **κίρνημι,** mêler.

κίσσα, *att.* **κίττα, ης** (ἡ), pie.

κισσήρης, ης, ες, couvert de lierre.

κισσός, *att.* **κιττός, οῦ** (ὁ), lierre.

κισσο-φόρος, ος, ον, qui porte du lierre.

κισσύβιον, ου (τό), coupe en bois de lierre.

κίστη, ης (ἡ), corbeille.

κιχάνω (*f.* κιχήσομαι, *aor.* 2 ἔκιχον) *et moy.*. atteindre.

κίχλη, ης (ἡ), grive.

κιχλίζω (*f.* ίσω), manger des grives.

κιχλισμός, οῦ (ὁ), écla' de rire.

κίχρημι (*f.* χρήσω), prêter. — *Moy.* κίχραμαι emprunter.

κίω (*aor.* 2 ἔκιον), aller.

κίων,ονος (ὁ,ἡ), colonne.

κλαγγή, ῆς (ἡ), cri.

κλαγγηδόν, *adv.*, en criant.

κλάδος, ου (ὁ), rameau.

κλάζω (*f.* κλάγξω, *aor.* 2 ἔκλαγον, *pf.* 2 κέκληγα), 1° *intr.* crier. ‖ 2° *tr.* faire résonner.

κλαίω (*f.* κλαύσομαι ; *pass. aor.* ἐκλαύσθην), 1° PLEURER. ‖ 2° déplorer, *acc.*

κλάσις, εως (ἡ), action de briser ; d'élaguer.

κλάσμα, ατος (τό), débris.

κλαυθμός, οῦ (ὁ), lamentations.

κλαυθμυρίζω (*f.* ίσω), faire pleurer. — *Moy.* pleurer.

κλαῦμα, ατος (τό), lamentations.

κλαυσί-γελως, ωτος (ὁ), rires et larmes mêlés.

κλαυστός, ή, όν, qu'on peut pleurer.

1. **κλάω-ῶ** (*f.* κλάσω; *pass. aor.* ἐκλάσθην), BRISER; élaguer.

2. **κλάω,** *pour* κλαίω.

Κλέαρχος, ου (ὁ), Cléarque.

κλειδουχέω, *att.* **κληδουχέω-ῶ,** tenir les clefs.

κλειδοῦχος, ου (ὁ, ἡ), gardien(ne) des clefs.

κλεῖθρον, ου (τό), serrure; grillage.

Κλεινίας, ου (ὁ), Clinias.

κλεινός, ή, όν, illustre.

κλείς, κλειδός (ἡ), 1° CLEF; verrou. ‖ 2° clavicule. ‖ 3° banc de rameurs.

Κλεισθένης, ους (ὁ), Clisthène.

κλεισίας, άδος (ἡ), battant de porte; porte.

1. **κλείσιον, ου** (τό), bâtiment d'exploitation.

2. **κλείσιον, ου** (τό), hutte; parc à moutons.

κλεῖσις, εως (ἡ), fermeture.

κλειστός, ή, όν, *att.*, κληστός, fermé.

κλειτός, ή, όν, illustre.

Κλεῖτος, ου (ὁ), Clitus.

1. **κλείω,** *comme* κλέω.

2. **κλείω** (*f.* σω; *pass. aor.* ἐκλείσθην), fermer.

κλέμμα, ατος (τό), vol; ruse.

Κλέοβις, ιος (ὁ), Cléobis.

Κλεό-βουλος, ου (ὁ), Cléobule.

Κλεο-μένης, ους (ὁ), Cléomène.

Κλεο-πάτρα, ας (ἡ), Cléopâtre.

κλέος (τό, *pl.* κλέα), 1° GLOIRE. ‖ 2° bruit.

κλέπτης, ου (ὁ), voleur.

κλεπτικός, ή, όν, relatif au vol: ἡ κλεπτική, l'art du vol.

κλεπτοσύνη, ης (ἡ), habitude de voler.

κλέπτω (*f.* κλέψω, *pf.* κέκλοφα; *pass. f.* κλεφθήσομαι, *f.* 2 κλαπήσομαι, *pf.* κέκλεμμαι, 1° VOLER; prendre par surprise. ‖ 2° cacher; dissimuler. ‖ 3° tromper; abuser.

κλεψύδρα, ας (ἡ), clepsydre (*horloge à eau*).

κλέω, 1° vanter. ‖ 2° appeler.

Κλέων, ωνος (ὁ), Cléon.

κλήδην, *adv.*, nominativement.

κληδοῦχος, ου (ὁ, ἡ), *comme* κλειδοῦχος.

κληδών, όνος (ἡ), 1° bruit; renommée. ‖ 2° appel.

κλῄζω (*f.* κλῄσω), 1° louer; célébrer. ‖ 2° appeler.

κλήθρη, ης (ἡ), aune (*arbre*).

κληΐω, *comme* κλείω².

κλῆμα, ατος (τό), branche de vigne.

κληρο-νομέω-ῶ (*f.* ήσω), 1° hériter. ‖ 2° faire héritier.

κληρο-νομία, ας (ἡ), héritage.

κληρο-νόμος, ου (ὁ, ἡ), héritier; héritière.

κλῆρος, ου (ὁ), 1° OBJET POUR TIRER AU SORT; tirage au sort. ‖ 2° héritage; domaine.

κληρ-ουχέω-ῶ (*f.* ήσω), obtenir en partage (un terrain dans une colonie).

κληρουχία, ας (ἡ), lot dans une colonie; colonie.

κληροῦχος, ου (ὁ), COLON; possesseur.

κληρόω-ῶ (*f.* ώσω), tirer au sort. — *Moy.* obtenir du sort.

κλήρωσις, εως (ἡ), tirage au sort.

κληρωτός, ή, όν, désigné par le sort.

κλῆσις, εως (ἡ), action d'appeler, de nommer.

κλῇσις, εως (ἡ), *pour* κλεῖσις.

κλητεύω (*f.* σω), appeler en justice.

κλητήρ, ῆρος (ὁ), celui qui appelle; huissier; témoin.

κλητός, ή, όν, appelé.

κλήτωρ, ορος (ὁ), *comme* κλητήρ.

κλίμα, ατος (τό), 1° inclinaison. ‖ 2° climat.

κλῖμαξ, ακος (ἡ), échelle.

κλινάριον, ου (τό), petit lit.

κλίνη, ης (ἡ), lit.

κλινίδιον, ου (τό), petit lit.

κλινο-πετής, ής, ές, alité.

κλιντήρ, ῆρος (ὁ), lit de repos.

κλίνω (*f.* νῶ, *pf.* κέκλικα), A. *tr.* 1° INCLINER; faire coucher. ‖ 2° mettre en déroute.
— B. *intr.* pencher : κλίνειν ἐπὶ τὸ χεῖρον, dégénérer.
— *Pass.* être situé.
— *Moy.* s'appuyer (sur, *dat.*).

κλισία, ας (ἡ), tente; cabane.

κλισιάδες, ων (αἱ), porte.

κλισίη-θεν, *adv.*, hors de la tente.

κλισίην-δε, *adv.*, vers la tente (q. **quo**).
κλισίη-φι, *adv.*, dans la tente (q. **ubi**).
κλίσιον, ου (τό), *comme* κλείσιον 1 *et* 2.
κλίσις, εως (ἡ), 1° INCLINAISON. || 2° déclinaison.
κλισμός, οῦ (ὁ), lit de repos.
κλιτύς, ύος (ἡ), pente; colline.
κλοιός, οῦ (ὁ), collier; carcan.
κλονέω-ῶ (*f.* ήσω), pousser en désordre; troubler.
κλόνος, ου (ὁ), tumulte.
κλοπαῖος, α, ον, volé.
κλοπή, ῆς (ἡ), vol.
κλόπιος, α, ον, trompeur.
κλοτοπεύω, bavarder.
κλύδων, ωνος (ὁ), 1° flots agités. || 2° trouble.
κλυδώνιον, ου (τό), houle.
κλύζω (*f.* ύσω; *pass. aor.* ἐκλύσθην), 1° ARROSER; baigner; inonder. || 2° laver.
Κλυμένη, ης (ἡ), Clymène.
κλύσμα, ατος (τό), 1° endroit baigné par les flots. || 2° lavement.
κλῦθι, *imp. aor.* 2 *de* κλύω : écoute.
κλυστήρ, ῆρος (ὁ), clystère.
Κλυταιμνήστρα, ας (ἡ), Clytemnestre.
κλυτο-εργός, ός, όν, renommé pour ses travaux.
κλυτό-πωλος, ος, ον, renommé pour ses chevaux.
κλυτός, ή, όν, illustre.
κλυτο-τέχνης, ου (ὁ), renommé pour son art.
κλυτό-τοξος, ος, ον, à l'arc fameux.
κλύω, 1° ENTENDRE, τί τινος; exaucer. || 2° avoir le nom de : κακῶς κλύειν, avoir mauvaise réputation.
κλώθω (*f.* ώσω), filer.
Κλωθώ, οῦς (ἡ), Clotho.
κλωμακόεις, όεσσα, όεν, pierreux.
κλών, **κλωνός** (ὁ), jeune rameau.
κλωπεύω (*f.* σω), voler.
κλώψ, **κλωπός** (ὁ), voleur.
κνάπτω (*f.* ψω), carder; lacérer.
κναφεῖον, ου (τό), atelier de foulon.
κναφεύς, έως (ὁ), foulon.
κνάφος, ου (ὁ), chardon.

κνάω-ῶ (*f.* κνήσω), gratter.

κνεφαῖος,α, ον, obscur.

κνέφας, κνέφους (τό), obscurité.

κνήθω, 1° gratter. ‖ 2° irriter.

κνήμη, ης (ἡ), jambe.

κνημιδο-φόρος, ος, ον, qui porte des cnémides.

κνημίς, ῖδος (ἡ), cnémide (*jambière métallique*).

κνημός, οῦ (ὁ), flanc de montagne.

κνησιάω-ῶ (*f.* άσω), avoir des démangeaisons.

κνῆστις, εως (ἡ), grattoir.

Κνίδος, ου (ἡ), Cnide.

κνίζω (*f.* ίσω), 1° gratter. ‖ 2° exciter; troubler.

κνῖσα, ης (ἡ), graisse; odeur (de graisse).

κνισήεις, ήεσσα, ῆεν, où se sent l'odeur de la graisse.

κνυζέομαι-οῦμαι, pousser de petits cris.

κνυζηθμός, οῦ (ὁ), petits cris.

κνύζημα, ατος (τό), *même sens.*

κνυζόω-ῶ (*f.* ώσω), défigurer.

κνώδαλον, ου (τό), bête sauvage.

κνώδων, οντος (ὁ), 1° pointe de fer. ‖ 2° épée.

Κνωσός, οῦ (ἡ), Gnosse (*ville de Crète*).

κνώσσω, dormir.

κόβαλος, ος, ον, fourbe; fripon.

κόγχη, ης (ἡ), coquillage; conque.

κογχυλιάτης, ου (ὁ), pierre incrustée de coquilles.

κογχύλιον, ου (τό), petit coquillage.

Κόδρος, ου (ὁ), Codrus, *roi d'Athènes.*

κόθεν, *pour* πόθεν.

κόθορνος, ου (ὁ), 1 COTHURNE. ‖ 2° individu versatile.

κοίῃ (=ποίᾳ), de quelle façon?

κοιλαίνω (*aor.* ἐκοίλανα; *pass. pf.* κεκοίλασμαι), creuser.

κοιλία, ας (ἡ), creux du ventre.

κοῖλος, η, ον, creux.

κοιμάω *et* **κοιμέω-ῶ** (*f* ήσω), FAIRE COUCHER apaiser.

— *Moy.-pass.*, se reposer; dormir.

κοίμημα, ατος (τό) mise au lit.

κοίμησις, εως (ἡ), sommeil.

κοιμίζω (*f.* ίσω, *att.* ιῶ), endormir; assoupir.

κοινανέω, *pour* κοινωνέω.

κοινῇ, *adv.*, en commun; pour la communauté.

κοινο-λεχής, ής, ές, adultère.

κοινο-λογέομαι-οῦμαι (*f.* ήσομαι), converser.

κοινο-λογία, ας (ἡ), conversation.

κοινό-πλους, πλουν, qui navigue de conserve.

κοινό-πους, πους, πουν, *gén.* **ποδος**, qui marche avec.

κοινός, ή, όν, 1° COMMUN; public. || 2° sociable; impartial. || 3° vulgaire. — Τὸ κοινόν, la chose publique; l'Etat; le trésor public; τὰ κοινά, les affaires publiques.

κοινότης, ητος (ἡ), 1° communauté. || 2° affabilité.

κοινό-τοκος, ος, ον, né des mêmes parents.

κοινό-φρων, ων, ον, *gén.* **ονος**, qui a les mêmes sentiments.

κοινόω-ῶ (*f.* ώσω), 1° COMMUNIQUER; partager. — *Moy.* 1° s'entendre avec; consulter, *dat.* || 2° avoir sa part de, *acc. ou gén.*

κοινωνέω-ῶ (*f.* ήσω), AVOIR EN COMMUN q.q. chose, *gén.*; avec qq'un *dat.*; s'associer à.

κοινωνία, ας (ἡ), 1° COMMUNAUTÉ. || 2° relations.

κοινωνικός, ή, όν, sociable.

κοινωνός, ός, όν, associé.

κοινῶς, *adv.*, 1° EN COMMUN. || 2° dans l'intérêt de l'Etat.

κοῖος, *pour* ποῖος.

κοιρανέω-ῶ (*f.* ήσω), être souverain *ou* chef, *gén.-dat.*

κοιρανίδης, ου (ὁ), prince.

κοίρανος, ου (ὁ), chef, souverain.

κοιταῖος, α, ον, couché.

κοίτη, ης (ἡ), COUCHE; gîte.

κοῖτος, ου (ὁ), couche; sommeil.

κοιτων, ῶνος (ὁ), chambre à coucher.

κόκκινος, η, ον, écarlate.

κόκκος, ου (ὁ), 1° graine. || 2° cochenille.

κοκκύζω (*f.* σω), crier (*comme un coucou*).

κόκκυξ, υγος (ὁ), coucou.

κολάζω (*f.* άσω), CHÂTIER; contenir.

κολακεία, ας (ἡ), flatterie.

κολάκευμα, ατος (τό), manifestation de flatterie.

κολακευτικός, ή, όν, de flatteur.

κολακεύω (*f.* σω), flatter.

κολακικός, ή, όν, flatteur.

κόλαξ, ακος (ὁ), flatteur.

κολάπτω (*f.* άψω), entailler.

κόλασις, εως (ἡ), châtiment.

κόλασμα, ατος (τό), *même sens.*

κολαστήριον, ου (τό), lieu de supplice.

κολαστής, οῦ (ὁ), celui qui châtie.

κόλαφος, ου (ὁ), soufflet.

κολεόν (τό) *et* **κολεός, οῦ** (ὁ), fourreau.

κόλλα, ης (ἡ), colle,

κολλάω-ῶ (*f.* ήσω), coller, souder.

κολλήεις, ήεσσα, ῆεν, collé; bien joint.

κόλλησις, εως (ἡ), action de coller, de souder.

κολλητός, ή, όν, *comme* κολλήεις.

κολλ(ο)ύριον, ου (τό), emplâtre.

κόλλοψ, οπος (ὁ), 1° cheville. || 2° cuir.

κολλυβιστής, οῦ (ὁ) changeur.

κολοβός, ή, όν, tronqué.

κολοβόω-ῶ (*f.* ώσω), mutiler.

κολοιός, οῦ (ὁ), geai.

κόλον, ου (τό), gros intestin.

κόλος, ος, ον tronqué.

κολοσσός, οῦ (ὁ), colosse.

κολο-γυρτός, οῦ (ὁ), tumulte.

κολούω (*f.* σω), TRONQUER; diminuer.

κολοφών, ῶνος (ὁ), faîte.

Κολοφών, ῶνος (ἡ), Colophon.

κόλπος, ου (ὁ), 1° SEIN. || 2° pli; repli. || 3° golfe.

κολπώδης, ης, ες, sinueux.

κολυμβάω-ῶ, plonger.

κολυμβήθρα, ας (ἡ), piscine.

κολυμβητής, οῦ (ὁ), plongeur.

Κολχίς, ίδος (ἡ), Colchide.

κολῳάω-ῶ (*f.* ήσω), criailler.

κολώνη, ης (ἡ), *et*

κολωνός, οῦ (ὁ), hauteur; tertre.

Κολωνός, οῦ (ὁ), Colone.

κολῳός, ῳοῦ (ὁ), criaillerie.

κόμαρος, ου (ἡ), arbousier.

κομάω-ῶ (*f.* ήσω), 1° AVOIR DE LONGS CHEVEUX. ‖ 2° foisonner (en, *dat.*). ‖ 3° être présomptueux.

1. **κομέω-ῶ**, *comme le précédent.*

2. **κομέω-ῶ** (*f.* ήσω), soigner.

κόμη, ης (ἡ), 1° CHEVELURE. ‖ 2° feuillage.

κομήτης, ου, chevelu. — ὁ κ..., comète.

κομιδή, ῆς (ἡ), 1° SOIN. ‖ 2° transport; marche. ‖ 3° convoi, vivres. ‖ 4° recouvrement.

κομιδῇ, *adv.*, 1° TOUT A FAIT. ‖ 2° assurément.

κομίζω (*f.* ίσω, *att.* ιῶ; *pass. f.* κομισθήσομαι), 1° TRANSPORTER; emmener; amener. ‖ 2° enterrer : νεκρὸν κ..., rendre les derniers devoirs à un homme. ‖ 3° soigner.
— *Moy.* 1° remporter; recouvrer. ‖ 2° soigner; accueillir. ‖ 3° *intr.*, se transporter.

κόμμα, ατος (τό), frappe (*de monnaie*).

κόμμι, εως *ou* ιδος (τό), gomme.

κομμωτικός, ή, όν, de la parure. — Ἡ κομμωτική, l'art de la parure.

κομμώτρια, ας (ἡ), coiffeuse.

κομπάζω (*f.* άσω), parler emphatiquement; se vanter.

κομπάσματα, ων (τά), fanfaronnades.

κομπέω-ῶ (*f.* ήσω), *comme* κομπάζω.

κόμπος, ου (ὁ), 1° BRUIT. ‖ 2° emphase. ‖ 3° gloire.

κομπ-ώδης, ης, ες, fanfaron.

κομψεία, ας (ἡ), élégance.

κομψεύω (*f.* σω) *et moy.*, 1° PARER. ‖ 2° parler élégamment.

κομψο-πρεπής, ής, ές, élégant.

κομψός, ή, όν, 1° ÉLÉGANT. ‖ 2° fin; spirituel. ‖ 3° maniéré.

κομψῶς, *adv.*, élégamment; finement.

κοναβέω-ῶ *et* **κοναβίζω**, retentir.

κόναβος, ου (ὁ), bruit.

κόνδυλος, ου (ὁ), poing; coup de poing.

κονία, ας (ἡ), POUSSIÈRE; sable; cendre.

κονιατός, ή, όν, crépi.

κονιάω-ῶ (*f.* άσω), passer à la chaux.

κονι-ορτός, οῦ(ὁ), 1° poussière. ‖ 2° être abject.

κόνις, εως (ἡ), *comme* κονία.

κονί-σαλος, ου (ὁ), poussière.

κονίω (*f.* ίσω), 1° couvrir de poussière. ‖ 2° *intr.* faire de la poussière.

κόννος, ου (ὁ), barbe; toupet.

κοντός, οῦ (ὁ), croc; javelot.

Κόνων, ωνος (ὁ), Conon.

κοπάζω (*f.* άσω), se calmer.

κοπετός, οῦ (ὁ), coup dans la poitrine.

κοπή, ῆς (ἡ), choc; coupure.

κοπιάω-ῶ (*f.* άσω), être fatigué, dégoûté.

κοπίς, έως *ou* ίδος (ἡ), couteau; coutelas.

κόπος, ου (ὁ), 1° COUP. ‖ 2° peine; fatigue.

κόππα (τό), *indéc. Ancienne lettre* (=*q*), *correspondant au chiffre* 90.

κοππατίας, ου (ὁ), marqué d'un coppa.

κοπρέω-ῶ (*f.* ήσω), fumer (*fumier*).

κοπρία, ας (ἡ), *et* **κόπριον**, ου (τό), fumier.

κόπρος, ου (ἡ), fumier; excrément.

κοπρο-φόρος, ος, ον, qui porte du fumier.

κόπτω (*f.* ψω; *pass. aor.* 2 ἐκόπην), 1° FRAPPER. ‖ 2° couper. ‖ 3° fatiguer. — *Moy.* se frapper.

κόραξ, ακος (ὁ), corbeau : βάλλ' ἐς κόρακας, *formule* = va-t'en au diable! ‖ 2° grappin.

κοράσιον, ου (τό), petite fille.

κόρδαξ, ακος, *et* **κορδακισμός**, οῦ (ὁ), le cordace (*danse échevelée*).

κορέννυμι (*f.* κορέσω; *pass. aor.* ἐκορέσθην), rassasier. — *Moy.-pass.*, être rassasié de, *gén.*

1. **κορέω**, *f. du précédent.*

2. **κορέω-ῶ** (*f.* ήσω), balayer.

κόρη, ης (ἡ), 1° JEUNE FILLE. ‖ 2° jeune femme. ‖ 3° poupée. ‖ 4° pupille de l'œil. ‖ 5° manche longue.

Κόρη, ης (ἡ), Cora (*Proserpine*).

κορθύω *ou* **κορθύνω**, entasser.

Κορίνθιος, α, ον, Corinthien.
Κόρινθος, ου (ἡ), Corinthe.
κόρις, εως (ὁ), punaise.
κορμός, οῦ (ὁ), bûcher; tronc d'arbre.
1. **κόρος**, ου (ὁ), 1° SATIÉTÉ. ‖ 2° orgueil.
2. **κόρος**, ου (ὁ), jeune garçon.
3. **κόρος**, ου (ὁ), balayure.
κόρρη *et* **κόρση**, ης (ἡ), JOUE; tempe; tête.
κορυβαντιάω-ῶ (*f.* άσω), être transporté comme un Corybante.
Κορύβας, αντος (ὁ), Corybante.
κόρυζα, ης (ἡ), 1° rhume. ‖ 2° bêtise.
κορυθ-άϊξ, ϊκος, *et* **κορυθ-αίολος**, ος, ον, qui agite son casque.
κόρυμβος, ου (ὁ), 1° SOMMET. ‖ 2° toupet. ‖ 3° grappe.
κορύνη, ης (ἡ), massue; bâton.
κορυνήτης, ου, *ou* **κορυνη-φόρος**, ου (ὁ), porte-massue.
κόρυς, υθος (ἡ), casque.
κορύσσω (*f.* ξω), armer (*d'un casque*).—*Moy.-pass.*, s'armer; *part. pf.* κεκορυθμένος, armé.
κορυστής, οῦ (ὁ), guerrier armé d'un casque.
κορυφαῖος, α, ον, qui est au sommet: ὁ κ..., coryphée.
κορυφή, ῆς (ἡ), SOMMET; tête. ‖ 2° fin.
κορυφόω-ῶ (*f.* ώσω), dresser en pointe; parfaire. — *Moy.*, se dresser.
1. **κορώνη**, ης (ἡ), corneille.
2. **κορώνη**, ης (ἡ), 1° pointe recourbée; proue. ‖ 2° fin.
κορωνίς, ίδος (ἡ), recourbé.—*N.* fin; terme.
κόσκινον, ου (τό), crible.
κοσμέω-ῶ (*f.* ήσω), 1° METTRE EN ORDRE; préparer. ‖ 2° orner. ‖ 3° vanter. ‖ 4° gouverner.
κόσμημα, ατος (τό), parure.
κόσμησις, εως (ἡ), action de parer.
κοσμητής, οῦ (ὁ), celui qui met en ordre; qui pare.
κοσμητός, ή, όν, mis en ordre; paré.
κοσμήτωρ, ορος (ὁ), chef.
κοσμικός, ή, όν, de l'univers.
κόσμιος, α, ον, 1° BIEN ORDONNÉ. ‖ 2° modéré; modeste.

κοσμιότης, ητος (ἡ), bon ordre ; modération.
κόσμος, ου (ὁ), 1° BON ORDRE ; arrangement. ‖ 2° parure ; toilette. ‖ 3° honneur ; crédit. ‖ 4° univers.
κόσος, η, ον, *pour* πόσος.
κότε *et* **κοτέ**, *pour* πότε *et* ποτέ.
κότερος, **κότερον**, *pour* πότερος *et* πότερον.
κοτέω *et moy.* (*part.* κεκοτηώς), être irrité.
κοτήεις, ήεσσα, ῆεν, irrité.
κότος, ου (ὁ), colère.
κότταβος, ου (ὁ), cottabe (*jeu*).
κοτύλη, ης (ἡ), 1° écuelle. ‖ 2° cotyle (1/4 *de litre*).
κοτυλ-ήρυτος, ος, ον, qu'on recueille avec une coupe.
κοὐ, *crase pour* καὶ οὐ.
κοῦ *et* **κού**, *pour* ποῦ *et* πού.
κουλεόν, *pour* κολεόν.
κουρά, ᾶς (ἡ), 1° action de raser. ‖ 2° cheveux coupés.
κουρεῖον, ου (τό), boutique de barbier.
κουρεύς, έως (ὁ), barbier.
κουρή, *comme* κόρη.
κούρητες, ων (οἱ), les jeunes gens.
κουρίδιος, α, ον, marié ; légitime.
κουρίζω, être jeune.
κούριμος, η, ον, rasé.
κουρίξ, *adv.*, par les cheveux.
κοῦρος, *comme* κόρος 2 ; κουρότερος, plus jeune.
κουρο-τρόφος, ος, ον, qui élève de jeunes garçons.
κουφίζω (*f.* ίσω, *att.* ιῶ), 1° *tr.* ALLÉGER ; soulager ; consoler. ‖ 2° *intr.* être allégé.
κούφισις, εως (ἡ), allégement.
κουφο-λογία, ας (ἡ), parole légère.
κουφό-νοος-νους, νοον-νουν, à la tête légère.
κοῦφος, η, ον, léger (*en tous sens*).
κουφότης, ητος (ἡ), légèreté.
κούφως, *adv.*, légèrement.
κόφινος, ου (ὁ), corbeille.
κόχλος, ου (ὁ), coquillage.
κράατος, *pour* κρατός, *gén. de* κράς.
κραγγάνομαι, crier.
κραδαίνω *et* **κραδάω-ῶ**, secouer ; ébranler.
κραδία, *pour* καρδία.

κράζω (*f.* άξω, *aor.* 2 ἔκραγον), crier.

κραίνω (*f.* κρανῶ) *et* **κραιαίνω**, 1° achever. ‖ 2° commander (à, *gén.*).

κραιπάλη, ης (ἡ), ivresse.

κραιπνός, ή, όν, prompt.

κραιπνό-συτος, ος, ον, qui s'élance violemment.

κραιπνῶς, *adv.*, impétueusement.

κραναός, ή, όν, dur.

κράνεια, ας (ἡ), cornouiller.

κρανέϊνος, η, ον, de cornouiller.

κρανίον, ου (τό), crâne.

κράνος, ους (τό), casque.

κράς *inus.*, *gén.* κρατός (ὁ), tête.

κρᾶσις, εως (ἡ), 1° MÉLANGE. ‖ 2° température; état.

κράσ-πεδον, ου (τό), 1° BORD; borne. ‖ 2° aile d'armée.

κρᾶτα, *acc. de* κράς.

κραται-γύαλος, ος, ον, solide.

κραταιΐς, ΐδος (ἡ), force.

κραταιός, ά, όν, fort.

κραταί-πεδος, ος, ον, au terrain solide.

κραταί-ρινος, ος, ον, dur de cuir.

κρατερός, ά, όν, 1° FORT. ‖ 2° dur; violent.

κρατερό-φρων, ων, ον, *gén.* ονος, au cœur fort.

κρατερ-ῶνυξ, υχος (ὁ, ἡ), au sabot dur.

κράτεσφι, *dat. pl. de* κράς.

κρατευταί, ῶν (αἱ), porte-broche.

κρατέω-ῶ (*f.* ήσω), 1° ÊTRE FORT, puissant; avoir l'avantage. ‖ 2° *acc.*, l'emporter sur; vaincre; saisir. ‖ 3° *gén.* être *ou* devenir maître de; triompher de. ‖ 4° *dat.* être maître de.

κρατήρ, ῆρος (ὁ), cratère (*grand vase*).

κρατηρίζω (*f.* ίσω), boire au cratère.

κρατιστεύω (*f.* σω), être le plus fort.

κράτιστος, η, ον, le plus fort; le meilleur.

κρατός, *gén. de* κράς.

κράτος, ους (τό), 1° FORCE : κατὰ κράτος, de vive force. ‖ 2° puissance, empire. ‖ 3° victoire.

κρατύνω (*f.* υνῶ), *et moy.*, 1° AFFERMIR; fortifier, *acc.* ‖ 2° être maître de ; commander à, *gén.*

κρατύς (ὁ), *adj.*, fort.

κραυγάζω (*f.* άσω), crier.

κραυγάνομαι, *même sens.*

κραυγή, ῆς (ἡ), cri.

κρέας, **κρέατος**, *att.* **κρέως** (τό), chair ; viande.

κρεῖον, ου (τό), dressoir à viande.

κρείουσα, ης (ἡ), reine.

κρείσσων, *att.* **κρείττων**, ων, ον, *gén.* ονος, PLUS FORT ; meilleur ; supérieur : κρεῖττόν ἐστι, mieux vaut.

κρείων, οντος (ὁ), chef ; souverain.

κρέκω (*f.* ξω), faire retentir.

κρέμαμαι (*f.* κρεμήσομαι), être suspendu.

κρεμάννυμι (*f.* κρεμάσω, *att.* κρεμῶ ; *pass. f.* κρεμασθήσομαι), 1° suspendre.

κρεμαστός, ή, όν, suspendu.

κρέξ, **κρεκός** (ἡ), râle d'eau.

κρεουργηδόν, *adv.*, par lambeaux.

κρεο-φάγος, ος, ον, carnivore.

Κρέων, οντος (ὁ), Créon.

κρήγυος, ος, ον, utile ; vrai.

κρήδεμνον, ου (τό), 1° BANDELETTE ; voile. ‖ 2° créneau.

κρηῆναι, *inf. aor.* 1 *de* κραιαίνω.

κρῆθεν, *adv.*, d'en haut.

κρήμναμαι, *pour* κρέμαμαι.

κρημνός, οῦ (ὁ), lieu escarpé.

κρημνώδης, ης, ες, escarpé.

κρηναῖος, α, ον, de source.

κρήνη, ης (ἡ), source.

κρηπίς, ῖδος (ἡ), 1° chaussure (*partic*[t] militaire). ‖ 2° fondement.

κρησ-φύγετον, ου (τό), refuge.

κρητήρ, *pour* κρατήρ.

Κρήσιος, α, ον, *et* **Κρητικός**, ή, όν, Crétois.

Κρήτη, ης (ἡ), la Crète.

κρῖ (τό), *indécl.*, orge.

κρίβανος, ου (ὁ), four.

κρίζω (*aor.* 2 ἔκρικον ; *pf.* κέκριγα), crier.

κριθή, ῆς (ἡ), orge.

κρίθινος, η, ον, d'orge.

κριθο-τράγος, ος, ον, mangeur d'orge.

κρίκος, ου (ὁ), anneau ; cercle.

κρίμα, ατος (τό), jugement.

κρίνον, ου (τό), lis.

κρίνω (*f.* νῶ, *aor.* ἔκρινα), 1° JUGER : décider ; condamner : ὁ κρινόμενος, l'accusé. ‖ 2° estimer ; croire. ‖ 3° séparer ; choisir ; comparer. ‖ 4° interroger.
— *Moy.* se disputer.

κριο-πρόσωπος, ος, ον, qui a la figure d'un bélier.

κριός, οῦ (ὁ), bélier (*animal et machine*).

κρίσις, εως (ἡ), 1° JUGEMENT ; décision. ‖ 2° choix. ‖ 3° débat. ‖ 4° crise ; dénouement.

κριτήριον, ου (τό), 1° ce qui sert à juger. ‖ 2° tribunal.

κριτής, οῦ (ὁ), juge.

Κριτίας, ου (ὁ), Critias.

κριτικός, ή, όν, qui sait juger.

κριτός, ή, όν, jugé ; choisi.

Κρίτων, ωνος (ὁ), Criton.

κροαίνω, *comme* κρούω.

Κροῖσος, ου (ὁ), Crésus.

κροκάλη, ης (ἡ), grève.

κρόκη, ης (ἡ), trame.

κροκόδειλος, ου (ὁ), crocodile.

κροκόεις, όεσσα, όεν, couleur de safran.

κροκό-πεπλος, ος, ον, au voile couleur de safran.

κρόκος, ου (ὁ), safran.

κροκύς, ύδος (ἡ), flocon laineux.

κρόμμυον, ου (τό), oignon.

Κρονίδης, ου (ὁ), fils de Kronos (*Zeus*).

Κρόνιος, α, ον, de Kronos ; du temps de Kronos.

κρόσσαι, ῶν (αἱ), créneaux.

κροταλίζω (*f.* ίσω), faire claquer.

κρόταλον, ου (τό), 1° cliquette. ‖ 2° grand bavard.

κρόταφος, ου (ὁ), tempe.

κροτέω-ῶ (*f.* ήσω), 1° FRAPPER. ‖ 2° applaudir. ‖ 3° faire retentir.

κροτητός, ή, όν, 1° frappé. ‖ 2° bruyant.

κρότος, ου (ὁ), 1° BRUIT. ‖ 2° applaudissements.

Κρότων, ωνος (ἡ). Crotone.

κροῦμα, ατος (τό), choc ; son d'un instrument.

κρουνός, οῦ (ὁ), 1° source. ‖ 2° tuyau.

κροῦσις, εως (ἡ), action de choquer ; de jouer d'un instrument.

κρούω (*f.* σω; *pass. aor.* ἐκρούσθην), 1° FRAPPER; heurter. ‖ 2° toucher d'un instrument avec le plectre. — *Moy.*, faire aller en arrière.
κρύβδα *et* **κρύβδην**, *adv.*, en secret.
κρυερός, ά, όν, glacé.
κρυμός, οῦ (ὁ), froid.
κρυόεις, όεσσα, όεν, glacé.
κρύος, ους (τό), froid.
κρυπτάδιος, α, ον, caché; secret.
κρυπτός, ή, όν, *mêmes sens.*
κρύπτω (*f.* ψω; *pass. f.* κρυφθήσομαι), 1° CACHER (*2 acc.*); dissimuler. ‖ 2° *intr.* se cacher. — *Moy.* cacher; se cacher.
κρύσταλλος, ου (ὁ), glace.
κρύφα, κρυφηδόν, *adv.*, en secret.
κρυφαῖος *et* **κρύφιος, α, ον**, caché; secret.
κρύψις, εως (ἡ), dissimulation.
κρωβύλος, ου (ὁ), 1° touffe de cheveux. ‖ 2° aigrette.
κρώζω (*f.* ξω), croasser.
κτάμεναι *et* **κτάς**, *inf. et part. aor. de* κτείνω.
κτάομαι-ῶμαι (*f.* κτήσομαι), acquérir. — *Pf.* κέκτημαι, posséder. — *Pass.* être possédé.
κτέανον, ου, *et* **κτέαρ, κτέατος** (τό), propriété; bien.
κτεατίζω (*f.* ίσω), *comme* κτάομαι.
κτείνω (*f.* κτενῶ, *aor.* 1 ἔκτεινα, *aor.* 2 ἔκτανον, *pf.* ἔκτονα; *pass. f.* κτα(ν)θήσομαι, *pf.* ἔκταμαι), tuer.
κτείς, κτενός (ὁ), 1° peigne. ‖ 2° râteau.
κτενίζω (*f.* ίσω), peigner.
κτεράς (τό), bien.
κτέρεα, έων (τά), honneurs funèbres.
κτερίζω (*f.* ίσω, *att.* ιῶ) *et* **κτερεΐζω**, rendre les honneurs funèbres.
κτερίσματα, ων (τά), honneurs funèbres.
κτῆμα, ατος (τό), 1° BIEN, propriété. ‖ 2° chose.
κτηνηδόν, *adv.*, comme les bêtes.
κτῆνος, ους (τό), troupeaux (*formant richesse*); bétail.
κτήσιος, α, ον, 1° acquis. ‖ 2° qui protège le foyer.
κτῆσις, εως (ἡ), acquisition; biens.

κτητικός, ή, όν, qui sait acquérir.
κτητός, ή, όν, qui peut être *ou* qui est acheté.
κτήτωρ, ορος (ὁ), acquéreur.
κτίδεος, α, ον, en peau de fouine.
κτίζω (*f.* ίσω; *pass. aor.* ἐκτίσθην), 1° BATIR. ‖ 2° fonder; créer. ‖ 3° coloniser.
κτίλος,ος,ον, apprivoisé.
κτιλόω-ῶ (*f.* ώσω), apprivoiser.
κτίννυμι, *comme* κτείνω.
κτίσις, εως (ἡ), fondation; création.
κτίσμα, ατος (τό), chose fondée.
κτίστης, ου (ὁ), fondateur; créateur.
κτιστύς, ύος (ὁ), *comme le précédent.*
κτυπέω-ῶ (*f.* ήσω, *aor.* 2 ἔκτυπον), 1° *intr.* retentir. ‖ 2° *tr.* faire retentir.
κτύπος, ου (ὁ), bruit; choc retentissant.
κύαθος, ου (ὁ), cyathe (*gobelet pour puiser dans le cratère*).
κυαμευτός, ή, όν, tiré au sort (*par la fève*).
κύαμος, ου (ὁ), 1° FÈVE. ‖ 2° tirage au sort.
Κυάνεαι, ῶν (αἱ), Roches Cyanées (*à l'entrée du Pont-Euxin*).
κυάνεος, α, ον, de couleur bleu-foncé.
κυανό-πεζα, ης (ἡ), aux pieds d'un bleu sombre.
κυανό-πρῳρος *et* **πρῴρειος, ος, ον**, à la proue d'un bleu sombre.
κύανος, ου (ὁ, ἡ), couleur bleue.
κυανο-χαῖτα, αο, *et* **κυανοχαίτης, ου** (ὁ), à la chevelure sombre.
κυαν-ῶπις, ιδος (ἡ), aux yeux noirs.
Κυαξάρης, ου *et* **ους** (ὁ), Cyaxare.
κύβδα, *adv.*, tête baissée.
κυβεία, ας (ἡ), jeu de dés; hasard.
κυβεῖον, ου (τό), maison de jeu.
Κυβέλη, ης (ἡ), Cybèle.
κυβερνάω-ῶ (*f.* ήσω) *et moy.*, diriger; gouverner.
κυβέρνησις, εως (ἡ), direction; gouvernement.
κυβερνήτης, ου, *et* **κυβερνητήρ, ῆρος** (ὁ), gouverneur; pilote.
κυβερνητικός, ή, όν, de pilote : ἡ κυβερνητική, l'art du pilote.
κυβευτής, οῦ (ὁ), joueur.

κυβευτικός, ή, όν, relatif *ou* habile au jeu.
κυβεύω (*f.* σω), 1° *intr.* jouer (aux dés). || 2° *tr.* risquer.
κυβιστάω-ῶ (*f.* ήσω), faire la culbute.
κυβιστητήρ, ῆρος (ὁ), acrobate ; plongeur.
κύβος, ου (ὁ), 1° CUBE. || 2° dé ; coup de dés.
κυδάζω (*f.* άσω) *et moy.*, insulter,
κυδα(ί)νω (*f.* ανῶ, *aor.* ἐκύδηνα), honorer ; glorifier. — *Intr.* se vanter.
κυδάλιμος, ος, ον, fameux.
κυδι-άνειρα, ας (ἡ), glorieuse.
κυδιάω, être fier (de, *dat.*).
κύδιστος, η, ον, très glorieux.
κυδίων, ων, ον, *gén.* ονος, meilleur.
Κύδνος, ου (ὁ), le Cydnus.
κυδοιμέω-ῶ (*f.* ήσω), faire du vacarme.
κυδοιμός, οῦ (ὁ), vacarme.
κῦδος, ους (τό), gloire.
κυδρός, ά, όν, *comme* κυδάλιμος.
κυέω-ῶ (*f.* ήσω), être enceinte ; porter dans son sein.
Κυζικηνός, ή, όν, de Cyzique.
κύθε, 3° *pers. aor.* 2 *de* κεύθω.
Κυθέρεια, ας (ἡ), la déesse de Cythère (*Aphrodite*).
Κύθηρα, ων (τά), Cythère.
κυΐσκομαι, *comme* κυέω.
κυκάω-ῶ (*f.* ήσω), troubler ; mêler.
κυκεών, ῶνος (ὁ), 1° mixtion. || 2° désordre.
Κυκλάδες, ων (αἱ), Cyclades.
κυκλάς, άδος (ἡ), circulaire.
κυκλεύω (*f.* σω), entourer d'un cercle.
κυκλέω-ῶ (*f.* ήσω), 1° MOUVOIR EN ROND. || 2° transporter. || 3° *intr.* se mouvoir en rond.
κυκλικός, ή, όν, *et* **κύκλιος**, ος *ou* α, ον, 1° circulaire. || 2° cyclique.
κυκλό-θεν, *adv.*, d'alentour en cercle.
κύκλος, ου (ὁ), 1° CERCLE : κύκλῳ, en cercle. || 2° objet *ou* mouvement circulaire. || 3° œil. || 4° réunion. || 5° cycle.

κυκλό-σε, *adv. avec mouv.*, en cercle.

κυκλο-τερής, ής, ές, arrondi.

κυκλόω-ῶ (*f.* ώσω), 1° FORMER EN CERCLE. ‖ 2° faire tourner. ‖ 3° *act. et moy.*, entourer.

Κυκλώπειος, α, ον, de Cyclope.

κύκλωσις, εως (ἡ), encerclement.

Κύκλωψ, ωπος (ὁ), Cyclope.

κύκνειος, ος, ον, de cygne.

κύκνος, ου (ὁ), cygne.

κυλινδέω-ῶ (*f.* ήσω), *comme* κυλίνδω.

κυλίνδω (*f.* ίσω; *pass. aor.* ἐκυλίσθην), rouler. — *Moy. pass.* 1° rouler. ‖ 2° circuler.

κύλιξ, ικος (ἡ), coupe.

κύλισις, εως (ἡ), action de se rouler.

κυλίω (*f.* ίσω), *comme* κυλίνδω.

Κυλλήνη, ης (ἡ), Cyllène.

κυλλῆστις, ιος (ὁ), pain d'épeautre.

κυλλο-ποδίων, *gén.* ονος, boiteux.

κυλλός, ή, όν, courbé; difforme.

κῦμα, ατος (τό), FLOT; tempête.

κυμαίνω (*f.* ανῶ, *aor.* ἐκύμανα), 1° *intr.* se gonfler; bouillonner. ‖ 2° *tr.* agiter.

κυματίας, ου, houleux.

κυματο-αγής, ής, ές, qui se brise comme les flots.

κυματο-πλήξ, ῆγος (ὁ, ἡ), battu par les vagues.

κυματόομαι-οῦμαι (*f.* ωθήσομαι), être agité.

κυματ-ώγη, ης (ἡ), rivage battu des flots.

κύμβαλον, ου (τό), cymbale.

1. **κύμβαχος, ου** (ὁ), calotte du casque.

2. **κύμβαχος, ος, ον,** qui fait la culbute.

Κύμη, ης (ἡ), Cymé.

κύμινδις, ιος (ὁ), chouette.

κύμινον, ου (τό), cumin.

κυναγία, κυναγός, *comme* κυνηγία, κυνηγός.

κυνά-μυια, ας (ἡ), mouche à chien.

κυνάριον, ου (τό), petit chien.

κυνέη *et* **κυνῆ, ῆς** (ἡ), 1° PEAU DE CHIEN. ‖ 2° casque.

κύνεος, ος, ον, de chien; cynique.

κυνέω (*f.* κύσω), embrasser.

κυνῆ, *voir* κυνέη.

κυνηγέσιον, ου (τό), 1° CHASSE. ‖ 2° troupe de chasseurs.

κυνηγετέω *et* **κυνηγέω-ῶ** (*f.* ήσω), *tr. et intr.*, chasser.

κυνηγέτης, ου (ὁ), chasseur.

κυνηγετικός, ή, όν, relatif *ou* propre à la chasse.

κυνηγία, ας (ἡ), chasse.

κυνηγός, οῦ (ὁ, ἡ), chasseur; chasseresse.

Κύνθος, ου (ὁ), le Cynthe.

κυνίδιον, ου (τό), petit chien.

κυνικός, ή, όν, de chien; cynique.

κυνίσκος, ου (ὁ), petit chien.

κυνο-δρομέω-ῶ (*f.* ήσω), chasser au chien courant.

κυνο-κέφαλος, ου (ὁ), à tête de chien.

κυνό-μοια, ας (ἡ), *comme* κυνάμυια.

κυνο-ραίστης, ου (ὁ), tique.

κυνο-σπάρακτος, ος, ον, déchiré par les chiens.

κύντατος, η, ον, le plus cynique.

κύντερος, α, ον, plus cynique; plus méchant.

κυν-ώπης, ου (ὁ), impudent comme un chien.

κυν-ῶπις, ιδος (ἡ), impudente comme un chien.

κυπαρίσσινος, *att.* **κυπαρίττινος, η, ον,** de cyprès.

κυπάρισσος, *att.* **κυπάριττος, ου** (ἡ), cyprès.

κύπειρον, ου (τό), souchet.

κύπελλον, ου (τό), coupe.

κύπερος, ου (ὁ), *comme* κύπειρον.

Κύπριος, α, ον, de Chypre.

Κύπρις, ιδος (ἡ). Cypris.

Κύπρος, ου (ἡ), Chypre.

κύπτω (*f.* κύψω), se baisser; baisser les yeux.

κυρβασία, ας (ἡ), bonnet persan.

κύρβεις, εων (οἱ), tables de loi.

κυρέω-ῶ (*f.* ήσω), 1° rencontrer, *dat. ou acc.* ‖ 2° obtenir, *gén.* ‖ 3° SE TROUVER; être.

Κυρηναῖος, α, ον, de Cyrène.

Κυρήνη, ης (ἡ), Cyrène.

κυριεύω (*f.* σω), être maître (de, *gén.*).

κύριος, ου (ὁ), maître.
κύριος, α, ον, 1° QUI EST MAITRE DE, *gén.* ‖ 2° qui fait loi; dominant. ‖ 3° certain; fixé; décisif: ἡκυρία, le jour fixé. ‖ 4° *gram.* propre.
κυρίσσω, *att.* **ττω** (*f.* ίξω), heurter.
κυρίως, *adv.*, 1° EN MAITRE. ‖ 2° absolument; exactement. ‖ 3° *gram.* proprement.
κύρμα, **ατος** (τό), 1° trouvaille. ‖ 2° profiteur.
Κύρνος, ου (ἡ), Cyrnos (*Corse*).
Κῦρος, ου (ὁ), Cyrus.
κῦρος, **ους** (τό), 1° PLEIN POUVOIR. ‖ 2° sanction.
κυρόω-ῶ (*f.* ώσω), *et moy.*, 1° RATIFIER. ‖ 2° décider. ‖ 3° accomplir.
κύρσαι *et* **κύρσας**, *inf et part. aor.* 1 *de* κύρω.
κύρτη, **ης** (ἡ), *et* **κύρτος**, ου (ὁ), nasse.
κυρτός, **ή**, **όν**, courbé.
κυρτόω-ῶ (*f.* ώσω), courber.
κύρω *et moy.*, *comme* κυρέω.
κύρωσις, **εως** (ἡ), *comme* κῦρος.
κύσσα, *aor. de* κυνέω.
κύστις, **εως** *et* **ιδος** (ἡ), vessie.
κύτισος, ου (ὁ), cytise.
κύτος, **ους** (τό), 1° CREUX. ‖ 2° vase. ‖ 3° corps.
κυφός, **ή**, **όν**, courbé.
κύφων, **ωνος** (ὁ), 1° carcan. ‖ 2° coquin.
κυψέλη, **ης** (ἡ), boîte.
κύω, *comme* κυέω.
κύων, *gén.* **κυνός** (ὁ, ἡ), chien; chienne.
κώ, *pour* πώ.
κῶας, **κώεος** (τό), toison.
κώδεια, **ας** (ἡ), tête.
κώδιον, ου (τό), petite toison.
κώδων, **ωνος** (ὁ, ἡ), 1° cloche. ‖ 2° trompette.
κώκυμα, **ατος** (τό), gémissement.
κωκυτός, **οῦ** (ὁ), *même sens*.
Κώκυτος, ου (ὁ), le Cocyte.
κωκύω (*f.* ύσω *et* ύσομαι), 1° gémir. ‖ 2° déplorer, *acc.*
κωλῆ, **ῆς** (ἡ), cuisse.
κώληψ, **ηπος** (ἡ), jarret.
κῶλον, ου (τό), MEMBRE; partie.
κώλυμα, **ατος** (τό), *et* **κωλύμη**, **ης** (ἡ), obstacle.

κωλυτής, οῦ (ὁ), qui empêche.
κωλυτικός, ή, όν, capable d'empêcher.
κωλύω (*f.* σω), empêcher : κωλύειν τινὰ τῆς ὁρμῆς, arrêter qq'un dans son élan.
κῶμα, ατος (τό), sommeil lourd.
κωμάζω (*f.* άσω *et* άσομαι), célébrer une fête ; festoyer.
κωμ-άρχης, ου (ὁ), chef de village.
κωμαστής,οῦ (ὁ),joyeux buveur.
κώμη, ης (ἡ), bourg.
κωμήτης, ου (ὁ), habitant (*d'un bourg*).
κωμικός, ή, όν, comique.
κῶμος, ου (ὁ), 1° JOYEUX FESTIN ; fête. ‖ 2° bande joyeuse. ‖ 3° troupe.
κωμῳδέω-ῶ (*f.* ήσω), jouer la comédie. ‖ 2° bafouer.
κωμῳδία, ας (ἡ), comédie.
κωμῳδο-ποιός, οῦ (ὁ), auteur comique.
κωμ-ῳδός, οῦ (ὁ), comédien.
κώνειον, ου (τό), ciguë.
κών-ωψ, ωπος (ὁ), cousin (*insecte*).
κωπεύς, έως (ὁ), bois pour les rames.
κώπη, ης (ἡ), RAME ; poignée.
κωπήεις, ήεσσα, ῆεν, muni d'une poignée.
κωπ-ήρης, ης, ες, muni de rames.
κώρυκος, ου (ὁ), besace.
κῶς *et* **κώς,** *pour* πῶς *et* πώς.
Κῶς, Κῶ (ἡ), l'île de Cos.
κωτίλλω, babiller.
κωφός, ή, όν, 1° ÉMOUSSÉ. ‖ 2° sourd ; muet. ‖ 3° stupide.
κωφόω-ῶ (*f.* ώσω), assourdir.

Λ

λᾶας, λᾶος (ὁ), pierre.
Λαβδακίδης, ου (ὁ), fils de Labdacos.
λαβή, ῆς (ἡ), 1° ACTION DE PRENDRE ; PRISE. ‖ 2° poignée. ‖ 3° occasion.
λαβρ-αγόρης, ου (ὁ), grand bavard.
λαβρεύομαι (*f.* σομαι), bavarder sans fin.

λάβρος, **ος**, **ον**, 1° VIOLENT. || 2° impudent. || 3° vorace.
λαβύρινθος, **ου** (ὁ), labyrinthe.
λαγαρός, **ά**, **όν**, fluet; grêle.
λαγνεία, **ας** (ἡ), débauche.
λαγός, **οῦ**, *comme* λαγώς.
λαγχάνω (*f.* λήξομαι, *aor.* 2 ἔλαχον, *pf.* εἴληχα; *pass. aor.* ἐλήχθην, *pf.* εἴληγμαι), 1° *acc.* TIRER AU SORT; obtenir par le sort : ὁ λαχών, celui qui est désigné par le sort. || 2° *gén.* recevoir || 3° *intr.* échoir.
λαγών, **όνος** (ὁ, ἡ), cavité; flanc.
λαγωός, **οῦ** (ὁ), lièvre.
λαγῷος, **α**, **ον**, de lièvre.
λαγώς, **ώ** (ὁ), lièvre.
λάδανον, *comme* λήδανον.
Λαέρτης, **ου** (ὁ), Laërte.
Λαερτιάδης, **ου** (ὁ), fils de Laërte (*Ulysse*).
λάζομαι, prendre.
λάθα, *comme* λήθη.
λαθι-κηδής, **ής**, **ές**, qui fait oublier les peines.
λαθί-πονος, **ος**, **ον**, qui oublie sa peine.
λάθρᾳ, 1° *adv.*, en cachette. || 2° *prép.*, en cachette de, *gén.*
λαθραῖος, **α**, **ον**, clandestin.
λᾶϊγξ, **ϊγγος** (ἡ), petite pierre.
λαῖλαψ, **απος** (ἡ), ouragan.
λαιμός, **οῦ** (ὁ), gorge.
Λαιστρύγονες, **ων** (οἱ), les Lestrygons.
λαΐνεος, **α**, **ον**, *et* **λάϊνος**, **η**, **ον**, de pierre.
λαιός, **ά**, **όν**, gauche.
Λάϊος, **ου** (ὁ), Laïos.
λαισήϊον, **ου** (τό), petit bouclier.
λαῖτμα (τό), gouffre.
λαῖφος, **ους** (τό), 1° grossier vêtement. || 2° voile (*de bateau*).
λαιψηρός, **ά**, **όν**, rapide.
Λάκαινα, **ης** (ἡ), Lacédémonienne.
Λακεδαιμόνιος, **α**, **ον**, Lacédémonien.
Λακεδαίμων, **ονος** (ἡ), Lacédémone.
λακεῖν, *inf. aor.* 2 *de* λάσκω.
λακίς, **ίδος** (ἡ), déchirure.
λάκκος, **ου** (ὁ), 1° trou. || 2° citerne.
λακ-πάτητος, **ος**, **ον**, foulé aux pieds.
λακτίζω (*f.* ίσω, *att.* ιῶ), frapper du pied; trépigner.
λακτιστής, **οῦ** (ὁ), qui donne des coups de pied.

Λάκων, ωνος (ὁ), Lacédémonien.

λακωνίζω (*f.* ίσω), imiter les manières des Lacédémoniens.

Λακωνικός, ή, όν, de Lacédémone.

λακωνισμός, οῦ (ὁ), parti pris pour Lacédémone.

λακωνιστής, οῦ (ὁ), partisan de Lacédémone.

λαλαγέω-ῶ (*f.* ήσω), babiller.

λαλέω-ῶ (*f.* ήσω), bavarder; parler.

λάλημα, ατος (τό), bavardage.

λαλιά, ᾶς (ἡ), manie de bavarder.

λάλος, ος, ον, bavard.

λαμβάνω (*f.* λήψομαι, *aor.* 2 ἔλαβον, *pf.* εἴληφα; *pass. f.* ληφθήσομαι, *pf.* εἴλημμαι), 1° PRENDRE; saisir; s'emparer de, *acc.* || 2° tirer; recevoir : δίκην λαβεῖν, tirer vengeance. || 3° éprouver : ὀργὴν λαμβάνειν, ressentir de la colère. || 4° concevoir; juger : τῇ διανοίᾳ λαμβάνειν ὅτι, comprendre que.
— *Moy.*, se saisir de, *gén.*

Λάμια, ας (ἡ), Lamie (*monstre*).

λαμπαδη-φορία, ας (ἡ), course du flambeau.

λαμπάδιον, ου (τό), petit flambeau.

1. **λαμπάς, άδος** (ἡ). flambeau; lampe.

2. **λαμπάς, άδος** (ἡ), *adj.*, éclairée de flambeaux.

λαμπετάω-ῶ, briller.

λαμπρός, ά, όν, 1° BRILLANT. || 2° clair. || 3° illustre. || 4° violent.

λαμπρότης, ητος (ἡ), 1° ÉCLAT. || 2° célébrité. || 3° libéralité.

λαμπρο-φωνία, ας (ἡ), voix éclatante.

λαμπρό-φωνος, ος, ον, à la voix éclatante.

λαμπρύνω (*f.* υνῶ), faire briller. — *Moy.*, 1° faire briller pour soi. || 2° briller.

λαμπρῶς, *adv.*, 1° BRILLAMMENT. || 2° clairement; nettement.

λαμπτήρ, ῆρος (ὁ), flambeau; lampe.

λάμπω (*f.* ψω), 1° *intr.* BRILLER; résonner clairement. || 2° *tr.* faire briller.

λαμυρός, ά, όν, pétulant.

Λάμψακος, ου (ἡ), Lampsaque.

λανθάνω (*f.* λήσω, *aor.* 2 ἔλαθον, *pf.* λέληθα),

ÊTRE CACHÉ; échapper à, *acc.* : τοῦθ' ὑμᾶς λανθάνει, cela vous est inconnu; λανθάνει πάντας κλέπτων, il vole à l'insu de tous; ἔλαθον τελευτήσαντες ἑαυτούς, ils moururent sans s'en apercevoir. — *Moy.* (*aor.* 2 ἐλαθόμην, *pf.* λέλησμαι), oublier, *gén.*; échapper à, *acc.*

λάξ, *adv.*, à coups de pied.

λάξις, **ιος** (ἡ), lot.

λαός, **οῦ** (ὁ), peuple; foule : οἱ λαοί, les hommes; les soldats.

λαο-σσόος, **ος**, **ον**, qui excite la foule.

λαο-φόρος, **ος**, **ον**, fréquenté.

λαπάρη, **ης** (ἡ), flanc.

Λαπίθαι, **ων** (οἱ), les Lapithes.

λάπτω (*f.* ψω), lécher; boire goulûment.

Λάρισα, **ης** (ἡ), Larissa.

λάρναξ, **ακος** (ἡ), coffre; arche.

λάρος, **ου** (ὁ), 1° mouette. ‖ 2° individu glouton *ou* fou.

λαρός, **ός**, **όν** agréable.

λαρυγγίζω (*f.* ίσω, *att.* ιῶ), 1° brailler. ‖ 2° étrangler.

λάρυγξ, **υγγος** (ὁ), larynx; gorge.

λασι-αύχην, **ενος** (ὁ), qui a le cou velu.

λάσιος, **α**, **ον**, velu; touffu.

λάσκω (*f.* λακήσομαι, *aor.* 2 ἔλακον, *pf.* λέλακα), 1° CRAQUER. ‖ 2° crier; proclamer. — *Moy.* ἐλακόμην *et* λελακόμην, crier.

λα-τομέω-ῶ (*f.* ήσω), tailler la pierre.

λατομία, **ας** (ἡ), carrière.

λατρεία, **ας** (ἡ), *et* **λάτρευμα**, **ατος** (τό), service (*à gages*).

λατρεύω (*f.* σω), servir (*dat.-acc.*).

λάτρις, **ιος** (ὁ, ἡ), serviteur, servante.

λαυκανίη, **ης** (ἡ), gorge.

λαύρα, **ας** (ἡ), ruelle.

Λαύρειον, **ου** (τό), le Laurium.

λαφυγμός, **οῦ** (ὁ), voracité.

λάφυρον, **ου** (τό), butin.

λαφυρο-πωλέω-ῶ (*f.* ήσω), vendre le butin.

λαφύσσω, *att.* **ττω** (*f.* ξω), dévorer.

λαχανισμός, **οῦ** (ὁ), récolte des légumes.

λάχανον, **ου** (τό), légume.

λαχανό-πωλις, ιδος (ἡ), marchande de légumes.

λάχεια, ας, *adj. fém.*, petit.

λαχεῖν, *inf. aor.* 2 *de* λαγχάνω.

λάχεσις, εως (ἡ), destinée.

Λάχεσις, εως (ἡ), Lachésis (*Parque*).

λάχνη, ης (ἡ), duvet; toison.

λαχνήεις, ήεσσα, ῆεν, couvert de duvet.

λάχνος, ου (ὁ), *comme* λάχνη.

λάχος, ους (τό), LOT; destinée; part.

1. **λάω-λῶ,** vouloir.

2. **λάω,** regarder.

λέαινα, ης (ἡ), lionne.

λεαίνω (*f.* λεανῶ, *aor.* ἐλέηνα; *pass. pf.* λελέασμαι), polir; aplanir.

λέβης, ητος (ὁ), chaudron; bassin.

1. **λέγω** (*f.* λέξω, *aor.* ἔλεξα), faire coucher. — *Moy.* se coucher.

2. **λέγω** (*f.* λέξω, *aor.* ἔλεξα, *pf.* εἴλοχα) *et moy.*, recueillir; rassembler.

3. **λέγω** (*f.* ἐρῶ, *aor.* 2 εἶπον, *pf.* εἴρηκα; *pass. aor.* ἐρρήθην *et* ἐλέχθην, *pf.* εἴρημαι), DIRE; parler : λέγειν οὐδέν, parler en l'air; λέγειν τι, dire qq. chose qui compte; τὸ λεγόμενον (*acc.*), comme on dit.

λε-ηλασία, ας (ἡ), pillage.

λε-ηλατέω-ῶ (*f.* ήσω), piller; faire du butin.

λεία, ας (ἡ), butin.

λειαίνω, *comme* λεαίνω.

λείβω (*f* ψω), VERSER; répandre en libation. — *Moy.*, se fondre.

λεῖμμα, ατος (τό), 1° reste. || 2° dièse.

λειμών, ῶνος (ὁ), prairie; pelouse.

λειμώνιος, α, ον; λειμωνιάς, ἀδος, *fém.*, de la prairie.

λειμωνό-θε(ν), *adv.*, de la prairie.

λειο-γένειος, ος, ον, imberbe.

λεῖος, α, ον, 1° LISSE; poli; aplani. || 2° imberbe. || 3° doux.

λειότης, ητος (ἡ), 1° qualité de ce qui est poli, lisse. || 2° doux.

λείουσι, *dat. pl. de* λέων.

λειπο-στρατία, ας (ἡ), désertion.

λειπο-ψυχέω-ῶ (*f.* ήσω), s'évanouir; se décourager.

λείπω (*f.* λείψω, *aor.* 2 ἔλιπον, *pf.* λέλοιπα; *pass. f.* λειφθήσομαι, *pf.* λέλειμμαι), 1° *acc.* LAISSER; abandonner. || 2° *intr.* faire défaut; cesser; s'en falloir : παντὸς λείπει, il s'en faut de tout.
— *Moy.* laisser après soi.
— *Moy. pass.* 1° être laissé *ou* demeurer en arrière. || 2° être inférieur à, *gén.* : οὐδενὸς λείπεται, il n'est inférieur à personne. || 3° être privé de, *gén.* : λελειμμένος χρημάτων, privé de ses biens.
λειριόεις, όεσσα, όεν, qui tient du lis.
λείριον, ου (τό), lis.
λεϊστός, *comme* ληϊστός.
λειτουργέω-ῶ (*f.* ήσω), exercer une *liturgie*.
λειτουγία, ας (ἡ), liturgie, *ou fonction publique qu'on exerce à ses frais*.
λειτουργός, οῦ (ὁ), homme qui se charge *d'une liturgie*.
λειχήν, ῆνος (ὁ), dartre.
λείχω (*f.* ξω), lécher.
λείψανον, ου (τό), reste.
λεκτέος, α, ον, qui doit être dit.
λεκτικός, ή, όν, 1° qui sait parler. || 2° de la conversation.
λεκτός, ή, όν, 1° qui peut se dire. || 2° rassemblé.
λέκτρον, ου (τό), lit : λέκτρονδε, vers le lit.
λελαβέσθαι, = **λαβέσθαι,** *inf. aor.* 2 *moy. de* λαμβάνω.
λελάβηκα, *pf. de* λαμβάνω.
λελαθέσθαι, *inf. aor.* 2 *moy. de* λανθάνω.
λέλασμαι, *pf. moy. de* λανθάνω.
λέλαχον, *aor.* 2 *hom. de* λαγχάνω.
λέληκα, *pf. de* λάσκω.
λελίημαι, *pf. de* λιλαίομαι.
λελογισμένως, *adv.*, avec réflexion.
λέλογχα, *pf. de* λαγχάνω.
λέμμα, ατος (τό), pelure; peau.
λέντιον, ου (τό), linge.
λέξεο, *imp. aor. moy. de* λέγω[1].
λέξις, εως (ἡ), élocution; style.
λεοντέη-ῆ, έης-ῆς (ἡ), peau de lion.
Λεοντῖνοι, ων (οἱ), les Léontins.
λέπαδνον, ου (τό), courroie.
λέπας (τό), roche.

λεπιδωτός, ή, όν, couvert d'écailles.

λεπίς, ίδος (ἡ), écaille ; coque.

λέπρα, ας (ἡ), lèpre.

λεπρός, ά, όν, écailleux.

λεπταλέος, α, ον, frêle; mince.

λεπτό-γεως, ως, ων, d'un sol maigre.

λεπτός, ή, όν, MAIGRE ; mince ; grêle. || 2° fin ; délicat.

λεπτότης, ητος (ἡ), 1° MAIGREUR. || 2° finesse.

λεπτ-ουργέω-ῶ (*f.* ήσω), travailler avec délicatesse.

λεπτύνω (*f.* υνῶ), amaigrir ; amincir.

λέπω (*f.* ψω), écorcher. écosser.

Λέρνη, ης (ἡ), Lerne.

Λέσβιος, α, ον, de Lesbos.

Λέσβος, ου (ἡ), Lesbos.

λέσχη, ης (ἡ), 1° causerie. || 2° lieu de conversation.

λευγαλέος, α, ον, misérable ; triste ; déplorable.

λευκαίνω (*f.* ανῶ), blanchir.

λευκ-ανθής,ής, ές, fleuri de blanc.

λευκανθίζω (*f.* ίσω), être blanc.

Λευκάς, άδος (ἡ), Leucade.

λεύκ-ασπις, ιδος (ὁ, ἡ), au bouclier blanc.

λεύκη, ης (ἡ), peuplier blanc.

λεύκ-ιππος, ος, ον, aux chevaux blancs.

Λευκο-θέα,ας (ἡ), déesse Leucothéa.

λευκο-θώραξ, ακος (ὁ, ἡ), à la blanche cuirasse.

λευκό-λινον, ου (τό), étoupe blanche.

λευκό-πωλος, ος, ον, aux chevaux blancs.

λευκός, ή, όν, 1° BLANC ; brillant. || 2° limpide. || 3° fortuné.

λευχο-φαής, ής, ές, d'un blanc éclatant.

λευκ-όφρυς, υος (ὁ, ἡ), aux sourcils blancs.

λευκόω-ῶ (*f.* ώσω), blanchir.

Λεῦκτρα, ων (τά), Leuctres.

λευκ-ώλενος, ος, ον, aux bras blancs.

λεύκωμα, ατος (τό), tableau blanc.

λευρός, ά, όν, uni, tout plat.

λεύσσω (*f.* λεύσω), voir, regarder.

λευστήρ, ῆρος (ὁ), qui lapide.

λεύω (*f.* σω; *pass. f.* λευσθήσομαι), lapider.

λεχε-ποίης, ου (ὁ), au lit de gazon.

λέχος, ους (τό), lit.

λέχοσ-δε, *adv.*, au lit.

λέχριος, α, ον, couché; penché.

λέων, οντος (ὁ), lion.

Λεωνίδας, α (ὁ), Léonidas.

λεωργός, ός, όν, scélérat; aventurier.

λεώς, ώ (ὁ), *comme* λαός.

Λεω-σθένης, ους (ὁ), Léosthène,

λεω-σφέτερος, ος, ον, compatriote.

λεω-φόρος, ος, ον, fréquenté par le peuple.

λήγω (*f.* ξω), 1° *acc.* faire cesser : χεῖρας λῆξαι φόνου, éloigner ses mains (s'abstenir) du meurtre. ‖ 2° *gén.* cesser : λῆξαι ἔργου, cesser le travail; λήγω ἐργαζόμενος, je cesse de travailler.

Λήδα, ας (ἡ), Léda.

λήδανον, ου (τό), gomme odorante.

λῆδος, ους (τό), vêtement léger.

λήζομαι, *comme* ληΐζομαι.

λήθη, ης (ἡ), oubli.

Λήθη, ης (ἡ), le Léthé.

λήθω (*f.* λήσω), *comme* λανθάνω.

ληϊάς, άδος (ἡ), captive.

ληϊ-βότειρα, ας (ἡ), qui dévore les blés.

ληΐζομαι (*f.* ίσομαι, *pf.* λέλησμαι), piller; emmener comme butin.

ληΐη, *pour* λεία.

λήϊον, ου (τό), moisson.

ληΐς, ΐδος (ἡ), butin.

ληϊστήρ, ῆρος (ὁ), pillard.

ληϊστός, ή, όν, pillé.

ληϊστύς, ύος (ἡ), pillage.

ληΐστωρ, ορος (ὁ), pillard.

ληΐτις, ιδος (ἡ), qui commande le butin.

λήκυθος, ου (ἡ), vase; lécythe.

λῆμα, ατος (τό), VOLONTÉ; résolution.

λῆμμα, ατος (τό), GAIN; prise; recette.

Λῆμνος, ου (ἡ), Lemnos.

Λήναια, ων (τά), Lénéennes (*fêtes de Dionysos*).

Ληναῖος, ου (ὁ), dieu du pressoir (*Dionysos*).

Ληναιών, ῶνος (ὁ), Lénaeon (*mois de janvier-février*).

ληνός, οῦ (ἡ), pressoir.

1. **λῆξις, εως** (ἡ), cessation.

2. **λῆξις, εως** (ἡ), tirage au sort; lot.

ληπτέος, α, ον (*de* λαμβάνω), qui doit être pris.

ληπτός, ή, όν, qui peut être pris.

ληρέω-ῶ (*f.* ήσω), radoter.

λήρημα, ατος (τό), *et* **λῆρος, ου** (ὁ), radotage.

λησμοσύνη, ης (ἡ), oubli.

λῃστεία, ας (ἡ), brigandage; vol; piraterie.

λῃστεύω (*f.* σω), voler; faire du brigandage.

λῃστήριον, ου (τό), bande de brigands.

λῃστής, οῦ (ὁ), brigand; pirate.

λῃστικός, ή, όν, relatif *ou* porté au brigandage.

λῆστις, εως (ἡ), oubli.

λῃστρικός, ή, όν, *comme* λῃστικός.

λήσω, *f.* de λανθάνω.

Λητώ, οῦς (ἡ), Léto (*Latone*).

λῆψις, εως (ἡ), action de saisir *ou* de recevoir.

λιάζομαι (*f.* λιασθήσομαι), 1° s'éloigner. ‖ 2° tomber.

λίαν, *adv.*, TROP; tout à fait : καὶ λίαν, oui, assurément.

λιαρός, ά, όν, 1° chaud. ‖ 2° doux.

λίασθεν, 3° *pers. pl. aor. de* λιάζομαι.

λίβανος, ου, *et* **λιβανωτός, οῦ** (ὁ), encens.

λιβανωτο-φόρος, ος, ον, qui produit l'encens.

λιβάς, άδος (ἡ), goutte.

Λιβύη, ης (ἡ), Libye.

Λιβυκός, ή, όν, de Libye.

λίγα, *adv.*, d'une manière sonore.

λιγαίνω, crier d'une voix sonore.

λίγγω, retentir.

λίγδην, *adv.*, superficiellement.

λιγνύς, ύος (ἡ), fumée.

λιγυ-πνείων, οντος (ὁ), au souffle bruyant.

λιγυρός, ά, όν, sonore; mélodieux.

λιγύς, λιγεῖα, λιγύ, *mêmes sens.*

λιγύ-φθογγος, ος, ον, à la voix sonore.

λιγύ-φωνος, ος, ον, *même sens.*

λίζω, *comme* λίγγω.

λίην, *pour* λίαν.

λιθάζω (*f.* άσω), lapider.

λίθαξ, ακος (ὁ, ἡ), *adj.*, de pierre; ἡ λ..., pierre.

λιθάς, άδος (ἡ), pierre.

λίθεος, α, ον, *et* **λίθινος, η, ον**, de pierre.

λιθο-βολέω-ῶ (*f.* ήσω), lapider.

λιθο-βόλος, ος, ον, qui lance des pierres.

λιθο-κόλλητος, ος, ον, cimenté.

λιθό-λευστος, ος, ον, lapidé.

λιθο-λόγος, ου (ὁ), maçon.

λίθος, ου (ὁ, ἡ), pierre.

λιθο-σπαδής, ής, ές, aux pierres arrachées.

λιθό-στρωτος, ος, ον, pavé de pierres.

λιθο-τομία, ας (ἡ), taille des pierres.

λιθ-ουργός, ός, όν, qui travaille la pierre.

λιθο-φορέω-ῶ (*f.* ήσω), porter des pierres.

λικμάω-ῶ (*f.* ήσω), vanner.

λικμητήρ, ῆρος (ὁ), vanneur.

λίκνον, ου (τό), corbeille; van.

λικνο-φόρος, ος, ον, qui porte le van sacré.

λικριφίς, *adv.*, obliquement.

λιλαίομαι (*pf.* λελίημαι), désirer ardemment.

λιμαίνω, avoir très faim.

λιμήν, ένος (ὁ), PORT; asile.

λιμηρός, ά, όν, affamé.

λιμνάζω (*f.* άσω), former marécage.

λιμναῖος, α, ον, qui vit dans les marais.

λίμνη, ης (ἡ), 1° MARAIS. ‖ 2° étang; mer.

λιμν-ώδης, ης, ες, marécageux.

λιμο-κτονέω-ῶ (*f.* ήσω), faire périr de faim.

λιμο-κτονία, ας (ἡ), mort due à l'inanition.

λιμός, οῦ (ὁ), faim.

λιμ-ώδης, ης, ες, affamé.

λίνεος, α, ον, *contr.* **οῦς, ῆ, οῦν,** de lin.

λινο-θώρηξ, ηκος (ὁ, ἡ), à la cuirasse de lin.

λίνον, ου (τό), 1° LIN. ‖ 2° voile *ou* tissu de lin. ‖ 3° fil de lin; ligne de pêche.

Λίνος, ου (ὁ), Linos.

λίνος, ου (ὁ), chant (*de deuil*).

λίπα, *adv.*, en graissant: λίπ' ἐλαίῳ, avec de l'huile grasse.

λιπαίνω (*f.* ανῶ), graisser; engraisser.

λιπαρέω-ῶ (*f.* ήσω), 1° prier instamment. ‖ 2° persister.

λιπαρής, ής, ές, pressant; infatigable.

λιπαρία, ας (ἡ), persévérance.

λιπαρο-κρήδεμνος, ος, ον, au bandeau qui brille.

λιπαρο-πλόκαμος, ος, ον, aux boucles brillantes.

λιπαρός, ά, όν, 1° BRILLANT; gras; frotté d'huile. || 2° éclatant; opulent; abondant.

1\. **λιπαρῶς** (*de* λιπαρής). instamment.

2\. **λιπαρῶς** (*de* λιπαρός), brillamment.

λιπάω-ῶ, être gras.

λίπος, ους (τό), graisse.

λιπο-στρατία, ας, *comme* λειπο-στρατία.

λιπο-ψυχέω-ῶ, *comme* λειποψυχέω.

λιπόων, *part. de* λιπάω.

1\. **λίς**, *acc.* λῖν (ὁ), lion.

2\. **λίς** (= λισσή), polie, plate.

3\. **λίς, λιτός** (τό), voile.

λίσσομαι (*f.* λίσομαι, *aor.* 2 ἐλιτόμην), prier instamment.

λισσός, ή, όν, poli, uni.

λιστός, ή, όν, qui peut s'obtenir par des prières.

λιστρεύω (*f.* σω), enfoncer en bêchant.

λίστρον, ου (τό), bêche.

λιτανεύω (*f.* σω), *comme* λίσσομαι.

λιτή, ῆς (ἡ), prière.

λίτομαι, *comme* λίσσομαι.

λιτότης, ητος (ἡ), simplicité.

λίτρα, ας (ἡ), livre (*poids et monnaie*).

λίτρον, ου (τό), soude.

λιχνεία, ας (ἡ), gourmandise.

λιχνεύω (*f.* σω), lécher; être friand de, *acc.*

λίχνος, ή, όν, gourmand; avide.

λίψ, λιβός (ὁ), vent de S.-O.

λοβός, οῦ (ὁ), lobe (*oreille, foie*).

λογάδην, *adv.*, 1° au choix. || 2° en masse.

λογάς, άδος (ὁ, ἡ), 1° choisi. || 2° rassemblé.

λογεῖον, ου (τό), scène; tréteaux.

λογίδιον, ου (τό), petit discours.

λογίζομαι (*f.* ίσομαι, *att.* ιοῦμαι; *pass. aor.* ἐλογίσθην), 1° COMPTER; calculer. || 2° raisonner; réfléchir; conclure.

λογικός, ή, όν, qui concerne la parole *ou* le raisonnement : ἡ λογική, la logique.

λογικῶς, *adv.*, logiquement.

λόγιμος, η, ον, digne d'être mentionné.

λόγιον, ου (τό), oracle.

λόγιος, α, ον, 1° qui parle bien. || 2° savant. || 3° prosateur.

λογισμός, οῦ (ὁ), 1° CALCUL. || 2° raison. || 3° motif.

λογιστής, οῦ (ὁ), calculateur; vérificateur. || 2° raisonneur.

λογιστικός, ή, όν, du calcul; du raisonnement : τὸ λογιστικόν, la raison.

λογο-γραφία, ας (ἡ), composition d'ouvrage en prose.

λογο-γράφος, ου (ὁ), logographe; prosateur.

λογον-εχόντως, *adv.*, raisonnablement.

λογο-ποιέω-ῶ (*f.* ήσω) inventer des fables.

λογο-ποιός, οῦ (ὁ), prosateur; homme qui compose des discours *ou* des fables.

λόγος, ου (ὁ), A. 1° PAROLE; mot; conversation : λόγῳ μὲν... ἔργῳ δέ, en parole... en fait; ἑνὶ λόγῳ, en un mot; εἰς λόγους ἔρχεσθαι, entrer en conversation. || 2° discours; ouvrage en prose; sujet. || 3° fable; récit; proverbe. || 4° bruit; nouvelle : λόγος ἐστί, on dit partout que. || 5° οἱ λόγοι, les lettres.
B. 1° RAISON : κατὰ λόγον, conformément à la raison. || 2° raisonnement; avis; motif; cause. || 3° calcul; compte; compte rendu : λόγον διδόναι, rendre compte. || 4° condition : ἐπὶ τούτῳ τῷ λόγῳ, à cette condition. || 5° estime; égard : ἐν οὐδενὶ λόγῳ ποιεῖσθαί τινα, ne faire aucun cas de qq'un. || 6° mesure; rapport : κατὰ λόγον, *gén.*, par rapport à.

λόγχη, ης (ἡ), lance.

λοετρόν, *comme* λουτρόν.

λοέω, *comme* λούω.

λοιβή, ῆς (ἡ), libation.

λοίγιος, ος, ον, funeste.

λοιγός, οῦ (ὁ), fléau; mort.

λοιδορέω-ῶ (*f.* ήσω), *et moy.*, injurier.

λοιδορία, ας (ἡ), injure.

λοίδορος, ος, ον, injurieux.

λοιμός, οῦ (ὁ), peste; fléau.

λοιμ-ώδης, ης, ες, pestilentiel.

λοιπός, ή, όν, 1° QUI RESTE ; restant : τὸ λοιπόν, le reste ; λοιπόν, au reste. ‖ 2° τὸ λοιπόν, τοῦ λοιποῦ, désormais.

λοισθήϊος, ος, ον, *comme le suivant.*

λοίσθ(ι)ος, ος, ον, dernier.

Λοκρίς, ίδος (ἡ), la Locride.

Λοξίας, ου (ὁ), Loxias (*Apollon*).

λοξός, ή, όν, OBLIQUE : équivoque.

λοπάς, άδος (ἡ), écuelle.

λοπός, οῦ (ὁ), pelure.

λουτρόν, οῦ (τό), bain.

λουτρο-χόος, ος, ον, qui verse le bain.

λούω (*f.* σω), laver ; baigner.

λοφιά, ᾶς (ἡ), crinière.

λόφος, ου (ὁ), 1° cou. ‖ 2° hauteur ; colline. ‖ 3° aigrette.

λοχ-αγέω-ῶ (*f.* ήσω), commander un loche.

λοχ-αγία, ας (ἡ), commandement d'un loche.

λοχ-αγός, οῦ (ὁ), lochage ; commandant de compagnie.

λοχάω-ῶ (*f.* ήσω), *et moy.*, tendre une embuscade ; surprendre.

λοχεία, ας (ἡ), accouchement.

λοχεύω (*f.* σω), accoucher.

λοχίζω (*f.* ίσω), 1° placer en embuscade. ‖ 2° répartir en loches.

λοχίτης, ου (ὁ), soldat (d'un loche).

λοχμαῖος, α, ον, des taillis.

λόχμη, ης (ἡ), taillis.

λοχμ-ώδης, ης, ες, touffu.

λόχος, ου (ὁ), 1° embuscade. ‖ 2° loche (*compagnie de* 100 *soldats ou de chiffre variable*) ; troupe. ‖ 3° accouchement.

λόω, *comme* λούω.

λύγδην, *adv.*, en sanglotant.

λύγδος, ου (ὁ), marbre blanc.

λυγίζω (*f.* ίσω), plier. — *Moy.*, se plier.

1. **λύγξ, λυγγός** (ἡ), hoquet.

2. **λύγξ, λυγκός** (ὁ), lynx.

λύγος, ου (ἡ), osier.

λυγρός, ά, όν, 1° TRISTE ; funeste. ‖ 2° méchant ; misérable ; lâche.

Λυδία, ας (ἡ), Lydie.

λυδιστί, *adv.*, à la manière lydienne.

Λυδός, ή, όν, Lydien.

λύζω (*f.* ξω) avoir des

hoquets *ou* des sanglots.

λύθρον, ου (τό), sang mêlé de souillures.

λυκά-βας, βαντος (ὁ), année.

λύκαινα, ης (ἡ), louve.

Λυκαῖον, ου (τό), le mont Lycée.

Λυκάων, ονος (ὁ), Lycaon.

Λύκειον, ου (τό), le Lycée (*à Athènes*).

λύκειος, ος *ou* **α, ον**, de loup.

Λύκειος, ος, ον, Lycien.

λυκῆ, ῆς (ἡ), peau de loup.

Λυκία, ας (ἡ), Lycie.

λυκιο-εργής, ής, ές, fait en Lycie.

Λύκιος, α, ον, Lycien.

λυκο-εργής, ής, ές, qui agit contre les loups.

λυκο-κτόνος, ος, ον, qui tue les loups.

λύκος, ου (ὁ), loup.

Λυκοῦργος, ου (ὁ), Lycurgue.

λῦμα, ατος (τό), 1° ORDURE. ‖ 2° souillure.

λυμαίνομαι (*f.* λυμανοῦμαι, *aor.* ἐλυμηνάμην; *pass. aor.* ἐλυμάνθην, *pf.* λελύμασμαι), 1° GÂTER; corrompre. ‖ 2° maltraiter; ruiner.

λυμαντής, οῦ (ὁ), destructeur.

λυμεών, ῶνος (ὁ), fléau.

λύμη, ης (ἡ), 1° DOMMAGE; outrage; violence. ‖ 2° fléau. ‖ 3° ordure; souillure.

λυπέω-ῶ (*f.* ήσω), CHAGRINER; inquiéter nuire à, *acc.*

λύπη, ης (ἡ), chagrin.

λύπημα, ατος (τό), objet de chagrin.

λυπηρός, ά, όν, affligeant; pénible.

λυπρός, ά, όν, 1° maigre. ‖ 2° affligeant.

λύρα, ας (ἡ), lyre.

λυρικός, ή, όν, qui concerne la lyre; lyrique.

Λύσανδρος, ου (ὁ), Lysandre.

Λυσίας, ου (ὁ), Lysias.

λυσι-μελής, ής, ές, qui détend les membres.

λύσιος, ος, ον, qui délie *ou* délivre.

λύσις, εως (ἡ), 1° ACTION DE DÉLIER *ou* DE DÉLIVRER; libération; acquittement. ‖ 2° rançon. ‖ 3° solution; dénouement. ‖ 4° relâchement; dissolution.

λυσι-τελέω-ῶ (*f.* ήσω), être utile, avantageux.

λυσι-τελής, ής, ές, 1° utile, avantageux. ‖ 2° pas coûteux.

λύσσα, *att.* **λύττα, ης**

(ἡ), rage ; délire furieux.
λυσσαίνω, être furieux.
λυσσάω, *att.* **λυττάω-ῶ** (*f.* ήσω), être enragé.
λυσσητήρ, ῆρος (ὁ), enragé.
λυσσ-ώδης, ης, ες, *même sens.*
λυτήριος, ος, ον, qui délie ; qui affranchit.
λύτρον, ου (τό), rançon.
λυτρόω-ῶ (*f.* ώσω) *et moy.*, délivrer en payant rançon.
λύτρωσις, εως (ἡ), rachat.
λυτρωτής, οῦ (ὁ), libérateur.
λυχνία, ας (ἡ), lampe.
λυχνο-καΐη, ης (ἡ), fête des lampes.
λύχνος, ου (ὁ), lampe ; flambeau.
λύω (*f.* σω), 1° DÉLIER ; lâcher ; délivrer. || 2° relâcher. || 3° dissoudre ; effacer ; faire cesser : ἀγορὰν λύειν, lever la séance. || 4° résoudre ; expliquer ; excuser. || 5° enfreindre ; détruire : λύειν σπονδάς, rompre les traités. || 6° payer : μισθὸν λύειν, payer la solde. || 7° *abs.* λύει = λυσιτελεῖ, il est utile. — *Moy.* délier *ou* délivrer pour soi ; racheter.
λωβάομαι-ῶμαι (*f.* ήσομαι ; *pass. aor.* ἐλωβήθην), OUTRAGER ; maltraiter ; ravager.
λωβεύω (*f.* σω), railler.
λώβη, ῆς (ἡ), OUTRAGE ; dommage ; ruine.
λωβητήρ, ῆρος (ὁ), qui outrage ; qui dévaste.
λωβητός, ή, όν, 1° outragé, maltraité. || 2° outrageant.
λωΐων, ων, ον, *et* **λωΐτερος, α, ον**, plus avantageux, meilleur.
λῷος, ου (ὁ), août-septembre (*en Macédoine*).
λώπη, ης (ἡ), vêtement de peau.
λωπο-δυτέω-ῶ (*f.* ήσω), voler (*des vêtements*).
λωπο-δύτης, ου (ὁ), voleur (d'habits).
λῷστος, η, ον, le plus avantageux, le meilleur : ὦ λῷστε, mon bon ami.
λωτόεις, όεσσα, όεν, fleuri de lotus.
λωτός, οῦ (ὁ), 1° LOTUS. || 2° flûte.
λωτο-φάγος, ος, ον, qui mange le fruit du lotus (*jujube*).
λωφάω-ῶ (*f.* ήσω), 1° *intr.*, se reposer ; ces-

ser. || 2° *tr.* faire cesser.

λώφησις, εως (ἡ), répit; arrêt.

λῷων, ων, ον, *comme* λωΐων : λῷόν ἐστι, mieux vaut.

M

μά, *partic.*, certes : μὰ Δία, par Zeus.

μᾶ, *pour* μῆτερ, ô ma mère.

μάγαδις, ιδος (ἡ), magadis (*harpe à vingt cordes*).

μαγγάνευμα, ατος (τό), sortilège.

μαγγανεύω (*f.* σω), tromper par des sortilèges.

μαγεία, ας (ἡ), 1° religion des mages. || 2° magie.

μαγειρικός, ή, όν, de la cuisine.

μάγειρος, ου (ὁ), cuisinier.

μαγεύω (*f.* σω), user de magie.

μάγος, ου (ὁ), mage; magicien.

Μάγνης, ητος (ὁ), de Magnésie.

Μαγνησία, ας (ἡ), Magnésie.

μαγο-φόνια, ων (τά), anniversaire du massacre des mages.

μάζα *et* **μᾶζα**, ης (ἡ), PÂTE; pain; galette.

μαζός, οῦ (ὁ), sein.

μάθημα, ατος (τό), SCIENCE; enseignement : τὰ μαθήματα, les mathématiques.

μαθηματικός, ή, όν, relatif à la science.

μάθησις, εως (ἡ), action *ou* désir de s'instruire.

μαθητέος, α, ον, *adj. verb. de* μανθάνω.

μαθητεύω (*f.* σω), être disciple (de, *dat.*).

μαθητής, οῦ (ὁ), disciple.

μαθητιάω-ῶ (*f.* άσω), griller d'apprendre.

μαθητικός, ή, όν, qui concerne *ou* qui cherche l'instruction.

μαθητός, ή, όν, que l'on peut apprendre.

μαθήτρια, ας (ἡ), élève-femme.

Μαῖα, ας (ἡ), Maia.

μαῖα, ας (ἡ), mère.

μαιεύομαι (*f.* σομαι), accoucher, *tr.*

μαιευτικός, ή, όν, relatif à l'accouchement : ἡ μαιευτική, l'art d'accoucher.

Μαιμακτηριών, ῶνος (ὁ), maemachtérion, (*mois oct.-nov.*).

μαιμάω-ῶ (*aor.* ἐμαίμησα), bondir; être transporté d'un désir violent (de, *gén.*).

Μαίναλον, ου (τό), le Ménale.

μαινάς, άδος (ἡ), en délire : ἡ μ..., bacchante.

μαίνω (*aor.* ἔμηνα, *pf.* μέμηνα), rendre fou. — *Moy.* (*f.* μανοῦμαι *et* μανήσομαι, *aor.* ἐμηνάμην *et* ἐμάνην, *pf.* μεμάνημαι), être fou; être égaré.

μαίομαι (*f.* μάσομαι, *aor.* ἐμασάμην), désirer vivement, *acc.* ou *gén.*

Μαιονίδης, ου (ὁ), le poète de Méonie (*Homère*).

Μαιῶτις, ιδος (ἡ), le Palus-Méotis.

μάκαρ, μάκαιρα, μάκαρ, *gén.* μάκαρος, heureux : bienheureux.

μακαρία, ας (ἡ), félicité.

μακαρίζω (*f.* ίσω, *att.* ιῶ), estimer heureux.

μακάριος, α, ον, *comme* μάκαρ : ὦ μακάριε, mon cher.

μακαρισμός, οῦ (ὁ), action d'estimer heureux.

μακαριστός, ή, όν, qu'on peut estimer heureux.

μακαρίτης, ου (ὁ), bienheureux.

Μακεδονία, ας (ἡ), Macédoine.

Μακεδών, όνος (ὁ, ἡ), Macédonien ; — enne.

μάκελλα, ης (ἡ), pioche.

μάκελλον, ου (τό), marché.

μάκιστος, *comme* μήκιστος.

μακραίων, ωνος (ὁ, ἡ), de longue durée; de longue vie.

μακράν, *adv.*, 1° LONGUEMENT. ‖ 2° loin *ou* longtemps.

μακρ-ηγορέω-ῶ (*f.* ήσω), parler longtemps.

μακρ-ημερία, ας (ἡ), période des jours longs.

μακρό-βιος, ος, ον, qui vit longtemps.

μακρό-θεν, *adv.*, de loin.

μακρο-θυμία, ας (ἡ), patience.

μακρο-λογέω-ῶ (*f.* ήσω), parler longuement.

μακρο-λογία, ας (ἡ), verbosité.

μακρός, ά, όν, 1° LONG.

|| 2° grand; haut : μακρὰ πονεῖν, souffrir grandement. || 3° lointain : διὰ μακροῦ, à une grande distance. — *Adv.* μακρόν, beaucoup; loin; longtemps : μακρῷ βέλτιστος, de beaucoup le meilleur.

μακρο-χρόνιος, ος, ον, qui dure longtemps.

μακών, *part. aor.* 2 *de* μηκάομαι.

μάλα, *adv.* : 1° TOUT A FAIT; très. || 2° assurément; surtout.

μαλακία, ας (ἡ), mollesse.

μαλακίζομαι (*f.* ίσομαι, *att.* ιοῦμαι *et* μαλακισθήσομαι), être amolli

μαλακός, ή, όν, 1° MOU. || 2° doux.

μαλακῶς, *adv.*, 1° mollement. || 2° doucement.

μαλάσσω, *att.* **ττω** (*f.* άξω), amollir; adoucir.

μαλερός, ά, όν, violent.

μάλη, ης (ἡ), aisselle

μαλθακία, *comme* μαλακία.

μαλθακίζομαι, *comme* μαλακίζομαι.

μαλθάσσω, *comme* μαλάσσω.

μάλιστα, *sup. de* μάλα, 1° TRÈS; le plus : ὡς μάλιστα, le plus possible; ἐν τοῖς μάλιστα φίλος, cher parmi ceux qui le sont le plus = cher entre tous. || 2° environ. || 3° au juste. || 4° assurément.

μαλκιάω-ῶ, être engourdi.

μᾶλλον (*comp. de* μάλα), plus : μᾶλλον ἢ δεῖ *ou* μᾶλλον τοῦ δέοντος, plus qu'il ne faut.

μαλλός, οῦ (ὁ), laine; toison.

μάμμη, ης (ἡ), maman; grand'mère.

μάν, *pour* μήν.

μανδραγόρας, ου *et* **α** (ὁ), mandragore (*plante qui fait dormir*).

μανείς, *part. aor.* 2 *de* μαίνομαι.

μανθάνω (*f.* μαθήσομαι, *aor.* 2 ἔμαθον, *pf.* μεμάθηκα), 1° APPRENDRE; étudier. || 2° comprendre. — *Loc.* τί μαθών; pourquoi?

μανία, ας (ἡ), folie; délire.

μανιάς, άδος, *comme le suivant.*

μανικός, ή, όν, fou; pris de délire.

μανι-ώδης, ης, ες, *même sens.*

μανός, ή, όν, mince rare.

μαντεία, ας (ἡ), 1° DIVINATION. ‖ 2° prédiction.
μαντεῖον,ου (τό), oracle, prophétie.
μαντεῖος,α,ον, d'oracle; prophétique.
μάντευμα, ατος (τό), *comme* μαντεῖον.
μαντεύομαι (*f.* σομαι), prédire.
μαντευτός, ή, όν, prédit.
μαντηΐη, *comme* μάντεια.
μαντικός, ή, όν, de devin; ἡ μαντική, l'art de la divination.
Μαντίνεια, ας (ἡ), Mantinée.
1. **μάντις, εως** (ὁ, ἡ), devin; devineresse.
2. **μάντις, εως** (ἡ), sauterelle.
μαντοσύνη, ης (ἡ), art de la divination.
μάομαι (*pf.* μέμαα), *comme* μαίομαι.
μάραθον,ου (τό), fenouil.
Μαραθών, ῶνος (ὁ), Marathon.
μαραίνω (*f.* μαρανῶ, *aor.* ἐμάρανα; *pass. pf.* μεμάραμμαι *ou* μεμάρασμαι), CONSUMER; faner; flétrir.
μαργαίνω, être dément.
μαργαρίτης, ου (ὁ), perle.
Μαργίτης,ου (ὁ), Margitès.
μάργος, η,ον, 1° dément. ‖ 2° vorace.
Μαρδόνιος, ου (ὁ), Mardonios.
μαρμαίρω, briller.
μαρμάρεος, α, ον, brillant.
μάρμαρος, ος, ον, *même sens.*
μάρμαρος, ου (ὁ, ἡ), marbre.
μαρμαρυγή, ῆς (ἡ), éclat *ou* mouvement éblouissant.
μάρναμαι (*aor.* ἐμαρνάσθην), combattre.
μάρπτω (*f.* ψω, *aor.* 2 ἔμαπον, *pf.* μέμαρπα).
μάρσιπος, ου (ὁ), sac; bourse.
Μαρσύας,ου (ὁ),Marysas.
μαρτυρέω-ῶ (*f.* ήσω), 1° témoigner. ‖ 2° attester, *acc*...
μαρτυρία, ας (ἡ), témoignage.
μαρτύριον, ου (τό), témoignage (*preuve*).
μαρτύρομαι (*f.* οῦμαι), 1° appeler comme témoin. ‖ 2° témoigner.
μάρτυρος,ου (ὁ), témoin
μάρτυς, υρος (ὁ, ἡ), 1° témoin. ‖ 2° martyr.
μασάομαι-ῶμαι (*f.* ήσομαι), mâcher.

μασθός, *comme* μαστός.
Μασσαλία, ας (ἡ), Marseille.
μάσσω, *att.* **ττω** (*f.* ξω), pétrir.
μάσσων, ων, ον, *gén.* **ονος**, plus grand.
μάσταξ, ακος (ἡ), 1° mâchoire. ‖ 2° pâtée.
μαστεύω (*f.* σω), 1° rechercher.‖2° tâcher de.
μαστήρ, ῆρος (ὁ), chercheur.
μαστιγέω-ῶ (*f.* ήσω), fouetter.
μαστιγίας, ου (ὁ), abonné au fouet.
μαστιγο-φόρος, ος, ον, qui porte un fouet.
μαστιγόω-ῶ (*f.* ώσω), fouetter.
μαστίζω (*f.* ίξω), *même sens.*
μάστιξ, ιγος (ἡ), fouet.
μάστις, ιος (ἡ), *même sens.*
μαστίω, fouetter.
μαστός, οῦ (ὁ), 1° SEIN. ‖ 2° tertre.
μασχάλη, ης (ἡ), aisselle.
μασχαλίζω (*f.* ίσω), mutiler.
μασχαλιστήρ, ῆρος (ὁ), ceinture.
ματᾴζω (*f.* ᾴσω), parler en l'air.
ματαιο-λογία, ας (ἡ), bavardage vain.
μάταιος, ος *ou* **α, ον**, 1° VAIN. ‖ 2° vaniteux. ‖ 3° outrageant.
ματαιότης, ητος (ἡ), vanité.
ματαίως, *adv.*, vainement.
ματάω-ῶ (*f.* ήσω), être vain; échouer.
ματεύω, *comme* μαστεύω.
μάτην, *adv.*, VAINEMENT; à tort.
μάτηρ, *comme* μήτηρ.
ματίη, ης (ἡ), vain effort.
μαῦρος, ος, ον, *comme* ἀμαυρός.
μάχαιρα, ας (ἡ), coutelas.
μαχαίριον, ου (τό), petit coutelas.
μαχαιρο-φόρος, ος, ον, qui porte un coutelas.
μαχέομαι *et* **μαχείομαι**, *comme* μάχομαι.
μάχη, ης (ἡ), 1° COMBAT. ‖ 2° champ de bataille. 3° débat.
μαχήμων, ων, ον, belliqueux.
μαχητής, οῦ (ὁ), combattant.
μαχητικός, ή, όν, belliqueux.
μαχητός, ή, όν, qu'on peut combattre.
μάχιμος, ος *ou* **η, ον**, propre *ou* ardent au combat.

μαχλοσύνη, ης (ἡ), lubricité.
μάχομαι (*f.* μαχέσομαι, *att.* μαχοῦμαι, *aor.* ἐμαχεσάμην, *pf.* μεμάχημαι), COMBATTRE ; se disputer.
μάψ *et* **μαψιδίως**, *adv.*, en vain ; au hasard.
μάω, *voir* μάομαι.
Μεγάβυζος, ου (ὁ), Mégabyze.
μέγαθος, *comme* μέγεθος.
μεγά-θυμος, ος, ον, au grand cœur.
μεγαίρω (*f.* μεγαρῶ, *aor.* ἐμέγηρα), 1° ENVIER, *dat.* ‖ 2° refuser, *gén. de chose.*
μεγα-κήτης, ης, ες, monstrueux.
Μεγα-κλῆς, έους (ὁ), Mégaclès.
μεγαλ-αυχέω-ῶ (*f.* ήσω), être fier.
μεγάλ-αυχος, ος, ον, orgueilleux.
μεγαλεῖος, α, ον, magnifique.
μεγαλειότης, ητος (ἡ), magnificence.
μεγαλ-ηγορέω-ῶ (*f.* ήσω), 1° célébrer pompeusement. ‖ 2° se vanter.
μεγαλ-ήτωρ, ορος (ὁ, ἡ), au grand cœur.
μεγαλίζομαι, être fier.
μεγαλό-νοια, ας (ἡ), grandeur d'intelligence.
μεγαλο-πράγμων, ων, ον, *gén.* ονος, qui fait de grandes choses.
μεγαλο-πρέπεια, ας (ἡ), magnificence.
μεγαλο-πρεπής, ής, ές, magnifique.
μεγαλο-φρονέω-ῶ (*f.* ήσω), avoir de grands sentiments ; être orgueilleux.
μεγαλο-φροσύνη, ης (ἡ), grandeur des sentiments ; orgueil.
μεγαλό-φρων, ων, ον, *gén.* ονος, qui a des sentiments élevés.
μεγαλο-ψυχία, ας (ἡ), grandeur d'âme.
μεγαλό-ψυχος, ος, ον, magnanime.
μεγαλύνω (*f.* υνῶ), 1° grandir ; rehausser. ‖ 2° célébrer. — *Moy.* se vanter.
μεγαλ-ώνυμος, ος, ον au grand nom.
μεγάλως, *adv.*, grandement ; très.
μεγαλωστί, *adv.*, 1° grandement. ‖ 2° sur un vaste espace.
Μέγαρα, ων (τά), Mégare.
μέγαρον, ου (τό), grande salle ; palais.

μέγας, μεγάλη, μέγα, 1° GRAND. ‖ 2° puissant. ‖ 3° important.

μέγεθος, ους (τό), 1° grandeur. ‖ 2° puissance.

μεγιστᾶνες, ων (οἱ), les grands.

μέγιστος, η, ον, *sup. de* μέγας.

μεδέων, ουσα, ον, qui a soin de, *gén.*

μέδιμνος, ου (ὁ, ἡ), médimne (*mesure de 50 litres environ*).

μέδω *et* **μέδομαι** (*f.* μεδήσομαι), gouverner; s'occuper de, *gén.*

μεθ-αιρέω-ῶ *f.* αιρήσω, *etc.*), saisir au vol.

μεθ-άλλομαι (*aor. part.* μετάλμενος), bondir à la poursuite, *dat.*

μεθ-αρμόζω (*f.* όσω), *et moy.*, modifier; améliorer.

μεθ-είω *et* **μεθ-έμεν,** *subj. et inf. aor.* 2 *de* μεθίημι.

μεθ-έλεσκε, 3° *pers. sg. aor.* 2 *de* μεθαιρέω.

μέθ-εξις, εως (ἡ), participation.

μεθ-έπω (*impf.* μεθεῖπον, *aor.* 2 μετέσπον), *et moy.*, suivre; poursuivre.

μεθ-ερμηνεύω (*f.* σω), interpréter.

μέθη, ης (ἡ), ivresse.

μέθ-ημαι, être assis parmi, *dat.*

μεθ-ημερινός, ή, όν, de jour.

μεθ-ημοσύνη, ης (ἡ), négligence.

μεθ-ήμων, ων, ον, *gén.* ονος, négligent.

μεθ-ίημι (*f.* ήσω, *etc.*), 1° LAISSER ALLER; lâcher. ‖ 2° laisser faire; abandonner; relâcher; négliger. ‖ 3° produire; occasionner. ‖ 4° *intr.* se relâcher; cesser, *gén.*

— *Moy.*, laisser de côté, *gén.*

μεθ-ιστάνω, *comme le suivant.*

μεθ-ίστημι (*f.* μεταστήσω, *etc.*), 1° DÉPLACER; faire changer. ‖ 2° délivrer.

— *Moy. et* — έστην, — έστηκα, se déplacer; *aor.* 1 — εστησάμην, éloigner de soi.

μεθ-οδεύω (*f.* σω), 1° rechercher. ‖ 2° capter par des artifices.

μέθ-οδος, ου (ἡ), 1° RECHERCHE. ‖ 2° méthode. ‖ 3° procédés habiles.

μεθ-ομιλέω-ῶ (*f.* ήσω), fréquenter, *dat.*

μεθ-όριος, α, ον, limitrophe : τὰ μεθόρια, les frontières.

μεθ-ορμάομαι-ῶμαι (*aor.* ωρμήθην), s'élancer vers, *acc.*

μεθ-ορμίζω (*f.* ίσω, *att.* ιῶ), 1° faire passer dans un autre mouillage. || 2° *intr. et moy.*, aller mouiller ailleurs.

μέθυ, υος (τό), vin pur.

μεθύσκω (*f.* ύσω), enivrer. — *Pass.* (*aor.* ἐμεθύσθην), s'enivrer.

μέθυσος, ος *ou* **η, ον,** ivre.

μεθ-ύστερος, α, ον, postérieur; — μεθύστερον, *adv.*, plus tard.

μεθύω (*f.* σω), être ivre.

Μεθώνη, ης (ἡ), Méthone.

μείγνυμι, = μίγνυμι.

μειδάω-ῶ (*f.* ήσω), *et* **μειδιάω-ῶ** (*f.* άσω), sourire.

μειζόνως, *adv.*, plus grandement.

μειζότερος, *comme* μείζων.

μείζων, *comp. de* μέγας.

μείλια, ων (τά), cadeau.

μείλιγμα, ατος (τό), charme, attrait.

μείλινος, η, ον, *comme* μέλινος.

μειλίσσω, *att.* **ττω** (*f.* ίξω), apaiser. — *Moy.* prier doucement.

μειλιχίη, ής (ἡ), douceur.

μειλίχιος, α, ον, *et* **μείλιχος, ος, ον,** doux (*comme le miel*); apaisant.

μειον-εκτέω-ῶ (*f.* ήσω), être pauvre de; être inférieur à, *gén.*

μειόνως, *adv.*, moins.

μειόω-ῶ (*f.* ώσω), diminuer.

μειρακιεύομαι (*f.* σομαι), agir en jeune homme.

μειράκιον, ου (τό), jeune homme.

μειρακι-ώδης, ης, ες, de jeune homme.

μεῖραξ, ακος (ὁ, ἡ), jeune garçon; jeune fille.

μείρομαι (*aor.* 2 ἔμμορον, *pf.* 2 ἔμμορα), obtenir du sort : εἱμαρμένον ἐστί, il est fixé par le sort.

μείς, μηνός (ὁ), mois.

μείωμα, ατος (τό), diminution.

μείων, ων, ον, moindre; — *adv.*, μεῖον, moins : μεῖον ἔχειν, être dans une situation inférieure.

μελάγ-γαιος, ος, ον, à la terre noire.

μελαγ-χαίτης, ου (ὁ), à la chevelure noire.

μελαγ-χολικός, ή, όν, atrabilaire.

μελαγ-χροιής, ής, ές, *et* **μελάγ-χροος-ους, οον-ουν,** de couleur noire.

μέλαθρον, ου (τό), 1° poutre. ‖ 2° toit; maison.

μελαίνω (*f.* ανῶ), noircir.

μελανό-χροος-ους, οον-ουν, de couleur noire.

μελάν-υδρος, ος, ον, à l'eau noire.

μελάνω, devenir noir.

μέλας, μέλαινα, μέλαν, *gén.* μέλανος, μελαίνης, μέλανος, 1° NOIR. Τὸ μέλαν, l'encre. ‖ 2° sombre; triste.

μέλδομαι, se fondre.

μέλε (ὦ), *voc.*, mon ami.

Μελέαγρος, ου (ὁ), Méléagre.

μελεδαίνω, avoir souci (de, *gén.-acc.*).

μελέδημα, ατος (τό), — **μελεδών, ῶνος** (ἡ), — **μελεδώνη, ης** (ἡ), souci.

μελεδωνός, οῦ (ὁ, ἡ), gardien, gardienne.

μελεϊστί, *adv.*, par morceaux.

μέλεος, α, ον, 1° VAIN. ‖ 2° misérable.

μελετάω-ῶ (*f.* ήσω), 1° EXERCER. ‖ 2° prendre soin de, *gén.-acc.* ‖ 3° s'exercer à, *acc.*; s'exercer; déclamer; méditer.

μελέτη, ης (ἡ), 1° SOIN; étude. ‖ 2° exercice; déclamation; méditation.

μελέτημα, ατος (τό), sujet d'exercice.

μελετηρός, ά, όν, qui s'exerce.

μελέτωρ, ορος (ὁ), qui prend soin.

μέλημα, ατος (τό), objet de soin; soin.

Μέλης, ητος (ὁ), Mélès.

Μέλητος, ου (ὁ), Mélétos.

μέλι, ιτος (τό), miel.

μελί-γηρυς, υος (ὁ, ἡ), à la voix douce comme le miel.

μελίη, ης (ἡ), 1° FRÊNE. ‖ 2° lance.

μελίζω, moduler.

μελι-ηδής, ής, ές, doux comme le miel.

μελί-κρατον *ou* **-κρητον, ου** (τό), mélange de lait et de miel.

μελίνη, ης (ἡ), millet.

μέλινος, η, ον, de frêne.

μέλισσα, *att.* **ττα, ης** (ἡ), abeille.

μελιτόεις, όεσσα, όεν, de miel : ἡ μελιτόεσσα, gâteau de miel.

μελιτόω-ῶ (*f.* ώσω), mêler de miel.

μελιττ-ουργός, οῦ (ὁ), apiculteur.

μελιτ-ώδης, ης, ες, semblable au miel.

μελί-φρων, ων, ον, *gén.* **ονος** (ὁ, ἡ), qui a la douceur du miel.

μελιχρός, ά, όν, doux comme le miel.

μέλλημα, ατος (τό), retard.

μέλλησις, εως (ἡ), attente.

μελλητής, οῦ (ὁ), temporiseur.

μελλό-γαμος, ος, ον, qui va se marier.

μελλό-νυμφος, ος, ον, *même sens.*

μέλλω (*f.* μελλήσω), 1° ÊTRE SUR LE POINT DE ; devoir ; devoir arriver : τὰ μέλλοντα, l'avenir. ‖ 2° tarder.

μελο-ποιός-οῦ (ὁ), auteur de chants.

μέλος, ους (τό), 1° MEMBRE. ‖ 2° chant ; poésie chantée.

Μελπομένη, ης (ἡ), Melpomène.

μέλπω (*f.* ψω) *et moy.*, chanter.

μέλω (*f.* μελήσω, *pf.* 2 μέμηλα), 1° ÊTRE UN OBJET DE SOIN : ταῦτά μοι μέλει, cela me préoccupe. ‖ 2° *impers.* μέλει μοι τούτου, je suis préoccupé de cela. ‖ 3° Μεμηλώς, qui s'occupe *ou* qui est fait avec soin.
— *Moy.* (*aor.* ἐμελέθην), *mêmes sens et mêmes constructions.*

μελ-ῳδέω-ῶ (*f.* ήσω), chanter.

μελ-ῳδία, ας (ἡ), chant.

μελ-ῳδός, ός, όν, chanteur ; harmonieux.

μέμαα, *voir* μάομαι.

μεμακυῖα, *part. pf. de* μηκάομαι.

μέμβλεται et **μέμβλετο,** 3ᵉ *pers. sg. pf. et p.-q.-pf. de* μέλομαι.

μέμβλωκα, *pf. de* βλώσκω.

μεμβράς, άδος (ἡ), anchois.

μεμελημένως, *adv.*, soigneusement.

μεμετιμένος, *part. pf. pass. de* μεθίημι.

μεμηκώς, *part. pf. de* μηκάομαι.

μέμηλα, *pf.* 2 *de* μέλω.

Μέμνων, **ονος** (ὁ), Memnon.

μέμονα, *pf.* 2 *de* μένω, désirer.

μεμπτός, **ή**, **όν**, blâmable.

Μέμφις, **ιδος** (ἡ), Memphis.

μέμφομαι (*f.* μέμψομαι, *aor.* ἐμεμψάμην *et* ἐμέμφθην), blâmer (de), τινά τι *ou* τινί τι *ou* τινί τινος.

μεμψι-μοιρέω-ῶ (*f.* ήσω), *même sens.*

μεμψί-μοιρος, **ος**, **ον**, qui se plaint de son sort.

μέμψις, **εως** (ἡ), blâme; plainte.

μέν, *partic.*, D'UNE PART; en vérité : μὲν... δέ, d'une part... de l'autre; ὁ μὲν... ὁ δέ, l'un... l'autre.

μενεαίνω, désirer ardemment.

μενε-δήϊος, **ος**, **ον**, qui tient contre l'ennemi.

Μενέλαος, **ου**, *et* **Μενέλεως**, **ω** (ὁ), Ménélas.

μενε-πτόλεμος, **ος**, **ον**, *comme* μενεδήϊος.

μενετός, **ή**, **όν**, qui attend; patient.

μενε-χάρμης, **ου** (ὁ), *et* **μενέ-χαρμος**, **ος**, **ον**, ferme au combat.

Μένιππος, **ου** (ὁ), Ménippe.

μενο-εικής, **ής**, **ές**, satisfaisant; agréable.

Μενοικεύς, **έως** (ὁ), Ménœcée.

μενοινάω-ῶ *et* **μενοινέω-ῶ** (*f.* ήσω), songer à, *acc.*

Μενοιτιάδης, **ου** (ὁ), fils de Ménœcée.

μένος, **ους** (τό), FORCE. ‖ 2° courage. ‖ 3° fureur.

μέντοι, *adv.*, 1° assurément. ‖ 2° toutefois.

Μέντωρ, **ορος** (ὁ), Mentor.

μένω (*f.* μενῶ, *aor.* ἔμεινα, *pf.* μεμένηκα), 1° *intr.* RESTER; persister. ‖ 2° *tr.* attendre.

Μένων, **ωνος** (ὁ), Ménon.

μερίζω (*f.* ίσω, *att.* ιῶ), partager.

μέριμνα, **ης** (ἡ), souci.

μεριμνάω-ῶ (*f.* ήσω), 1° avoir du souci. ‖ 2° chercher.

μερίμνημα, **ατος** (τό), objet de souci.

μερίς, **ίδος** (ἡ), 1° PART. ‖ 2° parti.

μερισμός, **οῦ** (ὁ), partage.

μεριστός, **ή**, **όν**, partagé.

μέρμερος, ος, ον, 1° inquiet. ‖ 2° pénible.

μερμηρίζω (*f.* ίξω), 1° être inquiet. ‖ 2° *acc.*, méditer.

Μερόπη, ης (ἡ), Mérope.

μέρος, ους (τό), 1° PART; partie : τὸ σὸν μέρος, pour ta part. ‖ 2° tour : ἐν μέρει, tour à tour. ‖ 3° rang; estime : οὐδενὸς ἐν μέρει εἶναι, ne compter pour rien.

1. **μέροψ, οπος** (ὁ), mortel : οἱ μέροπες, les hommes.

2. **μέροψ, οπος** (ὁ), mésange.

μεσαι-πόλιος, ος, ον, grisonnant.

μεσ-αμβρίη, *pour* μεσημβρία.

μεσαίτατος, *sup. de* μέσος.

μεσαίτερος, *comp. de* μέσος.

μέσ-αυλος (ὁ, ἡ), *et* **μέσαυλον, ου** (τό), cour intérieure.

μεσεύω, occuper le milieu de, *gén.*

μεσηγύ(ς), 1° *adv.*, au milieu. ‖ 2° *prép.gén.*, au milieu de; dans l'intervalle de.

μεσήεις, ήεσσα, ῆεν, situé au milieu.

μεσ-ημβρία, ας (ἡ), midi; le midi.

μεσ-ημβρινός, ή, όν, de midi; du midi.

μεσιτεύω (*f.* εύσω), se mettre au milieu.

μεσίτης, ου (ὁ), intermédiaire.

μεσό-γαια *ou* — **γεια** (ἡ), intérieur des terres.

μεσό-γαιος *ou* — **γειος, ος, ον,** situé à l'intérieur des terres.

μεσό-δμη, ης (ἡ), traverse.

μεσ-όμφαλος, ος, ον, qui est au centre (*partic*t *de la Terre*).

μεσο-νύκτιος, ος, ον, du milieu de la nuit.

μεσο-ποτάμιος, α, ον, entre deux fleuves. Ἡ Μεσοποταμία, la Mésopotamie.

μέσος, η, ον, qui est au milieu : μέσον ἦμαρ, midi; τὸ μέσον, le milieu. ‖ 2° moyen; médiocre. ‖ 3° impartial; neutre. ‖ 4° commun à tous : εἰς μέσον, dans l'intérêt de tous *ou* en public.

μεσότης, ητος (ἡ), milieu; juste milieu.

μεσο-τομέω-ῶ (*f.* ήσω), couper par le milieu.

μεσόω-ῶ (*f.* ώσω), être au milieu.

μέσσατος, *comme* μέσος.

μεσσηγύς, *comme* μεσηγύ(ς).

Μεσ(σ)ήνη, ης (ἡ), Messène.

Μεσ(σ)ήνιος, α, ον, Messénien.

μεσσο-παλής, ής, ές, lancé par le milieu.

μέσσος, *pour* μέσος.

μεστός, ή, όν, plein (de, *gén.*).

μεστόω-ῶ (*f.* ώσω), remplir (de, *gén.*).

μέσφα, *prép.*, jusqu'à, *gén.*

μετά, I. *adv.*, 1° au milieu (*du groupe*). ‖ 2° à la suite; ensuite.
— II. *prép.*, 1° *gén.*, AVEC; d'accord avec : οἱ μετὰ Μιλτιάδου, les compagnons de Miltiade.
— 2° *dat.*, dans; parmi.
— 3° *acc.*, APRÈS; parmi; pendant : μετὰ ταῦτα, après cela; μεθ' ἡμέραν, pendant le jour.

μέτα, 1° *pour* μετά, *après le complément.* ‖ 2° *pour* μέτεστι.

μετα-βαίνω (*f.* βήσομαι, *etc.*), 1° *intr.* passer d'un lieu à un autre. ‖ 2° *tr.* (*aor.* 1 μετέβησα), faire passer.

μετα-βάλλω (*f.* βαλῶ, *etc.*), I. *actif*, 1° RETOURNER; déplacer, *acc.*
— II. *Actif et moy.*, 1° *tr.* changer, échanger. ‖ 2° changer; devenir autre.

μετά-βασις, εως (ἡ), CHANGEMENT; déplacement.

μετα-βιβάζω (*f.* βιβάσω, *att.* βιβῶ *etc.*), transporter; transposer.

μετα-βολή, ῆς (ἡ), 1° changement; humeur changeante. ‖ 2° trafic.

μετα-βουλεύω (*f.* σω), *et moy.*, changer d'avis.

μετ-άγγελος, ου (ὁ, ἡ), messager; messagère.

μεταγειτνιών, ῶνος (ὁ), métagitnion (*mois d'août-sept.*).

μετα-γιγνώσκω (*f.* γνώσομαι, *etc.*), changer d'avis; regretter, *acc.*

μετά-γνοια, ας, *et* **μετά-γνωσις, εως** (ἡ), changement d'opinion; repentir.

μετα-γράφω (*f.* ψω), 1° MODIFIER. ‖ 2° traduire. ‖ 3° transcrire.
— *Moy.*, se faire traduire.

μετ-άγω (*f.* ἄξω, *etc.*), transporter.

μετα-δαίνυμαι (*f.* δαίσομαι), partager le festin avec qq'un, *dat.*

μετα-δήμιος, ος, ον, répandu dans le peuple *ou* le pays.

μετα-δίδωμι (*f.* δώσω, *etc.*), communiquer, *acc.* ou *gén.*

μετα-δίωκτος, ος, ον, poursuivi.

μετα-διώκω(*f.*διώξομαι). poursuivre.

μετα-δοκεῖ (*f.* δόξει), l'avis est changé : μεταδοκεῖ μοι, je me ravise.

μετα-δόρπιος, ος, ον, qui vient après le repas du soir.

μετά-δοσις, εως (ἡ), partage.

μετα-δρομάδην, *adv.*, en courant après.

μετα-δρομή, ῆς (ἡ), poursuite.

μετα-δρόμος, ος, ον, qui est à la poursuite (de, *gén.*).

μετά-θεσις, εως (ἡ), transposition ; changement.

μετα-θέω (*f.* θεύσομαι), poursuivre.

μετα-ΐζω, être assis parmi, *dat.*

μετ-αίρω (*f.* αρῶ), transporter.

μετ-αΐσσω,(*f.*ΐξω),s'élancer pour poursuivre.

μετ-αιτέω-ῶ (*f.* ήσω), demander sa part de, *gén.*

μετ-αίτιος, ος *ou* α, ον, complice.

μετ-αιχμίος, ος, ον, intermédiaire.

μετα-καλέω-ῶ (*f.* έσω), appeler ailleurs ; rappeler.

μετά-κειμαι(*f.*κείσομαι), être déplacé.

μετα-κιάθω,poursuivre; aller voir.

μετα-κινέω-ῶ (*f.* ήσω), déplacer. —*Moy.-pass.* se déplacer.

μετα-κινητός, ή, όν, qu'on peut déplacer.

μετα-κλαίω (*f.* κλαύσομαι), déplorer.

μετα-κλίνομαι (*aor.* εκλίνθην), tourner.

μετα-λαγχάνω (*f.* λήξομαι, *etc.*), participer à, *gén.*

μετα-λαμβάνω (*f.* λήψομαι, *etc.*), 1° PARTICIPER à, *acc.* ou *gén.* || 2° prendre après un autre. || 3° échanger. — *Moy.*, revendiquer.

μετα-λήγω (*f.* λήξω), cesser, *gén.*

μετά-ληψις, εως (ἡ), 1° participation. ‖ 2 échange.

μετ-αλλαγή, ῆς (ἡ), échange; changement.

μετ-αλλάσσω, *att.* ττω (*f.* άξω, *etc.*), 1° CHANGER; échanger. ‖ 2° faire passer ailleurs.

μετ-αλλάω-ῶ (*f.* ήσω), chercher; interroger.

μεταλλεία, ας (ἡ), mine; travail des mines.

μεταλλεύω (*f.* εύσω), miner; fouiller.

μεταλ-λήγω, *pour* μεταλήγω.

μέταλλον, ου (τό), mine.

μετ-άλμενος, *part. aor.* 2 *de* μεθάλλομαι.

μετα-μάζιος, ος, ον, qui est au creux de la poitrine.

μετα-μανθάνω (*f.* μαθήσομαι, *etc.*), désapprendre; apprendre de nouveau.

μετα-μέλει (*f.* μελήσει), *impers.* : μεταμέλει μοι ἁμαρτήματος, je me repens de ma faute : cf. *me paenitet culpae meae.*

μετα-μέλεια, ας (ἡ), regret.

μετα-μέλομαι (*f.* μελήσομαι, *aor.* εμελήθην), se repentir (de, *dat.*).

μετά-μελος, ου (ὁ), *comme* μεταμέλεια.

μετα-μίγνυμι (*f.* μίξω), mêler (avec, *dat*).

μετα-μίσγω, *même sens.*

μετα-μορφόω-ῶ (*f.* ώσω), métamorphoser.

μετ-αμπέχομαι (*f.* αμφέξομαι), changer.

μετ-αμώνιος, ος, ον, vain.

μετ-ανα-γιγνώσκω, faire changer d'avis.

μετ-ανά-στασις, εως (ἡ), émigration.

μετα-νάστης, ου (ὁ), émigrant.

μετα-νίσσομαι, s'en aller.

μετ-αν-ίσταμαι (*aor.* 2 ανέστην), émigrer.

μετα-νοέω-ῶ (*f.* νοήσω), CHANGER D'AVIS; regretter.

μετά-νοια, ας (ἡ), *comme* μετάγνοια.

μεταξύ, 1° *adv.*, AU MILIEU; dans l'intervalle. ‖ 2° *prép. gén.*, au milieu de; dans l'intervalle de; pendant.

μετα-παύομαι (*f.* παύσομαι), mettre des intervalles.

μετα-παυσωλή, ῆς (ἡ), interruption.

μετα-πείθω (*f.* πείσω), dissuader.

μετα-πέμπτος, ος, ον, mandé.

μετα-πέμπω (*f.* πέμψω), *et moy.*, mander.

μετα-πέμψις, εως (ἡ), action de mander.

μετα-πίπτω (*f.* πεσοῦμαι, *etc.*), TOMBER ; changer; dégénérer.

μετα-πλάσσω, *att.* **ττω** (*f.* πλάσω), transformer.

μετα-ποιέω-ῶ (*f.* ποιήσω), réformer. — *Moy.* s'arroger, *gén.*

μετα-πορεύομαι (*f.* εύσομαι), 1° changer de place. ‖ 2° poursuivre.

μετα-πρεπής, ής, ές, qui excelle parmi, *dat.*

μετα-πρέπω, exceller parmi, *dat.*

μετά-πτωσις, εως (ἡ), bouleversement.

μετα-πύργιον, ου (τό), espace entre deux tours.

μετα-ρρίπτω (*f.* ρρίψω), bouleverser.

μετα-ρρυθμίζω (*f.* ίσω), remettre en ordre.

μετ-άρσιος, ος, ον, élevé dans les airs.

μετ-αρσιόω-ῶ (*f.* ώσω), élever dans les airs.

μετα-σεύομαι (*aor.* 2 μετεσσύμην), poursuivre.

μετα-σκευάζω (*f.* άσω), changer ; réformer.

μετα-σπάω-ῶ (*f.* άσω), tirer dans un autre sens.

μετα-σπόμενος, *part. aor.* 2 *moy. de* μεθέπω.

μέτασσαι, ῶν (αἱ), brebis moyennement jeunes.

μετά-στασις, εως (ἡ), 1° DÉPLACEMENT ; changement.‖2° révolution.

μετα-στένω (*f.* στενῶ), déplorer.

μετα-στοιχί, *adv.*, côte à côte.

μετα-στρατοπεδεύομαι (*f.* σομαι), lever le camp.

μετα-στρέφω (*f.* στρέψω, *etc.*), 1° *tr.* TOURNER ; fléchir. ‖ 2° *intr.* se retourner. — *Moy.* 1° se détourner. ‖ 2° s'appliquer.

μετα-στροφή, ῆς (ἡ), action de se retourner.

μετά-σχεσις, εως (ἡ), participation.

μετα-σχηματίζω (*f.* ίσω), transformer.

μετα-τάσσω, *att.* **ττω** (*f.* ξω), arranger d'une autre manière.

— *Moy*. changer d'ordre *ou* de parti.

μετα-τίθημι (*f*. θήσω, *etc*.), 1° TRANSPORTER. ‖ 2° changer.

— *Moy*. changer (*d'avis ou de parti*).

μετα-τρέπομαι, *moy.-pass*. (*f*. 2 τραπήσομαι), s'occuper de, *gén*.

μετα-τρέχω (*f*. δραμοῦμαι, *etc*.), courir après, *acc*.

μετα-τροπαλίζομαι, tourner le dos.

μετά-τροπος, ος, ον, retourné.

μετ-αυδάω-ῶ (*f*. ήσω), parler au milieu de, *dat*.

μετ-αυτίκα, *adv*., sitôt après.

μετ-αῦτις, *adv*., ensuite.

μετα-φέρω (*f*. μετοίσω, *etc*.), TRANSPORTER; transposer.

—*Moy*., se transporter çà et là.

μετά-φημι, parler parmi *ou* à, *dat*.

μετα-φορά, ᾶς (ἡ), métaphore.

μετα-φορέω-ῶ, *comme* μεταφέρω.

μετα-φράζομαι (*f*. φράσομαι), considérer attentivement.

μετά-φρενον, ου (τό), dos.

μετα-φωνέω-ῶ, *comme* μετάφημι.

μετα-χειρίζω (*f*. ίσω, *att*. ιῶ) *et moy*., MANIER; administrer; traiter.

μετα-χωρέω-ῶ (*f*. ήσω), se déplacer.

μετ-έειπον, *pour* μετεῖπον.

1. **μέτ-ειμι** (*f*. έσομαι, *sum*), 1° ÊTRE PARMI. ‖ 2° être échu à. ‖ 3° *impers*. μέτεστί μοι τούτου, j'ai ma part de cela; *avec inf*., j'ai le droit de.

2. **μέτ-ειμι** (*f*. ειμι, *ibo*), 1° ALLER DERRIÈRE. ‖ 2° aller chercher. ‖ 3° poursuivre (*en tous sens*). ‖ 4° presser; supplier. ‖ 5° passer ailleurs.

μετ-εῖπον (*aor*. 2), parler parmi, *dat*.; parler après.

μετ-εισάμενος (*de* μέτειμι, *ibo*), étant intervenu.

μετ-εκ-βαίνω (*f*. βήσομαι), passer ailleurs.

μετ-εμβιβάζω (*f*. βιβάσω), faire embarquer sur un autre navire.

μετ-εν-δύω (*f*. δύσω),

faire changer de vêtement.

μετ-εξέτεροι, αι, α, quelques-uns.

μετ-έπειτα, *adv.*, ensuite.

μετ-έρχομαι (*f.* ελεύσομαι, *etc.*), *comme* μέτειμι².

μετ-έσσυτο, 3° *pers. sg. aor.* 2 *de* μετασεύομαι.

μετ-εύχομαι (*f.* εὔξομαι), former d'autres souhaits.

μετ-έχω (*f.* μεθέξω, *etc.*), PARTAGER (*acc. ou gén.*), avec (*dat.*); avoir sa part.

μετ-έω, *subj. de* μέτειμι¹.

μετ-εωρίζω (*f.* ίσω, *att.*, ιῶ), 1° LEVER EN L'AIR. || 2° relever. || 3° exalter. || 4° gagner la haute mer.

μετ-έωρος, ος, ον, 1° HAUT EN L'AIR; élevé : τὰ μετέωρα, les hauteurs. || 2° en suspens; incertain. || 3° en pleine mer. || 4° exalté; tout prêt à, *inf.*

μετ-ήορος, *comme le précédent.*

μετ-ίημι, *comme* μεθίημι.

μετ-ίσχω, *comme* μετέχω.

μετ-οικέω-ῶ (*f.* ήσω), être domicilié.

μετ-οίκησις, εως, *et* **μετ-οικία, ας** (ἡ), 1° émigration. || 2° état de métèque.

μετ-οικίζω (*f.* ίσω, *att.* ιῶ), faire passer en pays étranger; coloniser.

μετ-οίκιον, ου (τό), taxe des métèques.

μέτ-οικος, ου (ὁ, ἡ), métèque (*étranger domicilié*).

μετ-οίχομαι (*f.* ήσομαι), aller vers *ou* avec; poursuivre.

μετ-οκλάζω (*f.* άσω), s'agenouiller çà et là.

μετ-όν, *acc. n. du part. de* μέτειμι¹, le droit étant de.

μετ-ονομάζω (*f.* άσω), appeler par un autre nom.

μετ-όπιν *et* **μετ-όπισθε(ν),** 1° *adv.*, en arrière; plus tard. || 2° *prép. gén.*, derrière.

μετ-οπωρινός, ή, όν, d'arrière-saison.

μετ-όπωρον, ου (τό), automne.

μετ-ορμίζω, *comme* μεθορμίζω.

μετ-ουσία, ας (ἡ), participation.

μετ-οχή, ῆς, (ἡ), *même sens.*

μετ-οχλίζω (*f.* ίσω), soulever.

μέτ-οχος, ος, ον, participant à, *gén.*

μετρέω-ῶ (*f.* ήσω) *et moy.*, mesurer.

μέτρημα, ατος (τό), mesure.

μέτρησις, εως (ἡ), action de mesurer.

μετρητής, οῦ (ὁ), métrète (*mesure de* 40 *litres environ*).

μετρητικός, ή, όν, qui concerne le mesurage.

μετριάζω (*f.* άσω), avoir de la mesure.

μετρικός, ή, όν, métrique.

μετριο-παθής, ής, ές, mesuré dans ses passions.

μέτριος, α *ou* ος, ον, MESURÉ; modéré; modique.

μετριότης, ητος (ἡ), MESURE; modération.

μετρίως, *adv.*, 1° modérément. || 2° médiocrement.

μέτρον, ου (τό), 1° MESURE. || 2° espace; longueur. || 3° proportion; règle. || 4° vers; mètre.

μετωπηδόν, *adv.*, de front.

μετώπιον, ου (τό), bandeau de front.

μέτ-ωπον, ου (τό), front.

μέχρι(ς), 1° *adv.*, jusque. || 2° *prép. gén.*, jusqu'à. || 3° *conj.*, jusqu'à ce que.

μή, I. *adv. négatif*, 1° NE... PAS; non : εἰ δὲ μή, sinon. || 2° après les v. *empêcher*, μή et μὴ οὐ sont *explétifs* : οὐκ ἐμποδίζω σε (τὸ) μὴ οὐκ ἐλθεῖν, je ne t'empêche pas de venir. — Mais : αἰσχρόν ἐστι μὴ οὐ, il est honteux de ne pas. II. *conj. et le subj. en général*, de peur que : φοβοῦμαι μή, je crains que; μὴ οὐ, que ne pas. III. *inter.*, EST-CE QUE? si (*inter. indir.*).

μὴ γάρ, non vraiment; aux dieux ne plaise!

μή γε, certes non.

μηδαμά *et* **μηδαμῇ**, *adv.*, nullement.

μηδαμό-θεν, *adv.*, de nulle part.

μηδαμό-θι, *adv.*, nulle part (q. **ubi**).

μηδαμοῖ, *adv.*, nulle part (*avec mouv*t).

μηδαμός, ή, όν, aucun.

μηδαμοῦ, *adv.*, nulle part (q. **ubi**); nullement.

μηδαμῶς, *adv.*, nullement.

μηδέ, *adv.*, 1° NI. ‖ 2° ne... pas même.

Μήδεια, ας (ἡ), Médée.

μηδ-είς, μηδε-μία, μηδ-έν, NUL; PERSONNE; RIEN; — μηδέν, *adv.*, en rien.

μηδέ-ποτε, *adv.*, jamais (*négatif*).

μηδέ-πω, *adv.*, pas encore.

μηδ-έτερος, α, ον, ni l'un ni l'autre.

μηδ-ετέρωσε, *adv.*, ni d'un côté ni de l'autre

Μηδία, ας (ἡ), Médie.

μηδίζω (*f.* ίσω), agir en Mède.

Μηδικός, ή, όν, médique.

μηδισμός, οῦ (ὁ), amour des Mèdes.

μήδομαι (*f.* μήσομαι), 1° MÉDITER; penser, *acc.* ‖ 2° avoir souci de, *gén.*

1. **μῆδος, ους** (τό), 1° PENSÉE; souci.‖2° *plur.*, parties viriles.

2. **Μῆδος, ου** (ὁ), Mède.

μηθ-είς, *comme* μηδείς.

μηκάομαι-ῶμαι (*aor.* 2 ἔμακον, *pf.* μέμηκα), bêler.

μηκάς, άδος (ἡ), qui bêle; chèvre.

μηκ-έτι, *adv.*, ne... plus.

μήκιστος, η, ον (*sup. de* μακρός), TRÈS LONG; très grand; — μήκιστον, *adv.*, tout au loin.

μῆκος, ους (τό), longueur; taille.

μήκοτε, *pour* μήποτε.

μηκύνω (*f.* νῶ), allonger; prolonger.

μήκων, ωνος (ἡ), pavot.

μηλέα, ας (ἡ), pommier.

μήλειος, ος, ον, de mouton.

Μήλιος, α, ον, de Mélos.

μηλο-βοτήρ, ῆρος (ὁ), berger.

μηλό-βοτος, ος, ον, où broutent les moutons.

1. **μῆλον, ου** (τό), MOUTON; brebis; troupeau.

2. **μῆλον, ου** (τό), POMME.

μηλο-σφαγέω-ῶ (*f.* ήσω), égorger les moutons.

μήλ-ωψ, οπος (ὁ, ἡ), jaune (*comme un coing*).

1. **μήν,** *adv.*, certes; assurément

2. **μήν, μηνός** (ὁ), mois.

μήνη, ης (ἡ), lune.

μῆνιγξ, ιγγος (ἡ), méninge.

μηνιθμός, οῦ (ὁ), courroux.

μήνιμα, ατος (τό), cause de courroux.

μῆνις, ιος (ἡ), colère.

μηνίω (*f.* ίσω), être en colère.

μηνο-ειδής, ής, ές,

en forme de croissant.

μήνυμα, **ατος** (τό), indice.

μηνυτής, **οῦ** (ὁ), indicateur; dénonciateur.

μήνυτρον, **ου** (τό), prix de la dénonciation.

μηνύω (*f.*ύσω), indiquer; dénoncer.

μὴ ὅπως, bien loin de.

μὴ ὅτι, 1° non seulement. || 2° non seulement ne... pas.

μή-ποτε, *adv.*, jamais.

μή-που, *adv.*, nulle part.

μή-πω, *adv.*, pas encore.

μη-πώποτε, *adv.*, jamais encore.

μή-πως, *conj.*, afin que en aucune façon.

μηρά *et* **μηρία**, **ων** (τά), cuisses (*des victimes*).

μηρός, **οῦ** (ὁ), cuisse.

μηρύομαι (*f.* ύσομαι), 1° rouler. || 2° dévider. || 3° tramer.

μήστωρ, **ωρος** (ὁ), conseiller; instigateur.

μή-τε, *adv.*, ni.

μήτηρ, **μητρός** (ἡ), mère.

μή-τι, 1° *adv.*, nullement; pas du tout : μήτι γε (δή), encore moins. || 2° *conj.*, que *ou* de peur que en qq. chose. || 3° *inter.*, est-ce que ne pas?

μητιάω-ῶ (*f.* άσω), *et moy.*, méditer.

μητίετα (Ζεύς), sage.

μητιόεις, **όεσσα**, **όεν**, sage; bien trouvé.

μητίομαι (*f.* ίσομαι), méditer.

μή-τις, **μή-τι** (ὁ, ἡ, τό), 1° *pr.-adj.*, aucun. || 2° *conj.*, de peur que qq'un *ou* qq. chose. || 3° *inter.* est-ce que personne?

μῆτις, **ιος** (ἡ), 1° sagesse. || 2° ruse.

μή-τοι, *adv.*, ne... pas certes.

μήτρα, **ας** (ἡ), sein maternel.

μητρ-αλοίας, **ου** (ὁ), qui frappe sa mère.

μητρό-θε(ν), *adv.*, venant de la mère.

μητρο-πάτωρ, **ορος** (ὁ), aïeul maternel.

μητρό-πολις, **εως** (ἡ), métropole.

μητρυιά, **ᾶς** (ἡ), belle-mère; marâtre.

μητρῷος *et* **μητρώϊος**, **α**, **ον**, 1° MATERNEL. || 2° de Cybèle (*mère des dieux*).

μήτρως, **ωος** (ὁ), oncle maternel.

μηχανάομαι-ῶμαι (*f.* ήσομαι), 1° FABRIQUER;

préparer. ‖ 2° imaginer; tramer.

μηχανή, ῆς (ἡ), *et* **μηχάνημα, ατος** (τό), 1° MACHINE. ‖ 2° invention; moyen; machination.

μηχανητικός *et* **μηχανικός, ή, όν**, industrieux : ἡ μηχανική, la mécanique.

μηχανόεις, όεσσα, όεν, industrieux.

μηχανο-ποιός, οῦ (ὁ), constructeur de machines.

μηχανο-ρράφος, ος, ον, machinateur.

μῆχος, ους (τό), moyen; expédient.

μιαίνω (*f.* μιανῶ, *aor.* ἐμίανα, *pf.* μεμίαγκα; *pass. pf.* μεμίασμαι), 1° SOUILLER. ‖ 2° teindre.

μιαι-φονέω-ῶ (*f.* ήσω), assassiner.

μιαι-φόνος, ος, ον, meurtrier.

μιαρία, ας (ἡ), souillure.

μιαρός, ά, όν, IMPUR; souillé.

μίασμα, ατος (τό), *et* **μιασμός, οῦ** (ὁ), souillure.

μιάστωρ, ορος (ὁ), fléau vengeur.

μιγάζομαι, se mêler.

μιγάς, άδος (ὁ, ἡ), mêlé.

μίγδα, *adv.*, pêle-mêle.

μῖγμα, ατος (τό), mélange.

μίγνυμι (*f.* μίξω; *pass. f.* 2 μιγήσομαι, *pf.* μέμιγμαι), 1° MÊLER. ‖ 2° *pass., dat.*, se mêler à; combattre; fréquenter.

μιγνύω, *comme le précédent.*

Μίδας, α *ou* **ου** (ὁ), Midas.

Μιθριδάτης, ου (ὁ), Mithridate.

μικκός, ά, όν, petit.

μικρο-λογέομαι-οῦμαι (*f.* ήσομαι), être mesquin *ou* chicaneur.

μικρο-λογία, ας (ἡ), mesquinerie; chicane.

μικρο-λόγος, ος, ον, mesquin; chicaneur.

μικρο-πολίτης, ου (ὁ), citoyen d'une petite ville.

μικρός, ά, όν, 1° PETIT. ‖ 2° humble; médiocre : μικρὰ φρονεῖν, avoir des pensées basses.—*Adv.*, μικρόν, un peu; peu : κατὰ μικρόν, peu à peu; μικροῦ (δεῖ), peu s'en faut.

μικρότης, ητος (ἡ), petitesse.

μικρο-ψυχία, ας (ἡ), petitesse d'âme.
μικρό-ψυχος, ος, ον, d'âme petite; pusillanime.
μικτός, ή, όν, mêlé.
μῖλαξ, ακος (ἡ), if.
Μιλήσιος, ος *ou* α, ον, de Milet.
Μίλητος, ου (ἡ), Milet.
μίλιον, ου (τό), mille romain; mille pas.
Μιλτιάδης, ου (ὁ), Miltiade.
μιλτο-πάρῃος, ος, ον, aux joues vermillonnées.
μίλτος, ου (ἡ), vermillon.
μιλτόω-ῶ (*f.* ώσω), enduire de vermillon.
Μίλων, ωνος (ὁ), Milon.
μιμέομαι-οῦμαι (*f.* ήσομαι), imiter. — *Pass.* (*f.* μιμηθήσομαι), être imité.
μίμημα, ατος (τό), copie.
μίμησις, εως (ἡ), imitation.
μιμητής, οῦ (ὁ), imitateur.
μιμητικός, ή, όν, imitatif.
μιμητός, ή, όν, imitable.
μιμνάζω, 1° *intr.*, rester. ‖ 2° *tr.*, attendre.
μιμνήσκω (*f.* μνήσω, *aor.* ἔμνησα), 1° rappeler (*acc.* ou *gén.*) — *Moy.* (*f.* μνήσομαι *et* μνησθήσομαι), 1° SE RAPPELER; songer à, *acc.* ou *gén.* ‖ 2° rappeler, *gén.*
μίμνω, *comme* μένω.
μῖμος, ου (ὁ), 1° mime, comédien. ‖ 2° mime; (*petite comédie*).
μίν, *acc.*, 1° *pour* αὐτόν, ήν, ό. ‖ 2° *pour* αὐτούς, άς, ά. ‖ 3° *pour* ἑαυτόν.
Μινύαι, ῶν, (οἱ), Minyens.
μινύθω, diminuer, *tr. et intr.*
μίνυνθα, *adv.*, un peu.
μινυνθάδιος, α, ον, éphémère.
μινυρίζω (*f.* ίσω), *et* **μινύρομαι**, gazouiller.
Μίνως, ωος (ὁ), Minos.
Μινώ-ταυρος, ου (ὁ), le Minotaure.
μῖξις, εως (ἡ), mélange.
μιξο-βάρβαρος, ος, ον, demi-barbare.
μισ-ανθρωπία, ας (ἡ), misanthropie.
μισ-άνθρωπος, ος, ον, misanthrope.
μισγ-άγκεια, ας (ἡ), vallon où se mêlent les eaux.
μίσγω, *comme* μίγνυμι.
μισέω-ῶ (*f.* ήσω), haïr.

μίσημα, ατος (τό), objet de haine.

μισητός, ή, όν, haï; odieux.

μισθάριον, ου, (τό), petit salaire.

μισθαρνέω-ῶ (*f.* ήσω), être mercenaire.

μισθαρνία, ας (ἡ), travail de mercenaire.

μίσθιος, α, ον, mercenaire.

μισθο-δοσία, ας (ἡ), solde.

μισθο-δοτέω-ῶ (*f.* ήσω), payer un salaire (à, *dat.*) *ou* une solde (à, *acc*).

μισθο-δότης, ου (ὁ), celui qui paie la solde *ou* le salaire.

μισθός, οῦ (ὁ), SALAIRE; solde.

μισθο-φορά, ᾶς (ἡ), *mêmes sens.*

μισθο-φορέω-ῶ (*f.* ήσω), toucher un salaire *ou* une solde; être au service.

μισθο-φορία, ας (ἡ). service payé.

μισθο-φόρος, ου (ὁ), salarié; soldat.

μισθόω-ῶ (*f.* ώσω), mettre en location.
— *Pass.*, être loué; être salarié.
— *Moy.*, salarier; soudoyer.

μίσθωμα, ατος (τό), SALAIRE; solde.

μίσθωσις, εως (ἡ), location.

μισθωτός, ή, όν, SALARIÉ; mercenaire.

μισο-βάρβαρος, ος, ον, qui hait les étrangers.

μισο-γύνης, ου (ὁ), qui hait les femmes.

μισό-δημος, ου, qui hait la démocratie.

μισο-λόγος, ος, ον, qui hait les discours *ou* les sciences.

μισο-πονηρέω-ῶ (*f.* ήσω), haïr les méchants.

μῖσος, ους (τό), 1° HAINE. ‖ 2° objet odieux.

μισο-τύραννος, ος, ον, qui hait les tyrans.

μισό-χρηστος, ος, ον, qui hait les honnêtes gens.

μιστύλλω (*f.* υλῶ), hacher.

μίτος, ου (ὁ), fil.

μίτρα, ας (ἡ), 1° CEINTURE. ‖ 2° bandeau; diadème; tiare.

μιτρη-φόρος, ος, ον, qui porte une tiare.

μιτώδης, ης, ες, fait avec du fil.

μνᾶ, ᾶς (ἡ), mine (*cent drachmes*).

μνάομαι-ῶμαι, 1° se souvenir (de, *gén.*), ‖ 2° désirer, *acc.*

μνέα, ας (ἡ), *comme* μνᾶ.

μνεία, ας (ἡ), *comme* μνήμη.

μνῆμα, ατος, *et* **μνημεῖον, ου** (τό), 1° SOUVENIR. ‖ 2° tombeau.

μνήμη, ης (ἡ), 1° MÉMOIRE. ‖ 2° souvenir; mention.

μνημονεύω (*f.* σω), 1° SE RAPPELER; conserver dans la mémoire, *acc.* ‖ 2° rappeler, *acc.* ou *gén.*

μνημονικός, ή, όν, 1° de la mémoire. ‖ 2° qui a de la mémoire.

μνημονικῶς, *adv.*, de mémoire.

μνημοσύνη, ῆς (ἡ), mémoire.

Μνημοσύνη, ης, (ἡ), Mnémosyne.

μνημόσυνον, ου (τό), *comme* μνῆμα.

μνήμων, ων, ον, *gén.* ονος, qui se souvient (de, *gén.*). — *N.* ὁ μ. contrôleur.

μνησάσκετο, 3° *pers. sg. aor. moy. de* μιμνήσκω.

μνησθῆναι, *inf. aor. pass. de* μιμνήσκω.

μνησι-κακέω-ῶ (*f.* ήσω), garder rancune (à, *acc.*; de, *gén.*).

μνησί-κακος, ος, ον, rancunier.

μνηστεία, ας (ἡ), recherche (*en mariage, notamment*).

μνηστεύω (*f.* σω), *et moy.*, rechercher (*en mariage*). —*Pass.* être recherchée comme femme.

μνηστήρ, ῆρος (ὁ), prétendant (*au mariage*).

μνῆστις, εως (ἡ), souvenir.

μνηστύς, ύος (ἡ), *comme* μνηστεία.

μνωόμενος, *part. de* μνάομαι.

μογερός, ά, όν, 1° PÉNIBLE. ‖ 2° digne de pitié.

μογέω-ῶ (*f.* ήσω), peiner; souffrir.

μόγις, *adv.*, avec peine.

μόγος, ου (ὁ), peine.

μόθος, ου (ὁ), mêlée.

μόθων, ωνος (ὁ), effronté.

μοῖρα, ας (ἡ), 1° PART. ‖ 2° part de chaque homme; destinée; mort. ‖ 3° parti; section. ‖ 4° rang; considération: ἄγειν ἐν οὐδεμίᾳ μοίρᾳ, ne faire aucun cas de. ‖ 5° convenance: κατὰ μοῖραν εἰπεῖν, parler comme il convient.

Μοῖρα, ας (ἡ), le Destin. *Pl.* αἱ Μοῖραι, les Parques.

μοιράω-ῶ (*f.* άσω), partager.

μοιρη-γενής, ής, ές, né heureux.

μοιρίδιος, α, ον, fixé par le destin.

μοιχεία, ας (ἡ), adultère (*crime*).

μοιχεύω (*f.* σω), commettre un adultère.

μοιχός, οῦ (ὁ), adultère (*homme*).

μολεῖν, *inf. aor.* 2 *de* βλώσκω.

μόλιβ(δ)ος, ου (ὁ), plomb.

μόλις, *adv.*, avec peine.

μολοβρός, οῦ (ὁ), glouton.

Μολοσσοί, *att.* ττοί, ῶν (οἱ), les Molosses.

μολοῦμαι, *f. de* βλώσκω.

μολπή, ῆς (ἡ), chant.

μολπηδόν, *adv.*, avec chant.

μολύβδαινα, ης, *et* **μολυβδίς**, ίδος(ἡ), plomb (*pour outil de pêche*).

μόλυβδος, ου (ὁ), plomb.

μολύνω (*f.* υνῶ), souiller.

μολυσμός, οῦ (ὁ), souillure.

μομφή, ῆς (ἡ), reproche.

μον-αρχέω-ῶ (*f.* ήσω), être monarque. — *Pass.* être en monarchie.

μον-αρχία, ας (ἡ), monarchie.

μον-αρχικός, ή, όν, monarchique.

μονάς, άδος (ἡ), unité.

μοναχῇ, *adv.*, d'une manière unique.

μοναχός, ή, όν, seul; unique.

μονή, ῆς (ἡ), 1° ARRÊT. ‖ 2° retard.

μόνιμος, ος *ou* η, ον, fixe; constant.

μονο-γενής, ής, ές, unique enfant.

μονο-ειδής, ής, ές, simple; uniforme.

μονό-κροτος, ος, ον, à un seul rang de rames.

μονό-κωλος, ος, ον, qui a un seul membre.

μονο-μαχέω-ῶ (*f.* ήσω), combattre seul.

μονο-μαχία, ας (ἡ), combat singulier.

μόνον, *adv.*, seulement : οὐ μόνον... ἀλλὰ καί, non seulement, mais encore.

μόνον οὐ *ou* **μονονουχί**, *adv.*, presque.

μονό-ξυλος, ος, ον, formé d'une seule pièce de bois.

μονό-παις, παιδὸς (ὁ, ἡ), unique enfant.

μόνος, η, ον, seul.

μονο-φάγος, ος, ον, qui mange tout seul.

μον-όφθαλμος, ος, ον, qui n'a qu'un œil.

μονο-φυής, ής, ές, simple par nature.

μονόω-ῶ (*f.* ώσω), isoler. — *Pass.* être privé de, *gén.*

μον-ῳδία, ας (ἡ), chant sans accompagnement.

μόνωσις, εως (ἡ), isolement.

μόρα, ας (ἡ), more (*bataillon lacédémonien*).

μορία, ας (ἡ), olivier sacré.

μόριμος, *comme* μόρσιμος.

μόριον, ου (τό), partie; membre.

μόριος, ου, (ὁ), gardien des oliviers sacrés.

μορμο-λυκεῖον, ου (τό), masque; croquemitaine.

μορόεις, όεσσα, όεν, 1° habile. ‖ 2° fatal.

μόρος, ου (ὁ), 1° LOT; destinée. ‖ 2° mort.

μόρσιμος, ος, ον, fatal.

μορύσσω (*f.* ξω), noircir.

μορφή, ῆς (ἡ), 1° FORME; aspect. ‖ 2° apparence. ‖ 3° beauté.

μόρφνος, η, ον, noir.

μορφόω-ῶ (*f.* ώσω), représenter.

μόρφωμα, ατος (τό), *comme* μορφή.

μόρφωσις, εως (ἡ), action de former.

μόσ(σ)υν, υνος (ὁ), cabane de bois.

Μοσ(σ)ύνοικοι, ων (οἱ), Mossynèques.

μόσχειος, ος, ον, de veau.

μόσχος, ου (ὁ), 1° veau. ‖ 2° jeune rejeton; pousse.

μουνάξ, *adv.*, isolément.

μουν-αρχέω *etc.*, *comme* μοναρχέω.

Μουνιχία, ας (ἡ), Munichie.

μουνιχιών, ῶνος, (ὁ), munichion (*mois d'avril-mai*).

μοῦνος, *comme* μόνος.

μοῦσα, ης (ἡ), 1° MUSE; αἱ Μοῦσαι, les Muses. ‖ 2° art.

μουσεῖον, ου (τό), temple des Muses.

μουσικός, ή, όν, 1° RELATIF A LA MUSE, aux chants : ἡ μουσική, la musique; les arts libéraux. ‖ 2° ami des Muses; cultivé.

μουσικῶς, *adv.*, musicalement; artistiquement.

μουσο-μήτωρ, ορος (ἡ), mère des Muses.

μουσο-ποιός, ός, όν, poète.

μοχθέω-ῶ (*f.* ήσω), 1° peiner. ‖ 2° souffrir, *acc.*

μόχθημα, ατος (τό), peine; épreuve.

μοχθηρία, ας (ἡ), 1° PEINE; misère. ‖ 2° méchanceté.

μοχθηρός, ά, όν, 1° PÉNIBLE. ‖ 2° malheureux. ‖ 3° méchant.

μοχθηρῶς, *adv.*, avec peine *ou* méchanceté.

μοχθίζω, *comme* μοχθέω.

μόχθος, ου (ὁ), 1° PEINE. ‖ 2° souffrance.

μοχλεύω (*f.* σω) *et* **μοχλέω-ῶ** (*f.* ήσω), soulever au moyen d'un levier.

μοχλός, οῦ (ὁ), 1° LEVIER. ‖ 2° verrou.

μυγαλῆ, ῆς (ἡ), musaraigne.

μυδαλέος, α, ον, humide; moisi.

μυδάω-ῶ (*f.* ήσω), être humide; moisi.

μύδρος, ου (ὁ), bloc incandescent.

μυελόεις, όεσσα, όεν, plein de moelle.

μυελός, οῦ (ὁ), moelle

μυέω-ῶ (*f.* ήσω), initier (*aux mystères*).

μύζω (*f.* ξω), 1° grogner; grincer. ‖ 2° sucer.

μυθέομαι-οῦμαι (*f.* ήσομαι), 1° PARLER; dire. ‖ 2° réfléchir.

μυθίζω (*f.* ίσω), *mêmes sens.*

μυθικός, ή, όν, mythique.

μυθολογέω-ῶ *et* **μυθολογεύω** (*f* σω), conter des fables; raconter.

μυθο-λόγημα, ατος (τό), récit fabuleux.

μυθο-λογία, ας (ἡ), 1° mythologie. ‖ 2° récit fabuleux.

μυθο-λογικός, ή, όν, qui se connaît en légendes.

μῦθος, ου (ὁ), 1° PAROLE; conversation ‖ 2° récit. ‖ 3° fable; conte; mythe. ‖ 4° rumeur; nouvelle.

μυθ-ώδης, ης, ες, fabuleux.

μυῖα, ας (ἡ), mouche.

Μυκάλη, ης (ἡ), Mycale.

μυκάομαι-ῶμαι (*f.* ήσομαι, *aor.* 2 ἔμυκον), mugir.

μυκηθμός, οῦ (ὁ), mugissement.

Μυκήνη, ης (ἡ), Mycène.
μύκης, ητος (ὁ), champignon.
μυκτήρ, ῆρος (ὁ), 1° NARINE; trompe. ‖ 2° moquerie.
μυκτηρίζω (*f.* ίσω), se moquer.
μύλαξ, ακος (ὁ), pierre meulière; grosse pierre.
μύλη, ης (ἡ), *et* **μύλος**, ου (ὁ), pierre meulière.
μυλή-φατος, ος, ον, broyé par la meule.
μυλο-ειδής, ής, ές, en forme de meule.
μυλών, ῶνος (ὁ), moulin.
μύνη, ης (ἡ), délai.
μύξα, ης (ἡ), mucosité.
μυξώτηρ, *comme* μυκτήρ.
μυριάκις, *adv.*, dix mille fois.
μυρι-άρχης *ou* **μυρί-αρχος**, ου (ὁ), chef commandant dix mille hommes.
μυριάς, άδος (ἡ), myriade.
μυρι-ετής, ής, ές, qui a des milliers d'années.
μυρίζω (*f.* ίσω), parfumer.
μυρίκη, ης (ἡ), tamaris.
μυρίκινος, η, ον, de tamaris.
μύριοι, αι, α, dix mille.
μυριό-καρπος, ος, ον, aux fruits sans nombre.
μυρίος, α, ον, innombrable; infini.
μυριοστός, ή, όν, dix millième.
μυρι-ωπός, ός, όν, aux mille yeux.
μυρμηκία, ας (ἡ), fourmilière.
μύρμηξ, ηκος (ὁ), fourmi.
μύρον, ου (τό), essence; parfum.
μυρο-πωλεῖον, ου (τό), boutique de parfumerie.
μυρο-πώλης, ου (ὁ), parfumeur.
μυρρίνη *et* **μυρσίνη**, ης (ἡ), myrte.
μύρρινος *et* **μύρσινος**, η, ον, de myrte.
μύρτον, ου (τό), baie de myrte.
μύρτος, ου (ἡ), myrte.
μύρω *et moy.* **μύρομαι**, 1° distiller; dégoutter. ‖ 2° pleurer; déplorer.
μῦς, **μυός** (ὁ), rat; souris.
μυσαρός, ά, όν, criminel; odieux.
Μυσία, ας (ἡ), Mysie.
Μυσός, οῦ (ὁ), Mysien.
μύσος, ους (τό), crime affreux; être odieux.
μυστήριον, ου (τό), mystère.

μύστης, ου (ὁ), initié (*myste*).

μυστικός, ή, όν, des mystères; mystique.

Μυτιληναῖος, α, ον, Mytilénien.

Μυτιλήνη, ης (ἡ), Mytilène.

μύχιος, α, ον, profond.

μυχμός, οῦ (ὁ), gémissement.

μυχοίτατος, η, ον, placé tout au fond.

μυχόν-δε, *adv.*, vers le fond.

μυχός, οῦ (ὁ), 1° FOND. ‖ 2° chambre reculée.

μύω (*f.* σω), 1° *acc.*, FERMER (*la bouche* ou *les yeux*). ‖ 2° *intr.*, être fermé.

μυών, ῶνος (ὁ), nœud de muscles.

1. **μύωψ, ωπος** (ὁ, ἡ), myope.

2. **μύωψ, ωπος** (ὁ), 1° taon. ‖ 2° aiguillon.

μῶλος, ου (ὁ), 1° travail. ‖ 2° combat.

μῶλυ, υος (τό), moly (*plante magique*).

μώλωψ, ωπος (ὁ), meurtrissure.

μῶμαι, *voir* **μάομαι**

μωμάομαι-ῶμαι (*f.* ήσομαι), railler; blâmer.

μωμεύω, *mêmes sens.*

μῶμος, ου (ὁ), raillerie; blâme.

Μῶμος, ου (ὁ), Mômus.

μῶν, *adv. inter.*, est-ce que?

μῶνυξ, υχος (ὁ, ἡ), au sabot non fendu.

μωραίνω (*f.* ανῶ, *aor.*, ἐμώρανα), *et pass.*, être fou.

μωρία, ας (ἡ), folie.

μωρο-λογία, ας (ἡ), langage d'un fou.

μωρός, ά, όν, *et* **μῶρος, α, ον,** fou.

N

ναί, *adv.*, oui assurément.

Ναϊάς, άδος (ἡ), Naïade.

ναιετάω, 1° habiter. ‖ 2° être habité.

νάϊος, *comme* νήϊος.

Ναΐς, ΐδος, *comme* Ναϊάς.

ναίχι, *comme* ναί.

1. **ναίω** (*aor.* ἔνασσα; *pass. aor.* ἐνάσθην),

tr. et intr. habiter. — *Pass.* être habité; être établi.

2. **ναίω,** *comme* νάω.

νάκη, ης (ἡ), *et* **νάκος, ους** (τό), toison.

νᾶμα, ατος (τό), eau courante; flot.

ναμερτής, *pour* **νημερτής.**

Νάξος, ου (ἡ), Naxos.

ναός, οῦ (ὁ), temple.

ναπαῖος, α, ον, du vallon; boisé.

νάπη, ης (ἡ), *et* **νάπος, ους** (τό), vallon; vallée boisée.

νάρδος, ου (ἡ), nard.

ναρθηκο-φόρος, ος, ον, qui porte une férule.

νάρθηξ, ηκος (ὁ), férule.

ναρκάω-ῶ (*f.* ήσω), être engourdi.

νάρκη, ης (ἡ), engourdissement.

νάρκισσος, ου (ὁ, ἡ), narcisse.

νάσθη, 3e *p. sg. aor. pass. de* ναίω.

νᾶσος, *pour* νῆσος.

νάσσω, *att.* **ττω** (*f.* ξω; *pass. pf.* νένασμαι et νέναγμαι), presser, serrer.

ναυ-αγέω-ῶ (*f.* ήσω), faire naufrage.

ναυ-αγία, ας (ἡ), naufrage.

ναυ-άγιον,ου (τό), débris (*de naufrage*).

ναυ-αγός, ός, όν, naufragé.

ναυ-αρχέω-ῶ (*f.* ήσω), commander une flotte.

ναυ-αρχία, ας (ἡ), commandement d'une flotte.

ναύ-αρχος, ου (ὁ),navarque (*amiral*).

ναυ-βάτης, ου (ὁ), passager *ou* matelot.

ναυ-ηγέω, *comme* ναυαγέω.

ναυ-κληρέω-ῶ (*f.* ήσω), 1° être armateur. || 2° gouverner.

ναύ-κληρος, ου (ὁ), 1° armateur. || 2° pilote.

ναυ-κρατής, ής, ές, *et* **ναυ-κράτωρ, ορος** (ὁ, ἡ), qui commande sur mer.

ναῦλον, ου (τό), prix du transport (*par navire*); fret.

ναυ-λοχέω-ῶ (*f.* ήσω), 1° mouiller, être à l'ancre. || 2° surveiller (*en mer*), *acc.*

ναύ-λοχος, ος, ον, offrant un bon mouillage.

ναυ-μαχέω-ῶ (*f.* ήσω), combattre sur mer.

ναυ-μαχησείω, désirer le combat naval.

ναυ-μαχία, ας (ἡ), combat naval.

ναύ-μαχος, ος, ον, qui sert au combat sur mer.

Ναύ-πακτος, ου (ἡ), Naupacte.

ναυ-πηγέω-ῶ (*f.* ήσω), construire des navires.

ναυ-πηγήσιμος, ος *ou* **η, ον,** propre à la construction des navires.

ναυ-πηγία, ας (ἡ), construction de navires.

ναυ-πηγικός, ή, όν, qui concerne la construction des navires.

ναυ-πήγιον, ου (τό), chantier maritime.

ναυ-πηγός, οῦ (ὁ), constructeur de navires.

ναῦς, νεώς, ναῦν (ἡ) navire.

ναυσθλόω-ῶ (*f.* ώσω), transporter par mer.

Ναυσικάα, ας (ἡ), Nausicaa.

ναυσί-κλειτος *et* **ναυσί-κλυτος, ος, ον,** célèbre comme marin.

ναυσι-πέρατος, ος, ον, où passent les navires.

ναυσί-πορος, ος, ον, *même sens.*

ναύ-σταθμον, ου (τό), *et* **ναύ-σταθμος, ου** (ὁ), 1° mouillage. ‖ 2° flotte.

ναυ-στολέω-ῶ (*f.* ήσω), 1° *tr.* diriger (*un navire*). ‖ 2° naviguer.

ναύτης, ου (ὁ), matelot.

ναυτιάω-ῶ, avoir le mal de mer.

ναυτικός, ή, όν, marin ; naval : ἡ ναυτική, l'art nautique.

ναυτιλία, ας (ἡ), navigation.

ναυτίλλομαι, naviguer.

ναυτίλος, ου (ὁ), marin.

ναυτο-δίκαι, ῶν (οἱ), juges maritimes.

ναῦφι, *gén. et dat. pl. de* ναῦς.

νάω, couler.

νεάζω (*f.* άσω), être jeune.

νεαίτερος, *comp. de* νέος.

νε-ακόνητος, ος, ον, aiguisé nouvellement.

νε-αλής, ής, ές, jeune ; frais.

νεανίας, ου (ὁ), jeune homme.

νεανιεύομαι (*f.* σομαι), faire le jeune homme.

νεανικός, ή, όν, juvénile.

νεανικῶς, *adv.*, d'une manière jeune.

νεᾶνις, ιδος (ἡ), jeune ; jeune fille.

νεανίσκος, ου (ὁ), tout jeune homme.

νεαρός, ά, όν, jeune; neuf.

νέατος, η, ον, le dernier; le plus bas.

νεβρίζω (*f.* ίσω), se couvrir d'une peau de faon.

νεβρός, οῦ (ὁ, ἡ), faon.

νέες, νέεσσι, *nom. et dat. pl. de* ναῦς.

νεη-γενής, ής, ές, nouvellement né.

νε-ήκης et **νε-ηκονής, ής, ές,** nouvellement aiguisé.

νε-ήλατον, ου (τό), gâteau fraîchement pétri.

νέ-ηλυς, υδος (ὁ, ἡ), nouveau venu.

νεηνίης, *pour* νεανίας.

νεῖαι, 2° *pers. sg. de* νέομαι.

νείαιρα, ας (ἡ), plus récente.

νεικείω *et* **νεικέω-ῶ** (*f.* έσω), 1° *tr.*, QUERELLER; injurier. ‖ 2° *intr.*, se quereller.

νεῖκος, ους (τό), QUERELLE; débat.

Νεῖλος, ου (ὁ), le Nil.

νειό-θεν, *adv.*, d'en bas; du fond (de, *gén.*).

νειό-θι, *adv.*, au fond (de, *gén.*).

νειός, οῦ (ἡ), terre nouvellement labourée.

νεκάς, άδος (ἡ), monceau de morts.

νεκρός, ά, όν, mort : ὁ νεκρός le mort; le cadavre.

νεκρόω-ῶ (*f.* ώσω), faire mourir.

νέκταρ, αρος (τό), nectar.

νεκτάρεος, α, ον, de nectar; divin.

νέκυια, ας (ἡ), évocation des morts.

νεκυο-μαντεῖον, ου (τό), oracle rendu par les morts.

νέκυς, υος, *comme* νεκρός.

Νεμέα, ας (ἡ), Némée.

Νέμεα, ων (τά), les jeux Néméens.

νεμέθω, *comme* νέμω.

νεμεσάω-ῶ (*f.* ήσω), *et moy.* (*aor.* ἐνεμεσάμην *et* ἐνεμεσήθην), 1° S'INDIGNER, τινί τι. ‖ 2° être jaloux.

νεμεσητός, ή, όν, criminel; haï des dieux.

νεμεσίζομαι, *comme* νεμεσάω.

νέμεσις, εως (ἡ), 1° VENGEANCE DES DIEUX (*contre l'orgueil humain*). ‖ 2° indignation. ‖ 3° envie.

Νέμεσις, εως (ἡ), Némésis.

νέμησις, εως (ἡ), distribution.

νέμος, ους (τό), pâturage.

νέμω (*f.* νεμῶ, *aor.* ἔνειμα, *pf.* νενέμηκα; *pass. aor.* ἐνεμήθην), 1° DISTRIBUER; assigner; accorder. ‖ 2° administrer; posséder. ‖ 3° habiter. ‖ 4° regarder comme : σὲ νέμομεν θεόν, nous te prenons pour un dieu. ‖ 5° faire paître. ‖ 6° consumer.
— *Moy.*, 1° se partager. 2° posséder; avoir. ‖ 3° habiter. ‖ 4° paître.

νεο-άλωτος, **ος**, **ον**, pris récemment.

νεο-αρδής, **ής**, **ές**, nouvellement arrosé.

νεό-γαμος, **ος**, **ον**, nouvellement marié.

νεο-γιλός, **ός**, **όν**, nouveau-né.

νεο-γνός, **ός**, **όν**, *même sens*.

νεο-δαμώδης, **ης**, **ες**, inscrit nouvellement comme citoyen.

νεό-δαρτος, **ος**, **ον**, fraîchement écorché.

νεό-θεν, *adv.*, récemment.

νεο-θηλής, **ής**, **ές**, tout jeune.

νεοίη, **ης** (**ἡ**), jeunesse.

νεο-κατάστατος, **ος**, **ον**, établi depuis peu.

νεό-κτιστος, **ος**, **ον**, fondé depuis peu.

νέομαι (**νεῦμαι**), aller s'en aller.

νεο-μηνία *et* **νουμηνία**, **ας** (ἡ), nouvelle lune.

νεο-πενθής, **ής**, **ές**, depuis peu en deuil.

νεό-πλυτος, **ος**, **ον**, lavé depuis peu.

νεό-ποκος, **ος**, **ον**, fraîchement tondu.

νεο-πρεπής, **ής**, **ές**, qui convient à la jeunesse.

νεό-πριστος, **ος**, **ον**, scié depuis peu.

Νεο-πτόλεμος, **ου** (ὁ), Néoptolème.

νέ-ορτος, **ος**, **ον**, récent.

νέος, **α**, **ον**, 1° NOUVEAU; neuf; jeune : οἱ νέοι, les jeunes gens; ἐκ νέου, dès la jeunesse; νεώτερα πράττειν, faire une révolution. ‖ 2° extraordinaire. ‖ 3° *adv.*, νέον, nouvellement; récemment.

νεό-σμηκτος, **ος**, **ον**, récemment frotté.

νεο-σπάς **άδος** (ὁ, ἡ), récemment arraché.

νεοσσεύω, *att.* **νεοττεύω**, couver.

νεοσσιά, *att.* **νεοττιά**, **ᾶς** (ἡ), nid.

νεόσσιον, *att.* **νεόττιον** (τό), petit oiseau.

νεοσσός, *att.* **νεοττός, οῦ** (ὁ), petit oiseau.
νεό-στροφος, ος, ον, nouvellement tourné.
νεο-σφαγής, ής, ές, récemment égorgé.
νεό-τευκτος, ος, ον, *et* **νεο-τευχής, ής, ές,** nouvellement fabriqué.
νεότης, ητος (ἡ), jeunesse.
νεό-τομος, ος, ον, nouvellement coupé.
νε-ουργός, ός, όν, récemment fabriqué.
νε-ούτατος, ος, ον, nouvellement blessé.
νεό-φυτος, ος, ον, 1° nouvellement planté. || 2° néophyte.
νεοχμός,ός,όν, nouveau.
νεοχμόω-ῶ (*f.* ώσω), innover.
νέρθε(ν), 1° *adv.*, en dessous. || 2° *prép. gén.*, sous.
νέρτερος, α, ον, 1° inférieur. || 2° infernal; mort.
Νέρων, ωνος (ὁ), Néron.
Νέστωρ,ορος (ὁ), Nestor.
νεῦμα, ατος (τό), signe de tête.
νευρά, ᾶς (ἡ), corde.
νεῦρον, ου (τό), 1° NERF; muscle. || 2° force. || 3° corde.
νευρό-σπαστος, ος, ον, mû par des cordes.
νευστάζω, *comme le suivant.*
νεύω (*f.* νεύσω), 1° FAIRE UN SIGNE DE TÊTE. || 2° pencher, *intr.* || 3° pencher, *acc.* || 4° accorder, *acc.*
νεφέλη, ης (ἡ), nuage.
νεφελ-ηγερέτα, αο (ὁ), qui assemble les nuages.
νέφος, ους (τό), nuage.
νεφρῖτις, ίτιδος (ἡ), maladie des reins.
νεφρός, οῦ (ὁ), rein.
1. **νέω** (*f.* νήσω), entasser; charger.
2. **νέω** (*f.* νήσω), filer.
3. **νέω** (*f.* νεύσομαι, *aor.* ἔνευσα), nager.
νεω-κόρος, ου (ὁ, ἡ), gardien(ne) de temple.
νε-ωρής, ής, ές, récent.
νε-ώριον, ου (τό), chantier maritime.
νεώς, ώ (ὁ), temple.
νέως *et* **νεωστί,** *adv.*, récemment.
νεώσ-οικοι, ων (οἱ), hangars à vaisseaux.
νεωτερίζω (*f.* ίσω, *att.* ιῶ), innover.
νεωτερικός, ή, όν, juvénile.
νεωτερισμός, οῦ (ὁ), innovation; révolution.

νεωτερο-ποιΐα, ας (ἡ), *mêmes sens.*

νεωτερο-ποιός, ός, όν, novateur; révolutionnaire.

νή, *adv.*, oui, certes : νὴ Δία, par Zeus.

νη-γάτεος, η, ον, neuf.

νή-γρετος, ος, ον, dont on ne peut se réveiller.

νήδυια, ων (τά), entrailles.

νή-δυμος, ος, ον, agréable; profond.

νηδύς, ύος (ἡ), ventre.

νηέω (*f.* νηήσω), *comme* νέω[1].

νήθω (*f.* νήσω), *comme* νέω[2].

Νηϊάς, άδος, *et* **Νηΐς, ΐδος** (ἡ), *comme* Ναϊάς.

νήϊος, α, ον, *et* **νηΐτης, ου,** naval.

νῆϊς, ϊδος (ὁ, ἡ), ignorant (de *gén.*).

νη-κερδής, ής, ές, non avantageux.

νη-κουστέω-ῶ (*f.* ήσω), ne pas écouter, *gén.*

νη-λεής, ής, ές, sans pitié.

Νηλείδης, ου (ὁ), fils de Nélée.

Νηλεύς, έως (ὁ), Nélée.

νη-λεῶς, *adv.*, sans pitié.

νηλής, *comme* νηλεής.

νη-λίπους, ποδος (ὁ, ἡ), qui va nu-pieds.

νη-λιτής, ής, ές, innocent.

νῆμα, ατος (τό), fil.

νη-μερτέως, *adv.*, sincèrement.

νη-μερτής, ής, ές, 1° VRAI. ‖ 2° infaillible.

νη-νεμία, ας (ἡ), absence de vent; temps calme.

νή-νεμος, ος, ον, sans vent; serein.

νηός, *gén. de* ναῦς.

νη-πενθής, ής, ές, calmant.

νηπιάζω, être un enfant.

νηπιαχεύω, agir en enfant.

νηπίαχος, ου (ὁ, ἡ), petit enfant.

νηπιέη, ης (ἡ), petite enfance.

νήπιος, α, ον, 1° QUI NE PARLE PAS; tout petit. ‖ 2° enfantin.

νη-ποινεί, *adv.*, impunément.

νή-ποινος, ος, ον, impuni.

νηπύτιος, α, ον, tout petit.

Νηρεΐς, ΐδος (ἡ), Néréide.

Νηρεύς, έως (ὁ). Nérée.

νή-ριτος, ος, ον, immense.

νησίδιον *et* **νησίον, ου** (τό), petite île.

νησίς, ῖδος (ἡ), *même sens*.

νησιώτης, ου (ὁ), habitant d'une île.

νησιωτικός, ή, όν, d'insulaire.

νησιῶτις ιδος (ἡ), *même sens*.

νῆσος, ου (ἡ), île.

νῆσσα, *att.* **νῆττα**, ης (ἡ), canard.

νηστεία, ας (ἡ), jeûne.

νῆστις, ιος *ou* ιδος (ὁ, ἡ), qui est à jeun.

νησύδριον, ου (τό), îlot.

νητός, ή, όν, entassé.

νηῦς, *comme* ναῦς.

νηυσι-πέρητος, *comme* ναυσι-πέρατος.

νηφάλιος, α, ον, sobre; tempérant.

νήφω, être sobre; être tempérant.

νήχω (*f.* ξω), *et* **νήχομαι**, nager.

νίζω (*f.* νίψω), laver. — *Moy.*, se laver.

νικάω-ῶ (*f.* ήσω), vaincre : Ὀλύμπια νικᾶν, vaincre aux jeux Olympiques.

νίκη, ης (ἡ), victoire. — *N. pr.* Νίκη, Nikè (*la Victoire*).

νικητήριον, ου (τό), prix de la victoire.

νικητικός, ή, όν, capable de vaincre.

νικη-φόρος, ος, ον, victorieux.

Νικίας, ου (ὁ), Nicias.

νῖκος, ους (τό), victoire.

νίν, *acc. sg. et pl.* (3 *genres*), de αὐτός.

Νιόβη, ης (ἡ), Niobé.

νίπτρον, ου (τό), eau pour laver.

νίπτω (*f.* ψω), *comme* νίζω.

Νιρεύς, έως (ὁ), Nirée.

νί(σ)σομαι (*f.* νίσομαι), ALLER; s'en aller; revenir.

νίτρον, ου (τό), nitre.

νιφάς, άδος (ἡ), neige.

νιφετός, οῦ (ὁ), *même sens*.

νιφόεις, όεσσα, όεν, neigeux.

νιφο-στιβής, ής, ές, où l'on piétine la neige.

νίφω (*f.* νίψω), neiger.

νοέω-ῶ (*f.* νοήσω), 1° PENSER; concevoir; méditer. ‖ 2° avoir de la sagesse. ‖ 3° signifier.

νόημα, ατος (τό), PENSÉE; projet.

νοήμων, ων, ον, *gén.* ονος, qui pense bien; sage.

νόησις, εως (ἡ), PENSÉE; intelligence.

νοητός, ή, όν, intelligible.

νόθος, η, ον, 1° bâtard. || 2° falsifié.

νόμαιος, α, ον, d'usage.

νομ-άρχης, ου (ὁ), gouverneur de province (*en Egypte*).

νομάς, άδος (ὁ, ἡ), qui est à la pâture.

νομεύς, έως (ὁ), 1° PATRE. || 2° distributeur.

νομεύω (*f.* σω), faire paître; être pâtre.

νομή, ῆς (ἡ), 1° état de pâtre. || 2° pâturage. || 3° distribution.

νομίζω (*f.* ίσω, *att.* ιῶ; *pass. aor.*. ἐνομίσθην), 1° TENIR EN USAGE; avoir pour loi, *acc.* : νομίζεται, c'est un usage de; τὰ νομιζόμενα, les usages. || 2° pratiquer habituellement; employer comme monnaie, *dat.* || 3° PENSER; juger; estimer : κακόν τινα νομίζειν, regarder qq'un comme méchant; νομίζομεν εἶναι θεόν, nous croyons que Dieu existe.

νομικός, ή, όν, 1° légal. || 2° qui connaît bien la loi.

νόμιμος, η, ον, 1° CONFORME A L'USAGE *ou* A LA LOI : τὰ νόμιμα, les usages; les lois. || 2° qui se conforme aux lois.

νομίμως, *adv.*, légalement.

νόμιος, ος, ον, des troupeaux.

νόμισις, εως (ἡ), croyance.

νόμισμα, ατος (τό), 1 USAGE; LOI. || 2° monnaie.

νομο-γράφος, ος, ον, qui rédige des lois.

νομο-θεσία, ας (ἡ), action de faire des lois.

νομο-θετέω-ῶ (*f.* ήσω), instituer des lois; prescrire.

νομο-θέτης, ου (ὁ), législateur; nomothète.

νομο-θετικός, ή, όν, 1° du législateur. || 2° bon législateur.

1. **νόμος, ου** (ὁ), 1° USAGE; LOI : χειρῶν νόμος, l'emploi de la force. || 2° mode musical; nome.

2. **νομός, οῦ** (ὁ), 1° pâturage. || 2° territoire; province.

νομο-φύλαξ, ακος (ὁ), gardien des lois.

νόος-νοῦς, νόου-νοῦ (ὁ), 1° ESPRIT; raison; *parfois* cœur : προσέχειν τὸν νοῦν, appliquer son esprit, son attention à || 2° idée; sentiment;

projet : ἐν νῷ ἔχειν τι, avoir l'intention de qq. chose; κατὰ νοῦν, conformément au sentiment. || 3° signification.

νοσέω-ῶ (*f.* ήσω), être malade; souffrir.

νόσημα, ατος (τό), maladie. || 2° affliction.

νοσηρός, ά, όν, 1° malsain. || 2° maladif.

νόσος, ου (ἡ), 1° MALADIE; souffrance. || 2° calamité.

νοσο-τροφία, ας (ἡ), traitement de malade.

νοσσός, *comme* νεοσσός.

νοστέω-ῶ (*f.* ήσω), revenir.

νόστιμος, ος, ον, du retour; qui peut revenir.

νόστος, ου (ὁ), retour.

νοσφίζω (*f.* ίσω, *att.* ιῶ), ÉLOIGNER; séparer; dérober. — *Moy.* 1° s'éloigner. || 2° *acc.* abandonner; s'approprier.

νόσφι(ν), 1° *adv.*, à l'écart. || 2° *prép. gén.*, à l'écart de; excepté.

νοσ-ώδης, ης, ες, *comme* νοσηρός.

νοτερός, ά, όν, 1° humide. || 2° qui vient du sud.

νοτία, ας, *et* **νοτίς, ίδος** (ἡ), humidité.

νοτίζω (*f.* ίσω), humecter.

νότιον, ου (τό), vent du sud.

νότιος, α, ον, *comme* νοτερός.

νότος, ου (ὁ), 1° vent du sud. || 2° sud.

νου-θεσία, ας (ἡ), *comme* νουθέτησις.

νου-θετέω-ῶ (*f.* ήσω), 1° AVERTIR; rappeler, 2 *acc.* || 2° admonester.

νου-θέτημα, ατος (τό), avertissement; réprimande.

νου-θέτησις, εως (ἡ), action d'avertir *ou* de réprimander.

νου-θετικός *et* **νου-θετητικός, ή, όν**, propre à avertir *ou* à réprimander.

νου-μηνία, ας (ἡ), nouvelle lune; début du mois.

νουν-εχής, ής, ές, sensé.

νουν-εχόντως *et* **νουνεχῶς**, *adv.*, avec bon sens.

νοῦς, *voir* νόος.

νοῦσος, *comme* νόσος.

νυ, *enclit.*, *comme* νυν.

νυκτερευτής, οῦ (ὁ), chasseur *ou* pêcheur de nuit.

νυκτερεύω (*f.* σω), passer la nuit.
νυκτερινός, ή, όν, *et* **νύκτερος, ος, ον,** nocturne.
νυκτερίς, ίδος (ἡ), chauve-souris.
νυκτι-πόλος, ος, ον, qui va pendant la nuit.
νυκτι-φρούρητος, ος, ον, qui monte la garde la nuit.
νυκτο-θήρας, ου (ὁ), chasseur de nuit.
νυκτο-μαχία, ας (ἡ), combat nocturne.
νυκτο-πορέω-ῶ (*f.* ήσω), marcher de nuit.
νυκτο-φυλακέω-ῶ (*f.* ήσω), monter la garde la nuit.
νυκτο-φύλαξ, ακος, qui est de garde la nuit.
νύκτωρ, *adv.*, pendant la nuit.
νύμφα, *vocatif de* νύμφη.
νυμφεῖον, ου (τό), chambre *ou* cérémonie nuptiale.
νυμφεῖος, α, ον, nuptial.
νύμφευμα, ατος (τό), 1° mariage. ‖ 2° épousée.
νυμφεύω (*f.* σω), *et moy.*, épouser; prendre pour femme.
νύμφη, ης (ἡ), FIANCÉE; jeune fille; jeune femme. ‖ 2° nymphe.
νυμφίδιος, α, ον, nuptial.
νυμφικός, ή, όν, *même sens*.
νύμφιος, ου (ὁ), fiancé; jeune mari.
νῦν, *adv.*, 1° MAINTENANT; désormais; à l'instant: οἱ νῦν, les gens d'aujourd'hui. ‖ 2° νῦν δέ, mais en réalité.
νυν, *enclit.*, 1° DONC. ‖ 2° assurément.
νυνί, *comme* νῦν.
νύξ, νυκτός (ἡ), 1° NUIT. ‖ 2° ténèbres.
νυός, οῦ (ἡ), bru.
Νῦσα, ης (ἡ), Nysa.
νύσσα, ης (ἡ), borne à l'extrémité de la carrière.
νύσσω, *att.* **ττω** (*f.* ξω), piquer.
νυστάζω (*f.* άσω *et* άξω), s'assoupir.
νυστακτής, οῦ (ὁ), assoupi.
νυχθ-ήμερος, ος, ον, d'un jour et d'une nuit.
νύχιος, α, ον, nocturne.
νώ, *comme* νῶϊ.
νώδυνος, ος, ον, sans douleur.
νωθεία, ας (ἡ), lenteur.
νωθής, ής, ές, *et* **νωθρός, ά, όν,** lent.
νῶϊ, nous deux (*nom. et acc.*).

νῶϊν, de *ou* à nous deux (*gén. et dat.*).

νωΐτερος, **α**, **ον**, notre à tous deux.

νωλεμές *et* **νωλεμέως**, *adv.*, continuellement.

νωμάω-ῶ (*f.* ήσω), 1° DISTRIBUER. ‖ 2° mouvoir; manier; gouverner. ‖ 3° observer; méditer.

νώνυμ(ν)ος, **ος**, **ον**, sans nom.

νῶροψ, **οπος** (ὁ, ἡ), éblouissant.

νωτίζω (*f.* ίσω), tourner le dos.

νῶτον, **ου** (τό), *et* **νῶτος**, **ου** (ὁ), dos.

νωχελής, **ής**, **ές**, nonchalant.

νωχελίη, **ης** (ἡ), nonchalance.

Ξ

ξαίνω (*f.* ξανῶ, *aor.* ἔξηνα; *pass. aor.* ἐξάνθην, *pf.* ἔξαμμαι *et* ἔξασμαι), CARDER; battre; déchirer.

Ξανθίας, **ου** (ὁ), Xanthias.

Ξανθίππη, **ης** (ἡ), Xanthippe.

ξανθός, **ή**, **όν**, blond; jaune.

Ξάνθος, **ου** (ὁ), Xanthe.

ξεινήϊος, *comme* ξένιος.

ξεινίζω, **ξεῖνος**, *etc.*, *comme* ξενίζω, ξένος, *etc.*

ξεν-αγέω-ῶ (*f.* ήσω), *acc.*, conduire des étrangers *ou* des troupes étrangères.

ξεν-αγός, **οῦ** (ὁ), guide d'étrangers; chef de troupes étrangères.

ξένη, **ης** (ἡ), 1° étrangère. ‖ 2° pays étranger.

ξεν-ηλασία, **ας** (ἡ), expulsion des étrangers.

ξεν-ηλατέω-ῶ (*f.* ήσω), expulser les étrangers.

ξενία, **ας** (ἡ), 1° HOSPITALITÉ; liens d'hospitalité. ‖ 2° qualité d'étranger : ξενίας γράφεσθαι, accuser comme étranger.

ξενίζω (*f.* ίσω), 1° *tr.*, accueillir comme hôte. ‖ 2° *intr.*, être étranger. ‖ 3° étonner; déconcerter, *acc.*

ξενικός, ή, όν, qui concerne les étrangers *ou* l'hospitalité : τὸ ξενικόν, troupes mercenaires.

ξένιος, α *ou* **ος, ον**, 1° qui concerne les hôtes : τὸ ξένιον, présent d'hospitalité. ‖ 2° étranger.

ξένισις, εως (ἡ), accueil d'hospitalité.

ξενισμός, οῦ (ὁ), *même sens.*

ξενο-δοκέω-ῶ (*f.* ήσω), recevoir les étrangers.

ξενο-δοκία, ας (ἡ), réception d'étrangers.

ξενο-δόκος *ou* **ξενο-δόχος, ος, ον**, qui reçoit des étrangers.

ξενο-κτονέω-ῶ (*f.* ήσω), tuer des étrangers *ou* des hôtes.

ξενο-λογέω-ῶ (*f.* ήσω), recruter des troupes étrangères.

ξένος, η, ον, 1° ÉTRANGER. ‖ 2° *gén.*; étranger à. ‖ 3° étrange. — *N.* ὁ ξ., étranger ; HÔTE.

ξενό-στασις, εως (ἡ), lieu de réception pour les étrangers.

ξενο-σύνη, ης (ἡ), hospitalité.

ξενο-τροφέω-ῶ (*f.* ήσω), entretenir des troupes étrangères.

ξενόω-ῶ (*f.* ώσω), accueillir en hôte.

ξενών, ῶνος (ὁ), appartement des étrangers.

Ξενοφῶν, ῶντος (ὁ), Xénophon.

Ξέρξης, ου (ὁ), Xerxès.

ξερός, ά, όν, sec.

ξέσσε, 3ᵉ *pers. sg. aor. de* ξέω.

ξέστης, ου (ὁ), setier.

ξεστός, ή, όν, raclé ; lisse.

ξέω (*f.* ξέσω ; *pass. aor.* ἐξέσθην), racler ; polir.

ξηραίνω (*f.* ανῶ, *aor.* ἐξήρανα ; *pass. aor.* ἐξηράνθην, *pf.* ἐξήρασμαι), sécher ; dessécher.

ξηρός, ά, όν, sec ; desséché : ἡ ξηρά, la terre ferme.

ξηρότης, ητος (ἡ), sécheresse.

ξιφίδιον, ου (τό), petite épée.

ξιφο-κτόνος, ος, ον, qui tue avec l'épée.

ξίφος, ους (τό), épée.

ξόανον, ου (τό), statue (*de bois*).

ξουθός, ή, όν, 1° jaune ‖ 2° aigu.

ξυγγ-, *dans les composés, att. pour* συγγ-.

ξυγκ-, *att. pour* **συγκ-**.

ξυήλη, ης (ἡ), 1° rabot. ‖ 2° couteau ; poignard.

ξυλίζομαι, ramasser du bois.

ξύλινος, η, ον, de bois.

ξυλλ-, *att. pour* **συλλ-**.

ξύλον, ου (τό), 1° BOIS. ‖ 2° objet de bois (bâton, carcan, banc).

ξυλ-ουργέω-ῶ (*f.* ήσω), travailler le bois.

ξυλ-ουργία, ας (ἡ), travail du bois.

ξύλ-οχος, ου (ὁ), fourré; taillis.

ξυλ-ώδης,ης,ες,ligneux.

ξύλωσις, εως (ἡ), charpente en bois.

ξυμϐ-, *att. pour* **συμϐ-**.

ξυν-, *att. pour* **συν-** (*chercher à* συν-).

ξυνήϊος,η,ον,commun : τὰ ξυνήϊα, les fonds communs.

ξυνός, ή, όν, COMMUN; public : ξυνῇ, *adv.*, en commun.

ξυράω *et* **ξυρέω-ῶ** (*f.* ήσω), raser. — *Moy.*, se raser.

ξυρόν, οῦ (τό), rasoir.

ξυρρ-, *att. pour* **συρρ-**.

ξυσσ-, *att.* pour συσσ-.

ξυστίς, ίδος (ἡ), tunique longue.

ξυστόν, οῦ (τό), lance.

ξυστός, ή, όν, raclé; lisse.

ξυστός, οῦ (ὁ), gymnase couvert.

ξύω (*f.* σω; *pass. aor.* ἐξύσθην), racler; lisser; gratter.

O

ὁ, ἡ, τό, 1° *art.*, LE, LA, LES. ‖ 2° *pron.-adj. dém.*, ce, cet, cette; celui-ci, celle-ci, cela : ὃ μὲν... ὃ δὲ..., l'un... l'autre. ‖ 3° *adj. poss.*, son, sa, ses, leur : φιλεῖ τὸν πατέρα, il aime son père.
— *Emplois particuliers :* οἱ νῦν, les gens d'aujourd'hui; τὸ πρίν, jadis; τὸ καθ' ἡμᾶς, en ce qui nous concerne; ὁ Διός, le fils de Zeus; ἡ ἡμετέρα (*s.-ent.* γῆ), notre pays; τὰ τῶν Ἀθηναίων, les affaires des Athéniens; τὸ τοῦ Πλάτωνος, le mot de Platon.

ὅ, ἥ, τό, *pr. relat. hom.*, qui, lequel, laquelle.

ὅ, *neut. de* ὅς, *pr. relat.*

ὀά, *interj.*, oh !
ὄαρ, ὄαρος (ἡ), épouse.
ὀαρίζω, converser avec, *dat.*
ὀαριστής, οῦ (ὁ), compagnon.
ὀαριστύς, ύος (ἡ), relations intimes.
ὄαρος, ου (ὁ), familiarité.
ὀβελίσκος, ου (ὁ), 1° petite broche. ‖ 2° obélisque.
ὀβελός, οῦ (ὁ), 1° broche. ‖ 2° obèle (*signe de correction des manuscrits*).
ὀβολός, οῦ (ὁ), obole (0 fr. 15 *ou* 0 gr. 75 *environ*).
ὀβριμο-εργός, ός, όν, aux actes forts.
ὀβριμο-πάτρη, ης (ἡ), fille d'un père puissant.
ὄβριμος, ος, ον, FORT : puissant ; violent.
ὀγδόατος, η, ον, huitième.
ὀγδοήκοντα, *indécl.* quatre-vingts.
ὀγδοηκοστός, ή, όν, quatre-vingtième.
ὄγδοος, η, ον, huitième.
ὅ-γε, ἥ-γε, τό-γε, *pron. dém.*, celui-ci, celle-ci, ceci.
ὀγκηρός, ά, όν, épais ; massif.
ὀγκηρῶς, *adv.*, pompeusement.
ὄγκιον, ου (τό), carquois.
1. **ὄγκος, ου** (ὁ), crochet.
2. **ὄγκος, ου** (ὁ), 1° MASSE. ‖ 2° orgueil ; pompe. ‖ 3° enflure.
ὀγκόω-ῶ (*f.* ώσω), 1° GROSSIR. ‖ 2° amplifier. (*style*).
ὀγκ-ώδης, ης, ες, 1° gros. ‖ 2° enflé.
ὀγμεύω (*f.* σω), suivre tout droit.
ὄγμος, ου (ὁ), 1° SILLON ; file. ‖ 2° sentier.
ὄχνη, ης (ἡ), 1° poire. ‖ 2° poirier.
ὁδαῖος, α, ον, du voyage : τὰ ὁδαῖα, chargement.
ὀδαξ, *adv.*, avec les dents.
ὀδάξω (*pf. pass.* ὤδαγμαι), mordre.
ὅ-δε, ἥ-δε, τό-δε, *pron.-adj. dém.*, celui-ci, ceci ; ce, cette : ἀνὴρ ὅδε, l'homme que voici *c.-à-d.* moi ; τάδε, *acc.*, en ceci ; ainsi.
ὁδεύω (*f.* σω), voyager.
ὁδ-ηγέω-ῶ (*f.* ήσω), guider.
ὁδ-ηγός, οῦ (ὁ), guide.
ὁ-δί, ἡ-δί, τo-δί, *comme* ὅδε, ἥδε, τόδε.
ὁδίτης, ου (ὁ), voyageur.

ὀδμή, ῆς (ἡ), odeur.
ὁδοι-πορέω-ῶ (*f.* ήσω), voyager (à pied).
ὁδοι-πορία, ας (ἡ), voyage.
ὁδοι-πόριον, ου (τό), prix du voyage.
ὁδοι-πόρος, ου (ὁ), voyageur.
ὁδο-ποιέω-ῶ (*f.* ήσω), frayer la route.
ὁδός, οῦ (ἡ), 1° ROUTE : πρὸ ὁδοῦ εἶναι, être profitable. ‖ 2° marche ; voyage. ‖ 3° moyen ; méthode.
ὀδός, (ὁ), *comme* οὐδός.
ὀδούς, *gén.* **ὀδόντος** (ὁ), dent.
ὁδο-φύλαξ, ακος (ὁ), surveillant des routes.
ὁδόω-ῶ (*f.* ώσω), mettre en route ; guider. — *Moy.*, partir.
ὀδυνάω-ῶ (*f.* ήσω), faire souffrir ; affliger.
ὀδύνη, ης (ἡ), douleur ; affliction.
ὀδυνηρός, ά, όν, douloureux.
ὀδυνή-φατος, ος, ον, qui éteint la douleur.
ὄδυρμα, ατος (τό) *et*
ὀδυρμός, οῦ (ὁ), plainte ; lamentation.
ὀδύρομαι (*f.* οῦμαι), 1° *intr.*, se plaindre. ‖ 2° *tr.*, déplorer.
Ὀδυσσεία, ας (ἡ), Odyssée.
Ὀδυσσεύς, έως (ὁ), Ulysse.
ὀδύσσομαι (*pf.* ὀδώδυσμαι), être irrité (contre, *dat.*).
ὄδωδα, *pf.* 2 *de* ὄζω.
ὀδών, όντος (ὁ), dent.
ὁδωτός, ή, όν, praticable.
ὄεσσι, *dat.-pl. de* ὄϊς.
ὄζος, ου (ὁ), POUSSE ; rameau ; rejeton.
ὄζω (*f.* ὀζήσω, *pf.* 2 *à sens prés.* ὄδωδα), 1° avoir une odeur, *gén. ou acc.* : ἡδὺ ὄζειν, sentir bon. ‖ 2° *impers.* et *gén.*, une odeur s'exhale de.
ὅθεν, *adv.*, 1° d'où. ‖ 2° par suite de quoi ; c'est pourquoi : ὅθενπερ, d'où précisément.
ὅθι, ὅθι-περ, *adv.*, où ; là où.
ὀθνεῖος, α, ον, étranger.
ὄθομαι, se préoccuper (de, *gén.*).
ὀθόνη, ης (ἡ), linge fin.
ὀθόνιον, ου (τό), petit linge fin.
ὁθ-ούνεκα, *conj.*, parce que.
ὄ-θριξ, *gén.* **ὄτριχος** (ὁ, ἡ), qui a même crinière.

οἴ, *interj.*, ah! οἴ μοι, malheureux que je suis!

1\. **οἷ**, *adv.*, où ; à quel point : οἷ κακῶν, à quel point de misère.

2\. **οἷ**, *dat. du pron. pers.* οὗ, à soi ; à lui ; à elle.

οἰακίζω (*f.* ίσω), gouverner.

οἴαξ, **ακος** (ὁ), gouvernail.

οἴγνυμι *et* **οἴγω** (*f.* οἴξω, *aor.* ᾦξα ; *pass. aor.* ᾤχθην, *pf.* ἔῳγμαι), ouvrir.

οἶδα (*impf.* ᾔδη, *f.* εἴσομαι ; *part.* εἰδώς), savoir.

οἰδάνω, 1° *tr.*, gonfler. ‖ 2° *intr.*, se gonfler.

οἰδάω *et* **οἰδέω-ῶ** (*f.* ήσω), s'enfler ; se gonfler.

Οἰδί-πους, *gén.* **ποδος** (ὁ), Œdipe.

οἶδμα, **ατος** (τό), gonflement ; flot.

οἰ-έτης, **ης**, **ες**, qui a le même âge.

ὀϊζυρός *et* **οἰζυρός**, **ά**, **όν**, douloureux ; lamentable.

ὀϊζύς *et* **οἰζύς**, **ύος**, (ἡ), malheur.

ὀϊζύω *et* **οἰζύω** (*f.* ύσω), 1° *intr.*, se lamenter. ‖ 2° *tr.*, supporter.

οἰήϊον, **ου** (τό), gouvernail.

οἰηκίζω, *comme* οἰακίζω.

οἴησις, **εως** (ἡ), 1° opinion. ‖ 2° pensée orgueilleuse.

οἶκα, *pour* ἔοικα.

οἴκα-δε, *adv.*, à la maison ; au pays. (q. **quo**).

οἰκειο-πραγία, **ας** (ἡ), pratique d'occupations toutes privées.

οἰκεῖος, **α**, **ον**, 1° PRIVÉ domestique : τὰ οἰκεῖα, les intérêts particuliers ; οἱ οἰκεῖοι, les gens de la famille. ‖ 2° personnel. ‖ 3° national ; intérieur : οἰκεῖαι στάσεις, dissensions intestines. ‖ 4° convenable.

οἰκειότης, **ητος** (ἡ), familiarité ; parenté.

οἰκειόω-ῶ (*f.* ώσω), 1° RAPPROCHER FAMILIÈREMENT ; concilier. ‖ 2° approprier ; s'approprier.

οἰκείως, *adv.*, 1° familièrement. ‖ 2° convenablement.

οἰκείωσις, **εως** (ἡ), action de rapprocher *ou* de s'approprier.

οἰκετεία, **ας** (ἡ), personnel domestique.

οἰκέτης, **ου** (ὁ), 1° SER-

VITEUR. ‖ 2° membre de la famille.

οἰκετικός, ή, όν, relatif au service domestique.

οἰκεύς, έως (ὁ), *comme* οἰκέτης.

οἰκέω-ῶ (*f.* ήσω), 1° HABITER, *tr. et intr.* : ἡ οἰκουμένη, la terre habitée. ‖ 2° gouverner : οἱ τὴν πόλιν οἰκοῦντες, ceux qui administrent la cité.

οἰκήϊος, *comme* οἰκεῖος.

οἴκημα, ατος (τό), 1° HABITATION; demeure; appartement. ‖ 2° temple. ‖ 3° prison.

οἴκησις, εως (ἡ), habitation; demeure.

οἰκητήρ, ῆρος, *et* **οἰκητής**, οῦ (ὁ), habitant.

οἰκητήριον, ου (τό), *comme* οἴκησις.

οἰκητός, ή, όν, habité.

οἰκία, ας (ἡ), 1° MAISON. ‖ 2° gens de la maison.

οἰκίδιον, ου (τό), maisonnette.

οἰκίζω (*f.* ίσω, *att.* ιῶ; *pass. aor.* ᾠκίσθην), 1° ÉTABLIR; installer dans la maison. ‖ 2° coloniser.

— *Moy.*, s'établir; résider.

οἰκίον, ου (τό), habitation; gîte.

οἴκισις, εως (ἡ), fondation d'une colonie.

οἰκίσκος, ου (ὁ), maisonnette.

οἰκιστήρ, ῆρος, *et* **οἰκιστής**, οῦ (ὁ), celui qui fonde *ou* qui colonise.

οἰκο-γενής, ής, ές, né dans la maison.

οἰκο-δομέω-ῶ (*f.* ήσω), *et moy.*, bâtir.

οἰκο-δόμημα, ατος (τό), bâtiment.

οἰκο-δόμησις, εως, *et* **οἰκο-δομία**, ας (ἡ), action de bâtir; bâtisse.

οἰκο-δομικός, ή, όν, relatif *ou* habile à la construction.

οἰκο-δόμος, ου (ὁ), architecte.

οἴκο-θεν, *adv.*, 1° DE LA MAISON. ‖ 2° de son propre patrimoine.

οἴκο-θι *et* **οἴκοι**, *adv.*, 1° A LA MAISON. ‖ 2° dans sa patrie (q. **ubi**).

οἶκον-δε, *adv.*, *mêmes sens, avec mouv*ᵗ.

οἰκο-νομέω-ῶ (*f.* ήσω), administrer (*une maison*).

οἰκο-νομία, ας (ἡ), administration (*d'une maison*).

οἰκο-νομικός, ή, όν, relatif à l'administration de la maison : ἡ οἰκονομική, l'économie domestique.

οἰκο-νόμος, ου (ὁ), administrateur (*d'une maison*).

οἰκό-πεδον, ου (τό), emplacement d'une maison.

οἰκο-ποιός, ός, όν, qui constitue une maison.

οἶκος, ου (ὁ), 1° MAISON ; appartement; édifice. ‖ 2° famille ; pays d'origine. ‖ 3° liens domestiques.

οἰκότως, *comme* εἰκότως.

οἰκ-ουρέω-ῶ (*f.* ήσω), garder la maison; rester sédentaire.

οἰκ-ούρημα, ατος (τό), garde de la maison.

οἰκ-ουρία, ας (ἡ), garde de la maison ; vie sédentaire.

οἰκούρια, ων (τά), gages au gardien de la maison.

οἰκ-ουρός, ός, όν, qui garde la maison; sédentaire.

οἰκο-φθορέομαι-οῦμαι (*aor.* οἰκοφθορήθην), avoir sa maison ruinée.

οἰκο-φθορία, ας (ἡ), ruine d'une maison.

οἰκτείρω (*f.* οἰκτερῶ), plaindre.

οἰκτίζω (*f.* ίσω, *att.* ιῶ), *même sens.*

οἰκτιρμός, οῦ (ὁ), pitié.

οἰκτίρμων, ων, ον, *gén.* ονος, compatissant.

οἰκτίρω, *comme* οἰκτείρω.

οἴκτιστος, η, ον, *sup. de* οἰκτρός.

οἶκτος, ου (ὁ), 1° PITIÉ. ‖ 2° lamentation.

οἰκτρός, ά, όν, 1° digne de pitié (*en bien et en mal*). ‖ 2° plaintif.

οἰκτρῶς, *adv.*, d'une manière pitoyable (*en bien et en mal*).

οἰκ-ωφελίη, ης (ἡ), profit pour la maison.

'Οϊλεύς, έως (ὁ), Oïlée.

οἶμα, ατος (τό), élan.

οἰμάω-ῶ (*f.* ήσω), s'élancer.

οἴμη, ης (ἡ), cours d'un récit ; chant.

οἴ-μοι, *interj.*, hélas (*à moi*)!

οἶμος, ου (ὁ), 1° chemin. ‖ 2° *comme* οἴμη.

οἰμωγή, ῆς, (ἡ), lamentation.

οἰμώζω (*f.* οἰμώξομαι, *aor.* ᾤμωξα), 1° *intr.*, se lamenter, gémir. ‖ 2° *tr.*, déplorer.

οἰνάριον, ου (τό), piquette.

οἰνηρός, ά, όν, de vin.

οἰνίζομαι (*f.* ίσομαι), se procurer du vin.

οἰνο-βαρείων, lourd de vin.

οἰνο-βαρής, ής, ές, *même sens.*

οἰνό-πεδος, ος, ον, planté de vignes.

οἰνο-πληθής, ής, ές, riche en vin.

οἰνο-ποτάζω (*f.* άσω), boire du vin.

οἰνο-ποτήρ, ῆρος (ὁ), buveur de vin.

οἶνος, ου (ὁ), vin : ἐν οἴνῳ, ivre.

οἰνο-φλυγία, ας (ἡ), ivrognerie.

οἰνο-χοεύω, *att.* **οἰνο-χοέω-ῶ** (*f.* ήσω), verser (*du vin*).

οἰνο-χόη, ης (ἡ), louche pour puiser le vin du cratère.

οἰνο-χόος, όου (ὁ), échanson.

οἰνό-χυτος, ος, ον, de vin versé.

οἶν-οψ, οπος, *comme* οἰνωπός.

οἰνόω-ῶ (*f.* ώσω), enivrer.

οἰν-ώδης, ης, ες, qui a le goût *ou* la couleur du vin.

οἰνών, ῶνος (ὁ), cellier.

Οἰνώνη, ης (ἡ), Œnone.

οἰν-ωπός, ός, όν, *et* **οἰν-ώψ**, ῶπος, qui est couleur de vin.

οἰο-βώτας, ου (ὁ), pâtre dans la solitude.

οἰό-ζωνος, ος, ον, qui voyage seul.

οἰό-θεν, *adv.*, d'un seul côté.

οἰο-πόλος, ος, ον, qui vit solitaire.

οἶος, η, ον, SEUL ; unique.

οἷος, α, ον, 1° *excl.*, QUEL! ‖ 2° *inter. indir.*, QUEL ; de quelle nature. ‖ 3° *pr. relat. avec ou sans* τοιοῦτος, TEL QUE : οἷος ἦν τὸ πρίν, tel qu'il était auparavant; οἷος ἐγὼ ἀνήρ, un homme tel que moi. ‖ 3° *seul ou plus souvent avec* τε, CAPABLE DE : οἷος λέγειν, capable de parler; οἷός τ' ἐστὶ τοῦτο ποιεῖν, il est capable de le faire; οἷόν τέ (ἐστι), il est possible de (*inf.*). ‖ 4° *avec adj.* : θαυμαστὸς οἷος, admirable entre tous; ἄριστος οἷος, excellent entre tous.
— *Adv.*, οἷον *et* οἷα, 1° combien. ‖ 2° comme :

οἷον εἰ, comme si. ‖ 3° *au début d'une phrase,* par exemple. ‖ 4° environ. ‖ 5° étant donné. ‖ 6° οὐχ(μή) οἷον, bien loin de. ‖ 7° οἷον μάλιστα, le plus possible.

οἱοσ-οῦν, οἱοσ-δήποτε, tel que en général; de qq.nature que...

οἷοσ-περ, tel que précisément.

οἰο-χίτων, ωνος (ὁ, ἡ), qui n'a qu'une tunique.

οἰόω-ῶ (*f.* ώσω), laisser seul.

οἷ-περ, *adv.*, où précisément.

οἶς *et* **ὄϊς, οἰός** (ὁ, ἡ), mouton; brebis.

οἴσεμεν, *inf. f. de* φέρω.

οἰσθείς, *part. aor. pass. de* φέρω.

οἴ-σπη, ης (ἡ), laine grasse.

οἰστέος, α, ον, *adj. verb. de* φέρω, qu'il faut porter.

ὀϊστεύω (*f.* σω), lancer des traits.

ὀϊστός *et* **οἰστός, οῦ** (ὁ), trait; flèche.

οἰστός, ή, όν, *adj. verb. de* φέρω, supportable.

οἰστράω *et* **οἰστρέω-ῶ** (*f.* ήσω), 1° *tr.* aiguillonner. ‖ 2° *intr.* être furieux.

οἴστρημα, ατος (τό), piqûre d'aiguillon.

οἰστρο-πλήξ, ῆγος (ὁ, ἡ), piqué (*du taon*).

οἶστρος, ου (ὁ), 1° TAON; aiguillon. ‖ 2° transport furieux.

οἰσύα, ας (ἡ), osier.

οἰσύϊνος, η, ον, d'osier

Οἴτη, ης (ἡ), l'Œta.

οἶτος, ου (ὁ), sort; malheur.

Οἰχαλία, ας (ἡ), Œchalie.

οἰχνέω-ῶ, *comme* οἴχομαι.

οἴχομαι (*f.* ήσομαι, *pf.* ᾤχημαι *et* ᾤχωκα), 1° ÊTRE PARTI; s'en aller. ‖ 2° n'être plus : οἰχόμενος, mort; πάντ' οἴχεται, tout est perdu.

οἴω, ὀΐω, *et surtout* **οἴομαι** *ou* οἶμαι (*impf.* ᾠόμην, *f.* οἰήσομαι, *aor.* ᾠήθην), CROIRE; penser; s'imaginer; trouver bon.

οἰωνίζομαι (*f.* ίσομαι, *att.* ιοῦμαι), augurer (*d'après le vol des oiseaux*).

οἰωνιστής, οῦ (ὁ), augure; devin.

οἰωνιστικός, ή, όν, augural.

οἰωνο-θέτης, ου (ὁ), augure; devin.

οἰωνο-πόλος, ου (ὁ), *mêmes sens.*

οἰωνός οῦ (ὁ), 1° OISEAU (*de proie*). ‖ 2° présage.

ὀκέλλω (*aor.*, ὤκειλα), 1° *tr.* faire aborder ‖ 2° *intr.*, aborder.

ὄκη, *comme* ὅπῃ.

ὀκλάζω (*f.* άσω), 1° *tr.*, plier. ‖ 2° *intr.*, s'accroupir; s'affaisser.

ὀκνέω-ῶ (*f.* ήσω) *et* **ὀκνείω**, 1° *intr.*, HÉSITER; être indécis. ‖ 2° *tr.*, redouter.

ὀκνηρός, ά, όν, 1° TIMIDE; nonchalant. ‖ 2° effrayant.

ὄκνος, ου (ὁ), HÉSITATION; lenteur; timidité.

ὀκοῖος, *etc.*, *pour* ὁποῖος, *etc.*

ὀκριάω-ῶ (*f.* άσω), exciter.

ὀκριόεις, όεσσα, όεν, raboteux.

ὀκρυόεις, όεσσα, όεν, effrayant.

ὀκτα-έτης, ης, ες, de huit ans.

ὀκτακισ-χίλιοι, αι, α, huit mille.

ὀκτά-κνημος, ος, ον, qui a huit rayons.

ὀκτα-κόσιοι, αι, α, huit cents.

ὀκτάς, άδος (ἡ), huitaine.

ὀκτώ, *indécl.*, huit.

ὀκτω-καί-δεκα, *indécl.*, dix-huit.

ὀκτω-και-δέκατος, η, ον, dix-huitième.

ὄκως, *comme* ὅπως.

ὀλβίζω (*f.* ίσω, *att.* ιῶ), rendre *ou* juger heureux.

ὀλβιο-δαίμων, ων, ον, *gén.* ονος, au sort heureux.

ὄλβιος, α, ον, HEUREUX; riche.

ὀλβίως, *adv.*, heureusement; richement.

ὄλβος, ου (ὁ), 1° BONHEUR. ‖ 2° richesse.

ὀλέθριος, ος *et* α, ον, 1° FUNESTE; mortel. ‖ 2° malheureux.

ὄλεθρος, ου (ὁ), 1° RUINE; mort. ‖ 2° misérable individu.

ὀλέκω, ruiner; faire mourir.

ὀλέσαι, *inf. aor.* 1 *de* ὄλλυμι.

ὀλετήρ, ῆρος (ὁ), destructeur; meurtrier.

ὀλιγάκις, *adv.*, rarement.

ὀλιγ-ανθρωπία, ας (ἡ), manque d'hommes.

ὀλιγ-άνθρωπος, ος, ον, peu peuplé.

ὀλιγ-αρχέομαι-οῦμαι, être en régime oligarchique.

ὀλιγ-αρχία, ας (ἡ), oligarchie.

ὀλιγ-αρχικός, ή, όν, 1° oligarchique. || 2° partisan de l'oligarchie.

ὀλιγ-αρχικῶς, *adv.*, à tendance oligarchique.

ὀλιγαχό-θεν, *adv.*, de peu d'endroits.

ὀλιγη-πελέω, être affaibli.

ὀλιγη-πελία, ας, (ἡ), faiblesse.

ὀλίγιστος, *sup. de* ὀλίγος.

ὀλιγο-γονία, ας (ἡ), stérilité.

ὀλιγό-γονος, ος, ον, stérile.

ὀλιγο-δρανέω-ῶ, n'en pouvoir plus.

ὀλιγο-πράγμων, ων, ον, *gén.* **ονος,** occupé de riens.

ὀλίγος, η, ον, 1° PEU; en petit nombre; en petite quantité : οἱ ὀλίγοι, les grands; δι' ὀλίγων, en peu de mots. || 2° petit; de peu de prix. — *Adv.*, ὀλίγον, peu; un peu : ὀλίγου δεῖ, peu s'en faut; δι' ὀλίγου, en peu de temps; ἐν ὀλίγῳ, en peu de temps; κατ' ὀλίγον, peu à peu.

ὀλιγοστός, ή, όν, en petite quantité.

ὀλιγότης, ητος (ἡ), petite quantité,

ὀλιγο-χρόνιος, ος, ον phémère.

ὀλιγό-ψυχος, ος, ον, sans âme.

ὀλιγ-ωρέω-ῶ (*f.* ήσω), négliger, *gén.*; être négligent.

ὀλιγωρία, ας (ἡ), NÉGLIGENCE; dédain.

ὀλίγωρος, ος, ον, négligent; dédaigneux.

ὀλίζων, ων, ον, *gén.* **ονος** (*comp. de* ὀλίγος), plus petit.

ὀλισθάνω (*f.* ὀλισθήσω, *aor.* 2 ὤλισθον, *pf.* ὠλίσθηκα), GLISSER; tomber.

ὀλισθηρός, ά, όν, glissant.

ὁλκάς, άδος (ἡ), navire de transport.

ὁλκή, ῆς (ἡ), 1° action de tirer. || 2° poids.

1. **ὁλκός, οῦ (ὁ)** 1° FRACTION. || 2° traînée; sillon. || 3° garage pour navires.

2. **ὁλκός, ή, όν,** qui attire.

ὄλλυμι (*f.* ὀλέσω *att.*

ὀλῶ, *aor.* ὤλεσα, *pf.*, ὀλώλεκα), FAIRE PÉRIR; perdre. — *Moy.*, ὄλλυμαι, (*f.* ὀλοῦμαι, *aor.* 2 ὠλόμην, *pf.* 2 ὄλωλα), PÉRIR; être perdu : ὄλωλα, je suis perdu; οἱ ὀλωλότες, les morts; ὄλοιο, puisses-tu périr!

ὅλμος, ου (ὁ), pierre *ou* vase en forme de cylindre; mortier.

ὀλόεις *et* **ὀλοιός**, *comme* ὀλοός.

ὀλοί-τροχος *et* **ὀλοίτροχος**, ος, ον, qui se meut tout d'une pièce.

ὁλο-καυτέω-ῶ (*f.* ήσω), brûler totalement.

ὁλό-κληρος, ος, ον, intégral.

ὀλολυγή, ῆς (ἡ), cri perçant.

ὀλολύζω (*f.* ύξομαι), pousser des cris perçants.

ὀλοός, ή, όν, 1° funeste; mortel. ‖ 2° anéanti.

ὀλοό-φρων, ων, ον, *gén.*, ονος, malfaisant.

ὅλος, η, ον, tout entier. — *Adv.*, ὅλον, entièrement; en général.

ὁλο-σχερής, ής, ές, total; principal.

ὁλο-τελής, ής, ές, parfait.

ὀλο-φυδνός, ή, όν, lamentable.

ὀλοφυρμός, οῦ (ὁ), *et* **ὀλόφυρσις**, εως (ἡ), lamentation.

ὀλοφύρομαι (*f.* οῦμαι), 1° *intr.*, se lamenter. ‖ 2° *tr.*, pleurer.

ὀλο-φώϊος, ος, ον, pernicieux.

Ὀλυμπία, ας (ἡ), Olympie.

Ὀλύμπια, ων (τὰ), les jeux Olympiques.

Ὀλυμπιακός *et* **Ὀλυμπικός**, ή, όν, Olympique.

Ὀλυμπιάς, άδος (ἡ), 1° fête Olympique. ‖ 2° olympiade.

Ὀλυμπιάσι, *adv.*, à Olympie.

Ὀλυμπιο-νίκης, ου (ὁ), vainqueur aux jeux Olympiques.

Ὀλύμπιος, ος *ou* α, ον, Olympien (*Zeus*).

Ὄλυμπος, ου (ὁ), l'Olympe.

Ὀλυνθιακός, ή, όν, d'Olynthe.

Ὀλύνθιος, ου (ὁ), Olynthien.

Ὄλυνθος, ου (ἡ), Olynthe.

ὄλυνθος, ου (ὁ), figue non mûre.

ὄλυρα, ας (ἡ), épeautre.

ὅλως, *adv.*, 1° complètement. ‖ 2° en général. ‖ 3° en un mot.

ὁμαδέω-ῶ (*f.* ήσω), s'assembler bruyamment.

ὅμαδος, ου (ὁ), tumulte.

ὅμ-αιμος, ος, ον, *et* ὁμ-αίμων, ων, ον, *gén.* ονος, du même sang.

ὁμ-αιχμία, ας (ἡ), alliance.

ὅμ-αιχμος, ος, ον, allié.

ὁμαλής, ής, ές, *et* **ὁμαλός**, ή, όν, UNI ; plan ; égal : τό ὁμαλόν, la plaine.

ὁμαλῶς, *adv.*, de manière égale.

ὁμαρτέω-ῶ (*f.* ήσω), aller avec ; accompagner, *dat.*

ὁμαρτῇ *et* **ὁμαρτήδην**, *adv.*, ensemble.

ὅμ-αυλος, ος, ον, qui vit avec *ou* auprès.

ὀμβρέω-ῶ (*f.* ήσω), pleuvoir.

ὄμβριος, ος, ον, pluvieux.

ὄμβρος, ου (ὁ), pluie ; averse.

ὀμβρο-φόρος, ος, ον, qui apporte la pluie.

ὁμ-ευνέτης, ου (ὁ), époux.

ὁμ-ηγερής, ής, ές, rassemblé.

ὁμ-ηγυρίζομαι (*f.* ίσομαι), rassembler.

ὁμ-ήγυρις, ιος (ἡ), assemblée.

ὁμ-ηλικία, ας (ἡ), 1° âge égal. ‖ 2° gens du même âge.

ὁμ-ῆλιξ, ικος (ὁ, ἡ), personne du même âge.

ὁμηρεία, ας (ἡ), remise d'otages ; caution.

Ὁμήρειος, ος, ον, *et* **Ὁμηρικός**, ή, όν, d'Homère.

ὁμηρεύω (*f.* σω), 1° *intr.*, servir d'otage. ‖ 2° *tr.*, prendre comme otage.

ὁμηρέω-ῶ (*f.* ήσω), rencontrer, *dat.*

Ὁμηρίδαι, ῶν (οἱ), les Homérides.

Ὅμηρος, ου (ὁ), Homère.

ὅμ-ηρος (ὁ), *et* **ὅμ-ηρον**, ου (τό), otage.

ὁμ-ιλαδόν, *adv.*, en foule.

ὁμ-ιλέω-ῶ (*f.* ήσω), *dat.* 1° SE RENCONTRER AVEC ; avoir commerce avec ; fréquenter. ‖ 2° vivre, se conduire avec. ‖ 3° se consacrer à.

ὁμ-ίλημα, ατος (τό) 1° société ; commerce. ‖ 2° entretien.

ὁμ-ιλητής, οῦ (ὁ), disciple.

ὁμ-ιλητικός, ή, όν, de société ; familier.

ὁμ-ιλία, ας (ἡ), 1° AS-

SEMBLÉE; société; commerce. || 2° entretien.

ὅμ-ιλος, ου (ὁ), 1° FOULE. || 2° tumulte; mêlée.

ὁ-μίχλη *et* **ὀ-μίχλη, ης** (ἡ), vapeur; brouillard.

ὄμμα, ατος (τό), 1° OEIL. || 2° spectacle. || 3° lumière. || 4° chose aimée.

ὀμματο-στερής, ής, ές, privé de la vue.

ὀμματόω-ῶ (*f.* ώσω), rendre clairvoyant *ou* clair.

ὄμνυμι (*f.* ὀμοῦμαι, *aor.* 1 ὤμοσα, *pf.* ὀμώμοκα; *pass. aor.* ὠμόσθην *et* ὠμόθην), JURER; attester par serment.

ὀμνύω, *mêmes sens.*

ὁμο-βώμιος, ος, ον, qui a les mêmes autels.

ὁμο-γάστριος, ος, ον, né du même sein.

ὁμο-γενής, ής, ές, *et* **ὁμό-γονος, ος, ον,** de même famille.

ὁμό-γλωσσος, *att.* **γλωττος, ος, ον,** qui parle la même langue.

ὁμό-γνιος, ος, ον, de même famille.

ὁμο-γνωμονέω-ῶ, (*f.* ήσω), avoir les mêmes sentiments.

ὁμο-γνωμόνως, *adv.*, avec unanimité.

ὁμο-γνώμων, ων, ον, *gén.* **ονος,** qui a les mêmes sentiments.

ὁμο-δοξέω-ῶ (*f.* ήσω), avoir même avis.

ὁμο-δοξία, ας, (ἡ), communauté d'opinion.

ὁμό-δουλος, ος, ον, compagnon d'esclavage.

ὁμο-εθνής, ής, ές, de même race.

ὁμο-ειδής, ής, ές, de même forme.

ὁμό-ζυξ, υγος (ὁ, ἡ), soumis au même joug.

ὁμο-ήθης, ης, ες, qui a les mêmes mœurs.

ὁμό-θεν, *adv.*, venant du même endroit.

ὁμο-θυμαδόν, *adv.*, unanimement.

ὁμο-θυμέω-ῶ (*f.* ήσω), avoir les mêmes sentiments.

ὁμοίϊος, *comme* ὅμοιος.

ὁμοιο-παθής, ής, ές, qui a les mêmes sentiments.

ὅμοιος *et* **ὁμοῖος, α, ον,** 1° SEMBLABLE; égal : οἱ ὅμοιοι, les pairs; ἡ ὁμοία (δίκη), la pareille (*rendre*). || 2° commun. — *Adv.*, ὅμοιον, ὅμοια, semblablement.

ὁμοιότης, ητος (ἡ), ressemblance.

ὁμοιό-τροπος, ος, ον, qui ressemble moralement à.

ὁμοιόω-ῶ (*f.* ώσω), *et moy.*, 1° RENDRE SEMBLABLE. ‖ 2° comparer.

ὁμοίωμα, ατος (τό), image ressemblante.

ὁμοίως, *adv.*, semblablement.

ὁμοίωσις, εως (ἡ), imitation.

ὁμο-κλέω-ῶ (*f.* ήσω), *et* **ὁμο-κλάω-ῶ**, exciter *ou* s'exciter par des cris.

ὁμο-κλή, ῆς (ἡ), CRIS; appels.

ὁμο-κλητήρ, ῆρος (ὁ), qui excite en criant.

ὁμό-κλινος, ος, ον, couché sur le même lit.

ὁμολογέω-ῶ (*f.* ήσω), 1° ÊTRE D'ACCORD AVEC, *dat.* ‖ 2° avouer; reconnaître; convenir de, *acc.* : ὁμολογεῖται, c'est un fait reconnu. ‖ 3° être conforme à, *dat.* — *Moy.*, convenir de; accorder, *acc.*

ὁμο-λόγημα, ατος (τό), chose convenue.

ὁμολογία, ας (ἡ), 1° ACCORD; convention. ‖ 2° aveu.

ὁμό-λογος, ος, ον, 1° qui consent; qui avoue. ‖ 2° qui concorde.

ὁμο-λογουμένως, *adv.*, 1° d'après l'aveu unanime. ‖ 2° conformément à, *dat.*

ὁμο-μήτριος, α, ον, né de la même mère.

ὁμο-νοέω-ῶ (*f.* ήσω), être du même avis.

ὁμο-νοητικός, ή, όν, favorable à la concorde.

ὁμό-νοια, ας (ἡ), conformité des sentiments.

ὁμο-νόως, *adv.*, unanimement.

ὁμο-πάτριος, ος, ον, né du même père.

ὁμό-π(τ)ολις, εως (ὁ, ἡ), concitoyen.

ὀμόργνυμι (*f.* ὀμόρξω, *aor.* ὤμορξα) *et moy.*, essuyer; effacer.

ὁμ-ορέω-ῶ (*f.* ήσω), être voisin.

ὅμ-ορος, ος, ον, voisin.

ὁμο-ρροθέω-ῶ (*f.* ήσω), faire du bruit *ou* agir ensemble.

ὁμός, ή, όν, 1° SEMBLABLE. ‖ 2° commun.

ὁμόσε, *adv.*, du même côté (*avec mouvᵗ*) : ὁμόσε ἰέναι τινί, marcher contre un ennemi.

ὁμο-σιτέω-ῶ (*f.* ήσω),

être à la même table, *dat.*

ὁμό-σιτος, ος, ον, commensal.

ὁμό-σκευος, ος, ον, pareillement équipé.

ὁμό-σπλαγχνος, ος, ον, *comme* ὁμογάστριος.

ὁμό-σπονδος, ος, ον, compagnon; allié, *dat.*

ὁμό-σπορος, ος, ον, né du même sang.

ὁμο-σπόρος, ον, uni à la femme d'un autre.

ὀμόσσαι, *pour* ὀμόσαι.

ὁμο-στιχάω-ῶ, marcher en ligne avec, *dat.*

ὁμό-στολος, ος, ον, compagnon de route.

ὁμό-τεχνος, ος, ον, qui exerce le même métier, *gén.* ou *dat.*

ὁμό-τιμος, ος, ον, qui partage les honneurs, *dat.* ou *gén.*

ὁμό-τοιχος, ος, ον, voisin de, *gén.* ou *dat.*

ὁμο-τράπεζος, ος, ον, commensal de, *dat.*

ὁμό-τροπος, ος, ον, moralement semblable à, *gén.* ou *dat.*

ὁμό-τροφος, ος, ον, élevé avec, *gén.* ou *dat.*

ὁμοῦ, 1° *adv.*, ENSEMBLE; en même temps; environ. ‖ 2° *prép. gén.* ou *dat.*, avec; près de.

ὀμοῦμαι, *f. de* ὄμνυμι.

ὅμ-ουρος, *comme* ὅμορος.

ὁμο-φρονέω-ῶ (*f.* ήσω), être du même avis, *dat.*

ὁμο-φροσύνη, ης (ἡ), unanimité.

ὁμό-φρων, ων, ον, *gén.* **ονος,** qui a les mêmes pensées.

ὁμο-φυής, ής, ές, qui est de même nature (que, *dat.*).

ὁμόφυλος, ος, ον, de même race *ou* espèce.

ὁμο-φωνέω-ῶ (*f.* ήσω), parler le même langage (que, *dat.*).

ὁμό-φωνος, ος, ον, qui parle le même langage.

ὁμό-χροια, ας (ἡ), ressemblance de couleur.

ὁμό-ψηφος, ος, ον, qui vote comme, *dat.*

ὁμόω-ῶ (*f.* ώσω), unir.

Ὀμφάλη, ης (ἡ), Omphale.

ὀμφαλόεις, όεσσα, όεν, bombé.

ὀμφαλός, οῦ (ὁ), 1° NOMBRIL. ‖ 2° centre. ‖ 3° partie formant bosse.

ὄμφαξ, ακος (ὁ, ἡ), raisin *ou* fruit vert.

ὀμφή, ῆς (ἡ), 1° voix; oracle.

ὁμ-ώνυμος, ος, ον, qui a le même nom (que, *gén.* ou *dat.*).
ὁμῶς, *adv.*, SEMBLABLEMENT ; à l'égal de, *dat.*
ὅμως, *adv.*, 1° CEPENDANT ; toutefois. ‖ 2° *devant part.*, quoique.
ὁμ-ωχέτης, ου (ὁ), ayant même demeure.
ὄν-αγρος, ου (ὁ), onagre.
ὄναρ, ὀνείρατος (τό), SONGE ; rêve. — *Adv.*, ὄναρ, en songe.
ὀνάριον, ου (τό), ânon.
ὄνασις, *comme* ὄνησις.
ὄνειαρ, ατος (τό), 1° UTILITÉ. ‖ 2° *pl.* τὰ ὀνείατα, richesses ; vivres.
ὀνείδειος, ος, ον, injurieux.
ὀνειδίζω (*f.* ίσω, *att.* ιῶ ; *pass.* *f.*, ὀνειδιοῦμαι), INJURIER ; reprocher.
ὀνειδισμός, οῦ (ὁ) ; ὀνείδισμα, ατος (τό) ; ὄνειδος, ους (τό), 1° injure. ‖ 2° reproche. ‖ 3° honte.
ὄνειος, α, ον, d'âne : ὀνεία (ἡ), peau d'âne.
ὀνείρειος, α, ον, de songe.
ὄνειρον, ου (τό), *comme* ὄνειρος.
ὀνειρο-πολέω-ῶ (*f.* ήσω), rêver.
ὀνειρο-πόλος, ου (ὁ), interprète des songes.
ὄνειρος, ου (ὁ), 1° SONGE. ‖ 2° rêverie. — *N. pr.*, le dieu des songes.
ὀνειρώσσω, *att.* **ττω,** rêver.
ὀνεύω, mouvoir avec un cabestan.
ὀνήμενος, *part. aor.* 2 *moy. de* ὀνίνημι.
ὀνήσιμος, ος, ον, utile.
ὄνησις, εως (ἡ), avantage ; profit.
ὄνθος, ου (ὁ), fumier.
ὀνικός, ή, όν, d'âne.
ὀνίνημι (*f.* ὀνήσω, *aor.* ὤνησα ; *pass. aor.* ὠνήθην, *pf.* ὤνημαι), être utile ; aider, *acc.* — *Moy.* ὀνίναμαι (*f.* ὀνήσομαι, *aor.* 2 ὠνήμην *et* ὠνάμην, *opt.* ὀναίμην, *inf.* ὄνασθαι, *part.* ὀνήμενος), tirer profit (de, *gén.*) ; être réjoui : ὄναιο, puisses-tu être heureux !
ὄνομα, ατος (τό), 1° NOM. ‖ 2° mot. ‖ 3° renom.
ὀνομάζω (*f.* άσω ; *pass.* *f.* ὀνομασθήσομαι), 1° NOMMER. ‖ 2° promettre.
ὄνομαι (ὄνοσαι, *f.* ὀνόσομαι, *aor.* 2 ὠνάμην), blâmer.
ὀνομαίνω, *comme* ὀνομάζω.
ὀνομα-κλήδην, *adv.*, nominativement.

ὀνομα-κλυτός, ή, όν, au nom illustre.

ὀνομαστί, *adv.*, par le nom.

ὀνομαστικός, ή, όν, qui sert à nommer.

ὀνομαστός, ή, όν, 1° qui peut être nommé. ‖ 2° renommé.

ὄνος, ου (ὁ, ἡ), 1° ANE; ânesse. ‖ 2° cabestan. ‖ 3° pierre meulière. ‖ 4° vase à vin.

ὀνοστός, ή, όν, blâmable.

ὀνο-φορβός, οῦ (ὁ), ânier.

ὄντως, *adv.*, en réalité.

ὄνυξ, υχος (ὁ), 1° ONGLE; serre; sabot. ‖ 2° onyx; jaspe.

ὀξέως, *adv.*, 1° finement. ‖ 2° promptement.

ὀξίνης, ου, aigre.

ὀξίς, ίδος (ἡ), vase à vinaigre.

ὄξος, εος-ους (τό), vinaigre.

ὀξύα, ας (ἡ), hêtre.

ὀξυ-βελής, ής, ές, aux traits acérés.

ὀξυ-δερκής, ής, ές, à la vue perçante.

ὀξύ-θηκτος, ος, ον, à la pointe aiguisée.

ὀξύ-θυμος, ος, ον, d'humeur vive.

ὀξυ-κώκυτος, ος, ον, aux cris aigus.

ὀξυ-λαβέω-ῶ (*f.* ήσω), saisir promptement (*l'occasion*).

ὀξυ-λαβής, ής, ές, qui a de la présence d'esprit.

ὀξύνω (*f.* νῶ), 1° AIGUISER; exciter. ‖ 2° aigrir.

ὀξυόεις, όεσσα, όεν, en bois de hêtre.

ὀξύς, εῖα, ύ, 1° AIGU; piquant. ‖ 2° acide. ‖ 3° vif; fin; pénétrant; prompt. ‖ 4° emporté; irascible.

ὀξύτης, ητος (ἡ), 1° POINTE. ‖ 2° acidité. ‖ 3° vivacité; pénétration. ‖ 4° irascibilité; violence.

ὀξύ-τονος, ος, ον, perçant.

ὀξύ-φωνος, ος, ον, à la voix aiguë.

ὀξύ-χολος, ος, ον, irascible.

ὀπαδέω-ῶ, accompagner, *dat.*

ὀπαδός, οῦ (ὁ, ἡ), compagnon; compagne.

ὀπάζω (*f.* σω), 1° DONNER POUR COMPAGNON. ‖ 2° ajouter; attribuer. ‖ 3° poursuivre. — *Moy.*, prendre pour compagnon.

ὀπαῖον, ου (τό), trou pour la fumée.

ὄπατρος, ος, ον, né du même père.
ὀπάων *et* **ὀπέων**, *gén.*, **ονος**, *comme* ὀπαδός.
ὅπερ, *neut. de* ὅσπερ.
ὀπή, ῆς (ἡ), trou.
ὅπη, *adv.*, 1° où ; par où ;par où ?‖ 2° comme ; suivant que : ὅπηπερ ἄν, de qq. manière que.
ὀπηδέω, *comme* ὀπαδέω.
ὁ-πηνίκα, *conj.*, 1° quand. ‖ 2° puisque.
ὀπίας, ου (ὁ), fromage caillé.
ὀπίζομαι (*f.* ίσομαι), 1° respecter ‖ 2° redouter.
ὄπιθε(ν), *comme* ὄπισθε.
ὀπιπτεύω (*f.* σω), observer ; guetter.
ὄπις, ιδος (ἡ), 1° crainte (*des dieux*) ; respect. ‖ 2° vengeance des dieux.
ὄπισθε(ν), 1° *adv.*, DERRIÈRE ; ensuite : οἱ ὄπισθεν, les gens de l'arrière ; εἰς τοὔπισθεν, pour l'avenir. ‖ 2° *prép. gén.*, en arrière de.
ὀπίσθιος, ος, ον, placé derrière.
ὀπισθο-νόμος, ος, ον, qui marche à reculons.
ὀπισθό-πους, πουν, *gén.* **ποδος**, qui marche derrière.
ὀπισθο-φύλακες, ων (οἱ), soldats d'arrière-garde.
ὀπισθο-φυλακέω-ῶ (*f.* ήσω), être à l'arrière-garde.
ὀπισθο-φυλακία, ας (ἡ), arrière-garde.
ὀπίστατος, η, ον, le dernier de tous.
ὀπίσω, 1° *adv.*, EN ARRIÈRE ; dans la suite ; à l'avenir ; de nouveau. ‖ 2° *gén.*, derrière.
ὁπλέω-ῶ, équiper.
ὁπλή, ῆς (ἡ), corne, sabot.
ὁπλίζω (*aor. pass.*, ὡπλίσθην), 1° ÉQUIPER ; armer. ‖ 2° préparer. — *Moy.*, s'armer ; s'équiper ; se préparer *ou* préparer pour soi.
ὅπλισις, εως (ἡ), armement.
ὅπλισμα, ατος (τό), armure.
ὁπλιτεύω (*f.* σω), être hoplite.
ὁπλίτης, ου (ὁ), hoplite, *fantassin lourdement armé.*
ὁπλιτικός, ή, όν, des hoplites : τό ὁπλιτικόν, les hoplites.
ὅπλομαι, préparer pour soi-même.
ὁπλο-μαχία, ας (ἡ), tactique *ou* combat des soldats lourds.

ὅπλον, ου (τό), INSTRUMENT; outil. — *Au pl.*, 1° ARMES. ‖ 2° agrès.

ὁπλότατος, η, ον, le plus jeune.

ὁπλότερος, α, ον, plus jeune.

ὁπλο-φόρος, ος, ον, qui porte des armes.

ὁ-ποδαπός, ή, όν, de quel pays.

ὁ-πόθεν, *adv.*, d'où.

ὁ-ποθεν-οῦν, *adv.*, de qq. lieu que ce soit.

ὁ-πόθι, *adv.*, en quel lieu.

ὅ-ποι, où, *avec mouvement.*

ὁ-ποῖος, α, ον, quel; de quelle nature.

ὁποιοσ-οῦν, ὁποιοσ-τισοῦν, qui que ce soit.

ὅποι-περ, *adv.*, vers quel lieu exactement.

1. **ὀπός, οῦ** (ὁ), suc (*surtout* de figuier).

2. **ὀπός,** *gén. de* ὄψ.

ὁποσάκις, *adv.*, autant de fois que.

ὁπόσε, *comme* ὅποι.

ὁπόσος, η, ον, 1° aussi grand que; aussi nombreux que. ‖ 2° combien grand; combien nombreux.

ὁποσος-δή, ὁποσος-οῦν, ὁποσοστις-οῦν, quelque grand que; quelque nombreux que.

ὁπότε *et* **ὁπόταν,** *conj.*, 1° QUAND; LORSQUE. ‖ 2° puisque.

ὁ-πότερος, α, ον, 1° lequel des deux. ‖ 2° celui des deux qui.

ὁ-ποτερος-οῦν, n'importe lequel des deux.

ὁ-ποτέρω-θεν, *adv.*, de quel côté des deux.

ὁ-ποτέρως, *adv.*, de laquelle des deux manières.

ὁ-ποτέρω-σε, *adv.*, vers quel endroit des deux.

ὅπου, *adv.*, 1° où; en quel lieu (*sans mouv*[t]). ‖ 2° quand : ἔσθ' ὅπου, il y a des cas où. ‖ 3° puisque.

ὁπου-δή, ὁπου-δήποτε, ὁπου-οῦν, *adv.*, en qq. lieu que ce soit.

ὅπου-περ, *adv.*, où précisément.

ὀππ — *pour* **ὀπ** — *dans* ὀππόθεν, *etc.*

ὀπταλέος, α, ον, grillé.

ὀπτάνιον, ου (τό), rôtisserie.

ὀπτάω-ῶ (*f.* ήσω), rôtir; griller, *acc.*

ὀπτήρ, ῆρος (ὁ), observateur; espion.

1. **ὀπτός, ή, όν,** rôti; grillé.

2. ὀπτός, ή, όν, qu'on peut voir.

ὀπυίω *et* **ὀπύω,** prendre femme ; épouser.

ὄπωπα, *pf.* 2 *de* ὁράω.

ὀπωπή, ῆς (ἡ), vue.

ὀπ-ωρα, ας (ἡ), saison des fruits ; fruits mûrs.

ὀπ-ωρίζω (*f.* ίσω, *att.* ιῶ), récolter.

ὀπ-ωρινός, ή, όν, de la saison des fruits.

ὀπωρ-ώνης, ου (ὁ), marchand de fruits.

ὅπως, 'A. *adv.*, 1° COMME ; de même que ; comment : οὐκ ἔσθ' ὅπως, il n'y a pas moyen de ; οὐχ ὅπως... ἀλλά, non seulement ne... pas... mais. ‖ 2° *devant superl.* : ὅπως τάχιστα, le plus vite possible.
B. *conj.* (en général *subj.* ou *opt* ; ὅπως ἄν, *subj.*) 1° AFIN QUE ; de façon que : ὅρα ὅπως μὴ τοῦτο ποιήσῃς, veille à ne pas faire cela. ‖ 2° quand.

ὁπωσ-δή, ὁπωσ-δήποτε, ὁπωσ-οῦν, ὁπωσ-τι-οῦν, *adv.*, de quelque manière que ce soit.

ὅπωσ-περ, *adv.*, de même que.

ὅραμα, ατος (τό), spectacle.

ὅρασις, εως (ἡ), vue.

ὁρατός, ή, όν, visible.

ὁράω-ῶ (*impf.* ἑώρων, *f.* ὄψομαι, *aor.* 2 εἶδον, *pf.* ἑόρακα, *pf.* 2 ὄπωπα ; *pass. f.* ὀφθήσομαι, *aor.* ὤφθην, *pf.* ἑώραμαι et ὦμμαι), 1° VOIR ; regarder. ‖ 2° veiller à : ὅρα μή, prends garde que. ‖ 3° comprendre ; juger.

ὀργάζω (*f.* άσω), amollir ; pétrir.

ὀργαίνω (*aor.* ὤργανα), 1° *tr.* irriter. ‖ 2° *intr.* s'irriter.

ὄργανον, ου (τό), 1° INSTRUMENT ; machine. ‖ 2° organe.

ὀργάς, άδος (ἡ), (terre) fertile.

ὀργάω-ῶ (*f.* ήσω), être plein de sève *ou* d'ardeur.

ὀργή, ῆς (ἡ), COLÈRE ; mouvement violent de l'âme : δι' ὀργῆς ἔχειν τινα, être irrité contre qq'un.

ὄργια, ων (τά), mystères religieux.

ὀργίζω (*f.* ίσω, *att.* ιῶ ; *pass. f.* ὀργισθήσομαι), irriter. — *Moy.*, s'irriter.

ὀργίλος, η, ον, irascible.

ὀργίλως, *adv.*, avec colère.

ὄργυια *et* **ὀργυία**, ας (ἡ), orgyie ; brasse (6 *pieds*, 1m,776).

ὀρέγνυμι *et* **ὀρέγω** (*f.* ξω ; *pass. pf.* ὀρώρεγμαι), 1° TENDRE ; étendre. ‖ 2° présenter. — *Moy.* (*aor.* ὠρεξάμην *et* ὠρέχθην), 1° s'étendre. ‖ 2° aspirer à, *gén.* ‖ 3° atteindre, *acc.*

ὀρει-βάτης, ου (ὁ), qui parcourt les montagnes.

ὀρεινός, ή, όν, *et* **ὄρειος**, α *ou* ος, ον, des montagnes.

ὀρεκτός, ή, όν, 1° allongé. ‖ 2° désiré.

ὄρεξις, εως (ἡ), DÉSIR ; appétit.

ὀρέομαι, s'élancer.

ὀρεσί-τροφος, ος, ον, nourri sur les montagnes.

ὀρέσ-κοος, ος, ον, qui habite dans les montagnes.

ὀρεσσι-βάτης, *comme* ὀρειβάτης.

ὀρέστερος, α, ον, *comme* ὀρινός.

Ὀρέστης, ου (ὁ), Oreste.

ὀρεστιάς, άδος (ἡ), montagnarde.

ὀρεύς, έως (ὁ), mulet.

ὀρεχθέω-ῶ, 1° s'allonger. ‖ 2° aspirer à.

ὀρέω, *comme* ὁράω.

ὀρεω-κόμος, ου (ὁ), muletier.

ὄρθαι, *inf. aor.* 2 *moy de* ὄρνυμι.

ὄρθιος, ος *et* α, ον, 1° DROIT. ‖ 2° haut; aigu. (*son*). ‖ 3° par colonnes. ‖ 4° droit; juste.

ὀρθο-δοξέω-ῶ, avoir des pensées droites.

ὀρθό-κραιρος, α, ον, qui dresse ses cornes *ou* sa proue.

ὀρθό-κρανος, ος, ον, au sommet élevé.

ὀρθό-πους, πους, πουν, *gén.* ποδος, qui marche droit sur ses pieds.

ὀρθός, ή, όν, 1° DROIT ; vertical ; direct : ἡ ὀρθή, la ligne droite. ‖ 2° régulier ; juste ; légitime : κατὰ τὸ ὀρθὸν δικάζειν, juger selon le droit. ‖ 3° *gram.*, le nominatif.

ὀρθο-στάδην, *adv.*, debout.

ὀρθότης, ητος (ἡ), 1° direction en ligne droite. ‖ 2° droiture; rectitude.

ὀρθόω-ῶ (*f.* ώσω), 1° LEVER DROIT ; dresser.

|| 2° redresser. || 3° bien diriger; rendre prospère : τὸ ὀρθούμενον, le succès.

ὄρθριος, α, ον, *et* **ὀρθρινός, ή, όν,** matinal.

ὄρθρος, ου (ὁ), point du jour; — *adv.*, ὄρθρου, dès l'aube.

ὀρθῶς, *adv.*, droitement.

ὀριγνάομαι-ῶμαι (*f.* ήσομαι), chercher à saisir, *gén.*

ὁρίζω (*f.* ίσω, *att.* ιῶ; *pass. f.* ὁρισθήσομαι), 1° *tr.*, LIMITER; définir. || 2° *intr.*, être à la limite de.
— *Moy.*, 1° délimiter; établir pour soi. || 2° estimer comme certain.

ὀρικός, ή, όν, de mulet.

ὀρίνω (*aor.* ὤρινα), 1° METTRE EN MOUVEMENT. || 2° exciter; émouvoir.

ὅριον, ου (τό), limite; borne.

ὅριος, ος, ον, qui concerne *ou* qui garde les limites.

ὅρισμα, ατος (τό), limite; borne.

ὁριστός, ή, όν, limité; défini.

ὁρκίζω (*f.* ίσω), faire jurer.

ὅρκιον, ου (τό), serment.
— *Pl.*, τὰ ὅρκια, sacrifice en vue d'un serment; convention; serment.

ὅρκιος, α, ον, du serment.

ὅρκος, ου (ὁ), serment.

ὁρκόω-ῶ (*f.* ώσω), faire prêter serment.

ὁρκ-ωμόσια, ων (τά), *comme* τὰ ὅρκια.

ὁρκ-ωμοτέω-ῶ (*f.* ήσω), jurer.

ὁρκωτής, οῦ (ὁ), celui qui fait prêter serment.

ὁρμαθός, οῦ (ὁ), file; rangée.

ὁρμαίνω (*aor.* ὥρμηνα), 1° POUSSER; exciter. || 2° rouler dans son esprit. || 3° *intr.*, s'élancer.

ὁρμάω-ῶ (*f.* ήσω), 1° POUSSER; mettre en mouvement, *acc.* || 2° *intr. et moy.*, s'élancer.

ὅρμενος, *part. aor.* 2 *moy. de* ὄρνυμι.

ὁρμέω-ῶ (*f.* ήσω), mouiller; être à l'ancre.

ὁρμή, ῆς (ἡ), 1° ÉLAN; assaut. || 2° désir; ardeur ; passion. || 3° effort ; essai.

ὅρμημα, ατος (τό), élan ; mouvement.

ὁρμητήριον, ου (τό), 1° aiguillon. || 2° base d'opération.

ὁρμητικός, ή, όν, ardent.

ὁρμίζω (*f.* ίσω), faire mouiller (*un navire*). — *Moy.*, mouiller.

ὅρμος, ου (ὁ), 1° LIEN ; collier ; guirlande. || 2° mouillage ; port.

ὄρνεον, ου (τό), oiseau ; *pl.* marché à la volaille.

ὀρνίθειος, α *ou* ος, ον, d'oiseau ; de volaille.

ὀρνι-θευτής, οῦ (ὁ), oiseleur.

ὀρνι-θεύω (*f.* σω), chasser les oiseaux.

ὀρνιθίας, ου (ὁ), qui entraîne les oiseaux.

ὀρνί-θιον, ου (τό), petit oiseau.

ὀρνιθο-σκόπος, ος, ον, qui observe les oiseaux.

ὄρνις, ὄρνιθος (ὁ, ἡ), 1° OISEAU ; poule. || 2° présage.

ὄρνυμι (*f.* ὄρσω, *aor.* ὦρσα, *aor.* 2 ὄρωρον), FAIRE LEVER ; éveiller. — *Moy.*, (*f.* ὀροῦμαι, *aor.* 2 ὠρόμην, *pf.* 2 ὄρωρα), SE LEVER ; se mouvoir.

ὀροθύνω (*f.* υνῶ), exciter.

ὄρομαι, veiller.

Ὀρόντης, ου (ὁ), Orontès.

ὄρος, ους (τό), montagne.

ὅρος, ου (ὁ), 1° BORNE. || 2° but.

ὀρός, οῦ (ὁ), petit lait.

ὀροσάγγαι, ῶν (οἱ), seigneurs perses.

ὀρούω (*f.* σω), bondir ; s'élancer.

ὀροφή, ῆς (ἡ), toit.

ὄροφος, ου (ὁ), 1° TOIT. || 2° chaume.

ὀρόω, *comme* ὁράω.

ὅρπηξ, ηκος (ὁ), 1° rejeton ; pousse. || 2° lance.

ὀρρο-πύγιον, ου (τό), croupion.

ὀρρωδεώ-ῶ (*f.* ήσω), avoir horreur ; craindre, *acc.*

ὀρρωδία, ας (ἡ), horreur ; crainte.

ὄρσασκε, 3° *pers. sg. aor.* 1 *hom. de* ὄρνυμι.

ὀρσο-θύρη, ης (ἡ), petite porte haute.

ὀρτάζω, *comme* ἑορτάζω.

ὀρτάλιχος, ου (ὁ), poussin.

Ὀρτυγία, ας (ἡ), Ortygie.

ὄρτυξ, υγος (ὁ), caille.

ὄρυγμα, ατος (τό), fossé; mine.

ὀρυκτός, ή, όν, creusé.

ὀρυμαγδός, οῦ (ὁ), vacarme.

ὄρυς, υος (ὁ), antilope.

ὀρύσσω, *att.* **ττω** (*f.* ξω, *pf.* ὀρώρυχα), 1° CREUSER. ‖ 2° enfouir.

ὀρφανία, ας (ἡ), état d'orphelin.

ὀρφανίζω (*f.* ίσω), rendre orphelin.

ὀρφανικός, ή, όν, d'orphelin.

ὀρφανιστής, οῦ (ὁ), tuteur d'orphelin.

ὀρφανός, ή, όν, ORPHELIN. ‖ 2° *gén.*, dénué de.

Ὀρφεῖος, α, ον, d'Orphée.

Ὀρφεύς, έως (ὁ), Orphée.

ὀρφναῖος, α, ον, sombre.

ὄρφνη, ης (ἡ), ténèbres.

ὄρχαμος, ου (ὁ), chef.

ὄρχατος, ου (ὁ), verger; enclos.

ὀρχέομαι-οῦμαι (*f.* ήσομαι), danser.

ὀρχηδόν, *adv.*, par rangées.

ὀρχηθμός, οῦ (ὁ), *et* **ὄρχημα, ατος** (τό), danse; chœur.

ὄρχησις, εως (ἡ), danse.

ὀρχηστήρ, ῆρος, *et* **ὀρχηστής, οῦ** (ὁ) chœur.

ὀρχηστικός, ή, όν, de la danse.

ὀρχήστρα, ας (ἡ), orchestre.

ὀρχηστρίς, ίδος (ἡ), danseuse.

Ὀρχομενός, οῦ (ὁ), Orchomène.

ὄρχος, ου (ὁ), ligne d'arbres.

ὄρωρα, *pf.* 2 *de* ὄρνυμι.

ὀρωρέχαται, 3ᵉ *pers. pl. pf. pass. de* ὀρέγω.

1. **ὅς, ἥ, ὅ**, 1° CELUI-CI : ἦ δ'ὅς, dit-il. ‖ 2° QUI, celui qui : ἔστιν ὅς, εἰσὶν οἵ, il y a des gens qui. ‖ 3° *Emplois divers :* οὗ, où ; ἐξ οὗ, depuis que; ἐν ᾧ, pendant que; εἰς ὅ, μέχρι οὗ, jusqu'à ce que ; ἀνθ' οὗ, δι' ὅ, à cause de quoi ; ἐφ' ᾧ, *comme* ἐφ' ᾧτε, à condition que; ᾗ, par où ; comment; ᾗ μάλιστα, le plus possible.

2. **ὅς, ἥ, ὅν**, *adj. poss.*, son; *parfois* mon *ou* ton.

ὁσάκις, *adv.*, toutes les fois que.

ὁσ-ημέραι, *adv.*, chaque jour.

ὁσία, ας (ἡ), 1° LOI DIVINE; loi morale : ὁσίας ἕνεκα,

par acquit de conscience. || 2° cérémonie pieuse.

ὅσιος, α *ou* **ος, ον**, 1° SAINT; juste (*chose*); permis : τὸ ὅσιον, la loi divine. || 2° (*homme*) pieux; vertueux.

ὁσιότης, ητος (ἡ), PIÉTÉ; pureté.

ὁσιόω-ῶ (*f.* ώσω), sanctifier; purifier.

ὁσίως, *adv.*, saintement; purement.

ὀσμή, ῆς (ἡ), odeur.

ὅσος, η, ον, 1° COMBIEN GRAND; COMBIEN NOMBREUX (*quantus, quot*) : θαυμαστὸς ὅσος, prodigieusement admirable. || 2° QUE (*quantus*) *gén*t. *après* τοσοῦτος, *etc.*; aussi grand que; ὅσος... τοσοῦτος = *quantus... tantus*; aussi nombreux que. || 3° ὅσοι, ὅσαι, ὅσα, TOUS CEUX QUI, toutes celles qui, tout ce qui.

— *Adv.*, **ὅσον** (ὅσα), 1° COMBIEN. || 2° QUE (après τοσοῦτον); autant que : ὅσον...τοσοῦτον, autant... autant; ὅσῳ, *devant comp.* : ὅσῳ μᾶλλον, d'autant plus que. || 2° seulement : ὅσον... μόνον, uniquement; οὐχ ὅσον... ἀλλὰ καί, non seulement, mais encore. || 3° à peu près : ὅσον οὐκ, presque. || 4° *devant sup.* : ὅσον τάχιστα, le plus vite possible.

Emplois divers : καθ' ὅσον, ἐς ὅσον, ἐφ' ὅσον, autant que; aussi longtemps que; παρ' ὅσον, sauf que; μέχρι ὅσου, durant tout le temps que; ἐν ὅσῳ, tant que.

ὅσος δή *ou* **δήποτε**, quelque grand que.

ὅσος-περ, ὅση-περ, ὅσον-περ, aussi grand du moins que; *pl.*, tous ceux du moins qui. — *Adv.*, ὅσαπερ, comme.

ὅσ-περ, ἥ-περ, ὅ-περ, qui, lequel précisément. — *Voir* ὅς. — *Adv.*, ὅπερ, à cause de quoi; ἅπερ, comme.

ὄσπριον, ου (τό), légume.

ὄσσα, *att.* **ὄττα, ης** (ἡ), 1° VOIX. || 2° oracle || 3° vacarme.

ὁσσάκι, *comme* ὁσάκις.

ὁσσάτιος, *comme* ὅσος.

ὄσσε (τώ), les deux yeux.

ὄσσομαι, voir; prévoir.

ὅσσος, *comme* ὅσος.

ὅσ-τε, ἥ-τε, ὅ-τε, qui

précisément. *Voir* ὅς 1.
ὀστέϊνος, η, ον, d'os.
ὀστέον-οῦν, *gén.* **οῦ** (τό), os.
ὅσ-τις, ἥ-τις, ὅ τι (*gén.* ὅτου, *dat.* ὅτῳ; *pl.neut.* ἅττα), 1° QUI; lequel, laquelle (au sens de *quisquis, quicumque*). ‖ 2° celui qui; quiconque.
— *Adv.*, ὅ τι, en quoi; pourquoi.
ὁστισ-δή *et* **ὁστισ-δήποτε, δηποτοῦν,** qui en général; n'importe lequel.
ὁστισ-οῦν, qui que ce soit qui; n'importe qui: οὐδ' ὁτιοῦν, pas le moins du monde.
ὅστισ-περ, qui, lequel précisément.
ὀστρακίζω (*f.* ίσω, *att.* ιῶ), bannir.
ὀστράκινος, η, ον, de terre cuite.
ὀστρακισμός, οῦ (ὁ), ostracisme; bannissement.
ὄστρακον, ου (τό), 1° COQUILLE. ‖ 2° coquille de terre cuite pour écrire les noms des bannis (*ostracisme*).
ὄστρεον, ου (τό), huître; coquillage.
ὀσφραίνομαι (*f.* ὀσφρήσομαι, *aor.* 2 ὠσφρόμην), sentir (*avec le nez*).
ὄσφρησις, εως (ἡ), odorat.
ὀσφύς, ύος (ἡ), hanche; reins.
ὅταν, *conj. subj.*, quand; toutes les fois que.
ὅ-τε, *conj.*, quand; lorsque; *avec l'opt.*, toutes les fois que: ἔσθ' ὅτε *ou* ἔστιν ὅτε, il y a des cas où. — *Adv.*, ὅτε μέν... ὅτε... δέ, tantôt... tantôt.
ὅτεο, ὅτευ, *gén. hom. de* ὅστις.
ὅ τι (ὅ, τι), *neut. de* ὅστις.
ὅτι, *conj.*, 1° QUE. ‖ 2° parce que. ‖ 3° pourquoi. ‖ 4° *devant superl.*: ὅτι τάχιστα, le plus vite possible. *Emplois divers*: δῆλον ὅτι, ἴσθ' ὅτι, évidemment; sans doute; οὐχ ὅτι, ce n'est pas que...; μὴ ὅτι, loin de; ὅτι μή, si ce n'est.
ὄτλος, ου (ὁ), douleur.
ὄτοβος, ου (ὁ), bruit.
ὀτοτοῖ, *interj.*, hélas!
ὀτοτύζω, se lamenter.
ὅτου, *gén. de* ὅστις.
ὀτραλέως, *adv.*, promptement.

ὀτρηρός, ά, όν, prompt.
ὀτρυντύς, ύος (ἡ), incitation.
ὀτρύνω (*f.* υνῶ), exciter; presser. — *Moy.*, se presser.
ὅτῳ, *dat. de* ὅστις.
οὗ, *pron.* 3e *pers.*, de soi; de lui, d'elle.
οὐ, οὐκ, οὐχ, *adv.*, NON; NE... PAS : ἆρ' οὐ, est-ce que... ne... pas (*nonne*)? οὐ γὰρ ἀλλά, non pas ainsi, mais au contraire...; οὐ μὴν ἀλλά, cependant; οὐχ ὅτι, je ne dis pas que; οὐ μή (*subj.* ou *fut.*), il n'y a pas de danger que.
οὖας, ατος (τό), *pour* οὖς.
οὐδαμά, *adv.*, nullement.
οὐδαμῇ, *adv.*, 1° nulle part. || 2° nullement.
οὐδαμόθεν, *adv.*, d'aucun côté.
οὐδαμοῖ *et* **οὐδαμόσε**, *adv.*, nulle part (*avec mouvt*).
οὐδαμός, ή, όν, aucun.
οὐδαμοῦ, *adv.*, nulle part (*sans mouvt*).
οὐδαμῶς, *adv.*, nullement.
οὖδας, οὔδεος (τό), sol; plancher.
οὖδασ-δε, *adv.*, à terre.
οὐ-δέ, *adv.*, 1° ET NE... PAS; οὐδέ... οὐδέ, ni... ni. || 2° ne pas... même (*ne... qui em*).
οὐδ-είς, οὐδε-μία, οὐδ-έν, 1° AUCUN; personne; rien. || 2° nul; de rien : οὐδὲν εἶναι, être perdu; οὐδένες εἰσίν, ce sont des gens de rien. — οὐδέν, *adv.*, en rien; nullement.
οὐδενόσ-ωρος, ος, ον, méprisable.
οὐδέ-πῃ, *adv.*, en aucune manière.
οὐδέ-ποτε, *adv.*, jamais.
οὐδέ-πω, *adv.*, pas encore.
οὐδε-πώποτε, *adv.*, jamais jusqu'ici.
οὐδ-έτερος, α, ον, ni l'un ni l'autre : τὸ οὐ..., le neutre.
οὐδ-ετέρως, *adv.*, ni d'une façon ni de l'autre.
οὐδ-ετέρωσε, *adv.*, vers aucun des deux sens.
οὐδήεις, ήεσσα, ῆεν, posé sur le sol.
1. **οὐδός, οῦ** (ὁ), seuil.
2. **οὐδός** (ἡ), *pour* ὁδός.
Οὐεργίλιος, ου (ὁ), Virgile.
οὖθαρ, ατος (τό), mamelle.

οὐ-θείς, οὐ-θέν, *comme* οὐδείς, οὐδέν.
οὐκ-έτι, *adv.*, ne... plus.
οὐκί, *pour* οὐκ.
οὐκοῦν, *adv.*, donc.
οὔκ-ουν (*remarquer l'accent*), *adv.*, donc ne... pas.
οὔ-κω, *pour* οὔπω.
οὔ-κων, *pour* οὔκουν.
οὔ-κως, *pour* οὔπως.
οὐλαί, ῶν (αἱ), grains d'orge.
οὐλαμός, οῦ (ὁ), troupe.
οὖλε, *imp.*, salut!
οὐλή, ῆς (ἡ), cicatrice.
οὔλιος, α, ον, funeste.
οὐλό-θριξ, τριχος (ὁ, ἡ), frisé.
οὐλο-κάρηνος, ος, ον, à la tête frisée.
οὐλόμενος, η, ον, funeste; meurtrier.
1. **οὖλος, η, ον**, entier; permanent.
2. **οὖλος, η, ον**, funeste.
3. **οὖλος, η, ον**, touffu; vigoureux.
οὐλό-χυται, ῶν (αἱ), grains d'orge (*des sacrifices*).
οὑμός, *pour* ὁ ἐμός.
οὖν, *conj.*, DONC; assurément : ἀλλ' οὖν, mais pourtant; δ' οὖν, ce qu'il y a de sûr, c'est que...
οὕνεκα, 1° *conj.*, PARCE QUE; que. ‖ 2° *prép.* *gén.*, à cause de : τούτου οὕνεκα, à cause de cela.
οὔνομα, *etc.*, pour ὄνομα, *etc.*
οὔ-περ, *adv.*, nullement.
οὗ-περ, *adv.*, où précisément.
οὔπη, *adv.*, 1° nulle part. ‖ 2° nullement.
οὔ-ποτε, *adv.*, jamais.
οὔ-πω, *adv.*, pas encore.
οὐ-πώποτε, *adv.*, jamais jusqu'ici.
οὔ-πως, *adv.*, nullement.
οὐρά, ᾶς (ἡ), 1° queue. ‖ 2° arrière; arrière-garde.
οὐρ-αγός, οῦ (ὁ), chef qui conduit l'arrière-garde.
οὐραῖος, α, ον, 1° de la queue. ‖ 2° de l'arrière.
Οὐρανία, ας (ἡ), Uranie.
Οὐρανῖδαι, ῶν (οἱ), les Titans.
οὐράνιος, α, ον, CÉLESTE; merveilleux.
Οὐρανίωνες, ων (οἱ), 1° les fils d'Ouranos (*Titans*). ‖ 2° les dieux.
οὐρανό-θεν, *adv.*, du haut du ciel.
οὐρανό-θι, *adv.*, dans le ciel.
οὐρανο-μήκης, ης, ες, qui s'étend jusqu'aux cieux.

οὐρανός, οῦ (ὁ), 1° CIEL; atmosphère; climat. ‖ 2° dais.

Οὐρανός, οῦ (ὁ), Ouranos.

οὐρεσι-βώτης, ου (ὁ), pâtre sur les montagnes.

1. **οὐρεύς,** *comme* ὀρεύς.

2. **οὐρεύς, έως** (ὁ), garde.

οὐρέω-ῶ (*f.* ήσω), uriner.

οὐρία, ας (ἡ), bon vent.

οὐρίαχος, ου (ὁ), extrémité (*de lance*).

1. **οὐρίζω,** (*f.* ίσω, *att.* ιῶ), pousser d'un vent favorable.

2. **οὐρίζω,** *pour* ὁρίζω.

οὔριος, α, ον, favorable (*vent; fortune*).

οὔρισμα, ατος (τό), *comme* ὅρισμα.

1. **οὖρον, ου** (τό), urine.

2. **οὖρον, ου** (τό), portée; étendue.

1. **οὖρος, ου** (ὁ), bon vent.

2. **οὖρος, ου,** *pour* ὅρος, ου.

3. **οὖρος, ους,** *pour* ὄρος, ους.

4. **οὖρος, ου** (ὁ), gardien.

οὐρός, οῦ (ὁ), canal pour vaisseaux.

οὖς, ὠτός (τό), 1° OREILLE. ‖ 2° anse.

οὐσία, ας (ἡ), 1° EXISTENCE. ‖ 2° substance. ‖ 3° biens.

οὐτάζω (*f.* άσω; *pass. aor.*, οὐτάσθην), blesser; frapper.

οὐτάμενος, η, ον, blessé.

οὐτάω-ῶ (*f.* ήσω), blesser; frapper.

οὔ-τε, *conj.*, ni; οὔτε... οὔτε, ni... ni.

οὐτι-δανός, ή, όν, sans aucune valeur.

οὔ-τις, οὔ-τι, personne; pas un. — οὔτι, *adv.*, en rien.

οὔ-τοι, *adv.*, non certes.

οὗτος, αὕτη, τοῦτο, celui-ci, celle-ci, ceci; ce, cette, (*hic*) : οὗτος (σύ), eh toi! ; τοῦτ' ἔστι, c'est-à-dire; καὶ ταῦτα, et cela (*pour insister*); ἐκ τούτου, depuis lors; ἐν τούτῳ, pendant ce temps. — *Adv.*, τοῦτο μὲν... τοῦτο δέ, d'un côté, de l'autre; τοῦτο, ταῦτα, à cause de cela.

οὑτοσ-ί, αὑτη-ί, τουτ-ί, celui que voici (*hice*).

οὕτω(ς) *et* **οὑτωσί,** 1° AINSI : οὕτως....ὡς, de même... que; ὡς.... οὕτως, de même que... de même. ‖ 2° tellement : — ὥστε, — que. ‖ 3° à cette condition. ‖ 4° comme cela... sans plus.

οὐχί, *comme* οὐχ.

ὀφειλέτης, ου (ὁ), débiteur.
ὀφείλημα, ατος (τό), dette.
ὀφείλω (*f.* ήσω, *aor.* 2 ὤφελον, *pf.* ὠφείληκα), DEVOIR; 1° avoir des dettes. ‖ 2° avoir l'obligation de : (εἰ γὰρ) ὤφελε θανεῖν, plût au ciel qu'il fût mort !
1. **ὀφέλλω,** *comme le précédent.*
2. **ὀφέλλω,** (*f.* ὀφελῶ, *aor.* ὤφειλα), accroître; enfler.
ὄφελος (τό), utilité.
ὀφθαλμία, ας (ἡ), ophtalmie.
ὀφθαλμιάω-ῶ (*f.* άσω), avoir mal aux yeux.
ὀφθαλμός, οῦ (ὁ), 1° OEIL; regard. ‖ 2° objet éclatant *ou* précieux. ‖ 3° bourgeon.
ὀφίδιον, ου (τό), petit serpent.
ὄφις, εως (ὁ), serpent.
ὄφλημα, ατος (τό), 1° dette. ‖ 2° amende.
ὀφλισκάνω (*f.* ὀφλήσω, *aor.* 2 ὦφλον, *pf.* ὤφληκα), DEVOIR; avoir une dette *ou* une amende : ὀφλισκάνειν φόνου, être condamné pour meurtre. ‖ 2° encourir l'accusation de : μωρίαν ὀφλισκάνω, je m'expose à être accusé de folie.
ὄφρα, *conj.*, 1° AFIN QUE. ‖ 2° tandis que; tant que. ‖ 3° jusqu'à ce que. — *Adv.*, durant un temps.
ὀφρύη, ης, *comme* ὀφρύς.
ὀφρύοεις, όεσσα, όεν, 1° sourcilleux. ‖ 2° escarpé.
ὀφρύς, ύος (ἡ), 1° SOURCIL. ‖ 2° escarpement. ‖ 3° gravité hautaine.
ὄχα, *adv.*, de beaucoup.
ὄχανον, ου (τό), courroie; anse.
ὀχετεύω (*f.* σω), dériver par un canal.
ὀχετ-ηγός, ός, όν, qui fait un canal de dérivation.
ὀχετός, οῦ (ὁ), canal.
ὀχεύς, έως (ὁ), attache; agrafe; fermeture.
ὀχέω-ῶ (*f.* ήσω), 1° TRANSPORTER. ‖ 2° supporter. — *Moy. pass.*, se faire transporter.
ὄχημα, ατος (τό), voiture; véhicule.
ὄχησις, εως (ἡ), action de transporter.
ὄχθη, ης (ἡ), escarpement.
ὄχθος, ου (ὁ), *même sens.*

ὀχλέω-ῶ(*f.* ήσω), REMUER; troubler.

ὀχληρός, ά, όν, gênant.

ὀχληρῶς, *adv.*, de manière gênante.

ὀχλίζω (*f.* ίσω), mouvoir (*avec un levier*).

ὀχλικός, ή, όν, de la foule.

ὄχλος, ου (ὁ), 1° FOULE; populace. || 2° tumulte; embarras.

ὀχλ-ώδης, ης, ες, de la foule; tumultueux.

ὀχμάζω (*f.* άσω), tenir fermement.

1. **ὄχος, ου** (ὁ), abri.

2. **ὄχος, ου** (ὁ), *et* **ὄχος, ους** (τό), véhicule; char.

ὀχυρός, ά, όν, ferme; fortifié.

ὀχυρόω-ῶ (*f.* ώσω), fortifier.

ὀχύρωμα, ατος (τό), forteresse.

ὄψ, ὀπός (ἡ), voix; parole.

ὀψάριον, ου (τό), petit plat.

ὀψέ, *adv.*, tard; tardivement.

ὀψείω, désirer voir, *gén.*

ὀψί-γονος, ος, ον, né tardivement; descendant.

ὀψίζω (*f.* ίσω), arriver tard.

ὀψι-μαθής, ής, ές, qui s'instruit tard.

ὄψιμος, ος, ον, tardif.

ὄψιος, α, ον, *même sens.*

ὄψις, εως (ἡ), 1° LA VUE; les yeux. || 2° spectacle; vision. || 3° apparence; air; visage.

ὀψι-τέλεστος, ος, ον, accompli tardivement.

ὄψον, ου (τό), 1° METS; comestibles. || 2° assaisonnement. || 3° bonnes choses de bouche.

ὀψο-ποιέω-ῶ (*f.* ήσω), cuisiner.

ὀψο-ποιΐα, ας (ἡ), art culinaire.

ὀψο-ποιϊκός, ή, όν, culinaire : ἡ ὀψοποιϊκή, l'art culinaire.

ὀψο-ποιός, οῦ (ὁ), cuisinier.

ὀψο-φαγέω-ῶ (*f.* ήσω), manger de bonnes choses.

ὀψο-φάγος, ος, ον, gourmet.

ὀψωνέω-ῶ (*f.* ήσω), faire des provisions de bouche.

ὀψωνιάζω (*f.* άσω), approvisionner.

ὀψώνιον, ου (τό), provisions.

Π

πᾶ, *pour* πῇ.

παγείς, *part. aor.* 2 *pass. de* πήγνυμι.

παγετός, οῦ (ὁ), gelée.

πάγη, ης, *et* **παγίς, ίδος** (ἡ), filet ; piège.

παγίως, *adv.,* solidement.

πάγ-κακος, ος, ον, tout à fait mauvais.

πάγ-καλος, ος, ον, tout à fait beau.

πάγ-καρπος, ος, ον, riche en fruits de toutes sortes.

παγ-κευθής, ής, ές, qui cache tout.

πάγ-κλαυτος, ος, ον, tout à fait déplorable.

πάγ-κοινος, ος, ον, commun à tous.

παγ-κοίτης, ου (ὁ), qui endort tout.

παγ-κόνιτος, ος, ον, tout poudreux.

παγ-κρατής, ής, ές, tout-puissant.

παγ-κρατιάζω (*f.* άσω), lutter au pancrace.

παγ-κρατιαστής, οῦ (ὁ), athlète du pancrace.

παγ-κράτιον, ου (τό), pancrace (*lutte et pugilat*).

πάγος, ου (ὁ), 1° POINTE rocher. ‖ 2° glace.

πάγος, ους (τό), gelée.

παγ-χάλεπος, ος, ον tout à fait difficile.

παγ-χάλκεος *et* **πάγχαλκος, ος, ον,** tout en airain.

πάγ-χρηστος, ος, ον, tout à fait utile.

παγ-χρύσεος, εος, εον, *et* **πάγ-χρυσος, ος, ον,** tout en or.

πάγχυ, *adv.*, tout à fait.

παθαίνομαι (*f.* ανοῦμαι), se passionner.

πάθη, ης (ἡ), souffrance.

πάθημα, ατος (τό), 1° ÉTAT PHYSIQUE *ou* MORAL. ‖ 2° souffrance. ‖ 3° changement accidentel.

παθητικός, ή, όν, 1° sensible. ‖ 2° qui émeut.

παθητός, ή, όν, sensible.

πάθος, εος-ους (τό), AFFECTION PHYSIQUE *ou* MORALE. ‖ 1° sentiment ; passion. ‖ 2° souffrance ; mort. ‖ 3° épreuve ; malheur. ‖ 4° événement ; phénomène. ‖ 5° le pathétique.

παιάν, ᾶνος (ὁ), péan (*hymne, chant*).

Παιάν, ᾶνος (ὁ), Pæon (*médecin divin*).

παιανίζω (*f.* ίσω), chanter le péan.

παιγνία, ας (ἡ), jeu: divertissement.

παιγνιήμων, ων, ον, *gén.* ονος, enjoué.

παίγνιον, ου (τό), jouet; divertissement scénique *ou* poétique.

παιγνι-ώδης, ης, ες, enjoué.

παιδ-αγωγεῖον, ου (τό), école.

παιδ-αγωγέω-ῶ (*f.* ήσω), 1° instruire des enfants. ‖ 2° diriger.

παιδ-αγωγία, ας (ἡ), éducation des enfants.

παιδ-αγωγικός, ή, όν, relatif à l'éducation.

παιδ-αγωγός, οῦ (ὁ), gouverneur d'enfants.

παιδάριον, ου (τό), petit enfant.

παιδεία, ας (ἡ), 1° CULTURE. ‖ 2° éducation des enfants. ‖ 3° la jeunesse.

παιδεῖος, ος, ον, relatif aux enfants.

παίδευμα, ατος (τό), 1° ENSEIGNEMENT. ‖ 2° élève; nourrisson.

παίδευσις, εως (ἡ), éducation.

παιδευτής, οῦ (ὁ), maître; précepteur.

παιδευτικός, ή, όν, relatif à l'instruction.

παιδεύω (*f.* σω), INSTRUIRE; élever; enseigner : ὁ πεπαιδευμένος, l'homme cultivé; l'honnête homme. — *Moy.*, faire élever.

παιδιά, ᾶς (ἡ), 1° JEU; divertissement. ‖ 2° moquerie.

παιδικός, ή, όν, d'enfant; puéril.

παιδικῶς, *adv.*, de manière enfantine.

παιδίον, ου (τό), petit enfant.

παιδίσκη, ης (ἡ), 1° petite fille. ‖ 2° petite esclave.

παιδίσκος, ου (ὁ), petit enfant. ‖ 2° petit esclave.

παιδνός, ή, όν, d'enfant.

παιδο-κτόνος, ος, ον, meurtrier d'enfants.

παιδο-νομία, ας (ἡ), direction des enfants.

παιδο-ποιέω-ῶ (*f.* ποιήσω), avoir des enfants.

παιδο-ποιΐα, ας (ἡ), procréation d'enfants.

παιδο-ποιός, ός, όν, qui procrée des enfants.

παιδο-τριβέω-ῶ(*f.* ήσω), exercer les enfants (*surtout physiquement*).

παιδο-τρίβης, ου (ὁ), maître de gymnastique.

παιδο-τριβικός, ή, όν, du maître de gymnastique.

παιδ-ουργία, ας (ἡ), procréation d'enfants.

παιδο-φόνος, ος, ον, qui tue les enfants.

παίζω (*f.* παίξομαι *et* παιξοῦμαι, *aor.* ἔπαιξα *et* — σα; *pass. aor.* ἐπαίχθην, *pf.* πέπαιγμαι *et* — σμαι, 1° JOUER. ‖ 2° badiner. ‖ 3° se moquer (εἰς *ou acc.*).

Παιονία, ας (ἡ), Pæonie.

παιπάλη, ης (ἡ), *et* **παιπάλημα, ατος** (τό), 1° fleur de farine. ‖ 2° fine mouche.

παιπαλόεις, όεσσα, όεν, rocailleux.

παῖς, παιδός (ὁ, ἡ), 1° ENFANT. ‖ 2° jeune esclave.

παιφάσσω, paraître brusquement.

παίω (*f.* παίσω; *pass. aor.* ἐπαίσθην), 1° *tr.*, frapper. ‖ 2° *intr.*, se heurter.

παιών, ῶνος (ὁ), 1° médecin. ‖ 2° péan.

παιωνίζω, *comme* παιανίζω.

παιώνιος, ος, ον, salutaire.

παιωνισμός, *comme* παιανισμός.

πακτόω-ῶ (*f.* ώσω), verrouiller; boucher.

Πακτωλός, οῦ (ὁ), le Pactole.

παλάθη, ης (ἡ), gâteau de fruits secs.

πάλαι, *adv.*, 1° AUTREFOIS : οἱ πάλαι, les anciens. ‖ 2° depuis longtemps. ‖ 3° récemment.

παλαι-γενής, ής, ές, âgé; ancien.

παλαιό-πλουτος, ος, ον, riche de vieille date.

παλαιός, ά, όν, ancien: τὸ παλαιόν, anciennement; ἐκ παλαιοῦ, dès l'antiquité.

παλαιότης, ητος (ἡ), antiquité.

παλαιόω-ῶ (*f.* ώσω), rendre vieux. — *Pass.*, vieillir.

πάλαισμα, ατος (τό), 1° LUTTE. ‖ 2° artifice.

παλαισμοσύνη, ης (ἡ), lutte.

παλα(ι)στή, ῆς (ἡ), paume de la main.
παλαιστής, οῦ (ὁ), lutteur.
παλα(ι)στιαῖος, α, ον, long de quatre doigts.
παλαιστικός, ή, όν, qui concerne la lutte.
παλαίστρα, ας (ἡ), 1° PALESTRE. ‖ 2° école.
παλαίτερος *et* **παλαίτατος**, *comp. et sup. de* παλαιός.
παλαί-φατος, ος, ον, anciennement prédit; fabuleux.
παλαίω (*f.* σω), lutter (contre, *dat.*).
παλαμάομαι-ῶμαι (*f.* ήσομαι), exécuter; machiner.
παλάμη, ης (ἡ), 1° PAUME DE LA MAIN. ‖ 2° violence; adresse; ruse.
Παλαμήδης, ους (ὁ), Palamède.
παλαμναῖος, α, ον, 1° meurtrier. ‖ 2° vengeur du meurtre.
παλάσσω (*f* ξω), 1° AGITER. ‖ 2° souiller. ‖ 3° tirer au sort.
παλέω, *comme* παλαίω.
1. **πάλη**, ης (ἡ), lutte.
2. **πάλη**, ης, (ἡ), fleur de farine.
παλιγ-γενεσία, ας (ἡ), seconde naissance.
παλίγ-κοτος, ος, ον, rancunier; vindicatif.
παλιλ-λογέω-ῶ (*f.* ήσω), répéter.
παλιλ-λογία, ας (ἡ), récapitulation.
παλίλ-λογος, ος, ον, recueilli de nouveau.
παλίμ-βολος, ος, ον, retors.
παλιμ-πετές, *adv.*, en sens inverse.
παλιμ-πλάζομαι (*part. aor.* παλιμπλαγχθείς), revenir sur ses pas.
πάλιν, *adv.*, 1° EN ARRIÈRE. ‖ 2° de nouveau. ‖ 3° en sens contraire : πάλιν λέγειν, contredire.
παλιν-άγρετος, ος, ον, révocable.
παλιν-αίρετος, ος, ον, rebâti.
παλιν-αυτόμολος, ου (ὁ), transfuge qui revient.
παλιν-δρομέω-ῶ (*f.* ήσω), courir en revenant en arrière.
παλιν-όρμενος, ος, ον, qui s'élance en arrière.
παλίν-ορσος, ος, ον, *même sens*.
παλίν-τιτος, ος, ον, puni.
παλίν-τονος, ος, ον tiré en arrière.

παλιν-τριβής, ής, ές, retors.

παλίν-τροπος, ος, ον, qui revient sur ses pas; opposé.

παλιν-ῳδέω-ῶ (*f.* ήσω), se rétracter.

παλιν-ῳδία, ας (ἡ), rétractation; palinodie.

παλιρ-ρόθιος, α, ον, qui reflue.

παλίρ-ροια, ας (ἡ), flux et reflux.

παλίρ-ροος-ους, οον-ουν, qui reflue.

παλίσ-συτος, ος, ον, qui bondit en arrière.

παλ-ίωξις, εως (ἡ), retour offensif.

Παλλάδιον, ου (τό), Palladium.

παλλακεύομαι, vivre en concubinage.

παλλακή, ῆς (ἡ), concubine.

παλλακίς, ίδος (ἡ), *même sens.*

Παλλάς, άδος (ἡ), Pallas

πάλ-λευκος, ος, ον, tout blanc.

Παλλήνη, ης (ἡ), Pallène.

πάλλω (*f.* παλῶ, *aor.* ἔπηλα, *pf.* πέπηλα; *pass. f.* παλθήσομαι), 1° *tr.*, BRANDIR; agiter (*les sorts*). ‖ 2° *intr. et moy.*, bondir; palpiter.

παλμός, οῦ (ὁ), vibration.

πάλος, ου (ὁ), sort: tirage au sort.

παλτόν, οῦ (τό), trait; javeline.

παλτός, ή, όν, brandi; lancé.

παλύνω (*f.* υνῶ), saupoudrer.

παμ-βασιλεύς, έως (ὁ), souverain absolu.

παμ-βῶτις, ιδος (ἡ), qui nourrit tout le monde.

παμ-μάχος, ος, ον, apte à tous combats.

παμ-μέγας, -μεγάλη, -μεγα, tout à fait grand.

παμ-μεγέθης, ης, ες, *même sens.*

παμ-μέλας, -μέλαινα, -μέλαν, tout noir.

παμ-μήκης, ης, ες, tout à fait long.

πάμ-μηνος, ος, ον, qui dure continuellement.

παμ-μήτωρ, ορος (ἡ), mère de toutes choses

παμ-μιγής, ής, ές, tout mêlé.

πάμ-μορος, ος, ον, tout à fait malheureux.

παμ-πάλαιος, ος, ον, tout à fait ancien.

πάμ-παν, *adv.*, tout à fait.

παμ-πήδην, *adv.*, *même sens.*

παμ-πληθής, ής, ές, très nombreux. —Παμπληθές, *adv.*, entièrement.

παμ-ποίκιλος, ος, ον, tout varié; tout brodé.

πάμ-πολις, εως (ὁ, ἡ), qui se trouve dans toutes les cités.

πάμ-πολυς, -πόλλη, -πολυ, tout à fait nombreux. — *Adv.*, πάμπολυ, extrêmement.

παμ-πόνηρος, ος, ον, tout à fait méchant.

πάμ-πρωτος, η, ον, tout à fait le premier.
— *Adv.*, πάμπρωτον *ou* πάμπρωτα, avant tout.

παμ-φάγος, ος, ον, qui dévore tout.

παμ-φαής, ής, ές, tout à fait brillant.

παμ-φαίνω, être tout à fait brillant.

παμ-φανάω *et* όω-ῶ, *même sens.*

παμ-φεγγής, ής, ές, tout à fait brillant.

πάμ-φλεκτος, ος, ον, tout embrasé.

πάμ-φορος, ος, ον, fertile en tout.

Παμφυλία, ας (ἡ), Pamphylie.

πάμ-φυλος, ος, ον, de toute espèce.

πάμ-φωνος, ος, ον, aux sons de toute sorte.

πάμ-ψυχος, ος, ον, en pleine vie.

Πάν, **Πανός** (ὁ), Pan. — *Pl.*, les Faunes.

παν-αγής, ής, ές, tout à fait saint.

πάν-αγρος, ος, ον, qui prend toute proie.

Παν-αθήναια, ων (τά), Panathénées.

παν-άθλιος, α, ον, tout à fait misérable.

πάν-αιθος, η, ον, tout à fait éclatant.

παν-αίολος, ος, ον, tout bigarré.

παν-αληθής, ής, ές, tout à fait vrai.

παν-άπαλος, ος, ον, tout à fait tendre.

παν-άποτμος, ος, ον, tout à fait malheureux.

παν-άργυρος, ος, ον, tout en argent.

παν-αρμόνιος, ος, ον, parfaitement harmonieux.

πάν-αρχος, ος, ον, souverain.

παν-αφῆλιξ, ικος (ὁ, ἡ), sans un seul camarade.

Παν-αχαιοί, ῶν (οἱ),

tous les Grecs réunis.

παν-αώριος, ος, ον, tout à fait prématuré.

παν-δαισία, ας (ἡ), repas plantureux.

παν-δάκρυτος, ος, ον, tout à fait déplorable.

παν-δαμάτωρ, ορος (ὁ), qui dompte tout.

παν-δημεί, *adv.*, en masse.

παν-δημία, ας (ἡ), tout le peuple réuni.

παν-δήμιος, ος, ον, appartenant à tout le peuple.

πάν-δημος, ος, ον, 1° PUBLIC; général. || 2° vulgaire.

πάν-δικος, ος, ον, tout à fait juste.

Πανδίων, ονος (ὁ), Pandion.

παν-δοκεία, ας, *et* **παν-δόκευσις, εως** (ἡ), métier d'aubergiste.

παν-δοκεῖον, ου (τό), auberge.

παν-δοκεύς, έως (ὁ), aubergiste.

παν-δοκεύω (*f.* σω), tenir une auberge.

πάν-δυρτος, ος, ον, tout à fait déplorable.

Παν-δώρα, ας (ἡ), Pandore.

Παν-έλληνες, ων (οἱ), tous les Grecs ensemble.

Πάνεμος, ου (ὁ), Panémos, *mois dorien.*

παν-έρημος, ος, ον, tout à fait désert.

παν-ηγυρίζω (*f.* ίσω), 1° faire une fête *ou* une assemblée nationale. || 2° prononcer un discours dans une assemblée nationale.

πανηγυρικός, ή, όν, d'assemblée *ou* de fête nationale : ὁ π.(λόγος), discours dans une assemblée nationale (*panégyrique*).

πανήγυρις, εως (ἡ), ASSEMBLÉE NATIONALE; jeux publics.

παν-ῆμαρ, *adv.*, durant toute la journée.

παν-ημέριος, α, ον, 1° qui dure tout le jour. || 2° quotidien.

παν-ήμερος, α, ον, *mêmes sens.* — *Adv.*, πανήμερον, durant tout le jour.

πάν-θηρ, ηρος (ὁ), panthère.

παν-θυμαδόν, *adv.*, avec une extrême ardeur.

πάν-θυτος, ος, ον, très vénéré.

Πανικός, ή, όν, de Pan; panique.

παν-ίμερος, ος, ον, tout à fait charmant.

παν-νύχιος, α, ον, *et* **πάν-νυχος**, ος, ον, qui dure toute la nuit. — *Adv.*, παννύχιον, durant toute la nuit.

παν-νυχίς, ίδος (ἡ), fête de nuit.

παν-οικησίᾳ *et* **παν-οικί**, *adv.*, avec toute la maison.

παν-όμοιος, ος, ον, tout à fait semblable.

παν-οπλία, ας (ἡ), armure complète.

πάν-οπλος, ος, ον, entièrement armé.

παν-όπτης, ου (ὁ), qui voit tout.

πάν-ορμος, ος, ον, où s'abritent tous les navires.

Πάν-ορμος, ου (ὁ), Panorme.

παν-ουργέω-ῶ (*f.* ήσω), être capable de tout (*scélérat*).

παν-ουργία, ας (ἡ), scélératesse.

παν-οῦργος, ος, ον, CAPABLE DE tout. || 1° méchant. || 2° très habile.

πάν-οψιος, ος, ον, visible à tous les yeux.

παν-σαγία, ας (ἡ), armure complète.

παν-σέληνος, ος, ον, (lune) dans son plein.

πάν-σμικρος, ος, ον, tout à fait petit.

πάν-σοφος, ος, ον, tout à fait sage.

παντ-στρατιά, ᾶς (ἡ), armée réunie tout entière.

παν-συδί(ᾳ), *adv.*, toutes forces réunies.

πάν-συρτος, ος, ον, confusément mêlé.

παντᾷ, *pour* πάντῃ.

παν-τάλας, αινα, αν, tout à fait malheureux.

παντά-πασι(ν), *adv.*, tout à fait.

πάντ-αρχος, ος, ον, maître souverain.

πανταχῇ, *adv.*, 1° PARTOUT. || 2° de toute façon.

πανταχόθεν, *adv.*, 1° DE TOUS CÔTÉS. || 2° de toute façon.

πανταχοῖ *et* **πανταχόσε**, *adv.*, partout, *avec mouv*[t].

πανταχοῦ, *adv.*, 1° PARTOUT, *sans mouv*[t]. || 2° de toute façon.

πανταχῶς, *adv.*, de toutes les manières.

παν-τέλεια, ας (ἡ), achèvement.

παν-τελής, ής, ές, achevé; parfait.

παν-τελῶς, *adv.*, parfaitement.

πάντη, *adv.*, 1° PARTOUT. ‖ 2° complètement.

πάν-τιμος, **ος**, **ον**, tout à fait honoré.

παν-τλήμων, **ων**, **ον**, *gén.* **ονος**, tout à fait malheureux.

παντο-γήρως, **ως**, **ων**, *gén.* ω, qui vieillit tout.

παντο-δαπός, **ή**, **όν**, 1° DE TOUT PAYS. ‖ 2° de toutes sortes.

παντό-θεν, *adv.*, de toutes parts.

παντοῖος, **α**, **ον**, 1° DE TOUTE ESPÈCE. ‖ 2° qui a des sentiments *ou* des moyens variés.

παντοίως, *adv.*, de toutes les manières.

παντο-κράτωρ, **ορος** (ὁ), tout-puissant.

παντο-πόρος, **ος**, **ον**, riche d'expédients.

παντ-όπτης, **ου** (ὁ), qui voit tout.

πάντοσε, *adv.*, partout, *avec mouv*[t].

πάν-τοτε, *adv.*, toujours.

παντουργός, **ός**, **όν**, *comme* πανοῦργος.

πάντως, *adv.*, 1° TOUT A FAIT. ‖ 2° en tout cas.

πάνυ, *adv.*, 1° TOUT A FAIT; très : ὁ πάνυ, l'homme fameux; οὐ πάνυ, pas du tout. ‖ 2° assurément.

παν-υπέρτατος, **η**, **ον**, le plus élevé de tous.

παν-ύστατος, **η**, **ον**, le dernier de tous.

παν-ωλεθρία, **ας** (ἡ) destruction totale.

παν-ώλεθρος, **ος**, **ον**, 1° TOUT A FAIT FUNESTE; maudit. ‖ 2° tout à fait anéanti.

παν-ώλης, **ης**, **ες**, *mêmes sens.*

πάομαι (*f.* πάσομαι, *pf.* πέπαμαι), 1° acquérir; posséder. ‖ 2° goûter.

παπαῖ, *interj.*, ah!

παπαιάξ, *interj.*, oh! oh!

παππάζω (*f.* άσω), appeler papa.

πάππας, **ου** (ὁ), papa.

πάππος, **ου** (ὁ), grand-père.

παππῷος, **α**, **ον**, d'aïeul.

παπταίνω (*f.* ανῶ, *aor.* ἐπάπτηνα), 1° *intr.*, regarder de tous côtés (*avec inquiétude*). ‖ 2° *tr.*, regarder.

πάπυρος, **ου** (ὁ, ἡ), papyrus.

πάρ, *comme le suivant.*

παρά, I. *adv.*, AUPRÈS. II. *prép.*, *a*) *gén.*, 1° D'AUPRÈS. ‖ 2° de la part de. ‖ 3° par.

b) *dat.*, 1° AUPRÈS; chez. || 2° durant : οἱ παρ' ἡμῖν, nos concitoyens *ou* nos contemporains. || 3° au pouvoir de : παρ' ἑαυτῷ εἶναι, être son maître.

c) *acc.*, 1° AUPRÈS DE. || 2° le long de. || 3° contrairement à : παρὰ τὸν νόμον, contre la loi. || 4° durant. || 5° excepté. || 6° en comparaison de; au delà de. || 7° en raison de; par. — *Locutions* : παρὰ πολύ, à beaucoup près; παρ' ἕνα, un à un; παρ' ἕτερον, à tour de rôle; παρ' ἡμέραν, de deux jours l'un; παρ' ὀλίγον, de bien peu; παρ' οὐδὲν εἶναι, ne compter pour rien; παρὰ τοσοῦτον, à tel point.

πάρα, 1° *pour* παρά, *après son complément*. || 2° = πάρεστι, il est présent; *impers.*, cela est au pouvoir de.

παρα-βαίνω (*f.* βήσομαι, *etc.*), 1° se tenir *ou* avancer à côté (de, *dat.*). || 2° TRANSGRESSER; négliger.

παρα-βάλλω (*f.* βαλῶ, *etc.*), I. *tr.*, 1° PRÉSENTER; confier; livrer. || 2° lancer de côté; détourner. || 3° mettre en parallèle; comparer.
II. *intr.*, s'approcher de, *dat.*
— *Moy.*, 1° PRÉSENTER; remettre. || 2° trahir. || 3° risquer. || 4° *Abs.*, se risquer.

παρά-βασις, εως (ἡ), 1° transgression. || 2° parabase.

παρα-βάσκω, marcher aux côtés de, *dat.*

παρα-βάτης, ου (ὁ), 1° combattant monté sur le char près du conducteur. || 2° fantassin placé parmi les cavaliers. || 3° qui transgresse.

παρα-βατός, ή, όν, qu'on peut transgresser.

παρα-βιάζομαι (*f.* άσομαι), violenter; forcer.

παρα-βλαστάνω (*f.* βλαστήσω), germer dans.

παρα-βλέπω (*f.* βλέψω), regarder de côté.

παρα-βλήδην, *adv.*, obliquement.

παρά-βλημα, ατος (τό), barrière de défense.

παρα-βλώσκω (*pf.* παρμέμβλωκα), venir aux côtés de, *dat.*

παρα-βλώψ, *gén.* **ῶπος** (ὁ, ἡ), aux yeux louches.

παρα-βοάω-ῶ (*f.* ήσω), crier.

παρα-βοήθεια, ας (ἡ), secours.

παρα-βοηθέω-ῶ (*f.* ήσω), venir au secours (de, *dat.*).

παρα-βολή, ῆς (ἡ), 1° COMPARAISON. ‖ 2° abordage. ‖ 3° parabole.

παρά-βολος, ος, ον, audacieux; téméraire.

παρα-βώμιος, ος, ον, voisin de l'autel.

παρ-αγγελία, ας (ἡ), 1° mot d'ordre; précepte. ‖ 2° intrigue.

παρ-αγγέλλω (*f.* αγγελῶ, *etc.*), 1° ANNONCER. ‖ 2° donner des ordres *ou* des recommandations; édicter. ‖ 3° appeler. ‖ 4° citer en justice.

παρ-άγγελμα, ατος (τό), ordre; recommandation.

παρ-άγγελσις, εως (ἡ), *mêmes sens.*

παρα-γί(γ)νομαι (*f.* γενήσομαι, *etc.*), 1° ASSISTER à. ‖ 2° venir en aide à. ‖ 3° survenir.

παρα-γι(γ)νώσκω (*f.* γνώσομαι, *etc.*), décider faussement.

παρ-αγκάλισμα, ατος (τό), objet tenu embrassé.

παρά-γραμμα, ατος (τό), addition à un écrit.

παρα-γραφή, ῆς (ἡ), 1° note additionnelle. ‖ 2° exception juridique.

παρα-γράφω (*f.* γράψω), 1° ÉCRIRE A CÔTÉ; effacer. — *Moy.*, présenter à côté, faire valoir une exception (*en justice*); déposer une accusation.

παρα-γυμνόω-ῶ (*f.* ώσω), mettre à nu.

παρ-άγω (*f.* άξω, *etc.*), 1° CONDUIRE DE CÔTÉ *ou* AILLEURS. ‖ 2° amener; présenter. ‖ 3° tromper; séduire. ‖ 4° prolonger. ‖ 5° *intr.*, passer.

παρ-αγωγή, ῆς (ἡ), 1° ACTION DE PRÉSENTER *ou* de transporter *ou* de faire manœuvrer. ‖ 2° altération; artifice; ruse. ‖ 3° prolongement; délai.

παρα-δαρθάνω (*f.* δαρθήσομαι, *etc.*), dormir auprès, *dat.*

παρά-δειγμα, ατος (τό), EXEMPLE; modèle.

παρα-δειγματίζω (*f.* ίσω), 1° présenter comme modèle. ‖ 2° punir pour l'exemple.

παρα-δειγματώδης,ης, ες, exemplaire.

παρα-δείκνυμι *et* **δεικνύω** (*f.* δείξω, *etc.*), montrer ; comparer.

παράδεισος, ου (ὁ), 1° parc. ‖ 2° paradis.

παρα-δέχομαι (*f.* δέξομαι), 1° RECEVOIR ; admettre.

παρα-δηλόω-ῶ (*f.* ώσω), faire entendre ; expliquer.

παρα-δίδωμι (*f.* δώσω, *etc.*), 1° TRANSMETTRE. ‖ 2° livrer. ‖ 3° permettre.

παρα-δοξο-λογέω-ῶ (*f.* ήσω) faire des récits incroyables.

παρα-δοξο-λογία,ας(ἡ), récit incroyable.

παρά-δοξος, ος, ον, incroyable ; paradoxal.

παρα-δόσιμος, ος, ον, qui se transmet.

παρά-δοσις, εως (ἡ), transmission ; tradition.

παρα-δοχή, ῆς (ἡ), tradition reçue.

παρα-δράω-ῶ, (*f.* άσω), servir (*comme domestique*).

παρα-δρομή, ῆς (ἡ), action de passer en courant.

παρα-δυναστεύω (*f.* σω), partager le pouvoir avec, *dat.*

παρα-δύομαι (*aor.* 2 παρέδυν), se glisser.

παρα-δωσείω, être prêt à trahir.

παρ-αείδω, chanter près de, *dat.*

παρ-αείρω (*f.* αερῶ), prendre à côté.

παρα-ζεύγνυμι (*f.* ζεύξω), attacher à côté.

παρα-ζώννυμι (*f.* ζώσω), suspendre à son côté.

παρα-θαλασσίδιος, *att.* **ττίδιος** *et* **παρα-θαλάσσιος**, *att.* **ττιος, α, ον**, maritime.

παρα-θαρσύνω *ou* **θαρρύνω** (*f.* υνῶ), encourager.

παρά-θεσις, εως (ἡ), 1° comparaison. ‖ 2° suggestion.

παρα-θέω (*f.* θεύσομαι), courir à côté.

παρα-θεωρέω-ῶ (*f.* ήσω), 1° comparer. ‖ 2° délaisser.

παρα-θήκη, ης (ἡ), dépôt.

παραί, *comme* παρά.

παρ-αίνεσις, εως (ἡ), exhortation ; conseil.

παρ-αινέω-ῶ (*f.* έσω), CONSEILLER ; recommander.

παρ-αίρεσις, εως (ἡ), retranchement; soustraction.

παρ-αιρέω-ῶ (*f.* αιρήσω, *etc.*), ENLEVER; retrancher. — *Moy.*, prendre; détruire.

παρ-αίρημα, ατος (τό), lambeau d'étoffe.

παρ-αισθάνομαι (*f.* αισθήσομαι, *etc.*), 1° s'apercevoir (de, *gén*). ‖ 2° faire erreur.

παρ-αίσιος, ος, ον, de mauvais augure.

παρ-αΐσσω (*f.* ξω), dépasser d'un élan.

παρ-αιτέομαι-οῦμαι (*f.* ήσομαι), 1° DÉTOURNER *ou* OBTENIR par ses prières. ‖ 2° refuser. ‖ 3° fléchir. ‖ 4° excuser.

παρ-αίτησις, εως (ἡ), 1° PRIÈRE POUR DÉTOURNER *ou* OBTENIR. ‖ 2° excuse.

παρ-αιτητός, ή, όν, 1° qu'on peut détourner. ‖ 2° qu'on peut fléchir.

παρ-αίτιος, ος *ou* α, ον, en partie auteur de; complice de, *gén.*

παραι-φάμενος, η, ον, qui apaise.

παραί-φασις, εως (ἡ), parole d'encouragement.

παραι-ωρέω-ῶ (*f.* ήσω), suspendre (*moy.*, à son côté).

παρα-καθ-έζομαι (*f.* εδοῦμαι), s'asseoir auprès (de, *dat.*).

παρα-κάθημαι, être assis près de, *dat.*

παρα-καθίζω (*f.* ίσω, *att.* ιῶ *ou* ιζήσω), *et moy.*, 1° faire asseoir auprès de. ‖ 2° s'asseoir auprès de, *dat.*

παρα-καθ-ίστημι (*f.* καταστήσω, *etc.*), placer auprès (de, *dat.*).

παρα-καίρως, *adv.*, mal à propos.

παρα-καίω (*f.* καύσω) faire brûler par le côté

παρα-καλέω-ῶ (*f.* καλῶ *etc.*), 1° APPELER; mander; appeler au secours. ‖ 2° invoquer. ‖ 3° exhorter; exciter.

παρα-καλύπτω (*f.* ψω), voiler.

παρα-κάμπτω (*f.* ψω), esquiver.

παρα-κατα-βάλλω (*f.* βαλῶ), déposer (auprès).

παρα-κατά-βασις, εως (ἡ), comparution devant les juges.

παρα-κατα-βολή, ῆς (ἡ) caution en argent.

παρα-κατα-θήκη, ης (ἡ), dépôt.

παρα-κατά-κειμαι, être

couché à côté de, *dat*

παρα-κατα-λέγομαι (*aor.* 2 παρκατελέγμην), se coucher près de, *dat*.

παρα-κατα-λείπω, laisser auprès de, *dat*.

παρα-κατα-πήγνυμι (*f.* πήξω), enfoncer auprès de, *dat*.

παρα-κατα-τίθεμαι (*f.* θήσομαι), déposer (près de, *dat*.); livrer.

παρα-κατ-έχω (*f.* καθέξω), retenir.

παρα-κατ-οικίζω (*f.* ίσω), installer (auprès de, *dat*.).

παρά-κειμαι, être placé près de; être à la disposition de, *dat*.

παρα-κεκινδυνευμένως, *adv*., témérairement.

παρα-κελεύομαι (*f.* σομαι), 1° recommander. ‖ 2° encourager.

παρα-κέλευσις, εως (ἡ), exhortation.

παρα-κελευσμός, οῦ (ὁ), *même sens*.

παρα-κελευστός, ή, όν, recommandé.

παρα-κινδύνευσις, εως (ἡ), témérité.

παρα-κινδυνευτικός, ή, όν, téméraire.

παρα-κινδυνεύω (*f.* σω), s'aventurer; risquer.

παρα-κινέω-ῶ (*f.* ήσω), 1° *tr*., déranger; troubler. ‖ 2° *intr*., être troublé; être égaré.

παρα-κλείω *ou* **κληΐω** (*f.* σω), exclure.

παρά-κλησις, εως (ἡ), APPEL; exhortation.

παρα-κλητικός, ή, όν, propre à encourager.

παρά-κλητος, ου (ὁ), avocat; défenseur.

παρα-κλιδόν, *adv*., en déviant.

παρα-κλίνω (*f.* κλινῶ), 1° *tr*., INCLINER; détourner. ‖ 2° *intr*., se détourner. — *Moy.-pass*., se coucher près de, *dat*.

παρα-κλίτης, ου (ὁ), voisin de lit.

παρ-ακμάζω (*f.* άσω), SE FLÉTRIR; vieillir.

παρ-ακμή, ῆς (ἡ), déclin.

παρ-ακοή, ῆς (ἡ), action de mal entendre.

παρα-κοίτης, ου (ὁ), mari.

παρά-κοιτις, ιος (ἡ), épouse.

παρ-ακολουθέω-ῶ (*f.* ήσω), *dat*., SUIVRE. ‖ 2° comprendre.

παρ-ακολουθητικός, ή, όν, qui suit bien.

παρα-κομιδή, ῆς (ἡ), 1° transport. ‖ 2° trajet.

παρα-κομίζω (*f.* ίσω, *att.* ιῶ), 1° transporter (le long de, *acc.*). ‖ 2° escorter.

παρα-κόπτω (*f.* κόψω), altérer (*monnaie*); tromper.

παρ-άκουσμα,ατος (τό), méprise.

παρ-ακούω (*f.*ακούσομαι, *etc.*), *gén.*, mal entendre; mal écouter.

παρα-κρεμάννυμι (*f.* κρεμάσω, *etc.*), suspendre à côté.

παρά-κρημνος, ος, ον, escarpé.

παρα-κρίνω (*f.* κρινῶ, *etc.*), aligner.

παρά-κρουσις, εως (ἡ), 1° action de heurter à côté. ‖ 2° tromperie.

παρα-κρούω (*f.* σω), 1° heurter de côté. ‖ 2° TROMPER.

παρα-κρύπτω (*f.* ψω), cacher à côté.

παρα-κτάομαι-ῶμαι (*f.* ήσομαι), acquérir en surplus.

παρ-άκτιος, ος, ον, situé au bord de la mer.

παρα-κύπτω (*f.* κύψω), regarder de biais *ou* à la légère.

παρα-λαμβάνω (*f.*λήψομαι, *etc.*), 1° RECEVOIR D'AUTRUI. ‖ 2° prendre; occuper. ‖ 3° prendre en main. ‖ 4° accueillir ‖ 5° rencontrer.

παρα-λανθάνω (*f.* λήσω, *etc.*), être inconnu (de, *acc.*).

παρα-λέγομαι (*f.* λέξομαι), être couché près de, *dat.*

παρα-λείπω (*f.* λείψω), *etc.*), 1° LAISSER. ‖ 2° permettre. ‖ 3° passer sous silence. ‖ 4° négliger.

παρά-λειψις, εως (ἡ), omission.

παρα-ληρέω-ῶ (*f.* ήσω), radoter.

παρά-ληψις, εως (ἡ), action de recueillir.

παρ-άλιος, α *ou* **ος, ον,** maritime : ἡ παραλία, la côte.

παρ-αλλαγή, ῆς (ἡ), succession; transmission.

παρ-αλλάξ, *adv.*, 1° tour à tour ‖ 2° sans ligne régulière.

παρ-αλλάσσω, *att.* **ττω** (*f.* ξω), I. *tr.*, 1° CHANGER; varier. ‖ 2° dépasser. — II. *Intr.*, 1° changer; devenir autre. ‖ 2° dévier de; différer de, *gén.* ‖ 3° déraisonner.

παρ-άλληλος, ος, ον, parallèle.

παρα-λογίζομαι (*f.* ίσομαι), 1° *intr.*, raisonner à faux. ‖ 2° *tr.*, tromper.

παρα-λογισμός, οῦ (ὁ), raisonnement faux.

παρά-λογος, ος, ον, 1° imprévu. ‖ 2° absurde.

πάρ-αλος, ος, ον, voisin de la mer. — Ἡ π... (ναῦς), la galère Paralienne (*sacrée*).

παρα-λυπέω-ῶ (*f.* ήσω), affliger.

παρα-λύω (*f.* λύσω), 1° DÉLIER; dissiper; relâcher. ‖ 2° séparer; éloigner. ‖ 3° libérer (de, *gén.*).

παρ-αμείβω (*f.* ψω), *et moy.*, 1° PASSER LE LONG DE; dépasser; laisser de côté, *acc.*

παρ-αμελέω-ῶ (*f.* ήσω), négliger, *gén.*

παρα-μένω (*f.* μενῶ), 1° DEMEURER AUPRÈS DE, *dat.* ‖ 2° tenir bon.

παρα-μετρέω-ῶ (*f.* ήσω), mesurer auprès.

παρα-μήκης, ης, ες, allongé.

παρα-μηρίδια, ων (τά), cuissards.

παρα-μίγνυμι (*f.* μίξω), mélanger.

παρα-μιμνήσκομαι (*f.* μνήσομαι), rappeler le souvenir de, *gén.*

παρα-μίμνω, *comme* παραμένω.

παρα-μίσγω, *comme* παραμίγνυμι.

παρα-μόνιμος, ος, ον, assidu.

παρ-αμπ-έχω (*f.* ἀμφέξω), envelopper.

παρα-μυθέομαι-οῦμαι (*f.* ήσομαι), encourager; consoler; conseiller.

παρα-μυθία, ας (ἡ), 1° ENCOURAGEMENT. ‖ 2° divertissement.

παρα-μύθιον, ου (τό), *mêmes sens.*

παρα-μυκάομαι-ῶμαι (*f.* ήσομαι), mugir auprès.

παρ-ανα-γι(γ)νώσκω (*f.* γνώσομαι, *etc.*), lire auprès (*pour comparer*).

παρ-αν-αλίσκω (*f.* αλώσω, *etc.*), dépenser inutilement.

παρα-νηνέω, amasser auprès.

παρα-νήχομαι (*f.* νήξομαι), nager le long de

παρ-αν-ίσχω, lever auprès.

παρα-νοέω-ῶ (*f.* νοήσω), 1° comprendre. ‖ 2° déraisonner.

παρά-νοια, ας (ἡ), folie.

παρ-αν-οίγνυμι (*f.* οἴξω), entr'ouvrir.

παρα-νομέω-ῶ (*aor.* παρενόμησα *et* παρηνόμησα), 1° VIOLER LA LOI. ‖ 2° maltraiter.

παρα-νόμημα, ατος (τό), illégalité.

παρα-νομία, ας (ἡ), *même sens*.

παρά-νομος, ος, ον, ILLÉGAL; inique: γραφὴ παρανόμων, action contre une proposition illégale.

παρα-νόμως, *adv.*, illégalement.

παρά-νοος-ους, οον-ουν, qui perd la raison.

πάρ-αντα, *adv.*, de côté.

παρα-παίω (*f.* παιήσω), 1° *tr.*, frapper à faux. ‖ 2° *intr.*, dévier (de, *gén.*); déraisonner.

παρά-παν, *adv.*, tout à fait.

παρ-απαφίσκω (*aor.* 2 παρήπαφον), entraîner perfidement à.

παρα-πείθω (*f.* πείσω), persuader (*perfidement*).

παρα-πέμπω (*f.* πέμψω), 1° ENVOYER AU DELÀ *ou* aux côtés. ‖ 2° accompagner. ‖ 3° renvoyer. ‖ 4° négliger. ‖ 5° livrer.

παρα-πετάννυμι (*f.* πετάσω), déployer.

παρα-πέτασμα, ατος (τό), tapisserie; voile.

παρα-πέτομαι (*f.* πτήσομαι, *etc.*), voler à côté.

παρα-πήγνυμι (*f.* πήξω), fixer auprès.

παρα-πίπτω (*f.* πεσοῦμαι, *etc.*), 1° TOMBER A CÔTÉ. ‖ 2° survenir; arriver brusquement. ‖ 3° se tromper.

παρα-πλάζω (*f.* πλάγξω, *etc.*), égarer (*pr. et fig.*); faire dévier de, *gén.*

παρά-πλειος, ος, ον, presque plein.

παρα-πλέω (*f.* πλεύσομαι, *etc.*), côtoyer; naviguer.

παρά-πληκτος, ος, ον, frappé de folie.

παρα-πλήξ, ῆγος, 1° battu de flanc par les flots. ‖ 2° frappé de folie.

παρα-πλήσιος, ος *ou* **α, ον**, presque semblable; presque égal. — *Adv.* παραπλήσιον, *et* — πλήσια, presque de même.

παρα-πλησίως, *adv.*, presque semblablement.

παρά-πλοος-ους, ου (ὁ), navigation côtière.
παρα-πλώω, *comme* παραπλέω.
παρα-πνέω (*f.* πνεύσομαι), souffler de côté.
παρα-ποδίζω (*f.* ίσω), entraver.
παρα-ποιέω-ῶ (*f.* ήσω), contrefaire.
παρ-απ-όλλυμι (*f.* ολέσω, *etc.*), perdre ; ruiner méchamment.
παρα-πομπή, ῆς (ἡ), 1° ESCORTE. || 2° transport.
παρα-πορεύομαι (*f.* σομαι), marcher à côté (de, *dat.*).
παρα-ποτάμιος, ος, ον, situé *ou* vivant près d'un fleuve.
παρα-πράσσω, *att.* **ττω** (*f.* ξω), faire injustement.
παρα-πρεσβεία, ας (ἡ), ambassade malhonnête.
παρα-πρεσβεύω (*f.* σω), prévariquer dans une ambassade.
παρα-πταίω (*f.* πταίσω), broncher.
παρ-άπτω (*f.* άψω), *et moy.*, effleurer ; tenir.
παρά-πτωμα, ατος (τό), FAUX PAS ; échec ; erreur.
παρά-πτωσις, εως (ἡ), *mêmes sens.*
παρα-ρράπτω (*f.* άψω), coudre au bord.
παρα-ρρέω (*f.* ρρεύσομαι, *etc.*), 1° COULER AUPRÈS ; s'infiltrer dans. || 2° s'écouler ; être oublié.
παρα-ρρήγνυμι (*f.* ρρήξω, *etc.*), 1° *tr.* rompre. || 2° *intr.* **παρέρρωγα,** *pf.* 2, être rompu.
παρα-ρρητός, ή, όν, 1° qu'on peut convaincre. || 2° chose dite pour convaincre.
παρα-ρρίπτω (*f.* ψω), 1° JETER AUPRÈS. || 2° hasarder ; *abs.* se hasarder.
παρά-ρρυμα, ατος (τό), toile de protection.
παρ-αρτάω *et* **έω-ῶ** (*f.* ήσω), suspendre. — *Moy.*, 1° *tr.* munir. || 2° *intr.* se munir.
παρασάγγης, ου (ὁ), parasange (*mesure perse* = 6 *km. environ*).
παρα-σάττω (*f.* σάξω), bourrer.
παρά-σειρος, ος, ον, attelé à côté.
παρα-σείω (*f.* σω), balancer.
παρα-σημαίνω (*f.* ανῶ), *et moy.*, marquer à nouveau d'un signe *ou* d'un sceau.
παρά-σημον, ου (τό), 1°

mot d'ordre. || 2° insigne.

παρά-σημος, ος, ον, de mauvais aloi.

παρα-σιτέω-ῶ (*f.* ήσω), 1° être commensal *ou* parasite (de, *dat.*).

παρά-σιτος, ου (ὁ), parasite; commensal.

παρα-σκευάζω (*f.* άσω, *etc.*), PRÉPARER; disposer. — *Moy.* préparer (pour soi); se préparer.

παρα-σκευαστής, οῦ (ὁ), celui qui prépare.

παρα-σκευαστέος, α, ον, qu'il faut préparer.

παρα-σκευαστικός, ή, όν, préparatoire.

παρα-σκευή, ῆς (ἡ), 1° PRÉPARATION. || 2° préparatifs; armement; provisions. || 3° intrigue; dessein : ἐκ παρασκευῆς, avec préméditation.

παρα-σκηνέω *et* **όω-ῶ**, être voisin (de, *dat.*).

παρα-σκοπέω-ῶ (*f.* ήσω), regarder de côté; mal voir.

παρα-σκώπτω (*f.* ψω), railler un peu.

παρα-σπάω-ῶ (*f.* άσω), tirer de côté. — *Moy.* attirer de son côté.

παρ-ασπίζω (*f.* ίσω), protéger, *dat.*

παρα-σπονδέω-ῶ (*f.* ήσω), violer les traités.

παρά-σπονδος, ος, ον, qui viole les traités.

παρα-σταδόν, *adv.*, en se tenant auprès.

παρα-στάς, άδος (ἡ); galerie.

παρά-στασις, εως (ἡ), 1° exposition. || 2° comparution. || 3° sang-froid.

παρα-στατέω-ῶ (*f.* ήσω), se tenir auprès de, *dat.*

παρα-στάτης, ου (ὁ), assistant; compagnon.

παρα-στάτις, ιδος (ἡ), auxiliatrice.

παρα-στείχω (*f.* στείξω, *etc.*), passer près de; entrer dans.

παρα-στρατηγέω-ῶ (*f.* ήσω), commander en second.

παρα-στρέφω (*f.* στρέψω), détourner.

παρα-συγ-γραφέω-ῶ (*f.* ήσω), violer les contrats écrits.

παρα-σφάλλω (*f.* σφαλῶ, *etc.*), faire dévier de, *gén.*

παρα-σχίζω (*f.* ίσω), fendre de côté.

παρά-ταξις, εως (ἡ), 1°

disposition en bataille rangée. ‖ 2° cabale.

παρα-τάσσω, *att.* ττω (*f.* ξω), 1° RANGER AUPRÈS DE; comparer, *dat.* ‖ 2° ranger en ligne de bataille.
— *Moy.* 1° se préparer à. ‖ 2° se ranger en bataille.

παρα-τείνω (*f.* τενῶ, *etc.*), 1° ÉTENDRE. ‖ 2° différer. ‖ 3° torturer.
— *Intr. et moy.*, s'étendre (le long de, *dat.*); se prolonger.

παρα-τείχισμα, ατος (τό), mur dressé le long de. .

παρα-τεκταίνομαι (*f.* ανοῦμαι), imaginer faussement.

παρα-τηρέω-ῶ (*f.* ήσω), observer; guetter.

παρα-τήρησις, εως (ἡ), observation.

παρα-τίθημι (*f.* θήσω, *etc.*), 1° PLACER AUPRÈS; offrir; présenter.
— *Moy.* 1° placer près de soi. ‖ 2° confier. ‖ 3° risquer. ‖ 4° citer.

παρα-τίλλω (*f.* τιλῶ), épiler.

παρα-τρέπω (*f.* τρέψω) détourner. — *Moy.*, détourner de, *gén.*

παρα-τρέφω (*f.* θρέψω), nourrir à côté.

παρα-τρέχω (*f.* δραμοῦμαι, *etc.*), 1° COURIR AUPRÈS *ou* au delà de, *acc.* ‖ 2° vaincre.

παρα-τρέω (*f.* τρέσω), fuir de peur.

παρα-τρίβω (*f.* τρίψω), frotter (contre, *dat.*).

παρα-τροπέω-ῶ, essayer de duper.

παρα-τροπή, ῆς (ἡ). détour

παρα-τρωπάω-ῶ, *comme* παρατρέπω.

παρα-τυγχάνω (*f.* τεύξομαι, *etc.*), se trouver auprès de, *dat.* ‖ 2° survenir : παρατυχόν, *acc. abs.*, quand l'occasion se présente.

παρ-αυδάω-ῶ (*f.* ήσω), 1° consoler. ‖ 2° conseiller.

πάρ-αυλος, ος, ον, voisin.

παρ-αυτά *et* **παρ-αυτίκα**, *adv.*, sur-le-champ.

παρα-φαίνω (*f.* φανῶ *etc.*), faire voir de côté. — *Pass.*, se laisser voir.

παρά-φασις, εως (ἡ), encouragement.

παρα-φέρω (*f.* παροίσω, *etc.*), 1° PORTER AUPRÈS;

apporter; présenter. ‖ 2° surpasser. ‖ 3° entraîner; détourner; tromper. ‖ 4° négliger; déformer. ‖ 5° *intr.* passer; différer de, *gén.*

παρα-φεύγω (*f.* φεύξομαι), fuir au delà de, *dat.*

παρά-φημι (*f.* φήσω) *et moy.*, 1° *dat.* CONSEILLER. ‖ 2° *acc.* apaiser; fausser; tromper.

παρα-φθάνω (*f.* φθάσω *et* φθήσομαι, *etc.*), devancer.

παρα-φθέγγομαι (*f.* φθέγξομαι), mal parler *ou* mal chanter.

παρα-φορέω-ῶ (*f.* ήσω), apporter (auprès, *dat.*).

παρά-φορος, ος, ον, qui va de travers; chancelant.

παρά-φραγμα, ατος (τό), barrière.

παρα-φρονέω-ῶ (*f.* ήσω), déraisonner.

παρα-φρόνιμος, ος, ον, qui déraisonne.

παρα-φροσύνη, ης (ἡ), déraison.

παρα-φρυκτωρεύομαι *et* **-φρυκτωρέω-ῶ,** avoir des intelligences avec l'ennemi.

παρά-φρων, ων, ον, *gén.* ονος, qui perd la raison.

παραφυλάσσω, *att* **ττω** (*f.* άξω), *et moy.*, surveiller; prendre garde.

παρα-φύομαι (*aor.* 2 παρέφυν), pousser auprès (de, *dat.*).

παρα-χαράσσω, *att.* **ττω** (*f.* άξω), falsifier.

παρα-χειμάζω (*f.* άσω), hiverner.

παρα-χειμασία, ας (ἡ), hivernement.

παρα-χέω (*f.* χέω, *etc.*), verser encore.

παρα-χράομαι-ῶμαι (*f.* ήσομαι), 1° *dat.* MAL USER; abuser. ‖ 2° *acc.* négliger.

παρα-χρῆμα, *adv.*, sur-le-champ: ἐκ τοῦ παραχρῆμα, à l'improviste.

παρα-χωρέω-ῶ (*f.* ήσω), 1° *gén.*, S'ÉLOIGNER DE: renoncer. ‖ 2° *dat.*, obéir à; concéder à.

παρα-χώρησις, εως (ἡ), abandon.

παρδαλέη, ης (ἡ), peau de panthère.

πάρδαλις, εως (ἡ), panthère.

παρ-εγ-γράφω (*f.* άψω), écrire à côté.

παρ-εγγυάω-ῶ (*f.* ήσω), 1° TRANSMETTRE. ‖ 2° ordonner.

παρ-εγγυή, ῆς (ἡ), mot d'ordre.

πάρ-εγγυς, 1° *adv.*, tout près. ‖ 2° *prép. gén.*, tout près de.

παρ-εδρεύω (*f.* σω), être auprès de, *dat.*

παρ-εδρία, ας (ἡ), fonction d'assesseur.

πάρ-εδρος, ου (ὁ, ἡ), qui est assis auprès; compagnon; voisin, *gén.* ou *dat.*

παρ-έζομαι, être assis (à côté de, *dat.*).

παρειά, ᾶς (ἡ), joue.

παρείας, ου (ὁ), serpent.

παρ-εικάζω (*f.* άσω), assimiler.

παρ-εικαθεῖν, *inf. aor.* 2 *du suivant.*

παρ-είκω (*f.* ξω), céder; παρείκει, *impers.*, il est permis.

πάρ-ειμι (*sum* : *f.* ἔσομαι), ÊTRE PRÉSENT; assister; secourir; être à la disposition de, *dat.*: τὸ παρόν, le présent; ἐν τῷ παρόντι, dans les circonstances actuelles. — *Impers.* πάρεστι, il est permis; παρόν, alors qu'il est permis.

πάρ-ειμι (*ibo* : *impf.* παρῄειν), 1° PASSER PRÈS DE; dépasser, *acc.* ‖ 2° s'approcher : οἱ παριόντες, ceux qui se présentent (à la tribune).

παρ-εῖπον, *aor.* 2, persuader sournoisement.

παρ-ειρύω (*f.* ύσω), tirer de côté.

παρ-είρω, introduire en cachette.

παρ-εισ-άγω (*f.* άξω, *etc.*), *même sens.*

παρ-εισ-δέχομαι (*f.* δέξομαι), accueillir en plus.

παρ-εισ-δύομαι (*f.* δύσομαι, *etc.*), se glisser furtivement dans.

παρ-εισ-έρχομαι (*f.* ελεύσομαι), *même sens.*

παρ-εισ-φέρω (*f.* οἴσω, *etc.*), présenter contre.

παρ-έκ *et* **παρ-έξ,** 1° *adv.*, TOUT PRÈS ET DE CÔTÉ; en dehors; en plus; à faux; excepté. ‖ 2° *prép.* α) *gén.*, HORS DE; outre; à l'exception de. — β) *acc.*, au delà de; contrairement à.

παρ-εκέσκετο, 3° *pers. sg. impf. hom. de* παράκειμαι.

παρ-εκ-κλίνω (*f.* κλινῶ), éviter.

παρ-εκ-λέγω (*f.* λέξω), détourner (*des fonds*).

παρ-εκ-προ-φεύγω (*aor.*

ἔφυγον), fuir de côté.

παρ-εκτός, *adv.*, en dehors.

παρ-ελαύνω (*f.* ελάσω, *etc.*), 1° pousser à côté. ‖ 2° s'avancer à côté; dépasser.

παρ-έλκω (*f.* έλξω), 1° TIRER DE CÔTÉ; arracher. ‖ 2° traîner en longueur. ‖ 3° *intr.*, être superflu. — *Moy.*, tirer à soi.

παρ-εμ-βάλλω (*f.* βαλῶ), 1° insérer; ranger. ‖ 2° *intr.*, se ranger en bataille,

παρ-εμβολή, ῆς (ἡ), 1° insertion. ‖ 2° ordre de bataille; campement.

παρ-εμ-πίπτω (*f.* πεσοῦμαι), tomber sur.

παρ-ενθήκη, ης (ἡ), intercalation; digression.

παρ-εν-θυμέομαι-οῦμαι (*f.* ήσομαι), négliger.

παρ-ενοχλέω-ῶ (*f.* ήσω), troubler.

παρ-έξ, *voir* παρέκ.

παρ-εξ-άγω (*f.* άξω), égarer.

παρ-έξ-ειμι (*ibo*), passer à côté de, *acc.*

παρ-εξ-ειρεσία, ας (ἡ), partie sans rameurs (*dans le vaisseau*).

παρ-εξ-ελαύνω (*f.* ελάσω, *etc.*), passer à côté; dépasser, *acc.*

παρ-εξ-έρχομαι (*f.* ελεύσομαι, *etc.*), *acc.*, passer à côté; transgresser.

παρ-εξ-ετάζω (*f.* άσω), confronter.

παρ-εξ-ευρίσκω (*f.* ευρήσω), découvrir à côté.

παρ-εξ-ίημι (*f.* ήσω), laisser passer.

παρ-εξ-ίστημι (*f.* εκστήσω), 1° faire sortir. ‖ 2° *intr. et moy.*, sortir de son état normal.

παρ-επίδημος, ος, ον, voyageur à l'étranger.

παρ-επι-σκοπέω-ῶ (*f.* ήσω), comparer.

παρ-έπομαι (*f.* έψομαι, *etc.*), accompagner, *dat.*

πάρ-εργον, ου (τό), chose accessoire : ἐκ παρέργου ποιεῖσθαι, regarder comme accessoire; traiter en passant.

πάρ-εργος, ος, ον, accessoire.

παρ-έργως, *adv.*, accessoirement.

παρ-έρχομαι (*f.* ελεύσομαι, *etc.*), *acc.*, 1° PASSER AUPRÈS DE. ‖ 2° dépasser; surpasser. ‖

3° laisser de côté; omettre; transgresser. || 4° tromper. || 5° échapper : τοῦτ' ἐμὲ παρῆλθεν εἰπεῖν, j'ai oublié de le dire. || 6° s'écouler : ὁ παρεληλυθὼς χρόνος, le temps passé. || 7° *avec prép.*, s'avancer ; pénétrer dans.

πάρ-εσις, εως (ἡ), relâchement.

παρ-έστιος, ος, ον, qui se tient près du foyer.

παρ-ευθύνω (*f.* υνῶ), contraindre.

παρ-ευνάζομαι (*f.* ασθήσομαι), coucher auprès de.

παρ-εύρεσις, εως (ἡ), prétexte.

παρ-ευρίσκω (*f.* ευρήσω), inventer.

παρ-έχω (*f.* ἕξω), *etc.*), TENIR AUPRÈS. || 1° fournir : donner; offrir; présenter. || 2° exciter; inspirer. || 3° accorder; permettre. || 4° rendre tel : εὐδαίμονά τινα παρέχειν, rendre qq'un heureux. || 5° *impers.* παρέχει, il est permis. — *Moy., mêmes sens et* 1° rendre pour soi. || 2° promettre.

παρ-ηβάω-ῶ (*f.* ήσω), perdre sa jeunesse.

παρ-ηγορέω-ῶ (*f.* ήσω), *et moy.*, ENCOURAGER ; avertir ; consoler.

παρ-ηγορία, ας (ἡ), ENCOURAGEMENT ; avertissement; consolation.

παρ-ήγορος, ος, ον, qui encourage.

παρήϊον, ου (τό), joue.

παρηΐς, ΐδος (ἡ), *même sens.*

παρ-ήκω (*f.* ήξω), s'avancer; approcher.

πάρ-ημαι, être assis auprès de, *dat.*

παρ-ηορία, ας (ἡ), longe de cheval.

παρ-ήορος, ος, ον, 1° qui s'allonge à côté ; ὁ π., cheval de volée. || 2° dément.

παρθένειος, ος, ον, de jeune fille,

παρθενεύομαι (*f.* σομαι), rester vierge.

παρθενία, ας (ἡ), virginité.

παρθενικός, ή, όν, *et* **παρθένιος, α, ον**, virginal.

παρθεν-οπίπης, ου (ὁ), qui épie les jeunes filles.

παρθένος, ου (ἡ), vierge.

παρθενών, ῶνος (ὁ), appartement des jeunes filles. — *N. pr.* : le Parthénon.

Παρθικός, ή, όν, des Parthes.

Πάρθοι, ων (οἱ), les Parthes.

παρ-ιαύω, dormir auprès de, *dat.*

παρίζω, faire asseoir *ou* s'asseoir auprès de, *dat.*

παρ-ίημι (*f.* ήσω) *etc.*), 1° LAISSER ALLER ; laisser passer ; laisser entrer. ‖ 2° abandonner : παρειμένος, relâché. ‖ 3° permettre ; pardonner. ‖ 4° omettre ; négliger.
— *Moy-*, 1° admettre. ‖ 2° repousser. ‖ 3° solliciter.

Πάριος, α, ον, de Paros.

παρ-ιππεύω (*f.* σω), chevaucher à côté.

Πάρις, ιδος (ὁ), Pâris.

πάρ-ισος, ος, ον, presque égal.

παρ-ισόω-ῶ (*f.* ώσω), 1° rendre égal. ‖ 2° comparer.

παρ-ίστημι (*f.* παραστήσω, *etc.*), 1° PLACER AUPRÈS, à portée de, *dat.* ‖ 2° comparer. ‖ 3° démontrer. ‖ 4° inspirer.
— *Moy.*, I. *tr.*, 1° PRÉSENTER. ‖ 2° amener ; gagner ; disposer. ‖ 3° soumettre ; contraindre. ‖ 4° suggérer.
II. *intr.*, *et* παρέστην, παρέστηκα, 1° S'APPROCHER DE *ou* contre, *dat.* ‖ 2° survenir ; être présent : τὰ παριστάμενα, les circonstances. ‖ 3° venir à l'esprit : παρίσταταί μοι ὡς, il me vient à l'esprit que. ‖ 4° tenir bon. ‖ 5° sortir de soi.

παρ-ίσχω, *comme* παρέχω.

παρίσωσις, εως (ἡ), balancement des membres de phrase.

Παρνάσιος, α, ον, du Parnasse.

Παρνασός, οῦ (ὁ), le Parnasse.

Παρνησόν-δε, vers le Parnasse.

παρ-οδεύω (*f.* σω), dépasser.

πάρ-οδος, ου (ἡ), 1° PASSAGE. ‖ 2° entrée du chœur (*théâtre*).

παρ-οίγνυμι (*f.* οἴξω), entr'ouvrir.

πάροιθε(ν), *adv.*, 1° devant. ‖ 2° auparavant.

παρ-οικέω-ῶ (*f.* ήσω), habiter auprès (de, *dat.*) ; séjourner.

παρ-οίκησις, εως (ἡ), voisinage.

παρ-οικίζω (*f.* ίσω), installer auprès de, *dat.*

παρ-οικοδομέω-ῶ (*f.* ήσω), bâtir auprès de, *dat.*

πάρ-οικος, ος, ον, voisin (de, *gén.*-*dat.*).

παροιμία, ας (ἡ), proverbe.

παροιμιάζομαι (*f.* άσομαι; *pass.* *f.* ασθήσομαι), parler par proverbes; citer comme proverbe. — *Pass.*, être proverbial.

παρ-οινέω-ῶ (*aor.* ἐπαρῴνησα), 1° *intr.*, être en état d'ivresse. ‖ 2° *tr.*, insulter étant ivre.

παρ-οινία, ας (ἡ), acte d'ivresse.

πάρ-οινος, ος, ον, d'ivrogne.

παρ-οίτερος, α, ον, plus avancé.

παρ-οίχομαι (*f.* οιχήσομαι, *etc.*), 1° S'AVANCER AU DELA. ‖ 2° passer; mourir : τὰ παροιχόμενα, le passé. ‖ 3° s'égarer loin de, *gén.*

παρ-ολιγωρέω-ῶ (*f.* ήσω), négliger.

παρ-ομαρτέω-ῶ(*f.* ήσω), accompagner, *dat.*

παρ-όμοιος, ος, ον, presque semblable à, *dat.*

παρ-ομοιόω-ῶ (*f.* ώσω), assimiler.

παρ-ονομασία, ας (ἡ), paronomase.

παρ-οξυντικός, ή, όν, propre à exciter.

παρ-οξύνω (*f.* υνῶ), exciter; irriter.

παρ-οπλίζω (*f.* ίσω), *et moy.*, désarmer.

παρ-οράω-ῶ (*f.* όψομαι, *etc.*), regarder de côté; dédaigner.

παρ-οργίζω (*f.* ίσω, *att.* ιῶ), irriter.

παρ-ορμάω-ῶ (*f.* ήσω), exciter.

παρ-ορμέω-ῶ (*f.* ήσω), mouiller près de, *dat.*

παρ-ορμίζω (*f.* ίσω, *att.* ιῶ), faire aborder.

παρ-ορύσσω, *att.* **ττω**, (*f.* ύξω), creuser auprès.

πάρος, 1° *adv.*, AVANT; auparavant. ‖ 2° *prép.* *gén.*, en avant de.

Πάρος, ου (ἡ), Paros.

παρ-οτρύνω (*f.* υνῶ), exciter.

παρ-ουσία, ας (ἡ), 1° PRÉSENCE; circonstances présentes; biens présents. ‖ 2° arrivée.

παρ-οχετεύω (*f.* σω), dériver.

παρ-οχέομαι-οῦμαι (*f.*

ήσομαι), être voituré aux côtés de, *dat.*

παρ-οχή, ῆς (ἡ), fourniture; provisions fournies.

παρ-οψίς, ίδος (ἡ), friandises.

Παρράσιος, ου (ὁ), Parrhasios.

παρ-ρησία, ας (ἡ), franchise.

παρρησιάζομαι (*f.* άσομαι), parler franchement.

παρ-στάς, *pour* παραστάς.

παρ-υφαίνω (*f.* ανῶ), brocher.

παρ-ῳδία, ας (ἡ), parodie.

παρ-ωθέω-ῶ (*f.* ώσω, *et* ωθήσω), *et moy.*, REPOUSSER; dédaigner.

παρ-ώνυμος, ος, ον, qui a un nom semblable.

παρ-ωροφίς, ίδος (ἡ), corniche d'un toit.

πᾶς, πᾶσα, πᾶν, TOUT; tout entier; chaque : πᾶς τις, un chacun; τὸ πᾶν, l'univers; δέκα οἱ πάντες, dix en tout. — *Adv.*, πᾶν, πάντα, en tout; διὰ παντός, de tout temps *ou* tout à fait; τῷ παντί, absolument; ἐπὶ παντί, à tous égards.

πασι-μέλουσα, ης (ἡ), à quoi tous s'intéressent.

πασπάλη, ης (ἡ), grain de mil.

πασσαλευτός, ή, όν, cloué.

πάσσαλος, ου (ὁ), clou.

πάσσω, *att.* **ττω** (*f.* πάσω; *pass. aor.* ἐπάσθην), saupoudrer; répandre

πάσσων, *comp. de* παχύς.

παστάς, άδος (ἡ), salle décorée; portique.

πάσχω (*f.* πείσομαι, *aor.* 2ἔπαθον, *pf.* πέπονθα), ÉPROUVER; RESSENTIR (joie *ou* douleur) : εὖ πάσχειν, être heureux; κακῶς πάσχειν, être malheureux. — Τί παθών, sous quelle impression? pour quel motif?

παταγέω-ῶ (*f.* ήσω), faire du bruit.

πάταγος,ου (ὁ), fracas.

πατάσσω, *att.* **ττω** (*f.* ξω), 1° *tr.*, frapper. ‖ 2° *intr.*, palpiter.

πατέομαι-οῦμαι (*f.* πάσομαι, *aor.* ἐπασάμην, *pf.* πέπασμαι), manger.

πατέω-ῶ (*f.* ήσω), 1° FOULER AUX PIEDS. ‖ 2° outrager.

πατήρ, *gén.* **πατρός** *et* **πατέρος** (ὁ), père.

πάτος, ου (ὁ), 1° pas. || 2° chemin foulé.

πάτρα, ας (ἡ), 1° patrie. || 2° famille.

πατρ-άδελφος, ου (ὁ), oncle paternel.

πατρ-αλοίας, ου (ὁ), parricide.

πατριά, ᾶς (ἡ), descendance.

πατρίδιον, ου (τό), petit père.

πατρικός, ή, όν, paternel; venant des ancêtres.

πάτριος, ος *ou* α, ον, *mêmes sens.*

πατρίς, ίδος (ἡ), patrie. — *Adj. fém.*, de la patrie.

πατριώτης, ου (ὁ), compatriote.

πατρό-θεν, *adv.*, du côté du père.

πατρο-κασίγνητος, ου (ὁ), oncle paternel.

Πατροκλῆς, έους, *et* **Πάτρο-κλος**, ου (ὁ), Patrocle.

πατρο-κτονέω-ῶ (*f.* ήσω), tuer son père

πατρο-κτόνος, ος, ον, parricide.

πατρο-νομέομαι-οῦμαι (*f.* ηθήσομαι), être soumis aux lois paternelles.

πατροῦχος, ος, ον, héritier du patrimoine.

πατρο-φονεύς, έως (ὁ), parricide.

πατρο-φόνος, ος, ον, *et* **πατρο-φόντης**, ου (ὁ), *même sens.*

πατρῷος, α *ou* ος, ον, du père; des ancêtres.

πάτρως, ωος, (ὁ), oncle paternel.

παῦλα, ης (ἡ), cessation; fin.

παῦρος, ον, peu nombreux; petit.

Παυσανίας, ου (ὁ), Pausanias.

παυστήριος, ος, ον, qui fait cesser.

παυσωλή, ῆς (ἡ), fin.

παύω (*f.* σω), 1° *tr.*, FAIRE CESSER, τινά τινος; apaiser; terminer. || 2° *intr.*, cesser, *gén.* — *Moy.*, CESSER, *gén.* : ἐπαύσατο κλαίων, il cessa de pleurer.

Παφλαγών, όνος (ὁ), Paphlagonien.

παφλάζω (*f.* άσω), bouillonner.

πάφλασμα, ατος (τό), bouillonnement.

πάχετος, ος, ον, épais.

παχίων *et* **πάχιστος**, *comp. et sup. de* παχύς.

πάχνη, ης (ἡ), givre.

παχνόομαι-οῦμαι (*f.* ωθήσομαι), être glacé.

πάχος, ους (τό), épaisseur.

παχύ-δερμος, ος, ον, épais (de peau).

παχύνω (*f.* υνῶ), 1° ÉPAISSIR, *acc.* ‖ 2° hébéter.

παχύς, εῖα, ύ, 1° ÉPAIS. ‖ 2° gros riche. ‖ 3° lourdaud.

παχύτης, ητος (ἡ), 1° épaisseur. ‖ 2° lourdeur stupide.

πεδάω-ῶ (*f.* ήσω), 1° ENTRAVER ; lier. ‖ 2° contraindre.

πέδη, ης (ἡ), entrave.

πεδητής, οῦ (ὁ), abonné aux entraves.

πεδιάς, άδος (ἡ), 1° plaine. ‖ 2° *adj.*, de la plaine.

πέδιλον, ου (τό), sandale.

πεδινός, ή, όν, de la plaine.

πεδίον, ου (τό), plaine.

πεδίον-δε, *adv.*, vers la plaine.

πεδό-θεν, *adv.*, à fond.

πέδον, ου (τό), SOL ; contrée.

πέδον-δε, *adv.*, à terre (*avec mouv*[t]).

πέδων, ωνος (ὁ), *comme* πεδητής.

πέζα, ης (ἡ), 1° CHEVILLE. ‖ 2° partie extrême.

πέζ-αρχος, ου (ὁ), chef de l'infanterie.

πεζ-έταιροι, ων (οἱ), gardes à pied.

πεζεύω (*f.* σω), 1° *intr.*, aller à pied. ‖ 2° *tr.*, parcourir à pied.

πεζῇ, *adv.*, 1° A PIED ; par terre. ‖ 2° en prose.

πεζικός, ή, όν, de l'infanterie.

πεζο-μαχέω-ῶ (*f.* ήσω), combattre à pied.

πεζο-μαχία, ας (ἡ), combat d'infanterie.

πεζο-νόμος, ος, ον, qui est à pied.

πεζο-πορέω-ῶ (*f.* ήσω), voyager à pied.

πεζός, ή, όν, 1° qui est à pied : οἱ πεζοί, les fantassins ; ὁ π... l'armée de terre. ‖ 2° terrestre. ‖ 3° plat ; bas. ‖ 4° de prose.

πειθ-αρχέω-ῶ (*f.* ήσω), obéir à, *dat.*

πειθ-αρχία, ας (ἡ), obéissance.

πείθ-αρχος, ος, ον, obéissant.

πείθω (*f.* σω, *aor.* ἔπεισα, *aor.* 2 ἔπιθον : *pass. f.* πεισθήσομαι), 1° PERSUADER, 2 *acc.* ‖ 2° séduire ; corrompre. ‖ 3° *Pf.* 2

πέποιθα, *intr.*, avoir confiance (à, *dat.*). — *Moy.*, *dat.*, 1° OBÉIR. || 2° se fier à.

πειθώ, οῦς (ἡ), persuasion. — *N. pr.*, la Persuasion.

πεῖνα, ης (ἡ), faim.

πεινάω-ῶ, *contr. en* η (*f.* ήσω), avoir faim (de, *gén.*).

πεινητικός, ή, όν, affamé.

πεῖρα, ας (ἡ), 1° ÉPREUVE; essai; preuve. || 2° entreprise. || 3° expérience; habileté.

πειράζω (*f.* άσω), *comme* πειράω.

Πειραιεύς, *gén.* **Πειραιέως** *et*-**αιῶς** (ὁ), le Pirée.

πειραίνω (*aor.*, ἐπείρανα), 1° nouer. || 2° achever.

πεῖραρ, ατος (τό), 1° FIN; terme; extrémité. || 2° instrument de travail.

πείρασις, εως (ἡ), essai.

πειρασμός, οῦ (ὁ), *même sens.*

πειρατήριον, ου (τό), 1° épreuve. || 2° repaire de pirates.

πειρατής, οῦ (ὁ), pirate.

πειρατικός, ή, όν, de pirate.

πειράω-ῶ (*f.* άσω) *et moy.*, ESSAYER, *gén.* et *acc.*; faire une tentative; tâcher. || 2° éprouver. || 3° tenter; entraîner qq'un.

πειρητίζω, éprouver, *gén.* ou *acc.*; essayer.

Πειρίθοος-ους, *gén.* ου, Pirithoüs.

πείρινς, ινθος (ἡ), corbeille.

πείρω (*f.* περῶ, *aor* ἔπειρα; *pass. aor.* 2 ἐπάρην, *pf.* πέπαρμαι), PERCER; traverser.

πεῖσα, ης (ἡ), soumission; placidité.

Πείσανδρος, ου (ὁ), Pisandre.

Πεισ-έταιρος, ου (ὁ), l'Entraîneur (*personnage d'Aristophane*).

Πεισιστρατίδαι, ῶν (οἱ), les Pisistratides.

Πεισί-στρατος, ου (ὁ), Pisistrate.

πεῖσμα, ατος (τό), 1° CABLE. || 2° persuasion.

πείσομαι, *f. de* πάσχω *et de* πείθομαι.

πειστέον, il faut persuader *ou* obéir.

πειστικός, ή, όν, persuasif.

Πείσων, ωνος (ὁ), Pison.

πεκτέω-ῶ *et* **πέκω** (*f.* πέξω), peigner; tondre.

πελαγίζω (*f.* ίσω), 1° être en mer. ‖ 2° ressembler à une mer.
πελάγιος, α, ον, de la mer.
πέλαγος, ους (τό), la haute mer; mer.
πελάζω (*f.* άσω, *att.* ῶ; *pass. aor.* ἐπελάσθην) *et moy.*, 1° *tr.*, approcher. ‖ 2° *intr.*, s'approcher, *gén.-dat.* ou *prép.*
πέλανος, ου (ὁ), gâteau
πελ-αργός, οῦ (ὁ), cigogne.
πέλας, 1° *adv.*, AUPRÈS : οἱ πέλας, les voisins. ‖ 2° *prép.*, près de, *gén.* ou *dat.*
Πελασγικός, ή, όν, des Pélasges.
Πελασγοί, ῶν (οἱ), les Pélasges.
πελάτης, ου (ὁ), 1° qui vient tout près. ‖ 2° mercenaire; client.
πελάω, *comme* πελάζω.
πέλεθρον, *comme* πλέθρον.
πέλεια, ας (ἡ), pigeon.
πελειάς, άδος (ἡ), *même sens.*
Πελειάδες, ων (αἱ), les Pléiades.
πελειο-θρέμμων, ων, ον, *gén.* ονος, qui nourrit des pigeons.
πελεκάω-ῶ (*f.* ήσω), équarrir.
πελεκίζω (*f.* ίσω), trancher avec la hache.
πελεκῖνος, ου (ὁ), oiseau d'eau.
πέλεκκον, ου (τό), manche de hache.
πέλεκυς, εως (ὁ), hache.
πελεμίζω (*f.* ίξω), mouvoir; ébranler.
πελέσκεο, 2ᵉ *pers. sg. impf. de* πέλομαι.
Πελίας, ου (ὁ), Pélias.
πελιτνός, ή, όν, livide.
πέλλα, ης (ἡ), écuelle à lait.
Πέλλα, ης (ἡ), Pella.
Πελλήνη, ης (ἡ), Pellène.
πελλός, ή, όν, brun sombre.
Πελοπίδας, ου (ὁ), Pélopidas.
Πελοπ-ίδης, ου (ὁ), descendant de Pélops.
Πελοπον-νησιακός, ή, όν, du Péloponèse.
Πελοπον-νήσιος, ου (ὁ), Péloponésien.
Πελοπόν-νησος, ου (ἡ); Péloponèse.
Πέλοψ, οπος (ὁ), Pélops.
πελταστής, οῦ (ὁ), peltaste (*fantassin léger*).
πελταστικός, ή, όν, des peltastes.
πέλτη, ης (ἡ), bouclier léger.

πελτο-φόρος, ος, ον, qui a le bouclier léger.

πέλω et *surtout* πέλομαι, 1° ÊTRE EN MOUVEMENT. ‖ 2° ÊTRE.

πέλωρ (τό), *indécl.*, prodige; monstre.

πελώριος, α, ον, prodigieux; monstrueux.

πέλωρον, ου (τό), *comme* πέλωρ.

πέλωρος, α, ον, *comme* πελώριος.

πέμμα, ατος (τό), gâteau.

πεμπάδ-αρχος, ου (ὁ), chef d'escouade de cinq hommes.

πεμπάζω (*f.* άσω), compter.

πεμπάς, άδος (ἡ), nombre cinq.

πεμπαστής, οῦ (ὁ), calculateur.

πεμπταῖος, α, ον, du cinquième jour.

1. **πέμπτος, η, ον**, cinquième.

2. **πεμπτός, ή, όν**, envoyé.

πέμπω (*f.* πέμψω, *pf.* πέπομφα; *pass. pf.* πέπεμμαι), 1° ENVOYER. ‖ 2° renvoyer. ‖ 3° escorter : πομπὴν πέμπειν, conduire une procession.
— *Moy.* 1° envoyer. ‖ 2° envoyer chercher.

πεμπ-ώϐολον, ου (τό), broche à cinq dents.

πέμψις, εως (ἡ), envoi.

πενέστης, ου (ὁ), domestique.

πενεστικός, ή, όν, de domestique.

πένης, ητος (ὁ), pauvre (de, *gén.*).

πενθερά, ᾶς (ἡ), belle-mère.

πενθερός, οῦ (ὁ), beau-père.

Πενθεύς, έως (ὁ), Penthée.

πενθέω-ῶ (*f.* ήσω), 1° *intr.* pleurer. ‖ 2° *tr.* déplorer.

πένθημα, ατος (τό), deuil.

πενθ-ήμερος, ος, ον, qui dure cinq jours.

πενθητήρ, ῆρος (ὁ, ἡ), qui pleure.

πενθικῶς, *adv.*, en deuil.

πένθιμος, η, ον, qui éprouve *ou* qui donne le deuil.

πένθος, ους (τό), DEUIL; affliction; malheur.

πενία, ας (ἡ), pauvreté.
— *N. pr.*, la Pauvreté.

πενιχρός, ά, όν, pauvre.

πένομαι, 1° *tr. et intr.*, TRAVAILLER. ‖ 2° être pauvre (de, *gén.*).

πεντα-ετηρίς, ίδος (ἡ), période de cinq ans.

πεντα-ετής, ής, ές, de cinq ans.

πεντ-αθλέω-ῶ (*f.* ήσω), s'exercer au pentathle.

πέντ-αθλον, ου (τό), pentathle (*concours de cinq exercices*).

πέντ-αθλος, ου (ὁ), qui pratique tous les exercices (*du pentathle*).

πεντά-κις, *adv.*, cinq fois.

πεντακισ-μύριοι, αι, α, cinquante mille.

πεντακισ-χίλιοι, αι, α, cinq mille.

πεντα-κόσιοι, αι, α, cinq cents.

πεντακοσιο-μέδιμνοι (οἱ), ceux qui ont 500 médimnes de revenu.

πεντα-κοσιοστός, ή, όν, cinq centième.

πεντά-πηχυς, υς, υ, à cinq coudées.

πέντα-πλάσιος, α, ον, quintuple.

πεντά-στομος, ος, ον, à cinq bouches.

πέντα-χα, πεντα-χῆ, πέντα-χοῦ, *adv.*, en cinq parties *ou* endroits.

πεντέ-δραχμος, ος, ον, de cinq drachmes.

πεντε-καί-δεκα, *indécl.*, quinze.

Πεντελικός, ή, όν, Pentélique.

πεντ-ετηρίς, ίδος (ἡ), espace de cinq ans; fête quinquennale.

πεντή-κοντα, *indécl.*, cinquante.

πεντηκοντα-ετής, ής, ές, *ou* **πεντηκοντούτης,** quinquagénaire.

πεντηκοντήρ, ῆρος (ὁ). chef de cinquante hommes.

πεντηκόντ-ορος ου (ἡ), galère à cinquante rames.

πεντηκοστός, ή, όν, cinquantième.

πεντηκοστύς, ύος (ἡ), section de cinquante hommes.

πεντ-ήρης, ης, ες, à cinq rangs de rames.

πεπαίνω (*aor.* ἐπέπανα; *pass. f.* πεπανθήσομαι), 1° *tr.*, faire mûrir. || 2° *intr. et pass.*, être mûr.

πέπειρος, ος *ou* **α, ον,** mûr.

πέπερι, εως (τό), poivre.

πέπιθον, *aor.* 2 *de* πείθω.

πέπλημαι, *pf. pass. de* πελάζω.

πέπλος, ου (ὁ), 1° péplos, *robe de femme.* || 2° vêtement d'homme. || 3° voile; rideau.

πέπλωμα, ατος (τό), *mêmes sens.*

πέπνυμαι, être inspiré; *part.* πεπνυμένος, prudent.

πέποιθα, *pf.* 2 *de* πείθω

πέπρησμαι, *pf. pass. de* πίμπρημι.

πέπρωται, il est écrit dans le destin; πεπρωμένος, fatal.

πεπτεώς, *part. pf. de* πίπτω.

πέπων, ων, ον, *gén.* **ονος,** 1° MÛR. ‖ 2° mou. ‖ 3° cher : ὦ πέπον, *voc.*, mon bon ami.

πέρ, *enclit.*, 1° CERTES; tout à fait. ‖ 2° justement; en tout cas; quoique.

πέρα, 1° *adv.*, AU DELA.‖ 2° *prép. gén.*, au delà de.

περαίνω (*f.* περανῶ, *aor.* ἐπέρανα; *pass. f.* περανθήσομαι, *pf.* πεπέρασμαι), I *tr.*, 1° ACHEVER. ‖ 2° conclure. ‖ 3° traverser.

II. *intr.*, aboutir; arriver à.

περαῖος, α, ον, situé au delà.

περαιόω-ῶ (*f.* ώσω), 1° transporter au delà. ‖ 2° traverser.

περαιτέρω, 1° *adv.*, plus au delà.‖2° *prép.* plus au delà de, *gén.*

πέραν, *comme* πέρα.

πέρας, ατος (τό), 1° FIN; terme.‖ 2° comble.

πέρασις, εως (ἡ), trajet.

πέρατος, η, ον, tout à fait lointain.

1. **περάω-ῶ** (*f.* άσω), 1° *tr. et intr.*, TRAVERSER. ‖ 2° dépasser; vaincre; éviter; éluder, *acc. qqf. gén.*

2. **περάω-ῶ** (*f.* άσω; *pass. pf.* πεπέρημαι), aller vendre à l'étranger.

πέργαμον, ου (τό), 1° citadelle. ‖ 2° *N. pr.* Pergame.

πέργαμος, ου (ὁ), *mêmes sens.*

Περδίκκας, ου (ὁ), Perdiccas.

πέρδιξ, ικος (ὁ, ἡ), perdrix.

πέρδομαι (*pf.* 2 πέπορδα), péter.

πέρθω (*f.* πέρσω, *aor.* 2 ἔπραθον, *pf.* πέπορθα; *pass. f.* πέρσομαι), DÉTRUIRE; tuer; piller.

περί, I. *adv.*, 1° AUTOUR. ‖ 2° par-dessus tout.

II. *prép.*, AUTOUR DE.

a) *avec le gén.*, 1° au sujet de. ‖ 2° au-dessus

de. ‖ 3° au prix de : περὶ πολλοῦ ποιεῖσθαι, estimer beaucoup.
b) *avec le dat.*, 1° autour de. ‖ 2° pour. ‖ 3° par.
c) *avec l'acc.*, 1° autour de : οἱ περὶ Κῦρον, les compagnons de Cyrus *ou* Cyrus et ses compagnons *ou* Cyrus. ‖ 2° environ : περὶ τὴν πλήθουσαν ἀγοράν, vers l'heure du plein marché. ‖ 3° à l'égard de : τὰ περὶ ἐμέ, les choses qui me concernent.

πέρι, 1° = περί, *après son complément*. ‖ 2° = περίεστι, il reste, il résulte.

περι-αγγέλλω (*f.* αγγελῶ, *etc.*), 1° annoncer partout. ‖ 2° réclamer partout.

περι-αγείρομαι, (*f.* αγεροῦμαι), quêter autour de soi.

περι-άγω (*f.* άξω, *etc.*), *et moy.*, 1° CONDUIRE AUTOUR ; promener avec soi. ‖ 2° tourner en sens contraire; détourner. ‖ 3° *intr.* faire le tour.

περι-αγωγή, ῆς (ἡ), circuit ; détour.

περι-αιρέω-ῶ (*f.* αιρήσω, *etc.*), *et moy.*, 1° ENLEVER AUTOUR. ‖ 2° dépouiller ; ravager ; supprimer.

περι-αλγέω-ῶ (*f.* ήσω), ressentir un grand chagrin.

περί-αλλα, *adv.*, par-dessus tout le reste.

περι-αλουργός, ός, όν, tout empourpré de, *dat.*

περι-αμπέχω (*f.* ἀμφέξω, *etc.*), envelopper.

περι-αμφιέννυμι (*f.* αμφιέσω, *etc.*), *même sens.*

περι-άπτω (*f.* άψω), 1° attacher autour. ‖ 2° acquérir.

περι-αρμόζω, *att.* **ττω** (*f.* όσω), adapter autour.

περι-αυχένιος, ος, ον, mis autour du cou.

περι-βαίνω (*f.* βήσομαι, *etc.*), aller autour; surveiller ; défendre, *gén.-dat.-acc.*

περι-βάλλω (*f.* βαλῶ, *etc.*), 1° JETER AUTOUR; entourer. ‖ 2° embrasser. ‖ 3° tourner autour; dépasser.
— *Moy.* 1° jeter autour de soi. ‖ 2° élever autour; entourer. ‖ 3° prendre pour soi ; acquérir. ‖ 4° embrasser, *pr. et fig.*

περί-βλεπτος, ος, ον, regardé par tous; illustre (*en bien ou en mal*).

περι-βλέπω (*f.* ψω) *et moy.*, 1° REGARDER AUTOUR DE SOI. ‖ 2° rechercher; admirer.

περι-βόητος, ος, ον, 1° proclamé. ‖ 2° renommé; décrié.

περι-βόλαιον, ου (τό), manteau; couverture.

περι-βολή, ῆς (ἡ), 1° ACTION DE JETER AUTOUR. ‖ 2° enveloppement; manœuvre enveloppante. ‖ 3° enceinte; circuit. ‖ 4° développement. ‖ 5° recherche.

περί-βολος, ου (ὁ), enceinte.

περι-βραχιόνιον, ου (τό), bracelet.

περι-βρύχιος, α, ον, battu par les vagues.

περι-γίγνομαι (*f.* γενήσομαι, *etc.*), 1° être supérieur à, *gén.* ‖ 2° rester, être en reste; survivre. ‖ 3° résulter : περιγίγνεται, *impers.*, il en résulte que.

περι-γλαγής, ής, ές, plein de lait.

περι-γνάμπτω (*f.* ψω), doubler (*par mer*).

περί-γραπτος, ος, ον, circonscrit.

περι-γραφή, ῆς (ἡ), contour.

περι-γράφω (*f.* άψω), 1° CIRCONSCRIRE; esquisser. ‖ 2° limiter. ‖ 3° effacer; supprimer.

περι-δεής, ής, ές, qui a très peur (de, *gén. ou dat.*).

περι-δείδω (*f.* δείσομαι, *etc.*), craindre extrêmement.

περί-δειπνον, ου (τό) repas funèbre.

περι-δέξιος, ος, ον, très adroit (*des deux mains*).

περι-δέω (*f.* δήσω), attacher autour.

περι-δεῶς, *adv.*, avec grande terreur.

περι-δίδομαι (*f.* δώσομαι, *etc.*), parier; gager sur (*gén.*).

περι-δινέω-ῶ (*f.* ήσω) faire tournoyer.

περί-δινος, ου (ὁ), vagabond.

περι-δρομή, ῆς (ἡ), circuit; révolution.

περί-δρομος, ος, ον, 1° qui court autour. ‖ 2° circulaire.

περί-δρομος, ου (ὁ), circuit.

περι-δρύπτω (*f.* ψω),

écorcher tout autour.

περι-δύω (*f.* δύσω), dévêtir.

περι-ειλέω-ῶ (*f.* ήσω), enrouler.

περί-ειμι (*sum; f.* ἔσομαι), 1° ÊTRE AUTOUR DE, *dat.* || 2° ÊTRE EN SUS, EN EXCÉDENT. || 3° l'emporter sur, *gén.* || 4° rester; survivre. || 5° résulter.

περί-ειμι (*ibo; f.* εἶμι), 1° ALLER AUTOUR, *dat.-acc.* || 2° parcourir, *acc.* || 3° s'écouler (*temps*). || 4° échoir à.

περι-είργω (*f.* ξω), entourer de toutes parts.

περι-είρω (*f.* ερῶ), attacher autour.

περι-έλασις, εως (ἡ), espace pour manœuvrer.

περι-ελαύνω (*f.* ελάσω, *etc.*), 1° envelopper d'un cercle; décrire en cercle. || 2° parcourir à cheval.

περι-ελίσσω, *att.*, ττω (*f.* ξω), rouler autour. — *Moy.*, enrouler autour de soi.

περι-έλκω (*f.* ἕλξω), 1° tirailler. || 2° distraire.

περι-έπω (*f.* ἕψω, *aor.* 2 ἔσπον; *pass. f.* εφθήσομαι), traiter qq'un *bien ou mal.*

περι-εργάζομαι (*f.* άσομαι), 1° faire avec trop de soin. || 2° observer indiscrètement.

περι-εργία, ας (ἡ), soins indiscrets.

περι-έργω, *comme* περιείργω.

περι-έρχομαι (*f.* ελεύσομαι, *etc.*), faire le tour *de;* parcourir; envelopper. || 2° tromper. || 3° s'écouler.

περι-εσθίω (*f.* ἔδομαι), ronger autour.

περ-έσχατος, η, ον, extrême.

περι-έχω (*f.* ἕξω *ou* σχήσω, *etc.*), 1° *acc.* ENVIRONNER; cerner; enchâsser; renfermer. || 2° *dat.* déborder (*une ligne*). || 3° *intr.*, être supérieur.
— *Moy.*, s'attacher à; se dévouer à, *gén.-acc.*

περί-ζυγα, ων (τά), courroies de rechange.

περί-ζωμα, ατος (τό), ceinture.

περι-ζώννυμαι (*f.* ζώσομαι), ceindre; revêtir.

περι-ηγέομαι-οῦμαι (*f.* ήσομαι), 1° conduire autour. || 2° *avec pass.*, ébaucher

περι-ήγησις, εως (ἡ), description.

περι-ήκω (*f.* ἥξω), arriver; échoir.

περι-ήλυσις, εως (ἡ), circuit.

περι-ημεκτέω-ῶ (*f.*ήσω), se fâcher de, *dat.*

περι-ηχέω-ῶ (*f.* ήσω), retentir autour.

περι-θετός, ή, όν, qui se met autour.

περι-θέω (*f.* θεύσομαι), courir autour *ou* à travers, *acc.*

περι-θεωρέω-ῶ (*f.* ήσω), regarder autour.

περι-θρύπτω (*f.* ψω), casser autour.

περί-θυμος, ος, ον, tout irrité.

περι-θύμως, *adv.*, avec grande colère.

περι-ΐζομαι (*f.*ϊζήσομαι), être assis autour de, *acc.*

περι-ΐστημι (*f.* περι στήσω, *etc.*), 1° PLACER AUTOUR.‖ 2° transformer.‖ 3° réduire à ; rejeter sur. — *Moy.* A *tr.*, 1° placer autour de soi. ‖ 2° éviter. — B. *intr.* *et* -έστην-έστηκα, 1° se tenir autour de, *acc.* ‖ 2° se transformer ; aboutir à. ‖ 3° être en tel état (*surtout mauvais*) : τὰ περιεστηκότα πράγματα, la mauvaise situation actuelle.

περι-καθαίρω (*f.* αρῶ, *etc.*), nettoyer, purifier à fond.

περι-κάθαρμα,ατος(τό), ordure.

περι-κάθημαι *ou* κάτημαι, être assis *ou* campé autour de, *dat.*-*acc.*

περι-καθίζω (*f.* ίσω, *att.* ιῶ), *mêmes sens.*

περι-καίω *ou* κάω, (*f.* καύσω), brûler tout autour.

περι-καλλής, ής, ές, tout à fait beau.

περι-καλύπτω (*f.* ψω), envelopper.

περι-κάμπτω (*f.* κάμψω), tourner *ou* faire tourner autour.

περι-κατα-λαμβάνω (*f.* λήψομαι), investir de toutes parts.

περι-κατα-ρρέω (*f.* ρρυήσομαι), s'écrouler de toutes parts.

περί-κειμαι (*f.* κείσομαι), 1° être situé autour *ou* dans le voisinage de, *dat.* ‖ 2° être entouré de, *acc.* ‖ 3° rester en profit.

περι-κείρω (*f.* κερῶ), tondre autour. — *Moy.*, se tondre.

περι-κεφαλαία, ας (ἡ), casque.

περι-κήδομαι, se préoccuper fort de, *gén.*

περί-κηλος, ος, ον, tout à fait desséché.

περι-κλαίω (*f.* κλαύσομαι), déplorer.

περι-κλάω-ῶ (*f.* κλάσω), briser; courber.

Περι-κλέης-ης, *gén.*, έους (ὁ), Périclès.

περι-κλείω (*f.* κλείσω), *et moy.*, enfermer de toutes parts.

περι-κληΐω *et* **περί-κλῄω,** *même sens.*

περι-κλύζω (*f.* ύσω), baigner autour.

περί-κλυστος, ος *et* **η, ον,** baigné de toutes parts.

περι-κλυτός, ή, όν, très renommé.

περι-κνίζω (*f.* ίσω), gratter autour.

περι-κομίζω (*f.* ίσω), transporter autour.

περί-κομμα, ατος (τό), rogatons.

περι-κοπή, ῆς (ἡ), taille; section; mutilation.

περι-κόπτω (*f.* ψω), 1° TAILLER AUTOUR; tronquer. ‖ 2° mutiler; ravager. ‖ 3° voler.

περι-κρούω (*f.* σω), frapper autour.

περι-κρύπτω (*f.* ψω), bien cacher.

περι-κτείνω (*f.* κτενῶ), massacrer auprès.

περι-κτίονες, ων (οἱ), les gens d'alentour.

περι-κτίται, ῶν (οἱ), *même sens.*

περι-κυκλέω-ῶ *et* **κυκλόω-ῶ,** *et moy.*, entourer.

περι-κύκλωσις, εως (ἡ), investissement.

περι-κωμάζω (*f.* άσω), parcourir en bande joyeuse.

περι-λαμβάνω (*f.* λήψομαι, *etc.*) 1° ENTOURER. ‖ 2° enfermer; encercler. ‖ 3° comprendre (*par la pensée*).

περι-λάμπω (*f.* λάμψω), briller tout autour.

περι-λείπομαι (*f.* λειφθήσομαι), survivre.

περι-λείχω (*f.* ξω), lécher autour.

περι-λέπω (*f.* ψω), peler autour.

περι-λεσχήνευτος, ος, ον, fameux.

περι-ληπτός, ή, όν, intelligible.

περί-ληψις, εως (ἡ), compréhension.

περι-λιμνάζω (*f.* άσω), entourer d'eau morte.

περι-λιπής, **ής**, **ές**, qui reste.

περί-λοιπος, **ος**, **ον**, *même sens.*

περί-λυπος, **ος**, **ον**, tout triste.

περι-μαιμάω, rechercher passionnément.

περι-μάχητος, **ος**, **ον**, très disputé ; très digne d'envie.

περι-μάχομαι, combattre autour.

περι-μένω (*f.* μενῶ, *etc.*), attendre, *tr. et intr.*

περί-μεστος, **ος**, **ον**, tout plein.

περί-μετρον, **ου** (τό), contour.

περί-μετρος *et* **περι-μήκετος**, **ος**, **ον**, démesuré.

περι-μήκης, **ης**, **ες**, très long ; très haut.

περι-μηχανάομαι-ῶμαι, machiner.

περι-ναιετάω-ῶ, habiter autour.

περι-ναιέτης, **ου** (ὁ), habitant d'alentour.

περι-νέω (*f.* νήσω), accumuler autour.

περί-νεως, **ω** (ὁ), passager (*d'un navire*).

περι-νοέω-ῶ (*f.* νοήσω), concevoir, imaginer.

περί-νοια, **ας** (ἡ), 1° intelligence. || 2° malice.

περι-νοστέω-ῶ (*f.* ήσω), errer en tous sens.

πέριξ, 1° *adv.*, ALENTOUR. || 2° *prép.*, autour de, *gén.-dat.-acc.*

περι-ξεστός, **ή**, **όν**, poli tout autour.

περι-ξυρέω-ῶ (*f.* ήσω), raser autour.

περι-οδεύω (*f.* σω), 1° faire le tour de. || 2° examiner.

περι-οδικός, **ή**, **όν**, périodique.

περί-οδος, **ου** (ἡ), circuit; mouvement périodique; période, *en tous sens.*

περί-οιδα, savoir à fond *ou* mieux que, *gén.*

περι-οικέω-ῶ (*f.* ήσω), habiter autour de, *acc.*

περι-οικίς, **ίδος** (ἡ), voisine. — *N.*, pays voisin ; banlieue.

περι-οικοδομέω-ῶ (*f.* ήσω), bâtir autour ; enclore.

περί-οικος, **ος**, **ον**, voisin. — **Οἱ Π.**, les Périèques (*anciens habitants de la Laconie soumis aux Spartiates*).

περι-ολισθάνω (*f.* ολισθήσω), glisser autour.

περι-οπτέος, α, ον, qu'il faut dédaigner.

περι-οράω-ῶ (*f.* ὄψομαι, *etc.*). 1° REGARDER AU TOUR DE SOI. || 2° voir avec indifférence. — *Moy.* observer; éviter, *acc.* || 2° se tourmenter à propos de, *gén.*

περι-οργής, ής, ές, très en colère.

περί-ορθρον, ου (τό), point du jour.

περι-ορμέω-ῶ (*f.* ήσω), bloquer par mer.

περι-ορμίζομαι (*f.* ίσομαι), *même sens.*

περι-ορύσσω, *att.* **ττω** (*f.* ξω), creuser autour.

περι-ουσία, ας (ἡ), 1° SURABONDANCE; superflu : ἐκ περιουσίας, à son aise; par plaisir. || 2° richesses, luxe. || 3° chance de survivre.

περι-ουσιάζω (*f.* άσω), être riche de, *dat.*

περι-οχή,ῆς (ἡ), 1° enveloppe. || 2° contenu *ou* sommaire (*d'un ouvrage*).

περι-πατέω-ῶ (*f.* ήσω), se promener.

περι-πατητικός, ή, όν, péripatéticien.

περί-πατος, ου (ὁ), 1° PROMENADE; lieu de promenade. || 2° discussion philosophique. || 3° école péripatéticienne.

περι-πείρω (*f.* περῶ, *etc.*), transpercer.

περι-πέλομαι 1° entourer. || 2° accomplir son tour.

περι-πέμπω (*f.* πέμψω), envoyer en tous sens.

περι-πέσσω, *att.* **πέττω,** déguiser; voiler.

περι-πετάννυμι (*f.* πετάσω), déployer autour.

περι-πέτεια, ας (ἡ), coup imprévu; péripétie.

περι-πετής, ής, ές, qui tombe sur, *dat.*; soudain.

περι-πέτομαι (*f.* πτήσομαι, *etc.*), voler autour de, *acc.*

περι-πευκής, ής, ές, très aigu.

περι-πήγνυμι (*f.* πήξω), fixer autour; enclore. — *Pass.*, se congeler.

περι-πίμπλημι (*f.* πλήσω), remplir (de, *gén.*).

περι-πίμπρημι (*f.* πρήσω), brûler autour.

περι-πίπτω (*f.* πεσοῦμαι, *etc.*), TOMBER SUR; rencontrer, *dat. ou prép*

περι-πλανάομαι-ῶμαι

errer en tous sens (autour de, *acc.*).

περι-πλέκω (*f.* ξω, *etc.*), 1° enlacer. ‖ 2° compliquer. — *Moy.-pass.*, embrasser, *dat.*

περί-πλεος, ος, ον, tout plein ; surabondant.

περι-πλευμονία, ας (ἡ), péripneumonie.

περι-πλέω (*f.* πλεύσομαι, *etc.*), naviguer autour, *acc.*

περί-πλεως, ως, ων, *comme* περίπλεος,

περι-πληθής, ής, ές, plein (de, *gén.*) ; tout surpeuplé.

περι-πλοκή, ῆς (ἡ), embrassement ; entortillement.

περι-πλόμενος, *pour* περιπελόμενος.

1. **περί-πλοος-ους, οου-ου** (ὁ), circumnavigation.

2. **περί-πλους, ους, ουν,** qu'on peut contourner par mer.

περι-πλύνω (*f.* υνῶ), purifier.

περι-πλώω, *comme* περιπλέω.

περι-ποιέω-ῶ (*f.* ήσω), 1° sauver. ‖ 2° procurer. — *Moy.* acquérir ; économiser.

περι-ποίησις, εως (ἡ), 1° action de sauver. ‖ 2° d'acquérir.

περι-πόλ-αρχος, ου (ὁ), chef des gardes-frontières.

περι-πολέω-ῶ (*f.* ήσω), 1° tourner autour ; faire une ronde autour, *acc.* ‖ 2° évoluer.

περι-πόλιον, ου (τό), banlieue.

περί-πολος, ος, ον, qui tourne autour. — *N.* garde-frontière.

περι-πορεύομαι (*f.* σομαι), circuler.

περι-πόρφυρος, ος, ον, bordé de pourpre.

περι-ποτάομαι-ῶμαι, *comme* περιπέτομαι.

περι-πρό, *adv.*, très en avant *ou* au-dessus.

περι-προχέομαι (*part. aor.* -χυθείς), se répandre autour, *acc.*

περι-πτύσσω (*f.* ξω), *et moy.*, plier autour ; envelopper ; embrasser.

περι-πτυχή, ῆς (ἡ), enveloppe ; enceinte.

περι-πτυχής, ής, ές, 1° plié autour. ‖ 2° transpercé.

περί-πτωμα, ατος (τό), accident ; malheur.

περι-πτωτικός, ή, όν sujet aux accidents.

περι-ρραίνω (*f.* ρρανῶ), asperger ; laver.
περι-ρραντήριον, ου (τό), aspersoir ; aspersion.
περι-ρρέω (*f.* ρρεύσομαι, *etc.*), 1° glisser *ou* couler autour ; baigner. ‖ 2° abonder.
περι-ρρήγνυμι (*f.* ρρήξω, *etc.*), briser autour ; déchirer. — *Moy.*, se diviser.
περι-ρρηδής, ής, ές, qui tombe sur, *dat.*
περι-ρροή, ῆς (ἡ), écoulement.
περί-ρροος-ους, οον-ουν, arrosé de toutes parts.
περί-σεμνος, ος, ον, solennel.
περί-σημος, ος, ον, très remarquable.
περι-σθενέω-ῶ (*f.* ήσω), être d'une force exceptionnelle.
περι-σκελής, ής, ές, très dur ; très sec.
περι-σκέπτομαι (*f.* σκέψομαι), regarder autour avec attention.
περί-σκεπτος, ος, ον, 1° bien en vue. ‖ 2° circonspect.
περι-σκιάζω (*f.* άσω), ombrager autour.
περι-σκοπέω-ῶ (*f.* σκέψομαι, *etc.*), regarder autour ; examiner minutieusement.
περι-σοβέω-ῶ, *intr. et pass.*, circuler parmi, *acc.*
περι-σπάω-ῶ (*f.* άσω), 1° tirer ailleurs. ‖ 2° distraire. — *Moy.*, ôter.
περι-σπερχής, ής, ές, pressant.
περι-σπέρχω, presser.
περι-σπούδαστος, ος, ον, très recherché.
περι-σσαίνω, flatter,
περι-σσείομαι, agiter autour.
περί-σσευμα, *att.*, **ττευμα,ατος** (τό), surplus.
περισσεύω, *att.* **ττεύω** (*f.* σω), 1° être en surplus ; en surabondance. ‖ 2° être supérieur (à, *gén.*). ‖ 3° abonder en, *gén.-dat.*
περισσός, *att.* **ττός, ή, όν,** 1° HORS DE MESURE ; extraordinaire (*en bien et en mal*). ‖ 2° superflu ; excessif. ‖ 3° qui reste en surplus. ‖ 4° impair (nombre). — *Adv.*, περισσόν, ἐκ τοῦ περισσοῦ, surabondamment.
περισσότης, *att.*, **ττότης,** *gén.*, ητος (ἡ), 1°

EXCELLENCE; supériorité. ‖ 2° surabondance; excès.

περισσῶς, *adv.* **ττῶς**, extraordinairement; excessivement.

περι-σταδόν, *adv.*, en se tenant autour.

περί-στασις, εως (ἡ), 1° réunion. ‖ 2° circonstances.

περι-σταυρόω-ῶ (*f.* ώσω), entourer d'une palissade.—*Moy.*, s'enclore.

περι-στείχω (*f.* ξω), circuler (autour de, *acc.*).

περι-στέλλω (*f.* στελῶ, *etc.*), ENVELOPPER; cacher. ‖ 2° ensevelir. ‖ 3° soigner; protéger.

περι-στεναχίζομαι (*f.* ίσομαι), retentir de lamentations.

περι-στένω, serrer autour.

περιστερά, ᾶς (ἡ), colombe.

περιστερεών, ῶνος (ὁ), colombier.

περι-στεφανόω-ῶ (*f.* ώσω), couronner; entourer.

περι-στεφής, ής, ές, couronné; entouré.

περι-στέφω (*f.* στέψω), *comme* περιστεφανόω.

περι-στίζω (*f.* ίξω), tacheter.

περι-στίλβω (*f.* στίλψω), briller alentour.

περι-στοιχίζω (*f.* ίσω) *et moy.*, entourer (*de filets*).

περί-στοιχος, ος, ον, aligné.

περι-στρατοπεδεύω (*f.* σω), assiéger, *dat.*

περι-στρέφω (*f.* στρέψω), tourner; retourner. — *Moy.*, se tourner; se retourner.

περι-στρωφάομαι-ῶμαι, visiter l'un après l'autre.

περί-στυλος, ος, ον, entouré de colonnes. — N. *ὁ ou τό*, péristyle.

περι-συλάω-ῶ (*f.* ήσω), dépouiller totalement.

περι-σφύριον, ου (τό), cercle autour de la cheville.

περι-σχίζω (*f.* σχίσω), fendre autour.—*Moy.*, se partager.

περι-σῴζω (*f.* σώσω) sauver. —*Moy.-pass.*, se sauver.

περι-ταφρεύω (*f.* σω), entourer d'un fossé.

περι-τείνω (*f.* τενῶ, *etc.*), tendre autour.

περι-τειχίζω (*f.* ίσω), entourer d'un mur.

περι-τείχισις, εως (ἡ), action de fortifier.

περι-τείχισμα, ατος (τό) et **περι-τειχισμός**, οῦ (ὁ), mur de fortification.

περι-τέλλομαι, accomplir son tour.

περι-τέμνω (*f.* τεμῶ, *etc.*), couper autour. — *Moy.*, dérober.

περι-τέχνησις, εως (ἡ), machination habile.

περι-τήκω (*f.* τήξω), fondre autour.

περι-τίθημι (*f.* θήσω, *etc.*), 1° METTRE AUTOUR. ‖ 2° appliquer; procurer. — *Moy.*, placer autour de soi.

περι-τίλλω (*f.* τιλῶ), arracher autour brin à brin.

περί-τμημα, ατος (τό), fragment.

περι-τορνεύω (*f.* σω), arrondir au tour.

περι-τρέπω (*f.* τρέψω, *etc.*), FAIRE TOURNER A L'ENVERS; culbuter; renverser.

περι-τρέφω (*f.* θρέψω), condenser.

περι-τρέχω (*f.* δραμοῦμαι, *etc.*), 1° COURIR AUTOUR. ‖ 2° circonvenir, *acc.* ‖ 3° traîner partout; être banal.

περι-τρέω-ῶ (*f.* τρέσω), fuir en tous sens.

περι-τρίβω (*f.* τρίψω), user en frottant autour.

περί-τριμμα, ατος (τό), individu retors.

περι-τρομέομαι, être tout tremblant.

περι-τροπέω-ῶ, tourner autour; accomplir son tour.

περι-τροπή, ῆς (ἡ), retour périodique.

περι-τρόχαλος, ος, ον, circulaire; arrondi.

περί-τροχος, ος, ον, *mêmes sens.*

περι-τρώγω (*f.* τρώξομαι, *etc.*), ronger autour.

περι-τυγχάνω (*f.* τεύξομαι, *etc.*), rencontrer, *dat.*; survenir.

περι-υβρίζω (*f.* ίσω), insulter brutalement.

περι-φαίνομαι (*f.* φανοῦμαι), être visible de toutes parts.

περι-φάνεια, ας (ἡ), évidence; notion complète.

περι-φανής, ής, ές, visible de toutes parts; bien évident.

περί-φαντος, ος, ον, *mêmes sens.*

περι-φανῶς, *adv.*, manifestement.

περι-φερής, ής, ές, rond; arrondi.

περι-φέρω (*f.* οίσω, *etc.*), 1° PORTER AUTOUR. ‖ 2° divulguer. ‖ 3° ramener à. ‖ 4° troubler; égarer. ‖ 5° *intr.*, résister.

περι-φεύγω (*f.* φεύξομαι), 1° *intr.*, échapper. ‖ 2° *acc.*, échapper à.

περι-φθείρομαι (*f.* φθαρήσομαι), se consumer; se flétrir.

περί-φλεγής, ής, ές, tout enflammé.

περι-φλέγω, 1° *tr.*, brûler. ‖ 2° *intr.*, être ardent.

περι-φλ(ε)ύω (*f.* σω), *mêmes sens*.

περί-φλοιος, ος, ον, entouré d'écorce.

περί-φοβος, ος, ον, épouvanté.

περι-φορά, ᾶς (ἡ), circulation; mouvement circulaire.

περι-φόρητος, ος, ον, 1° porté tout autour. ‖ 2° connu partout.

περι-φραδέως, *adv.*, avec grande habileté.

περι-φράζομαι (*f.* άσομαι), examiner soigneusement.

περι-φρονέω-ῶ (*f.* ήσω), regarder avec soin *ou* avec mépris, *gén.*-*acc.*

περι-φρουρέω-ῶ (*f.* ήσω), monter la garde autour, *dat.*-*acc.*

περί-φρων, ων, ον, *gén.* ονος, très sage.

περι-φύω (*f.* φύσω), faire pousser autour.—*Moy. et aor.* 2 -έφυν *et pf.* -πέφυκα), croître autour; s'attacher à, *dat.*

περι-χαρακόω-ῶ (*f.* ώσω), fortifier.

περι-χάρεια, ας (ἡ), grande joie.

περι-χαρής, ής, ές, tout joyeux.

περι-χέω (*f.* χεῶ, *etc.*), verser autour.—*Pass.*, être répandu autour.

περί-χρυσος, ος, ον, doré autour.

περι-χώομαι (*f.* χώσομαι), être visiblement irrité contre, *dat.*

περι-χωρέω-ῶ (*f.* ήσω), 1° faire le tour de, *acc.* ‖ 2° *intr.*, échoir.

περί-χωρος, ος, ον, voisin.

περι-ψάω-ῶ (*f.* ψήσω), frotter autour.

περι-ψιλόω-ῶ (*f.* ώσω), mettre à nu.

περι-ωδυνία, ας (ἡ), douleur violente.

περι-ώδυνος, ος, ον, qui

cause *ou* éprouve une vive douleur.

περι-ωθέω-ῶ (*f.* ώσω), refouler; bousculer.

περι-ωπή, ῆς (ἡ), 1° observatoire. ‖ 2° circonspection.

περι-ώσιος, ος, ον, excessif. — *Adv.*, περιώσιον, excessivement.

περκνός, ή, όν, noirâtre. — N. ὁ π.., aigle noir.

Περμη(σ)σός, οῦ (ὁ), Permesse.

πέρνημι (*part.* πέρνας), vendre.

περονάω-ῶ (*f.* ήσω), percer. — *Moy.*, agrafer.

περόνη, ης (ἡ), 1° POINTE; agrafe. ‖ 2° os de la jambe.

περονίς, ίδος (ἡ), *mêmes sens.*

περπερεύομαι (*f.* σομαι), agir étourdiment.

Περσεύς, έως (ὁ), Persée.

Περσε-φόνη, ης (ἡ), Perséphone.

Πέρσης, ου (ὁ), 1° Persès. ‖ 2° Perse; Persan.

Περσικός, ή, όν, de Perse; **περσικαί, ῶν** (αἱ), chaussures de Perse.

Περσίς, ίδος (ἡ), la Perse; *adj.*, persane.

περσιστί, *adv.*, en langue perse.

πέρυσι(ν), *adv.*, 1° l'an dernier. ‖ 2° jadis.

περυσινός, ή, όν, de l'an dernier.

πέσημα, ατος (τό), chute.

πεσσεία, ας (ἡ), jeu de trictrac.

πεσσευτικός, ή, όν, du jeu de trictrac.

πεσσεύω, *att.* **ττεύω** (*f.* σω), jouer au trictrac.

πεσσός, *att.* **πεττός, οῦ** (ὁ), jeton.

πέσσω, *att.* **ττω** (*f.* πέψω), *pass. aor.* ἐπέφθην, *pf.* πέπεμμαι), 1° faire cuire; cuire. ‖ 2° digérer.

πέταλον, ου (τό), feuille (de plante *ou* de métal).

πέταμαι *et* **πετάομαι,** *comme* πέτομαι.

πετάννυμι (*f.* πετάσω, *att.* πετῶ; *pass. aor.* ἐπετάσθην, *pf.* πεπέτασμαι *et* πέπταμαι), déployer.

πέτασος, ου (ὁ), chapeau.

πετεηνός, ή, όν, qui vole; volatile.

πετεινός *et* **πετεεινός,** ή, όν, *même sens.*

πέτομαι (*f.* πτήσομαι,

aor. 2 ἐπτόμην), voler (*dans les airs*).

πέτρα, ας (ἡ), rocher.

πετραῖος, α, ον, de rocher; rocailleux.

πετρήεις, ήεσσα, ῆεν, *mêmes sens.*

πετρήρης, ης, ες, *et* **πέτρινος, ος, ον,** de pierre.

πετρο-δολία, ας (ἡ), lapidation.

πετρο-δόλος, ος, ον, qui lance des pierres.

πέτρος, ου (ὁ), pierre.

πετρόω-ῶ (*f.* ώσω), lapider.

πετρ-ώδης, ης, ες, pierreux.

πεύθομαι, *comme* πυνθάνομαι.

πευκάλιμος, η, ον, sage; avisé.

πευκεδανός, ή, όν, amer.

πεύκη, ης (ἡ), 1° PIN. ‖ 2° torche. ‖ 3° tablettes (*pour écrire*).

πευκήεις, ήεσσα, ῆεν, garni de pins.

πεύκινος, η, ον, de pin.

πεύσομαι, *f. de* πυνθάνομαι.

πέφανται, 3° *pers. sg. du pf. pass. de* φαίνω *et* 3° *pers. pl. du pf. passif de* φένω.

πεφασμένως, *adv.*, nettement.

πέφνον, *aor.* 2 *de* φένω.

πεφοδημένως, *adv.*, avec terreur.

πέφραδον, *aor.* 2 *de* φράζω.

πεφυκότως, *adv.*, naturellement.

πεφυλαγμένως, *adv.*, avec prudence.

πεφυρμένως, *adv.*, confusément.

πέψις, εως (ἡ), cuisson; digestion.

πῇ *ou* **πῆ,** *adv. inter.*, 1° PAR OÙ? où? ‖ 2° comment? ‖ 3° pourquoi?

πῄ *ou* **πή,** *adv. enclit.*, 1° QUELQUE PART. ‖ 2° en quelque manière.

πηγαῖος, α, ον, de source.

πήγανον, ου (τό), rue (*plante*).

πηγάς, άδος (ἡ), glaçon.

Πήγασος, ου (ὁ), Pégase.

πηγεσί-μαλλος, ος, ον, à la laine dure.

πηγή, ῆς (ἡ), source (*en tous sens*).

πήγνυμι (*f.* πήξω; *pass. f.* 2 παγήσομαι, *aor.* 2 ἐπάγην, *pf.* πέπηγμαι) *et moy.*, 1° FICHER; fixer. ‖ 2 ajuster; assembler. ‖ 3° figer; cailler. ‖ 4° raidir d'étonnement. || 5° *pf.* 2 πέπηγα, *intr.*, être fiché; être figé : τὸ ὕδωρ ἐπεπήγει, l'eau s'était congelée.

πηγός, ή, όν, compact; vigoureux.

πηγυλίς, ίδος (ἡ), glacé.

πηδάλιον, ου (τό), gouvernail.

πηδάω-ῶ (*f.* ήσομαι *et* ήσω), bondir.

πήδημα, ατος (τό), *et* **πήδησις, εως**(ἡ), bond.

πηδόν, οῦ (τό), plat de la rame.

πηκτίς, ίδος (ἡ), harpe.

πηκτός, ή, όν, 1° FICHÉ. || 2° ajusté. || 3° condensé; congelé.

πῆλαι, *inf. aor.* 1 *de* πάλλω.

Πηλεΐδης, ου (ὁ), fils de Pélée (*Achille*).

Πηλεύς, έως (ὁ), Pélée.

πήληξ, ηκος (ἡ), casque.

Πηλιάς, άδος (ἡ), du Pélion.

πηλίκος, η, ον, de quelle grandeur? de quel âge?

πήλινος, η, ον, fait de boue.

Πήλιον, ου (τό), le Pélion.

πηλός, οῦ (ὁ), boue; glaise.

πηλ-ουργός, οῦ (ὁ), potier.

πηλόω-ῶ (*f.* ώσω), souiller de boue.

πηλ-ώδης, ης, ες, fangeux.

πῆμα, ατος (τό), malheur; fléau.

πημαίνω (*f.* πημανῶ, *aor.* ἐπήμηνα), endommager; maltraiter; violer.

πημονή, ῆς (ἡ), *comme* πῆμα.

Πηνελόπεια, ας (ἡ), Pénélope.

πηνέλοψ, οπος (ὁ), sarcelle.

πήνη, ης (ἡ), toile.

πηνίκα, *adv.*, à quelle heure? quand?

πηνίον, ου (τό), fil; trame.

πηός, οῦ (ὁ), parent (*par alliance*).

πήρα, ας (ἡ), besace.

πηρός, ά, όν, estropié; aveugle.

πηρόω-ῶ (*f.* ώσω), estropier; *fig.* diminuer.

πήρωσις, εως (ἡ), mutilation.

πηχυαῖος, α, ον, d'une coudée.

πήχυιος, α, ον, *même sens.*

πῆχυς, εως (ὁ), 1° COUDE; bras. || 2° coudée.

πιάζω (*f.* άσω *et* άξω), presser; écraser.

πιαίνω (*f.* πιανῶ, *aor.* ἐπίανα; *pass. f.* πεπίασμαι), 1° ENGRAISSER. || 2° accroître.

πῖαρ (τό), graisse.

πίασμα, ατος (τό), engrais.

πῖδαξ, ακος (ἡ), source.

πιδήεις, ήεσσα, ῆεν, abondant en sources.

πιεζέω-ῶ, *comme le suivant.*

πιέζω (*f.* έσω; *pass. aor.* ἐπιέσθην), 1° SERRER; presser. || 2° accabler.

πιεῖν, *inf. aor.* 2 *de* πίνω.

πίειρα (*f. de* πίων), GRAS; riche.

Πιερία, ας (ἡ), la Piérie.

Πιερίδες, ων (αἱ), les Muses.

πιθάκνη, ης (ἡ), petit tonneau.

πιθανο-λογέω-ῶ (*f.* ήσω), tenir un langage persuasif.

πιθανο-λογία, ας (ἡ), langage persuasif.

πιθανός, ή, όν, 1° PERSUASIF. || 2° vraisemblable. || 3° facile à persuader; docile.

πιθανῶς, *adv.*, d'une manière persuasive.

πιθέσθαι, *inf. aor.* 2 *moy. de* πείθω.

πίθηκος, ου (ὁ), singe.

πιθηκο-φαγέω-ῶ (*f.* ήσω), manger des singes.

πίθος, ου (ὁ), TONNEAU.

πικραίνω (*f.* ανῶ, *aor.* ἐπίκρανα), rendre amer; aigrir.

πικρία, ας (ἡ), amertume; aigreur.

πικρός, ά, όν, 1° PIQUANT; aigu. || 2° amer. || 3° dur; cruel.

πικρότης, ητος (ἡ), 1° AMERTUME. || 2° dureté.

πικρό-χολος, ος, ον, à la bile amère.

πικρῶς, *adv.*, 1° amèrement. || 2° durement

πιλέω-ῶ (*f.* ήσω), fouler; condenser.

πίλησις, εως (ἡ), action de fouler.

πιλητός, ή, όν, foulé; de laine foulée.

πιλίδιον, ου (τό), petit bonnet de feutre.

πίλναμαι, s'approcher (de, *dat.*).

πῖλος, ου (ὁ), 1° bonnet de feutre. || 2° casaque de feutre.

πιμελή, ῆς (ἡ), graisse.

πιμελής, ής, ές, gras.

πιμπλάνω *et* **πιμπλέω,** *comme* πίμπλημι.

πίμπλημι (*f.* πλήσω; *pass. aor.* ἐπλήσθην) *et moy.*, 1° REMPLIR. || 2°

rassasier (de, *gén.-dat.*).

πιμπράω-ῶ, *comme le suivant.*

πίμπρημι (*f.* πρήσω; *pass. aor.* ἐπρήσθην), brûler; incendier.

πινακηδόν, *adv.*, en forme de planches.

πινακίδιον, *et* **πινάκιον**, ου (τό), tablette.

πίναξ, ακος (ὁ), 1° PLANCHE. ‖ 2° tablette. ‖ 3° tableau.

πιναρός, ά, όν, sale.

πινάω-ῶ, être sale.

Πίνδαρος, ου (ὁ), Pindare.

Πίνδος, ου (ὁ, ἡ), le Pinde.

πίνος, ου (ὁ), saleté.

πινύσσω, rendre sage.

πινυτή, ῆς (ἡ), sagesse.

πινυτός, ή, όν, sage.

πίνω (*f.* πίομαι, *aor.* 2 ἔπιον, *pf.* πέπωκά; *pass. aor.* ἐπόθην, *pf.* πέπομαι), boire, *acc.* (*ou gén. partitif*).

πῖος, α, ον, gras.

πιότης, ητος (ἡ), graisse.

πιππίζω (*f.* ίσω), piailler.

πιπράσκω (*f.* περάσω, *att.* περῶ, *aor.* ἐπέρασα, *pf.* πέπρακα; *pass. f.* πραθήσομαι, *etc.*), vendre.

πίπτω (*f.* πεσοῦμαι, *aor.* 2 ἔπεσον, *pf.* πέπτωκα), 1° TOMBER (*en tous sens*). ‖ 2° succomber. ‖ 3° se jeter sur. ‖ 4° se calmer. ‖ 5° arriver; se produire : τὰ πεπτωκότα, les événements.

Πῖσα, ης (ἡ), Pise.

πίσεα (τά), prés humides

Πισίδαι, ῶν (οἱ), les Pisidiens.

πίσσα, *att.* ττα, ης (ἡ), poix.

πίσσινος, η, ον, de poix.

πίστευμα, ατος (τό), gage de bonne foi.

πιστευτικός, ή, όν, confiant.

πιστεύω (*f.* σω), 1° *intr.* SE FIER à, *dat.*; croire. ‖ 2° *tr.* confier.

πίστις, εως (ἡ), 1° FOI; confiance. ‖ 2° bonne foi. ‖ 3° gage de foi. ‖ 4° crédit. ‖ 5° preuve.

1. **πιστός**, ή, όν, 1° digne de foi; fidèle. ‖ 2° qui fait foi : τὰ πιστά, garanties. ‖ 3° qui croit; docile à, *dat.*

2. **πιστός**, ή, όν, buvable

πιστότης, ητος (ἡ), fidélité.

πιστόω-ῶ (*f.* ώσω), lier par serment.

πιστῶς, *adv.*, fidèlement; sûrement.
πίστωσις, εως (ἡ), preuve.
πίσυνος, ος, ον, confiant; docile à.
πίσυρες, ες, α, quatre.
Πιτθεύς, έως (ὁ), Potthée.
πιτνάω *et* **πίτνημι**, *comme* πετάννυμι.
πίτνω, *pour* πετάννυμι *ou* πίπτω.
Πιττακός, οῦ (ὁ), Pittacos.
πιτύϊνος, η, ον, de pin.
πίτυλος, ου (ὁ), 1° bruit (*de la rame* ou *des coups* ou *du vin tombant dans les coupes*). || 2° agitation.
πίτυρον, ου (τό), son (*farine*).
πίτυς, υος (ἡ), pin.
πιτυ-ώδης, ης, ες, riche en pins.
πιφαύσκω *et moy.*, 1° FAIRE VOIR. || 2° expliquer.
πίων, **πίων**, **πῖον**, *gén.* ονος, 1° GRAS ||2° riche; fertile
πλάγιος, α, ον, 1° OBLIQUE : ἐκ πλαγίου, obliquement; de flanc. || 2° équivoque; rusé.
πλαγκτός, ή, όν, errant; égaré.
πλαγκτοσύνη, ης (ἡ), course vagabonde.
πλαδαρός, ά, όν, humide; moite.
πλάζω (*f.* πλάγξω), égarer; détourner. — *Moy.-pass.*, s'égarer.
πλάθω *et moy.*, s'approcher (de, *dat.-acc.*).
πλαίσιον, ου (τό), 1° rectangle. || 2° formation en carré.
Πλάκος, ου (ἡ), le mont Placos.
πλακοῦς, οῦντος (ὁ), galette.
πλανάω *ou* έω-ῶ (*f.* ήσω), égarer. — *Moy.* (*aor.* ἐπλανήθην), s'égarer; être incertain.
πλάνη, ης (ἡ), 1° course errante. || 2° erreur.
πλάνημα, ατος (τό), *mêmes sens.*
πλάνης, ητος (ὁ, ἡ), errant. — N. (ὁ), planète.
πλάνησις, εως (ἡ), action d'égarer.
πλανήτης, ου (ὁ), errant.
πλανητός, ή, όν, *même sens.*
πλάνος, ου (ὁ), *comme* πλάνη.
πλάξ, ακός (ἡ), 1° SURFACE PLATE; plaine; plateau. || 2° tablette.
πλάσις, εως (ἡ), action

de modeler *ou* d'inventer.

πλάσμα, ατος (τό), 1° modelage; modulation. ‖ 2° fiction; contrefaçon.

πλάσσω, *att.* **ττω** (*f.* πλάσω; *pass. aor.* ἐπλάσθην), 1° MODELER; façonner. ‖ 2° imaginer; simuler.

πλάστης, ου (ὁ), modeleur.

πλαστός, ή, όν, 1° MODELÉ. ‖ 2° feint; mensonger.

πλαταγή, ῆς (ἡ), cliquette.

Πλάταια, ας (ἡ), *et pl.*, Platée.

Πλαταιεύς, έως (ὁ), Platéen.

Πλαταιΐς, ΐδος (ἡ), de Platée.

πλάτανος, ου (ἡ), platane.

πλάτη, ης (ἡ), partie plate (*de la rame*).

πλάτος, ους (τό) largeur.

πλατόω-ῶ (*f.* ώσω), tailler en surface plate.

πλατύνω (*f.* υνῶ), élargir.

πλατύς, εῖα, ύ, 1° LARGE : **τὸ πλατύ,** la plaine; ἡ πλατεῖα, grande voie.

πλατύτης, ητος (ἡ), largeur.

Πλάτων, ωνος (ὁ), Platon.

Πλατωνικός, ή, όν, Platonicien.

πλέγμα, ατος (τό), 1° TRESSE; filet. ‖ 2° corbeille.

πλέες *pour* πλείονες.

πλεθριαῖος, α, ον, d'un plèthre.

πλέθρον, ου (τό) plèthre (29m,60; 70 m. c.)

Πλειάς *et* **Πληϊάς, άδος** (ἡ), Pléiade.

πλεῖν, *adv. pour* πλέον, davantage.

πλεῖος, *comme* πλεός.

πλειστάκις, *adv.*, le plus souvent.

πλεῖστος, η, ον, *sup. de* πολύς, 1° LE PLUS NOMBREUX; très nombreux : οἱ πλεῖστοι, la plupart. ‖ 2° très grand. — **(Τὸ) πλεῖστον** *et* **(τά) πλεῖστα,** *adv.*, le plus souvent; διὰ πλείστου, le plus loin *ou* le plus longtemps; ἐκ πλείστου, de très loin *ou* depuis très longtemps; ἐπὶ πλεῖστον, au plus haut degré; ὡς ἐπὶ πλεῖστον, au plus haut degré possible; περὶ πλείστου, au plus grand prix.

πλείων, ων, ον, *gén.*

ονος, PLUS NOMBREUX; plus grand : οἱ πλείονες, la plupart; τὸ πλεῖον, la plus grande partie. — Πλεῖον, πλείω, *adv.*, plus; davantage; διὰ πλείονος, pendant plus longtemps; ἐκ πλείονος, depuis plus longtemps *ou* de plus loin; (τό) ἐπὶ πλεῖον, plus; plus longtemps; de plus en plus; περὶ πλείονος, à un plus haut prix.

πλεκτή, ῆς (ἡ), tresse; filet.

πλεκτός, ή, όν, tressé.

πλέκω (*f.* ξω; *pass. aor.* 1 ἐπλέχθην, *aor.* 2 ἐπλάκην), 1° TRESSER. ‖ 2° combiner.

1. **πλέον**, *comme* πλεῖον.

2. **πλέον**, *neut. de* πλέος.

πλεονάζω (*f.* άσω). 1° *intr.*, ÊTRE EN PLUS *ou* EN TROP (*choses*); être sans mesure (*gens*). ‖ 2° avoir en trop, *gén.-dat.* ‖ 3° exagérer, *acc.*

πλεονάκις, *adv.*, plus souvent.

πλεονασμός, οῦ (ὁ). surabondance.

πλεοναχῆ, *adv.*, en plus d'endroits.

πλεον-εκτέω-ῶ (*f.* ήσω), 1° L'EMPORTER (sur, *gén.*). ‖ 2° être cupide. — *Pass.* être désavantagé.

πλεον-έκτημα, ατος (τό), PRÉÉMINENCE; avantage.

πλεον-έκτης, ου (ὁ), ambitieux; avide.

πλεον-εκτικός, ή, όν, *mêmes sens.*

πλεον-εξία, ας (ἡ), 1° AVANTAGE. ‖ 2° ambition; cupidité.

πλέος, α, ον, plein (de *gén.*).

πλεόνως, *adv.*, davantage; trop.

πλεύμων, *comme* πνεύμων.

πλεύνως, *comme* πλεόνως.

πλευρά, ᾶς (ἡ), FLANC; côté.

πλευρό-θεν, *adv.*, de côté.

πλευρόν, οῦ (τό), *comme* πλευρά.

πλέω (*f.* πλεύσομαι, *ou* πλευσοῦμαι, *aor.* ἔπλευσα; *pass. f.* πλευσθήσομαι). 1° *intr.*, naviguer. ‖ 2° *tr.*, parcourir en bateau.

πλέων, ων, ον, *gén.* ονος, *comme* πλείων

πληγή, ῆς (ἡ), 1° cou. . ‖ 2° malheur; échec.

πλῆγμα, ατος (τό), *mêmes sens.*

πλῆθος, εος-ους (τό), 1°

QUANTITÉ; nombre. || 2° la foule; le peuple. — *Adv.*, ὡς ἐπὶ τὸ πλῆθος, en général.

πληθύνω (*f.* υνῶ), 1° *tr.*, multiplier. || 2° *intr. et pass.*, se multiplier.

πληθύς, ύος (ἡ), *comme* πλῆθος.

πληθύω, 1° ÊTRE PLEIN (de, *gén.*); être riche en, *dat.*||2° s'accroître; se répandre.

πλήθω (*pf.* πέπληθα), *mêmes sens* : ἀγορᾶς πληθούσης, à l'heure du plein marché.

πληθώρη, ης (ἡ), plénitude; satiété.

πλήκτης, ου (ὁ), qui frappe; qui aime à frapper.

πληκτίζομαι (*f.* ίσομαι), en venir aux coups (avec, *dat.*).

πληκτικός, ή, όν, qui frappe *ou* aime à frapper.

πλῆκτρον, ου (τό), 1° plectre; archet. || 2° ergot.

πλημ-μέλεια, ας (ἡ), négligence; faute.

πλημ-μελέω-ῶ (*f.* ήσω), commettre une faute (*par négligence*)

πλημ-μέλημα, ατος (τό), faute.

πλημ-μελής, ής, ές, défectueux; contraire aux règles.

πλημ-μελῶς, *adv.*, irrégulièrement; à tort.

πλήμμυρα, ας (ἡ), marée montante.

πλημμυρέω-ῶ (*f.* ήσω), monter (*mer*).

πλη(μ)μυρίς, ίδος (ἡ), *comme* πλήμμυρα.

πλήμνη, ης (ἡ), moyeu.

πλήν, 1° *adv.*, EXCEPTÉ : πλὴν ὅτι *ou* ὅσον, excepté que; πλὴν ἀλλά, toutefois. || 2° *prép. gén.*, à l'exception de.

πλήξ-ιππος ος, ον, qui dresse les chevaux.

πλήρης, ης, ες, 1° PLEIN (de, *gén.*); complet. || 2° rassasié.

πληρόω-ῶ (*f.* ώσω). 1° emplir (de, *gén.*); rassasier. || 2° compléter. || 3° réaliser : πληροῦν χρέος, acquitter une dette.

πλήρωμα, ατος (τό), 1° CE QUI COMPLÈTE; supplément; total. || 2° équipage; navire équipé.

πλήρωσις, εως (ἡ), action de remplir.

πληρωτής, οῦ (ὁ), percepteur d'une collecte.

πλησιάζω (*f.* άσω

pass. aor. ἐπλησιάσθην), 1° *intr.-dat.*, S'APPROCHER DE; vivre avec; être à l'école de. ‖ 2° *tr.*, approcher.

πλησιαίτερος,-αίτατος, *comp. et sup. de* πλησίος.

πλησίον, 1° *adv.*, PRÈS : οἱ πλησίον, les voisins. ‖ 2° *prép.*, près de, *gén.-dat.*

πλησίος, α, ον, voisin (de, *gén.-dat.*) — N. ὁ π.., le voisin.

πλησιό-χωρος, ος, ον, voisin (de, *gén.-dat.*).

πλησ-ίστιος, ος, ον, qui emplit la voile.

πλησμονή, ῆς (ἡ), plénitude; satiété.

πλήσσω, *att.* ττω (*f.* ξω; *pass. aor.* 2 ἐπλάγην *ou* ἐπλήγην), frapper. — *Moy.*, se frapper.

πλῆτο, 3e *pers. sg. aor.* 2 *moy. de* πίμπλημι *ou de* πελάζω.

πλινθεύω (*f.* σω), 1° faire des briques. ‖ 2° bâtir en briques.

πλινθηδόν, *adv.*, en forme de briques.

πλινθίον,ου (τό), 1° petite brique. ‖ 2° carré.

πλίνθινος, η, ον, de briques.

πλίνθος, ου (ἡ), brique.

πλινθ-ουργός, οῦ (ὁ), briquetier.

πλινθ-υφής, ής, ές, construit en briques.

πλίσσομαι, faire des enjambées.

πλοιάριον, ου (τό), petit bateau.

πλοῖον, ου (τό), navire.

πλόκαμος, ου (ὁ), boucle de cheveux.

πλόκος, ου (ὁ), 1° tresse. ‖ 2° boucle de cheveux.

πλόος-οῦς, πλόου-πλοῦ (ὁ), 1° NAVIGATION. ‖ 2° temps bon pour naviguer.

πλούσιος, α, ον, 1° RICHE. ‖ 2° abondant.

πλουσίως, *adv.*, richement.

πλουτέω-ῶ (*f.* ήσω), être riche.

πλουτίζω (*f.* ίσω), enrichir.

πλουτο-δότης, ου (ὁ), qui donne la richesse.

πλουτο-κρατία, ας (ἡ), suprématie des riches.

πλοῦτος, ου (ὁ), richesse. — *N. pr.*, Plutus.

Πλούτων, ωνος (ὁ), Pluton.

πλοχμός, οῦ (ὁ), boucle de cheveux.

πλυνός, οῦ (ὁ), lavoir.

Πλυντήρια, ων (τά)

Plyntéries (*fête d'Athèna*).

πλύνω (*f.* υνῶ; *pass. f.* πλυθήσομαι), laver.

πλύσις, εως (ἡ), lavage.

πλωΐζω, naviguer.

πλώ(σ)ιμος, ος, ον, navigable.

πλωτήρ, ῆρος (ὁ), navigation.

πλωτός ἡ, όν, 1° navigable. || 2° qui nage.

πλώω, *comme* πλέω.

πνείω, *comme* πνέω.

πνεῦμα, ατος (τό), 1° SOUFFLE. || 2° vie. || 3° vapeur. || 4° inspiration; esprit.

πνευματικός, ή, όν, 1° du souffle; du vent. || 2° de l'esprit.

πνευματ-ώδης, ης, ες, qui a du vent; qui est de la nature du vent.

πνεύμων, ονος (ὁ), poumon.

πνέω (*f.* πνεύσομαι *et* πνευσοῦμαι, *aor.* ἔπνευσα; *pass. aor.* ἐπνεύσθην, *pf.* πέπνυμαι), 1° SOUFFLER; respirer; vivre. || 2° exhaler une odeur. || 3° faire entendre un son. || 4° respirer, *fig.* : πνεῖν μεγάλα, avoir des sentiments d'orgueil; πνεῖν φόνον, respirer le meurtre. || 5° inspirer : πέπνυμαι, être sage.

πνιγεύς, έως (ὁ), étouffoir.

πνιγηρός, ά, όν, étouffant.

πνῖγος, ους (τό), chaleur étouffante; étouffement.

πνίγω (*f.* ίξω; *pass. f.* 2 πνιγήσομαι), étouffer.— *Pass.*, suffoquer.

πνοή, ῆς (ἡ), SOUFFLE; haleine.

Πνύξ, Πυκνός (ἡ), Pnyx (*lieu d'assemblée à Athènes*).

πόα, ας (ἡ), herbe; gazon.

ποδ-αβρός, ός, όν, aux pieds tendres.

ποδ-αγός, οῦ (ὁ), guide.

ποδ-άγρα, ας (ἡ), 1° piège à gibier. || 2° goutte (*aux pieds*).

ποδ-αγράω-ῶ (*f.* ήσω). avoir la goutte.

ποδα-νιπτήρ, ῆρος (ὁ), bassin pour bain de pieds.

ποδά-νιπτρον, ου (τό), eau pour laver les pieds.

ποδαπός, ή, όν, 1° de quel pays? || 2° de quelle espèce?

ποδ-άρκης, ης, ες, aux pieds agiles.

ποδεών, ῶνος (ὁ), 1°

bande de peau. || 2° langue de terre.

ποδ-ηγέω-ῶ (*f.* ήσω), guider.

ποδ-ηνεκής, ής, ές, qui descend jusqu'aux pieds.

ποδ-ήρης ης, ες, *même sens.*

ποδιαῖος, α, ον, d'un pied.

ποδίζω (*f.* ίσω), entraver.

ποδο-κάκη, ης (ἡ), entrave.

ποδ-ώκεια, ας (ἡ), agilité.

ποδ-ώκης, ης, ες, aux pieds rapides.

ποθεινός, ή, όν, 1° DÉSIRABLE; désiré. || 2° regrettable; regretté.

πόθεν, *adv.*, 1° D'OÙ. || 2° comment? pourquoi?

ποθέν, *enclit.*, de quelque part.

ποθέω-ῶ (*f.* έσω *ou* έσομαι; *aor.* εσα *ou* ησα; *pass. aor.*, ἐποθέσθην), 1° REGRETTER. || 2° désirer.

ποθή, ῆς (ἡ), *comme* πόθος.

πόθι, *adv.*, où? (q. **ubi**.).

ποθί, *enclit.*, 1° QUELQUE PART. || 2° en qq. manière. || 3° parfois. || 4° environ.

πόθος, ου (ὁ), 1° REGRET. || 2° désir; amour.

ποῖ, *adv.*, où (*avec mouv*[t]) : ποῖ γῆς; en quel point de la terre? || 2° jusqu'à quand?

ποί, *enclit.*, vers quelque endroit.

ποία, *comme* πόα.

ποιέω-ῶ (*f.* ποιήσω), 1 FAIRE; agir : ποιεῖν γελᾶν, faire rire; ποιεῖν ὅπως, faire en sorte que. || 2° créer; accomplir; causer; mettre en tel état. || 4° traiter : εὖ ποιεῖν τινα, bien traiter qq'un. || 5° écrire; faire des vers. || 6° supposer. || 7° *intr.*, être utile à; servir pour (πρός, *acc.*).

— *Moy.*, 1° faire pour soi; faire. *Les locutions comme* λόγους ποιεῖσθαι = λέγειν, parler. || 2° regarder comme : ἐν οὐδενὶ λόγῳ ποιεῖσθαί τι, ne faire aucun cas d'une chose.

ποιήεις, ήεσσα, ῆεν, couvert d'herbe.

ποίημα, ατος (τό), 1° OEUVRE. || 2° ouvrage de l'esprit; poème.

ποίησις, εως (ἡ), 1° CRÉATION. || 2° composition. ‖ 3° poésie; poème.

ποιητής, οῦ (ὁ), 1° CRÉATEUR. ‖ 2° artisan. ‖ 3° poète.

ποιητικός, ή, όν, 1° CAPABLE DE CRÉER. ‖ 2° poétique : ἡ ποιητική, l'art de la poésie.

ποιητός, ή, όν, 1° CRÉÉ. ‖ 2° bien fait. ‖ 3° adoptif.

ποιη-φαγέω-ῶ (*f.* ήσω), manger de l'herbe.

ποικιλ-είμων, ων, ον, *gén.* ονος, au manteau émaillé (*d'étoiles.*)

ποικιλία, ας (ἡ), 1° VARIÉTÉ. ‖ 2° habileté rusée. ‖ 3° broderie.

ποικιλίς, ίδος (ἡ), chardonneret.

ποικίλλω (*aor.* ἐποίκιλα), 1° BIGARRER; broder. ‖ 2° ruser.

ποίκιλμα, ατος (τό), bigarrure; broderie.

ποικιλο-δέρμων, ων, ον, *gén.*, ονος, à la peau bigarrée.

ποικιλό-θριξ, τριχος (ὁ, ἡ), au poil moucheté.

ποικιλο-μήτης, ου (ὁ), artificieux.

ποικιλό-νωτος, ος, ον, au dos moucheté.

ποικιλό-πτερος, ος, ον, aux ailes bigarrées.

ποικίλος, η, ον, 1° VARIÉ. ‖ 2° bigarré; brodé; décoré. ‖ 3° changeant. ‖ 4° artificieux; équivoque.

ποικιλό-στολος, ος, ον, à la robe rayée.

ποικιλό-φρων, ων, ον, *gén.* ονος, à l'esprit artificieux.

ποίκιλσις, εως (ἡ), action de varier.

ποικιλ-ῳδός, ός, όν, aux chants variés.

ποικίλως, *adv.*, 1° avec variété. ‖ 2° avec artifice.

ποιμαίνω (*f.* ανῶ), 1° FAIRE PAITRE; être berger. ‖ 2° nourrir; diriger. ‖ 3° tromper. — *Pass.*, paître.

ποιμήν, ένος (ὁ), 1° BERGER. ‖ 2° chef; pasteur des peuples.

ποίμνη, ης (ἡ), troupeau.

ποιμνήϊος, η, ον, du troupeau.

ποίμνιον, ου (τό), troupeau.

ποιμνίτης, ου (ὁ), de berger.

ποινή, ῆς (ἡ), 1° EXPIATION; châtiment. ‖ 2° récompense.

ποίνιμος, ος, ον, qui

punit *ou* récompense.

ποῖος, α, ον, 1° QUEL? DE QUELLE NATURE? ποῖος τις, *mêmes sens.* ‖ 2° combien grand?

ποιός, ά, όν, tel, de telle nature.

ποιπνύω (*f.* σω), s'empresser.

ποι-ώδης, ης, ες, couvert d'herbe.

πόκα *et* **ποκά** *pour* πότε *et* ποτέ.

πόκος, ου (ὁ), toison.

πολεμ-άρχειον, ου (τό), demeure du polémarque.

πολεμ-αρχέω-ῶ (*f.* ήσω), être polémarque.

πολεμ-αρχία, ας (ἡ), fonction de polémarque.

πολέμ-αρχος, ου (ὁ), polémarque (*chef d'armée*).

πολεμέω-ῶ (*f.* ήσω), 1° faire la guerre. ‖ 2° attaquer, *acc.*

πολεμήϊος, η, ον, de la guerre.

πολεμησείω, vouloir la guerre.

πολεμίζω (*f.* ίσω *et* ίξω), *comme* πολεμέω.

πολεμικός, ή, όν, 1° relatif *ou* propre à la guerre : ἡ **πολεμική,** l'art de la guerre. ‖ 2° belliqueux.

πολεμικῶς, *adv.*, belliqueusement.

πολέμιος, α, ον, 1° qui concerne la guerre *ou* l'ennemi. ‖ 2° ennemi (de, *gén.-dat.*) : οἱ πολέμιοι, LES ENNEMIS; ἡ πολεμία, le pays ennemi.

πολεμιστήριος, α, ον, de guerre : τὰ πολεμιστήρια, les chars de guerre.

πολεμιστής, οῦ (ὁ), guerrier.

πολεμίως, *adv.*, hostilement.

πολεμόν-δε, *adv.*, à la guerre (*avec mouv*[t]).

πολεμο-ποιέω-ῶ (*f.* ήσω), provoquer la guerre.

πόλεμος, ου (ὁ), GUERRE; combat.

πολεμο-φθόρος, ος, ον, qui détruit par la guerre.

πολεμόω-ῶ (*f.* ώσω), rendre ennemi. — *Moy.*, se rendre qq'un ennemi, *acc.*

πολεύω (*f.* σω), 1° *tr.*, tourner. ‖ 2° *intr.*, aller çà et là : se trouver (*versari*).

πολέω-ῶ (*f.* ήσω), *mêmes sens.*

πόλησις, εως (ἡ), action de tourner.

Πολιάς, άδος (ἡ), Poliade, *c.à-d. protectrice de la cité* (Athèna).

πολίζω (*f.* ίσω), fonder une cité.

πολιήτης, ου (ὁ), citoyen.

πολιῆτις, ιδος (ἡ), citoyenne.

πόλιν-δε, *adv.*, vers la ville.

πολιο-κρόταφος, ος, ον, aux tempes blanches.

πολι-ορκέω-ῶ (*f.* ήσω), 1° ASSIÉGER UNE VILLE. ‖ 2° assiéger, *fig.*

πολι-ορκητής, οῦ (ὁ), preneur de villes.

πολι-ορκία, ας (ἡ), siège d'une ville.

πολιός, ά, όν, 1° GRIS; blanc : αἱ πολιαί, les cheveux blancs. ‖ 2° vieux; vénérable. ‖ 3° éclatant.

πολι-οῦχος, ος, ον, qui garde la cité.

πόλις, εως (ἡ), 1° CITÉ; État. ‖ 2° ville; pays.

πόλισμα, ατος (τό), ville.

πολισσο-νόμος, ος, ον, qui suit les lois de l'État.

πολιτεία, ας (ἡ), 1° GOUVERNEMENT; administration de l'État. ‖ 2° constitution; régime politique. ‖ 3° république. ‖ 4° vie *ou* condition des citoyens. ‖ 5° droit de cité.

πολίτευμα, ατος (τό), mesure politique.

πολιτεύω (*f.* σω), 1 *intr.*, être citoyen. ‖ 2° *tr.*, gouverner : τὰ πεπολιτευμένα, les actes du gouvernement.

— *Moy.* (*aor.* ἐπολιτευσάμην *et* ἐπολιτεύθην), 1° *intr.* être citoyen. ‖ 2° *tr.*, ADMINISTRER (L'ÉTAT).

πολίτης, ου (ὁ), CITOYEN; concitoyen.

πολιτικός, ή, όν, 1° DES CITOYENS; DE L'ÉTAT : ἡ πολιτική, la politique. ‖ 2° qui s'occupe du gouvernement : οἱ πολιτικοί, les hommes d'État. ‖ 3° sociable; affable.

πολιτικῶς, *adv.*, en (bon) citoyen; politiquement.

πολῖτις, ιδος (ἡ), citoyenne.

πολιτο-φθόρος, ος, ον, néfaste aux citoyens.

πολίχνιον, ου (τό), petite ville.

πολλάκι(ς), *adv.*, souvent.

πολλα-πλάσιος, α, ον, multiple; bien plus nombreux (ἤ, que). — πολλαπλάσια, *adv.*, beaucoup plus.

πολλα-πλασιόω-ῶ (*f.* ώσω), multiplier.

πολλα-πλασίων, ων, ον, *gén.* ονος, *comme* πολλαπλάσιος.

πολλαχῇ, *adv.*, 1° en maint endroit (*sans mouvt*). ‖ 2° souvent. ‖ 3° de diverses manières.

πολλα-χόθεν, *adv.*, de maint endroit,

πολλα-χόθι, *adv.*, en maint endroit.

πολλα-χόσε, *adv.*, vers maint endroit.

πολλαχοῦ, *adv.*, *comme* πολλαχῇ.

πολλαχῶς, *adv.*, diversement.

πολλοστός, ή, όν, 1° un d'entre plusieurs. ‖ 2° plusieurs; long((*temps*) ‖ 3° minime; vulgaire.

πόλος, ου (ὁ), 1° PIVOT; axe. ‖ 2° pôle; ciel. ‖ 3° terre labourée.

πολύ-αινος, ος, ον, très célèbre.

πολυ-άϊξ, ϊκος (ὁ, ἡ), toujours en mouvement.

πολυ-ανδρέω-ῶ (*f.* ήσω), être très populeux.

πολύ-ανδρος, ος, ον, très populeux.

πολυ-ανθής, ής, ές, plein de fleurs.

πολυ-ανθρωπία, ας (ἡ), population nombreuse.

πολυ-άνθρωπος, ος, ον, très populeux.

πολυ-άνωρ, ορος, *même sens*

πολυ-άργυρος, ος, ον, riche en argent.

πολυ-άρητος, ος, ον, très souhaité,

πολυ-αρκής, ής, ές, riche.

πολυ-άρματος, ος, ον, aux chars nombreux.

πολύ-αρνι, *dat.*, riche en agneaux.

πολυ-αρμόνιος, ος, ον, très harmonieux.

πολυ-αρχία, ας (ἡ), gouvernement de plusieurs.

πολυ-βαφής, ής, ές, souvent submergé.

πολυ-βενθής, ής, ές, aux abîmes nombreux.

Πολύ-βιος, ου (ὁ), Polybe.

Πόλυ-βος, ου (ὁ), Polybos.

πολυ-βότειρα, ας (ἡ), nourricière.

πολύ-βουλος, ος, ον, très prudent.

πολυ-βούτης, ου (ὁ), riche en bœufs.

πολυ-γηθής, ής, ές, qui réjouit fort.

πολύ-γλωσσος, *att.* **ττος, ος, ον,** qui s'exprime en beaucoup de langues.

πολυ-γνώμων, ων, ον, *gén.* **ονος,** riche en sages pensées.

Πολύ-γνωτος, ου (ὁ), Polygnote.

πολύ-γομφος, ος, ον, aux clous nombreux.

πολυ-γονία, ας (ἡ), extrême fécondité.

πολύ-γονος, ος, ον, très fécond.

πολυ-δαίδαλος, ος, ον, travaillé *ou* qui travaille avec un grand art.

πολυ-δάκρυος, ος, ον, qui fait beaucoup pleurer.

πολύ-δακρυς, υος (ὁ, ἡ), *même sens.*

πολυ-δάκρυτος, ος, ον, qui fait pleurer *ou* qui pleure beaucoup.

Πολυ-δάμας, αντος (ὁ), Polydamas.

πολυ-δάπανος, ος, ον, 1° très coûteux. ‖ 2° très dépensier.

πολυ-δειράς, άδος, aux cimes nombreuses.

πολυ-δένδρεος, ος, ον, couvert d'arbres.

πολύ-δεσμος, ος, ον, aux liens nombreux.

Πολυ-δεύκης, ους (ὁ), Pollux.

πολυ-δικέω-ῶ (*f.* **ήσω**), avoir des procès perpétuels.

πολυ-δίψιος, ος, ον, très altéré; très sec.

πολύ-δονος, ος, ον, très agité.

πολυ-δωρία, ας (ἡ), munificence.

πολύ-δωρος, ος, ον, couvert de présents.

Πολύ-δωρος, ου (ὁ), Polydore.

πολυ-ειδής, ής, ές, de formes très variées.

πολυ-ειδία, ας (ἡ), diversité de formes.

πολυ-επαίνετος, ος, ον, objet de nombreux éloges.

πολύ-ευκτος, ος, ον, très désiré.

πολύ-ζηλος, ος, ον, 1° très envié. ‖ 2° jaloux.

πολυ-ζήλωτος, ος, ον, *mêmes sens.*

πολύ-ζυγος, ος, ον, aux multiples bancs de rameurs.

πολυ-ηγερής, ής, ές, en foule assemblée.

πολυ-ήκοος, ος, ον, qui a beaucoup appris.

πολυ-ήρατος, ος, ον, très aimable.

πολυ-ηχής, ής, ές, retentissant.

πολυ-ήχητος, ος, ον, *même sens*.

πολυ-θαρσής, ής, ές, très hardi.

πολυ-θεάμων, ων, ον, *gén.* ονος, qui a beaucoup vu.

πολύ-θηρος, ος, ον, qui abonde en bêtes sauvages.

πολυ-θρέμμων, ων, ον, *gén.* ονος, très nourricier.

πολύ-θρηνος, ος, ον, qui se lamente beaucoup.

πολυ-θρύλητος, ος, ον, très célébré.

πολύ-θυρος, ος, ον, aux feuilles pliées plusieurs fois.

πολύ-θυτος, ος, ον, aux nombreuses victimes.

πολυ-ϊδρείη, ης (ἡ), grand savoir.

πολύ-ϊδρις, ιος *ou* εως (ὁ, ἡ), le grand savoir.

πολύ-ιππος, ος, ον, aux chevaux nombreux.

πολυ-καγκής, ής, ές, très desséchant.

πολύ-καπνος, ος, ον, très enfumé.

πολυ-καρπία, ας (ἡ), abondance de fruits.

πολύ-καρπος, ος, ον, très fertile en fruits.

πολυ-κερδείη, ης (ἡ), fourberie complète.

πολυ-κερδής, ής, ές, très fourbe.

πολύ-κερως, ων, *gén.* ω, aux cornes nombreuses.

πολύ-κεστος, ος, ον, aux broderies variées.

πολυ-κέφαλος, ος, ον, à multiples têtes.

πολυ-κηδής, ής, ές, très affligeant.

πολύ-κλαυτος, ος, ον, très déploré.

Πολύ-κλειτος, ου (ὁ), Polyclète.

πολυ-κλήϊς, ϊδος (ὁ, ἡ), qui a de nombreux bancs de rameurs.

πολύ-κληρος, ος, ον, qui a fait de nombreux héritages.

πολύ-κλητος, ος, ον, appelé de tous côtés.

πολύ-κλυστος, ος, ον, tout houleux.

πολύ-κμητος, ος, ον, très travaillé.

πολύ-κνημος, ος, ον, aux montagnes nombreuses.

πολύ-κοινος, ος, ον,

commun à un grand nombre.

πολυ-κοιρανία, ας (ἡ), gouvernement de plusieurs.

Πολυ-κράτης, ους (ὁ), Polycrate.

πολυ-κτέανος, ος, ον, très opulent.

πολυ-κτήμων, ων, ον, *gén.* ονος, *même sens.*

πολύ-κωπος, ος, ον, aux rames nombreuses.

πολυ-λήϊος, ος, ον, aux champs de blé nombreux.

πολύ-λλιστος, ος, ον, très invoqué.

πολυ-λογία, ας (ἡ), verbosité.

πολυ-λόγος, ος, ον, verbeux.

πολυ-μαθής, ής, ές, qui a beaucoup appris.

πολυ-μελής, ής, ές, aux membres nombreux.

πολυ-μερής, ής, ές, composé de nombreuses parties.

πολυ-μέτρος, ος, ον, vaste.

πολυ-μηκάς, άδος (ἡ), toujours bêlant.

πολύ-μηλος, ος, ον, qui a de nombreux troupeaux.

Πολυ-μήστωρ, ορος (ὁ), Polymestor.

πολύ-μητις, ιος (ὁ, ἡ), très prudent; très ingénieux.

πολυ-μηχανία, ας (ἡ), grande habileté.

πολυ-μήχανος, ος, ον, très adroit; très inventif.

πολυ-μνήστη, ης (ἡ), très courtisée.

πολύ-μνηστος, ος, ον, qui se souvient bien.

Πολύμνια, ας (ἡ), Polymnie.

πολύ-μουσος, ος, ον, tout nourri des arts.

πολύ-μοχθος, ος, ον, très éprouvé; très douloureux.

πολύ-μυθος, ος, ον, qui parle *ou* dont on parle beaucoup.

πολυ-ναύτης, ου (ὁ), aux nombreux matelots.

Πολυ-νείκης, ους (ὁ), Polynice.

πολύ-νοια, ας (ἡ), grande sagacité.

Πολυ-ξένη, ης (ἡ), Polyxène.

πολύ-ξενος, ος, ον, très hospitalier.

πολύ-ξεστος, ος, ον, bien lisse.

πολυ-οινία, ας (ἡ), abus du vin.

πολύ-οινος, ος, ον, qui a beaucoup de vin.

πολυ-όρνιθος, ος, ον, qui a beaucoup d'oiseaux.

πολυ-οψία, ας (ἡ), abondance de plats.

πολυ-παιδία, ας (ἡ), grand nombre d'enfants.

πολυ-παίπαλος, ος, ον, très artificieux.

πολυ-πάμων, ων, ον, *gén.* ονος, qui possède de grandes richesses.

πολυ-πειρία, ας (ἡ), expérience consommée.

πολυ-πενθής, ής, ές, 1° très triste. ‖ 2° très attristant.

πολυ-πῖδαξ, ακος (ὁ, ἡ), aux sources multiples.

πολύ-πικρος, ος, ον, très amer.

πολύ-πλαγκτος, ος, ον, sans cesse errant.

πολυ-πλανής, ής, ές, *et* **πολυ-πλάνητος**, ος, ον, *et* **πολύ-πλανος**, ος, ον, *même sens.*

πολυ-πλασίων, ων, ον, *gén.* ονος, multiple.

πολύ-πλεθρος, ος, ον, de plusieurs plèthres.

πολύ-πλοκος, ος, ον, 1° très entortillé. ‖ 2° très rusé.

πολυ-ποίκιλος, ος, ον, très varié.

πολύ-πονος, ος, ον, qui souffre *ou* qui cause beaucoup de peines.

πολύ-πους, πους, πουν, *gén.* ποδος, aux pieds nombreux. — N. (ὁ). poulpe ; polype.

πολυ-πραγμονέω-ῶ (*f.* ήσω), 1° s'occuper à fond de. ‖ 2° être affairé, indiscret, intrigant, révolutionnaire.

πολυ-πραγμοσύνη, ης (ἡ), 1° étude active. ‖ 2° curiosité indiscrète ; amour de l'intrigue.

πολυ-πράγμων, ων, ον, *gén.* ονος, 1° actif. ‖ 2° curieux et indiscret ; intrigant.

πολυ-πρόβατος, ος, ον, riche en troupeaux.

πολύ-πτυχος, ος, ον, aux plis multiples.

πολύ-πυρος, ος, ον, riche en blé.

πολύ-ρραφος, ος, ον, cousu en maint endroit.

πολυ-ρρήμων, *gén.* ονος, prolixe.

πολύ-ρρην, ηνος (ὁ, ἡ), riche en agneaux.

πολύ-ρρηνος, ος, ον, *même sens.*

πολύ-ρροδος, ος, ον, couvert de roses.

πολύ-ρροθος, ος, ον, très bruyant.

πολύς, **πολλή**, **πολύ**,

1° NOMBREUX ; fréquent; πολλοί, nombreux : κατὰ πολλά, sur bien des points ; οἱ πολλοί, LA PLUPART; la foule; τὸ πολύ, la plus grande partie. — ‖ 2° grand : πολὺς χρόνος, un long temps. ‖ 3° d'un prix élevé : πολλοῦ ὠνεῖσθαι, acheter cher ; πολλοῦ ποιεῖσθαί τι, estimer d'un grand prix qq chose. ‖ 4° puissant : πολὺς ἐγένετο, il devint important. — *Adv.*, πολύ, πολλά, BEAUCOUP ; souvent ; (ὡς) τὰ πολλά, le plus souvent. — Πολλῷ *devant comp.* : πολλῷ μᾶλλον, beaucoup plus. — Διὰ πολλοῦ, a un grand intervalle. — Ἐκ πολλοῦ, depuis long temps. — (Ὡς) ἐπὶ (τὸ) πολύ, en très grande partie; la plupart du temps.

πολυ-σαρκία, ας (ἡ), embonpoint.

πολυ-σιτία, ας (ἡ), grande abondance de vivres.

πολύ-σκαρθμος, ος, ον, aux bonds répétés.

πολύ-σκιος, ος, ον, très ombragé.

πολυ-σπερής, ής, ές, dispersé partout.

πολυ-στάφυλος, ος, ον, abondant en raisins.

πολυ-στεφής, ής, ές, aux nombreuses couronnes.

πολύ-στονος, ος, ον, tout gémissant.

πολύ-σχιστος, ος, ον, divisé en plusieurs parts.

πολυ-τεκνία, ας (ἡ), grand nombre d'enfants.

πολύ-τεκνος, ος, ον, qui a beaucoup d'enfants.

πολυ-τέλεια, ας (ἡ), somptuosité.

πολυ-τελής, ής, ές, somptueux.

πολυ-τελῶς, *adv.*, somptueusement.

πολυ-τεχνία, ας (ἡ), talents multiples.

πολυ-τίμητος *et* **πολύ-τιμος**, ος, ον, très honoré.

πολύ-τιτος, ος, ον, *même sens.*

πολύ-τλας, αντος (ὁ), qui a beaucoup souffert.

πολυ-τλήμων, *gén.* ονος (ὁ, ἡ), *même sens.*

πολύ-τλητος, ος, ον, *même sens.*

πολυ-τρήρων, ωνος (ὁ, ἡ), qui abonde en pigeons.

πολύ-τρητος, ος, ον

qui a des trous nombreux.

πολυ-τροπία, ας (ἡ), habileté variée.

πολύ-τροπος, ος, ον, 1° varié. || 2° errant. || 3° ingénieux.

πολυ-φαγία, ας (ἡ), voracité.

πολύ-φημος, ος, ον, bruyant en paroles.

Πολύ-φημος, ου (ὁ) Polyphème.

πολυ-φθόρος, ος, ον, dévastateur.

πολυ-φιλία, ας (ἡ), foule d'amis.

πολύ-φιλος, ος, ον, qui a beaucoup d'amis.

πολύ-φλοισβος, ος, ον, qui retentit à grand bruit.

πολύ-φορβος, ος, ον, très nourricier.

πολυ-φορία, ας (ἡ), grande fécondité.

πολυ-φροσύνη, ης (ἡ), extrême habileté.

πολύ-φρων, ων, ον, *gén.* ονος, fort avisé.

πολύ-φωνος, ος, ον, aux sons multiples.

πολύ-χαλκος, ος, ον, riche en airain.

πολύ-χειρ, *gén.* **χειρος** (ὁ, ἡ), aux bras nombreux.

πολυ-χειρία, ας (ἡ), multitude de bras.

πολύ-χοος-ους, οον-ουν, multiple.

πολυ-χορδία, ας (ἡ), grande quantité de cordes.

πολύ-χρηστος, ος, ον, très utile.

πολυ-χρόνιος, ος, ον, qui dure longtemps.

πολύ-χρυσος, ος, ον, riche en or.

πολυ-ψηφία, ας (ἡ), grand nombre de votes.

πολύ-ψηφις, ιδος (ὁ, ἡ), couvert de cailloux.

πολυ-ώνυμος, ος, ον, aux noms multiples.

πολυ-ωπός, ός, όν, aux yeux multiples.

πολυ-ωρέω-ῶ (*f.* ήσω), entourer de respect.

πόμα, *comme* πῶμα.

πομπαῖος, α, ον, qui escorte.

πομπεία, ας (ἡ), 1° procession. || 2° échange d'invectives (*au cortège de Dionysos*).

πομπεῖον, ου (τό), vase porté aux processions.

πομπεύς, έως (ὁ), 1° conducteur. || 2° membre d'une procession.

πόμπευσις, εως (ἡ), cortège solennel.

πομπεύω (*f.* σω), 1° CON-

duire; mener solennellement, *acc.* ‖ 2° marcher en procession *ou* en triomphe. ‖ 3° invectiver. ‖ 4° se pavaner.

πομπή, ῆς (ἡ), 1° ENVOI; renvoi. ‖ 2° escorte. ‖ 3° procession. ‖ 4° suggestion.

Πομπήϊοι, ων (οἱ), Pompéi.

Πομπήϊος, ου (ὁ), Pompée.

πομπικός, ή, όν, de procession; pompeux.

πόμπιμος, ος *ou* **η, ον**, 1° qui escorte. ‖ 2° que l'on envoie.

πομπός, οῦ (ὁ, ἡ), 1° conducteur. ‖ 2° messager; messagère.

πομφόλυξ, υγος (ἡ), bulle (*d'eau ou d'air*).

πονέω-ῶ (*f.* ήσω) *et moy.*, 1° *intr.*, PEINER; souffrir; être las *ou* en danger. ‖ 2° *tr.*, travailler avec soin; gagner par des efforts; réaliser péniblement : τὰ πεπονημένα, les choses durement acquises. ‖ 3° accabler, *acc.*

πόνημα, ατος (τό), travail difficile.

πονηρία, ας (ἡ), 1° MÉCHANCETÉ. ‖ 2° mauvais état physique.

πονηρός, ά, όν, 1° MÉCHANT. ‖ 2° misérable. ‖ 3° en mauvais état.

πονηρῶς, *adv.*, en mauvais état; misérablement.

πόνος, ου (ὁ), 1° PEINE; labeur; fatigue. ‖ 2° fruit du travail. ‖ 3° souffrance (*physique ou morale*).

ποντίζω (*f.* ίσω), plonger dans la mer.

Ποντικός, ή, όν, du Pont.

πόντιος, α, ον, marin.

ποντό-θεν, *adv.*, venant de la mer.

ποντο-μέδων, οντος (ὁ), maître de la mer.

πόντον-δε, *adv.*, vers la mer.

ποντο-πορεύω (*f.* σω), naviguer.

ποντο-πορέω-ῶ (*f.* ήσω), *même sens.*

ποντο-πόρος, ος, ον, qui parcourt la mer.

πόντος, ου (ὁ), mer; haute mer.

Πόντος, ου (ὁ), le Pont-Euxin (*mer Noire*).

πόποι, *interj.*, ah! ὢ πόποι, grands dieux!

ποππύζω (*f.* ύσω), faire claquer sa langue.

πόρδαλις, εως (ὁ, ἡ), panthère.

πορδή, ῆς (ἡ), pet.

πορεία, ας (ἡ), 1° MARCHE. ‖ 2° voyage; expédition. ‖ 3° passage.

πορεῖν, *voir* πόρω.

πορεῖον, ου (τό), moyen de transport.

πόρευμα, ατος (τό), voyage; chemin.

πορεύσιμος, ος, ον, praticable.

πορεύω (*f.* σω), FAIRE PASSER; conduire; envoyer.

— *Moy.* (*aor.* ἐπορεύθην), 1° MARCHER; aller; s'en aller. ‖ 2° procéder par. ‖ 3° traverser, *acc.*

πορθέω-ῶ (*f.* ήσω), ravager; violenter.

πόρθημα, ατος (τό), ravage.

πόρθησις, εως (ἡ), action de ravager.

πορθμεῖον, ου (τό), 1° moyen *ou* lieu pour passer l'eau. ‖ 2° prix du passage.

πορθμεύς, έως (ὁ), batelier.

πορθμεύω (*f.* σω), 1° faire passer (*d'un bord à l'autre*). ‖ 2° *act. et pass.*, traverser, *acc.*

πορθμός, οῦ (ὁ), 1° trajet. ‖ 2° détroit.

πορίζω (*f.* ίσω, *att.* ιῶ; *pass. f.* ποριcθήσομαι), 1° FOURNIR; procurer. ‖ 2° acquérir.

— *Moy.*, 1° SE PROCURER. ‖ 2° inventer.

πόριμος, ος, ον, 1° qu'on peut *ou* qui peut traverser. ‖ 2° industrieux. ‖ 3° qui a des moyens.

πόρις, *comme* πόρτις.

πορισμός, οῦ (ὁ), expédient.

ποριστής, οῦ (ὁ), pourvoyeur.

ποριστικός, ή, όν, qui sait procurer, *gén.*

πόρκης, ου (ὁ), douille de la pointe de lance.

πόρνη, ης (ἡ), femme de mauvaise vie.

πόρνος, ου (ὁ), débauché.

πόρος, ου (ὁ), 1° PASSAGE; trajet; chemin; détroit. ‖ 2° cours d'eau. ‖ 3° expédient; moyen. ‖ 4° ressources financières; revenus.

πόρπαξ, ακος (ὁ), poignée de bouclier.

πόρπη, ης (ἡ), agrafe.

πόρρω, 1° *adv.*, EN AVANT; à l'avenir. ‖ 2° *prép.*, loin de, *gén.*; à un point avancé (de *gén.*): πόρρω τῆς ἡλικίας, à un âge avancé.

πόρρω-θεν, *adv.*, de loin.

πορρωτέρω *et* **πορρωτάτω**, *comp. et sup.* de πόρρω.

πορσαίνω, *comme* πορσύνω.

πορσύνω (*f.* υνῶ), 1° PRÉPARER; procurer. || 2° faire; mettre à exécution. || 3° soigner.

πόρσω, *comme* πόρρω.

πόρταξ, *comme* πόρτις.

πόρτις, **ιος** (ὁ, ἡ), 1° veau; génisse. || 2° jeune garçon; jeune fille.

πορφύρα, **ας** (ἡ), pourpre; étoffe de pourpre.

πορφύρεος-οῦς, **έα-ᾶ**, **εον-οῦν**, 1° bouillonnant; de teinte sombre. || 2° couleur de pourpre; étincelant.

πορφυρεύς, **έως** (ὁ), 1° pêcheur de pourpre. || 2° teinturier en pourpre.

πορφυρευτικός, **ή**, **όν**, relatif aux pêcheurs de pourpre.

πορφυρίς, **ίδος** (ἡ), étoffe de pourpre.

πορφύρω, 1° BOUILLONNER; s'assombrir. || 2° se colorer de rouge.

πόρω, *pr. inus.* (*aor.* 2 ἔπορον), procurer; donner.

ποσάκις, *adv.*, combien de fois?

ποσα-πλάσιος, **α**, **ον**, combien de fois plus grand?

πόσε, *adv.*, vers quel endroit?

Ποσειδῶν, **ῶνος** (ὁ), Poseidon (*Neptune*).

1. **πόσις**, **εως** (ἡ), boisson.

2. **πόσις**, **ιος** (ὁ), époux.

πόσος, **η**, **ον**, combien grand? combien nombreux?

ποσός, **ή**, **όν**, de quelque grandeur.

ποσσ-ῆμαρ, *adv.*, en combien de jours?

ποσσί-κροτος, **ος**, **ον**, battu des pieds.

ποσταῖος, **α**, **ον**, en combien de jours?

πόστος, **η**, **ον**, quel (*en nombre*)?

πότ, *pour* ποτί. — *En composition, pour* πρός.

ποτ-αίνιος, **α**, **ον**, récent; inattendu.

ποτάμιος, **α**, **ον**, de fleuve.

ποταμόν-δε, *adv.*, vers le fleuve.

ποταμός, **οῦ** (ὁ), fleuve; rivière.

ποτάομαι-ῶμαι (*f.* ήσομαι, *aor.* ἐποτήθην), voler; s'envoler.

πότε, *adv.*, quand?

ποτέ, *enclit.*, 1° UN JOUR; UNE FOIS : οὔ ποτε, jamais ; ποτὲ μὲν... ποτὲ δέ, tantôt... tantôt. || 2° enfin (*d'impatience*) : πῇ ποτε, comment donc enfin ?

Ποτείδαια, ας (ἡ), Potidée.

Ποτειδεάτης, ου (ὁ), habitant de Potidée.

ποτέομαι, *comme* ποτάομαι.

πότερος, α, ον, 1° LEQUEL DES DEUX? — *Adv.* πότερον *ou* πότερα... ἤ, est-ce que... ou bien (*utrum...-an*)? || 2° l'un des deux.

ποτέρω-θι, *adv.*, duquel des deux côtés?

ποτέρως, *adv.*, de laquelle des deux manières ?

ποτέρω-σε, *adv.*, vers lequel des deux côtés?

ποτή, ῆς (ἡ), vol; essor.

ποτήρ, ῆρος (ὁ), coupe.

ποτήριον, ου (τό), *même sens.*

πότης, ου (ὁ), buveur.

ποτής, ῆτος (ἡ), boisson.

ποτητός, ή, όν, qui vole.

ποτί, *prép.*, *comme* πρός. — *En composition pour* **πρός**.

ποτίζω (*f.* ίσω, *att.* ιῶ), donner à boire.

πότιμος, ος, ον, 1° potable. || 2° agréable.

πότις, ιδος (ἡ), buveuse.

πότμος, ου (ὁ), sort; mort.

πότνα, *pour le suivant.*

πότνια, ας (ἡ), 1° *adj.*, auguste. || 2° N., souveraine.

ποτνιάομαι-ῶμαι (*f.* άσομαι), invoquer.

πότος, ου (ὁ), boisson.

ποτός, ή, όν, qui se boit : τὸ ποτόν, la boisson.

ποῦ, *adv.*, 1° où ? ποῦ γῆς ; en quel endroit de la terre? || 2° en quoi?

πού, *enclit.*, 1° QUELQUE PART. || 2° en quelque manière : εἴ που, si parfois. || 3° à peu près.

πουλυ, *en composition pour* πολυ.

πουλύς, *pour* πολύς.

πούς, ποδός (ὁ), 1° PIED (*en tous sens*) : ἀνὰ πόδα, à reculons; ἐκ ποδῶν, au loin; κατὰ πόδας, pied à pied; παρὰ πόδας, immédiatement; τὰ πρὸ ποδῶν, les choses présentes. || 2° écoute; gouvernail.

πρᾶγμα, ατος (τό), 1° CHOSE; événement. || 2°

affaire ; occupation. — *Pl.* 1° LES AFFAIRES (*privées et surtout publiques*) : οἱ ἐν τοῖς πράγμασι, les hommes au pouvoir ; νεώτερα πράγματα, révolution. ‖ 2° embarras : πράγματα παρέχειν τινί, causer des ennuis à qq'un.

πραγματεία, ας (ἡ), 1° SOIN ; étude. ‖ 2° affaire ; travail. ‖ 3° embarras ; procès. ‖ 4° ouvrage de l'esprit. ‖ 5° commerce.

πραγματει-ώδης, ης, ες, qui demande du soin.

πραγματεύομαι (*aor.* ἐπραγματευσάμην *et* ἐπραγματεύθην), 1° SE DONNER DE LA PEINE ; travailler. ‖ 2° faire du commerce. ‖ 3° intriguer.

πραγματικός, ή, όν, relatif *ou* propre aux affaires.

πραγματ-ώδης, ης, ες, pénible.

πρᾶγος, ους (τό), *comme* πρᾶγμα.

πρακτέος, α, ον, *adj. verb. de* πράσσω.

πρακτικός, ή, όν, actif ; efficace.

πράκτωρ, ορος (ὁ, ἡ), 1° celui *ou* celle qui agit. ‖ 2° qui perçoit (*des fonds*). ‖ 3° qui venge.

πρανής, ής, ές, incliné : τὸ πρανές, pente.

πρᾶξις, εως (ἡ), 1° ACTION ; acte ; affaire. ‖ 2° état ; conduite. ‖ 3° menées ; intrigues. ‖ 4° perception ; commerce. ‖ 5° résultat.

πρᾶος *ou* **πρᾷος, πραεῖα, πρᾶον,** doux (*en tous sens*).

πραότης *ou* **πρᾳότης, ητος** (ἡ), douceur.

πραπίς, ίδος (ἡ), 1° DIAPHRAGME. ‖ 2° cœur ; esprit. ‖ 3° pensée ; sagesse.

πρασιά, ᾶς (ἡ), platebande.

πράσιμος, ος, ον, mis en vente.

πρᾶσις, εως (ἡ), vente.

πράσον, ου (τό), poireau.

πράσσω, *att.* **ττω** (*f.* ξω, *pf.* 2 πέπραγα. *pass. f.* 1 πραχθήσομαι, *f.* 2 πραγήσομαι), A. *tr.*, 1° FAIRE ; exécuter ; traiter : πράττειν ὅπως, faire en sorte que. ‖ 2° parcourir. ‖ 3° 2 *acc.*, faire payer ; faire à qq'un. — B. *intr.*, 1° *avec adv.*, ÊTRE EN TEL ÉTAT : κακῶς πράττειν, être malheureux; εὖ πρᾶττε, sois heureux. ‖ 2° agir.

— *Moy.*, 1° faire pour soi. ‖ 2° faire payer, 2 *acc.*

πρατός, ή, όν, vendu.

πράϋνσις, εως (ἡ), adoucissement.

πραΰνω (*f.* υνῶ; *pass. pf.* πεπράϋσμαι), adoucir; calmer.

πραΰς, πραεῖα, πραΰ, *comme* πρᾶος.

πράως ou **πρᾴως**, *adv.*, doucement.

πρέμνον, ου (τό), 1° tronc; souche. ‖ 2° fondement.

πρεπόντως, *adv.*, convenablement.

πρέπω (*f.* ψω), 1° se distinguer. ‖ 2° ressembler. ‖ 3° CONVENIR : *impers.* πρέπει, il convient; πρέπον, convenable; τὸ πρέπον, la convenance, le devoir.

πρεπ-ώδης, ης, ες, convenable.

πρέσβα, ης (ἡ), respectable.

πρεσβεία, ας (ἡ), 1° ancienneté. ‖ 2° dignité. ‖ 3° ambassade.

πρεσβεῖον, ου (τό), 1° droit d'aînesse. ‖ 2° distinction; privilège.

πρεσβεύς, έως (ὁ), député.

πρέσβευσις, εως (ἡ), députation.

πρεσβευτής, οῦ (ὁ), député; envoyé.

πρεσβεύω (*f.* σω), A. *intr.*, 1° ÊTRE AGÉ. ‖ 2° ÊTRE AMBASSADEUR. ‖ 3° être lieutenant. ‖ 4° l'emporter sur, *gén.*

B. *tr.*, 1° RESPECTER; placer au premier rang. ‖ 2° négocier; défendre (*des intérêts*).

— *Moy.*, 1° *intr.*, être ambassadeur. ‖ 2° *tr.*, envoyer en ambassade.

πρεσβήϊον, *comme* πρεσβεῖον.

πρέσβις, εως (ἡ), 1° droit d'ancienneté. ‖ 2° femme âgée.

πρέσβος, ους (τό), objet de vénération.

πρεσβυ-γένεια, ας (ἡ) ancienneté d'âge.

πρεσβυ-γενής, ής, ές, ancien d'âge.

1. **πρέσβυς, εως** (ὁ), 1° vieillard : οἱ πρέσβεις, les anciens (*du pays*). ‖ 2° ambassadeur.

2. **πρέσβυς**, *adj.*, 1° VIEUX. ‖ 2° respectable; précieux.

πρεσβυτέρως, *adv.*, de préférence.

πρεσβυτης, ου (ὁ), vieillard.

πρεσβυτικός, ή, όν, de vieillard; vieux.

πρεσβῦτις, ιδος (ἡ), vieille femme.

πρευ-μενής, ής, ές, bienveillant.

πρηγορεών, ῶνος (ὁ), jabot (*des oiseaux*).

πρήθω (*f.* σω), 1° brûler. || 2° enfler. || 3° exhaler en soufflant.

πρημαίνω, souffler violemment.

πρηνής, *comme* πρανής.

πρήσσω, *pour* πράσσω.

πρηστήρ, ῆρος (ὁ), tourbillon de flammes; tempête.

πρητήριον, ου (τό), marché.

πρίαμαι (*aor.* 2 ἐπριάμην, *imp.* πρίω), acheter.

Πριαμίδης, ου (ὁ), fils de Priam.

Πρίαμος, ου (ὁ), Priam.

Πρίαπος, ου (ὁ), Priape.

πρίζω, *comme* πρίω.

πρίν, 1° *adv.*, avant : τὸ πρίν, jadis. || 2° *conj.*, avant de; avant que : πρὶν... ἤ, avant que.

πρίνινος, η, ον, d'yeuse.

πρῖνος, ου (ἡ, ὁ), yeuse.

πριν-ώδης, ης, ες, semblable à l'yeuse.

πριστός, ή, όν, scié.

πρίω (*f.* ίσω; *pass. aor.*, ἐπρίσθην), scier; serrer dur.

πρίων, ονος (ὁ), scie.

πρό, I. *adv.*, 1° en avant. || 2° auparavant.

II. *prép. gén.*, 1° DEVANT : πρὸ ὁδοῦ, à portée. || 2° AVANT : οἱ πρὸ ἡμῶν, nos ancêtres; πρὸ ὀλίγου, il n'y a pas longtemps. || 3° de préférence à. || 4° pour (dans l'intérêt de; à la place de; au nom de; au prix de) : πρὸ πολλοῦ ποιεῖσθαί τι, estimer beaucoup une chose; πρὸ ἔργου, utilement. || 5° à cause de.

προ-αγγέλλω (*f.* αγγελῶ), prédire.

προ-άγγελσις, εως (ἡ), prédiction.

προ-αγόρευσις, εως (ἡ), *même sens.*

προ-αγορεύω (*f.* σω, *et* -ερῶ; *aor.* -εῖπον; *pf.* -είρηκα), 1° dire auparavant. || 2° PRÉDIRE. || 3° annoncer; proclamer; notifier.

προ-άγω (*f.* άξω, *etc.*), *et moy.* — A. *tr.*, 1° FAIRE AVANCER; faire sortir. || 2° amener; pousser. || 3° accroître;

promouvoir; élever. — B. *intr.*, avancer.

προ-αγωγός, οῦ (ὁ), 1° médiateur. || 2° séducteur.

προ-άγων, ωνος (ὁ), prélude.

προ-αγωνίζομαι (*f.* ίσομαι), combattre auparavant — *ou* pour (*gén.*).

προ-αδικέω-ῶ (*f.* ήσω), provoquer injustement.

προ-ᾄδω (*f.* ᾄσομαι), préluder.

προ-αιδέομαι-οῦμαι (*f.* έσομαι), être reconnaissant à (*acc.*, de quelque chose).

προ-αίρεσις, εως (ἡ), 1° CHOIX PRÉMÉDITÉ : ἐκ προαιρέσεως, à dessein. || 2° disposition d'esprit; résolution; plan. || 3° principes. || 4° faction; parti.

προ-αιρέω-ῶ (*f.* αιρήσω, *etc.*), tirer dehors. — *Moy.*, 1° PRÉFÉRER (τί τινος). || 2° résoudre; prendre le parti de; entreprendre. || 3° tirer à soi.

προ-αισθάνομαι (*f.* αισθήσομαι, *etc.*), pressentir (*acc.-gén.*).

προ-ακούω (*f.* ακούσομαι, *etc.*), entendre d'avance (*acc.-gén.*).

προ-αλής, ής, ές, 1° qui va en pente. || 2° hardi.

προ-αμείβομαι (*f.* αμείψομαι), échanger par avance.

προ-αμύνομαι (*f.* αμυνοῦμαι), se prémunir contre, *acc.*

προ-ανα-βαίνω (*f.* βήσομαι, *etc.*), monter le premier (sur, *acc.*).

προ-αν-άγομαι (*f.* άξομαι, *etc.*), prendre les devants sur mer.

προ-αν-αιρέω-ῶ (*f.* αιρήσω, *etc.*), détruire d'avance.

προ-αν-αισιμόω-ῶ (*f.* ώσω), dépenser d'avance.

προ-ανα-κινέω-ῶ (*f.* ήσω), remuer d'avance.

προ-αν-αλίσκω (*f.* αναλώσω, *etc.*), dépenser à l'avance.

προ-αν-αρπάζω (*f.* αρπάσομαι), enlever d'avance.

προ-ανα-χωρέω-ῶ (*f.* ήσω), se retirer d'avance.

προ-ανα-χώρησις, εως (ἡ), retraite anticipée.

προ-απ-αγορεύω (*f.* -ερῶ, *etc.*), renoncer d'avance (à, *acc.*).

προ-απ-αντάω-ῶ (*f.*

ήσομαι), aller au devant (de, *dat.*).

προ-απ-εῖπον, *voir* προ-απαγορεύω.

προ-απ-έρχομαι (*f.* ελεύσομαι, *etc.*), se retirer le premier (avant, *gén.*).

προ-απ-εχθάνομαι (*f.* εχθήσομαι), provoquer l'inimitié.

προ-απ-ηγέομαι-οῦμαι (*f.* ήσομαι), expliquer auparavant.

προ-απο-δείκνυμι (*f.* δείξω), faire voir préalablement.

προ-απο-θνῄσκω (*f.* θανοῦμαι, *etc.*)., mourir avant.

προ-απο-κάμνω (*f.* καμοῦμαι), se décourager avant, *gén.*

προ-απο-λείπω (*f.* λείψω), abandonner avant.

προ-απ-όλλυμι *et moy.* (*f.* ολοῦμαι, *etc.*), périr · auparavant.

προ-απο-πέμπω (*f.* πέμψω), envoyer *ou* renvoyer auparavant.

προ-απο-στέλλω (*f.* στελῶ), envoyer avant.

προ-απο-τρέπομαι (*f.* τρέψομαι), se détourner d'avance.

προ-απο-φαίνω *f.* φανῶ) *et moy.*, faire connaître d'avance.

προ-απο-χωρέω-ῶ (*f.* ήσω), s'éloigner d'avance.

προ-αρπάζω (*f.* άσομαι *et* άξω), enlever à l'avance.

προ-άστ(ε)ιον, ου (τό), faubourg.

προ-αυλέω-ῶ (*f.* ήσω), préluder sur la flûte.

προ-αύλιον, ου (τό), prélude sur la flûte.

προ-αφ-ικνέομαι-οῦμαι (*f.* ίξομαι), arriver auparavant.

προ-αφ-ίστημι (*aor.* 2 απέστην) *et moy.*, se retirer auparavant (de, *gén.*).

προ-βάδην, *adv.*, en allant en avant.

προ-βαίνω (*f.* βήσομαι, *etc.*), 1° MARCHER EN AVANT. || 2° progresser. || 3° surpasser, *gén.*

προ-βάλλω (*f.* βαλῶ, *etc.*), 1° JETER EN AVANT. || 2° présenter; proposer; exposer. || 3° faire comparaître. — *Moy.*, JETER OU PLACER DEVANT SOI; placer en avant. || 2° proposer; produire. || 3° alléguer. || 4° accuser. || 5° *intr. gén.*, se jeter devant; surpasser.

πρόβασις, εως (ἡ), re-

venu (*en troupeaux*).
προβατευτικός, ή, όν, relatif à l'élevage des troupeaux.
προβάτιον, ου (τό), petit mouton.
πρόβατον, ου (τό), petit bétail ; mouton ; troupeau.
προβατο-πώλης, ου (ὁ), marchand de moutons.
προ-βέβουλα, *pf.*, préférer (à, *gén.*).
προ-βιάζομαι (*f.* άσομαι), attaquer le premier.
προ-βιβάζω (*f.* βιβῶ), faire avancer.
προ-βιβάω *et* **προ-βίβημι,** *comme* προβαίνω.
προ-βλέπω (*f.* βλέψω), prévoir.
πρό-βλημα, ατος (τό), 1° ABRI ; rempart. ‖ 2° promontoire. ‖ 3° problème.
προβληματ-ουργικός, ή, όν, relatif aux moyens de défense.
προ-βλής, ῆτος (ὁ, ἡ) qui fait saillie. — N. ἡ π... cap.
πρό-βλητος, ος, ον, jeté devant, *dat.*
προ-βλώσκω (*aor.* 2 προὔμολον), s'avancer.
προ-βοάω-ῶ (*f.* βοήσομαι), crier en avant.
προ-βοηθέω-ῶ (*f.* ήσω), secourir avant.
προ-βόλαιος, ος, ον, pointé en avant.
προ-βολή, ῆς (ἡ), 1° ABRI (*mis devant soi*) ; arme défensive ; rempart (contre, *gén.*). ‖ 2° saillie ; promontoire. ‖ 3° accusation. ‖ 4° désignation ; promotion.
πρό-βολος, ου (ὁ), *mêmes sens.*
προ-βοσκίς, ίδος (ἡ), trompe (*éléphant ou insecte*).
προ-βοσκός, οῦ (ὁ), berger.
προ-βούλευμα, ατος (τό), décret du Sénat.
προ-βουλεύω (*f.* σω), 1° DÉLIBÉRER D'AVANCE ; décider (*au Sénat avant l'assemblée du peuple*), *acc.* ‖ 2° s'occuper en délibérant de, *gén.* — *Moy.*, examiner d'avance en soi-même.
πρό-βουλος, ου (ὁ), conseiller (*qui délibère avant l'assemblée du peuple*).
προ-βώμιος, ος, ον, qui est devant l'autel.
προ-βύω (*f.* ύσω), moucher (*la lampe*).

προ-γενής, ής, ές, né auparavant; ancien.

προ-γί(γ)νομαι (*f.* γενήσομαι, *etc.*), naître *ou* avoir lieu avant : τὰ προγεγενημένα, les choses passées.

προ-γι(γ)νώσκω (*f.* γνώσομαι, *etc.*), 1° CONNAITRE D'AVANCE. || 2° décider *ou* juger d'avance.

πρό-γνωσις εως (ἡ), prescience.

πρό-γονος, ου (ὁ), 1° ANCÊTRE. || 2° fils d'un premier mariage.

πρό-γραμμα, ατος (τό), affiche.

προ-γραφή, ῆς (ἡ), 1° affiche. || 2° proscription.

προ-γράφω (*f.* γράψω), 1° ÉCRIRE D'AVANCE. || 2° afficher. || 3° confisquer; proscrire.

προ-γυμνάζω (*f.* άσω), exercer auparavant.

προ-δαῆναι (*part.* δαείς), savoir d'avance.

προ-δείδω (*f.* σω), craindre à l'avance.

προ-δείκνυμι *et* **δεικνύω** (*f.* δείξω), 1° montrer d'avance. || 2° tâter (*son chemin*).

προ-δειμαίνω, craindre à l'avance.

προ-δέκτωρ, ορος (ὁ), qui révèle l'avenir.

προ-δέρκομαι (*f.* ξομαι), prévoir.

πρό-δηλος, ος, ον, visible; manifeste.

προ-δηλόω-ῶ (*f.* ώσω), montrer d'avance.

προ-δήλως, *adv.*, manifestement.

προ-δια-βαίνω (*f.* βήσομαι), traverser le premier.

προ-δια-βάλλω (*f.* βαλῶ), accuser en prenant les devants.

προ-δια-γι(γ)νώσκω (*f.* γνώσομαι, *etc.*), examiner *ou* décider préalablement.

προ-δια-λέγομαι (*f.* λέξομαι). s'entretenir auparavant.

προ-δια-φθείρω (*f.* φθερῶ), corrompre *ou* détruire préalablement.

προ-διδάσκω (*f.* διδάξω), *et moy.*, instruire auparavant.

προ-δίδωμι (*f.* δώσω, *etc.*), 1° LIVRER; trahir; abandonner. || 2° manquer à; faire défaut à (*acc.*) || 3° donner d'avance *ou* comme avance.

προ-δι-ερευνάω-ῶ (*f.*

ήσω), *et moy.*, rechercher à l'avance.

προ-δι-ερευνητής, οῦ (ὁ), celui qui recherche à l'avance.

προ-δι-ηγέομαι-οῦμαι (*f.* ήσομαι), énumérer auparavant.

προ-δι-ήγησις, εως (ἡ), préambule narratif.

προ-δικέω-ῶ (*f.* ήσω), défendre, *gén.*

πρό-δικος, ου (ὁ), défenseur: tuteur.

Πρόδικος, ου (ὁ), Prodicos (*sophiste*).

προ-δι-οικέω-ῶ (*f.*ήσω), arranger à l'avance.

προ-διώκω (*f.* ξω), poursuivre trop avant.

προ-δοκεῖ (*pf.* δέδοκται), il paraît bon auparavant.

προ-δοκή, ῆς (ἡ), embuscade.

πρό-δομος, ου (ὁ), vestibule.

προ-δοσία, ας (ἡ), trahison.

προ-δότης, ου (ὁ), traître.

προ-δοτικός, ή, όν, de traître.

προ-δότις, ιδος (ἡ), traîtresse.

πρό-δοτος, ος, ον, trahi.

προ-δρομή, ῆς, (ἡ), course en avant.

πρό-δρομος, ος, ον, qui court devant. — *N.* ὁ π.., 1° précurseur. || 2° éclaireur; soldat d'avant-garde.

προ-εδρεύω (*f.* σω), présider.

προ-εδρία, ας (ἡ), 1° PRÉSIDENCE. || 2° droit aux places d'honneur dans les assemblées.

πρό-εδρος, ου (ὁ), président; proèdre (*président du Sénat athénien*).

προ-είργω, empêcher.

προ-εθίζω (*f.* ίσω), habituer préalablement.

πρό-ειμι (*ibo*), 1° S'AVANCER. || 2° devancer, *gén.*.

προ-εῖπον *et* **προ-είρηκα**, *voir* προαγορεύω.

προ-εισ-άγω (*f.* άξω), 1° introduire auparavant. || 2° *intr.*, paraître avant.

προ-εισ-έρχομαι, entrer auparavant.

προ-εισ-πέμπω (*f.* ψω), envoyer en avant.

προ-εισ-φέρω (*f.* οίσω, *etc.*), avancer des fonds.

προ-εισ-φορά, ᾶς (ἡ), avance de fonds.

προ-εκ-θέω (*f.* θεύσομαι), courir avant.

προ-εκ-κομίζω (*f.* ίσω), enterrer auparavant.
προ-εκ-λέγω (λέξω), recueillir d'avance (*de l'argent*).
προ-εκ-τίθημι (*f.* θήσω), expliquer auparavant.
προ-εκ-φοβέω-ῶ (*f.* ήσω), effrayer auparavant.
προ-εκ-φόβησις, εως (ἡ), effroi donné auparavant.
προ-ελαύνω (*f.* ελῶ, *etc.*), 1° *tr.*, pousser en avant. ‖ 2° *intr.*, chevaucher.
προ-εμ-βάλλω (*f.* βαλῶ, *etc.*), 1° *tr.*, jeter en avant dans. ‖ 2° *intr.*, se jeter en avant sur.
προ-εννέπω, prédire.
προ-εν-οικέω-ῶ (*f.* ήσω), habiter auparavant dans.
προ-εν-οίκησις, εως (ἡ), domicile précédent.
προ-εξ-αγγέλλω (*f.* αγγελῶ), annoncer d'avance.
προ-εξ-άγω (*f.* άξω), faire sortir avant.
προ-εξ-αΐσσω (*f.* ξω), s'élancer en avant.
προ-εξ-αν-ίσταμαι (*aor.* 2 έστην, *pf.* έστηκα), prendre les devants en se mettant en marche.
προ-εξ-έδρα, ας (ἡ), siège surélevé.
προ-έξ-ειμι (*ibo*), partir en avant.
προ-εξ-επίσταμαι, savoir auparavant.
προ-εξ-έρχομαι (*f.* ελεύσομαι), sortir en avant (contre, *dat.*).
προ-εξ-εφ-ίεμαι, prescrire à l'avance.
προ-εξ-ορμάω-ῶ (*f.* ήσω), s'élancer en avant.
προ-επ-αγγέλλω (*f.* αγγελῶ), annoncer d'avance.
προ-επ-αινέω-ῶ (*f.* έσω), louer avant.
προ-επ-ανα-σείω (*f.* σω), agiter d'avance.
προ-επι-βουλεύω (*f.* σω), tendre le premier des pièges.
προ-επι-πλήσσω, *att* ττω (*f.* ξω), blâmer préalablement.
προ-επίσταμαι (*f.* ἐπιστήσομαι), savoir d'avance.
προ-επι-χειρέω-ῶ (*f.* ήσω), s'en prendre le premier à, *dat.*
προ-εργάζομαι (*f.* άσομαι), travailler d'avance; faire d'avance.
προ-ερέσσω (*f.* ερέσω), ramer en avant.
προ-ερέω, *att.* **προερῶ**, *f.* de προαγορεύω.

προ-ερύω (*f.* ύσω), tirer en avant.

προ-έρχομαι (*f.* ελεύσομαι), 1° S'AVANCER ; sortir. ‖ 2° s'écouler. ‖ 3° précéder, *gén.*

προ-εσθίω (*f.* έδομαι), manger auparavant.

προ-ετικός, ή, όν, large; prodigue.

προ-ετοιμάζω (*f.* άσω), *et moy.*, préparer d'avance.

προ-ευλαβέομαι-οῦμαι (*f.* ήσομαι), prendre à l'avance ses précautions.

προ-έχω (*contr.* προὔχω) (*f.* έξω, *etc.*), A *tr.*, AVOIR AUPARAVANT ; TENIR EN AVANT. ‖ B. *intr.*, 1° s'avancer; être saillant. ‖ 2° précéder ; dominer; l'emporter sur, *gén.* : οἱ προὔχοντες, les chefs. — *Impers.* : προέχει, il est utile.

— *Moy.*, 1° tenir devant soi. ‖ 2° alléguer.

προ-ηγεμών, όνος (ὁ), celui qui marche en tête.

προ-ηγέομαι-οῦμαι (*f.* ηγήσομαι), marcher devant; guider, *gén.-dat.*

προ-ηγητής, οῦ (ὁ), guide.

προ-ηγορέω-ῶ (*f.* ήσω), plaider pour quelqu'un, *gén.-dat.*

προ-ηγουμένως, *adv.*, en premier lieu; spécialement.

προ-ήδομαι (*f.* ησθήσομαι), se réjouir d'avance (de, *dat.*).

προ-ήκης, ης, ες, pointu.

προ-ήκω (*f.* ήξω), 1° être parvenu à. ‖ 2° être supérieur (à, *gén.*).

προ-ήσθησις, εως (ἡ), joie préalable.

προ-ησσάω, *att.* **ηττάω-ῶ** (*f.* ήσω), vaincre d'avance.

προ-θέλυμνος, ος, ον, 1° déraciné. ‖ 2° serré.

προ-θεραπεύω (*f.* σω), disposer d'avance.

πρό-θεσις, εως (ἡ), 1° EXPOSITION (*d'un mort, etc.*). ‖ 2° projet; proposition.

προ-θέσμιος, α, ον, fixé d'avance : ἡ προθεσμία, le jour d'échéance.

προ-θεσπίζω (*f.* ίσω, *att.* ιῶ), prophétiser.

προ-θέω (*f.* θεύσομαι), courir en avant, *gén.* ; devancer, *acc.*

προ-θνήσκω (*f.* θανοῦμαι),

mourir avant *ou* pour, *gén.*

προ-θρῴσκω (*f.* θοροῦμαι, *aor.* 2 ἔθορον), s'élancer devant.

προ-θυμέομαι-οῦμαι (*f.* ήσομαι, *aor.* εθυμήθην), 1° ÊTRE PLEIN D'ARDEUR. ‖ 2° tâcher de. ‖ 3° rechercher ardemment, *acc.*

προ-θυμία, ας (ἡ), 1° ZÈLE. ‖ 2° désir; passion.

πρό-θυμος, ος, ον, ZÉLÉ; ardent (pour, *gén.-dat. ou prép.*)

προ-θύμως, *adv.*, avec empressement.

πρό-θυρον, ου (τό), porte d'entrée; vestibule.

προ-θύω (*f.* θύσω), sacrifier avant *ou* pour, *gén.*

προ-ϊάλλω, 1° envoyer en avant. ‖ 2° rejeter.

προ-ϊάπτω (*f.* ψω), précipiter.

προ-ΐζω (*f.* ϊζήσω), *et moy.*, présider.

προ-ΐημι (*f.* ήσω, *etc.*), 1° ENVOYER EN AVANT; RENVOYER. ‖ 2° laisser aller; permettre; abandonner. — *Moy.*, *mêmes sens et*, 1° proférer. ‖ 2° prodiguer. ‖ 3° négliger; sacrifier; rejeter.

προῖκα, *adv.*, gratuitement.

προικίζω (*f.* ίσω), doter

προ-ΐκτης, ου (ὁ), mendiant.

προ-ΐξ, ικός (ἡ), 1° DON. ‖ 2° dot.

προ-ΐστημι (*f.* στήσω, *etc.*), mettre en avant ou à la tête (de, *gén.*). — *Moy.*, A. *tr.* PLACER DEVANT SOI; préposer; préférer (à, *gén.*). B. *Intr. et* — έστην, — έστηκα, *gén.* : 1° se placer devant. ‖ 2° présider à; se charger de: οἱ προεστῶτες, les chefs. ‖ 3° surpasser.

προ-ϊστορέω-ῶ (*f.* ήσω), raconter d'avance.

προ-ΐσχω = προέχω.

πρόκα, *adv.*, aussitôt.

προ-καθεύδω (*f.* ευδήσω), dormir avant.

προ-καθ-ηγέομαι-οῦμαι (*f.* ήσομαι), marcher en tête (de, *gén.*).

προ-κάθημαι, *gén.*, être en avant de; veiller à.

προ-καθίζω (*f.* ίσω), *et moy*, se placer ou s'asseoir devant.

προ-καθ-ίστημι (*f.* στήσω, *etc.*), établir avant *ou* devant. — *Moy. et* — έστην, —

ἕστηκα, être établi avant *ou* devant.

προ-καθ-οράω-ῶ (*f.* ὄψομαι, *etc.*), voir auparavant.

προ-καίω (*f.* καύσω, *etc.*), brûler auparavant.

πρό-κακος, ος, ον, extrêmement mauvais.

προ-καλέομαι-οῦμαι (*f.* έσομαι), 1° APPELER A SOI; inviter; provoquer. ‖ 2° assigner; en appeler.

προ-καλίζομαι, provoquer.

προ-καλινδέω-ῶ, *comme* προκυλινδέω.

προ-κάλυμμα, ατος (τό), 1° abri. ‖ 2° prétexte.

προ-καλύπτω (*f.*, ψω), *et moy.*, 1° cacher. ‖ 2° prétexter.

προ-κάμνω (*f.* καμοῦμαι, *etc.*), 1° se fatiguer d'avance. ‖ 2° peiner pour qq'un (*gén.*).

προ-κατα-γιγνώσκω (*f.* γνώσομαι, *etc.*), préjuger; condamner d'avance (qq'un, *gén.*; pour, *acc.*).

προ-κατα-δουλόω-ῶ (*f.* ώσω), asservir avant.

προ-κατα-θέω (*f.* θεύσομαι), courir en avant.

προ-κατα-καίω *et* **-κάω** (*f.* καύσω, *etc.*), brûler avant.

προ-κατα-λαμβάνω (*f.* λήψομαι, *etc.*), *et moy.*, PRENDRE D'AVANCE; prévenir; prendre les devants sur, *acc.* ‖ 2° exploiter (un sujet) avant les autres.

προ-κατα-λέγω (*f.* λέξω), énumérer d'avance.

προ-κατα-λύω (*f.* σω), *et moy.*, 1° détruire auparavant. ‖ 2° achever avant.

προ-κατα-πίπτω (*f.* πεσοῦμαι, *etc.*), tomber avant.

προ-κατ-αρτύω (*f.* ύσω), disposer auparavant.

προ-κατ-άρχομαι (*f.* άρξομαι), *gén.*, commencer; faire commencer à qq'un (*un sacrifice*).

προ-κατα-σκευάζω, *et moy.* (*f.* άσω), préparer d'avance.

προ-κατα-φεύγω (*f.* φεύξομαι, *etc.*), se réfugier à l'avance.

προ-κατα-χράομαι-ῶμαι (*f.* χρήσομαι), *dat.*, épuiser d'avance.

προ-κατ-έχω (*f.* ἕξω, *etc.*), occuper d'avance.

προ-κατ-ηγορέω-ῶ (*f.*

ήσω), accuser préalablement.

προ-κατ-ηγορία, ας (ἡ), accusation préalable.

πρό-κειμαι (*f.* κείσομαι), 1° ÊTRE PLACÉ *ou* SITUÉ DEVANT, *gén.* ‖ 2° être exposé. ‖ 3° être livré; abandonné. ‖ 4° être proposé : τὰ προκείμενα, le sujet (*d'un discours, etc.*). ‖ 5° être prescrit.

προ-κήδομαι, avoir soin (de, *gén.*).

προ-κηραίνω, être inquiet de, *gén.*

προ-κηρύσσω, *att.* **ττω** (*f.* ξω), proclamer publiquement.

προ-κινδυνεύω (*f.* σω), aller au-devant du danger.

προ-κινέω-ῶ (*f.* ήσω), pousser en avant *ou* auparavant.

προ-κλαίω (*f.* κλαύσομαι), pleurer d'avance.

πρό-κλησις, εως (ἡ), 1° appel. ‖ 2° provocation.

προ-κλίνω(*f.* κλινῶ), pencher en avant.

πρό-κλυτος, ος, ον, légendaire.

Πρόκνη, ης (ἡ), Procné.

προ-κολάζω (*f.* άσω), châtier préalablement.

προ-κολακεύω (*f.* σω), flatter d'avance.

πρό-κοιτος, ου (ὁ), garde de nuit.

προ-κομίζω (*f.* ίσω), porter en avant; transporter.

προ-κοπή, ῆς (ἡ), progrès.

προ-κόπτω (*f.* κόψω), et *pass.*, progresser.

προ-κρίνω (*f.* κρινῶ), 1° CHOISIR DE PRÉFÉRENCE (à, *gén.*). ‖ 2° juger; préjuger.

πρό-κρισις, εως (ἡ), préférence.

πρό-κριτος, ος, ον, choisi.

πρό-κροσσος, ος *ou* **η, ον**, échelonné.

προ-κρούω (*f.* σω), 1° marteler. ‖ 2° fondre sur.

προ-κυλινδέομαι-οῦμαι (*f.* ήσομαι), se prosterner devant, *gén.*

προ-κυλίνδομαι, déferler.

προ-κύπτω(*f.* ψω), baisser la tête.

προ-λάζυμαι, prendre d'avance.

προ-λαμβάνω (*f.* λήψομαι, *etc.*), 1° PRENDRE *ou* RECEVOIR D'AVANCE. ‖ 2° précéder, *acc.-gén.* ‖ 3° reprendre en remontant à l'origine. ‖ 4° préférer (à, *gén.*). ‖ 5° préjuger.

προ-λέγω (*f.* λέξω), 1° DIRE AUPARAVANT. ‖ 2° prédire. ‖ 3° déclarer; notifier. ‖ 4° choisir d'avance.

προ-λείπω (*f.* λείψω, *etc.*), 1° *tr.* LAISSER; abandonner; négliger. ‖ 2° *intr.*, faire défaut.

προ-λεπτύνω (*f.* υνῶ), amincir auparavant.

προ-λεσχηνεύομαι (*f.* εύσομαι), s'entretenir avant avec, *dat.*

προ-λεύσσω, prévoir.

πρό-ληψις, εως (ἡ), anticipation.

πρό-λογος, ου (ὁ), prologue.

προ-λοχίζω (*f.* ίσω, *att.* ιῶ), dresser d'avance une embuscade.

προ-λυπέω-ῶ (*f.* ήσω), affliger auparavant.

προ-λύπησις, εως (ἡ), affliction anticipée.

προ-μανθάνω (*f.* μαθήσομαι), apprendre d'avance.

προ-μαντεία, ας (ἡ), privilège pour consulter l'oracle.

προ-μαντεύομαι (*f.* σομαι), prophétiser.

πρό-μαντις, εως (ὁ, ἡ), prophète; prophétique.

προ-μαχέω-ῶ (*f.* ήσω), combattre en avant.

προ-μαχεών, ῶνος (ὁ), rempart.

προ-μαχίζω (*f.* ίσω), combattre en avant.

προ-μάχομαι (*f.* μαχέσομαι *et* μαχοῦμαι, *etc.*), *même sens.*

πρό-μαχος, ος, ον, qui combat au premier rang.

προ-μελετάω-ῶ, exercer d'avance.

προ-μετωπίδιον, ου (τό), frontal.

προ-μήθεια, ας (ἡ), 1° prévoyance. ‖ 2° égards.

προ-μηθέομαι-οῦμαι (*f.* ήσομαι), veiller d'avance à (*acc.*-*gén.*).

Προ-μηθεύς, έως (ὁ), Prométhée.

προ-μηθής, ής, ές, prévoyant.

προ-μηθία, *comme* προμήθεια.

προ-μηθικῶς, *adv.*, avec prévoyance.

προ-μήκης, ης, ες, oblong.

προ-μηνύω (*f.* σω), signaler d'avance.

προ-μ(ε)ίγνυμαι (*f.* μιχθήσομαι), s'unir avant à (*dat.*).

προ-μνάομαι-ῶμαι (*f.*

ήσομαι), 1° s'entremettre (*mariage*). || 2° avertir d'avance.

προ-μνηστῖνοι, αι, α, un à un.

προ-μνήστρια, ας (ἡ), faiseuse de mariages.

προ-μνηστρίς, ίδος (ἡ), *même sens*.

πρόμος, ου (ὁ), qui se place en tête; chef.

πρόνα(ι)ος, ος, ον, situé devant le temple. — *N.* ὁ π..., vestibule du temple.

προ-ναυμαχέω-ῶ (*f.* ήσω), *gén.*, se battre sur mer pour.

προ-νέμω (*f.* νεμῶ), distribuer avant. — *Moy.*, s'avancer.

προ-νεύω (*f.* σω), se pencher en avant.

προ-νηστεύω (*f.* σω), jeûner auparavant.

προ-νικάω-ῶ (*f.* ήσω), vaincre avant.

προ-νοέω-ῶ (*f.* νοήσω) *et moy.* (*aor.* προὐνοησάμην et προὐνοήθην), 1° PRÉVOIR, *acc.* : προνοεῖν μή, prendre garde que. || 2° pourvoir à, *gén.*

προ-νοητικός, ή, όν, prévoyant.

πρό-νοια, ας (ἡ), 1° prévoyance : ἐκ προνοίας, à dessein. || 2° providence. || 3° prescience.

προ-νομαία, ας (ἡ), trompe (*d'éléphant ou d'insecte*).

προ-νομεύω (*f.* σω), fourrager.

προ-νομή, ῆς (ἡ), action de fourrager.

πρό-νοος-ους, οον-ουν, prévoyant.

προ-νωπής, ής, ές, 1° penché en avant. || 2° enclin.

προ-νώπιος, ος, ον, qui forme façade.

πρόξ, προκός (ὁ, ἡ), faon.

πρό-ξεινος, *comme* πρόξενος.

προ-ξενέω-ῶ (*f.* ήσω), 1° être proxène; servir de patron. || 2° négocier en médiateur, *acc.*

προ-ξενία, ας (ἡ), qualité de proxène.

πρό-ξενος, ου (ὁ), proxène (*hôte public; représentant d'un État étranger*).

Πρό-ξενος, ου (ὁ), Proxène.

προ-οδοιπορέω-ῶ (*f.* ήσω), marcher devant.

προ-οδοποιέω-ῶ (*f.* ήσω), 1° OUVRIR LA ROUTE. || 2° disposer à.

1. **πρό-οδος, ου** (ἡ), marche en avant.

2. πρό-οδος, ου (ὁ), éclaireur.

πρό-οιδα, savoir d'avance.

προ-οιμιάζομαι (*f.* άσομαι), faire un préambule; dire en préambule.

προ-οίμιον, ου (τό), prélude; début.

προ-οίχομαι (*f.* οιχήσομαι), marcher devant.

προ-όμνυμι (*f.* ομοῦμαι, *etc.*), jurer d'avance.

προ-ομολογέω-ῶ (*f.* ήσω), reconnaître d'avance.

προ-όπτης, ου (ὁ), observateur.

πρό-οπτος, ος, ον, observé; apparent.

προ-ορατός, ή, όν, prévu.

προ-οράω-ῶ (*f.* ὄψομαι, *etc.*) *et moy.*, 1° VOIR D'AVANCE; prévoir. || 2° veiller sur, *acc.-gén*

προ-ορμάω-ῶ (*f.* ήσω) *et pass.*, s'élancer en avant.

προ-ορμίζω (*f.* ίσω), faire mouiller un navire devant, *gén.*

προ-οφείλω (*f.* οφειλήσω), devoir antérieurement

πρό-οψις, εως (ἡ), prévision.

προ-παιδεία, ας (ἡ), enseignement préparatoire.

προ-παιδεύω (*f.* εύσω), instruire auparavant.

πρό-παλαι, *adv.*, depuis très longtemps.

πρό-παππος, ου (ὁ), bisaïeul.

προ-παρα-βάλλομαι (*f.* βαλοῦμαι), mettre de côté auparavant.

προ-παρα-σκευάζω (*f.* άσω), préparer d'avance.

προ-παρ-έχω (*f.* έξω), fournir auparavant.

προ-πάροιθε(ν), 1° *adv.*, en avant; auparavant. || 2° *prép. gén.*, en avant de.

πρό-πας, πασα, παν, tout entier.

προ-πάσχω (*f.* πείσομαι, *etc.*), éprouver auparavant.

προ-πάτωρ, ορος (ὁ), ancêtre.

πρό-πειρα, ας (ἡ), essai préparatoire.

προ-πειράομαι-ῶμαι (*f.* άσομαι), essayer d'avance.

πρό-πεμπτα, *adv.*, cinq jours auparavant.

προ-πέμπω (*f.* πέμψω), 1° ENVOYER EN AVANT *ou* AUPARAVANT. || 2° accompagner.

προ-πέρυσι(ν), *adv.*, il y a deux ans.

προ-πετάννυμι (*f.* πετάσω), déployer (devant, *gén.*).

προ-πέτεια, ας (ἡ), précipitation.

προ-πετής, ής, ές, 1° INCLINÉ. ‖ 2° enclin. ‖ 3° emporté; excessif.

προ-πηδάω-ῶ (*f.* ήσω), bondir en avant.

προ-πηλακίζω (*f.* ίσω, *att.* ιῶ), insulter.

προ-πηλάκισις, εως (ἡ), insulte.

προ-πηλακισμός, οῦ (ὁ), *même sens.*

προ-πίνω (*f.* πίομαι, *etc.*), 1° BOIRE AVANT, *gén.* ‖ 2° boire à la santé de, *dat.* ‖ 3° livrer; sacrifier.

προ-πίπτω (*f.* πεσοῦμαι, *etc.*), 1° TOMBER (en avant de, *gén.*). ‖ 2° s'avancer (trop); se précipiter.

προ-πιστεύω (*f.* σω), croire d'avance.

προ-πίτνω, *comme* προπίπτω.

προ-πλέω (*f.* πλεύσομαι, *etc.*), naviguer en avant.

πρό-πλοος-ους, οον-ουν, qui navigue en avant.

προ-πλώω, *comme* προπλέω.

προ-ποδίζω (*f.* ίσω), marcher en avant.

προ-ποιέω-ῶ (*f.* ήσω), agir auparavant.

προ-πολεμέω-ῶ (*f.* ήσω), combattre pour, *gén.*

πρό-πολος, ου (ὁ, ἡ) serviteur; servante; ministre.

προ-πομπεύω (*f.* σω), conduire une procession.

προ-πομπή, ῆς (ἡ), escorte; procession.

προ-πομπός, οῦ (ὁ, ἡ), qui accompagne.

προ-πονέω-ῶ (*f.* ήσω), 1° *intr.*, PEINER, SOUFFRIR AUPARAVANT (pour, *gén.*). ‖ 2° *tr.*, travailler; accomplir auparavant: fatiguer jusqu'à l'épuisement.

Προ-ποντίς, ίδος (ἡ), Propontide.

προ-πορεύομαι (*f.* σομαι), marcher en avant

πρό-ποσις, εως (ἡ) toast.

προ-πρηνής, ής, ές penché en avant.

προ-πρό, *adv.*, en avant.

προ-προ-κυλίνδομαι, se rouler aux pieds de.

προ-πύλαιον, ου (τό), vestibule. — Τὰ Προ-

πύλαια, les Propylées.
πρό-πυλον, ου (τό), vestibule.
προ-πυνθάνομαι (*f.* πεύσομαι), s'informer à l'avance.
προ-πωλέω-ῶ (*f.* ήσω), être revendeur.
προ-ρέω (*f.* ρεύσομαι), s'écouler.
πρό-ρρησις, εως (ἡ), 1° PRÉDICTION. ‖ 2° instruction; avis; proclamation.
προ-ρρητέον, *adj. verb. de* προαγορεύω.
πρό-ρρητος, ος, ον, prédit; prescrit.
πρό-ρριζος, ος, ον, arraché jusqu'à la racine.
πρός, I. *adv.*, de plus : πρὸς δὲ (καί), en outre.
II. *prép. a) avec le gén.*, 1° DU COTÉ DE; du parti de : πρὸς Τρώων εἶναι, tenir pour les Troyens. ‖ 2° de la part de; au nom de : πρὸς θεῶν, au nom des dieux. ‖ 3° comme il convient à : οὐκ ἔστι πρὸς ὑμῶν, il ne vous convient pas.
— *b) avec le dat.*, 1° AUPRÈS DE; devant; contre; à. ‖ 2° outre : πρὸς τούτῳ, outre cela.
— *c) avec l'acc.*, 1° VERS; à; auprès de; contre. ‖ 2° envers. ‖ 3° relativement à : τὰ πρὸς ἐμέ, ce qui me concerne; τὰ πρὸς τὸν πόλεμον, les choses de la guerre. ‖ 4° à cause de; par : πρὸς βίαν, par force; πρὸς ὀργήν, par colère. ‖ 5° en vue de : πρὸς χάριν, en vue de plaire. ‖ 6° d'après; selon : πρὸς καιρόν, à propos; ᾄδειν πρὸς αὐλόν, chanter au son de la flûte. ‖ 7° en comparaison de. ‖ 8° environ : πρὸς ἑσπέραν, vers le soir.
προσ-αγγέλλω (*f.* αγγελῶ), annoncer.
προσ-αγορεύω (*f.* -ερῶ, *aor.* 2 -εἶπον, *pf.* εἴρηκα), 1° adresser la parole à. ‖ 2° appeler; saluer.
προσ-άγω (*f.* άξω, *etc.*), A *tr.*, 1° AMENER; APPROCHER VERS; apporter; importer. ‖ 2° appliquer; employer à.
B. *intr.*, 1° s'approcher ‖ 2° s'appliquer à.
— *Moy.*, attirer à soi; gagner.
προσ-αγωγεύς, έως (ὁ), négociateur.
προσ-αγωγή, ῆς (ἡ), 1°

action d'introduire; de négocier. ‖ 2° de s'approcher.

προσ-αγωγός, ός, όν, attirant; convaincant.

προσ-ᾴδω (*f.* ᾄσομαι), chanter (avec); être d'accord.

προσ-αιρέομαι-οῦμαι (*f.* αἱρήσομαι, *etc.*), adjoindre; s'associer (*une autre personne*).

προσ-αΐσσω (*f.* αΐξω), se précipiter vers.

προσ-αιτέω-ῶ (*f.* ήσω), 1° demander (en outre); prier. ‖ 2° mendier.

προσ-αίτης, ου (ὁ), mendiant.

προσ-ακούω (*f.* ακούσομαι), entendre en outre.

προσ-αλείφω (*f.* ψω), mettre un enduit sur.

προσ-άλλομαι (*f.* αλοῦμαι), bondir vers.

προσ-αμύνω (*f.* υνῶ), venir au secours de, *dat.*

προσ-ανα-βαίνω (*f.* βήσομαι, *etc.*), monter plus haut.

προσ-ανα-γιγνώσκω (*f.* γνώσομαι, *etc.*), continuer à lire.

προσ-αναγκάζω (*f.* άσω), contraindre en outre.

προσ-ανα-γράφω (*f.* ψω), écrire en outre.

προσ-αν-αιρέομαι οῦμαι (*f.* ήσομαι), se charger en outre de, *acc.*

προσ-αν-αισιμόω-ῶ (*f.* ώσω), dépenser en outre.

προσ-ανα-κλίνομαι (*f.* κλιθήσομαι), s'appuyer sur, *dat.*

προσ-ανα-λαμβάνω (*f.* λήψομαι, *etc.*), prendre en outre; reprendre.

προσ-αν-αλίσκω (*f.* αλώσω), dépenser en outre.

προσ-ανα-μένω (*f.* μενῶ), attendre encore.

προσ-ανα-πληρόω-ῶ (*f.* ώσω), compléter.

προσ-ανα-τίθεμαι (*f.* θήσομαι), s'imposer en plus la charge de, *acc.*

προσ-ανα-τρέχω (*f.* δραμοῦμαι, *etc.*), monter à la course.

προσ-ανα-τρίβομαι (*f.* τρίψομαι), entrer en lutte avec, *dat.*

προσ-άν-ειμι (*ibo*), monter encore.

προσ-αν-εῖπον, *aor.* 2, dire en outre.

προσ-αν-ερωτάω-ῶ, interroger en plus.

προσ-αν-ευρίσκω (*f.* ευρήσω, *etc.*), trouver en plus.

προσ-αν-έχω (*f.* ἕξω, *etc.*), s'attacher à.
προσ-αντ-έχω (*f.* ανθέξω, *etc.*), résister à.
προσ-άντης, ης, ες, 1° ESCARPÉ; difficile. ‖ 2° hostile; intraitable.
προσ-άντως, *adv.*, hostilement.
προσ-απ-αγγέλλω (*f.* αγγελῶ), annoncer en outre
προσ-απειλέω-ῶ (*f.* ήσω), menacer.
προσ-απ-εῖπον, *aor.* 2, défendre en outre.
προσ-απο-βάλλω (*f.* βαλῶ, *etc.*), perdre en outre.
προσ-απο-γράφω (*f.* άψω), dénoncer en outre.
προσ-απο-δείκνυμι (*f.* δείξω), montrer en outre.
προσ-απο-δίδωμι (*f.* δώσω), rendre en outre.
προσ-απο-κρίνομαι (*f.* κρινοῦμαι), répondre sans mesure.
προσ-απ-όλλυμι *et* **προσ-απ-ολλύω** (*f.* ολέσω), faire périr en outre. — *Moy. et* απόλωλα, périr en outre.
προσ-απο-στέλλω (*f.* στελῶ), envoyer en outre.
προσ-απο-στερέω-ῶ (*f.* ήσω), frustrer en outre (de, *gén.*).
προς-απο-τιμάω-ῶ (*f.* ήσω), estimer en outre.
προσ-απο-τίνω (*f.* τίσω), payer en outre.
προσ-απο-φαίνω (*f.* φανῶ), faire voir en outre.
προσ-απο-φέρω (*f.* οίσω, *etc.*), proposer de plus.
προσ-άπτω (*f.* άψω), 1° *tr.*, attacher; attribuer. ‖ 2° *intr.*, s'ajouter à, *dat.*
— *Moy.*, toucher à; prendre part à, *gén.*
προσ-αραρίσκω, adapter; προσαρηρώς, *part.*, adapté.
προσ-αρκέω (*f.* έσω), subvenir à.
προσ-αρμόζω, *att.* **αρμόττω** (*f.* όσω), 1° *tr.*, adapter à. ‖ 2° *intr.*, s'adapter à.
προσ-αρτάω-ῶ (*f.* ήσω), suspendre à.
προσ-ατιμόω-ῶ (*f.* ώσω), destituer en outre.
προσ-αυαίνομαι (*f.* αυανθήσομαι), se dessécher sur, *dat.*
προσ-αυδάω-ῶ (*f.* ήσω), parler à.
προσ-αυλέω-ῶ (*f.* ήσω), accompagner sur la flûte.
προσ-αύω (*f.* σω), brûler.

προσ-αφ-ικνέομαι-οῦμαι (*f.* ἵξομαι), survenir.

προσ-αφ-ίστημι (*f.* αποστήσω, *etc.*), détourner en outre (de, *gén.*).

προσ-βαίνω (*f.* βήσομαι, *etc.*), marcher vers *ou* sur.

προσ-βάλλω (*f.* βαλῶ, *etc.*), A *tr.*, 1° LANCER (vers *ou* contre, *dat.*), appliquer (sur *ou* à, *dat.*) ‖ 2° procurer. — B. *intr. et moy.*, 1° arriver à ; se jeter sur ; attaquer, *dat.-acc.* ‖ 2° aborder.

πρόσ-βασις, εως (ἡ), abord ; approche.

προσ-βατός, ή, όν, abordable.

προσ-βιάζομαι (*f.* άσομαι), *moy*, violenter ; —*pass.*, être violenté.

προσ-βιβάζω (*f.* βιβάσω, *att.* βιβῶ), 1° FAIRE APPROCHER. ‖ 2° amener à ; persuader.

προσ-βλέπω (*f.* βλέψω), regarder, *acc.-dat.*

πρόσ-βλεψις, εως (ἡ), regard fixe.

προσ-βοάομαι-ῶμαι (βοήσομαι), acclamer.

προσ-βοηθέω-ῶ (*f.* ήσω), secourir, *dat.*

προσ-βολή, ῆς (ἡ), 1° JET ; attaque ; offense ; accès. ‖ 2° abord ; abordage.

προσ-βωθέω, *comme* προσβοηθέω.

πρόσ-γειος, ος, ον, voisin de la terre.

προσ-γελάω-ῶ (*f.* άσομαι), rire à, *acc.*

προσ-γί(γ)νομαι (*f.* γενήσομαι, *etc.*), 1° S'AJOUTER A. ‖ 2° survenir.

προσ-γράφω (*f.* γράψω), écrire *ou* inscrire en outre.

προσ-γυμνάζω (*f.* άσω), exercer à, *dat.* —*Moy.*, s'exercer à.

προσ-δανείζω (*f.* σω), prêter en plus.—*Moy.*, emprunter en plus.

προσ-δαπανάω-ῶ (*f.* ήσω), dépenser en plus.

πρόσ-δεγμα, ατος (τό), réception.

προσ-δεής, ής, ές, qui a besoin (de, *gén.*).

προσ-δεῖ, il est encore besoin de, *gén.*

προσ-δέομαι (*f.* δεήσομαι, *etc.*), 1° avoir encore besoin de, *gén.* ‖ 2° demander en outre. — *impers.*, il est encore besoin de, *gén.*

προσ-δεκτέος, α, ον, *adj. verb. de* προσδέχομαι.

προσ-δέρκομαι (*f.* δέρξομαι, *etc.*), considérer.

προσ-δέχομαι (*f.* δέξομαι), 1° ACCUEILLIR; admettre; approuver. || 2° attendre.

προσ-δέω (*f.* δήσω), attacher.

προσ-δηλέομαι-οῦμαι (*f.* ήσομαι), endommager davantage.

προσ-δια-βάλλω (*f.* βαλῶ), calomnier davantage.

προσ-δια-λέγομαι (*f.* λέξομαι, *etc.*), répondre en conversation.

προσ-δια-νοέομαι-οῦμαι (*f.* ήσομαι, *etc.*), réfléchir encore.

προσ-δια-πράττομαι (*f.* ξομαι), obtenir encore.

προσ-διατρίβω (*f.* ψω), vivre avec, *dat.*

προσ-δια-φθείρω (*f.* φθερῶ), détruire en outre.

προσ-διδάσκω (*f.* ξω), enseigner en outre.

προσ-δίδωμι (*f.* δώσω), donner en outre.

προσ-δι-ορίζω (*f.* ίσω), déterminer en outre.

προσ-δοκάω-ῶ (*f.* ήσω), *acc.*, s'attendre à; penser.

προσ-δοκέω-ῶ (*f.* δόξω), 1° sembler en outre. || 2° *comme* προσδοκάω.

προσ-δόκητος, ος, ον, attendu.

προσ-δοκία, ας (ἡ), attente.

προσ-δόκιμος, ος, ον, attendu.

προσ-δοξάζω (*f.* άσω), estimer en outre.

προσ-εγγίζω (*f.* ίσω), approcher (*tr.*) *ou* s'approcher (de, *dat.*).

προσ-εγ-γράφω (*f.* άψω), inscrire en outre.

προσ-εδρεία, ας (ἡ), 1° blocus. || 2° soins assidus.

προσ-εδρεύω (*f.* σω), 1° ASSIÉGER; être assis auprès de, *dat.* || 2° s'attacher assidûment à.

πρόσ-εδρος, ος, ον, qui reste (assis) auprès.

προσε(ε)ίκελος, η, ον, ressemblant à.

προσ-εθίζω (*f.* ίσω), accoutumer à, 2 *acc.*

προσ-εικάζω (*f.* άσω), 1° rendre semblable; assimiler. || 2° supposer.

προσ-εικώς, *voir* προσέοικα.

προσ-ειλέω-ῶ (*f.* ήσω), rouler vers.

πρόσ-ειλος, η, ον, exposé au soleil.

1. **πρόσ-ειμι** (*sum*); *dat.*, 1° ÊTRE AUPRÈS DE;

appartenir à. || 2° être en sus : τὰ προσόντα, l'excédent.

2. **πρόσ-ειμι** (*ibo*), *dat. ou prép.*, 1° S'APPROCHER DE *ou* contre; attaquer. || 2° s'adresser à; être en relations avec. || 3° former revenu.

προσ-εῖπον, *aor.* 2, *voir* προσαγορεύω.

προσ-είσκω (*pf.* προσῄϊγμαι), ressembler à, *dat.*

προ-σείω (*f.* σείσω), 1° SECOUER DEVANT; agiter. || 2° présenter.

προσ-εκ-βάλλω (*f.* βαλῶ, *etc.*), chasser en outre.

προσ-εκ-πέμπω (*f.* ψω), envoyer en outre.

προσ-εκτέον, *adj. verb. de* προσέχω.

προσ-εκτικός, ή, όν, attentif.

προσ-εκ-χλευάζω (*f.* άσω), bafouer en outre.

προσ-ελαύνω (*f.* ελάσω, *att.* ελῶ), 1° *tr.*, pousser en avant. || 2° *intr.*, s'avancer (à cheval) vers, *dat. ou prép.*

προσ-ελκύω *et* **προσ-έλκω** (*aor.* προσείλκυσα), tirer à soi.

προσ-ελ-λείπω (*f.* λείψω), **faire défaut.**

προσ-εμ-βαίνω (*f.* βήσομαι, *etc.*), marcher en outre dans *ou* sur.

προσ-εμ-βάλλω (*f.* βαλῶ), jeter en outre dans *ou* sur.

προσ-εμ-βλέπω (*f.* βλέψω), regarder en outre vers.

προσ-εμ-πικραίνομαι (*f.* ανοῦμαι), s'irriter en outre contre, *dat.*

προσ-εμ-φερής, ής, ές, ressemblant à, *dat.*

προσ-εν-νέπω *ou* **ενέπω,** s'adresser à, *acc.*

προσ-εν-τείνω (*f.* τενῶ), étendre davantage; redoubler.

προσ-εν-τέλλομαι (*f.* τελοῦμαι), enjoindre en outre.

προσ-εξ-αιρέομαι-οῦμαι (*f.* αιρήσομαι, *etc.*), choisir en outre.

προσ-εξ-εργάζομαι (*f.* άσομαι), réaliser en outre.

προσ-εξ-ετάζω (*f.* άσω), rechercher en outre.

προσ-εξ-ευρίσκω (*f.* ευρήσω, *etc.*), inventer en outre.

προσ-έοικα *et* **προσ-εῖκα,** 1° ressembler à, *dat.* || 2° **impers.,** il convient : τά προσεικότα, les choses qui conviennent.

προσ-επ-αινέω-ῶ (*f.* έσω), louer en outre.
προσ-επ-εξ-ευρίσκω, *comme* προσεξευρίσκω.
προσ-επι-6άλλω (*f.* 6αλῶ), ajouter à.
προσ-επι-6λέπω, *comme* προσεμ6λέπω.
προσ-επι-δίδωμι (*f.* δώσω), donner en plus.
προσ-επί-κειμαι (*f.* κείσομαι), appuyer davantage.
προσ-επι-κτάομαι-ῶμαι (*f.* κτήσομαι), acquérir en plus.
προσ-επι-λαμ6άνομαι, (*aor.* ελα6όμην), prendre sa part de; entreprendre, *gén.*
προσ-επι-μελέομαι-οῦμαι (*f.* ήσομαι), prendre en outre soin de, *gén.*
προσ-επίσταμαι (*f.* επιστήσομαι), savoir en outre.
προσ-επι-στέλλω (*f.* στελῶ), enjoindre en outre.
προσ-επι-τέρπομαι, se réjouir davantage.
προσ-επι-τροπεύω (*f.* σω), retenir en tutelle.
προσ-επι-φέρω (*f.* οἴσω, *etc.*), porter en outre.
προσ-εργάζομαι (*f.* άσομαι), faire *ou* gagner en outre.
προσ-ερέσθαι, *inf. aor.* 2, demander en plus.
προσ-ερείδω (*f.* είσω), appuyer *ou* s'appuyer sur, *dat.*
προσ-ερεύγομαι (*f.* ξομαι), 1° vomir sur, *dat.* ‖ 2° déferler contre, *acc.*
προσ-έρπω (*f.* ψω), ramper vers; s'avancer.
προσ-έρχομαι (*f.* ελεύσομαι, *etc.*), *dat. ou prép.*, 1° ALLER VERS; s'avancer; se joindre à. ‖ 2° s'occuper de. ‖ 3° rapporter (*d'un capital*).
προσ-ερῶ, *voir* προσαγορεύω.
προσ-ερωτάω-ῶ (*f.* ήσω), interroger en outre.
προσ-εταιρίζομαι (*f.* ίσομαι), associer à soi comme compagnon.
προσ-εταιριστός, οῦ (ὁ), soldat volontaire.
προσέτι, *adv.*, en outre.
προσ-ευπορέω-ῶ, procurer en outre.
προσ-ευρίσκω (*f.* ευρήσω, *etc.*), trouver en outre.
προσ-εύχομαι (*f.* ξομαι), 1° prier, *dat.* ‖ 2° demander, *acc.*
προσ-εχής, ής, ές, 1° CONTIGU. ‖ 2° attentif.
προσ-έχω (*f.* ἕξω, *etc.*),

1° APPROCHER; appliquer : π... ναῦν *ou* π... *seul*, aborder; π.. νοῦν *ou* π.. *seul*, S'APPLIQUER A; s'attacher à, *dat.*; π... ἑαυτῷ, réfléchir en soi-même. || 2° avoir en plus, *acc.*
— *Moy.*, s'attacher à.

προσ-ζημιόω-ῶ (*f.* ώσω), punir encore.

πρόσ-ηβος, ος, ον, adolescent.

προσ-ηγορέω-ῶ (*f.* ήσω), appeler; saluer.

προσ-ηγορία, ας (ἡ), 1° ACTION D'ADRESSER LA PAROLE; de saluer. || 2° nom.

προσ-ήγορος, ος, ον, 1° QUI ADRESSE LA PAROLE; qui salue. || 2° familier. || 3° analogue.

προσ-ηκόντως, *adv.*, convenablement.

προσ-ήκω (*f.* ήξω), 1° VENIR A. || 2° avoir rapport à; concerner. || 3° appartenir à. || 4° ÊTRE PARENT : οἱ προσήκοντες, les parents. || 5° CONVENIR; προσήκει, *impers.*, il convient; τὸ προσῆκον, le devoir; προσῆκον, *acc. abs.*, alors qu'il convient; ὡς προσῆκον, comme s'il convenait.

προσ-ηλόω-ῶ (*f.* ώσω), clouer (à, *dat.*).

πρόσ-ημαι, se tenir près de; assiéger, *dat.*

προ-σημαίνω (*f.* ανῶ), signifier d'avance.

προσ-ήνεμος, ος, ον, exposé au vent.

προσ-ηνής, ής, ές, doux.

προσ-ηῷος, ος, ον, tourné vers l'orient.

προσ-θακέω-ῶ (*f.* ήσω), être assis près de, *acc.*

πρόσ-θε(ν), 1° *adv.*, DEVANT; auparavant. || 2° *prép. gén.*, EN AVANT DE; avant.

πρόσ-θεσις, εως (ἡ), 1° application sur. || 2° addition.

πρόσ-θετος, ος, ον, 1° ajouté sur. || 2° adjugé.

προσ-θέω (*f.* θεύσομαι), accourir (vers, *dat.*).

προσ-θήκη, ης (ἡ), 1° ADDITION; accessoire. || 2° aide.

πρόσ-θημα, ατος (τό), *mêmes sens.*

προσ-θιγγάνω (*f.* θίξομαι, *etc.*), toucher à, *gén.*

πρόσθιος, α, ον, placé devant.

προσ-ιζάνω, être assis près de; être attaché à, *dat.*

προσ-ίζω (*f.* ιζήσω), *mêmes sens.*

προσ-ίημι (*f.* ήσω, *etc.*), envoyer vers. — *Moy. acc.*, 1° ADMETTRE. || 2° plaire à.

προσ-ικνέομαι-οῦμαι (*f.* ἵξομαι), s'approcher de; venir supplier, *acc.-gén.*

προσ-ιππεύω (*f.* σω), chevaucher auprès de, *dat.*

προσ-ίστημι (*f.* στήσω, *etc.*), APPROCHER; placer près de. — *Moy. et* -έστην, -έστηκα, *dat.*, 1° S'APPROCHER DE. || 2° venir à l'esprit : προσίσταταί μοι, j'ai l'idée de. || 3° contenir; gêner; choquer.

προσ-ίσχω, *comme* προσέχω.

προσ-καθέζομαι (*f.* εδοῦμαι, *etc.*), 1° s'installer auprès de; assiéger, *dat.-acc.* || 2° être appliqué à, *dat.*

προσ-κάθημαι, *comme le précédent.*

προσ-καθίζω (*f.* ίσω), *et moy.* (*f.* ιζήσομαι), s'asseoir auprès; rester sans rien faire.

προσ-καθ-ίστημι (*f.* στήσω, *etc.*), établir en outre. — *Moy. et* -έστην, έστηκα, s'établir en outre.

προσ-καθ-οράω-ῶ (*f.* όψομαι), observer en outre.

πρόσ-καιρος, ος, ον, momentané.

προσ-καίω (*f.* καύσω), brûler en outre.

προσ-καλέω-ῶ (*f.* έσω), appeler. — *Moy.*, 1° appeler à soi; inviter. || 2° appeler; citer en justice.

προσ-καρτερέω-ῶ (*f.* ήσω), persévérer.

προσ-κατά-βλημα, ατος (τό), supplément de paiement.

προσ-κατα-κτάομαι-ῶμαι (*f.* κτήσομαι), acquérir en outre.

προσ-κατα-λείπω (*f.* λείψω), laisser en outre.

προσ-κατ-αλλάττομαι (*f.* ἀλλαχθήσομαι), se réconcilier en outre.

προσ-κατα-σκευάζω (*f.* άσω), préparer; établir en outre.

προσ-κατα-τίθημι (*f.* θήσω), déposer en outre.

προσ-κατ-ηγορέω-ῶ (*f.* ήσω), accuser en outre, τινός τι.

πρόσ-κειμαι (*f.* κείσομαι), *dat.*, 1° ÊTRE COUCHÉ *ou* SITUÉ AUPRÈS DE. || 2° se rattacher à. || 3°

être attribué. || 4° attaquer; s'acharner sur. || 5° s'appliquer à; être dévoué à : π.. τῷ δήμῳ, être partisan du peuple. || 6° demander instamment.
προ-σκέπτομαι (*f.* σκέψομαι), examiner auparavant.
προσ-κερδαίνω (*f.* κερδήσω), gagner en plus.
προσ-κεφάλαιον, ου (τό), oreiller.
προσ-κηδής, ής, ές, 1° soigneux. || 2° apparenté (à, *dat.*).
προσ-κηρυκεύομαι (*f.* σομαι), envoyer un héraut.
προσ-κηρύσσω, *att.* **ττω,** appeler par le héraut.
προσ-κινέομαι-οῦμαι (*f.* ήσομαι), se mouvoir vers, *dat.*
προσ-κλάω-ῶ (*f.* άσω), briser contre, *dat.*
προσ-κληρόω-ῶ (*f.* ώσω), assigner par voie du sort.
πρόσ-κλησις, εως (ἡ), appel en justice.
προσ-κλίνω (*f.* κλινῶ) *tr. et intr.*, pencher vers, *dat.*
πρόσ-κλισις, εως (ἡ), inclinaison.
προσ-κλύζω (*f.* ύσω), baigner, *dat.*
προσ-κνάομαι-ῶμαι (*f.* ήσομαι), se gratter contre, *dat.*
προσ-κοινωνέω-ῶ (*f.* ήσω), faire part à.
προσ-κολλάω-ῶ (*f.* ήσω), coller à, *dat.*
προσ-κομίζω (*f.* ίσω, *att.* ιῶ), apporter; importer.
πρόσ-κομμα, ατος (τό), obstacle; échec.
προ-σκοπέω-ῶ (*f.* ήσω), *et moy.*, examiner; veiller à.
προ-σκοπή, ῆς (ἡ), reconnaissance (*d'éclaireur*).
πρό-σκοπος, ου (ὁ), éclaireur.
προσ-κόπτω (*f.* κόψω), 1° heurter qq. chose contre. || 2° choquer, *dat.* || 3° *intr.*, se heurter contre, *dat.*
πρόσ-κρουσμα, ατος (τό), obstacle; offense.
προσ-κρούω (*f.* σω), *dat.* 1° HEURTER; blesser; froisser. || 2° se heurter contre; échouer. || 3° se blesser de.
προσ-κτάομαι-ῶμαι (*f.* κτήσομαι), acquérir en outre : προσκεκτημένος, acquis en outre.

πρόσ-κτητος, ος, ον, acquis nouvellement.

προσ-κυλίω, rouler qq. chose vers.

προσ-κυνέω-ῶ (*f.* ήσομαι), se prosterner devant, *acc.*; détourner (en priant).

προσ-κύπτω (*f.* κύψω), se pencher vers.

προσ-κυρέω-ῶ (*f.* κύρσω), s'approcher de, *dat.*

πρόσ-κωπος, ου (ὁ), rameur.

προσ-λαλέω-ῶ (*f.* ήσω), converser avec, *dat.*

προσ-λαμβάνω (*f.* λήψομαι, *etc.*), 1° PRENDRE EN OUTRE. || 2° s'adjoindre; gagner; acquérir. — *Moy.*, 1° aider; assister. || 2° participer à, *gén.*

προσ-λάμπω (*f.* λάμψω), briller auprès, *dat.*

προσ-λέγομαι (*aor.* προσέλεκτο), se placer auprès.

προσ-λεύσσω, regarder.

πρόσ-ληψις, εως (ἡ), adjonction.

προσ-λογίζομαι (*f.* ίσομαι, *att.* ιοῦμαι), 1° compter en plus. || 2° imputer.

προσ-μανθάνω (*f.* μαθήσομαι), apprendre en outre.

προσ-μάσσω (*f.* μάξω), presser (contre, *dat.*).

προσ-μάχομαι, combattre contre, *dat.*

προσ-μειδιάω-ῶ (*f.* άσω), sourire à, *dat.*

προσ-μένω (*f.* μενῶ), 1° *intr.*, rester auprès de, *dat.* || 2° *tr.*, attendre.

προσ-μετα-πέμπομαι (*f.* πέμψομαι), mander en outre.

προσ-μηχανάομαι-ῶμαι (*f.* ήσομαι), préparer en outre.

προσ-μίγνυμι (*f.* μίξω), 1° *tr.*, mêler. || 2° *intr. dat.*, se mêler à; s'approcher de; engager la mêlée.

πρόσ-μιξις, εως (ἡ), mêlée; engagement.

προσ-μίσγω, *comme* προσμίγνυμι.

προσ-μισέω-ῶ (*f.* ήσω), haïr en outre.

προσ-μισθόω-ῶ (*f.* ώσω), mettre en outre en location. — *Moy.*, prendre en location *ou* à gages.

προσ-μολεῖν, *inf. aor.* 2, s'approcher de, *acc.*

προσ-μυθέομαι-οῦμαι

(*f.* ήσομαι), parler à, *acc.*

προσ-ναυπηγέω-ῶ (*f.* ήσω), construire encore des vaisseaux.

προσ-νέμω (*f.* νεμῶ), 1° ATTRIBUER. ‖ 2° unir; associer. ‖ 3° faire paître auprès.

προσ-νέω (*f.* νεύσομαι), nager vers.

προσ-νήχομαι (*f.* νήξομαι), *même sens.*

προσ-νίσσομαι, s'approcher de, *acc.*

προσ-νωμάω-ῶ (*f.* ήσω), se mouvoir vers.

πρόσ-οδος, ου (ἡ), 1° ABORD; ACCÈS. ‖ 2° attaque; assaut. ‖ 3° procession. ‖ 4° audience; assemblée; discours public. ‖ 5° REVENU : αἱ τῆς πόλεως πρόσοδοι, les revenus de l'État.

πρόσ-οιδα, savoir en outre.

προσ-οικέω-ῶ (*f.* ήσω), habiter auprès de; être auprès de, *dat.*

προσ-οικοδομέω-ῶ (*f.* ήσω), bâtir (auprès *ou* à côté de, *dat.*).

πρόσ-οικος, ος, ον, voisin.

προσ-οκέλλω (*f.* οκελῶ), faire aborder *ou* aborder.

προσ-ολοφύρομαι (*f.* οῦμαι), se lamenter sur, *dat.*

προσ-ομιλέω-ῶ, *dat.* (*f.* ήσω), 1° FRÉQUENTER; converser. ‖ 2° s'adonner à, *dat.*

προσ-ομιλητικός, ή, όν, de société.

προσ-όμνυμι (*f.* ομοῦμαι), jurer à nouveau.

προσ-όμοιος, ος, ον, presque semblable à, *dat.*

προσ-ομοιόω-ῶ (*f.* ώσω), ressembler à, *dat.*

προσ-ομοίως, *adv.*, presque semblablement.

προσ-ομολογέω-ῶ (*f.* ήσω), 1° avouer en outre. ‖ 2° promettre. ‖ 3° approuver.

προσ-ομολογία, ας (ἡ), approbation.

προσ-όμουρος, ος, ον, contigu.

προσ-οράω-ῶ (*f.* όψομαι), regarder.

προσ-ορέγομαι (*f.* ξομαι), solliciter vivement, *dat.*

προσ-ορίζω (*f.* ίσω), limiter; annexer.

προσ-ορμίζω (*f.* ίσω), 1° faire aborder. ‖ 2° *intr. et moy.*, aborder.

προσ-όρμισις, εως (ἡ), action d'aborder.

πρόσ-ορος, ος, ον, voisin (de, *dat.*).

προσ-ουδίζω (*f.* ίσω), briser par terre.

πρόσ-ουρος, *comme* πρόσπορος.

προσ-οφείλω (*f.* οφειλήσω), devoir en plus.

προσ-οφλισκάνω (*f.*οφλήσω, *etc.*), 1° DEVOIR EN PLUS; être condamné en plus. ‖ 2° encourir en plus.

προσ-όψιος, ος, ον, bien visible de loin.

πρόσ-οψις, εως (ἡ), 1° VUE. ‖ 2° aspect; physionomie.

προσ-παθέω-ῶ (*f.* ήσω), avoir de l'inclination pour.

προσ-παίζω (*f.* παίξομαι, *etc.*), 1° JOUER AVEC; badiner, *dat.-acc.* ‖ 2° *acc.*, célébrer (les dieux).

πρόσ-παιος, ος, ον, récent.

προσ-παρα-γράφω (*f.* άψω), écrire en plus.

προσ-παρα-καλέω-ῶ (*f.* έσω), appeler en outre.

προσ-παρα-σκευάζω (*f.* άσω), préparer en outre.

προσ-παρ-έχω (*f.* έξω, *etc.*), fournir en outre.

προσ-παρ-οξύνω (*f.*υνῶ), exciter en outre.

προσ-πασσαλεύω, *att.*, **πατταλεύω** (*f.* σω), clouer (à, *dat.*).

προσ-πάσχω (*f.*πείσομαι, *etc.*), 1° éprouver en outre. ‖ 2° sympathiser (pour, *dat.*).

προσ-πελάζω (*f.* άσω), 1° approcher. ‖ 2° *intr.* *et moy.*, s'approcher (de, *dat.*).

προσ-πέμπω (*f.* πέμψω), envoyer.

προσ-πεπτηώς, υῖα, ός, incliné en direction de, *gén.*

προσ-περι-βάλλω (*f.* βαλῶ, *etc.*), ajouter autour. — *Moy.*,agrandir autour de soi.

προσ-περι-γίγνομαι (*f.* γενήσομαι, *etc.*), être de reste.

προσ-περι-λαμβάνω (*f.* λήψομαι, *etc.*), embrasser en outre.

προσ-περονάω-ῶ (*f.* ήσω), agrafer.

προσ-πέτομαι (*f.* πτήσομαι, *etc.*), voler vers.

προσ-πεύθομαι, *comme* προσπυνθάνομαι.

προσ-πήγνυμι (*f.* πήξω), clouer (à, *dat.*).

προσ-πίλναμαι, s'approcher de, *dat.*

προσ-πίπτω (*f.* πεσοῦμαι, *etc.*), *dat.*, TOMBER AUPRÈS, SUR, AUX PIEDS DE. ‖ 2° attaquer. ‖ 3° rencontrer. ‖ 4° survenir; arriver.

προσ-πίτνω *mêmes sens.*

προσ-πλάζω, s'approcher de, *dat.*

προσ-πλάσσω, *att.* **ττω** (*f.* σω), appliquer sur; attacher à.

προσ-πλέκω (*f.* ξω), attacher (à, *dat.*).

προσ-πλέω(*f.* πλεύσομαι), naviguer vers, *dat.*

προσ-πληρόω-ῶ(*f.* ώσω), compléter.

προσ-πλωτός, **ή**, **όν**, abordable.

προσ-πλώω, *comme* προσπλέω.

προσ-πνέω (*f.* πνεύσομαι), souffler sur; inspirer.

προσ-ποιέω-ῶ (*f.* ήσω), AJOUTER; gagner. — *Moy.*, 1° s'approprier. ‖ 2° réclamer. ‖ 3° feindre.

προσ-ποίησις, **εως** (ἡ), 1° ACTION DE S'APPROPRIER. ‖ 2° affectation; feinte.

προσ-ποιητός, **ή** *ou* **ός**, **όν**, simulé; artificiel.

προσ-πολεμέω-ῶ(*f.* ήσω), faire la guerre à, *dat.*

προσ-πολεμόομαι-οῦμαι (*f.* ώσομαι), pousser encore à la guerre.

προσ-πολέω-ῶ (*f.* ήσω), être au service de, *dat.* — *Moy.*, venir accompagné.

πρόσ-πολος, **ου** (ὁ, ἡ), serviteur; servante.

προσ-πορεύομαι (*f.* σομαι), s'approcher (de, *dat.*).

προσ-πορίζω (*f.* ίσω, *att.* ιῶ), fournir en outre.

προσ-πορπατός, **ή**, **όν**, agrafé.

προσ-πταίω (*f.* σω), 1° *tr.*, heurter. ‖ 2° *intr.*, se heurter (contre, *dat.*); échouer.

προσ-πτύσσω(*f.* πτύξω) *et moy.*, embrasser; aborder quelqu'un.

προσ-πτύω (*f.* σω), cracher sur, *dat.*

προσ-πυνθάνομαι (*f.* πεύσομαι, *etc.*), s'informer en plus.

προσ-ρέω (*f.* ρεύσομαι, *etc.*), couler vers.

πρόσ-ρημα, **ατος** (τό), salutation.

πρόσ-ρησις, **εως** (ἡ), action de s'adresser à; salutation.

προσ-σαίνω (*f.* σανῶ), caresser; flatter.

πρόσσοθεν, *comme* πρόσωθεν.

προ-σταυρόω-ῶ(*f.*ώσω), entourer de pieux.

προσ-στείχω (*f.* στείξω), s'avancer vers, *acc.*

προσ-στέλλω (*f.* στελῶ), serrer contre, *dat.*; προσεσταλμένος, bien adapté.

προσ-συκοφαντέω-ῶ (*f.* ήσω), calomnier de plus en plus.

προσ-συλ-λαμβάνομαι (*f.* λήψομαι, *etc.*), participer à.

προσ-συν-ίστημι (*f.*συστήσω, *etc.*), recommander en outre.

προσ-συν-οικέω (*f.* ήσω), habiter avec, *dat.*

πρόσσω, *pour* πρόσω.

πρόσ-ταγμα, ατος (τό), ordre; commandement.

προσ-τακτός, ή, όν, commandé en plus.

πρόσ-ταξις, εως (ἡ), *comme* πρόσταγμα.

προ-στασία, ας (ἡ), présidence; patronage.

προσ-τάσσω, *att.* **ττω** (*f.* τάξω), 1° COMMANDER; imposer : τὰ προσταχθέντα, les ordres donnés. ‖ 2° assigner; attribuer. ‖ 3° préposer.

προ-στατεία, ας (ἡ) *comme* προστασία.

προ-στατεύω (*f.* σω), présider à; défendre, *gén.*

προ-στατέω-ῶ (*f.* ήσω), *mêmes sens.*

προ-στατήριος, α, ον, tutélaire; protecteur.

προ-στάτης, ου (ὁ), président; chef; patron.

προ-στατικός, ή, όν, qui concerne le président, le chef, le patron.

προ-στάτις, ιδος (ἡ), celle qui préside, qui commande, qui patronne.

προ-σταυρόω-ῶ(*f.*ώσω), palissader par devant.

προσ-τειχίζω (*f.* ίσω), fortifier en outre.

προσ-τελέω-ῶ (*f.* έσω), payer en sus.

προ-στέλλω (*f.* στελῶ), 1° envoyer en avant. ‖ 2° défendre; protéger.

προ-στερνίδιον, ου (τό), plaque protégeant le poitrail des chevaux.

προσ-τέρπω (*f.* τέρψω), réjouir en outre.

προσ-τήκω (*f.* τήξω) *et pass.*, être fondu sur.

προσ-τίθημι (*f.* θήσω, *etc.*), PLACER AUPRÈS; appliquer. ‖ 2° assigner; attribuer; impu-

ter; infliger. ‖ 3° ajouter. ‖ 4° inspirer.
— *Moy.*, *A. tr.*, 1° PORTER A : προσθέσθαι πόλεμόν τινι, faire la guerre à quelqu'un. ‖ 2° ajouter à son actif; s'associer quelqu'un. — *B. intr.*, s'attacher à ; se ranger à.

προσ-τιμάω-ῶ (*f.* ήσω), infliger en outre (*une peine*).

προσ-τίμημα, ατος (τό), peine supplémentaire.

προ-στρατοπεδεύομαι (*f.* σομαι), camper devant, *dat.*

προσ-τρέπω (*f.* τρέψω), *et moy.*, prier.

προσ-τρέχω (*f.* δραμοῦμαι, *etc.*), courir vers *ou* sur, *dat. ou prép.*

προσ-τρίβω (*f.* τρίψω), 1° frotter (contre, *dat.*); imprimer. ‖ 2° attribuer.

προσ-τρόπαιος, ος, ον, 1° suppliant. ‖ 2° criminel; qui doit être expié.

προσ-τροπή, ῆς, 1° SUPPLICATION. ‖ 2° imprécation.

πρόσ-τροπος, ος, ον, suppliant.

προσ-τυγχάνω (*f.* τεύξομαι, *etc.*), 1° RENCONTRER ; obtenir, *dat. gén.* ‖ 2° se rencontrer : ὁ προστυχών, le premier venu.

προσ-τυχής, ής, ές, 1° qui se trouve en face de. ‖ 2° adonné à, *dat.*

προ-στῷον, ου (τό), vestibule.

προσ-υβρίζω (*f.* ίσω), insulter davantage.

προ-συγ-γίγνομαι (*f.* γενήσομαι, *etc.*), s'entendre auparavant avec, *dat.*

προ-συμ-μίσγω (*f.* μίξω), mêler auparavant.

προ-συν-οικέω-ῶ (*f.* ήσω), habiter, -avant *ou* en outre-avec, *dat.*

προσ-υπ-ακούω (*f.* ακούσομαι), sous-entendre.

προσ-υπ-άρχω (*f.* άρξω), appartenir à.

προσ-υπ-έχω (*f.* υφέξω), *etc.*), justifier en outre de, *gén.*

προσ-υπ-ισχνέομαι-οῦμαι (*f.* υποσχήσομαι, *etc.*), promettre en outre.

προσ-υπο-λαμβάνω (*f.* λήψομαι), admettre en outre.

προσ-υφαίνω (*f.* υφανῶ), broder sur, *dat.*

πρόσ-φαγμα, ατος (τό), victime.

προσ-φαίνομαι (*f.* φανή-σομαι), apparaître en outre.

προσ-φάσθαι, *inf. aor.* 2 *moy. de* πρόσφημι.

πρόσ-φατος, ος, ον, 1° récemment tué. || 2° récent.

προσ-φερής, ής, ές, 1° analogue à. || 2° utile à, *dat.*

προσ-φέρτατος, η, ον, excellent.

προσ-φέρω (*f.* οἴσω, *etc.*), 1° APPORTER ; adresser ; employer. || 2° rapporter : τὰ προσφέροντα, les revenus.

— *Moy., acc.,* 1° OFFRIR ; manifester. || 2° porter à sa bouche.

— *Moy. et pass., dat.,* 1° s'approcher ; se lancer. || 2° être semblable ; être utile. || 3° se comporter : κακῶς ἐμοὶ προσηνέχθησαν, ils ont mal agi à mon égard.

προσ-φεύγω (*f.* φεύξομαι, *etc.*), être accusé en outre.

πρόσ-φημι *et moy.*, s'adresser à.

προσ-φθέγγομαι (*f.* φθέγ-ξομαι), adresser la parole à.

πρόσ-φθεγμα, ατος (τό), appellation.

προσ-φιλής, ής, ές, amical ; aimé.

προσ-φιλῶς, *adv.*, amicalement.

προσ-φοιτάω-ῶ (*f.* ήσω), fréquenter, *dat. ou prép.*

προσ-φορά, ᾶς (ἡ), 1° ACTION D'APPORTER OU D'OFFRIR. || 2° offrande. || 3° addition. || 4° nourriture.

προσ-φορέω-ῶ (*f.* ήσω), apporter.

πρόσ-φορος, ος, ον, 1° ACCOMMODÉ A ; convenable. || 2° utile. || 3° semblable.

προσ-φυής, ής, ές, 1° NÉ POUR, *dat.* || 2° inné ; adhérent.

προσ-φυσάω-ῶ (*f.* ήσω), souffler sur, *dat.*

προσ-φύω (*f.* φύσω), 1° FAIRE NAITRE. || 2° confirmer. — *Moy. et intr.*, 1° naître sur. || 2° s'attacher à.

προσ-φωνέω-ῶ (*f.* ήσω), adresser la parole à, *dat.*

προσ-φώνημα, ατος (τό), parole adressée à qqu'un.

προσ-χαρίζομαι (*f.* ίσο-μαι), complaire à, *dat.*

πρό-σχημα, ατος (τό), 1° PRÉTEXTE ; alllégation. ‖ 2° pompe; ornement.

πρό-σχισμα, ατος (τό), chaussure fendue sur le devant.

πρόσ-χορδος, ος, ον, à l'unisson.

προσ-χόω-ῶ, *comme* προσχώννυμι.

προσ-χράομαι-ῶμαι (*f.* χρήσομαι), se servir en outre de, *dat.*

προσ-χρῄζω (*f.* χρήσω), avoir besoin en outre; demander de plus, *gén.*

πρόσ-χωμα, ατος (τό), levée de terre; alluvion.

προσ-χώννυμι (*f.* χώσω), faire un remblai.

προσ-χωρέω-ῶ (*f.* ήσω *et* ήσομαι), se rapprocher de; se rendre à, *dat.*

πρόσ-χωρος, ος, ον, voisin, *gén.-dat.*

πρόσ-χωσις, εως (ἡ), dépôt de terre; chaussée.

προσ-ψαύω (*f.* σω), toucher à, *dat.*

πρόσω, *comme* πόρρω.

προσ-ῳδία, ας (ἡ), accent; accentuation.

προσ-ῳδός, ός, όν, d'accord avec, *dat.*

πρόσ-ωθεν, *adv.*, de loin.

προσ-ωνέομαι-οῦμαι (*f.* ήσομαι), acheter en outre.

προσ-ωπεῖον, ου (τό), masque.

πρόσ-ωπον, ου (τό), 1° VISAGE; face; façade. ‖ 2° MASQUE; rôle; personnage; personne.

προσ-ωφελέω-ῶ (*f.* ήσω), venir en aide à, *acc.-dat.*

προσ-ωφέλησις, εως (ἡ), 1° aide. ‖ 2° utilité.

προ-ταμιεύω (*f.* σω), s'approvisionner d'avance.

προ-ταρβέω-ῶ (*f.* ήσω), craindre d'avance.

προ-ταριχεύω (*f.* σω), saler d'avance.

προ-τάσσω, *att.* **ττω** (*f.* τάξω), 1° mettre au premier rang. ‖ 2° préférer.

προ-τείνω (*f.* τενῶ), *et moy.*, 1° TENDRE EN AVANT. ‖ 2° proposer; offrir. ‖ 3° alléguer. — *Intr.-act.*, se prolonger.

προ-τείχισμα, ατος (τό), rempart d'avant.

προ-τέλειος, ος, ον, qui prélude aux sacrifices.

προ-τελευτάω-ῶ (*f.* ήσω), mourir avant, *gén.*

προ-τελέω-ῶ (*f.* έσω), 1° payer d'avance. ‖ 2° initier.

προ-τελίζω (*f.* ίσω), consacrer religieusement.

προ-τεμένισμα, ατος (τό), parvis

προ-τέμνω (*f.* τεμῶ, *etc.*), couper devant *ou* auparavant. — *Moy.*, moissonner.

προτεραῖος, α, ον, de la veille : ἡ προτεραία, la veille.

προτερέω-ῶ (*f.* ήσω), 1° PRÉCÉDER. ‖ 2° l'emporter sur, *gén.*

προτέρημα, ατος (τό), avantage.

πρότερος, α, ον, 1° PREMIER DES DEUX. ‖ 2° antérieur : τῇ προτέρᾳ, la veille. ‖ 3° supérieur (à, *gén.*). — *Adv.*, (τό) πρότερον, auparavant ; πρότερον ἤ *ou* πρίν, avant que.

προτέρω, *adv.*, plus avant; plus loin.

προ-τεύχω (*pf. pass.*, προτέτυγμαι), faire auparavant.

προτί, *pour* πρός; *ainsi dans les composés :* προτιεῖπον, *pour* προσεῖπον.

προ-τίθημι (*f.* θήσω, *etc.*), 1° PLACER DEVANT. 2° exposer; livrer. ‖ 3° publier; manifester. ‖ 4° proposer ; prescrire; mettre en délibération : π. λόγον τινί, donner la parole à qq'un. ‖ 5° préférer, τί τινος. — *Moy.*, 1° *mêmes sens* ‖ 2° placer devant soi. ‖ 3° se proposer de.

προ-τιμάω-ῶ (*f.* ήσω), *et moy.*, 1° ESTIMER DAVANTAGE ; préférer, τί τινος. ‖ 2° se soucier de. *gén.-acc.*

προ-τίμησις, εως (ἡ), préférence.

πρό-τιμος, ος, ον, préféré; préférable.

προ-τιμωρέω-ῶ (*f.* ήσω), secourir *ou* se venger d'avance, *dat.-acc.*

προτι-όσσομαι, regarder.

προ-τίω (*f.* τίσω), préférer.

πρό-τμησις, εως (ἡ), les reins (*tour de taille*).

προ-τολμάω-ῶ (*f.* ήσω), oser avant tous.

πρό-τονος, ου (ὁ), cordage.

προ-τοῦ, *adv.*, auparavant.

προ-τρεπτικός, ή, όν, propre à persuader.

προ-τρέπω (*f.* τρέψω), **1° POUSSER DEVANT SOI. ‖ 2° exhorter; exciter.** — *Moy.*, 1° *intr.*, se tourner vers. ‖ 2° *tr.*, tourner vers soi.

προ-τρέχω (*f.* δραμοῦμαι, *etc.*), courir devant, *gén.*

πρό-τριτα, *adv.*, trois jours auparavant.

προ-τροπάδην, *adv.*, en fuite précipitée.

προ-τυγχάνω (*f.* τεύξομαι, *etc.*), se trouver avant.

προ-τύπτω (*f.* τύψω), frapper le premier.

προῦ... *pour* προ-ε...

προ-ϋπ-άρχω (*f.* ἄρξω). 1° exister auparavant : τὰ προϋπηργμένα, les choses faites antérieurement. ‖ 2° donner l'exemple de, *gén.*

προ-ϋπεξ-ορμάω-ῶ (*f.* ήσω), s'élancer en avant de, *gén.*

προὔπτος, *pour* πρόοπτος.

προὐργιαίτερος, α, ον, plus avantageux.

προὔργου, *adv.*, avantageusement.

προυσελέω-ῶ, insulter.

προ-ϋφ-αιρέω-ῶ (*f.* ήσω), dérober auparavant

προ-φαίνω (*f.* φανῶ, *etc.*), FAIRE VOIR. ‖ 2° faire briller devant. ‖ 3° déclarer. ‖ 4° prédire. — 5° *intr.*, briller devant. — *Moy.*, se faire voir; apparaître.

προ-φανής, ής, ές, visible; évident; brillant.

πρό-φανσις, εως (ἡ), avis.

πρό-φαντος, ος, ον, prédit.

προ-φασίζομαι (*f.* φασιοῦμαι), prétexter.

πρό-φασις, εως (ἡ), 1° PRÉTEXTE : πρόφασιν, προφάσει, soi-disant. ‖ 2° motif.

προ-φερής, ής, ές, 1° supérieur (à, *gén.*). ‖ 2° âgé.

προ-φέρω (*f.* οἴσω, *etc.*), *A. tr.* et *moy.*, 1° PORTER EN AVANT; APPORTER. ‖ 2° produire. ‖ 3° énoncer; publier. ‖ 4° prescrire. ‖ 5° reprocher. ‖ 6° *intr.*, l'emporter sur, *gén.*

προ-φεύγω (*f.* φεύξομαι, *etc.*), 1° fuir, *acc.* ‖ 2° s'enfuir.

προ-φητεία, ας (ἡ), prédiction.

προ-φητεύω (*f.* σω), prédire.

προ-φήτης, ου (ὁ), prophète.

προ-φητικός, ή, όν, prophétique.

προ-φῆτις, ιδος (ἡ), prophétesse.

προ-φθάνω (*f.* φθήσομαι, *etc.*), devancer.

προ-φοβητικός, ή, όν, qui s'effraye à l'avance.

πρό-φραγμα, ατος (τό), barrière.

προ-φράζω (*f.* φράσω), dire d'avance.

πρό-φρασσα, ης (ἡ), bienveillante ; empressée.

πρό-φρων, ων, ον, *gén.* ονος, bienveillant ; empressé.

προ-φυλακή, ῆς (ἡ), 1° avant-poste. ‖ 2° précaution.

προ-φυλακίς, ίδος (ἡ), placé en avant-garde.

προ-φύλαξ, ακος (ὁ), sentinelle avancée.

προ-φυλάσσω, *att.* ττω (*f.* άξω), faire la garde en avant ; veiller sur.

προ-φυτεύω (*f.* σω), planter auparavant.

προ-φύω (*f.* σω), *intr.*, être auparavant.

προ-φωνέω-ῶ (*f.* ήσω), déclarer d'avance.

προ-χειρίζομαι (*f.* ίσομᾶι, *att.* ιοῦμαι), 1° PRENDRE EN MAIN ; préparer. ‖ 2° choisir. ‖ 3° résoudre de.

πρό-χειρος, ος, ον, 1° QUI EST A PORTÉE : πρόχειρόν ἐστι, il est aisé. ‖ 2° vulgaire ; banal. ‖ 3° prêt à.

προ-χειρότης, ητος (ἡ), aptitude ; facilité.

προ-χειροτονέω-ῶ (*f.* ήσω), voter d'avance.

προ-χείρως, *adv.*, facilement ; aveuglément.

προ-χέω (*f.* χέω, *etc.*), verser en avant *ou* d'abord. — *Moy.*, se répandre.

πρό-χνυ, *adv.*, 1° à genoux. ‖ 2° radicalement.

προ-χοή, ῆς (ἡ), embouchure (*de fleuve*).

προ-χοΐς, ΐδος (ἡ), pot.

πρό-χοος-ους, όου-ου (ἡ), aiguière.

προ-χρίω (*f.* ίσω), enduire auparavant.

πρό-χρονος, ος, ον, antérieur.

πρό-χυσις, εως (ἡ), 1° action de verser d'abord. ‖ 2° alluvion.

προ-χύται, ῶν (οἱ), orge versée sur l'autel.

προ-χύτης, ου (ὁ), aiguière.

προ-χωρέω-ῶ (*f.* ήσω), 1° S'AVANCER. ‖ 2° prospérer ; réussir ; *impers.* εὖ προχωρεῖ, les choses vont bien. ‖ 3° être aisé.

προ-ωθέω-ῶ (*f.* ωθήσω, *etc.*), pousser en avant.
προ-ώλης, ης, ες, complètement perdu.
πρό-ωρος, ος, ον, prématuré.
πρυλέες, εων (οἱ), guerriers lourds combattant à pied.
πρύμνα, ης, (ἡ), poupe.
πρύμνη-θεν, *adv.*, en poupe.
πρυμνήσια, ων (τά), amarres.
πρυμνήτης, ου (ὁ), pilote.
πρυμνός, ή, όν, extrême.
πρυτανεία, ας (ἡ), prytanie (*commission exécutive du Sénat athénien*).
πρυτανεῖον, ου (τό), prytanée (*édifice réservé aux hôtes de l'État*). — *Au pl.*, frais de procédure.
πρυτανεύω (*f.* σω), 1° être prytane. ‖ 2° diriger (*les affaires*), *acc.* ‖ 3° *pass.*, être pensionnaire de l'État.
πρύτανις, εως (ὁ), 1° prytane (*un des* 50 *membres de la prytanie*). ‖ 2° chef.
πρώην, *adv.*, 1° AVANT-HIER. ‖ 2° naguère.
πρωΐ, *att.* **πρῴ**, *adv.*, 1° DÈS LE MATIN : τὸ πρῴ, le matin. ‖ 2° tôt. — *Comp.*, πρῳαίτερον; *sup.* πρῳαίτατα.
πρώϊζα, *adv.*, *comme* πρώην.
πρώϊμος, ος, ον, précoce.
πρωϊνός, ή, όν, matinal.
πρώϊος, *att.* **πρῷος**, α, ον, 1° matinal. ‖ 2° précoce. — *Adv.*, πρώϊον, dès le matin.
πρωκτός, οῦ (ὁ), derrière.
πρών, **πρῶνος** (ὁ), promontoire; hauteur.
πρῷρα, ας (ἡ), proue.
πρῷρα-θεν *adv.*, de la proue.
πρῳρατεύω (*f.* σω), être de quart à la proue.
πρῳρεύς, έως (ὁ), vigie à la proue.
Πρωτ-αγόρας, ου (ὁ), Protagoras.
πρωτ-αγωνιστής, οῦ (ὁ), acteur du premier rôle.
πρωτεῖον, ου (τό), premier prix; premier rang.
Πρωτεσί-λαος, ου (ὁ), Protésilas.
Πρωτεύς, έως (ὁ), Protée.
πρωτεύω (*f.* σω), tenir le premier rang.
πρώτιστος, η, ον, le premier de tous.

Πρωτο-γένης, ους (ὁ), Protogène.

πρωτό-γονος, ος, ον, 1° premier-né. ‖ 2° du premier rang.

πρωτό-μορος, ος, ον, mort avant les autres.

πρωτο-παγής, ής, ές, récemment bâti.

πρωτό-πλοος-ους, ους, ουν, qui fait son premier voyage en mer.

πρῶτος, η, ον, le premier : τὸ πρῶτον, le commencement; τὰ πρῶτα, le premier prix; τὴν πρώτην, tout d'abord; ἐν τοῖς πρῶτος, le premier entre tous. — *Adv.*, (τό) πρῶτον (τὰ) πρῶτα, d'abord; pour la première fois; ἐπεὶ πρῶτον, aussitôt que.

πρωτο-στάτης, ου (ὁ), soldat du premier rang.

πρωτο-τόκος, ον, mère pour la première fois.

πρωτ-ουργός, ός, όν, qui agit le premier.

πρώτως, *adv.*, premièrement.

πρώων, *comme* πρών.

πταίρω (*f.* πταρῶ, *aor.* 1 ἔπταρα, *aor.* 2 ἔπταρον; *pass. aor.* 2 ἐπτάρην), éternuer.

πταῖσμα, ατος (τό), faux pas; échec.

πταίω (*f.* σω; *pass. aor.* ἐπταίσθην), 1° *tr.*, HEURTER; manquer. ‖ 2° *intr.*, se heurter; échouer.

πταρμός, οῦ (ὁ), éternuement.

πτάρνυμαι, *comme* πταίρω.

πτελέα, ας (ἡ), orme.

πτέρινος, η, ον, ailé.

πτέρνα, ης (ἡ), talon.

πτερο-δόνητος, ος, ον, qui vole à grands coups d'aile.

πτερόεις, όεσσα, όεν, ailé.

πτερόν, οῦ (τό), 1° PLUME; AILE. ‖ 2° oiseau; présage. ‖ 3° ailes d'un navire (rames; voiles). ‖ 4° aile de bâtiment.

πτερο-ρρυέω-ῶ (*f.* ήσω), muer.

πτερο-φόρος, ος, ον, ailé.

πτερο-φυέω-ῶ (*f.* ήσω), se couvrir de plumes.

πτερόω-ῶ (*f.* ώσω), munir d'ailes.

πτερυγίζω (*f.* ίσω), battre des ailes.

πτερύγιον, ου (τό), 1° petite aile. ‖ 2° nageoire.

πτερυγο-φόρος, ος, ον, ailé.

πτερυγ-ωκής, ής, ές, aux ailes rapides.

πτερυγ-ωτός, ή, όν, ailé.

πτέρυξ, υγος (ἡ), 1° AILE.

|| oiseau; présage. || 3° nageoire.

πτέρωμα, ατος (τό), ailes.

πτερ-ώνυμος, ος, ον, qui doit son nom à ses ailes.

πτέρως, ωτος (ὁ), l'être ailé.

πτέρωσις, εως (ἡ), plumage.

πτερωτός, ή, όν, ailé.

πτηνός, ή, όν, ailé : τὰ πτηνά, les oiseaux.

πτῆσις, εως (ἡ), action de voler (*oiseaux*).

πτήσσω (*f.* ξω), 1° *tr.*, épouvanter. || 2° se tapir d'effroi.

πτίλον, ου (τό), plume; duvet.

πτίσσω (*f.* πτίσω; *pass.*, *aor.* ἐπτίσθην), piler.

πτοέω-ῶ (*f.* ήσω), épouvanter; étonner; transporter (*d'émotion*).

πτόησις, εως (ἡ), effroi; trouble.

Πτολεμαῖος, ου (ὁ), Ptolémée.

πτόλεμος *et dérivés, pour* πόλεμος *et dérivés.*

πτολίεθρον, ου (τό), place forte.

πτολι-πόρθιος *et* **πτολίπορθος, ος, ον,** destructeur de villes.

πτόλις, ιος (ἡ), *pour* πόλις.

πτόρθος, ου (ὁ), jeune pousse; rejeton.

πτύαλον, ου (τό), salive.

πτύγμα, ατος (τό), pli d'étoffe.

πτυκτός, ή, όν, plié.

πτύξ, πτυχός (ἡ), 1° PLI; repli. || 2° feuille (*de métal, etc.*).

πτύον, ου (τό), pelle à vanner.

πτύρω (*f.* ρῶ), épouvanter.

πτύσμα, ατος (τό), crachat.

πτύσσω (*f.* ξω) plier; replier.

πτύω (*f.* σω; *pass. aor.* 1 ἐπτύσθην, *aor.* 2 ἐπτύην), 1° CRACHER. || 2° détourner le malheur en crachant. || 3° rejeter dédaigneusement.

πτωκάς, άδος (ἡ), craintive.

πτῶμα, ατος (τό), 1° CHUTE; malheur. || 2° cadavre.

πτώξ, ωκός (ὁ, ἡ), craintif. — *N.* ὁ πτώξ, lièvre.

πτῶσις, εως (ἡ), 1° CHUTE. || 2° cas; mode (*gram.*).

πτωσκάζω *et* **πτώσσω** (*f.* ξω), 1° *intr.*, TREM-

BLER DE PEUR. || 2° *tr.*. fuir éperdument. || 3° mendier.

πτωχεία, ας (ἡ), mendicité.

πτωχεύω (*f.* σω), mendier.

πτωχικός, ή, όν, de mendiant.

πτωχός, ή, όν, mendiant; gueux.

Πυανεψιών, ῶνος (ὁ), Pyanepsion (*mois, oct.-nov.*).

πύγ-αργος, ου (ὁ), 1° antilope. || 2° aigle à queue blanche.

πυγή, ῆς (ἡ), *et* **πυγαῖον, ου** (τό), fesse.

πυγμαῖος, α, ον, d'une coudée. — *N.* οἱ Πυγμαῖοι, les Pygmées.

Πυγμαλίων, ωνος (ὁ), Pygmalion.

πυγ-μαχέω-ῶ (*f.* ήσω), combattre à coups de poing.

πυγ-μαχία, ας (ἡ), pugilat.

πυγ-μάχος, ου (ὁ), pugiliste.

πυγμή, ῆς (ἡ), 1° poing. || 2° pugilat.

πυγο-λαμπίς, ίδος (ἡ), ver luisant.

πυγούσιος, α, ον, d'une coudée.

πυγών, όνος (ἡ), petite coudée.

Πύδνα, ης (ἡ), **Pydna.**

πύελος, ου (ἡ), bassin; auge.

Πυθ-αγόρας, ου (ὁ), Pythagore.

Πυθ-αγόρειος, ος, ον, Pythagoricien.

πυθέσθαι, *inf. aor.* 2 *de* πυνθάνομαι.

Πυθία, ας (ἡ), la Pythie.

Πυθικός, ή, όν, Pythique.

πυθιο-νίκης, ου (ὁ), vainqueur aux jeux Pythiques.

Πύθιος, α, ον, Pythien; Pythique : τὰ Πύθια, les jeux Pythiques.

πυθμήν, ένος (ὁ), 1° FOND; fondement. || 2° souche.

Πυθοῖ, *adv.*, à Delphes (*sans mouv*[t].).

πυθό-χρηστος, ος, ον, prédit par la Pythie.

πύθω (*f.* πύσω), putréfier. — *Pass.*, pourrir.

Πυθώ, οῦς (ἡ), Pytho (*Delphes*).

Πυθώ-δε, *adv.*, à Delphes (*avec mouv*[t].).

Πύθων, ωνος (ὁ), Python.

πύκα, *adv.*, 1° solidement. || 2° sagement.

πυκάζω (*f.* άσω; *pass. aor.* ἐπυκάσθην), 1°

SERRER; épaissir; consolider. ‖ 2° cacher; enfermer; ombrager. ‖ 3° garnir; orner.

πυκι-μήδης, ης, ες, sensé.

πυκινός, ή, όν, *comme* πυκνός.

πυκνάκις, *adv.*, fréquemment.

πυκνός, ή, όν, 1° DRU; serré; épais; fort. ‖ 2° sensé; avisé : πυκνὰ μήδεα, sages pensées. — 3° fréquent. — *Adv.*, **πυκνόν** *et* **πυκνά,** 1° fortement. ‖ 2° sagement. ‖ 3° fréquemment.

πυκνό-στικτος, ος, ον, pointillé.

πυκνότης, ητος (ἡ), 1° épaisseur. ‖ 2° justesse d'esprit. ‖ 3° affluence.

πυκνόω-ῶ (*f.* ώσω), épaissir.

πύκνωμα, ατος (τό), 1° épaisseur. ‖ 2° fréquence répétée.

πυκνῶς, *adv.*, 1° fortement. ‖ 2° sagement. ‖ 3° fréquemment.

πυκτεύω (*f.* σω), lutter au pugilat.

πύκτης, ου (ὁ), lutteur au pugilat.

πυκτικός, ή, όν, du pugilat.

πυλ-αγόρας, ου (ὁ); pylagore (*député au conseil des Amphictyons*).

πυλ-αγορέω-ῶ (*f.* ήσω), être pylagore.

πυλ-αγόρος, ου (ὁ) *comme* πυλαγόρας.

Πυλάδης, ου (ὁ), Pylade

Πύλαι, ῶν (αἱ), les Thermopyles.

Πυλαία, ας (ἡ), le Conseil amphictyonique.

Πύλαιος, α, ον, des Thermopyles; des Amphictyons.

πυλ-άρτης, ου (ὁ), aux portes toujours closes.

πυλα-ωρός, οῦ, *comme* πυλωρός.

πύλη, ης (ἡ), porte.

Πύλιος, α, ον, de Pylos.

πυλίς, ίδος (ἡ), petite porte.

Πυλό-θεν, *adv.*, de Pylos.

Πυλοι-γενής, ής, ές, né à Pylos.

πυλ-ουρός, *comme* πυλωρός.

πυλόω-ῶ (*f.* ώσω), fermer avec des portes.

πύλωμα, ατος (τό), porte.

πυλών, ῶνος (ὁ), portail.

πυλωρός, οῦ (ὁ, ἡ), gardien (ne) de la porte.

πύματος, η, ον, extrême; dernier. — *Adv.*, πύματον, pour la dernière fois.

πυνθάνομαι (*f.* πεύσομαι, *aor.* 2 ἐπυθόμην, *pf.*, πέπυσμαι), 1° S'INFORMER ; s'enquérir (de, *acc.*; auprès de, *gén*) ‖ 2° apprendre; entendre dire (*même constr.*).

πύξ, *adv.*, à coups de poing.

πύξινος, η, ον, de buis.

πυξίς, ίδος (ἡ), boîte.

πύξος, ου (ἡ), buis.

πυός, οῦ (ὁ), premier lait maternel.

πῦρ, πυρός (τό), 1° FEU. ‖ 2° ardeur.

πυρά, ᾶς (ἡ), bûcher.

πυρ-άγρα, ας (ἡ), pincettes.

πυρ-ακτέω-ῶ (*f.* ήσω), mettre au feu.

πυραμίς, ίδος (ἡ), pyramide.

πυργηδόν, *adv.*, en forme de tour.

πυργ-ηρέω-ῶ (*f.* ήσω), bloquer.

πυργ-ίδιον, ου (τό), petite tour.

πυργο-δάϊκτος, ος, ον, qui détruit les tours.

πυργο-μαχέω-ῶ (*f.* ήσω), combattre pour *ou* contre une tour.

πύργος, ου (ὁ), 1° TOUR. ‖ 2° rempart. ‖ 3° troupes en peloton.

πυργόω-ῶ (*f.* ώσω), *et moy.*, 1° MUNIR DE TOURS. ‖ 2° exalter.

πυργ-ώδης, ης, ες, en forme de tour.

πύργωμα, ατος (τό), tour ; rempart.

πυρεῖα, ων (τά), allume-feux.

πυρέσσω, *att.* ττω (*f.* ξω), avoir la fièvre.

πυρετός, οῦ (ὁ), 1° chaleur brûlante. ‖ 2° fièvre.

πυρήν, ῆνος (ὁ), pépin ; grain ; noyau.

πυρη-φόρος, ος, ον, qui produit du blé.

πυρία, ας (ἡ), sueur ; étuve.

πυριάτη, ης (ἡ), flan au lait.

πυρι-γενής, ής, ές, fait au feu.

πυρι-ήκης, ης, ες, aiguisé au feu.

πυρί-καυστος, ος, ον, brûlé par le feu.

1\. **πύρινος**, η, ον, de blé.

2\. **πύρινος**, η, ον, de feu.

Πυρι-φλεγέθων, οντος (ὁ), le Phlégéthon.

πυρι-φλεγής, ής, ές, 1° ardent. ‖ 2° fiévreux.

πυρ-καϊά, ᾶς (ἡ), bûcher. ‖ 2° incendie.

πύρνον, ου (τό), pain de froment.

πυρός, οῦ (ὁ), *et pl.*, blé.

πυρο-φόρος, ος, ον, *comme* πυρηφόρος.

πυρόω-ῶ (*f.* ώσω), brûler; enflammer.

πυρ-πνέων *et* **πύρ-πνοος-ους, οον-ουν,** qui souffle le feu.

πυρ-πολέω-ῶ (*f.* ήσω), 1° entretenir le feu. ‖ 2° *et moy.*, consumer.

Πύρρα, ας (ἡ), Pyrrha.

πυρρίχη, ης (ἡ), pyrrhique (*danse guerrière*).

πυρρό-θριξ, τριχος (ὁ, ἡ), aux cheveux roux.

πυρρός, ά, όν, roux.

Πύρρος, ου (ὁ), Pyrrhus.

Πύρρων, ωνος (ὁ), Pyrrhon.

πυρσεύω (*f.* εύσω), allumer des feux comme signaux; signaler.

1. **πυρσός,** *comme* πυρρός.

2. **πυρσός, οῦ** (ὁ), flambeau; feu.

πυρ-φόρος, ος, ον, 1° qui porte le feu. ‖ 2° qui porte un flambeau.

πυρ-ώδης, ης, ες, brûlant.

πυρ-ωπός, ός, όν, rouge feu.

πύρωσις, εως (ἡ), action de brûler; ardeur.

πύστις, εως (ἡ), 1° QUESTION. ‖ 2° nouvelle.

πυτίνη, ης (ἡ), bouteille.

πώ, *adv. enclit.*, 1° ENCORE : οὐ... πώ *ou* οὔπω, pas encore. ‖ 2° en quelque façon.

πώγων, ωνος (ὁ), barbe.

πωγωνο-τροφέω-ῶ (*f.* ήσω), laisser pousser sa barbe.

πωλάριον, ου (τό), poulain.

πωλέομαι-οῦμαι (*f.* ήσομαι), aller et venir; venir fréquemment.

πωλέω-ῶ (*f.* ήσω), vendre.

πωλικός, ή, όν, de poulain.

πώλιον, ου (τό), jeune poulain.

πωλο-δαμνεώ-ῶ (*f.* ήσω), dresser des poulains.

πῶλος, ου (ὁ, ἡ), 1° POULAIN. ‖ 2° jeune garçon *ou* jeune fille.

Πῶλος, ου (ὁ), Pôlos (*sophiste; acteur*).

1. **πῶμα, ατος** (τό), boisson; breuvage.

2. **πῶμα, ατος** (τό), couvercle.

πώ-ποτε, *adv.*, jamais

jusqu'ici : οὐ πώποτε, jamais *négatif*.

πώρινος, η, ον, de tuf.

πῶρος, ου (ὁ), 1° tuf. ‖ 2° callosité.

πωρόω-ῶ (*f.* ώσω), durcir; endurcir.

πώρωσις, εως (ἡ), endurcissement.

1. **πώς,** *adv. enclit.*, en quelque façon; εἴ πως, si par cas.

2. **πῶς,** *adv., inter.* comment : πῶς γὰρ οὐ; comment n'en serait-il pas ainsi?

ποτάομαι-ῶμαι (*f.* ήσομαι, *aor.* ἐπωτήθην), voler; s'envoler.

πῶϋ, εος (τό), *pl.* πώεα, troupeau.

Ρ

ῥα (ῥ'), *partic. enclit.*, donc; certes.

ῥαβδίζω (*f.* ίσω), battre de verges.

ῥάβδος, ου (ἡ), 1° BAGUETTE; verge; caducée. ‖ 2° bâton de juge *ou* de chef; sceptre.

ῥαβδουχέω-ῶ (*f.* ήσω), porter les faisceaux (*licteur*).

ῥαβδοῦχος, ου (ὁ), qui porte une baguette; juge; licteur.

ῥαβδωτός, ή, όν, rayé; zébré.

ῥαγάς, άδος (ἡ), crevasse.

ῥαγείς, *part. aor.* 2 *pass. de* ῥήγνυμι.

ῥαδαλός, ή, όν, souple; mobile.

Ῥαδάμανθυς, υος (ὁ), Rhadamanthe.

ῥαδινός, ή, όν, *comme* ῥαδαλός.

ῥάδιξ, ικος (ἡ), branche.

ῥᾴδιος, α, ον, 1° FACILE. ‖ 2° complaisant. ‖ 3° inconstant.

ῥᾳδι-ουργέω-ῶ (*f.* ήσω), agir à l'étourdie *ou* sans loyauté.

ῥᾳδι-ούργημα, ατος (τό), action irréfléchie *ou* déloyale.

ῥᾳδι-ουργία, ας (ἡ), irréflexion; déloyauté.

ῥᾳδίως, *adv.*, 1° FACILEMENT. ‖ 2° doucement. ‖ 3° inconsidérément.

ῥαθάμιγξ, ιγγος (ἡ), goutte d'eau.

ῥαθυμέω-ῶ (*f.* ήσω), être mou, négligent.

ῥαθυμία, ας (ἡ), mollesse; négligence.

ῥάθυμος, ος, ον, 1° MOU; négligent. ‖ 2° aisé.

ῥαθύμως, *adv.*, 1° MOLLEMENT; négligemment. ‖ 2° aisément.

ῥαιβός, ή, όν, recourbé; tortu; cagneux.

ῥαΐζω (*f.* ίσω), se remettre; se refaire; (de, *gén.*).

ῥαίνω (*f.* ῥανῶ, *aor.* ἔρρανα; *pass. aor.* ἐρράνθην, *pf.* ἔρρασμαι), arroser; répandre.

ῥαιστήρ, ῆρος (ὁ, ἡ), marteau.

ῥαίω (*f.* σω, *aor.* ἔρραισα), briser; détruire.

ῥάκιον, ου (τό), haillons.

ῥάκος, ους (τό), lambeau d'étoffe; haillons.

ῥακόω-ῶ (*f.* ώσω), déchirer en lambeaux.

ῥάκωμα, ατος (τό), guenilles.

ῥάμφος, ους (τό), bec d'oiseau.

ῥανίς, ίδος (ἡ), goutte; pluie.

ῥάξ, ῥαγός (ἡ), grain de raisin.

ῥᾷον, *neut de* ῥᾴων; *adv.*, plus facilement.

ῥαπίζω (*f.* ίσω), frapper (d'un bâton; souffleter.

ῥάπισμα, ατος (τό), coup; soufflet.

ῥαπτός, ή, όν, cousu.

ῥάπτω (*f.* ῥάψω), *aor.* ἔρραψα; *pass. aor.* 2 ἐρράφην, *pf.* ἔρραμμαι), 1° coudre. ‖ 2° tramer.

ῥάσσατε, *imp. aor.* 1 *de* ῥαίνω.

ῥάσσω, *att.* **ττω** (*f.* ξω), heurter; culbuter.

ῥᾳστωνεύω (*f.* σω), vivre nonchalamment.

ῥᾳστώνη, ης (ἡ), 1° FACILITÉ; commodité. ‖ 2° soulagement. ‖ 3° amabilité; complaisance. ‖ 4° nonchalance.

ῥάφανος, ου (ἡ), rave; chou.

ῥαφή, ῆς (ἡ), couture.

ῥαφίς, ίδος (ἡ), aiguille.

ῥαχία, ας (ἡ), 1° rocher; falaise. ‖ 2° choc du flot contre les roches.

ῥαχίζω (*f.* ίσω), assommer en brisant l'épine dorsale.

ῥάχις, ιος *et* **εως** (ἡ), 1° épine dorsale. ‖ 2° arête montagneuse.

ῥάχος, ου (ἡ), buisson; haie.

ῥαψῳδέω-ῶ (*f.* ήσω), réciter des poèmes; être rhapsode.

ῥαψῳδία, ας (ἡ), 1° chant de rhapsode; poème épique. ‖ 2° récitation d'épopée.

ῥαψωδικός, ή, όν, de rhapsode.

ῥαψῳδός, οῦ (ὁ), rhapsode; chanteur épique.

ῥᾴων, ων, ον, *comp. de* ῥᾴδιος.

ῥέα, *adv.*, facilement.

Ῥέα, ας (ἡ), Rhéa (*mère de Zeus*).

ῥέγκω *ou* **ῥέγχω** (*f.* ῥέγξω), ronfler.

ῥέεθρον, *comme* **ῥεῖθρον.**

ῥέζω (*f.* ῥέξω, *aor.* ἔρεξα *et* ἔρρεξα; *pass. aor.* ἐρρέχθην), 1° FAIRE; agir; accomplir : εὖ ῥέζειν τινά, faire du bien à qq'un. ‖ 2° sacrifier. — *Voir* ἔρδω.

ῥέθος, ους (τό), 1° MEMBRE; corps. ‖ 2° visage.

ῥεῖα, *adv.*, *comme* ῥέα.

ῥεῖθρον, ου (τό), courant; cours d'eau.

ῥέμβομαι, s'égarer.

ῥέος (τό), ruisseau.

ῥέπω (*f.* ῥέψω), 1° PENCHER; incliner. ‖ 2° aboutir à.

ῥεῦμα, ατος (τό), cours d'eau; torrent; écoulement.

1. **ῥέω** (*f.* ῥεύσομαι *et* ῥυήσομαι; *aor.* 2 ἐρρύην; *pf.* ἐρρύηκα), 1° COULER. ‖ 2° s'écouler; s'échapper; disparaître. ‖ 3° s'élancer vers. ‖ 4° *tr.*, répandre.

2. **ῥέω,** *inus.* (*pass. f.*, ῥηθήσομαι, *aor.* ἐρρήθην), dire; *voir* εἴρω 1.

Ῥήγιον, ου (τό), Rhégium.

ῥῆγμα, ατος (τό), rupture; fracture.

ῥηγμίν, ῖνος (ἡ), brisant; écueil.

ῥήγνυμι (*f.* ῥήξω, *aor.* ἔρρηξα; *pass. aor.* 1 ἐρρήχθην, *aor.* 2 ἐρράγην), *et moy.*, 1° BRISER; ROMPRE; DÉCHIRER. ‖ 2° faire jaillir, déchaîner : ῥῆξαι δάκρυα, répandre à flots des larmes; φωνὴν ῥήξασθαι, faire éclater sa voix. ‖ 3° *intr.*, (*pf.* ἔρρωγα), jaillir : τάδ' ἔρρωγεν κακά, ces maux se sont déchaînés.

ῥηγνύω, *comme le précédent.*

ῥῆγος, ους (τό), étoffe; couverture.

ῥηθείς, *part. aor. pass. de* ῥέω 2.

ῥηκτός, ή, όν, brisé; rompu; déchiré.

ῥῆμα, ατος (τό), 1° PAROLE. ‖ 2° phrase. ‖ 3° verbe (*gram.*).

ῥημάτιον, ου (τό), petite parole.

Ῥῆνος, ου (ὁ), le Rhin.

ῥηξ-ήνωρ, ορος (ὁ), qui brise les hommes.

ῥῆξις, εως (ἡ), action de briser; éruption.

ῥῆσις, εως (ἡ), 1° PAROLE; mot. ‖ 2° discours; récit.

Ῥῆσος, ου (ὁ), Rhésos.

ῥήσσω, *att.* **ττω,** 1° BRISER. ‖ 2° danser.

ῥητέος, α, ον, qu'on doit dire.

ῥητήρ, ῆρος (ὁ), l'homme qui parle.

ῥητίνη, ης (ἡ), résine.

ῥητορεία, ας (ἡ), 1° art oratoire. ‖ 2° discours.

ῥητορεύω (*f.* σω), être orateur *ou* rhéteur.

ῥητορικός, ή, όν, relatif à l'orateur *ou* au rhéteur : ἡ ῥητορική, la rhétorique; ὁ ῥ..., celui qui connaît l'art oratoire.

ῥητορικῶς, *adv.*, conformément à l'art oratoire.

ῥητός, ή, όν, 1° DIT; qui peut être dit. ‖ 2° convenu; entendu : ἐπὶ ῥητοῖς, à des conditions fixées.

ῥήτρα, ας (ἡ), 1° parole; droit de parler. ‖ 2° décret. ‖ 3° oracle.

ῥήτωρ, ορος, (ὁ), 1° ORATEUR. ‖ 2° rhéteur.

ῥιγεδανός, ή, όν, qui donne le frisson.

ῥιγέω-ῶ (*f.* ήσω), 1° *intr.*, frissonner. ‖ 2° *tr.*, voir avec effroi.

ῥίγιον, *adv.*, 1° plus froidement. ‖ 2° plus horriblement.

ῥίγιστος, η, ον, 1° très froid. ‖ 2° très horrible.

ῥῖγος, ους (τό), froid; frisson.

ῥιγόω-ῶ (*f.* ώσω), avoir froid; frissonner.

ῥίζα, ης (ὁ), 1° RACINE. ‖ 2° fondement.

ῥιζίον, ου (τό), petite racine.

ῥιζό-θεν, *adv.*, en partant de la racine.

ῥιζο-τόμος, ος, ον, qui coupe les racines.

ῥιζο-φάγος, ος, ον, qui se nourrit de racines.

ῥιζόω-ῶ (*f.* ώσω), enraciner.

ῥίζωμα, ατος (τό), racine; souche.

ῥιζ-ωρυχέω-ῶ (*f.* ήσω), déraciner.

ῥίζωσις, εως (ἡ), action de s'enraciner.
ῥικνόομαι-οῦμαι(*f.*ωθήσομαι), se contracter.
ῥικν-ώδης, ης, ες, qui se contracte.
ῥίμφα, *adv.*, rapidement.
ῥιμφ-άρματος, ος, ον, porté rapidement sur un char.
ῥινέω-ῶ (*f.* ήσω), limer.
ῥίνη, ης (ἡ), lime.
ῥιν-ηλατέω-ῶ (*f.* ήσω), suivre à la piste.
ῥινό-κερως, ωτος (ὁ), rhinocéros.
ῥινόν (τό), *et* **ῥινός**, οῦ (ὁ, ἡ), 1° PEAU; CUIR. ‖ 2° bouclier.
ῥινο-τόρος, ος, ον, qui perce le cuir.
ῥίον, ου (τό), pic; promontoire.
Ῥῖπαι, ῶν (αἱ), monts Rhipées.
ῥιπή, ῆς (ἡ), 1° JET. ‖ 2° rayon. ‖ 3° transport véhément.
ῥιπίζω (*f.* ίσω), 1° ÉVENTER. ‖ 2° exciter.
ῥιπίς, ίδος (ἡ), 1° soufflet. ‖ 2° éventail.
ῥῖπος, ους (τό), claie; natte.
ῥιπτάζω (*f.* άσω), 1° *tr.*, AGITER; balancer. ‖ 2° *intr.*, être agité.
ῥιπτέω-ῶ,*comme* ῥίπτω.
ῥιπτός, ή, όν, jeté.
ῥίπτω (*f.* ῥίψω, *pf.* ἔρριφα; *pass.* *f.* 2 ῥιφήσομαι, *pf.* ἔρριμμαι), 1° JETER; lancer; précipiter. ‖ 2° abandonner. ‖ 3° *intr.*, se jeter.
ῥίς, **ῥινός** (ἡ), 1° NEZ; narines. ‖ 2° museau.
ῥίψ, **ῥιπός** (ἡ), natte de jonc, claie.
ῥίψ-ασπις, ιδος (ὁ, ἡ), qui fuit en jetant son bouclier.
ῥῖψις, εως (ἡ), action de lancer *ou* d'être lancé.
ῥιψο-κίνδυνος, ος, ον, téméraire.
ῥίψ-οπλος, ος, ον, qui jette ses armes.
ῥοδανός, ή, όν, souple.
Ῥοδανός, οῦ (ὁ), le Rhône.
ῥόδεος, α, ον, de rose.
Ῥόδιος, α, ον, de Rhodes.
ῥοδο-δάκτυλος, ος, ον, aux doigts de roses.
ῥοδό-εις, όεσσα, όεν, de roses.
ῥοδό-μηλον, ου (τό), joue couleur de roses.
ῥόδον, ου (τό), rose.
Ῥοδόπη, ης (ἡ), mont Rhodope.

ῥοδό-πηχυς, υς, υ, aux bras de roses.

Ῥόδος, ου (ἡ), Rhodes.

ῥοδωνιά, ᾶς (ἡ), buisson de roses.

ῥοή, ῆς (ἡ), courant; flux; écoulement.

ῥοθέω-ῶ (*f.* ήσω), bruire comme les flots.

ῥοθιάς, άδος (ἡ), *comme le suivant.*

ῥόθιον, ου (τό), tumulte.

ῥόθιος, ος, ον, bruyant (*comme les vagues*).

ῥόθος, ου (ὁ), bruit.

ῥοιά, ᾶς (ἡ), grenadier; grenade.

ῥοιβδέω-ῶ (*f.* ήσω), siffler; aspirer bruyamment.

ῥοίβδησις, εως (ἡ), sifflement.

ῥοῖβδος, ου (ὁ), sifflement; bruit.

ῥοιζέω-ῶ (*f.* ήσω), siffler; bruire.

ῥοιζηδόν, *adv.*, en sifflant.

ῥοίζημα, ατος (τό), *comme* ῥοῖβδος.

ῥοῖζος, ου (ὁ), *comme* ῥοῖβδος.

ῥοικός, ή, όν, crochu; cagneux.

Ῥοίτειον, ου (τό), le Rhétée.

ῥόμβος, ου (ὁ), 1° rotation. ‖ 2° toupie.

ῥόος-ῥοῦς, ῥόου-ῥοῦ (ὁ), courant; cours.

ῥόπαλον, ου (τό), 1° MASSUE. ‖ 2° marteau de porte.

ῥοπή, ῆς (ἡ), 1° MOUVEMENT DE BALANCE. ‖ 2° poids; impulsion; facteur important : μεγάλην ῥοπὴν ἔχειν, avoir une grande influence.

ῥόπτρον, ου (τό), *comme* ῥόπαλον.

ῥοφέω-ῶ (*f.* ήσω *et* ήσομαι), avaler; dévorer.

ῥόφησις, εως (ἡ), action d'avaler.

ῥοχθέω-ῶ, gronder (*comme la mer*).

ῥο-ώδης, ης, ες, au cours rapide,

ῥύαξ, ακος (ὁ), courant; torrent.

ῥύατο, 3ᵉ *pers. pl. aor.* 2 *de* ῥύομαι.

ῥύγχιον, ου (τό), petit groin.

ῥύγχος, ους (τό), groin; museau.

ῥύδην *et* **ῥυδόν,** *adv.*, en coulant à flots.

ῥυῆναι, *inf. aor* 2 *de* ῥέω **1.**

ῥυθμίζω (*f.* ίσω), rythmer; régler.

ῥυθμικός, ή, όν, rythmé.

ῥυθμός, οῦ (ὁ), 1° RYTHME;

mesure; proportion. || 2° forme; genre.
ῥυκάνη, ης (ἡ), rabot.
ῥῦμα, ατος (τό), 1° TIR; portée d'un trait. || 2° protection.
ῥυμβέω-ῶ (*f.* ήσω), faire tourner rapidement.
ῥύμη, ης (ἡ), vitesse; mouvement vif.
ῥύμμα, ατος (τό), 1° savon. || 2° souillure.
ῥυμός, οῦ (ὁ), timon; longe.
ῥύομαι (*f.* ῥύσομαι, *aor.* 1 ἐρρυσάμην, *aor.* 2 ἐρρύμην), 1° TIRER A SOI *ou* A L'ÉCART; retenir. || 2° sauver; protéger; empêcher de.
ῥύπα, ων (τά), souillure.
ῥυπαίνω, souiller.
ῥυπαρία, ας (ἡ), 1° souillure. || 2° ladrerie.
ῥυπαρός, ά, όν, 1° sale. || 2° ladre.
ῥυπάω *et* **ῥυπόω-ῶ**, 1° être sale. || 2° salir.
ῥύπος, ου (ὁ), saleté; souillure.
ῥυππαπαῖ, *interj.*, ohé!
ῥυπτικός, ή, όν, qui nettoie.
ῥύπτω (*f.* ψω), nettoyer.
ῥυσιάζω (*f.* άσω), emporter par la force.
ῥύσιον, ου (τό), gage; rançon.
ῥύσιος, ος, ον, qui délivre.
ῥυσί-πολις, εως (ὁ, ἡ), qui délivre la cité.
ῥύσις, εως (ἡ), écoulement; flux.
ῥύσκομαι, *comme* ῥύομαι.
ῥυσός, ή, όν, ridé.
ῥυσότης, ητος (ἡ), rides.
ῥυστάζω (*f.* άσω), maltraiter en tiraillant.
ῥυστακτύς, ύος (ἡ), mauvais traitement.
ῥύστης, ου (ὁ), sauveur.
1. **ῥυτήρ, ῆρος** (ὁ), 1° tireur. || 2° courroie; traits; longe.
2. **ῥυτήρ, ῆρος** (ὁ), défenseur; sauveur.
ῥυτιδόω-ῶ (*f.* ώσω), rider.
ῥυτίς, ίδος (ἡ), ride.
ῥυτόν, οῦ (τό), corne (*vase à boire*).
1. **ῥυτός, ή, όν**, 1° traîné. — Τὰ ῥυτά, rênes.
2. **ῥυτός, ή, όν**, qui coule.
ῥύτωρ, ορος (ὁ), protecteur.
ῥύψις, εως (ἡ), action de nettoyer.
ῥυ-ώδης, ης, ες, qui afflue.
ῥωγαλέος, α, ον, déchiré.
ῥωμαΐζω (*f.* ίσω), tenir pour les Romains.

Ῥωμαϊκός, ή, όν, *et* **Ῥωμαῖος, α, ον,** Romain.

Ῥωμαϊστί, *adv.*, en latin.

ῥωμαλέος, α, ον, vigoureux.

ῥώμη, ης (ἡ), 1° FORCE, (*phys. et mor.*). ‖ 2° force armée.

Ῥώμη, ης (ἡ), Rome.

ῥώννυμι (*f.* ῥώσω, *aor.* ἔρρωσα; *pass. aor.* ἐρρώσθην, *pf.* ἔρρωμαι), fortifier; rendre fort. — *Pass.*, être fort; se bien porter : ἔρρωσο, porte-toi bien (*vale*); ἐρρωμένος, bien portant.

ῥώξ, ῥωγός (ἡ), fissure; ouverture.

ῥώομαι (*f.* ῥώσομαι), s'élancer; s'agiter; danser.

ῥωπήϊον, ου (τό), fourré; broussailles.

ῥῶπος, ου (ὁ), objet sans valeur.

ῥωχμός, οῦ (ὁ), fissure; crevasse.

ῥώψ, ῥωπός (ἡ), *comme* ῥωπήϊον.

Σ

σά(μάν), *dor.*, eh bien quoi?

Σαβάζιος, ου (ὁ), Sabazios (*nom phrygien de Bacchus*).

σαβοῖ, *indécl., appel des Bacchantes.*

σάγαρις, εως (ἡ), hache (*des Perses*).

σάγη, ης (ἡ), 1° harnais. ‖ 2° équipement militaire.

σαγηνεύω (*f.* εύσω), prendre (*au filet*).

σαγήνη, ης (ἡ), seine; filet.

σάγμα, ατος (τό), *comme* σάγη.

σάγος, ου (ὁ), sayon.

σαθρός, ά, όν, 1° POURRI; usé. ‖ 2° sans consistance; sans valeur.

σαθρῶς, *adv.*, en état de pourriture.

σαίνω (*f.* σανῶ, *aor.* ἔσηνα), 1° *intr.*, REMUER LA QUEUE; donner des signes de joie. ‖ 2° *tr.*, caresser; flatter.

σαίρω (*f.* σαρῶ, *aor.* ἔσηρα, *pf.* σέσηρα), balayer; nettoyer.

Σάϊς, εως (ἡ), Saïs.

σακέσ-παλος, ος, ον, qui brandit son bouclier.

σακεσ-φόρος, ος, ον, qui porte un bouclier.

σάκιον, ου (τό), petit sac.

σακκέω, filtrer.

σάκ(κ)ος, ου (ὁ), sac.

σάκος, ους (τό), grand bouclier.

σάκτωρ, ορος (ὁ), qui remplit,

σακχ-υφάντης, ου (ὁ), fabricant de sacs.

σαλάκων, ωνος, (ὁ), affecté; solennel.

σαλαμάνδρα, ας (ἡ), salamandre.

Σαλαμίνιος, α, ον, de Salamine.

Σαλαμίς, ῖνος (ἡ), Salamine.

σαλεύω (*f.* σω), 1° *tr.*, agiter. ‖ 2° *intr.*, être agité; être ballotté; se balancer.

Σαλμυδεσσός, οῦ (ὁ), Salmydesse (*en Thrace*).

Σαλμωνεύς, έως (ὁ), Salmonée.

σάλος, ου (ὁ), 1° AGITATION. ‖ 2° mouillage.

σαλπι(γ)κτής, οῦ (ὁ), le trompette.

σάλπιγξ, ιγγος (ἡ), la trompette.

σαλπίζω (*f.* ίγξω *et* ίσω, *att.* ιῶ, *aor.* ιγξα *et* ισα), SONNER DE LA TROMPETTE; annoncer avec la trompette. — *Impers.*, la trompette sonne : ἐπεὶ ἐσάλπιγξε, quand la trompette eut sonné.

σαμβύκη, ης (ἡ), sambuque (*forme de harpe*).

Σάμιος, α, ον, de Samos.

Σαμνῖται, ῶν (οἱ), les Samnites.

Σαμο-θρᾴκη, ης (ἡ), Samothrace.

Σάμος, ου (ἡ), Samos.

Σαμόσατα, ων (τά), Samosate.

σαμπῖ (τό), sampi (*ancienne lettre grecque*).

σαμ-φόρας, ου (ὁ), marqué du sampi.

σανδάλιον, ου (τό), petite sandale.

σάνδαλον, ου (τό), sandale.

σανδαράκη, ης (ἡ), vermillon.

σανδαράκινος, ος, ον, couleur de vermillon.

σάνδιξ, ικος (ἡ), vermillon.

σανίδιον, ου (τό), planchette; tablette.

σανίς, ίδος (ἡ), 1° PLANCHE. ‖ 2° table; tablette. ‖ 3° battants de porte.

σάος, *voir* **σῶς.**

σαόφρων, = σώφρων.

σαόω, *comme* σῴζω.

σαπῆναι, *inf. aor.* 2 *de* σήπω.

σαπρός, ά, όν, pourri; usé.

σαπρότης, ητος (ἡ), pourriture.

σάπφειρος, ου (ἡ), saphir.

Σαπφώ, οῦς (ἡ), Sapho.

Σαραπεῖον, ου (τό), temple de Sérapis.

σαργάνη, ης (ἡ), corbeille d'osier.

Σαρδανάπα(λ)λος, ου (ὁ), Sardanapale.

σαρδάνιος, α, ον, sardonique.

Σάρδεις,εων (αἱ), Sardes.

Σαρδιανός, ή, όν, de Sardes.

σάρδιον, ου (τό), cornaline.

Σαρδόνιος, α, ον, de Sardaigne.

σαρδ-όνυξ, υχος (ὁ), sardoine.

Σαρδώ, οῦς (ἡ), Sardaigne.

σαρκίδιον, ου (τό), petit morceau de chair.

σαρκίζω (*f.* ίσω), écorcher.

σαρκικός *et* **σάρκινος, η, ον,** de chair.

σαρκο-βόρος, ος, ον, carnivore.

σαρκο-φαγέω-ῶ (*f.* ήσω), être carnivore.

σαρκο-φάγος, ος, ον, carnivore.

σαρκόω-ῶ (*f.* ώσω), changer en chair.

σαρκ-ώδης, ης, ες, formé de chair.

σάρξ, σαρκός (ἡ), CHAIR; corps.

σαρόω-ῶ (*f.* ώσω), balayer.

Σαρπηδών, όνος (ὁ), Sarpédon.

Σαρωνικός, ή, όν, Saronique (*golfe*).

σατραπεία, ας (ἡ), satrapie (*province* ou *fonction de satrape*).

σατραπεύω (*f.* σω), être satrape.

σατράπης, ου (ὁ), satrape.

σατραπικός, ή, όν, de satrape.

σάττω (*f.* ξω), 1° équiper. ‖ 2° remplir; bourrer.

σατυρικός, ή, όν, 1° de satyre. ‖ 2° satyrique.

σάτυρος, ου (ὁ), satyre.

σαυνίον, ου (τό), javeline.
σαύρα, ας (ἡ), lézard.
Σαυρομάται, ῶν (οἱ), Sarmates.
σαῦρος, ου (ὁ), lézard.
σαυρωτήρ, ῆρος (ὁ), pointe au bas de la lance.
σαυτοῦ, **σαυτῆς**, *pour* σεαυτοῦ, σεαυτῆς.
σάφα, *adv.*, clairement.
σαφήνεια, ας (ἡ), clarté.
σαφηνής, *comme* σαφής.
σαφηνίζω (*f.* ίσω, *att.* ιῶ), rendre clair; expliquer nettement.
σαφηνῶς, *comme* σαφῶς.
σαφής, ής, ές, 1° CLAIR; évident. || 2° assuré; certain.
σαφῶς, *adv.*, clairement.
σάω, tamiser.
σαωτήρ, ῆρος, *comme* σωτήρ.
σβέννυμι (*f.* σβέσω; *pass. aor.* 1 ἐσβέσθην, *aor.* 2 ἔσβην), ÉTEINDRE; apaiser.
σβεννύω, *comme le précédent.*
σβέσις, εως (ἡ), extinction.
σβεστήριος, α, ον, *et* **σβεστικός**, ή, όν, propre à éteindre.
σ(ε)αυτοῦ, ῆς, de toi-même.
σεβάζομαι (*f.* σεβασθήσομαι, *aor.* ἐσεβάσθην), craindre religieusement.
σέβας (τό), *indécl.*, 1° crainte religieuse. || 2° objet de respect.
σέβασμα, ατος (τό), objet de respect.
σεβάσμιος, ος, ον, digne de respect.
σεβασμός, οῦ (ὁ), vénération.
σεβαστός, ή, όν, auguste : ὁ σ..., l'empereur.
σεβίζω (*f.* ίσω, *att.* ιῶ), vénérer.
σέβω *et moy.* **σέβομαι** (*f.* σεβήσομαι, *aor.* ἐσέφθην), craindre religieusement; vénérer.
Σειληνός, οῦ (ὁ), Silène.
Σειλην-ώδης, ης, ες, semblable à Silène.
σειρά, ᾶς (ἡ), corde.
σειραῖος, α, ον, attaché par une corde.
σειρα-φόρος, ος, ον, (cheval) tenu par une corde.
Σειρήν, ῆνος (ἡ), Sirène.
σείριος, α, ον, brûlant.
Σείριος, ου (ὁ), Sirius.
σεισ-άχθεια, ας (ἡ), décharge; abolition des dettes (*par Solon*).

σεισί-χθων, ονος (ὁ), qui secoue la terre.

σεισμός, οῦ (ὁ), secousse; tremblement de terre.

σειστός, ή, όν, secoué.

σείω (*f.* σω ; *pass. aor.* ἐσείσθην), secouer ; agiter; *impers.* σείει, la terre tremble. — *Moy.*, s'agiter.

σελαγέω-ῶ (*f.* ήσω), briller.

σέλας, αος (τό), éclat.

σεληναία, ας (ἡ), lune.

σεληναῖος, α, ον, de la lune.

σελήνη, ης (ἡ), lune.

σέλινον, ου (τό), persil.

Σελινοῦς, οῦντος (ὁ, ἡ), Sélinonte.

Σελινούσιος, α, ον, de Sélinonte.

Σελλασία, ας (ἡ), Sellasie (*en Laconie*).

Σελλοί, ῶν (οἱ), Selles (*prêtres de Zeus*).

σέλμα, ατος (τό), tillac; banc de rameurs.

Σεμέλη, ης (ἡ), Sémélé (*mère de Dionysos*).

σεμίδαλις, εως (ἡ), fleur de farine.

Σεμίραμις, εως (ἡ), Sémiramis.

σεμνο-λογέω-ῶ (*f.* ήσω), dire avec solennité.

σεμνο-λογία, ας (ἡ), solennité de langage.

σεμνο-λόγος, ος, ον, qui parle solennellement.

σεμνό-μαντις, εως (ὁ), vénérable devin.

σεμνο-μυθέω-ῶ (*f.* ήσω), parler avec solennité.

σεμνός, ή, όν, 1° AUGUSTE; SAINT; vénérable; grave : σεμναὶ θεαί, les augustes Déesses (*les Euménides*). ‖ 2° noble; majestueux; magnifique. ‖ 3° hautain; pompeux.

σεμνό-στομος, ος, ον, aux nobles paroles.

σεμνότης, ητος (ἡ), gravité; dignité; sainteté.

σεμνο-τυφία, ας (ἡ), vain orgueil.

σεμνόω-ῶ, *comme le suivant.*

σεμνύνω (*f.* νῶ), rendre honorable; vanter; embellir. — *Moy.*, se vanter (de, *dat.*).

σεμνῶς, *adv.*, gravement; dignement.

σέο, *pour* σοῦ, *gén. de* σύ.

σεπτός, ή, όν, qui mérite le respect.

Σερίφιος, ου (ὁ), habitant de Sériphos (*Cyclades*).

σέρφος, ου (ὁ), moucheron.

Σέσωστρις, ιος (ὁ), Sésostris.

Σεύθης, ου (ὁ), Seuthès (*prince thrace*).

σεύω (*aor.* ἔσ(σ)ευα; *moy. aor.* ἐσ(σ)ευάμην, *aor.* 2 ἐσ(σ)ύμην ; *pass. aor.* ἐσ(σ)ύθην, *pf.* ἔσσυμαι), I. *Act. et moy.*, METTRE EN MOUVEMENT; pousser; poursuivre. II. — *Moy.-pass.*, 1° S'ÉLANCER : συθεὶς διώκειν, s'étant élancé pour poursuivre. ‖ 2° être pressé de, *gén.* : ἐσσύμενος, impatient de.

σηκάζω (*f.* άσω), parquer.

σηκίς, ίδος (ἡ), esclave.

σηκο-κόρος, ου (ὁ), valet d'étable.

σηκός, οῦ (ὁ), 1° ENCLOS; étable. ‖ 2° enclos consacré.

σήκωμα, ατος (τό), contrepoids.

σῆμα, ατος (τό), 1° SIGNE. ‖ 2° signal. ‖ 3° présage. ‖ 4° constellation. ‖ 5° tombeau.

σημαίνω (*f.* ανῶ, *aor.* ἐσήμηνα, *pf.* σεσήμαγκα ; *pass. f.* σημανθήσομαι, *pf.* σεσήμασμαι), 1° FAIRE SIGNE ; DÉSIGNER PAR UN SIGNE. ‖ 2° annoncer; ordonner ; donner le signal ; *impers.* σημαίνει, (la trompette) donne le signal. ‖ 3° signifier. ‖ 4° *intr.*, apparaître. — *Moy.*, 1° marquer de son signe. ‖ 2° déduire de certains signes.

σημαντικός, ή, όν, propre à signifier, *gén.*

σημαντρίς, ίδος (ἡ), terre molle pour empreinte.

σήμαντρον, ου (τό), sceau.

σημάντωρ, ορος (ὁ), celui qui donne le signal ; chef; conducteur.

σημασία, ας (ἡ), marque; indication.

σημεῖον, ου (τό), 1° SIGNE ; marque; signal. ‖ 2° symptôme; présage. ‖ 3° preuve : σημεῖον δέ, en voici la preuve. ‖ 4° sceau. ‖ 5° emblème; étendard.

σημειόω-ῶ (*f.* ώσω), marquer d'un signe. — *Moy.*, prendre pour soi comme un signe.

σήμερον, *att.* **τήμερον**, *adv.*, aujourd'hui : ἡ σ., la journée présente.

σηπεδών, όνος (ἡ), putréfaction.

σηπία, ας (ἡ), seiche.

σηπτικός, ή, όν, qui fait pourrir.
σηπτός, ή, όν, pourri.
σήπω (*f.* ψω; *pass. aor.* 2 ἐσάπην, *pf.* σέσηπα), faire pourrir; corrompre. — *Pass.*, pourrir; se corrompre.
σήρ, σηρός (ὁ), ver à soie.
σῆραγξ, αγγος (ἡ), creux dans le sol; crevasse.
Σῆρες, ων (οἱ), les Sères (Asie).
σηρικός, ή, όν, de soie.
σής, *gén.* **σεός** *et* **σητός** (ὁ), ver; mite.
σησαμῆ, ῆς (ἡ), gâteau de sésame.
σησάμινος, η, ον, confectionné avec du sésame.
σήσαμον, ου (τό), sésame.
σησαμοῦς, οῦντος (ὁ), gâteau au sésame.
Σηστός, οῦ (ἡ), Sestos.
σήψ, σηπός (ὁ), serpent dangereux.
σθεναρός, ά, όν, fort; vigoureux.
σθένος, ους (τό), 1° FORCE: σθένος Ἕκτορος = Hector. ‖ 2° quantité; foule.
σθένω, 1° ÊTRE FORT. ‖ 2° être capable de (*inf.*).
σιαγών, όνος (ἡ), mâchoire.
σίαλον, ου (τό), salive.
σίαλος, ου (ὁ), porc engraissé.
σίβυλλα, ης (ἡ), sibylle.
σιβύλλειος, α, ον, de sibylle.
σιβυλλιάω-ῶ, prophétiser; divaguer.
σῖγα, *adv.*, en silence.
σιγάζω (*f.* άσω), faire taire.
σιγαλόεις, όεσσα, όεν, luisant; splendide.
σιγάω-ῶ (*f.* ήσομαι; *aor.* ἐσίγησα), 1° *intr.*, se taire. ‖ 2° *tr.*, taire; — *pass.*, être passé sous silence.
Σίγειον, ου, (τό), Sigée (*en Troade*).
σιγή, ῆς (ἡ), silence: σιγῇ, en silence; σιγῇ αὐτοῦ, à son insu.
σιγηλός, ή, όν, silencieux.
σίγλος *et* **σίκλος, ου** (ὁ), sicle (*monnaie de Perse*).
σῖγμα ατος (τό), 1° sigma (*lettre*). ‖ 2° croissant.
σιγμός, οῦ (ὁ), sifflement.
σιγύν(ν)ης, ου (ὁ), lance.
σιδηρεία, ας (ἡ), travail du fer.
σιδηρεῖον, ου (τό), mine de fer *ou* forge.
σιδήρεος, α, ον, *att.* **σιδηροῦς, ᾶ, οῦν** *et*

σιδήρειος, α, ον, de fer, *pr. et fig.*

σιδηρεύς, έως (ὁ), forgeron.

σιδήριον, ου (τό), pièce de fer.

σιδηρο-βρώς, ῶτος (ὁ, ἡ), qui ronge le fer.

σιδηρό-δετος, ος, ον, tenu par des liens de fer.

σιδηρο-κμής, ῆτος, frappé par le fer.

σιδηρο-μήτωρ, ορος (ἡ), mère du fer.

σίδηρος, ου (ὁ), 1° FER. ‖ 2° instrument de fer. ‖ 3° marché au fer.

σιδηρο-τέκτων, ονος (ὁ), ouvrier du fer.

σιδηρο-φορέω-ῶ (*f.* ήσω), être couvert de fer.

σιδηρό-φρων, ων, ον, *gén.* **ονος**, au cœur de fer.

σιδηρόω-ῶ (*f.* ώσω), garnir de fer.

σίδιον, ου (τό), écorce de grenade.

Σιδών, ῶνος (ἡ), Sidon.

Σιδώνιος *et* **Σιδόνιος, α, ον**, habitant de Sidon.

σίζω, siffler.

Σικελία, ας (ἡ), Sicile.

Σικελικός, ή, όν, *et* **Σικελός, ή, όν**, Sicilien.

Σικελιώτης, ου (ὁ), Siciliote.

σίκερα, ας (τό), boisson fermentée.

σίκι(ν)νις, ιδος (ἡ), sicinnis (*danse de Satyres*).

σικύα, ας (ἡ), 1° courge. ‖ 2° ventouse.

σικυάζω (*f.* άσω), soigner par les ventouses.

σίκυος, ου (ὁ), concombre.

Σικυών, ῶνος (ἡ), Sicyone.

Σικυώνιος, α, ον, Sicyonien.

σικχαίνω (*f.* ανῶ), voir avec dégoût.

Σιληνός, οῦ (ὁ), Silène.

σιλλαίνω (*f.* ανῶ), railler.

σίλλος, ου, aux yeux obliques. — N. ὁ σ., sille (*satire*).

σίλφη, ης (ἡ), mite.

σίλφιον, ου (τό), silphium (*plante*).

σίμβλος, ου (ὁ), ruche.

Σιμμίας, ου (ὁ), Simmias.

Σιμόεις, εντος (ὁ), le Simoïs.

Σιμοέντιος, ος *ou* **α, ον**, du Simoïs.

σιμός, ή, όν, 1° CAMUS. ‖

|| 2° qui forme creux *ou* pente.

σιμότης, ητος (ἡ), forme camuse d'un nez.

Σιμωνίδης, ου (ὁ), Simonide.

σινα-μωρέω-ῶ (*f.* ήσω), piller; malmener.

σινά-μωρος, ος, ον, 1° destructeur. || 2° voluptueux.

σίναπι, εως (τό), moutarde.

σινδών, όνος (ἡ), 1° FINE ÉTOFFE. || 2° voile de bateau.

σινέομαι, *pour* σίνομαι.

σίνις, ιδος (ὁ), destructeur.

σίνομαι (*f.* σινήσομαι, *aor.* ἐσινάμην, *pf.* σέσιμμαι), ENDOMMAGER; piller; détruire.

σίνος, ους (τό), DOMMAGE; ravage.

σίντης, ου (ὁ), pillard; ravisseur.

Σινωπεύς, έως (ὁ), habitant de Sinope.

Σινώπη, ης (ἡ), Sinope (*en Paphlagonie*).

σιπύη, ης (ἡ), huche à pain.

Σίπυλος, ου (ὁ), le Sipyle (*montagne*).

σίραιον, ου (τό), vin cuit.

σιρός, οῦ (ὁ), jarre à blé.

σισύμβριον, ου (τό), menthe d'eau.

σισύρα, ας, *et* **σίσυρνα. ης** (ἡ), peau de chèvre.

σισυρνο-φόρος, ος, ον, qui porte une peau de chèvre.

Σίσυφος, ου (ὁ), Sisyphe.

σῖτα, ων, *pl. de* σῖτος.

σιτ-αγωγός, ός, όν, qui transporte du blé *ou* des vivres.

Σιτάλκης, ου (ὁ), Sitalcès (*roi de Thrace*).

σιταρκία, ας (ἡ), approvisionnement.

σιτευτός, ή, όν, engraissé.

σιτεύω (*f.* σω), engraisser. — *Moy.*, se nourrir (de, *acc.*).

σιτέω-ῶ, *mêmes sens.*

σιτ-ηγέω-ῶ (*f.* ήσω), amener du blé.

σιτ-ηγός, ός, όν, qui amène du blé.

σιτηρέσιον, ου (τό), fourniture des vivres; solde.

σιτηρός, ά, όν, relatif au blé.

σίτησις, εως (ἡ), nourriture.

σιτίζω (*f.* ίσω), nourrir.

σιτικός, ή, όν, *comme* σιτηρός.

σιτίον, ου (τό), blé; pain; aliments.

σιτο-δασία, ας (ἡ), distribution de blé.

σιτο-δεία, ας (ἡ), manque de blé; famine.

σιτο-δοτέω-ῶ (*f.* ήσω), distribuer du blé.

σιτο-μετρέω-ῶ (*f.* ήσω), mesurer le blé.

σιτο-μέτρης, ου (ὁ), préposé à la mesure du blé.

σιτο-μετρία, ας (ἡ), mesurage du blé.

σιτο-νόμος, ος, ον, qui distribue le blé.

σιτο-ποιέω-ῶ (*f.* ήσω), faire le pain; préparer à manger.

σιτο-ποιΐα, ας (ἡ), préparation du pain *ou* de la nourriture.

σιτο-ποιός, ός, όν, qui fait le pain. — N. ὁ σ.., boulanger.

σιτο-πομπία, ας (ἡ), transport de vivres.

σιτο-πώλης, ου (ὁ), marchand de blé.

σῖτος, ου (ὁ), BLÉ; pain; nourriture. — *Pl.* τὰ σῖτα, aliments; vivres.

σιτ-ουργός, ός, όν, *comme* σιτοποιός.

σιτο-φάγος, ος, ον, mangeur de pain.

σιτο-φόρος, ος, ον, porteur de blé.

σιτο-φύλακες, ων (οἱ), inspecteurs des blés.

σιτών, ῶνος (ὁ), champ de blé.

σιτώνης, ου (ὁ), commissaire aux blés.

σιτωνία, ας (ἡ), commissariat des blés.

σιφλόω-ῶ (*f.* ώσω), estropier.

σιώ, *duel de* σιός, *pour* θεός, les deux dieux (*en gén.* Castor et Pollux).

σιωπάω-ῶ (*f.* ήσομαι, *aor.* ἐσιώπησα), 1° *intr.*, se taire. || 2° *tr.*, taire.

σιωπή, ῆς (ἡ), silence : σιωπῇ, en silence.

σιωπηλός, ή, όν, silencieux.

σιωπηρός, ά, όν, *même sens*.

σκάζω, boiter.

Σκαιαί(πύλαι), ῶν (αἱ), les portes Scées (*à Troie*).

σκαιός, ά, όν, 1° GAUCHE. || 2° de fâcheux augure; funeste. || 3° grossier; sot.

σκαιοσύνη, ης, *et* **σκαιότης**, ητος (ἡ), gaucherie; sottise.

σκαι-ουργέω-ῶ (*f.* ήσω), se conduire grossièrement.

σκαίρω, sauter; remuer.

σκαιῶς, *adv.*, avec gaucherie.

σκαλάθυρμα, ατος (τό), niaiserie.
σκαλεύω (*f.* σω), sarcler; fouiller.
σκαλίς, ίδος (ἡ), sarcloir.
σκάλλω, *comme* σκαλεύω.
σκαλμός, οῦ (ὁ), cheville pour fixer la rame.
σκάλοψ, οπος (ὁ), taupe.
Σκαμάνδριος, ος, ον, du Scamandre.
Σκάμανδρος, ου (ὁ), le Scamandre (*fleuve*).
σκάμμα, ατος (τό), tranchée; fossé.
σκάνδιξ, ικος (ὁ), cerfeuil.
σκαπτήρ, ῆρος (ὁ), homme qui creuse le sol.
σκαπτός, ή, όν, creusé.
σκάπτω (*f.* άψω; *pass. aor.* 2 ἐσκάφην, *pf.* ἔσκαμμαι), creuser.
σκαρδα-μύσσω, *att.* **ττω** (*f.* ξω), cligner des yeux.
σκαριφισμός, οῦ (ὁ), simple ébauche.
σκατός, *gén. de* σκώρ.
σκαφεύς, *comme* σκαπτήρ.
σκάφη, ης (ἡ), 1° bassin; auge. ‖ 2° canot.
σκαφί(δι)ον, ου (τό), 1° petit bassin. ‖ 2° petit canot. ‖ 3° petit hoyau.
σκαφίς, ίδος (ἡ), 1° VASE; bassin; auge. ‖ 2° canot. ‖ 3° hoyau.
σκάφος, ους (τό), 1° VASE CREUX. ‖ 2° coque de navire; navire.
σκεδάννυμι (*f.* σκεδάσω, *att.* σκεδῶ, *aor.* ἐσκέδασα; *pass. f.* σκεδασθήσομαι), 1° DISPERSER. ‖ 2° répandre en tous sens.
σκέδασις, εως (ἡ), dispersion.
σκεδαστός, ή, όν, qui peut être dispersé.
Σκείρων, ωνος (ὁ), Sciron (*brigand légendaire*).
σκελετός, ή, όν, desséché.
σκέλλω (*f.* σκελῶ, *aor.* 1 ἔσκηλα, 1° *tr.*, dessécher. ‖ 2° *aor.* 2 ἔσκλην et *pf.* ἔσκληκα), *intr.*, se dessécher.
σκέλος, ους (τό), jambe. — Τὰ σκέλη, les Longs Murs.
σκέμμα, ατος (τό), examen; méditation.
σκεπάζω (*f.* άσω), couvrir; protéger.
σκέπαρνον, ου (τό), hache.
σκέπας, αος (τό), abri.

σκέπασμα, ατος (τό), *même sens*.

σκεπαστήριος, α, ον, qui sert à abriter.

σκεπάω-ῶ, *comme* σκεπάζω.

σκέπη, ης (ἡ), abri : ἐν σκέπῃ, *gén.*, à l'abri de.

σκεπτέος, α, ον, qu'on doit examiner.

σκέπτομαι (*f.* σκέψομαι, *aor.* ἐσκεψάμην, *pf.* ἔσκεμμαι; *pass. aor.* ἐσκέφθην), examiner; considérer avec attention.

σκέπω, *comme* σκεπάζω.

σκερβόλλω, insulter.

σκευ-αγωγέω-ῶ (*f.* ήσω), transporter les bagages; plier bagage.

σκευ-αγωγός, ός, όν, qui transporte les bagages.

σκευάζω (*f.* άσω; *pass. f.* σκευασθήσομαι), 1° PRÉPARER. ‖ 2° équiper; habiller.

— *Moy.*, 1° préparer pour soi. ‖ 2° se préparer; s'équiper.

σκευάριον, ου (τό), attirail.

σκευασία, ας (ἡ), apprêt.

σκευαστός, ή, όν, préparé.

σκευή, ῆς (ἡ), équipage; vêtement.

σκευο-θήκη, ης (ἡ), magasin.

σκευο-ποιός, ός, όν, qui fabrique des meubles *ou* objets divers.

σκεῦος, ους (τό), MEUBLE : ustensile; équipement : τὰ σκεύη, bagages; agrès.

σκευο-φορέω-ῶ (*f.* ήσω), porter des bagages.

σκευο-φόρος, ος, ον, qui porte les bagages : ὁ σ..., porteur; τὰ σ..., bêtes de somme.

σκευωρέομαι-οῦμαι (*f.* ήσομαι), 1° explorer à fond. ‖ 2° machiner; intriguer.

σκευώρημα, ατος (τό), intrigue.

σκευωρία, ας (ἡ), 1° surveillance attentive. ‖ 2° intrigue,

σκέψις, εως (ἡ), 1° EXAMEN; observation. ‖ 2° doute philosophique.

σκηνάω-ῶ *et moy.*, 1° *intr.*, être sous la tente; séjourner. ‖ 2° *tr.*, dresser *ou* faire dresser (sa tente).

σκηνέω-ῶ, *mêmes sens*.

σκηνή, ῆς (ἡ), 1° TENTE; pavillon. ‖ 2° habitation. ‖ 3° repas de compagnons. ‖ 4° scène; théâtre; *primitivement*, abri des acteurs. ‖ 5° fiction théâtrale.

σκήνημα, ατος (τό), campement.

σκηνίδιον, ου (τό), petite tente.

σκηνικός, ή, όν, du théâtre.

σκηνίτης, ου (ὁ), qui vit sous la tente (*en nomade*).

σκηνο-γραφία, ας (ἡ), récit *ou* décor de théâtre.

σκηνο-ποιέομαι-οῦμαι (*f.* ήσομαι), se construire une tente.

σκῆνος, ους (τό), 1° tente. ‖ 2° corps (*logement de l'âme*).

σκηνο-φύλαξ, ακος (ὁ), gardien des tentes.

σκηνόω-ῶ, *comme* σκηνάω.

σκήνωμα, ατος (τό), 1° campement. ‖ 2° séjour.

σκηπάνιον, ου (τό), bâton.

Σκηπίων, ωνος (ὁ), Scipion.

σκηπτός, οῦ (ὁ), 1° orage. ‖ 2° brusque fléau.

σκηπτ-ουχία, ας (ἡ), commandement.

σκηπτ-οῦχος, ου (ὁ), porteur d'un sceptre; roi.

σκῆπτρον, ου (τό), 1° BÂTON. ‖ 2° sceptre; pouvoir suprême.

σκήπτω (*f.* ψω), I. *tr.*, 1° LANCER DE TOUTES SES FORCES (sur, *dat.*). ‖ 2° prétexter. — II. *intr.*, s'élancer (sur *dat.*).

— *Moy.*, 1° lancer (sur, *dat.*). ‖ 2° prétexter. ‖ 3° feindre.

σκηρίπτομαι, s'appuyer avec force (sur, *dat.*).

σκῆψις, εως (ἡ), prétexte; excuse.

σκιά, ᾶς (ἡ), ombre, *en tous sens.* — *Prov.* ὄνου σκιά, l'ombre d'un âne = chose sans importance.

σκια-γραφέω-ῶ (*f.* ήσω), dessiner; ébaucher.

σκια-γραφία, ας (ἡ), 1° dessin; perspective. ‖ 2° image illusoire.

σκιάδειον, ου (τό), parasol.

σκιάζω (*f.* άσω; *pass. aor.* ἐσκιάσθην), ombrager; voiler.

σκια-μαχέω-ῶ (*f.* ήσω), combattre une ombre (*c.-à-d. pour rien*).

σκιάς, άδος (ἡ), 1° parasol. ‖ 2° pavillon (*formant dôme*).

σκίασμα, ατος (τό), ombre (*d'un objet*).

σκια-τροφέω-ῶ (*f.* ήσω), 1° *tr.*, élever mollement (*à l'ombre de la maison*). || 2° *intr.*, être mou.

σκιάω-ῶ, obscurcir.

σκίδναμαι (*aor.* ἐσκιδνάσθην), 1° se disperser. || 2° se répandre.

σκιερός, ά, όν, ombreux; ombragé.

σκίλλα, ης (ἡ), scille.

σκιμαλίζω (*f.* ίσω, *att.* ιῶ), insulter.

σκίμ-πους, ποδος (ὁ), petit lit.

σκινδάλαμος, ου (ὁ), éclat de bois.

σκιο-ειδής, ής, ές, semblable à une ombre.

σκιόεις, όεσσα, όεν, ombreux; sombre.

σκιόωντο, 3° *pers. pl. impf. pass. de* σκιάω.

Σκιπίων, *comme* Σκηπίων.

σκίπων, ωνος (ὁ), bâton.

σκιραφεῖον, ου (τό), maison de jeu.

Σκιρο-φοριών, ῶνος (ὁ), Scirophorion (*mois, juin-juillet*).

σκιρτάω-ῶ (*f.* ήσω), sauter; danser.

σκίρτημα, ατος (τό), saut; danse.

σκίρων, ωνος (ὁ), vent de N.-O.

Σκιρωνίδες, ων (αἱ), les roches Scironiennes (*sur la route de Mégare à Athènes*).

σκληρ-αγωγέω-ῶ (*f.* ήσω), malmener.

σκληρός, ά, όν, dur (*en tous sens*).

σκληρότης, ητος (ἡ), dureté.

σκληρύνω (*f.* υνῶ), durcir.

σκληρῶς, *adv.*, durement.

σκόλιον, ου (τό), scolie (*chanson*).

σκολιός, ά, όν, 1° oblique; tortu. || 2° tortueux.

σκολόπενδρα, ας (ἡ), scolopendre.

σκόλοψ, οπος (ὁ), pieu; palissade.

σκόμβρος, ου (ὁ), maquereau.

σκοπ-άρχης, ου (ὁ), commandant d'éclaireurs.

Σκόπας, α (ὁ), Scopas.

σκόπελος, ου (ὁ), rocher.

σκοπεύω (*f.* σω), épier.

σκοπέω-ῶ (*f.* ήσω), *et moy.*, 1° REGARDER; observer. || 2° réfléchir : σκοπεῖν ὅπως, examiner comment. || 3° prendre garde (μή, que).

σκοπή, ῆς (ἡ), observatoire.

σκοπιά, ᾶς (ἡ), 1° cime; observatoire. ‖ 2° action de guetter.

σκοπιάζω (*f.* άσω), *et moy.*, guetter.

1. **σκοπός**, οῦ (ὁ), but : ἀπὸ σκοποῦ, hors de saison.

2. **σκοπός**, οῦ (ὁ, ἡ), 1° OBSERVATEUR; surveillant; guetteur. ‖ 2° protecteur.

σκορακίζω (*f.* ίσω, *att.* ιῶ), envoyer aux corbeaux.

σκορδινάομαι-ῶμαι (*f.* ήσομαι), bâiller.

σκοροδ-άλμη, ης (ἡ), sauce de saumure et d'ail.

σκοροδίζω (*f.* ίσω), nourrir d'ail.

σκόροδον, ου (τό), ail.

σκορπίος, ου (ὁ), 1° scorpion. ‖ 2° baliste.

σκοταῖος, ος *et* α, ον, ténébreux; dans la nuit.

σκοτεινότης, ητος (ἡ), obscurité.

σκοτεινῶς, *adv.*, obscurément.

σκοτία, ας (ἡ), obscurité.

σκότιος, α *et* ος, ον, 1° obscur. ‖ 1° secret. ‖ 3° illégitime.

σκοτο-δινέω-ῶ (*f.* ήσω), avoir le vertige.

σκοτο-δινιάω-ῶ (*f.* άσω), *même sens.*

σκοτο-ειδής, ής, ές, à l'air sombre.

σκοτόεις, όεσσα, όεν, *comme* σκότιος.

σκοτο-μήνιος, ος, ον, sans lune.

σκότος, ου (ὁ), *et* **σκότος**, ους (τό), 1° OBSCURITÉ; ténèbres : ἐν σκότῳ, en cachette. ‖ 2° endroit obscur. ‖ 3° aveuglement.

σκοτόω-ῶ (*f.* ώσω), 1° OBSCURCIR. ‖ 2° aveugler.

σκοτ-ώδης, ής, ές, 1° obscur. ‖ 2° aveuglé.

σκύβαλον, ου, (τό), déchets; ordure.

σκυδμαίνω, être fâché (contre, *dat.*).

σκύζομαι, *même sens.*

Σκύθης, ου (ὁ), Scythe.

Σκυθία, ας (ἡ), Scythie.

Σκυθικός, ή, όν, de Scythie.

σκυθρός, ά, όν, maussade; sombre.

σκυθρωπάζω (*f.* άσω), avoir l'air maussade.

σκυθρ-ωπός, ός, όν, *comme* σκυθρός.

σκυλακεία, ας (ἡ), élevage des petits chiens.

σκυλακεύω (*f.* σω), éle-

ver des petits chiens.
σκυλάκιον, ου (τό), tout petit chien.
σκυλακ-ώδης, ης, ες, propre à un petit chien.
σκύλαξ, ακος (ὁ, ἡ), jeune chien; jeune animal.
σκύλευμα, ατος (τό), dépouille.
σκυλεύω (*f.* σω), dépouiller un ennemi (*acc. ou gén.*) de (*gén. ou acc.*).
Σκύλλα, ης (ἡ), Scylla.
σκύλλω (*aor.* ἔσκυλα; *pass. aor.* 1 ἐσκύλθην, *aor.* 2 ἐσκύλην), écorcher.
σκυλο-δέψης *ou* **σκυλό-δεψος**, ου (ὁ), corroyeur.
σκῦλον, ου (τό), dépouille.
σκύμνος, ου (ὁ), 1° PETIT ANIMAL. ‖ 2° petit enfant.
Σκῦρος, ου (ἡ), Scyros.
σκυτάλη, ης (ἡ), 1° BÂTON; massue. ‖ 2° baguette pour message.
σκυτάλιον, ου (τό), petit bâton.
σκυταλίς, ίδος (ἡ), *même sens.*
σκύταλον, ου (τό), massue.
σκυτεύς, έως (ὁ), cordonnier.
σκυτεύω (*f.* σω), être cordonnier.
σκυτικός, ή, όν, de cordonnier.
σκύτινος, η, ον, de cuir.
σκυτο-δεψός, οῦ (ὁ), corroyeur.
σκῦτος, ους (τό), 1° peau; cuir. ‖ 2° lanière.
σκυτο-τομέω-ῶ (*f.* ήσω), 1° *tr.*, couper dans le cuir. ‖ 2° *intr.*, être cordonnier.
σκυτο-τομία, ας (ἡ), métier de cordonnier.
σκυτο-τομικός, ή, όν, de cordonnier. — N. ὁ σ., cordonnier.
σκυτο-τόμιον, ου (τό), boutique de cordonnier.
σκυτο-τόμος, ου (ὁ), cordonnier.
σκύφος, ου (ὁ), *et* **σκύφος**, ους (τό), coupe.
σκώληξ, ηκος (ὁ), ver.
σκῶλος, ου (ὁ), 1° piquet. ‖ 2° épine.
σκῶμμα, ατος (τό), raillerie.
σκωμμάτιον, ου (τό), petite raillerie.
σκωπτικός, ή, όν, railleur.
σκωπτόλης, ου (ὁ), moqueur.
σκώπτω (*f.* σκώψω *et* σκώψομαι; *pass. aor.* ἐσκώφθην), railler.
σκώρ, σκατός (τό), excrément.

σκωρία, ας (ἡ), scorie.
σκώψ, ωπός (ὁ), hibou.
σμαράγδιον, ου (τό), petite émeraude.
σμάραγδος, ου (ἡ), émeraude.
σμαραγέω-ῶ (*f.* ήσω), gronder ; bruire.
σμάω-ῶ (*f.* σμήσω), frotter. — *Moy.*, se nettoyer.
σμερδαλέος, α, ον, terrible.
σμερδνός, ή, όν, *même sens.*
σμῆνος, ους (τό), 1° ESSAIM ; foule. ‖ 2° ruche.
σμήρινθος, ου (ὁ), corde.
σμήχω (*f.* ξω), essuyer ; nettoyer.
σμικρός, *pour* μικρός.
σμῖλαξ, ακος (ἡ), if.
σμίλευμα, ατος (τό), entaille faite au ciseau.
σμίλη, ης (ἡ), ciseau ; tranchet.
Σμινθεύς, έως (ὁ), Sminthée (*surnom d'Apollon*).
σμινύη, ης (ἡ), hoyau.
σμυγερῶς, *adv.*, misérablement.
σμύρνα, ης (ἡ), myrrhe.
Σμύρνα, ης (ἡ), Smyrne.
Σμυρναῖος, α, ον, de Smyrne.
σμυρνο-φόρος, ος, ον, qui donne la myrrhe.
σμύχω (*f.* ξω), consumer.
σμῶδιξ, ιγγος (ἡ), contusion.
σμώχω (*f.* ξω), broyer ; essuyer.
σοβαρός, ά, όν, 1° violent. ‖ 2° insolent. ‖ 3° excessif.
σοβέω-ῶ (*f.* ήσω), 1° *tr.*, CHASSER ; pousser. ‖ 2° *intr.*, s'avancer avec arrogance *ou* en hâte.
σόβησις, εως (ἡ), hâte fébrile.
Σόγδοι, ων (οἱ), habitants de la Sogdiane.
Σόλοι, ων (οἱ), Soles (*ville*).
σολοικία, ας (ἡ), faute de langage.
σολοικίζω (*f.* ίσω, *att.* ιῶ), parler incorrectement.
σολοικισμός, οῦ (ὁ), 1° SOLÉCISME. ‖ 2° inconvenance.
σόλοικος, ος, ον, incorrect.
σόλος, ου (ὁ), disque de fer massif.
Σόλυμοι, ων (οἱ), les Solymes (*Lycie*).
Σόλων, ωνος (ὁ), Solon.
σομφός, ή, όν, spongieux.
σορο-πηγός, οῦ (ὁ), fabricant de cercueils.
σορός, οῦ (ἡ), cercueil ; urne funéraire.

σός, σή, σόν, ton, tien, le tien.

σοῦμαι, *pour* σεύομαι.

Σούνιον,ου (τό), Sunium (*promontoire*).

Σοῦσα, ων (τά), Suse.

Σουσίς, ίδος (ἡ), le pays de Suse.

σοφία, ας (ἡ), 1° HABILETÉ. || 2° savoir. || 3° sagesse. || 4° ruse.

σοφίζω (*f.* ίσω; *pass. f.* σοφισθήσομαι), 1° RENDRE HABILE *ou* SAGE. || 2° inventer habilement. — *Moy.*, 1° *tr.*, inventer habilement; altérer; duper. || 2° *intr.*, user d'artifices *ou* de sophismes.

σόφισμα, ατος (τό), 1° INVENTION HABILE. || 2° ruse. || 3° sophisme.

σοφισμάτιον, ου (τό), petit artifice.

σοφιστεία, ας (ἡ), argutie.

σοφιστεύω (*f.* σω), sophistiquer.

σοφιστής, οῦ (ὁ), 1° HOMME HABILE *ou* SAVANT. || 2° sophiste. || 3° charlatan; déclamateur.

σοφιστικός, ή, όν, de sophiste.

Σοφοκλῆς, έους (ὁ), Sophocle.

σοφός, ή, όν, 1° HABILE. || 2° savant. || 3° sage. || 4° rusé.

σοφῶς, *adv.*, 1° habilement. || 2° savamment. || 3° sagement.

σόω, *comme* σῴζω.

σπαδίζω (*f.* ίξω), arracher.

σπαθάω-ῶ (*f.* ήσω), 1° serrer les fils du tissu. || 2° gaspiller. || 3° divaguer.

σπάθη, ης (ἡ), spatule; battoir de tisserand.

σπαίρω, palpiter.

σπάκα *pour* κύνα (*en perse*).

σπανίζω (*f.* ίσω, *att.* ιῶ), 1° être rare. || 2° *act. et pass.*, manquer de, *gén.*

σπάνιος, α, ον, rare.

σπανιότης, ητος (ἡ), rareté; manque.

σπάνις, εως (ἡ), *mêmes sens.*

σπανιστός, ή, όν, rare

σπανίως, *adv.*, rarement.

σπανο-καρπία, ας (ἡ), manque de fruits.

σπανο-σιτία, ας (ἡ), manque de vivres.

σπάραγμα, ατος (τό), 1° lambeau. || 2° mise en lambeaux.

σπαραγμός, οῦ (ὁ), mise en lambeaux.

σπαράσσω, *att.* ττω (*f.* ξω), déchirer.

σπάργανον, ου (τό), lange.

σπαργανόω-ῶ (*f.* ώσω), emmailloter.

σπαργάω-ῶ (*f.* ήσω), être gonflé (de sève *ou* de désir).

σπαρῆναι, *inf. aor.* 2 *pass. de* σπείρω.

σπάρτη, ης (ἡ), corde.

Σπάρτη, ης (ἡ), Sparte.

Σπάρτη-θεν, *adv*, de Sparte.

Σπάρτην-δε, *adv.*, à Sparte (*avec mouv*ᵗ.).

Σπαρτιάτης, ου (ὁ), Spartiate.

Σπαρτιατικός, ή, όν, de Sparte.

Σπαρτιᾶτις, ιδος (ἡ), femme de Sparte.

σπαρτίον, ου (τό), petite corde.

σπάρτον, ου (τό), corde.

σπάρτος, ου (ὁ), sparte; genêt.

σπαρτός, ή, όν, semé; disséminé.

σπάσμα, ατος (τό), déchirure; convulsion.

σπασμός, οῦ (ὁ), *mêmes sens.*

σπαταλάω-ῶ (*f.* ήσω), être plongé dans le luxe.

σπατάλη, ης (ἡ), vie de luxe.

σπάω-ῶ (*f.* σπάσω; *pass. aor.* ἐσπάσθην), 1° TIRER; tirailler; déchirer. ‖ 2° humer; aspirer. ‖ 3° déboîter.
— *Moy.*, 1° tirer à soi. ‖ 2° aspirer; avaler.

σπεῖο, *imp. aor.* 2 *de* ἕπομαι.

σπεῖος, ους (τό), *pour* σπέος.

σπεῖρα, ας (ἡ), 1° SPIRALE. ‖ 2° corde; cordage. ‖ 3° compagnie de soldats.

σπείραμα, ατος (τό), entortillement; repli.

σπειρίον, ου (τό), vêtement d'étoffe légère.

σπεῖρον, ου (τό), 1° toile *ou* étoffe servant à envelopper. ‖ 2° voile de bateau.

σπείρω ((*f.* σπερῶ, *aor.* ἔσπειρα, *pf.* ἔσπαρκα. — *pass. aor.* 2 ἐσπάρην, *pf.* ἔσπαρμαι), 1° SEMER; ensemencer. ‖ 2° répandre. ‖ 3° engendrer.

σπένδω (*f.* σπείσω; *pass. aor.* ἐσπείσθην), 1° FAIRE UNE LIBATION; verser.
— *Moy.*, 1° *intr.*, traiter (*de la paix*). ‖ 2° *tr.*, régler (*une querelle*);

conclure (*un arrangement*).

σπέος, ους (τό), antre.

σπέρμα, ατος (τό), 1° SEMENCE. ‖ 2° germe; origine. ‖ 3° rejeton.

σπερματικός, ή, όν, qui concerne *ou* contient le germe.

σμερμο-λόγος, ος, ον, 1° qui ramasse les graines. ‖ 2° bouffon; bavard; gueux.

Σπερχειός, οῦ (ὁ), le Sperchius (*fleuve*).

σπέρχω (*pass. aor.* **ἐσπέρχθην**), 1° *tr.*, pousser vivement. ‖ 2° *intr.*, se ruer; se hâter.

— *Pass.*, 1° se ruer; se hâter : σπερχόμενος, impétueux. ‖ 2° être irrité (contre, *dat.*).

σπέσθαι, *inf. aor.* 2 *de* ἕπομαι.

σπεύδω (*f.* σπεύσω; *pass. pf.* ἔσπευσμαι) *et moy.*, 1° *tr.*, PRESSER; HÂTER; rechercher avec empressement. ‖ 2° *intr.*, SE HÂTER; s'efforcer.

σπήλαιον, ου (τό), caverne.

σπῆος (τό), *pour* σπέος.

σπιδής, ής, ές, ample.

σπιθαμή, ῆς (ἡ), empan.

σπιλάς, άδος (ἡ), écueil.

σπίλος, ου (ἡ), *même sens.*

σπιλόω-ῶ (*f.* ώσω), tacher.

σπινθήρ, ῆρος (ὁ), étincelle.

σπίνος, ου (ὁ), pinson.

σπλάγχνον, ου (τό), 1° ENTRAILLES. ‖ 2° cœur; âme.

σπλήν, ηνός (ὁ), rate.

σπογγιά, ᾶς (ἡ), éponge.

σπογγίζω (*f.* ίσω), éponger.

σπόγγος, ου (ὁ), éponge.

σποδέω-ῶ (*f.* ήσω), broyer; accabler.

σποδιά, ᾶς (ἡ), cendre.

σποδίζω (*f.* ίσω, *att.* ιῶ), 1° cuire sous la cendre. ‖ 2° réduire en cendres.

σποδός, οῦ (ἡ), 1° CENDRE. ‖ 2° poussière.

σποδόω-ῶ (*f.* ώσω), réduire en cendres.

σπολάς, άδος (ἡ), casaque de cuir; cuirasse.

σπονδ-αρχία, ας (ἡ) début des libations.

σπονδεῖος, α, ον, relatif aux libations.

σπονδή, ῆς (ἡ), 1° LIBATION. ‖ 2° *au pl.*, traité : σπονδὰς λύειν, rompre une trêve.

σπονδο-φόρος, ου (ὁ),

hérault de la paix *ou* de la trêve.

σπορά, ᾶς (ἡ), ensemencement; origine,

σποράδην, *adv.*, çà et là.

σποράς, άδος (ὁ, ἡ), épars; dispersé. — Σποράδες, ων (αἱ), les Sporades.

σπορητός, οῦ (ὁ), semailles.

σπόριμος, ος, ον, qu'on peut ensemencer.

σπόρος, ου (ὁ), ensemencement; temps des semailles.

σπουδάζω (*f.* άσω *et* άσομαι; *pass. aor.* ἐσπουδάσθην), I. *intr.*, 1° AVOIR DU ZÈLE; s'appliquer; s'intéresser; travailler à (*prép.*): σπουδάζειν ὅπως *ou inf.*, s'efforcer de. || 2° être sérieux.
II. 1° faire avec zèle. || 2° faire *ou* dire sérieusement. || 3° rechercher avec empressement.

σπουδαιο-λογέω-ῶ (*f.* ήσω), parler sérieusement.

σπουδαῖος, α, ον, 1° EMPRESSÉ; zélé. || 2° sérieux; honnête. || 3° (*d'une chose*) importante; grave.

σπουδαιότης, ητος (ἡ), 1° soin. || 2° honnêteté.

σπουδαίως, *adv.*, 1° avec zèle. || 2° sérieusement; honnêtement.

σπούδασμα, ατος (τό), objet d'empressement.

σπουδαστέος, α, ον, qu'il faut faire avec empressement.

σπουδαστικός, ή, όν, empressé; sérieux.

σπουδαστός, ή, όν, qui mérite l'empressement.

σπουδή, ῆς (ἡ), 1° EMPRESSEMENT : σπουδῇ, en hâte. || 2° zèle; ardeur : σπουδὴν ποιεῖσθαι, faire des efforts. || 3° attachement; intérêt. || 4° sérieux : σπουδῇ λέγειν, parler avec gravité.

σπυρίς, ίδος (ἡ), panier.

Στάγιρος, ου (ἡ), Stagire (*en Macédoine*).

στάγμα, ατος (τό), liquide versé goutte à goutte.

σταγών, όνος (ἡ), *même sens*.

σταδαῖος, α, ον, qui se tient debout.

σταδιαῖος, α, ον, d'un stade.

σταδιο-δρομέω-ῶ (*f.* ήσω), courir dans le stade.

σταδιο-δρόμος, ου (ὁ), coureur du stade.

στάδιον, ου (τό), 1° STADE (*longueur de 178 m. environ*). || 2° stade (*terrain de course*); course à pied : στάδιον νικᾶν, gagner le prix de la course.

1. **στάδιος, ου** (ὁ), *mêmes sens que le précédent.*

2. **στάδιος, α, ον**, qui se tient debout; ferme.

στάζω (*f.* ξω), 1° *tr.*, faire couler goutte à goutte. || 2° *intr.*, couler goutte à goutte.

σταθερός, ά, όν, fixé; en son plein.

σταθεύω (*f.* σω), rôtir.

σταθμάω-ῶ (*f.* ήσω), *et moy.*, 1° MESURER; peser. || 2° peser dans sa pensée; estimer.

σταθμέομαι, *voir* σταθμάω.

στάθμη, ης (ἡ), 1° CORDEAU. || 2° règle; mesure.

σταθμητός, ή, όν, tiré au cordeau.

σταθμίον, ου (τό), balance.

σταθμόν, οῦ (τό), *comme* σταθμός.

σταθμόν-δε, *adv.*, vers l'étable.

σταθμός, οῦ (ὁ), 1° STATION; logis; étable. || 2° || 2° ÉTAPE; halte. || 3° balance; poids. || 4° montant de porte.

σταθμόομαι, *voir* σταθμάω.

σταῖς, σταιτός (τό), pâte de farine.

σταίτινος, η, ον, fait avec de la pâte.

στακτός, ή, όν, distillé goutte à goutte.

στάλαγμα, ατος (τό), goutte.

σταλαγμός, οῦ (ὁ), chute goutte à goutte.

σταλάσσω, *att.* **ττω** (*f.* ξω), distiller goutte à goutte.

σταλῆναι, *inf. aor.* 2 *pass. de* στέλλω.

σταμίν, ῖνος (ὁ), montant du tillac.

στάμνος, ου (ὁ, ἡ), cruche.

στασιάζω (*f.* άσω), 1° *intr.*, être divisé par des dissensions; se révolter. || 2° *tr.*, diviser par des dissensions.

στασί-αρχος, ου (ὁ), chef de parti.

στασιασμός, οῦ (ὁ), sédition.

στασιαστικός, ή, όν, factieux.

στάσιμος, ος, ον, 1°

STABLE : immobile. || 2° constant ; ferme.

στάσις, εως (ἡ), 1° STATION ; stabilité. || 2° position ; état. || 3° dissentiment ; dissension ; révolte. || 4° parti politique.

στασι-ώδης, ης, ες, séditieux.

στασιώτης, ου (ὁ), factieux ; partisan.

στασιωτικός, ή, όν, *comme* στασιώδης.

στατήρ, ῆρος (ὁ), statère (*monnaie* = 20 *drachmes*).

στατικός, ή, όν, relatif au poids *ou* à l'équilibre des corps.

στατός, ή, όν, qui est debout ; fixe.

σταυρός, οῦ (ὁ), 1° PIEU ; palissade. || 2° croix.

σταυρόω-ῶ (*f.* ώσω), 1° munir de pieux. || 2° crucifier.

σταύρωμα, ατος (τό), palissade.

σταύρωσις, εως (ἡ), action de palissader.

σταφίς, ίδος (ἡ), raisin sec.

σταφυλή, ῆς (ἡ), grappe de raisin.

σταφύλη, ης (ἡ), niveau.

στάχυς, υος (ὁ), épi.

στέαρ, στέατος (τό), graisse.

στεγάζω (*f.* άσω), couvrir.

στεγανός, ή, όν, 1° couvert ; serré. || 2° caché ; discret.

στέγ-αρχος, ου (ὁ), maître du logis.

στέγασμα, ατος (τό), abri.

στεγαστρίς, ίδος (ἡ), qui recouvre.

στέγη, ης (ἡ), TOIT ; maison ; chambre.

στεγνός, ή, όν, 1° COUVERT. || 2° qui fait abri.

στέγος, ους (τό), toit ; demeure.

στέγω (*f.* στέξω). 1° COUVRIR. || 2° abriter ; défendre. || 3° contenir. || 4° cacher ; dissimuler. || 5° supporter ; tenir bon.

στείβω, fouler aux pieds.

στειλείη, ης (ἡ), *et* **στειλειόν, οῦ** (τό), manche de hache.

στεινός, *adj., pour* στενός.

στεῖνος, ους (τό), espace étroit.

στείνομαι, 1° être étroit. || 2° être rempli (de, *gén.-dat.*).

1. **στεῖρα, ας** (ἡ), étrave (*d'un navire*).

2. **στεῖρα, ας** *f.*, stérile.

στείχω (*aor.* 2 ἔστιχον), marcher ; s'avancer.

στέλεχος, ους (τό), tige ; tronc.

στέλλω, (*f.* στελῶ, *aor.* ἔστειλα, *pf.* ἔσταλκα ; *pass. aor.* 2 ἐστάλην, *pf.* ἔσταλμαι), *et moy.*, 1° ÉQUIPER. ‖ 2° ENVOYER. ‖ 3° mander. ‖ 4° arrêter ; carguer. ‖ 5° partir.
— *Sens partic. au moyen :* se préparer ; s'habiller.

στέμμα, ατος (τό), 1° BANDELETTE ; couronne ; guirlande. ‖ 2° tableau des ancêtres.

στέμφυλον, ου (τό), marc d'olive *ou* de raisin.

στέναγμα, ατος (τό), gémissement.

στεναγμός, οῦ (ὁ), *même sens*.

στενάζω (*f.* ξω), 1° gémir. ‖ 2° déplorer, *acc.*

στενακτός, ή, όν, 1° gémissant. ‖ 2° déplorable.

στεναχίζω *et moy.*, 1° GÉMIR. ‖ 2° déplorer, *acc.*

στενάχω, *et moy.*, 1° gémir. ‖ 2° déplorer, *acc.* ‖ 3° bruire.

στενο-λεσχέω-ῶ (*f.* ήσω), chicaner sur des riens.

στενο-πορία, ας (ἡ), défilé étroit.

στενό-πορος, ος, ον, qui forme un défilé étroit.

στενός, ή, όν, 1° ÉTROIT. ‖ 2° mesquin. ‖ 3° embarrassé ; dans la détresse.

στενότης, ητος (ἡ), étroitesse.

στενο-χωρέω-ῶ (*f.* ήσω), 1° être à l'étroit. ‖ 2° resserrer ; gêner.

στενο-χωρία, ας (ἡ), 1° espace étroit. ‖ 2° gêne ; angoisse.

Στέντωρ, ορος (ὁ), Stentor.

στένω *et moy.*, 1° *intr.*, gémir. ‖ 2° *tr.*, déplorer.

στεν-ωπός, ός, όν, étroit. — N. ὁ σ..., passage étroit.

στέργηθρον, ου *et* **στέργημα, ατος** (τό), affection ; charme.

στέργω (*f.* ξω, *pf.* 2 ἔστοργα ; *pass. aor.* ἐστέρχθην), 1° chérir. ‖ 2° désirer. ‖ 3° se contenter de (*acc.-dat. ou prép.*).

στερείς, *part. aor.* 2 *de* στέρομαι.

στερεός, ά, όν, 1° SOLIDE; vigoureux. || 2° dur.

στερεότης, ητος (ἡ), solidité; dureté.

στερεό-φρων, ων, ον, *gén.* ονος, au cœur ferme.

στερεόω-ῶ (*f.* ώσω), affermir; consolider.

στερέω-ῶ (*f.* ήσω), *pass.* ηθήσομαι *et* ήσομαι), priver (*acc.*) de (*gén.*).

στερεῶς, *adv.*, solidement; durement.

στέρησις, εως (ἡ), privation.

στερίσκω, priver.

στέριφος, η, ον, 1° solide. || 2° stérile.

στερκτικός, ή, όν, aimant.

στερκτός, ή, όν, aimable.

στέρνον, ου (τό), 1° POITRINE. || 2° cœur; sentiments.

στερν-οῦχος, ος, ον, à la vaste étendue.

στέρομαι, être privé de, *gén.*

στεροπή, ῆς (ἡ), éclair; éclat lumineux.

στεροπ-ηγερέτα (ὁ), qui rassemble les éclairs.

στέροψ, οπος (ὁ, ἡ), étincelant comme l'éclair.

στερρός, ά, όν, *comme* στερεός.

στερρότης, ητος (ἡ), *comme* στερεότης.

στερρῶς, *adv.*, *comme* στερεῶς.

στεῦμαι, 1° se tenir droit. || 2° promettre.

στεφάνη, ης (ἡ), 1° COURONNE; diadème. || 2° enceinte; corniche.

στεφανη-πλοκέω-ῶ (*f.* ήσω), tresser des couronnes.

στεφανη-φορέω-ῶ (*f.* ήσω), porter une couronne.

στεφανη-φορία, ας (ἡ), droit à porter une couronne.

στεφανη-φόρος, ος, ον, qui porte une couronne.

στεφανίας, ου (ὁ), *même sens.*

στεφανίτης, ου (ὁ), dont le prix est une couronne.

στεφανό-πωλις, ιδος (ἡ), marchande de couronnes.

στέφανος, ου (ὁ), 1° COURONNE. || 2° cercle; enceinte. || 3° prix (*du vainqueur*); gloire.

στεφανόω-ῶ (*f.* ώσω), 1° COURONNER. || 2° entourer. || 3° récompenser.
— *Moy.*, 1° entourer. || 2° se couronner.

στεφαν-ώδης, ης, ες, arrangé en couronne.

στεφάνωμα, ατος (τό), *comme* στέφανος.

στέφος, ους (τό), 1° couronne. ‖ 2° bandelette.

στέφω (*f.* ψω), *comme* στεφανόω.

στῆθι, *imp. aor.* 2 *de* ἵστημι.

στῆθος, ους (τό), 1° POITRINE. ‖ 2° cœur.

στήλη, ης (ἡ), 1° COLONNE; stèle. ‖ 2° colonne portant les affiches d'État. ‖ 3° borne.

στηλιτεύω (*f.* σω), afficher (*sur une colonne*).

στηλίτης, ου (ὁ), affiché comme infâme; flétri.

στημο-ρραγέω-ῶ (*f.* ήσω), se déchirer (*d'une étoffe*).

στήμων, ονος (ὁ), chaîne (*d'un tissu*).

στήριγμα, ατος (τό), support; appui.

στῆριγξ, ιγγος (ἡ), *mêmes sens*.

στηρίζω (*f.* ξω), 1° *tr.*, appuyer; soutenir; fixer. ‖ 2° *intr. et moy.*, s'appuyer; se fixer.

Στησί-χορος, ου (ὁ), Stésichore.

στιβαρός, ά, όν, fort; épais; compact.

στιβάς, άδος (ἡ), lit de feuilles.

στιβεύω, suivre à la trace.

στιβέω-ῶ (*f.* ήσω), poursuivre; parcourir.

στίβη, ης (ἡ), gelée blanche.

στίβος, ου (ὁ), chemin battu; piste.

στιγεύς, έως (ὁ), qui pique (*la chair*).

στίγμα, ατος (τό), piqûre; marque au fer rouge.

στιγματίας, ου (ὁ), marqué au fer rouge.

στιγμή, ῆς (ἡ), POINT; espace minime.

στίζω (*f.* ξω), 1° PIQUER. ‖ 2° tatouer; marquer au fer rouge.

στικτός, ή, όν, piqué; moucheté.

στίλβω (*f.* ψω), briller; étinceler.

στίλη, ης (ἡ), goutte d'eau.

στιλπνός, ή, όν, brillant.

στίξ, στιχός (ἡ), rang; rangée : κατὰ στίχας, par files.

στιπτός, ή, όν, foulé; pressé.

στῖφος, ους (τό), troupe compacte.

στιφρός, ά, όν, compact; ferme.

στιχάομαι-ῶμαι, s'avancer en rang.
στίχος, ου (ὁ), 1° RANG; ligne. || 2° vers.
στλεγγίς, ίδος (ἡ), 1° étrille. || 2° peigne de luxe pour femmes.
στοά, ᾶς (ἡ), portique. — *N. pr.*, le Portique : οἱ ἀπὸ τῆς Στοᾶς, les Stoïciens.
στοιϐάζω (*f.* άσω), bourrer.
στοιϐή, ῆς (ἡ), bourre.
στοιχεῖον, ου (τό), 1° principe; éléments. || 2° lettre de l'alphabet.
στοιχει-ώδης, ης, ες, élémentaire.
στοιχέω-ῶ, *comme* στιχάομαι.
στοιχίζω (*f.* ίσω), ranger.
στοῖχος, ου (ὁ), rang; ligne.
στολάς, άδος (ἡ), casaque de cuir.
στολή, ῆς (ἡ), 1° équipement. || 2° costume.
στολίζω (*f.* ίσω), 1° équiper. || 2° habiller.
στολίς, ίδος (ἡ), 1° robe. || 2° pli; ride.
στολμός, οῦ (ὁ), action de s'habiller; habillement.
στόλος, ου (ὁ), 1° VOYAGE : κοινὸς στόλος, voyage d'intérêt public. || 2° expédition militaire; armée; flotte. || 3° troupe; groupe. || 4° pointe de la proue.
στόμα, ατος (τό), 1° BOUCHE. || 2° face : κατὰ στόμα, de front. || 3 parole; voix : ἀπὸ στόματος λέγειν, parler de mémoire. || 4° ouverture; embouchure. || 5° pointe d'une épée.
στόμ-αργος, ος, ον, bavard.
στοματ-ουργός, ός, όν, fabricant de paroles.
στομ-αυλέω-ῶ (*f.* ήσω), jouer de la flûte.
στόμαχος, ου (ὁ), estomac.
στόμιον, ου (τό), mors.
στομόω-ῶ (*f.* ώσω), 1° fermer *ou* ouvrir la bouche à, *acc.* || 2° affiler; tremper (*le fer*); fortifier.
στόμωμα, ατος (τό), 1° embouchure; front. || 2° trempe (*du fer*); fermeté.
στόμωσις, εως (ἡ), action de tremper (*le fer*).
στοναχέω-ῶ (*f.* ήσω), 1° *intr.*, gémir. || 2° *tr.*, déplorer.
στοναχή, ῆς (ἡ), gémissement.
στονόεις, όεσσα, όεν, 1°

gémissant. || 2° déplorable.

στόνος, ου (ὁ), gémissement.

στόνυξ, υχος (ὁ), tranchant.

στοργή, ῆς (ἡ), tendresse.

στορέννυμι (*f.* στορέσω; *pass. aor.* ἐστορέσθην), 1° ÉTENDRE; coucher. || 2° aplanir; niveler. || 3° apaiser.

στόρνυμι, *comme le précédent.*

στοχάζομαι (*f.* άσομαι), *gén.*, 1° VISER; avoir comme but; atteindre. || 2° rechercher. || 3° conjecturer.

στόχασις, εως (ἡ), *et* **στοχασμός, οῦ** (ὁ), action de viser *ou* de conjecturer.

στόχασμα, ατος (τό), javeline.

στοχαστικός, ή, όν, qui sait viser *ou* conjecturer.

στόχος, ου (ὁ), 1° but. || 2° conjecture.

Στράβων, ωνος (ὁ), Strabon.

στραγγαλίζω (*f.* ίσω), étrangler.

στραγγεύομαι (*f.* σομαι), tergiverser.

στράπτω (*f.* ψω), faire des éclairs.

στρατ-άρχης, ου (ὁ), commandant d'armée.

στρατάομαι, être campé.

στρατεία, ας (ἡ), 1° expédition militaire. || 2° service militaire.

στράτευμα, ατος (τό), 1° campagne militaire. || 2° armée en campagne.

στρατεύσιμος, ος, ον, bon pour le service.

στράτευσις, εως (ἡ), expédition militaire.

στρατεύω (*f.* σω) *et moy.*, 1° servir comme soldat. || 2° faire campagne.

στρατηγεῖον, *comme* στρατήγιον.

στρατηγέω-ῶ (*f.* ήσω), 1° ÊTRE GÉNÉRAL. || 2° commander; diriger, *gén.-dat -acc.—Pass.*, être commandé; être accompli par un général.

στρατήγημα, ατος (τό), manœuvre militaire.

στρατηγία, ας (ἡ), 1° COMMANDEMENT D'ARMÉE; dignité de stratège. || 2° art du commandement. || 3° manœuvre.

στρατηγιάω-ῶ (*f.* άσω), ambitionner le commandement.

στρατηγικός, ή, όν, 1° de général : ἡ στρατηγική, l'art du commandement. ‖ 2° capable de commander.

στρατηγικῶς, *adv.*, en chef habile.

στρατήγιον, ου (τό), tente du général.

στρατηγίς, ίδος (ἡ), de général : ἡ σ.. (*s. ent.* ναῦς), le vaisseau amiral.

στρατηγός, οῦ (ὁ), 1° GÉNÉRAL ; stratège. ‖ 2° gouverneur.‖3° consul.

στρατ-ηλασία, ας (ἡ), campagne ; troupe en campagne.

στρατ-ηλατέω-ῶ (*f.* ήσω), conduire une armée.

στρατ-ηλάτης, ου (ὁ), commandant d'armée.

στρατιά, ᾶς (ἡ), 1° ARMÉE. ‖ 2° campagne.

στρατί-αρχος, ου (ὁ), commandant d'armée.

στράτιος, α, ον, qui dirige les armées.

στρατιώτης, ου (ὁ), soldat : ὦ ἄνδρες στρατιῶται, ô soldats.

στρατιωτικός, ή, όν, de soldat.

στρατιωτικῶς, *adv.*, militairement.

στρατιῶτις, ιδος (ἡ), de *ou* pour les soldats.

στρατο-λογέω-ῶ (*f.* ήσω), lever des troupes

Στρατονίκη, ης (ἡ), Stratonice.

στρατόομαι-οῦμαι, camper.

στρατοπεδ-άρχης, ου (ὁ), commandant ; tribun militaire.

στρατο-πεδεία, ας (ἡ), campement.

στρατο-πέδευσις, εως (ἡ), *même sens.*

στρατο-πεδεύω (*f.* σω) *et moy.*, camper.

στρατό-πεδον, ου (τό), 1° campement.‖2° armée.

στρατός, οῦ (ὁ), 1° ARMÉE. ‖ 2° foule.

Στράτων, ωνος (ὁ), Straton.

στραφείς, *part. aor.* 2 *pass. de* στρέφω.

στρέβλη, ης (ἡ), 1° cabestan. ‖ 2° roue de torture.

στρεβλός, ή, όν, 1° tordu. ‖ 2° tortueux.

στρεβλότης, ητος (ἡ), rouerie.

στρεβλόω-ῶ (*f.* ώσω), tordre ; torturer.

στρέβλωσις, εως (ἡ), torture.

στρέμμα, ατος (τό), luxation.

στρέπτ-αιγλος, ος, ον, aux lueurs d'éclair.

στρεπτικός, ή, όν, qui fait tourner.

στρεπτός, ή, όν, 1° TOURNÉ; tressé. || 2° qu'on peut tourner *ou* manier. — N. ὁ σ... collier.

στρεπτο-φόρος, ος, ον, qui porte un collier.

στρεύγομαι, s'épuiser.

στρεφε-δινέομαι-οῦμαι (*f.* ηθήσομαι), tournoyer.

στρέφω (*f.* ψω, *pf.* 2 ἔστροφα; *pass. f.* στρεφθήσομαι, *f.* 2 στραφήσομαι, *pf.* ἔστραμμαι), 1° TOURNER; retourner; tordre. || 2° changer; faire changer d'avis. || 3° tourner dans son esprit. || 4° *intr.*, tourner; se retourner. — *Moy.-pass.*, 1° se tourner; revenir sur ses pas. || 2° se trouver en un lieu. || 3° s'intéresser à, *gén.*

Στρεψιάδης, ου (ὁ), Strépsiade.

στρεψο-δικέω-ῶ (*f.* ήσω), tourner la justice.

στρηνιάω-ῶ (*f.* άσω), vivre dans le plaisir.

στρῆνος, ους (τό), faste.

στροβέω-ῶ (*f.* ήσω), faire tourner; bouleverser.

στρόβιλος, ου (ὁ), 1° TOUPIE. || 2° pomme de pin. || 3° tourbillon; cyclone.

στρόβος, ου (ὁ), tourbillon.

στρογγυλίζω (*f.* ίσω), arrondir.

στρογγύλος, η, ον, 1° ROND. || 2° trapu. || 3° précis.

στρογγύλως, *adv.*, en style précis.

στρόμβος, ου (ὁ), *comme* στρόβιλος.

στρουθίον, ου (τό), petit moineau.

στρουθο-κάμηλος, ου (ὁ, ἡ), autruche.

στρουθός, οῦ (ὁ, ἡ), 1° moineau. || 2° autruche.

στροφάλιγξ, ιγγος (ἡ), 1° tourbillon. || 2° gond.

στροφαλίζω (*f.* ίξω), faire tourner.

στροφάς, άδος (ὁ, ἡ), tourbillonnant.

στροφεύς, έως (ὁ), gond.

στροφή, ῆς (ἡ), 1° TOUR; conversion; évolution. || 2° ruse.

στρόφιγξ, ιγγος (ὁ), pivot.

στρόφιον, ου (τό), bandeau.

στρόφις, ιος (ὁ), astucieux.
στρόφος, ου (ὁ), cordon ; ceinture.
Στρυμόνιος, α, ον, du Strymon.
Στρυμών, όνος (ὁ), le Strymon.
στρυφνός, ή, όν, âpre ; âcre.
στρυφνότης, ητος (ἡ), âpreté ; âcreté.
στρῶμα, ατος (τό), tapis ; couverture.
στρωματό-δεσμον, ου (τό), sac à literie.
στρωμνή, ῆς (ἡ), lit ; couverture.
στρώννυμι (*f.* στρώσω), étendre.
στρωτός, ή, όν, étendu.
στρωφάω-ῶ (*f.* ήσω), 1° *tr.*, TOURNER. ‖ 2° *intr.*, se tourner.
— *Moy.*, circuler : se trouver habituellement en un lieu.
στυγ-άνωρ, ορος (ὁ), misanthrope.
στυγερός, ά, όν, 1° odieux. ‖ 2° misérable.
στυγερῶς, *adv.*, affreusement.
στυγέω-ῶ (*f.* ήσω, *aor.* 1 ἔστυξα, *aor.* 2 ἔστυγον ; *pass.* *f.* στυγηθήσομαι *et* στυγήσομαι), 1° HAIR. ‖ 2° craindre. ‖ 3° rendre odieux.
στυγητός, ή, όν, haï.
Στύγιος, α, ον, 1° du Styx. ‖ 2° abominable.
στυγνός, ή, όν, 1° HAISSABLE. ‖ 2° sombre. ‖ 3° qui hait.
στύγος, ους (τό), 1° HAINE. ‖ 2° tristesse. ‖ 3° objet d'horreur.
στῦλος, ου (ὁ), colonne.
Στύμφαλος, ου (ἡ), Stymphale (*en Arcadie*).
Στύξ, υγός (ἡ), 1° Styx. ‖ 2° objet d'horreur.
στυππεῖον, ου (τό), étoupe.
στυππειο-πώλης, ου (ὁ), marchand d'étoupe.
στυπτηρία, ας (ἡ), alun.
στυράκιον, ου (τό), petite lance.
1. **στύραξ**, ακος (ὁ), bout de lance.
2. **στύραξ**, ακος (ὁ), résine ; arbre résineux.
στυφελιγμός, οῦ (ὁ), coups ; outrage.
στυφελίζω (*f.* ίξω), 1° frapper ; maltraiter. ‖ 2° chasser.
στυφελός, ή, όν, dur ; âpre.
στυφλός, ός, όν, *même sens.*
σύ, toi, tu.

συβαρίζω (*f.* ίσω), vivre en Sybarite.

Σύβαρις, ιδος *ou* **ιος** (ἡ), Sybaris.

Συβαρίτης, ου (ὁ), Sybarite.

σύ-βοσιον, ου (τό), troupeau de porcs.

συ-βώτης, ου (ὁ), porcher.

συγ-γάμος, ος, ον, marié à.

συγ-γένεια, ας (ἡ), 1° PARENTÉ. || 2° les parents.

συγ-γενέτειρα, ας (ἡ), sœur.

συγ-γενής, ής, ές, 1° INNÉ. || 2° parent : τὸ συγγενές, la parenté. || 3° analogue.

συγ-γενικός, ή, όν, de naissance ; de parent.

συγ-γενικῶς, *adv.*, en parent.

συγ-γενίς, ίδος (ἡ), parenté.

συγ-γεννάω-ῶ (*f.* ήσω), engendrer en même temps.

συγ-γεννήτωρ, ορος (ὁ), père commun.

συγ-γεωργέω-ῶ (*f.* ήσω), cultiver la terre avec.

συγ-γηράσκω (*f.* άσομαι), vieillir avec, *dat.*

συγ-γί(γ)νομαι (*f.* γενήσομαι, *etc.*), *dat.*, 1° NAITRE AVEC. || 2° fréquenter ; s'entendre avec : οἱ συγγιγνόμενοι, les compagnons. || 3° se consacrer à. || 4° aider.

συγ-γι(γ)νώσκω (*f.* γνώσομαι, *etc.*), *et moy.* *dat.*, 1° ÊTRE DU MÊME AVIS QUE. || 2° avoir conscience : συνέγνωσαν ἑαυτοῖς ἡμαρτηκότες, ils eurent conscience d'avoir failli. || 3° permettre ; pardonner.

σύγ-γνοια, ας (ἡ), *comme le suivant.*

συγ-γνώμη, ης (ἡ), PARDON ; permission.

συγ-γνωμονικός, ή, όν, indulgent.

συγ-γνωμοσύνη, ης (ἡ), indulgence.

συγ-γνώμων, ων, ον, *gén.* ονος, indulgent ; qui pardonne ; qui consent, *dat.*

συγ-γνωστός, ός, όν, pardonnable.

σύγ-γονος, ος, ον, 1° INNÉ. || 2° parent de naissance : οἱ σύγγονοι, les parents.

σύγ-γραμμα, ατος (τό), 1° ÉCRIT. || 2° article de loi.

συγ-γραφεύς, έως (ὁ), 1° ÉCRIVAIN ; historien.

|| 2° rapporteur des projets de lois.

συγ-γραφή, ῆς (ἡ), 1° COMPOSITION D'UN ÉCRIT; écrit; ouvrage en prose. || 2° contrat; pièce officielle.

συγ-γραφικός, ή, όν, relatif aux écrits, à l'histoire.

συγ-γραφικῶς, *adv.*, avec la forme exacte d'un contrat.

συγ-γράφω (*f.* άψω, *etc.*) *et moy.*, 1° ÉCRIRE; composer. || 2° rédiger (*un contrat. etc.*). || 3° décrire; dépeindre.

συγ-γυμνάζομαι (*f.* άσομαι), s'exercer avec.

συγ-γυμναστής, οῦ (ὁ), camarade.

συγ-καθ-αιρέω-ῶ (*f.* αιρήσω, *etc.*), renverser *ou* achever ensemble.

συγ-καθ-αρμόζω (*f.*σω), soigner ensemble.

συγ-καθ-ίζομαι (*f.* εδοῦμαι), être assis ensemble.

συγ-καθ-είργω (*f.* ξω), enfermer ensemble.

συγ-καθ-εύδω (*f.* ευδήσω), dormir ensemble.

συγ-κάθημαι, être assis ensemble.

συγ-καθίζω (*f.* ιζήσω, *etc.*), *et moy.*, siéger ensemble.

συγ-καθ-ίημι (*f.* ήσω, *etc.*), 1° *tr.*, faire descendre. || 2° *intr.*, s'abaisser avec; condescendre.

συγ-καθ-ίστημι (*f.* στήσω, *etc.*), 1° établir; régler ensemble. || 2° *intr. et moy.*, se mesurer avec, *dat.*

συγ-καίω (*f.* καύσω), brûler complètement.

συγ-καλέω-ῶ (*f.* έσω), appeler ensemble; convoquer.

συγ-καλύπτω (*f.* ψω), envelopper complètement. — *Moy.*, se couvrir entièrement.

συγ-κάμνω (*f.* καμοῦμαι), *dat.*, travailler *ou* souffrir avec; assister.

συγ-κάμπτω (*f.* κάμψω), ployer ensemble.

συγ-κασιγνήτη, ης (ἡ), sœur.

σύγ-κασις, ιος (ἡ), *même sens.*

συγ-κατα-βαίνω (*f.* βήσομαι, *etc.*), 1° descendre ensemble. || 2° condescendre, *dat.*

συγ-κατα-βιόω-ῶ (*f.* βιώσομαι), vivre avec, *dat.*

συγ-κατα-γηράσκω (*f.*

γηράσομαι), vieillir avec, *dat.*

συγ-κατ-άγω (*f.* άξω), ramener ensemble.

συγ-κατα-διώκω (*f.* διώξω), poursuivre ensemble.

συγ-κατα-δουλόω-ῶ (*f.* δουλώσω), asservir ensemble.

συγ-κατα-ζάω-ῶ, *comme* συγκαταδιόω.

συγ-κατα-ζεύγνυμι (*f.* ζεύξω), unir ensemble.

συγ-κατα-θάπτω (*f.* θάψω), ensevelir ensemble.

συγ-κατά-θεσις, εως (ἡ), approbation.

συγ-κατα-θέω (*f.* θεύσομαι), accourir ensemble.

συγ-κατ-αίθω, brûler ensemble.

συγ-κατ-αινέω-ῶ (*f.* έσω), consentir à, *dat.*; approuver, *acc.*

συγ-κάτ-αινος, ος, ον, consentant.

συγ-κατα-καίω (*f.* καύσω), brûler ensemble.

συγ-κατά-κειμαι (*f.* κείσομαι), être couché avec, *dat.*

συγ-κατα-κλείω (*f.* κλείσω), enfermer (*acc.*) avec, *dat.*

συγ-κατα-κλίνομαι (*f.* κλιθήσομαι), être couché avec, *dat.*

συγ-κατα-κόπτω (*f.* κόψω), anéantir.

συγ-κατα-κτάομαι-ῶμαι (*f.* κτήσομαι), acquérir (*acc.*) avec, *dat.*

συγ-κατα-κτείνω (*f.* κτενῶ), massacrer ensemble.

συγ-κατα-λαμβάνω (*f.* λήψομαι), occuper ensemble.

συγ-κατα-λέγω (*f.* λέξω), choisir ensemble.

συγ-κατα-λείπω (*f.* λείψω), abandonner ensemble.

συγ-κατα-λύω (*f.* λύσω), anéantir ensemble.

συγ-κατα-μίγνυμι (*f.* μίξω), mêler (*acc.*) avec (*dat.*).

συγ-κατα-νέμομαι (*f.* νεμοῦμαι), partager entre soi.

συγ-κατα-νεύω (*f.* σω), consentir à.

συγ-κατα-πράσσω, *att.* **ττω** (*f.* ξω), accomplir (*acc.*) avec (*dat.*).

συγ-κατα-ρρίπτω (*f.* ψω), abattre (*acc.*) avec (*dat.*).

συγ-κατα-σκεδάννυμι (*f.* σκεδάσω), répandre simultanément.

συγ-κατα-σκευάζω (*f.* άσω), préparer (*acc.*) de concert avec (*dat.*).

συγ-κατα-στρέφομαι (*f.* στρέψομαι), renverser (*acc.*) avec (*dat.*).

συγ-κατα-τάσσω, *att.* **ττω** (*f.* ξω), organiser (*acc.*) avec (*dat.*).

συγ-κατα-τίθεμαι (*f.* θήσομαι), approuver, *dat.*

συγ-κατα-φέρω (*f.* οίσω), emporter ensemble.

συγ-κατα-ψεύδομαι (*f.* ψεύσομαι), calomnier (*gén.*) de concert.

συγ-κατα-ψηφίζομαι (*f.* ψηφίσομαι), condamner qq'un (*gén.*) de concert.

συγ-κάτ-ειμι (*f.* ειμι), descendre avec, *dat.*

συγ-κατ-εργάζομαι (*f.* εργάσομαι), exécuter (*acc.*) avec (*dat.*).

συγ-κατ-έρχομαι (*f.* ελεύσομαι), revenir avec, *dat.*

συγ-κατ-εύχομαι (*f.* εύξομαι), prier de concert.

συγ-κατ-ηγορέω-ῶ (*f.* ήσω), accuser (*acc.*) avec (*dat.*).

συγ-κατ-οικέω-ῶ (*f.* ήσω), habiter avec (*dat.*).

συγ-κατ-οικίζω (*f.* ίσω), coloniser (*acc.*) avec (*dat.*).

συγ-κατ-οικτίζομαι (*f.* ίσομαι, *att.* ιοῦμαι), compatir, *acc.*

σύγ-καυσις, εως (ἡ), combustion.

σύγ-κειμαι (*f.* κείσομαι), 1° être couché *ou* être avec. ‖ 2° être composé de. ‖ 3° être combiné ‖ 4° être convenu : σύγκειται, *impers.*, il est convenu; τὰ συγκείμενα, les conventions.

συγ-κελεύω (*f.* κελεύσω), ordonner ensemble

συγ-κεντέω-ῶ (*f.* ήσω), piquer en même temps.

συγ-κεράννυμι (*f.* κεράσω, *etc.*), mêler ensemble.

— *Moy.*, 1° contracter. ‖ 2° se mêler à; être livré à, *dat.*

συγ-κεφαλαιόω-ῶ (*f.* ώσω), récapituler.

συγ-κεφαλαίωσις, εως (ἡ), récapitulation.

συγ-κηδεστής, οῦ (ὁ), beau-frère.

συγ-κινδυνεύω (*f.* σω), partager les dangers avec (*dat.*).

συγ-κινέω-ῶ (*f.* ήσω), mouvoir simultanément.

συγ-κλάω-ῶ (*f.* κλάσω), briser en même temps.

σύγ-κλεισις, εως (ἡ), ligne serrée de soldats.

συγ-κλείω (*f.* κλείσω), 1° ENFERMER ENSEMBLE ; enfermer ; investir. || 2° clore. || 3° serrer : σ. τὰς ἀσπίδας, rapprocher les boucliers = serrer les rangs. || 4° contraindre ; réduire.

σύγ-κληρος, ος, ον, associé par le sort ; voisin.

συγκλητικός, ή, όν, du sénat. — N. (ὁ), sénateur.

σύγ-κλητος, ος, ον, convoqué. — N. (ἡ), le sénat.

συγ-κλῄω, *comme* συγκλείω.

συγ-κλίνομαι (*f.* κλιθήσομαι), être couché avec, *dat.*

συγ-κλίτης, ου (ὁ), convive.

συγ-κλονέω-ῶ (*f.* ήσω), troubler ensemble.

συγ-κλύζομαι (*f.* κλυσθήσομαι), être submergé par les flots.

σύγ-κλυς, υδος (ὁ, ἡ), entassé pêle-mêle.

συγ-κοιμάομαι-ῶμαι (*f.* κοιμήσομαι), coucher avec, *dat.*

συγ-κοινόομαι-οῦμαι (*f.* ώσομαι), communiquer.

συγ-κοινωνέω-ῶ (*f.* ήσω), avoir avec (*dat.*) une part de (*gén.*).

συγ-κοίνωνος, ος, ον, qui a sa part de, *gén.*

σύγ-κοιτος, ου (ὁ), époux.

συγ-κολάζω (*f.* κολάσω), châtier de concert.

συγ-κολλάω-ῶ (*f.* ήσω), coller ensemble.

συγ-κομιδή, ῆς (ἡ), 1° amas. || 2° récolte.

συγ-κομίζω (*f.* ίσω, *att.* ιῶ), AMASSER ; récolter. || 2° enterrer. — *Moy.*, 1° recueillir pour soi. || 2° appeler près de soi.

συγ-κόπτω (*f.* κόψω), 1° TAILLER. || 2° frapper ; anéantir.

συγ-κοσμέω-ῶ (*f.* ήσω), arranger ensemble ; apprêter.

σύγ-κρασις, εως (ἡ), 1° mélange. || 2° état physique.

συγ-κρατέω-ῶ (*f.* ήσω), retenir ; conserver.

συγ-κρίνω (*f.* κρινῶ), 1° COMBINER. || 2° comparer. || 3° supposer.

σύγ-κρισις, εως (ἡ), 1° combinaison. || 2° comparaison. || 3° conjecture.

συγ-κριτικός, ή, όν, apte à combiner *ou* à comparer.

συγ-κροτέω-ῶ (*f.* ήσω), 1° FRAPPER ENSEMBLE. || 2° applaudir. || 3° combiner. || 4° dresser.

σύγ-κρουσις, εως (ἡ), 1° CHOC. || 2° dissension.

συγ-κρούω (*f.* κρούσω), 1° HEURTER. || 2° mettre en conflit. || 3° se heurter.

συγ-κρύπτω (*f.* κρύψω), 1° cacher (*acc.*) avec (*dat.* || 2° cacher.

συγ-κτάομαι-ῶμαι (*f.* κτήσομαι), acquérir ensemble.

συγ-κτίζω (*f.* κτίσω), fonder *ou* cultiver (*acc.*) avec (*dat.*).

συγ-κτίστης, ου (ὁ), fondateur en commun de colonie.

συγ-κυβευτής, οῦ (ὁ), camarade de jeu (*de dés*).

συγ-κυβεύω (*f.*σω), jouer aux dés avec (*dat.*).

συγ-κυκάω-ῶ (*f.* ήσω), mêler; confondre.

συγ-κυλινδέομαι-οῦμαι, se rouler ensemble dans (*dat.*).

συγ-κυνηγός, οῦ (ὁ), compagnon de chasse.

συγ-κύπτω (*f.* κύψω), 1° s'incliner. || 2° comploter ensemble.

συγ-κυρέω-ῶ (*f.* κυρήσω *ou* κύρσω), 1° SE RENCONTRER. || 2° tomber dans, *dat.* || 3° survenir; échoir : συγκυρεῖ, *impers.*, il arrive que.

συγ-κύρημα, ατος (τό), événement fortuit.

συγ-χαίρω (*f.* χαρήσομαι, *etc.*), se réjouir avec, *dat.*

συγ-χειρ-ουργέω-ῶ (*f.* ήσω), travailler avec, *dat.*

συγ-χέω (*f.* χέω, *etc*), 1° VERSER ENSEMBLE; brouiller. || 2° troubler; bouleverser. || 3° annihiler; effacer; détruire.

συγ-χορευτής, οῦ (ὁ), compagnon dans les chœurs.

συγ-χορηγέω-ῶ (*f.*ήσω), être chorège avec, *dat.*

συγ-χορηγός, οῦ (ὁ), collègue comme chorège.

συγ-χόω, *comme* συγχώννυμι.

συγ-χράομαι-ῶμαι (*f.* χρήσομαι), 1° profiter de, *dat.* || 2° emprunter, *acc.*

σύγ-χυσις, εως (ἡ), 1°

mélange. || 2° bouleversement; désordre.

συγ-χωνεύω (*f.* χωνεύσω), fondre ensemble (*des métaux*).

συγ-χώννυμι (*f.* χώσω), 1° couvrir de terre. || 2° démolir; combler.

συγ-χωρέω-ῶ (*f.* ήσω), A. *intr.*, 1° MARCHER ENSEMBLE; se réunir; s'entendre (avec, *dat.*). || 2° céder; se retirer de, *gén.* || 3° consentir à, *dat.* — B. *tr.*, ACCORDER; accepter, *acc.* — *Impers.* συγχωρεῖ, il importe; il est permis.

συγ-χώρημα, ατος (τό), concession.

συγ-χώρησις, εως (ἡ), *même sens.*

συγ-χωρητέος, α, ον, qu'il faut accorder.

σύδην, *adv.*, en toute hâte.

σύειος, α, ον, de porc.

συ-ζάω-ῶ (*f.* ζήσω, *etc.*), vivre avec, *dat.*

συ-ζεύγνυμι (*f.* ζεύξω, *etc.*), atteler ensemble; unir.

σύ-ζευξις, εως (ἡ), union.

συ-ζητέω-ῶ (*f.* ήσω), chercher avec, *dat.*

συ-ζυγέω-ῶ (*f.* ήσω), être attaché à, *dat.*

συ-ζυγία, ας (ἡ), union; couple.

συ-ζύγιος, α, ον, uni (à).

σύ-ζυγος, ος, ον, uni; conjoint. N. ὁ σ..., compagnon.

σύζυξ, υγος (ὁ, ἡ), *même sens.*

συΐδιον, ου (τό), petit porc.

συκάζω (*f.* άσω), cueillir des figues.

συκάμινον, ου (τό), mûre.

συκῆ, ῆς *et* **συκέη, ης** (ἡ), 1° FIGUIER. || 2° figue.

σύκινος, η, ον, de figuier; de figues.

συκό-μορος, ου (ἡ), sycomore.

σῦκον, ου (τό), figue.

συκο-φαντέω-ῶ (*f.* ήσω), 1° *intr.*, être sycophante. || 2° *tr.*, accuser calomnieusement.

συκο-φάντημα, ατος (τό), accusation calomnieuse.

συκο-φάντης, ου (ὁ), sycophante; calomniateur.

συκο-φαντία, ας (ἡ), métier de délateur; esprit de chicane.

συκο-φαντικῶς, *adv.*, calomnieusement.

συλ-αγωγέω-ῶ (*f.* ήσω), piller.

συλάω-ῶ (*f.* ήσω), 1° DÉPOUILLER, τινά τινος *ou* τι; piller. ‖ 2° saisir; ôter.

συλεύω (*f.* σω), *mêmes sens.*

συλέω-ῶ *et moy.*, *mêmes sens.*

σύλη, ης (ἡ), dépouille.

συλλαβή, ῆς (ἡ), syllabe.

συλ-λαγχάνω (*f.* λήξομαι, *etc.*), obtenir (*acc.*) par le sort avec (*dat.*).

συλ-λαμβάνω (*f.* λήψομαι, *etc.*) *et moy.*, PRENDRE (ensemble); emporter. ‖ 2° enfermer; embrasser; résumer. ‖ 3° comprendre par la pensée. ‖ 4° aider; contribuer à, *dat.* ‖ 5° prendre sa part de, *gén.*

Σύλλας, α *ou* ου (ὁ), Sylla.

συλ-λέγω (*f.* λέξω, *etc.*), 1° RASSEMBLER; réunir : σ. τὴν βουλήν, convoquer le sénat. ‖ 2° résumer; conclure. — *Moy*, rassembler pour son compte.

συλ-λείβω (*f.* λείψω), verser goutte à goutte.

σύλ-λεκτρος, ος, ον, qui partage le lit de, *gén.* - *dat.*

συλ-λήβδην, *adv.*, en un mot; bref.

συλ-λήγω (*f.* λήξω), finir ensemble.

σύλ-ληξις, εως (ἡ), groupement par le sort.

συλ-λήπτρια, ας (ἡ), auxiliaire.

συλ-λήπτωρ, ορος (ὁ), auxiliaire; aide.

σύλ-ληψις, εως (ἡ), 1° ACTION DE PRENDRE. ‖ 2° action de comprendre par la pensée. ‖ 3° assistance; aide.

συλ-λογή, ῆς (ἡ), 1° ASSEMBLAGE; amas. ‖ 2° perception. ‖ 3° enrôlement de troupes.

συλ-λογίζομαι (*f.* λογίσομαι), 1° CALCULER; récapituler. ‖ 2° examiner. ‖ 3° raisonner.

συλ-λογισμός, οῦ (ὁ), 1° CALCUL. ‖ 2° raisonnement; syllogisme. ‖ 3° hypothèse.

συλ-λογιστέος, α, ον, qu'il faut conclure.

συλ-λογιστικός, ή, όν, qui a rapport au raisonnement.

συλ-λογιστικῶς, *adv.*, par voie de raisonnement.

σύλ-λογος, ου (ὁ), réunion.

συλ-λοχίζω (*f.* ίσω),

grouper par compagnies.

συλ-λοχίτης, ου (ὁ), soldat de la même compagnie.

συλ-λυπέομαι-οῦμαι (*f.* λυπηθήσομαι), compatir à, *dat.*

συλ-λύω (*f.* λύσω), délier avec ; terminer.

σῦλον, ου (τό), saisie ; séquestre.

σῦμα, ατος (τό), *pour* θῦμα.

συμ-βαίνω (*f.* βήσομαι, *etc.*), 1° MARCHER ENSEMBLE ; se réunir. || 2° être d'accord avec ; ressembler à, *dat.* || 3° traiter ; faire alliance avec, *dat. ou prép.* || 4° en venir aux mains. || 5° ARRIVER ; échoir ; réussir ; se trouver : τὰ συμβάντα, les événements. || 6° *Impers.*, il arrive que.

συμ-βακχεύω (*f.* σω), célébrer de concert les fêtes de Bacchus.

συμ-βάλλω (*f.* βαλῶ, *etc.*), A. *tr.*, 1° JETER ENSEMBLE ; rassembler ; σ. ἀσπίδας, heurter les boucliers (*entre ennemis*). || 2° mettre en commun ; échanger ; prêter : σ. λόγους, échanger des paroles. || 3° mettre aux prises : σ. μάχην, engager la bataille. || 4° comparer. || 5° conjecturer.
B. *intr.*, se rencontrer ; s'entretenir ; en venir aux mains (avec, *dat.*).
Moy., A. *tr.*, 1° MÊLER ; échanger. || 2° contribuer. || 3° traiter ; stipuler. || 4° conjecturer.
B. se rencontrer ; s'entretenir ; en venir aux mains (avec, *dat.*).

σύμ-βαμα, ατος (τό), accident.

συμ-βατείω, chercher un accommodement avec, *dat.*

συμ-βασιλεύω (*f.* σω), régner avec, *dat.*

σύμ-βασις, εως (ἡ), arrangement ; traité.

συμ-βατήριος, ος, ον, qui désire traiter.

συμ-βατικός, ή, όν, *même sens.*

συμ-βεβιασμένος, η, ον, joint par la force.

συμ-βιβάζω (*f.* βιβάσω, *etc.*), 1° rapprocher ; réconcilier. || 2° raisonner ; déduire.

σύμ-βιος, ος, ον, qui vit avec, *dat.*

συμ-βιόω-ῶ (*f.* βιώσομαι), vivre avec, *dat.*

συμ-βίωσις, εως (ἡ), vie commune.

συμ-βλητός, ή, όν, comparable.

συμ-βοάω-ῶ, crier avec, *dat.*

συμ-βοήθεια, ας (ἡ), secours commun.

συμ-βοηθέω-ῶ (*f.* ήσω), secourir (*dat.*) avec d'autres.

συμ-βόλαιον, ου (τό), 1° SIGNE. || 2° contrat; engagement.

συμ-βόλαιος, α, ον, relatif aux contrats.

συμ-βολέω-ῶ (*f.* ήσω), rencontrer, *dat.*

συμ-βολή, ῆς (ἡ), 1° JONCTION; réunion. || 2° rencontre. || 3° combat. || 4° contrat; pacte. || 5° écot : δειπνεῖν ἀπὸ συμβολῶν, dîner en pique-nique.

σύμ-βολον, ου (τό), 1° SIGNE; marque; jeton. || 2° signal. || 3° présage. || 4° emblême, drapeau. || 5° pacte : σύμβολα ποιεῖσθαι, faire des conventions. || 6° symbole.

σύμ-βολος, ου (ὁ), signe; présage.

συμ-βούλευμα, ατος (τό), conseil.

συμ-βουλευτής, οῦ (ὁ), conseiller.

συμ-βουλευτικός, ή, όν, délibératif.

συμ-βουλεύω (*f.* σω), conseiller. — *Moy.*, délibérer avec, *dat.*

συμ-βουλή, ῆς (ἡ), 1° CONSEIL. || 2° délibération.

συμ-βουλία, ας (ἡ), *et* **συμ-βούλιον, ου** (τό), *mêmes sens.*

συμ-βούλιον, ου (τό), 1° conseil (*assemblée*). || 2° avis.

συμ-βούλομαι (*f.* βουλήσομαι), vouloir avec, *dat.*

σύμ-βουλος, ου (ὁ, ἡ), conseiller (*en tous sens*); conseillère.

συμ-βύω (*f.* σω), boucher.

συμ-μαθητής, οῦ (ὁ), condisciple.

συμ-μαίνομαι (*f.* μανοῦμαι, *etc.*), être fou avec, *dat.*

συμ-μανθάνω (*f.* μαθήσομαι, *etc.*), 1° apprendre avec. || 2° s'accoutumer à.

συμ-μάρπτω (*f.* μάρψω), saisir de concert.

συμ-μαρτυρέω-ῶ (*f.* ήσω), témoigner (*acc.*) avec (*dat.*).

συμ-μάρτυς, υρος (ὁ, ἡ), qui témoigne avec d'autres témoins.

συμ-μαχέω-ῶ (*f.* ήσω), *dat.*, 1° COMBATTRE AVEC; || 2° venir en aide à.

συμ-μαχία, ας (ἡ), 1° ALLIANCE. || 2° aide. || 3° troupes alliées.

συμ-μαχικός, ή, όν, des alliances *ou* des alliés.

συμμαχίς, ίδος, *adj. f.*, allié. — N. ἡ σ.., cité alliée; alliés.

συμ-μάχομαι (*f.* μαχοῦμαι, *etc.*), *dat.*, 1° COMBATTRE AVEC. || 2° aider.

σύμ-μαχος, ος, ον, 1° ALLIÉ. || 2° aide; auxiliaire.

συμ-μεθ-ίστημι (*f.* μεταστήσω, *ete.*), transporter de compagnie.

συμ-μένω (*f.* μενῶ, *etc.*), 1° rester avec, *dat.* || 2° se maintenir; durer.

συμ-μερίζομαι (*f.* μερίσομαι, *etc.*), avoir part, *dat.*

συμ-μετα-βάλλω (*f.* βαλῶ, *etc.*), changer avec.

συμ-μετα-δίδωμι (*f.* δώσω, *etc.*), donner une part de, *gén.*

συμ-μετ-έχω (*f.* μετασχήσω, *etc.*), avoir sa part de, *gén.*

συμ-μετ-ίσχω, *comme le précédent.*

συμ-μετρέω-ῶ (*f.* ήσω), mesurer ensemble.

συμ-μέτρησις, εως (ἡ), action de mesurer ensemble.

συμ-μετρία, ας (ἡ), proportion; symétrie.

σύμ-μετρος, ος, ον, *dat.*, PROPORTIONNÉ. || 2° d'accord avec; analogue. || 3° convenable; à portée. || 4° moyen; modéré.

συμ-μέτρως, *adv.*, 1° avec proportion. || 2° convenablement.

συμ-μητιάομαι-ῶμαι, délibérer de concert.

συμ-μηχανάομαι-ῶμαι (*f.* ήσομαι), préparer par des plans combinés.

σύμ-μιγα, *adv.*, pêle-mêle.

συμ-μιγής, ής, ές, 1° mêlé à; commun à *dat.* || 2° confus.

συμ-μίγνυμι (*f.* μίξω, *etc.*), 1° MÊLER ENSEMBLE; associer. || 2° *intr.*, s'unir à; avoir des rapports avec; en venir aux mains avec, *dat.*

συμ-μιγνύω, *comme le précédent.*

σύμ-μικτος, ος, ον, mêlé.

συμ-μιμνήσκομαι (*f.* μνήσομαι), se rappeler (*acc.*) avec (*dat.*).

σύμ-μιξις, εως (ἡ), mélange; relations.

συμ-μίσγω, *comme* συμμίγνυμι.

σύμ-μολπος, ος, ον, qui chante de compagnie.

συμ-μορία, ας (ἡ), classe de citoyens; symmorie.

σύμ-μορος, ος, ον, qui appartient à la même classe de citoyens; associé.

συμ-μοχθέω-ῶ (*f.* ήσω) pâtir avec, *dat.*

συμ-μύω (*f.* μύσω), se fermer.

συμ-παγής, ής, ές, compact.

συμ-πάθεια, ας (ἡ), sympathie.

συμ-παθέω-ῶ (*f.* ήσω), compatir à, *dat.*

συμ-παθής, ής, ές, qui sympathise avec, *dat.*

συμ-παιανίζω (*f.* ίσω), chanter le péan avec. *dat.*

συμ-παιδεύω (*f.* σω), instruire *ou* habituer en même temps.

συμ-παίζω (*f.* παίξομαι), jouer ensemble.

συμ-παίστης, ου (ὁ), camarade de jeu,

συμ-παίστρια, ας (ἡ), compagne de jeu.

συμ-παίω (*f.* παίσω), 1° frapper (*acc.*) avec (*dat.*). || 2° survenir brusquement.

συμ-πανηγυρίζω (*f.* ίσω), célébrer une fête avec, *dat.*

συμ-παρα-γί(γ)νομαι (*f.* γενήσομαι, *etc.*), *dat.*, avoir lieu avec. || 2° prêter assistance à.

συμ-παρα-θέω (*f.* θεύσομαι, *etc.*), accompagner à la course, *dat.*

συμ-παρα-καθίζομαι (*f.* ίσομαι, *etc.*), faire asseoir à son côté.

συμ-παρα-καλέω-ῶ (*f.* καλέσω, *etc.*), appeler en même temps.

συμ-παρα-κελεύομαι(*f.* σομαι), exhorter simultanément.

συμ-παρ-ακολουθέω-ῶ (*f.* ήσω), accompagner; suivre à mesure, *dat.*

συμ-παρα-κομίζω (*f.* ίσω, *etc.*), transporter simultanément à son côté.

συμ-παρα-κύπτω (*f.* κύψω), se pencher de côté en même temps.

συμ-παρα-λαμβάνω (*f.* λήψομαι, *etc.*), prendre ensemble.

συμ-παρα-μένω (*f.* μενῶ, *etc.*), demeurer avec, *dat.*

συμ-παρα-νεύω (*f.* νεύσω), approuver ensemble, *dat.*

συμ-παρα-πέμπω (*f.* πέμψω), accompagner (*acc.*) avec (*dat.*).

συμ-παρ-απ-όλλυμι (*f.* ολέσω, *etc.*), faire périr en même temps.

συμ-παρα-στατέω-ῶ (*f.* ήσω), assister; protéger, *dat.*

συμ-παρα-στάτης, ου (ὁ), protecteur.

συμ-παρα-τάσσομαι, *att.* **τάττομαι** (*f.* τάξομαι), se ranger en bataille auprès, *dat.*

συμ-παρα-τηρέω-ῶ (*f.* ήσω), observer simultanément.

συμ-παρα-τρέφω (*f.* θρέψω), nourrir aussi de son côté.

1. **συμ-πάρ-ειμι** (*f.* έσομαι), être présent avec; prêter assistance, *dat.*

2. **συμ-πάρ-ειμι** (*f.* ειμι), s'avancer avec, *dat.*

συμ-παρ-έπομαι (*f.* έψομαι), accompagner, *dat.*

συμ-παρ-έχω (*f.* ἕξω, *etc.*), *et moy.*, fournir en même temps.

συμ-παρ-ίπταμαι (*f.* παραπτήσομαι), voler dans les airs avec, *dat.*

συμ-παρ-ίσταμαι (*f.* παραστήσομαι), secourir, *dat.*

συμ-παρ-ομαρτέω-ῶ (*f.* ήσω), accompagner, *dat.*

συμ-παρ-οξύνω (*f.* οξυνῶ), exciter de son côté.

σύμ-πας, πασα, παν, tout entier : τὸ σύμπαν, le tout; οἱ σύμπαντες, tous ensemble.— *Adv.*, τὸ σύμπαν, en tout.

συμ-πάσχω (*f.* πείσομαι, *etc.*), partager les sentiments de; sympathiser avec, *dat.*

συμ-πατέω-ῶ (*f.* ήσω), fouler aux pieds.

συμ-πεδάω-ῶ (*f.* πεδήσω), enchaîner ensemble.

συμ-πείθω (*f.* πείσω), persuader ensemble.

συμ-πέμπω (*f.* πέμψω), envoyer ensemble.

συμ-πενθέω-ῶ (*f.* ήσω), déplorer ensemble.

συμ-πένομαι, être pauvre avec (*dat.*) de (*gén.*).

συμ-περαίνω (*f.* περανῶ),

1° achever ensemble. || 2° conclure.
— *Moy.*, joindre pour sa part.

συμ-περι-άγω (*f.* άξω, *etc.*), conduire ensemble autour.

συμ-περι-αγωγός, ός, όν, qui sert à conduire partout.

συμ-περι-λαμβάνω (*f.* λήψομαι, *etc.*), 1° embrasser; comprendre ensemble. || 2° concevoir en son esprit.

συμ-περι-πατέω-ῶ (*f.* ήσω), circuler autour avec, *dat.*

συμ-περι-τυγχάνω (*f.* τεύξομαι), rencontrer en même temps, *dat.*

συμ-περι-φέρω (*f.* οίσω), porter ensemble autour.
— *Pass. dat.*, 1° être entraîné avec.||2° accompagner çà et là. || 3° complaire; s'adapter à.

συμ-πήγνυμι (*f.* πήξω), 1° ENFONCER ENSEMBLE. || 2° construire; assembler. || 3° coaguler.

σύμ-πηκτος, ος, ον, 1° construit; ajusté. || 2° coagulé.

συμ-πιέζω (*f.* έσω), comprimer.

συμ-πίεσις, εως (ἡ), compression.

συμ-πιλέω-ῶ (*f.* ήσω), fouler ensemble.

συμ-πίνω (*f.* πίομαι), boire avec, *dat.*

συμ-πίπτω (*f.* πεσοῦμαι, *etc.*), 1° TOMBER ENSEMBLE; TOMBER DANS *ou* SUR, *dat.* || 2° tomber; s'écrouler. || 3° arriver; survenir : τὸ συμπίπτον, les circonstances. — *Impers.* συμπίπτει, il arrive (*que*). || 4° coïncider; être d'accord avec, *dat.*

συμ-πίτνω, *comme le précédent.*

συμ-πλανάομαι-ῶμαι (*f.* ήσομαι), errer ensemble.

συμ-πλάσσω, *att.* **ττω** (*f.* πλάσω), combiner; imaginer.

συμ-πλαταγέω-ῶ (ήσω), battre des mains ensemble.

συμ-πλεκτικός, ή, όν, qui entrelace.

συμ-πλέκω (*f.* ξω), entrelacer; mêler. — *Pass.*, 1° être mêlé; s'unir à. || 2° avoir commerce avec. || 3° en venir aux mains avec, *dat.*

συμ-πλέω (*f.* πλεύσομαι), naviguer avec, *dat.*

σύμ-πλεως, ως, ων, tout plein.

Συμ-πληγάδες, ων (αἱ), les roches Symplégades.

συμ-πληθύνω (*f.* υνῶ), augmenter.

συμ-πληθύω (*f.* ύσω), *même sens.*

συμ-πληρόω-ῶ (*f.* ώσω) *et moy.*, remplir complètement.

συμ-πλοκή, ῆς (ἡ), 1° entrelacement. ‖ 2° combat.

σύμ-πλοος-ους, όου-οῦ (ὁ), compagnon de navigation.

συμ-πνέω (*f.* πνεύσομαι), 1° respirer avec. ‖ 2° avoir des sentiments communs avec, *dat.*

συμ-ποδίζω (*f.* ίσω, *etc.*), entraver.

συμ-πολεμέω-ῶ (*f.* ήσω), faire la guerre avec, *dat.*

συμ-πολιορκέω-ῶ (*f.* ήσω), assiéger de concert.

συμ-πολιτεύω (*f.* σω) *et moy.*, être concitoyen de, *dat.*

συμ-πολίτης, ου (ὁ), concitoyen.

σύμ-πολλοι, αι, α, nombreux ensemble.

συμ-πομπεύω (*f.* σω), accompagner en procession, *dat.*

συμ-πονέω-ῶ (*f.* ήσω), partager les maux *ou* les efforts de, *dat.*

συμ-πονηρεύομαι (*f.* εύσομαι), être complice de, *dat.*

συμ-πορεύομαι (*f.* εύσομαι), marcher avec, *dat.*; se rassembler.

συμ-πορίζω (*f.* ίσω), procurer ensemble. — *Moy.*, s'approvisionner ensemble.

συμ-ποσί-αρχος, ου (ὁ), président de banquet.

συμ-πόσιον, ου (τό), 1° BANQUET; convives. ‖ 2° salle de banquet.

συμ-πότης, ου (ὁ), convive.

συμ-ποτικός, ή, όν, de banquet. ‖ 2° joyeux convive.

συμ-πραγματεύομαι (*f.* εύσομαι), opérer avec, *dat.*

συμ-πράκτωρ, ορος (ὁ), associé.

συμ-πράσσω, *att.* **ττω** (*f.* ξω), *et moy.*, faire (*acc.*) de concert avec (*dat.*); aider.

συμ-πρεσβευτής, οῦ (ὁ),

collègue d'ambassade.

συμ-πρεσβεύω (*f.* εύσω), être collègue d'ambassade.

σύμ-πρεσβυς, εως (ὁ), *comme* συμπρεσβευτής.

συμ-πρίασθαι, acheter en même temps.

συμ-προ-θυμέομαι-οῦμαι (*f.* ήσομαι), faire un effort commun avec (*dat.*) pour (*acc. ou dat.*).

συμ-προ-πέμπω (*f.* πέμψω), accompagner de concert.

συμ-πτύσσω (*f.* πτύξω), replier ensemble.

σύμ-πτωμα, ατος (τό), accident; malheur.

σύμ-πτωσις, εως (ἡ), rencontre.

συμ-φερόντως, *adv.*, avantageusement.

συμ-φερτός, ή, όν, rassemblé.

συμ-φέρω (*f.* συνοίσω, *etc.*), A. *tr.*, PORTER ENSEMBLE; fournir en commun, *acc.* || B. *intr.*, 1° s'accorder avec. || 2° contribuer à. || 3° survenir. || 4° être avantageux : συμφέρων, ουσα, ον, utile : τὰ συμφέροντα τῇ πόλει, les intérêts de la cité. || 5° *impers.*, il importe. — *Pass.* (*avec f.* συνοίσομαι), 1° être emporté avec. || 2° être d'accord avec; s'accommoder à, *dat.* || 3° habiter avec; se rencontrer avec, *dat.* || 4° en venir aux mains avec, *dat.* || 5° arriver; advenir : τὰ πράγματα συμφέρεται ἐπὶ τὸ ἄμεινον, les affaires vont mieux.

συμ-φεύγω (*f.* φεύξομαι, *etc.*), fuir avec, *dat.*

σύμ-φημι (*f.* φήσω, *etc.*), 1° parler avec, *dat.*; dire oui. || 2° approuver, *acc.*

συμ-φθείρω (*f.* φθερῶ), gâter *ou* détruire en même temps.

συμ-φιλέω-ῶ (*f.* ήσω), aimer réciproquement.

συμ-φιλονεικέω-ῶ (*f.* ήσω), s'associer à qq'un (*dat.*) dans une querelle.

συμ-φιλοσοφέω-ῶ (*f.* ήσω), philosopher ensemble.

συμ-φιλοτιμέομαι-οῦμαι (*f.* ήσομαι, *etc.*), rivaliser avec, *dat.*

συμ-φοβέω-ῶ (*f.* ήσω), effrayer simultanément.

συμ-φοιτάω-ῶ (*f.* ήσω), être condisciple (de, *dat.*).

συμ-φοίτησις, εως (ἡ), camaraderie.

συμ-φοιτητής, οῦ (ὁ), condisciple.

συμ-φορά, ᾶς (ἡ), 1° ÉVÉNEMENT, *en gén. fâcheux;* malheur. || 2° écot.

συμ-φορεύς, έως (ὁ), aide de camp.

συμ-φορέω-ῶ (*f.* ήσω), amasser; joindre.

συμ-φορητός, ή, όν, amassé.

σύμ-φορος, ος, ον, avantageux : τὸ σύμφορον, avantage.

συμ-φόρως, *adv.*, avantageusement.

συμ-φράδμων, ονος (ὁ, ἡ), confident.

συμ-φράζομαι (*f.* φράσομαι), délibérer avec, *dat.*

συμ-φράσσω, *att.* **ττω** (*f.* φράξω), 1° serrer ensemble. || 2° entourer; barricader.

συμ-φρονέω-ῶ (*f.* ήσω) 1° être du même avis; s'entendre avec, *dat.* || 2° concevoir; comprendre. || 3° reprendre ses esprits.

σύμ-φρουρος, ος, ον, qui veille avec, *dat.*

σύμ-φρων, ων, ον *gén.* **ονος,** qui a les mêmes pensées (que, *dat.*).

συμφυγάς, άδος (ὁ, ἡ), compagnon; compagne.

συμ-φυής, ής, ές, 1° inné; inhérent. || 2° de même nature (que, *dat.*).

συμ-φύλαξ, ακος (ὁ), compagnon de garde.

συμ-φυλάσσω, *att.* **ττω** (*f.* φυλάξω), garder ensemble.

σύμ-φυλος, ος, ον, 1° de la même tribu. || 2° conforme à, *dat.*

σύμ-φυρτος, ος, ον, mêlé; confondu.

συμ-φύρω (*pass. pf.* πέφυρμαι), mêler; brouiller; confondre.

συμφυσάω-ῶ ((*f.* ήσω), conspirer.

συμ-φυτεύω (*f.* σω), planter avec, *dat.*; implanter, *dat.*

σύμ-φυτος, ος, ον, 1° INNÉ. || 2° analogue par nature.

συμ-φύω (*f.* φύσω), réunir ensemble. — *Moy. et* συνέφυν, συμπέφυκα *et part. aor.* 2 *pass.* συμφυείς, grandir avec; s'unir étroitement à, *dat.*

συμ-φωνέω-ῶ (*f.* ήσω), être d'accord; s'entendre avec, *dat.*

συμ-φωνία, ας (ἡ), 1° symphonie. ‖ 2° accord, bonne harmonie.

σύμ-φωνος, ος, ον, qui est d'accord avec, *dat.*; harmonieux.

συμ-ψαύω (*f.* σω), être côte à côte.

συμ-ψάω (*inf.* ψῆν, *f.* ψήσω), racler; balayer.

συμ-ψεύδομαι (*f.* ψεύσομαι), mentir avec, *dat.*

συμ-ψηφίζω (*f.* ίσω, *att.* ιῶ), calculer ensemble. — *Moy.*, opiner avec.

σύμ-ψηφος, ος, ον, qui vote avec; qui s'accorde avec, *dat.*

σύμ-ψυχος, ος, ον, d'accord par les sentiments avec, *dat.*

σύν, I. *adv.*, à la fois; simultanément.

II. *prép.*; *dat.*, avec, *en tous sens* : οἱ σὺν αὐτῷ, les siens, les gens de sa suite *ou* de son parti; σὺν δίκῃ, justement; σὺν νόμῳ, légalement.

συν-αγαγεῖν, *inf. aor.* 2 *de* συνάγω.

συν-αγάλλομαι (*f.* αγαλοῦμαι), se réjouir avec, *dat.*

συν-αγανακτέω-ῶ (*f.* ήσω), s'indigner avec, *dat.*

συν-άγγελος, ου (ὁ), messager envoyé avec un autre.

συν-αγείρω (*f.* αγερῶ, *etc.*), rassembler : σ. ἑαυτόν, se ressaisir. — — *Pass.*, se rassembler.

συν-αγινέω-ῶ (*f.* ήσω), rassembler.

συν-άγνυμι (*f.* άξω, *etc.*), briser en morceaux.

συν-αγορεύω (*f.* σω), 1° parler pour, *dat.* ‖ 2° soutenir une idée (*acc.*) avec (*dat.*). ‖ 3° conseiller qq. chose, *acc.*

συν-αγρεύω (*f.* σω), chasser avec, *dat.*

συν-άγω (*f.* άξω, *etc.*), 1° RASSEMBLER; amasser; rapprocher. ‖ 2° mettre aux prises : σ. πόλεμον, faire la guerre. ‖ 3° fermer; contracter : σ. ὀφρῦς, froncer le sourcil. ‖ 4° réduire : σ. ἐς τὰ ἔσχατα, réduire à la dernière extrémité. ‖ 5° conclure en raisonnant. ‖ 6° *intr.*, se réunir; s'aborder.

συν-αγωγεύς, έως (ὁ), qui resserre; qui rapproche.

συν-αγωγή, ῆς (ἡ), 1°

RASSEMBLEMENT ; rapprochement; concentration; assemblée. || 2° contraction. || 3° collection. || 4° conclusion.

συν-αγωγός, ός, όν, qui rassemble; qui rapproche.

συν-αγωνίζομαι (*f.* ίσομαι, *etc.*), combattre avec *ou* pour, *dat.*

συν-αγωνιστής, οῦ (ὁ), compagnon de combat; défenseur.

συν-άδελφος, ος, ον, qui a frères *ou* sœurs.

συν-αδικέω-ῶ (*f.* ήσω), 1° être injuste avec, *dat.* || 2° traiter de concert injustement, *acc.*

συν-αείρω, *comme* συναίρω.

συν-αθροίζω (*f.* αθροίσω), rassembler.

συν-αιθριάζω (*f.* άσω), devenir serein en même temps.

σύν-αιμος, ος, ον, qui est du même sang; relatif à des parents. N. ὁ, ἡ σ. frère; sœur.

συν-αινέω-ῶ (*f.* αινέσω), 1° consentir à, *dat.* || 2° accorder, *acc.*

συν-αίνυμαι, ramasser.

συν-αιρέω-ῶ (*f.* αιρήσω, *etc.*), 1° PRENDRE ENSEMBLE ; emporter; enlever; détruire. || 2° resserrer; contracter; réduire ; abréger : συνελόντι (εἰπεῖν), pour abréger ; bref. || 3° terminer.

συν-αίρω (*f.* αρῶ), *et moy.*, 1° LEVER ENSEMBLE; lever en l'air. || 2° atteler. || 3° prendre en main. || 4° aider; secourir, *dat.*

συν-αισθάνομαι (*f.* αισθήσομαι, *etc.*), sympathiser avec, *dat.*

συν-αίτιος, ος *ou* α, ον, qui concourt à; complice de, *gén.* — Τὸ συναίτιον, cause supplémentaire.

συν-αιχμάλωτος, ος, ον, compagnon de captivité.

συν-αιωρέομαι-οῦμαι, *moy.-pass.*, être suspendu en l'air avec, (*dat.*).

συν-ακμάζω (*f.* άσω), être mûr *ou* en pleine force avec.

συν-ακολουθέω-ῶ (*f.* ήσω), *dat.*, 1° accompagner; suivre. || 2° être d'accord avec. || 3° s'ensuivre.

συν-ακούω (*f.* ακούσομαι, *etc.*), entendre (*gén.*-

acc.) en même temps que (*dat.*).

συν-ακροάομαι-ῶμαι (*f.* άσομαι), *même sens.*

συν-ακτέον, *adj. verb. de* συνάγω.

συν-αλγέω-ῶ (*f.* ήσω), souffrir avec, *dat.*

συν-αλείφω (*f.* ψω), 1° oindre ensemble. ‖ 2° accoler.

συν-αλίζω (*f.* ίσω), rassembler.

συν-αλλαγή, ῆς (ἡ), 1° ÉCHANGE. ‖ 2° commerce; entretien. ‖ 3° contrat. ‖ 4° réconciliation. ‖ 5° circonstances.

συν-άλλαγμα, ατος (τὸ), relations commerciales; contrat.

συν-αλλάσσω, *att.* **ττω** (*f.* αλλάξω), 1° *tr.*, unir; rapprocher; réconcilier. ‖ 2° *intr.*, avoir affaire à, *dat.*

συν-άλλαξις, εως (ἡ), *mêmes sens que* συνάλλαγμα.

συν-αμπέχω (*f.* αμφέξω, *etc.*), couvrir totalement.

συν-αμύνω (*f.* υνῶ), secourir avec, *dat.*

συν-αμφότερος, α, ον, l'un et l'autre. — *Pl.* tous les deux ensemble.

συν-άμφω (οἱ, αἱ, τά), *indécl.*, tous les deux ensemble.

συν-ανα-βαίνω (*f.* βήσομαι, *etc.*), monter avec, *dat.*; s'éloigner de la mer vers les terres.

συν-ανα-βοάω-ῶ (*f.* βοήσομαι), crier ensemble.

συν-ανα-γι(γ)νώσκω (*f.* γνώσομαι, *etc.*), lire (*acc.*) avec (*dat.*).

συν-αναγκάζω (*f.* άσω), contraindre en même temps.

συν-αν-άγω (*f.* άξω), emmener ensemble.

συν-αν-αιρέω (*f.* ήσω, *etc.*), 1° détruire ensemble. ‖ 2° répondre de même (*oracle*).

συν-αν-αλίσκω (*f.* αλώσω, *etc.*), dépenser (*acc.*) avec (*dat.*).

συν-ανα-μίγνυμι (*f.* μίξω), mêler (*acc.*) avec (*dat.*).

συν-ανα-μιμνήσκομαι (*f.* μνήσομαι), se rappeler (*acc.*) avec (*dat.*).

συν-ανα-παύομαι (*f.* παύσομαι), se reposer avec (*dat.*).

συν-ανα-πείθω (*f.* πείσω), persuader en même temps.

συν-ανα-πράσσω, *att.*

ττω (*f.* ξω), aider à faire payer.

συν-ανα-φέρω (*f.* ανοίσω, *etc.*), élever *ou* transporter ensemble.

συν-ανα-χωρέω-ῶ (*f.* ήσω), s'en retourner ensemble.

συν-αν-ίστημι (*f.* αναστήσω), faire lever (*acc.*) avec (*dat.*). — *Moy. et* συνανέστην, συνανέστηκα, se lever avec, *dat.*

συν-αντάω-ῶ (*f.* ήσω), *et moy.*, 1° se rencontrer avec (*dat.*).‖2° arriver; survenir.

συν-άντησις, εως (ἡ), rencontre.

συν-αντιάζω (*f.* άσω), *comme* συναντάω.

συν-αντι-λαμβάνομαι (*f.* λήψομαι), secourir, *dat.*

συν-αντλέω-ῶ (*f.* ήσω), supporter (*acc.*) avec (*dat.*).

συν-άντομαι, rencontrer, *dat.*

συν-αξιόω-ῶ (*f.* ώσω), approuver.

συν-άορος, ος, ον, qui accompagne. — N. ὁ, ἡ, mari; femme.

συν-απ-άγω (*f.* άξω, *etc.*), emmener (*acc.*) avec (*dat.*).

συν-απ-αίρω, s'en aller avec, *dat.*

συν-άπας, άπασα, άπαν, tout entier. — *Pl.*, tous ensemble.

συν-άπ-ειμι (*f.* ειμι, *ibo*), s'en aller de concert.

συν-απ-εῖπον, *aor.* 2, interdire en même temps.

συν-απ-εργάζομαι (*f.* άσομαι), achever; représenter complètement.

συν-απ-ίσταμαι, *pour* συναφίσταμαι.

συν-απο-βαίνω (*f.* βήσομαι, *etc.*), descendre avec, *dat.*

συν-απο-διδράσκω (*f.* δράσομαι, *etc.*), s'échapper avec, *dat.*

συν-απο-δοκιμάζω (*f.* άσω), désapprouver avec, *acc.*

συν-απο-θνήσκω (*f.* θανοῦμαι, *etc.*), mourir avec, *dat.*

συν-απο-κάμνω (*f.* καμοῦμαι, *etc.*), être las en même temps.

συν-από-κειμαι, être en dépôt avec.

συν-απο-κτείνω (*f.* κτενῶ), tuer avec, *dat.*

συν-απο-λαμβάνω (*f.*

λήψομαι), recevoir à la fois.

συν-απο-λαύω (*f.* σω), avoir sa part de, *gén.*

συν-απ-όλλυμι (*f.* ολέσω, *etc.*), *dat.*, faire périr avec. — *Moy.*, périr avec.

συν-απο-λογέομαι-οῦμαι (*f.* ήσομαι), s'associer à la défense de, *dat.*

συν-απο-μαραίνομαι (*f.* μαρανθήσομαι), se faner avec, *dat.*

συν-απο-νεύω (*f.* σω), se pencher avec, *dat.*

συν-απο-πέμπω (*f.* πέμψω), renvoyer en même temps.

συν-απο-στέλλω (*f.* στελῶ), envoyer ensemble.

συν-απο-στερέω-ῶ (*f.* ήσω), dérober (*acc.*) avec (*dat.*).

συν-απο-φαίνομαι (*f.* φανοῦμαι), déclarer le même sentiment que, *dat.*

συν-άπτω (*f.* άψω, *etc.*), I. *tr.*, 1° ATTACHER ENSEMBLE : σ. βλέφαρα, clore les paupières. ‖ 2° engager ; contracter : σ. μάχην, engager la bataille ; σ. φιλίαν, contracter amitié. II. *intr.*, 1° se rattacher à ; être en rapport avec, *dat.* ‖ 2° s'approcher ; en venir aux mains, *dat.* ‖ 3° approcher ; arriver. — *Moy.*, I. *tr.*, contracter. — II. *intr.*, 1° s'engager ; se rattacher à *dat.* ‖ 2° aider (*dat.*) à (*gén.*).

συν-αράσσω, *att.* **ττω** (*f.* αράξω), heurter ensemble ; fracasser.

συν-αρέσκω (*f.* αρέσω), plaire également à, *dat.*

συν-αριθμέω-ῶ (*f.* ήσω), *et moy.*, compter ; énumérer (*acc.*) avec (*dat.*).

συν-αριστάω-ῶ (*f.* ήσω), dîner avec, *dat.*

συν-αρμόζω, *att.* **ττω** (*f.* αρμόσω), 1° ADAPTER ENSEMBLE ; joindre. ‖ 2° mettre en harmonie ; bien construire : σ. πόλιν, bien réglementer la cité. ‖ 3° *intr.*, s'accorder avec, *dat.*

συν-αρμοστής, οῦ (ὁ), qui ajuste ; conciliateur.

συν-αρπάζω (*f.* αρπάσω, *etc.*), 1° saisir ensemble ‖ 2° bien comprendre.

συν-αρτάω-ῶ (*f.* ήσω), attacher ensemble ; rattacher.

συν-αρχία, ας (ἡ), communauté du pouvoir.

συν-άρχω (*f.* ἄρξω), exercer le pouvoir avec: ὁ συνάρχων, collègue.

συν-αρωγός, ός, όν, auxiliaire.

συν-ασκέω-ῶ (*f.* ήσω), pratiquer (*acc.*) avec (*dat.*).

συν-ασπιδόω-ῶ (*f.* ώσω), 1° s'avancer avec les boucliers côte à côte. || 2° secourir, *dat.*

συν-ασπίζω (*f.* ίσω, *tat.* ιῶ), *mêmes sens.*

συν-ασπιστής, οῦ (ὁ), compagnon d'armes.

συν-ασχαλάω-ῶ, compatir à, *dat.*

συν-ατυχέω-ῶ (*f.* ήσω), être malheureux avec, *dat.*

συν-αυαίνω (*f.* αυανῶ), sécher (*acc.*) en même temps.

συν-αυδάω-ῶ (*f.* ήσω), donner son assentiment.

συν-αυλία, ας (ἡ), air de chant accompagné de flûte; concert.

1. **σύν-αυλος**, ος, ον, accompagné de flûte.

2. **σύν-αυλος**, ος, ον, qui habite avec, *dat.*

συν-αυξάνω *et* **συν-αύξω** (*f.* αυξήσω), accroître (*acc.*) avec (*dat.*).

συν-αφ-αιρέω-ῶ (*f.* ήσω, *etc.*), *et moy.*, enlever *ou* délivrer ensemble.

συν-αφανίζω (*f.* ίσω), faire disparaître (*acc.*) avec (*dat.*).

συν-αφ-ίστημι (*f.* αποστήσω, *etc.*), détourner ensemble. — *Moy. et formes intr.*, faire défection avec, *dat.*

συν-άχθομαι (*f.* αχθεσθήσομαι, *etc.*), s'affliger avec, *dat.*

σύν-αψις, εως (ἡ), connexion.

συν-δαΐζω (*f.* δαΐξω), déchirer ensemble.

συν-δαίνυμι (*f.* δαίσω), célébrer ensemble (*dat.*) un festin.

συν-δακρύω (*f.* ύσω), pleurer avec; déplorer (*acc.*) avec (*dat.*).

συν-δειπνέω-ῶ (*f.* ήσω), dîner avec, *dat.*

σύν-δειπνον, ου (τό), dîner fait en commun.

σύν-δειπνος, ος, ον, convive.

συν-δεκάζω (*f.* άσω), corrompre à la fois tous les juges.

συν-δέομαι (*f.* δεήσομαι, *etc.*), prier avec, *dat.*.

demander (*acc.*) avec (*dat.*) à (*gén.*).

σύν-δεσμος, ου (ὁ), *pl.* σύνδεσμα (τά), 1° LIEN ; union. || 2° *gram.*, conjonction.

συν-δεσμώτης, ου (ὁ), compagnon de prison.

σύν-δετος, ος, ον, lié avec, *dat.* — N. τὸ σ., lien.

συν-δέω (*f.* δήσω), lier ensemble.

συν-δημιουργός, ός, όν, qui travaille avec.

συν-δια-βαίνω (*f.* βήσομαι, *etc.*), traverser (*acc.*) avec (*dat.*).

συν-δια-βάλλω (*f.* βαλῶ, *etc.*), 1° traverser ensemble. || 2° calomnier (*acc.*) avec (*dat.*).

συν-δια-βιβάζω (*f.* άσω), faire traverser ensemble.

συν-δια-γιγνώσκω (*f.* γνώσομαι, *etc.*), décider avec, *dat.*

συν-δι-αιτάομαι-ῶμαι (*f.* ήσομαι), vivre avec, *dat.*

συν-δι-αιτητής, οῦ (ὁ), arbitre adjoint.

συν-δια-κινδυνεύω (*f.* σω), partager le danger avec, *dat.*

συν-δια-κοσμέω-ῶ (*f.* ήσω), arranger en même temps.

συν-δι-αλλάσσω, *att.* **ττω** (*f.* αλλάξω), réconcilier (*acc.*) avec (*dat*).

συν-δια-λύω (*f.* σω), faire cesser (*acc.*) avec (*dat.*).

συν-δια-μένω (*f.* μενῶ), rester jusqu'à la fin avec, *dat.*

συν-δια-μνημονεύω (*f.* σω), rappeler (*acc.*) avec (*dat.*).

συν-δια-περαίνω (*f.* περανῶ), terminer ensemble.

συν-δια-πολεμέω-ῶ (*f.* ήσω), faire jusqu'au bout la guerre avec (*dat.*).

συν-δια-πράσσω, *att.* **ττω** (*f.* ξω), accomplir complètement avec (*dat.*). — *Moy.*, négocier avec.

συν-δια-σκέπτομαι (*f.* σκέψομαι), étudier (*acc.*) avec (*dat.*).

συν-δια-σκοπέω-ῶ (*f.* ήσω), *même sens.*

συν-δια-σῴζω (*f.* σώσω), sauver (*acc.*) avec (*dat.*).

συν-δια-ταλαιπωρέω-ῶ (*f.* ήσω), être malheureux avec (*dat.*).

συν-δια-τελέω-ῶ (*f.*

τελέσω), tenir jusqu'au bout avec (*dat.*).

συν-δια-τρίβω (*f.* τρίψω), passer son temps avec (*dat.*): οἱ συνδιατρίβοντες, les disciples.

συν-δια-φέρω (*f.* διοίσω), *et moy.*, supporter jusqu'au bout (*acc.*) avec (*dat.*).

συν-δια-φθείρω (*f.* φθερῶ), détruire (*acc.*) avec (*dat.*).

συν-δια-φυλάσσω, *att.* ττω (*f.* ξω), conserver (*acc.*) avec (*dat.*).

συν-δια-χειρίζω (*f.* ίσω), exécuter (*acc.*) avec (*dat.*).

συν-δι-έξ-ειμι (*f.* ειμι, *ibo*), exposer *ou* examiner en détail (*acc.*) avec (*dat.*).

συν-δι-ημερεύω (*f.* σω), passer toutes les journées avec (*dat.*).

συν-δικάζω (*f.* άσω), juger avec.

συν-δικαστής, οῦ (ὁ), collègue comme juge.

συν-δικέω-ῶ (*f.* ήσω), plaider pour, *dat.*

σύν-δικος, **ος**, **ον**, qui défend en justice, *dat.* — N. ὁ σ., 1° avocat. ‖ 2° citoyen commis à la défense des lois.

συν-δι-οικέω-ῶ (*f.* ήσω), administrer (*acc.*) avec (*dat.*).

συν-δι-οράω-ῶ (*f.* ὄψομαι), voir ensemble complètement.

συν-διώκω (*f.* διώξω, *etc.*) poursuivre de concert.

συν-δοκέω-ῶ (*f.* δόξω, *etc.*), sembler bon aussi à (*dat.*) : συνδοκεῖ ἡμῖν ταῦτα, c'est aussi notre avis; *impers.*, συνδοκεῖ μοι ὅτι, je conviens que; συνδοκοῦν, *acc. abs.*, étant donné qu'il paraît bon aussi à.

συν-δοκιμάζω (*f.* άσω), examiner de concert.

συν-δοξάζω (*f.* άσω), approuver de concert.

συν-δουλεύω (*f.* σω), être esclave avec, *dat.*

σύν-δουλος, **ου** (ὁ, ἡ), compagnon, compagne d'esclavage.

συν-δράω-ῶ (*f.* άσω), faire (*acc.*) avec (*dat.*).

συν-δρομάς, **άδος** (ἡ), qui se heurte.

συν-δρομή, **ῆς** (ἡ), 1° concours. ‖ 2° affluence.

σύν-δρομος, **ος**, **ον**, 1° qui court avec, *dat.*; qui se heurte. ‖ 2° qui est d'accord avec, *dat.*

συν-δυάζω (*f.* άσω), grouper deux à deux.

συν-δυάς, ἀδος (ἡ), mariée à.

συν-δυασμός, οῦ (ὁ), groupement par paires.

σύν-δυο (οἱ, αἱ, τά), deux ensemble.

σύν-εγγυς, 1° *adv.*, tout près. ‖ 2° *prép.*, tout près de (*gén.-dat.*).

συν-εγείρω (*f.* εγερῶ), éveiller ensemble.

συν-εδρεύω (*f.* σω), siéger ensemble; délibérer en séance.

συν-εδρία, ας (ἡ), 1° assemblée. ‖ 2° société.

συν-έδριον, ου (τό), 1° assemblée; sénat. ‖ 2° salle des séances.

σύν-εδρος, ος, ον, qui siège avec : ὁ σ., membre d'une assemblée; sénateur.

συν-εείκοσι, *indécl.*, vingt par vingt.

συν-εέργαθον, *aor. poét. de* συνείργω.

συν-εέργω, *comme* συνείργω.

συν-εθέλω (*f.* εθελήσω), vouloir avec, *dat.*

συν-εθίζω (*f.* ίσω), accoutumer.

συν-είδησις, εως (ἡ), conscience.

συνειδώς, *part. de* σύνοιδα.

συν-ειλέω-ῶ (*f.* ήσω), rouler ensemble; entasser.

1. **σύν-ειμι** (*f.* έσομαι *sum, dat.*), 1° ÊTRE AVEC, *dat.* : οἱ συνόντες, compagnons; disciples. ‖ 2° s'appliquer à; être pris par. ‖ 3° secourir; seconder.

2. **σύν-ειμι** (*f.* ειμι, *ibo*), 1° ALLER ENSEMBLE; se rencontrer. ‖ 2° se réunir. ‖ 3° en venir aux mains. ‖ 4° s'accumuler.

συν-εῖπον, *aor.* 2, parler avec *ou* pour, *dat.*

συν-είργνυμι, *comme le suivant.*

συν-είργω (*f.* είρξω), 1° enfermer ensemble. ‖ 2° réunir. ‖ 3° arrêter; contenir.

συν-είρηκα, *pf. de* συνεῖπον.

συν-είρω (*aor.* εἶρα), 1° lier ensemble. ‖ 2° aligner; répéter. ‖ 3° *intr.*, continuer; marcher sans arrêt.

συν-εισ-άγω (*f.* άξω), amener (*acc.*) avec (*dat.*).

συν-είσ-ακτος, ος, ον, introduit; adoptif.

συν-εισ-βαίνω, entrer dans (*acc.*) avec (*dat.*).

συν-εισ-βάλλω (*f.* βαλῶ,

etc.), se ruer avec, *dat.*

συν-εισ-έρχομαι (*f.* ελεύσομαι), entrer dans (*acc.*) avec (*dat.*).

συν-εισ-πίπτω (*f.* πεσοῦμαι, *etc.*), tomber sur (*acc.*) avec (*dat.*).

συν-εισ-πλέω (*f.* πλεύσομαι), entrer au port avec (*dat.*).

συν-εισ-πράττω (*f.* πράξω), faire payer qq'un (*acc.*) en aidant le créancier (*dat.*).

συν-εισ-φέρω (*f.* οίσω, *etc.*), apporter sa contribution.

συν-εκ-βαίνω (*f.* βήσομαι), sortir ensemble.

συν-εκ-βάλλω (*f.* βαλῶ), chasser ; expulser (*acc.*) avec (*dat.*).

συν-εκ-βιβάζω (*f.* βιβάσω, *etc.*), contribuer à faire sortir.

συν-έκ-δημος, ος, ον, qui accompagne à l'étranger.

συν-εκ-δίδωμι (*f.* δώσω, *et moy.*), aider à doter.

συν-εκ-δύομαι (*f.* δύσομαι), se dépouiller également de, *acc.*

συν-εκ-θνήσκω (*f.* θανοῦμαι, *etc.*), mourir avec, *dat.*

συν-εκ-καί-δεκα, *indécl.*, seize par seize.

συν-εκ-κομίζω (*f.* ίσω), emporter (*acc*) avec (*dat.*).

συν-εκ-κόπτω (*f.* κόψω), couper à la fois.

συν-εκ-πέμπω(*f.* πέμψω), renvoyer (*acc.*) avec, *dat.*).

συν-εκ-πίνω (*f.* πίομαι), boire ensemble entièrement.

συν-εκ-πίπτω (*f.* πεσοῦμαι, *etc.*), 1° s'élancer dehors ensemble. || 2° tomber avec, *dat.*; tomber d'accord.

συν-εκ-πλέω (*f.* πλεύσομαι), prendre la mer avec, *dat.*

συν-εκ-πνέω (*f.* πνεύσομαι), expirer avec, *dat.*

συν-εκ-πονέω-ῶ (*f.* ήσω), supporter (*acc.*) avec (*dat.*).

συν-εκ-πλώω (*f.* πλώσω), *comme* συνεκπλέω.

συν-εκ-πορίζω (*f.* ίσω), procurer de son côté.

συν-εκ-πρήσσομαι (*f.* πρήξομαι), venger (*acc.*) avec (*dat*).

συν-εκ-σῴζω (*f.* σώσω), aider à tirer du danger.

συν-εκ-τίνω (*f.* τίσω),

aider (*dat.*) à payer (*acc.*).

συν-εκ-τρέφω (*f.* θρέψω), élever (*acc.*) avec (*dat.*).

συν-εκ-τρέχω (*f.* δραμοῦμαι), courir à l'assaut avec (*dat.*).

συν-εκ-φέρω (*f.* ἐξοίσω, *etc.*), emporter *ou* supporter (*acc.*) avec (*dat.*).

συν-ελαύνω (*f.* ελάσω, *etc.*), 1° pousser ensemble; serrer. ‖ 2° lancer au combat. ‖ 3° *intr.*, en venir aux mains.

συν-ελευθερόω-ῶ (*f.* ώσω), aider à délivrer (*acc.*) de (*gén.*).

συν-έλκω (*f.* έλξω, *etc.*), 1° tirer ensemble; rassembler. ‖ 2° resserrer.

συν-εμ-βάλλω (*f.* βαλῶ), se précipiter ensemble.

συν-εμ-βολή, ῆς (ἡ), chute simultanée.

συν-εμ-πίπρημι (*f.* πρήσω), brûler ensemble.

συν-έμ-πορος, ου (ὁ, ἡ), compagnon, compagne de voyage.

συν-εξ-άγω (*f.* άξω, *etc.*), conduire *ou* produire ensemble dehors.

συν-εξ-αιρέω-ῶ (*f.* ήσω), aider (*dat.*) à prendre *ou* à détruire (*acc.*).

συν-εξ-αίρω (*f.* αρῶ), soulever *ou* se soulever en même temps.

συν-εξ-ακούω (*f.* ακούσομαι), entendre aussi.

συν-εξ-αμαρτάνω (*f.* αμαρτήσομαι), se tromper avec, *dat.*

συν-εξ-αν-ίστημι (*f.* αναστήσω, *etc.*), faire lever ensemble.

— *Moy. et formes intr.*, se lever ensemble.

συν-εξ-ανύτω (*f.* ύσω), achever de concert.

συν-εξ-απατάω-ῶ (*f.* ήσω), tromper ensemble.

συν-εξ-απο-στέλλω (*f.* στελῶ), envoyer ensemble.

συν-έξ-ειμι (*f.* ειμι, *ibo*), sortir avec, *dat.*

συν-εξ-έρχομαι (*f.* ελεύσομαι, *etc.*), s'en aller avec, *dat.*

συν-εξ-ετάζω (*f.* άσω), rechercher ensemble.

— *Pass.*, être compté parmi, *dat.*

συν-εξ-ομοιόω-ῶ (*f.* ώσω), rendre (*acc.*) pleinement semblable à (*dat.*).

συν-εξ-ορμάω-ῶ (*f.* ήσω), 1° *tr.*, lancer en même temps. ‖ 2° *intr.*, s'élancer avec, *dat.*

συν-εορταστής, οῦ (ὁ), qui célèbre la même fête.

συν-εοχμός, οῦ (ὁ), jointure.

συν-επ-άγω (*f.* ἄξω), conduire *ou* exciter ensemble.

συν-επ-αινέω-ῶ (*f.* έσω), louer *ou* approuver de concert.

συν-έπαινος, ος, ον, qui approuve, *dat.*

συν-επ-αίρω (*f.* ἀρῶ), exciter (*acc.*) avec (*dat.*).

συν-επ-αιτιάομαι-ῶμαι (*f.* άσομαι), accuser ensemble.

συν-επ-ακολουθέω-ῶ (*f.* ήσω), escorter, *dat.*

συν-επ-αμύνω (*f.* αμυνῶ), défendre de concert avec (*dat.*) contre (*acc.*).

συν-επ-αν-ίσταμαι (*aor.* έστην, *pf.* έστηκα), se soulever avec *ou* contre (*dat.*).

συν-επ-αν-ορθόω-ῶ (*f.* ώσω), redresser de concert.

συν-έπ-ειμι (*f.* ειμι, *ibo*), marcher contre (*acc.*) ensemble.

συν-επ-εισ-φέρω (*f.* οἴσω), faire entrer ensemble.

συν-επ-ελαφρύνω (*f.* ελαφρυνῶ), aider (*dat.*) à alléger (*acc.*).

συν-επ-εύχομαι (*f.* εύξομαι), prier les dieux ensemble.

συν-επ-ηχέω-ῶ (*f.* ήσω), répondre par un chœur.

συν-επι-βουλεύω (*f.* σω), tendre de concert des pièges à (*dat.*).

συν-επι-γραφεύς, έως (ὁ), secrétaire adjoint.

συν-επι-θυμέω-ῶ (*f.* ήσω), désirer (*gén.*) avec (*dat.*).

συν-επι-κουρέω-ῶ (*f.* ήσω), secourir de concert (*dat.*).

συν-επι-λαμβάνομαι (*f.* λήψομαι), seconder quelqu'un (*dat.*) dans (*gén.*).

συν-επι-μαρτυρέω-ῶ (*f.* ήσω), attester avec d'autres, *dat.*

συν-επι-μελέομαι-οῦμαι, se soucier avec d'autres (de, *gén.*).

συν-επι-μελητής, οῦ (ὁ), collaborateur.

συν-επι-πλέω (*f.* πλεύσομαι), naviguer ensemble.

συν-επι-πονέω-ῶ (*f.* ήσω), collaborer.

συν-επι-σκέπτομαι (*f.* σκέψομαι), examiner

qq. chose (*acc.*) avec (*dat.*).

συν-επι-σκοπέω-ῶ (*f.* ήσω), *même sens.*

συν-επι-σπάομαι (*f.* σπάσομαι), entraîner en même temps.

συν-επι-σπεύδω (*f.* σπεύσω), hâter ensemble.

συν-επίσταμαι (*f.* ἐπιστήσομαι), savoir ensemble.

συν-επι-στατέω-ῶ (*f.* ήσω), présider ensemble.

συν-επι-στρέφω (*f.* στρέψω), faire tourner ensemble.

συν-επ-ισχύω (*f.* ύσω), assister de toutes ses forces, *dat.*

συν-επι-τελέω-ῶ (*f.* τελέσω), aider à achever.

συν-επι-τίθεμαι (*f.* θήσομαι), *dat.*, 1° se jeter ensemble sur. ‖ 2° s'appliquer ensemble à.

συν-επι-τρίβω (*f.* τρίψω), écraser complètement.

συν-επί-τροπος, ου (ὁ), co-tuteur.

συν-έπομαι (*f.* ἕψομαι), *dat.*, 1° accompagner; suivre. ‖ 2° s'ensuivre: τὰ συνεπόμενα, les conséquences.

συν-επ-όμνυμι (*f.* ομοῦμαι), jurer ensemble.

συν-ερανίζω (*f.* ίσω), recueillir une collecte; amasser.

συν-εράω-ῶ, 1° aimer aussi. ‖ 2° grouper.

συν-εργάζομαι (*f.* άσομαι, *etc.*), 1° travailler (ensemble) *acc.* ‖ 2° aider, *dat.*

συν-εργάτης, ου (ὁ), *comme* συνεργός,

συν-εργέω-ῶ (*f.* ήσω), seconder, *dat.*

συν-εργία, ας (ἡ), collaboration; complicité.

συν-εργός, ός, όν, collaborateur; auxiliaire.

συν-έργω, *comme* συνείργω.

συν-έρδω (*f.* ἔρξω), agir avec, *dat.*

συν-ερείδω (*f.* ερείσω), 1° *tr.*, appuyer ensemble; serrer. ‖ 2° *intr.*, s'appuyer ensemble.

συν-έριθος, ου (ὁ, ἡ), compagnon *ou* compagne de travail.

συν-ερκτικός, ή, όν, aux arguments serrés.

συν-έρχομαι (*f.* ελεύσομαι, *etc.*), 1° ALLER ENSEMBLE. ‖ 2° se réunir; se rencontrer. ‖ 3° en venir aux mains. ‖ 4° coïncider; être d'accord.

συν-ερῶ, *f.*, *voir* συναγορεύω.
συν-ερωτάω-ῶ (*f.* ήσω), échanger des questions; argumenter.
συν-εσθίω (*f.* ἔδομαι), manger avec, *dat.*
σύν-εσις, **εως** (ἡ), 1° RENCONTRE. || 2° INTELLIGENCE; connaissance; conscience.
συν-εσκευασμένως, *adv.*, avec préparatifs communs.
συν-εστέον, *adj. verb. de* σύνειμι 1, il faut être ensemble.
συν-εστιάομαι-ῶμαι (*f.* άσομαι), être commensaux.
συν-εστίη, ης (ἡ), festin.
συν-έστιος, ος, ον, qui habite avec; commensal.
συν-εστώ, οῦς (ἡ), *comme* συνεστίη.
συν-έταιρος, ου (ὁ), compagnon.
συνετός, ή, όν, 1° INTELLIGENT : τὸ συνετόν, l'intelligence. || 2° intelligible.
συνετῶς, *adv.*, avec intelligence.
συν-ευ-δαιμονέω-ῶ (*f.* ήσω), être heureux ensemble.
συν-ευ-δοκέω-ῶ (*f.* ήσω, *etc.*), consentir à, *dat.*
συν-εύδω (*f.* ευδήσω), dormir ensemble.
συν-ευνά(ζ)ομαι, *pass.*, être uni à, *dat.*
σύν-ευνος, ος, ον, qui partage la couche.
συν-ευ-πάσχω (*f.* πείσομαι, *etc.*), être aussi bien traité.
συν-ευ-πορέω-ῶ (*f.* ήσω), aider avec sa bourse, *dat.*
συν-ευ-τυχέω-ῶ (*f.* ήσω), être heureux ensemble.
συν-ευ-φραίνομαι (*f.* φρανοῦμαι), se réjouir avec, *dat.*
συν-εύχομαι (*f.* εὔξομαι), prier avec *ou* pour, *dat.*
συν-ευ-ωχέομαι-οῦμαι (*f.* ήσομαι), se régaler avec, *dat.*
συν-εφ-άπτομαι (*f.* άψομαι), mettre la main ensemble à, *gén.*
συν-εφ-έλκω (*f.* ἕλξω, *etc.*), traîner avec soi.
συν-εφ-έπομαι (*f.* ἕψομαι, *etc.*), accompagner; suivre, *dat.*
συν-εφ-ίστημι (*f.* ἐπιστήσω), être attentif à, *dat.* — *Moy. et formes intr.*, être préposés ensemble à, *gén.*
συν-έχεια, ας (ἡ), con-

tinuité; persévérance.
συν-εχής, ής, ές, 1° CONTINU; continuel. || 2° contigu; immédiat. || 3° persévérant.
συν-έχθω, haïr ensemble.
συν-έχω (*f.* ἕξω, *etc.*), TENIR ENSEMBLE; maintenir. || 2° contenir en soi; renfermer : τὸ συνέχον, le fond (*d'une question*). || 3° serrer; accabler. || 4° *intr.*, être réunis ensemble.
συν-εχῶς, *adv.*, continuellement.
συν-ηγορέω-ῶ (*f.* ήσω), *dat.*, parler pour; approuver.
συν-ηγορία, ας (ἡ), plaidoyer.
συν-ηγορι-κόν, οῦ (τό), salaire d'avocat.
συν-ήγορος, ος, ον, qui partage l'avis, *dat.* — N. ὁ σ., avocat.
συν-ῄδειν, *impf.*, *de* σύνοιδα.
συν-ήδομαι (*f.* ησθήσομαι, *etc.*), se réjouir avec, *dat.*
συν-ήθεια, ας (ἡ), 1° HABITUDE; usage. || 2° intimité.
συν-ήθης, ης, ες, 1° HABITUEL. || 2° habitué à; familier de, *dat.*
συν-ήθως, *adv.*, 1° habituellement. || 2° familièrement.
συν-ήκοος, ος, ον, qui écoute; docile, *gén.*
συν-ήκω (*f.* ήξω), être venus ensemble; se trouver réunis.
συν-ηλικιώτης, ου (ὁ), *et* **συν-ῆλιξ, ικος** (ὁ, ἡ), camarade du même âge.
συν-ημερεύω (*f.* σω), passer la journée *ou* le temps avec, *dat.*
συν-ημοσύνη, ης (ἡ), pacte.
συν-ήορος, ος, ον, associé à, *dat.* — N. ὁ, ἡ, époux, épouse.
συν-ηρετ(μ)έω-ῶ (*f.* ήσω), être en bons termes avec, *dat.*
συν-ηρεφής, ής, ές, ombragé; couvert.
συν-ηττάομαι-ῶμαι (*f.* ηττηθήσομαι), être vaincus ensemble.
συν-θακέω-ῶ (*f.* ήσω), être assis avec, *dat.*
σύν-θακος, ος, ον, qui est assis avec, *dat.*
συν-θάλπω (*f.* θάλψω), réchauffer.
συν-θαμβέω-ῶ (*f.* ήσω), s'étonner avec, *dat.*
συν-θάπτω (*f.* θάψω), ensevelir (*acc.*) avec (*dat.*).

συν-θεάομαι-ῶμαι (*f.* άσομαι), examiner ensemble.

συν-θεατής, οῦ (ὁ), spectateur.

συν-θέλω, *comme* συνεθέλω.

συν-θεσία, ας (ἡ), pacte.

συν-θέσις εως (ἡ), 1° COMBINAISON; groupement. || 2° pacte. || 3° composition; œuvre.

συν-θετικός, ή, όν, relatif *ou* habile à la composition.

σύν-θετος, ος, ον, 1° COMBINÉ; arrangé; composé. || 2° imaginé; artificieux. || 3° convenu; entendu.

συν-θέω (*f.* θεύσομαι), 1° courir ensemble. || 2° arriver à ses fins.

συν-θεωρέω-ῶ (*f.* ήσω), 1° contempler de compagnie. || 2° accompagner dans une *théorie*, *dat.*

συν-θήκη, ης (ἡ), pacte; traité.

σύν-θημα, ατος (τό), 1° SIGNAL; signe; mot d'ordre.||2° pacte : ἀπὸ συνθήματος, selon les conventions. || 3° drapeau.

συν-θηρατής, οῦ (ὁ), compagnon de chasse.

συν-θηράω-ῶ (*f.* άσω) *et moy.*, chasser ensemble.

συν-θηρεύω (*f.* σω), *même sens.*

σύν-θηρος, ου (ὁ), compagnon de chasse.

συν-θλάω (*f.* άσω), broyer entièrement.

συν-θλίβω (*f.* θλίψω), comprimer.

σύν-θλιψις, εως (ἡ), compression.

συν-θνῄσκω (*f.* θανοῦμαι, *etc.*), mourir avec, *dat.*

συν-θραύω (*f.* σω), briser entièrement.

συν-θρηνέω-ῶ (*f.* ήσω), déplorer ensemble, *dat.*

σύν-θρηνος, ος, ον, qui déplore avec, *dat.*

συν-θύω (*f.* σω), sacrifier avec, *dat.*

συν-ιεῖν, *pour* συνιέναι, *de* συνίημι.

συν-ιζάνω *et* **συν-ίζω** (*f.* ιζήσω), 1° s'asseoir ensemble. || 2° s'affaisser.

συν-ίημι (*f.* ήσω, *etc.*), 1° RAPPROCHER; envoyer ensemble.||2° comprendre; connaître; écouter, *gén.-acc.* : οὐ συνῆκε ἁμαρτών, il n'a pas compris qu'il s'était trompé. — *Moy.*, 1°

comprendre. || 2° s'entendre ; se concerter.

συν-ίππαρχος, ου (ὁ), collègue commandant la cavalerie.

συν-ιππεύς, έως (ὁ), compagnon comme cavalier.

συν-ίστημι (*f.* συστήσω, *aor.* συνέστησα, *etc.*), 1° ÉTABLIR ENSEMBLE ; rassembler. || 2° mettre en rapport *ou* aux prises (avec, *dat.*) : συνεστάθη Κύρῳ, il fut présenté à Cyrus. || 3° instituer ; organiser : στρατηγὸν αὐτὸν συνέστησαν, ils le firent général. || 4° soulever ; ameuter. || 5° confirmer ; appuyer ; recommander. || 6° rendre ferme ; coaguler.
— *Moy.*, I *tr.*, FONDER ; former : συνεστήσαντο πόλιν, ils fondèrent une ville.||2° entreprendre : συνίστασθαι μάχην, engager la bataille. — II. *intr.* (*et* συνέστην, συνέστηκα), 1° SE GROUPER ; s'allier ; conspirer : οἱ συνεστῶτες, les conjurés ; τὸ συνεστηκός, la conjuration. || 2° être aux prises avec, *dat.* || 3° ÊTRE ORGANISÉ : πόλις οὕτω συστᾶσα, une cité ainsi constituée. || 4° être composé de. || 5° tenir bon ; s'affermir ; s'épaissir. || 6° être en désaccord ensemble.

συν-ίστωρ, ορος (ὁ, ἡ), témoin ; confident(e).

συν-ίσχω = συνέχω.

συν-ναίω, habiter avec, *dat.*

συν-νάσσω (*f.* νάξω), serrer ensemble.

συν-ναυβάτης, ου (ὁ), compagnon de navigation.

συν-ναυμαχέω-ῶ (*f.* ήσω), combattre sur mer avec, *dat.*

συν-ναυ-στολέω-ῶ (*f.* ήσω), naviguer ensemble.

συν-ναύτης, ου (ὁ) *comme* συνναυβάτης.

συν-νεκρόω-ῶ (*f.* ώσω), mortifier ensemble.

συν-νεύω (*f.* σω), 1° *tr.*, incliner ensemble. || 2° baisser la tête ensemble ; faire signe que oui ; consentir.

συν-νεφής, ής, ές, nuageux.

συν-νέω (*f.* νήσω), amonceler.

συν-νήχομαι (*f.* νήξομαι), nager avec, *dat.*

συν-νικάω-ῶ (*f.* ήσω), vaincre avec, *dat.*

συν-νοέω-ῶ (*f.* νοήσω) *et moy.*, PENSER; méditer; comprendre.

σύν-νοια, ας (ἡ), 1° PENSÉE; méditation; conscience. || 2° souci; trouble moral.

σύν-νομος, ος, ον, 1° qui paît avec. || 2° uni; associé à; qui a de l'affinité avec, *dat.* || 3° N. ὁ, ἡ σ., compagnon, compagne.

σύν-νοος-ους, οος-ους, οον-ουν, 1° réfléchi. || 2° soucieux.

συν-νοσέω-ῶ (*f.* ήσω), être malade avec, *dat.*

συν-νυμφο-κόμος, ος, ον, qui pare avec d'autres la mariée.

συν-οδεύω (*f.* σω), voyager avec, *dat.*

συν-οδία, ας (ἡ), voyage en compagnie; société.

συν-οδοι-πόρος, ου (ὁ, ἡ), compagnon, compagne de voyage.

σύν-οδος, ου (ἡ), 1° RÉUNION; assemblée. || 2° rencontre. || 3° revenus.

συν-οδύρομαι (*f.* οδυροῦμαι), se lamenter avec, *dat.*

σύν-οιδα (*f.* είσομαι), 1° SAVOIR (*acc.*) avec *dat.*; être confident : οἱ συνειδότες, les confidents; les complices. || 2° avoir conscience : σύνοιδα ἐμαυτῷ οὐδὲν ἐπιστάμενος *ou* ἐπισταμένῳ, j'ai conscience de ne rien savoir; τὸ συνειδός, la conscience.

συν-οικειόω-ῶ (*f.* ώσω), familiariser; habituer.

συν-οικέω-ῶ (*f.* ήσω). 1° habiter avec, *dat.*; être conjoint. || 2° fonder; coloniser (*acc.*) avec (*dat.*).

συν-οίκημα, ατος (τό), groupe vivant en commun.

συν-οίκησις, εως (ἡ), vie en commun; mariage.

συν-οικία, ας (ἡ), 1° communauté de vie. || 2° maison habitée par plusieurs familles. || 3° groupe de maisons.

Συν-οίκια, ων (τά), fête de la fondation (*à Athènes*).

συν-οικίζω (*f.* ίσω, *att.* ιῶ), 1° FAIRE HABITER ENSEMBLE. || 2° marier. || 3° fonder; coloniser.

συν-οίκισις, εως (ἡ), action de coloniser.

συν-οικισμός, οῦ (ὁ), *même sens.*

συν-οικο-δομέω-ῶ (*f.* ήσω), bâtir ensemble.

σύν-οικος, ος, ον, qui habite *ou* vit avec, *dat.*; voisin; concitoyen.

συν-οικουρός, ός, όν, qui habite la même maison, *gén.*

συν-οικτίζω (*f.* ίσω, *att.* ιῶ), compatir à, *acc.*

συν-οίομαι (*f.* οιήσομαι), avoir les mêmes pensées, *dat.*

συν-ολολύζω (*f.* ύξω), pousser des cris ensemble.

σύν-ολος, ος *ou* **η, ον,** tout entier. — *Adv.*, (τό) σύνολον, en général.

συν-όλως, *adv.*, en somme.

συν-ομαίμων, *gén.* ονος (ὁ, ἡ), frère *ou* sœur.

συν-όμνυμι (*f.* ομόσω, *etc.*) *et moy.*, jurer avec, *dat.*

συν-ομολογέω-ῶ (*f.* ήσω) *et moy.*, 1° être d'accord avec, *dat.* ‖ 2° accorder; promettre, *acc.*

συν-ομολογία, ας (ἡ), accord; traité.

συν-οπαδός, οῦ (ὁ, ἡ) compagnon; compagne.

συν-οπτικός, ή, όν, voyant tout d'un coup d'œil.

συν-οράω (*f.* ὄψομαι, *etc.*), voir ensemble; voir d'un coup d'œil.

συν-οργίζομαι (*f.* οργισθήσομαι), partager la colère de, *dat.*

συν-ορέγομαι (*f.* ορέξομαι), partager les désirs de, *dat.*

σύν-ορθρος, ος, ον, qui commence à luire avec, *dat.*

συν-ορίνω (*f.* ινῶ), exciter *ou* ébranler ensemble. — *Moy.*, se mouvoir ensemble.

συν-όρμενος, η, ον, s'élançant ensemble.

συν-ορμίζω (*f.* ίσω), faire mouiller ensemble (*des vaisseaux*).

σύν-ορος, ος, ον, 1° voisin de, *dat.* ‖ 2° qui ressemble à, *gén.*

συν-ουσία, ας (ἡ), 1° VIE COMMUNE; fréquentation; relation. ‖ 2° réunion; assemblée.

συν-ουσιαστής, οῦ (ὁ), 1° ami intime. ‖ 2° disciple.

συν-ουσιαστικός, ή, όν, mondain.

συν-οφρυόομαι (*f.* ώσομαι), froncer les sourcils.

συν-οχή, **ῆς** (ἡ), 1° jonction. || 2° resserrement.

συν-οχωκώς, **υῖα**, **ός**, serré ensemble.

σύν-οψις, **εως** (ἡ), vue d'ensemble.

σύν-ταγμα, **ατος** (τό), 1° ORDRE ; organisation ; constitution. || 2° composition ; écrit ; traité. || 3° contribution. || 4° troupes.

συν-ταγματ-άρχης, **ου** (ὁ), commandant en chef d'une compagnie.

συν-ταλαι-πορέω-ῶ (*f.* ήσω), être malheureux avec, *dat.*

συν-τάμνω, *pour* συντέμνω.

σύν-ταξις, **εως** (ἡ), 1° MISE EN ORDRE ; organisation ; ordre de bataille. || 2° pacte ; contrat. || 3° corps de troupes. || 4° composition ; écrit ; ouvrage. || 5° contribution ; impôt. || 6° syntaxe.

συν-τάραξις, **εως** (ἡ), bouleversement.

συν-ταράσσω, *att.* **ττω**, bouleverser ; soulever (*des troubles*).

σύν-τασις **εως** (ἡ), tension.

συν-τάσσω, *att.* **ττω** (*f.* **τάξω**), 1° RANGER (*acc.*) AVEC (*dat.*). || 2° METTRE EN ORDRE ; régler ; ranger en bataille. || 3° prescrire. || 4° taxer. || 5° composer (*un écrit*). — *Moy.*, 1° *tr.*, 1° *mêmes sens.* || 2° convenir d'une chose : τὸ συντεταγμένον, la chose convenue.
II. *intr.*, 1° se joindre ; se ranger : συνταξάμενοι, συντεταγμένοι, s'étant mis en bon ordre. || 2° s'entendre ; se concerter.

σύν-ταφος, **ος**, **ον**, mis au même tombeau.

συν-ταχύνω (*f.* υνῶ), 1° *tr.*, hâter. || 2° *intr.*, se hâter.

συν-τείνω (*f.* τενῶ, *etc.*), I. *tr.*, 1° TENDRE AVEC EFFORT, *pr. et fig.* || 2° presser ; exciter.
II. *intr.*, 1° faire effort ; contribuer à. || 2° se développer ; s'accroître.

συν-τειχίζω (*f.* ίσω, *att.* ιῶ), fortifier ensemble.

συν-τεκμαίρομαι (*f.* τεκμαροῦμαι), conjecturer finalement.

συν-τεκταίνομαι (*f.* τεκτανοῦμαι), fabriquer ensemble.

συν-τέλεια, **ας** (ἡ), 1° ACHÈVEMENT. || 2° contribution. || 3° association.

συν-τελέω-ῶ (*f.* έσω), I. *tr.*, ACHEVER ENSEMBLE; célébrer en commun. — II. *intr.*, 1° contribuer à. || 2° contribuer financièrement. || 3° être associé à; être classé parmi. || 4° être tributaire (de, *dat.*).

συν-τελής, ής, ές, contribuable; tributaire.

συν-τέμνω (*f.* τεμῶ, *etc.*), 1° COUPER; tailler. || 2° abréger : ὡς συντεμόντι εἰπεῖν, en résumé. || 3° être pressant.

συν-τεταγμένως, *adv.*, avec ordre.

συν-τεταμένως, *adv.*, à grand effort.

συν-τετραίνω, *comme* συντιτράω.

σύν-τεχνος, ος, ον, qui a le même métier.

συν-τήκω (*f.* τήξω), faire fondre ensemble; user; épuiser totalement. — *Pass.* *et* συντέτηκα, se fondre; s'en aller de consomption.

συν-τηρέω-ῶ (*f.* ήσω), 1° garder ensemble. || 2° examiner ensemble.

συν-τίθημι (*f.* θήσω), 1° METTRE ENSEMBLE; rassembler; mettre en ordre; comparer. = 2° composer; combiner; tramer. || 3° confier. || 4° raisonner; conclure. — *Moy.*, I. *tr.*, 1° stipuler, contracter; promettre. || 2° observer; écouter. II. *intr.*, 3° s'entendre avec, *dat.*

συν-τιμάω-ῶ (*f.* ήσω), enchérir.

συν-τιτράω-ῶ (*f.* τρήσω), trouer.

συν-τιτρώσκω (*f.* τρώσω, *etc.*), blesser en même temps.

συν-τομία, ας (ἡ), brièveté.

σύν-τομος, ος, ον, COURT; concis.

συν-τόμως, *adv.*, en peu de mots; rapidement.

συν-τονία, ας (ἡ), effort intense.

συν-τόνος, ος, ον, 1° TENDU; intense; énergique. || 2° à l'unisson avec, *dat.*

συν-τόνως, *adv.*, avec un effort intense.

συν-τράπεζος, ος, ον, commensal.

σύν-τρεις, τρεις, τρια, trois par trois.

συν-τρέφω (*f.* θρέψω), nourrir ensemble. — *Pass.*, grandir ensemble; s'affermir.

συν-τρέχω (*f.* δραμοῦμαι, *etc.*), 1° COURIR ENSEMBLE ; en venir aux mains. ‖ 2° concourir ; concorder avec, *dat.*

συν-τρίβω (*f.* τρίψω), 1° frotter ensemble. ‖ 2° briser, *pr. et fig.*

συν-τριηρ-αρχέω-ῶ (*f.* ήσω), être triérarque avec, *dat.*

συν-τριήρ-αρχος, ου (ὁ), collègue comme triérarque.

σύν-τριμμα, ατος (τό), cassure.

συν-τροφία, ας (ἡ), vie commune.

σύν-τροφος, ος, ον, 1° nourri avec ; familier ; *dat.* ‖ 2° habituel ; courant. ‖ 3° qui entretient, *gén.*

συν-τροχάζω, *comme* συντρέχω.

συν-τυγχάνω (*f.* τεύξομαι, *etc.*), 1° se rencontrer ; rencontrer, *dat.* : ὁ συντυχών, le premier venu. ‖ 2° arriver ; survenir : τὰ συντυχόντα, les événements ; συνέτυχε, *impers. et l'inf.*, il arriva que.

συν-τυχία, ας (ἡ), 1° RENCONTRE. ‖ 2° circonstance ; hasard ; incident heureux *ou* malheureux.

συν-υπ-ακούω (*f.* ακούσομαι), écouter ensemble, *dat.*

συν-υπο-κρίνομαι (*f.* κρινοῦμαι), feindre ensemble.

συν-υπ-ουργέω-ῶ (*f.* ήσω), aider avec autrui, *dat.*

συν-υφαίνω (*f.* υφανῶ, *etc.*), tisser ; tramer (*acc.*) avec (*dat.*).

συν-υφή, ῆς (ἡ), tissu.

συν-ωδίνω (*f.* ινῶ), souffrir avec, *dat.*

συν-ῳδός, ός, όν, qui chante avec ; qui est à l'unisson de, *dat.*

συν-ωθέω (*f.* ωθήσω, *etc.*), pousser ensemble.

συν-ωμοσία, ας (ἡ), ligue ; conjuration.

συν-ωμότης, ου (ὁ) conjuré.

συν-ώμοτος, ος, ον, conjuré : τὸ συνώμοτον, ligue.

συν-ωνέομαι-οῦμαι (*f.* ήσομαι), acheter ensemble.

συν-ώνυμος, ος, ον, synonyme.

συν-ωρικεύομαι, conduire un char à deux chevaux.

συν-ωρίς, ίδος (ἡ), couple d'animaux; char à deux chevaux.

συν-ωφελέω-ῶ (*f.* ήσω), aider aussi, *acc.-dat.*

συο-φορβός, ός, όν, qui élève des porcs.

Συράκουσαι, ῶν (αἱ), Syracuse.

Συρακούσιος, α, ον, de Syracuse.

σύρ-δην, *adv.*, en lignes prolongées.

Συρία, ας (ἡ), la Syrie.

συριγμός, οῦ (ὁ), sifflement.

σῦριγξ, ιγγος (ἡ), 1° FLÛTE; tige de roseau. ‖ 2° canal; mine.

συρίζω, *att.* **ίττω** (*f.* ίξομαι, *aor.* ιξα), 1° jouer de la flûte. ‖ 2° siffler.

Σύριος, α, ον, Syrien.

συριστί, *adv.*, en syriaque.

συρμαία, ας (ἡ), purgatif.

συρμαΐζω (*f.* ίσω), se purger.

συρμός, οῦ (ὁ), 1° averse. ‖ 2° purgation.

Σύρος, ου (ὁ), Syrien.

συρ-ράπτω (*f.* ράψω), 1° coudre ensemble. ‖ 2° machiner.

συρ-ράσσω, *att.* **ττω** (*f.* ράξω), se heurter (à, *dat.*)

συρ-ρέω (*f.* ρεύσομαι, *etc.*), couler avec, *dat.*; affluer.

συρ-ρήγνυμι (*f.* ρήξω, *etc.*), I. *tr.*, 1° briser. ‖ 2° engager; faire éclater. — II. *intr.* (*pf.* συνέρρωγα), 1° éclater. ‖ 2° se joindre.

συρ-ριπτέω-ῶ (*f.* ήσω), jeter ensemble; rapprocher.

Σύρτις, ιδος (ἡ), Syrte.

σύρφαξ, ακος (ὁ), tas d'ordures.

συρφετός, οῦ (ὁ), 1° tas d'ordures. ‖ 2° populace; homme de la rue.

σύρω (*f.* συρῶ, *pass. aor.* 2 ἐσύρην), tirer; entraîner.

σῦς, συός (ὁ, ἡ), porc; sanglier.

συ-σκεδάννυμι (*f.* σκεδάσω), dissiper totalement.

συ-σκευάζω (*f.* άσω), 1° APPRÊTER ENSEMBLE; rassembler; équiper. ‖ 2° tramer. — *Moy.*, 1° *tr.*, PRÉPARER POUR SOI; machiner; séduire. ‖ 2° *intr.*, se préparer : συνεσκευασμένος, tout prêt.

συ-σκευασία, ας (ἡ) apprêts.

συ-σκευο-φορέω-ῶ (*f.* ήσω), porter en commun les bagages,

συ-σκευωρέομαι-οῦμαι (*f.* ήσομαι), machiner ensemble.

συ-σκηνέω-ῶ (*f.* ήσω), être sous la tente avec; manger avec (*dat.*).

συ-σκηνία, ας (ἡ), vie de camarades.

συ-σκήνιον, ου (τό), repas pris entre camarades.

σύ-σκηνος, ος, ον, camarade.

συ-σκηνόω-ῶ, *comme* συσκηνέω.

συ-σκιάζω, (*f.* άσω), ombrager; cacher.

σύ-σκιος, ος, ον, ombragé.

συ-σκοπέω-ῶ, regarder ensemble.

συ-σκοτάζει, *impers.*, la nuit est venue.

συ-σκυθρωπάζω(*f.*άσω), avoir l'air sombre avec, *dat.*

συ-σπαράσσω, *att.* **ττω**, déchirer ensemble.

συ-σπάω-ῶ (*f.* άσω), 1° tirer ensemble. ‖ 2° resserrer.

συ-σπειράω-ῶ (*f.* άσω), rouler ensemble; masser en peloton. — *Moy.-pass.*, se pelotonner; se serrer.

συ-σπένδω (*f.* σπείσω), faire en commun des libations.

συ-σπεύδω (*f.* σπεύσω), se hâter avec, *dat.*

σύ-σπονδος, ος, ον, qui fait des libations avec, *dat.*

συ-σπουδάζω (*f.* άσω), s'empresser avec; se dépenser pour, *dat.*

συσ-σημαίνομαι (*f.* σημανοῦμαι), sceller *ou* signer ensemble.

σύσ-σημος, ος, ον, qui porte un signe convenu : τὸ σύσσημον, signe de convention.

συσ-σιτέω-ῶ (*f.* ήσω), manger ensemble.

συσ-σιτία, ας (ἡ), communauté de table.

συσ-σίτιον ου (τό), 1° repas pris en commun. ‖ 2° salle de banquet.

σύσ-σιτος, ος, ον, commensal.

συσ-συκοφαντέω-ῶ (*f.* ήσω), calomnier de concert.

συσ-σῴζω (*f.* σώσω), sauver (*acc.*) avec (*dat.*); conserver.

συσ-σωρεύω (*f.* σω), amonceler.

συσ-σωφρονέω-ῶ (*f.*

ήσω), être également sage.

συ-σταδόν, *adv.*, corps à corps.

συ-στάς, άδος (ἡ), rangée; amas.

συ-στασιάζω (*f.* άσω), se soulever avec; prendre parti pour, *dat.*

σύ-στασις, εως (ἡ), 1° ACTION DE RÉUNIR; ARRANGEMENT. ‖ 2° constitution; composition : πόλεως σ., constitution. ‖ 3° formation; origine. ‖ 4° complexion; état physique. ‖ 5° association; coalition. ‖ 6° attroupement; mêlée. ‖ 7° consistance; contraction.

συ-στασιώτης, ου (ὁ), affilié à la même faction *ou* au même parti.

συ-στατικός, ή, όν, qui unit; qui recommande.

συ-στεγάζω (*f.* άσω), couvrir ensemble.

συ-στέλλω (*f.* στελῶ), 1° RESSERRER; contracter; restreindre : συνεσταλμένος, modéré. ‖ 2° envelopper; ensevelir. ‖ 3° abaisser; abattre.

συ-στενάζω (*f.* άξω), gémir avec, *dat.*

συ-στεφανόω-ῶ (*f.*ώσω), couronner (*acc.*), avec (*dat.*).

σύ-στημα, ατος (τό), 1° ASSEMBLAGE; composé. 2° total; ensemble. ‖ 3° groupe; ligue; troupe. 4° organisation; système. ‖ 5° accord musical.

σύ-στοιχος, ος, ον, placé sur le même rang.

συ-στολή, ῆς (ἡ), resserrement.

συ-στρατεία, ας (ἡ), campagne faite en commun.

συ-στρατεύω (*f* σω), *et moy.*, faire campagne avec, *dat.*

συ-στρατηγέω-ῶ(*f.*ήσω), partager le commandement avec, *dat.*

συ-στρατηγός, οῦ (ὁ), collègue du général.

συ-στρατιώτης, ου (ὁ), compagnon d'armes.

συ-στρατο-πεδεύομαι (*f.* σομαι), camper avec, *dat.*

συ-στρέφω (*f.* στρέψω, *aor.* συνέστρεψα), 1° ROULER ENSEMBLE : σ. ἑαυτόν, se pelotonner. ‖ 2° assembler; grouper. ‖ 3° resserrer; condenser : συνεστραμμένη λέξις, style concis.

συ-στροφή, ῆς (ἡ), 1° torsion. || 2° troupe.

συ-σφάζω (*f.* σφάξω), égorger (*acc.*) avec (*dat.*).

συ-σχηματίζομαι (*f.* ίσομαι), se conformer à.

συ-σχολάζω (*f.* άσω), étudier avec, *dat.*

σύτο, *pour* ἔσσυτο, *aor.* 2 *moy. de* σεύω.

συφε(ι)ός, οῦ (ὁ), étable à porcs.

συ-φορβός, οῦ (ὁ), porcher.

συχνάκις, *adv.*, souvent.

συχνός, ή, όν, 1° LONG ; prolongé ; σ. χρόνος, temps long. || 2° nombreux ; fréquent : τὸ συχνόν, grande quantité. || 3° fréquenté.— *Adv.*, συχνόν *et* συχνά, souvent ; beaucoup ; loin : συχνῷ κρείττων, beaucoup plus fort.

σφ' *élision pour* σφέ *ou* σφί (de σφεῖς).

σφαγεῖον, ου (τό), vase pour le sang des victimes.

σφαγεύς, έως (ὁ), 1° meurtrier. || 2° couteau du sacrificateur.

σφαγή, ῆς (ἡ), 1° ÉGORGEMENT ; massacre. || 2° gorge.

σφαγιάζομαι (*f.* άσομαι), immoler. — *Pass.*, être sacrifié.

σφάγιον, ου (τό), victime.

σφάγιος, α *et* **ος, ον**, qui égorge.

σφαγίς, ίδος (ἡ), couteau.

σφαδάζω (*f.* άσω), s'agiter ; vibrer.

σφαδασμός, οῦ (ὁ), agitation convulsive.

σφάζω, *voir* σφάττω.

σφαῖρα, ας (ἡ), balle ; sphère.

σφαιρηδόν, *adv.*, en forme de balle *ou* de sphère.

σφαιρίζω (*f.* ίσω), jouer à la balle.

σφαίρισις, εως (ἡ), action de jouer à la balle.

σφαιρο-ειδής, ής, ές, de forme sphérique.

σφαιρόω-ῶ (*f.* ώσω), arrondir.

σφακελίζω (*f.* ίσω), se gangrener.

σφάκελος, ου (ὁ), 1° gangrène. || 2° spasme.

Σφακτηρία, ας (ἡ), île de Sphactérie.

σφαλερός, ά, όν, GLISSANT ; chancelant ; dangereux.

σφαλερῶς, *adv.*, dangereusement.

σφάλλω (*f.* σφαλῶ, *aor.* ἔσφηλα, *pf.* ἔσφαλκα; *pass. f.* 2 σφαλήσομαι, *aor.* 2 ἐσφάλην, *pf.* ἔσφαλμαι), 1° FAIRE GLISSER; faire tomber. ‖ 2° tromper. — *Moy. et pass.*, 1° TOMBER. ‖ 2° échouer : σφαλεὶς τῶν ἐλπίδων, déçu dans ses espérances. ‖ 3° se tromper : σφαλῆναι τῆς γνώμης, se faire des illusions.

σφάλμα, ατος (τό), 1° FAUX PAS. ‖ 2° revers. ‖ 3° erreur.

σφαραγέομαι-οῦμαι, 1° pétiller. ‖ 2° ronger.

σφάττω (*f.* σφάξω; *pass. f.* 2 σφαγήσομαι, *aor.* 2 ἐσφάγην), ÉGORGER; immoler.

σφε, *pron. enclit.*, 1° *acc. sg.*, lui; elle. ‖ 2° *acc. pl. ou duel*, eux, elles *ou* eux deux, elles deux.

σφεδανός, ή, όν, vif. — *Adv.* σφεδανόν, vivement.

σφεῖς, σφεῖς, σφέα, eux-mêmes; elles-mêmes.

σφέλας, αος (τό), escabeau.

σφενδονάω-ῶ (*f.* ήσω), lancer avec la fronde.

σφενδόνη, ης (ἡ), 1° FRONDE; pierre de fronde. ‖ 2° chaton (*d'une bague*). ‖ 3° écharpe (*de blessé*).

σφενδονήτης, ου (ὁ), frondeur.

σφενδονητική, ῆς (ἡ), art du frondeur.

σφετερίζω (*f.* ίσω, *att.* ιῶ), *et moy.*, s'approprier.

σφέτερος, α, ον, 1° LEUR : οἱ σφέτεροι, les leurs; τὰ σφέτερα, leurs affaires. ‖ 2° notre.

σφηκιά, ᾶς (ἡ), guêpier.

σφηκίον, ου (τό), cellule de guêpier.

σφηκόω-ῶ (*f.* ώσω), amincir (*comme un corps de guêpe*).

σφήν, σφηνός (ὁ), coin (*pour fendre*).

σφήξ, σφηκός (ὁ), guêpe.

σφι(ν), *pron. enclit.*, *pour* σφίσι(ν).

σφιγγίον, ου (τό), collier.

σφίγγω (*f.* σφίγξω), serrer.

Σφίγξ, Σφιγγός (ἡ), le Sphinx.

σφίσι(ν), *dat. de* σφεῖς.

σφόδρα, *adv.*, fortement; très : σφόδρα γε, assurément.

σφοδρός, ά *ou* ός, όν, violent; fort.

σφοδρότης, ητος (ἡ), violence; force.

σφοδρύνομαι, croire à la force de, *dat.*

σφοδρῶς, *adv.*, violemment; fortement.

σφονδύλιος *et* **σφόνδυλος**, ου (ὁ), vertèbre.

σφός, σφή, σφόν, leur.

σφραγίζω (*f.* ίσω) *et moy.*, sceller; cacheter.

σφραγίς, ῖδος (ἡ), 1° SCEAU; cachet; marque. ‖ 2° anneau.

σφράγισμα, ατος (τό), cachet.

σφριγάω-ῶ, être gonflé (*de sève, de force*).

σφυγμός, οῦ (ὁ), palpitation.

σφύζω (*f.* ύξω), palpiter.

σφῦρα, ας (ἡ), marteau.

σφυρ-ήλατος, ος, ον, martelé.

σφυρόν, οῦ (τό), cheville; pied.

σφώ, *pour* σφωέ *et* σφῶϊ.

σφωέ, *pron. nom. et acc. duel*, eux deux; elles deux. — *Gén. et dat.*, σφωΐν.

σφῶϊ, vous deux. — *Gén., et dat.*, σφῶϊν, σφῷν.

σφωΐτερος, α, ον, à vous deux.

σφῶν, *gén. de* σφεῖς.

σχάζω (*f.* άσω), *et moy.*, 1° fendre. ‖ 2° relâcher; abandonner.

σχάω, *comme le précédent.*

σχέδην, *adv.*, pas à pas; peu à peu.

σχεδία, ας (ἡ), 1° radeau. ‖ 2° pont de bateaux.

σχεδίην, *adv.*, de tout près.

σχέδιος, ος *ou* α, ον, 1° improvisé; imprévu. ‖ 2° qui se fait corps à corps.

σχεδόθεν, 1° *adv.*, de près. ‖ 2° *prép.*, près de, *gén.-dat.*

σχεδόν, I. *adv.*, 1° de près. ‖ 2° presque. — II. *prép.*, près de, *gén.-dat.*

σχεθεῖν, *pour* σχεῖν, *inf. aor.* 2 *de* ἔχω.

σχελίδες, ων (αἱ), côtes (d'animal).

Σχερία, ας (ἡ), Skhérie (*île des Phéaciens*).

σχές, *imp. aor.* 2 *de* ἔχω.

σχέσις, εως (ἡ), manière d'être; état.

σχετήριον, ου (τό), remède.

σχετλιάζω (*f.* άσω), se plaindre.

σχετλιασμός, οῦ (ὁ), plainte.

σχέτλιος, α *ou* ος, ον, 1° CRUEL; terrible. ‖ 2° infortuné.

σχετλίως, *adv.*, 1° cruellement. ‖ 2° misérablement.

σχῆμα, ατος (τό), 1° FORME; FIGURE. ‖ 2° parure; costume. ‖ 3° attitude. ‖ 4° noble maintien : κατὰ σχῆμα, dignement. ‖ 4° rôle; manière : ἐν σχήματι, *gén.*, à la façon de. ‖ 5° fausse apparence; faux prétexte. ‖ 6° figure de style.

σχηματίζω (*f.* ίσω, *att.* ιῶ), FORMER; FIGURER. — *Moy.*, A. *tr.*, 1° orner; costumer. ‖ 2° déguiser; feindre. — B. *intr.*, 1° faire des mines; danser. ‖ 2° manœuvrer (*militairement*).

σχημάτιον, ου (τό), figure de danse.

σχηματισμός, οῦ (ὁ), 1° ACTION DE FIGURER. ‖ 2° habillement; maintien. ‖ 3° air dédaigneux. ‖ 4° dissimulation. ‖ 5° expression figurée.

σχηματο-ποιέομαι-οῦμαι (*f.* ήσομαι), faire des mines.

σχίδαξ, ακος (ὁ), copeau.

σχίζα, ης (ἡ), *même sens.*

σχίζω (*f.* ίσω), FENDRE; couper. — *Pass.*, se diviser.

σχινδάλαμος, ου (ὁ), éclat de bois.

σχῖνος, ου (ἡ), lentisque.

σχίσις, εως (ἡ), action de fendre.

σχίσμα, ατος (τό), 1° fente. ‖ 2° scission.

σχισμός, οῦ (ὁ), *comme* σχίσις.

σχιστός, ή, όν, fendu.

σχοίνινος, η, ον, de jonc.

σχοινίον, ου (τό), corde de jonc; chaîne.

σχοῖνος, ου (ὁ, ἡ), 1° JONC. ‖ 2° corde.

σχοινο-τενής, ής, ές, tiré au cordeau; droit.

σχολάζω (*f.* άσω), 1° ÊTRE OISIF; être au repos : σχ. εὕδειν, avoir le loisir de dormir. ‖ 2° être nonchalant. ‖ 3° s'adonner à; suivre les leçons de, *dat. ou prép.* ‖ 4° professer comme maître.

σχολαῖος, α, ον, qui a du loisir; oisif; nonchalant. — *Comp.*, σχολαίτερος.

σχολαιότης, ητος (ἡ), nonchalance; lenteur.

σχολαίως, *adv.*, à loisir; lentement.

σχολαστής, οῦ (ὁ), *comme* σχολαῖος.

σχολαστικός, ή, όν, 1° de loisir. ‖ 2° d'école.

σχολή, ῆς (ἡ), 1° LOISIR; repos : σχολὴν ἄγειν, se reposer; σχολή μοί ἐστι διαλέγεσθαι, j'ai tout le temps de converser; κατὰ σχολήν, à loisir.‖2° nonchalance; paresse. ‖ 3° école. — *Adv.*, σχολῇ, 1° à loisir. ‖ 2° lentement; péniblement. ‖ 3° pas du tout : σχολῇ γε, et encore moins.

σχόλιον, ου (τό), commentaire; scholie.

σχών, *part. aor.* 2 *de* ἔχω.

σῴζω (*f.* σώσω; *pass pf.* σέσῳσμαι *et* σέσωμαι), SAUVER; garder; observer. — *Moy.*, garder pour soi; conserver en sa mémoire.

σωκέω-ῶ (*f.* ήσω), avoir la force (de, *inf.*).

σῶκος, ου (ὁ), fort, *adj.*

Σωκράτης, ους (ὁ), Socrate.

Σωκρατικός, ή, όν, de Socrate.

σωλήν, ῆνος (ὁ), tuyau; canal.

σῶμα, ατος (τό), 1° CORPS : τὸ σῶμα σῴζειν, sauver sa vie. ‖ 2° personne; homme : πολλὰ σώματα ἔθανεν, beaucoup d'hommes moururent; σώματα αἰχμάλωτα, prisonniers. ‖ 3° corps (*d'une chose*) : τὸ σῶμα τῶν νόμων, l'ensemble des lois. ‖ 4° cadavre.

σωμ-ασκέω-ῶ (*f.* ήσω), s'exercer; exercer.

σωμ-ασκία, ας (ἡ), exercice physique.

σωματικός, ή, όν, du corps; matériel.

σωμάτιον, ου (τό), petit corps.

σωματο-ειδής, ής, ές, *comme* σωματικός.

σωματο-ποιέω-ῶ (*f.* ήσω), 1° grouper en un corps. ‖ 2° renforcer.

σωματο-φύλαξ, ακος (ὁ), garde du corps.

σῶος, α, ον, *comme* σῶς.

σώρευμα, ατος (τό), tas.

σωρεύω (*f.* σω), entasser.

σωρηδόν, *adv.*, en tas.

σωρός, οῦ (ὁ), tas; charge.

σῶς, σῶς, σῶν, 1° SAIN

ET SAUF; bien portant. || 2° certain; assuré.

Σωσίας, ου (ὁ), Sosie.

σωστικός, ή, όν, qui peut sauver.

Σωστράτη, ης (ἡ), Sostrata.

σῶστρον, ου (τό), 1° sacrifice en reconnaissance d'une guérison. || 2° prime; récompense.

σώτειρα, ας (ἡ), libératrice.

σωτήρ, ῆρος (ὁ), sauveur.

σωτηρία, ας (ἡ), salut; conservation.

σωτήριος, α, ον, 1° qui sauve; salutaire. || 2° sauvé. — N. τὰ σ., sacrifice pour un bienfait des dieux.

σω-φρονέω-ῶ (*f.* ήσω), 1° ÊTRE MODÉRÉ, équilibré, tempérant. || 2° avoir du bon sens.

σω-φρόνημα, ατος (τό), acte de modération.

σω-φρονίζω (*f.* ίσω, *att.* ιῶ), 1° RENDRE MODÉRÉ; assagir; châtier.

σω-φρονικός, ή, όν, modéré par nature; tempérant.

Σωφρονίσκος, ου (ὁ), Sophronisque.

σω-φρονισμός, οῦ (ὁ), action d'assagir.

σω-φρονιστήριον, ου (τό), maison de correction.

σω-φρονιστής, οῦ (ὁ), homme qui rend sage *ou* qui châtie.

σω-φρόνως, *adv.*, avec une sage modération; avec bon sens.

σω-φροσύνη, ης (ἡ), 1° MODÉRATION; sagesse; modestie; chasteté. || 2° bon sens.

σώ-φρων, ων, ον, *gén.* ονος, 1° MODÉRÉ; sage; tempérant; chaste. || 2° sensé.

Σώφρων, ωνος (ὁ), Sophron.

σώω, *comme* σῴζω.

T

τ' *élision pour* τε *ou* τοι.

τἀγαθά, *contr. pour* τὰ ἀγαθά.

ταγεία, ας (ἡ), commandement.

ταγείς, *part. aor.* 2 *pass.* de τάσσω.

ταγεύω (*f.* σω), commander.

ταγέω-ῶ, commander, *gén.*

ταγή, ῆς (ἡ), *comme* ταγεία.

τάγμα, ατος (τό), 1° ORDRE, prescription; règlement. || 2° division *ou* compagnie (*de soldats*).

ταγός, οῦ (ὁ), chef.

ταθείς, *part. aor. pass. de* τείνω.

Ταίναρον, ου (τό), le Ténare.

ταινία, ας (ἡ), 1° ruban (*pour attacher*); bandelette. || 2° langue de terre.

ταινιόω-ῶ (*f.* ώσω), attacher avec des bandelettes.

ταί, *pour* αἱ, *pl. fém. de l'art.*

τακερός, ά, όν, fondant; alangui.

τακτικός, ή, όν, 1° régulier; relatif à l'ordre : ἡ τακτική, la tactique. || 2° bon tacticien.

τακτός, ή, όν, 1° réglé. || 2° prescrit.

ταλα-εργός, ός, όν, endurci à la peine.

ταλαι-πωρέω-ῶ (*f.* ήσω), 1° *intr.*, ÊTRE MALHEUREUX; peiner. || 2° *tr.*, rendre malheureux. — *Pass.*, être malheureux.

ταλαι-πωρία, ας (ἡ), 1° MALHEUR; misère. || 2° souffrance; grande fatigue.

ταλαί-πωρος, ος, ον, malheureux; misérable.

ταλαί-φρων, ων, ον, *gén.* ονος, éprouvé; patient.

ταλα-κάρδιος, ος, ον, 1° malheureux. || 2° au cœur énergique.

ταλαντεύω (*f.* σω), peser; mettre dans la balance.

ταλαντιαῖος, α, ον, d'un talent.

τάλαντον, ου (τό), 1° BALANCE. || 2° talent (*poids : 26 kg. — monnaie : 5900 fr. or environ*).

ταλα-πείριος, ος, ον, qui a été beaucoup éprouvé; infortuné.

ταλα-πενθής, ής, ές, éprouvé par la douleur.

ταλαρίσκος, ου (ὁ), petite corbeille.

τάλαρος, ου (ὁ), corbeille; claie.

τάλας, αινα, αν, malheureux : ὦ τάλας ἐγώ, infortuné que je suis!

ταλασία, ας (ἡ), travail de fileuse.

ταλάσιος, ος, ον, relatif à l'art de filer.

ταλασι-ουργέω-ῶ (*f.* ήσω), travailler la laine.

ταλασι-ουργία, ας (ἡ), travail de la laine.

ταλασι-ουργικός, ή, όν, *comme* ταλάσιος.

ταλασι-ουργός, ός, όν, qui travaille la laine.

ταλασί-φρων, ων, ον, *gén.* ονος, au cœur énergique.

ταλαύ-ρινος, ος, ον, à la peau dure.

ταλά-φρων, ων, ον, *gén.* ονος, *comme* ταλασί-φρων.

τἀληθές, *crase pour* τό ἀληθές.

Ταλθύ-βιος, ου (ὁ), Talthybios.

τᾶλις, ιδος (ἡ), jeune femme.

τἆλλα, *crase pour* τὰ ἄλλα.

ταμεσί-χρως, χροος (ὁ, ἡ), qui meurtrit la peau.

ταμία, ας (ἡ), intendante.

ταμίας, ου (ὁ), 1° INTENDANT. ‖ 2° arbitre souverain. ‖ 3° questeur.

ταμιεία, ας (ἡ), intendance. ‖ 2° administration.

ταμιεῖον, ου (τό), 1° TRÉSOR PUBLIC. ‖ 2° dépôt; grenier.

ταμίευμα, ατος (τό), répartition; ménage.

ταμιεύω (*f.* σω) *et moy.*, A. *intr.*, 1° ÊTRE INTENDANT; être questeur. ‖ 2° pratiquer l'économie. ‖ B. *tr.*, administrer; répartir; réserver; ménager; déterminer.

ταμεῖν, *inf. aor.* 2 *de* τέμνω.

τὰν, *contr. pour* τὰ ἐν.

τἄν, *contr. pour* τοι ἄν.

τᾶν *ou* **τάν**, toi : ὦ τᾶν, mon cher!

Τάναγρα, ας (ἡ), Tanagra.

ταναήκης, ης, ες, pointu; affilé.

Τάναϊς, ιδος (ὁ), le Tanaïs.

τἀναντία, *crase pour* τὰ ἐναντία.

ταναό-δειρος, ος, ον, au cou allongé.

ταναός, ός, όν, allongé; prolongé.

ταναΰ-πους, πουν, *gén.* ποδος, aux grandes jambes maigres.

τἀνδρός, *crase pour* τοῦ ἀνδρός.

τανη-λεγής, ής, ές, qui couche (*la mort*) tout du long.

Ταντάλειος, ος, ον, de Tantale.

Τάνταλος, ου (ὁ), Tantale

ταντᾰλόω-ῶ (*f.* ώσω), frapper (*comme le fut Tantale*).

τανύ-γλωσσος, ος, ον, à la langue longue.

τανυ-γλώχιν, ινος (ὁ,ἡ), à la pointe longue.

τανυ-ήκης, ης, ες, *comme* τανα ήκης.

τάνυμαι, s'étendre.

τανῦν, *adv.*, à présent.

τανύ-πεπλος, ος, ον, à la robe longue.

τανύ-πους, *comme* ταναύπους.

τανύ-πτερος, ος, ον, qui étend ses ailes.

τανυ-πτέρυξ, υγος (ὁ, ἡ), *même sens*.

τανυσί-πτερος, ος, ον, *même sens*.

τανυστύς, ύος (ἡ), tension.

τανύ-φλοιος, ος, ον, à l'écorce allongée.

τανύ-φυλλος, ος, ον, aux feuilles longues.

τανύω (*f.* ύσω; *pass. aor.* ἐτανύσθην), 1° TENDRE; allonger. || 2° pousser en avant; activer. — *Moy.*, 1° tendre. || 2° s'étendre. || 3° prendre son élan.

ταξι-αρχέω-ῶ (*f.* ήσω), commander un corps de troupes.

ταξι-άρχης *ou* **ταξίαρχος, ου** (ὁ), commandant d'un corps de troupes.

ταξι-αρχία, ας (ἡ), commandement d'un corps de troupes.

Ταξίλης, ου (ὁ), Taxile.

τάξις, εως (ἡ), 1° ARRANGEMENT; mise en ordre; bon ordre. || 2° bienséance; sagesse. || 3° rang; poste : τάξιν ἐκλείπειν, abandonner son poste. || 4° état; condition : ἐν φίλου τάξει, à titre d'ami. || 5° corps de troupes; classe de citoyens. || 6° ordre; commandement. 7° fixation; contrat.

ταπεινός, ή, όν, 1° BAS, *en tous sens;* humilié. || 2° modeste; humble.

ταπεινότης, ητος, 1° BASSESSE, *en tous sens*. || 2° modestie; humilité.

ταπεινο-φρόνως, *adv.*, bassement.

ταπεινο-φροσύνη, ης (ἡ), 1° bassesse de sentiments. || 2° humilité.

ταπεινό-φρων, *gén.* **ονος,** (ὁ, ἡ), 1° aux

sentiments bas. || 2° humble.

ταπεινόω-ῶ (*f.* ώσω), ABAISSER; humilier.

ταπεινῶς, *adv.*, 1° BASSEMENT. || 2° humblement.

ταπείνωσις, εως (ἡ), abaissement; humiliation.

ταπεινωτικός, ή, όν, humiliant.

τάπης, ητος (ὁ), tapis.

τἀπί, *crase pour* τὰ ἐπί.

τάπις, ιδος (ἡ), tapis.

τἆρα *ou* **τᾶρα**, *crase pour* τοι ἄρα.

ταραγμός, οῦ (ὁ), trouble.

ταρακτικός, ή, όν troublant.

Ταραντῖνος, η, ον, de Tarente.

Τάρας, αντος (ὁ), Tarente.

ταράσσω, *att.* άττω (*f.* άξω), TROUBLER (*en tous sens*). 1° bouleverser; confondre. || 2° susciter; déchaîner. || 3° effrayer. || 4° *Pf. hom.* τέτρηχα, être troublé.

ταραχή, ῆς (ἡ), *et* **τάραχος**, ου (ὁ), trouble.

ταραχ-ώδης, ης, ες, 1° bouleversé. || 2° bouleversant; déconcertant.

ταραχ-ωδῶς, *adv.*, confusément.

ταρβαλέος, α, ον, qui craint.

ταρβέω-ῶ (*f.* ήσω), 1° être effrayé. || 2° craindre, *acc.* (μή, de, que).

τάρβος, ους (τό), 1° crainte; effroi. || 2 respect craintif.

ταρβοσύνη, ης (ἡ), *mêmes sens.*

τἀργύριον, *crase pour* τὸ ἀργύριον.

ταριχεία, ας, *et* **ταρίχευσις**, εως (ἡ), 1° salaison. || 2° embaumement.

ταριχευτής, οῦ (ὁ), l'homme qui sale *ou* qui embaume.

ταριχεύω (*f.* σω), 1° saler. || 2° embaumer. || 3° épuiser.

τάριχος, ου (ὁ), *et* ους (τό), 1° salaison (*chose salée*). || 2° momie.

Ταρκύνιος, ου (ὁ), Tarquin.

ταρπῆναι, *inf. aor.* 2 *pass. de* τέρπω.

Τάρπιος λόφος (ὁ), la roche Tarpéienne.

ταρσός *et* **ταρρός**, οῦ (ὁ), 1° CLAIE. || 2° rangée (*de rames, etc.*). || 3° rame. || 4° bout *ou* plat du pied.

Ταρσοί, ῶν (οἱ), Tarse.
Τάρταρος, ου (ὁ), le Tartare.
τάρφος, ους (τό), 1° épaisseur. || 2° fourré.
ταρφύς, ύς *ou* **εῖα, ύ**, épais. — *Adv.*, ταρφέα, fréquemment.
ταρχύω(*f.*ύσω), enterrer.
τάσσω, *att.* **ττω** (*f.* τάξω, *etc.*; *pass. aor.* 2 ἐτάγην), 1° METTRE EN RANG *ou* EN ORDRE ; disposer : τ. εἰς μάχην, ranger en bataille ; τεταγμένος, en bon ordre ; équilibré. || 2° placer à un poste, à une charge, dans une catégorie : τ. ἐπὶ τὰς πράξεις, mettre aux affaires ; τ. ἑαυτὸν εἰς τούς πολεμίους, se mettre au rang des ennemis. || 3° ordonner ; enjoindre : τὸ ταχθέν, l'ordre; τεταγμένος, ayant reçu l'ordre. || 4° fixer ; statuer; évaluer; imposer; taxer : τ. φόρον, ζημίαν, imposer un tribut, une amende; ἡμέρα τεταγμένη, le jour fixé.
— *Moy.*, 1° ranger. || 2° fixer d'accord, *acc.* || 3° s'imposer (un *tribut*), *acc.* || 4° se ranger.
Ταΰ-γετον, ου (τό), le Taygète.
ταύρειος, α, ον, de taureau.
ταυρη-δόν, *adv.*, à la façon du taureau.
Ταυρικός, ή, όν, de Tauride.
ταυρο-κτόνος, ος, ον, qui tue des taureaux.
ταυρό-μορφος, ος, ον, qui a une forme de taureau.
ταυρο-πόλος, ου, qui réside en Tauride (*Artémis*).
ταῦρος, ου (ὁ), taureau.
Ταῦρος, ου (ὁ), le Taurus.
ταὐτά, *crase pour* τὰ αὐτά.
ταυτί = ταῦτα (οὗτος).
ταὐτό, *crase pour* τὸ αὐτό.
ταὐτο-λογία, ας (ἡ), redite.
ταὐτόματον, ου (τό), *crase pour* τὸ αὐτόματον, la chose spontanée : ἀπὸ ταὐτομάτου, spontanément.
ταυτότης, ητος (ἡ), identité.
ταφεύς, έως (ὁ), ensevelisseur.
ταφή, ῆς (ἡ), sépulture.
ταφήϊος, α, ον, de la sépulture.

Τάφιος, α, ον, de Taphos.

Τάφος, ου (ἡ), Taphos (*île*).

1. **τάφος, ου** (ὁ), 1° TOMBEAU. ‖ 2° funérailles.

2. **τάφος, ους** (τό), étonnement.

ταφρεία, ας (ἡ), action de creuser une tranchée.

τάφρευμα, ατος (τό), tranchée.

ταφρεύω (*f.* σω), creuser une tranchée, une fosse.

τάφρος, ου (ὁ), fosse; tranchée.

ταφών, *voir* τέθηπα.

τάχα, *adv.*, 1° PROMPTEMENT. ‖ 2° peut-être (*souvent avec* ἄν).

ταχέως, *adv.*, rapidement; vite.

ταχινός, ή, όν, agile.

τάχιστος, *sup. de* ταχύς, le plus rapide : τὴν ταχίστην, au plus vite. — *Adv.*, τάχιστα, le plus rapidement : ὡς τάχιστα, le plus vite possible; ἐπεὶ τάχιστα, sitôt que.

ταχίων, *comp. de* ταχύς.

τάχος, ους (τό), vitesse : διὰ τάχους, ἐν τάχει, τάχος (*seul*), vite; promptement; ὅ τι τάχος, le plus rapidement possible.

ταχυ-άλωτος, ος, ον, facile à prendre.

ταχυ-εργία, ας (ἡ), rapidité d'action.

ταχυ-ναυτέω-ῶ (*f.* ήσω), naviguer vite.

ταχύνω (*f.* υνῶ), 1° *intr.*, se hâter. ‖ 2° *tr.*, hâter.

ταχυ-πόρος, ος, ον, qui se déplace vite.

ταχύ-πους, πους, πουν, *gén.* **ποδος**, aux pieds rapides.

ταχύ-πτερος, ος, ον, aux ailes rapides.

ταχύ-πωλος, ος, ον, aux chevaux rapides.

ταχύς, εῖα, ύ, RAPIDE; SOUDAIN : διὰ ταχέων, promptement. — Ταχύ, *adv.*, rapidement.

ταχυτής, ῆτος (ἡ), rapidité.

ταῶν, ῶνος, *et* **ταῶς, ταῶ** (ὁ), paon.

τε, *partic. enclit.*, et : τε... καί, τε... τε, à la fois... et. — *Après conj. et relat.*, précisément.

τέγγω (*f.* τέγξω; *pass. aor.* ἐτέγχθην, *pf.* τέτεγμαι), 1° MOUILLER; verser. ‖ 2° amollir; fléchir.

Τεγέα, ας (ἡ), Tégée.

Τεγεάτης, ου (ὁ), habitant de Tégée.

τέγεος, ος, ον, du toit.

τεγκτός, ή, όν, mouillé.

τέγος, ους (τό), 1° TOIT. ‖ 2° chambre ; maison.

τεθαλυῖα, *part. pf. pass. f. de* θάλλω.

τεθῆναι, *inf. aor. pass. de* τίθημαι.

τέθηπα, *pf.* (*aor.* 2 ἔταφον, *part.* ταφών), être stupéfait; être pris d'admiration.

τέθναθι, *imp. pf. de* θνήσκω.

τεθνάναι, *inf. pf. de* θνήσκω.

τεθνεώς, **τεθνηώς**, **τεθνώς** (*f.* ῶσα), *part. pf. de* θνήσκω, mort.

τεθορυβημένως, *adv.* en tumulte.

τέθραμμαι, *pf. pass. de* τρέφω.

τεθρ-ιππο-βάτης, ου (ὁ), monté sur un quadrige.

τέθρ-ιππος, ος, ον, à quatre chevaux : τὸ τέθριππον, quadrige.

τεθρ-ιππο-τροφέω-ῶ (*f.* ήσω), élever des chevaux pour quadriges.

τεθρι-ιππο-τρόφος, ος, ον, qui élève des chevaux pour quadriges.

τεΐν, *dor.* pour σοί, à toi.

τείνω (*f.* τενῶ, *aor.* ἔτεινα, *pf.* τέτακα ; *pass. f.* ταθήσομαι, *aor.* ἐτάθην, *pf.* τέταμαι), I. *tr.*, 1° TENDRE : ἡνία τ., serrer les rênes. ‖ 2° étendre ; allonger : νὺξ τέταται βροτοῖσιν, la nuit est étendue sur les mortels ; κεῖτο ταθείς, il était allongé à terre. ‖ 3° activer ; forcer. ‖ 4° diriger ; adresser.

II. *intr.*, 1° TENDRE VERS : πρὸς τὸν ποταμὸν ἔτεινον, ils se dirigeaient vers le fleuve. ‖ 2° s'étendre : τείνει ἐς θάλασσαν, (ce pays) s'étend jusqu'à la mer. ‖ 3° avoir trait à ; concerner : τοῦτο πρὸς ὑμᾶς τείνει, cela vous regarde. ‖ 4° se raidir dans un effort.

— *Moy. tr.*, tendre ; étendre ; projeter en avant.

τείρεα (τά), signe céleste.

Τειρεσίας, ου (ὁ), Tirésias.

τείρω, 1° USER. ‖ 2° accabler ; briser.

τειχεσι-πλήτης, ου (ὁ), qui s'approche des murs.

τειχέω, *comme* τειχίζω.

τειχ-ήρης, ης, ες, enfermé dans ses murs.

τειχίζω (*f.* ίσω, *att.* ιῶ) *et moy.*, 1° construire un mur. ‖ 2° fortifier.

τειχιόεις, όεσσα, όεν, ceint de murs.

τειχίον, ου (τό), mur (*privé*).

τείχισις, εως (ἡ), action de fortifier.

τείχισμα, ατος (τό), fortification.

τειχισμός, οῦ (ὁ), *comme* τείχισις.

τειχο-μαχέω-ῶ (*f.* ήσω), donner l'assaut aux murs.

τειχο-μαχία, ας (ἡ), assaut des murs.

τειχο-μάχος, ος, ον, qui attaque les murs.

τειχο-ποιέω-ῶ (*f.* ήσω), bâtir des remparts.

τειχο-ποιός, ός, όν, qui bâtit des remparts.

τεῖχος, ους (τό), MUR (*de place forte*); place forte; rempart; fortification.

τειχο-φύλαξ, ακος (ὁ), gardien des remparts.

τειχ-ύδριον, ου (τό), fortin.

τείως, *pour* τέως.

τεκεῖν, *inf. aor.* 2 *de* τίκτω.

τεκμαίρω (*aor.* ἐτέκμηρα), fixer par un signe. — *Moy.* (*f.* τεκμαροῦμαι, *aor.* ἐτεκμηράμην), 1° déterminer; fixer. ‖ 2° conjecturer; reconnaître : τ. τὰ καινὰ τοῖς πάλαι, conjecturer les choses nouvelles d'après celles d'autrefois.

τέκμαρ, *indécl.* (τό), 1° BORNE; fin. ‖ 2° signe; preuve.

τέκμαρσις, εως (ἡ), conjecture; raison de supposer.

τεκμήριον ου (τό), PREUVE; témoignage : τεκμήριον δέ, et en voici la preuve.

τεκμηριόω-ῶ (*f.* ώσω), prouver.

Τέκμησσα, ης (ἡ), Tecmesse.

τέκμωρ (τό), *indécl.*, *comme* τέκμαρ.

τεκνο-γονία, ας (ἡ), procréation.

τεκν-ολέτειρα, ας (ἡ), dont les petits sont morts

τέκνον, ου (τό), ENFANT; petit; rejeton.

τεκνο-ποιέομαι - οῦμαι (*f.* ήσομαι), procréer.

τεκνο-ποιΐα, ας (ἡ), procréation.

τεκνο-ποιός, ός, όν, qui procrée.

τεκνο-τροφέω-ῶ(*f.* ήσω), élever des enfants *ou* des petits.

τεκνοῦς, οῦσσα, οῦν, qui a des enfants.

τεκνόω-ῶ (*f.* ώσω) *et moy.*, engendrer; enfanter.

τέκνωσις, εως (ἡ), procréation.

τέκος, ους (τό), enfant; petit.

τεκταίνομαι (*f.* τεκτανοῦμαι, *aor.* ἐτεκτηνάμην), 1° *intr.*, être charpentier. ‖ 2° *tr.*, charpenter; fabriquer; tramer.

τεκτονεῖον, ου (τό), atelier de construction.

τεκτονικός, ή, όν, de charpentier : ὁ τ., charpentier.

τεκτο-σύνη, ης (ἡ), art *ou* ouvrage de charpentier.

τέκτων, ονος (ὁ), CHARPENTIER; menuisier; ouvrier.

τεκών, *part. aor.* 2 *de* τίκτω.

τελαμών, ῶνος (ὁ), 1° BAUDRIER. ‖ 2° bandelette.

Τελαμών, ῶνος (ὁ), Télamon.

Τελαμων-ιάδης, ου (ὁ), fils de Télamon.

Τελαμώνιος, α, ον, *même sens.*

τελέθω, être; devenir.

τέλειος, α *ou* ος, ον, 1° FINAL. ‖ 2° ACHEVÉ parfait; réalisé : τ. ἀνήρ, homme accompli; τέλειον ἐνύπνιον, songe réalisé; τέλεια ἱερά, sacrifices faits selon tous les rites. ‖ 2° en pleine force; adulte : τελεία ἡλικία, âge mûr. ‖ 3° qui achève : Ζεὺς τ., Zeus qui réalise les prières.

τελειότης, ητος (ἡ), achèvement; perfection.

τελειόω-ῶ *et* **τελεόω-ῶ** (*f.* ώσω), achever; accomplir; mener à terme.

τελείω, *comme* τελέω.

τελείως *et* **τελέως,** *adv.*, complètement; parfaitement.

τελείωσις, εως (ἡ), achèvement.

τελεό-μηνος, ος, ον, dont les mois sont accomplis.

τελεσι-ουργός, ός, όν, qui achève son œuvre *ou* son effet.

τέλεσμα, ατος (τό), impôt.

τελεστήριον, ου (τό), sanctuaire. — Τὰ τελεστήρια, remerciement aux dieux.

τελεσ-φορέω-ῶ (*f.* ήσω), 1° amener à son terme. ‖ 2° payer tribut.

τελεσ-φόρος, ος, ον, 1° qui achève *ou* s'achève; qui décide la fin. ‖ 2° tributaire. ‖ 3° qui porte des fruits.

τελετή, ῆς (ἡ), 1° INITIATION AUX MYSTÈRES. ‖ 2° mystère; fête religieuse.

τελευταῖος, α, ον, FINAL; de la fin; dernier : οἱ τελευταῖοι στρατιῶται, les soldats d'arrière-garde.

τελευτάω-ῶ (*f.* ήσω), 1° *tr.*, FINIR; achever; accomplir : τ. τὸν βίον, finir son existence, mourir. ‖ 2° *intr.*, PRENDRE FIN; MOURIR; aboutir. — *Le part.* τελευτῶν, *construit avec un verbe, comme il suit, a souvent le sens de* enfin : τελευτῶντες ἔφυγον, à la fin ils s'enfuirent.

τελευτέω, *comme le précédent.*

τελευτή, ῆς (ἡ), FIN; terme; achèvement : τελευτὴ (τοῦ βίου), mort; ἐπὶ τελευτῆς, à la fin.

τελέω-ῶ (*f.* τελέσω, *att.* τελῶ; *aor.* ἐτέλεσα; *pass. f.* τελεσθήσομαι), I. *tr.*, 1° FINIR; achever (*mêmes sens au moyen*). ‖ 2° exécuter; exercer; célébrer : τ. ἱερά, accomplir les rites. ‖ 3° initier : Διονύσῳ τελεσθῆναι, être initié au culte de Dionysos. ‖ 4° payer : τ. φόρον, payer l'impôt. ‖ 5° compter parmi : τελεῖσθαι εἰς τοὺς Βοιωτούς, être rangé parmi les Béotiens.

II. *intr.*, 1° se terminer; s'accomplir. ‖ 2° arriver; parvenir à.

τελήεις, ήεσσα, ῆεν, achevé; parfait.

Τέλλος, ου (ὁ), Tellos.

τέλλω (*f.* τελῶ, *aor.* ἔτειλα; *pass. pf.* τέταλμαι), 1° *tr.*, achever; accomplir. ‖ 2° *intr.*, se lever (*astre*).

τέλμα, ατος (τό), 1° marécage. ‖ 2° mortier.

τέλος, ους (τό), 1° FIN; terme : τ. βίου, le terme de la vie. ‖ 2° but : πρὸς τέλος ἐλθεῖν arriver à ses fins. || 3° effet ; issue : τ. ἀγαθόν, heureux résultat. || 4° comble ; maturité : τ. ἥβης, la pleine jeunesse. || 5° rang ; classe : εἰς ἀνδρῶν τέλος ἰέναι, entrer dans la catégorie des hommes faits. || 6° fonction ; magistrature : οἱ ἐν τέλει, les magistrats. || 7° impôt : τ. εἰσφέρειν, payer sa contribution ; δημοσίοις τέλεσι, aux frais de l'État. || 8° corps de troupes : κατὰ τέλη, par compagnies. || 9° cérémonie ; mystère. — *Adv.*, (τό) τέλος, à la fin ; διὰ τέλους, perpétuellement ; εἰς τέλος, τέλει, tout à fait.

τέλοσ-δε, *adv.*, jusqu'à la fin.

τέλσον, ου (τό), limite.

τελ-ωνέω-ῶ (*f.* ήσω), être receveur des impôts.

τελ-ώνης, ου (ὁ), receveur des impôts.

τελ-ωνία, ας (ἡ), perception des impôts.

τελ-ωνικός, ή, όν, de receveur des impôts.

τεμάχιον, ου (τό), petit morceau (de poisson salé).

τέμαχος, ους (τό), morceau (de poisson salé).

τεμεῖν, *inf. aor.* 2 *de* τέμνω.

τεμένιος, α, ον, d'enceinte sacrée.

τέμενος, ους (τό), 1° DOMAINE. || 2° enceinte sacrée ; sanctuaire.

τέμνω (*f.* τεμῶ, *aor.* 2 ἔτεμον (ἔταμον), *pf.* τέτμηκα ; *pass. aor.* ἐτμήθην, *pf.* τέτμημαι). 1° COUPER : τέμνειν καὶ καίειν, détruire par le fer et par le feu. || 2° diviser ; partager ; répartir. || 3° ouvrir (une voie) ; préparer : τετμημένη ὁδός, route frayée. || 4° sacrifier. || 5° conclure (un traité) ; décider ; délimiter : τ. σπονδάς, conclure une trêve. || 6° traverser.

Τέμπεα-η, έων-ῶν (τά), vallée de Tempé.

τέναγος, ους (τό), basfond ; marécage.

Τένεδος, ου (ἡ), Ténédos.

τένων, οντος (ὁ), tendon : muscle.

τέξομαι, *f. de* τίκτω.

τέο, *gén. de* τίς, *inter.*

τεο, *gén. de* τις, *enclit.*

τεοῖο, *pour* σοῦ, *gén. de* σύ.

τέοισι, *pour* τισι (*de* τις, *enclit.*).

τεός, ή, όν, *pour* σός, tien.

τέρας, τέρατος (*et* τέραος) (τό), 1° SIGNE MERVEILLEUX ; présage. || 2° prodige ; chose merveilleuse. || 3° monstre.

τεράστιος, ος, ον, prodigieux.

τερα-σκόπος *et* **τερατοσκόπος, ος, ον,** qui observe les présages.

τερατεία, άς (ἡ), invraisemblances ; histoires de charlatan.

τερατεύομαι (*f.* σομαι), débiter des invraisemblances.

τερατο-λογέω-ῶ(*f.*ήσω), *même sens.*

τερατο-λογία, ας (ἡ), *comme* τερατεία.

τερατο-λόγος, ος, ον, sur qui l'on dit des merveilles.

τερατ-ουργία, ας (ἡ), merveilles de charlatan.

τερατ-ουργός, ός, όν, de charlatan. — N. ὁ τ..., charlatan.

τερατ-ώδης, ης, ες, merveilleux ; monstrueux.

τερατ-ωδῶς, *adv.*, merveilleusement.

τερέβινθος, η, ον, de térébinthe *ou* de térébenthine.

τέρεμνον, ου (τό), toit ; demeure.

τέρετρον, ου (τό), tarière.

τερηδών, όνος (ἡ), ver.

τέρην, τέρεινα, τέρεν, *gén.* τέρενος, τερείνης, τέρενος, TENDRE ; délicat.

τερθρεία, ας (ἡ), artifice de charlatan.

τερθρεύομαι (*f.* σομαι), faire le charlatan.

τέρμα, ατος (τό), 1° BORNE (*dans la carrière des chars*). || 2° terme ; limite ; fin.

τέρμινθος, *comme* τερέβινθος.

τερμιόεις, όεσσα, όεν, très long.

τέρμιος, α, ον, final.

τερμόνιος, α, ον, extrême.

τέρμων, ονος (ὁ), terme ; fin.

τερπι-κέραυνος, ος, ον, qui se plaît à lancer la foudre.

τερπνός, ή, όν, agréable.

τέρπω (*f.* τέρψω ; *pass. aor.* 1 ἐτέρφθην *ou* ἐτάρφθην, *aor.* 2 ἐτάρπην), réjouir. — *Moy.*, (*aor.* 2 ἐταρπόμην) *et pass.*, 1° se réjouir (de, *dat.*). ‖ 2° se rassasier (de, *gén.*).

τερπωλή, ῆς (ἡ), *comme* τέρψις.

τερσαίνω (*f.* ανῶ, *aor.* ἐτέρσηνα), sécher; rendre sec.

τέρσομαι (*aor.* 2 ἐτέρσην), sécher; devenir sec.

τερσί-μβροτος, ος, ον, qui réjouit les mortels.

τέρψις, εως (ἡ), 1° PLAISIR; charme. ‖ 2° plein contentement.

Τερψι-χόρα, ας (ἡ), Terpsichore.

τεσσαρά-βοιος, ος, ον, qui vaut quatre bœufs.

τεσσαράκοντα, *att* τετταράκοντα, *indécl.* quarante.

τεσσαρακοντ-όργυιος, ος, ον, de quarante brasses.

τεσσαρακοστός, ή, όν, quarantième.

τέσσαρες, *att.* **τέτταρες, ες, α,** quatre.

τεσσαρεσ-καί-δεκα, *indécl.*, quatorze.

τεσσαρεσ-και-δέκατος, η, ον, quatorzième.

τεταγμένως, *adv.*, en en bon ordre.

τεταγών, όντος (ὁ), *part. aor.* 2 *d'un v. inus.*, ayant saisi.

τέταμαι, *pf. pass. de* τείνω.

τέτανος, ου (ὁ), raideur.

τεταραγμένως, *adv.*, en désordre.

τεταρπόμενος, *part. aor.* 2 *moy. de* τέρπω.

τεταρταῖος, α, ον, qui a lieu le quatrième jcur : ὁ τ., fièvre quarte.

τεταρτη-μόριον, ου (τό), le quart.

τέταρτος, η, ον, quatrième : ἡ τετάρτη, le quart. — *Adv.*, τὸ τέταρτον, pour la quatrième fois.

τέτατο, 3° *pers. sg. p.-q.-pf. pass. de* τείνω.

τετάχαται, 3° *pers. pl. pf. pass. de* τάσσω.

τετεύχαται, 3° *pers. pl. pf. pass. de* τεύχω.

τετευχῆσθαι, être armé.

τετίημαι, être attristé.

τετιηώς, ότος, attristé.

τέτλαθι, τετληώς, *imp. et part. pf. de* τλάω.

τέτμον, *aor.* 2, trouver; surprendre.

τετρα-βάμων, ων, ον, *gén.* ονος, quadrupède.

τετρά-γυος, ος, ον, de quatre arpents.

τετραγωνίζω (*f.* ίσω), rendre carré.

τετρα-γωνο-πρόσωπος, ος, ον, à face carrée.

τετρά-γωνος, ος, ον, 1° CARRÉ; quadrangulaire: τὸ τετράγωνον, le carré. ‖ 2° bien proportionné; parfait.

τετραδ-αρχία, ας (ἡ), *comme* τετραρχία.

τετρά-δραχμος, ος, ον, de quatre drachmes.

τετρα-ετής, ής, ές, de quatre ans.

τετρα-θέλυμνος, ος, ον, à quatre couches de cuir.

τετραίνω (*aor.* ἐτέτρηνα; *pass. aor.* ἐτετράνθην), percer.

τετράκις, *adv.*, quatre fois.

τετρακισ-μύριοι, αι, α, quarante mille.

τετρακισ-χίλιοι, αι, α, quatre mille.

τετρα-κόσιοι, αι, α, quatre cents.

τετρα-κοσιοστός, ή, όν, quatre centième.

τετρά-κυκλος, ος, ον, à quatre roues.

τετρα-λογία, ας (ἡ), tétralogie.

τετρά-μετρος, ος, ον, de quatre mesures.

τετρά-μηνος, ος, ον, de quatre mois.

τετρα-μοιρία, ας (ἡ), le quadruple.

τέτραξ, αγος *ou* ακος (ὁ), coq de bruyère.

τετρά-ορος, ος, ον, à quatre chevaux.

τετρα-πάλαιστος, ος, ον, de quatre fois quatre doigts.

τετρά-πηχυς, υς, υ, *gén.* εος, de quatre coudées.

τετρα-πλάσιος, α, ον, quadruple.

τετρα-πλῇ, *adv.*, au quadruple.

τετρα-πλόος-πλοῦς, πλόη-πλῆ, πλόον-πλοῦν, quadruple.

τετρα-ποδηδόν, *adv.*, à quatre pattes.

τετρά-πολις, εως (ἡ), groupe de quatre villes.

τετρά-πους, πους, πουν, *gén.* ποδος, à quatre pieds. — N. τὸ τετράπουν (*pl.* τὰ τετράποδα), quadrupède.

τετρ-άρχης, ου (ὁ), tétrarque.

τετρ-αρχία, ας (ἡ), tétrarchie.

τετράς, άδος (ἡ), 1° nombre quatre. ‖ 2° quatrième jour.

τέτρατος, *comme* τέταρτος.
τετρα-φάληρος, ος, ον, à quatre cimiers.
τετρά-φαλος, ος, ον, *même sens.*
τετράφαται, 3ᵉ *pers. pl. pf. pass. de* τρέπω.
τετρά-φυλος, ος, ον, partagé en quatre tribus.
τέτραχα, τετραχῆ, τετραχθά, τετραχῶς, *adv.*, en quatre parties; de quatre manières.
τετρεμαίνω, trembler.
τέτρημαι, *pf. pass. de* τιτράω.
τέτρηνα, *aor. de* τετραίνω.
τετρ-ήρης, ης, ες, à quatre rangs de rames.
τέτρηχα, *pf. de* ταράσσω.
τέτριγα, *pf. de* τρίζω.
τετρ-ώβολος, ος, ον, de quatre oboles.
τετρ-ώρος, *comme* τετράορος.
τετρ-ώροφος, ος, ον, à quatre étages.
τέττα, *voc. fam.*, petit père.
τέττιξ, ιγος (ὁ), cigale.
τέτυγμαι, *pf. pass. de* τεύχω.
τετυφωμένως, *adv.*, stupidement.
τετύχηκα, *pf. de* τυγχάνω.
τεῦ, *pour* τίνος, *inter.*
τευ, *pour* τινος, *enclit.*
τευθίς, ίδος (ἡ), seiche.
Τευκροί, ῶν (οἱ), les Troyens.
Τεῦκρος, ου (ὁ), Teucer.
τεύξομαι, *f. de* τυγχάνω.
τευτάζω (*f.* άσω), insister en répétant.
τεῦτλον, ου (τό), bette.
τευχηστήρ, ῆρος (ὁ), guerrier.
τευχηστής, οῦ (ὁ) *même sens.*
τεῦχος, ους (τό), 1° OUTIL. || 2° ARMES. || 3° agrès. || 4° ustensile (*de toute sorte : cruche, urne, tonneau, etc.*).
τεύχω (*f.* τεύξω, *aor.* ἔτευξα, *aor.* 2 τέτυκον, *pf.* τέτευχα; *pass. aor.* ἐτύχθην, *pf.* τέτυγμαι). 1° FABRIQUER; bâtir. || 2° préparer; produire; susciter. || 3° rendre tel ou tel : εὐδαίμονα τ... rendre heureux.
— *Passif.*, 1° être fabriqué : τετυγμένος, (bien) fait. || 2° devenir; se trouver; être : γυναικὸς ἀντὶ τέτυξο, tu étais devenu comme une

femme. — *Le pf. actif* τέτευχα, *et parfois le f. moy.* τεύξομαι *ont le sens passif :* βοὸς ῥινοῖο τετευχώς, fait de cuir de bœuf.
— *Moy.* (*f.* τεύξομαι, *aor.* 2 τετυκόμην), fabriquer *ou* préparer pour soi.

τέφρα, ας (ἡ), cendre.

τεφρόω-ῶ (*f.* ώσω) *et moy.*, réduire en cendres.

τεχνάζω (*f.* άσω) *et moy., comme* τεχνάω.

τέχνασμα, ατος (τό), 1° œuvre d'art. ‖ 2° artifice; ruse.

τεχνάω-ῶ *et moy.* (*f.* ήσομαι), 1° TRAVAILLER AVEC ART. ‖ 2° s'exercer; s'ingénier à. ‖ 3° tramer.

τέχνη, ης (ἡ), 1° MÉTIER; profession : αἱ ἐλευθέριοι τέχναι, les arts libéraux. ‖ 2° ART (*opposé à* φύσις); science : ἡ τ... τῶν λόγων, l'art des discours. ‖ 3° talent; habileté. ‖ 4° traité (*sur un art*). ‖ 5° œuvre d'art. ‖ 6° moyen : πάσῃ τέχνῃ, par tous les moyens; de toute manière. ‖ 7° artifice; machination.

τεχνήεις, ήεσσα, ῆεν, fait avec art.

τεχνηέντως, *adv.*, avec art.

τέχνημα, ατος (τό), 1° œuvre d'art. ‖ 2° artifice; invention rusée.

τεχνικός, ή, όν, 1° relatif à un art; artificiel. ‖ 2° habile en son art.

τεχνικῶς, *adv., comme* τεχνηέντως.

τεχνίτης, ου (ὁ), 1° artisan; artiste. ‖ 2° compétent (en, *gén.*).

τεχνο-γράφος, ου (ὁ), auteur d'un traité.

τεχνο-λογέω-ῶ (*f.* ήσω), donner les règles d'un art.

τεχνύδριον, ου (τό), pauvre talent.

τέῳ, *pour* τίνι, *inter.*

τεῳ, *pour* τινι, *enclit.*

τέων, *pour* τίνων, *inter.*

τεων, *pour* τινων, *enclit.*

τέως, I. *adv.*, 1° aussi longtemps (ἕως, que). ‖ 2° jusqu'alors. ‖ 3° en attendant; cependant. — II. *conj.*, tandis que.

τέωσ-περ, *conj.*, aussi longtemps que.

τῆ, *imp.*, tiens!

τῇ, *adv.*, 1° ici; là : τῇ μὲν... τῇ δέ, par ici... par là. ‖ 2° ainsi.

τήβεννα, ης (ἡ), toge.
τῇδε, *adv.*, 1° ici ; là. ‖ 2° ainsi.
τήθη, ης (ἡ), grand'mère.
τῆθος, ους (τό), huître.
Τηθύς, ύος (ἡ), Téthys.
Τήϊος, α, ον, de Téos.
τηκεδών, όνος (ἡ), 1° consomption. ‖ 2° liquéfaction.
τήκω (*f.* ξω ; *pf.* τέτηκα, *sens intr. ; pass. f.* 2 ταχήσομαι, *aor.* 2 ἐτάκην), 1° FONDRE ; liquéfier : ἡ χιὼν ἐτήκετο, la neige fondait ; κρέα τετηκότα, chairs liquéfiées. ‖ 2° épuiser : ἐτήκετο τῇ νόσῳ, il était consumé par la maladie.
τηλ-αυγής, ής, ές, qui brille au loin.
τῆλε, 1° *adv.*, au loin. ‖ 2° *prép.*, loin de, *gén.*
τηλε-δαπός, ή, όν, venu de loin ; étranger.
τηλεθάω (*part.* τελεθάων *et* τελεθόων), pousser vigoureusement ; être en pleine force.
τηλε-κλειτός, ός, όν, célèbre au loin.
τηλε-κλυτός, ός, όν, *même sens.*
Τηλέ-μαχος, ου (ὁ), Télémaque.
τηλέ-πλανος, ος, ον, errant au loin.
τηλέ-πομπος, ος, ον, envoyé au loin.
τηλέ-πορος, ος, ον, qui s'étend loin.
τηλέ-πυλος, ος, ον, aux portes distantes.
τηλέ-σκοπος, ος, ον, qui voit loin.
τηλε-φανής, ής, ές, visible de loin.
τηλία, ας (ἡ), table à jeu ; estrade (*pour combats d'oiseaux*).
τηλίκος, η, ον, AUSSI AGÉ ; aussi jeune *ou* aussi vieux.
τηλικόσ-δε, *mêmes sens.*
τηλικ-οῦτος, αὕτη, οῦτο *ou* **οῦτον,** 1° AUSSI GRAND. ‖ 2° aussi âgé ; aussi jeune *ou* aussi vieux.
τηλό-θε(ν), *adv.*, de loin ; au loin.
τηλό-θι, 1° *adv.*, au loin (q. **ubi**). ‖ 2° *prép.*, loin de, *gén.*
τηλόσε, *adv.*, au loin (q. **quo**).
τηλοτάτω, *adv.*, le plus loin.
τηλοῦ, 1° *adv.*, loin (q. **ubi**). ‖ 2° *prép.*, loin de, *gén.*
τηλουρός, ά, όν, éloigné.

τηλύ-γετος, η, ον, dernier né; débile; cajolé.

τηλ-ωπός, ός, όν, vu *ou* entendu de loin.

τημελέω-ῶ (*f.* ήσω), avoir soin de, *acc.-gén.*

τήμερον, *adv.*, aujourd'hui.

τῆμος, *adv.*, alors.

τηνάλλως, *adv.*, sans réflexion.

τηνίκα, τηνικά-δε, *adv.*, à ce moment.

τηνικαῦτα, *adv.*, *même sens.*

τῇ-περ, *adv.*, 1° où. ‖ 2° comme.

Τηρεύς, εως (ὁ), Térée.

τηρέω-ῶ (*f.* ήσω), 1° GARDER; tenir sous sa surveillance. ‖ 2° observer; respecter; pratiquer : τ. νόμον, observer la loi.
— *Moy.*, prendre garde, μή, que.

τήρησις, εως (ἡ), 1° GARDE; surveillance. ‖ 2° observation. ‖ 3° pratique; respect.

τηρητής, οῦ (ὁ), gardien.

τητάομαι-ῶμαι être privé (de, *gén.*)

τῆτες, *adv.*, cette année.

τηΰσιος, α, ον, inutile.

τιάρα, ας (ἡ), *et* **τιάρης, ου (ὁ),** tiare.

τιαρο-ειδής, ής, ές, qui a la forme d'une tiare.

Τίβερις, εως (ὁ), le Tibre.

Τιγράνης, ου (ὁ), Tigrane.

Τίγρης, ητος, et **Τίγρις, ιδος (ὁ),** le Tigre.

τίγρις, ιδος, ιος, εως (ὁ, ἡ), tigre; tigresse.

τίη; *adv.*, pourquoi?

τιθαιβώσσω, construire des rayons dans la ruche.

τιθασ(σ)εύω (*f.* σω), apprivoiser: civiliser.

τιθασ(σ)ός, ός, όν, apprivoisé; civilisé.

τίθημι (*f.* θήσω, *aor.* ἔθηκα, *pf.* τέθεικα; *pass.* τίθεμαι, *f.* τεθήσομαι, *aor.* ἐτέθην, *pf.* τέθειμαι), 1° PLACER; déposer : τ. ἄνω κάτω πάντα, mettre tout sens dessus dessous. ‖ 2° instituer; proposer : τ. νόμον, ἀγῶνα, instituer une loi, un concours. ‖ 3° causer; provoquer. ‖ 4° rendre tel *ou* tel; θεῖναι τυφλόν, rendre aveugle. ‖ 5° mettre au rang de; regarder comme : ἐν αἰσχύνης μέρει τιθέναι, considérer comme une honte. ‖ 6° payer; mettre en

gage. || 7° poser en principe; affirmer : τιθήμι στασιάζειν αὐτούς, je déclare que ce sont des factieux.
— *Moy.*, τίθεμαι (*f.* θήσομαι, *aor.* 2 ἐθέμην, *pf.* τέθειμαι), 1° METTRE SUR SOI *ou* POUR SOI : τίθεσθαί τι ἐν φρεσί, se mettre dans la tête; τίθεσθαι ὅπλα, prendre les armes. || 2° établir; diriger : τὰ πράγματα εὖ τίθεσθαι, bien organiser les affaires. || 3° faire; se charger de : τίθεσθαι θυσίαν = θύειν, sacrifier. || 4° rendre tel ou tel : θέσθαι τινὰ πιστόν, rendre qq'un fidèle. || 5° adopter (*un fils*). || 6° prendre en gage. || 7° déposer; cesser. || 8° juger; estimer; supposer : τίθεσθαί τι παρ' οὐδέν, ne faire aucun cas d'une chose. || 9° *dat.*, se ranger à; approuver.
— *Passif. Les sens du passif correspondent à ceux du moyen comme de l'actif.*

τιθηνέομαι-οῦμαι (*f.* ήσομαι), ALLAITER; nourrir; soigner.

τιθήνη, ης (ἡ), nourrice.

τιθήνησις, εως (ἡ), nourriture.

τιθηνός, ός, όν, nourricier.

Τίθωνος, ου (ὁ), Tithon.

τίκτω *et moy.*, (*f.* τέξομαι, *aor.* 2 ἔτεκον, *pf.* τέτοκα; *pass. f.* τεχθήσομαι, *pf.* τέτεγμαι), ENFANTER; engendrer : οἱ τεκόντες, les parents. || 2° produire.

τίλλω (*f.* τιλῶ, *aor.* ἔτιλα; *pass. pf.* τέτιλμαι), ARRACHER BRIN A BRIN; épiler. || 2° piquer; taquiner.
— *Moy.*, s'arracher (*les cheveux*).

τίλσις, εως (ἡ), action d'épiler.

τίλων, ωνος (ὁ), espèce de poisson.

τιμ-αλφέω-ῶ (*f.* ήσω), honorer.

τιμ-αλφής, ής, ές, précieux.

τιμ-αρχία, ας (ἡ), régime du cens.

τιμάω-ῶ (*f.* ήσω), *et moy.*, 1° JUGER DIGNE; HONORER; récompenser; traiter avec égard : τ. τινα μεγίσταις τίμαις, combler qq'un d'honneurs. || 2° estimer; évaluer; recenser : πολλοῦ τιμᾶσθαί τινα, estimer beaucoup qq'un; οἱ τετιμημένοι, les gens considérés. ‖ 3° condamner qq'un (*dat.*) à (*gén.*) : τ. τινὶ θανατοῦ, condamner qq'un à mort; τετιμημένον ἐστί τινι θανατοῦ, une condamnation à mort est portée contre qq'un.

τιμή, ης (ἡ), 1° HONNEUR; estime : διὰ τιμῆς ἔχειν τινά, tenir qq'un en estime. ‖ 2° prix; évaluation : πολλῆς τιμῆς πρίασθαι, acheter cher. ‖ 3° indemnité; peine; vengeance.

τιμήεις, ήεσσα, ῆεν, honoré; qui a du prix.

τίμημα, ατος (τό), 1° PRIX; valeur. ‖ 2° revenus : fortune. ‖ 3° amende; peine.

τίμησις, εως (ἡ), 1° estime. ‖ 2° évaluation de la peine *ou* de la fortune.

τιμητής, οῦ (ὁ), 1° celui qui taxe. ‖ 2° censeur.

τιμητικός, ή, όν, relatif à la peine (*amende*) *ou* à la censure.

τιμητός, ή, όν, évalué.

τίμιος, α *ou* **ος, ον**, 1° QUI VAUT CHER; précieux. ‖ 2° honoré. ‖ 3° qui fait honneur.

τιμιότης, ητος (ἡ), cherté; haute valeur.

Τιμό-θεος, ου (ὁ), Timothée.

Τιμο-κράτης, ου (ὁ), Timocrate.

τιμο-κρατία, ας (ἡ), régime fondé sur l'honneur *ou* la fortune.

Τίμων, ωνος (ὁ), Timon.

τιμωρέω-ῶ (*f.* ήσω) *et moy.*, 1° SECOURIR, *dat.* ‖ 2° venger; se venger de, *dat.* ‖ 3° punir qq'un (*acc*) de (*gén.*).

τιμώρημα, ατος (τό), 1° secours. ‖ 2° vengeance.

τιμώρησις, εως (ἡ), punition.

τιμωρητήρ, ῆρος (ὁ), vengeur.

τιμωρία, ας (ἡ), 1° SECOURS. ‖ 2° vengeance. ‖ 3° châtiment.

τιμωρός, ός, όν, 1° auxiliaire. ‖ 2° vengeur.

τινάκτειρα, ας (ἡ), qui secoue.

τινάσσω (*f.* ξω) *et moy.*, secouer; brandir.

τίνυμαι, punir; venger.

τίνω (*f.* τίσω; *pass. aor.* ἐτίσθην *et* ἐτείσθην),

PAYER. — *Moy.*, faire payer; venger.

τίπτε; *pour* τί ποτε; pourquoi donc?

Τιρίβαζος, ου (ὁ), Tiribaze.

Τιρύνθιος, α, ον, de Tirynthe.

Τίρυνς, υνθος (ἡ), Tirynthe.

τίς, τίς, τί, *gén.* **τίνος,** *pron. adj. inter.*, qui? lequel? laquelle? — *Adv.*, τί; pourquoi? comment? τί ποτέ ἐστιν ὅτι; pour quelle raison?

τις, τις, τι, *gén.* **τινος,** *pr.-adj. indéf. enclit.*, quelque; quelqu'un; quelque chose; un; un certain; ON : ἑπτά τινες, à peu près sept. — *Adv.*, τι, en quelque chose. — Τις *a souvent une simple valeur d'explétif* : πᾶς τις, chacun, *etc.*

τίσις, εως (ἡ), 1° PUNITION; vengeance. || 2° paiement; récompense.

Τισι-φόνη, ης (ἡ), Tisiphone.

Τισσαφέρνης, ους (ὁ), Tissapherne.

τιταίνω (*aor.* ἐτίτηνα) *et moy.*, 1° *tr.*, TENDRE; allonger. || 2° *intr.*, se tendre.

Τιτάν, ᾶνος (ὁ), Titan.

Τιτανικός, ή, όν, de Titan.

Τιτανίς, ίδος (ἡ), Titanide.

Τιτανο-κράτωρ, ορος (ὁ), vainqueur des Titans.

τίτανος, ου (ἡ), chaux.

τιταν-ώδης, ης, ες, qui a l'air d'un Titan.

Τιταρήσιος, ου (ὁ), le Titarèse.

τιτθεία, ας (ἡ), allaitement.

τιτθεύω (*f.* σω), allaiter; être nourrice.

τίτθη, ης (ἡ), nourrice.

τιτός, ή, όν, digne de represailles.

τιτράω-ῶ (*f.* τρήσω), percer.

τιτρώσκω (*f.* τρώσω; *pass. f.* τρωθήσομαι), blesser; meurtrir.

Τιτυός, οῦ (ὁ), Tityos.

τιττυβίζω, piailler.

τιτύσκομαι, 1° viser, *gén.* || 2° préparer; ourdir.

τίφθ', *pour* τίπτε.

τίω (*f.* τίσω) *et moy.*, ESTIMER; évaluer; honorer.

τλάμων, *comme* τλήμων.

τλάω-ῶ (*f.* τλήσω, *aor.*

2 ἔτλην, *pf.* τέτληκα), 1° SUPPORTER. || 2° oser.

τλῆθι, *imp. aor.* 2 *du précédent.*

τλήμων, ων, ον, 1° PATIENT; énergique. || 2° malheureux; misérable.

τλησι-κάρδιος, ος, ον, au cœur patient.

τλητός, ή, όν, 1° supportable. || 2° patient.

τμήγω (*f.* τμήξω, *aor.* 2 ἔτμαγον; *pass. aor.* 2 ἐτμάγην), couper. — *Pass.*, se diviser.

τμήδην, *adv.*, en coupant.

τμηθείς, *part. aor. pass. de* τέμνω.

τμῆμα, ατος (τό), coupure; tranche.

τμῆσις, εως (ἡ), action de couper; coupure.

τμητικός, ή, όν, qui coupe.

τμητός, ή, όν, coupé.

Τμῶλος, ου (ὁ), le mont Tmolos.

τό, *neut. de l'art.* ὁ.

τό-θεν, *adv.*, 1° de là. || 2° d'où.

τό-θι, *adv.*, 1° là. || 2° où.

1. **τοι**, *enclit.*, CERTES; donc.

2. **τοι**, *pour* σοι, *dat. enclit. du pron.* σύ.

3. **τοί**, *pour* οἱ *ou* οἵ, *nom. pl. de* ὁ *ou* ὅς.

τοι-γάρ, τοι-γαρ-οῦν, τοι-γάρ-τοι, *adv.*, voilà pourquoi.

τοῖϊν, *pour* τοῖν, *duel de l'art.*

τοί-νυν, *adv.*, DONC; certes.

τοῖος, τοία, τοῖον, tel : τοῖος... οἷος, tel... que; οἷος... τοῖος, tel... tel. — *Adv.*, τοῖον, tellement; ainsi.

τοιόσ-δε, τοιά-δε, τοιόν-δε, tel; tel que je vais dire.

τοιοσ-δί, τοια-δί, τοιον-δί, tel que voici.

τοιοῦτος, τοιαύτη, τοιοῦτο(ν), tel : ἐν τῷ τοιούτῳ, dans une telle situation; τοιοῦτος... οἷος, tel... que; οἷος... τοιοῦτος, tel., tel.

τοιουτοσ-ί, τοιαυτη-ΐ, τοιουτονί *et* **τοιουτο-ΐ**, *même sens.*

τοιουτό-τροπος, ος, ον, de telle sorte.

τοῖσδεσ(σι), *pour* τοῖσδε.

τοῖχος, ου (ὁ), 1° MUR. || 2° paroi; flanc (*d'un navire*).

τοιχ-ωρυχέω-ῶ (*f.* ήσω), voler (*en perçant les murs*).

τοιχ-ωρύχος, ου (ὁ),

voleur (*qui perce les murs*).

τοκάς, άδος (ἡ), qui a mis au monde.

τοκεύς, έως (ὁ), père; *pl.*, les parents.

τοκίζω (*f.* ίσω), prêter à intérêt.

τοκισμός, οῦ (ὁ), usure.

τοκιστής, οῦ (ὁ), usurier.

τόκος, ου (ὁ), 1° ENFANTEMENT; enfant; petit (*d'animal*). ‖ 2° rapport; revenu.

τοκο-φορέω-ῶ (*f.* ήσω), produire intérêt.

τόλμα, ης (ἡ), hardiesse; marque de hardiesse.

τολμάω-ῶ (*f.* ήσω), oser.

τολμήεις, ήεσσα, ῆεν, hardi.

τόλμημα, ατος (τό trait de hardiesse.

τολμηρός, ά, όν, hardi.

τόλμησις, εως (ἡ), hardiesse.

τολμητής, οῦ (ὁ), homme hardi.

τολυπεύω (*f.* σω), 1° pelotonner. ‖ 2° tramer. ‖ 3° terminer.

τολύπη, ης (ἡ), peloton (*de laine*).

τομαῖος, α *ou* **ος, ον**, coupé.

τομάω-ῶ, avoir besoin d'être tranché.

τομή, ης (ἡ), 1° COUPURE; amputation. ‖ 2° tronc coupé. ‖ 3° trouée. ‖ 4° division.

τόμιος, ος, ον, coupé.

τομός, ή, όν, coupant.

Τόμυρις, ιος (ἡ), Tomyris.

τονθορύζω, grogner.

τόνος, ου (ὁ), 1° TENSION; effort. ‖ 2° corde; fil. ‖ 3° ton; rythme; accent.

το-νῦν, *adv.*, pour le moment; maintenant.

τοξ-άζομαι (*f.* άσομαι), tirer de l'arc (contre, *gén.*).

τόξ-αρχος, ου (ὁ), chef d'archers.

τόξευμα, ατος (τό), 1° TIR A L'ARC. ‖ 2° portée de trait. ‖ 3° *Pl.*, archers.

τοξευτής, οῦ (ὁ), archer.

τοξευτός, ή, όν, frappé d'une flèche.

τοξεύω (*f.* σω), 1° TIRER DE L'ARC. ‖ 2° viser *ou* atteindre avec les flèches, *gén.-acc.*

τοξ-ήρης, ης, ες, muni d'un arc.

τοξικός, ή, όν, d'arc *ou* d'archer : ἡ τοξική, l'art du tireur d'arc.

τοξο-δάμας, αντος (ὁ), qui dompte par ses flèches.

τοξό-δαμνος, ος, ον, *même sens.*

τόξον, ου (τό), ARC; flèches.

τοξο-σύνη, ης (ἡ), habileté de tireur.

τοξότης, ου (ὁ), archer.

τοξ-ουλκός, ός, όν, qui tend l'arc.

τοξο-φόρος, ος, ον, qui porte un arc.

τοπάζω (*f.* άσω), supposer.

τοπικός, ή, όν, 1° du lieu. ‖ 2° relatif aux lieux communs.

τόπος, ου (ὁ), 1° LIEU; place; pays. ‖ 2° motif; occasion. ‖ 3° point d'un discours; passage d'un livre; lieu commun.

τοπρίν, *comme* τὸ πρίν, *adv.*, auparavant.

τόρευμα, ατος (τό), ciselure.

τορευτής, οῦ (ὁ), ciseleur.

τορευτικός, ή, όν, relatif au ciseleur.

τορευτός, ή, όν, ciselé.

τορεύω (*f.* σω), ciseler.

τορέω (*f.* τορήσω), *aor.* 2 ἔτορον), 1° percer. ‖ 2° crier (*à percer les oreilles*).

τόρμος, ου (ὁ), trou (*pour vis, etc.*).

τορνευτής, οῦ (ὁ), tourneur.

τορνεύω (*f.* σω), tourner; faire au tour.

τόρνος, ου (ὁ), tour (*de tourneur*).

τορνό-ομαι-οῦμαι (*f.* ώσομαι), arrondir.

τορός, ά, όν, 1° pénétrant. ‖ 2° clair.

τορύνη, ης (ἡ), cuiller à pot.

τορύνω (*f.* υνῶ), remuer avec la cuiller.

Τορώνη, ης (ἡ), Torone.

τορῶς, *adv.*, 1° en perçant. ‖ 2° clairement.

τοσάκις, τοσσάκι, *adv.*, autant de fois.

τόσος, η, ον, 1° AUSSI GRAND; si grand (ὅσος, que); ἐκ τόσου, depuis un si long temps. ‖ 2° aussi petit. ‖ 3° aussi nombreux : τρὶς τόσοι, trois fois autant de gens. — *Adv.*, τόσον, autant; d'autant; τόσῳ μᾶλλον, d'autant plus.

τοσόσδε, τοσήδε, τοσόνδε *et* **τοσοσδί,** *etc. mêmes sens.*

τοσουτ-άριθμος, ος, ον, en nombre égal.

τοσ-οῦτος, τοσ-αύτη, τοσ-οῦτο, *alt.* **τοσοῦτον,** 1° aussi grand; si grand : τοσοῦτος...

ὅσος, si grand... que. ‖ 2° si petit. ‖ 3° aussi nombreux. ‖ 4° *neut.*, cela seulement : τοσοῦτον εἶπεν, il n'ajouta rien de plus. — *Adv.*, τοσοῦτον, autant ; tant : τοσοῦτον ὅσον, autant... que ; ὅσον... τοσοῦτον, autant... autant ; τοσοῦτον ...ὥστε, tellement... que ; τοσούτῳ μᾶλλον, d'autant plus.

Loc. εἰς τοσοῦτον, *gén.*, à un tel degré de ; ἐκ τοσούτου, à une telle distance ; παρὰ τοσοῦτον, presque ; πλὴν τοσοῦτον, à cela près ; τοσούτου δέω (*inf.*), tant s'en faut que je...

τοσ-ουτοσ-ί, *etc.*, *même sens que le précédent.*

τοσσάκι, *comme* τοσάκις.

τόσσος, *comme* τόσος.

τοσσοῦτος, *comme* τοσοῦτος.

τότε, *adv.*, ALORS ; autrefois : οἱ τότε, les gens d'alors ; ἐν τῷ τότε, en ce temps-là.

τοτέ, *adv.*, une fois ; parfois : τοτὲ μὲν... τοτὲ δὲ, tantôt... tantôt.

τοτηνίκα, *comme* τὸ τηνίκα, alors.

τοτοῖ, *interj.*, oh ! hélas !

του, *pour* τινος, *enclit.*, *sans accent.*

τοῦ, *pour* τίνος, *inter.* *Ne pas confondre avec le gén. de l'art.*

τοὐκεῖθεν, *crase pour* τὸ ἐκεῖθεν.

τοὐλάχιστον, *crase pour* τὸ ἐλάχιστον.

τοὐναντίον, *crase pour* τὸ ἐναντίον.

τοὔνεκα (*crase pour* τοῦ ἕνεκα), à cause de cela.

τοὐπίσω, *crase pour* τὸ ὀπίσω.

τοὔτερον, *crase pour* τὸ ἕτερον.

τουτέστι, *pour* τοῦτ' ἔστι, c'est-à-dire.

τόφρα, *adv.*, pendant tout ce temps ; cependant.

τραγαλίζω (*f.* ίσω), avaler.

τραγ-έλαφος, ου (ὁ), bouc-cerf.

τραγήματα, ων (τά), friandises.

τραγικός, ή, όν, 1° de bouc. ‖ 2° TRAGIQUE. ‖ N. ὁ τ., poète *ou* acteur tragique.

τραγικῶς, *adv.*, tragiquement.

τράγος, ου (ὁ), bouc.

τραγο-σκελής, ής, ές, à pieds de bouc.

τραγ-ῳδέω-ῶ (*f.* ήσω),

1° jouer dans une tragédie; mettre sur la scène tragique. ‖ 2° débiter sur un ton tragique.

τραγ-ῳδία, ας (ἡ), 1° TRAGÉDIE. ‖ 2° événement tragique. ‖ 3° pompe tragique.

τραγ-ῳδικός, ή, όν, tragique.

τραγῳδο-διδάσκαλος, ου (ὁ), auteur tragique.

τραγῳδο-ποιός, οῦ (ὁ), *même sens*.

τραγ-ῳδός, οῦ (ὁ), poète *ou* acteur tragique. — *N. pl.* représentation tragique.

τρανής, ής, ές, pénétrant; clair.

τρανῶς, *adv.*, clairement.

τραπέζα, ης (ἡ), 1° TABLE. ‖ 2° mets. ‖ 3° comptoir : τράπεζαν ἀνασκευάζεσθαι, enlever son comptoir de banquier = faire faillite. ‖ 3° estrade; planche.

τραπεζεύς, έως (ὁ), domestique.

τραπεζιτεύω (*f.* σω), faire la banque.

τραπεζίτης, ου (ὁ), banquier.

τραπεζιτικός, ή, όν, du banquier.

Τραπεζοῦς, οῦντος (ἡ), Trapézonte.

τραπέσθαι, *inf. aor.* 2 *moy. de* τρέπω.

τραπέω-ῶ, fouler les grappes.

τρασιά, ᾶς (ἡ), claie (*à fruits ou à fromages*).

τραυλίζω (*f.* ίσω), bégayer.

τραυλός, ή, όν, bègue.

τραῦμα, ατος (τό), 1° blessure. ‖ 2° avarie. ‖ 3° échec militaire.

τραυματίας, ου (ὁ), blessé.

τραυματίζω (*f.* ίσω), blesser.

τραφερός, ά, όν, qui nourrit : ἡ τραφερή, la terre nourricière.

τραφῆναι, *inf. aor.* 2 *pass. de* τρέφω.

τραχέως *adv.*, rudement; durement.

τραχηλίζω (*f.* ίσω), saisir par le cou.

τράχηλος, ου (ὁ), cou.

Τραχίνιος, α, ον, de Trachine.

Τραχίς, ῖνος (ἡ), Trachine.

τραχύνω (*f.* υνῶ; *pass. pf.* τετράχυσμαι *et* τετράχυμαι), 1° rendre rude. || 2° exaspérer; irriter. || 3° être rude.

τραχύς, τραχεῖα, τραχύ, 1° RUDE; rocailleux. || 2° dur; cruel; pénible.

τραχύτης, ητος (ἡ), RUDESSE; dureté.

τρεῖς, τρεῖς, τρία, trois.

τρεις-καί-δεκα, τριακαί-δεκα, treize.

τρέμω, trembler.

τρέπω (*f.* τρέψω, *aor.* 1 ἔτρεψα, *aor.* 2 ἔτραπον, *pf.* τέτραφα *ou* τέτροφα; *pass. f.* 2 τραπήσομαι, *aor.* 1 ἐτρέφθην, *aor.* 2 ἐτράπην, *pf.* τέτραμμαι). A. *tr.*, 1° TOURNER; faire tourner : τ. εἰς φυγήν, mettre en déroute. || 2° changer; convertir : τρέπεσθαι τὰς γνώμας, être changé quant aux sentiments. || 3° transporter. — B. *intr.*, tourner le dos.
— *Moy.* (*aor.* 2 ἐτραπόμην), A. *tr.*, 1° faire tourner; mettre en fuite. || 2° faire changer. — B. *intr.*, 1° se tourner: se diriger; prendre la fuite. || 2° se tourner vers; s'appliquer à : τρέπεσθαι ἐπὶ λῃστείαν, se livrer au brigandage.

τρέφω (*f.* θρέψω, *aor.* ἔθρεψα, *pf.* τέτροφα *et* τέτραφα; *pass. f.* 2 τραφήσομαι, *aor.* 1 ἐθρέφθην, *aor.* 2 ἐτράφην, *pf.* τέθραμμαι), 1° NOURRIR; développer : ὁ τραφείς, celui qui a été nourri, qui a grandi || 2° élever; instruire. || 3° épaissir : γάλα τρέφειν, faire cailler le lait. || 4° *intr. partic. au pf.* τέτροφα, être nourri; être; s'épaissir.
— *Moy.*, nourrir; élever (*pour soi*).

τρέχω (*f.* δραμοῦμαι, *aor.* 2 ἔδραμον, *pf.* δεδράμηκα, *pf.* 2 δέδρομα), courir : τ. ἀγῶνα, courir une épreuve.

τρέω (*f.* τρέσω, *aor.* ἔτρεσα), 1° *intr.*, trembler; avoir peur. || 2° *tr.*, redouter; trembler devant, *acc.*

τρῆμα, ατος (τό), trou.

τρήρων, ωνος (ὁ, ἡ), peureux.

τρῆσις, εως (ἡ), action de trouer.

τρητός, ή, όν, troué.

τρίαινα, ης (ἡ), trident.

τριακάς, άδος (ἡ), trentaine.

τριακονθ-ήμερος, ος, ον, de trente jours.
τριάκοντα, *indécl.*, trente.
τριακοντα-έτης, ης, ες, (âgé) de trente ans.
τριακοντα-έτις, ιδος (ἡ), (âgée) de trente ans.
τριακοντ-αρχία, ας (ἡ), gouvernement des Trente.
τριακόντ-ορος, ος, ον, à trente rangs de rames.
τριακοντ-ούτης, *comme* τριακονταέτης.
τριακοντ-οῦτις, *comme* τριακονταέτις.
τριακόσιοι, αι, α, trois cents.
τριακοσιο-μέδιμνος, ος, ον, de trois cents médimnes.
τριακοστός, ή, όν, trentième.
τρι-αρχία, ας (ἡ), triumvirat.
τριάς, άδος (ἡ), nombre trois.
Τριβαλλοί, ῶν (οἱ), 1° les Triballes. ‖ 2° gens dissolus (*comme les Triballes*).
τριβή, ῆς, 1° ACTION DE FROTTER; usure. ‖ 2° expérience; pratique. ‖ 2° passe-temps : τριβὴν ἔχειν, avoir une occupation. ‖ 4° délai; retard : ἐς τριβὰς ἐλᾶν, chercher des délais.
τριβολ-εκτράπελα, ων (τά), subtilités épineuses.
τρί-βολος, ου (ὁ), 1° herse à trois pointes. ‖ 2° chardon.
τρίβος, ου (ὁ), 1° FROTTEMENT. ‖ 2° pratique; routine. ‖ 3° chemin battu. ‖ 4° retardement.
τρίβω (*f.* τρίψω, *aor.* ἔτριψα, *pf.* τέτριφα; *pass. f.* τριφθήσομαι, *f.* 2 τριβήσομαι, *aor.* 1 ἐτρίφθην, *aor.* 2 ἐτρίβην, *pf.* τέτριμμαι), 1° FROTTER; fouler; user. ‖ 2° exercer. ‖ 3° frayer : ὁδὸς τετριμμένη, chemin battu ‖ 4° épuiser; opprimer : κακοῖσι τρίβεσθαι, être accablé de maux. ‖ 5° passer (*le temps*) : τ. βίον, passer, *ou* consumer sa vie. ‖ 6° faire durer : τ. πόλεμον, faire traîner la guerre en longueur.
τρίβων, ωνος (ὁ, ἡ), 1° qui s'entend à, *gén.-acc.*; routier. ‖ 2° N. ὁ τ.., vieux manteau.
τριβώνιον, ου (τό), pauvre petit manteau.

τρί-γληνος, ος, ον, à triple prunelle.

τρι-γλώχιν, ινος, à triple pointe.

τρι-γονία, ας (ἡ), troisième génération.

τρί-γωνος, ος, ον, triangulaire. — N. τὸ τρίγωνον, triangle.

τρί-δουλος, ος, ον, triplement esclave.

τρι-έλικτος, ος, ον, à triple repli.

τρι-έμβολος, ος, ον, à triple éperon.

τρι-ετηρίς, ίδος (ἡ), période *ou* fête triennale.

τρι-έτης, ης, ες, de trois ans; triennal. — *Adv.,* τρί-ετες, pendant trois ans.

τρι-ετία, ας (ἡ), période de trois ans.

τρίζω (*pf.* 2 τέτριγα), pousser des cris aigus; siffler.

τριήκοντα, *pour* τριάκοντα.

τρι-ημι-πόδιον, ου (τό), un pied et demi.

τριηρ-αρχέω-ῶ (*f.* ήσω) 1° commander un vaisseau, *gén.* ‖ 2° être triérarque.

τριηρ-άρχημα, ατος (τό), contribution de triérarque.

τριηρ-αρχία, ας (ἡ), 1° commandement d'un vaisseau. ‖ 2° charge de triérarque.

τριηρ-αρχικός, ή, όν, relatif au triérarque.

τριήρ-αρχος, ου (ὁ), 1° commandant de vaisseau. ‖ 2° triérarque (*citoyen chargé de l'équipement d'un vaisseau*).

τριηρ-αύλης, ου (ὁ), flûtiste donnant le rythme aux rameurs.

τρι-ήρης, ους (ἡ), trirème.

τρι-ηρίτης, ου (ὁ), matelot de trirème.

τριηρο-ποιός, οῦ (ὁ), constructeur de trirèmes.

τρι-κάρηνος, ος, ον, à trois têtes.

Τρίκκη, ης (ἡ), Tricca.

τρί-κλινον, ου (τό), table à trois lits.

τρί-λλιστος, ος, ον, trois fois souhaité.

τρι-λοφία, ας (ἡ), triple aigrette.

τρί-μετρος, ος, ον, de trois mesures.

τρί-μηνος, ος, ον, de trois mois.

τρίμμα, ατος (τό), routier; retors.

τρι-μοιρία, ας (ἡ), triple solde.

Τριν-ακρία, ας (ἡ), Trinacrie (*Sicile*).

τριξός, *comme* τρισσός.

τρί-οδος, ου (ἡ), carrefour de trois routes,

τρι-όδους, όδοντος (ὁ), trident.

τρι-όργυιος, ος, ον, de trois brasses.

τρι-όρχης, ου (ὁ), buse.

τρι-πάλαιστος, ος, ον, de trois fois quatre doigts.

τρί-πηχυς, υς, υ, *gén.* εος, de trois coudées.

τρί-πλαξ, ακος (ὁ, ἡ), triple.

τρι-πλάσιος, α, ον, *même sens.*

τρί-πλεθρος, ος, ον, de trois arpents.

τρι-πλοῦς, πλῆ, πλοῦν, triple. — Τριπλῆ, *adv.*, triplement.

τρι-πόδης, ου (ὁ), de trois pieds.

τρι-πόλιστος, *et* **τρί-πολος, ος, ον,** trois fois renouvelé.

τρίπος (ὁ), *comme* τρίπους.

τρί-πους, πους, πουν, *gén.* ποδος, 1° à trois pieds. N. ὁ τ., trépied. ‖ 2° de trois pieds.

τριπτήρ, ῆρος, (ὁ), pilon.

Τρι-πτόλεμος, ου (ὁ), Triptolème.

τρί-πτυχος, ος, ον, à trois couches de peau.

τρί-ρρυμος, ος, ον, à triple timon.

τρίς, *adv.*, trois fois.

τρισ-άθλιος, α, ον, trois fois malheureux; très malheureux.

τρισ-άσμενος, η, ον, qui agit tout à fait volontiers.

τρισ-καί-δεκα, *indécl.*, treize.

τρισ-και-δεκα-στάσιος, ος, ον, qui pèse treize fois autant.

τρισ-και-δέκατος, η, ον, treizième.

τρισ-κακο-δαίμων, ων, ον, *gén.* ονος, trois fois malheureux.

τρί-σκαλμος, ος, ον, à trois rangs de rames.

τρισ-κατ-άρατος, ος, ον, trois fois maudit.

τρίσ-μακαρ, *gén.* αρος, trois fois heureux.

τρισ-μακάριος, α, ον, *même sens.*

τρισ-μύριοι, αι, α, trente mille.

τρισ-όλβιος, ος, ον, trois fois heureux.

τρι-σπίθαμος, ος, ον,

de trois demi-coudées.

τρί-σπονδος, ος, ον, à triple libation.

τρισσ-άκις, *adv.*, trois fois.

τρισσός, ή, όν, triple; trois.

τρί-στεγος, ος, ον, à triple étage.

τρι-στοιχί, *adv.*, sur trois rangs.

τρί-στοιχος, ος, ον, formant triple ligne.

τρισ-χίλιοι, αι, α, trois mille.

τρισ-χιλιοστός, ή, όν, trois millième.

τριτ-αγωνιστέω-ῶ (*f.* ήσω), tenir les troisièmes rôles.

τριτ-αγωνιστής, οῦ (ὁ), acteur de troisièmes rôles.

τριταῖος, α, ον, du troisième jour : τριταῖοι ἀφίκοντο, ils arrivèrent le troisième jour; τ. πυρετός, fièvre tierce.

τρι-τάλας, **τάλαινα**, **τάλαν**, trois fois malheureux.

τρίτατος, η, ον, troisième.

τριτη-μόριος, α, ον, égal au tiers : τὸ τριτημόριον, le tiers.

τριτη-μορίς, ίδος (ἡ), le tiers.

Τριτο-γένεια, ας (ἡ), Tritogénie, *épithète d'Athèna (née de la tête de Zeus?).*

τριτό-μηνις, ιδος (ἡ), le trois du mois.

τρίτος, η, ον, troisième : ἡ τρίτη, le troisième jour; τὸ τρίτον, le tiers. — *Adv.*, (τὸ) τρίτον, troisièmement; pour la troisième fois.

τριτό-σπορος, ος, ον, de la troisième génération.

τριττυ-αρχέω-ῶ (*f.* ήσω), être chef d'un tiers de tribu.

τριττύς, ύος (ἡ), tiers de tribu.

Τρίτων, ωνος (ὁ), Triton.

Τριτωνίς, ίδος (ἡ), 1° lac Tritonis. ‖ 2° Tritonis (*épithète d'Athèna*).

τρίτως, *adv.*, troisièmement.

τρι-φάσιος, α, ον, triple. — *Pl.*, trois.

τρί-φυλλον, ου (τό), trèfle.

τρί-φυλος, ος, ον, divisé en trois tribus.

1. **τρίχα**, *acc. sg. de* θρίξ.

2. **τρίχα**, *adv.*, en trois :

τρίχα νυκτός, au tiers de la nuit.

τριχ-άϊκες, ων (οἱ), qui secouent leur crinière.

τρίχες, *nom. pl. de* θρίξ.

τριχῆ *ou* **τριχῇ,** *adv.*, en trois parties.

τριχθά, *adv., même sens.*

τρίχινος, ή, ον, de crins; de cheveux.

τρι-χοίνικος, ος, ον, de trois chénices.

τριχο-ρρυέω-ῶ (*f.* ήσω), perdre ses cheveux.

τριχοῦ, *adv.*, en trois endroits.

τρίχωμα, ατος (τό), épaisse toison.

τριψ-ημερέω-ῶ (*f.* ήσω), gâcher son temps.

τρῖψις, εως (ἡ), friction.

τρι-ώβολον, ου (τό), trois oboles.

τρι-ώροφος, ος, ον, à trois étages.

τρι-ώρυγος, ος, ον, de trois brasses.

Τροία, ας (ἡ), Troie.

Τροίη-θεν, *adv.*, en venant de Troie.

Τροίην-δε, *adv.*, vers Troie.

Τροιζήν, ῆνος (ἡ), Trézène.

Τρο(ι)ζήνιος, α, ον, de Trézène.

τρομερός, ά, όν, tremblant.

τρομέω-ῶ (*f.* ήσω) *et moy.*, trembler; craindre.

τρόμος, ου (ὁ), tremblement.

τρόπαιον *ou* **τροπαῖον, ου** (τό), trophée : τρόπαιον στῆσαι τῶν πολεμίων, élever un trophée de victoire sur les ennemis.

τρόπαιος, *ou* **τροπαῖος, α, ον,** qui détourne; qui met en fuite : Ζεὺς τρόπαιος, Zeus qui donne la victoire.

τροπέω, *comme* τρέπω.

τροπή, ῆς (ἡ), 1° TOUR; conversion; révolution. || 2° solstice. || 3° mise en déroute. || 4° *gram.*, trope.

τροπικός, ή, όν, 1° relatif au changement. || 2° du solstice. || 3° figuré (*style*).

τρόπις, ιος *et* **ιδος** (ἡ), quille (*d'un navire*); fond.

1\. **τρόπος, ου** (ὁ), 1° TOUR : direction. || 2° caractère : οὐ τοὐμοῦ τρόπου ἐστί, il n'est pas dans mon tempérament de; οὕτω τρόπου ἔχεις, tel est ton caractère. || 3°

mœurs; usages : χρηστοὶ τρόποι, bonnes mœurs; παρὰ τῶν φιλοσόφων τρόπον, contrairement aux façons des philosophes; κατὰ τρόπον, convenablement; ἀπὸ τρόπου, de façon déplacée. || 4° MANIÈRE; genre : παντὶ τρόπῳ, de toute manière; τρόπον τινά, en qq. sorte; τὸν αὐτὸν τρόπον, de la même manière; τρόπῳ τοιῷδε, de la manière suivante; τρόπον *et le gén.*, à la manière de : Βαρβάρων τρόπον, à la manière des barbares. || 5° *gram.*, trope. || 6° mode musical.

2. **τροπός**, οῦ (ὁ), courroie d'aviron.

τροπο-φορέω-ῶ (*f.* ήσω), supporter les façons de qq'un.

τροπωτήρ, ῆρος (ὁ), *comme* τροπός 2.

τροφαλίς, ίδος (ἡ), fromage mou.

τροφεῖα, ων (τά), 1° frais d'entretien. || 2° nourriture.

τροφεύς, έως (ὁ), celui qui nourrit; nourricier.

τροφέω, *comme* τρέφω.

τροφή, ῆς (ἡ), 1° NOURRITURE; vivres. || 2° éducation. || 3° genre de vie : ἀθλία τροφή, malheureuse existence. | 4° rejeton.

τρόφιμος, ος *et* η, ον, 1° nourricier. || 2° nourrisson.

τρόφις, ις, ι, *gén.* ιος (ὁ, ἡ), bien nourri; vigoureux.

τροφόεις, όεσσα, όεν, *mêmes sens.*

τροφός, ός, όν, qui nourrit. — N. ἡ τ., nourrice.

Τροφώνιος, ου (ὁ), Trophonios.

τροχάζω (*f.* άσω), courir.

τροχαῖος, α, ον, fait pour la course; agile.

τρο-χαλός, ή, όν, rapide.

τροχάω-ῶ, courir.

τροχ-ηλατέω-ῶ (*f.* ήσω), faire tourner.

τροχ-ηλάτης, ου (ὁ), conducteur de char.

τροχ-ήλατος, ος, ον, entraîné par des roues.

τροχία, ας (ἡ), ornière.

τροχίζω (*f.* ίσω), rouer.

τροχιλία, ας (ἡ), poulie.

τροχίλος, ου (ὁ), roitelet (*oiseau*).

τρόχις, ιος *et* εως (ὁ), messager.

τροχο-δινέω-ῶ (*f.* ήσω), faire tournoyer.

τροχο-ειδής, ής, ές, circulaire.

1. **τροχός, οῦ** (ὁ), 1° ROUE. ‖ 2° masse ronde (*disque, boule*). ‖ 3° cerceau.

2. **τρόχος, ου** (ὁ), 1° course. ‖ 2° piste de course.

τρύβλιον, ου (τό), bol; écuelle.

τρυγάω-ῶ (*f.* ήσω), vendanger; récolter. — *Moy.*, récolter pour soi.

τρυγητήρ, ῆρος (ὁ), vendangeur.

τρύγητος, ου (ὁ), vendange; récolte.

τρυγήτρια, ας (ἡ), vendangeuse.

τρυγο-δαίμων, *gén.* ονος (ὁ), maudit barbouillé.

τρυγ-ῳδός, οῦ (ὁ), chanteur barbouillé.

τρυγών, όνος (ἡ), tourterelle.

τρύζω, roucouler; grogner.

τρύμη, ης (ἡ), « vieille ficelle » (*mot comique*).

τρύξ, τρυγός, (ἡ), lie.

τρύπανον, ου (τό), tarière.

τρυπάω-ῶ (*f.* ήσω), percer; perforer.

τρύπημα,ατος(τό),trou.

τρυσ-άνωρ, ορος (ὁ, ἡ), pénible à l'homme.

τρυσί-διος, ος, ον, qui fatigue la vie.

τρυτάνη,ης (ἡ), balance.

τρυφάλεια, ας (ἡ), casque.

τρυφάω-ῶ (*f.* ήσω), 1° vivre mollement. ‖ 2° faire le fier.

τρυφεραίνομαι (*aor.* ἐτρυφεράνθην), *mêmes sens.*

τρυφερός, ά, όν, mou; délicat; efféminé.

τρυφερότης, ητος (ἡ), mollesse.

τρυφερῶς, *adv.*, mollement.

τρυφή, ῆς (ἡ), 1° MOLLESSE; sensualité. ‖ 2° air hautain.

τρύφημα, ατος (τό), volupté.

τρύφος, ους (τό), morceau; lambeau.

τρῦχος, ους (τό), guenille.

τρυχόω-ῶ, *comme le suivant.*

τρύχω (*f.* ξω), 1° USER. ‖ 2° consumer; épuiser.

τρύω (*f.* σω), *mêmes sens.*

Τρωαί, ῶν (αἱ), Troyennes.

Τρῳάς, άδος de Troie.

— N. ἡ T., la Troade; Troyenne.

τρώγλη, ης (ἡ), trou.

τρωγλο-δύτης, ου (ὁ), troglodyte.

τρώγω (*f.* τρώξομαι, *aor.* 1 ἔτρωξα, *aor.* 2 ἔτραγον; *pass. aor.* 2 ἐτράγην, *pf.* τέτρωγμαι) ronger; manger.

Τρωϊκός, ή, όν, Troyen.

Τρωΐλος, ου (ὁ), Troïlos.

Τρώϊος, α, ον, Troyen.

Τρωΐς, ΐδος (ἡ), Troyenne.

τρώκτης, ου (ὁ), rongeur.

τρωκτός, ή, όν, comestible.

τρῶμα, *comme* τραῦμα.

Τρῷος, α, ον, Troyen.

τρωπάω, tourner. — *Moy.*, se tourner.

Τρώς, ώος (ὁ), 1° Trôs (*fondateur de Troie*). ‖ 2° Troyen : οἱ Τρῶες, les Troyens.

τρῶσις, εως (ἡ), blessure.

τρώσω, *f. de* τιτρώσκω.

τρωτός, ή, όν, vulnérable.

τρωχάω-ῶ, courir.

τύ, *dor. pour* σύ *ou* σέ.

τυγχάνω (*f.* τεύξομαι, *aor.* 2 ἔτυχον, *pf.* τετύχηκα), 1° *tr. gén.*, RENCONTRER; ATTEINDRE : obtenir : τυχεῖν τῶν δικαίων, obtenir justice; τ. σκοποῦ, atteindre le but. — *Abs.*, atteindre le but : καλῶς τυχεῖν, réussir; τὸ μὴ τυχεῖν, échouer. ‖ 2° *intr.*, ÊTRE PAR HASARD; se rencontrer; arriver; échoir : ὡς ἕκαστος ἔτυχεν, comme chacun se trouvait; οὐδὲν κακὸν ἔτυχεν, rien de fâcheux ne survint. — ὁ τυχών, le premier venu; τὰ τυχόντα, les circonstances. — *Impers.* τυγχάνει, il arrive que : ἄν οὕτω τύχῃ, s'il arrive ainsi; le cas échéant; ὡς ἔτυχε, au hasard; τυχόν, par hasard. — T. *est couramment accompagné d'un participe* : ἐτύγχανον παραγενόμενος, je me trouvais *être* à son côté; ἐτύχομεν ἐλθόντες ἐνταῦθα, nous étions arrivés là PAR HASARD.

Τυδείδης, ου (ὁ), fils de Tydée.

Τυδεύς, έως (ὁ), Tydée.

τυκίζω (*f.* ίσω), tailler (*la pierre*).

τύκος, ου (ὁ), pic; hache.

τυκτός, ή, όν, fait par

l'homme; bien travaillé.

τύλη, ης (ἡ), 1° bosse; durillon. ‖ 2° coussin; tampon.

τύλος, ου (ὁ), *mêmes sens.*

τυλόω-ῶ (*f.* ώσω), rendre calleux; durcir.

τυλωτός, ή, όν, noueux.

τύμβευμα, ατος (τό), tombeau.

τυμβεύω (*f.* σω), 1° *tr.* ensevelir. ‖ 2° *intr.*, être enterré.

τυμβ-ήρης, ης, ες, 1° funéraire. ‖ 2° mis au tombeau.

τύμβος, ου (ὁ), tombeau.

τυμβο-χοέω-ῶ (*f.* ήσω), verser la terre d'une sépulture.

τυμβο-χόη, ης (ἡ), tertre funéraire.

τυμβό-χωστος, ος, ον, versé pour former un tertre funéraire.

τυμβ-ωρυχέω-ῶ (*f.* ήσω), voler les tombeaux.

τυμβ-ωρύχος, ου (ὁ), voleur de tombes.

τύμμα, ατος (τό), coup; blessure.

τυμπανίζω (*f.* ίσω), bâtonner; torturer.

τυμπανιστής, οῦ (ὁ), joueur de tambour.

τυμπανίστρια, ας (ἡ), joueuse de tambourin.

τύμπανον, ου (τό), 1° tambour. ‖ 2° bâton (*pour bastonnade*).

Τυνδάρεος, ου (ὁ), Tyndare.

Τυνδαρίς, ίδος (ἡ), fille de Tyndare (*Clytemnestre ou Hélène*).

τύνη, *pour* σύ.

τυννουτοσ-ί, τυννουτου-ΐ, si petit.

τυπή, ῆς (ἡ), coup; blessure.

τυπείς, *part. aor.* 2 *pass. de* τύπτω.

τυπικός, ή, όν, figuré.

τύπος, ου (ὁ), 1° COUP; choc. ‖ 2° empreinte; image; figure; tableau ‖ 3° type; modèle. ‖ 4° ébauche; esquisse : τύπῳ λέγειν, parler sommairement.

τυπόω-ῶ *et moy.*, figurer; modeler; représenter.

τύπτω (*f.* τύψω *et* τυπτήσω, *aor.* 1 ἔτυψα *et* ἐτύπτησα, *aor.* 2 ἔτυπον, *pf.* τετύπτηκα; *pass. f.* 2 τυπήσομαι, *aor.* 1 ἐτύφθην *et* ἐτυπτήθην, *aor.* 2 ἐτύπην, *pf.* τέτυμμαι *et* τετύπτημαι), frapper; blesser. — *Moy.*, se frapper (*le visage, etc.*); déplorer, *acc.*

τύπωμα, ατος (τό), 1° objet façonné. ‖ 2° figure.

τυραννεύω (*f.* σω), *et* **τυραννέω-ῶ** (*f.* ήσω), 1° ÊTRE MAITRE ABSOLU. ‖ 2° gouverner en maître : ἡ πόλις ἐτυραννεύθη, la cité fut soumise à un tyran.

τυραννικός, ή, όν, de tyran; royal; despotique.

τυραννικῶς, *adv.*, de manière despotique.

τυραννίς, ίδος (ἡ), POUVOIR ABSOLU; tyrannie.

τύραννος, ου (ὁ), MAITRE ABSOLU; tyran. — Fém. ἡ τ., princesse.

τύραννος, ον, ον, de souverain; despotique.

τυρβάζομαι (*f.* άσομαι), s'agiter violemment.

τύρβη, ης (ἡ), désordre, vacarme.

τύρευμα, ατος (τό), fromage.

τυρεύω (*f.* σω), 1° faire du fromage. ‖ 2° *fig.*, bouleverser; brouiller (*les choses*).

Τύριος, α, ον, Tyrien.

τυρό-κνηστις, εως (ἡ), râpe à fromage.

τυρός, οῦ (ὁ), fromage,

Τύρος, ου (ἡ), Tyr.

Τυρρηνία, ας (ἡ), Tyrrhénie (*Étrurie*).

Τυρρηνικός, ή, όν, tyrrhénien.

Τυρρηνός, οῦ (ὁ), Tyrrhénien.

τύρσις, ιος (ἡ), tour; fortification.

Τυρώ, οῦς (ἡ), Tyro

τυτθός, ός, όν, tout petit. — *Adv.*, τυτθόν *et* τυτθά, un peu; à peine.

τυφλός, ή, όν, 1° AVEUGLE, *en tous sens.* ‖ 2° obscur; caché.

τυφλότης, ητος (ἡ), cécité.

τυφλόω-ῶ (*f.* ώσω), aveugler.

τύφλωσις, εως (ἡ), action d'aveugler.

τυφλώττω, être aveugle.

τυφο-γέρων, οντος (ὁ), vieux fou.

τῦφος, ου (ὁ), fumée.

τυφόω-ῶ (*f.* ώσω), 1° enfumer. ‖ 2° aveugler; affoler.

τύφω (*f.* θύψω, *pf.* τέτυφα; *pass. aor.* 2 ἐτύφην, *pf.* τέθυμμαι), *mêmes sens.*

τυφῶν, ῶνος (ὁ), tourbillon; ouragan.

Τυφῶν, ῶνος (ὁ), Typhon.

τυφώς, *gén.* **ῶ** (ὁ), *comme* τυφῶν.

τύχη, **ης** (ἡ), 1° SORT; HASARD : αἱ τύχαι τοῦ πολέμου, les vicissitudes de la guerre; τὰ τῆς τύχης, l'incertitude des événements; ἀπὸ τύχης, par hasard. ‖ 2° fortune; chance *bonne ou mauvaise* : τύχη ἀγαθῇ, bonne chance! ‖ 3° état; condition : ἡ παροῦσα τῆς πόλεω. τ., la situation actuelle de l'État.

Τύχη, **ης** (ἡ), la Fortune.

τυχηρός, **ά**, **όν**, fortuit.

τυχών, *part. aor.* 2 *de* τυγχάνω.

τῷ, *dat. de l'art.*, *adv.*, ainsi; aussi.

τῳ, *dat. de* τις, *enclit.*

τῷ, *dat. de* τίς, *inter.*

τωθάζω (*f.* άσομαι), railler.

τωθασμός, **οῦ** (ὁ), raillerie.

τὠπό, *crase pour* τὸ ἀπό.

τὠρχαῖον, *crase pour* τὸ ἀρχαῖον.

τώς, *adv.*, ainsi.

τωὐτό, *crase pour* τὸ αὐτό.

Υ

Ὑάδες, **ων** (αἱ), les Hyades.

ὕαινα, **ης** (ἡ), hyène.

ὑακινθινο-βαφής, **ής**, **ές**, teint en bleu violet.

ὑακίνθινος, **η**, **ον**, bleu violet.

ὑάκινθος, **ου** (ὁ, ἡ), jacinthe; couleur bleu violet.

Ὑάκινθος, **ου** (ὁ), Hyacinthe.

ὑάλινος, **η**, **ον**, de verre.

ὕαλος, **ου** (ἡ), verre; cristal.

Ὕβλα, **ης** (ἡ), Hybla.

ὑβρίζω (*f.* ίσω, *att.* ιῶ; *pass. f.* ὑβρισθήσομαι), 1° *intr.*, ÊTRE ORGUEILLEUX; insolent, brutal (εἴς τινα, à l'égard de qqu'un). ‖ 2° *tr.*, injurier; maltraiter; violenter.

ὕβρις, **εως** (ἡ), 1° excès d'orgueil; insolence; violence : δυσσεβίας ὕβρις τέκος, l'orgueil fils de l'impiété. || 2° acte violent; injure; outrage.

ὕβρισμα, ατος (τό), injure; outrage; violence.

ὑβριστής, οῦ (ὁ), orgueilleux; violent.

ὑβριστικός, ή, όν, orgueilleux; insolent; violent.

ὑβριστικῶς, *adv.*, insolemment; violemment.

ὕβριστος, ος, ον, *comme* ὑβριστικός.

ὑγιάζομαι (*f.* ασθήσομαι), être guéri.

ὑγιαίνω (*f.* ὑγιανῶ. *aor.* ὑγίανα), SE BIEN PORTER; retrouver la santé. || 2° être sain d'esprit.

ὑγίεια, ας (ἡ), santé (*du corps ou de l'esprit*).

Ὑγίεια, ας (ἡ), Hygie (*déesse de la santé*)

ὑγιεινός, ή, όν, 1° SAIN; || 2° salutaire; salubre.

ὑγιηρός, ά, όν, *mêmes sens.*

ὑγιής, ής, ές, 1° SAIN; intact. || 2° sensé : οὐδὲν ὑγιὲς προφέρειν, ne rien proposer de raisonnable.

ὑγιῶς, *adv.*, sainement.

ὑγραίνω (*f.* ανῶ), mouiller.

ὑγρός, ά, όν, 1° HUMIDE; mouillé : τὸ ὑγρόν, l'eau; ἡ ὑγρή, la mer. || 2° mou; tendre; délicat. || 3° souple; accommodant.

ὑγρότης, ητος (ἡ), 1° HUMIDITÉ. || 2° mollesse. || 3° humeur facile.

ὑδαρής, ής, ές, 1° trempé d'eau. || 2° faible; falsifié.

Ὑδάσπης, ου (ὁ), l'Hydaspe.

ὑδάτιον, ου (τό), filet d'eau.

ὑδατο-ποτέω-ῶ (*f.* ήσω), boire de l'eau.

ὑδατο-τρεφής, ής, ές, nourri par l'eau.

ὑδατ-ώδης, ης, ες, abondant en eau.

ὕδερος, ου (ὁ), hydropisie.

ὕδρα, ας (ἡ), hydre.

ὑδρ-αγωγία, ας (ἡ), aqueduc.

ὑδραίνω (*f.* ανῶ), arroser. — *Moy.*, s'asperger.

ὑδρεία, ας (ἡ), action de prendre *ou* de verser l'eau.

ὑδρεῖον, ου (τό), seau.

ὑδρεύω (*f.* σω) *et moy.*, puiser de l'eau.

ὑδρηλός, ή, όν, humide.

ὑδρία, ας (ἡ), 1° vase à eau. || 2° urne de vote.

ὑδρο-ποσία, ας (ἡ), usage de l'eau comme boisson.

ὑδρο-ποτέω-ῶ (*f.* ήσω), boire de l'eau.

ὑδρο-πότης, ου (ὁ), buveur d'eau.

ὑδρο-ρρόα, ας (ἡ), tuyau; canal pour les eaux.

ὕδρος, ου (ὁ), hydre.

ὑδρο-φόϐος, ος, ον, hydrophobe.

ὑδρο-φορέω-ῶ (*f.* ήσω), porter de l'eau.

ὑδρο-φόρος, ου (ὁ, ἡ), porteur, porteuse d'eau.

ὑδρωπικός, ή, όν, hydropique.

ὕδωρ, ὕδατος (τό), 1° EAU; pluie, *etc.* || 2° eau de la clepsydre : ἐὰν τὸ ὕδωρ ἐγχωρῇ μοι, si j'ai le temps de parler.

ὕειος, α, ον, de porc.

ὑέλινος, η, ον, de verre.

ὑέτιος, α, ον, de pluie; pluvieux.

ὑετός, οῦ (ὁ), pluie.

ὑετώτατος, η, ον, très pluvieux.

ὑηνός, ή, όν, de porc.

ὑθλέω-ῶ (*f.* ήσω), conter des sornettes.

ὕθλος, ου (ὁ), verbiage; niaiseries.

1. **ὑΐδιον, ου** (τό), petit garçon.

2. **ὑΐδιον, ου** (τό), cochon de lait.

ὑϊδοῦς, οῦ *et* **υἱϊδεύς, έως** (ὁ), petit-fils.

ὑϊκός, ή, όν, de porc.

υἱο-ποιέομαι-οῦμαι (*f.* ήσομαι), adopter (*pour fils*).

υἱός, *gén.* **υἱοῦ** *et* **υἱέος** (ὁ), (*pl. att.* υἱεῖς), fils : υἷες Τρώων, fils des Troyens = Troyens.

υἱωνός, οῦ (ὁ), petit-fils.

ὕλαγμα, ατος (τό), aboiement.

ὑλ-αγωγέω-ῶ (*f.* ήσω), transporter du bois.

ὑλαῖος, α, ον, de bois; de forêt.

ὑλακή, ῆς (ἡ), aboiement.

ὑλακό-μωρος, ος, ον, aboyeur.

ὑλακτέω-ῶ (*f.* ήσω), 1° *intr.*, aboyer. || 2° *tr.*, aboyer après, *acc.*

Ὕλας, α (ὁ). Hylas.

ὑλάω-ῶ *et moy.*, *comme* ὑλακτέω.

ὕλη, ης (ἡ), 1° BOIS (*à brûler*). || 2° bois; forêt; herbes. || 3° matériaux (*pour construire*). ‖ 4° matière (*en tous sens*).

ὑλήεις, ήεσσα, ῆεν, boisé.

ὑλικός, ή, όν, matériel.

ὑλικῶς, *adv.*, matériellement.

Ὕλλος, ου (ὁ), Hyllos.

ὑλο-νόμος, ος, ον, qui vit dans les bois.

ὑλο-τομέω-ῶ (*f.* ήσω), couper du bois.

ὑλο-τόμος, ος, ον, qui coupe le bois.

ὑλ-ώδης, ης, ες, boisé.

ὑμεῖς, ὑμῶν, vous.

ὑμέναιος, ου (ὁ), 1° chant nuptial. ‖ 2° hyménée. ‖ 3° *N. pr.*, dieu du mariage.

ὑμεναιόω-ῶ (*f.* ώσω), chanter le chant nuptial; épouser.

ὑμετερόν-δε, *adv.*, chez vous (q. quo.).

ὑμέτερος, α, ον, votre.

ὑμήν, ένος (ὁ), membrane.

Ὑμήν, ένος (ὁ), Hymen (dieu) : ὦ Ὑμήν, ὦ Ὑμέναιε, ô Hymen, dieu du mariage.

Ὑμηττός, οῦ (ὁ), le mont Hymette.

ὔμμες, ὔμμι, *pour* ὑμεῖς, ὑμῖν.

ὑμνέω-ῶ (*f.* ήσω), 1° CHANTER (*un air*). ‖ 2° célébrer; vanter. ‖ 3° répéter; proclamer. ‖ 4° *intr.*, chanter; se faire entendre.

ὑμνητής, οῦ (ὁ), panégyriste; chanteur.

ὕμνος, ου (ὁ), CHANT, hymne.

ὑμν-ῳδέω-ῶ (*f.* ήσω), chanter (*un hymne*).

ὑμν-ῳδία, ας (ἡ), chant; hymne.

ὑμός, ή, όν, *comme* ὑμέτερος, votre.

ὑός, *comme* υἱός.

ὑοσ-κύαμος, ου (ὁ), jusquiame.

ὑπ-αγκαλίζω (*f.* ίσω, *att.* ιῶ), embrasser.

ὑπ-αγκάλισμα, ατος (τό), étreinte.

ὑπ-αγορεύω (*f.* σω : *on emploie aussi f.* ὑπ-ερῶ, *aor.* 2 ὑπ-εῖπον), dicter; prescrire; faire savoir.

ὑπ-άγω (*f.* άξω, *aor.* 2 ἤγαγον, *etc.*), A 1° *tr.*, CONDUIRE SOUS *ou* devant : ὑ. ὑπὸ δικαστήριον, amener devant le tribunal. ‖ 2° soumettre. ‖ 3° emmener. ‖ 4° pousser; exciter; séduire.

B. *intr.*, marcher; se retirer : ὕπαγε, va-t'en!

— *Moy.*, 1° soumettre. ‖ 2° amener; entraîner. ‖ 3° conseiller.

ὑπ-αγωγή, ῆς (ἡ), 1° action de soumettre. ‖ 2° retraite; fuite. ‖ 3° duperie.

ὑπ-ᾴδω (*f.* ᾄσομαι, *etc.*), *acc.*, accompagner de la voix en chantant.

ὑπαί, *pour* ὑπό.

ὑπ-αιδέομαι-οῦμαι (*f.* έσομαι), respecter.

ὕπαι-θα, 1° *adv.*, en dessous. ‖ 2° *prép.*, en dessous de, *gén.*

ὑπ-αίθριος *et* **ὕπ-αιθρος, ος, ον**, qui se fait en plein air : ἐν ὑπαίθρῳ, en plein air; τὰ ὕπαιθρα, la rase campagne.

ὑπ-αίθω, brûler.

ὑπ-αινίττομαι (*f.* αινίξομαι), parler à mots couverts de, *acc.*

ὑπ-αιρέω, *pour* ὑφαιρέω.

ὑπ-αΐσσω (*f.* αΐξω), s'élancer sous (*acc.*) *ou* de dessous (*gén.*).

ὑπ-αισχύνομαι, avoir un peu honte (de, *acc.*).

ὑπ-αίτιος, ος, ον, suspect; responsable (de, *gén.*; devant, (*dat.*).

ὑπ-ακολουθέω-ῶ (*f.* ήσω), suivre de tout près, *dat.*

ὑπ-ακούω (*f.* ακούσομαι, *etc.*), 1° entendre; répondre à, *gén.*-*dat.* ‖ 2° obéir à; se soumettre à : ὑ. τῶν νόμων *ou* τοῖς νόμοις, s'incliner devant les lois. ‖ 3° comprendre; signifier, *acc.*

ὕπ-ακρος, ος, ον, qui est placé presque au sommet.

ὑπ-αλείφω (*f.* αλείψω), oindre; frotter. — *Moy.*, s'oindre.

ὑπ-αλεύομαι (*aor.part.* ὑπαλευάμενος), éviter en fuyant.

ὑπ-αλλαγή, ῆς (ἡ), échange.

ὑπ-άλλαγμα, ατος (τό), chose échangée.

ὑπ-αλλάσσω, *att.* **ττω** (*f.* ξω), échanger.

ὑπ-άλυξις, εως (ἡ), fuite.

ὑπ-αλύσκω (*f.* ξω), éviter par la fuite.

ὑπ-ανα-γιγνώσκω (*f.* γνώσομαι, *etc.*), relire.

ὑπ-αν-αλίσκω (*f.* αλώσω, *etc.*), épuiser en dépens.

ὑπ-ανά-στασις, εως (ἡ), marque de respect (*céder sa place*).

ὕπ-ανδρος, ος, ον, soumise à un époux.

ὑπ-αν-ίημι (*f.* ήσω, *etc.*), détendre un peu.

Ὕπανις, ιος (ὁ), l'Hypanis.

ὑπ-αν-ίσταμαι (*f.* ἀναστήσομαι, *etc.*), se lever (de, *gén.*; devant qq'un, *dat.*).

ὑπ-αν-οίγω (*f.* ξω), ouvrir à demi.

ὑπ-αντάω-ῶ (*f.* αντήσομαι), aller au devant; rencontrer, *dat.*

ὑπ-άντησις, εως (ἡ), rencontre.

ὑπ-αντιάζω (*f.* άσω), *comme* ὑπαντάω.

ὑπ-απειλέω-ῶ (*f.* ήσω), menacer en dessous, *dat.*

ὑπ-άπ-ειμι (*f.* ειμι, *ibo*), s'esquiver.

ὑπ-απο-κινέω-ῶ (*f.* ήσω), déguerpir (de, *gén.*).

ὕπαρ (τό), *indécl.*, vision du réel; réalité : οὐκ ὄναρ, ἀλλ' ὕπαρ, non pas rêve, mais réalité. — *Adv.*, ὕπαρ, en état de veille.

ὑπ-άργυρος, ος, ον, qui renferme de l'argent.

ὑπ-αρκτέον, *adj. verb. de* ὑπάρχω.

ὕπ-αρξις, εως (ἡ), 1° EXISTENCE. ‖ 2° biens; avoir.

ὑπ-αρχή, ῆς (ἡ), commencement.

ὕπ-αρχος, ος, ον, soumis (à, *gén.*). N. ὁ ὕ.., lieutenant; gouverneur.

ὑπ-άρχω (*f.* άρξω, *etc.*), 1° COMMENCER, *gén.-acc.* : ὑ. τῆς ἔχθρας, prendre l'initiative des hostilités. ‖ 2° exister; être; se trouver : τούτου ὑπάρχοντος, cela étant; ἐκ τῶν ὑπαρχόντων, d'après les circonstances. ‖ 3° appartenir à, *dat.* : τὰ ὑπάρχοντα κτήματα, les biens qu'on a sous la main. ‖ 4° *Impers.*, ὑπάρχει, il est permis; il est possible; ὑπάρχον, *acc. abs.*, alors qu'il est permis. ‖ 5° être lieutenant *ou* gouverneur.

ὑπ-ασπίδιος, ος, ον, couvert d'un bouclier. — *Adv.*, ὑπασπίδια, à l'abri de son bouclier.

ὑπ-ασπιστής, οῦ (ὁ), qui porte le bouclier; écuyer.

ὑπατεία, ας (ἡ), consulat.

ὑπατεύω (*f.* σω), être consul.

ὑπατικός, ή, όν, consulaire.

ὕπατος, η *ou* **ος, ον**, le plus élevé; suprême; souverain : ὕπατος στρατηγός, consul. — N. ἡ ὑπάτη, la dernière corde (*la plus grave de l'instrument*); ὁ ὕπατος, consul.

ὑπ-αυλέω-ῶ (*f.* ήσω), accompagner à la flûte (*dat.*).

ὕπ-αυλος, ος, ον, abrité par, *gén.*

ὑπ-αυχένιον, ου (τό), oreiller.

ὑπ-άφρων, ων, ον, *gén.* ονος, un peu pauvre d'esprit.

ὕπεαρ, ατος (τό), alène de cordonnier.

ὑπ-έγγυος, ος, ον, responsable.

ὑπ-είκω (*f.* είξω *et* είξομαι), 1° céder la place, *gén.*; lâcher pied : ὑπ. τινὶ τῆς χώρας, céder la place à qq'un. ‖ 2° céder; obéir à, *dat.*

1. **ὕπ-ειμι** (*f.* ἔσομαι, *sum.*), *dat.*, 1° être dessous. ‖ 2° être disponible; être en reste : αὐτοῖς οὐχ ὕπεισι πράξεις, ces gens n'offrent pas un fond d'actes (à citer).

2. **ὕπ-ειμι** (*f.* ειμι, *ibo*) 1° *dat.*, aller sous; s'insinuer dans. ‖ 2° partir en sourdine.

ὑπ-εῖπον, *aor.* 2 (*inf.* ειπεῖν, *part.* εἰπών), *voir* ὑπαγορεύω.

ὑπειρ-έχω, *comme* ὑπερέχω.

ὑπ-εῖσα, *aor. de* ὑφίζω.

ὑπ-εισ-δύομαι (*aor.* 2 ἔδυν), se glisser, *ou* s'insinuer dans.

ὑπ-εισ-έρχομαι (*f.* ελεύσομαι, *etc.*), pénétrer en cachette dans, *dat.*

ὑπ-ἐκ(-ἐξ), *adv. et prép.* (*gén.*), de dessous.

ὑπ-εκ-βάλλω (*f.* βαλῶ, *etc.*), rejeter en cachette.

ὑπ-έκ-καυμα, ατος (τό), 1° combustible. ‖ 2° cause propre à enflammer, *fig.*

ὑπ-έκ-κειμαι (*f.* κείσομαι), être déposé en lieu sûr.

ὑπ-εκ-κλίνω (*f.* κλινῶ), esquiver.

ὑπ-εκ-κομίζω (*f.* ίσω, *att.* ιῶ) *et moy.*, emporter en cachette.

ὑπ-εκ-πέμπω (*f.* ψω), envoyer en cachette.

ὑπ-εκ-προ-θέω, dépasser par côté à la course.

ὑπ-εκ-προ-λύω (*f.* σω), dégager (*acc.*) de (*gén.*).

ὑπ-εκ-προ-ρέω (*f.* ρυήσομαι), s'écouler en dessous.

ὑπ-εκ-προ-φεύγω (*f.* φεύξομαι), fuir en cachette.

ὑπ-εκ-ρέω (*f.* ῥυήσομαι), s'écouler, *ou* disparaître insensiblement.

ὑπ-εκ-σαόω-ῶ (*f.* ώσω), sauver en cachette.

ὑπ-εκ-σῴζω (*f.* σώσω), *même sens.*

ὑπ-εκ-τίθημι (*f.* θήσω, *etc.*) *et moy.*, mettre en lieu sûr.

ὑπ-εκ-τρέπω (*f.* τρέψω), *etc.*, détourner insensiblement. — *Moy.*, esquiver, *acc.*

ὑπ-εκ-τρέχω (*f.* δραμοῦμαι, *etc.*), éviter en courant.

ὑπ-εκ-φέρω (*f.* ἐξοίσω, *etc.*), 1° *tr.* emporter insensiblement. || 2° *intr.*, avoir de l'avance.

ὑπ-εκ-φεύγω (*f.* φεύξομαι, *etc.*), fuir en cachette.

ὑπ-εκ-χέω (*f.* χέω), verser lentement.

ὑπ-εκ-χωρέω-ῶ (*f.* ήσω), se retirer sans bruit (de, *gén.*); faire place (à, *dat.*).

ὑπ-ελαύνω (*f.* ελάσω, *att.* ελῶ), s'approcher à cheval.

ὑπ-εμνήμυκα, *pf. de* ὑπημύω.

ὑπ-εναντίος, ος, ον, opposé; hostile à, *dat.* : οἱ ὑπεναντίοι, les ennemis.

ὑπ-εναντίως, *adv.*, contrairement.

ὑπ-εναντίωσις, εως (ἡ), opposition.

ὑπ-εν-δίδωμι (*f.* δώσω, *etc.*), reculer un peu

ὑπ-ένερθε(ν), 1° *adv.*, dessous : τὰ ὑ.., les Enfers. || 2° *prép.*, sous, *gén.*

ὑπ-εξ-άγω (*f.* άξω, *etc.*), 1° *tr.*, conduire en cachette hors de. || 2° *intr.*, se retirer insensiblement.

ὑπ-εξ-αγωγή, ῆς (ἡ), action d'enlever en cachette.

ὑπ-εξ-αιρέω-ῶ (*f.* αιρήσω, *etc.*), 1° retrancher; anéantir. || 2° mettre de côté; réserver; excepter.

ὑπ-εξ-αλέομαι, s'évader (de, *acc.*).

ὑπ-εξ-αν-άγομαι, reprendre la mer en cachette.

ὑπ-εξ-ανα-δύομαι (*f.* δύσομαι, *aor.* 2 ἐδυν), émerger.

ὑπ-εξ-αντλέω-ῶ (*f.* ήσω), vider insensiblement.

ὑπ-έξ-ειμι (*f.* ειμι, *ibo*), se retirer insensiblement.

ὑπ-εξ-ε(ι)ρύω (*f.* ύσω) *et moy.*, soustraire.

ὑπ-εξ-ελαύνω, 1° *tr.*, repousser peu à peu. ‖ 2° *intr.*, se retirer.

ὑπ-εξ-έρχομαι (*f.* ελεύσομαι, *etc.*), 1° s'éloigner peu à peu (de, *gén.*). ‖ 2° se dérober à, *dat.-acc.*

ὑπ-εξ-έχω (*f.* ἕξω, *etc.*). se retirer en secret.

ὑπ-εξ-ίσταμαι (*f.* εκστήσομαι *et formes* act. intr.*), 1° se retirer (de, *gén.*); céder. ‖ 2° esquiver, *acc.*

ὑπέρ, I. *adv.*, au-dessus. II. *prép. a*) *avec le gén.*, 1° AU-DESSUS DE. ‖ 2° POUR, *en tous sens.* ‖ 3° au sujet de. ‖ 4° au nom de : ὑπὲρ πατρὸς λίσσομαι, au nom de ton père, je t'en prie. *b*) *avec l'acc.*, 1° AU-DESSUS DE : ὑπὲρ ἀνθρώπου δύναμιν, au delà des forces humaines. ‖ 2° contre : ὑπὲρ μόρον, malgré le destin.

ὕπερ = **ὑπέρ**, *après son complément.*

ὑπέρα, ας (ἡ), cordage (*de l'antenne*).

ὑπερ-αβέλτερος, ος, ον, par trop niais.

ὑπερ-αγανακτέω-ῶ (*f.* ήσω), s'indigner à l'excès de (*gén. dat.*).

ὑπερ-αγαπάω-ῶ (*f.* ήσω), idolâtrer.

ὑπερ-αγωνιάω-ῶ (*f.* άσω), être inquiet à l'excès (de, *gén.*).

ὑπερ-αής, ής, ές, qui souffle trop fort.

ὑπερ-αίρω (*f.* αρῶ, *etc.*), 1° LEVER AU-DESSUS ‖ 2° SURPASSER ; dépasser, *acc. gén.* ‖ 3° *intr.*, déborder.

ὑπέρ-αισχρος, ος, ον, par trop honteux.

ὑπερ-αισχύνομαι (*f.* αισχυνοῦμαι, *et* αισχυνθήσομαι), être tout honteux; avoir très peur (μή, que).

ὑπερ-αιωρέομαι-οῦμαι (*f.* ηθήσομαι), monter au-dessus de, *gén.*

ὑπερ-ακοντίζω (*f.* ίσω), surpasser, *acc.* (*propt au lancer du javelot*).

ὑπερ-άκριος, ος, ον, placé sur les cimes.

ὑπερ-άκρως, *adv.*, pas trop haut.

ὑπερ-αλγέω-ῶ (*f.* ήσω), souffrir beaucoup (de, *dat.*) *ou* pour (*gén.*).

ὑπερ-αλγής, ής, ές, très douloureux.

ὑπερ-άλλομαι (*f.* αλοῦμαι, *etc.*), bondir par-dessus, *gén.-acc.*

ὑπερ-αν-αίσχυντος, ος, ον, effronté à l'excès.

ὑπερ-αν-ίσταμαι(*et formes act. intr.*), s'élever au-dessus de, *gén.*

ὑπερ-άνω, 1° *adv.*, fort au-dessus. ‖ 2° *prép.*, fort au-dessus de, *gén.*

ὑπερ-απο-θνῄσκω (*f.* θανοῦμαι, *etc.*), mourir pour, *gén.*

ὑπερ-απο-κρίνομαι (*f.* κρινοῦμαι), se faire l'avocat de, *gén.*

ὑπερ-απο-λογέομαι-οῦμαι (*f.* ήσομαι), *même sens.*

ὑπερ-αρρωδέω-ῶ (*f.* ήσω), craindre fort pour, *dat.*

ὑπερ-ασπάζομαι (*f.* άσομαι), fêter tendrement.

ὑπερ-ασπίζω (*f.* ίσω, *att.* ιῶ), protéger (de son bouclier).

ὑπερ-άτοπος, ος, ον, entièrement incohérent.

ὑπερ-αυχέω-ῶ (*f.* ήσω), montrer un orgueil excessif.

ὑπέρ-αυχος, ος, ον, orgueilleux à l'excès.

ὑπερ-άχθομαι (*f.* αχθέσομαι, *etc.*), être très affecté par, *dat.*

ὑπερ-ϐαίνω (*f.* ϐήσομαι, *etc.*), 1° PASSER PAR-DESSUS; dépasser. ‖ 2° surpasser. ‖ 3° négliger; omettre; violer : ὑ. τοὺς νόμους, transgresser les lois.

ὑπερ-ϐαλλόντως, *adv.*, à l'excès.

ὑπερ-ϐάλλω (*f.* ϐαλῶ, *etc.*), 1° jeter (*acc.*) par-dessus. ‖ 2° traverser; franchir. ‖ 3° dépasser; surpasser. ‖ 4° *abs.*, se distinguer : ὑπερϐάλλων, excessif.
— *Moy.*, 1° surpasser : ὑπερϐεϐλημένος, supérieur; extraordinaire. ‖ 2° ajourner.

ὑπερ-ϐασία, ας (ἡ), transgression (*de la loi, du serment*); insolence criminelle.

ὑπερ-ϐατόν, οῦ (τό), inversion (*gram.*).

ὑπερ-ϐατός, ή, όν, 1° traversé; dépassé; renversé. ‖ 2° excessif; sans mesure.

ὑπερ-ϐιάζομαι (*f.* άσομαι), maltraiter sans mesure.

ὑπέρ-ϐιος, ος, ον, 1° extraordinairement

fort. || 2° violent; insolent.

ὑπερ-βολή, ῆς (ἡ), 1° action de passer par-dessus. || 2° cime. || 3° supériorité. || 4° excès; exagération : καθ' ὑπερβολήν, à l'excès.

Ὑπέρ-βολος, ου (ὁ), Hyperbolos.

ὑπερ-βόρεος, ος, ον, hyperboréen.

ὑπερ-βριθής, ής, ές, extrêmement pesant.

ὑπερ-βρύω (*f.* ύσω), foisonner de, *dat.*

ὑπ-εργάζομαι (*f.* εργάσομαι, *etc.*), 1° MANIER EN DESSOUS; fouiller. || 2° agir en dessous *ou* en sous-ordre. || 3° soumettre : ὑπειργασμένος, *pass.*, soumis.

ὑπερ-γέλοιος, ος, ον, complètement ridicule.

ὑπέρ-γηρως, ως, ων, tout à fait vieux.

ὑπερ-δεής, ής, ές, qui est sans crainte.

ὑπερ-δείδω (*f.* δείσω, *etc.*), craindre complètement (pour, *gén.*).

ὑπερ-δειμαίνω, *même sens*

ὑπέρ-δεινος, ος, ον, tout à fait terrible *ou* habile.

ὑπερ-δέξιος, ος, ον, placé au-dessus de; supérieur, *gén.*

ὑπερ-διατείνομαι, donner un grand effort.

ὑπερ-δικέω-ῶ (*f.* ήσω), plaider pour, *gén.*

ὑπέρ-δικος, ος, ον, absolument juste.

Ὑπερείδης, ου (ὁ), Hypéride.

ὑπ-ερείδω (*f.* ερείσω), étayer.

ὑπ-ερείπω (*f.* ερείψω, *etc.*), 1° *tr.*, miner par-dessous. || 2° *intr.*, s'effondrer.

ὑπερ-εκ-θεραπεύω (*f.* σω), flagorner.

ὑπερ-εκ-πίπτω (*f.* πεσοῦμαι, *etc.*), dépasser les bornes (de, *gén.*).

ὑπερ-εκ-πλήττομαι (*f.* πληχθήσομαι), regarder avec une admiration excessive, *acc.*

ὑπερ-εμ-πίπλημι (*f.* πλήσω, *etc.*), emplir à l'excès.

ὑπερ-εμ-φορέομαι-οῦμαι (*f.* φορηθήσομαι), se gorger de, *gén.*

ὑπερ-εν-τυγχάνω (*f.* τεύξομαι, *etc.*), s'entremettre pour, *gén.*

ὑπερ-εξακισ-χίλιοι, αι, α, plus de six mille.

ὑπέρ-εξις, εως (ἡ), surabondance.

ὑπερ-επαινέω-ῶ (*f.* έσω), louer à l'excès.

ὑπερ-επι-θυμέω-ῶ (*f.* ήσω), désirer ardemment.

ὑπ-ερέπτω (*f.* ερέψω), saper par-dessous.

ὑπερ-έρχομαι (*f.* ελεύσομαι, *etc.*), franchir, *acc.*

ὑπερ-εσθίω (*f.* έδομαι, *etc.*), manger excessivement.

ὑπέρ-ευ, *adv.*, parfaitement.

ὑπερ-ευδαιμονέω-ῶ (*f.* ήσω), être trop heureux.

ὑπερ-ευφραίνω (*f.* ευφρανῶ, *etc.*), se réjouir à l'excès.

ὑπερ-εχθαίρω (*f.* εχθαρῶ, *etc.*), détester par-dessus tout.

ὑπερ-έχω (*f.* έξω, *etc.*), 1° TENIR (*acc.*) AU-DESSUS DE (*gén. ou dat.*). ‖ 2° s'élever au-dessus de, *gén.* ‖ 3° l'EMPORTER SUR; vaincre, *acc.*-*gén.* : οἱ ὑπερέχοντες, les gens supérieurs; *pass.* ὑπερέχεσθαι, être surpassé.

ὑπερ-ζέω (*f.* ζέσω), bouillir à l'excès.

ὑπερ-ηδέως, *adv.*, avec grande joie.

ὑπέρ-ηδυς, υς, υ, tout à fait agréable.

ὑπερ-ήδομαι (*f.* ησθήσομαι, *etc.*), se réjouir fort *ou* trop (de, *dat.*).

ὑπερ-ημερία, ας (ἡ), action pour dette impayée au jour dit; retard de débiteur.

ὑπερ-ήμερος, ος, ον, (*débiteur*) en retard.

ὑπερ-ήμισυς, υς, υ, qui est à plus de moitié.

ὑπερ-ηνορέων, έουσα, έον, *gén.* έοντος, *etc.*, orgueilleux (*partic*[t]. *de sa force*).

ὑπερη-φανέω-ῶ (*f.* ήσω), être orgueilleux.

ὑπερη-φανία, ας (ἡ), orgueil.

ὑπερή-φανος, ος, ον, 1° ORGUEILLEUX. ‖ 2° grandiose.

ὑπερη-φάνως, *adv.*, 1° ORGUEILLEUSEMENT. ‖ 2° avec magnificence.

ὑπερ-θαλασσίδιος, ος, ον, d'outre-mer.

ὑπερ-θαυμάζω (*f.* άσομαι), admirer sans mesure.

ὕπερθε(ν), 1° *adv.*, D'EN HAUT; en haut. ‖ 2° *prép.*, au-dessus de, *gén.*

ὑπερ-θέω (*f.* θεύσομαι),

dépasser (*prop. à la course*).

ὑπερ-θνῄσκω (*f.* θανοῦμαι, *etc.*), mourir pour, *gén.*

ὑπερ-θρῴσκω (*f.* θοροῦμαι, *etc.*), bondir pardessus, *acc.-gén.*

ὑπέρ-θυμος, ος, ον, plein de cœur *ou* de courage; impétueux.

ὑπερ-θύριον *ou* **ὑπέρθυρον, ου** (τό), linteau (*d'une porte*).

ὑπερ-ίημι (*f.* ἥσω, *etc.*), lancer plus loin.

ὑπερ-ικταίνομαι, se précipiter.

Ὑπεριονίδης, ου (ὁ), fils d'Hypérion.

ὑπερ-ίπταμαι (*f.* πτήσομαι), voler par-dessus, *acc.*

ὑπερ-ίστωρ, ορος, qui a trop la notion de, *gén.*

ὑπερ-ίσχω, *comme* ὑπερέχω.

Ὑπερίων, ονος (ὁ), Hypérion.

ὑπερ-κάθημαι, être installé au-dessus de, *gén.*; guetter; talonner.

ὑπερ-καλλής, ής, ές, supérieurement beau.

ὑπερ-κατα-βαίνω (*f.* βήσομαι), descendre sur, *acc.*

ὑπερ-κατα-γέλαστος, ος, ον, complètement ridicule.

ὑπέρ-κειμαι (*f.* κείσομαι), 1° être placé au-dessus, *gén.* ‖ 2° être remis à plus tard.

ὑπερ-κολακεύω (*f.* σω), flagorner.

ὑπέρ-κομπος, ος, ον, très vaniteux.

ὑπέρ-κοπος, ος, ον, arrogant.

ὑπέρ-κοτος, ος, ον, exaspéré.

ὑπερ-κτάομαι-ῶμαι (*f.* κτήσομαι), s'attirer en sus (*des maux*).

ὑπερ-κύδας, αντος (ὁ), glorieux entre tous.

ὑπερ-κύπτω (*f.* κύψω), pencher la tête (sur, *gén.*).

ὑπέρ-λαμπρος, ος, ον, très éclatant.

ὑπερ-λυπέομαι (*f.* λυπηθήσομαι), être affligé au plus haut point.

ὑπερ-μαχέω-ῶ (*f.* ήσω), combattre pour, *gén.*

ὑπερ-μάχομαι (*f.* μαχέσομαι, *etc.*), *même sens.*

ὑπερ-μέγας, μεγάλη, μέγα, très *ou* trop grand.

ὑπερ-μεγέθης, ης, ες, *même sens.*

ὑπερ-μεθύσκομαι (*f.* μεθυσθήσομαι, s'enivrer sans mesure.

ὑπερ-μενέων, *gén.* **οντος** (ὁ), *comme le suivant.*

ὑπερ-μενής, ής, ές, 1° puissant entre tous. ‖ 2° arrogant.

ὑπέρ-μετρος, ος, ον, démesuré.

ὑπερ-μήκης, ης, ες, long *ou* haut à l'excès.

ὑπερ-μισέω-ῶ (*f.* ήσω), haïr sans mesure.

ὑπέρ-μορα *ou* **μορον**, *adv.*, en dépit du destin.

ὑπερ-νέφελος, ος, ον, qui est au-dessus des nuages.

ὑπερ-νοέω-νοῶ (*f.* νοήσω), réfléchir sur, *gén.*

ὑπερ-νότιος, ος, ον, tout à fait au Sud.

ὑπερ-ξηραίνω (*f.* ανῶ), dessécher totalement.

ὑπέρ-ογκος, ος, ον, 1° tout gonflé; boursouflé; excessif.

ὑπερ-οικέω-ῶ (*f.* ήσω), habiter au-dessus *ou* au delà, *gén.-acc.*

ὑπέρ-οικος, ος, ον, qui habite au-dessus *ou* au delà, *gén.*

ὕπερον (τό), *comme* ὕπερος.

ὑπερ-οπλία, ας (ἡ), orgueil (*de guerrier*).

ὑπερ-οπλίζομαι (*f.* ίσομαι), mépriser (*en guerrier fort*).

ὑπέρ-οπλος, ος, ον, fier de ses armes; arrogant.

ὑπερ-όπτης, ου (ὁ), individu dédaigneux.

ὑπερ-οπτικός, ή, όν, dédaigneux (de, *gén.*).

ὑπερ-οπτικῶς, *adv.*, avec dédain.

ὑπέρ-οπτα, *adv.*, *même sens.*

ὑπερ-οράω-ῶ (*f.* ὄψομαι, *etc.*), regarder de haut; dédaigner.

ὑπερ-ορίζω (*f.* ίσω), bannir.

ὑπερ-όριος, ος *et* **α, ον**, placé hors des frontières; étranger.

ὕπερος, ου (ὁ), pilon; massue.

ὑπερ-ουράνιος, ος, ον, situé au-dessus du ciel.

ὑπερ-οχή, ῆς (ἡ), 1° SAILLIE PROÉMINENTE. ‖ 2° supériorité; suprématie. ‖ 3° excès.

ὑπέρ-οχος, ος, ον, supérieur.

ὑπερ-οψία, ας (ἡ), hauteur dédaigneuse; mépris.

ὑπερ-παίω (*f.* παίσω).

l'emporter sur, *gén* - *acc.*

ὑπερ-πετής, ής, ές, qui vole au-dessus *ou* au delà.

ὑπερ-πέτομαι, *comme* ὑπερίπταμαι.

ὑπερπηδάω-ῶ (*f.* πηδήσομαι), sauter par-dessus; transgresser.

ὑπέρ-πικρος, ος, ον, très amer.

ὑπερ-πίμπλημι (*f.* πλήσω, *etc.*), remplir au-dessus des bords.

ὑπερ-πίνω (*f.* πίομαι), boire avec excès.

ὑπερ-πίπτω (*f.* πεσοῦμαι), 1° tomber sur. ‖ 2° s'écouler; s'en aller.

ὑπερ-πληρόω-ῶ(*f.*ώσω), remplir outre mesure.

ὑπερ-πλουτέω-ῶ (*f* ήσω), être trop riche.

ὑπέρ-πλουτος, ος, ον, excessivement riche.

ὑπέρ-πολυς, πόλλη, πολυ, extrêmement abondant.

ὑπερ-πονέω-ῶ (*f.* ήσω) *et moy.*, travailler *ou* souffrir à l'excès.

ὑπερ-πόντιος, ος, ον, d'outre-mer.

ὑπερ-πυρριάω-ῶ (*f.* άσω), rougir plus que, *gén.*

ὑπερ-σεμνύνομαι (*f.* οῦμαι), s'enorgueillir trop.

ὑπέρτατος, η, ον, le plus élevé.

ὑπερ-τείνω (*f.* τενῶ,*etc.*), 1° *tr.*, TENDRE (*acc.*) SUR (*gén.*); étendre au delà. ‖ 2° *intr.*, s'étendre au delà; surpasser, *gén.-acc.*

ὑπερ-τελής, ής, ές, qui atteint *ou* s'élève au-dessus, *gén.*

ὑπερ-τέλλω (*f.* τελῶ), s'élever au-dessus (de, *gén.*).

ὑπερτερία, ας (ἡ), partie supérieure du chariot.

ὑπέρτερος, α, ον, placé plus haut; supérieur (*en tous sens*), *gén.* — *Adv.*, ὑπέρτερον, autrement mieux (que, *gén.*).

ὑπερ-τίθημι (*f.* θήσω, *etc.*) *et moy.*, 1° PLACER AU-DESSUS. ‖ 2° remettre aux mains de : ὑ. τὴν πολιτείαν τινί, confier à qq'un le soin des affaires. ‖ 3° franchir; dépasser. ‖ 4° surpasser. ‖ 5° ajourner.

ὑπερ-τιμάω-ῶ (*f.* ήσω), honorer exceptionnellement.

ὑπέρ-τονος, ος, ον, très tendu; très violent.

ὑπερ-τρέχω (*f.* δραμοῦμαι, *etc.*), 1° devancer (*à la course*). || 2° outrepasser ; transgresser.

ὑπερ-τρυφάω-ῶ (*f.* ήσω), être perdu de sensualité.

ὑπ-έρυθρος, ος, ον, légèrement rouge.

ὑπερ-ύψηλος, ος, ον, très élevé.

ὑπερ-φαίνομαι (*f.* φανήσομαι, *etc.*), paraître au-dessus de, *gén.-acc.*

ὑπερ-φαλαγγέω-ῶ (*f.* ήσω), allonger une ligne débordante (*au combat*).

ὑπερ-φέρω (*f.* οἴσω, *etc.*), 1° *tr.*, porter (*acc.*) au-dessus *ou* au delà de (*acc.*) ; transborder. || 2° *intr.*, être au-dessus de ; l'emporter sur, *gén.-acc.*

ὑπέρ-φευ, *adv.*, excessivement.

ὑπερ-φίαλος, ος, ον, 1° arrogant. || 2° qui a trop de force.

ὑπερ-φιάλως, 1° arrogamment. || 2° excessivement.

ὑπερ-φιλέω-ῶ (*f.* ήσω), aimer sans mesure.

ὑπερ-φοβέομαι-οῦμαι (*f.* ήσομαι), craindre extrêmement.

ὑπέρ-φοβος, ος, ον, très peureux.

ὑπερ-φρονέω-ῶ (*f.* ήσω), 1° *tr.*, mépriser, *acc.-gén.* || 2° s'enorgueillir (de, *dat.*).

ὑπέρ-φρων, ων, ον *gén.* ονος, 1° orgueilleux. || 2° fier (*au bon sens*).

ὑπερ-φυής, ής, ές, extraordinaire (*en bien ou en mal*).

ὑπερ-φύομαι (*f.* φύσομαι, *aor.* 2 ἔφυν, *pf.* πέφυκα), 1° croître sur. || 2° surpasser, *acc.-gén.*

ὑπερ-φυῶς, *adv.*, extraordinairement.

ὑπερ-χαίρω (*f.* χαιρήσω, *etc.*), se réjouir infiniment, *dat.*

ὑπερ-χέω (*f.* χέω, *etc.*), verser par dessus.

ὑπ-έρχομαι (*f.* ελεύσομαι, *etc.*), 1° ALLER SOUS ; entrer dans, *acc.* || 2° s'insinuer près de, *acc.* : λάθρᾳ μ' ὑπῆλθες, tu m'as trompé en cachette. || 3° ambitionner ; capter : ὑπέρχεσθαι τὴν φιλίαν πάντων, chercher à gagner l'amitié de tous. || 4° s'avancer avec précaution.

ὑπέρ-χρεως, ως, ων, criblé de dettes.

ὑπέρ-ψυχρος, ος, ον, extrêmement froid.

ὑπερ-ῴα, ας (ἡ), palais (*de la bouche*).

ὑπ-ερωέω-ῶ (*f.* ήσω), reculer.

ὑπερωϊό-θεν, *adv.*, de l'étage supérieur de la maison.

ὑπερ-ώϊον, *et* **ὑπερ-ῷον ου** (τό), étage supérieur.

ὑπ-ερωτάω-ῶ (*f.* ήσω), interroger de biais.

ὑπ-εύθυνος, ος, ον, 1° qui doit rendre des comptes : ὑ... ἀρχή, magistrature responsable. ‖ 2° sous la dépendance *ou* la menace de, *dat.-gén.*

ὑπ-έχω (*f.* ὑφ-έξω, *aor.* 2 ὑπέσχον), 1° METTRE SOUS. ‖ 2° prétexter. ‖ 3° présenter : ὑ... χεῖρα, offrir la main. ‖ 4° supporter : ὑ... δίκην, subir un châtiment ; ὑ... λόγον, rendre compte.

ὑπ-ήκοος, ος, ον, QUI ÉCOUTE ; docile ; soumis : οἱ ὑπήκοοι, les sujets.

ὑπ-ημύω, courber la tête.

ὑπ-ηνέμιος, ος, ον, plein de vent ; vide.

ὑπ-ήνεμος, ος, ον, abrité du vent.

ὑπήνη, ης (ἡ), barbe.

ὑπηνήτης, ου (ὁ), barbu.

ὑπ-ηοῖος, α, ον, du matin.

ὑπ-ηρεσία, ας (ἡ), 1° SERVICE (*des serviteurs*) ; emploi. ‖ 2° aide ; assistance. ‖ 3° serviteurs ; ouvriers. ‖ 4° équipage (*rameurs, matelots*).

ὑπ-ηρέσιον, ου (τό), housse (*des bancs de rameurs*).

ὑπ-ηρετέω-ῶ (*f.* ήσω), 1° servir ; être serviteur. ‖ 2° aider ; assister, *dat.* ‖ 3° être soumis *ou* obéissant à. ‖ 4° être rameur.

ὑπ-ηρέτημα, ατος (τό), service ; aide.

ὑπ-ηρέτης, ου (ὁ), 1° SERVITEUR ; aide ; adjoint. ‖ 2° homme d'équipage.

ὑπ-ηρέτησις, εως (ἡ), état de serviteur.

ὑπ-ηρετικός, ή, όν, 1° relatif *ou* apte au service. ‖ 2° de soldat ; mercenaire.

ὑπ-ηρέτις, ιδος (ἡ), servante.

ὑπ-ηχέω-ῶ (*f.* ήσω), résonner en dessous, en accompagnement, *dat.*

ὑπ-ίλλω (*aor.* ὕπῖλα), replier en dessous; fermer.

ὑπ-ισχνέομαι-οῦμαι (*f.* ὑποσχήσομαι, *aor.* 2 ὑπεσχόμην, *pf.* ὑπέσχημαι), 1° PROMETTRE. || 2° affirmer; professer.

ὑπ-ίσχομαι, *comme le precédent.*

ὕπνος, ου (ὁ), sommeil. — *N. pr.*, le Sommeil.

ὑπνόω-ῶ (*f.* ώσω), 1° *tr.*, endormir. || 2° *intr.*, dormir.

ὑπν-ώδης, ης, ες, endormi; somnolent.

ὑπνώσσω, *att.* **ττω**, somnoler.

ὑπνώω, *comme* ὑπνόω.

ὑπό, I. *adv.*, en dessous. — II. *prép.*, *a*) *gén.*, 1° sous. || 2° sous l'empire de; au pouvoir de. || 3° PAR; par la main de; par l'effet de : φιλεῖσθαι ὑπ' αὐτοῦ, être aimé par lui; θανεῖν ὑπὸ πολεμίου, mourir sous les coups d'un ennemi; γελᾶν ὑφ' ἡδονῆς, rire de plaisir. || 4° avec accompagnement de : ὑπὸ σάλπιγγος, au son de la trompette. — *b*) *dat.*, 1° sous. || 2° sous la dépendance de : ὑφ' ἑαυτῷ ποιεῖσθαι, mettre en son pouvoir. 3° avec accompagnement de : ὑπ' αὐλῷ, au son de la flûte. || 4° par : ὑπὸ δουρὶ δαμείς, dompté par la lance. — *c*) *acc.*, 1° sous; du côté de; au pied de. || 2° sous l'empire de : οἱ ὑπ' αὐτόν, ses sujets. || 3° du temps de; vers l'heure de : ὑπὸ νύκτα, à la tombée de la nuit. || 4° avec accompagnement de : ὑπὸ βάρβιτον, au son de la lyre. || 5° dans la mesure de : ὑπό τι, jusqu'à un certain point.

ὕπο, *pour* ὑπό, *après son complément.*

ὑπό-βαθρον, ου (τό), escabeau; support.

ὑπο-βαίνω (*f.* βήσομαι, *etc.*), descendre.

ὑπο-βάλλω (*f.* βαλῶ. *etc.*), 1° JETER SOUS. || 2° abandonner; livrer. || 3° asservir. || 4° suggérer; dicter; inspirer. || 5° riposter.

— *Moy.*, 1° placer sous soi. ‖ 2° s'approprier. 3° commencer. ‖ 4° substituer; présenter faussement.

ὑπο-βαρβαρίζω (*f.* ίσω), sentir le barbare.

ὑπο-βλέπω (*f.* βλέψομαι) *et moy.*, regarder en dessous (*de travers*).

ὑπο-βλήδην, *adv.*, en réplique.

ὑπό-βλητος, ος, ον, supposé; faux.

ὑπο-βολή, ῆς (ἡ), 1° ACTION DE METTRE EN DESSOUS; fondement; fond (*d'une œuvre*). ‖ 2° suggestion; instigation. ‖ 3° substitution.

ὑπο-βολιμαῖος, α, ον, substitué; supposé (*un enfant*).

ὑπο-βρέχομαι (*f.* βρεχθήσομαι), être un peu en état d'ébriété.

ὑπό-βρυχα, *adv.*, sous l'eau.

ὑπο-βρύχιος, α, ον, enfoncé (*dans l'eau*).

ὑπό-γαιος, *et* **ὑπό-γειος, ος, ον,** souterrain.

ὑπο-γενειάζω (*f.* άσω), caresser le menton.

ὑπο-γίγνομαι (*f.* γενήσομαι, *etc.*), naître ensuite.

ὑπο-γλυκαίνω (*f.* ανῶ), amadouer.

ὑπό-γραμμα, ατος (τό), inscription (*sur un socle*).

ὑπο-γραμματεύς, έως (ὁ), sous-greffier.

ὑπο-γραμματεύω (*f.* σω), être sous-greffier.

ὑπο-γραφή, ῆς (ἡ), 1° inscription; signature. ‖ 2° ébauche. ‖ 3° peinture des yeux (*fard*).

ὑπο-γράφω (*f.* γράψω, *etc.*) *et moy.*, 1° SOUSCRIRE; signer. ‖ 2° tracer un modèle; proposer. ‖ 3° esquisser. ‖ 4° farder. ‖ 5° écrire sous la dictée.

ὑπό-γυ(ι)ος, ος, ον, 1° placé sous la main; prêt. ‖ 2° tout proche *ou* tout récent. ‖ 3° subit : ἐξ ὑπογύου, immédiatement.

ὑπο-δάμναμαι (*aor.* εδμήθην), être dompté.

ὑπο-δεέστερος, α, ον, inférieur (ὰ, *gén.*).

ὑπό-δειγμα, ατος (τό), 1° signe. ‖ 2° modèle.

ὑπο-δείδω (*f.* δείσω), craindre intérieurement *ou* un peu.

ὑπο-δείκνυμι (*f.* ξω), *et* **ὑπο-δεικνύω**, 1° MON-

TRER. || 2° proposer (*en modèle*) ; enseigner.
ὑπο-δειλιάω-ῶ (*f.* άσω), avoir un peu peur.
ὑπο-δειμαίνω, craindre un peu.
ὑπο-δέμω (*f.* δεμῶ), poser comme fondement.
ὑπο-δεξίη, ης (ἡ), accueil.
ὑπο-δέξιος, ος, ον, vaste pour réception.
ὑπό-δεσις, εως (ἡ), 1° action d'attacher. || 2° chaussure.
ὑπο-δέχομαι (*f.* δέξομαι, *etc.*), 1° ACCUEILLIR COMME HÔTE; recueillir : ὁ ὑποδεξάμενος, l'hôte (*celui qui reçoit*). || 2° approuver; agréer : οὐχ ὑ... refuser; nier. || 3° entreprendre : μεγάλα ὑ..., avoir de grands projets. || 4° supporter; soutenir; attendre (*un ennemi*). || 5° continuer; venir à la suite de. || 6° PROMETTRE.
ὑπο-δέω-ῶ (*f.* δήσω), attacher en dessous. — *Moy.*, se chausser : ὑποδεδεμένος, chaussé.
ὑπο-δήλωσις, εως (ἡ), allusion.
ὑπό-δημα, ατος (τό), semelle; chaussure.
ὑπο-διδάσκαλος, ου (ὁ), sous-maître.
ὑπο-δίδωμι (*f.* δώσω), *etc.*), décliner; s'affaisser.
ὑπό-δικος, ος, ον, responsable; accusé (de, *gén.*).
ὑπο-δίφθερος, ος, ον, couvert de peaux.
ὑπο-δμώς, ῶος (ὁ), serviteur.
ὑπο-δοχεῖον, ου (τό), hôtellerie.
ὑπο-δοχή, ῆς (ἡ), 1° ACCUEIL. || 2° action de soutenir (*un choc*). || 3° appui; sympathie. || 4° réceptacle. || 5° attente : εἰς ὑποδοχήν, *gén.*, dans l'attente de.
ὑπό-δρα, *adv.*, en dessous; de travers.
ὑπο-δράω-ῶ (*f.* άσω), être au service de, *dat.*
ὑπο-δρηστήρ, ῆρος (ὁ), serviteur.
ὑπο-δύνω, 1° endosser par-dessous. || 2° s'engager dans.
ὑπο-δύομαι (*f.* δύσομαι, *aor.* 2 ἔδυν *et pf.* δέδυκα), *acc.*, 1° s'enfoncer, entrer, se glisser dans : ὑ... τὴν χάριν, s'insinuer dans la faveur. || 2° revêtir. || 3° prendre

le rôle de. ‖ 4° s'exposer à; se charger de (πόνον, d'un travail).

ὑπο-ζάκορος, ου (ὁ, ἡ), prêtre(sse) subalterne.

ὑπο-ζεύγνυμι (*f.* ζεύξω, *etc.*), 1° atteler sous le joug. ‖ 2° subjuguer; assujettir.

ὑπο-ζύγιον, ου (τό), bête de somme.

ὑπο-ζύγιος, ος, ον, attelé sous le joug.

ὑπό-ζωμα, ατος (τό), blindage d'un navire.

ὑπο-ζώννυμι (*f.* ζώσω), *etc.*, ceindre. — *Moy.*, se ceindre de, *acc.*

ὑπο-θάλπω (*f.* ψω), échauffer un peu.

ὑπο-θερμαίνω (*f.* ανῶ), *même sens.*

ὑπό-θερμος, ος, ον, un peu chaud; un peu passionné.

ὑπό-θεσις, εως (ἡ), 1° FONDEMENT; principe : τοῦ βίου ὑπόθεσις, principe de vie. ‖ 2° sujet; fond : ἐπὶ τὴν τοῦ λόγου ὑπόθεσιν ἐπανελθεῖν, revenir à l'idée première du discours. ‖ 3° hypothèse. ‖ 4° avis. ‖ 5° projet.

ὑπο-θετικός, ή, όν, hypothétique.

ὑπο-θήκη, ης (ἡ), 1° BASE; principe. ‖ 2° conseil. ‖ 3° gage.

ὑπο-θημοσύνη, ης (ἡ), leçon; suggestion.

ὑπο-θλίβω (*f.* ψω), serrer doucement.

ὑπο-θορυβέω-ῶ (*f.* ήσω), faire un peu de bruit.

ὑπο-θυμιάω-ῶ (*f.* άσω), parfumer en brûlant.

ὑπο-θωπεύω (*f.* σω), cajoler.

ὑπο-θωρήσσομαι, s'armer en cachette.

ὑπ-οικο-δομέω-ῶ (*f.* ήσω), étayer.

ὑπο-κάθημαι, 1° s'arrêter; s'embusquer. ‖ 2° guetter, *acc.*

ὑπο-καθ-ίζομαι (*f.* ιοῦμαι), être en embuscade.

ὑπο-καίω (*f.* καύσω), allumer par-dessous.

ὑπο-κάμπτω (*f.* ψω), faire des détours.

ὑπο-κατα-βαίνω (*f.* βήσομαι, *etc.*), descendre peu à peu *ou* en cachette.

ὑπο-κατα-γελάω-ῶ (*f.* άσομαι), se moquer en dessous (de, *gén.*).

ὑπο-κατα-κλίνομαι (*f.* κλιθήσομαι), 1° se coucher sous, *dat.* ‖ 2° s'accommoder; céder à.

ὑπο-κάτω, 1° *adv.*, en

dessous.‖2° *prép.*, au-dessous de, *gén.*

ὑπο-κάτω-θεν, *dv.*, de dessous.

ὑπό-κειμαι (*f.* κείσομαι), *dat.*,1° ÊTRE COUCHÉ *ou* SITUÉ dessous. ‖ 2° être prosterné devant, soumis à. ‖ 3° servir de fond *ou* de principe.‖4° être l'objet de l'étude; être actuel : τὸ ὑποκείμενον, le sujet proposé; τὰ ὑποκείμενα, les circonstances actuelles. ‖ 5° être proposé, réservé, convenu : ὑπόκειται ἡμῖν παθεῖν, nous sommes destinés à souffrir. ‖ 6° être mis en gage.

ὑπο-κελεύω (*f.* σω), donner le rythme (*aux rameurs*).

ὑπο-κηρύσσομαι, *att.* **ττομαι** (*f.* ξομαι), faire crier (*par le crieur ou le héraut*).

ὑπο-κίνδυνος, ος, ον, assez dangereux.

ὑπο-κινέω-ῶ (*f.* ήσω), 1° *tr.*, mouvoir par-dessous *ou* un peu.‖2° *intr.*, se mouvoir; se troubler.

ὑπο-κλαίω (*f.* κλαύσομαι), pleurer en silence.

ὑπο-κλέπτω (*f.* ψω), dérober; voler.

ὑπο-κλίνομαι (*aor.* εκλίθην), se coucher sous, *dat.*; s'incliner.

ὑπο-κλονέομαι - οῦμαι, être mis en déroute (par, *dat.*).

ὑπο-κλοπέω-ῶ, *comme* ὑποκλέπτω.

ὑπο-κλύζω (*f.* σω), inonder.

ὑπο-κνίζω (*f.* ίσω), piquer un peu.

ὑπο-κορίζομαι (*f.* ίσομαι), 1° appeler par des noms gentils. ‖ 2° atténuer. ‖ 3° ravaler; dénigrer.

ὑπο-κόρισμα, ατος (τό), petit nom affectueux.

ὑπό-κουφος, ος, ον, un peu léger.

ὑπο-κρατηρίδιον, ου (τό), dessous de cratère.

ὑπο-κρίνομαι (*f.* κρινοῦμαι, *aor.* εκρινάμην *et* εκρίθην), 1° RÉPONDRE.‖ 2° jouer (*sur la scène*); déclamer : ὑ. τὰ πρῶτα, tenir les premiers rôles au théâtre.‖2° feindre; simuler.

ὑπό-κρισις, εως (ἡ), 1° RÉPONSE. ‖ 2° rôle (*sur la scène*); débit. ‖ 3° hypocrisie.

ὑπο-κριτής, οῦ (ὁ), 1°

celui qui répond, qui explique. ‖ 2° ACTEUR.

ὑπο-κριτικός, ή, όν, qui concerne l'acteur *ou* l'action.

ὑπο-κρούω (*f.* σω), 1° heurter un peu. ‖ 2° interrompre. ‖ 3° répliquer.

ὑπο-κρύπτω (*f.* ψω), cacher (*acc.*) sous (*dat.*). — *Moy.*, cacher ce qu'on a.

ὑπο-κρώζω (*f.* ξω), croasser contre.

ὑπό-κυκλος, ος, ον, garni de roues en dessous.

ὑπο-κύομαι (*f.* κύσομαι), être mère.

ὑπό-κωφος, ος, ον, un peu sourd.

ὑπο-λαμβάνω (*f.* λήψομαι, *etc.*), *acc.*, 1° PRENDRE PAR-DESSOUS ; soutenir. ‖ 2° accueillir; recevoir : ὑ. τοὺς πτωχούς, prendre les mendiants sous sa protection. ‖ 3° attirer; surprendre; dérober. ‖ 4° succéder; suivre. ‖ 5° répliquer : ἔφη ὑπολαβών, il dit, en interrompant. ‖ 6° comprendre; croire; supposer : ὑ. τῇ διανοίᾳ, concevoir en sa pensée. ‖ 7° suspecter.

ὑπο-λάμπω (*f.* λάμψω), briller au-dessous *ou* légèrement.

ὑπο-λέγω, 1° ajouter à ses paroles. ‖ 2° indiquer; dicter.

ὑπο-λείβω (*f.* λείψω), verser comme libation.

ὑπο-λείπω (*f.* λείψω, *etc.*), 1° LAISSER DERRIÈRE : ὑ. οὐδὲν τοῖς παισί, ne rien léguer à ses enfants. ‖ 2° manquer; faire défaut à, *acc.* : ὑπολίποι ἂν ἡμᾶς ὁ χρόνος, le temps nous manquerait.

— *Pass.* (*avec f. moy.* ὑπολείψομαι), 1° être laissé derrière : τὸ ὑπολειπόμενον, l'arrière-garde. ‖ 2° être privé de *ou* être au-dessous de, *gén.*

— *Moy.*, laisser de côté pour soi, *acc.*

ὑπο-λευκαίνομαι, *pass.*, prendre une teinte blanchâtre.

ὑπό-λημμα, ατος (τό), pensée; conception.

ὑπο-ληπτικῶς, *adv.*, en pensée.

ὑπο-ληπτός, ή, όν, intelligible.

ὑπό-ληψις, εως (ἡ), 1° réponse. ‖ 2° idée; conception; opinion.

ὑπ-ολίζων, ων, ον, *gén.* ονος, un peu plus petit.

ὑπό-λιθος, ος, ον, au fond rocailleux.

ὑπο-λιμπάνω, *comme* ὑπολείπω.

ὑπό-λισφος, ος, ον, un peu maigre.

ὑπό-λιχνος, ος, ον, plutôt gourmand.

ὑπο-λογίζομαι (*f.* ίσομαι, *att.* ιοῦμαι), 1° compter ; déduire dans le compte. ‖ 2° tenir compte de, *acc.*

1. **ὑπό-λογος, ου** (ὁ), compte : ποιεῖσθαί τι ἐν ὑπολόγῳ, prendre une chose en considération.

2. **ὑπό-λογος, ος, ον,** mis au compte de, *dat.*

ὑπό-λοιπος, ος, ον, qui reste *ou* survit.

ὑπο-λοχαγός, οῦ (ὁ), lieutenant.

ὑπο-λύω (*f.* σω), 1° délier; dételer; dénouer. ‖ 2° énerver; briser. — *Moy.*, délier pour soi; déposer; (se) déchausser.

ὑπό-μακρος, ος, ον, un peu long.

ὑπο-μαλακίζομαι (*f.* ισθήσομαι), s'amollir un peu.

ὑπό-μαργος, ος, ον, un peu enragé.

ὑπο-μείων, ων, ον, *gén.* ονος, de classe inférieure.

ὑπο-μενετικός, ή, όν, patient.

ὑπο-μένω (*f.* μενῶ, *etc.*), 1° *intr.*, RESTER EN ARRIÈRE ; demeurer ; tenir ferme. ‖ 2° *tr.*, soutenir ; endurer ; attendre; *avec inf. ou part.*, supporter de.

ὑπο-μίγνυμι (*f.* μίξω), 1° mélanger, *acc.* ‖ 2° venir secrètement près de, *dat.*

ὑπο-μιμνῄσκω (*f.* μνήσω, *etc.*), faire ressouvenir : τινά τι *ou* τινος ; rappeler le souvenir de. — *Moy.-pass.*, se souvenir de, *acc.-gén.*

ὑπό-μισθος, ος, ον, salarié ; mercenaire.

ὑπο-μνάομαι-ῶμαι, courtiser secrètement.

ὑπό-μνημα, ατος (τό), 1° CE QUI RAPPELLE LE SOUVENIR ; monument ; rappel. ‖ 2° *au pl.*, notes ; mémoires (*histoire*).

ὑπο-μνηματισμός, οῦ

(ὁ), notes; commentaires.

ὑπό-μνησις, εως (ἡ), rappel (*de souvenirs*).

ὑπ-όμνυμαι (*f.* ομοῦμαι, *etc.*), demander sous serment un sursis (pour qq'un, *acc.*).

ὑπο-μονή, ῆς (ἡ), force *ou* durée de résistance; patience.

ὑπό-μωρος, ος, ον, un peu stupide.

ὑπο-νίφει, il neige un peu : ὑπονιφόμενος, un peu neigeux.

ὑπο-νοέω-ῶ (*f.* νοήσω), supposer; soupçonner.

ὑπό-νοια, ας (ἡ), 1° supposition; soupçon. ‖ 2° sens voilé; allégorie.

ὑπο-νομηδόν, *adv.*, en procédant par mine souterraine.

ὑπό-νομος, ου (ὁ), mine *ou* canal sous terre.

ὑπο-νοσέω-ῶ (*f.* ήσω), être un peu souffrant.

ὑπο-νοστέω-ῶ (*f.* ήσω), 1° s'en retourner. ‖ 2° décroître.

ὑπο-νυστάζω (*f.* άσω *et* άξω), somnoler.

ὑπο-ξενίζω (*f.* ίσω), avoir la mine d'un étranger.

ὑπο-πάσσω (*f.* πάσω), verser en dessous.

ὑπο-πεινάω-ῶ (*f.* ήσω), avoir un peu faim.

ὑπο-πέμπτος, ος, ον, envoyé secrètement.

ὑπο-πέμπω (*f.* ψω), envoyer secrètement.

ὑπο-πεπτηῶτες, *nom. m. pl. du part. pf.* 2 *de* ὑποπτήσσω.

ὑπο-περκάζω (*f.* άσω), prendre une teinte noire.

ὑπο-πετάννυμι (*f.* πετάσω, *etc.*), étendre par-dessous.

ὑπό-πετρος, ος, ον, au fond rocailleux.

ὑπο-πιέζω (*f.* έσω), presser légèrement.

ὑπο-πιθηκίζω (*f.* ίσω), faire le singe.

ὑπο-πίμπλημι (*f.* πλήσω, *etc.*), remplir.

ὑπο-πίμπρημι (*f.* πρήσω, *etc.*), enflammer par-dessous *ou* peu à peu.

ὑπο-πίνω (*f.* πίομαι *etc.*), boire sec.

ὑπο-πίπτω (*f.* πεσοῦμαι, *etc.*), 1° TOMBER SOUS *ou* DEVANT, *dat.* : ὑποπεπτωκώς, situé sous. ‖ 2° tomber sous la dépendance de; succomber. ‖ 3° flatter. ‖ 4° arriver; se rencontrer : τὰ ὑποπίπτοντα, les circonstances.

Ὑπο-πλάκιος, α, ον, au pied du Placos (*montagne de Mysie*).

ὑπό-πλεος, ος, ον, *et* **-πλεως, ως, ων,** presque plein (de, *gén.*).

ὑπο-πλέω (*f.* πλεύσομαι), naviguer à côté.

ὑπο-πνέω (*f.* πνεύσομαι), souffler un peu.

ὑπο-πόδιον, ου (τό), tabouret.

ὑπο-ποιέω-ῶ (*f.* ήσω), 1° soumettre. ‖ 2° susciter peu à peu; suggérer. — *Moy.*, 1° gagner; séduire. ‖ 2° imiter.

ὑπο-πρίω (*f.* ίσω), grincer (*des dents*).

ὑπό-πτερος, ος, ον, ailé.

ὑπ-οπτεύω (*f.* σω), 1° SOUPÇONNER. ‖ 2° supposer.

ὑπ-όπτης, ου (ὁ), soupçonneux.

ὑπο-πτήσσω (*f.* ξω), se cacher de frayeur; trembler devant, *gén.* ou *acc.*

ὕπ-οπτος, ος, ον, 1° soupçonné; suspect. ‖ 2° soupçonneux : τὸ ὕποπτον, le soupçon.

ὑπ-όπτως, *adv.*, de manière suspecte *ou* défiante.

ὑπ-όρνυμι (*f.* όρσω), exciter. — *Moy. et pf.* όρωρα, s'élancer; monter; naître.

ὑπο-ρράπτω (*f.* ράψω), coudre astucieusement.

ὑπο-ρρέω (*f.* ρρυήσομαι, *etc.*), couler sous *ou* peu à peu; s'insinuer dans. ‖ 2° s'écouler; s'écrouler.

ὑπο-ρρήγνυμι (*f.* ρρήξω), déchirer; fendre en profondeur.

ὑπό-ρρηνος, ος, ον, qui allaite un agneau.

ὑπ-ορύσσω, *att.* **ττω** (*f.* ύξω), miner; saper.

ὑπ-ορχέομαι-οῦμαι (*f.* ήσομαι), danser avec accompagnement de musique.

ὑπ-όρχημα, ατος (τό), danse accompagnée de musique.

ὑπό-σαθρος, ος, ον, un peu pourri.

ὑπο-σείω (*f.* σω), secouer; mouvoir d'en bas.

ὑπο-σημαίνω (*f.* ανῶ), 1° DONNER LE SIGNAL. ‖ 2° donner à entendre; insinuer.

ὑπο-σιγάω-ῶ (*f.* ήσω), garder le silence (*en réponse*).

ὑπο-σιωπάω-ῶ (*f.* ήσω), passer sous silence.

ὑπο-σκελίζω (*f.* ίσω), 1° culbuter. ‖ 2° tromper.
ὑπό-σκιος, ος, ον, ombragé.
ὑπο-σπανίζομαι (*f.* ίσομαι), manquer un peu de, *gén.*
ὑπο-σπάω-ῶ (*f.* άσω), tirer par-dessous.
ὑπο-σπείρω (*f.* σπερῶ), répandre en dessous.
ὑπό-σπονδος, ος, ον, agissant *ou* pratiqué d'après une convention.
ὑπο-στάθμη, ης (ἡ) sédiment.
ὑπό-στασις, εως (ἡ), 1° sédiment; dépôt. ‖ 2° fondement. ‖ 3° principe; sujet (*d'un traité*). ‖ 4° projet. ‖ 5° sang-froid.
ὑπο-σταχύομαι, se multiplier (*comme des épis*).
ὑπό-στεγος, ος, ον, abrité sous un toit.
ὑπο-στέλλω (*f.* στελῶ, *etc.*). 1° *tr.*, RAMENER EN ARRIÈRE; resserrer; carguer. ‖ 2° *intr.*, se retirer.
Moy. —1° reculer devant, *acc.* ‖ 2° cacher : οὐδὲν ὑποστειλάμενος, sans rien dissimuler.
ὑπο-στενάζω (*f.* άξω), gémir intérieurement.
ὑπο-στεναχίζω (*f.* ίσω) *et* **ὑπο-στένω** (*f.* στενῶ), *même sens.*
ὑπο-στολή, ῆς (ἡ), diminution; réduction.
ὑπο-στόρνυμι, étendre par-dessous.
ὑπο-στρατηγέω-ῶ (*f.* ήσω), commander en second, *dat.*
ὑπο-στράτηγος, ου (ὁ), lieutenant.
ὑπο-στρέφω (*f.* στρέψω), 1° *tr.*, FAIRE RETOURNER; faire reculer. ‖ 2° *intr.*, se retourner; reculer. — *Moy. pass.*, retourner en arrière; revenir.
ὑπο-στροφή, ῆς (ἡ), recul; retraite.
ὑπό-στρωμα, ατος (τό), tapis.
ὑπο-στρώννυμι (*f.* στρώσω), étendre dessous.
ὑπο-συρίζω (*f.* ίξω), siffler doucement.
ὑπο-σύρω (*f.* συρῶ), tirer en bas.
ὑπο-σχεσίη, ης (ἡ) *comme le suivant.*
ὑπό-σχεσις, εως (ἡ), promesse : ὑπόσχεσιν ψεύδεσθαι, manquer à sa parole.
ὑπο-σχόμενος, *part. aor.* 2 *de* ὑπισχνέομαι.
ὑπο-ταγή, ῆς (ἡ), sou-

mission ; obéissance.

ὑπο-ταράσσω, *att.* **ττω** (*f.* ξω), troubler un peu.

ὑπο-ταρβέω-ῶ (*f.* ήσω), s'alarmer un peu de, *acc.*

ὑπο-ταρτάριος, ος, ον, qui est au fond du Tartare.

ὑπο-τάσσω, *att.* **ττω** (*f.* ξω), 1° RANGER SOUS *ou* derrière. ‖ 2° subordonner ; soumettre : οἱ ὑποτεταγμένοι, les sujets.

ὑπο-τείνω (*f.* τενῶ, *etc.*), 1° TENDRE DESSOUS. ‖ 2° offrir ; suggérer ; promettre : ὑ. ἐλπίδας δήμῳ, faire miroiter des espérances aux yeux du peuple. ‖ 3° *intr.*, s'étendre sous.

ὑπο-τειχίζω (*f.* ίσω), élever un mur en contrebas.

ὑπο-τείχισις, εως (ἡ), action de construire un mur de soutien.

ὑπο-τείχισμα, ατος (τό), mur de soutien.

ὑπο-τελέω-ῶ (*f.* έσω), payer ; payer tribut.

ὑπο-τελής, ής, ές, tributaire ; redevable (de, *gén.*).

ὑπο-τέμνω (*f.* τεμῶ, *etc.*), *et moy.*, 1° COUPER EN DESSOUS. ‖ 2° intercepter : ὑποτέμνεσθαι πολεμίους, couper la route aux ennemis.

ὑπο-τίθημι (*f.* θήσω, *etc.*) *et moy.*, 1° PLACER (*acc.*) SOUS (*dat.*) ; soumettre. ‖ 2° fonder. ‖ 3° poser en principe. ‖ 4° suggérer ; conseiller : ὑπετίθει ἐλπίδας αὐτῷ, il lui donnait des espérances. ‖ 5° mettre en gage ; hypothéquer.

Moy., sens particuliers : 1° PLACER SOUS SOI. ‖ 2° se proposer (*un sujet*) : ὑποθέμενος ἐρεῖν, s'étant proposé de parler. ‖ 3° imaginer : ὑποθέσθαι τι ἐν νῷ, se mettre dans l'esprit qq. chose.

ὑπο-τιμάομαι-ῶμαι (*f.* ήσομαι), 1° évaluer. ‖ 2° s'excuser.

ὑπο-τονθορύζω (*f.* ύσω), murmurer en dessous.

ὑπο-τοπεύω (*f.* σω), soupçonner.

ὑπο-τοπέω-ῶ (*f.* ήσω), *et moy.*, *même sens.*

ὑπο-τρέμω, trembler un peu.

ὑπο-τρέφω (*f.* θρέψω), nourrir en secret. —

Moy., nourrir en soi-même.

ὑπο-τρέχω (*f.* θρέξομαι *et* δραμοῦμαι, *etc.*), *acc. dat. ou prép.*, 1° COURIR SOUS *ou* LE LONG DE. ‖ 2° se glisser dans ; τὸν βασιλέα ὑποτρέχει, il s'insinue dans la faveur du roi. ‖ 3° courir après : λῃστάς ὑποδραμεῖν, poursuivre en courant les voleurs.

ὑπο-τρέω (*f.* τρέσω), 1° *intr.*, trembler un peu. ‖ 2° *tr.*, redouter un peu.

ὑπο-τρίβω (*f.* ψω), user en frottant par-dessous.

ὑπο-τρομέω-ῶ (*f.* ήσω), *comme* ὑποτρέω.

ὑπό-τρομος, ος, ον, un peu tremblant.

ὑπό-τροπος, ος, ον, qui est revenu.

ὑπο-τρώγω (*f.* τρώξομαι, *etc.*), manger en cachette.

ὑπο-τυπόω-ῶ (*f.* ώσω), ébaucher.

ὑπο-τύπτω (τύψω), 1° frapper par-dessous. ‖ 2° *intr.*, plonger.

ὑπο-τύπωσις, εως (ἡ), ébauche.

ὑπο-τύφω (*f.* θύψω), enfumer.

ὕπ-ουλος, ος, ον, 1° cicatrisé superficiellement ; qui n'a que l'apparence de la santé. ‖ 2° trompeur : κάλλος κακῶν ὕπουλον, beauté apparente qui cache des misères.

ὑπ-ουράνιος, ος, ον, placé sous le ciel.

ὑπ-ουργέω-ῶ (*f.* ήσω), aider ; assister, *dat.* : τὰ ὑπουργημένα, les services rendus.

ὑπ-ούργημα, ατος (τό), service ; aide.

ὑπ-ουργία, ας (ἡ), 1° aide. ‖ 2° complaisance servile.

ὑπ-ουργός, ός, όν, qui rend service.

ὑπο-φαίνω (*f.* φανῶ), *etc.*), 1° montrer par-dessous *ou* un peu ; tirer de dessous. ‖ 2° se montrer un peu : ἕως ὑπέφαινε, l'aube commençait à poindre.

ὑπό-φαυσις, εως (ἡ), fenêtre.

ὑπο-φείδομαι (*f.* φείσομαι), ménager ; s'abstenir un peu de, *gén.*

ὑπο-φέρω (*f.* ὑποίσω, *etc.*), 1° PORTER SOUS ; porter ; supporter : κινδύνους ὑ..., affronter des dangers. ‖ 2° emporter. ‖ 3° mettre

en avant; suggérer; alléguer : ὑ. σπονδάς, offrir une trêve.
— *Passif*, 1° *sens de l'actif.* ‖ 2° choir; dégénérer : πόλις ὑποφερομένη, cité en décadence.
ὑπο-φεύγω (*f.* φεύξομαι, *etc.*), 1° s'enfuir. ‖ 2° fuir, *acc.*
ὑπο-φητεύω (*f.* εύσω), interpréter les volontés divines.
ὑπο-φήτης, ου (ὁ), interprète des dieux.
ὑπο-φθάνω (*f.* φθήσομαι, *etc.*) *et moy.*, devancer.
ὑπο-φθέγγομαι (*f.* φθέγξομαι), parler tout bas.
ὑπο-φθονέω-ῶ (*f.* ήσω), être un peu jaloux (de, *dat.*).
ὑπο-φθόνως, *adv.*, avec quelque jalousie.
ὑπο-φλέγω (*f.* φλέξω), brûler par-dessous.
ὑπο-φορά, ᾶς (ἡ), prétexte.
ὑπο-φρίσσω, *att.* **ττω** (*f.* ξω), frissonner un peu.
ὑπο-χάζομαι, se retirer devant, *dat.*
ὑπό-χαλκος, ος, ον, mêlé de cuivre; faux.
ὑπο-χείριος, ος *et* **α, ον**, 1° placé sous la main. ‖ 2° soumis : ὑποχειρίους ποιεῖσθαι, soumettre.
ὑπο-χέω (*f.* χέω, *etc.*), *et moy.*, répandre (*acc.*) sous *ou* au fond de (*dat.*).
ὑπο-χθόνιος, ος, ον, souterrain.
ὕπ-οχος, ος, ον, soumis à; accusé de, *dat.-gén.*
ὑπό-χρεως, ως, ων, *gén.* ω, 1° endetté. ‖ 2° engagé vis-à-vis de, *dat.*
ὑπο-χρίω (*f.* χρίσω), *et moy.*, enduire par-dessous.
ὑπό-χρυσος, ος, ον, à base d'or.
ὑπο-χωρέω-ῶ (*f.* ήσω), se retirer : ὑ. τινι τῆς χώρας, céder la place à qq-un.
ὑπο-χώρησις, εως (ἡ), retraite; recul.
ὑπό-ψαμμος, ος, ον, à fond de sable.
ὑπο-ψαύω (*f.* σω), toucher superficiellement.
ὑπ-οψία, ας (ἡ), soupçon.
ὑπ-όψιος, ος, ον, mal vu; suspect.
ὑπτιάζω (*f.* άσω), se renverser en arrière.
ὑπτίασμα, ατος (τό), mouvement pour renverser en arrière.

ὕπτιος, α, ον, 1° RENVERSÉ EN ARRIÈRE : πέσεν ὕπτιος, il tomba sur le dos : ἐξ ὑπτίας, sur le dos. ‖ 2° qui s'étale : χώρα ὑπτία, pays plat. ‖ 3° qui se laisse aller ; négligé.

ὑπ-ωμοσία, ας (ἡ), justification pour défaut en justice.

ὑπ-ωπιάζω (*f.* άσω), meurtrir (*sous les yeux*).

ὑπ-ώπιον, ου (τό), 1° visage. ‖ 2° coup sous les yeux.

ὑπ-ώρεια, ας, *et* **ὑπ-ωρέη, ης** (ἡ), pied de la montagne ; vallée.

ὑπ-ωρόφιος *et* **ὑπ-ώροφος, ος, ον,** 1° situé sous le toit. ‖ 2° abrité dans la maison.

Ὑρκάνιος, α, ον, Hyrcanien.

ὕρχη, ης (ἡ), terrine (*à saumure*).

ὗς, ὑός (ἡ, ὁ), porc ; truie.

ὑσγινο-βαφής, ής, ές, teint en pourpre.

ὑσμίνη, ης (ἡ), mêlée.

ὑσμίνην-δε, *adv.*, vers la mêlée.

ὕσ-πληγξ, ηγγος (ἡ, ὁ), 1° corde (*au point de départ des coureurs*). ‖ 2° lacet (*pièges*).

ὕσσωπος, ου (ὁ), hysope.

Ὑστάσπης, ου (ἡ), Hystaspe.

ὑστάτιος, α, ον, *comme le suivant.*

ὕστατος, η, ον, le dernier : ἡ ὑστάτη, le dernier jour. — *Adv.*, ὕστατον, ὕστατα, pour la dernière fois.

ὑστεραῖος, α, ον, ultérieur ; du lendemain : ἡ ὑστεραία, le lendemain.

ὑστερέω-ῶ (*f.* ήσω), ÊTRE EN ARRIÈRE ; ÊTRE EN RETARD : ὑστέρησαν τῆς μάχης, ils arrivèrent en retard après la bataille. ‖ 2° être inférieur à, *gén.* ‖ 3° manquer de, *gén.* : ὑ. τῶν ἀναγκαίων, manquer du nécessaire.

ὑστέρημα, ατος (τό), disette.

ὑστέρησις, εως (ἡ), *même sens.*

ὑστερίζω (*f.* ίσω, *att.* ιῶ), *comme* ὑστερέω.

ὕστερος, α, ον, 1° qui vient après *ou* en retard : ἐξ ὑστέρου, plus tard. ‖ 2° inférieur (à *gén.*) : ὑ. γυναικός, qui plie devant une femme.

— *Adv.*, ὕστερον, plus tard; trop tard : πολλῷ ὑ. τούτων, bien après ces événements; ὑ... ἤ, après que.

ὑστερο-φθόρος, ος, ον, funeste plus tard.

ὑσ-τριξ,ιχος (ὁ, ἡ), porc-épic.

ὑσ-τριχίς, ίδος (ἡ), fouet (*pour châtier les esclaves*).

ὕφ-αιμος, ος, ον, teint de sang.

ὑφαίνω (*f.* ὑφανῶ, *aor.* ὕφηνα; *pass. aor.* ὑφάνθην, *pf.* ὕφασμαι), TISSER; ourdir; composer.

ὑφ-αιρέω-ῶ (*f.* αἱρήσω, *etc.*), retrancher; supprimer. — *Moy.*, soustraire à son profit.

ὕφ-αλος, ος, ον, sous-marin.

ὑφάντης, ου (ὁ), tisserand.

ὑφαντικός, ή, όν, du tisserand.

ὑφαντικῶς, *adv.*, à la manière du tisserand.

ὑφαντο-δόνητος, ος, ον, tissé par le mouvement de la navette.

ὑφαντός, ή, όν, tissé.

ὑφ-άπτω (*f.* άψω), allumer par-dessous.

ὑφ-αρπάζω (*f.* άσω) *et moy.*, enlever en cachette; dérober.

ὕφασμα,ατος (τό), tissu.

ὑφάω-ῶ, *comme* ὑφαίνω.

ὑφ-ειμένως, *adv.*, avec douceur.

ὑφ-εκτέον, *adj. verb de* ὑπέχω.

ὑφ-έλκω (*f.* έλξω *etc. et moy.*, tirer en bas tirer à soi.

ὑφ-έρπω (*f.* έρψω, *etc.*), se glisser sous, *acc.-dat.*

ὑφ-έσπερος, ος, ον, qui se fait vers le soir.

ὑφή, ῆς (ἡ), tissu.

ὑφ-ηγέομαι-οῦμαι (*f.* ήσομαι), MARCHER DEVANT; guider, *dat.*; montrer (*le chemin*).

ὑφ-ήγησις, εως (ἡ), indication; conseil.

ὑφ-ηγητήρ, ῆρος, *et* **ὑφ-ηγητής, οῦ (ὁ),** guide.

ὑφ-ηνιοχέω-ῶ (*f.* ήσω), diriger avec les rênes.

ὑφ-ηνίοχος, ου (ὁ), conducteur de char (*près du héros*).

ὑφ-ίζω (*aor.* ὑπεῖσα, *part.* ὑπίσας), s'asseoir; se mettre en embus cade.

ὑφ-ίημι (*f.* ήσω, *etc.*), A. *tr.*, 1° ENVOYER *ou* METTRE DESSOUS; dresser contre. ‖ 2° relâcher; abandonner. || — B. *intr.*, se relâcher : ὑ. τῆς ὀργῆς, laisser tomber sa colère.

— *Moy*, 1° METTRE SOUS SOI. || 2° abaisser; carguer (*les voiles*). || 3° céder; se relâcher de : χρὴ μηδὲν ὑφίεσθαι τῶν δικαίων, il ne faut en rien se départir de ses droits.

ὑφ-ίστημι (*f.* ὑποστήσω, *etc.*), 1° PLACER SOUS *ou* en cachette. || 2° produire.

— *Moy.*, A. (*f.* ὑποστήσομαι, *aor.* ὑπεστησάμην), *acc.*, 1° METTRE SOUS *ou* en face de. || 2° poser en principe. — B. *Moy. et* ὑπέστην, ὑφέστηκα, 1° se placer sous, *ou* en face, *dat.* || 2° supporter; soutenir; se charger de, *acc.* : ὑπέστη χορηγίαν, il accepta la charge d'une chorégie. || 3° promettre : ὑπέστησαν ἐπανελθεῖν, ils avaient promis de revenir. || 4° se mettre en embuscade. || 5° s'arrêter; tenir ferme. || 6° céder la place. || 7° être : τὰ ὑφεστῶτα, les choses qui sont actuellement.

ὑφ-οράω-ῶ (*f.* ὄψομαι) *et moy.*, 1° REGARDER EN DESSOUS. || 2° soupçonner; redouter.

ὑ-φορβός, οῦ (ὁ), porcher.

ὑφ-ορμέω-ῶ (*f.* ήσω) *et* **ὑφ-ορμίζομαι** (*f.* ίσομαι), jeter l'ancre; mouiller.

ὕφ-ορμος, ου (ὁ), mouillage.

ὕφος, ους (τό), tissu.

ὑφόω-ῶ, *comme* ὑφάω

ὕφ-υδρος, ος, ον, qui est sous l'eau.

ὑψ-αγόρας, ου (ὁ), beau parleur.

ὑψ-αύχην, ενος (ὁ, ἡ), qui porte haut la tête.

ὑψ-ερεφής, *comme* ὑψηρεφής.

ὑψ-ηγόρος, ος, ον, fanfaron.

ὑψηλό-κρημνος, ος, ον, aux cimes escarpées

ὑψηλο-λογέομαι-οῦμαι (*f.* ήσομαι), parler avec emphase.

ὑψηλό-νους, νους, νουν, à l'esprit élevé.

ὑψηλός, ή, όν, 1° élevé (*en tous sens*). || 2° altier.

ὑψηλό-φρων, ων, ον, *gén.* ονος, 1° aux pensées élevées. || 2° orgueilleux.

ὑψ-ηρεφής, **ής**, **ές**, haut de toit.

ὑψ-ηχής, **ής**, **ές**, retentissant.

ὕψι, *adv.*, en haut.

ὑψι-βρεμέτης, **ου** (ὁ), qui retentit dans les hauteurs.

ὑψί-ζυγος, **ος**, **ον**, au siège élevé.

ὑψι-κάρηνος, **ος**, **ον**, à la cime élevée.

ὑψί-κερως, **ως**, **ων**, aux cornes élevées.

ὑψί-κομος, **ος**, **ον**, à la haute chevelure.

ὑψι-κόμπως, *adv.*, arrogamment.

ὑψί-κρημνος, **ος**, **ον**, aux cimes escarpées.

ὑψι-μέδων, **οντος** (ὁ), maître du ciel.

ὑψί-νους, **νους**, **νουν**, *comme* ὑψηλόνους.

ὑψι-πετήεις, **ήεσσα**, **ῆεν**, qui vole haut.

ὑψι-πέτηλος, **ος**, **ον**, aux feuilles hautes.

ὑψι-πέτης,**ου**(ὁ),*comme* ὑψιπετήεις.

ὑψί-πολις, **ιος** (ὁ, ἡ), considéré dans la cité.

ὑψί-πους, **πους**, **πουν**, *gén.* ποδος, qui marche dans les régions élevées; sublime.

Ὑψι-πύλη, **ης** (ἡ), Hypsipyle.

ὑψί-πολος, **ος**, **ον**, aux portes hautes.

ὑψί-πυργος, **ος**, **ον**, aux tours élevées.

ὕψιστος,**η**,**ον**,très élevé.

ὑψό-θεν, *adv.*, d'en haut.

ὑψό-θι, *adv.*, en haut (q. **ubi**).

ὑψ-όροφος, **ος**, **ον**, *comme* ὑψηρεφής.

ὕψος, **ους** (τό), 1° HAUTEUR; cime. || 2° comble. || 3° sublime.

ὑψό-σε, *adv.*, vers le haut.

ὑψοῦ, *adv.*, en haut (**q. ubi**).

ὑψόω-ῶ (*f.* ώσω), 1° élever; exhausser. || 2° exalter; célébrer.

ὕω (*f.* ὕσω, *aor.* ὗσα; *pass. aor.* ὕσθην, *pf.* ὗσμαι), faire pleuvoir : λέων ὑόμενος, lion mouillé de pluie; — *impers.* ὕει, il pleut.

ὑ-ώδης, **ης**, **ες**, qui tient du porc.

Φ

φάανθεν, *pour* ἐφάνθησαν, 3e *pers. pl. aor.* 1 *pass. de* φαίνω.

φαάντατος, η, ον, très brillant.

φαγέδαινα, ης (ἡ), 1° ulcère. ‖ 2° fringale.

φαγεῖν, *inf. aor.* 2 *de* ἐσθίω.

φαέθων, ουσα, ον, brillant.

Φαέθων, οντος (ὁ), Phaéthon.

φαεινός, ή, όν, brillant; étincelant.

φαείνω, briller.

φαεσί-μβροτος, ος, ον, qui éclaire les mortels.

Φαίακες, ων (οἱ), les Phéaciens.

φαιδιμόεις, όεσσα, όεν, *comme le suivant.*

φαίδιμος, ος, ον, 1° brillant. ‖ 2° illustre.

Φαίδρα, ας (ἡ), Phèdre.

φαιδρός, ά, όν, 1° brillant; éclatant. ‖ 2° rayonnant; joyeux : τὸ φαιδρόν, l'air radieux.

Φαῖδρος, ου (ὁ), Phèdre (*ami de Socrate*).

φαιδρότης, ητος (ἡ), joie.

φαιδρόω-ῶ (*f.* ώσω), rendre joyeux.

φαιδρύνω (*f.* υνῶ), 1° rendre brillant; nettoyer. ‖ 2° rendre joyeux.

φαιδρ-ωπός, ός, όν, à l'air joyeux.

φαιδρῶς, *adv.*, gaiement.

Φαίδων, ωνος (ὁ), Phédon.

φαίνω (*f.* φανῶ, *aor.* ἔφηνα, *pf.* πέφαγκα; *pass. f.* 2 φανήσομαι, *aor.* 1 ἐφάνθην, *aor.* 2 ἐφάνην, *pf.* πέφασμαι), 1° FAIRE PARAITRE; faire briller; montrer. ‖ 2° faire entendre. ‖ 3° révéler; dénoncer; annoncer. ‖ 4° *intr.*, paraître.

Pass. et pf. 2 πέφηνα, 1° PARAITRE; se montrer; briller : ἅμα ἠοῖ φαινομένηφιν, au lever de l'aurore. ‖ 2° ÊTRE VISIBLEMENT : •φαίνονται ὀλίγοι ὄντες, ils sont visiblement peu nombreux; φαίνεται ἀδικῶν, il est incontestablement coupable. || 3° paraître : ὥς γ' ἐμοὶ φαίνεται, du moins à ce qu'il me semble. — *Moy.* (*f.* φανοῦμαι, *aor.* 1 ἐφηνάμην, *aor.* 2 ἐφανόμην), faire voir.

φαιός, ά, όν, 1° brun noir. || 2° sourd (*voix*).

φάκελος, ου (ὁ), fagot.

φακῆ, ῆς (ἡ), purée de lentilles.

φακο-ειδής, ής, ές, lenticulaire.

φακός, οῦ (ὁ), lentille.

φαλαγγ-ηδόν, *adv.*, en formation de phalange.

φαλάγγιον, ου (τό), tarentule.

φαλαγγίτης, ου (ὁ), soldat de phalange.

φαλαγγο-μαχέω-ῶ (*f.* ήσω), combattre en formation de phalange.

φάλαγξ, αγγος (ἡ), 1° ligne de bataille; armée disposée sur quatre rangs. || 2° phalange. || 3° araignée. || 4° rondin de bois.

φάλαινα, ης (ἡ), baleine.

φαλακρός, ά, όν, chauve.

φαλακρόομαι-οῦμαι (*f.* ωθήσομαι), devenir chauve.

φαλακρότης, ητος (ἡ), calvitie.

φάλαρα, ων (τά), 1° oreilles du casque (*en métal*). || 2° bossettes; harnais (de cheval).

φαλαρίς, ίδος (ἡ), poule d'eau.

Φάλαρις, ιδος (ὁ), Phalaris.

Φαληρεύς, έως (ὁ), habitant de Phalère.

φαληριάω-ῶ, blanchir. *intr.*

Φάληρον, ου (τό), Phalère.

φάλος, ου (ὁ), cimier.

φανείς, *part. aor.* 2 *pass. de* φαίνω.

φανερό-μισος, ος, ον, qui hait manifestement.

φανερός, ά, όν, VISIBLE; apparent : φανερός ἐστι μισῶν ἡμᾶς il est visible qu'il nous hait; ἐς τὸ φανερόν, au grand jour; ἐκ τοῦ φανεροῦ, manifestement; φανερόν ἐστιν ὅτι, il est évident que. || 2° illustre; connu.

φανερόω-ῶ (*f.* ώσω), mettre au grand jour; manifester.

φανέρωσις, εως (ἡ), manifestation; révélation.

φανός, ή, όν, brillant; clair. || 2° illustre.

φανός, οῦ (ὁ), flambeau.

φαντάζω (*f.* άσω), faire voir. — *Pass.*, *f.* φαντασθήσομαι), être vu ; apparaître ; être dénoncé.
— *Moy.*, 1° se montrer. ‖ 2° se faire valoir. ‖ 3° s'imaginer.

φαντασία, ας (ἡ), 1° APPARITION ; image. ‖ 2° apparence. ‖ 3° apparat. ‖ 4° IDÉE ; imagination.

φαντασιόομαι-οῦμαι (*f.* ώσομαι, *aor.* ἐφαντασιώθην), se représenter ; imaginer.

φάντασις, εως (ἡ), vision.

φάντασμα, ατος (τό). image ; vision ; apparition.

φανταστικός, ή, όν, relatif à l'imagination : τὸ φανταστικόν, la faculté imaginative.

φανταστικῶς, *adv.*, en imagination.

φανταστός, ή, όν, imaginable.

φάος, φάους (τό), 1° LUMIÈRE. ‖ 2° joie ; gloire ; objet d'espérance : ὦ μέγιστον Ἕλλησιν φάος, ô toi qui fais entre tous la joie des Grecs.

φάοσ-δε, *adv.*, vers la lumière.

φαραγγ-ώδης, ης, ες, raviné.

φάραγξ, αγγος (ἡ), précipice ; ravin.

φαρέτρα, ας (ἡ), carquois.

φαρμακάω-ῶ, devenir fou (*par l'effet d'un poison*).

φαρμακεία, ας (ἡ), emploi de remèdes *ou* de poisons.

φαρμακεύς, έως (ὁ), empoisonneur ; magicien.

φαρμακευτικός, ή, όν, relatif aux remèdes.

φαρμακεύτρια, ας (ἡ), magicienne.

φαρμακεύω (*f.* σω), préparer des remèdes *ou* des poisons *ou* des enchantements.

φαρμάκιον, ου (τό), remède.

φαρμακίς, ίδος (ἡ), magicienne.

φάρμακον, ου (τό), 1° REMÈDE. ‖ 2° POISON. ‖ 3° philtre magique. ‖ 4° moyen (*de réussir*) : φ. σωτηρίας, moyen de salut. ‖ 5° teinture.

φαρμακο-ποσία, ας (ἡ), action de boire un remède *ou* un poison.

φαρμακο-πώλης, ου (ὁ), vendeur de remèdes.
φαρμακός, οῦ (ὁ), scélérat maudit; empoisonneur.
φαρμακο-τρίϐης, ου (ὁ), aide qui broie les drogues.
φαρμακ-ώδης, ης, ες, 1° médicinal. ‖ 2° empoisonné.
φαρμάσσω, *att.* **ττω** (*f.* ἄξω), 1° traiter par des remèdes.‖2° empoisonner. ‖ 3° teindre. ‖ 4° tremper (*un métal*).
Φαρνάϐαζος, ου (ὁ), Pharnabaze.
φᾶρος, ους (τό), 1° pièce d'étoffe; manteau. ‖ 2° pièce de toile; voile (de navire); linceul.
Φάρος, ου (ἡ), Pharos.
Φάρσαλος, ου (ἡ), Pharsale.
φάρσος, ους(τό), quartier (*de ville*).
φάρυγξ, υ(γ)γος (ὁ, ἡ), gosier.
φάσγανον, ου (τό), glaive; coutelas.
φάσηλος, ου (ὁ), haricot.
Φασιανός, ή, όν, du Phase.
φασιανός, οῦ (ὁ), faisan.
1. **φάσις, εως** (ἡ), parole; affirmation; assertion.
2. **φάσις, εως** (ἡ), accusation.
Φᾶσις, ιδος (ὁ), le Phase.
φάσκω, 1° DIRE; affirmer. ‖ 2° prétendre.‖3° penser.
φάσμα, ατος (τό), 1° APPARITION; fantôme.‖ 2° présage. ‖ 3° prodige.
φάσσα, *att.* **ττα, ης** (ἡ), pigeon ramier.
φασσο-φόνος, ος, ον, qui tue les ramiers.
φατέον, *adj. verb. de* φημί.
φατίζω (*f.* ίσω), déclarer; promettre : τὸ φατιζόμενον, ainsi qu'on le dit couramment.
φάτις, εως (ἡ), 1° PAROLE. ‖ 2° bruit qui court; réputation. ‖ 3° oracle.
φάτνη, ης (ἡ), crèche; étable.
φατός, ή, όν, qui peut se dire.
φαυλίζω (*f.* ίσω, *att.* ιῶ), mépriser; avilir.
φαῦλος, η *ou* **ος, ον,** 1° DE MAUVAISE QUALITÉ; VIL : φαῦλος ἵππος, mauvais cheval. ‖ 2° méchant; lâche. ‖ 3° peu coûteux : φαῦλα σιτία, nourriture à bon marché. ‖ 4° humble :

οἱ φαῦλοι, les petites gens. || 5° facile : φαῦλον πρᾶγμα, chose aisée.

φαυλότης, ητος (ἡ), 1° MAUVAISE QUALITÉ. || 2° méchanceté. || 3° médiocrité ; grossièreté. || 4° humilité.

φαύλως, *adv.*, 1° MAL. || 2° grossièrement. || 3° aisément ; simplement.

φάω, briller.

φέβομαι, fuir ; craindre.

φέγγος, ους (τό), 1° LUMIÈRE (*éclatante*). || 2° splendeur (*de joie ou de gloire*).

Φειδίας, ου (ὁ), Phidias.

φειδίτιον, ου (τό), repas en commun (*des Spartiates*).

φείδομαι (*f.* φείσομαι, *aor.* ἐφεισάμην, *pf.* πέφεισμαι), *gén.*, ÉPARGNER ; ménager. || 2° éviter. || 3° prendre garde (μή, que).

φειδομένως, *adv.*, en ménageant.

φειδώ, οῦς (ἡ), ménagement ; économie.

φειδωλή, ῆς, *et* **φειδωλία, ας** (ἡ), *mêmes sens.*

φειδωλός, ή, όν, 1° économe. || 2° chiche.

φειδωλῶς, *adv.*, chichement.

φείδων, ωνος (ὁ), ladre.

φελλεύς, έως (ὁ), terre rocailleuse.

φελλός, οῦ (ὁ), liège.

φενακίζω (*f.* ίσω), tromper ; duper.

φενακισμός, οῦ (ὁ), tromperie.

φέναξ, ακος, (ὁ), trompeur.

φένω, *inus.* (*aor.* 2 ἔπεφνον ; *pass. pf.* πέφαμαι, *f. ant.* πεφήσομαι), tuer.

Φεραί, ῶν (αἱ), Phères.

Φεραῖος,α,ον, de Phères.

φέρ-ασπις, ιδος (ὁ, ἡ), qui porte un bouclier.

φέρβω (*p.-q.-pf.* ἐπεφόρβειν), 1° faire paître. || 2° nourrir.

— *Moy.*, 1° paître. || 2° se nourrir (de, *acc.*).

φερ-έγγυος, ος, ον, 1° qui offre des garanties. || 2° qui est en état de (*gén.*) ; qui peut.

φερέ-καρπος, ος, ον, qui porte des fruits.

φερέ-οικος, ος, ον, qui porte avec soi sa maison.

Φέρης, ητος (ὁ), Phérès.

Φερητι-άδης, ου (ὁ), fils de Phérès (*Admète*).

φέριστος, η, ον, le meilleur ; le plus vaillant :

ὦ φέριστε, ô mon cher ami.

φερνή, ῆς (ἡ), dot.

φέρτατος, η, ον, le meilleur; le plus brave.

φέρτερος, α, ον, meilleur; plus brave : φέρτερόν ἐστι, mieux vaut.

φέρτρον, ου (τό), brancard.

φέρω (*f.* οἴσω, *aor.* 1 ἤνεγκα, *aor.* 2 ἤνεγκον, *pf.* ἐνήνοχα), A. *tr.*, 1° PORTER (*en tous sens*). || 2° apporter : φ. ἀγγελίαν, apporter une nouvelle; φ. μάρτυρας, produire des témoins. || 3° emporter : ἄγειν καὶ φέρειν (*agere et ferre*), piller. || 4° supporter : χαλεπῶς φέρειν τι, s'indigner de qq. chose. || 5° causer; occasionner : αἰσχύνην φέρει ταῦτα, cela déshonore. || 6° obtenir : φ. τἀριστεῖα, remporter le prix du courage. || 7° payer; contribuer : φέρειν φόρον, payer contribution. || 8° élire : στρατηγόν τινα φ., nommer qq'un général.
B. *intr.*, 1° conduire; aboutir à : ποῖ φέρει ἥδε ἡ ὁδός; où conduit ce chemin? ταῦτα εἰς εὐδαιμονίαν φέρει, cela mène au bonheur. || 2° concerner; importer à : τὰ πρὸς τὸ ὑγιαίνειν φέροντα, les choses qui intéressent la santé. || 3° *impers.* φέρει, il importe.
— *Passif*, φέρομαι (*f.* ἐνεχθήσομαι, *aor.* ἠνέχθην, *pf.* ἐνήνεγμαι), 1° *sens de l'actif.* || 2° être porté de bouche en bouche. || 3° se diriger; s'élancer vers : φερόμενοι εἰσέπεσον εἰς τοὺς πολεμίους, en se précipitant, ils tombèrent sur les ennemis. || 4° aller (*bien ou mal*) : τὰ πράγματα κακῶς φέρεται, les affaires sont en mauvais état.
— *Moyen*, φέρομαι (*f.* οἴσομαι, *aor.* ἠνεγκάμην), 1° emporter pour soi. || 2° obtenir : φέρεσθαι νικητήρια, remporter le prix de la victoire.

φέρε (*imp. de* φέρω), *interj.*, allons! φέρε δή μοι τόδ' εἰπέ, eh bien! voyons, dis-moi.

φεῦ, *interj.*, hélas! ah! φεῦ τῆς Ἑλλάδος· pauvre Grèce!

φεύγω (*f.* φεύξομαι, *aor.* 2 ἔφυγον, *pf.* 2 πέφευγα; *pass. pf.* πέφυγμαι, *à sens actif.*), **A.** *tr.*, FUIR; **éviter** : φεύγειν θάνατον, **éviter la mort**; πεφυγμένος μοῖραν, **ayant échappé à la destinée.**
B. *intr.*, **1°** S'ENFUIR : ἔφυγον ἐκ τῆς μάχης, **ils s'enfuirent de la bataille.** || **2°** être exilé : φ. ὑπὸ τοῦ δήμου, être exilé par le peuple; οἱ φεύγοντες, les exilés : ἑκὼν ἔφυγεν ἐπὶ φόνῳ. **il s'exila volontairement pour cause de meurtre.** || 3° être accusé : ὁ φεύγων, l'accusé; φ. γραφήν, être poursuivi dans un procès; φ. φόνου (*s.-ent.* δίκην), être accusé de meurtre.

φεύζω (*f.* ξω), pousser des gémissements.

φευκτός, ή, όν, qui peut être évité.

φεῦξις, εως (ἡ), fuite.

φέψαλος, ου (ὁ), pincée de cendre.

φή *ou* **φῆ**, *conj.*, comme.

φῆ, *pour* ἔφη, 3° *pers. sg. impf. de* φημί.

φήγινος, η, ον, de chêne.

φηγός, οῦ (ἡ), 1° CHÊNE. || 2° gland.

φηλητής, οῦ (ὁ), trompeur.

φηλόω-ῶ (*f.* ώσω), tromper.

φήμη, ης (ἡ), 1° PAROLE. || 2° prédiction; augure. || 3° bruit qui court; rumeur; nouvelle. || 4° tradition; légende. || 5° renommée : καλὴ φ., bonne réputation.

φημί (*impf.* ἔφην, *f.* φήσω, *et moy.* (*part.* φάμενος, *impf.* ἐφάμην, *f.* φήσομαι), 1° DIRE; affirmer; dire oui : φασί, on dit; οὔ φημι, dire non. || 2° croire; estimer.

φημίζω (*f.* ίσω, *att.* ιῶ), déclarer; annoncer.

Φήμιος, ου (ὁ), Phémios (*aède*).

φῆμις, ιος (ἡ), 1° propos; rumeur. || 2° réputation.

φῆναι, *inf. aor. de* φαίνω.

φήνη, ης (ἡ), orfraie.

φήρ, φηρός (ὁ), bête sauvage.

φθάνω (*f.* φθήσομαι, *aor.* 1 ἔφθασα, *aor.* 2 ἔφθην, *pf.* ἔφθακα; *moy. part. aor.* 2 φθάμενος). **A** *tr.*, devancer. || **B.** *intr.*, 1° PRENDRE LES DEVANTS; être le premier : ἔφθη βαλὼν αὐτόν, il le frappa le premier. || 2° se presser : λέγε φθάσας, parle donc vite. || 3° οὐ φθάνω *et part.*, — *a*) *suivi de* καί : οὐκ ἔφθασαν πυθόμενοι τοῦτο καὶ ἦλθον, ils n'eurent pas PLUS TÔT appris cela qu'ils arrivèrent ; — *b*) *non suivi de* καί, ne pas manquer de : οὐκ ἂν φθάνοιμι λέγων, je ne saurais manquer de dire ; — *c*) *dans un tour interrogatif* : οὐκ ἂν φθάνοις ἀποκρινόμενος ; ne pourrais-tu répondre SANS TARDER ?

φθαρῆναι, *inf. aor.* 2 *pass. de* φθείρω.

φθαρτικός, **ή**, **όν**, qui détruit.

φθαρτός, **ή**, **όν**, apte à être détruit *ou* corrompu.

φθάς, **φθᾶσα**, **φθάν**, *part. aor.* 2 *de* φθάνω.

φθέγγομαι (*f.* φθέγξομαι, *aor.* ἐφθεγξάμην, *pf.* ἔφθεγμαι), 1° FAIRE ENTENDRE UN SON. || 2° parler ; exprimer. || 3° appeler. || 4° crier.

φθέγμα, **ατος** (τό), 1° SON. || 2° PAROLE. || 3° chant. || 4° cri.

φθείρ, **φθειρός** (ὁ), pou.

φθειρο-τραγέω-ῶ (*f.* ήσω), manger des poux.

φθείρω (*f.* φθερῶ, *aor.* ἔφθειρα, *pf.* ἔφθαρκα, *pf.* 2 ἔφθορα ; *pass. f.* 2 φθαρήσομαι, *aor.* 2 ἐφθάρην, *pf.* ἔφθαρμαι), 1° FAIRE PÉRIR (*pass.* périr) ; ruiner. || 2° corrompre.

Φθία, **ας** (ἡ), Phthie ; Phthiotide.

φθίμενος, *part. aor.* 2 *moy. de* φθίνω.

φθινάς, **άδος** (ἡ), qui fait périr.

φθιν-οπωρινός, **ή**, **όν**, qui appartient au déclin de l'automne.

φθιν-όπωρον, **ου** (τό), déclin de l'automne.

φθινύθω, 1° *intr.*, dépérir. || 2° *tr.*, faire mourir ; épuiser.

φθίνω, *comme* φθίω.

φθισικός, **ή**, **όν**, atteint de consomption.

φθισί-μβροτος, **ος**, **ον**, qui fait mourir les mortels.

φθίσις, **εως** (ἡ), dépérissement ; consomption.

φθιτός, **ή**, **όν**, usé ; épuisé ; mort.

Φθιῶτις, **ιδος** (ἡ), la Phthiotide.

φθίω (*f.* φθίσω), 1° *intr.*,

dépérir ; décliner. ‖ 2° *tr.*, faire mourir peu à peu.
— *Moy.-pass.* φθίνομαι (*f.* φθίσομαι, *aor.* 1 ἐφθίθην, *aor.* 2 ἐφθίμην, *pf.* ἔφθιμαι), DÉPÉRIR ; périr ; se consumer peu à peu ; être épuisé : οἱ φθίμενοι, ceux qui ne sont plus.

φθόγγη, ης (ἡ), *et* **φθόγγος, ου** (ὁ), voix ; parole ; son.

φθόη, ης (ἡ), *comme* φθίσις.

φθόϊς, ιος (ὁ), galette.

φθονερός, ά, όν, jaloux ; envieux.

φθονερῶς, *adv.*, par jalousie.

φθονέω (*f.* ήσω), 1° ENVIER, *dat.* : φ. τινί τινος, envier à qq'un qq. chose. ‖ 2° refuser, *même construction* : μὴ φθονήσῃς φράσαι, ne refuse pas de parler.
— *Pass.*, être envié.

φθόνησις, εως (ἡ), *comme le suivant.*

φθόνος, ου (ὁ), 1° ENVIE ; jalousie. ‖ 2° refus : οὐδεὶς φθόνος, je ne refuse pas

φθορά, ᾶς (ἡ), 1° DESTRUCTION ; ruine. ‖ 2° corruption

φθόρος, ου (ὁ), *mêmes sens.*

— **φι(ν),** *suffixe hom. du gén. sg., et du dat. sg. ou pl.*

φιάλη, ης (ἡ), RÉCIPIENT ; coupe.

φιάλλω (*f.* φιαλῶ), se mettre à, *dat.*

φιαρός, ά, όν, brillant ; luisant.

φιλ-άγαθος, ος, ον, ami du bien.

φιλ-αδελφία, ας (ἡ), amitié fraternelle.

φιλ-άδελφος, ος, ον, qui aime ses frères *ou* sœurs.

φιλ-αθήναιος, ος, ον, ami d'Athènes.

φιλαίτερος *et* **φιλαίτατος,** *comp. et sup. de* φίλος.

φιλ-αίτιος, ος, ον, 1° qui aime à chicaner. ‖ 2° qui prête aux accusations.

φιλ-αλήθης, ης, ες, ami de la vérité.

φιλ-άλληλος, ος, ον, à l'amitié réciproque.

φιλ-αναλωτής, οῦ (ὁ), dépensier ; prodigue.

φίλ-ανδρος, ος, ον, qui aime son mari.

φιλ-ανθρωπεύομαι (*f.* σομαι), se montrer humain.

φιλ-ανθρωπία, ας (ἡ), 1° AMOUR DE L'HUMANITÉ; bonté. ‖ 2° affabilité; douceur.

φιλ-άνθρωπος, ος, ον, 1° AMI DES HOMMES; humain; bon. ‖ 2° affable; agréable.

φιλ-ανθρώπως, *adv.*, avec bonté.

φιλ-αοιδός, ός, όν, qui aime le chant.

φιλ-απεχθημοσύνη, ης (ἡ), malveillance coutumière.

φιλ-απεχθήμων, ων, ον, *gén.* ονος, malveillant; méchant.

φιλ-απόδημος, ος, ον, qui aime à voyager.

φιλ-αργυρία, ας (ἡ), amour de l'argent.

φιλ-άργυρος, ος, ον, qui aime l'argent.

φιλ-αρχέω-ῶ (*f.* ήσω), aimer le pouvoir.

φίλ-αρχος, ος, ον, qui aime le pouvoir.

φίλ-αυλος, ος, ον, qui aime la flûte.

φιλ-αυτία, ας (ἡ), amour de soi.

φίλ-αυτος, ος, ον, égoïste.

φιλ-ελεύθερος, ος, ον, ami de la liberté.

φιλ-έλλην, ηνος (ὁ, ἡ), qui aime les Grecs.

φιλ-επιτιμητής, οῦ (ὁ), qui aime blâmer.

φιλ-εργία, ας (ἡ), amour du travail.

φιλ-εργός, ός, όν, qui aime le travail.

φιλ-έταιρος, ος, ον, qui aime ses camarades.

φιλέω-ῶ (*f.* ήσω), 1° AIMER. ‖ 2° donner un baiser, *acc.* ‖ 3° avoir coutume : οἷα δὴ φιλεῖ (γίγνεσθαι), ainsi qu'il arrive d'ordinaire.

φιλ-ηδέω-ῶ (*f.* ήσω), se plaire à, *dat.*

φιλ-ήδονος, ος, ον, ami du plaisir.

φιλ-ηκοΐα, ας (ἡ), plaisir d'écouter.

φιλ-ήκοος, ος, ον, qui écoute volontiers.

φιλ-ηλιαστής, οῦ (ὁ), qui adore le tribunal.

φίλημα, ατος (τό), baiser.

Φιλήμων, ονος (ὁ), Philémon.

φιλ-ήνιος, ος, ον, qui obéit au frein.

φιλ-ήνωρ, ορος qui aime son mari.

φιλ-ήρετμος, ος, ον, ami de la rame.

φιλητός, ή, όν, qui mérite d'être aimé.

φιλία, ας (ἡ), 1° AMITIÉ. ‖ 2° passion.

φιλικός, ή, όν, amical : τὰ φιλικά, marques d'amitié.

φιλικῶς, *adv.*, amicalement.

φίλιος, α, ον, 1° AMICAL ; bienveillant : ἡ φιλία (γῆ), pays ami. ‖ 2° chéri.

φιλιππίζω (*f.* ίσω, *att.* ιῶ), servir Philippe.

Φιλιππικός, ή, όν, relatif à Philippe.

Φίλιππος, ου (ὁ), Philippe.

φίλ-ιππος, ος, ον, qui aime les chevaux.

φιλίτιον, ου, *comme* φειδίτιον.

φιλίων, ων, ον, *gén.* ονος, *comp. de* φίλος.

φιλίως, *adv.*, amicalement.

φιλό-γαμος, ος, ον, qui aime le mariage.

φιλό-γελως, ωτος (ὁ, ἡ), qui aime à rire.

φιλο-γεωργία, ας (ἡ), amour de la campagne.

φιλο-γέωργος, ος, ον, qui aime les champs.

φιλο-γυμναστέω-ῶ (*f.* ήσω), aimer les exercices physiques.

φιλο-γυμναστικός, ή, όν, qui aime les exercices physiques.

φιλο-δέσποτος, ος, ον qui aime son maître.

φιλό-δημος, ος, ον, ami du peuple.

φιλο-δικέω-ῶ (*f.* ήσω), aimer les procès.

φιλό-δικος, ος, ον, ami de la chicane.

φιλο-δοξέω-ῶ (*f.* ήσω), aimer la gloire.

φιλό-δοξος, ος, ον, 1° qui aime la gloire. ‖ 2° qui s'en tient à l'opinion.

φιλό-δωρος, ος, ον, qui se plaît à donner.

φιλό-ζωος, ος, ον, qui aime la vie.

φιλό-ζῳος, ος, ον, qui aime les animaux.

φιλο-θεάμων, ων, ον, *gén.* ονος, qui aime les spectacles.

φιλό-θεος, ος, ον, qui aime Dieu.

φιλό-θηρος, ος, ον, qui aime la chasse.

φιλ-οικτίρμων, ων, ον, *gén.* ονος, compatissant.

φιλ-οίκτιστος, ος, ον, *même sens.*

φίλ-οικτος, ος, ον, pitoyable.

φιλ-οινία, ας (ἡ), amour du vin.

φίλ-οινος, ος, ον, qui aime le vin.

φιλό-καινος, ος, ον, qui aime la nouveauté.
φιλο-καλέω-ῶ (*f.* ήσω), avoir le goût des belles choses.
φιλό-καλος, ος, ον, qui aime le beau *ou* le bien.
φιλο-κέρδεια, ας (ἡ), amour du gain.
φιλο-κερδής, ής, ές, épris du gain.
φιλο-κέρτομος, ος, ον, qui se plaît à railler.
φιλο-κηδέμων, ων, ον, *gén.* ονος, qui aime les siens.
φιλο-κίνδυνος, ος, ον, qui aime le danger.
φιλο-κινδύνως, *adv.*, témérairement.
Φιλο-κλέων, ωνος (ὁ), ami de Cléon.
φιλο-κόλαξ, ακος (ὁ, ἡ), qui aime les flatteurs.
Φιλο-κράτης, ους (ὁ), Philocrate.
φιλο-κτέανος, ος, ον, qui aime les richesses.
φιλο-κτήμων, ων, ον, *gén.* ονος, *même sens.*
Φιλο-κτήτης, ου (ὁ), Philoctète.
φιλό-κυβος, ος, ον, qui aime le jeu.
φιλό-λογος, ος, ον, 1° qui aime à parler. || 2° qui aime les lettres *ou* les sciences ; érudit.
φιλο-λοίδορος, ος, ον, qui se plaît à injurier.
φιλο-μαθέω-ῶ (*f.* ήσω), aimer à s'instruire.
φιλο-μαθής, ής, ές, qui aime à s'instruire.
φιλό-μαχος, ος, ον, batailleur.
Φιλο-μήλα, ας (ἡ), Philomèle.
φιλο-(μ)μειδής, ής, ές, souriant volontiers.
φιλό-μουσος, ος, ον, qui aime les Muses (*lettres et arts*).
φιλό-μυθος, ος, ον, qui aime les fables.
φιλό-μωμος, ος, ον, qui aime à censurer.
φιλο-ν(ε)ικέω-ῶ(*f.* ήσω), 1° AIMER LA DISPUTE. || 2° rivaliser avec, *dat.* || 3° s'efforcer.
φιλο-ν(ε)ικία, ας (ἡ), 1° goût des querelles. || 2° rivalité.
φιλό-ν(ε)ικος, ος, ον, 1° querelleur. || 2° qui rivalise.
φιλο-ν(ε)ίκως, *adv.*, 1° avec esprit de querelle. || 2° avec émulation.
φιλό-ξεινος, *comme* φιλόξενος.
φιλο-ξενία, ας (ἡ), culte de l'hospitalité.
φιλό-ξενος, ος, ον, hospitalier.

φιλο-παίγμων, ων, ον, *gén.* ονος, qui aime s'amuser.

φιλό-πατρις, ιδος (ὁ, ἡ), qui aime sa patrie.

φιλο-πάτωρ, ορος (ὁ, ἡ), qui aime son père.

φιλο-πλουτία, ας (ἡ) amour des richesses.

φιλό-πλουτος, ος, ον, qui aime les richesses.

φιλο-ποιητής, οῦ (ὁ), ami des poètes.

Φιλο-ποίμην, ενος (ὁ), Philopœmen.

φιλο-πόλεμος, ος, ον, qui aime la guerre.

φιλο-πολέμως, *adv.*, avec un esprit belliqueux.

φιλό-πολις, ις, ι, *gén.* ιδος, qui aime son pays.

φιλο-πονέω-ῶ (*f.* ήσω), aimer le travail; travailler consciencieusement, τι.

φιλο-πονία, ας (ἡ), amour du travail.

φιλό-πονος, ος, ον, 1° qui aime le travail. ‖ 2° pénible.

φιλο-πόνως, *adv.*, avec effort.

φιλο-ποσία, ας (ἡ), amour de la boisson.

φιλο-πότης, ου (ὁ), ivrogne.

φιλο-πραγμοσύνη, ης (ἡ), 1° ACTIVITÉ. ‖ 2° indiscrétion.

φιλο-πράγμων, ων, ον, *gén.* ονος, 1° ACTIF. ‖ 2° indiscret.

φιλο-προσηγορία, ας (ἡ), caractère affable.

φιλο-προσήγορος, ος, ον, affable.

φιλό-πρωτος, ος, ον, qui aime primer.

φιλο-πτόλεμος, *comme* φιλοπόλεμος.

φιλό-πτωχος, ος, ον, qui aime les pauvres.

φιλ-ορνιθία, ας (ἡ), amour pour les oiseaux.

φιλ-όρτυξ, υγος (ὁ, ἡ), qui aime les cailles.

φίλος, η, ον, 1° CHER; aimé : ὁ φίλος, l'ami. ‖ 2° qui plaît : εἰ φίλον σοί ἐστι, s'il te plaît. ‖ 3° *hom.*, φίλον ἦτορ, mon, ton, son, *etc.* cœur; γυῖα λέλυντο φίλα, ses membres étaient brisés. ‖ 4° qui aime; amical : φίλα φρονεῖν, avoir des pensées affectueuses.

φιλό-σιτος, ος, ον, qui a plaisir à manger.

φιλο-σκώμμων, ων, ον, *gén.* ονος, qui se plaît à plaisanter.

φιλο-σοφέω-ῶ (*f.* ήσω),

CHERCHER LA CULTURE; philosopher; être philosophe. || 2° étudier à fond; méditer.

φιλο-σόφημα, ατος (τό), étude.

φιλο-σοφία, ας (ἡ), 1° RECHERCHE DE LA CULTURE; philosophie. || 2° étude profonde.

φιλό-σοφος, ος, ον, 1° QUI RECHERCHE LA CULTURE; cultivé. || 2° philosophique. — N. ὁ φ., PHILOSOPHE; maître en un art.

φιλο-σόφως, *adv.*, en homme instruit; en philosophe.

φιλο-στοργέω-ῶ(*f.* ήσω), chérir tendrement.

φιλό-στοργος, ος, ον, tendrement affectueux.

φιλο-στόργως, *adv.*, avec une tendre affection.

φιλο-στρατιώτης, ου (ὁ), ami des soldats.

φιλο-σώματος, ος, ον, soigneux de sa personne.

φιλο-σώφρων, ων, ον, *gén.* ονος, ami de la modération.

φιλό-τεκνος, ος, ον, qui aime ses enfants.

φιλο-τεχνέω-ῶ (*f.* ήσω), 1° aimer les arts. || 2° exécuter avec art, *acc.* s'appliquer à, *prép.*

φιλο-τεχνία, ας (ἡ), amour des arts; sens du beau.

φιλό-τεχνος, ος, ον, 1° ami des arts; qui a le goût artistique. || 2° artistiquement fait.

φιλότης, ητος (ἡ), 1° AMITIÉ; tendresse. || 2° amour. || 3° ami chéri.

φιλοτησία, ας (ἡ), toast : φιλοτησίαν προπίνειν, porter la santé (de, *dat.*).

φιλοτήσιος, ος *et* α, ον, 1° relatif à l'amitié *ou* à l'amour. || 2° relatif aux toasts.

φιλο-τιμέομαι-οῦμαι (*f.* ήσομαι *et* ηθήσομαι, *aor.* ἐφιλοτιμησάμην *et* -τιμήθην, *pf.* πεφιλοτίμημαι), 1° AIMER L'HONNEUR; être ambitieux. || 2° s'efforcer. || 3° rivaliser avec, πρός, *acc.*

φιλο-τίμημα, ατος (τό), manifestation d'ambition.

φιλο-τιμία, ας (ἡ), 1° AMBITION. || 2° rivalité; émulation. || 3° honneur. || 4° largesse.

φιλό-τιμος, ος, ον, 1° AMBITIEUX. || 2° rival. ||

3° honoré. ‖ 4° généreux; prodigue.

φιλο-τίμως, *adv.*, avec ambition; à l'envi.

φιλό-φθογγος, **ος**, **ον**, qui aime à crier.

φιλο-φρονέομαι-οῦμαι (*f.* ήσομαι, *aor.* ἐφιλοφρονησάμην *et* φρονήθην), 1° *tr.*, ACCUEILLIR AFFECTUEUSEMENT; caresser. ‖ 2° *intr.*, être bienveillant; être dévoué à, *dat*; s'abandonner à, *dat*.

φιλο-φρόνησις, **εως** (ἡ), bienveillance.

φιλο-φρόνως, *adv.*, avec bienveillance.

φιλο-φροσύνη, **ης** (ἡ), 1° BIENVEILLANCE; amabilité. ‖ 2° entrain.

φιλό-φρων, **ων**, **ον**, *gén.* **ονος**, bienveillant.

φιλό-χορος, **ος**, **ον**, qui aime les danses.

φιλο-χρηματέω-ῶ (*f.* ήσω), aimer l'argent.

φιλο-χρηματία, **ας** (ἡ), amour de l'argent.

φιλο-χρήματος, **ος**, **ον**, qui aime l'argent.

φιλο-χρημάτως, *adv.*, avec cupidité.

φιλο-χρημοσύνη, *comme* φιλοχρηματία.

φιλό-χρηστος, **ος**, **ον**, qui aime le bien.

φιλό-χρυσος, **ος**, **ον**, qui aime l'or.

φιλο-χωρέω-ῶ (*f.* ήσω), se plaire en un lieu *ou* à, *prép.*

φιλο-χωρία, **ας** (ἡ), amour d'un lieu.

φιλο-ψευδής, **ής**, **ές**, qui se plaît à mentir.

φιλό-ψογος, **ος**, **ον**, qui se plaît à critiquer.

φιλο-ψυχέω-ῶ (*f.* ήσω), 1° aimer la vie. ‖ 2° être lâche.

φιλο-ψυχία, **ας** (ἡ), 1° amour de la vie. ‖ 2° lâcheté.

φίλτερος *et* **φίλτατος**, *comp. et sup. de* φίλος.

φίλτρον, **ου** (τό), 1° philtre. ‖ 2° charme; séduction. ‖ 3° affection.

φιλύρα, **ας** (ἡ), tilleul.

φιλύρινος, **η**, **ον**, de tilleul.

φιλ-ῳδός, **ός**, **όν**, aim des chants.

φίλως, *adv.*, amicalement; avec plaisir.

φιμός, **οῦ** (ὁ), 1° muselière. ‖ 2° cornet à dés.

φιμόω-ῶ (*f.* ώσω), 1° museler. ‖ 2° mettre au pilori.

φιτρός, **οῦ** (ὁ), pièce de bois; tronc.

φίτυμα, ατος (τό), rejeton.

φιτύω (*f.* σω), 1° planter. ‖ 2° engendrer; enfanter.

φλαυρίζω (*f.* ίσω), déprécier; ravaler.

φλαῦρος, α, ον, 1° VIL; sans valeur. ‖ 2° méchant : φλαῦρα λέγειν, dire des méchancetés.

φλαυρότης, ητος (ἡ), 1° vileté; valeur nulle. ‖ 2° méchanceté.

φλαυρ-ουργός, ός, όν, qui travaille mal.

φλαύρως, *adv.*, insuffisamment; mal.

φλάω-ῶ (*f.* άσω), broyer; mâcher.

φλέβιον, ου (τό), petite veine.

φλεγέθω, brûler, *tr. et intr.*

φλέγμα, ατος (τό), 1° inflammation. ‖ 2° humeur bilieuse; pituite.

φλεγμαίνω (*f.* ανῶ, *aor.* ἐφλέγμηνα *et* μανα), 1° être enflammé. ‖ 2° être enflé.

φλεγμονή, ῆς (ἡ), inflammation; ardeur.

φλέγω (*f.* ξω), A. *tr.*, 1° BRÛLER; enflammer. ‖ 2° faire briller; illustrer. ‖ B. *intr.*, être brûlant; briller.

φλέψ, φλεβός (ἡ), veine.

φλέως, ω (ὁ), jonc.

φληναφάω-ῶ (*f.* ήσω), radoter.

φλήναφος, ου (ὁ), radotage.

Φλιάσιος, α, ον, de Phlionte.

φλιή, ῆς (ἡ), montant de porte.

Φλιοῦς, οῦντος (ὁ), Phlionte.

φλόγεος, εα, εον, enflammé.

φλογίζω, *comme* φλέγω.

φλογιστός, ή, όν, brûlé.

φλογμός, οῦ (ὁ), flamme.

φλογο-ειδής,, ής, ές, *et* **φλογ-ώδης, ης, ες**, semblable à la flamme; ardent.

φλογ-ωπός, ός, όν, *mêmes sens.*

φλόγωσις, εως (ἡ), *comme* φλεγμονή.

φλόϊνος, η, ον, d'écorce.

φλοιός, οῦ (ὁ), écorce.

φλοῖσβος, ου (ὁ), bruit confus.

φλοι-ώδης, ης, ες, qui ressemble à l'écorce.

φλόξ, φλογός (ἡ), flamme

φλόος-οῦς, όου-οῦ (ὁ), écorce; peau.

φλυαρέω-ῶ (*f.* ήσω), parler en l'air; bavarder.

φλυαρία, ας (ἡ), bavardage; niaiserie.

φλύαρος, ος, ον, bavard. — N. ὁ φ., bavardage; sottise.

φλύκταινα, ης (ἡ), pustule; ampoule.

φλύω (*f.* σω), 1° couler à flots. ‖ 2° bavarder.

φοβερός, ά, όν, 1° EFFRAYANT; redoutable : φοβερόν ἐστι μή (*subj.*), il est à craindre que. ‖ 2° craintif.

φοβέω-ῶ (*f.* ήσω), EFFRAYER; mettre en fuite : φοβηθείς, mis en fuite. — *Moy.-pass.* (*f.* φοβήσομαι *et* φοβηθήσομαι, *aor.* ἐφοβησάμην *et* ἐφοβήθην), 1° fuir. ‖ 2° avoir peur; CRAINDRE (μή, que) : ἐφοβούμεθα μὴ οὐκ ἔλθοι, nous craignions qu'il ne vînt pas.

φόβη, ης (ἡ), 1° crinière. ‖ 2° touffe de cheveux *ou* de feuillage.

φόβημα, ατος (τό), objet d'effroi.

φοβητός, ή, όν, effroyable.

φόβητρον, ου (τό), épouvantail.

φόβον-δε, *adv.*, vers *ou* pour la fuite.

φόβος, ου (ὁ), 1° fuite. ‖ 2° CRAINTE; effroi : φόβος ἐστὶ μή, il est à craindre que.

Φόβος, ου (ὁ), Phobos, (*dieu de l'effroi*).

φοιβάς, άδος (ἡ), prêtresse de Phébus.

Φοίβειος, α, ον, de Phébus.

Φοίβη, ης (ἡ), Phébé.

φοιβό-λαμπτος, ος, ον, inspiré par Phébus.

φοῖβος, ος, ον, brillant.

Φοῖβος, ου (ὁ), Phébus.

φοινήεις, ήεσσα, ῆεν, couleur de sang; rouge.

φοινίκειος, ος, ον, de palmier.

φοινίκεος-οῦς, έα-ῆ, εον-οῦν, d'un rouge vif; pourpre.

Φοινίκη, ης (ἡ), la Phénicie.

Φοινικήϊος, η, ον, *et* **Φοινικικός, ή, όν**, phénicien.

φοινίκινος, η, ον, de palmier.

φοινίκιος, α, ον, écarlate.

φοινικίς, ίδος (ἡ), étoffe *ou* vêtement de couleur pourpre.

φοινικιστής, οῦ (ὁ), personnage vêtu de pourpre.

φοινικόεις, όεσσα, όεν, *comme* φοινίκεος.

φοινικο-πάρηος, ος, ον, aux joues rouges.

φοινικό-πτερος, ου (ὁ), flamant.

φοινικο-σκελής, ής, ές, aux pattes rouges.

φοινικοῦς, ῆ, οῦν, *comme* φοινίκεος.

1. **φοῖνιξ, ικος,** *adj.*, d'un rouge pourpre.

2. **φοῖνιξ, ικος** (ὁ), 1° pourpre (*couleur*). ‖ 2° palmier; datte. ‖ 3° phénix. ‖ 4° luth phénicien.

1. **Φοῖνιξ, ικος** (ὁ), Phénicien.

2. **Φοῖνιξ, ικος** (ὁ), Phénix.

φοίνιος, α, ον, 1° couleur de sang. ‖ 2° sanglant. ‖ 3° sanguinaire.

φοίνισσα, ης, *adj. fém. de* φοῖνιξ 1.

Φοίνισσα, ης (ἡ), *fém. de* Φοῖνιξ 1.

φοινίσσω (*f.* ξω), 1° *tr.*, rendre rouge.‖2° *intr.*, devenir rouge.

φοινός, ή, όν, *comme* φοίνιος.

φοιταλέος, α, ον, qui rend égaré.

φοιτάς, άδος (ἡ), vagabonde; égarée.

φοιτάω-ῶ (*f.* ήσω), 1° ALLER ET VENIR; errer : **ἐφοίτων** ἄλλοθεν ἄλλος, ils allaient et venaient l'un d'un côté, l'autre de l'autre. ‖ 2° aller souvent; fréquenter : φ. εἰς διδασκάλου, aller à l'école; οἱ φοιτῶντες, les disciples. ‖ 3° revenir à date fixe; être une recette périodique.

φοίτησις, εως (ἡ), 1° action d'aller et de venir. ‖ 2° fréquentation (*d'un maître*).

φοιτητής, οῦ (ὁ), écolier.

φολίς, ίδος (ἡ), écaille.

φολκός, οῦ (ὁ), cagneux.

φοναί, ῶν (αἱ), meurtre.

φονάω-ῶ, aimer la tuerie.

φόνευμα, ατος (τό), victime à tuer.

φονεύς, έως (ὁ), meurtrier.

φονεύω (*f.* σω), tuer.

φονικός, ή, όν, qui concerne *ou* qui aime le meurtre.

φόνιος, α, ον, sanglant; sanguinaire.

φόνος, ου (ὁ), 1° MEURTRE; carnage; sang. ‖ 2° cadavre.

φοξός, ή, όν, pointu.

φορά, ᾶς (ἡ), 1° ACTION DE PORTER *ou* D'APPORTER. ‖ 2° fardeau. ‖ 3° paiement; impôt : φορὰν **ἔλιπον,** ils oublièrent de payer. ‖ 4° mouvement; élan : φ. ἀκοντίου, portée d'un trait. ‖ 5° production; récolte : φ. προδοτῶν, foison de traîtres.

φορά-δην, *adv.*, en étant porté.

φορϐάς, άδος (ὁ, ἡ), 1° qui est au pâturage. ‖ 2° nourricier.

φορϐή, ῆς (ἡ), pâturage.

φορεύς, έως (ὁ), porteur.

φορέω-ῶ (*f.* ήσω), 1° PORTER. ‖ 2° avoir en soi.

φόρημα, ατος (τό), 1° FARDEAU. ‖ 2° brancard. ‖ 3° parure.

φορητός, ή, όν, supportable.

Φορκίδες, ων, (αἱ), les Gorgones (*filles de Phorcys*).

φορμ-ηδόν, *adv*, en forme de natte.

φόρμιγξ, ιγγος (ἡ), lyre.

φορμίζω (*f.* ίσω), jouer de la lyre.

φορμικτής, οῦ (ὁ), joueur de lyre.

φορμίς, ίδος (ἡ), petit panier.

φορμο-ρραφέω-ῶ (*f.* ήσω), coudre dans un sac; emballer.

φορμός, ου (ὁ), natte; panier.

φορο-λογέω-ῶ (*f.* ήσω), lever des impôts.

φόρος, ου (ὁ), impôt; taxe.

φορτ-ηγέω-ῶ (*f.* ήσω), porter des fardeaux; être porteur.

φορτ-ηγικός, ή, όν, de transport.

φορτ-ηγός, ός, όν, qui porte des fardeaux.

φορτίζω (*f.* ίσω, *att.* ιῶ), charger (*de fardeaux*).

φορτικός, ή, όν, QUI EST A CHARGE; grossier; vulgaire.

φορτικότης, ητος (ἡ), grossièreté.

φορτικῶς, *adv.*, grossièrement.

φορτίον, ου (τό), fardeau; marchandises.

φορτίς, ίδος (ἡ), bateau de transport.

φόρτος, ου (ὁ), *comme* φορτίον.

φορτο-φορέω-ῶ (*f.* ήσω), porter un fardeau.

φορύνω, mêler; brouiller; salir.

φορύσσω (*f.* ξω), *mêmes sens.*

φορυτός, οῦ (ὁ), mélange immonde.

φόως (τό), *comme* φῶς.

φόωσ-δε, *adv.*, vers la lumière.

φράγμα, ατος (τό), clôture; barrière.

φραγμός, οῦ (ὁ), *mêmes sens.*

φράγνυμι, *comme* φράσσω.

φραδή, ῆς (ἡ), 1° avis. ‖ 2° sagesse.

φραδής, ής, ές, éclairé; sage.

φράδμων, ων, ον, *gén.* **ονος,** *mêmes sens.*

φράζω (*f.* άσω, *aor.* 2 *hom.* ἐπέφραδον), EXPLIQUER; indiquer; énoncer; dire : φ. χειρί, faire signe de la main.

— *Moy.*, φράζομαι (*f.* άσομαι, *aor.* ἐφρασάμην *et* ἐφράσθην, *pf.* πέφρασμαι), 1° PENSER; réfléchir; considérer. ‖ 2° préparer; imaginer. ‖ 3° remarquer; prendre garde (μή, que).

φράσσω, *att.* **ττω** (*f.* ξω; *pass. f.* 2 φραγήσομαι, *aor.* 1 ἐφράχθην, *aor.* 2 ἐφράγην, *pf.* πέφραγμαι), *et moy.*, 1° CLORE; enfermer; protéger. ‖ 2° obstruer; fermer. ‖ 3° presser : φράξαντες σάκος σάκει, ayant serré bouclier contre bouclier. ‖ 4° *Sens particulier au moy.*, se fortifier; se retrancher.

φραστήρ, ῆρος (ὁ), homme qui explique.

φράτηρ, ερος (ὁ), citoyen d'une même *phratrie.*

φρατρία, ας (ἡ), phratrie (*subdivision de la tribu*).

φρατριάζω (*f.* άσω), être membre d'une phratrie.

φρατρί-αρχος, ου (ὁ), chef d'une phratrie.

φράτριος, α, ον, de la phratrie.

φράτωρ, ορος (ὁ), *comme* φράτηρ.

φρέαρ, ατος (τό), puits.

φρεατία, ας (ἡ), citerne; conduite d'eau.

φρεῖαρ, ατος (τό), *comme* φρέαρ.

φρεν-ήρης, ης, ες, raisonnable.

φρενιτιάω-ῶ (*f.* άσω), être dément.

φρενῖτις, ιδος (ἡ), démence.

φρενο-βλαβής, ής, ές, à l'esprit dérangé; fou.

φρενό-θεν, *adv.*, volontairement.

φρενο-μόρως, *adv.*, avec égarement.

φρενο-τέκτων, ων, ον, *gén.* **ονος,** inventif.

φρενόω-ῶ (*f.* ώσω), assagir.

φρήν, φρενός (ὁ), 1° COEUR ; sentiment : ἐκ φρενός, du fond du cœur. ‖ 2° (*surtout au pl.*) ESPRIT : κατὰ φρένα καὶ κατὰ θυμόν, en son esprit et en son cœur. ‖ 3° diaphragme ; poitrine ; enveloppe des organes internes.

φρήτρη, *comme* φρατρία.

φρίκη, ης (ἡ), FRISSON ; effroi.

φρικ-ώδης, ης, ες, qui fait frissonner ; horrible.

φρικ-ωδῶς, *adv.*, avec effroi.

φριμάσσομαι, *att.* **ττομαι** (*f.* άξομαι), frémir ; souffler bruyamment.

φρίξ, φρικός (ἡ), frisson ; frémissement.

φρίσσω, *att.* **ττω** (*f.* ξω), 1° se hérisser : πτεροῖσι νῶτα πεφρικότες, ayant les plumes hérissées sur le dos. ‖ 2° frissonner ; frémir. ‖ 3° trembler devant qq'un, *acc.* : ἔφριξε ποιῆσαι, il n'a pas osé le faire.

φροιμιάζομαι (*f.* άσομαι), préluder ; faire un préambule.

φροίμιον, ου (τό), prélude ; préambule.

φρονέω-ῶ (*f.* ήσω), 1° *intr.*, PENSER ; être raisonnable : τὸ φρονεῖν, la sagesse. ‖ 2° *tr.*, avoir telle idée *ou* tel sentiment : σμικρὰ φρονεῖν, avoir des sentiments bas ; μέγα φρονεῖν, ÊTRE ORGUEILLEUX ; τὰ Φιλίππου φρονεῖν, prendre le parti de Philippe.

φρόνημα, ατος (τό), 1° PENSÉE ; SENTIMENT. ‖ 2° noblesse d'âme. ‖ 3° orgueil.

φρονηματίας, ου (ὁ), 1° noble de sentiments. ‖ 2° orgueilleux.

φρονηματίζομαι (*f.* ισθήσομαι), être présomptueux.

φρόνησις, εως (ἡ), PENSÉE ; INTELLIGENCE ; raison.

φρόνιμος, ος, ον, sensé ; raisonnable : τὸ φρόνιμον, bon sens ; raison ; sagesse.

φρονίμως, *adv.*, raisonnablement ; prudemment.

φρόνις, εως (ἡ), bon sens ; sens pratique.

φρονούντως, *adv.*, sagement.

φροντίζω (*f.* ίσω, *att.* ιῶ), 1° *abs.*, penser ;

réfléchir : φ. ὅπως, se demander comment; φ. μή, prendre garde que. ‖ 2° avoir souci de; prendre soin de; soigner, *gén.-acc.* : τῆς σωτηρίας φροντίζειν, se préoccuper de son salut; περφροντικῶς, soucieux. ‖ 3° méditer; imaginer, *acc.*

φροντίς, ίδος (ἡ), 1° SOIN; SOUCI; inquiétude : ἐν φροντίδι εἶναι περί τινος, être préoccupé de qq. chose. ‖ 2° réflexion; pensée.

φρόντισμα, ατος (τό), objet de souci.

φροντιστήριον, ου (τό), cabinet de méditation.

φροντιστής, οῦ (ὁ), penseur.

φροντιστικός, ή, όν, méditatif; attentif.

φροντιστικῶς, *adv.*, avec attention.

φροῦδος, η, ον, parti; disparu; éphémère.

φρουρά, ᾶς (ἡ), 1° GARDE; faction : φρουρᾶς ᾄδειν, chanter en montant la garde. ‖ 2° garnison; troupes. ‖ 3° prison.

φρουρ-αρχέω-ῶ (*f.* ήσω), commander une garnison.

φρουρ-αρχία, ας (ἡ), commandement d'une garnison.

φρούρ-αρχος, ου (ὁ), commandant d'une garnison.

φρουρέω-ῶ (*f.* ήσω), 1° *intr.*, ÊTRE DE GARDE. ‖ 2° *tr.*, garder; surveiller; protéger; conserver : φ. ὅπως, prendre garde que.

φρούρημα, ατος (τό), 1° garde; surveillance. ‖ 2° chose gardée.

φρουρικός, ή, όν, de la garde; de la garnison.

φρούριον, ου (τό), 1° forteresse. ‖ 2° garde; garnison.

φρουρίς, ίδος (ἡ), navire de protection.

φρουρός, οῦ (ὁ), gardien; garnison.

φρύαγμα, ατος (τό), 1° GRONDEMENT; hennissement. ‖ 2° fierté.

φρυαγμο-σέμνακος, ος, ον, poseur et emphatique.

φρυάσσομαι, *att.* **ττομαι** (*f.* ξομαι), 1° GRONDER; hennir. ‖ 2° prendre l'air solennel.

φρυγανίζομαι (*f.* ίσομαι), ramasser des brindilles.

φρυγανισμός, οῦ (ὁ),

action de ramasser des brindilles.
φρύγανον, ου (τό), brindilles.
Φρυγία, ας (ἡ), Phrygie.
φρυγίλος, ου (ὁ), pinson.
Φρύγιος, α, ον, Phrygien.
φρυγιστί, *adv.*, à la manière phrygienne.
φρύγω (*f.* ξω; *pass. aor.* 2 ἐφρύγην), faire griller.
φρυκτός, ή, όν, grillé.
φρυκτός, οῦ (ὁ), 1° feu; signal. ‖ 2° fève grillée.
φρυκτωρέω-ῶ (*f.* ήσω), signaler par des feux.
φρυκτωρία, ας (ἡ), signal donné par des feux.
φρυκτ-ωρός, οῦ (ὁ), observateur des signaux de feu.
φρύνη, ης (ἡ), crapaud.
Φρύνιχος, ου (ὁ), Phrynichos.
φρῦνος, ου (ὁ), *comme* φρύνη.
Φρύξ, **Φρυγός** (ὁ), Phrygien.
φῦ, *interj.*, fi!
φύγα-δε, *adv.*, en fuite (*question* quo).
φυγαδεύω (*f.* σω), bannir; envoyer en exil.
φυγαδικός, ή, όν, relatif aux exilés
φυγ-αίχμης, ου (ὁ), lâche (*qui fuit la bataille*).
φυγάς, άδος (ὁ, ἡ), 1° EXILÉ. ‖ 2° transfuge. ‖ 3° esclave fugitif.
φυγγάνω, *comme* φεύγω.
φυγή, ῆς (ἡ), 1° FUITE. ‖ 2° moyen d'éviter : νόσων φυγαί, les moyens d'éviter les maladies. ‖ 3° EXIL : φυγὴν φεύγειν, être exilé. ‖ 4° *sg. et pl.*, les exilés. ‖ 5° asile.
φυγο-δικέω-ῶ (*f.* ήσω), faire défaut (*en justice*).
φυγο-πτόλεμος, ος, ον, qui fuit la guerre.
φύζα, ης (ἡ), fuite.
φυζακινός, ή, όν, fuyard; couard.
φυή, ῆς (ἡ), 1° qualités naturelles. ‖ 2° prestance; beauté.
φυκιόεις, όεσσα, όεν, rempli d'algues.
φυκίον, ου, *et* **φῦκος**, ους (τό), 1° ALGUE. ‖ 2° couleur rouge; fard.
φυκόομαι-οῦμαι (*f.* ωθήσομαι), se farder.
φυκτός, *comme* φευκτός.
φυλακεῖον, ου (τό), corps de garde.
φυλακή, ῆς (ἡ), 1° ACTION DE GARDER; conservation. ‖ 2° vigilance;

protection; sauvegarde; précaution : ἔχειν τινὰ ἐν φυλακῇ, veiller sur quelqu'un; φυλακὴν ἔχειν μή, prendre garde que. || 3° garde (*militaire*); corps de garde : φυλακὰς καθίστασθαι, disposer des sentinelles. || 4° prison.

φυλακικός, ή, όν, qui garde *ou* peut garder.

φυλακίς, ίδος (ἡ), qui garde; qui escorte.

φυλακός, οῦ (ὁ), *comme* φύλαξ.

φυλακτέος, α, ον, *adj. verb. de* φυλάσσω.

φυλακτήρ, ῆρος (ὁ), *comme* φύλαξ.

φυλακτήριον, ου (τό), 1° poste de défense. || 2° moyen de préserver.

φυλακτήριος, α, ον, qui préserve, *gén.*

φύλαξ, ακος (ὁ, ἡ), 1° GARDE; gardienne : οἱ φύλακες, les gardes du corps. || 2° protecteur (contre, *gén.*); personne respectueuse de, *gén.*

φυλ-αρχέω-ῶ (*f.* ήσω), commander un contingent de cavalerie.

φύλ-αρχος, ου (ὁ), 1° chef d'une tribu. || 2° phylarque (*commandant d'un corps de cavalerie*).

φυλάσσω, *att.* ττω (*f.* ξω), A. *tr.*, 1° GARDER; surveiller. || 2° garder; conserver : μνήμῃ φ., retenir en sa mémoire. || 3° observer : φ. τὰ ὅρκια, observer ses serments. || 4° épier : φ. τοὺς πολεμίους, épier les ennemis.

— B. *intr.*, 1° être de garde || 2° se garder (de, *inf.*)

— *Moy.*, A. *tr.*, 1° garder pour soi; conserver. || 2° se mettre en garde contre; ne pas consentir à (*inf.*).

— B. *intr.*, 1° monter la garde. || 2° prendre garde (μή, que) : πεφυλαγμένος εἶναι, être sur ses gardes.

φυλέτης, ου (ὁ), citoyen d'une tribu.

φυλετικός, ή, όν, de la tribu.

φυλή, ῆς (ἡ), 1° TRIBU; famille. || 2° corps de troupes.

φυλίη, ης (ἡ), olivier sauvage.

φυλλάς, άδος (ἡ), feuillage; rameau.

φυλλο-ϐολέω-ῶ (*f.* ήσω), perdre ses feuilles.

φυλλό-κομος, ος, ον, feuillu.

φύλλον, ου (τό), 1° FEUILLE. ‖ 2° pétale ; fleur.

φυλλο-ρροέω-ρροῶ, perdre ses feuilles.

φυλο-κρινέω-ῶ (*f.* ήσω), distribuer par tribus : répartir.

φῦλον, ου (τό), 1° tribu : κατὰ φῦλα, par tribus. ‖ 2° race ; peuple. ‖ 3° espèce : φ. γυναικῶν, le sexe féminin.

φύλ-οπις, ιδος (ἡ), combat ; mêlée ; querelle.

φῦμα, ατος (τό), tumeur.

φύξηλις, ιδος (ὁ, ἡ), qui fuit ; couard.

φύξιμος, ος, ον, 1° où l'on peut trouver asile : τὸ φύξιμον, refuge. ‖ 2° capable de fuir, *acc.*

φύξις, εως (ἡ), fuite.

φύραμα, ατος (τό), gâteau pétri.

φυράω-ῶ (*f.* άσω), pétrir.

φύρω (*aor.* ἔφυρσα ; *pass. aor.* 2 ἐφύρην), 1° MÊLER ; confondre. ‖ 2° souiller. ‖ 3° pétrir : ὁ φύρων, le boulanger. — *Moy.*, *Pass.*, se mêler à (πρός, *acc.*) ; hanter.

φῦσα, ης (ἡ), 1° soufflet (*à feu*). ‖ 2° vent.

φυσαλίς, ίδος (ἡ), bulle d'eau.

φύσαλος, ου (ὁ), crapaud.

φυσάω-ῶ (*f.* ήσω), *A. intr.*, 1° SOUFFLER. ‖ 2° être bouffi d'orgueil. — *B. tr.*, 1° souffler : φ. τοὺς ἄνθρακας, attiser les charbons. ‖ 2° enfler ; gonfler : πεφυσημένος, gonflé (*d'orgueil*).

φύσημα, ατος (τό), 1° souffle ; frémissement. ‖ 2° bouillonnement. ‖ 3° prétention ; orgueil.

φυσητήρ, ῆρος (ὁ), tuyau pour souffler ; flûte ; sarbacane.

φυσιάω-ῶ (*f.* άσω), souffler ; haleter.

φυσί-ζοος, ος, ον, qui donne la vie.

φυσικός, ή, όν, 1° RELATIF A LA NATURE ; physique : τὰ φυσικά, les sciences de la nature. ‖ 2° naturel ; qui suit la nature.

φυσικῶς, *adv.*, conformément à la nature.

φυσιο-γνωμονέω-ῶ (*f.* ήσω), juger d'après la physionomie.

φυσιο-λογέω-ῶ (*f.* ήσω), étudier scientifiquement la nature.

φυσιο-λογία, ας (ἡ), étude de la nature.

φύσις, εως (ἡ), 1° NATURE (*en tous sens*) : τὰ τῆς φύσεως, les choses de la nature; ἀγαθὴ φύσις, un bon naturel; φύσει, κατὰ φύσιν, conformément à la nature; παρὰ φύσιν, contre nature. ‖ 2° naissance; créature.

φυστή, ῆς (ἡ), galette au vin.

φυσ-ώδης, ης, ες, venteux.

φυταλιά, ᾶς (ἡ), plantation (*vigne* ou *arbres*).

φυτάλμιος, ος, ον, 1° qui crée *ou* développe la vie. ‖ 2° doué par la nature.

φυτεία, ας (ἡ), action de planter; croissance (*des pousses*).

φύτευμα, ατος (τό), plant.

φύτευσις, εως (ἡ), action de planter.

φυτευτήριον, ου (τό), pépinière.

φυτεύω (*f.* σω), 1° PLANTER. ‖ 2° engendrer. ‖ 3° causer; faire naître.

φυτόν, οῦ (τό), 1° POUSSE (*plante, arbre*). ‖ 2° rejeton; créature.

φυτο-σπόρος, ου (ὁ), 1° celui qui plante. ‖ 2° père.

φυτ-ουργός, ός, όν, *mêmes sens.*

φύω (*f.* σω), 1° *tr.*, FAIRE NAITRE : οἱ φύσαντες, les parents. ‖ 2° *intr.*, naître.

— *Moy.*, φύομαι (*f.* φύσομαι — *aor.* 2 ἔφυν, *pf.* πέφυκα), NAITRE; être. ‖ 2° pousser, grandir. ‖ 3° *hom.* s'attacher à.

— *Le pf.* πέφυκα *doit être traduit par* : je suis naturellement : ταῦτα οὕτω πέφυκε, tel est l'état naturel de ces choses; οἱ ἄνθρωποι πεφύκασιν ἁμαρτάνοντες *ou* ἁμαρτάνειν, les hommes commettent naturellement des fautes; εὖ πεφυκότες πρὸς τὴν ἀρετήν, gens naturellement bien doués pour la vertu.

Φώκαια, ας (ἡ), Phocée.

Φωκεύς, έως (ὁ), Phocidien.

φώκη, ης, (ἡ), phoque.

Φωκίς, ίδος (ἡ), la Phocide.

Φωκίων, ωνος (ὁ), Phocion.

φωλεός, οῦ (ὁ), tanière.

φωλεύω (*f.* σω), se cacher (*dans une tanière*).

φων-ασκέω-ῶ (*f.* ήσω), exercer sa voix.

φων-ασκία, ας (ἡ), exercice de la voix.

φωνέω-ῶ (*f.* ήσω), 1° FAIRE ENTENDRE LA VOIX. ‖ 2° parler ; dire : φωνήσασα προσηύδα, ayant pris la parole, elle dit. ‖ 3° nommer.

φωνή, ῆς (ἡ), 1° VOIX. ‖ 2° son ; cri. ‖ 3° langage ; langue. ‖ 4° mot ; sentence.

φωνήεις, ήεσσα, ῆεν, qui parle ; sonore : τὰ φωνήεντα, les voyelles.

φώνημα, ατος (τό), son émis par la voix ; parole.

φωνητικός, ή, όν, relatif à la voix.

φώρ, φωρός (ὁ), voleur.

φωράω-ῶ (*f.* άσω), prendre en flagrant délit : πεφωραμένος κλέπτης, voleur pris sur le fait.

φωριαμός, οῦ (ὁ), coffre (*à vêtements*).

1. **φῶς, φωτός** (τό), 1° LUMIÈRE ; éclat. ‖ 2 yeux. ‖ 3° joie ; gloire. *Cf.* φάος.

2. **φώς, φωτός** (ὁ), MORTEL ; homme ; héros.

φωστήρ, ῆρος (ὁ), qui éclaire.

φωσ-φόρος, ος, ον, qui apporte la lumière ; ὁ φ., étoile du matin.

φωτεινός, ή, όν, lumineux.

φωτίζω (ίσω, *att.* ιῶ), éclairer.

φωτισμός, οῦ (ὁ), action d'éclairer.

φωτο-ειδής, ής, ές, pareil à la lumière.

X

Χαβρίας, ου (ὁ), Chabrias.

χάδε, 3ᵉ *pers. sg. aor.* 2 *de* χανδάνω.

χάζω (*f.* χάσω, *aor.* 2 *hom.* κέκαδον), priver de.

— *Moy.* χάζομαι (*f.* χασ(σ)ομαι, *aor.* 2 *hom.* κεκαδόμην), reculer ; s'en aller ; *qqf.* refuser ; hésiter.

χαίνω (*aor.* 2 ἔχανον, *pf.* 2 κέχηνα), A. *intr.*,

1° ÊTRE BÉANT; s'entr'ouvrir. ‖ 2° ouvrir la bouche; bâiller. ‖ 3° rester bouche bée (*d'admiration* ou *de désir*), devant qq. chose, πρός τι : κεχηνότες ἀκούουσιν, ils écoutent extasiés. — B. *tr*, dire.

Χαιρεφῶν, ῶντος (ὁ), Chéréphon.

χαίρω (*f.* χαιρήσω, *aor.* ἐχαίρησα, *pf.* κεχάρηκα; *pass. au même sens que l'actif, f.* 2 χαρήσομαι, *aor.* 2 ἐχάρην, *pf.* κεχάρημαι *et* κέχαρμαι), SE RÉJOUIR; être heureux de, *dat. ou prép.* : (ἐφ') οἷς χαίρετε πάντες, ce dont vous vous réjouissez tous. — *Avec part.*, aimer à; être satisfait de : χαίρει ἀκούων, il aime à écouter; οὐ χαιρήσεις γελάσας, tu te repentiras d'avoir ri.

Loc. — 1° χαῖρε (χαιρέτω, χαίρετε), porte-toi bien; bonjour; salut; adieu *ou* va-t'en au diable! ‖ 2° χαίρειν λέγειν τινί, souhaiter le bonjour à qq'un; Κῦρος Κυαξάρῃ χαίρειν (*s. ent.* λέγει), Cyrus salue Cyaxare. ‖ 3° χαίρειν λέγειν, κελεύειν, ἐᾶν τινα *ou* τινι, envoyer promener qq'un. ‖ 4° χαίρων, avec plaisir; volontiers; impunément : χαίροντες ἦλθον, ils vinrent volontiers; εἰ χαίρων ἀπαλλάξει, s'il se retire impuni.

Χαιρώνεια, ας (ἡ), Chéronée.

χαίτη, ης (ἡ), 1° CRINIÈRE; chevelure touffue. ‖ 2° feuillage.

χαιτήεις, ήεσσα, ῆεν, à la crinière *ou* chevelure épaisse.

χάλαζα, ης (ἡ), grêle.

χαλαζήεις, ήεσσα, ῆεν, semblable à la grêle.

χαλ-αργός, ός, όν, aux pieds rapides.

χαλαρός, ά, όν, lâche; flasque. ‖ 2° mou; sans ressort.

χάλασις, εως (ἡ), relâchement.

χαλάω-ῶ (*f.* άσω; *pass. aor.* ἐχαλάσθην), 1° *tr.*, RELACHER; dépendre; délier : χ. κλῇθρα, ouvrir la porte. ‖ 2° *intr.*, se relâcher; se détendre; céder : χ. τῆς ὀργῆς, laisser tomber sa colère.

Χαλδαῖος, α, ον, Chaldéen.

χαλεπαίνω (*f.* ανῶ, *aor.* ἐχαλέπηνα; *pass. aor.* ἐχαλεπάνθην), se fâcher; s'irriter (contre, *dat. ou prép.*); s'emporter. — *Pass.*, 1° *mêmes sens.* ‖ 2° être un objet d'irritation.

χαλεπός, ή, όν, difficile (*en tous sens*); pénible; hostile : τὰ χαλεπά, les choses difficiles; les dangers; χ. τὴν φύσιν, d'humeur acariâtre.

χαλεπότης, ητος (ἡ), 1° difficulté. ‖ 2° humeur chagrine; dureté; hostilité.

χαλέπτω (*f.* έψω) 1° malmener; maltraiter. ‖ 2° *intr. et moy. pass.*, être irrité contre, *dat.*

χαλεπῶς, *adv.*, 1° péniblement. ‖ 2° durement; avec malveillance : χ. ἔχειν πρός, être mal disposé pour. ‖ 3° avec peine : χαλεπῶς φέρειν τι, être blessé de qq. chose.

χαλιν-αγωγέω-ῶ (*f.* ήσω), conduire avec le frein.

χαλινός, οῦ (ὁ), frein; mors.

χαλινόω-ῶ (*f.* ώσω), soumettre au frein.

χάλιξ, ικος (ὁ, ἡ), caillou; pierre.

χαλι-φρονέω-ῶ (*f.* ήσω), avoir la tête légère.

χαλι-φροσύνη, ης (ἡ), irréflexion.

χαλί-φρων, ων, ον, *gén.* ονος, à la tête légère.

χάλκ-ασπις, ιδος (ὁ, ἡ), au bouclier d'airain.

χαλκεία, ας (ἡ), art de travailler l'airain.

χαλκεῖον, ου (τό), 1° objet d'airain. ‖ 2° atelier de forgeron.

χάλκειος, α, ον, *comme* χάλκεος.

χαλκ-έμβολος, ος, ον, à l'éperon d'airain.

χαλκεο-θώρηξ, ηκος (ὁ, ἡ), à la cuirasse d'airain.

χάλκεος, α, ον, *et* **χαλκοῦς, ῆ, οῦν**, d'airain, *pr. et fig.*

χαλκεό-φωνος, ος, ον, à la voix d'airain.

χάλκευμα, ατος (τό), objet d'airain.

χαλκεύς, έως (ὁ), forgeron (*qui travaille l'airain*).

χαλκευτικός, ή, όν, relatif au travail de

l'airain : ἡ χαλκευτική, l'art de forger.

χαλκεύω (*f.* σω), travailler l'airain ; forger.

χαλκεών, ῶνος (ὁ), atelier de forgeron.

Χαλκηδονία, ας (ἡ), Chalcédoine.

χαλκήϊος, *comme* χάλκεος.

χαλκ-ήρης, ης, ες, garni d'airain.

Χαλκιδική, ῆς (ἡ), Chalcidique.

χαλκίνδα (*adv.*) παίζειν, jouer aux sous.

χαλκι-οίκος, ος, ον, à la demeure d'airain.

χαλκίον, ου (τό), vase *ou* tout objet d'airain.

χαλκίς, ίδος (ἡ), oiseau de proie.

Χαλκίς, ίδος (ἡ), Chalcis.

χαλκο-βαρής, ής, ές, chargé d'airain.

χαλκο-βατής, ής, ές, aux dalles d'airain.

χαλκο-βόας, ου (ὁ), à la voix d'airain.

χαλκο-γλώχιν, ινος (ὁ, ἡ). à pointe d'airain.

χαλκό-δετος, ος, ον, retenu par des chaînes d'airain.

χαλκο-θώραξ, ακος (ὁ, ἡ), cuirassé d'airain.

χαλκο-κνήμις, ιδος (ὁ, ἡ), aux cnémides d'airain.

χαλκο-κορυστής, οῦ (ὁ), armé d'airain.

χαλκο-πάρῃος, ος, ον, aux joues d'airain.

χαλκό-πλευρος, ος, ον, aux flancs d'airain.

χαλκό-πληκτος, ος, ον, forgé dans l'airain.

χαλκό-πους, πους, πουν, *gén.* ποδος, 1° aux pieds d'airain. ‖ 2° au seuil d'airain.

χαλκό-πυλος, ος, ον, aux portes d'airain.

χαλκός, οῦ (ὁ), 1° AIRAIN ; cuivre. ‖ 2° objet d'airain *ou* de cuivre (*vase, etc., monnaie*).

χαλκό-στομος, ος, ον, à bouche *ou* bec d'airain.

χαλκό-τευκτος, ος, ον, fait en airain.

χαλκο-τύπος, ος, ον, qui martèle l'airain.

χαλκό-τυπος, ος, ον, frappé par l'airain.

χαλκ-ουργός, οῦ (ὁ), *comme* χαλκεύς.

χαλκοῦς, *voir* χάλκεος

χαλκο-χίτων, ωνος (ὁ, ἡ), à la cuirasse d'airain.

χαλκόω-ῶ (*f.* ώσω), fabriquer en airain.

χάλκωμα, ατος (τό), objet fait en airain.

Χάλυϐες, ων (οἱ), les Chalybes.

χάλυϐος, ου (ὁ), acier.

χάλυψ, υϐος (ὁ), *même sens.*

χαμά-δις *et* **χαμᾶ-ζε**, à terre (*avec mouv*ᵗ.)

χαμᾶ-θεν, *adv.*, partant de terre.

χαμαί, *adv.*, à terre (*avec* ou *sans mouv*ᵗ.).

χαμαι-ευνάς, άδος (ἡ), qui couche à terre.

χαμαι-εύνης, ου (ὁ), qui couche à terre.

χαμαί-ζηλος, ος, ον, 1° qui se plaît à terre. ‖ 2° bas.

χαμαι-κοιτέω-ῶ (*f.* ήσω), coucher sur la terre.

χαμαῖ-θεν, *adv.*, *comme* χαμᾶθεν.

χαμαι-λέων, οντος (ὁ), caméléon.

χαμαι-πετής, ής, ές, 1° qui gît *ou* rampe à terre. ‖ 2° bas.

χαμ-εύνη, ης (ἡ), lit fait par terre.

χαμ-εύνιον, ου (τό), petit lit fait par terre.

χαμηλός, ή, όν, 1° qui reste à terre. ‖ 2° plat; bas.

χαμό-θεν, *adv.*, *comme* χαμᾶθεν.

χάμψαι, ων (οἱ), crocodiles.

χἄν, *crase pour* καὶ ἄν.

χανδάνω (*f.* χείσομαι, *aor.* 2 ἔχαδον, *pf.* κέχανδα), 1° CONTENIR; renfermer. ‖ 2° retenir. ‖ 3° avoir la capacité de, *inf.*

χανδόν, *adv.*, avec la bouche ouverte.

Χάονες, ων (οἱ), les Chaones.

χάος, χάους (τό), 1° GOUFFRE; abîme. ‖ 2° ténèbres. ‖ 3° chaos. — N. *pr.*, le Chaos.

χάρα, ας (ἡ), joie.

χάραγμα, ατος (τό), 1° déchirure; cicatrice. ‖ 2° marque; empreinte.

χαράδρα, ας (ἡ), 1° RAVIN; précipice; tranchée. ‖ 2° torrent.

χαραδριός, οῦ (ὁ), pluvier (*oiseau*).

χαραδρόω-ῶ (*f.* ώσω), crevasser; raviner.

χαρακόω-ῶ (*f.* ώσω), garnir d'une palissade.

χαρακτήρ, ῆρος (ὁ), 1° EMPREINTE. ‖ 2° signe particulier. ‖ 3° caractère.

χαράκωμα, ατος (τό), 1° PALISSADE. ‖ 2° camp retranché.

χαράκωσις, **εως** (ἡ), construction d'un retranchement.

χάραξ, **ακος** (ὁ, ἡ), 1° PIEU; palissade. ‖ 2° camp retranché.

χαράσσω, *att.* **ττω** (*f.* ξω), TAILLER EN POINTE; aiguiser. ‖ 2° exciter; provoquer. ‖ 3° empreindre; graver. ‖ 4° découper; déchirer.

χαρείς, *part. aor.* 2 *pass. de* χαίρω.

Χάρης, **ητος** (ὁ), Charès.

Χαρί-δημος, **ου** (ὁ), Charidème.

χαρι-δότης, **ου** (ὁ), qui dispense la joie.

χαρίεις, **ίεσσα**, **ίεν**, 1° GRACIEUX; agréable. ‖ 2° aimable; enjoué : οἱ χαρίεντες, les gens de bon ton. ‖ 3° habile; compétent : χαρίεις περὶ ἰατρικήν, qui s'entend en médecine. — *Adv.*, χάριεν, agréablement.

χαριεντίζομαι (*f.* ίσομαι, *att.* ιοῦμαι), badiner; faire de l'esprit.

χαριεντισμός, **οῦ** (ὁ), pointe spirituelle; badinage.

χαριεντότης, **ητος** (ἡ), bonne grâce.

χαριέντως, *adv.*, avec grâce; aimablement.

χαρίζομαι (*f.* ίσομαι, *att.* ιοῦμαι *et* ισθήσομαι, *aor.* ἐχαρισάμην *et* ἐχαρίσθην, *pf.* κεχάρισμαι), 1° ÊTRE AGRÉABLE; plaire; être complaisant, *dat.* ‖ 2° s'abandonner à, *dat.*, χ. τῇ γαστρί, s'adonner à la gourmandise. ‖ 3° accorder; offrir, *acc.* — *Part.* κεχαρισμένος, *a*) *sens actif*, agréable; bien venu; — *b*) *sens passif*, qui a reçu un bienfait.

χάριν (*acc. de* χάρις), *prép. gén.*, à cause de; pour l'amour de : τοῦ (*inter.*) χάριν; à cause de quoi? Ἕκτορος χάριν, pour l'amour d'Hector.

χάρις, **ιτος** (ἡ), 1° GRACE; charme : Ἀφροδίτης χάρις, la beauté d'Aphrodite. ‖ 2° désir de plaire : πρὸς χάριν, pour faire plaisir; χάριν σήν, par amour pour toi. ‖ 3° faveur; bienveillance; service : χάριν φέρειν τινί, rendre service à quelqu'un. ‖ 4° reconnaissance : χάριν εἰδέναι τινί, savoir gré à qq'un. ‖ 5° respect :

γήρᾳ χάριν προσέχειν, avoir des égards pour la vieillesse.‖6° récompense : χάριν ἀπῄτησαν οἱ στρατιῶται, les soldats réclamèrent leur solde.

Χάριτες, ων (αἱ), les Grâces.

χαριστήριος, ος, ον, qui manifeste la gratitude.

χαριτία, ας (ἡ), enjouement.

χαριτο-γλωσσέω *att.* **ττέω-ῶ** (*f.* ήσω), tenir des propos gracieux.

χάρμα, ατος (τό), cause de joie ; joie.

χάρμη, ης (ἡ), amour de la bataille ; bataille.

Χαρμίδης, ου (ὁ), Charmide.

χαρμονή, ῆς (ἡ), joie.

χαρμόσυνος, η, ον, joyeux : τὰ χαρμόσυνα, les fêtes.

χαρο-ποιός, ός, όν, réjouissant.

χαρ-οπός, ή, όν, aux yeux limpides *ou* bleus.

χάρτης, ου (ὁ), feuille de papyrus.

χαρτός, ή, όν, qui prête à la joie.

Χάρυβδις, εως (ἡ), Charybde.

Χάρων, ωνος (ὁ), Charon.

Χαρώνδας, ου *et* **α** (ὁ), Charondas.

χασκάζω, contempler bouche bée.

χάσκω, bâiller ; reste. bouche bée.

χάσμα, ατος (τό), ouverture ; crevasse ; abîme.

χασμάομαι-ωμαι (*f.* ήσομαι), *comme* χάσκω.

χάσμη, ης (ἡ), bouche ouverte ; bâillement.

χατέω-ῶ, avoir le désir *ou* le besoin de, *gén*

χατίζω, *même sens.*

χαυλι-όδων, όδοντος (ὁ), défenses (*d'animal sauvage*).

χαῦνος, η, ον, mou ; vaniteux ; futile.

χαύνωσις, εως (ἡ), amollissement.

χαυνωτικός, ή, όν, amollissant.

χέζω (*f.* χεσοῦμαι, *aor.* 1 ἔχεσα, *aor.* 2 ἔχεσον, *pf.* κέχοδα ; *pass. pf.* κέχεσμαι). aller à la selle.

χειά, ᾶς (ἡ), repaire (*de serpents*).

χεῖλος, ους (τό), 1° lèvre. ‖ 2° bord.

χεῖμα, ατος (τό), 1° HIVER. ‖ 2° mauvais temps ; orage.

χειμάδιον, ου (τό), quartier d'hiver.

χειμάζω (*f.* άσω), *A.*

intr., 1° ÊTRE ORAGEUX; *impers.*, χειμάζει, le temps est à l'orage.‖2° hiverner.
— *B. tr.*, secouer par la tempête; assaillir : ἀπειλαῖς χειμασθῆναι, être troublé par les menaces.

χειμαίνω (*f.* ανῶ, *aor.* ἐχείμηνα), *comme le précédent.*

χειμά-ρροος-ους, οον-ουν, torrentiel; grossi par l'orage.

χείμα-ρρος, ος, ον, *comme le précédent.*

χειμασία, ας (ἡ), hivernage.

χειμερίζω (*f.* ίσω), hiverner.

χειμερινός, ή, όν, 1° d'hiver.‖2° de mauvais temps; orageux.

χειμέριος, α *ou* **ος, ον,** *comme le précédent.*

χειμο-θνής, ῆτος (ὁ, ἡ), mort de froid.

χειμών, ῶνος (ὁ), 1° HIVER; temps froid. ‖ 2° mauvais temps; orage. ‖ 3° trouble; tumulte. ‖ 4° orage de l'âme.

χείρ, χειρός, *dat. pl.* χερσί (ἡ). 1° MAIN; bras; côté (*droit ou gauche*): χεῖρας ἀνασχεῖν, lever les mains *ou* les bras. ‖ 2° force; violence : χειρῶν νόμος, l'emploi de la force; ἐν χειρῶν νόμῳ, par violence.‖3° foule; troupe : πολλῇ χειρί, avec une grande armée. ‖ 4° main de fer; crampon.‖5° style: écriture.
Loc. — διὰ χειρῶν, ἐν χερσὶν ἔχειν, avoir sous la main; manier; ἐν χερσὶν εἶναί τινος, être au pouvoir de qq'un; ἐν χερσὶ μάχη, engagement corps à corps; εἰς χεῖρας ἰέναι, en venir aux mains; ἐκ χειρός, de près; sur-le-champ; en improvisant; ὑπὸ χεῖρα ποιεῖσθαι, soumettre; οἱ ὑπὸ χεῖρα, ceux qu'on a sous la main, les subordonnés, les premiers venus.

χειρ-αγωγέω-ῶ (*f.* ήσω), mener par la main.

χειρ-αγωγός, ός, όν, qui mène par la main.

χειρ-απτάζω (*f* ασω), manier; tâter.

χειριδωτός, ός, όν, à manches (*vêtement*).

χειρίζω (*f.* ίσω, *alt.* ιῶ), *comme* χειραπταζω.

χείριος, α, ον, soumis à; sujet.

χειρίς, ῖδος (ἡ), gant;

manche (*d'un vêtement*).

Χειρί-σοφος, ου (ὁ), Chirisophe.

χείριστος, η, ον, (*sup. de* χείρων), très mauvais; le pire.

χειρο-βολέω-ῶ (*f.* ήσω), lancer avec la main.

χειρό-γραφον, ου (τό), papier écrit à la main.

χειρο-δάϊκτος, ος, ον, déchiré par les mains.

χειρό-δεικτος, ος, ον, montré avec la main; manifeste.

χειρο-ήθης, ης, ες, doux; docile; apprivoisé.

χειρό-κμητος, ος, ον, travaillé à la main.

χειρο-κρατία, ας (ἡ), règne de la force.

χειρό-μακτρον, ου (τό), essuie-main.

χειρο-νομέω-ῶ (*f.* ήσω), manœuvrer les mains *ou* les bras.

χειρο-νομία, ας (ἡ), mouvement rythmé des mains *ou* des bras.

χειρόομαι-οῦμαι (*f.* ώσομαι), dompter; soumettre; maîtriser.

χειρο-πέδη, ης (ἡ), menottes.

χειρο-πληθής, ής, ές, qui remplit la main.

χειρο-ποιέομαι-οῦμαι (*f.* ήσομαι), faire avec ses mains.

χειρο-ποίητος, ος, ον, fait à la main; artificiel.

χειρό-σοφος, ος, ον, aux gestes habiles.

χειρότερος, α, ον *comme* χείρων.

χειρο-τέχνης, ου (ὁ), qui fait œuvre de ses doigts; ouvrier; artiste.

χειρο-τεχνία, ας (ἡ), métier manuel.

χειρο-τεχνικός, ή, όν, relatif aux arts manuels.

χειρο-τονέω-ῶ (*f.* ήσω), 1° VOTER A MAIN LEVÉE. ‖ 2° élire *ou* décréter à main levée.

χειρο-τονητός, ή, όν, voté à main levée.

χειρο-τονία, ας (ἡ), vote à main levée; suffrage.

χειρ-ουργέω-ῶ (*f.* ήσω), 1° TRAVAILLER MANUELLEMENT; exécuter. ‖ 2° malmener.

χειρ-ούργημα, ατος (τό), ouvrage manuel.

χειρ-ουργία, ας (ἡ), 1° TRAVAIL MANUEL. ‖ 2° exercice d'un art.

χειρ-ουργός, ός, όν, qui travaille de ses mains.

|| 2° qui pratique un art.

χείρους, *pour* χείρονες *et* χείρονας, de χείρων.

χείρωμα, ατος (τό), chose faite avec la main.

χείρων, ων, ον, *gén.* ονος, *comp. de* χέρης, PIRE; plus mauvais; inférieur : οὐ χεῖρόν ἐστι = mieux vaut. — *Adv.*, χεῖρον, pis; plus mal.

Χείρων,ωνος (ὁ),Chiron.

χειρωνακτικός, ή, όν, du travail manuel.

χειρῶναξ, ακτος (ὁ), travailleur manuel.

χείρωσις, εως (ἡ), conquête.

χείσομαι, *f. de* χανδάνω.

χελιδών, όνος (ἡ), hirondelle.

χελύνη, ης (ἡ), lèvre.

χέλυς, υος (ἡ), 1° tortue. || 2° lyre.

χελώνη, ης (ἡ), 1° TORTUE. || 2° lyre. || 3° abri en forme de toit.

χέραδος (τό), tas de gravier.

χερειότερος *et* **χερείων**, *comme* χείρων.

χέρης, (*dat. hom.* χέρηϊ), 1° mauvais. || 2° pire; inférieur.

χερμάδιον, ου (τό), pierre (*qu'on lance au combat*).

χερνήτης, ου (ὁ), pauvre travailleur.

χερνῆτις, ιδος (ἡ), pauvre ouvrière.

χερ-νίβιον *et* **χέρ-νιβον**, ου (τό), bassin (*pour ablutions*).

χερ-νίπτομαι (*f.*νίψομαι), se laver les mains pieusement (*lustrare*).

χέρ-νιψ, ιβος (ἡ), eau pour ablutions; ablution.

χερό-πληκτος, ος, ον, frappé avec la main.

χερρό-νησος, *voir* χερσόνησος.

χερσαῖος, α, ον, de la terre ferme : ὄρνιθες χερσαῖοι, oiseaux de pleine terre.

χερσεύω (*f.* σω), être en friche.

χερσό-θεν, *adv.*, venant de la terre ferme.

χέρσον-δε, *adv.*, vers la terre ferme.

Χερσο-νησίτης, ου (ὁ), habitant de la Chersonèse.

χερσονησο-ειδής, ής, ές, en forme de presqu'île.

χερσό-νησος, ου (ἡ), presqu'île. — *N. pr.*, la Chersonèse.

χέρσος, ος, ον, 1° de terre ferme; sec. ‖ 2° inculte; stérile. ‖ 3° dénué de, *gén.*

χέρσος, ου (ἡ), terre ferme.

χεσείω, avoir la colique.

χεῦαι, *inf. aor. de* χέω.

χεῦμα, ατος (τό), 1° écoulement; libation; flot. ‖ 2° matière fondue.

χέω (*f.* χέω, *aor.* ἔχεα *part.* χέας; *pass. f.* χυθήσομαι, *aor.* 1 ἐχύθην, *pf.* κέχυμαι), VERSER (*liquide, son, vapeur, etc.*); répandre : σῆμα χεῖν, répandre la terre d'un tombeau. ‖ 2° relâcher; laisser choir.

— *Moy.*, (*aor.* 2 *hom.* ἐχύμην), 1° *mêmes sens.* ‖ 2° se répandre : ἀμφὶ δέ οἱ θάνατος χύτο, la mort l'enveloppa; ἀμφί τινι χεῖσθαι, embrasser qq'un. ‖ 3° s'abandonner; se relâcher.

χηλευτός, ή, όν, formé de mailles.

χηλή, ῆς (ἡ), 1° pince; tenaille. ‖ 2° griffes. ‖ 3° sabot d'animal. ‖ 4° môle.

χηλός, οῦ (ἡ), coffre; armoire.

χἠμεῖς, *crase pour* καὶ ἡμεῖς.

χήν, χηνός (ὁ, ἡ), oie.

χην-αλώπηξ, εκος (ὁ), oie d'Égypte.

χήνεος, η, ον, d'oie.

χήρα, ας (ἡ), veuve; *cf.* χῆρος.

χηραμός, οῦ (ὁ), cavité; trou.

χηρεία, ας (ἡ), veuvage.

χηρεύω (*f.* σω), 1° être privé de, *gén.* ‖ 2° être veuf *ou* veuve.

χῆρος, α, ον, 1° privé de, *gén.* ‖ 2° veuf *ou* veuve.

χηρόω-ῶ (*f.* ώσω), 1° priver (de, *gén.*). ‖ 2° rendre veuf *ou* veuve.

χηρωστής, οῦ (ὁ), héritier collatéral.

χῆτος, ους (τό), manque : χήτει, *gén.*, à défaut de.

χθαμαλός, ή, όν, bas, *pr. et fig.*

χθαμαλο-φροσύνη, ης (ἡ), bassesse d'âme.

χθές, *adv.*, hier.

χθιζός, ή, όν, d'hier. — *Adv.*, χθιζόν *et* χθιζά, hier.

χθόνιος, α *ou* ος, ον, 1° SOUTERRAIN; des Enfers : θεοὶ χθόνιοι, dieux des Enfers. ‖ 2° qui est du pays.

χθονο-στιβής, ής, ές, terrestre; qui marche sur la terre.

χθών, χθονός (ἡ), 1° TERRE : οἱ ὑπὸ χθονός, ceux qui sont sous la terre, les morts. ‖ 2° contrée : χθὼν Κορινθία, le pays de Corinthe.

χιλι-άρχης, ου (ὁ), chiliarque (*commandant mille hommes*).

χιλι-αρχία, ας (ἡ), fonction de *chiliarque*.

χιλί-αρχος, ου (ὁ), *comme* χιλιάρχης.

χιλιάς, άδος (ἡ), millier; nombre mille.

χιλι-ετής, ής, ές, de mille ans.

χίλιοι, αι, α, mille.

χιλιό-ναυς, νεως (ὁ, ἡ), de mille vaisseaux.

χίλιος, α, ον, faisant un total de mille.

χιλιοστός, ή, όν, millième.

χιλιοστύς, ύος (ἡ), armée de mille hommes.

χιλός, οῦ (ὁ), fourrage.

χιλόω-ῶ (*f.* ώσω), conduire à la pâture.

Χίλων, ωνος (ὁ), Chilon.

χίμαιρα, ας (ἡ), chèvre. — *N. pr.*, la Chimère.

χιονίζω (*f.* ίσω), couvrir de neige.

χιονό-βλητος *et* **χιονό κτυπος**, ος, ον, recouvert de neige.

χιονο-βολέω-ω (*f.* ήσω), *comme* χιονίζω.

χιον-ώδης, ης, ες, neigeux.

Χίος, ου (ἡ), Chios.

Χῖος, α, ον, de Chios.

χιτών, ῶνος (ὁ), 1° TUNIQUE; vêtement. ‖ 2° cuirasse. ‖ 3° entourage; couverture.

χιτων-ίσκος, ου (ὁ), petite tunique.

χιών, όνος (ἡ), neige.

χλαῖνα, ης (ἡ), 1° grand manteau (*de laine*). ‖ 2° couverture (*de lit*).

χλαμύδιον, ου (τό), petite chlamyde.

χλαμυδ-ουργία, ας (ἡ), confection des chlamydes.

χλαμύς, ύδος (ἡ), chlamyde (*manteau court des cavaliers et des éphèbes*).

χλανίδιον, ου (τό), petite *chlanide*.

χλανιδο-ποιΐα, ας (ἡ), confection des petites chlanides.

χλανίς, ίδος (ἡ), chlanide (*petit manteau léger pour l'été*).

χλανίσκιον, ου (τό), tout petit manteau.

χλευάζω (*f.* άσω). railler, *tr. et intr.*

χλευασία, ας (ἡ), raillerie.

χλευασμός, οῦ (ὁ). *même sens.*

χλευαστής, οῦ (ὁ), railleur.

χλεύη, ης, *comme* χλευασία.

χλῆδος, ου (ὁ), décombres; boue.

χλιαίνω (*f.* ανῶ, *aor.* ἔχλίηνα), chauffer; faire tiédir.

χλιαρός, ά, όν, tiède.

χλιδαίνομαι (*f.* ανοῦμαι), tomber dans la mollesse.

χλιδανός, ή, όν, mou; voluptueux.

χλιδάω-ῶ (*f.* ήσω), 1° être mou; être voluptueux. || 2° être vaniteux (de, *dat.*).

χλιδή, ῆς (ἡ), MOLLESSE; vie de plaisirs; luxe. || 2° orgueil.

χλίδημα, ατος (τό). luxe de parure.

χλοάζω (*f.* άσω), devenir vert; pousser (*plante*).

χλόη, ης (ἡ), herbe verte; feuillage vert; verdure tendre.

χλούνης, ου (ὁ), sanglier.

χλωρηΐς, ΐδος (ἡ), du feuillage vert.

χλωρό-κομος, ος, ον, aux feuilles vertes.

χλωρός, ά, όν, 1° VERT; pâle. || 2° frais; neuf; plein de sève.

χλωρότης, ητος (ἡ), 1° couleur vert pâle. || 2° verdeur; fraîcheur de jeunesse.

χναύω (*f.* σω), avaler avec gourmandise.

χνοάζω (*f.* άσω), prendre un premier duvet.

χνοάω-ῶ, *même sens.*

χνόη, ης (ἡ), moyeu de la roue; essieu.

χνόος-οῦς, χνόου-οῦ (ὁ), 1° mousse; écume. || 2° duvet. || 3° barbe naissante.

χόανος, ου (ὁ), creuset.

χοεύς, χοέως-ῶς, *comme* χοῦς 1.

χοή, ῆς (ἡ), libation : χοὴν διδόναι, offrir une libation (*aux morts*).

χο-ήρης, ης, ες, de la contenance d'un conge.

χοη-φόρος, ος, ον, qui porte des libations.

χοἰ, *crase pour* καὶ οἱ.

χοινικίς, ίδος (ἡ), 1° cavité; trou. || 2° cercle; couronne métallique.

χοῖνιξ, ικος (ἡ), CHÉNICE (*mesure d'un litre environ*); ration de blé quotidienne.

χοιράς,άδος (ἡ), (*roche*) formant dos sur l'eau.

χοίρειος *et* **χοίρεος, α, ον,** de porc.

χοιρίδιον, ου (τό), petit porc.

χοιρίνη, ης (ἡ), coquille pour voter.

χοιρίον, ου (τό), *comme le suivant.*

χοῖρος, ου (ὁ, ἡ), petit porc.

χολάδες, ων (αἱ), intestins.

χολάω-ῶ, avoir de la bile; être furieux.

χολή, ῆς (ἡ), 1° bile; fiel. ‖ 2° colère.

χόλιξ, ικος (ἡ), intestin.

χόλος, ου (ὁ), *comme* χολή.

χολόω-ῶ (*f.* ώσω), irriter. — *Moy.-pass.*, s'irriter.

χολ-ώδης, ης, ες, bilieux.

χολωτός, ή, όν, courroucé.

χόνδρος, ου (ὁ), 1° grain. ‖ 2° petit caillou.

χορ-αγός, *comme* χορηγός.

χόρδευμα, ατος (τό), boudin.

χορδεύω (*f.* σω), faire du boudin.

χορδή, ῆς (ἡ), 1° boyau; corde. ‖ 2° boudin.

χορεία, ας (ἡ), danse; chœur.

χορεῖος, α, ον, relatif aux danses.

χόρευμα, ατος (τό), mouvement du chœur.

χορευτής, οῦ (ὁ), danseur; choreute.

χορεύω (*f.* σω) *et moy.*, A. *intr.*, danser. ‖ B. 1° célébrer par des danses. ‖ 2° mouvoir.

χορ-ηγέω-ῶ (*f.* ήσω), 1° CONDUIRE UN CHOEUR; être chef d'une troupe, *gén. ou dat.* ‖ 2° faire les frais d'un chœur, ÊTRE CHORÈGE : χορηγοῦσι μὲν οἱ πλούσιοι, χορηγεῖται δὲ ὁ δῆμος, les riches font les frais de la fête, et le peuple en a le profit. ‖ 3° fournir; approvisionner; payer, τί τινι; pourvoir à, *dat.* : χορηγεῖν ταῖς αὑτοῦ ἡδοναῖς, pourvoir à ses propres plaisirs.

χορ-ηγία, ας (ἡ), 1° CHORÉGIE (*frais d'un chœur*); dépenses (*d'un caractère public*). ‖ 2° frais; fourniture. ‖ 3° fonds; ressources : πόλεως χ., revenus de l'État.

χορ-ηγικός, ή, όν, des chorèges.

χορ-ηγός, οῦ (ὁ), 1° CHEF DE CHOEUR. || 2° CHORÈGE (*citoyen qui équipe un chœur à ses frais*). || 3° fournisseur; qui paie, *gén.*

χορικός, ή, όν, relatif aux chœurs.

χορο-διδασκαλία, ας (ἡ), direction du chœur.

χορο-διδάσκαλος, ου (ὁ), maître *ou* instructeur du chœur.

χοροι-τυπία, ας (ἡ), battement de pieds des danseurs.

χορόν-δε, *adv.*, à la danse; vers le chœur.

χορο-ποιός, ός, όν, qui dispose le chœur.

χορός, οῦ (ὁ), 1° CHOEUR : χορὸν διδάσκειν, former *ou* instruire un chœur; χ. ᾄδειν, chanter un chœur. || 2° troupe; foule.

χορτάζω (*f.* άσω), nourrir de fourrage; nourrir; engraisser.

χορταῖος, α, ον, de foin.

χόρτασμα, ατος (τό), nourriture.

χορτο-λόγος, ος, ον, fourrageur.

χόρτος, ου (ὁ), 1° enclos. || 2° foin; herbe.

χορ-ῳδία, ας (ἡ), chœur chanté.

1. **χοῦς, χοός** (ὁ, ἡ), conge (3 *litres et un peu plus* = 12 *cotyles*).

2. **χοῦς, χοῦ** (ὁ), amas de terre; tumulus.

χόω-ῶ, *comme* χώννυμι.

χραίνω (*f.* χρανῶ, *aor.* ἔχρανα), 1° EFFLEURER. || 2° colorer; teindre. || 3° souiller; offenser.

χραισμέω (*f.* ήσω), être utile; secourir, *dat.*; servir à (*dat.*)... pour repousser (*acc.*).

χράομαι-ῶμαι (2° *pers.* χρῇ, *f.* χρήσομαι, *aor.* ἐχρησάμην, *pf.* κέχρημαι), SE SERVIR DE; user de; pratiquer, *dat.* : τί χρήσομαι τούτῳ τῷ χρήματι; quel usage ferai-je de cet objet? χρήσασθαι δόλῳ, ἀνομίᾳ, pratiquer la ruse, l'illégalité. || 2° *abs.*, agir : οὕτω χρῶνται οἱ Πέρσαι, ainsi font les Perses. || 3° traiter qq'un; être familier avec, *dat.* (*cf. utor amico*) : χρῆσθαί τινι ὠμῶς, traiter qq'un avec cruauté; χρ. τινι φίλῳ, avoir qq'un comme ami; οἱ χρώμενοι, les familiers; χρῶ τοῖς βελτίστοις, fréquente les honnêtes gens. ‖ 4° avoir; éprouver : πολέμῳ χρῆσθαι, avoir la guerre; ἀτυχίᾳ χρ., éprouver du malheur.

χραύω (*f.* σω), effleurer.

1. **χράω** (*impf.* ἔχραον). 1° attaquer; envahir. ‖ 2° entreprendre de (*inf.*).

2. **χράω** (χρῇς, *f.* χρήσω), prêter. — *Moy.*, emprunter. *Cf.* κίχρημι.

3. **χράω** (χρῇς, *f.* χρήσω: *pass. aor.* ἐχρήσθην). rendre un oracle; annoncer: ordonner : τὰ χρησθέντα, les réponses données par l'oracle. — *Moy.*, consulter l'oracle, *abs. ou dat.*

χρεία, ας (ἡ), 1° USAGE. ‖ 2° utilité; service : τὰ πρὸς χρείαν, les choses utiles. ‖ 3° besoin : ἐν χρείᾳ εἶναί τινος, avoir besoin de qq. chose. ‖ 4° relations; commerce.

χρεῖος (τό), *comme* χρέος.

χρει-ώδης, ης, ες, avantageux.

χρεμετίζω (*f.* ίσω), hennir.

χρεμετισμός, οῦ (ὁ), hennissement.

χρέμπτομαι (*f.* ψομαι), expectorer.

χρέος, ους (τό), 1° BESOIN. ‖ 2° affaire; intérêt : ἐμόν ἐστι τὸ χρέος, l'affaire me regarde. ‖ 3° dette : τὰ χρέα ἀποδοῦναι, faire la remise des dettes.

χρεώ, χρεοῦς (ἡ), besoin pressant. — χρεώ ἐστι, *et acc. de pers.*, j'ai besoin : οὔτι με ταύτης χρεὼ τιμῆς (*s.-ent.* γίγνεται), je n'ai nullement besoin de cet honneur.

χρεών (τό), *indécl. part. de* χρή : nécessité; destin fatal : χρεὼν (ἐστι), il faut. — *Acc. abs.*, alors qu'il faut : χρεὼν εἰπεῖν, ἐσιγήσατε, quand il eût fallu parler, vous avez gardé le silence.

χρέως (τό), *comme* χρέος.

χρεωστέω-ῶ (*f.* ήσω), être en dette; devoir, *acc.*

χρε-ωφειλέτης, ου (ὁ), débiteur.

χρή (*impf.* ἐχρῆν *ou* χρῆν, *f.* χρήσει *et* χρῆσται), IL FAUT; il est nécessaire : τί χρή με ποιεῖν; que faut-il que je fasse? — Ἐχρῆν, il fallait; il eût fallu. —

Hom. οὐδέ τι σε (*acc.*) χρὴ ἀφροσύνης (*gén.*), tu n'as pas besoin de cette folie.

χρῇ, *pour* χρήζει.

1. **χρήζω** (*f.* χρήσω), 1° AVOIR BESOIN (de, *gén.*). ‖ 2° demander; désirer, *gén.-acc.*

2. **χρήζω** (*f.* χρήσω), prophétiser; rendre un oracle.

χρηΐσκομαι, *comme* χράομαι.

χρῆμα, **ατος** (τό), 1° CHOSE : τί χρῆμα; quoi? qu'est-ce qui arrive? ‖ 2° objet (*meubles, etc.*). ‖ 3° affaire : οὐ ῥᾴδιον τὸ χρῆμα, le cas n'est pas facile. ‖ 4° *au pl.*, richesses : δεῖ χρημάτων, il faut de l'argent. — 5° *avec le gén. exprime l'étonnement ou la quantité :* μέγα συὸς χρῆμα, un sanglier formidable; χρῆμα πολὺ νεῶν, un grand nombre de vaisseaux.

χρηματίζω (*f.* ίσω, *att.* ιῶ; *pass. f.* χρηματισθήσομαι), 1° NÉGOCIER; traiter des affaires (avec, *dat.*) : τὰ χρηματισθέντα, les résultats des négociations. ‖ 2° délibérer; s'entretenir avec, *dat.* ‖ 3° se nommer. —*Moy.*, faire ses affaires; gagner de l'argent.

χρηματικός, **ή**, **όν**, qui concerne *ou* qui aime l'argent.

χρημάτισις, **εως** (ἡ), gain par les affaires.

χρηματισμός, **οῦ** (ὁ), 1° MANIEMENT D'AFFAIRES; négoce : gain. ‖ 2° fonction. ‖ 3° arrêt ; acte officiel. ‖ 4° oracle.

χρηματιστής, **οῦ** (ὁ), homme d'affaires.

χρηματιστικός, **ή**, **όν**, qui concerne *ou* qui connaît les affaires : οἱ χ., les hommes d'affaires.

χρηματο-ποιός, **ός**, **όν**, lucratif.

χρημοσύνη, **ης** (ἡ), indigence.

χρησιμεύω (*f.* σω), être utile.

χρήσιμος, **ος** *et* **η**, **ον**, 1° UTILE. ‖ 2° dévoué, obligeant : οἱ χρήσιμοι, les gens de bien.

χρησίμως, *adv.*, utilement.

χρῆσις, **εως** (ἡ), 1° USAGE. ‖ 2° relations; commerce.

χρησμο-λογέω-ῶ (*f*

ήσω), rendre des oracles.

χρησμο-λόγος, ου (ὁ), qui rend *ou* interprète les oracles.

χρησμός, οῦ (ὁ), prophétie.

χρησμοσύνη, ης (ἡ), désir ; besoin.

χρησμ-ῳδέω-ῶ (*f.* ήσω), rendre des oracles (*en vers*).

χρησμ-ῳδία, ας (ἡ), oracle ; réponse des dieux.

χρησμ-ῳδός, ός, όν, qui rend des oracles : ὁ χ., devin.

χρηστέον, *adj. verb. de* χράομαι.

χρηστηριάζομαι(*f.* άσομαι), consulter (*un oracle*), *dat.*

χρηστήριον, ου (τό), 1° ORACLE (*temple ou réponse*). || 2° sacrifice.

χρηστήριος, ος *ou* **α, ον,** relatif aux oracles.

χρηστός, ή, όν BON, *en tous sens*. || 2° de bonne qualité. || 3° utile ; heureux : χρηστὰ ἀγγέλλειν, donner de bonnes nouvelles. || 4° vertueux ; bienfaisant : οἱ χρηστοί, les honnêtes gens. || 5° simple; naïf.

χρηστότης, ητος (ἡ), bonté, *en tous sens* (*comme* χρηστός).

χρηστῶς, *adv.*, bien.

χρῖμα, ατος (τό), onguent ; huile. || 2° enduit.

χρίμπτω (*f.* ψω), *et moy.*, 1° effleurer ; approcher. || 2° s'approcher de, *dat.*

χρῖσμα, *comme* χρῖμα.

χριστιανός, οῦ (ὁ), chrétien.

χριστός, ή, όν, oint. — Ὁ Χριστός, le Christ.

χρίω (*f.* σω ; *pass. f.* χρισθήσομαι), 1° OINDRE ; enduire. || 2° frotter ; piquer. — *Moy.*, oindre sa personne.

χρόα *et* **χροιά, ᾶς** (ἡ), *comme* χρώς.

χρόμαδος, ου (ὁ), grincement.

χρονίζω (*f.* ίσω. *att.* ιῶ), traîner en longueur ; être en retard. — *Pass.*, se prolonger ; s'invétérer.

χρονικός, ή, όν, relatif au temps.

χρόνιος, α, ον, 1° qui dure longtemps : χρόνιοι πόλεμοι, guerres prolongées. || 2° tardif ; lent à venir. || 3° vieux.

χρόνος, ου (ὁ), TEMPS, *en tous sens.*

— *Loc.* χρόνον, pendant un certain temps; χρόνον τινά, pour un temps; πολὺν χρόνον, pendant longtemps; τὸν ἀεὶ χρόνον, éternellement; ἀνὰ χρόνον, dans la suite du temps; κατ' ἐκεῖνον τὸν χρόνον, en ce temps-là. — χρόνου, depuis qq. temps; ὀλίγου χρόνου, depuis peu; πολλοῦ χρόνου, depuis longtemps; τοῦ λοιποῦ χρόνου, à l'avenir; διὰ χρόνου, à un long intervalle; ἀφ' οὗ χρόνου, depuis que. — (τῷ) χρόνῳ, ἐν χρόνῳ, σὺν χρόνῳ, avec le temps; à la longue; χρόνῳ οὐ πολλῷ, bientôt après.

χρονο-τριβέω-ῶ(*f.* ήσω), perdre le temps.

Χρῦσα, ης (ἡ), Chrysa (*ville*).

χρυσ-άμπυξ, υκος (ὁ, ἡ), au bandeau d'or.

χρυσ-άντ-αυγής, ής, ές, à l'éclat doré.

χρυσ-άορος, ος, ον, au glaive d'or.

χρυσ-αυγής, ής, ές, aux reflets d'or.

χρυσ-άωρ, άορος (ὁ, ἡ), *comme* χρυσάορος.

χρυσεῖα, ων (τά), mine d'or.

χρύσειος, α, ον, *comme* χρύσεος.

χρύσεος-οῦς, έα-ῆ, εον-οῦν, 1° D'OR. ‖ 2° couleur d'or. ‖ 2° précieux· beau comme l'or.

Χρυσηΐς, ΐδος (ἡ), Chryséis.

χρυσ-ηλάκατος, ος, ον, à la quenouille d'or.

χρυσ-ήλατος, ος, ον, fait d'or martelé.

χρυσ-ήνιος, ος, ον, aux rênes d'or.

χρυσ-ήρης, ης, ες, broché d'or.

Χρύσης, ου (ὁ), Chrysès.

χρυσίδιον, ου (τό), petite monnaie d'or.

χρυσίον, ου (τό), 1° OR. ‖ 2° monnaie *ou* objet d'or. ‖ 3° trésor (*mot d'amitié*).

χρυσίς, ίδος (ἡ), objet d'or (*vase, coupe, vêtement*).

χρυσίτις, ιτιδος (ἡ), qui contient de l'or.

χρυσό-γονος, ος, ον, né de l'or.

χρυσο-δαίδαλτος, ος, ον, enrichi d'ornements d'or.

χρυσό-δετος, ος, ον, passementé d'or.

χρυσο-ειδής, ής, ές, pareil à l'or.
χρυσό-ζυγος, ος, ον, au joug d'or.
Χρυσό-θεμις, ιδος (ἡ), Chrysothémis.
χρυσό-θρονος, ος, ον, au trône d'or.
χρυσο-κέρως, ως, ων, *gén.* ω, aux cornes d'or.
χρυσο-κόμης, ου (ὁ), aux cheveux d'or.
χρυσό-λιθος, ου (ὁ). topaze
χρυσό-λογχος, ου (ὁ), à la lance d'or.
χρυσό-μαλλος, ος, ον, à la toison d'or.
χρυσο-μίτρης, ου (ὁ), à la mitre d'or.
χρυσό-νωτος, ος, ον, revêtu d'or.
χρυσό-παστος, ος, ον, brodé d'or.
χρυσο-πέδιλος, ος, ον, aux sandales d'or.
χρυσο-ποιός, οῦ (ὁ), homme qui travaille l'or.
χρυσό-πτερος, ος, ον, aux ailes d'or.
χρυσό-ρραπις, ιδος (ὁ, ἡ), à la baguette d'or.
χρυσό-(ρ)ρυτος, ος, ον, aux flots d'or.
χρυσός, οῦ (ὁ). 1° OR; richesse. || 2° objet *ou* monnaie d'or. || 3° bien précieux.
χρυσο-στέφανος, ος, ον à la couronne d'or.
Χρυσό-στομος, ου (ὁ), Chrysostome (*à la bouche d'or*).
χρυσό-στροφος, ος, ον, à la corde d'or.
χρυσο-φαής, ής, ές, à l'éclat d'or.
χρυσο-φορέω-ῶ (*f.* ήσω), être paré d'or.
χρυσο-φόρος, ος, ον, tout paré *ou* chargé d'or.
χρυσο-φύλαξ, ακος (ὁ, ἡ), gardien(ne) de l'or.
χρυσο-χάλινος, ος, ον, au frein d'or.
χρυσό-χειρ, χειρος (ὁ, ἡ), aux bagues d'or.
χρυσο-χοεῖον, ου (τό), atelier d'orfèvre.
χρυσο-χοέω-χοῶ (*f.* ήσω), être orfèvre.
χρυσο-χοϊκή, ῆς (ἡ), art de l'orfèvre.
χρυσο-χόος, όου (ὁ), orfèvre.
χρυσόω-ῶ (*f.* ώσω), dorer.
χρύσωμα, ατος (τό), objet d'or.
χρυσ-ωνέω-ῶ (*f.* ήσω), acheter de l'or.
χρυσ-ωπός, ός, όν, qui a l'aspect de l'or.
χρῶ, *imp. de* χράομαι.

χρώζω (*f.* σω ; *pass. aor.* ἐχρώσθην), 1° presser (*les genoux*). ‖ 2° teindre en couleur.

χρῶμα, ατος (τό), 1° COULEUR (*en tous sens*); coloris ; teint. ‖ 2° air musical procédant par demi-tons.

χρώς, χρωτός *et* **χροός** (ὁ), PEAU ; chair ; corps : ἐν χρῷ (*prop. au ras de la peau*), de près ; tout près ; *avec gén.*, près de.

χρωτίζω (*f.* ίσω), passer à la teinture.

χύδην, *adv.*, 1° EN VIDANT ; pêle-mêle. ‖ 2° en style courant ; en prose.

χυλός, οῦ (ὁ), suc ; jus.

χυμός, οῦ (ὁ), suc ; saveur.

χύντο, 3e *pers. pl. aor.* 2 *moy. de* χέω.

χύσις, εως (ἡ), ACTION DE RÉPANDRE ; effusion ; écoulement ; entassement.

χυτλάζω (*f.* άσω), répandre ; allonger.

χύτλον, ου (τό), liquide versé ; libation ; courant.

χυτλόομαι-οῦμαι (*f.* ώσομαι), se frotter d'huile (*après le bain*).

χυτός, ή, όν, versé ; amoncelé. — N. ὁ χ..., digue ; barrage.

χύτρα, ας (ἡ), marmite.

χυτρεύς, έως (ὁ), potier.

χυτρίς, ίδος (ἡ), *et*

χύτρος, ου (ὁ), marmite. — *N. pr.* οἱ Χύτροι, la fête des Marmites (*à Athènes*).

χὠ, *crase pour* καὶ ὁ.

χωλαίνω (*f.* ανῶ), boiter.

χωλεία, ας, *et* **χωλότης, ητος** (ἡ), claudication.

χωλεύω (*f.* σω), boiter.

χωλός, ή, όν, boiteux, *pr. et fig.*

χῶμα, ατος (τό), TERRASSEMENT ; jetée ; digue ; tombeau.

χωνεύω (*f.* σω), fondre (*un métal*).

χώννυμι (*f.* χώσω ; *pass. f.* χωσθήσομαι), 1° AMASSER (*de la terre*) ; bâtir une digue *ou* une jetée. ‖ 2° couvrir de terre ; ensevelir.

χώομαι (*f.* χώσομαι), être irrité (contre, *dat.* — *gén.*).

χὤπως, *crase pour* καὶ ὅπως.

χώρα, ας (ἡ), 1° PLACE = endroit ; position : κατὰ χώραν μένειν, rester à sa place. ‖ 2° PLACE = rang : χώραν λείπειν, abandonner son poste; ἐν οὐδεμιᾷ χώρᾳ εἶναι, ne tenir aucun rang; ἐν δουλων χώρᾳ νομίζεσθαι, être mis au rang des esclaves. || 3° pays; contrée. || 4° champs; campagne.

χωρέω-ῶ (*f.* ήσω *et* ήσομαι, *aor.* ησα), 1° SE RETIRER; reculer. || 2° marcher; avancer. || 3° s'avancer; progresser; réussir : οὐ χωρεῖ τοὖργον, la besogne n'avance pas; εὖ, κακῶς χωρεῖν, bien, mal réussir. || 4° circuler; se répandre : χωρεῖ ἡ φάτις, le bruit se répand. || 5° contenir; avoir de la place pour, *acc.*; être susceptible de, *inf.* || 6° *Impers.* χωρεῖ, il y a moyen de.

χωρίζω (*f.* ίσω, *att.* ιῶ; *pass. aor.* ἐχωρίσθην), I. SÉPARER. — *Pass.*, 1° être séparé : κεχωρισμένος, distinct; différent. || 2° s'éloigner; être à l'écart de, *gén.* II. placer; installer.

χωρίον, ου (τό), LIEU; place; place forte. || 2° terre; campagne. || 4° passage d'un livre.

χωρίς, I. *adv.*, SÉPARÉMENT; différemment : χωρὶς μέν... χωρὶς δέ, à part ici.. et là à part; χωρὶς ἤ, excepté; χωρὶς ἢ ὅτι, sauf que. II. *prép.-gén.*, 1° SANS. || 2° à part de; à l'écart de : χωρὶς ὀμμάτων ἐμῶν, loin de mes yeux. || 3° outre : χωρὶς δὲ τούτων, outre cela.

χωρισμός, οῦ (ὁ), SÉPARATION; éloignement; départ.

χωριστός, ή, όν, séparé; séparable.

χωρίτης, ου (ὁ), 1° campagnard. || 2° homme du pays.

χωριτικός, ή, όν, rural.

χωριτικῶς, *adv.*, en campagnard.

χῶρος, ου (ὁ), 1° LIEU; emplacement; séjour. || 2° pays : ὁ χῶρος τῆς Ἀραβίας, le pays d'Arabie. || 3° champs; campagne. || 4° intervalle.

χῶσις, εως (ἡ), action d'amasser de la terre; construction d'une terrasse.

χὤσοι, *crase pour* καὶ ὅσοι.

χωστός, ή, όν, (*de terre*) amoncelée *ou* répandue.

Ψ

ψαθυρός, ά, όν, fragile; cassant.

ψαίρω, effleurer.

ψακάζω (*f.* άσω), tremper de pluie.

ψακάς, άδος (ἡ), pluie tombant goutte à goutte; menu grain.

ψάλιον, ου (τό), frein; bride.

ψαλίς, ίδος (ἡ), 1° ciseaux. ‖ 2° voûte cintrée.

ψάλλω (*f.* ψαλῶ, *aor.* ἔψηλα, *pf.* ἔψαλκα), 1° tirer la corde (*d'un arc*). ‖ 2° toucher les cordes (*d'un instrument*) : λύραν ψάλλειν, jouer de la lyre. ‖ 3° arracher (*poils ou cheveux*).

ψαλμός, οῦ (ὁ), action de tirer *ou* de toucher les cordes.

ψαλτήριον, ου (τό), harpe.

ψάλτρια, ας (ἡ), joueuse de harpe (*ou de lyre*).

ψάμαθος, ου (ἡ), SABLE; grève.

ψάμμη, ης (ἡ), sable.

Ψαμμήτιχος, ου (ὁ), Psammétik.

ψάμμος, ου (ἡ), SABLE; dune.

ψαμμ-ώδης, ης, ες, sablonneux.

ψάρ, ψαρός (ὁ), étourneau (*oiseau*).

ψαρός, ά, όν, gris tacheté.

ψαῦσις, εως (ἡ), action de toucher.

ψαύω (*f.* σω; *pass. aor.* ἐψαύσθην), TOUCHER, effleurer; atteindre, *gén.* (*qqf. dat. ou acc.*).

ψάω (ψῇς, *f.* ψήσω), racler; émietter.

ψέγω (*f.* ξω), blâmer.

ψεδνός, ή, όν, 1° chauve. ‖ 2° rare.

ψεκτός, ή, όν, qui peut être blâmé.

ψέλιον, ου (τό), bracelet.

ψελιο-φόρος, ος, ον qui porte des bracelets.

ψελιόω-ῶ (*f.* ώσω), entourer (*d'un anneau*).

ψελλίζομαι, bredouiller.

ψελλισμός, οῦ (ὁ), bredouillement.

ψελλός, ή, όν, qui bredouille.

ψελλότης, ητος (ἡ). *comme* ψελλισμός.

ψευδ-άγγελος, ου (ὁ), messager de fausses nouvelles.

ψευδ-αμάμαξυς, υος (ὁ), charlatan hâbleur.

ψευδ-ενέδρα, ας (ἡ), feinte embuscade.

ψευδ-ηγορέω-ῶ (*f.* ήσω), dire des mensonges.

ψευδής, ής, ές, 1° MENTEUR; mensonger; faux. || 2° victime d'un mensonge.

ψευδο-δοξία, ας (ἡ), idée fausse.

ψευδο-κῆρυξ, υκος (ὁ), *comme* ψευδάγγελος.

ψευδο-κλητεία, ας (ἡ), fausse assignation.

ψευδο-λογέω-ῶ (*f.* ήσω), *comme* ψευδηγορέω.

ψευδο-λογία, ας (ἡ), paroles mensongères.

ψευδο-λόγος, ος, ον, menteur.

ψευδό-μαντις, εως (ὁ, ἡ), faux prophète.

ψευδο-μαρτυρέω-ῶ (*f.* ήσω), porter un faux témoignage.

ψευδο-μαρτυρία, ας (ἡ), faux témoignage : ψευδομαρτυριῶν ἁλῶναι, être pris en flagrant délit de faux temoignage.

ψευδο-μαρτύριον, ου (τό), *même sens*.

ψευδό-μαρτυς, υρος (ὁ), faux témoin.

ψευδό-νιτρος, ος, ον, de savon falsifié.

ψευδο-πάρθενος, ου (ἡ) fausse jeune fille.

ψευδο-ποιέω-ῶ (*f.* ήσω), falsifier.

ψευδ-όρκιος, ος, ον, qui fait de faux serments.

ψεῦδος, ους (τό), MENSONGE; feinte; fiction.

ψευδο-στομέω-ῶ (*f.* ήσω), parler mensongèrement.

ψευδό-φημος, ος, ον, faussement annoncé.

ψεύδω (*f.* σω; *pass. aor.* ἐψεύσθην), TROMPER; fausser; falsifier : ἐλπίδος ψευσθέντες, trompés dans leurs espérances; ἐψευσμένος, qui a été *ou* qui s'est trompé; ἐψευσμέναι ἀγγελίαι, nouvelles inventées, fausses.
— *Moy.* (*aor.* ἐψευσάμην), 1° MENTIR; dire mensongèrement. || 2° tromper; violer; simuler; inventer faussement : συνθήκας ψεύδεσθαι, violer les traités.

ψευδ-ώνυμος, ος, ον, qui porte un faux nom.

ψευδῶς, *adv.*, mensongèrement.

ψεῦσμα, ατος (τό), mensonge.

ψευστέω-ῶ (*f.* ήσω), mentir.

ψεύστης, ου (ὁ), menteur.

ψῆγμα, ατος (τό), raclure; parcelle.

ψήκτρα, ας (ἡ), étrille

ψηλαφάω-ῶ (*f.* ήσω), 1° TÂTONNER; chercher en tâtonnant. ‖ 2° flatter (*un animal*).

ψήν, ψηνός (ὁ), mouche de figuier.

ψήρ, *comme* ψάρ.

ψῆσσα, *att.* **ττα, ης** (ἡ), turbot.

ψηφιδο-φόρος, ος, ον, qui porte son vote.

ψηφίζω (*f.* ίσω, *att.* ιῶ; *pass. aor.* ἐψηφίσθην), 1° calculer. ‖ 2° décider (*par un vote*).

— *Moy.* ψηφίζομαι (*f.* ίσομαι, *att.* ιοῦμαι, *aor.* ἐψηφισάμην), VOTER; décréter.

ψηφίς, ῖδος (ἡ), petit caillou.

ψήφισμα, ατος (τό), décret : ψ. γράφειν *ou* εἰσφέρειν, proposer un décret.

ψηφισματο-πώλης, ου (ὁ), marchand de décrets.

ψηφο-ποιός, οῦ (ὁ), qui accommode les votes.

ψῆφος, ου (ἡ), 1° petit caillou. ‖ 2° jeton pour compter; calcul. ‖ 3° CAILLOU POUR VOTER; VOTE; voix : ψῆφοι φέρειν, voter; ψῆφον ἐπάγειν περί τινος, mettre aux voix sur une question; ψ. ἀφανής, scrutin secret; ψ. πλήρης *ou* λευκή, caillou non percé *ou* blanc (= *acquittement*); ψ. μέλαινα, caillou noir (ou percé = *condamnation*). — 4° avis.

ψηφο-φορέω-ῶ (*f.* ήσω), apporter son vote.

ψήχω (*f.* ξω), 1° racler; frotter. ‖ 2° caresser (*un animal*).

ψιάς, άδος (ἡ), goutte (*liquide*).

ψιθυρίζω (*f.* ίσω, *att* ιῶ), 1° gazouiller. ‖ 2° murmurer; médire.

ψιθυριστής, οῦ (ὁ), qui murmure *ou* médit.

ψιθυρός, ά, όν, 1° gazouillant. ‖ 2° médisant.

ψιλός, ή, όν, 1° NU; DÉGARNI; désarmé (de, *gén.*) : γῆ ψιλὴ δενδρέων, terre sans arbres. ‖ 2°

chauve; sans poils. || 3° armé légèrement : οἱ ψιλοί, les troupes légères (*opposées aux hoplites*). || 4° simple; doux (*son*) : ψιλὸς λόγος, prose; ψιλὴ ποίησις, poésie pure (*sans accompagnement*); ἒ ψιλόν, é tout simple.

ψιλόω-ῶ (*f.* ώσω), 1° DÉGARNIR; dénuder; dépouiller (de, *gén.*). || 2° raser; épiler; déplumer.

ψιλῶς, *adv.*, tout uniment; sans commentaire.

ψιμύθιον, ου (τό), blanc de céruse.

ψιμυθιόω-ῶ (*f.* ώσω), frotter de blanc de céruse.

ψίξ, ψιχός (ἡ), miette.

ψίττακος, ου (ὁ), perroquet.

ψόγος, ου (ὁ), blâme.

ψολόεις, όεσσα, όεν, fumeux.

ψοφέω-ῶ (*f.* ήσω), 1° *intr.*, faire du bruit. || 2° *tr.*, frapper avec bruit.

ψοφο-δεής, ής, ές, qui a peur de tout bruit.

ψόφος, ου (ὁ), 1° BRUIT; son. || 2° verbiage sonore; parler solennel.

ψύθος, ους (τό), *comme* ψεῦδος.

ψυκτήρ, ῆρος (ὁ), vase servant à rafraîchir.

ψυκτήριος, α, ον, frais rafraîchissant.

ψύλλα, ης (ἡ), puce.

ψῦξις, εως (ἡ), rafraîchissement.

ψυχ-αγωγέω-ῶ (*f.* ήσω) 1° CHARMER; divertir, *acc.* || 2° conduire *ou* évoquer les âmes (*des morts*).

ψυχ-αγωγία, ας (ἡ), 1° CHARME; séduction; plaisir.

ψυχ-αγωγός, ός, όν, qui conduit *ou* évoque les âmes.

ψυχάριον, ου (τό), petite âme.

ψυχεινός, ή, όν, frais; rafraîchissant.

1. **ψυχή, ῆς** (ἡ), 1° SOUFFLE; vie : ψυχὴν πνεῖν rendre l'âme; ψυχήν προδιδόναι, exposer sa vie. || 2° AME, *en tous sens* cœur; sentiments; esprit; caractère; αἱ ψυχαὶ τῶν κατατεθνεώτων, les âmes des morts; ἐκ τῆς ψυχῆς, du fond de l'âme; διάφοροι αἱ τῶν ἀνθρώπων ψυχαί, les sentiments des hommes diffèrent.

|| 3° être ; individu ; homme : ἡ 'Ορέστου ψυχή, la personne d'Oreste = Oreste ; ἡ ἐμὴ ψυχή, moi-même ; ὦ ἀγαθὴ ψυχή, ô chère âme ; ψυχαὶ πολλαὶ ἀπέθανον, beaucoup d'hommes moururent.

2. **ψυχή**, ῆς (ἡ), papillon.

ψύχη, *pl. neut. de* ψῦχος.

Ψυχή, ῆς (ἡ), Psyché.

ψυχικός, ή, όν, 1° vivant ; vital. || 2° relatif à l'âme.

ψυχο-μαχία, ας (ἡ), combat à mort.

ψυχο-πομπός, οῦ (ὁ), conducteur des âmes.

ψυχο-ρραγέω (*f.* ήσω), être en agonie.

ψῦχος, ους (τό), fraîcheur ; froid ; hiver.

1. **ψυχόω-ῶ** (*f.* ώσω), rafraîchir.

2. **ψυχόω-ῶ** (*f.* ωσω), animer ; aviver.

ψυχρο-λογέω-ῶ (*f.* ήσω), parler *ou* écrire froidement.

ψυχρο-λουτέω-ῶ (*f.* ήσω), prendre un bain d'eau froide.

ψυχρο-ποτέω-ῶ (*f.* ήσω), boire frais.

ψυχρός, ά, όν, 1° FROID (*en tous sens*) ; frais : τὸ ψυχρόν, le froid. || 2° insipide ; sans intérêt : ψυχρὰ λέγουσι, ils parlent pour ne rien dire. || 3° frivole ; sans effet : ψυχρὰ νίκη, victoire sans résultat. || 4° qui glace ; effrayant.

ψυχρότης, ητος (ἡ), 1° froid. || 2° froideur.

ψυχρόω-ῶ (*f.* ώσω), refroidir.

ψυχρῶς, *adv.*, froidement.

ψύχω (*f.* ξω ; *pass. aor.* 2 ἐψύγην), 1° rafraîchir ; glacer. — *Pass.*, se rafraîchir ; se refroidir. || 2° souffler ; exhaler.

ψύχωσις, εως (ἡ), action de vivifier.

ψωμίζω (*f.* ίσω, *att.* ιῶ), nourrir par petites bouchées.

ψωμίον, ου (τό), petit morceau.

ψωμός, οῦ (ὁ), morceau à manger ; bouchée.

ψώρα, ας (ἡ), gale.

ψωραλέος, α, ον, galeux.

ψωράω-ῶ (*f.* άσω), avoir la gale.

ψώχω, mettre en miettes.

Ω

ὤ, *interj.*, oh!

1 ὦ, *interj.*, ô, (*vocatif et qq. fois nom.*) : ὦ παῖ, ô mon enfant ; ὦ οὗτος, eh toi!

1. ὦ, 1re *pers. subj. pr. de* εἰμί, *sum.*

ᾧ, *dat. sg. du pron. rel.* ὅς, ὅ.

ὠγαθέ = ὦ ἀγαθέ.

Ὠγυγία, ας (ἡ), Ogygie.

ὠγύγιος, α ου ος, ον, de la plus haute antiquité.

ᾠδάριον, ου (τό), petite chanson.

ὧδε, *adv.*, 1° ainsi ; tellement. ‖ 2° ici.

Ὠδεῖον, ου (τό), l'Odéon.

ᾠδή, ῆς (ἡ), CHANT ; hymne.

ὡδί, *comme* ὧδε.

ᾠδικός, ή, όν, relatif *ou* apte au chant.

ᾠδικῶς, *adv.*, en musique.

ὠδίνω (*f.* νῶ *et* νήσω), 1° enfanter douloureusement; souffrir cruellement. ‖ 2° méditer; projeter.

ὠδίς, ῖνος (ἡ), 1° ENFANTEMENT; enfant. ‖ 2° douleur violente.

ᾠδός, οῦ (ὁ), chanteur.

ὠδώδει, 3° *pers. sg. p.-q.-pf. de* ὄζω.

ὤζω, s'exclamer.

ὠή, *interj.*, hé! là!

ᾠήθην, *aor.* 1 *pass. de* οἴομαι.

ὠθέω-ῶ (*impf.* ἐώθουν, *f.* ὤσω, *aor.* ἔωσα, *pf.* ἔωχα ; — *pass. f.* ὠσθήσομαι, *aor.* ἐώσθην, *pf.* ἔωσμαι) *et moy.*, 1° POUSSER ; précipiter; renverser. ‖ 2° repousser; chasser. ‖ 3° *moy. intr.*, se jeter en avant.

ὠθίζω (*f.* ίσω), 1° pousser. ‖ 2° se disputer.

ὠθισμός, οῦ (ὁ), 1° poussée; choc. ‖ 2° dispute.

ὦκα, *adv.*, vite; rapidement.

Ὠκεανῖτις, ίτιδος (ἡ), fille d'Océanos.

Ὠκεανός, οῦ (ὁ), Océanos (*dieu de la mer*) l'Océan.

ὠκέως, *adv.*, vite; rapidement.

ὤκιστος, *sup. de* ὠκύς.
ὠκύ-αλος, ος, ον, qui sillonne rapidement la mer.
ὠκυ-βόλος, ος, ον, qui frappe rapidement.
ὠκύ-μορος, ος, ον, qui meurt *ou* fait mourir promptement.
ὠκυ-πέτης, ης, ες, au vol rapide.
ὠκύ-πομπος, ος, ον, qui transporte rapidement.
ὠκύ-πορος, ος, ον, qui marche vite.
ὠκύ-πους, πους, πουν, *gén.* **ποδος**, au pied rapide.
ὠκύ-πτερος, ος, ον, à l'aile rapide.
ὠκύ-ροος, ος, ον, au cours rapide.
ὠκύς, εῖα, ύ, 1° RAPIDE; agile. ‖ 2° aigu; pénétrant.
ὠκύτης, ητος (ἡ), rapidité.
ὠλένη, ης (ἡ), haut du bras; bras.
ὤλεσα, *aor.* 1 *de* ὄλλυμι.
ὠλεσί-καρπος, ος, ον, qui tue les fruits; stérile.
ὦλλοι, *pour* οἱ ἄλλοι.
ὦλξ, *acc.* **ὦλκα (ἡ)**, sillon.
ὠλόμην, *aor.* 2 *moy. de* ὄλλυμι.

ὠμ-ηστής, οῦ (ὁ), 1° carnassier. ‖ 2° féroce barbare.
ὦμμαι, *pf. pass. de* ὁράω.
ὠμο-βόειος, α, ον, de cuir non tanné; cru.
ὠμο-βόεος *et* **ὠμο-βόϊνος, η, ον**, *mêmes sens.*
ὠμο-γέρων, οντος (ὁ) homme à la verte vieillesse.
ὠμο-θετέω-ῶ (*f.* ήσω), placer les tranches de chair crue.
ὠμό-θυμος, ος, ον, au cœur féroce.
ὤ-μοι, *interj.*, hélas.
ὠμο-κρατής, ής, ές, aux épaules puissantes.
ὠμο-πλάτη, ης (ἡ), omoplate.
1. **ὦμος, ου (ὁ)**, épaule.
2. **ὠμός, ή, όν**, 1° CRU; non mûr : ὠμὰ κρέα, viande crue. ‖ 2° prématuré : ὠμὸν γῆρας, vieillesse précoce. ‖ 3° dur; intraitable; féroce.
ὤμοσα, *aor.* 1 *de* ὄμνυμι.
ὠμότης, ητος (ἡ), 1° crudité; absence de maturité. ‖ 2° cruauté.
ὠμο-φάγος, ος, ον, qui mange la chair crue.

ὠμο-φρόνως, *adv*., d'un cœur cruel.

ὠμό-φρων, ων, ον, *gén*. ονος (ὁ, ἡ), au cœur cruel.

ὠμῶς, *adv*., cruellement.

ὤν, *part. pr. de* εἰμί, *sum*.

ὦν, *pour* οὖν.

ὠνάμην, 1re *pers. aor*. 2 *moy. de* ὀνίνημι.

ὦναξ, *pour* ὦ ἄναξ.

ὠνέομαι-οῦμαι (*impf*. ἐωνούμην, *f*. ὠνήσομαι, *aor*. ἐωνησάμην, *remplacé par* ἐπριάμην, *pf*. ἐώνημαι), acheter (δραχμῆς, au prix d'une drachme).

— *Pass*. (*aor*. ἐωνήθην, *pf. part*. ἐωνημένος), être acheté.

ὠνή, ῆς (ἡ), 1° ACHAT.|| 2° ferme (*contrat*).

ὠνητέος, α, ον, qu'il faut acheter.

ὠνητής, οῦ (ὁ), acheteur.

ὠνητός, ή, όν, qui est *ou* qui peut être acheté.

ὤνθρωπος, *crase pour* ὁ ἄνθρωπος.

ὤνιος, ος ου α, ον, qui s'achète; qui est à vendre : τὰ ὤνια, les marchandises; ὤνιος χρυσίου, qui s'achète à prix d'or.

ὦνος, ου (ὁ), 1° prix, valeur marchande. || 2° emplette.

ᾠο-ειδής, ής, ές, en forme d'œuf.

ᾠόν, οῦ (τό), œuf.

ᾤου, 2° *pers. impf. de* οἴομαι.

ὦρ (ἡ), *pour* ὄαρ.

ὥρα, ας (ἡ), 1° SAISON : année : αἱ ὧραι τοῦ ἐνιαυτοῦ, les saisons de l'année; ὥρα ἔτους, l'été. || 2° TEMPS; période; heure : ὥ... νυκτός, le temps de la nuit; ἡ δωδεκάτη ὥ., la douzième heure. || 3° moment favorable : ὥρα ἂν εἴη λέγειν, ce serait le moment de parler; ἐν ὥρᾳ, au bon moment. || 4° âge; bel âge; jeunesse : οἱ ἐν ὥρᾳ, ceux qui sont à la fleur de l'âge. || 5° *N. pr*. αἱ Ὧραι, les Heures.

ὤρα, ας (ἡ), soin, égard : ὤραν τινὸς ποιεῖσθαι, avoir de la considération pour qq'un.

ὡραῖος, α, ον, 1° DE LA SAISON : ὡραῖοι καρποί, ὡραῖα ἔργα, fruits, travaux de la saison. ||

2° de la belle saison : ἡ ὡραία, le printemps *ou* l'été. ‖ 3° mûr; opportun : παρθένος γάμου ὡραία, jeune fille mûre pour le mariage; ὡραῖος θάνατος, mort qui vient à son heure. ‖ 4° jeune; joli; fleuri.

ὡραιότης, ητος (ἡ), 1° fleur de jeunesse; fraîcheur. ‖ 2° maturité.

ὡρακιάω-ῶ (*f.* άσω), tomber en syncope.

Ὠρείθυια, ας (ἡ), Orithyie (*nymphe*).

Ὠρειτής, οῦ (ὁ), habitant d'Oréos (*Eubée*).

ὥριος, α, ον, 1° de *ou* dans la saison. ‖ 2° mûr; venu à point; convenable.

ὥριστος, *pour* ὁ ἄριστος.

Ὠρίων, ωνος (ὁ), Orion.

ὦρτο, 3° *pers. sg. aor.* 2 *moy. de* ὄρνυμι.

ὠρύομαι (*f.* ύσομαι, *aor.* ὠρυσάμην), hurler.

Ὠρωπία, ας (ἡ), le pays d'Oropos.

1. **ὥς**, *adv. accentué*, ainsi : ὣς φάτο, c'est ainsi qu'il parla; οὐδ' ὥς, même pas ainsi.

2. **ὥς** *pour* ὡς, *quand il est placé après le mot qu'il détermine :* λέων ὥς, comme un lion.

1. **ὡς**, *adv. non accentué*, 1° COMME; AINSI QUE : ὡς ἐμοὶ δοκεῖ, ainsi qu'il me semble; *souvent en corrélation avec* οὕτω : *cf. en latin*, **ita**... **ut** *et* **ut**... **ita** : ὡς ἐμὲ φιλεῖ, οὕτως αὐτὸν ἐγὼ φιλῶ, de même qu'il m'aime, de même je l'aime. ‖ 2° *dans inter. indir.*, comment : θαυμάζω ὡς οὕτω πρῴ ἥκεις, je me demande comment tu viens de si bonne heure. ‖ 3° *devant un adj. ou un adv.* : comme; combien; que! ὡς ἀστεῖος ὁ ἄνθρωπος· que cet homme est spirituel! ‖ 4° *devant un superlatif*, LE PLUS... POSSIBLE : ὡς ἄριστος, le meilleur possible; ὡς τάχιστα, le plus vite possible. ‖ 5° *devant un nom de nombre*, environ : ἔθανον ὡς τρισχίλιοι, trois mille environ moururent. ‖ 6° *devant une apposition*, comme; en tant que; comme si : ἐξήλασαν αὐτὸν ὡς προδότην, ils le chassèrent comme

traître; ἦν χρηστὸς ὡς δοῦλος, il était honnête pour un esclave; αὐτὸν ὑπερεώρων, ὡς Βοιώτιον ὄντα, ils le dédaignaient en tant que Béotien; γελᾷς, ὡς τοῦτ' ἀδύνατον ὄν, tu ris, comme si cela était impossible (*à la pensée que*). αὐτὸν μετεπέμψατο ὡς ἀποδώσων τὴν ἀρχήν, il le fit venir, comme avec l'intention de lui rendre la couronne. ‖ 7° *dans les vœux*, plaise au ciel! ὡς ἀπόλοιτο· puisse-t-il périr! ὡς ὤφελες ἀπολέσθαι· plût au ciel que tu fusses mort!

2. **ὡς**, *conj. non accentuée*, 1° que (= ὅτι), *après* dire... : ἀγορεύει ὡς, il prétend que. ‖ 2° de telle sorte que (= ὥστε), *ind.*, *inf.* : ὁ ποταμὸς τοσοῦτος ἦν τὸ βάθος, ὡς μηδὲ τὰ δόρατα ὑπερέχειν, le fleuve était si profond que même les lances n'étaient pas plus hautes. — Ἢ ὡς (*inf.*), *précédé d'un comparatif*, trop pour : τὰς ἀσπίδας μείζους ἔχουσιν ἢ ὡς ποιεῖν τι, ils ont des boucliers trop grands pour pouvoir rien faire. ‖ 3° afin que (= ἵνα, ὅπως), *subj.-opt.*, *fut.*, *inf.* : ἐπεμελεῖτο ὡς τύχοιεν πάντων, il veillait à ce qu'ils trouvent tout; ὡς τί ποιεῖν; pour faire quoi? ‖ 4° quand; dès que; toutes les fois que (= ὅτε), *ind.-opt.* : ὡς εἶδον, ἐθαύμασαν, dès qu'ils le virent, ils s'étonnèrent; ὡς τάχιστα, sitôt que. ‖ 5° parce que; puisque; car (= ὅτι, ἐπειδή), *indic.* : λέγ' αὖθις, ὡς οὐκ ἀκούω, répète, car je n'entends pas.

ὡς 1 et 2 : *Locutions diverses.* — I. ὡς *est parfois simplement explétif* : ὡς ἀληθῶς, en fait; ὡς ἀτεχνῶς, tout à fait; ὡς ἐκ τῶν δυνάτων, dans la mesure du possible; ὡς ἐπὶ παν, en général; ὡς ἑτέρως, autrement; ὡς ἐπὶ τὸ πολύ, le plus souvent; θαυμαστῶς ὡς étonnamment; ὡς ἐπὶ τὰς ναῦς πεμφθείς, envoyé vers les vaisseaux.

II. *a*) ὡς ἂν δύνωμαι,

dans la mesure de mes forces. || *b*) ὡς ἀπεικάσαι, à conjecturer. || *c*) ὥς γέ μοι δοκεῖν, à ce qu'il me semble || *d*) ὡς ἔπος εἰπεῖν, pour ainsi dire; ὡς ἁπλῶς εἰπεῖν, pour tout dire d'un mot; ὡς συνελόντι εἰπεῖν, pour parler bref.

3. **ὡς**, *prép. non accentuée*, VERS; à : ὡς ἐμέ, vers moi; ὡς τὸν Φίλιππον ἐπρεσβεύσαντο, ils envoyèrent des députés à Philippe.

ὡς-αν-εί, *conj.*, comme si; comme.

ὤσασκε, 3° *pers. aor.* 1 *de* ὠθέω.

ὡσαύτως, *adv.*, de même.

ὡσ-εί, 1° *conj.*, comme si; comme. || 2° *adv.*, environ.

ὠσί, *dat. pl. de* οὖς.

ὦσις, **εως** (ἡ), poussée; choc.

ὥσπερ, I. *adv.*, COMME; comme si : ὥσπερ... οὕτω, de même que... de même; ὥσπερ ἐπιτεταγμένον τοῦτο, comme si la chose eût été ordonnée. || 2° presque; pour ainsi dire.

II. *conj.*, pour que.

ὡσπερ-αν-εί *et* **ὡσπερ-εί**, comme si; comme.

ὡσπερ-οῦν, 1° *adv.*, comme en fait. || 2° *conj.*, sitôt que.

ὥσ-τε, I. *adv.*, COMME en qualité de.

— II. *conj.*, 1° de telle sorte que, *ind.-inf.* : οὕτως ἀνόητοί ἐστε ὥστε μηδὲ τὰ σφέτερα αὐτῶν εἰδέναι; êtes-vous insensés au point d'ignorer vos propres affaires? || 2° ἢ ὥστε (*inf.*) *après comp.*, trop pour : ψυχρότερον ὕδωρ ἢ ὥστε λούσασθαι, eau trop froide pour s'y baigner. || 3° pour que; afin que (*inf.*). || 4° *Au début d'une phrase* : c'est pourquoi; donc : ὥστε θαρρεῖτε, aussi, prenez courage!

ὠστίζομαι (*f.* ίσομαι, *att.* ιοῦμαι), se bousculer.

ὠστικός, **ή**, **όν**, impétueux.

ὤσω, *f. de* ὠθέω.

ὠτ-ακουστέω-ῶ (*f.*ήσω), être aux écoutes.

ὠτ-ακουστής, **οῦ** (ὁ), espion.

ὦ τᾶν, ô mon ami (*voir* τᾶν).

ὠτάριον, ου (τό), petite oreille.

ὠτειλή, ῆς (ἡ), blessure ; cicatrice.

ὠτίς, ίδος (ἡ), outarde.

ὠτώεις, ώεσσα, ῶεν, garni d'oreilles.

ωὐτός, *pour* ὁ αὐτός.

ὠφέλεια, ας (ἡ), 1° AIDE ; assistance : αἱ ὠφέλειαι, les services rendus. ‖ 2° UTILITÉ ; avantage : αἱ ὠφέλειαι, les profits ; le butin.

ὠφελέω-ῶ (*f.* ήσω), *acc.*, 1° AIDER ; assister : οὐδέν τινα ὠφελεῖν, n'aider en rien qq'un. ‖ 2° être utile ; servir à : τί πλοῦτος ὠφελεῖ ; à quoi sert la richesse ?
— *Pass.* ὠφελέομαι-οῦμαι, *f.* ηθήσομαι *et* ήσομαι), être aidé ; tirer profit de : μεγάλα ὠφελήθη ἐκ τῆς πολιτείας, il a tiré de grands profits de la politique.

ὠφέλημα, ατος (τό), 1° service. ‖ 2° profit.

ὠφελήσιμος, ος, ον, *comme* ὠφέλιμος.

ὠφέλησις, εως, *et* **ὠφελία, ας** (ἡ), *comme* ὠφέλεια.

ὠφέλιμος, ος, ον, 1° secourable ; serviable. ‖ 2° UTILE ; profitable : τὸ ὠφέλιμον, l'utile.

ὠφελίμως, *adv.*, utilement.

ὤφελον, *aor.* 2 *de* ὀφείλω.

ὦφθαι, *inf. pf. pass. de* ὁράω.

ὠχράω-ῶ (*f.* ήσω), devenir jaune.

ὠχριάω-ῶ (*f.* άσω), *même sens.*

ὠχρός, ά, όν, jaune ; blême.

ὠχρότης, ητος (ἡ), couleur jaune ; teint pâle.

ὤψ, ὠπός (ἡ), 1° VISAGE : εἰς ὦπα ἰδέσθαι, regarder en face. ‖ 2° yeux

APPENDICES

I. HOMONYMES GRECS

Les élèves trouveront ci-dessous un certain nombre d'homonymes courants qui sont en général pour eux la source d'inépuisables erreurs. Ces homonymes diffèrent les uns des autres le plus souvent par l'accentuation à laquelle, même si l'on n'en connait pas les règles, on ne saurait trop faire attention.

1. **αἱ** (sans accent), *les* (fém.).
   αἵ (avec accent), *qui* (fém.).
   αἶ (interj.), *hélas !*
   αἴ (γάρ) et l'optatif, *plaise aux dieux que..*

2. **αἴρω**, *je lève.*
   αἱρέω-ῶ, *je prends.*

3. **ἀλλά** (conj.), *mais.*
   ἄλλα, nom. acc. pl. n. de ἄλλος, *autre.*

4. **ἄν** particule avec temps passés de l'indic. ou avec optatif ou subj. ou infin.
   ἄν = ἐάν, conjonction de subord. construite avec le subj. : *si.*
   ἄν, crase pour ἅ ἄν, suivi du subj.

5. **ἄρα**, *donc.*
   ἆρα, *est-ce- que...?*

6. **αὐτή**, fém. de αὐτός : *ipsa.*
   αὕτη, fém. de οὗτος : *illa.*

7. εἰ, conj. de subord. : *si.*
εἶ, 2e pers. sg. indic. prés. εἰμί : *tu es.*
εἶ, 2e pers. sg. de εἶμι servant de futur à ἔρχομαι, *tu iras.*

8. εἰς (prép.), *vers.*
εἷς (adj. num.), *un.*
εἵς, partic. aor. nom. m. sg. actif, de ἵημι, *ayant envoyé.*

9. ἐν (prép.), *dans.*
ἕν (adj. num.), n. de εἷς, *un.*

10. ἐνί, comme ἐν (prép.), *dans.*
ἑνί, dat. m. et n. de εἷς ou ἕν, *un.*
ἔνι, comme ἔνεστι : *il est possible.*

11. ἡ (sans accent), art. fém. : *la.*
ἥ (avec accent), relat. fém. : *laquelle, qui.*
ἤ (conj.) : *ou bien* ou *que* après un comparatif.
ἦ (adv.) : *certes* ou *est-ce que...?*
ἦ, 3e pers. sg. impf. de ἠμί, *il disait* ou *disait-il.*
ἦ, 1re pers. sg. impf. de εἰμί (à côté de ἦν), *j'étais.*
ᾖ 3e pers. sg. subj. prés. de εἰμί, *qu'il soit.*
ᾗ, pron. relat. dat. fém. sg., *à* ou *par laquelle.*
ᾗ. adv. relat., *où, de la façon que.*
ᾗ, 3e pers. sg. subj. aor. actif de ἵημι, *qu'il envoie.*

12. ἤν, conj. de subord. pour ἐάν (avec le subj.), *si.*
ἦν, 1re ou 3e pers. impf. de εἰμί, *j'étais, il était.*

ἦν, 1re pers. sg. impf. de **ἠμί**, *je disais* ou *disais-je*.
ἥν, pron. relat. acc. fém. sg. : *que*, *laquelle*.

13. **θεά**, *déesse*.
θέα, *vue*.

14. **ἵνα**, adv. relat., *où*.
ἵνα, conj. de subord., *afin que*.

15. **κἀν**, crase pour καὶ ἐν, *et dans*.
κἄν, crase pour καὶ ἄν (avec subj.), *et si*, *même si*.

16. **νῦν**, adv., *maintenant*.
νύν ou **νυν**, adv., *donc*.

17. **ὁ**, art. nom. m. sg., *le*.
ὅ, pron. relat. nom. acc. n. sg., *qui*, *que*.

18. **οἱ**, art. nom. m. pl., *les*.
οἵ, pron. relat. nom. m. pl., *qui*, *lesquels*.
οἷ, pron. pers. réfl. 3e pers., *à lui*.
οἷ, adv. relat. (avec mouvement), *où*.

19. **οἶος**, adj., *seul*.
οἷος, adj., *quel* (tel) *que*.

20. **ὁμῶς**, adv., *également*.
ὅμως, adv., *cependant*.

21. **οὐ**, adv. de négation, *ne... pas*.
οὗ, pron. relat. gén. m. ou n. sg., *dont*, *duquel*.
οὗ, adv. relat., *où*.

22. **οὐκοῦν**, adv., *donc*.
οὔκουν, adv., *donc... ne... pas* (ou avec valeur interrog., *donc ne... pas?*)

23. **ποτέ,** (ou **ποτε**), adv., *un jour.*
πότε, adv. interrog., *quand?*

24. **ταῦτα,** démonstr. nom. acc. n. pl., *ces, cela.*
ταὐτά, crase pour τὰ αὐτά, *les mêmes choses.*

25. **χρή,** 3e pers. sg. indic. prés. impers., *il faut.*
χρῇ, 3e pers. sg. subj. prés. impers., *qu'il faille.*
χρῇ. 2e pers. sg. prés. indic. et subj. de χράομαι-ῶμαι, *tu te sers de, que tu te serves de.*
χρῇ. 2e pers. sg. prés. indic. et subj. de χράομαι-ῶμαι, *tu consultes l'oracle, que tu consultes l'oracle,* moyen de χράω-ῶ, *rendre un oracle.*

26. ὤ, interj., oh!
ὦ, interj. devant un vocatif, *ô.*
ὦ, 1re pers. subj. prés. εἰμί, *que je sois.*
ᾧ, dat. m. ou n. sg. du relatif ὅς, ὅ : *auquel* ou *par lequel, à* ou *par quoi.*
ὧ, 1re pers. sg. subj. aor. actif de ἵημι, *que j'envoie.*
ὥ, nom. acc. m. f. n. duel du relatif ὅς, ἥ, ὅ, *(des deux) qui* ou *que.*

27. **ὡς,** adv., *ainsi, comme.*
ὡς, conj. de subord., *que, comment, puisque, quand, afin que, de telle sorte que.*
ὡς, prépos. suivie de l'acc., *vers.*

II. PRINCIPALES RACINES GRECQUES

et mots importants qui s'y rattachent.

'Αγ, mener : ἄγω, conduire; ἀγών, concours; ἀγορά, assemblée; ἄξιος, digne; ἀξιόω, juger digne; ἡγέομαι, marcher devant; ἡγεμών, guide, chef.

'Αδ, (σϝαδ) [1], être agréable : ἁνδάνω, plaire; ἥδομαι, se réjouir; ἡδονή, plaisir; ἡδύς, agréable.

'Αρ, adapter : ἀραρίσχω, ajuster; ἄριστος, le meilleur; ἀριθμός, le nombre; ἀρετή, la vertu; ἀρόω, labourer.

Βα, aller : βαίνω, marcher; βάσις, marche; βέβαιος, ferme; βῆμα, tribune; βωμός, autel.

Γα, γε, γον, faire naître : γῆ, terre; γυνή, femme; γίγνομαι, naître; γένος, race; γόνος, génération; γονεύς, père.

Γαλ (γλα-γελ), briller : ἀγάλλω, orner; ἄγαλμα, parure; ἀγλαός, brillant; γάλα, lait; γλαῦξ, chouette; γλαυκός, brillant; γελάω, rire; γέλασμα, le rire.

Γνω, connaître : γιγνώσκω, je commence à connaître; γνῶσις, connaissance; γνωτός, connu; γνώμη, la faculté de connaître; γνωρίζω, faire connaître; νοῦς (νόος), la faculté de penser; νοέω, penser.

Δα (δατ), partager : δαίνυμι, faire les parts (pour un repas); δαίω, diviser; δαίμων, la divinité (qui distribue les lots); (composés :

1. Le σ tombe (d'où esprit rude), et le digamma initial aussi.

εὐδαίμων, heureux, etc.); δῆμος, terre répartie à une communauté, pays, peuple.

Δε (δη), lier : δέω, lier; δέσμα, δεσμός, lien; διάδημα, diadème; δέω, manquer; δοῦλος, esclave, δουλεύω, être esclave.

Δει (δε), craindre : δείδω, craindre; δεινός, terrible; δειλός, craintif; δειλία, lâcheté; δέος, crainte.

Δεικ (δικ), montrer : δείκνυμι, monter; δεῖξις, action de montrer; δίκη, procès; δικάζω, juger (δικάστης, juge; δικαστήριον, tribunal); δίκαιος, juste (δικαιοσύνη, justice); ἄδικος, injuste (ἀδικία, injustice).

Δεκ, recevoir : δέχομαι, recevoir; δεξιός, placé à droite; δάκτυλος, doigt.

Δεμ, bâtir : δέμω, bâtir; δέμας, corps; δόμος, δῶμα, construction.

Δι (διϝ), briller : δῆλος, clair; δηλόω, montrer; Ζεύς, dieu du ciel; δῖος, divin.

Δοκ, paraître : δοκέω, sembler; δόγμα, décision; δόξα, opinion.

Δυ, s'enfoncer : δύω, s'enfoncer; δύναμαι, pouvoir (δύναμις, puissance; δυνατός, puissant).

'Εδ, manger : ἔδω, manger; ἐδωδή, aliment; ἐσθίω, manger; ὀδούς, dent; ὀδύνη, douleur (qui dévore); ὀδύρομαι, se plaindre.

'Εθ, avoir coutume : ἔθω, avoir coutume; ἔθος, coutume; ἐθίζω, habituer; ἦθος, mœurs.

'Ελ, (ϝολ), vouloir : θέλω,, ἐθέλω, vouloir; βούλομαι, vouloir; βουλή, dessein.

'Επ, (ϝεπ), parler : ἔπος, parole (εἶπον) aor. 2, j'ai dit); ὄψ, la voix.

'Ερ (ϝερ), parler : ἔρομαι, demander (ἐρωτάω); εἴρω, dire; εἰρήνη, la paix; ῥῆμα, parole; ῥήτωρ, orateur.

'Εργ (ϝεργ), accomplir : ἔρδω, faire (ῥεζω); ἔργον, action; ἐργάζομαι, travailler; ἐνέργεια, activité; ὄργανον, instrument.

Ἐχ (Ϝεχ), porter : ἔχω, avoir; ἕξις, possession; ὄχος, char; ὄχλος, foule; ἐχυρός, ferme.

Θαν (θνη), mourir : θάνατος, la mort; ἀθάνατος, immortel; θνήσκω, mourir; θνητός, mortel.

Θε, placer : τίθημι, poser; θέμις, règle; θᾶκος, siège; θήκη, lieu de dépôt; θησαυρός, dépôt.

ΘεϜ, regarder : θέα, action de regarder; θεάομαι, considérer; θέαμα, spectacle; θέατρον, théâtre; θεωρέω, examiner; θαυμάζω, admirer; θαυμάσιος, admirable.

Θεσ, prier : θεός, dieu; θεῖος, divin; ἄθεος, sans dieu.

Θύ, brûler : θύω, sacrifier; θυσία, sacrifice; θῦμα, victime; θυμέλη, autel; θυμός, souffle, cœur; θυμόω, irriter.

Ἰ, aller : εἶμι, aller; ἰθύς, qui va en ligne droite; οἴμη, οἶμος, chemin.

Ἰδ (Ϝιδ), voir : εἴδω, (parfait 2 οἶδα, je sais); εἶδος, forme; εἴδωλον, image; ἰδέα, la forme; Ἀ-ΐδης, l'Invisible, Hadès; ἱστορέω, rechercher; ἱστορία, la recherche.

1. **Ἱκ** (Ϝικ), venir : ἱκνέομαι, venir; ἱκέτης, suppliant; ἱκετεύω, supplier; ἱκανός, capable; οἶκος, maison; οἰκέω, habiter.

2. **Ἰκ**, (Ϝικ), ressembler : εἴκω, être semblable (parfait ἔοικα); εἰκών, image; εἴκελος, semblable; εἰκάζω, représenter; εἴσκω, assimiler; ἴσος, égal.

Καλ, (κλη), appeler : καλέω, appeler; κλῆσις, appel; κλῆρος, tirage au sort; κληρόω, tirer au sort.

Καρτ (κρατ), être fort : καρτερός, fort; κράτος, force; κρατέω, dominer (ἰσο-κρατής, qui a une puissance égale; δημοκρατία, la puissance du peuple).

Κει, κω, être couché : κεῖμαι, être couché; κοίτη, couche; κῶμος, festin; κώμη, bourg.

Κελ, pousser : κέλομαι, pousser; κελεύω, exciter, ordonner; κέλευθος, chemin.

Κερ (κρα), mêler : κεράννυμι, mélanger; κρατήρ, cratère (où on mêle eau et vin); ἄκρατος, sans mélange.

Κι, mouvoir : κίω, aller; κινέω, mouvoir; κίνησις, mouvement; κινητός, mobile.

Κλι, pencher : κλίνω, incliner; κλίμαξ, degré; κλισία, tente.

Κλυ (κλεϝ), entendre : κλύω, entendre parler; κλυτός, illustre; κλέος, la gloire.

Κρι, séparer : κρίνω, juger; κρίσις, jugement; κριτής, juge.

Κταν, tuer : κτείνω, tuer (κτονος en composition : μητροκτόνος, qui tue sa mère).

Λαϐ, prendre : λαμϐάνω, prendre; λῆψις, action de prendre; λῆμμα, gain.

Λαθ (ληθ), être caché : λανθάνω, je suis caché; λήθη, l'oubli; ἀληθής, non caché, vrai; ἀληθεύω, dire la vérité.

Λαμπ, briller : λάμπω, briller; λαμπάς, flambeau; λαμπρός, brillant; Ὄλυμπος, l'Olympe.

Λαχ, obtenir du sort : λαγχάνω, obtenir du sort; λάχεσις, sort; λῆξις, tirage au sort.

Λεγ, assembler, parler : λέγω, assembler, dire; λέξις, action de parler; λόγος, parole; λογίζομαι, calculer; (en composition λογή, λογία, λόγος).

Λεχ, être couché : λέκτρον, λέχος, lit; λόχος, embuscade; λοξός, oblique.

Λιϐ, verser : λείϐω, verser; λειμών, prairie (humide); λιμήν, port; λίμνη, marais; λοιϐή, action de verser.

Λιπ, laisser : λείπω, laisser; **λεῖμμα**, reste; λοιπός, restant.

Λυ, laver : λούω, laver; **λουτρόν**, **bain**; λῦμα, souillure; λυμαίνω, souiller.

Λυκ, briller : λύχνος, lampe; λευκός, blanc; λέυσσω, voir.

Μα, nourrir : μαῖα, mère; μήτηρ, mère; Δημήτηρ, Déméter (la mère du δῆμος).

Μαθ, apprendre : μανθάνω, apprendre; μάθημα, science; μάθησις, action d'apprendre; μαθητής, disciple.

Μακ (**μεγ**), être long : μακρός, long; μάκαρ, heureux; μακαρίζω, juger heureux; μῆκος, longueur; μέγας, grand; μέγεθος, grandeur; μέγαρον, grande salle.

1. **Μαρ**, briller : μαρμαίρω, briller; μαρμάρεος, brillant; ἀμαῦρος, obscur.

2. **Μαρ**, se flétrir : μαραίνω, consumer; μέροψ, mortel; βροτός (=μβροτός), mortel; ἄμβροτος, immortel.

Μαχ, battre : μάχομαι, combattre; μάχη, combat; σύμμαχος, allié; ναυμαχία, combat naval.

Με, mesurer : μέτρον, mesure; μετρέω, mesurer; μήν, mois; μιμέομαι, imiter; μίμησις, imitation; μῖμος, mime.

Μελ, être adapté : μέλος, membre; μέλπω, chanter (Μελπομένη, Melpomène); μέλω, être à soin; μελέτη, soin; ἀμελής, négligent.

1. **Μεν**, (μνα, μνη), penser : μένω, désirer; μένος, âme (εὐμενής, bon, etc.), μνάομαι, penser; μιμνήσκω, faire souvenir (μέμνημαι, je me souviens); μνήμη, la mémoire; μνήμων, qui se rappelle (Μνημοσύνη, Mnémosyne, mère des Muses); μνηστήρ, prétendant; μαίνομαι, être furieux; μανία, folie; μάντις, devin; μαντεία, divination; μῆνις, ressentiment; μῆτις, sagesse; μοῦσα, la Muse; μουσικός, qui a rapport aux Muses.

2. **Μεν**, rester : μένω, rester; μονή, arrêt; μόνος, seul; μίμνω, rester.

Μογ, peiner; μογερός, pénible; μόγις, avec peine; μόχθος, peine; μοχθηρός, douloureux.

Μορ (σμορ), partager : μείρομαι, partager; μέρος, part; μόρος, lot du destin; μοῖρα, part assignée à chacun (Μοῖρα, le Destin).

Να, couler : νάω, couler; ναῦς, navire; νήχω, nager; νῆσος, île; Νηρεύς, Nérée.

Νεϝ, être neuf : νέος, nouveau; νεότης, jeunesse; νεανίας, jeune homme.

Νεκ (νεγκ), emporter : ἤνεγκον (aor. 2 de φέρω), je portai; νίκη, victoire; νικάω, vaincre; νεῖκος, discorde.

Νεμ, partager : νέμω, partager; Νεμέσις, déesse de la justice distributive; νομός, part; νόμος, loi; νόμιμος, légal; νομίζω, penser; νόμισμα, monnaie.

Ὀπ, voir : ὄπωπα (parfait), j'ai vu; ὄψ, regard; ὄψις, action de voir; ὄμμα, regard; ὀφθαλμός, œil.

1. Ὀρ, s'élancer : ὄρνυμι, faire lever; ὀρίνω, exciter; ὄρος, montagne; ὁρμή, élan; ὀρθός, droit; ὄρνις, oiseau; οὖρος, bon vent.

2. Ὁρ (ϝορ), observer : ὁράω, voir; ὅρασις, la vue; φρουρά (= προορά), garde; τιμωρός (= τιμαορός), vengeur.

Πα, nourrir : πατήρ, père; πάτριος, paternel; πατρίς, patrie.

Παγ, ficher : πήγνυμι, enfoncer; πηγή, source; πάγος, rocher; ἅπαξ, une seule fois; παχύς, épais.

Παθ (πενθ), souffrir : πάσχω (ἔπαθον), souffrir; πάθος, souffrance; ἀπάθεια, insensibilité; πῆμα, douleur; πένθος, douleur; πενθέω, déplorer; πόθος, regret; ποθέω, regretter.

Παλ (πελ, πολ), agiter : πάλλω, brandir; πάλη, lutte; πέλτη, léger bouclier rond; πελταστής, peltaste; πόλεμος, guerre; πωλέω, trafiquer; πλησίος, voisin; πύλη, porte.

Παρ (πρα), vendre : πιπράσκω, vendre; πρίαμαι,

acheter; πράσσω, faire; πρᾶξις, action; πρᾶγμα, affaire.

Πατ, heurter : πατέω, fouler aux pieds; πόντος, mer; πόντιος, marin; πατάσσω, frapper.

Πεδ, aller : πεζός, pédestre; πέδη, entrave; πούς, pied; ἐμποδίζω, mettre une entrave.

Πεν, travailler avec peine : πένομαι, travailler péniblement; πένης, pauvre; πενία, pauvreté; πεῖνα, faim; πόνος, fatigue; πονέω, avoir du mal; πονηρός, méchant.

Περ, traverser : πείρω, traverser; περαίνω, achever; πεῖρα, épreuve; πειράω, essayer; πόρος, passage; πηρόω, estropier.

Πετ, voler vers : πέτομαι, voler; πετεηνός, ailé; πέτρα, rocher; ποταμός, fleuve; πτερόν, aile.

Πι (πο), boire : πίνω, boire; πόσις, boisson; πότης, buveur; πῶμα, boisson.

Πιθ, lier : πεῖσμα, câble; πείθω, persuader; πιθανός, persuasif; πίστις, foi; πιστεύω, avoir confiance.

Πλα (πλε, πολ), être plein : πίμπλημι, remplir; πλέος, plein; πλείων, πλεῖστος, plus, le plus nombreux; πλῆθος, foule; πλήρης, plein; πληρόω, emplir; πλοῦτος, richesse; πλούσιος, riche; πολύς, nombreux; πόλις, ville; πολίτης, citoyen.

Πλαγ. frapper : πλήσσω, frapper; πληγή, coup; πέλαγος, la haute mer.

ΠλεϜ, πλυ, baigner; πλύνω, laver; πλέω, naviguer; πλόος, navigation; πλοῖον, navire.

ΠνεϜ, souffler : πνέω, souffler; πνεῦμα, souffle; πνεύμων, poumon.

1. La chute du σ initial devant voyelle entraîne la présence de l'esprit rude.

Πυθ, s'informer : πυνθάνομαι, s'informer; πύστις, question; πεῦσις, action d'interroger.

Ρεϝ, couler : ῥέω, couler; ῥόος, cours d'eau; ῥυθμός, mouvement mesuré.

Σαλ, sauter : ἅλς, mer; ἅλλομαι, sauter; ἅλμα, bond.

Σαπ, avoir du goût : σαφής, clair; σοφός, sage; σοφία, sagesse.

Σαρ (ἀρ), lier : ἅρμα, attelage; ἁρμόττω, adapter; ἁρμονία, harmonie.

Σεϐ, honorer : σέϐω, vénérer; σέϐας, vénération; σεμνός, vénérable.

Σεδ (ἑδ), être assis : ἕζω, asseoir; ἕδος, ἕδρα, siège; ἔδαφος, sol; ἱδρύω, fonder.

Σεπ, suivre : ἕπομαι, suivre; ὀπαδός, compagnon; ὅπλον, objet qu'on emporte, arme; ὁπλίτης, hoplite.

Σεχ, tenir; ἔσχον, ἔσχηκα, de ἔχω, avoir; ἴσχω, je tiens; ἰσχύς, force; ἰσχυρός, fort; σχεδόν, de près; σχῆμα, maintien; σχολή, arrêt; ἑξῆς, de suite.

Σκεπ, voir : σκέπτομαι, examiner; σκέψις, observation; σκοπός, but; ἐπίσκοπος, gardien.

Σπεδ, répandre : σπένδω, verser une libation; σπονδή, libation; σποδός, cendre.

Σπευδ, être agissant : σπεύδω, presser; σπουδή, hâte; σπουδαῖος, zélé.

Στα, se tenir debout : στάσις, action de dresser; σταθμός, étape; ἵστημι, placer debout; στήλη, colonne; στῆθος, poitrine; στοά, portique; ἱστός, mât; σθένω, être fort; σθένος, force.

Σταλ (στελ), équiper : στέλλω, équiper; στολή, équipement; ἐπιστολή, lettre.

Σταρ (στερ), déployer : στρατός, στρατία, armée; στράτεια, expédition; στρατηγός, général; στέρνον, poitrine; ἀστήρ, étoile;

στορέννυμι, στρώννυμι, étendre; στρῶμα, couverture.

Σφαλ, glisser : σφάλλω, faire glisser; σφαλερός, glissant; ἀσφαλής, sûr.

Ταγ, mettre en rang : τάσσω, ranger; τάξις, mise en ordre; τάγμα, légion.

Ταλ (τλα), supporter : τάλας, malheureux; τάλαντον, balance; τλάω, souffrir; τλήμων, malheureux; τόλμα, audace.

Τεκ, produire : τέκος, enfant; τίκτω, enfanter; τέχνη, art; τεχνίτης, artisan; τεχνικός, qui a rapport à l'art.

Τελ, achever : τέλος, but; τελέω, accomplir; πολυ-τελής, qui fait de grandes dépenses.

Τι. payer : τίνω, payer; τίσις, prix; τιμή, honneur; τιμάω, j'honore; τίμιος, précieux.

Τραπ, tourner : τρέπω, tourner; τρόπος, tour, caractère; τρόπαιον, trophée (à l'endroit de la déroute).

Τραφ, rendre fort : τρέφω, nourrir; τροφή, nourriture; τροφός, nourricier.

Τραχ, rendre âpre; τραχύς, raboteux; ταράσσω, troubler; ταραχή, tumulte.

Τυχ, toucher le but : τυγχάνω, obtenir; τυχή, la fortune (εὐτυχής, δυστυχής, heureux, malheureux); τεύχω, fabriquer.

Φα, briller; φάος (φῶς), la lumière; φαείνω, φαίνω, briller; φαίνομαι, paraître visiblement; φανερός, évident; φέγγος, éclat; φημί, dire; φήμη, parole; φωνή, voix; φωνεῖν, émettre des sons.

Φερ, porter : φέρω, porter; φέρετρον, civière; φορέω, porter; φόρος, tribut.

Φρεν, séparer : φρήν, diaphragme, pensée; φρονέω, penser; φρόνησις, pensée; φρόνιμος, sensé; σώφρων, sage.

Φυ, naître : φύω, créer; φύσις, nature; φυσικός,

naturel; φυτεύειν, planter; φῦλον, race; φύλλον, feuille.

Φυγ, fuir : φεύγω, fuir; φυγή, fuite; φυγάς, fugitif.

Χα, s'entrouvrir : χάος, gouffre; χαλάω, relâcher; χεῖλος, lèvre; χῶρος, espace; χώρα, pays; χωρίς, séparément.

Χαρ, briller : χαλκός, airain; χρυσός, or; χαίρω, se réjouir; χάρις, grâce; χαρίεις, gracieux; χόρος, chœur.

Χερ, prendre : χείρ, la main; χράομαι, se servir; χρηστός, dont on peut se servir, bon; χρῆμα, chose; χρῆσις, usage; χρήσιμος, utile; χρεία, besoin; χρέος, dette; χρή, il faut; χρησμός, oracle.

Ψα, gratter : ψάω, gratter; ψέγω, blâmer; ψόγος, blâme; ψιλός, dégarni; ψῆφος, caillou; ψηφίζω, voter; ψήφισμα, décision de l'assemblée.

III. DIALECTES

Les peuples constituant la Hellade avaient chacun leur dialecte particulier.

Les seuls de ces dialectes qui ont eu une importance littéraire sont :

L'**éolien,** parlé en Béotie, dans une partie de la Thessalie, dans les colonies éoliennes d'Asie Mineure et les îles septentrionales de la mer Égée.

Le **dorien,** dialecte du Péloponnèse et des colonies doriennes d'Asie Mineure, de la Sicile et de la Grande-Grèce (Italie). Dans ce dialecte, marqué par la prédominance de l'**α** sur l'**η** (ex. μάν pour μήν), sont écrites en particulier les œuvres de Pindare et de Théocrite.

L'ionien, parlé dans les colonies ioniennes d'Asie Mineure et dans les Cyclades, est la langue d'Homère et d'Hérodote. L'ionien emploie η de préférence à α (ἡμέρη pour ἡμέρα); il ne fait pas les contractions (τείχεος pour τείχους, ποιέειν pour ποιεῖν); il n'emploie l'article qu'avec la valeur d'un démonstratif ou d'un relatif; il omet souvent l'augment syllabique (λάβε, pour ἔλαβε); la métathèse ou transposition des consonnes est fréquente (θάρσος pour θράσος); fréquente aussi la tmèse, surtout celle du verbe composé (διὰ μελεϊστὶ ταμών pour διαταμὼν μελεϊστί); la particule ἄν est remplacée par κε. l'emploi des particules comme τε, ῥα, est constant.

L'**attique** était parlé à Athènes; c'est le dialecte dont la fortune littéraire a été la plus brillante, dans lequel sont écrites toutes les grandes œuvres des ve-ive siècles av. J.-C.

La **langue commune** (κοινὴ διάλεκτος ou simplement κοινή) est moins un dialecte que la langue dans laquelle, à partir d'Alexandre, écrivirent les prosateurs dans toute l'étendue du monde grec; c'est le dialecte attique à peine modifié.

IV. STRUCTURE D'UNE TRAGÉDIE GRECQUE

Toute tragédie commence par le *prologue* (πρόλογος) qui est l'exposition de la pièce, précédant l'arrivée du chœur dans l'orchestre. La *parodos* (ἡ πάροδος) est le chant dit par le chœur au moment où, entrant par le côté, il gagne l'orchestre, c'est-à-dire l'espace

savoir une querelle ou discussion entre deux interlocuteurs soutenant des thèses opposées avant de se réconcilier.

La troisième partie s'étend de la premiere à la seconde parabase ou à son équivalent. On y trouve souvent comme un « raccourci de l'état de choses réalisé dans la partie précédente » (O. Navarre).

La quatrième partie va de la seconde parabase à la fin. Elle est faite de tableaux sans lien « contribuant tous à mettre en lumière les conséquences heureuses ou faccheuses de l'état de chose réalisé » (id.). La pièce se termine par l'*exodos*, en général joyeux défilé dont le jeu peut n'offrir qu'un lien assez lâche avec le reste de la pièce.

La comédie se sert, dans le dialogue, du même vers que la tragédie, le trimètre iambique; mais, selon l'allure de l'action, elle utilise aussi le tétramètre trochaïque, le tétramètre anapestique, le tétramètre iambique.

Imprimé en France, par l'Imprimerie Hérissey à Évreux (Eure)
Dépôt légal : 19065 - juin 2006 – N° d'impression : 102192

circulaire situé en avant du proscaenium. Après la parodos viennent les *épisodes* (τὰ ἐπεισόδια) : ce sont les parties dialoguées, qui constituent le drame proprement dit et dont le nombre, loin d'être fixe, varie avec chaque tragédie. Les épisodes ou groupes d'épisodes sont séparés les uns des autres par des chants du chœur non accompagnés d'évolutions, d'où le nom de στάσιμον (rac. Στα) donné à chacun de ces chants. La pièce se termine par l'exode (ἡ ἔξοδος), autrement dit le dénouement suivi de la *sortie* du chœur.

Les parties dialoguées d'une tragédie sont généralement écrites en trimètres iambiques, du schéma suivant :

⏑— | ⏑— | ⏑— | ⏑— | ⏑— | ⏑—

avec substitution toujours possible d'autres pieds à ceux-ci, sauf le dernier. Quant aux chants du chœur, ils sont composés de strophes et d'antistrophes ordinairement écrites en vers libres.

V. STRUCTURE D'UNE COMÉDIE D'ARISTOPHANE

La pièce débute par une sorte de petit drame complet au dénouement duquel se dessine une opposition qui va faire rebondir l'action : cette première partie est le *prologue* (πρόλογος).

La deuxième partie s'étend de la *parodos* (premier chant du chœur lors de son entrée dans l'orchestre) jusqu'à la *parabase* (chant du chœur tourné vers les spectateurs). C'est dans cette partie que se trouve l'ἀγών, à